Published by Auth

THE AIR FORCE LIST

2000

> *The Government does not accept responsibility for statements from non-Official sources made in the advertisement pages of this publication, and the inclusion of any particular advertisement is no guarantee that the goods advertised therein received official approval.*

LONDON: The Stationery Office

© Crown copyright 2000. Published with the permission of the Ministry of Defence on behalf of the Controller of Her Majesty's Stationery Office.

Applications for reproduction should be made in writing to The Copyright Unit, Her Majesty's Stationery Office, St Clements House, 2–16 Colegate, Norwich NR3 1BQ

ISBN 0 11 772905 1

ISSN 0266 8610

CONTENTS

	Page
Contents ...	iii
Notes ...	iv
Letters denoting Honours and Awards ...	v
Explanations of Abbreviations and Symbols ...	vii
The Queen and Members of the Royal Family ...	1
Aide-de-Camp and Honorary Appointments to the Queen ...	3
Foreign Sovereigns and Members of Foreign Royal Families ...	4
Defence Council ...	5
Air Force Board of the Defence Council ...	6
Ministry of Defence ...	7
Defence Procurement Agency ...	17
Defence Permanent Joint Headquarters ...	18
Defence Logistics Organisation ...	19
Defence Evaluation & Research Agency ...	21
Ordnance Board ...	22
Judge Advocate General of the Forces ...	23
Air Force Department ...	24
Directorate of Airspace Policy ...	25
Sovereign Base Areas ...	26
Defence and Air Attachés to Embassies ...	27
Defence and Air Advisers to British High Commissioners within the Commonwealth ...	30
HQ in UK of the Air Forces of Commonwealth Countries ...	32
British Defence Staff, Washington ...	33
British Command Headquarters at Home ...	34
RAF Elements—Abroad ...	42
RAF Elements—in NATO Headquarters ...	44
RAF Group and Similar Formations ...	57
RAF Centre of Aviation Medicine ...	65
AWC/DEWC ...	66
RAF Signals Engineering Establishment ...	69
Colleges ...	70
Joint Warfare Staff ...	78
Air Officers Wales, Scotland and Northern Ireland ...	79
Committees ...	80
Commonwealth War Graves Commission ...	81
Territorial Auxiliary and Volunteer Reserve Associations ...	82
Navy, Army and Air Force Institutes ...	89
Air Rank List (Policy Branches) ...	90
Branch Gradation List of Officers serving on the active list:	
General Duties ...	94
Operations Support ...	136
Engineer ...	153
Supply ...	176
Administrative ...	186
Medical ...	203
Dental ...	209
Princess Mary's Royal Air Force Nursing Service ...	213
Medical Technician (Medical Section) ...	216
Medical Technician (Dental Section) ...	217
Medical Secretarial ...	218
Civil Consultants ...	220
Chaplains ...	222
Legal ...	226
Directors of Music ...	228
Warrant Officers ...	229
Master Aircrew ...	235
Royal Air Force Reserve ...	240
Royal Auxiliary Air Force ...	254
RAFVR (UAS) ...	266
RAFVR (Training Branch) ...	267
Battle Honours ...	289
List of Prizewinners ...	308
Active List Obituary ...	315
Name Index ...	316

NOTES

The Air Force List is published annually. The Royal Air Force Retired List is published separately and biennially. Both Lists are on sale to the public.

This edition of the Air Force List is corrected to include details of officers serving in the Ministry of Defence, Command Headquarters, etc showing the position generally as at 6 July 1999, the date against names being date of postings to the appointments. Later appointments, where known, are also included. The ranks shown are either substantive or acting.

The Gradation Lists show seniority in existing substantive ranks to include changes published in London Gazette supplements up to that dated 6 July 1999. All officers with a common seniority date are shown in alphabetical order. Acting rank is shown only for Air Officers. In addition, most Air Rank Officers are shown under a separate list rather than the Branch Gradation Lists.

Officers who succeed to peerages, baronetcies or courtesy titles, are required to notify the Editor immediately requesting their inclusion in the Air Force List and records of the Ministry of Defence. Such communications should be submitted through the normal channels in order that unit, command and computer records may also be suitably amended. In the case of officers serving at MOD, or on other than a normal RAF administered unit, notification is to be made through the parenting unit.

Entries include honours and awards (as shown on Pages v-vi) and symbols relating to certain courses (as shown on Pages vii-viii). In addition, certain academic and professional qualifications are shown, although not necessarily a complete list of those held on official records. When notifying academic and professional qualifications, attention is drawn to GAI 5094 (The Air Force List—Insertion of Academic and Professional Qualifications) and the need for supporting documentary evidence.

Readers who may notice errors or omissions are invited to notify the Editor quoting the relevant page. Where applicable the procedures detailed in the above paragraphs should be followed. To enable correction of entries for the next edition, all notifications should reach the Editor by 26 June 2000. Such communications should not be sent to the printers or publishers.

The master Distribution List for the free issue of the Air Force List is controlled by the Editor. Defence Storage and Distribution Centre (DSDC) at Llangennech is responsible for the issue of the publication strictly in accordance with the Distribution List. Units are asked to ensure the Editor and DSDC are informed of any reduction in requirements. Unit requests for additional copies and amendment to the master Distribution List should be addressed to DSDC at Llangennech (normally using form MOD 999—Demand for Forms and Publications) and include a clear supporting case for the increase.

Correspondence for the Editor should be addressed to:

       Editor of The Air Force Lists
       PMA(Sec)1a(1)
       RAF Personnel Management Agency
       Room 5, Building 248A
       RAF Innsworth
       Gloucester
       GL3 1EZ

LETTERS DENOTING HONOURS AND AWARDS IN ORDER OF PRECEDENCE

VC	Victoria Cross.
GC	George Cross.
KG	Knight of the Garter.
KT	Knight of the Thistle.
KP	Knight of the St. Patrick.
GCB	Knight Grand Cross or Dame Grand Cross of the Order of the Bath.
OM	Member of the Order of Merit.
GCSI	Knight Grand Commander of the Star of India.
CI	Order of the Crown of India.
GCMG	Knight Grand Cross or Dame Grand Cross of the Order of St. Michael and St. George.
GCIE	Knight Grand Commander of the Order of the Indian Empire.
GCVO	Knight Grand Cross or Dame Grand Cross of the Royal Victorian Order.
GBE	Knight Grand Cross or Dame Grand Cross of the Order of the British Empire.
CH	Member of the Order of the Companion of Honour.
KCB	Knight Commander ⎱ of the Order of
DCB	Dame Commander ⎰ the Bath.
KCSI	Knight Commander of the Order of Star of India.
KCMG	Knight Commander ⎱ of the Order
DCMG	Dame Commander ⎰ of St. Michael and St. George.
KCIE	Knight Commander of the Order of the Indian Empire.
KCVO	Knight Commander ⎱ of the Royal
DCVO	Dame Commander ⎰ Victorian Order.
KBE	Knight Commander ⎱ of the Order of
DBE	Dame Commander ⎰ the British Empire.
CB	Companion of the Order of the Bath.
CSI	Companion of the Order of the Star of India.
CMG	Companion of the Order of St. Michael and St. George.
CIE	Companion of the Order of the Indian Empire.
CVO	Commander of the Royal Victorian Order.
CBE	Commander of the Order of the British Empire.
DSO	Companion of the Distinguished Service Order.
LVO	Lieutenant of the Royal Victorian Order.
OBE	Officer of the Order of the British Empire.
ISO	Companion of the Imperial Service Order.
MVO	Member of the Royal Victorian Order.
MBE	Member of the Order of the British Empire.
RRC	Member of the Royal Red Cross.
DSC	Distinguished Service Cross.
MC	Military Cross.
DFC	Distinguished Flying Cross.
AFC	Air Force Cross.
ARRC	Associate of the Royal Red Cross.
DCM	Distinguished Conduct Medal.
CGM	Conspicuous Gallantry Medal.
GM	George Medal.
DSM	Distinguished Service Medal.
MM	Military Medal.
DFM	Distinguished Flying Medal.
QGM	Queen's Gallantry Medal.
BEM	British Empire Medal.
RVM	Royal Victorian Medal.
QVRM	Queens Volunteer Reserves Medal
ERD	Army Emergency Reserve Decoration.
TD	Territorial Decoration or Efficiency Decoration.
RD	Royal Naval Reserve Officer's Decoration.
AE	Air Efficiency Award.
*	Denotes the award of a bar to a decoration or medal for gallantry. The award of an additional bar is indicated by the addition of a further star for each award.

NOTE—When the recipient of an Order of Knighthood is promoted to a higher rank within the same Order, the lower rank is absorbed in the higher and therefore the designation of the lower rank is omitted after the name.

OTHER HONOURS AND AWARDS

AK...Knight of Australia
QSO ....Queen's Service Order (New Zealand)

LETTER DENOTING APPOINTMENTS TO THE QUEEN

ADC............................. Aide-de Camp
QHS......................... Honorary Surgeon
QHC......................... Honorary Chaplain
QHDS.............. Honorary Dental Surgeon
QHP......................... Honorary Physician
QHNS .... Honorary Nursing Sister

EXPLANATIONS OF ABBREVIATIONS AND SYMBOLS SHOWN IN GRADATION LISTS

a	Qualified at Specialist Armament Course.
ac	Qualified in Aircraft Control.
adp	Qualified Advanced Automatic Date Processing Course.
ae	Qualified Aero-Systems Engineering Course.
amec	Qualified Advanced Maintenance Engineering Course. (from Course 8).
asq	Qualified GD Aero-Systems Course.
awcc	Graduates of the Air Warfare Commanders' Course, at the Department of Air Warfare. Royal Air Force College Cranwell (including graduates of the Royal Air Force College of Air Warfare Course at the Royal Air Force Flying College).
aws	Graduates of the Air Warfare Course, at the Department of Air Warfare. Royal Air Force College Cranwell (including graduates of the Royal Air Force College of Air Warfare and graduates of the Air Warfare Course at the Royal Air Force Flying College).
ax	Qualified at Advanced Armament Course.
cfs*	General Duties Officers and Master Pilots who have qualified as flying instructors and who hold a Central Flying School A1 instructor category.
cfs	General Duties Officers and Master Pilots who have qualified as flying instructors and who hold a Central Flying School A2 instructor category.
cfs(c)*	General Duties Officers and Master Aircrew who have qualified as crewman instructors and who hold a Central Flying School A1 instructor category.
cfs(c)	General Duties Officers and Master Aircrew who have qualified as crewman instructors and who hold a Central Flying School A2 instructor category.
cfs(n)*	General Duties Officers who have qualified as navigation instructors and who hold a Central Flying School A1 instructor category.
cfs(n)	General Duties Officers who have qualified as navigation instructors and who hold a Central Flying School A2 instructor category.
df*	Officers who have completed a Royal Air Force Diamond Jubilee Fellowship.
df	Officers who have completed Defence Fellowships.
e	Qualified at Specialist Engineering Course.
e(t)	Qualified at Specialist Engineering followed by Torpedo Course.
etps	Graduate of the Empire Test Pilot's School.
ex	Qualified at University Course in Engineering in addition to qualifying e.
fc	Qualified in Fighter Control.
G†	Qualified at Army Long Gunnery Staff Course (AA).
G(a)	Qualified at the Army Gunnery Staff Course, Air Defence.
gw	Qualified at Advanced Guided Weapons Course or Advanced Weapons Course at the Royal Air Force Technical College or the Guided Weapons Course at the Royal Military College of Science or the Graduate Astronautics Course at the United States Air Force Institute of Technology, Dayton, Ohio.
hcsc	Qualified at Higher Command & Staff course.
i*	Qualified as 1st class interpreter.
i	Qualified as 2nd class interpreter.
icc	Graduate of the Police Staff College (Bramshill) Intermediate Command Course.
idc	Graduate of the Imperial Defence College, prior to 17 January 1971; or has held an appointment as Commandant or Instructor at the college for a period of one year.
ifp	International Fellows Programme at the National Defence University in Washington DC.
im	Supply Officers qualified at an Industrial Management/Management Science Course at Manchester University.
jsdc	Graduate of the Joint Service Defence College.
jssc	Graduate of the—Joint Services Staff College, prior to 6 August 1971.
met	Qualified at University Course in Meteorology.
n	Qualified at Specialists Navigation Course.
nadc	Graduate of the NATO Defence College.
ndc	Graduate of the—National Defence College.
nx	Qualified at Advanced Specialists Navigation Course.
oaws(US)	Graduate of the—United States Air War College.
ocds(Can)	Canadian National Defence College.
ocds(Ind)	Indian National Defence College.
odc(Aus)	Australian Joint Service Staff College.
odc(US)	United States Armed Forces Staff College. United States Navy War College.

odc(Fr) } .... Cours Superieure Interarmes.
osc(Fr) } (to include French Ecole Superieure de Geurre).
odc(Ge) } .... Command and General Staff
osc(Ge) } College of the Federal German Armed Forces.
osc(Ku) .... Graduate of the Kuwaiti Staff Course.
osc(US) .... United States Air Command and Staff College.
pfc .... Graduate of the RAPC Long Finance and Accountancy Course.
ph .... Qualified at Specialist Photographic Course.
pi .... Qualified in Photographic Interpretation duties.
pji .... Qualified as a parachutist Instructor.
ppetc .... Long Petroleum Course.
psc .... Royal Air Force Graduates of the Royal Air Force Staff College and Foreign and Commonwealth Staff Colleges approved by the Director General of RAF Training.
psc(a) .... Royal Navy and Army graduates of Royal Air Force Staff College.
psc(j) .... Graduate of Joint Services Command & Staff College.
psc(m) .... Royal Air Force graduates of the Army Staff College.
psc(n) .... Royal Air Force graduates of the Royal Naval Staff College.
psm .... Advanced Certificates of the Royal Military School of Music.
ptsc .... Graduate of the Royal Military College of Science.
qab .... Qualified Air Battle.
qcc .... Qualified at Officers Command Courses.
qhti .... Qualified Helicopter Tactics Instructor.
qsb .... Qualified Support Battlestaff Course.
qs .... Qualified Staff.
qss* .... Qualified Staff Studies. (2 year course).
qss .... Qualified Staff Studies. (18 months course).
qss2 .... Qualified Staff Studies Module 2.
qss1 .... Qualified Staff Studies Module 1.
qtm .... Qualified Targeting and Mission Support Course.
qwi .... Qualified Weapons Instructor.
qwi(AD) .... Qualified Weapons Instructor (Air Defence).
qwi(SAW) .... Qualified Weapons Instructor (Surface-to-Air Weapons).
qwi(T) .... Qualified Weapons Instructor (Tornado).
rcds .... Graduate of the Royal College of Defence Studies.
s .... Qualified at Specialist Signals Course.
scc .... Graduate of the Police Staff College (Bramshill) Strategic Command Course.
semc .... Qualified Senior Engineering Management Course.
slmc .... Senior Logistics Management Course.
snc .... Qualified Staff Navigation Course. (Series beginning April, 1957).
sowc .... Qualified at Senior Officers War Course. Royal Naval War College.
ssc .... Senior Supply Course.
sx .... Qualified at University Course in Electrical Engineering and Wireless Telegraphy in addition to qualifying s.
TIG(a) .... Trained in Gunnery (Air Defence).
tp .... Pilot graduate of the Empire Test Pilots' School (ETPS). United States Air Force Test Pilots' School (USAFtps), United States Navy Test Pilots' School (USNtps), or French Ecole du Personnel Navigant d'Essais et de Reception (EPNER).
ts .... Supply Officers who have completed the Cranfield Institute of Technology MSc course in Transport Studies.
w .... Qualified at the Senior Weapons Course.

SYMBOLS DENOTING AIRCREW CATEGORY AND SPECIALIZATION WITHIN BRANCHES

(P) .... Pilot
(N) .... Navigator
(AEO) .... Air Electronics Officer
(Sig) .... Signaller
(ENG) .... Engineer
(ALM) .... Air Loadmaster
(AG) .... Air Gunner
} General Duties Branch

(ATC) .... Air Traffic Control
(FC) .... Fighter Control
(INT) .... Intelligence
(FLTOPS) .... Flight Operations
(REGT) .... Regiments
} Operations Support Branch

(A) .... Armament
(E) .... Engineer
(El) .... Electrical Engineer
(GS) .... Ground Support
(LA) .... Electronic Air
(LG) .... Electronic Ground
(M) .... Mechanical Engineer
(MC) .... Marine Craft
(Ph) .... Photography
} Engineer Branch

(S) .... Signals
(Sec) .... Secretarial
(Trg) .... Training
(Cat) .... Catering
(P.Ed) .... Physical Education
(ProvSy) .... Provost Security
(F) .... Medical Officers qualified as Flight Medical Officer.
} *Administrative Branch

* Symbol denotes former specialization for group captains and wing commanders and current specialization for other officers.

ROYAL AIR FORCE
"Per Ardua ad Astra"

THE QUEEN

Air Commodore-in-Chief .	Royal Auxiliary Air Force (1.6.53)
Air Commodore-in-Chief .	Royal Air Force Regiment (1.6.53)
Commandant-in-Chief	Royal Air Force College, Cranwell (27.5.60)
Honorary Air Commodore	Royal Air Force Marham (11.6.77)

Commonwealth Forces

Air Commodore-in-Chief . . . . Air Reserve (of Canada), Royal Australian Air Force Reserve, Territorial Air Force (of New Zealand)

MEMBERS OF THE ROYAL FAMILY

Her Majesty Queen Elizabeth The Queen Mother

Commandant-in-Chief	Women, Royal Air Force (1.4.94)
Commandant-in-Chief	Royal Air Force Central Flying School (29.6.60)

His Royal Highness The Prince Philip, Duke of Edinburgh, KG KT OM GBE AC QSO

Marshal of the Royal Air Force .	(15.1.53)
Air Commodore-in-Chief .	Air Training Corps (15.1.53)
Honorary Air Commodore	Royal Air Force Kinloss (11.6.77)

Commonwealth Forces

Marshal of the Royal Australian Air Force
Marshal of the Royal New Zealand Air Force
Air Commodore-in-Chief Royal Canadian Air Cadets

His Royal Highness The Prince of Wales, KG KT GCB AK QSO ADC

Air Vice-Marshal .	(14.11.98)
Honorary Air Commodore	Royal Air Force Valley (1.4.93)

Commonwealth Forces

Air Commodore-in-Chief .	Royal New Zealand Air Force
Colonel-in-Chief	Air Reserve Group of Air Command (of Canada)

His Royal Highness The Duke of York, CVO ADC

Honorary Air Commodore	Royal Air Force Lossiemouth (15.9.96)

Her Royal Highness The Princess Royal, KG, GCVO QSO

Honorary Air Commodore	Royal Air Force Lyneham (11.6.77)
Honorary Air Commodore	University of London Air Squadron (2.9.93)

Her Royal Highness The Princess Margaret, Countess of Snowdon, CI GCVO

Honorary Air Commodore	Royal Air Force Coningsby (11.6.77)

Her Royal Highness Princess Alice
Duchess of Gloucester, GCB CI GCVO GBE

Air Chief Marshal . . . . (23.2.90)
Air Chief Commandant . . . . Women, Royal Air Force (1.4.94)

His Royal Highness The Duke of Gloucester GCVO

Honorary Air Marshal . . . . Royal Air Force (1.9.96)
Honorary Air Commodore . . . . Royal Air Force Odiham (1.4.93)

His Royal Highness The Duke of Kent, KG GCMG GCVO ADC

Honorary Air Chief Marshal . . . . Royal Air Force (1.7.96)
Honorary Air Commodore . . . . Royal Air Force Leuchars (1.4.93)

Her Royal Highness Princess Alexandra, The Hon. Lady Ogilvy, GCVO

Patron and Air Chief Commandant . . . . Princess Mary's Royal Air Force Nursing Service (1.11.66)

Air Aides-de-Camp to The Queen

Air Chief Marshal Sir Richard Johns, GCB CBE LVO ADC FRAeS
Air Chief Marshal Sir Peter Squire, KCB DFC AFC FRAeS

Aides-de-Camp to The Queen

Air Commodore P. J. Dye, OBE ADC BSc(Eng) CEng MRAeS ACGI
Air Commodore C. R. Fowler, ADC
Air Commodore J. H. Haines, OBE ADC
Group Captain N. A. Bairsto, MBE ADC MSc BSc CEng FIMechE FIMgt
Group Captain M. R. Bettel, OBE ADC
Group Captain S. Chisnall, ADC MPhil BA CertEd
Group Captain I. L. Dugmore, ADC BSc
Group Captain G. H. Edge, OBE ADC BSc
Group Captain R. H. Lacey, ADC MA BA
Group Captain J. J. Witts, DSO ADC

Her Majesty's Senior Air Equerry

Air Commodore the Hon. T. C. Elworthy, CVO CBE

Equerry to The Queen

Squadron Leader S. Brailsford

Extra Equerries to The Queen

Air Commodore the Hon. Timothy Elworthy, CVO CBE
Air Vice-Marshal Sir John Severne, KCVO OBE AFC DL
Air Commodore Sir Archie Winskill, KCVO CBE DFC* AE MRAeS
Air Commodore Sir Dennis Mitchell, KBE CVO DFC* AFC

Honorary Physicians to The Queen

Air Marshal Sir John Baird, KBE QHP MB ChB FRCP(Edin) FRCS(Edin) FFOM FRAeS DAvMed (F)
Air Vice-Marshal C. J. Sharples, QHP MSc FFOM MRCS(Eng) LRCP DAvMed MRAeS
Air Commodore B. T. Morgans, QHP MB BCh FRCS (Glas.)
Air Commodore W. J. Pike, QHP MSc MB BS MRCGP MRCS MFOM DRCOG DAvMed LRCP

Honorary Surgeons to The Queen

Air Commodore D. J. Rainford, MBE QHS MB BS FRCP FFOM FRAeS MRCS
Air Commodore S. A. Cullen, QHS MB ChB FRCPath FRAeS DCP
Air Commodore T. M. Gibson, QHS PhD MB ChB MFOM DAvMed MRAeS
Air Commodore R. T. G. Merry, QHS MB BS FRCP MRCPsych DRCOG

Honorary Dental Surgeons to The Queen

Air Vice-Marshal I. G. McIntyre, QHDS MSc BDS FDSRCSEd MGDSRCS(Eng) DDPHRCS FIMgt
Air Commodore R. M. Butler, QHDS MSc BDS MGDSRCS(Ed)

Honorary Chaplains to The Queen

The Venerable A. P. Bishop, QHC MPhil LTh FRSA
The Reverend R. O. Bayliss, QHC RMN
The Reverend Monsignor E. P. Hill, QHC VG
The Reverend I. M. Thomas, QHC MA

Honorary Nursing Sister to The Queen

Air Commodore R. H. Williams, RRC QHNS

FOREIGN SOVEREIGNS AND MEMBERS OF FOREIGN ROYAL FAMILIES
who hold Honorary Commissions in the Royal Air Force

Air Chief Marshal

HM The Sultan of Brunei Darussalam GCB, GCMG 5.11.92

Air Marshal

H.R.H. Prince Bernhard of the Netherlands, GCB GCVO GBE 15.9.64

DEFENCE COUNCIL

The RIGHT HONOURABLE

GEOFFREY HOON, MP
Secretary of State for Defence
(Chairman of the Defence Council)

BARONESS SYMONS
Minister of State for Defence Procurement

Mr JOHN SPELLAR, MP
Minister of State for the Armed Forces

Mr PETER KILFOYLE, MP
Parliamentary Under Secretary of State for Defence

General Sir CHARLES GUTHRIE, GCB LVO OBE ADC Gen
Chief of the Defence Staff

Mr KEVIN TEBBIT, CMG
Permanent Under-Secretary of State
(Secretary of the Defence Council)

Admiral Sir MICHAEL BOYCE, KCB OBE ADC
Chief of the Naval Staff

General Sir ROGER WHEELER, GCB CBE ADC Gen
Chief of the General Staff

Air Chief Marshal Sir RICHARD JOHNS, GCB CBE LVO ADC FRAeS RAF
Chief of the Air Staff

Admiral Sir PETER ABBOTT, GBE KCB
Vice Chief of the Defence Staff

Sir ROBERT WALMSLEY, KCB FEng
Chief of Defence Procurement

Professor Sir KEITH O'NIONS, FRS
Chief Scientific Adviser

Mr ROGER JACKLING, CB CBE
Second Permanent Under Secretary of State

General Sir SAM COWAN, KCB CBE BA
Chief of Defence Logistics

AIR FORCE BOARD OF THE DEFENCE COUNCIL

The RIGHT HONOURABLE

GEOFFREY HOON, MP
Secretary of State for Defence

(Chairman of the Defence Council and Chairman of the Air Force Board of the Defence Council)

BARONESS SYMONS
Minister of State for Defence Procurement

Mr. JOHN SPELLAR, MP
Minister of State for the Armed Forces

Mr. PETER KILFOYLE, MP
Parliamentary Under Secretary of State for Defence

Air Chief Marshal Sir RICHARD JOHNS, GCB CBE LVO ADC FRAeS RAF
Chief of the Air Staff

Mr ROGER JACKLING, CB CBE
Second Permanent Under Secretary of State

Air Chief Marshal Sir PETER SQUIRE, KCB DFC AFC ADC FRAeS RAF
Air Officer Commanding-in-Chief Strike Command

Air Marshal M. D. PLEDGER, OBE AFC BSc FRAeS RAF
Air Member for Logistics
Air Officer Commanding-in-Chief Logistics Command. Chief Engineer Royal Air Force

Air Marshal Sir ANTHONY BAGNALL, KCB OBE FRAeS RAF
Air Member for Personnel
Air Officer Commanding-in-Chief Personnel and Training Command

Air Vice-Marshal G. E. STIRRUP, AFC FRAeS FIMgt RAF
Assistant Chief of the Air Staff

Air Vice-Marshal A. A. NICHOLSON, CBE LVO MA FRAeS RAF
Controller Aircraft
Director General Air Systems 1

MINISTRY OF DEFENCE

DEFENCE STAFF

SECRETARY OF STATE FOR DEFENCE
  The RIGHT HONOURABLE GEOFFREY HOON, MP

  Private Secretary
   Mr T. C. McKane

MINISTER OF STATE FOR DEFENCE PROCUREMENT
  BARONESS SYMONS

  Private Secretary
   Mr D. Hatcher

MINISTER OF STATE FOR THE ARMED FORCES
  Mr. JOHN SPELLAR, MP

  Private Secretary
   Mr D. Applegate

PARLIAMENTARY UNDER SECRETARY OF STATE FOR DEFENCE
  Mr. PETER KILFOYLE, MP

  Private Secretary
   Mr A. Dwyer

  Military Assistant
   Major C. J. Griggs

CHIEF OF THE DEFENCE STAFF
  General Sir CHARLES GUTHRIE, GCB LVO OBE ADC Gen

  Principal Staff Officer
   Commodore A. J. JOHNS, RN

  Deputy Principal Staff Officer
   Group Captain J. M. M. Ponsonby, OBE RAF

  Military Assistant
   Lieutenant Colonel M. L. Riddell-Webster
  Aide-de-Camp
   Captain H. R. Legge-Bourke

PERMANENT UNDER SECRETARY OF STATE
  Mr KEVIN TEBBIT, CMG

  Private Secretary
   Mr G. Lester

VICE CHIEF OF THE DEFENCE STAFF
  Admiral Sir PETER ABBOTT, GBE KCB

  Private Secretary
   Dr J. P. Noble

  Military Assistant
   Wing Commander A. J. Barrett, RAF
  Assistant Military Assistant
   Lieutenant P. J. Graham

DEFENCE SERVICES SECRETARY
  Rear Admiral R B. LEES

  Military Assistants
   Wing Commander B. J. Walker, RAF
   Lieutenant Colonel R. Parkinson

MINISTRY OF DEFENCE

DEFENCE INFORMATION DIVISION
Director Information Strategy and News
Miss O. G. MUIRHEAD, OBE

Private Secretary
Mrs C. Sharland

DIRECTOR OF RAF PUBLIC RELATIONS
Air Commodore D. A. WALKER, OBE MVO BSc FBIFM MIPD RAF

Personal Assistant
Miss J. Baker

CHIEFS OF STAFF SECRETARIAT
SECRETARY CHIEFS OF STAFF COMMITTEE
Colonel G. R. Coward, OBE

Assistant Secretaries
Wing Commander I. D. Vacha, RAF
Lieutenant Colonel A. Salmon, MA RM

DEPUTY CHIEF OF THE DEFENCE STAFF (COMMITMENTS)
Air Marshal Sir JOHN DAY, KCB OBE BSc FRAeS RAF

Military Assistant 1
Lieutenant Colonel J. G. Lorimer, MBE MA PARA

Military Assistant 2
Squadron Leader C. Basnett RAF

ASSISTANT CHIEF OF THE DEFENCE STAFF (OPERATIONS)
Rear Admiral S. MOORE

Military Assistant
Major D. M. Hannah, BA IG

DIRECTOR OF OPERATIONAL CAPABILITY
Air Commodore P. B. WALKER, CBE BA RAF

DIRECTOR JOINT WARFARE
Brigadier M. I. LAURIE, BSc(Eng) Late INT CORPS

DIRECTOR NAVAL OPERATIONS
Commodore D. G. SNELSON, FIMgt MNI

DIRECTOR MILITARY OPERATIONS
Brigadier A. D. LEAKEY, CBE MA MA Late RTR

DIRECTOR AIR OPERATIONS
Air Commodore P. A. CRAWFORD, AFC BSc RAF

DIRECTOR OF OVERSEAS MILITARY ACTIVITY
Air Commodore P. D. LUKER, OBE AFC RAF

DIRECTOR OF FOREIGN & COMMONWEALTH TRAINING
Group Captain M. M. A. Urquhart, RAF

ASSISTANT UNDER SECRETARY OF STATE (HOME & OVERSEAS)
Mr B. HAWTIN

HEAD OF SECRETARIAT (OVERSEAS)
Mr M. Howard

HOME AND SPECIAL FORCES SECRETARIAT
Mr C. DEVENPORT

JOINT ARMS CONTROL IMPLEMENTATION GROUP
Group Captain D. R. E. Evans, RAF

GULF VETERANS ILLNESS UNIT
Mr M. J. TONNISON

DIRECTOR OF SECURITY (POLICY)
Mr J. CUNNINGHAM

MINISTRY OF DEFENCE

Group Captains
P. C. Goodman, MBE BSc
A. J. Kearney, CBE BSc(Econ)
A. M. Morris, MSc
S. L Parkinson
G. W. Pixton, DFC AFC
M. J. Remlinger
D. J. Stanley

Wing Commanders
R. A. Bealer
D. Bruce
D. Burley
C. S. Burns
D. J. Cleland-Smith
J. M. Clifford, MSc BSc
J. E. Coote, MBE
N. J. Furniss, MBE
K. R. C. Greaves, OBE BSc
S. J. Green
P. J. J. Haines, BSc
A. V. B. Hawken, AFC
N. Hutchinson
P. M. Kaye
T. Kirkhope, BSc
S. M. J. Macartney, BSc
M. S. McGeown, MA
A. J. Nash
I. M. Robertson
M. G. Saunders
A. J. Q. Suddards, MA BA
D. B. Wallace, MBE

Principals and Equivalent Grades
N. Blatchley
W. G. Byatt
D. M. Chuter
M. Davis
J. S. L. Garrett
C. Holtby
M. House
B. Palmer
R. Turner
T. E. Taylor
N. Williams

DEPUTY CHIEF OF THE DEFENCE STAFF (SYSTEMS)
Lieutenant General Sir EDMUND BURTON, KBE MA

Military Assistants
Commander A. R. Forsyth, RN
Flight Lieutenant R. E. G. Pattle, BA RAF

ASSISTANT CHIEF OF THE DEFENCE STAFF OPERATIONAL REQUIREMENTS (SEA SYSTEMS)
Rear-Admiral R. J. G. WARD

Military Assistant
Lieutenant Commander S. L. Parton, RN

ASSISTANT CHIEF OF THE DEFENCE STAFF OPERATIONAL REQUIREMENTS (LAND SYSTEMS)
Major General P. J. RUSSEL JONES

ASSISTANT CHIEF OF THE DEFENCE STAFF OPERATIONAL REQUIREMENTS (AIR SYSTEMS)
Air Vice-Marshal S. M. NICHOLL, CBE AFC BA FRAeS RAF

MINISTRY OF DEFENCE

Military Assistant
    Wing Commander M. P. Naworynsky, RAF

DIRECTOR OF OPERATIONAL REQUIREMENTS (AIR)
    Air Commodore G. A. MILLER, RAF

DIRECTOR SCIENCE (AIR)
    Mr G. BUTLER

DIRECTOR DEFENCE SYSTEMS
    Commodore G. D. CHALLANDS, BSc MPhil CEng FIEE RN

Group Captains
- S. D. Black
- T. G. Hanlon, FRAeS FIMgt
- R. J. Hounslow, FRAeS FIMgt
- M. A. Leakey, BSc
- J. C. Platt, BA
- P. A. Smith, BSc FRIN
- B. M. Wynn, OBE BSc

Wing Commanders
- I. T. Ashcroft
- M. W. Brown
- D. K. M. Chan
- N. J. Davis, BSc MRAeS MRIN
- M. C. Green, BSc
- D. B. Hamilton
- G. M. Hewett, MBE
- T. R. Kirkin, MRIN
- D. J. Keenan
- J. D. Martin, BA
- A. J. Mawby, BSc
- P. C. Osborn
- J. W. Pierce, MRAeS
- J. V. Plumb
- G. T. Scard, BA
- G. M. Telford, BSc
- J. G. Wheatcroft, MSc BSc(Eng) CEng MIEE
- N. P. Willmott
- J. Wiltshire

Senior Principals and Equivalent Grades
- W. J. Couperthwaite
- S. Lansley

Principals and Equivalent Grades
- Dr G. Bibby
- R. Cochrane
- Dr J. Critchley
- P. Gittins
- J. Gladwell
- G. Kirk
- R. Matthews
- Dr. R. Sullivan
- G. Thornton
- Dr A. Witts

MINISTRY OF DEFENCE

POLICY DIRECTOR
R. P. HATFIELD, CBE

Private Secretary
Miss C. Tassell

DIRECTOR GENERAL JOINT DOCTRINE AND CONCEPTS CENTRE
Major General A. A. MILTON, OBE RM

ASSISTANT CHIEF OF DEFENCE STAFF (POLICY)
Major General C. F. DREWRY, CBE

Military Assistant
Squadron Leader S. D. Pearson

DIRECTOR OF DEFENCE POLICY
P. TURNER

DIRECTOR OF FORCE DEVELOPMENT
Brigadier D. W. MONTGOMERY

DIRECTOR OF NUCLEAR POLICY
Commodore T. W. HARE, RN

DEPUTY POLICY DIRECTOR
B. R. HAWTIN, CB

DIRECTOR OF EUROPEAN POLICY
I. R. LEE

DIRECTOR NORTH ATLANTIC AND WESTERN EUROPE
Brigadier J. B. DUTTON, RM

DIRECTOR FOR CENTRAL AND EASTERN EUROPE
S. POLLARD

DIRECTOR PROLIFERATION AND ARMS CONTROL SECRETARIAT
P. G. SHULTE

DIRECTOR CHEMICAL AND BIOLOGICAL WEAPONS POLICY
J. S. MILLEN

HEAD OF PROTOCOL
Captain M. Bickley, RN Retd

DIRECTOR GENERAL OF CORPORATE COMMUNICATIONS
J. S. PITT-BROOKE

DIRECTOR OF INFORMATION STRATEGY AND NEWS
Miss O. G. MUIRHEAD, OBE

DIRECTOR OF CORPORATE COMMUNICATIONS AND INFORMATION
Mr A. BOARDMAN

DIRECTOR OF CORPORATE COMMUNICATIONS (RAF)
Air Commodore D. A. WALKER, OBE MVO BSc FBIFM MIPD

DIRECTOR OF CORPORATE COMMUNICATIONS (NAVY)
Commodore H. A. H. G. EDLESTON

DIRECTOR OF CORPORATE COMMUNICATIONS (ARMY)
Brigadier S. L. ROBERTS, OBE

Wing Commanders
C. J. Finn
N. J. Gordon, MBE MBA FIPD
P. W. Gray, MPhil BSc LLB MIMgt
P. M. Kaye
J. B. Kessell
G. H. Monte, RAFR
R. P. Radley
J. H. Scholtens, BA
F. Tiernan
A. G. Willenbruch, MA (Eur Ing) CEng MIMechE MRAeS MIMgt
J. K. Williams, BA

MINISTRY OF DEFENCE

Retired Officer
Wing Commander I. C. MacMillan, MA

Senior Principals
T. Downes
D. Ferbrache
N. Gurr
J. P. Harrison
Dr P. A. Hollinshead
A. Matthewson
Dr B. H. Wells

Principals
Miss S. J. Ambler-Edwards
Mrs J. A. Broadhead
S. Cameron
J. Chorley
R. Cockram
Dr R. Cornish
R. Davies
D. Gregg
C. R. Harper
R. Holderness
M. Holmes
P. Jones
Miss C. Kemp
A. Lawrence
A. P. Nicholson
S. J. Willmer
A. Wood

MINISTRY OF DEFENCE

DEPUTY CHIEF OF THE DEFENCE STAFF (PROGRAMMES AND PERSONNEL)
Vice-Admiral Sir JEREMY BLACKHAM, KCB BA

Military Assistant
Lieutenant Colonel I. S. James, MBE
Assistant Military Assistant
Lieutenant P. M. Beresford-Green, RN

ASSISTANT CHIEF OF THE DEFENCE STAFF (PROGRAMMES)
Major General J. P. KISZELY

Military Assistant
Major J. M. Ross, RM

DEFENCE SERVICES SECRETARY
Rear-Admiral R. B. LEES

DIRECTOR OF DEFENCE PROGRAMMES
Air Commodore D. A. HOBART, MPhil MIMgt

DIRECTOR OF NAVY PLANS AND PROGRAMMES
Commodore R. P. BOISSIER, RN

DIRECTOR OF ARMY PLANS AND PROGRAMMES
Brigadier R. V. BRIMS

DIRECTOR OF AIR FORCE PLANS AND PROGRAMMES
Air Commodore J. CONNOLLY, AFC RAF

ASSISTANT UNDER SECRETARY OF STATE (SERVICE PERSONNEL POLICY)
Mr D. BOWEN

DIRECTOR SERVICE PERSONNEL POLICY 1
Brigadier P. MAGGS

DIRECTOR SERVICE PERSONNEL POLICY 2
Dr F. PRICE

DIRECTOR SERVICE PERSONNEL POLICY 3
Air Commodore J. C. O. LUKE, CBE BSc RAF

DIRECTOR OF RESERVE FORCES AND CADETS
Brigadier E. R. HOLMES, CBE TD

DIRECTOR OF MILITARY OUTPLACEMENT SERVICES
Brigadier D. H. GODSAL, MBE

DIRECTOR OF DEFENCE LOGISTICS TRANSITION
Brigadier M. KERLEY, CBE QGM

DIRECTOR OF SERVICE LIAISON DEFENCE HOUSING EXECUTIVE
Air Commodore D. C. ANDREWS, MBE FRIN RAF (Retd)

HEAD OF SERVICE PERSONNEL POLICY (PENSIONS)
Dr J. R. WILLIAMS

Group Captains
- D. A. G. Bremner
- N. Brewerton, BA MRAeS MIMgt
- F. M. Church, MBE BSc
- P. A. Coker, OBE MIMgt
- P. M. Miles, BSc

Wing Commanders
- R. Ashenhurst, MSc BSc CEng MRAeS
- G. R. Bond
- G. H. Booth
- A. D. C. Cameron
- R. A. J. Castle
- N. M. Connell, BSc
- C. Cordery, BEd
- S. N. Embleton
- A. D. Fryer
- R. K. Gault, OBE

MINISTRY OF DEFENCE

    S. C. Knight
    J. Pike, MSc
    J. G. Ross
    D. StJ. Salisbury
    P. Short, BSc
    A. M. Thomas, MA
    G. G. S. Van Den Berg, MSc
    B. J. Walker
    P. C. West
    R. A. Williams, OBE MA BA

SURGEON GENERAL
    Air Marshal Sir JOHN BAIRD, KBE QHP MB ChB FRCP(Edin) FRCS(Edin) FFOM FRAeS DAvMed RAF
  Military Assistant
    Commander G. P. Parker, BEd

DIRECTOR OF MEDICAL PROGRAMMES AND PLANS
    Air Commodore E. J. THORNTON, MB ChB FIMgt MFOM DAvMed RAF

CHIEF OF STAFF SURGEON GENERAL'S DEPARTMENT
    Rear-Admiral C. D. STANFORD, MA MNI

DIRECTOR OF DEFENCE DENTAL SERVICES
    Air Vice-Marshal I. G. McINTYRE, QHDS MSc BDS FDSRCEd MGDSRCS(Eng) DDPHRCS FIMgt RAF

DIRECTOR OF DEFENCE NURSING SERVICES
    Air Commodore R. H. WILLIAMS, RRC QHNS

DIRECTOR GENERAL INFORMATION AND COMMUNICATION SERVICES
    Mr A. C. SLEIGH, MA
  Military Assistant
    Lieutenant Colonel P. R. Towers, MA MSc R SIGNALS

DIRECTOR POLICY, INFORMATION AND COMMUNICATION SERVICES
    Commodore J. T. TAMBLYN, ADC RN

DIRECTOR OPERATIONAL REQUIREMENTS INFORMATION AND COMMUNICATION SERVICES
    Brigadier D. A. LYNAM, MBE

DIRECTOR ARCHITECTURE AND TECHNOLOGY
    Dr R. JUDE

CHIEF EXECUTIVE DEFENCE COMMUNICATIONS SERVICES AGENCY
    Major General A. J. RAPER, CBE

DIRECTOR INFRASTRUCTURE INFORMATION AND COMMUNICATION SERVICE
    Dr S. H. ALEXANDER

DIRECTOR OPERATIONS INFORMATION AND COMMUNICATIONS SERVICE
    Colonel D. J. Lowe

DIRECTOR FINANCE MANAGEMENT AND SUPPORT INFORMATION AND COMMUNICATION SERVICE
    Mr M. J. GAMBAZZI

  Group Captains
    B. G. Bensted, MBE BSc CEng MIEE
    J. G. Stevenson, MSc BSc CEng FIEE
    C. A. Suckling, MBE BSc CEng MIEE

  Wing Commanders
    J. O. Bates, BSc CEng, MIEE MRAeS
    C. M. H. Hawes, BA
    J. C. Hay, BA
    P. J. Lock
    P. McLachlan, MSc BEng CEng MIEE
    R. B. McTeague, BSc
    M. F. Neal, IEng FIIE(elec)
    D. A. R. Ward, BSc CEng MIEE
    J. D. Wilmshurst-Smith

MINISTRY OF DEFENCE

CIVILIAN STAFF

PERMANENT UNDER SECRETARY OF STATE
K. R. TEBBIT, CMG

Private Secretary
G. A. Lester

SECOND PERMANENT UNDER SECRETARY OF STATE
R. T. JACKLING, CB CBE

Private Secretary
I. Gibson

PRINCIPAL FINANCE OFFICER
C. V. BALMER

Private Secretary
Miss J. Dawson

DEPUTY UNDER SECRETARY OF STATE (CIVILIAN MANAGEMENT)
J. M. LEGGE, CMG

Private Secretary
Mrs A. J. Hughes

POLICY DIRECTOR
R. P. HATFIELD, CBE

Private Secretary
Miss C. Tassell

ASSISTANT UNDER SECRETARY OF STATE (SERVICE PERSONNEL POLICY)
D. J. BOWEN

Personal Secretary
Mrs T. L. Hughes

COMMAND SECRETARY LOGISTICS COMMAND
P. W. D. HATT

Personal Secretary
Mrs Y. May

COMMAND SECRETARY RAF STRIKE COMMAND
C. J. WRIGHT

Personal Secretary
Mrs D. Freeman

COMMAND SECRETARY RAF PERSONNEL AND TRAINING COMMAND
R. J. ROOKS

Personal Secretary
Mrs J. Coker

DEFENCE SCIENTIFIC STAFF

CHIEF SCIENTIFIC ADVISER
Professor Sir KEITH O'NIONS, FRS

PRIVATE SECRETARY
Mr A. D. Baguley

DEPUTY UNDER SECRETARY OF STATE (SCIENCE & TECHNOLOGY)
Mr G. H. B. JORDAN

PRIVATE SECRETARY
Mr D. Woods

DIRECTOR GENERAL (RESEARCH AND TECHNOLOGY)
Mr M. MARKIN

DIRECTOR GENERAL (SCRUTINY AND ANALYSIS)
Mr M. EARWICKER

ASSISTANT CHIEF SCIENTIFIC ADVISER (NUCLEAR)
Mr P. ROPER

MINISTRY OF DEFENCE

DIRECTORATE OF SCIENCE (BALLISTIC MISSILE DEFENCE)
Dr M. L. RANCE

DIRECTOR RESEARCH (CORPORATE)
Professor P. SUTTON

DIRECTOR RESEARCH (SYSTEMS AND TECHNOLOGY)
Mr A. EVERETT

DIRECTOR (SCRUTINY & ANALYSIS) AIR (D (S & A) AIR)
Mr I. BARRATT

DIRECTOR (SCRUTINY & ANALYSIS) SEA/CIS (D (S & A) SEA/CIS)
Dr A. SINDEN

DIRECTOR (SCRUTINY & ANALYSIS) LAND (D (S & A) LAND)
Dr R. J. POWELL

DIRECTOR (SCRUTINY & ANALYSIS) P & P (D (S & A) P & P)
Mr P. STARKEY

METEOROLOGICAL OFFICE EXECUTIVE AGENCY

CHIEF EXECUTIVE
Mr P. D. EWINS, MSc FEng FRAeS

SENIOR PERSONAL SECRETARY
Mrs A. V. Kent

DEFENCE PROCUREMENT AGENCY

CHIEF OF DEFENCE PROCUREMENT AND CHIEF EXECUTIVE
Sir ROBERT WALMSLEY, KCB MA FIEE

Military Assistant
Captain J. Borley, RN

Private Secretary
Mr I. D. Richardson, OBE

Deputy Chief Executive
Mr J. Howe, CB OBE

Private Secretary
Ms L. Carson

DEPUTY CHIEF OF DEFENCE PROCUREMENT (OPERATIONS)/CONTROLLER AIRCRAFT
Air Marshal P. C. NORRISS, CB AFC MA FRAeS RAF

Military Assistant
Lieutenant Colonel P. Jaques, REME

Private Secretary
Mr D. Mew

Executive Board Directors
Mr I. D. FAUSET
Major General D. J. M. JENKINS, CBE
Mr G. N. BEVAN
Rear Admiral P. SPENCER, MA MSc
Mr S. PORTER
Mr S. WEBB

Integration and Aerospace Adviser to the Board
Air Vice-Marshal A. A. NICHOLSON, CBE LVO MA FRAeS RAF

Integrated Project Team Leaders
Air Commodore P. W. GILES, OBE PhD MA RAF
Air Commodore B. L. SOBEY, BA CEng MIEE MIMgt RAF
Air Commodore B. M. THORNTON, MSc BSc CEng FIMechE FIMgt RAF

Group Captains
F. M. Church, MBE BSc
A. Deytrikh, BSc CEng MRAeS
J. K. Newton, MSc BSc CEng MIMechE MRAeS
V. Smith, MSc MBA BEd MIPD MIMgt AMBCS

Wing Commanders
S. J. Bailey
C. A. R. Burgess, MSc
G. M. Chalmers, BSc CEng
D. K. M. Chan
J. S. Chantry, MDA BSc CEng MRAeS
I. M. Dubock, BEng
M. J. Fozard, CEng MRAeS
M. C. Green, BSc
M. C. Hardwick
S. J. Harsley
J. B. Hastings
G. E. McElroy, BSc CEng MRAeS
N. J. Scotchmer, BSc
J. C. Secker
D. J. Tanner
D. P. Thow, BSc
P. A. Turvill, BSc CEng MIMechE
C. R. S. Wood
C. J. Woods, MSc BSc(Eng) CEng MIMechE MRAeS

PERMANENT JOINT HEADQUARTERS (UK)

Postal Address—NORTHWOOD, MIDDLESEX, HA6 3TJ
Telephone No 01923 826161

Commander Joint Operations
    Vice Admiral Sir IAN GARNETT 10.2.99
Military Assistant
    Wing Commander K. Dennison BSc 27.4.98
Chief of Staff
    Major General A. R. D. PRINGLE 6.10.98
Military Assistant
    Major T. C. St. J. Warrington 1.4.96
J1/J4 Division
    Brigadier D. R. JEFFREY 28.9.98
    Group Captain A. C. Spinks, MILog 1.7.96
    Wing Commander P. N. Voltzenlogel, MCIT 17.8.98
    Wing Commander P. Nash, BSc 17.8.98
J2 Division
    Air Commodore P. JEFFERS. 1.4.96
J3 Division
    Air Commodore G. L. TORPY, DSO BSc 14.4.98
    Wing Commander N. E. L. Beresford, LVO 22.4.96
    Wing Commander A. R. Bown 13.10.97
    Wing Commander K. R. Cowieson. 18.5.98
J5 Division
    Commodore P. W. HERINGTON 1.3.98
    Group Captain C. M. Nickols, MA 20.4.98
    Mr H. D. Richardson, OBE
    Wing Commander P. Lyall, DMS 9.3.98
    Wing Commander D. P. Murray, OBE 26.10.98
J6 Division
    Commodore A. C. LYDDON 10.2.97
    Wing Commander S. J. Kinder, MBE BSc 11.3.96
J7 Division
    Air Commander M. G. F. WHITE, OBE. 1.2.99
    Group Captain A. J. Vincent. 6.4.99
    Wing Commander G. R. R. Porter, BSc 16.12.98
    Wing Commander R. D. Wright, BSc 15.6.98
J8 Division
    Mr W. M. Jessett
J9 Division
    Mr N. J. S. ABBOTT, OBE
    Mr M. Truran
    Mr G. D. Dean
    Mr L. F. Phillips, RD TD
    Wing Commander L. J. Irvine, MA DipLaw 8.4.96
Joint Force Headquarters
    Brigadier D. J. RICHARDS 5.5.98
    Wing Commander M. W. Brown 1.4.96
    Wing Commander D. J. Walker. 1.4.96

DEFENCE LOGISTICS ORGANISATION

CHIEF OF DEFENCE LOGISTICS
General Sir SAM COWAN KCB CBE BA

Military Assistant
Captain W. J. Keegan, BSc CEng MISE RN

Assistant Military Assistant
Major J. A. Elliot, MA

DEPUTY CHIEF OF DEFENCE LOGISTICS
Mr J. OUGHTON

Directors
Commodore B. P. S. BROOKS, RN
Brigadier C. A. HEWITT, MBE
Air Commodore C. F. COOPER, CBE BA MIMgt MCIPS RAF
Mr R. HACK

Director General Defence Logistics (Operations & Policy)
Air-Vice Marshal I. BRACKENBURY, OBE BSc CEng FIMechE RAF

Staff Officer
Lieutenant Commander P. R. Casson, MA MBA BEng RN

Director
Commodore J. H. MORGAN, RN

Director General Defence Logistics Support
Major General A. W. LYONS, CBE

Staff Officer
Major P. Whyte (Retd)

Defence Logistics Equipment Support (Maritime) & Chief Executive Ships Support Agency
Mr J. D. COLES

Director General Equipment Support (Land)
Major General D. L. JUDD, BSc(Eng) CEng MIMechE

Military Assistant
Major M. A. Armstrong, MSc BSc(Mech) CEng MIMechE

Director General Equipment Support (Air)
Air-Vice Marshal P. W. HENDERSON, MBE BSc CEng FRAeS RAF

Staff Officer
Squadron Leader D. B. Thomson, RAF

Director General Defence Logistics (Finance & Business Planning)
Mr D. GOULD

Director General Defence Logistics (Communication & Information Systems)
Air-Vice Marshal D. C. COUZENS, MA MBA CEng FIMechE FRAeS DLUT RAF

Military Assistant
Lieutenant Commander S. M. Shaw, RN

Directors
Mr J. PEARSON
Mr S. SMITH
Brigadier P. A. FLANAGAN, MA
Air Commodore M. J. GILDING, MSc BSc CEng FIEE RAF

Chief Executive Naval Bases & Supply Agency
Rear Admiral B. B. PEROWNE

Chief of Staff/Air Member for Logistics
Air-Vice Marshal G. SKINNER, CBE MSc BSc CEng FILT FIMechE FIMgt MRAeS RAF

Chief Executive Defence Aviation Repair Agency
Mr S. R. HILL

Chief Executive Army Base Repair Organisation
Mr J. R. DREW

DEFENCE LOGISTICS ORGANISATION

Chief Executive Defence Storage & Distribution Agency
Brigadier P. D. FOXTON, FInstPT FCIT FILT

Chief Executive Defence Transport & Movements Agency
Air Commodore P. T. W. LEANING, FILT MCIPS RAF

Chief Executive Defence Clothing & Textile Agency
Brigadier M. J. ROYCROFT, MSc CEng MBCS MILT MInstD

Chief Executive British Forces Post Office
Brigadier B. J. CASH, MIMgt FFA

Chief Executive Royal Air Force Signals Engineering Establishment Defence Agency
Air Commodore C. M. DAVIDSON, BSc CEng FIEE MIMgt RAF

Principal Director of Contracts
Mr A. BELL

DEFENCE EVALUATION & RESEARCH AGENCY

CHIEF EXECUTIVE DERA
  Sir JOHN CHISHOLM, MA FEng
MANAGING DIRECTOR PROGRAMMES
  Dr M. GOODFELLOW
MANAGING DIRECTOR FACILITIES
  C. R. STONEHOUSE
MANAGING DIRECTOR SCIENCE
  Dr G. COLEY
MANAGING DIRECTOR ANALYSIS
  M. EARWICKER
MANAGING DIRECTOR DERATEC
  J. MABBERLEY
DIRECTOR OF CORPORATE AFFAIRS DERA
  Mrs E. PEACE
DIRECTOR FINANCE DERA
  S. PARK
CHIEF KNOWLEDGE OFFICER AND TECHNICAL DIRECTOR DERA
  Dr A. L. MEARS
PERSONNEL DIRECTOR DERA
  E. W. L. HEDLEY
SENIOR MILITARY OFFICER DERA
  Air Commodore E. W. TYACK, CBE FRAeS RAF

Director Land Systems
  Dr D. Anderson
Director Air Systems
  Dr D. Byrne
Director Sea Systems
  N. J. Helbren
Director Command & Information Systems
  A. Middleton
Director Test & Evaluation Ranges
  Dr C. J. Rigden
Director Aircraft Test & Evaluation
  M. Steeden
Director Test & Evaluation Facilities
  R. Gould
Director Weapon Systems
  W. Clifford
Director Chemical & Biological Defence
  P. D. Taylor
Director Mechanical Sciences Sector
  Dr J. Morton
Director Electronics
  Dr N. Apsley
Director Centre For Human Sciences
  Mrs M. Walker
Director Chemical & Electronics Systems
  Dr J. Widdowson
Director Sensors & Processing
  D. Barnes
Director Centre for Defence Analysis
  Dr A. F. Saunders

ORDNANCE BOARD

Postal Address—Procurement Executive, Walnut 2c
MOD Abbey Wood, # 67
Bristol BS34 8JH
Telephone No 0117-91-31706

President

Major General L. D. CURRAN, MA CEng FIEE 21.12.98

Vice-Presidents

Commodore P. M. CHEESMAN, MSc CEng MIEE RN 14.12.98
Dr I. G. WALLACE, PhD BSc 6.10.97

Members

Lieutenant Colonel (Retd) L. W. McNaught 17.11.96
Colonel P. Davies 19.12.96
Captain J. A. Kongialis, BSc RN 9.5.97
Dr P. H. Collins, BSc PhD CChem FRcs 11.6.97
Group Captain S. R. Sims, OBE BSc CEng MRAeS DLUT RAF 12.6.98
Colonel R. F. A. Crichton, MA 21.9.98
Colonel R. J. Hulmes, Eur Ing BSc(Eng) CEng MIEE MIMgt 28.5.99

OFFICE OF THE
JUDGE ADVOCATE GENERAL OF THE FORCES

(LORD CHANCELLOR'S ESTABLISHMENT)

(Joint Service for the Army and Royal Air Force)

22 Kingsway, London, WC2B 6LE Tel. 0207-218 8079

Judge Advocate General
    HIS HONOUR JUDGE J. W. RANT, CB QC

Senior Personal Secretary
    Miss E. F. Ruddy

Vice Judge Advocate General
    E. G. MOELWYN-HUGHES

Assistant Judge Advocates General (London Office and Overseas)
    Judge Advocate D. M. BERKSON
    Judge Advocate M. A. HUNTER (DJAG BRITISH FORCES IN GERMANY)
    Judge Advocate J. P. CAMP
    Judge Advocate Miss S. E. WOOLLAM
    Judge Advocate R. C. C. SEYMOUR
    Judge Advocate I. H. PEARSON
    Judge Advocate R. G. CHAPPLE
    Judge Advocate J. F. T. BAYLISS

Grade 6 Legal
    T. S. G. Miller

Registrar
    D. Murray

AIR FORCE DEPARTMENT

DEPARTMENT OF THE
CHIEF OF THE AIR STAFF

CHIEF OF THE AIR STAFF
Air Chief Marshal Sir RICHARD JOHNS, GCB CBE LVO ADC FRAeS 10.4.97
  Private Secretary
    I. S. Manson
  Personal Staff Officer
    Wing Commander A. D. Pulford 22.3.99
  Staff Officer
    Squadron Leader P. C. Brown, BSc 1.3.99

ASSISTANT CHIEF OF THE AIR STAFF
    Air Vice-Marshal G. E. STIRRUP, AFC FRAeS FIMgt 3.8.98
  Personal Staff Officer
    Wing Commander M. Swan, LLB 2.11.98
  Staff Officer
    Squadron Leader S. C. Griffiths, BA 22.9.97

DIRECTOR OF AIR STAFF
    Air Commodore C. M. CHAMBERS 3.1.97

HEAD OF AIR HISTORICAL BRANCH (RAF)
    J. S. COX, BA MA

HEAD OF SECRETARIAT (AIR STAFF)
    M. J. FULLER

INSPECTOR OF RAF FLIGHT SAFETY
    Air Commodore L. A. DOBLE. OBE FRAeS 8.2.99

DIRECTOR EUROFIGHTER PROGRAMME ASSURANCE GROUP
    Air Commodore R. S. PEACOCK-EDWARDS, CBE AFC FRAeS FIMgt 31.10.97

  Group Captains
    A. W. Cope, MBE AFC FRAeS 26.10.98
    H. R. Corney, OBE BA. 28.4.97
    J. Middleton 13.10.97

  Wing Commanders
    D. A. Angus 1.9.97
    J. D. Arkell, OBE MA 13.1.99
    S. B. J. Barber, MA 3.6.97
    P. R. Barton, BSc 17.8.98
    M. A. C. Codgbrook, BSc. 26.10.98
    R. Crane 12.12.97
    N. J. Furniss, MBE. 23.4.93
    A. V. B. Hawken, AFC 12.7.97
    D. W. Knowles, MBA BA 1.9.97
    R. G. Leonard, OBE 16.12.96
    S. P. McNamara 15.3.99
    I. C. Morrison 9.12.96
    R. M. Poole 1.9.97
    D. G. Robertson 28.4.97
    S. A. Waygood, BSc 15.3.99
    P. A. Willis 26.5.98

  Principals and Equivalent Grades
    J. E. Callcutt
    M. Field

AIR FORCE DEPARTMENT

DIRECTORATE OF AIRSPACE POLICY

DIRECTOR AIRSPACE POLICY
    Air Vice-Marshal J. R. D. ARSCOTT 22.3.99

Group Captain
    P. Roberts 26.2.99

Wing Commanders
    B. E. Bunting 18.11.96
    B. Coombs, BA 17.6.96
    A. A. Perfect, MIMgt 5.2.96
    I. M. Sheeley 7.9.98
    M. C. G. Strong 28.6.96

Principal
    Mrs E. J. Lewis

AIR FORCE DEPARTMENT

SOVEREIGN BASE AREAS OF AKROTIRI
AND DHEKELIA ADMINISTRATION

Postal Address—HEADQUARTERS, SOVEREIGN BASE AREAS ADMINISTRATION, EPISKOPI.
BRITISH FORCES POST OFFICE 53

THE ADMINISTRATOR

Major General A. I. RAMSAY, CBE DSO 16.1.98

   Military Assistant
      Squadron Leader R. J. Cowell, RAF

   Aide-de-Camp
      Captain M. Luckyn-Malone
   Chief Officer of Sovereign Base Areas
      D. BONNER
   Administrative Secretary
      G. G. BARLOW

   Judiciary
      R. J. D. LIVESEY . . . . Senior Judge
      D. B. PAIN . . . . Resident Judge

   Legal
      P. W. VISAGIE . . . . Attorney General and Legal Adviser
   Akrotiri Area Office
      A. Angelides . . . . Area Officer

   Dhekelia Area Office
      K. A. Demetriades . . . . Area Officer

   Sovereign Base Areas Police
      E. Vallance, LLB . . . . Chief Constable
   Sovereign Base Areas Customs
      A. Livingstone . . . . Fiscal Officer

   Administrator's Advisory Board
      D. BONNER . . . . Chief Officer
      Air Commodore P. A. ROBINSON, OBE RAF . . . . . Chief of Staff, British Forces Cyprus
      P. W. VISAGIE, ... Attorney General and Legal Advisor
      Colonel A. M. F. POTTER, OBE . . . . Garrison Commander, Dhekelia

AIR FORCE DEPARTMENT

DEFENCE AND AIR ATTACHES TO EMBASSIES

ABU DHABI (UAE)—(British Embassy, Abu Dhabi, c/o FCO, Outward Bag Room, King Charles Street, London SW1A 2AH)
Defence Attaché. . . . . Colonel T. R. Dumas, OBE 9.98
AMMAN—(British Embassy, Amman, c/o FCO, Outward Bag Room, King Charles Street, London SW1A 2AH)
Defence, Naval and Military Attaché . . . . Colonel R. J. Sandy 6.98
Air Attaché . . . . Wing Commander D. M. Sedman, RAF 4.96
ANKARA—(British Embassy, Ankara. c/o FCO, Outward Bag Room, King Charles Street, London SW1A 2AH)
Defence and Military Attaché. . . . . . . Brigadier A. V. TWISS 3.96
Naval and Air Attaché . . . . Wing Commander R. G. Blake, RAF 7.96
ATHENS—(British Embassy, Athens, c/o FCO, Outward Bag Room, King Charles Street, London SW1A 2AH)
Defence and Military Attaché. . . . . . . Brigadier S. W. J. SAUNDERS 5.99
Naval and Air Attaché . . . . Captain J. L. Milnes, RN 12.98
BANGKOK—(British Embassy, BFPO5)
Defence Attaché. . . . . Colonel J. H. Thoyts 12.97
BEIRUT—(British Embassy, Beirut, c/o FCO, Outward Bag Room, King Charles Street, London SW1A 2AH)
Defence Attaché. . . . . Lieutenant Colonel C. J. A. Wilton 6.96
BELGRADE—(British Embassy, Belgrade, c/o FCO. Outward Bag Room, King Charles Street, London SW1A 2AH)
Defence Attaché. . . . . Colonel J. H. Crosland, MC 8.96
BERNE—(British Embassy, Thunstrasse 50, 3005 Berne, Switzerland)
Defence Attaché. . . . . Lieutenant Colonel E. J. Gould 1.98
BOGOTA—(British Embassy, Bogota, c/o FCO, Outward Bag Room King Charles Street, London SW1A 2AH)
Defence Attaché. . . . . Colonel R. J. Griffiths, MBE 5.99
(also Defence Attaché Lima)
BONN—(British Embassy, Box No 2012, BFPO 105)
Defence and Military Attaché. . . . . . . Brigadier B. R. ISBELL 8.96
Air Attaché . . . . Group Captain C. J. Morris, OBE FRIN RAF . . . 11.99
BRASILIA—(British Embassy, Brasilia, c/o FCO, Outward Bag Room, King Charles Street, London SW1A 2AH)
Defence, Military and Air Attaché . . . . . Colonel B. M. Bowles, OBE 1.99
BRATISLAVA—(British Embassy, Grosslingova 35 811 09 Bratislava Slovak Republic)
Defence Attaché. . . . . Wing Commander P. M. Leadbetter, MVO MIMgt RAF
. . . . 2.97
BRUSSELS—(British Embassy, BFPO 49)
Defence Attaché. . . . . Colonel T. E. Hall 4.98
(also Defence Attaché Luxembourg)
BUCHAREST—(British Embassy, Bucharest, c/o FCO, Outward Bag Room, King Charles Street, London SW1A 2AH)
Defence, Attaché . . . . Lieutenant Colonel R. D. Shaw-Brown 11.97
BUDAPEST—(British Embassy, Budapest, c/o FCO, Outward Bag Room, King Charles Street, London SW1A 2AH)
Defence Attaché. . . . . Colonel A. T. B. Kimber 4.98
BUENOS AIRES—(British Embassy, Buenos Aires, c/o FCO Outward Bag Room, King Charles Street, London SW1A 2AH).
Defence and Air Attaché . . . . Group Captain D. K. L. McDonnell, OBE RAF . . 12.96
(also Defence Attaché Montevideo)
Naval and Military Attaché . . . . Colonel H. P. D. Massey 9.97
(also Defence Attaché Asuncion)
CAIRO—(British Embassy, Cairo, c/o FCO, Outward Bag Room, King Charles Street, London SW1A 2AH)
Defence and Military Attaché. . . . . . . Colonel A. W. G. Snook, OBE 8.96
Naval and Air Attaché . . . . Commander J. A. Barltrop, RN 8.98
CARACAS—(British Embassy, Caracas, c/o FCO, Outward Bag Room, King Charles Street, London SW1A 2AH)
Defence, Naval, Military and Air Attaché . . . Colonel P. A. Reynolds, RM 12.97
(also Defence Attaché Quito and Panama City)
COPENHAGEN—(British Embassy, 36/38/40 Kastelsvej, DK-2100 Copenhagen, Denmark)
Defence, Naval, Military and Air Attaché . . . Commander A. C. Gordon Lennox, RN 2.98

AIR FORCE DEPARTMENT

DAMASCUS—(British Embassy, Damascus, c/o FCO Outward Bag Room, King Charles Street, London SW1A 2AH)
   Defence Attaché. . . . . Colonel M. A. Hart, MBE QGM 8.97

DOHA—(British Embassy, Doha, Qatar, c/o FCO Outward Bag Room, King Charles Street, London SW1A 2AH)
   Defence Attaché. . . . . Wing Commander P. K. Keating, MA BSc MRAeS RAF 1.99

DUBLIN—(British Embassy, Dublin, c/o FCO, Outward Bag Room, King Charles Street, London SW1A 2AH)
   Defence Attaché. . . . . Colonel J. D. Wilson 9.98

GUATEMALA CITY—(British Embassy Guatemala City, Guatemala, c/o FCO Outward Bag Room, King Charles Street, London, SW1A 2AH)
   Defence Attaché. . . . . Colonel D. B Simpson 9.96
   (also Defence Attaché San Salvador and Tegucigalpa and Managua)

THE HAGUE—(British Embassy, Lange Voorhout 10, 2514 ED, The Hague, Netherlands)
   Defence and Naval Attaché . . . . Captain R. StJ. S. Bishop, RN 3.98
   Military and Air Attaché . . . . Lieutenant Colonel S. J. A. Lloyd, MBE . . . 12.98

HELSINKI—(British Embassy, Uudenmaankatu 16,20, 00120 Helsinki 12 Finland)
   Defence, Naval, Military and Air Attaché . . . Lieutenant Colonel G. A. B. Grant 4.98
   (also Defence Attaché Tallinn)

JAKARTA—(British Embassy, Jakarta, c/o FCO, Outward Bag Room, King Charles Street, London SW1A 2AH)
   Defence Attaché. . . . . Colonel D. S. MacFarlane 8.97

KATHMANDU—(British Embassy, Kathmandu, BFPO 4)
   Defence Attaché. . . . . Colonel M. Dowdle 10.98

KUWAIT CITY—(British Embassy, PO Box 2, Safat 13001 Kuwait)
   Defence Attaché. . . . . Colonel The Honourable A. J. C. Campbell . . . 12.98

LISBON—(British Embassy, Lisbon, BFPO 6)
   Defence, Naval and Air Attaché . . . . . Commander R. A. Goddard, AFC RN 10.96

MADRID—(British Embassy, Madrid, c/o FCO, Outward Bag Room, King Charles Street, London SW1A 2AH)
   Defence and Naval Attaché . . . . Captain P. J. Pacey, RN 12.96
   Military and Air Attaché . . . . Colonel R. J. Lawson 9.97

MANILA—(British Embassy, Manila, c/o FCO, Outward Bag Room, King Charles Street, London SW1A 2AH)
   Defence Attaché. . . . . Captain C. Peach, RN 9.98

MEXICO CITY—(British Embassy, Mexico City, c/o FCO Outward Bag Room, King Charles Street, London SW1A 2AH)
   Defence, Naval, Military and Air Attaché . . . Colonel J. M. C. Watson 9.97
   (also Defence Attaché Belize and Havana)

MOSCOW—(British Embassy, Moscow, c/o FCO Outward Bag Room, King Charles Street, London SW1A 2AH)
   Defence and Air Attaché . . . . Air Commodore M. L. FEENAN, CBE MA FIMgt RAF 6.96
   (also Defence Attaché Alma Ata, Ashkhabad, Bishkek, Dushanbe and Tashkent)
   Assistant Air Attaché . . . . Squadron Leader M. Cunningham, RAF 4.99
   (also Assistant Defence Attaché Minsk)

MUSCAT—(British Embassy, Muscat, c/o FCO Outward Bag Room, King Charles Street, London SW1A 2AH)
   Defence and Military Attaché. . . . . . . Brigadier M. I. KEUN 6.96
   Naval and Air Attaché . . . . Wing Commander G. R. Warburton RAF 7.98

OSLO—(British Embassy, Thomas Heftyesgate 8, 0244 Oslo 2, Norway)
   Defence and Naval Attaché . . . . Commander D. L. Stanesby, RN 4.99
   Military and Air Attaché . . . . Lietenant Colonel P. H. Gullan, MBE MC . . . 8.95

PARIS—(British Embassy, 35 rue du Faubourg St. Honore, 75383 Paris Cedex 08, France)
   Defence and Air Attaché . . . . Air Commodore D. N. ADAMS, BSc MRAeS RAF . 2.98
   Assistant Air Attaché . . . . Wing Commander G. I. August, BA RAF . . . 7.99

PEKING—(British Embassy, Peking, c/o FCO. Outward Bag Room, King Charles Street, London SW1A 2AH)
   Defence, Military and Air Attaché . . . . . Brigadier J. G. KERR, OBE QGM 6.98

PRAGUE—(British Embassy, Prague, c/o FCO Outward Bag Room, King Charles Street, London SW1A 2AH)
   Defence Attaché. . . . . Colonel A. F. Davidson, MBE 6.98

RABAT—(British Embassy, 17 Boulevard de la Tour Hasson, (BP 45), Rabat, Morocco.
   Defence Attaché. . . . . Lieutenant Colonel M. H. Argue, MBE, MC . . . 6.97
   (also Defence Attaché Nouakchott and Dakar)

AIR FORCE DEPARTMENT

RIGA—(British Embassy, Riga, c/o FCO, Outward Bag Room, King Charles Street, London SW1A 2AH)
Defence Attaché. . . . . Lieutenant Colonel N. G. W. Lang 1.95
(also Defence Attaché Vilnius)
RIYADH—(British Embassy, Riyadh, c/o FCO, Outward Bag Room, King Charles Street, London SW1A 2AH)
Defence and Military Attaché. . . . . Brigadier W. E. STRONG. 9.95
(also Defence Attaché Bahrain and Defence and Military Attaché Sana'a)
Air Attaché . . . . Wing Commander C. B. Troke, RAF 7.95
(also Air Attaché Sana'a)
ROME—(British Embassy, BFPO 8)
Defence and Military Attaché. . . . . Brigadier J. A. ANDERSON 10.96
Air Attaché . . . . Group Captain J. N. J. Grisdale, MBE RAF . . . 1.98
SANTIAGO—(British Embassy Santiago, c/o FCO, Outward Bag Room, King Charles Street, London SW1A 2AH)
Defence Attaché. . . . . Captain P. J. Ellis, RN 8.97
SEOUL—(British Embassy, BFPO 3, via BFPO 1)
Defence and Military Attaché. . . . . Brigadier J. BAKER, MBE 10.98
Naval and Air Attaché . . . . Group Captain S. J. Coy, OBE RAF 10.96
SKOPJE—(British Embassy, Skopje, c/o FCO, Outward Bag Room, King Charles Street, London SW1A 2AH)
Defence Attaché. . . . . Colonel M. I. V. Dore 5.99
SOFIA—(British Embassy, Sofia, c/o FCO, Outward Bag Room, King Charles Street, London SW1A 2AH)
Defence Attaché. . . . . Colonel R. E. Fielding. 12.97
STOCKHOLM—(British Embassy, Box 27819-115-93 Stockholm, Sweden)
Defence and Air Attaché . . . . Wing Commander J. G. ELLIOTT, MBE RAF . . 9.98
TEL AVIV—(British Embassy, Tel Aviv, c/o FCO, Outward Bag Room, King Charles Street, London SW1A 2AH)
Defence and Military Attaché. . . . . Colonel E. H. Houston, OBE 10.97
Naval and Air Attaché . . . . Wing Commander M. B. Whitehouse, BSc RAF . . 4.97
TOKYO—(British Embassy No. 1 Ichiban-cho. Chiyoda-ku, Tokyo 102, Japan)
Defence and Naval Attaché . . . . Captain N. D. V. Robertson, RN. 5.95
Military and Air Attaché . . . . Group Captain P. Edwards, RAF 11.95
VIENNA—(British Embassy, Jaucesgasse 12, 1030 Vienna, Austria)
Defence Attaché. . . . . Lieutenant Colonel A. R. Manton 3.97
(also Defence Attaché Ljubljana)
WARSAW—(British Embassy, Warsaw, c/o FCO, Outward Bag Room, King Charles Street, London SW1A 2AH)
Defence and Air Attaché . . . . Group Captain M. Mitchell, RAF 6.97
Naval and Military Attaché . . . . Lieutenant Colonel P. R. P. Swanson, MBE . . . 10.97
WASHINGTON—(British Embassy, BFPO 2)
Defence Attaché. . . . . Major General C. G. C. VYVYAN, CBE 4.97
Air Attaché . . . . Air Commodore D. K. NORRISS, RAF 9.95
Assistant Air Attaché . . . . Group Captain B. T. Dingle, RAF 3.99
ZAGREB—(British Embassy, Zagreb, c/o FCO, Outward Bag Room, King Charles Street, London SW1A 2AH)
Defence Attaché. . . . . Lieutenant Colonel S. C. H. Cleveland MBE . . . 12.97

AIR FORCE DEPARTMENT

DEFENCE AND AIR ADVISERS TO BRITISH HIGH COMMISSIONS

ABUJA—(British High Commission, Abuja, c/o FCO, Outward Bag Room, King Charles Street, London SW1A 2AH)
Defence Adviser. . . . . Colonel G. G. Davies 5.99

ACCRA—(British High Commission, Accra, c/o FCO, Outward Bag Room, King Charles Street, London SW1A 2AH)
Defence Adviser. . . . . Lieutenant Colonel E. Glover 1.98
(also Freetown and Defence Attaché Lome and Abidjan)

BANDAR SERI BEGAWAN—(British High Commission, Bandar Seri Begawan, c/o FCO, Outward Bag Room, King Charles Street, London SW1A 2AH)
Defence Attaché. . . . . Captain P. H. Jones, RN 6.99

BRIDGETOWN—(British High Commission, Lower Collymore Rock, (PO Box 676), Bridgetown, Barbados
Defence Adviser. . . . . Captain P. Jackson, RN 2.98
(also Defence Advisor St Georges, Kingstown, Castries, Roseau, St Johns, Basseterre, Cayman, Grand Turk, Tortola, The Valley and Plymouth and Defence Attaché Paramaribo)

CANBERRA—(British High Commission, Commonwealth Avenue, Canberra, Australia)
Defence and Naval Adviser . . . . Commodore A. J. LYALL, MBE RN 2.98
Air Adviser . . . . Group Captain N. C. Rusling BA RAF 6.99

COLOMBO—(British High Commission, Colombo, c/o FCO, Outward Bag Room, King Charles Street, London SW1A)
Defence Adviser. . . . . Lieutenant Colonel R. N. Kendell, MBE 3.98

HARARE—(British High Commission. Harare, c/o FCO, Outward Bag Room, King Charles Street, London SW1A 2AH)
Defence Adviser. . . . . Colonel A. J. Reed-Screen, OBE 3.95
(also Defence Adviser Gaborone, Lilongwe and Maputo)

ISLAMABAD—(British High Commission, Islamabad, c/o FCO, Outward Bag Room, King Charles Street, London SW1A 2AH Vincent and the Grenadines)
Defence and Military Adviser. . . . . . . Brigadier B. D. WHEELWRIGHT. 6.97
Naval and Air Adviser . . . . Captain M. J. Broadhurst, RN 12.97

KAMPALA—(British High Commission, Kampala, c/o FCO, Outward Bag Room, King Charles Street, London SW1A 2AH)
Defence Adviser. . . . . Lieutenant Colonel C. E. Thom, OBE 1.98
(also Defence Attaché Bujumbura and Kigali)

KINGSTON—(British High Commission, Kingston, c/o FCO, Outward Bag Room, King Charles Street, London SW1A 2AH)
Defence Adviser. . . . . Colonel A. L. Moorby 4.97
(also Trinidad & Tobago, Georgetown, Paramaribo and Nassau)

KUALA LUMPUR—(Wisma Damansara, Jalan Semantan, 50490 Kuala Lumpur, Malaysia)
Defence Adviser. . . . . Colonel M. B. Cooper. 11.96
(also Defence Attaché Hanoi)
Assistant Defence Adviser. . . . . Lieutenant Commander M. P. O'Riordan, RN . . 8.98

NAIROBI—(British High Commission, BFPO 10)
Defence and Military Adviser. . . . . . . Colonel T. V. Merritt, OBE 9.97
(also Defence Advisor Dar-Es-Salaam and Defence Attaché Addis Ababa and Asmara)

NEW DELHI—(British High Commission, New Delhi, c/o FCO, Outward Bag Room, King Charles Street, London SW1A 2AH)
Defence and Military Adviser. . . . . . . Brigadier S. M. A. LEE, OBE. 11.97
(also Defence Adviser Dhaka)
Naval and Air Adviser . . . . Captain K. Ridland, RN 6.98

AIR FORCE DEPARTMENT

NICOSIA—(British High Commission, BFPO 567)
   Defence Adviser. . . . . Colonel C. S. Wakelin, OBE 5.98

OTTAWA—(British High Commission, Naval Party 1010, BFPO 487)
   Defence and Military Adviser. . . . . Brigadier E. P. O. SPRINGFIELD, CBE 1.97
   Naval and Air Adviser . . . . Group Captain T. J. Williams, AFC 5.97

PRETORIA—(British High Commission, Pretoria, c/o Outward Bag Room, King Charles Street, London SW1A 2AH)
   Defence and Military Adviser. . . . . Brigadier M. A. RAWORTH 4.99
   (also Defence Adviser Maseru and Mbabane)
   Naval and Air Adviser . . . . Commander D. L. W. Sim, RN 11.97
   (also Defence Adviser Windhoek)

SINGAPORE—(British High Commission, Naval Party 1022 BFPO Ships)
   Defence Adviser. . . . . Group Captain C. B. Le Bas, BSc MIMgt RAF . . 6.98
   (also Defence Attaché Bandar Seri Begawan)

WELLINGTON—(British High Commission, PO Box 1812, (44 Hill Street), Wellington, New Zealand)
   Defence Adviser. . . . . Captain D. A. Wines, RN 10.98
   (also Defence Attaché Suva and Nuku'alofa)

AIR FORCE DEPARTMENT

HEADQUARTERS IN THE UNITED KINGDOM OF THE AIR FORCES OF COMMONWEALTH COUNTRIES

AUSTRALIA. Australian Defence Staff
Address: Australia House, Strand, London, WC2B 4LA. Telephone: 0207 887 5264

Air Adviser
Group Captain P. B. Layton, RAAF

Staff Officer Engineering (Air Force)
Wing Commander S. C. Drury, RAAF

CANADA. Canadian Forces, Canadian Defence Liaison Staff.
Address: 1 Grosvenor Square, London W1X 0AB. Telephone 0207-258 6424

Air Force Adviser
Colonel K. R. Sorfleet, BEng CD

Assistant Air Force Adviser
Lieutenant Colonel D. Mason, CD

NEW ZEALAND. New Zealand Defence Staff.
Address: New Zealand House, 80 Haymarket, London SW1Y 4TQ. Telephone 0207-930 8400

Head NZDS
Brigadier R. R. OTTAWAY, MBE

Air Adviser
Wing Commander J. B. Jones, RNZAF

INDIA. Staff of the Air Adviser to the High Commissioner for India in the U.K.
Address: India House, Aldwych. London WC2B 4NA Telephone: 0207-836 8484 EXT: 222

Air Adviser
Air Commodore C. S. GILL, VM VSM

AIR FORCE DEPARTMENT

BRITISH DEFENCE STAFF WASHINGTON

Postal Address BFPO 2

CENTRAL STAFF

Joint Staff
Wing Commander T. E. Osborne 27.11.98

Communications Information Service
Wing Commander S. J. Kinder, MBE 3.9.98

ROYAL AIR FORCE STAFF

Air Attaché
Air Commodore G. D. SIMPSON, CBE AFC FRAeS 19.11.99

Group Captain
B. T. Dingle 26.3.99

Wing Commanders
P. J. Hughesdon 16.10.98
P. Williams, BSc 1.8.97
R. M. Harris, BSc CEng MIEE 23.7.99
D. C. Fidler 10.9.99

DEFENCE STAFF

DE/Air Armaments
Wing Commander G. M. Goddard, MSc BSc CEng MIMechE ACGI 24.1.97

COMMANDS AT HOME

STRIKE COMMAND

Postal Address RAF HIGH WYCOMBE, BUCKINGHAMSHIRE, HP14 4UE
Telephone Nos—01494-461461 (GPTN 95221)

COMMAND HEADQUARTERS

AIR OFFICER COMMANDING-IN-CHIEF
Air Chief Marshal Sir PETER SQUIRE, KCB DFC AFC ADC FRAeS 29.3.99
    Personal Staff Officer
        Wing Commander D. J. Blore, MSc BSc MRAeS 7.12.98
    Deputy Personal Staff Officer
        Squadron Leader A. J. Lindsay, BA 14.7.97
    Aide-de-Camp
        Flight Lieutenant M. K. Hobbs 22.3.99

CHIEF OF STAFF AND DEPUTY COMMANDER-IN-CHIEF
    Air Marshal T. I. JENNER, CB FRAeS 16.9.98
    Personal Staff Officer
        Squadron Leader M. Rogerson, MBE 27.7.98

SENIOR AIR STAFF OFFICER AND AIR OFFICER COMMANDING 38 GROUP
    Air Vice-Marshal P. O. STURLEY, MBE BSc FRAeS 26.1.98
    Staff Officer
        Squadron Leader G. Tunnicliffe, BA 10.8.98
    Air Commodore Operations
        Air Commodore N. J. DAY, BSc(Eng) ACGI 7.7.97

AIR OFFICER LOGISTICS AND COMMUNICATIOIN INFORMATION SYSTEMS
    Air Vice-Marshal P. J. SCOTT, MSc BSc CEng FIMechE 24.8.98
    Staff Officer
        Squadron Leader G. Williams 2.3.98
    Assistant Chief of Staff A6
        Air Commodore D. R. G. RENNISON, MSc BSc 1.2.99
    Air Commodore Logistics Policy and Plans
        Air Commodore P. WHALLEY 4.1.99
    Assistant Chief of Staff A4
        Air Commodore J. E. CHANDLER, CBE CEng FRAeS 28.9.98

AIR OFFICER ADMINISTRATION AND AIR OFFICER COMMANDING DIRECTLY ADMINISTERED UNITS
    Air Vice-Marshal A. J. BURTON, OBE BSc FCIS 27.7.98
    Staff Officer
        Squadron Leader N. R. Gorman, BEd 17.5.99
    Aide-de-Camp
        Flight Lieutenant P. R. Sanger-Davies, BA 12.1.98
    Air Commodore Security and Provost Marshal
        Air Commodore R. McCONNELL, BA 28.9.98

Air Officer Plans
    Air Commodore N. J. SUDBOROUGH, OBE FIPD 6.1.97

COMMAND SECRETARY
    Mr C. J. Wright

    Group Captains
        T. J. Beney, FIMgt 1.9.98
        T. Bufton, MSc BSc CEng FIMgt MIEE DIC 31.1.94
        L. J. Burrell, BEng CEng MRAeS 14.12.98

COMMANDS AT HOME

G. O. Burton 13.2.95
R. F. R. Carr, MBE 15.12.97
N. W. Cromarty. 18.1.99
G. C. Daffarn, BSc FIMgt 20.3.98
P. C. Goodman, MBE BSc 19.3.99
K. Gowing, MA CEng MIMechE MRAeS 5.10.98
G. S. Harker. 18.10.96
T. C. Hewlett, OBE 14.4.98
A. P. N. Lambert, MPhil 22.2.99
P. J. Lewis, LLB. 16.11.98
S. P. J. Lilley, MA 5.12.97
R. I. McAlpine, DFC MA BSc MRAeS 7.6.99
B. G. McLaren, MSc MBA MIMgt 29.1.96
C. B. Montagu, MSc BSc CEng MIMechE. 11.1.99
N. J. Pearson, FRAeS FIMgt 24.8.98
M. J. Perrett, OBE 19.9.94
M. J. Routledge, BSc 21.7.97
P. W. Rycroft 1.3.99
W. Smith 21.9.98
A. C. Spinks, MILog 14.12.98
N. B. Spiller 20.9.96
Rev I. M. Thomas, QHC MA 12.8.98
I. Travers Smith, DSO. 25.3.96

Wing Commanders

M. P. Aleandri, BSc 10.8.98
R. L. A. Atherton 12.1.98
G. A. Baber, BSc CEng 29.1.96
J. K. L. Babraff 15.2.93
A. T. Bake, BSc 15.7.97
D. R. Bannister 11.8.98
I. Barrowcliffe 26.4.99
B. J. Beaumont, CDipAF 4.12.95
A. Bentham 14.4.98
P. A. Betteridge, MA DipMgmt 27.7.98
G. H. Binfield 3.6.96
C. R. Bushell, MA BSc CEng MIMechE 17.8.98
J. A. Clegg 4.5.99
B. A. Cornwell, BSc ARCS 25.3.96
A. K. Cossar, MSc BSc CEng MIEE 10.8.98
A. J. R. Davenport 18.1.99
I. F. Davidson, BA 22.1.96
S. P. Davis-Poynter, MA MSc BA CEng MRAeS . . 1.2.99
G. P. Farnell, BSc 17.8.98
R. G. Fraser, BSc 19.1.98
M. J. French, MBE BSc CEng MRAeS MIMgt AIL . 24.3.98
D. J. Gale, MBE MA MDA BSc CEng MIEE 10.8.98
A. S. Garner, BSc CEng MRAeS 4.1.99
C. E. Gingell, MBE. 1.2.99
B. C. Green 8.7.96
C. J. S. Hewat, MBE 13.11.98
P. S. Hillier, BSc CEng MRAeS 7.10.96
E. B. Howlett 2.12.96
D. C. Hyde, MSc BSc 12.9.94
A. Johnston 21.5.99
C. S. Knapman 4.5.99
C. H. Lawrence, BSc CEng MRAeS 5.10.98
S. M. Lea, BSc 6.2.99
S. D. Lungley 3.2.97
E. J. MacLean, MBE 7.2.94

COMMANDS AT HOME

B. S. Mahaffey, BA	22.5.95
C. W. McDermott	16.8.98
P. Melhuish	6.9.96
A. G. Mitchell, BA	31.8.98
M. L. Page, GradDipMS	15.2.99
T. N. J. Pemberton-Pigott, MCIT	13.2.99
S. M. Phelps, BTech CEng MIMechE	24.9.98
M. M. Pollitt, BSc	7.6.99
D. L. Prowse, BA	14.7.97
N. B. Randall	22.6.98
S. Randles	11.2.98
M. Rimmer	5.10.98
P. Rooney, BA DPhysEd	2.11.98
P. H. Rosentall	1.6.96
P. J. Rowney	4.2.95
E. J. Scaplehorn, OBE BA MMar	26.10.98
A. M. O. Scott, BA	4.7.94
R. Shields	27.4.98
I. D. L. Shore, MIMIS MILog	10.9.97
S. L. Singleton	27.4.98
C. M. Taylor	1.6.99
N. R. Tench, MBE	3.6.95
G. A. J. Tull	13.10.97
C. D. Turner, MSc BSc	8.9.97
A. Ware	27.10.97
S. P. West, MA MSc	1.4.98
J. K. Wheeler, OBE BA	16.9.96
R. W. White, MBE	18.11.98
G. A. Williams	1.9.97
C. D. L. Winwood, BSc CEng MIEE	17.3.97

Retired Officers
Group Captain G. W. Gibson, CBE
Wing Commander N. G. Dixon, BA
Wing Commander P. R. Fennell
Wing Commander R. J. C. Green, MRIN MIMgt

Civilians
Mr A. L. H. Bailey
Miss J. A. Dupree
Mr J. H. Evans
Ms L. A. Gray
Mr J Jolly
Mr E. Martin
Mr M. C. McCarthy
Mr M. Ollerenshaw
Mr R. E. Partridge
Mr K. Proctor
Mr C. Shepherd
Mr G. Sullivan
Mr D. H. Taylor
Mr A. Tindall
Mr P. H. Tipple

HEADQUARTERS LOGISTICS COMMAND

Postal Address RAF BRAMPTON, HUNTINGDON, CAMBS, PE18 8QL
Telephone Number 01480-52151 (GPTN 95331)

AIR OFFICER COMMANDING-IN-CHIEF, AIR MEMBER FOR LOGISTICS AND CHIEF ENGINEER (RAF)
    Air Marshal M. D. PLEDGER, OBE AFC BSc FRAeS 30.4.99
    Deputy Personal Staff Officer
        Squadron Leader C. P. Daykin, BEng 26.10.98
    Aide-de-Camp
        Flight Lieutenant D. E. Payne, BEng 16.9.98
CHIEF OF STAFF
    Air Vice-Marshal G. SKINNER, CBE MSc BSc CEng FILT FIMechE FIMgt MRAeS 29.4.99
    Staff Officer
        Squadron Leader A. J. Harris, MSc BSc 19.10.98
    Aide-de-Camp
        Flight Lieutenant S. M. Jermyn. 13.6.99

ROYAL AIR FORCE PERSONNEL AND TRAINING COMMAND

Postal Address RAF INNSWORTH, GLOUCESTER, GL3 1EZ
Telephone No—01452-712612

AIR MEMBER FOR PERSONNEL AND AIR OFFICER COMMANDING-IN-CHIEF
Air Marshal Sir ANTHONY BAGNALL, KCB OBE FRAeS 7.8.98
Personal Staff Officer
Wing Commander P. Heaton 9.3.98
Staff Officer
Squadron Leader J. F. McLean, BA 15.2.99
Aide-de-Camp
Flight Lieutenant N. J. Bill, BA 27.7.98
CHIEF OF STAFF/AIR MEMBER FOR PERSONNEL
Air Vice-Marshal R. A. WRIGHT, AFC FRAeS 2.2.98
Staff Officer
Squadron Leader, C. J. McKiernan, BA MBIFM 24.11.97

PLANS AND POLICY
Air Commodore Policy and Plans
Air Commodore I. S. CORBITT 18.12.95
Chief Scientific Support Officer
Mr M. E. COURT, BSc

AIR OFFICER ADMINISTRATION AND AIR OFFICER COMMANDING DIRECTLY ADMINISTERED UNITS
Air Commodore J. A. McLOUGHLIN, MBE MA 2.11.98

CHIEF EXECUTIVE TRAINING GROUP DEFENCE AGENCY AND AIR OFFICER COMMANDING TRAINING GROUP
Air Vice-Marshal A. J. STABLES, CBE FRAeS 8.1.97
Staff Officer
Squadron Leader M. W. Evans, BSc MIMgt 8.2.99

TRAINING STAFF
Director of Training
Air Commodore A. P. WALDRON, CBE AFC 15.9.97
Director of Corporate Development
Air Commodore G. E. WILLIS, BSc FRAeS 14.12.98
Director RAF Sports Board
Air Vice-Marshal R. J. HONEY (Retd), CB CBE FIPD

AIR SECRETARY/CHIEF EXECUTIVE PERSONNEL MANAGEMENT AGENCY
Air Vice-Marshal I. M. STEWART, AFC LLB FRAeS 28.8.98
Staff Officer
Squadron Leader A. J. Radcliffe 9.8.99
Director of Personnel Management Agency (Officers and Airmen Aircrew) (RAF)
Air Commodore A. E. NEAL, AFC FIMgt 14.1.99
Director of Personnel Management Agency (Airmen and Reserve Forces) (RAF)
Air Commodore C. DAVISON, MBE FIMgt DPhysEd 6.1.97
Director of Personnel Management Agency (Policy)
Air Commodore J. A. COLLIER, CBE BSc 10.7.98

DIRECTOR-GENERAL MEDICAL SERVICES (RAF)
Air Vice-Marshal C. J. SHARPLES, QHP MSc FFOM MRCS(Eng) LRCP DAvMed MRAeS . . . 3.2.97
Staff Officer
Squadron Leader W. M. Fleetwood 1.6.99

COMMANDS AT HOME

Director Medical Personnel, Policy and Plans
   Air Commodore E. J. THORNTON, MB ChB FIMgt MFOM DAvMed 13.10.97
Director Primary Health Services
   Air Commodore S. R. C. DOUGHERTY, MSc MB BS FFOM FIMgt DRCOG DAvMed MRAeS 16.4.99
Clinical Director (RAF)
   Vacant
Director of Nursing Services (RAF)
   Air Commodore R. H. WILLIAMS, RRC QHNS 6.2.95
DIRECTOR LEGAL SERVICES (RAF)
   Air Vice-Marshal J. WEEDEN, LLB 19.6.97
Staff Officer
   Squadron Leader S. Dureau, LLB 6.4.98
Deputy Director Legal Services (RAF)
   Air Commodore R. A. CHARLES, LLB 12.6.97
CHAPLAIN-IN-CHIEF
   The Venerable (Air Vice-Marshal) A. P. BISHOP, QHC MPhil LTh FRSA. 21.8.98
Staff Chaplain
   Reverend (Wing Commander) P. W. Mills, BD 5.1.98
COMMAND SECRETARY
   Mr R. J. ROOKS

Group Captains
   F. F. Amroliwala, OBE MA 3.8.98
   D. B. Armstrong, BDS MGDSRCS(Eng) DGDP(UK) LDSRCS 4.3.96
   T. Mc. Arnot, OBE 1.4.94
   J. K. E. Barlow 5.6.97
   W. Barnett 2.1.96
   P. A. Barrett, OBE BSc FRAeS 27.11.95
   D. G. Barton, BSc 1.2.99
   Rev R. O. Bayliss, QHC RMN 1.4.94
   W. H. Boothby, BA. 16.7.97
   M. P. Brzezicki, MPhil MIL 4.9.98
   I. R. Cooper 23.11.98
   C. P. A. Evans, MB BCh DavMed 1.2.99
   A. N. Graham-Cumming, MB BS MRCGP MRCS MFOM LRCP DAvMed MRAeS. 1.8.96
   D. I. Harrison, BSc 15.2.99
   The Rev Mgr E. P. Hill, QHC VG. 15.2.96
   D. A. Ingham, OBE BSc 31.10.94
   R. D. Iredale. 6.5.97
   D. J. Jones, RAFR 1.3.98
   M. T. Leatt, BSc 7.12.98
   I. D. Lindsay, MA MSc MB BChir MRCGP DRCOG DAvMed AFOM 29.9.97
   A. R. Maxwell 24.8.98
   D. L. McConnell, MSc MB ChB DObstRCOG DAvMed 25.1.99
   Rev G. H. Moore 4.5.98
   M. I. Pettifer, OBE BSc 11.12.95
   M. Ranger, MB BS DAvMed AFOM MRAeS 13.6.95
   D. C. Roome, OBE FRAeS 9.4.97
   E. G. Samuel, BSc CEng MIMechE. 22.4.96
   M. D. Stringer 15.2.99
   W. J. Taylor, OBE MRAeS 19.12.97
   J. D. Tonks, BSc 7.4.97
   M. R. Trace, OBE MA FRAeS 15.2.99
   F. L. Turner 23.3.98
   P. D. J. Turner, BSc FIMgt FIPD 8.6.96
   P. L. Watson, FIMgt DPhysEd 8.10.94
   S. Wood, MHCIMA 23.10.98

COMMANDS AT HOME

Wing Commanders

R. J. Allaway, BEd	11.5.98
J. D. Allen	18.8.97
M. A. Ashraf, BSc	16.8.99
S. P. Ayres, BSc	14.7.97
T. T. J. Baker, LLB	6.8.98
N. T. Bale, BSc	1.1.94
P. M. Blee	3.3.97
S. F. Bolam, MHCIMA	1.4.98
S. E. Bonell, BA ACIS	18.4.97
R. J. M. Broadbridge, MB BS MRCGP DRCOG DAvMed	25.11.96
G. J. Bruce, BSc	22.3.99
M. W. Brumage, MA CertEd	14.12.98
K. A. Bull	30.9.96
M. C. Bullock BSc	17.11.97
C. B. Campbell, BSc ACIS	3.1.96
L. G. G. Cartwright-Terry, MBE BA	21.9.98
M. A. Chambers	22.6.98
R. I. Chambers	24.3.98
J. J. Clark	8.6.98
G. A. Clyde, BSc	15.12.97
P. J. Connell, BA	5.7.99
D. M. Connolly, MB BS MRCGP MRAeS DAvMed	17.8.98
S. J. Court, MBE	6.10.97
K. M. Douglas	31.7.95
J. Dyer	3.4.97
S. Edgar, MHCIMA	6.4.98
I. Ellison, MIMgt	14.6.99
J. D. L. England, MBE LLB	1.6.99
M. G. W. Fisher	3.4.97
N. K. Gillingham, OBE BEd	17.6.96
I. P. Hamilton	23.9.96
G. J. Harding, LLB	6.4.98
R. A. Harding, MA MDA BA MIPD	9.12.96
T. A. Harper	23.8.99
R. J. Harrison, BA MIMgt DPhysEd CertEd	9.11.98
P. J. Heard, MBE MSc BSc CEng MRAeS MIMechE	10.8.98
C. Hilliker	1.4.98
J. S. Hocknell, OBE MSc BSc	1.4.94
B. C. Holding, AFC	23.9.96
M. B. Hutchins	18.12.95
R. R. Innes, OBE MIMgt	4.8.97
M. F. Jordan	3.6.96
R. B. Lindley, MIMgt	24.8.98
R. E. Lyttle, MIMgt	19.10.98
S. J. Macauley, BSc MBBS	8.2.99
D. McAll, MDA	24.8.98
D. A. McCafferty	10.8.98
A. W. Medford, BSc	5.5.98
M. S. Meyer	23.5.95
R. J. Milsom, OBE RAFR	1.4.94
F. L. Mogford	1.4.94
A. G. O'Neill, MSc CEng MIEE	1.4.94
G. A. Ordish	1.7.96
G. J. Pilgrim-Morris, BSc(Econ) FInstAM	5.9.92
J. M Poulter, BSc	1.4.94
R. J. A. Powell	23.11.98
C. M. Rackham	26.4.96
R. A. Reid, OBE ARRC RM	15.1.98
C. I. Roberts, BSc(Econ) MIMgt	1.7.94

COMMANDS AT HOME

R. W. Roberts	19.10.98
P. J. Sager, MBE	21.6.99
D. J. Sainsbury, MSc BEd	2.9.98
D. StJ. Salisbury	8.6.98
P. Shepherd	23.6.97
B. P. Simmonds, OBE BSc CPhys MInstP	27.4.98
C. Simpson, BA	11.1.99
G. P. Smith	1.4.94
J. Stacey	26.1.98
J. P. Stenson, MBE BSc	1.7.94
W. L. Vose	13.3.95
A. C. Wilcock, MB ChB MRCGP DRCOG	1.1.99
P. R. B. Williams	9.11.98
P. A. Wilson	27.1.97
T. Winstanley, MA MSc BA	12.4.99
C. N. W. Wood, MA	3.11.97
S. C. Wood, MIMgt	20.5.95
R. N. Woollacott, MBE	1.4.94
S. G. Wragg, BSc	31.5.99

Retired Officers

    Air Commodore R. D. Arnott, CBE FIMgt MIPD
    Air Commodore M. K. Widdowson
    Air Commodore P. J. Wilkinson, CVO MA
    Group Captain S. J. Barclay, OBE MIPD
    Group Captain P. W. Hilton
    Group Captain M. A. Molloy
    Group Captain A. F. Short, OBE
    Group Captain R. H. Smith, FIMgt
    Group Captain P. A. Wilkins, FIMgt MIPM
    Wing Commander K. W. Baldock, OBE
    Wing Commander C. L. Barnfather, BA CEng MIEE MRAeS MIMgt
    Wing Commander W. Beedie, FInstAM MIMgt
    Wing Commander K. A. Burford
    Wing Commander J. I. Gilson
    Wing Commander D. J. Magee
    Wing Commander B. P. Nicolle

Open Grade Structure 6

    J. R. Hollands

Open Grade Structure 7

    A. Cowpe
    B. P. Fisher
    P. Hopper
    Dr T. D. Richmond
    Ms H. Tayler
    P. Wilson

RAF ELEMENTS ABROAD

HEADQUARTERS, BRITISH FORCES GIBRALTAR

Postal Address HEADQUARTERS BRITISH FORCES, THE TOWER, GIBRALTAR BFPO 52

COMMANDER

Commodore A. M. WILLMETT, BSc RN 16.6.99

MA to Commander

   Squadron Leader, P. W. Atkinson, BA 17.11.98

Station Commander RAF Gibraltar

   Wing Commander A. M. Bone, AFC 3.11.97

RAF ELEMENTS ABROAD

HEADQUARTERS, BRITISH FORCES CYPRUS

Postal Address HEADQUARTERS, BRITISH FORCES CYPRUS
BRITISH FORCES POST OFFICE 53

COMMANDER

Major General A. I. RAMSAY CBE DSO 16.1.98
   Aide-de-Camp
      Captain M. P. S. Luckyn-Malone 13.1.98
   MA to Commander
      Squadron Leader R. J. Cowell 26.3.97
   CHIEF OF STAFF
      Air Commodore P. A. ROBINSON, OBE 28.3.98
   DEPUTY CHIEF OF STAFF
      Group Captain B. J, Comina. 8.6.98
   Wing Commanders
      D. Ash, LLB 27.7.99
      S. Blackburn, MBE. 10.10.97
      J. C. Knights 7.4.97
      J. W. Witney, MSc MPhil BSc CEng MIEE MIMgt 3.12.96

MISCELLANEOUS ESTABLISHMENTS

D. E. Sibley . . . . Command Secretary
Mr R. Need . . . . SO1 Media Ops

HEADQUARTERS INTEGRATED AIR DEFENCE SYSTEM

(ROYAL AIR FORCE ELEMENT)
Postal Address HEADQUARTERS, INTEGRATED AIR DEFENCE SYSTEM, AIR BASE BUTTERWORTH, c/o GPO PENANG, MALAYSIA

Senior Officer Air Defence
Wing Commander M. V. Godfrey, AFC 16.11.98

RAF ELEMENTS IN NATO HEADQUARTERS

NATO HEADQUARTERS MILITARY COMMITTEE

(BRITISH ELEMENT—ROYAL AIR FORCE)
Postal Address—BRITISH FORCES POST OFFICE 49
Telephone No.—Brussels 707 72 11

UNITED KINGDOM MILITARY REPRESENTATIVE
    Vice Admiral P. K. HADDACKS 28.2.97

Executive Assistant
    Wing Commander R. W. Birtwistle 16.7.98

Flag Lieutenant
    Lieutenant A. S. Castle, RN 12.10.98

DEPUTY UK MILITARY REPRESENTATIVE AND CHIEF OF STAFF
    Air Commodore P. W. ROSER, MBE FRAeS 6.7.98

Group Captains
    J. L. Buckler 1.5.95
    D. M. Shannon, OBE 9.5.94

Wing Commanders
    A. J. W. Boyd 23.5.98
    B. A. Horton 12.12.94
    K. L. O'Dea, MA MRAeS MIMgt 27.7.98

Admin. Officer
    Wing Commander D. M. Casey (Retd)

NATO C3 AGENCY
(Tel (02) 707 81 11)
Group Captain R. J. Whittingham, FRAeS FIMgt 1.2.98
Wing Commander M. Crocombe MIIE(elec) 1.10.97

WEU
(Tel (02) 500 45 29)
Wing Commander C. G. Morffew 1.8.99

EURO CONTROL
(Tel 7293568)
Wing Commander B. Coombs, BA 3.6.96

SUPREME HEADQUARTERS ALLIED POWERS EUROPE

Postal Address: BRITISH FORCES POST OFFICE 26
Telegraphic Address: UKNMR SHAPE
Telephone Exchange: SHAPE MILITARY
Telephone No. 00-32-65-447111

DEPUTY SACEUR (UK)
General Sir RUPERT SMITH, KCB DSO OBE QGM 1.10.98
Principal Staff Officer
Group Captain B. W. Newby, AFC 3.11.97
ASSISTANT CHIEF OF STAFF POLICY & REQUIREMENTS DIVISION
Rear Admiral A. B. GOUGH, FIMgt MNI 19.2.97
CHIEF OF SPECIAL WEAPONS BRANCH
Air Commodore D. J. G. WILBY, AFC 28.9.98
UNITED KINGDOM NATIONAL MILITARY REPRESENTATIVE
Air Commodore D. R. WILLIAMS, OBE 15.2.99
DUKNMR(AIR)
Group Captain D. A. Williams, AFC 6.1.97

Group Captains

R. I. Allan, OBE MSc BSc ACGI 13.11.98
R. J. Fishwick 12.11.96
R. M. Jenner 28.9.98
P. D. Scoffham, AFC 16.5.97

Wing Commanders

C. K. Adams. 23.2.98
R. F. Blunden BA MRAeS MBCS MIMgt 3.2.96
I. K. Buchanan 5.10.98
R. J. Cassady 1.4.94
G. A. Coop, MRAeS 15.6.98
D. A. Donnelly, MRIN 16.9.96
G. J. Goodman, OBE MRIN 30.11.98
S. G. Griffiths, MBE MBA 15.7.96
P. J. Hereford, OBE 2.11.98
G. J. P. Moore 21.10.96
D. M. Rait 13.1.97
G. W. Robertson, BSc. 22.6.98
A. W. Semple 28.2.97
S. J. Taylor, MBE MSc CEng MIEE MIMgt 2.9.98
R. E. Todd, BSc(Econ). 28.9.98
N. V. Vaughan-Smith, BSc CEng MIEE MRAeS 28.9.98
H. A. Whiteway. 8.10.95
NATO School (SHAPE) OBERAMMERGAU
Wing Commander A. J. Gritten, MBE 27.11.95
NATO Programming Centre GLONS
Wing Commander S. A. Gracie, MA BA 5.8.96

RAF ELEMENTS IN NATO HEADQUARTERS

HEADQUARTERS ALLIED COMMAND EUROPE
RAPID REACTION CORPS (ARRC)

Postal Address: BRITISH FORCES POST OFFICE 40
Telephone Exchange: RHEINDAHLEN MILITARY
Telephone No. 00-49-2161-565100
Direct Dial: 00-49-2161-565-5***

SENIOR RAF OFFICER
Wing Commander R. Foster 6.11.99
Wing Commander
M. G. Richardson, OBE 7.5.99

HEADQUARTERS ALLIED FORCES
NORTHWESTERN EUROPE

Postal Address: RAF High Wycombe, Bucks, HP14 4TZ
Telephone Number: 01494 461461
Direct Dial: 01494 49****

COMMANDER IN CHIEF
Air Chief Marshal Sir JOHN CHESHIRE, KBE CB FRAeS 11.3.97
Aide-de-Camp
Flight Lieutenant P. J. Heath 12.5.99
Group Captains
M. R. H. Connor, OBE MSc 6.6.94
G. R. Evans, MRAeS 5.10.98
M. W. Halsall 26.10.98
Wing Commanders
K. J. Burgess 9.2.98
J. Dale 12.10.98
J. S. Douglas, OBE 25.10.97
J. N. Kirk 12.8.98
R. A. Lewis 8.6.98
A. P. T. Main, MRAeS MIPD MIMgt 8.12.98
C. R. Pitt, BSc 3.6.96
T. C. Wardill 14.4.98

RAF ELEMENTS IN NATO HEADQUARTERS

HEADQUARTERS ALLIED AIR FORCES NORTHWESTERN EUROPE

Postal Address: RAF High Wycombe, Bucks, HP14 4UE
Telephone Number: 01494 461461
Direct Dial: 01494 49****

COMMANDER ALLIED AIR FORCES NORTHWESTERN EUROPE
    Air Chief Marshal Sir PETER SQUIRE, KCB DFC AFC FRAeS 29.3.99
ASSISTANT CHIEF OF STAFF POLICY AND REQUIREMENTS
    Air Commodore P. JEFFERS. 10.5.99
  Wing Commanders
    W. A. B. Roberts, OBE 11.1.99
    C. E. Wade 21.4.97

HEADQUARTERS
ALLIED FORCES CENTRAL EUROPE

KAMP HENDRICK, BRUNSSUM, NETHERLANDS
(BRITISH ELEMENT: ROYAL AIR FORCE)
BRITISH FORCES POST OFFICE 28
Telephone Exchange: AFCENT
(045 261111)

DEPUTY COMMANDER IN CHIEF
    Air Marshal C. C. C. COVILLE, CB BA FIPD FRAeS 6.8.98

Aide-de-Camp
    Flight Lieutenant P. D. Kidd 6.8.98

Group Captain
    W. K. D. Morrow OBE. 17.9.97

Wing Commanders
    J. B. Bennett 29.7.96
    R. E. V. Clark, MSc BA BSc 7.12.98
    D. N. Crofton 19.1.98
    A. McB Davis, OBE 15.2.95
    A. I. Ferries, BSc 16.5.98
    Rev I. F. Greenhalgh 31.3.99
    J. Kershaw 5.12.98
    A. J. Little 2.12.96
    R. W. Munday 11.11.96
    M. S. Pearce, BSc CEng MIEE 20.6.98
    R. N. Randerson, BSc. 18.8.96
    R. J. Woodroffe, MBE. 9.9.96

RAF ELEMENTS IN NATO HEADQUARTERS

HEADQUARTERS
ALLIED AIR FORCES CENTRAL EUROPE
AIRCENT

RAMSTEIN AIR BASE GERMANY
(ROYAL AIR FORCE ELEMENT)
Postal Address: British Forces Post Office 109
Telephone Exchange: Ramstein DSN (606 258 0111-Operator)
Telephone No: 06371–40 (00-Operator)
IVSN 258 0111
U.K. Support Unit Civil No. 06371–476161

ASSISTANT CHIEF OF STAFF (OPERATIONS)
Air Commodore N. E. TAYLOR, BSc FRAeS 1.2.99

CHIEF AIR ELEMENT TO LANDCENT
Air Commodore M. J. GOOD, MIDPM MIMgt 29.6.98

EXECUTIVE OFFICER TO COMAIRCENT
Group Captain R. D. Cobelli, OBE BSc 20.5.99

SENIOR RAF STAFF OFFICER
Group Captain D. H. Milne-Smith 4.1.99

Group Captain

M. R. Hallam 11.5.98

Wing Commanders

A. B. Batchelor 6.11.95
R. E. Best, AFC 7.1.98
B. W. Cox, MBE 18.1.99
S. Cummings 9.6.97
P. N. Day 26.1.99
C. R. D. Dickens 16.6.97
W. R. Hartree 3.8.98
A. D. Huggett 22.9.97
B. D. Longman, OBE CEng MRAeS MIEE MIMgt 22.1.96
D. W. McCormick, BSc 20.2.97
T. Minns 22.11.98
S. W. StJ. Oliver, BSc 28.10.96
R. G. Parker, BA 16.5.99
S. G. Rodda 21.2.97
M. Rodgers 26.10.96
J. P. Squelch, BSc 27.1.99
D. J. Trembaczowski-Ryder, BSc 19.9.97
L. Turner, BSc 31.3.96

HEADQUARTERS
ALLIED AIR FORCES CENTRAL EUROPE
TACTICAL LEADERSHIP PROGRAMME
AIRCENT/TLP

BASE J. OFFENBERG, FLORENNES, BELGIUM
(ROYAL AIR FORCE ELEMENT)
Postal Address: c/o United Kingdom Support Unit
British Forces Post Office 26
Telephone No: ++32 71681538
IVSN 252 1110

SENIOR RAF OFFICER
Wing Commander
   J. A. Hill, MSc BSc MRAeS 7.9.98

Squadron Leaders
   J. C. Ball 30.3.98
   J. M. Goatham 29.7.96
   N. J. Hay 30.8.98
   I. Hodson 9.12.96
   M. D. Warren, BSc. 20.11.98

ALLIED FORCES SOUTHERN EUROPE

Postal Address—HQ ALLIED FORCES SOUTHERN EUROPE, BFPO 8
National Correspondence addressed to—UKNSU, HQ AFSOUTH, BFPO 8
Telephone No.—NAPLES 0039-81-7212046
Fax No.—NAPLES 0039-81-5709053

Group Captain
G. A. Bowerman, OBE 24.10.98

Wing Commanders
G. R. Davey 6.9.99
S. J. Poyntz 5.1.98
A. G. Reed, IEng FIIE(elec) MIMgt 14.4.97
A. K. Richardson 5.8.96

COMMANDER MARITIME AIR FORCES SOUTHERN EUROPE

Postal Address—MARAIRSOUTH, BFPO 8
National Correspondence addressed to—UKNSU, HQ AFSOUTH, BFPO 8
Telegraphic Address—COMARAIRSOUTH
Telephone No.—NAPLES 0039-081-568-3673

Wing Commander
J. L. Morgan 11.9.95

ALLIED AIR FORCES SOUTHERN EUROPE

Postal Address—HQ ALLIED FORCES, BFPO 8
National Correspondence addressed to—UKNSU, HQ AFSOUTH, BFPO 8
Telephone No.—NAPLES 0039-81-7212046
Fax No.—NAPLES 0039-81-5709053

Group Captain
H. Delve 29.9.97

Wing Commanders
A. G. Galbraith 13.10.97
P. F. Stevens 4.9.98

HEADQUARTERS
SIXTH ALLIED TACTICAL AIR FORCE
SIRINYER, IZMIR, TURKEY

All correspondence concerning national administration to be addressed to
OC UK Support Unit, NATO/TURKEY, BFPO 599

Postal Address—HQ 6 ATAF PK 527, IZMIR, 35148 TURKEY
Telegraphic Address—UKSUPU TURKEY
Telephone No.—IZMIR 90 232 4875862
IVSN 423-8011 Ext. 2230
Fax No IZMIR 90 232 4875862

Squadron Leader
    E. G. J. Candlish, MRIN MIMgt 22.10.91

HEADQUARTERS, SUPREME ALLIED
COMMANDER ATLANTIC

Postal Address—HQ SACLANT, NORFOLK, NAVAL PARTY 1964, BFPO 493
Telegraphic Address—SACLANT, NORFOLK, VIRGINIA, USA
Telephone No.—757-445-3258

Group Captain
    C. M. Sweeney 25.4.97

Wing Commanders
    S. W. Henson 24.9.99
    M. R. Hooker, MIMgt 29.10.99
    T. J. Patch, MSc BA CDipAF 31.7.98
    P. Roberts, BSc 27.6.97

Squadron Leader
    K. L. Thomas, BEng CEng MIEE 25.8.98

HEADQUARTERS ALLIED COMMANDER-IN-CHIEF EASTERN ATLANTIC AREA AND HEADQUARTERS COMMANDER ALLIED NAVAL FORCES NORTHWESTERN EUROPE

Postal Address—NORTHWOOD, MIDDLESEX, HA6 3EP
Telephone No.—01923-837079

Wing Commanders
- T. R. Barton 15.3.99
- M. J. Engwell 2.12.96

Squadron Leaders
- A. P. Myers-Hemingway, BSc 3.2.97
- C. J. N. Waller, IEng FIIE(elec) AMRAeS 1.12.97

HEADQUARTERS COMMANDER-IN-CHIEF SOUTH IBERIAN ATLANTIC AREA

(ROYAL AIR FORCE ELEMENT)
Postal Address—HQ CINCSOUTHLANT, BFPO 6
Telephone No.—003511 440 4321
IVSN 529 4321

Squadron Leaders
- M. F. Baker 19.4.99
- C. J. Franklin 8.9.98
- C. G. Jones, IEng MIIE(elec) 18.7.97

HEADQUARTERS COMMANDER ALLIED MARITIME AIR EASTERN ATLANTIC AREA AND MARITIME AIR FORCES NORTHWEST

Postal Address—RAF BENTLEY PRIORY, STANMORE, MIDDLESEX, HA7 3HH
Telephone No. 0208 838 7000

COMMANDER ALLIED MARITIME AIR EASTERN ATLANTIC AREA AND MARITIME AIR FORCES NORTHWEST

*Air Vice-Marshal B. K. BURRIDGE, CBE BSc FIMgt 5.6.98

AIR OFFICER MARITIME AIR
*Air Commodore N. D. A. MADDOX, CBE 4.1.99

Group Captains
R. W. Joseph, BSc 9.12.96
W. Metcalfe, MIMgt 7.9.99

Wing Commanders
D. J. Ford, BA 3.10.98
L. R. Powell 15.7.94
C. J. Lawrence, MRAeS MRIN 1.6.97

Squadron Leaders
*R. J. Hall, MRIN 28.8.97
C. R. Purser 24.4.97

---

* (Staff serving in national appointments, in HQ No 11/18 Group RAF, with additional NATO duties on the staff of the HQs)

HEADQUARTERS NORTH

Postal Address—HQ North, BFPO 50
National Correspondence addressed to—UKSE, HQ North, BFPO 50
Telephone No.—Norway 0047 51572689
Fax No.—Norway 0047 51576635

SENIOR RAF OFFICER
Wing Commander J. R. Whitston 1.11.97

Wing Commanders
M. F. F. Common, MBE 1.3.96
M. A. Fulford, MSc MBA BSc CEng MIEE 9.9.96
N. Ross, MB ChB DRCOG DAvMed 11.7.97
W. J. Turner, MA BSc(Eng) MRAeS MRIN MCGI MIMgt 10.3.97
R. T. Whittingham, BSc 10.8.98

HEADQUARTERS ALLIED FORCES BALTIC APPROACHES

(ROYAL AIR FORCE ELEMENT)
Postal Address—HQ BALTAP, NAVAL PARTY 1004, BFPO 486
Telephone No.—Denmark (0045) 86615111 BALTAP CENTRE (MIL)

Communications and Information Systems Division
Group Captain P. C. Badcock, MBE . . . . . . ACOS CIS 1.7.96

Operations and Exercises Division
Wing Commander R. W. King . . . . Staff Officer OCA/AI 28.8.95

RAF ELEMENTS IN NATO HEADQUARTERS

HEADQUARTERS THIRD AIR FORCE USAF
at RAF Mildenhall, Bury St Edmunds, Suffolk IP28 8NF
Telephone No.—Newmarket (01638) 543000

Senior Royal Air Force Liaison Officer
    Wing Commander A. H. C. Dyer-Perry, MRAeS 28.11.97
Royal Air Force Liaison Officer (Armament)
    Squadron Leader R. M. Apps 20.5.96

EUROPEAN AIR GROUP
(ROYAL AIR FORCE ELEMENT)
Postal Address: RAF High Wycombe, Buckinghamshire, HP14 4UE
Telephone No: 01494 497922
Direct Dial: 01494 49****
Fax: 01494 497952

VICE CHIEF OF STAFF
    Group Captain S. A. Hickey, OBE FIMgt FRAeS 3.10.98
Wing Commander
    N. G. Branston, MBE BA FInstAM MIL MIMgt 22.12.98
Squadron Leaders
    J. C. Garstin, BSc 3.2.97
    P. G. Miles, MBE, BSc. 3.6.96

GROUPS—STRIKE COMMAND

No 1 GROUP

GROUP HEADQUARTERS

Postal Address—RAF HIGH WYCOMBE, BUCKS, HP14 4UE
Telephone No.—01494 461461

AIR OFFICER COMMANDING
    Air Vice-Marshal J. H. THOMPSON 30.7.98
Personal Staff Officer
    Squadron Leader J. D. Spencer, BSc 18.1.99
Aide-de-Camp
    Flight Lieutenant J. E. Morton, BA 10.7.98
SENIOR STAFF OFFICER
    Air Commodore R. V. MORRIS, AFC 11.12.98
Group Captains
    D. J. Drew 4.8.97
    J. W. White, FRAeS MIMgt 6.1.97
    *Colonel J. Goodsir, CBE 25.8.97
Wing Commanders
    D. M. I. Bye 1.9.98
    C. C. Edmonds, BSc 1.3.99
    W. G. Evans, OBE 1.6.98
    P. C. W. Hedley-Smith, PhD MBA BSc 10.5.99
Squadron Leaders
    *Major G. R. Akhurst, MBE 24.2.97
    R. M. Aspinall, MA 6.7.98
    D. J. Austen. 19.7.99
    G. S. Brooks, BA FRGS 7.12.98
    J. M. Calder, BSc 20.1.98
    N. S. Charnley, BSc 14.11.98
    S. Chiddention, MBE 5.7.99
    S. C. Cockbill, BSc 11.8.97
    I. J. Craig, MBE. 29.4.96
    G. De La Cour, BSc 26.4.99
    M. J. Grout 5.8.96
    E. S. Huskisson, BSc 10.8.98
    A. J. Laidler 9.2.98
    R. Matthews 19.7.99
    J. D. Paulson 5.5.98
    C. M. Peace 26.1.98
    R. V. Sanderson, BSc 23.3.98
    P. R. Sharman, BSc 8.3.99
    G. Stockill 18.11.97
    D. A. Waring, AFC 7.10.96

* Permanent Army Appointment

GROUPS—STRIKE COMMAND

No 11/18 GROUP

GROUP HEADQUARTERS

Postal Address—RAF BENTLEY PRIORY, STANMORE, MIDDLESEX, HA7 3HH
Telephone No.—0208-838 7000

AIR OFFICER COMMANDING
Air Vice-Marshal B. K. BURRIDGE, CBE BSc, FIMgt 5.6.98
Personal Staff Officer
Wing Commander A. Ronaldson 10.8.98
Aide-de-Camp
Flight Lieutenant V. P. Gosling, BA. 5.6.98

No 11/18 GROUP

HEADQUARTERS AIR DEFENCE

Postal Address—RAF BENTLEY PRIORY, STANMORE, MIDDLESEX, HA7 3HH
Telephone No.—0208 838 7000

AIR OFFICER AIR DEFENCE
Air Commodore R. L. DIXON, BA 1.3.99
FRENCH LIAISON OFFICER
Lieutenant Colonel P. Bobbilon
ROYAL NAVAL LIAISON OFFICER (RNLO)
Lieutenant Commander I. G. Denholm 26.7.99
Group Captains
G. G. Cullington, CBE AFC BSc 3.1.96
B. E. Rogers, MBE 17.11.97
Wing Commanders
P. J. M. Angus, MBE BA 1.4.99
G. P. Farnell, BSc 17.8.98
W. J. Millington, MA 4.5.99
C. D. O'Connell 10.7.98
J. Pearce 1.4.97
N. I. M. Seward 11.8.97
K. K. Thomson, MA 31.5.99
A. D. Trevett 1.6.98
N. W. Warrick, FIAP MIMgt 29.6.98
S. P. West, MSc MA 10.11.97
Squadron Leaders
J. P. Arden 28.4.97
C. W. T. Coleman 7.12.98
M. S. P. Coleman 29.4.96
R. M. Daisley, BSc 3.11.97
A. G. Dickson 31.3.99
T. J. Divver 1.4.97
P. W. Evans, BSc 15.2.99
C. W. J. Forrester, BSc(Eng) 28.6.99
J. P. V. Gildersleeves 17.6.96
J. P. Hutchings 14.12.98
P. C. Jacobs 1.9.98
P. Jago 22.9.96
S. B. Lewis, BSc 5.5.98
N. J. Loveday, BSc 14.12.98

GROUPS—STRIKE COMMAND

A. G. McFadyen, BA	12.8.96
S. J. McManus	17.5.99
A. J. Morgan	16.3.98
D. C. Morgan	26.8.98
M. A. Presley	14.2.99
I. R. Price, MIMgt	26.5.98
N. P. Reeve	15.6.98
M. E. Richards	30.5.96
V. J. Satchell	19.9.98
D. Saunders, BEng CEng MIMechE	14.7.97
J. D. C. Savage, MSc BSc	24.2.99
C. J. Stace, BEng CEng MIEE	1.9.97
S. G. Tolley, BSc	11.3.96
G. S. Ware	29.6.98

USAF Exchange Officer
Major M. E. Matusiewicz

GROUP BUDGET MANAGER
Civilian
R. J. Woodward

GROUP MANAGEMENT ACCOUNTANT
Civilian
Mr. J. Foster

No 11/18 GROUP

HEADQUARTERS MARITIME AIR
Postal Address—RAF NORTHWOOD, MIDDLESEX, HA6 3EP
Telephone No.—01923 826161

AIR OFFICER MARITIME AIR
Air Commodore N. D. A. MADDOX, CBE	5.1.99

Staff Officer
Flight Lieutenant P. J. Brown, BSc	23.2.99

Group Captain
R. W. Joseph, BSc	9.12.96

Wing Commanders
M. P. Cocksedge	5.1.99
K. Havelock	24.7.98
C. J. Lawrence MRAeS MRIN	1.6.97
M. W. Leaming, BSc	12.6.98

Squadron Leaders
J. R. Barnett	3.8.98
M. W. Cannard	18.8.97
R. J. Hall, MRIN	1.9.95
M. D. Hawley, BSc	14.6.96
K. L. W. Hughes	27.8.96
G. B. Lovegrove	5.1.98
T. Payne, BSc	24.5.99
E. J. Pritchard	8.3.99
C. R. Purser	24.4.97
I. A. Torrance	24.5.99

GROUPS—STRIKE COMMAND

NO 38 GROUP

GROUP HEADQUARTERS
Postal Address RAF HIGH WYCOMBE, BUCKINGHAMSHIRE HP14 4UE
Telephone No 01494 461461.

AIR OFFICER COMMANDING
    Air Vice-Marshal P. O. STURLEY, MBE BSc FRAeS 30.1.98
Personal Staff Officer
    Squadron Leader M. A. B. Brecht, BA 21.10.98
SENIOR AIR STAFF OFFICER
    Air Commodore G. D. SIMPSON, CBE AFC FRAeS 9.12.96
AO REGT & STO
    Air Commodore R. C. MOORE, MBE BSc 7.5.99
Group Captains
    A. I. B. Beedie 19.9.94
    P. J. Drissell, MA BSc MInstD 22.4.99
    J. R. D. Morley, MBE 16.4.96
Wing Commanders
    K. S. Balshaw 17.2.97
    D. S. Davenall, BSc 15.5.95
    J. C. Gardiner, BA DPhysEd 17.2.97
    D. A. Hamilton, BTech 25.6.99
    M. R. Hooker, MIMgt 1.9.97
    J. T. Hughes, BA 17.8.98
    R. W. La Forte, MBE BA 1.6.98
    N. McGonigle 7.12.98
    I. E. Shields 23.6.97
    M. P. Westwood, OBE 26.5.93
    J. G. Williams, MBE 15.5.98
Squadron Leaders
    D. E. Ball, BSc 1.10.96
    D. M. Beckwith 30.6.97
    P. J. Bostock, BA 31.8.98
    L. B. Brunt 4.8.97
    R. Chalklin 19.12.97
    S. R. Clarke, BSc 8.7.98
    N. G. Cryer 5.5.97
    A. P. Dobson, BEng 4.8.98
    S. M. Dunsmore 12.4.99
    S. T. Firth, BSc 12.10.98
    S. P. Fletcher 1.4.96
    R. Fogden 22.1.96
    G. C. Gair 17.11.97
    A. Gilroy, BA 6.7.98
    A. J. Hall, MBE 23.7.97
    B. T. F. Hall, AE RAFR 3.3.97
    M. T. Hand 28.6.98
    K. Hewitt 28.4.99
    Major R. N. Howard, BSc 4.1.99
    R. Johnstone, BSc 17.5.99
    G. Jones 7.9.98
    B. E. Kennish 22.9.98
    T. Leech, MHCIMA MIMgt 14.10.97
    S. B. McBain 8.8.95
    A. L. McSherry, BSc 28.10.96

GROUPS—STRIKE COMMAND

D. R. Morgan	27.11.92
C. A. Ormerod, MBE	8.3.99
A. B. Phillips	16.6.97
J. A. Read	16.8.98
R. G. Sanders	6.4.99
D. M. Smith, BA	14.2.99
J. S. Storer	8.3.99
P. D. Strachan	8.6.98
J. M. Walsh, BTech	6.8.97
C. S. Walton, BSc MB BS MRCGP DRCOG	14.12.98

GROUPS—STRIKE COMMAND

HEADQUARTERS, MILITARY AIR TRAFFIC OPERATIONS

Postal Address—HILLINGDON HOUSE, UXBRIDGE, MIDDLESEX UB10 0RU
Telephone No.—(01895) 276009
* Postal Address—HQ MATO, CAA House, 45-59 Kingsway, London, WC2B 6TE
Telephone No.—(0207) 8325244
** Postal Address—HQ MATO, Swanwick Centre, Sopwith Way, Bursledon, Southampton, SO31 7AY
Telephone No.—(01489) 6122500

AIR OFFICER COMMANDING
Air Commodore M. J. FULLER 26.3.99
Staff Officer
Squadron Leader M. A. Morton, BA 3.2.97

GROUP CAPTAIN OPERATIONS
Group Captain M. R. Wordley 7.6.99

GROUP CAPTAIN PERSONNEL AND RESOURCES
Group Captain N. A. Gregory, BA ACII 1.2.99

GROUP CAPTAIN PROGRAMMES AND PROGRAMME FINANCE
Group Captain N. C. Brewer* 5.1.98

Wing Commanders
A. J. Clare, MIMgt 31.7.95
J. Clark 1.9.97
C. A. Foster 18.1.99
C. D. Hill, MBE 12.10.98
K. P. Sherdley, BA 27.1.97
E. E. Webster** 17.5.99

Squadron Leaders
I. McP. Ainslie 29.1.96
A. C. Bainbridge 11.5.98
D. Barber, BA 5.10.98
D. A. Bush, BSc 6.10.97
E. M. A. Carter**, MBA BA 6.4.99
J. D. Cookson*, BEM 19.8.96
D. J. Drake, BA 9.3.98
S. Hyett 23.11.98
G. J. Jeffs, BA 4.5.99
A. Mackenzie* 21.6.99
D. V. Merryweather* 12.10.98
D. Morrison 6.10.97
B. S. Pulling* 1.6.99
A. D. Rapson 7.7.97
M. S. Smailes 6.7.98
C. G. Walker** 28.8.96
R. M. Watson 17.5.99
C. D. Wood** 8.6.98

Flight Lieutenant
J. Buchan** 17.5.99
W. A. Clark 20.11.97
S. Elks** 12.4.99
R. Flanigan 27.1.97
N. C. McCarney 5.2.99
G. J. Turner** 6.4.99

Royal Navy
Lieutenant Commander G. J. Corbett 22.2.99

GROUPS—STRIKE COMMAND

HEADQUARTERS ROYAL AIR FORCE
PROVOST AND SECURITY SERVICES

Postal Address—RAF HENLOW, BEDFORDSHIRE SG16 6DN
Telephone No.—01462-851515

HEADQUARTERS

COMMANDING OFFICER
Group Captain C. R. Morgan 15.9.97

Wing Commander
N. A. S. Cato, BA DipEurHum 2.3.98

Squadron Leaders
S. J. Christie 11.1.99
R. E. Coombes 21.4.97
S. M. Lacey 18.1.99
J. M. Riseley-Prichard, BSc 4.5.98
C. J. H. Stretton, MSc BSc 1.9.99

63

ROYAL AIR FORCE PERSONNEL AND TRAINING COMMAND

THE ROYAL AIR FORCE PERSONNEL MANAGEMENT AGENCY, GLOUCESTER

Postal Address—RAF PERSONNEL MANAGEMENT AGENCY, RAF INNSWORTH, GLOUCESTER, GL3 1EZ
Telephone No.—01452-712612

AIR SECRETARY/CHIEF EXECUTIVE OF THE ROYAL AIR FORCE PERSONNEL MANAGEMENT AGENCY
Air Vice-Marshal I. M. STEWART, AFC LLB FRAeS 28.8.98

Staff Officer
Squadron Leader A. J. Radcliffe 9.8.99

OC RAF INNSWORTH
Wing Commander A. Spearpoint, MIMgt. 31.10.97

ROYAL AIR FORCE CENTRE OF AVIATION MEDICINE

Postal Address: ROYAL AIR FORCE HENLOW, BEDFORDSHIRE, SG16 6DN
Telephone No.—01462 851515 + Ext

OFFICER COMMANDING
Group Captain A. J. Batchelor, CBE BSc MB BS FRCP DRCOG DAvMed
(Whittingham Professor of Aviation Medicine (RAF)) 30.11.95

Wing Commanders
C. B. Morris, MB BS DRCOG 18.8.89
D. P. Gradwell, PhD BSc MB ChB DAvMed MRAeS. 1.8.95
D. L. Bruce, MBE MSc MB BS MRCGP DAvMed DipIMC DoccMed MRAeS AKC. 1.8.98

Principal Medical Officer (Research)
Dr A. J. F. MacMillan, BSc MB ChB MFOM

AIR WARFARE CENTRE (AWC)
DEFENCE ELECTRONIC WELFARE CENTRE (DEWC)

Postal Address: Thomson Building, RAF Waddington, Lincolnshire, LN5 9NB
Telephone No.—01522 720271

COMMANDANT AWC/Director DEWC
    Air Commodore R. J. HORWOOD, OBE FRAeS RAF 6.7.98
Secretariat
    Wing Commander D. W. Knowles 5.11.98
    Squadron Leader A. W. Walsh 5.11.98
    Flight Lieutenant T. M. Gadbury 29.3.99

OPERATIONAL ANALYSIS

Senior Scientific Adviser
    Mr A. C. Cowdale, MSc BSc
Scientific Adviser (Development)
    Dr R. C. Wheeler, MA DPhil
Scientific Adviser (CAOC) HQ STC
    Mr G. J. Onslow, BSc CEng MBCS MRAeS
Scientific Adviser (Ops & Mar) Northwood
    Mr J. C. Whitmore, BTech

OPERATIONS

Group Captain
    M. A. J. Barnes, BSc 5.10.98
Wing Commanders
    A. J. Arnold 8.3.99
    A. P. Childs 5.1.99
    S. C. Cooke, BA 10.8.98
    R. J. Dunsford, BSc 13.4.95
    C. P. A. Hull, BSc 2.9.98
    T. P. McWilliams 19.1.98
    I. D. Teakle 27.4.98
    D. Todd, MBE BSc 19.4.99
    S. Young 3.8.98
Royal Navy
    Commander R. E. Drewett
    Commander F. Morris
    Lieutenant Commander R. P. Slater
Army
    Lieutenant Colonel J. M. P. McDonnell
    Major D. Dolling
USAF Adviser
    Lieutenant Colonel J. R. Jeffries
CAF Liaison
    Major D. Campbell
Retired Officer
    Wing Commander R. J. C. Green, MRIN MIMgt

DEVELOPMENT

Group Captain
M. Gleave, OBE 6.1.97

Wing Commanders
N. Guz, BSc 17.8.98
A. J. Pulfrey 12.3.95
W. S. Smyth, BA 5.5.98

OPERATIONAL EVALUATION UNITS

F3 OEU Coningsby	Wing Commander C. A. Bairsto	23.10.98
SA OEU Boscombe Down	Wing Commander S. D. Forward, BSc	2.1.98
Nimrod OEU Northwood	Wing Commander J. Horrocks, MA	6.2.98
RWOETU Benson	Wing Commander R. W. Tizard	20.10.97
ASACS OEU Waddington	Wing Commander P. M. Wood	29.6.98
JATEU Brize Norton	Lieutenant Commander T. Mills, REME	
Hercules OEU Lyneham	Squadron Leader S. C. Buckingham, BA	1.12.97
AGW OEU Valley	Squadron Leader, G. P. Cowling, BSc	14.12.98
E-3D OEU Waddington	Squadron Leader, C. Jobling	27.1.98

AIR WARFARE TRAINING
Cranwell

Wing Commanders
A. R. Bown 4.5.99
R. Goodall 16.6.97
F. A. Richey, BA 2.9.98
A. P. Stephens 20.5.96

USAF Exchange Officer
Major A. G. Glodowski

RAAF Exchange Officer
Squadron Leader M. A. Green

ROYAL AIR FORCE SIGNALS ENGINEERING ESTABLISHMENT

Postal address: RAF Henlow, Bedfordshire SG16 6DN
Telephone: 01462 851515

CHIEF EXECUTIVE

Air Commodore C. M. DAVISON, BSc CEng FIEE MIMgt RAF 7.5.99

POLICY AND SERVICES DIVISION
Group Captain H. G. Britten-Austin, MSc BSc CEng FIEE 30.6.97

PROJECTS
Mr A. Palmer, BA CEng FIEE

Wing Commanders
S. Charnock, MSc BSc(Eng) CEng MIMechE MRAeS 1.5.98
N. G. Little, BSc CEng MIEE. 27.4.98
J. S. Parker, MBE MBA BSc CEng MRAeS 28.10.96
G. E. P. Pattenden, LLB ACIS 13.7.98
R. P. Smith, BSc(Eng) CEng MIEE 8.3.99

Heads and Equivalent Grades
Mr G. P. Constable
Mr C. R. Follenfant
Mr T. J. Fox
Mr S. W. Hicks, BSc CEng MIEE
Mrs B. S. Hudson
Mr R. A. J. Hutchinson, CEng MIEE
Mr S. J. Martin
Dr A. K. W. Powell, PhD BEng CEng FIMechE MBCS
Mrs A. Quantick, MA MIPD
Flt Lt J. Swanson, BEng

COLLEGES

JOINT SERVICES COMMAND AND STAFF COLLEGE, BRACKNELL
Postal Address—JSCSC Bracknell, Berkshire RG12 9DD
Telephone No.—01344-357358

COMMANDANT
Major General T. J. GRANVILLE-CHAPMAN, CBE 1.1.97

Aide-de-Camp
Captain B. Taylor 18.5.98

DEPUTY COMMANDANT
Commodore J. W. R. HARRIS 1.1.97

ASSISTANT COMMANDANT (Navy)
Commodore T. J. H. LAURENCE, MVO 15.6.99

ASSISTANT COMMANDANT (Army)
Brigadier G. C. M. LAMB, OBE 16.10.98

ASSISTANT COMMANDANT (Air)
Air Commodore A. D. SWEETMAN, OBE BA 12.1.99

Group Captains
C. H. Moran, OBE MVO BSc. 1.4.99
S. W. Peach, MPhil BA 21.7.97
J. H. S. Thomas, BA MIL 3.2.97

Wing Commanders
R. J. Barwell, BSc CEng MRAeS 19.1.98
S. L. Buist 1.9.98
C. J. Coulls 10.5.99
M. T. Doel, OBE MA BEd 24.8.98
J. G. Evans, MBE MBA BA 16.2.98
S. G. Footer, MBE 1.12.97
F. Harbottle 12.5.97
R. J. T. Hemsley, BA 1.9.98
N. C. L. Hudson, MA 1.1.97
G. A. Jermy, OBE 1.12.97
R. Lock, BSc. 30.11.98
J. M. Lyster, MIPD 4.8.97
A. C. Major, MSc BTech CEng MRAeS 24.8.98
H. W. Nash, MBE 1.9.98
B. J. R. Nelson 2.6.97
S. F. Warren 3.3.99
S. J. Young 19.4.99

Squadron Leaders
T. A. Brady 28.4.97
A. Campbell 24.2.97
M. A. Cowdrey, BA 17.2.97
M. L. Large 17.5.99
J. Lillis 12.1.98
P. J. Morris 6.11.97
N. J. Neal, MSc 1.1.97
A. D. Perkins 1.1.97
A. F. Philip, MSc BSc 29.9.97
T. Pickles 8.3.98
Rev L. E. Spicer 1.7.97
I. R. Tench, PhD BA 21.9.98
S. E. Wadsworth, BA 5.5.98
N. D. Wainwright 9.3.98

COLLEGES

Retired Officers

Wing Commander A. G. Corbitt
Wing Commander T. N. King
Wing Commander R. McLaughlin
Wing Commander T. J. Nias, IEng MIIE(mech)
Wing Commander W. M. Parker
Wing Commander R. J. Quarterman
Squadron Leader G. P. Allen
Squadron Leader K. R. Kendrick, IEng
Squadron Leader D. C. Passby, BA DipEd
Squadron Leader D. A. Petty, MA MA CertEd

COLLEGES

INTERMEDIATE COMMAND AND STAFF COURSE

Postal Address—Intermediate Command & Staff Course, RAF Henlow, BEDFORDSHIRE SG16 6DN
Telephone No.—01462–851515

Wing Commander
R. E. Wholey 16.12.96

Squadron Leaders
B. P Bellars 15.12.97
J. M. Cole 8.2.99
E. A. Gill, BSc MILT 1.6.98
S. J. E. Hockley, MBA BSc CBiol MIBiol CertEd 8.7.97
D. H. Johnston, BSc 5.7.99
R. W. Jones 2.2.98
D. I. Lainchbury 14.8.98

COLLEGES

OFFICERS COMMAND SCHOOL HENLOW

Postal Address—RAF Officers' Command School, HENLOW, BEDFORDSHIRE SG16 6DN
Telephone No.—01462–851515

Wing Commander
W. Hush, BSc 5.8.96

Squadron Leaders
G. L. Dickson, BA 8.9.97
D. J. C. Forde, BA 1.3.99
A. A. Gough, MSc BEd 1.9.98
T. A. Guest 26.10.98
I. M. McGregor, MA 3.7.95
S. Mitchell-Gears, MILog 28.10.96
S. D. Murkin, AFC 5.1.98
C. M. P. O'Brien, BA 1.3.99
N. F. Pearson, BSc 24.11.97

COLLEGES

ROYAL AIR FORCE CRANWELL

(Royal Air Force Personnel and Training Command)

Postal Address—ROYAL AIR FORCE COLLEGE, CRANWELL, SLEAFORD, LINCOLNSHIRE NG34 8HB
Telephone No.—01400–261201

Commandant-in-Chief—HM THE QUEEN

Air Commodore-in-Chief Air Training Corps
Marshal of the Royal Air Force H. R. H. The PRINCE PHILIP, DUKE OF EDINBURGH KG KT OM GBE AC QSO

AIR OFFICER COMMANDING AND COMMANDANT OF RAF COLLEGE
    Air Vice-Marshal T. W. RIMMER, OBE MA FRAeS 30.7.98
Personal Staff Officer
    Squadron Leader A. E. Keetley 9.11.98
Chief of Staff
    Group Captain J. R. Lees, OBE 17.5.99
College Secretary
    Squadron Leader N. J. Roberts, FISM MInstAM MIMgt RAFR
DIRECTOR OF RECRUITING AND SELECTION AND INITIAL OFFICER TRAINING
    Air Commodore C. R. FOWLER, ADC 15.11.96
Staff Officer
    Flight Lieutenant H. R. Clifton, MA 26.10.98
COMMANDANT AIR CADETS AND AIR TRAINING CORPS
    Air Commodore J. D. KENNEDY, BA 9.4.98
Aide-de-Camp
    Flying Officer J. E. Reeves, BA 19.4.99
OFFICER COMMANDING ROYAL AIR FORCE COLLEGE CRANWELL
    Group Captain N. E. Threapleton, BSc 7.5.98
DIRECTOR OF ELEMENTARY FLYING TRAINING
    Group Captain P. S. Owen 6.1.97
DIRECTOR OF DEPARTMENT OF SPECIALIST GROUND TRAINING
    Group Captain N. W. Gammon, MA MSc BSc CEng MRAeS MIMgt 7.12.98
DIRECTOR OF INITIAL OFFICER TRAINING
    Group Captain R. H. Middleton 14.8.98
DEPUTY DIRECTORS RECRUITING AND SELECTION
    Group Captain I. F. Bruton, BA 14.10.96
    Group Captain B. S. Morris, OBE AFC 13.2.95
    Group Captain M. H. Shields, FIMgt 20.10.95
CHIEF OF STAFF AIR CADETS
    Group Captain W. M. N. Cross, OBE RAFR
AIR CADETS REGIONAL HEADQUARTERS
  Scotland and Northern Ireland (Edinburgh)
    Group Captain A. B. Wight-Boycott, OBE RAFR
  Wales and West (RAF Cosford)
    Group Captain P. S. Kiggell, OBE RAFR
  Central and East (RAF Henlow)
    Group Captain J. A. F. Ford, FIMgt RAFR
  London and South East (RAF Northolt)
    Group Captain L. Hakin, OBE RAFR

COLLEGES

North (RAF Linton-on-Ouse)
    Group Captain W. G. Gambold, RAFR

South West (RAF Locking)
    Group Captain R. P. Skelley, RAFR

Wing Commanders

P. N. Halfter, BA	2.3.98
A. P. Hawes, BSc	30.5.99
C. W. Hamilton, MSc BSc CEng MIMechE	11.1.99
D. R. Herriot.	1.10.97
J. Lawlor, BA	4.4.98
R. Marston, AFC	18.3.96
J. P. Mayne, BSc	25.3.96
P. A. Rushmere, MIMgt	28.10.96
P. D. Tindall, BSc	13.4.98

Retired Officers
    Wing Commander G. S. Clayton-Jones, MRAeS RAFR
    Wing Commander M. Eveleigh, OBE RAFR
    Wing Commander W. W. Wright, BA, BA DipEd RAFR

COLLEGES

ROYAL AIR FORCE CENTRAL FLYING SCHOOL
CRANWELL

(Royal Air Force Personnel and Training Command)
Postal Address—HQ CFS, RAF COLLEGE CRANWELL, SLEAFORD, LINCOLNSHIRE NG34 8HB
Telephone No.—01400 261201

Commandant-in-Chief—HM QUEEN ELIZABETH THE QUEEN MOTHER

COMMANDANT
    Air Commodore H. G. MACKAY OBE AFC BSc FRAeS. 28.10.96
  Aide-de-Camp
    Flying Officer V. C. Pearson 4.11.96
  Staff Officer HQ CFS
    Squadron Leader R. E. Leaviss 23.9.96
DEPUTY COMMANDANT (Station Commander RAF College Cranwell)
    Group Captain N. E. Threapleton, BSc 7.5.98
  Wing Commanders
    J. P. S. Fynes 1.4.96
    R. T. Johnston, MA 9.12.96
  Squadron Leaders
    E. A. Elton, BA 1.9.93
    M. J. Hunt 3.3.97
    R. L. Maskall 28.10.96
    S. C. Meade 12.10.96
    J. R. Norton 8.7.96
    E. E. Webster 1.6.98

FIXED WING TUTORIAL SQUADRONS

BULLDOG SQUADRON
RAF CRANWELL
    Squadron Leader J. F. Gardiner 7.10.96

TUCANO SQUADRON
RAF LINTON-ON-OUSE
    Squadron Leader J. R. Floyd, MA 16.9.96

19(R) SQUADRON
RAF VALLEY
    Squadron Leader N. R. Benson, BSc 23.10.95

ROTARY WING TUTORIAL SQUADRON

GAZELLE SQUADRON
RAF SHAWBURY
    Squadron Leader I. G. Cahill 15.11.96

RETIRED OFFICER
Editor AP3456
    Wing Commander C. R. Deeley, FRIN FIAP MIMgt

COLLEGES

ROYAL COLLEGE OF DEFENCE STUDIES

Postal Address—Seaford House, 37 Belgrave Square, London SW1X 8NS
Telephone No.—0207–915–4800

COMMANDANT
Vice-Admiral J. A. H. McANALLY, LVO	15.8.98

SENIOR DIRECTING STAFF
Major-General K. J. DREWIENKIEWICZ, CB	27.5.99
Rear-Admiral H. W. RICKARD, BSc MIL CBE	20.4.98
Mr R. J. S. EDIS, CMG	4.1.99
Air Vice-Marshal K. D. FILBEY CBE FIMgt RAF	5.1.98

JUNIOR DIRECTING STAFF
Lieutenant Colonel A. W. Foster, SG	9.6.99
Mr M. P. Sweeting	12.4.99
Wing Commander P. R. Dixon, MBA BSc(Eng) MRAeS	5.5.98
Commander D. J. Knight, RN	19.5.98
Lieutenant Colonel S. W. Ledger, LD	5.7.99

SECRETARY
Brigadier R. TARSNANE, CEng FIMechE FIMgt (Retd)	17.9.93

JOINT WARFARE STAFF

at Maritime Warfare Centre (Southwick)
HMS DRYAD, Nr Fareham, HAMPSHIRE, PO17 6EJ
Telephone No.—02392 284726

Wing Commanders
W. A. D. Carter, BA 4.1.99
R. A. Forsythe, OBE 2.9.96

AIR OFFICER SCOTLAND AND NORTHERN IRELAND

ROYAL AIR FORCE LEUCHARS
St ANDREWS, FIFE KY16 0JX
Telephone No.—01334 839471

AIR OFFICER
    Air Commodore J. H. HAINES, OBE ADC. 18.12.95
Aide-de-Camp and Staff Officer to AOSNI
    Flight Lieutenant J. T. Brown, BA 5.4.99

AIR OFFICER WALES
DEPUTY CHIEF EXECUTIVE AND AIRCRAFT BUSINESS DIRECTOR

DARA HEAD OFFICE ROYAL AIR FORCE ST. ATHAN
BARRY, VALE OF GLAMORGAN CF62 4WA

AIR OFFICER
    Air Commodore P. J. DYE, OBE ADC BSc(Eng) CEng MRAeS ACGI 19.4.99
Aide-de-Camp
    Flight Lieutenant K. H. Phipps, BA 1.2.99

AIR FORCE DEPARTMENT COMMITTEES AND COMMITTEES ON WHICH THE AIR FORCE DEPARTMENT IS REPRESENTED

AIR CADET COUNCIL

President
The Parliamentary Under Secretary of State for the Armed Forces

Vice-President
Air Member for Personnel

Vice-Patron
Air Chief Marshal Sir Michael Graydon, GCB CBE FRAeS

Air League Member
Baroness Blatch

Members
AOC Air Cadets & Commandant RAF Cranwell
Commandant of the Air Training Corps (HQ Air Cadets)
Wing Commander P. Guiver RAFVR(T) (Retd) (London and South East Region)
M. J. Marshall Esq, MA DL FRAeS (Central and East Region)
Group Captain A. Ferguson, FIMgt RAF(Retd) (South West Region)
Wing Commander D. D. Hemming, MBE BEd RAFVR(T) (Retd) (Wales and West Region)
Wing Commander J. M. Lewington RAFVR(T) (Retd) (North Region)
Mr W. Walker, OBE (Scotland and Northern Ireland Region)
Wing Commander E. Cadden, RAFVR(T) (Northern Ireland)
Reverend D. J. Share—Corps Chaplain

Secretary
Head of AMP (Sec)

In Attendance
The Regional Commandants of each of the six ATC Regions
DRFC Representative
D of R&S Representatives
Secretary to the Air Cadet Council Steering Group
Co-opted Members (as required)

ADVISORY PANEL ON THE CHAPLAINCY SERVICES

(Arranged in alphabetical order of the Churches represented)

Representing the Church of England
The Rt Rev J. D. G. Kirkham, AKC MA Bishop to the Forces

Representing the Jewish Church
Rev M. Weisman, OBE MA OCF

Representing the Methodist Church
Rev J. B. Sherrington, BD BA CertEd MPhil

Representing the Church of Scotland
Rev Dr I. R. Torrance, TD MA BD DPhil

Representing the Presbyterian Church of Ireland
Rev S. Van Os

Representing the Roman Catholic Church
The Rt Rev F. J. Walmsley, CBE RC Bishop of the Forces

Representing the United Navy, Army and Air Force Board (Baptist and United Reformed Churches)
Rev J. A. Murray—Secretary

Members of the Panel meet under the Chairmanship of the Air Member for Personnel to advise on matters concerning Royal Air Force Chaplaincy. The Chaplain-in-Chief (RAF), and the two Principal Chaplains attend as required.

COMMONWEALTH WAR GRAVES COMMISSION

2 Marlow Road, Maidenhead, Berkshire SL6 7DX
Telephone No.—01628-634221 Telex No.—847526 COMGRA G Fax No.—01628 771208
E-MAIL cwgc@dial.pipex.com—Web Site: www.cwgc.org

President
 H.R.H. THE DUKE OF KENT, KG GCMG GCVO ADC

Members
 The Secretary of State for Defence in the United Kingdom (Chairman)
 Admiral Sir John Kerr, GCB DL (Vice-Chairman)
 The High Commissioner for the Republic of India
 The High Commissioner for Australia
 The High Commissioner of the Republic of South Africa
 The High Commissioner for Canada
 The High Commissioner for New Zealand
 The Viscount Ridley, KG GCVO TD
 Professor R. J. O'Neill, AO
 Mrs Llin Golding, MP
 Mr John Wilkinson, MP
 Sir John Gray, KBE CMG
 Mr Paul Orchard-Lisle, CBE TD DL
 Air Chief Marshal Sir Michael Stear, KCB CBE MA
 General Sir John Wilsey, GCB CBE DL

Director-General (Secretary to the Commission)
 D. Kennedy, CMG

Deputy Director-General (Assistant Secretary to the Commission)
 R. J. Dalley

Legal Adviser and Solicitor
 G. C. Reddie

Director of Personnel
 D. R. Parker

Director of Works
 A. Coombe

Director of Finance
 R. D. Wilson, ACMA

Director of Horticulture
 D. C. Parker, Dip Hort (Kew) M.I.(Hort)

Director of Information and Secretariat
 L. J. Hanna

Personal Secretary to Director-General
 Mrs R. M. Truran

UNITED KINGDOM AREA

Area Director
 D. Symons

Area Administration Officer
 A. K. Ghosh

Area Works Officer
 R. J. Bird

Area Horticultural Officer
 C. Griffiths-Hardman

TERRITORIAL, AUXILIARY AND VOLUNTEER RESERVE ASSOCIATIONS

As at 1/1/99

NOTE—In some cases in these lists the rank shown against an officer's name is honorary COUNCIL OF TERRITORIAL, AUXILIARY AND VOLUNTEER RESERVE ASSOCIATIONS

Duke of York's Headquarters, Chelsea, SW3 4SG
Telephone No.—0207-730 6122
MIL: 763 5587
FAX 0207-414-5589
MIL: 763 5589

Patron: Colonel The Rt Hon The Viscount Ridley, KG GCVO TD
President: The Rt Hon The Lord Freeman
Chairman: General Sir Edward Jones, KCB CBE
Vice Chairmen:
    Colonel P. J. C. Robinson, TD DL
    Colonel M. J. E. Taylor, CBE TD DL
    Commodore I. R. Pemberton, RD** DL
    Colonel Sir David Trippier, RD JD DL
    Air Vice-Marshal A. F. C. Hunter, CBE AFC DL
Secretary: Major General W. A. Evans, CB
Deputy Secretary: Air Commodore D. C. Andrews, MBE FRIN RAF(Retd)

Note—Each Territorial, Auxiliary and Volunteer Reserve Association is represented on this Council by its President, Vice-Presidents, Chairman, Vice-Chairmen and Secretary.ce of the Chaplain-in-Chief (RAF), The Principal C

EAST ANGLIA ASSOCIATION

President
J. G. P. Crowden, Esq JP

Vice-Presidents
S. C. Whitbread, Esq JP
Lord Braybrooke, JP
S. A. Bowes Lyon, Esq JP
The Right Honourable The Lord Belstead, PC JP
Sir Timothy Colman, KG JP DCL

Chairman
Colonel K. R. FitzGerald, TD DL

Vice-Chairmen
Commander T. C. Haile, RNR** RD (Retd)
Colonel N. H. Kelsey, OBE TD
Air Vice-Marshal M. J. Pilkington, CB CBE

County Chairmen
Colonel M. J. Simmonds DL TD (Beds)
Brigadier P. R. G. Williams, DL (Cambs)
Lieutenant Colonel W. I. M. Allan (Essex)
Major General P. D. Alexander, CB MBE (Herts)
Lieutenant Colonel R. E. S. Drew (Norfolk)
Major C. J. H. Gurney, DL (Suffolk)

Air Force Members
Ex-Officio

The Officer Commanding, 2620 (County of Norfolk) Squadron Royal Auxiliary Air Force Regiment
The Officer Commanding, 2623 (East Anglia) Training Squadron Royal Auxiliary Air Force Regiment
The Officer Commanding, 7010 (VR) P1 Squadron Royal Auxiliary Air Force
The Officer Commanding 7630 (VR) Intelligence Squadron Royal Auxilary Air Force Regiment
The Officer Commanding, Cambridge University Air Squadron

Selected

The Station Commander RAF Honington
The Station Commander RAF Marham
The Regional Commandant, HQ Air Cadets Central and East, ATC
Group Captain W. S. Brereton-Martin, CBE RAF (Retd)
Air Vice-Marshal M. J. Pilkington, CB CBE
Flight Lieutenant N. R. Scammell, RAF (Retd) (Norfolk)

Secretary
Colonel J. S. Houchin, OBE, "Springfield Tyrells" 250, Springfield Road, Chelmsford CM2 6BU Tel No: Civil 01245 354262 FAX: 01245 492398

TERRITORIAL, AUXILIARY AND VOLUNTEER RESERVE ASSOCIATIONS

Tel MIL: Colchester Military FAX MIL: Colchester 4723
E-Mail: tavra.anglia@virgin.net
Deputy Secretary, Lieutenant Colonel I. G. S. Cartwright, MBE

EAST WESSEX ASSOCIATION

President
P. L. Wroughton Esq, JP (HM Lord-Lieutenant, Berkshire)

Vice-Presidents
Mrs F. M. Fagan, JP (HM Lord-Lieutenant, Hampshire)
Sir Nigel Mobbs, JP (HM Lord-Lieutenant, Buckinghamshire)
The Lord Digby, JP (HM Lord-Lieutenant, Dorset)
H. Brunner, Esq, JP (HM Lord-Lieutenant, Oxfordshire)
C. D. J. Bland, Esq, JP (HM Lord-Lieutenant, Isle of Wight)

Chairman
Lieutenant Colonel C. H. Ainsley, TD

Vice-Chairmen
C. J. Prideaux, Esq, DL
Colonel W. H. F. Stevens, OBE
Brigadier N. J. B. Mogg, DL
Commander D. J. Bellfield, RD
Colonel D. G. Thomas

Air Force Members

Ex-Officio

The Officer Commanding, No 7006 RAuxAF Sqn High Wycombe
The Officer Commanding, Oxford University Air Squadron
The Officer Commanding, Southampton University Air Squadron
The Officer Commanding, No 2624 (County of Oxford) RAuxAF Regt Sqn
The Officer Commanding, No 4624 (County of Oxford) RAuxAF Movements Sqn
The Officer Commanding, Helicopter SP Sqn RAuxAF TSS RAuxAF

Selected

Group Captain R. Dixon, OBE
Group Captain R. T. W. Mighall, OBE ADC
The Officer Commanding, RAF Brize Norton
The Officer Commanding, RAF Benson
The Officer Commanding, RAF High Wycombe
The Officer Commanding, RAF Odiham
The Officer Commanding, RAF Halton
The Regional Commandant, South and West Region, ATC

Secretary and Chief Executive
Brigadier J. S. W. Powell, OBE, Headquarters Offices 30, Carlton Place, Southampton, SO15 2DX
Tel No: (01703) 228661 Fax No: (01703) 334250

EAST MIDLANDS ASSOCIATION

President
Sir Andrew Buchanan, Bt (HM Lord-Lieutenant, Nottinghamshire)

Vice-Presidents
T. G. M. Brooks Esq, JP (HM Lord-Lieutenant, Leicestershire)
Mrs B. K. Cracroft-Eley (HM Lord-Lieutenant, Lincolnshire)
J. K. Bather, Esq (HM Lord-Lieutenant, Derbyshire)
Air Chief Marshal Sir Thomas Kennedy, GCB AFC* (HM Lord-Lieutenant, Rutland)
Lady Juliet Townsend, LVO (HM Lord-Lieutenant, Northamptonshire)

Chairman
Brigadier M. E. Browne, CBE TD DL

Vice-Chairmen
Colonel G. B. Roper, T. D.
Air Commodore A. J. Griffin, AFC
Colonel A. A. F. Terry, TD DL
Colonel R. Merryweather, TD DL
Colonel J. M. K. Weir, OBE TD DL
Colonel I. R. Keers, OBE DL
Lieutenant Commander P. R. Moore, RD* RNR

Air Force Members

Ex-Officio

The Officer Commanding, East Midlands University Air Squadron
The Officer Commanding, 2503 (County of Lincoln) Sqn RAuxAF Regt
OCOS Role Support Squadron

Selected Air Force Members

The Officer Commanding, RAF Coningsby
The Officer Commanding, RAF Cottesmore
The Officer Commanding, RAF Cranwell
The Officer Commanding, RAF Digby
The Officer Commanding, RAF Waddington
The Regional Commandant, Central and Eastern Region ATC
Air Commodore A J Griffin AFC, Leicestershire & Rutland
Gp Capt H H Moses MBE, Lincolnshire
Vacant, Northamptonshire
Wing Commander P Giles OBE, Derbyshire
Wing Commander J M Nunn, RAF Regional Liaison Officer

Secretary
Brigadier P. I. B. Stevenson, CBE DL, 6, Clinton Terrace, Derby Road, Nottingham NG7 1LZ
Tel No: 0115 9476508 FAX: 0115 9473406 Mil: Chilwell (745) 2670
Deputy Secretary, Colonel R. J. M. Drummond, OBE

TERRITORIAL, AUXILIARY AND VOLUNTEER RESERVE ASSOCIATIONS

GREATER LONDON ASSOCIATION

President
The Lord Imbert, QPM JP
(HM Lord-Lieutenant of Greater London)

Vice-Presidents
Colonel Sir Greville Spratt, GBE TD JP DL
Field Marshal Sir John Chapple, GCB CBE DL

Chairman
Colonel S. A. Sellon, OBE TD DL

Vice-Chairmen
Commander J. McK. Ludgate RD* DL RNR
Colonel A E Hall, TD DL
Colonel G. E. Godbold, OBE TD DL
Colonel P. R. H. Thompson, OBE TD DL
Air-Vice Marshal D. R. Hawkins-Leth, CB MBE DL

Air Force Members
Ex-Officio
The Officer Commanding, London University Air Squadron
The Officer Commanding, No 1 MHU, RAuxAF
The Officer Commanding, No 615 Volunteer Gliding School

Selected
The Officer Commanding, RAF Uxbridge
The Officer Commanding, RAF Northolt
The Regional Commandant, London and SE Region, ATC
Air Vice-Marshal D. R. Hawkins-Leth, CB MBE DL

Secretary
Brigadier C. J. Marchant Smith, CBE DL Duke of York's Headquarters, Chelsea, London SW3 4RY
   Tel: 0171-730 8131 Fax No: 0171 414 5560
Deputy Secretary: Lieutenant Colonel R. P. Paddison, MBE
Assistant Secretary (Finance), Squadron Leader C. Allison
Assistant Secretary (City & R & P) Major J. B. B. Cockcroft, DL

HIGHLANDS OF SCOTLAND ASSOCIATION

President
Air Vice-Marshal G. A. Chesworth, CB OBE DFC

Vice-Presidents
Lord Gray of Contin
The Right Honourable Viscount Dunrossil, CMG
The Right Honourable The Earl of Leven and Melville
Mr J. H. Scott
Mr J. A. S. McPherson, CBE JP
The Earl of Airlie, KT GCVO PC
The Lord Provost and HM Lieutenant of the City of Dundee
Lieutenant Colonel J. Stirling, CBE TD
The Lord Provost and HM Lieutenant of the City of Aberdeen

Captain C. A. Farquharson, JP
The Viscount of Arbuthnott, CBE DSC FRSE
Captain R. W. K. Stirling of Fairburn, TD JP
Brigadier D. D. G. Hardie, TD JP
Major General D. Houston, CBE
The Earl of Elgin and Kincardine, KT CD
Lieutenant Colonel R. C. Stewart, CBE TD
His Grace The Duke of Argyll
Major G. T. Dunnett, TD
Sir David Montgomery, Bt JP
George Marwick

Chairman
Colonel A. Murdoch, TD

Vice-Chairmen
Group Captain J. P. Dacre RAFR
Commodore D. J. Ellin, OBE RN
Lieutenant Colonel G. S. Johnston, OBE TD DL
Lieutenant Colonel A. R. Cram, TD
Major S. T. Walker, TD
Colonel C. W. Pagan, MBE TD

Air Force Members
Ex-Officio: The Officer Commanding, Aberdeen University Air Squadron
The Officer Commanding, RAuxAF Regt Sqn Lossiemouth

Selected
The Officers Commanding, RAF Leuchars, RAF Kinloss, RAF Buchan, RAF Lossiemouth
The Regional Commandant, Scottish and Northern Ireland, ATC
Air Vice-Marshal G. A. Chesworth, CB OBE DFC
Captain D. J. Ellin, OBE RN

Secretary
Colonel J. R. Hensman, OBE, 365, Perth Road, Dundee DD2 1LX Tel No: 01382 668283 Fax No: 01382 566442

Deputy Secretary
Major R. B. H. Young, MBE

Assistant Secretary
Squadron Leader E. P. Weatherhead, RAF (Retd)

NORTH WEST OF ENGLAND AND ISLE OF MAN ASSOCIATION

President
Colonel W. A. Bromley-Davenport, JP (HM Lord-Lieutenant of Cheshire)

Vice-Presidents
Colonel J. B. Timmins, OBE TD JP (HM Lord-Lieutenant of Greater Manchester)
His Excellency Sir Timothy Daunt, KCMG (Lieutenant Governor Isle of Man)
Colonel A. W. Waterworth, JP (HM Lord-Lieutenant of Merseyside)

TERRITORIAL, AUXILIARY AND VOLUNTEER RESERVE ASSOCIATIONS

Colonel J. A. Cropper (HM Lord-Lieutenant of Cumbria)
Colonel The Right Honourable The Lord Shuttleworth (HM Lord-Lieutenant of Lancashire)

Chairman
Colonel M. J. E. Taylor, CBE TD DL

Vice-Chairmen
Commodore R. H. Walker RD** DL RNR
Colonel Sir David Trippier, RD JP DL
Air Commodore J. Broughton, DL
Colonel A. D. B. Brooks, TD DL
Major D. Gee, TD DL
Major B. Trepess TD DL

Air Force Members
Ex-Officio: The Officer Commanding, Manchester & Salford University Air Squadron
The Officer Commanding, Liverpool University Air Squadron

Selected
Air Commodore J. Broughton, DL
Wing Commander D. Forbes RAFVR(T) (Retd)
Group Captain W. G. Gambold, FIMgt RAFR
Group Captain P. S. Kiggell, OBE RAFR
Squadron Leader R. Massey
G. Moore, Esq
Squadron Leader G. J. T. Moore, RAFR

Chief Executive
Brigadier I. R. D. Shapter, DL, Alexandra Court, 28 Alexandra Drive, Liverpool L17 8YE
Tel No: 0151-727 4552 Fax No: 0151 727 2858

Deputy Chief Executive
Lieutenant Colonel R. B. Hawken

LOWLANDS OF SCOTLAND ASSOCIATION

President
Major R. Y. Henderson, TD

Vice-Presidents
The Right Honourable The Lord Provost of the City of Edinburgh
The Right Honourable The Lord Provost of the City of Glasgow
The Right Honourable The Earl of Morton
Mr C. H. Parker, OBE
Dr J. Paterson-Brown, CBE MB ChB
Lieutenant General Sir Normal Arthur, KCB
Major E. S. Orr Ewing
Major General Sir John Swinton, KCVO OBE
Captain J. D. B. Younger
Captain R. C. Cunningham-Jardine
Mr H. B. Sneddon, CBE JP
Captain G. W. Burnet, LVO
Major Sir Hew Hamilton-Dalrymple, Bt KCVO

Chairman
Colonel D. A. Scott, OBE TD

Vice-Chairmen
Captain C. J. P. Hall, RD RNR
Brigadier H. A. J. Jordan MBE
Colonel A. J. B. Agnew
Colonel D. J. Cameron, TD
Colonel N. J. F. Dalrymple Hamilton, OBE TD DL
Lieutenant Colonel I. Ballantyne
Lieutenant Colonel R. C. Hambleton, TD
Major W. S. Turner, MC
Group Captain D. A. Needham, BA FIMgt

Air Force Members
Ex-Officio
The Officer Commanding, Glasgow and Strathclyde University Air Squadron
The Officer Commanding, East Lowlands University Air Squadron
The Officer Commanding, No 2 MHU RAuxAF

Selected
Air Commodore B. N. J. Speed, OBE
The Regional Commandant, Scottish and Northern Ireland Region, ATC
Group Captain D. A. Needham, BA FIMgt
Wing Commander R. G. Kemp, QVRM AE
The Officer Commanding, Royal Air Force Prestwick
Flight Lieutenant J. Young, AE

Secretary
Colonel R. S. B. Watson, OBE, Lowland House, 60 Avenuepark Street, Glasgow G20 8LW
Tel No: 0141-945 4951 Fax No: 0141 945 4869
Deputy Secretary Major M. R. Knox

NORTHERN IRELAND ASSOCIATION

President
Colonel The Lord O'Neill, TD JP

Vice-Presidents
Colonel J. E. Wilson, OBE JP
The Right Honourable The Earl of Erne, JP
Colonel J. T. Eaton, CBE TD JP
Major W. J. Hall, JP
Sir Michael McCorkell, KCVO OBE TD JP
The Right Honourable The Earl of Caledon JP
His Grace the Duke of Abercorn

Chairman
Colonel G. H. Baird, OBE TD

Vice-Chairmen
Lieutenant Colonel C. T. Hogg, MBE UD JP DL
Colonel A. H. Reid, OBE TD JP DL
Major W. B. S. Buchanan, MBE TD
Colonel S. M. Elder, TD JP

TERRITORIAL, AUXILIARY AND VOLUNTEER RESERVE ASSOCIATIONS

Captain, R. H. Lowry, DL
Colonel J. M. Steele, CB OBE TD DL
Major S. Irwin, TD
Viscountess Brookeborough
Commander K. Cochrane, RD DL (NAVY)
Group Captain B. G. Freeman, OBE (AIR)

Air Force Member

Ex-Officio

Wing Commander T. Lyttle RAFVR(T)
Group Captain K. W. Ifould, OBE AFC RAF

Selected

Group Captain B. G. Freeman, OBE
Wing Commander E. Cadden
Squadron Leader A. McClure RAFVR

Secretary

Brigadier I. N. Osborne, OBE, 25, Windsor Park, Belfast BT9 6FR
Tel No: 01232 665024 Fax No: 01232 662809

NORTH OF ENGLAND ASSOCIATION

President

Colonel The Lord Gisborough, JP

Vice-Presidents

Colonel Sir Ralph Carr-Ellison, TD
Colonel The Viscount Ridley, KG GCVO TD
Sir Paul Nicholson

Chairman

Colonel C. A. F. Baker-Cresswell, OBE TD DL

Vice-Chairmen

Captain A. I. B. Moffat, RD DL RNR
Colonel W. P. Catesby, DL
Colonel J. G. W. Feggetter, TD QHS
Colonel A. A. E. Glenton, MBE TD DL
Colonel P. Newton, MBE TD
Air Vice-Marshal A. F. C. Hunter, CBE AFC DL

Air Force Members

Ex-Officio

The Officer Commanding, Northumbria Universities Air Squadron

Selected

The Officer Commanding, RAF Boulmer
The Regional Commandant, North and East Region, ATC
Air Vice-Marshal A. F. C. Hunter, CBE AFC DL

Secretary

Brigadier N. G. R. Hepworth, OBE 53, Old Elvet, Durham DH1 3JJ
Tel No: 0191-384 7202 Fax No: 0191 384 0918
Deputy Secretary: Lieutenant Colonel D. R. Summers

SOUTH EAST ASSOCIATION

President

Admiral Sir Lindsay Bryson, KCB (HM Lord-Lieutenant for East Sussex)

Vice-Presidents

The Right Honourable Lord Kingsdown, KG (HM Lord-Lieutenant for Kent)
Mrs S. J. F. Goad, JP (HM Lord Lieutenant for Surrey)
H. R. Wyatt, Esq (HM Lord-Lieutenant for West Sussex)

Chairman

Colonel J. R. G. Putnam, TD DL FRICS

Vice-Chairmen

Lieutenant Colonel R. C. B. Dixon, TD DL
Colonel D. E. Stevens, OBE TD DL
Colonel I. W. B. McRobbie, OBE TD DL ADC
Lieutenant Colonel G. H. Wright, TD DL
Captain R. K. Sard, RD RNR
Wing Commander B. Dibb RAFVR(T)
M. C. Griffiths Esq, TD DL

Air Force Members

Selected

The Regional Commandant, London and South-East Region, ATC

Secretary

Brigadier J. C. Holman, CBE DL, Sandling Place, Sandling Lane, Maidstone, Kent ME14 2NJ
Tel No: 01622 691888 Fax No: 01622 691944

Deputy Secretary: Lieutenant Colonel C. J. Parslow

WALES ASSOCIATION

President

Captain N. Lloyd Edwards, GCStJ RD* LLB JP RNR (HM Lord-Lieutenant for South Glamorgan)

Vice-Presidents

Vacant (HM Lord-Lieutenant for Gwynedd)
Sir William S. Gladstone, Bt MA JP (HM Lord-Lieutenant for Clwyd)
Sir David Mansel Lewis, KCVO KStJ BA JP (HM Lord-Lieutenant for Dyfed)
M. A. McLaggan Esq MA KStJ JP (HM Lord-Lieutenant for Mid Glamorgan)
Commodore R. C. Hastie, CBE RD* JP RNR (HM Lord-Lieutenant for West Glamorgan)
The Honourable Mrs Legge Bourke, LVO (HM Lord-Lieutenant for Powys)
Colonel R. Hanbury-Tenison, KCVO KStJ JP (HM Lord-Lieutenant for Gwent)

Chairman

Colonel P. L. Gooderson, TD JP DL

TERRITORIAL, AUXILIARY AND VOLUNTEER RESERVE ASSOCIATIONS

Vice Chairman Naval

Commander J. M. D. Curteis, SBStJ RD* FCA DL RNR

Vice-Chairmen Military

Colonel D. L. Davies, TD DL
Lieutenant Colonel D. G. Clarke, TD DL
Colonel P. Eyton-Jones, TD DL

Vice-Chairman Air

Air Commodore A. J. Park, CBE

Air Force Members

Ex-Officio

Group Captain D. S. Griggs, AFC BA RAF
Air Commodore P. J. Dye, OBE ADC RAF
Group Captain P. S. Kiggell, OBE RAF
Squadron Leader A. K. Cairncross, RAF

Selected

Wing Commander D. A. Davies, BA
Squadron Leader D. Warneford, MBE RAF
Group Captain R. F. Grattan, MSc BA

Secretary

Brigadier W. A. Mackereth, DL WALES TAVRA ASSOCIATION Centre Block, Maindy Barracks, Cardiff, CF14 3YE
Tel No: 01222 220251

Deputy Secretary: Lieutenant Colonel D. J. Harding, WALES TAVR ASSOCIATION, Earl Road, Mold, Clwyd, CH7 1AD
Tel No: 01352 752782

Assistant Secretary: Major P. J. Mullings, MBE, Centre Block, Maindy Barracks, Cardiff, CF14 3YE
Tel No: 01222 220251/2 Fax No: 01222 224828

WESTERN WESSEX ASSOCIATION

President

Lady Mary Holborow, JP (HM Lord Lieutenant Cornwall)

Vice-Presidents

J. N. Tidmarsh, Esq MBE JP (HM Lord-Lieutenant City & County of Bristol)
E. Dancer, Esq CBE (HM Lord Lieutenant Devon)
H. W. G. Elwes Esq., JP (HM Lord Lieutenant of Gloucestershire)
Lady Gass, MA (HM Lord Lieutenant of Somerset)
Lieutenant-General Sir Maurice Johnston, KCB OBE (HM Lord Lieutenant Wiltshire)

Chairman

Commander I. R. Pemberton RD**DL RNR

Vice-Chairmen

Colonel M. E. Kelsey, TD (Bristol)
Colonel R. D. Nicholas, OBE (Cornwall)
Colonel P. C. Durbin, OBE TD (Devon)
Colonel J. F. Penley, OBE TD (Gloucestershire)
Brigadier J. Hemsley (Somerset)

Lieutenant Colonel J. R. Arkell, TD DL (Wiltshire)
Captain G. N. Wood, RD* JP ADC RNR (Naval)
Colonel R. A. Hooper, MA RM (Marine)
Wing Commander A. S. Donaldson, AE BA RAuxAF (Air)

Air Force Members

Ex-Officio

The Officer Commanding, Bristol University Air Squadron
The Officer Commanding, No 3 MHU RAuxAF
The Regional Commandant, South and West Region, ATC
The Officer Commanding, No 2625 (County of Cornwall) RAuxAF Regt Sqn
The Officer Commanding, 4626 (County of Wiltshire) Aeromedical Evacuation Squadron RAuxAF
The Officer Commanding, 57 Reserve Squadron RAF Lyneham

Selected

Station Commander, RAF St Mawgan
Station Commander, RAF Innsworth
Station Commander, RAF Locking
Station Commander, RAF Lyneham

Chief Executive/Secretary

Brigadier B. C. Jackman, OBE MC, 2, Beaufort Road, Clifton, Bristol, BS8 2JS
Tel No: 0117 973 4045
Fax No: 0117 974 3154

Deputy Chief Executive

Major C. E. Marsh, TD

Deputy Secretary

Colonel C. J. Constable

WEST MIDLAND ASSOCIATION

President

Mr J. A. Hawley, TD JP MA (HM Lord-Lieutenant for the County of Stafford)

Vice-Presidents

Colonel Sir Thomas Dunne, KCVO KStJ JP (HM Lord-Lieutenant for the Counties of Hereford and Worcester)
Colonel R. R. Taylor, OBE KStJ JP (HM Lord-Lieutenant for the West Midlands Metropolitan County)
Colonel A. E. H. Heber-Percy, JP (HM Lord-Lieutenant for the County of Shropshire)
Mr. M. Dunne, JP (HM Lord-Lieutenant for the County of Warwick)

Chairman

Colonel P. J. C. Robinson, TD DL

Vice-Chairmen

Commander R. J. Symonds, RD RNR (Vice-Chairman (NAVY))
Lieutenant Colonel W. E. L. Reid, TD
Air Vice-Marshal J. W. Price, CBE FIMgt MRAeS DL (Vice-Chairman (AIR))

TERRITORIAL, AUXILIARY AND VOLUNTEER RESERVE ASSOCIATIONS

Colonel T. M. Evans, TD DL
Colonel R. L. Cariss, MBE TD
Major S. P. Etheridge, MBE TD JP

Air Force Members
Ex-Officio

The Officer Commanding, University of Birmingham Air Squadron
The Officer Commanding, The Training and Standardisation Squadron

Selected

Air Vice-Marshal J. W. Price, CBE FIMgt MRAeS DL (Vice-Chairman (AIR))
Wing Commander J. E. Bates, OBE DL
Group Captain P. S. Kiggell, OBE
Group Captain R. Utley, OBE BA RAF

Secretary

Brigadier J. M. Patrick, MBE, Tennal Grange, Tennal Road, Harborne, Birmingham, B32 2HX
　Tel No: 0121-427 5221

Deputy Secretary: Major M. Young

YORKSHIRE AND HUMBERSIDE ASSOCIATION
President

John Lyles, Esq CBE JP BSc

Vice-Presidents

The Earl of Scarborough
Richard Marriott, TD MA
The Right Honourable Lord Crathorne, Bt

Chairman

Colonel E. C. York, TD DL

Vice-Chairmen

Captain J. M. Davies, RD DL RNR
Colonel A. C. Roberts, MBE TD DL JP MPhil PhD FCGI FIBiol
Brigadier G. B. Smalley, OBE TD
Air Commodore W. G. Gambold RAFR

Air Force Members
Ex-Officio

The Officer Commanding, Yorkshire Universities Air Squadron
The Officer Commanding, RAuxAF Air Defence Support Squadron

Selected

The Officer Commanding, RAF Linton-on-Ouse
The Officer Commanding, RAF Leeming
The Regional Commandant, Air Cadets Regional HQ (North)
Wing Commander J. D. Harvey, FIMgt
Wing Commander H. R. Kidd, OBE RAFVR(T)
Squadron Leader K. W. T. Noyes, MBE RAF

Secretary

Brigadier N. F. Wood, 20, St. George's Place, York, YO24 1DS
　Tel No: 01904 623081 and 639008

Deputy Secretary: Lieutenant Colonel M. R. U. McCartney

THE NAVY, ARMY AND AIR FORCE INSTITUTES

Registered Office: London Road, Amesbury, Wiltshire, SP4 7EN Tel 0198 062 7000
(A company limited by guarantee)

PATRON—HM THE QUEEN

COUNCIL

Service Members Appointed by the Admiralty Board of the Defence Council
Admiral Sir John Brigstocke KCB ADC
Rear Admiral P. Dunt

Service Members Appointed by the Army Board of the Defence Council
General Sir Alex Harley, KBE CB
Brigadier A. S. Ritchie

Service Members Appointed by the Air Force Board of the Defence Council
Air Marshal Sir Anthony Bagnall, KCB OBE FRAeS
Air Vice-Marshal R. A. Wright, AFC FRAeS

Other Members Appointed jointly by the Admiralty, Army and Air Force Boards of the Defence Council
Vice-Admiral Sir Jeremy Blackham, KCB (President)
D. J. M. Roberts, MC
D. J. Bowen
Air Chief Marshal Sir David Evans, GCB CBE CIMgt

BOARD OF MANAGEMENT

Directors Nominated Jointly by the Admiralty, Army and Air Force Boards of the Defence Council
D. J. M. Roberts, MC (Chairman)
Air Chief Marshal Sir David Evans, GCB CBE CIMgt (Deputy Chairman)

Directors Nominated by the Board of Management

J. G. A. Irish, CBE
I. W. Lindsey, OBE
V. J. Steel
G. C. Dart (Chief Executive)
A. H. Vaughan, OBE BA
R. W. Moulson

GRADATION LISTS BY BRANCHES
of Officers Serving on the Active List
Marshal of the Royal Air Force

H.R.H. The Prince Philip, Duke of Edinburgh, KG KT OM GBE AC QSO psc(n)   .   (GD)   15 Jan 53

FORMER CHIEFS OF THE AIR STAFF

Marshals of the Royal Air Force

Grandy, Sir John GCB GCVO KBE DSO idc psc(m) cfs* Born 8/2/13 . . . . (GD) 1 Apr 71
Spotswood, Sir Denis GCB CBE DSO DFC idc psc Born 26/9/16 . . . . (GD) 31 Mar 74
Beetham, Sir Michael GCB CBE DFC AFC idc psc Born 17/5/23 . . . . . (GD) 15 Oct 82
Williamson, Sir Keith GCB AFC rcds psc cfs* Born 25/2/28 . . . . . (GD) 15 Oct 85
Craig of Radley, The Lord GCB OBE MA DSc FRAeS rcds psc cfs Born 17/9/29 . (GD) 14 Nov 88

Air Chief Marshals

Graydon, Sir Michael GCB CBE FRAeS rcds ndc psc cfs Born 24/10/38 . . . (GD) 31 May 91

AIR RANK LIST

Air Chief Marshals

H.R.H. Princess Alice, Duchess of Gloucester GCB CI GCVO GBE . . . . . 23 Feb 90
Johns, Sir Richard GCB CBE LVO ADC FRAeS rcds psc cfs Born 28/7/39 . . . (GD) 30 June 94
Allison, Sir John KCB CBE FRAeS rcds psc qwi Born 24/03/43 . . . . . (GD) 8 Mar 96
Cheshire, Sir John KBE CB FRAeS aws psc Born 4/9/42 . . . . . (GD) 11 Mar 97
Squire, Sir Peter KCB DFC AFC ADC FRAeS psc(n) cfs Born 07/10/45 . . . (GD) 29 Mar 99

Air Marshals

Bagnall, Sir Anthony KCB OBE FRAeS rcds psc qwi Born 8/6/45 . . . . (GD) 19 June 96
Day, Sir John KCB OBE BSc FRAeS rcds psc cfs Born 15/07/47 . . . . (GD) 8 May 97
Terry, Sir Colin KBE CB BSc(Eng) CEng FRAeS FRSA FILT FCGI rcds psc Born 8/8/43 (ENG) 11 July 97
Coville, Christopher Charles Cotton CB BA FIPD FRAeS rcds psc qwi Born 02/06/45 (GD) 6 Aug 98
Jenner, Timothy Ivo CB FRAeS rcds psc(m) cfs Born 31/12/45 . . . . . (GD) 17 Sept 98
Norriss, Peter Coulson CB AFC MA FRAeS hcsc psc psc(m) cfs Born 22/04/44 . (GD) 30 Oct 98
Pledger, Malcolm David OBE AFC BSc FRAeS rcds psc cfs Born 24/07/48 . . (GD) 30 Apr 99

POLICY BRANCHES

Air Vice-Marshals

Goodall, Roderick Harvey CB CBE AFC* rcds psc qwi Born 19/01/47	(GD)	1 Jan 94
Stables, Anthony James CBE FRAeS rcds psc(m) Born 1/3/45	(GD)	1 Jan 95
French, Joseph Charles CBE FRAeS rcds psc Born 15/7/49	(GD)	1 Jan 96
Spink, Clifford Rodney CBE FIMgt FRAeS rcds ndc qwi(AD) Born 17/5/46	(GD)	1 July 96
Thompson, John Hugh rcds hcsc psc(m) qwi Born 18/9/47	(GD)	1 July 96
Stewart, Ian Michael AFC LLB FRAeS psc Born 27/07/45	(GD)	1 Jan 97
Stirrup, Graham Eric AFC FRAeS FIMgt rcds hcsc jsdc cfs qwi Born 4/12/49	(GD)	1 July 97
Wright, Robert Alfred AFC FRAeS psc qwi Born 10/6/47	(GD)	1 July 97
Burridge, Brian Kevin CBE BSc FIMgt hcsc psc(n) cfs Born 26/09/49	(GD)	1 Jan 98
Filbey, Keith David CBE FIMgt rcds psc Born 16/12/47	(GD)	1 Jan 98
Sturley, Philip Oliver MBE BSc FRAeS jsdc Born 9/7/50	(GD)	1 Jan 98
Brackenbury, Ian, OBE BSc CEng FIMechE rcds Born 28/8/45	(ENG)	1 Jan 98
Henderson, Peter William MBE BSc CEng FRAeS amec psc Born 5/11/45	(ENG)	1 Jan 98
Nicholl, Steven Mark CBE AFC BA FRAeS rcds psc qwi Born 15/11/46	(GD)	1 July 98
Niven, David Miller CBE BSc rcds psc Born 18/9/46	(GD)	1 July 98
H.R.H. The Prince of Wales KG KT GCB AK QSO ADC Born	(P)	14 Nov 98
Gardiner, Martyn John OBE BSc psc asq Born 13/6/46	(GD)	1 Jan 99
Nicholson, Antony Angus CBE LVO MA FRAeS rcds jsdc psc(m) Born 27/06/46	(GD)	1 Jan 99
Rimmer, Thomas William OBE MA FRAeS rcds osc(Fr) cfs Born 16/12/48	(GD)	1 Jan 99
Couzens, David Cyril MA MBA CEng FIMechE FRAeS DLUT rcds psc ae Born 15/10/49	(ENG)	1 Jan 99
Burton, Andrew John OBE BSc FCIS odc(US) psc Born 11/11/50	(ADMIN)	1 Jan 99
Harris, Peter Vernon AFC rcds oaws(US) psc qwi Born 4/3/49	(GD)	1 July 99
Arscott, John Robert Dare jsdc aws Born 19/4/47	(OPS SPT)	1 July 99
Liddell, Peter BSc CEng FIEE FRAeS rcds aws psc amec Born 9/10/48	(ENG)	1 July 99
Scott, Peter John MSc BSc CEng FIMechE rcds psc Born 4/4/49	(ENG)	1 July 99
Skinner, Graham CBE MSc BSc CEng FILT FIMechE FIMgt MRAeS psc Born 16/09/45	(ENG)	1 July 99

POLICY BRANCHES

Air Commodores

Name	Branch	Date
Gould, Richard Hugh CBE MA FRAeS df ndc psc asq Born 22/1/45	(GD)	1 Jan 92
Tyack, Ernest William CBE FRAeS rcds aws psc(n) asq snc Born 23/4/44	(GD)	1 Jan 92
Cooper, Christopher Forrest CBE BA MIMgt MCIPS jsdc ssc Born 05/10/44	(SUP)	1 July 93
Cruickshanks, Colin John AFC* FRAeS osc(Fr) tp qwi(AD) Born 7/1/45	(GD)	1 July 94
Johnson, Peter George OBE BA FRAeS FIMgt jsdc cfs qwi Born 08/6/44	(GD)	1 July 94
Peacock-Edwards, Richard Skene CBE AFC FRAeS FIMgt psc cfs Born 27/1/45	(GD)	1 July 94
Chambers, Christopher Maurice hcsc ocds(Ind) aws psc cfs Born 12/2/47	(GD)	1 Jan 95
Ferguson, Anthony Malcolm CEng FIEE psc Born 21/3/44	(ENG)	1 Jan 95
Davison, Christopher MBE FIMgt DPhysEd psc Born 26/9/47	(ADMIN)	1 Jan 95
Mackay, Hector Gavin OBE AFC BSc FRAeS rcds psc(n) cfs Born 3/10/47	(GD)	1 July 95
Fletcher, Richard Holmes BSc CEng MIMechE MRAeS rcds psc ae Born 17/2/47	(ENG)	1 July 95
Doble, Lloyd Anthony OBE FRAeS rcds psc qwi Born 06/1/47	(GD)	1 Jan 96
Haines, John Harold OBE ADC psc Born 17/10/45	(GD)	1 Jan 96
Jeffers, Peter hcsc aws psc cfs Born 23/1/46	(GD)	1 Jan 96
Norriss, David Kenworthy oaws(US) psc cfs Born 17/6/46	(GD)	1 Jan 96
Fowler, Cynthia Ruth ADC jsdc Born 19/11/45	(ADMIN)	1 Jan 96
Corbitt, Ian Stafford hcsc psc Born 30/7/47	(GD)	1 July 96
Crawford, Peter Allan AFC BSc rcds awcc psc Born 11/1/50	(GD)	1 July 96
Feenan, Michael Leonard CBE MA FIMgt psc i* Born 18/9/47	(GD)	1 July 96
Morris, Richard Vaughan AFC rcds qwi qs Born 24/9/49	(GD)	1 July 96
Neal, Andrew Ernest AFC FIMgt rcds nadc psc Born 17/7/48	(GD)	1 July 96
Wilby, David John Gladstone AFC nadc aws psc qwi Born 20/5/47	(GD)	1 July 96
McNeil, Ian William Peter jsdc aws Born 30/9/45	(OPS SPT)	1 July 96
Clark, Roger William OBE CEng FIEE jsdc semc Born 06/4/44	(ENG)	1 July 96
Gilding, Michael John MSc BSc CEng FIEE psc Born 8/8/47	(ENG)	1 July 96
Adams, David Newton BSc MRAeS rcds hcsc psc asq Born 28/4/46	(GD)	1 Jan 97
Kennedy, John Drummond BA psc cfs Born 23/8/46	(GD)	1 Jan 97
Roser, Phillip Wycliffe MBE FRAeS rcds psc qwi Born 11/7/48	(GD)	1 Jan 97
Torpy, Glenn Lester DSO BSc rcds hcsc psc qwi Born 27/7/53	(GD)	1 Jan 97
Vallance, Andrew George Buchanan OBE MPhil psc Born 7/4/48	(GD)	1 Jan 97
Walker, Peter Brett CBE BA jsdc qwi Born 29/9/49	(GD)	1 Jan 97
White, Malcolm Graham Forrester OBE hcsc psc(j) Born 18/11/52	(GD)	1 Jan 97
Giles, Peter Wilmott OBE PhD MA qs Born 14/12/45	(ENG)	1 Jan 97
Procter, Kenneth John Michael BSc (Eur Ing) CEng FIEE FRAeS FIMgt psc Born 7/3/44	(ENG)	1 Jan 97
Sloss, Ian CEng FRAeS jsdc psc Born 3/8/46	(ENG)	1 Jan 97
Pye, Alan John rcds psc ssc Born 4/5/47	(SUP)	1 Jan 97
Simpson, Geoffrey Dennis CBE AFC FRAeS rcds psc(n) Born 10/04/48	(GD)	1 July 97
Sudborough, Nigel John OBE FIPD rcds psc Born 23/3/48	(GD)	1 July 97
Brumpton, Rodney BA FRAeS jsdc ae Born 4/1/47	(ENG)	1 July 97
Davison, Christopher Michael BSc CEng FIEE MIMgt rcds amec psc Born 24/9/48	(ENG)	1 July 97
Jones, Grahame MBE BSc CEng MIEE psc Born 6/7/50	(ENG)	1 July 97
Connolly, Jerome AFC rcds hcsc jsdc awcc qwi Born 5/2/52	(GD)	1 Jan 98
Day, Nigel James BSc(Eng) ACGI rcds hcsc psc qwi Born 13/2/49	(GD)	1 Jan 98
Dixon, Raymond Lawrence BSc psc qwi Born 7/5/48	(GD)	1 Jan 98
Taylor, Neil Ernest BSc FRAes jsdc Born 6/12/47	(GD)	1 Jan 98
Waldron, Alan Peter CBE AFC jsdc cfs Born 8/9/47	(GD)	1 Jan 98
Lang, Alistair Cochrane MBE BA CEng FIMechE FRAeS rcds semc psc Born 19/10/47	(ENG)	1 Jan 98
Willis, Gerald Edward BSc FRAeS rcds psc semc Born 25/10/49	(ENG)	1 Jan 98
Luke, John Christopher Owen CBE BSc rcds psc Born 7/8/49	(ADMIN)	1 Jan 98
Miller, Graham Anthony jsdc cfs qwi Born 31/10/51	(GD)	1 July 98
Robinson, Paul Anthony OBE psc cfs Born 8/8/49	(GD)	1 July 98
Good, Michael John MIDPM MIMgt jsdc qwi(AD) Born 11/1/49	(OPS SPT)	1 July 98
Thornton, Barry Michael MSc BSc CEng FIMechE FIMgt rcds psc Born 19/11/52	(ENG)	1 July 98
Leaning, Peter Timothy Walter FILT MCIPS rcds psc Born 6/2/48	(SUP)	1 July 98
Horwood, Raymond James OBE FRAeS ocds(Can) psc snc Born 28/9/49	(GD)	1 Jan 99
Maddox, Nigel David Alan CBE hcsc psc(n) Born 01/4/54	(GD)	1 Jan 99
Chandler, John Edgar CBE CEng FRAeS qs Born 26/10/47	(ENG)	1 Jan 99
Smith, Alan Jeffrey OBE BSc CEng MIMechE psc Born 13/6/53	(ENG)	1 Jan 99

POLICY BRANCHES

Air Commodores

Blencowe, Christopher John MA BA rcds osc(FR) qs i Born 27/3/50	(SUP)	1 Jan 99
Collier, James Andrew CBE BSc psc Born 6/7/51	(ADMIN)	1 Jan 99
McConnell, Richard BA psc Born 12/11/48	(ADMIN)	1 Jan 99
McLoughlin, John Allan MBE MA rcds psc Born 28/8/50	(ADMIN)	1 Jan 99
Doggett, Barry Peter hcsc oaws(US) psc qwi Born 15/5/49	(GD)	1 July 99
Luker, Paul Douglas OBE AFC rcds awcc psc Born 08/7/51	(GD)	1 July 99
Prissick, Malcolm CBE hcsc psc qwi Born 11/6/49	(GD)	1 July 99
Sweetman, Andrew David OBE BA rcds hcsc psc qwi Born 10/7/53	(GD)	1 July 99
Williams, David Richard OBE aws psc Born 12/5/49	(GD)	1 July 99
Hobart, David Anthony MPhil MIMgt rcds jsdc psc semc Born 24/12/51	(ENG)	1 July 99
Rennison, David Ralph Gray MSc BSc psc semc Born 28/6/51	(ENG)	1 July 99
Whalley, Peter psc Born 22/5/51	(SUP)	1 July 99
Pocock, David John BA jsdc df Born 1/6/53	(ADMIN)	1 July 99
Walker, David Allan OBE MVO BSc FBIFM MIPD qs Born 14/7/56	(ADMIN)	1 July 99

GENERAL DUTIES BRANCH

Group Captains

1989

Brindle, Geoffrey psc Born 22/6/44	(P)	1 Jan

1990

Edwards, Peter psc cfs Born 22/1/43	(P)	1 July
Gault, Roger William awcc psc(n) Born 25/9/44	(P)	1 July
Morris, Brian Sydney OBE AFC psc qwi Born 21/8/45	(P)	1 July

1991

Carr, Roger Frederick Richard MBE hcsc psc snc Born 18/5/47	(N)	1 Jan
Cullington, George Graham CBE AFC BSc ndc Born 8/5/44	(P)	1 Jan
Williams, Denys Andrew AFC psc qwi(AD) Born 19/12/44	(P)	1 Jan
Gleave, Malcolm OBE psc Born 5/7/47	(P)	1 July
Morris, Christopher John OBE FRIN rcds psc(m) asq snc i* Born 09/7/48	(N)	1 July
Wedge, Roger Edward CBE BSc FRAeS MInstD awcc psc Born 22/6/44	(P)	1 July

1992

Macgregor, Alan Norman psc cfs Born 18/7/44	(P)	1 Jan
Coy, Simon John OBE hcsc aws psc(m) Born 29/11/44	(P)	1 July
Owen, Philip Stuart psc cfs Born 7/9/47	(P)	1 July

1993

Kearney, Alan James CBE BSc(Econ) aws psc Born 26/5/45	(P)	1 Jan
Morley, John Robert Douglas MBE hcsc psc Born 28/3/47	(P)	1 Jan
Ray, David Alan hcsc psc(m) qwi Born 23/1/47	(P)	1 Jan
Wildman, Peter Gordon BA FRAeS aws psc cfs Born 10/2/47	(P)	1 Jan
Ball, James Allan AFC oaws(UK) asq jsdc Born 14/5/48	(P)	1 July
Beney, Trevor John FIMgt psc qwi Born 20/1/48	(P)	1 July
Burwell, Christopher Charles Nicholas MBE rcds hcsc jsdc cfs Born 12/9/51	(P)	1 July
Jarron, John Cole aws psc(n) Born 18/1/48	(P)	1 July
Joseph, Robert William BSc psc(n) asq Born 6/10/49	(N)	1 July
Rusling, Nicholas Charles BA oaws psc qwi Born 13/12/47	(P)	1 July

1994

Heath, Michael Christopher CBE rcds psc psc(n) qwi snc Born 21/12/50	(N)	1 Jan
Holmes, Michael Stuart jsdc asq Born 11/10/45	(N)	1 Jan
Igoe, Christopher Paul psc cfs Born 15/10/52	(P)	1 Jan
Iredale, Robert David psc(m) snc Born 27/5/47	(N)	1 Jan
Iveson, Robert Douglas AFC psc qwi Born 18/8/47	(P)	1 Jan
Jones, David Martin psc(m) Born 28/6/48	(P)	1 Jan
Lambert, Andrew Peter Noel MPhil awcc psc qwi Born 12/10/48	(N)	1 Jan

GENERAL DUTIES BRANCH

Group Captains

1994—contd

McDonnell, David Kenneth Lodge OBE psc asq snc Born 27/1/46	(N)	1 Jan
Milne-Smith, David Henry oaws(US) psc qwi Born 6/2/47	(P)	1 Jan
Mitchell, Michael jsdc Born 3/8/47	(P)	1 Jan
Morris, Angus MacDonald MSc psc cfs Born 12/9/46	(P)	1 Jan
Remlinger, Michael John psc Born 3/1/48	(P)	1 Jan
Smith, Peter Anthony BSc FRIN psc asq snc Born 18/2/47	(N)	1 Jan
Titchen, Barry John MRIN FIMgt aws psc qwi Born 4/8/45	(N)	1 Jan
Trace, Michael Roland OBE MA FRAeS aws psc Born 11/9/47	(P)	1 Jan
Williams, Timothy John AFC psc cfs Born 29/1/48	(P)	1 Jan
Dalton, Stephn Gary George BSc psc qwi Born 25/4/54	(P)	1 July
Grisdale, James Norman John MBE psc(m) cfs Born 4/1/47	(P)	1 July
Hudson, Alan Thomas OBE BSc hcsc psc qwi Born 27/4/51	(P)	1 July
Ifould, Keith William OBE AFC FRAeS MIL jsdc osc(GE) cfs i Born 14/1/46	(P)	1 July
Metcalfe, Wilson MIMgt psc Born 1/9/48	(P)	1 July
Perrett, Michael John OBE psc cfs(n) snc Born 7/11/44	(N)	1 July
Thirlwall, Colin OBE AFC BA psc cfs* Born 11/7/44	(P)	1 July
Travers Smith, Ian DSO psc qwi Born 14/11/46	(P)	1 July
Vass, David Charles MBE FRAes FIMgt MIPD psc cfs Born 7/3/50	(P)	1 July
Witts, Jeremy John DSO ADC psc Born 18/6/50	(P)	1 July

1995

Beedie, Alastair Ian Bartlett psc snc Born 9/8/49	(N)	1 Jan
Buckler, Jonathan Leslie jsdc qwi Born 22/7/46	(P)	1 Jan
Evans, Ivor jsdc qwi Born 22/3/48	(P)	1 Jan
Hanlon, Terence George FRAes FIMgt jsdc qwi Born 10/7/47	(P)	1 Jan
Hewlett, Timothy Chetnole OBE psc qwi Born 9/2/49	(P)	1 Jan
Le Bas, Christopher Brian BSc MIMgt odc(US) Born 28/12/48	(P)	1 Jan
Lees, Mitchell Noel psc(j) Born 03/12/50	(N)	1 Jan
Shannon, David Michael OBE aws psc asq cfs(n) snc Born 18/2/45	(N)	1 Jan
White, Andrew David BTech jsdc qwi Born 2/1/52	(P)	1 Jan
Wood, Nigel Richard BSc MRAeS psc tp Born 21/7/49	(P)	1 Jan
Cliffe, John Alfred OBE FRAeS rcds psc(n) qwi Born 14/6/53	(P)	1 July
Delve, Howard psc Born 22/12/43	(N)	1 July
Hickey, Stanley Albert OBE FIMgt FRAeS jsdc nadc snc qs Born 23/5/46	(N)	1 July
Loader, Clive Robert OBE hcsc psc qwi Born 24/9/53	(P)	1 July
Reid, Hamish psc snc adp Born 24/7/43	(N)	1 July
Sweeney, Christopher Michael psc asq snc Born 15/11/48	(N)	1 July
Thomas, Richard Mytton OBE AFC FRAeS psc cfs i Born 3/5/49	(P)	1 July

1996

Barrett, Peter Alan OBE BSc FRAeS psc asq Born 5/7/47	(P)	1 Jan
Burrough, Robert Francis BA BSc jsdc Born 12/8/48	(P)	1 Jan
Campbell, Alasdair BSc hcsc jsdc psc(m) asq Born 18/9/49	(P)	1 Jan
Griggs, Derek Stephen AFC BA jsdc qwi Born 1/9/50	(P)	1 Jan
Hounslow, Robert John FRAeS FIMgt psc Born 19/11/50	(N)	1 Jan
Lockwood, Alan John AFC psc Born 31/10/51	(P)	1 Jan
McLaren, Brian George MSc MBA MIMgt jsdc Born 3/11/47	(AEO)	1 Jan
Moss, David Malcolm psc(n) Born 24/6/47	(P)	1 Jan
Platt, John Crawford BA psc asq snc Born 2/4/47	(N)	1 Jan
Turner, Frank Lester hcsc psc qwi Born 21/10/50	(P)	1 Jan

GENERAL DUTIES BRANCH

Group Captains

1996—contd

Ades, Andrew Vernon MBE MBA FIMgt odc(US) psc snc Born 29/11/43	(N)	1 July
Brewer, Timothy Paul OBE BSc psc asq Born 22/6/53	(N)	1 July
Lacey, Richard Howard ADC MA BA psc Born 11/12/53	(P)	1 July
Moran, Christopher Hugh OBE MVO BSc hcsc psc qwi Born 28/4/56	(P)	1 July
Peach, Stuart William MPhil BA hcsc psc qwi Born 22/2/56	(N)	1 July
Sawyer, Alan OBE osc(GE) qwi i Born 6/11/48	(N)	1 July

1997

Black, Stuart Douglas psc(n) qwi Born 4/1/55	(N)	1 Jan
Blackford, Paul Anthony awcc psc Born 09/7/48	(N)	1 Jan
Butler, Stuart Denham cfs Born 15/1/56	(P)	1 Jan
Clarke, Graham Henry aws psc qwi(AD) Born 11/5/47	(P)	1 Jan
Cope, Arthur William MBE AFC FRAeS psc cfs Born 13/2/47	(P)	1 Jan
Harper, Christopher Nigel MA FIMgt hcsc psc qwi Born 25/3/57	(P)	1 Jan
Hodgson, Peter psc qwi Born 30/7/52	(P)	1 Jan
Hodgson, Raymond Bruce MBA BA psc Born 2/7/49	(P)	1 Jan
McLuskie, Ian Robert OBE MSc psc cfs Born 30/8/48	(P)	1 Jan
McNicoll, Iain Walter BSc psc qwi Born 3/5/53	(P)	1 Jan
Nickols, Christopher Mark MA hcsc psc qwi Born 23/7/56	(P)	1 Jan
Ollis, Peter Rennie BSc psc cfs Born 10/2/55	(P)	1 Jan
Roome, David Christopher OBE FRAeS psc cfs Born 30/7/46	(P)	1 Jan
Ruddock, Peter William David psc qwi Born 5/2/54	(P)	1 Jan
Spiller, Nicholas Bertram psc Born 15/8/46	(P)	1 Jan
White, John William FRAeS MIMgt jsdc qwi qs Born 21/2/48	(P)	1 Jan
Brewerton, Nigel BA MRAeS MIMgt psc cfs Born 7/11/54	(P)	1 July
Bullen, Jeffrey Donald OBE psc Born 12/5/48	(P)	1 July
Coker, Peter Anthony OBE MIMgt jsdc cfs qwi(AD) qs Born 1/4/56	(P)	1 July
Cook, Ronald BTech awcc psc Born 19/2/53	(N)	1 July
Corney, Hugh Richard OBE BA awcc psc Born 1/2/51	(N)	1 July
Dee, Anthony George Oakley odc(US) psc cfs Born 2/1/49	(P)	1 July
Goodman, Philip Charles MBE BSc jsdc qwi qs Born 23/4/54	(N)	1 July
Milne, Ian Alexander MA MA hcsc qwi qwi(T) psc(j) Born 18/9/51	(P)	1 July
Newby, Brian Walter AFC qwi Born 11/9/54	(P)	1 July
Routledge, Martin John BSc psc Born 22/11/54	(N)	1 July
Threapleton, Norman Edward BSc jsdc psc qwi Born 4/11/51	(N)	1 July
Utley, Roger OBE BA jsdc cfs qs i Born 18/9/50	(P)	1 July
Walker, David AFC MA BSc hcsc psc qwi Born 30/10/56	(P)	1 July

1998

Capewell, Ian BSc psc qwi Born 27/9/52	(P)	1 Jan
Drew, David John aws psc cfs Born 31/7/47	(P)	1 Jan
Edge, Glenn Howard OBE ADC BSc jsdc cfs Born 23/11/51	(P)	1 Jan
Evans, Gordon Roger MRAeS jsdc cfs Born 12/6/56	(P)	1 Jan
Middleton, John jsdc qwi(AD) qs Born 21/9/48	(N)	1 Jan
Middleton, Richard Hugh psc Born 1/10/51	(N)	1 Jan
Morrow, William Kyle David OBE psc Born 6/10/49	(N)	1 Jan
Parkinson, Stephen Leo psc Born 18/7/51	(N)	1 Jan
Scoffham, Peter Douglas AFC psc Born 19/8/48	(P)	1 Jan
Stringer, Martin Derek jsdc awcc cfs(n)* snc qs Born 21/9/52	(N)	1 Jan
Walton, Andrew George jsdc qwi Born 16/12/54	(P)	1 Jan

GENERAL DUTIES BRANCH

Group Captains

1998—contd

White, David Harold jsdc qab cfs qs Born 21/2/48	(P)	1 Jan
Wood, Timothy John psc tp cfs Born 16/10/48	(P)	1 Jan
Barter, Michael Carl OBE hcsc psc(m) cfs Born 18/8/54	(P)	1 July
Dezonie, Andre Ferdinand Paul OBE psc(m) cfs Born 10/2/56	(P)	1 July
Ponsonby, John Maurice Maynard OBE cfs psc Born 8/8/55	(P)	1 July

1999

Allen, Richard John jsdc cfs qs Born 20/6/49	(P)	1 Jan
Barnes, Michael Anthony Joseph BSc psc asq Born 22/9/53	(N)	1 Jan
Bowerman, Graham Alan OBE psc qab qwi Born 20/10/49	(P)	1 Jan
Collins, Bryan Raymond psc qwi Born 17/7/52	(P)	1 Jan
Crowley, James William qab qs Born 7/6/48	(N)	1 Jan
Dugmore, Ian Leonard ADC BSc psc Born 23/10/53	(P)	1 Jan
Halsall, Martin William psc Born 10/2/54	(N)	1 Jan
Huckins, Nigel Morrell MBE BSc psc Born 3/2/51	(P)	1 Jan
Lamonte, Jonathan MA BSc CMath FIMA MRAeS MRIN MIMgt asq psc Born 30/12/59	(N)	1 Jan
Leakey, Mark Arundell BSc qwi psc Born 28/3/56	(P)	1 Jan
Pixton, George William DFC AFC awcc psc qwi Born 14/6/51	(P)	1 Jan
Vincent, Alan James hcsc jsdc psc(j) qwi Born 20/2/53	(N)	1 Jan
Bryant, Simon MA BA psc Born 20/6/56	(N)	1 July
Cunningham, Robert Bourke MBE MA psc Born 27/6/57	(N)	1 July
Daffarn, Gavin Charles BSc FIMgt jsdc asq qab snc Born 14/4/49	(N)	1 July
Jones, James Richard jsdc psc(j) Born 17/11/52	(N)	1 July
Lloyd, Michael Guy psc cfs Born 7/12/59	(P)	1 July
Rycroft, Peter William psc cfs(n)* snc Born 16/9/53	(N)	1 July

GENERAL DUTIES BRANCH

Wing Commanders

1983

Engwell, M. J. ndc aws
  cfs (P) 1 Jan
Winkles, A. R. C.
  psc (P) 1 July

1984

Hawken, A. V. B. AFC
  psc (P) 1 Jan

1985

Bell, N. G. jsdc qs (P) 1 July
Felger, C. F. W. psc
  osc(Ku) (N) 1 July
Horton, B. A. aws
  osc(Fr) i (P) 1 July

1986

Douglas, K. M. awcc
  psc (P) 1 Jan
Grumbley, K. G. jsdc
  qwi (P) 1 Jan
Guest, D. M. aws
  psc(m) (P) 1 Jan
Robertson, I. M.
  psc (P) 1 Jan
Mahaffey, B. S. BA psc
  qab qwi (P) 1 July
Pollington, D. AFC
  psc (P) 1 July
Whitney, J. R. A. AFC
  psc tp (P) 1 July

1987

Griffiths, S. G. MBE
  MBA aws psc cfs (P) 1 Jan
Hudson, N. C. L. MA
  jsdc psc(j) cfs (P) 1 Jan
Mawby, A. J. BSc psc
  cfs (P) 1 Jan
Roberts, W. A. B. OBE
  psc qwi (N) 1 Jan
Smith, G. P. awcc
  psc (P) 1 Jan
Monaghan, G. A. psc
  cfs (P) 1 July

Thorpe, A. J. psc
  cfs (P) 1 July

1988

Brookes, A. J. MBA BA
  FRSA psc (P) 1 Jan
Cassady, R. J. jsdc nadc
  snc (N) 1 Jan
Dyer-Perry, A. H. C.
  MRAeS jsdc (N) 1 Jan
Johnson, B. W. aws asq
  snc (N) 1 Jan
Whitston, J. R. psc (P) 1 Jan
Wholey, R. E. jsdc
  qwi (P) 1 Jan
Beresford, N. E. L. LVO
  oaws(US) psc cfs (P) 1 July
Coop, G. A. MRAeS psc
  ocs(Ku) snc (N) 1 July
Goodman, G. J. OBE
  MRIN psc(n) (N) 1 July

1989

Common, M. F. F. MBE
  osc(GE) cfs i (P) 1 Jan
Douglas, J. S. OBE psc
  cfs (P) 1 Jan
Miskelly, I. R. jsdc (N) 1 Jan
Neal, B. R. FIMgt jsdc
  psc (P) 1 Jan
Pulfrey, A. J. psc
  qwi (N) 1 Jan
Stone, R. D. OBE
  psc(m) qwi (P) 1 Jan
Tench, N. R. MBE
  qs (P) 1 Jan
Vacha, I. D. jsdc
  odc(US) (N) 1 Jan
Woollacott, R. N. MBE
  psc cfs (P) 1 Jan
Yeldham, N. S.
  psc(m) (N) 1 Jan
Bannister, D. R.
  jsdc (N) 1 July
Best, R. E. AFC psc
  cfs (P) 1 July
Cocksedge, M. P. rcds
  osc(Fr) cfs (P) 1 July
Forsythe, R. A. OBE psc
  cfs (P) 1 July
Godfrey, M. V. AFC psc
  qwi (P) 1 July

1990

Adams, C. K. psc (N) 1 Jan
Blake, R. G. awcc
  cfs(n)* psc snc (N) 1 Jan
Bonney-James, R. M.
  psc cfs (P) 1 Jan
Bull, K. A. psc(m) (N) 1 Jan
Davis, A. McB. OBE
  nadc psc(n) i* (P) 1 Jan
Donnelly, D. A. MRIN
  psc(m) snc (N) 1 Jan
Eames, C. M. psc
  cfs(n)* snc (N) 1 Jan
Fox, N. G. BA awcc
  psc(m) cfs (P) 1 Jan
Keenan, D. J. psc
  qwi (P) 1 Jan
Martin, J. D. BA psc(n)
  asq (N) 1 Jan
Pitts, J. aws psc cfs (P) 1 Jan
Saunders, M. G. jsdc
  cfs (P) 1 Jan
Ware, A. cfs qs (P) 1 Jan
Williams, D. C. OBE psc
  snc (N) 1 Jan
Blee, P. M. psc(n)
  cfs (P) 1 July
Bruce, D. asq snc
  qs (N) 1 July
Cullum, P. J. G. E. McG.
  MIMgt psc cfs (P) 1 July
Ellaway, M. J. jsdc asq
  snc qs (N) 1 July
Flowerdew, B. N.
  psc(n) (AEO) 1 July
Foster, R. psc qab
  cfs (P) 1 July
Gault, R. K. OBE jsdc
  snc (N) 1 July
Haines, P. J. J. BSc rcds
  psc asq snc (N) 1 July
Holding, B. C. AFC psc
  cfs (P) 1 July
Mitchell, A. N. MBE psc
  cfs (P) 1 July
Mogford, F. L. snc
  qs (N) 1 July
Morffew, C. G. psc
  psc(n) snc (N) 1 July
Richardson, A. K.
  psc[m] (P) 1 July
Roberts, P. BSc psc (P) 1 July
Stuart, A. F. psc cfs(n)
  snc (N) 1 July

GENERAL DUTIES BRANCH

Wing Commanders

1991

Allport, M. K. MBE cfs qss*	(P)	1 Jan
Barber, G. asq snc qs	(N)	1 Jan
Bealer, R. A. jsdc	(P)	1 Jan
Burns, C. S. psc	(N)	1 Jan
Chambers, R. I. jsdc osc(Ku) cfs(n) snc	(N)	1 Jan
Crockatt. A. B. AFC psc qwi	(P)	1 Jan
Dickens, C. R. D. psc cfs(n) snc	(N)	1 Jan
Finn, C. J. awcc jsdc qwi qs	(N)	1 Jan
Goodsell, G. V. psc snc	(N)	1 Jan
Hawes, C. M. H. BA psc asq snc adp	(N)	1 Jan
Hilliker, C. psc cfs	(P)	1 Jan
Hurley, D. J. MBE psc qwi	(P)	1 Jan
King, R. W. jsdc qwi snc	(N)	1 Jan
Musgrave, D. awcc psc snc	(N)	1 Jan
Pierce, J. W. MRAeS osc(Fr) tp qwi	(P)	1 Jan
Radley, R. P. jsdc tp cfs*	(P)	1 Jan
Ray, P. R. psc	(P)	1 Jan
Scard, G. T. BA jsdc asq snc	(N)	1 Jan
Semple, A. W. psc cfs	(P)	1 Jan
Spilsbury, D. A. jsdc cfs*	(P)	1 Jan
Tiernan, F. psc cfs	(P)	1 Jan
Westwood, M. P. OBE psc	(P)	1 Jan
Arkell, J. D. OBE MA jsdc qab qwi qs	(P)	1 July
Babraff, J. K. L. cfs qs	(P)	1 July
Bishopp, J. B. psc cfs	(P)	1 July
Childs, A. P. jsdc qab	(P)	1 July
Elliott, H. T. MA psc(n) cfs	(P)	1 July
Gray, P. W. MPhil BSc LLB MIMgt jsdc qs	(N)	1 July
Harper, T. A. jsdc qwi qs	(P)	1 July
Lawrence, C. J. MRAeS MRIN awcc psc	(N)	1 July
McDonald, T. P. OBE rcds jsdc cfs qs	(P)	1 July
Richey, F. A. BA psc asq cfs(n) snc	(N)	1 July
Sedman, D. M. psc cfs	(P)	1 July
Smyth, W. S. BA awcc psc qwi	(N)	1 July
Stephens, A. P. qab cfs(n)* snc qs	(N)	1 July
Troke, C. B. asq snc qs	(N)	1 July
York, P. OBE psc cfs(n) snc	(N)	1 July

1992

Angus, D. A. jsdc qs	(P)	1 Jan
Blunden, R. F. BA MRAeS MBCS MIMgt psc asq snc	(N)	1 Jan
Boyd, A. J. W. psc(m)	(N)	1 Jan
Dudgeon, M. G. OBE psc cfs	(P)	1 Jan
Horwood, G. M. psc asq cfs	(P)	1 Jan
Hutchins, M. B. nadc qss*	(P)	1 Jan
Kershaw, J.	(N)	1 Jan
Macartney, S. M. J. BSc awcc psc	(P)	1 Jan
Richardson, M. G. OBE awcc psc	(N)	1 Jan
Williams, P. BSc jsdc snc qs	(N)	1 Jan
Greaves, K. R. C. OBE BSc qs	(P)	1 July
Leadbetter, P. M. MVO MIMgt jsdc snc qs	(N)	1 July

1993

Boyle, T. L. OBE jsdc qab qwi qs	(P)	1 Jan
Chacksfield, C. C. MBE qs	(P)	1 Jan
Furniss, N. J. MBE psc ac	(P)	1 Jan
Kirk, A. P. psc qab	(N)	1 Jan
Marston, R. AFC jsdc cfs qs	(P)	1 Jan
Parkes, K. J. MBE BA BSc psc cfs	(P)	1 Jan
Main, A. P. T. MRAeS MIPD MIMgt	(N)	9 Mar
Cooke, J. A. psc (ALM)		1 July
Edmonds, C. C. BSc psc	(N)	1 July
Harbottle, F. jsdc psc(j)	(P)	1 July
Harper, I. F. MBE asq psc	(N)	1 July
Hartree, W. R. cfs psc	(P)	1 July
Huddleston, F. A. psc cfs	(P)	1 July
Hush, W. BSc psc cfs(n)	(N)	1 July
Keating, P. K. MA BSc MRAeS psc(m)	(P)	1 July
Leaming, M. W. BSc psc	(P)	1 July
Price, H. W. DPhysEd	(P)	1 July
Randle, N. C. BSc MRAeS MRIN psc asq snc	(N)	1 July
Rodgers, M. snc cfs(n) qs	(N)	1 July
Rosentall, P. H. psc cfs	(P)	1 July

1994

Almond, T. MBE MA BA FRIN MIMgt psc asq qwi	(N)	1 Jan
Bailey, R. M. qs	(N)	1 Jan
Barrett, A. J. jsdc fc qs	(P)	1 Jan
Bond, C. L. psc(j) cfs(n)* snc	(N)	1 Jan
Bown, A. R. jsdc qs	(N)	1 Jan
Burgess, K. J. psc	(P)	1 Jan
Davidson, I. F. BA snc qs	(N)	1 Jan
Dixon, G. P. BSc psc	(P)	1 Jan
Duffill, S. MA MIMgt psc cfs	(P)	1 Jan
Exton, S. W. psc cfs	(P)	1 Jan
Gunner, S. BSc(Eng) qs	(P)	1 Jan
Harrison, D. I. BSc psc qwi	(P)	1 Jan
Herriot, D. R. qwi qwi(T) psc	(N)	1 Jan
Knowles, D. W. psc	(AEO)	1 Jan
McAlpine, R. I. DFC MA BSc MRAeS psc qwi	(P)	1 Jan

GENERAL DUTIES BRANCH

Wing Commanders

1994—contd

Pitt, C. R. BSc jsdc psc(n) (N) 1 Jan
Plumley, J. H. BSc cfs qs (P) 1 Jan
Pollitt, M. M. BSc rcds psc cfs (P) 1 Jan
Porter, G. R. R. BSc psc qab (N) 1 Jan
Pulford, A. D. psc (P) 1 Jan
Randall, N. B. jsdc qwi qs (N) 1 Jan
Rodda, S. G. psc (N) 1 Jan
Simmonds, B. P. OBE BSc CPhys MInstP psc cfs (P) 1 Jan
Telford, G. M. BSc jsdc qs (P) 1 Jan
Williams, M. A. psc cfs (P) 1 Jan
Ayres, S. P. BSc osc(Fr) cfs i (P) 1 July
Bates, B. L. BA psc qwi (N) 1 July
Bone, A. M. AFC jsdc asq qs (N) 1 July
Cobelli, R. D. OBE BSc psc qwi (P) 1 July
Cornfield, K. L. OBE MA psc cfs (P) 1 July
Dixon, P. R. MBA BSc(Eng) MRAeS rcds psc cfs (P) 1 July
Evans, W. G. OBE jsdc tp (P) 1 July
Ferries, A. I. BSc jsdc nadc psc asq cfs(n) snc (N) 1 July
Fidler, D. C. psc cfs (P) 1 July
Fynes, J. P. S. psc cfs (P) 1 July
Hilditch, S. L. BSc jsdc tp qwi qs (P) 1 July
Hurst, W. J. psc osc(Ku) (P) 1 July
Kirkhope, T. BSc psc cfs (P) 1 July
McGeown, M. S. MA psc (P) 1 July
Powell, L. R. cfs(n) snc qss (P) 1 July
Rackham, C. M. cfs qss (P) 1 July
Skinner, D. R. psc(j) snc (N) 1 July

Stinton, J. MA BA psc qab qwi (P) 1 July
Warren, S. F. psc(n) cfs (P) 1 July
Whittingham, J. psc cfs (P) 1 July
Crane, R. (N) 10 Nov

1995

Clifford, J. M. MSc BSc jsdc asq cfs(n) cfs qs (N) 1 Jan
Crawford, G. J. MIMgt MRAeS psc cfs (P) 1 Jan
Davies, J. S. psc snc (N) 1 Jan
Dear, A. J. psc snc (N) 1 Jan
Dennison, K. BSc jsdc tp qwi qs (P) 1 Jan
Ellis, R. M. H. qs (N) 1 Jan
Ford, D. J. BA psc(n) (AEO) 1 Jan
Fradgley, J. N. AFC BSc psc qwi(T) (P) 1 Jan
Johnston, H. snc qs (N) 1 Jan
Rimmer, J. A. J. BSc psc (P) 1 Jan
Smith, B. BA jsdc asq qs (N) 1 Jan
Squelch, J. P. BSc jsdc qab qs (P) 1 Jan
Tizard, R. W. psc(m) cfs (P) 1 Jan
Wallace, D. B. MBE cfs(n) snc qs (N) 1 Jan
Walne, K. BSc asq qs (N) 1 Jan
Warburton, G. R. snc qs (N) 1 Jan
Whitehouse, M. B. BSc qs (P) 1 Jan
Wilson, D. A. MA BSc psc (P) 1 Jan
Bairsto, C. A. psc(j) qab qwi(AD) (N) 1 July
Birks, C. J. BSc psc (P) 1 July
Brown, E. S. psc snc (N) 1 July
Dixon, C. W. MBE psc (P) 1 July
Falla, S. O. DSO jsdc cfs qs (P) 1 July
Garwood, R. F. DFC MA psc(m) qwi (P) 1 July
Malcolm, C. D. psc(j) asq cfs(n) snc (P) 1 July

Marrison, C. G. psc qwi(T) (N) 1 July
McCarthy, W. J. MBE qs (AEO) 1 July
Miller, C. psc (P) 1 July
Skinner, S. N. BSc psc cfs (P) 1 July
Swan, M. LLB psc qwi(T) (P) 1 July
Torbet, R. J. qwi psc (P) 1 July
Wright, R. D. BSc psc (N) 1 July
Young, A. A. MA tp qwi qs i (P) 1 July

1996

Barker, C. M. I. MA psc (P) 1 Jan
Bartram, J. A. MSc MECI MIMgt psc snc (N) 1 Jan
Bolsover, D. R. jsdc (P) 1 Jan
Burrett, I. C. psc tp cfs* (P) 1 Jan
Cameron, I. A. jsdc (N) 1 Jan
Cleland-Smith, D. J. jsdc qs (P) 1 Jan
Colley, M. P. psc qab qwi (N) 1 Jan
Coote, J. E. MBE psc asq snc (N) 1 Jan
Davenall, D. S. BSc jsdc qs (N) 1 Jan
Dey, A. J. BSc psc (N) 1 Jan
Dunsford, R. J. BSc qss (P) 1 Jan
Goodbourn, J. A. BSc psc(m) (P) 1 Jan
Green, M. C. BSc cfs qs (N) 1 Jan
Hill, J. A. MSc BSc MRAeS psc snc (N) 1 Jan
Kelly, P. M. psc qwi (N) 1 Jan
Lock, R. BSc psc cfs* (P) 1 Jan
Maxwell, K. H. MA BSc oaws(US) psc(n) asq (N) 1 Jan
Powell, R. J. A. psc cfs (P) 1 Jan
Randles, S. psc (P) 1 Jan
Ryall, F. D. jsdc qab qss (N) 1 Jan
Stapleton, G. M. psc qwi (N) 1 Jan
Thomson, K. K. MA psc qwi (N) 1 Jan

GENERAL DUTIES BRANCH

Wing Commanders

1996—contd

Wylie, M. D. cfs qs (P)		1 Jan
Bossy, M. J. snc qs (N)		1 July
Carter, W. A. D. BA psc qwi qwi(T)	(N)	1 July
Coulls, C. J. qwi(T) qs	(N)	1 July
Cummings, S. jsdc qs	(P)	1 July
Elliott, J. G. MBE qss i	(P)	1 July
Elliott, R. I. BSc psc asq	(N)	1 July
Harwood, M. J. MBE MA psc cfs qwi	(P)	1 July
Hillier, S. J. MA BA psc cfs	(P)	1 July
Johnston, R. T. MA qwi qs	(P)	1 July
Jupp, J. A. BA psc(n) qwi(AD)	(P)	1 July
Kirkpatrick, A. S. BSc jsdc cfs qs	(P)	1 July
Low, R. A. C. jsdc qwi qs	(N)	1 July
Moloney, J. P. MA BA psc	(P)	1 July
O'Meeghan, P. M. psc	(P)	1 July
Orwell, S. J. psc cfs (P)		1 July
Pearson, S. BA jsdc qs	(N)	1 July
Randerson, R. N. BSc psc qwi	(N)	1 July
Readfern, P. A. psc(m)	(P)	1 July
Watson, N. J. qwi qs	(P)	1 July
Whittingham, D. L. BSc psc cfs	(P)	1 July
Williams, J. G. MBE snc qs	(N)	1 July

1997

Anderson, T. M. MA MRAeS psc	(P)	1 Jan
Bagwell, G. J. psc(j) qwi	(P)	1 Jan
Bond, G. R. psc	(N)	1 Jan
Brook, P. J. BA BSc MIMgt psc asq snc adp	(N)	1 Jan
Brown, D. A. jsdc qs	(P)	1 Jan
Castle, D. A. BSc psc qwi	(N)	1 Jan
Culbert, A. S. C. BSc jsdc	(P)	1 Jan
Cunningham, P. A. BSc cfs psc(m)	(P)	1 Jan
Davis, N. J. BSc MRAeS MRIN psc asq	(N)	1 Jan
Golledge, A. BSc qs	(P)	1 Jan
Hull, C. P. A. BSc psc asq	(N)	1 Jan
Jenkins, R. D. psc tp cfs	(P)	1 Jan
Killen, M. F. BSc psc(j) qab cfs	(P)	1 Jan
Lawlor, J. BA psc qab qwi(T) qwi	(N)	1 Jan
Milburn, T. S. MA BSc psc(m)	(P)	1 Jan
Morgan, J. L. nadc qs	(AEO)	1 Jan
Morris, I. jsdc cfs	(P)	1 Jan
Morrison, I. C. psc qwi	(N)	1 Jan
Paton, D. R. BA osc(Fr) qs	(N)	1 Jan
Roche, M. J. jsdc cfs qs	(P)	1 Jan
Sharp, M. A. psc	(N)	1 Jan
Soul, G. D. qs	(AEO)	1 Jan
Stewart, A. J. MRAeS MIMgt cfs psc	(P)	1 Jan
Sudlow, A. J. MBE BSc psc qwi	(P)	1 Jan
Turner, L. BSc jsdc qs	(N)	1 Jan
Walker, I. B. MDA BA jsdc cfs qs	(P)	1 Jan
Wood, D. M. psc cfs	(P)	1 Jan
Barmby, A. S. BSc psc cfs	(P)	1 July
Barnes, S. G. BSc jsdc qwi qs	(P)	1 July
Booth, G. H. psc qwi(AD)	(N)	1 July
Cross, T. BA jsdc psc(j)	(N)	1 July
Dobson, W. G. S. BSc psc	(P)	1 July
Forward, S. D. BSc jsdc qss	(P)	1 July
Garside-Beattie, L. cfs jsdc qs	(P)	1 July
Gunby, A. D. psc	(N)	1 July
Jagger, N. R. BSc psc cfs(n) snc	(N)	1 July
Kerr, A. W. BA AIL i* qs	(N)	1 July
Lungley, S. D. psc	(N)	1 July
Meyrick, N. D. psc	(N)	1 July
Oborn, P. N. psc	(P)	1 July
Simpson, D. A. BSc psc tp	(P)	1 July
Stewart, I. R. W. BSc jsdc cfs qs	(P)	1 July
Welham, A. R. D. psc	(P)	1 July
Whitaker, P. J. W. BA osc(Fr) i*	(P)	1 July
Williams, W. D. BA psc cfs	(P)	1 July
Wright, G. A. BSc psc(m)	(P)	1 July

1998

Ashcroft, I. T. asq cfs(n)* qs	(N)	1 Jan
Atherton, P. A. psc	(P)	1 Jan
Barber, S. B. J. MA psc(n)	(N)	1 Jan
Bell, I. K. psc cfs	(P)	1 Jan
Brown, M. W. qwi qss	(P)	1 Jan
Buckley, G. C. A. DFC psc qwi	(P)	1 Jan
Burley, D. snc qs	(N)	1 Jan
Bye, D. M. I. osc(US) qwi	(P)	1 Jan
Dobb, S. K. psc qwi(T)	(P)	1 Jan
Draper, I. M. BA psc cfs	(P)	1 Jan
Footer, S. G. MBE jsdc qs	(P)	1 Jan
Fox, S. M. AFC MA BCom psc cfs qwi	(P)	1 Jan
Fryer, A. D. psc	(N)	1 Jan
Goodall, R. jsdc qs	(N)	1 Jan
Harborne, P. N. jsdc	(P)	1 Jan
Hawes, A. P. BSc cfs qs	(P)	1 Jan
Hewett, G. M. MBE odc(Aus) qwi qs	(N)	1 Jan
Hill, M. R. jsdc	(P)	1 Jan
Horrocks, J. MA psc(n)	(P)	1 Jan
Howard, S. J. MA MRAeS psc qab	(P)	1 Jan
Huggett, A. D. psc qwi	(P)	1 Jan
Jenkins, M. J. M. BSc jsdc cfs qs	(P)	1 Jan
Kennedy, J. M. BSc qs	(N)	1 Jan

GENERAL DUTIES BRANCH

Wing Commanders

1998—contd

Kirkin, T. R. MRIN cfs(n) snc qs (N)	1 Jan
Lloyd, P. O. MBE psc(j) cfs* (P)	1 Jan
MacInnes, G. W. BSc jsdc qs (P)	1 Jan
McCann, K. B. psc(m) qab qwi (P)	1 Jan
McWilliams, T. P. psc qab snc (N)	1 Jan
Mercer, M. J. jsdc qwi(AD) qs (P)	1 Jan
Moulds, G. MBE jsdc qss (N)	1 Jan
Newton, S. psc (P)	1 Jan
Osborn, P. C. psc qwi (N)	1 Jan
Plumb, J. V. qwi qs (N)	1 Jan
Poole, R. M. psc qwi (N)	1 Jan
Prowse, D. L. BA jsdc qab qs (P)	1 Jan
Robertson, D. G. psc qwi(T) (N)	1 Jan
Scholtens, J. H. BA jsdc qs (N)	1 Jan
Seward, N. I. M. psc cfs (P)	1 Jan
Stevenson, A. D. psc qwi asq (P)	1 Jan
Sutton, P. R. BA psc cfs (P)	1 Jan
Teakle, I. D. jsdc qab qwi(T) qs (N)	1 Jan
Thwaites, G. E. psc (N)	1 Jan
Trembaczowski-Ryder, D. J. BSc psc (N)	1 Jan
Barrass J. A. BSc psc(j) (N)	1 July
Barton, P. R. BSc psc(j) cfs (P)	1 July
Birtwistle, R. W. psc qwi(AD) (N)	1 July
Duell, K. qs (AEO)	1 July
McAuley, A. W. J. psc(j) (P)	1 July
McLaughlin, A. N. MA BSc psc(j) qab (P)	1 July
Morris, P. A. psc (N)	1 July
Nash, H. W. MBE psc(j) qab (P)	1 July
North, B. M. MBE MA pcs(m) (P)	1 July
Purkiss, C. C. MBE BSc qs (N)	1 July
Revell, K. A. BA qs (N)	1 July
Robertson, G. W. BSc psc (N)	1 July
Russell, S. P. jsdc qs (N)	1 July
Shields, I. E. cfs(n)* qs (N)	1 July
Stewart, H. qs (AEO)	1 July
Stubbs, D. J. qs (P)	1 July
Suddards, A. J. Q. MA BA psc(j) qab qwi qs (P)	1 July
Taylor, J. MIMgt psc (P)	1 July
Tull, G. A. J. adp qs (N)	1 July
Turner, W. J. MA BSc(Eng) MRAeS MRIN MCGI MIMgt asq psc (N)	1 July
Wade, C. E. asq qs (N)	1 July
Warner, J. E. AIB psc(j) cfs qs (P)	1 July
West, P. C. qs (N)	1 July
Young, S. psc(j) cfs qs (P)	1 July

1999

Bell, S. M. BSc(Eng) cfs qwi qs (P)	1 Jan
Benn, C. R. qs (P)	1 Jan
Bentham, A. qss (N)	1 Jan
Bruce, G. J. BSc psc(j) asq (P)	1 Jan
Chapman, J. G. MA MSc BA BSc psc cfs (P)	1 Jan
Connell, N. M. BSc cfs qs (P)	1 Jan
Connor, K. D. qs (P)	1 Jan
Dakin, A. G. BSc qwi qs (P)	1 Jan
Diamond, D. J. BA MRAeS osc(Fr) cfs qs (P)	1 Jan
Fraser, R. G. BSc qs (P)	1 Jan
Havelock, K. psc(n) (P)	1 Jan
Judson, R. W. jsdc qs (P)	1 Jan
Klein, J. B. qwi qs (N)	1 Jan
Lyall, P. DMS cfs qs (P)	1 Jan
Maas, J. D. qs (P)	1 Jan
Meadows, N. BSc cfs qs (P)	1 Jan
Nash, A. J. psc(j) (N)	1 Jan
O'Connell, C. D. jsdc cfs(n) snc (N)	1 Jan
Reeves, C. qs (ENG)	1 Jan
Todd, R. E. BSc(Econ) qs (N)	1 Jan
Van Den Berg, G. G. S. MSc psc (P)	1 Jan
Atha, S. D. BSc cfs qs (P)	1 July
Cockram, S. H. qab qwi qs (P)	1 July
Davey, G. J. BSc qs (P)	1 July
Docker, P. A. BA MCGI asq (P)	1 July
Edwards, P. W. MBE BSc asq qs i* (P)	1 July
Green, S. J. jsdc qs (N)	1 July
Guz, N. BSc psc(j) cfs (P)	1 July
Hallett, L. T. BSc qwi(AD) qs (P)	1 July
Hobson, R. A. BSc qs (P)	1 July
Hopkins, M. W. G. MBE MA psc cfs (P)	1 July
Kessell, J. B. psc(j) (N)	1 July
McDermott, C. W. psc(j) qab (N)	1 July
McNamara, S. P. qs (AEO)	1 July
Meade, S. C. qs (P)	1 July
Reynolds, S. K. P. DFC cfs (P)	1 July
Turner, S. C. G. BSc(Econ) MIMgt jsdc cfs qs (P)	1 July
Wharmby, N. E. BSc psc(j) qwi qs (P)	1 July
Whittingham, R. T. BSc psc(j) asq qs (AEO)	1 July
Wilder, R. A. BSc jsdc (N)	1 July
Willis, P. A. osc(Fr) qwi(AD) qs (P)	1 July
Young, S. J. psc(j) qab qs (P)	1 July

GENERAL DUTIES BRANCH

Squadron Leaders

1968
McCluney, J. G. psc cfs (P) 1 Jan

1974
Sayer, M. J. FRIN psc asq snc (N) 1 Jan

1975
Elton, E. A. BA cfs qss* (P) 1 July

1976
Sollitt, A. G. qs (P) 1 Jan
Day, P. OBE AFC (P) 1 July

1977
Laurie, G. H. MVO (P) 1 July
Webley, D. L. BTech cfs qss* (P) 1 July

1978
Rouse, E. G. C. cfs qs (P) 1 Jan
Lovegrove, G. B. snc qs (N) 22 Dec

1979
Butt, L. C. snc qs (N) 1 July
Pegrum, R. G. qs (N) 1 July
Widdess, J. D. McM. MBE asq qss (AEO) 1 July

1980
Bruce, P. R. cfs (P) 1 Jan
Miles, P. G. MBE BSc qs (P) 1 Jan
Sitch, T. MBE snc (N) 1 Jan
McCloud, R. C. qs (P) 18 June
Becker, K. H. (P) 1 July
Blenkinsop, J. W. (N) 1 July

Clemett, A. L. BSc snc qs (N) 1 July
McKendrick, D. I. qs (N) 1 July
Walker, R. S. snc qs (N) 1 July

1981
Cole, B. F. qss (N) 1 Jan
Cook, D. F. asq cfs(n) snc qss (N) 1 Jan
Hall, R. J. MRIN snc qs (N) 1 Jan
Sullivan, L. qs (N) 1 Jan
Tidball, C. J. qss* (P) 1 Jan
Waring, D. A. AFC qs (P) 1 Jan
Wilcox, P. H. MBE (P) 1 Jan

1982
Constable, E. C. MIMgt cfs qs (P) 1 Jan
Hampton, I. J. snc (N) 1 Jan
Jones, W. R. D. qs (P) 1 Jan
Laing, G. H. B. MA qss (P) 1 Jan
Lawry, K. J. cfs* qs (P) 1 Jan
Norbury, E. G. cfs (P) 1 Jan
Oldham, D. V. cfs qss (P) 1 Jan
Pickering, R. J. BSc cfs (P) 1 Jan
Strang, A. J. M. BA BSc snc qs (N) 1 Jan
Busby, J. M. BSc cfs qs (P) 1 July
Hodson, I. qs (N) 1 July
Hooper, C. A. cfs* qss (P) 1 July
King, R. F. MVO cfs (P) 1 July
Tew, M. R. N. BSc qs (P) 1 July
Traylor, A. G. qs (AEO) 1 July

1983
Baker, J. E. cfs* (P) 1 Jan
Cocking, R. K. BSc snc qs (N) 1 Jan
Dixon, P. M. qs (N) 1 Jan
Kendall, J. F. cfs(n) snc psc (N) 1 Jan
Laidler, A. J. snc qss (N) 1 Jan
Moody, R. M. cfs qss (P) 1 Jan

Sharp, D. J. AFC BSc cfs qss (P) 1 Jan
Wright, J. T. qs (N) 1 Jan
Buckland, M. R. G. BSc psc cfs (P) 1 July
Coleman, P. MIMgt cfs qss (P) 1 July
Cranswick, C. E. BSc cfs qs (P) 1 July
Hinton, P. N. qs (N) 1 July
McNeill-Matthews, J. H. F. qwi qs (N) 1 July
Melville-Jackson, A. qs (N) 1 July
Mulligan, G. H. MBE MBA MIMgt qs (N) 1 July
Phillips, R. A. (P) 1 July
Seaward, G. L. psc(n) qwi (N) 1 July
Shields, R. M. MVO qss (N) 1 July
Williams, A. H. BSc MIMgt qs (N) 1 July

1984
Collins, R. qs (ENG) 1 Jan
Daniels, G. A. qs (N) 1 Jan
Desai, A. K. MIMgt snc qs (N) 1 Jan
Fletcher, A. K. cfs(n) snc qs (N) 1 Jan
Gault, W. MBE qs (N) 1 Jan
Goodman, D. F. psc(m) cfs (P) 1 Jan
Mason, K. cfs (P) 1 Jan
Ritchie, J. M. B. qss (P) 1 Jan
Ross, R. asq cfs(n) snc qs (N) 1 Jan
Sharman, P. B. qss (P) 1 Jan
Snelders, F. M. cfs(n) snc qs (N) 1 Jan
Candlish, E. G. J. MRIN MIMgt snc qs (N) 1 July
Crombie, D. J. C. MBE snc qs (N) 1 July
Fallis, R. J. H. AFC cfs (P) 1 July
James, W. J. M. cfs (P) 1 July
Rounds, T. W. B. psc snc (N) 1 July
Walters, R. J. BSc asq qs (P) 1 July
Thomas, D. J. cfs qss (P) 30 Aug

Squadron Leaders

1984—contd

Clements, A. N.
  BSc(Eng) ACG
  cfs* (P) 10 Oct

1985

Boon, T. R. qss (N) 1 Jan
Da Costa, F. A. cfs* (P) 1 Jan
Dixon, P. S. AFC cfs
  qs (P) 1 Jan
Gilbert, J. asq snc (N) 1 Jan
Hodgson, G. F. BA snc
  adp qs (N) 1 Jan
Horton, D. qs (P) 1 Jan
Norris, D. J. snc qs (N) 1 Jan
Reay, P. BSc asq snc
  qss (N) 1 Jan
Carter, R. V. BSc jsdc cfs
  qs (P) 1 July
Lister-Tomlinson, A. D.
  qab qwi qs (N) 1 July
Murty, J. K. BSc cfs
  qss (P) 1 July
Paine, M. A. qwi
  qss (P) 1 July
Peeke, G. BSc MIPD snc
  qs (N) 1 July
Young, M. BSc(Eng)
  qwi qss (P) 21 Oct

1986

Alexander, W. J. cfs(n)
  snc qs (N) 1 Jan
Bennett, D. qwi qs (N) 1 Jan
Burrows, J. A. cfs(n)
  snc qss (N) 1 Jan
Gardiner, J. F. cfs
  qs (P) 1 Jan
Hamilton, D. A. BTech
  qs (P) 1 Jan
Herbertson, P. S. cfs(n)
  snc qs (N) 1 Jan
Penny, A. T. snc qs (N) 1 Jan
Sinclair, C. M. BA
  cfs (P) 1 Jan
Ward, D. BA BSc cfs
  qss* (P) 1 Jan
Golden, E. snc qss (N) 21 Apr
Bryan, M. J. BSc(Eng)
  MRAeS MInstD
  MIMgt cfs qs (P) 1 July

Clark, A. McG. MRAeS
  MIMgt asq psc
  snc (N) 1 July
Clark, B. M. qss (N) 1 July
Doig, C. G. qs (N) 1 July
Hallett, P. Q. MA BSc
  FRGS psc qab (P) 1 July
Hartley, I. G. qss (P) 1 July
Heath, C. cfs(n) snc
  qs (N) 1 July
Henry, B. L. snc qs (N) 1 July
Jarmain, S. P. cfs
  qss (P) 1 July
Mander, S. G. qs (N) 1 July
Procopides, M. D. BSc
  cfs qss (P) 1 July
Wescott, M. R. J. qab
  qwi qs (N) 1 July
Hudson, R. A. BA
  CertEd asq cfs(n) snc
  qss (N) 6 Sept

1987

Ayres, N. P. BSc asq
  qs (N) 1 Jan
Bayer, P. qs (N) 1 Jan
Beard, P. R. cfs(n) snc
  qs (N) 1 Jan
Budd, P. H. qs (N) 1 Jan
Burgoyne, H. C.
  AFC (P) 1 Jan
Calvert, D. P. BSc cfs
  qs (P) 1 Jan
Cockman, P. R. cfs*
  qss (P) 1 Jan
Cunningham, J. D.
  MBE (N) 1 Jan
Davies, P. A. asq
  qs (AEO) 1 Jan
Ford, R. B. (N) 1 Jan
Hunt, M. J. cfs* (P) 1 Jan
Irving, R. BSc cfs*
  qs (P) 1 Jan
King, R. L. qss (N) 1 Jan
Lemare, D. A. C. cfs (P) 1 Jan
May, N. cfs qs (P) 1 Jan
McNeil, J. J. asq snc
  qs (N) 1 Jan
Reekie, G. L. cfs (P) 1 Jan
Rowley, C. M. cfs
  qss (P) 1 Jan
Slatter, C. BSc(Eng) cfs
  qs (P) 1 Jan
Smith, P. S. BA asq
  qs (N) 1 Jan
Smith, R. C. asq snc
  qs (N) 1 Jan

Viney, G. M. BSc asq
  qs (N) 1 Jan
Collis, J. J. cfs qss (P) 2 Apr
Aitken, R. T. cfs(n) qs (N) 15 Jun
Blagrove, C. N. MBE
  BSc psc asq (N) 1 July
Burges, R. R. cfs(n) snc
  qs (N) 1 July
Carver, C. C. psc asq
  cfs(n) snc (N) 1 July
Clephane, W. B. J.
  MIMgt qs (N) 1 July
Coleman, I. M. cfs(n)
  snc qss (N) 1 July
Craig, I. J. MBE qs (N) 1 July
Deane, J. H. asq qs (N) 1 July
Gledhill, D. J. qs (N) 1 July
Jones, D. K. qs (N) 1 July
Landsburgh, A. G.
  (AEO) 1 July
Lunnon-Wood, A. K.
  qwi (AD) (P) 1 July
McKenna, M. J. MBE
  snc qs i (N) 1 July
Reynolds, M. BSc cfs(n)
  qs (N) 1 July
Robinson, S. (P) 1 July
Smith, S. P. cfs(n)* snc
  qs (N) 1 July
Thompson, R. W.
  qss (AEO) 1 July
Wilkinson, J. BSc cfs
  qwi qss (P) 1 July

1988

Aspinall, R. M. MA qab
  qs (P) 1 Jan
Bolton, M. W. MIMgt
  snc qss (N) 1 Jan
Clapham, C. M. qs (N) 1 Jan
Cook, C. J. (N) 1 Jan
Dobson, M. qab snc
  qs (N) 1 Jan
Frost, D. W. cfs qs (P) 1 Jan
Lund, R. M. MRAeS asq
  qs (P) 1 Jan
Macartney, J. K. cfs
  qss (P) 1 Jan
Medland, W. J. qss (N) 1 Jan
Milnes, R. A. BSc cfs(n)
  qs (N) 1 Jan
Newton, H. E. BSc jsdc
  snc (N) 1 Jan
Parker, A. L. qs (N) 1 Jan
Rees, M. S. qs (P) 1 Jan
Rose, V. E. snc qs (N) 1 Jan
Sparrow, M. V. D. cfs
  qss i* (P) 1 Jan

GENERAL DUTIES BRANCH

Squadron Leaders

1988—contd

Stevenson, J. asq snc qs	(N)	1 Jan
Withers, B. R. AFC qss	(P)	1 Jan
Prescot, F. B. qss	(P)	28 May
Alexander, E. C. cfs qs	(P)	1 July
Ankerson, R. BTech asq qs	(N)	1 July
Boxall, A. C. W. cfs qss	(P)	1 July
Cairncross, A. K. cfs qs	(P)	1 July
Cowieson, K. R. jsdc qab qs	(N)	1 July
Dart, J. N. qss	(N)	1 July
Davies, R. W. BSc asq qs	(N)	1 July
Davy, A. M. J. BA cfs(n) snc qs	(N)	1 July
Fallon, R. D. qss	(N)	1 July
Farmer, M. K. cfs i	(P)	1 July
Geddes, H. G. qs	(N)	1 July
Jukes, M. H. BSc cfs qss	(P)	1 July
Miall, M. J. D. cfs qss	(P)	1 July
Robinson, J. E. BA cfs	(P)	1 July
Starling, M. C. cfs qss	(P)	1 July
Willey, N. W. cfs qs	(P)	1 July
Williams, S. G. snc qss	(N)	1 July
Lakey, M. J. GM qss	(P)	16 Aug

1989

Anderson, A. R. L. cfs	(P)	1 Jan
Boyle, A. BSc cfs(n) snc qs	(N)	1 Jan
Byatt, N. E. qab qs	(N)	1 Jan
Cooper, S. J. qs	(N)	1 Jan
Daughney, R. cfs(n) snc qs	(N)	1 Jan
Druitt, R. K. BSc	(P)	1 Jan
Francis, A. G.	(N)	1 Jan
Griffin, J. T.	(N)	1 Jan
Hodgson, I. snc	(N)	1 Jan
King, R. A. cfs qss	(P)	1 Jan
Loveridge, M. J. qs	(N)	1 Jan
MacIntosh, D. R. BA qss	(P)	1 Jan
O'Gorman, P. D. snc fc qss	(N)	1 Jan
Porter, J. L. snc qs	(N)	1 Jan
Pugh-Davies, M. D. BA BTech qs	(N)	1 Jan
Pynegar, P. G. AFC BSc qss	(P)	1 Jan
Ramsey, W. J. qab cfs qs	(P)	1 Jan
Richardson, G. F. BSc asq qs	(N)	1 Jan
Steer, D. H. snc qs	(N)	1 Jan
Sully, A. K. qab cfs(n)* snc qs	(N)	1 Jan
Thompson, R. T. N. MSc BSc qab qwi psc(n)	(N)	1 Jan
Thomson, D. H. MDA BSc asq qs	(P)	1 Jan
Williams, J. K. BA psc	(P)	1 Jan
Batson, P. K. cfs*	(P)	1 July
Bradley, D. J. BSc qwi qs	(P)	1 July
Bray, A. M. J. tp qs	(P)	1 July
Courtnage, P. J. qwi qs	(P)	1 July
Evans, P. A. qss	(P)	1 July
Graves, R. D. cfs qs	(P)	1 July
Haslam, S. J. qs	(N)	1 July
Haworth, P. W. qs	(N)	1 July
Hill, T. J. BA qs i	(N)	1 July
Marsh, D. A.	(N)	1 July
Molloy, G. J. BA cfs qs	(P)	1 July
Morgan, D. C. qs	(N)	1 July
Muse, R. C. BSc cfs qss	(P)	1 July
Roe, R. A. qs	(N)	1 July
Smith, K. W. snc qs	(N)	1 July
Southwood, D. R. AFC BSc tp qwi	(P)	1 July
Trace, B. E. MBE qs	(N)	1 July
Williams, I. R. tp qwi(T)	(P)	1 July
Yapp, G. D. qs	(N)	1 July

1990

Anderson, R. BSc cfs(n)	(N)	1 Jan
Atherton, I. W. BSc qab qss	(N)	1 Jan
Barrett, I. BSc qs	(N)	1 Jan
Boyd, C. J. MBE BSc qwi	(P)	1 Jan
Collier, J. F.	(N)	1 Jan
Crichton, C. H. qs	(N)	1 Jan
Davies, C. D. qs	(N)	1 Jan
Flint, P. A.	(P)	1 Jan
Froude, C. L. BSc MIMgt cfs qs	(P)	1 Jan
Gilday, E. J. W. BSc qs	(P)	1 Jan
Goodenough, N. J. MA BSc psc(j) asq	(N)	1 Jan
Guest, T. A. qs	(N)	1 Jan
Hall, R. P. W.	(N)	1 Jan
Knight, C. A. snc qs	(N)	1 Jan
Lillis, J. snc qss	(N)	1 Jan
Mitchell, A. G. BA psc(j)	(N)	1 Jan
Moody, J. K. BSc cfs(c) qss	(AEO)	1 Jan
Pearce, L. E. F. qab qs	(N)	1 Jan
Philip, A. F. MSc BSc tp qs	(P)	1 Jan
Pierce, H. R. BA qs	(P)	1 Jan
Purser, C. R. qs	(N)	1 Jan
Scarffe, M. G. qwi qs	(N)	1 Jan
Scott, G. R. psc	(N)	1 Jan
Smyth, S. G. MBE	(P)	1 Jan
Ward, R. J. R. MSc BSc asq snc qs	(N)	1 Jan
Whitbread, P. C. A. cfs	(P)	1 Jan
Wilkin, R. cfs qs	(P)	1 Jan
Leckenby, P. J. MBE qs	(N)	15 Jan
Murkin, S. D. AFC psc	(P)	27 May
Barrett, P. J. qss	(P)	1 July
Bridger, S. P. psc qwi(T)	(P)	1 July
Cole, R. A. cfs qss	(P)	1 July
Collins, R. D. qss	(N)	1 July
Fraser, J. C. A. BSc pcs(j) cfs	(P)	1 July
Gale, G. snc	(N)	1 July
Gillan, J. qs	(AEO)	1 July
Golden, M. J. asq qss	(AEO)	1 July
Hargreaves, K. cfs qss	(P)	1 July
Harrison, W. P. BSc cfs*	(P)	1 July
Hayward, A. J. M. BSc MRAeS asq snc qs	(N)	1 July
Lander, R. J. snc qs	(N)	1 July
Leaviss, R. E. cfs qss	(P)	1 July
MacLennan, K. M.	(P)	1 July
Marshall, J. D. cfs qss	(P)	1 July

GENERAL DUTIES BRANCH

Squadron Leaders

1990—contd

McBain, S. B. snc (N) 1 July
McCarthy, R. J. BSc cfs(n) qwi(T) snc qss (N) 1 July
McDonnell, N. J. qs (P) 1 July
Mochan, J. P. qwi(T) snc qss (N) 1 July
Neal, A. C. (P) 1 July
Newby, T. asq cfs(n) snc qs (N) 1 July
O'Brien, C. M. P. BA qs (P) 1 July
Richardson, J. G. BSc psc cfs (P) 1 July
Rosie, P. I. cfs qss (P) 1 July
Vince, S. D. qss (P) 1 July

1991

Aitken, A. P-D. cfs qss (P) 1 Jan
Barrett, G. J. BSc asq qs (N) 1 Jan
Brakewell, C. S. snc (N) 1 Jan
Brayn Smith, I. A. M. cfs qss (P) 1 Jan
Browne, W. N. DFC (N) 1 Jan
Byron, K. B. qss (N) 1 Jan
Cairns, J. L. qss (N) 1 Jan
Cockbill, S. C. BSc qss (N) 1 Jan
Corry, A. qs (AEO) 1 Jan
Cowling, G. P. BSc asq qss (P) 1 Jan
Dancey, A. N. BA asq qs (N) 1 Jan
Ewer, M. H. cfs qss (P) 1 Jan
Gagen, S. P. qs (AEO) 1 Jan
Gosling, A. T. BSc asq qs (N) 1 Jan
Gregory, R. D. cfs qss (P) 1 Jan
Gunning, K. E. BSc cfs qs (P) 1 Jan
Hedley, A. T. BA cfs qwi qss (P) 1 Jan
McLeod, J. E. qs (P) 1 Jan
Menage, C. P. qs (N) 1 Jan
Morgan, D. T. BSc cfs qs (P) 1 Jan
Read, K. R. L. cfs qss* (P) 1 Jan
Roberts, G. J. qs (ENG) 1 Jan
Smithson, J. D. BSc cfs qss (P) 1 Jan
Snowball, A. J. BSc asq snc qs (N) 1 Jan
Stangroom, M. F. qs (P) 1 Jan
Taylor, C. C. qwi(AD) (P) 1 Jan
Thomas, S. E. MBE qss (AEO) 1 Jan
Wilkinson, T. A. MBE BSc qs (N) 1 Jan
Shaw, D. (N) 13 May
Allan, P. BA psc(j) cfs* (P) 1 July
Bond, R. W. cfs qss (P) 1 July
Cairns, J. BSc asq qs (N) 1 July
Crump, D. G. BSc asq adp qs (P) 1 July
Dawson, N. S. BSc(Eng) ACGI qs (P) 1 July
Dooley, C. F. BSc asq qss (N) 1 July
Fauchon, T. T. qs (P) 1 July
Fynes, C. J. S. AFC (ALM) 1 July
Goodison, A. J. MA BSc psc(j) cfs(n) (N) 1 July
Hudson, D. J. asq (N) 1 July
Hyslop, R. M. psc(j) (N) 1 July
Mardon, J. BSc cfs qwi qs (P) 1 July
Marr, J. qss (N) 1 July
Morgan, D. R. (ALM) 1 July
Pick, K. E. qs (AEO) 1 July
Robinson, B. G. M. DFC (P) 1 July
Whitworth, R. C. cfs(n) qs (N) 1 July

1992

Bancroft-Pitman, S. C. (ALM) 1 Jan
Bird, R. C. snc qs (N) 1 Jan
Brown, D. W. qs (AEO) 1 Jan
Brunning, I. BSc qs (N) 1 Jan
Chapman, P. J. snc qs (N) 1 Jan
Chatterton, R. J. qs (AEO) 1 Jan
Deas, A. S. BSc qs (N) 1 Jan
Greene, R. A. D. cfs qs (P) 1 Jan
Gregory, P. W. MBE BA MIL osc(Ge) qs i* (P) 1 Jan
Hallwood, J. Q. BSc cfs qs (P) 1 Jan
Lawless, A. A. BA (P) 1 Jan
Lawrie, I. G. BEng qss (N) 1 Jan
Ledward, D. J. qss (N) 1 Jan
Mason, R. K. MBE BSc cfs(n) snc qs (N) 1 Jan
McSherry, A. L. BSc asq qs (N) 1 Jan
Newton, R. J. BSc cfs(n) (N) 1 Jan
Oldham, M. G. BSc qs (N) 1 Jan
Pennell, L. J. BSc cfs qs (P) 1 Jan
Perrem T. J. AFC qss (N) 1 Jan
Reeves, K. J. qwi(AD) qss (N) 1 Jan
Reid, S. G. BSc cfs qs (P) 1 Jan
Richards, M. E. qss (AEO) 1 Jan
Roberts, D. G. (P) 1 Jan
Sanders, J. T. qss (N) 1 Jan
Smith, N. A. qs (AEO) 1 Jan
Wealleans, E. A. qwi (P) 1 July
Best, D. BSc ALCM psc(j) tp (P) 1 July
Bostock, S. P. qs (N) 1 July
Chan, D. K. M. qs (P) 1 July
Christen, J. R. R. MEng BSc cfs qs (P) 1 July
Davey, G. R. qs (ENG) 1 July
Hewitt, K. cfs (P) 1 July
Howe, R. S. snc qss (N) 1 July
Kinnaird, S. BA qs (N) 1 July
Millikin, P. M. MBE cfs (P) 1 July
Milne, G. D. qs (AEO) 1 July
Powell, R. J. C. qwi qs (N) 1 July
Rose, I. A. qs (P) 1 July
Setterfield, M. J. cfs(n) snc qs (N) 1 July
Steel, B. B. BSc asq qs (N) 1 July
Symons, B. R. cfs (P) 1 July
Wooldridge, J. B. BSc qab qs (P) 1 July

1993

Baldwin, K. J. qs (N) 1 Jan
Cairns, T. P. M. cfs (P) 1 Jan

GENERAL DUTIES BRANCH

Squadron Leaders

1993—contd

Name		Date
Carter, J. D. qwi qss	(P)	1 Jan
Cunningham, M. asq qwi	(AEO)	1 Jan
Errington, M. E. qss	(AEO)	1 Jan
Jefferies, I. S.	(AEO)	1 Jan
Logan, P. S. cfs qss	(P)	1 Jan
MacLeod, D. H. qs	(N)	1 Jan
Marriott, M. B. R. cfs	(P)	1 Jan
Morgan, C. N. B. MBE asq qs	(N)	1 Jan
Moss, G. P. qss	(AEO)	1 Jan
Pearson, S. D. osc(Ge)	(N)	1 Jan
Piper, D. cfs qs	(P)	1 Jan
Preston, D. L. qss	(N)	1 Jan
Smith, J. P. snc qss	(N)	1 Jan
Thomas, S. R. cfs qwi qss	(P)	1 Jan
Townend, R. J. S. cfs qss	(P)	1 Jan
Wainwright, N. D. cfs(n)* qs	(N)	1 Jan
Ardley, J. C. cfs	(N)	1 July
Ayers, J. H. snc	(N)	1 July
Ball, J. C. qwi qs	(N)	1 July
Blount, C. S. BSc MRIN MRAeS asq cfs(n)* qs	(N)	1 July
Bremer, G. T. BSc qwi(AD) qs	(P)	1 July
Cottell, P. snc qs	(N)	1 July
Farley, R. F. qss	(P)	1 July
Fenlon, M. C. BSc(Eng) CEng MRAeS asq qs	(N)	1 July
Flint, A. P. BA qs	(N)	1 July
Fortune, T. F.	(AEO)	1 July
Howlett, P. W. AFC cfs*	(P)	1 July
Jones, K. A. cfs* qss	(P)	1 July
Jones, P. J. qwi qs	(N)	1 July
Reed, A. D. BSc qss	(P)	1 July
Round, P. A. BSc cfs qs	(P)	1 July
Russell, W. H. BSc qs	(N)	1 July
Smith, A. J. qs	(N)	1 July
Temple, M. L. L.	(P)	1 July
Thomas, C. C. BSc asq qs	(N)	1 July
Tucker, A. qwi(T) qs	(N)	1 July
Watson, N. M.	(P)	1 July
Wood, I. N. BA qwi qs	(P)	1 July

1994

Name		Date
Baker, M. F. cfs(n) qs	(N)	1 Jan
Basnett, C. qwi(T) qs	(N)	1 Jan
Brain, I. B. asq	(N)	1 Jan
Collins, A. J.	(N)	1 Jan
Cunningham, C. S. cfs qs	(P)	1 Jan
Davis, S.	(AEO)	1 Jan
Denning, T. W. E. snc qss	(N)	1 Jan
Dixon, P. G. qs	(P)	1 Jan
Drewery, C. C. qss	(P)	1 Jan
Fisher, A. BSc qs	(N)	1 Jan
Girling, R. J. cfs qs	(P)	1 Jan
Gosling, J. R. qwi qs	(P)	1 Jan
Griffin, G. cfs qss	(P)	1 Jan
Hutchings, J. P. qs	(N)	1 Jan
Jacobs, P. C. qab cfs(n) qs	(N)	1 Jan
Kerr-Sheppard, D. A. cfs qs	(P)	1 Jan
Macey, G. qs	(AEO)	1 Jan
Middleton, E. qwi(T)	(P)	1 Jan
Miller, A. D. BSc cfs(c) qss	(N)	1 Jan
Norton, J. R. cfs(n)	(N)	1 Jan
Park, K. W. cfs qss	(P)	1 Jan
Philpott, C. N. BSc cfs qs	(P)	1 Jan
Rae, D. J. BSc cfs qs	(P)	1 Jan
Richardson, A. D.	(P)	1 Jan
Robertson, R. A. D. BSc qs	(P)	1 Jan
Ross, J. W. qs	(N)	1 Jan
Shaw, D. M. qwi(AD) qs	(N)	1 Jan
Simmons, I. J. cfs qs	(P)	1 Jan
Smith, F. P. qs	(N)	1 Jan
Smith, K. A. BSc qs	(N)	1 Jan
Spirit, H. E. BSc cfs*	(P)	1 Jan
Stewart, R. J. snc qss	(N)	1 Jan
Tetlow, M. J. qs	(N)	1 Jan
Thorne, G. T. qss	(N)	1 Jan
Tomlinson, A. J. qss	(ENG)	1 Jan
Triccas, A. P. qs	(N)	1 Jan
Trout, A. J. qss	(P)	1 Jan
Turner, R. J. cfs(n) snc qss	(N)	1 Jan
Walsh, J. M. BTech qs	(P)	1 Jan
Watson, K. J. BSc qss	(P)	1 Jan
Wilson, S. J. BA cfs(n) qs	(N)	1 Jan
Atkinson, R. J. qwi(AD) qs	(P)	1 July
Birch, P. N. MBE qwi qs	(P)	1 July
Birch, R. S. qwi(AD) qs	(P)	1 July
Buchanan, W. D. cfs	(P)	1 July
Carey, R. J. L. BSc qwi qwi(T) qs	(P)	1 July
Clifford, N. LLB cfs qs	(P)	1 July
Cluer, R. J. qss	(N)	1 July
Crabb, A. S. G. cfs qss	(P)	1 July
Davies, J. H. qs	(N)	1 July
Dryburgh, B. A. qs	(AEO)	1 July
Edwards, G. D. MRAeS qab cfs(n) qs	(N)	1 July
Farmer, A. I. MBE BA qs	(N)	1 July
Fox-Edwards, A. BSocSc qs	(P)	1 July
Garden, S. N. BSc qs	(P)	1 July
Hall, A. N. C. M-M. cfs qss	(P)	1 July
Hillman, G. A. qs	(N)	1 July
Hitchcook, J. J. qwi(AD) qs	(P)	1 July
Hochkins, S. D. qwi qss	(P)	1 July
Jenkins, J. K. qs	(P)	1 July
Jochimsen, P. H. C. qab cfs qs	(P)	1 July
Kingdon, A. A.	(ALM)	1 July
Lence, M. S. asq qss	(N)	1 July
Levick, P. asq qss	(N)	1 July
Lord, D. P. BSc cfs qs	(P)	1 July
Lunt, C. C. BA qs	(P)	1 July
Luxton, P. A. BEng qs	(P)	1 July
Maskall, R. L. cfs qs	(P)	1 July
McKay, I. J. BEM (ENG)		1 July
McLean, I. J. qss	(P)	1 July
Milne, D. F. BSc cfs qss	(P)	1 July
Neill, F. R. J. qs	(P)	1 July

GENERAL DUTIES BRANCH

Squadron Leaders

1994—contd

Nielsen, R. E. BA qwi qs	(P)	1 July
Niven, J. G. qwi qs	(N)	1 July
Rafferty, M. S. BSc asq cfs(n) qss	(N)	1 July
Reeves, J. W.	(AEO)	1 July
Revell, P. R.	(ENG)	1 July
Ross, D. McD. tp	(P)	1 July
Ruddock-West, S. C. BSc asq qs	(N)	1 July
Scorer, D. G. BSocSc cfs(n) qs	(N)	1 July
Sharpe, N. D. qs	(N)	1 July
Spires, B.	(ALM)	1 July
Stockill, G. qwi qs	(P)	1 July
Taylor, P. cfs qs	(P)	1 July
Thompson, C. W. cfs qss	(P)	1 July
Toner, A. qs	(N)	1 July
Townsend, S. P. MA cfs qs	(P)	1 July
Walker, T. W.	(P)	1 July
Whitehead, M. D. BTech qss	(P)	1 July
Longstaff, M. C.	(P)	16 Aug

1995

Archer, G. M. BSc tp qwi(AD) qss	(P)	1 Jan
Bagnall, R. A.	(AEO)	1 Jan
Ball, M. G. qwi qs	(P)	1 Jan
Basey, P. A. B. qss	(N)	1 Jan
Borland, G. A. tp qs	(P)	1 Jan
Burn, N. qs	(N)	1 Jan
Byard, J. J. qs	(N)	1 Jan
Collier, P. R. S. BA snc qs	(N)	1 Jan
Cookson, N. T. qs	(N)	1 Jan
D'Arcy, Q. N. P. qab qs	(N)	1 Jan
Duance, R. C. fc qs	(N)	1 Jan
Eckersley, A. M. qss	(P)	1 Jan
Ede, H. snc qss	(N)	1 Jan
Geddes, R. G. BSc	(P)	1 Jan
Groves, A. K. cfs qs	(P)	1 Jan
Harcourt, S. J. R. cfs qs	(P)	1 Jan
Hawley, M. D. BSc qs	(N)	1 Jan
Hunt, G. I. qss	(N)	1 Jan
Jeffery, M. A. BSc ARCS cfs(n) qs	(N)	1 Jan

Johnston, D. H. BSc qab qs	(N)	1 Jan
Lazzari, J. N.	(AEO)	1 Jan
Marshall, L. asq qs	(N)	1 Jan
Middleton, D. J. qs	(P)	1 Jan
Morgan, G. M. BSc asq qs	(N)	1 Jan
Sayers, S. R. MA asq qs	(N)	1 Jan
Slater, R. C. qs	(N)	1 Jan
Solomon, A. G. qs	(AEO)	1 Jan
Sommerville, R. A. qs	(P)	1 Jan
Southcott, G. P. asq qs	(AEO)	1 Jan
Stainforth, M. A. BSc asq cfs(n) snc qss	(N)	1 Jan
Stringer, E. J. BEng qwi qs	(P)	1 Jan
Torrance, I. A. cfs qs	(P)	1 Jan
Truss, K. P. cfs qs	(P)	1 Jan
Vallance, M. H. qs	(ENG)	1 Jan
Wakeman, M. A. qwi(AD) qs	(N)	1 Jan
Watson, D. C. qwi qs	(P)	1 Jan
Wheeler, T. J. cfs qs	(P)	1 Jan
White, W. A. qs	(P)	1 Jan
Bland, P. C.	(AEO)	1 July
Bowen, A. P. qab qwi(AD) qs	(N)	1 July
Brecht, M. A. B. BA qs	(P)	1 July
Brooks, J. R. qs	(N)	1 July
Brown, J. E. qs	(N)	1 July
Cafferky, P. W. P. qwi qs	(P)	1 July
Chambers, P. J. asq qss1	(N)	1 July
Clark, G. BSc qss	(P)	1 July
Coxen, J. BSc cfs qs	(P)	1 July
Fry, D. J. qss	(P)	1 July
Gegg, J. D. J. cfs(n) snc ac	(N)	1 July
Graham, M. G. C. qs	(P)	1 July
Harrison, G. S. BA qs	(N)	1 July
Houlton, J. A. D. cfs qs	(P)	1 July
Hughes, W. R. qs	(AEO)	1 July
Hulme, L. M.	(N)	1 July
Humphrey, M. H.	(AEO)	1 July
Johnston, J. C. M. BSc qs	(P)	1 July

Laird, N. W. G. BA qs	(P)	1 July
Lea, R. J. BSc cfs	(P)	1 July
Linstead, A. S. BSc qs	(N)	1 July
Mackay, A. J. M. cfs qss	(P)	1 July
Martin, P. BA cfs*	(P)	1 July
Munnelly, H. M. qs	(P)	1 July
Pierson, R. M. cfs qss	(P)	1 July
Roberts, M. L. qs	(P)	1 July
Seares, M. J. qwi qs	(P)	1 July
Shaw, A. J. BEng cfs qss	(P)	1 July
Thomas, K. BSc aqs cfs qss	(P)	1 July
Turner, A. M. qs	(P)	1 July
Veitch, C. A. cfs qs	(P)	1 July
Waudby, S. L. cfs qs	(P)	1 July
Webb, J. M. L. BSc qs	(P)	1 July
Williams, D. I. qs	(P)	1 July

1996

Allchorne, R. M. qwi qs	(P)	1 Jan
Benson, N. R. BSc cfs qwi qss	(P)	1 Jan
Boyland, P. S. AFC BSc asq qs	(P)	1 Jan
Brown, G. B. cfs	(P)	1 Jan
Cass, D. N. qs	(P)	1 Jan
Cass, J. M. BA qs	(N)	1 Jan
Chiddention, S. MBE cfs qss	(P)	1 Jan
Comer, P. K. cfs qss	(P)	1 Jan
Connolly, B. T. BSc qss	(N)	1 Jan
Evans, S. C. cfs qs	(P)	1 Jan
Floyd, J. R. MA cfs* qss	(P)	1 Jan
Fox, P. N.	(P)	1 Jan
Gibson, W. R. BSc qwi(T) qs	(P)	1 Jan
Green, A. D. BA qs	(P)	1 Jan
Grout, M. J. cfs(n)	(N)	1 Jan
Gunn, D. J. qs	(N)	1 Jan
Hewson, P. W. BA qs cfs(n)	(N)	1 Jan
Hill, C. R. qwi qs	(P)	1 Jan
Jones, T. W. cfs qs	(P)	1 Jan
Knight, M. asq qs	(P)	1 Jan
Knowles, D. J. BA cfs qss	(P)	1 Jan

GENERAL DUTIES BRANCH

Squadron Leaders

1996—contd

Name		Date
Marshall, S. BA qwi		
qss	(P)	1 Jan
Martin, P. cfs qs	(P)	1 Jan
McGuire, K. cfs qss	(P)	1 Jan
McMahon, R. M.		
qss	(N)	1 Jan
McQuigg, C. J. W. BA		
asq	(AEO)	1 Jan
Mitchell, C. T. qs	(N)	1 Jan
Monkman, A. BA qwi		
qs	(P)	1 Jan
Muskett, A. J. qab qwi		
qs	(P)	1 Jan
Neville, M. C. BSc		
qs	(N)	1 Jan
Noel, R. qss	(N)	1 Jan
Norman, I. A. W. qwi		
qs	(P)	1 Jan
Physick, M. J. qwi		
qss	(P)	1 Jan
Richards, S. I. BSc		
qwi(AD) qs	(N)	1 Jan
Richardson, S. A. qwi		
qss	(P)	1 Jan
Riches, P. M. snc	(N)	1 Jan
Roberts, P. J. asq		
qss	(N)	1 Jan
Rose, R. C. cfs	(P)	1 Jan
Smyth, P. J. cfs(n)		
qs	(N)	1 Jan
Storey, P. A. BSc		
qwi(AD) qs	(N)	1 Jan
Sutcliffe, D. M. cfs	(P)	1 Jan
Sutton, M. C. cfs qs	(P)	1 Jan
Trask, L. J. MBE BSc cfs		
qs	(P)	1 Jan
Wesley, C. J. asq cfs(n)		
snc qss	(N)	1 Jan
Adlam, R. H. qwi		
qss	(P)	1 July
Ager, J. N. qs	(N)	1 July
Appleby, B. K. qss	(N)	1 July
Atkins, R. F. BSc asq		
qs	(N)	1 July
Bennett, A. A. BSc		
qss	(P)	1 July
Benson, N. J. qs	(N)	1 July
Bentley, D. A. qwi		
qs	(P)	1 July
Blake, S. J. cfs qs	(P)	1 July
Bohill, W. P. BSc qwi(T)		
qs	(P)	1 July
Bowen, D. K. B. qs	(P)	1 July
Broadbent, J. R. BEng		
asq qss	(N)	1 July
Byford, A. J. BA qs	(P)	1 July
Carr, J. V. BTech		
qss	(P)	1 July
Chalmers, I. D. MA cfs		
qs	(P)	1 July
Clayton, S. tp qs	(P)	1 July
Doyle, G. BSc cfs		
qs	(P)	1 July
Falvey, M. K. cfs qs	(P)	1 July
Gray, A. P. cfs qs	(P)	1 July
Head, R. BSc cfs		
qss	(P)	1 July
Hogg, J. K. qwi qss	(P)	1 July
Hunt, B. D. qwi qss	(P)	1 July
Jones, P. A. BTech		
qss	(P)	1 July
Jones, R. P. qs	(N)	1 July
Legg, D. A. C. qs	(P)	1 July
Little, A. H. cfs qss	(P)	1 July
Luck, C. J. MBE cfs		
qss	(P)	1 July
Newton, R. T. BEng		
qss	(P)	1 July
Oddy, R. T. snc	(N)	1 July
Offer, A. C. cfs qwi	(P)	1 July
Owers, A. J. BA qwi		
qss	(P)	1 July
Pease, A. K. F. BSc cfs		
qss	(P)	1 July
Preston, M. MA qwi(T)		
qs	(P)	1 July
Scott, C. M. BA qs	(P)	1 July
Shankland, D. cfs	(P)	1 July
Smith, S. E. tp qwi		
qss	(P)	1 July
Stacey, A. J. AFC	(P)	1 July
Stanway, M. F. qss	(P)	1 July
Ternouth, M. L. cfs(c)		
qss	(N)	1 July
Thrale, T. qs	(N)	1 July
Warren, P. J. BEng cfs		
qss	(P)	1 July
Willis, A. S. qss	(P)	1 July
Bryant, I.	(P)	7 Dec

1997

Name		Date
Akehurst, R. cfs(n)		
qs	(N)	1 Jan
Andrews, M. R. asq		
qss	(AEO)	1 Jan
Baker, A. K. AIB qss	(P)	1 Jan
Baxter, G. L. qs	(N)	1 Jan
Billington, D. P. qwi		
qss	(P)	1 Jan
Blockley, M. A. qs (AEO)		1 Jan
Boyle, B. qss	(N)	1 Jan
Brailsford, S. qss	(N)	1 Jan
Brazier, C. E. J. qwi(T)		
qs	(N)	1 Jan
Brooks, J. H. cfs(c)(AEO)		1 Jan
Brough, J. H. qss	(P)	1 Jan
Cahill, I. G. cfs* qss	(P)	1 Jan
Campbell, D. C. cfs		
qs	(P)	1 Jan
Constable, D. C. J. snc		
qss	(N)	1 Jan
Cooper, D. G. cfs		
qss	(P)	1 Jan
Davies, H. B. cfs(n) snc		
qss	(N)	1 Jan
De la Cour, G. BSc qwi		
qss	(P)	1 Jan
Deas, E. J. cfs(n)	(N)	1 Jan
Dixon, J. M. BSc qs	(P)	1 Jan
Gillies, S. C. qss	(P)	1 Jan
Gray, K. R. BA qss	(N)	1 Jan
Harland, M. C. asq		
cfs(n)* qss	(N)	1 Jan
Head, J. S. BSc qss	(N)	1 Jan
Heames, C. V. J.	(P)	1 Jan
Hedley, B. H. qwi		
qs	(P)	1 Jan
Herod, J. R. cfs qss	(P)	1 Jan
Huffington, M. C. BSc		
qs	(N)	1 Jan
Hughes, K. L. W. qs		
	(AEO)	1 Jan
Hunter, C. T. qab		
qss	(P)	1 Jan
Kemsley, M. H. M. MBE		
BSc qs	(N)	1 Jan
Kennedy, C. J. cfs	(P)	1 Jan
Laver, M. D. M. BA cfs		
qs	(P)	1 Jan
Lawson, J. BSc qs	(N)	1 Jan
Lloyd, S. J. BA asq		
qss	(N)	1 Jan
Lofts, P. D. tp cfs		
qss	(P)	1 Jan
Lord, D. K. qs	(AEO)	1 Jan
McMillen, P. T. qss		
	(AEO)	1 Jan
Notman, S. R. qs	(N)	1 Jan
Prescott, J. C. qwi(AD)		
qs	(N)	1 Jan
Reid, J. P. Q. qs (ENG)		1 Jan
Sachedina, K. A. BSc		
cfs qs	(P)	1 Jan
Smart, M. A. qs	(N)	1 Jan
Stephens, M. C. BSc		
qwi(AD) qss	(P)	1 Jan
Stewart, D. J. CertEd		
qss	(ALM)	1 Jan
Stewart, N. R.	(P)	1 Jan
Thomson, A. J.	(AEO)	1 Jan
Toft, M. C. qss	(N)	1 Jan
Traynor, E. J. qss (AEO)		1 Jan

GENERAL DUTIES BRANCH

Squadron Leaders

1997—contd

Turnbull, D. T. BSc cfs qs	(P)	1 Jan
Walters, A. J. C. BSc qs	(P)	1 Jan
Wells, G. R. qs	(N)	1 Jan
Wills, C. J. qwi(AD) qss	(N)	1 Jan
Young, R. J. qss (ENG)		1 Jan
Allton, M. C. BSc qss	(P)	1 July
Arden, J. P. qs	(N)	1 July
Barley, M. P. BA qwi(T) qs	(N)	1 July
Baxter, I. P. qs	(N)	1 July
Beardmore, M. J. cfs	(P)	1 July
Below, T. D. Q. BSc tp qss	(P)	1 July
Best, P. K. cfs qss	(P)	1 July
Blair, R. C. qwi qs	(P)	1 July
Brown, M. O. cfs qss	(P)	1 July
Brownlow, S. M. qss	(P)	1 July
Burr, J. BSc cfs qs	(P)	1 July
Calder, J. M. BSc qab qss	(N)	1 July
Clark, G. qss	(N)	1 July
Cochrane, A. W. qwi(AD) qs	(N)	1 July
Cole, M. J. qs (ALM)		1 July
Crosby, D. M. M.	(P)	1 July
Dalley, G. P. BA qss	(P)	1 July
Dyson, R. K. cfs qs	(P)	1 July
Evans, P. MA BA qwi(T) qs	(P)	1 July
Frost, A. S. BSc qs	(N)	1 July
Goatham, J. M. qs	(P)	1 July
Hancock, J. P. qs	(N)	1 July
Hardy-Gillings, B. qss	(N)	1 July
Hawkins, R. L.	(N)	1 July
Herbert, G. J. BSc qss	(P)	1 July
Hill, A. K. cfs qss	(P)	1 July
Hill, A. P. qwi qs	(P)	1 July
Hindmarsh, S. qs	(N)	1 July
Huckstep, C. R. MA FRGS tp qs	(P)	1 July
Hudson, M. J. cfs qss	(P)	1 July
Huggett, J. P.	(N)	1 July
Lawrence, R. H. cfs qss	(P)	1 July
Lee, N. P. D. BSc MRAeS qs	(P)	1 July
Lenihan, P. J. D. BSc qwi(T) qs	(N)	1 July
Leonczek, M. R. BSc tp cfs	(P)	1 July
MacCormack, R. M. J. qwi qs	(P)	1 July
MacKenzie, K. J.	(P)	1 July
Norton, C. J. R. BSc qwi qs	(P)	1 July
O'Dell, P. M. H. tp qwi qss	(P)	1 July
Parker, M. R. qss	(N)	1 July
Peters, J. G. BSc qs	(P)	1 July
Ramsden, C. P. BSc qss	(P)	1 July
Read, S. J. qss	(N)	1 July
Royce, M. J. qwi qss	(P)	1 July
Rust, T. J. cfs qss	(P)	1 July
Sampson, M. E. qwi qss	(P)	1 July
Simpson, T. D. cfs qss	(P)	1 July
Snowden, M. cfs	(P)	1 July
Storer, J. S. cfs(n)* qs	(P)	1 July
Swindlehurst, W. (AEO)		1 July
Waterfall, G. M. qwi qss1	(P)	1 July
Williams, C. D. BSc tp cfs qss	(P)	1 July
Wilson, W. J. qs	(P)	1 July

1998

Adams, R. M. asq qss	(N)	1 Jan
Andrew, D. R. qs	(N)	1 Jan
Arathoon, W. J. qss	(P)	1 Jan
Armstrong, D. R. qwi qss	(P)	1 Jan
Baalam, A. W. L. BSc qss	(P)	1 Jan
Bailey, R. C. cfs qs	(P)	1 Jan
Barker, R.	(N)	1 Jan
Barr, N. J. qs	(N)	1 Jan
Beach, P. J. BSc qab qwi(AD) qs	(N)	1 Jan
Beardmore, S. M. qwi(T) qss1	(N)	1 Jan
Bell, P. A. BSc qss	(P)	1 Jan
Bennington, T. BSc cfs qss	(P)	1 Jan
Bottomley, J. C. BSc qab cfs	(P)	1 Jan
Bowen, J. B. BSc cfs qss	(P)	1 Jan
Brown, A. D. qwi(AD) qss	(P)	1 Jan
Brown, M. F. cfs qs	(P)	1 Jan
Bruce, R. P. BEng qss	(P)	1 Jan
Bullement, T. J. BSc qss	(P)	1 Jan
Burch, S. C. B. cfs qss	(P)	1 Jan
Calderwood, L. D. cfs qss	(P)	1 Jan
Cannard, M. W. qss	(N)	1 Jan
Chaskin, S. R. qss	(N)	1 Jan
Clark, R. J. S. G. MBE BA cfs qss	(P)	1 Jan
Cobb, M. R. BSc qwi(AD) qss	(P)	1 Jan
Conway, J. B. qss	(N)	1 Jan
Cooper, D. J. E. BEng qs	(P)	1 Jan
Craib, J. W. qs (AEO)		1 Jan
Cryer, N. G. qss	(N)	1 Jan
Cubin, A. MBE qss1	(P)	1 Jan
Da'Silva, C. D. qs	(N)	1 Jan
Dalton, R. A. BSc qss	(P)	1 Jan
Davis, M. R. (AEO)		1 Jan
Elliott, E. A. C. MA	(P)	1 Jan
Elliott, H. J. qs	(P)	1 Jan
Fisher, L. qwi qss	(N)	1 Jan
Foote, D. A. cfs qss	(P)	1 Jan
Foote, S. J. BSc cfs qss	(P)	1 Jan
Forbes, R. W. (AEO)		1 Jan
Ford, C. J.	(P)	1 Jan
Fowler, K. E. BSc asq qab qss	(N)	1 Jan
Gent, A. J. qwi qss	(P)	1 Jan
Gray, J. J. cfs qss	(P)	1 Jan
Griffiths, H. M. BSc qss	(P)	1 Jan
Grime, J. R. A. qss	(P)	1 Jan
Harrison, P. K. qwi qss1	(P)	1 Jan
Hastings, C. N. BSc qab qs	(P)	1 Jan
Hayler, S. D. BSc cfs* qss	(P)	1 Jan
Hinchcliffe, R. A. MBA BSc qss	(P)	1 Jan
Jackson, B. G. BSc qss	(P)	1 Jan
James, R. S. qs	(N)	1 Jan
James, W. A. W. qab cfs qss	(P)	1 Jan
Jones, C. cfs(n)*	(N)	1 Jan
Jones, C. cfs(n)* qs	(N)	1 Jan
Lee, D. J. F. BSc cfs qs	(P)	1 Jan

GENERAL DUTIES BRANCH

Squadron Leaders

1998—contd

Lines, P. J. qwi qss (P)		1 Jan
Lovell, A. B. cfs qs (P)		1 Jan
Lovell, R. H. BA (N)		1 Jan
Lumb, D. M. V. qwi(T)		
qs (N)		1 Jan
MacFarlane, I. J. qs (P)		1 Jan
Marson, A. C. snc		
qss (N)		1 Jan
Mason, D. BSc qwi(AD)		
qss (P)		1 Jan
Mason, G. qwi qss (P)		1 Jan
Mitchell, S. A. cfs		
qss (P)		1 Jan
Naismith, A. cfs qs (P)		1 Jan
Padmore, T. C. qss (N)		1 Jan
Perkins, C. T. qss (ALM)		1 Jan
Pilling, J. A. BSc qwi		
qss (P)		1 Jan
Pinner, A. C. BSc qwi		
qss (P)		1 Jan
Richardson, I. BSc		
qs (N)		1 Jan
Robertson, D. C. BSc		
qss (P)		1 Jan
Robson, J. cfs (P)		1 Jan
Ross, R. A. BSc qs (P)		1 Jan
Saunders, M. A. qwi(T)		
qss (P)		1 Jan
Smith, A. G. qab		
qss (N)		1 Jan
Steel, A. qss (AEO)		1 Jan
Taylor, P. J. BSc qs (N)		1 Jan
Thomas, D. G. BSc		
qs (N)		1 Jan
Thomas, G. E. MBE		
FRIN cfs(n) (N)		1 Jan
Torrance, A. I. MacA.		
qs (N)		1 Jan
Trapp, D. G. qs (N)		1 Jan
Uren, J. C. qss (N)		1 Jan
Vagg, M. J. qs (P)		1 Jan
Waddington, D. J.		
qwi(T) qss (P)		1 Jan
Walters-Morgan, R.		
qwi(AD) qs (N)		1 Jan
Ward, P. M. BSc cfs		
qss (P)		1 Jan
Webber, W. H. J. BSc		
qss (P)		1 Jan
Wesley, R. J. qss (N)		1 Jan
White, D. K. BSc		
qss (P)		1 Jan
Wilson, J. M. BSc		
qss (P)		1 Jan

Barnfield, S. K. BSc		
qwi(T) qss (N)		1 July
Barrett, T. A. qwi qs (P)		1 July
Bartlett, P. J. BEng		
qss (P)		1 July
Boulden, A. (P)		1 July
Boyle, S. J. BSc qab		
qs (N)		1 July
Brass, A. J. BEng cfs		
qss (P)		1 July
Bruce, G. BSc asq		
qss (N)		1 July
Buckingham, S. C. BA		
qss (P)		1 July
Carter, D. E. MBE		
cfs (P)		1 July
Coope, A. J. BEng cfs		
qss (P)		1 July
Costello, J. M. BSc		
qss (P)		1 July
Counter, G. C. qss (N)		1 July
Cowie, A. J. BA asq		
qss (N)		1 July
Craig, A. W. D. BSc		
qss (P)		1 July
Cross, B. J. qss (P)		1 July
Cruickshank, W. A. qwi		
qss (P)		1 July
Dolding, A. E. cfs		
qss (P)		1 July
Dunn, L. G. BSc qss (P)		1 July
Evans, J. D. cfs(c) (N)		1 July
Ferrier, J. A. qss (N)		1 July
Foster, P. cfs(n) qss (N)		1 July
Francis, I. R. BSc		
qss (N)		1 July
Gair, G. C. qs (P)		1 July
Gallie, D. W. qss (P)		1 July
Girdwood, K. R. H. BSc		
cfs qs (P)		1 July
Hargreaves, I. J.		
qwi (P)		1 July
Harrison, J. J. qs (P)		1 July
Hay, N. J. qwi(T)		
qss (N)		1 July
Hine, A. C. MA qwi(T)		
qss (P)		1 July
Hodgson, D. C. qwi		
qss (P)		1 July
Hoole, P. qss (AEO)		1 July
Hornby, R. cfs(n)		
qss (N)		1 July
Jeffrey, A. K. qwi(T)		
qss (N)		1 July
Kellett, A. J. C. BSc cfs		
qss (P)		1 July
Kennett, P. D. qwi(T)		
qss (N)		1 July
Leach, S. C. BSc cfs		
qss (P)		1 July

Lewis, K. A. BEng qwi		
qss (P)		1 July
Maunder, C. N. J. BEng		
qab qwi(T) qs (P)		1 July
McCarthy, K. R. BSc cfs		
qss (P)		1 July
McFarlane, A. J. cfs(n)		
qs (N)		1 July
Moran, E. M. BSc		
qss (N)		1 July
Neighbour, J. D. E. (P)		1 July
Peace, C. M. qss (N)		1 July
Postlethwaite, D. BEd		
cfs(n) qs (N)		1 July
Pottle, H. W. AFC* (P)		1 July
Raffles, I. (N)		1 July
Rycroft, A. S. BSc(Eng)		
qss (P)		1 July
Savage, S. (N)		1 July
Shell, S. J. qss2 (P)		1 July
Somerville, A. D. cfs		
qss (P)		1 July
Sullivan, J. M. qwi		
qs (P)		1 July
Tank, J. S. R. BSc		
qs (N)		1 July
Wilcock, N. J. BSc		
cfs (P)		1 July
Wistow, M. R. cfs(n)*		
qss (N)		1 July
Woods, T. J. A. cfs		
qs (P)		1 July
Youngman, M. A. cfs(n)		
qss (N)		1 July

1999

Annas, D. R. cfs(n)		
qss (N)		1 Jan
Astill, M. C. BSc cfs		
qss (P)		1 Jan
Barnett, J. R. qss (P)		1 Jan
Barrett, L. F. qss (N)		1 Jan
Bennett, L. J. BSc		
qwi(T) qss (P)		1 Jan
Bishop, N. A. qs (N)		1 Jan
Bonner, P. B. BSc		
MRAeS asq qss (N)		1 Jan
Bostock, P. J. BA		
qss (N)		1 Jan
Brennan, B. qss (N)		1 Jan
Brennan, S. D. F. BA		
qss (P)		1 Jan
Brooks, K. A. (ALM)		1 Jan
Butler, T. S. qss (P)		1 Jan
Collins, N. D. cfs		
qss (P)		1 Jan
Couston, T. qwi qss (P)		1 Jan

111

GENERAL DUTIES BRANCH

Squadron Leaders

1999—contd

Cracroft, P. N. BEng
  qwi(AD) qcc (P) 1 Jan
Cunningham, W. J. BSc
  cfs qss (P) 1 Jan
Daft, R. E. qss (P) 1 Jan
Duguid, I. W. qwi
  qss (P) 1 Jan
Dunne, J. P. asq qs (N) 1 Jan
Easthope, N. C. V.
  cfs (P) 1 Jan
Evans, I. A. qss (N) 1 Jan
Firth, D. S. J. BSc cfs
  qss (P) 1 Jan
Forrester, C. W. J.
  BSc(Eng) qwi(AD)
  qss (N) 1 Jan
Gow, D. G. BSc cfs
  qss (P) 1 Jan
Gray, D. M. cfs qss (P) 1 Jan
Harris, T. N. qwi(T)
  qss (N) 1 Jan
Hayward, S. A. qss (P) 1 Jan
Hazell, D. J. qss (P) 1 Jan
Hewitt, J. P. qs (N) 1 Jan
Heycock, S. A. BSc
  qss (N) 1 Jan
Hockenhull, W. J.
  qwi(AD) qss (P) 1 Jan
Holmes, D. qss (AEO) 1 Jan
Hughes, A. BSc cfs (P) 1 Jan
Hunt, E. S. J. qss1 (P) 1 Jan
Huskisson, E. S. BSc
  cfs* qss (P) 1 Jan
Kelly, G. S. BSc cfs
  qss (P) 1 Jan
Kemp, B. V. BEng tp
  qss (P) 1 Jan
Kendall, P. A. BSc
  qs (N) 1 Jan
Laing, I. cfs qss (P) 1 Jan
Lalley, M. T. cfs qss (P) 1 Jan
Littley, B. qs (ALM) 1 Jan
Lovely, P. qss (N) 1 Jan
Luck, R. K. cfs qss (P) 1 Jan
Maginnis, R. J. qss (N) 1 Jan
Manwaring, M. T.
  qss (N) 1 Jan
McEvoy, S. BA qss (P) 1 Jan
Muir, I. BSc cfs(n) snc
  qss (N) 1 Jan
Nicholson, F. J. BSc
  qss (P) 1 Jan
Nicholson, P. D. BSc
  qs (N) 1 Jan

O'Connor, G. M. cfs(n)
  qs (N) 1 Jan
Payling, C. A. PhD BSc
  CPhys MInstP asq
  qs (N) 1 Jan
Richardson, M. P. (N) 1 Jan
Ridley, M. J. tp qss (P) 1 Jan
Rochelle, S. P. qss (N) 1 Jan
Sanderson, R. V. BSc
  qss (N) 1 Jan
Sheldon, M. cfs qss (P) 1 Jan
Smith, D. W. qss (P) 1 Jan
Staunton, G. J. BSc asq
  qss (N) 1 Jan
Stout, T. A. BSc qss (P) 1 Jan
Tredray, N. P. K. (N) 1 Jan
Verner, A. D. cfs(n) snc
  qss (N) 1 Jan
Wain, S. qss (N) 1 Jan
Wallace, P. J. BSc
  qwi(T) qss (N) 1 Jan
Warmington, N. B. BSc
  cfs qss (P) 1 Jan
Warren, M. D. BSc cfs
  qss (P) 1 Jan
Webster, P. E. qab
  qs (N) 1 Jan
Wensley, C. C. cfs(n)
  snc (N) 1 Jan
Whitmore, M. J. BA
  qss (N) 1 Jan
Wilkins, P. qss (N) 1 Jan
Williams, S. C. BSc cfs
  qs (P) 1 Jan
Witcombe, T. J. AFC cfs
  qss (P) 1 Jan
Aston, M. R. asq
  qss (AEO) 1 July
Ball, S. W. BSc cfs
  qss (P) 1 July
Bowles, S. J. MBE
  qss (N) 1 July
Brown, G. G. (N) 1 July
Bundock, P. (ALM) 1 July
Cameron, I. MBE BSc
  cfs* qss (P) 1 July
Charlton, G. R. cfs
  qss (P) 1 July
Collier, S. J. qss (P) 1 July
Colquhoun, W. M. BA
  tp cfs (P) 1 July
D'Aubyn, J. A. BSc cfs
  qss (P) 1 July
Dickson, A. G. qss (N) 1 July
Dowdeswell, J. L. BSc
  qss (P) 1 July
Ferguson, I. D. cfs
  qss (P) 1 July
Firth, S. T. BSc qss (N) 1 July

Fowell, J. P. BSc
  qss (P) 1 July
Galletly, D. R. W. BSc
  cfs qss (P) 1 July
Gerrard, P. S. BSc cfs
  qss (P) 1 July
Grose, L. A. cfs (P) 1 July
Haynes, J. M. BA qab
  cfs qss (P) 1 July
Houghton, D. A. cfs(n)
  qs (N) 1 July
Huskie, A. J. (P) 1 July
Hutchinson, P. T.
  qss (N) 1 July
Kosogorin, P. cfs
  qss (P) 1 July
Linter, J. E. MA qwi(T)
  qss (N) 1 July
Lyons, T. P. BEng tp qwi
  qss1 (P) 1 July
Maddison, R. C.
  qcc (P) 1 July
March, K. C. W. cfs
  qss (P) 1 July
McAuley, D. qss (P) 1 July
Millbank, J. MacD.
  qss (AEO) 1 July
Newnham, N. cfs
  qwi (P) 1 July
Parsons, J. J. qss (N) 1 July
Roberts, G. L. qwi
  qss (P) 1 July
Robinson, P. BSc qwi(T)
  qss (P) 1 July
Ross-Thomson, A. J. tp
  qss (P) 1 July
Rowley, A. E. asq
  qss (N) 1 July
Scopes, N. R. MA cfs
  qss (P) 1 July
Simpson, M. J. qwi(AD)
  qs (P) 1 July
Somers-Cocks, R. V. BA
  cfs(n) qs (N) 1 July
Spence, F. qss (N) 1 July
Squires, P. J. M. BSc
  qwi qss1 (P) 1 July
Stamp, D. A. qss (P) 1 July
Temple, J. G. cfs
  qss (P) 1 July
Tickle, S. R. qwi qss (P) 1 July
Ward, P. L. qss (N) 1 July
Watson, J. R. qs (ALM) 1 July
Wharmby, P. W. BSc
  qwi qss (P) 1 July
Whatmore, A. G. (N) 1 July
Wigham, R. C. BSc cfs
  qss (P) 1 July
Williams, S. T. BA qhti
  qss (P) 1 July

GENERAL DUTIES BRANCH

Squadron Leaders

1999—contd

Wood, M. A. cfs ac snc(n)	(N)	1 July
Wright, M. J. BSc qss	(N)	1 July
Young, G. L.	(P)	1 July

Flight Lieutenants

1965

Bradford, D. A. BA qss*	(N)	30 Oct

1966

Brocklebank, R. A. cfs(n) qss	(N)	11 Nov

1968

Barnes, F. O. qss	(N)	6 Jan
Marks, P. J. snc qss	(N)	22 Aug
Leigh, R. G.	(P)	14 Dec

1969

Holmes, R. G. cfs	(P)	6 Mar
Southwould, B. W. BA snc qss	(N)	29 May
Furr, R. D.	(P)	1 July
Williamson, J.	(N)	28 Aug
Snook, P. MBE snc	(N)	12 Nov
Burnett, D. J. qss*(AEO)		22 Nov
Richards, K. D. snc	(N)	22 Nov

1970

Brown, S. K. cfs qss	(P)	15 Apr
Pedley, M. cfs(n)* snc qss	(N)	5 Aug
Enston, J. N. qss	(P)	2 Oct
Bishop, D. E.	(P)	4 Nov

1971

Dean, T. R. L. BSc qss	(P)	6 July
Canning, J. A. snc	(N)	2 Aug
Lloyd, J. D. qss	(P)	2 Aug
Waite, G. W. snc	(N)	6 Oct
Branthwaite, P. A.	(P)	6 Nov
Knight, R. M. qss	(P)	6 Nov

1972

Chapman, A. D. snc	(N)	8 Mar

Miller, G. R. cfs(n) snc qss	(N)	8 Mar
Hawkins, P. J.	(N)	23 Mar
Hammond, S. P. cfs fc qss	(P)	28 Apr
Jennings, P. T. snc qss	(N)	28 Apr
Funnell-Bailey, C. C. cfs	(P)	4 May
Goulding, N. B.	(P)	4 May
Harvey, S. R. cfs	(P)	4 May
Timbers, H. A.	(N)	4 May
Hamilton, C. I. qss	(N)	13 July
Gibbons, G. R. qss	(P)	17 Aug
Glyde, P. L. cfs	(P)	23 Sept
Haggar, N. A. T.	(P)	23 Sept
Sharpe, G. C. BA snc qss	(N)	23 Sept
Barr, A.	(P)	30 Sept
McCormick, D. G. BSc MInstP qss	(N)	16 Oct
Davies, R. J. cfs	(P)	28 Oct

1973

Skene, A. J. cfs	(P)	7 Jan
Taylor, P. F. cfs(n) snc	(N)	7 Jan
Hamlyn, G. M. snc qss	(N)	15 Mar
Milburn, R. L. BSc	(P)	15 Apr
Grosvenor, L.	(P)	18 May
Edmonds, A. J. snc	(N)	24 May
Goff, D. K. qss	(N)	10 July
Miller, A. S. cfs(c) qss	(P)	31 July
Dyche, M. W. MA qss i	(N)	1 Aug
Bowron, C. F. cfs(n)	(N)	29 Sept
Smyth, P. M. BSc cfs	(P)	3 Oct
Turbitt, D. BSc cfs	(P)	15 Oct
Skelton, A. M.	(P)	20 Oct
Marshall, D. J. qss	(N)	3 Nov
Cherry, D. F. asq snc	(N)	7 Dec
Wheeler, O. J. cfs(n) snc	(N)	7 Dec
Rees, G. D. BSc qss	(P)	15 Dec
Wells, T. J. G. BSc cfs qss	(P)	15 Dec
Cooper, D. BSc snc qss	(N)	30 Dec

1974

Howard, H. J.	(N)	7 Jan

GENERAL DUTIES BRANCH

Flight Lieutenants

1974—contd

Gulliver, J. cfs(n) snc			
qss		(N)	12 Jan
Slack, A. D.		(N)	12 Jan
Izatt, G. N. AIB cfs		(P)	16 Feb
Priest, J. S. D. snc		(N)	16 Feb
Stilwell, N. J.			16 Feb
Ward, A. M. qss		(P)	16 Feb
Crick, S. E. cfs(n)			
qss		(N)	10 Mar
Todd, P. A.		(N)	20 Mar
Pitchforth, N. A. BSc cfs			
qss		(P)	15 Apr
Horler, D. C. cfs(n)		(N)	16 Apr
Hickin, D. J. T. BSc			
qss		(P)	14 May
Spink, P. L. cfs		(P)	25 May
Evans, R. A.		(P)	29 June
Smyth, P. J. snc		(N)	10 July
Bellingall, J. E.		(P)	25 Oct
Brandie, W. J. cfs		(P)	30 Nov
Brammer, C. M. BSc			
qss		(N)	2 Dec
Craig, R. E.		(P)	29 Dec

1975

Hobkirk, B. D.		(P)	8 Feb
Hamilton, S. P. cfs		(P)	25 Feb
Barnes, D. A.		(N)	15 Mar
Fowler, S. M. cfs(n)			
qss		(N)	28 May

1976

Harris, D. J. cfs		(P)	17 Jan
Puncher, A. W.		(N)	10 Mar
Smith, A. J. qss i		(P)	15 Mar
Edwards, D.		(P)	16 Mar
Kirkup, A. P. J.		(P)	16 Mar
Jackson, P. B. BA			
qss		(N)	6 July
Bendall, D. H.		(P)	1 Oct
Chatterton, M. J.			
BSc		(P)	15 Oct

1977

Ayliffe, A. C. MBE BA asq cfs(n) snc			
qss		(N)	19 Jan
Blackie, G. C. AFC cfs			
qss		(P)	22 Jan
Russell, B. L. BTech cfs			
qss		(P)	7 Feb
McNichol, P. qss		(N)	19 Feb
Thomas, A. S.		(N)	16 Mar
Hinton, B. K. MA cfs(n)			
snc qss		(N)	15 Apr
Palmer, P. E.		(P)	11 May
Walters, P. S. qss		(N)	12 June
Hawker, J. BSc qss		(P)	3 July
Wilson, G. C. qss		(P)	13 July
Rooney, J. BSc cfs			
qss		(P)	7 Aug
Needham, E. G. cfs(n)			
qss		(N)	10 Aug
Hendy, J. W. MIPD cfs(n) snc qss		(N)	6 Oct
Kidson, M. qss		(N)	6 Oct
Watkins, B. J. BSc cfs			
qss		(P)	15 Oct
Abbot, A. C. cfs		(P)	4 Nov
Ireland, B. J. snc			
qss		(N)	4 Nov
Looseley, M. cfs(n)		(N)	4 Nov
Partridge, S. M. qss		(P)	1 Dec

1978

Elliott, S. W.		(ENG)	8 Jan
Saunders, I. R. cfs			
qss		(P)	27 Jan
Hildred, K. BSc		(P)	7 Feb
Crymble, M. J.		(P)	24 Feb
Dewhurst, A. R.			
BSc		(N)	2 Apr
Benke, R. N. BSc cfs			
qss		(P)	11 Apr
Dixon, A. BSc		(N)	15 Apr
Goodman, R. N.			
BSc		(P)	15 Apr
Hext, A. BA qss		(N)	15 Apr
Burley, G. cfs(n)			
snc		(N)	19 Apr
Atkins, S. R. BSc asq			
qss		(P)	6 June
Clarke, D. J. BA asq			
qss		(N)	3 July
Best, J. L. snc		(N)	18 July
Rooke, S. G.		(N)	15 Sept
Robertson, I. W.			
BSc		(P)	15 Oct
Warren, M. D. A.			
qss		(N)	22 Nov
Wrigley, C. M. BSc(Eng) ACGI asq qss		(N)	6 Dec
Smith, G. cfs		(P)	7 Dec

1979

Evans, H. F. J. MBE PhD BA qss		(P)	5 Jan
Strevens, N. C.		(P)	5 Jan
Hale, M. D. BSc cfs			
qss		(P)	15 Jan
Dyer, P. J. BSc		(P)	15 Apr
Watson, C. S. H. asq			
snc		(N)	16 May
Rechten, I. O. H.			
cfs*		(P)	23 June
Collins, N. D.		(P)	24 July
Gregory, S. StJ.		(N)	24 July
Harrod, V. W. BA asq			
qss		(P)	6 Aug
Astbury, A. J. fc			
qss		(N)	21 Sept
Emery, S. J.		(N)	16 Nov
Taylor, G. L. cfs		(P)	18 Nov
Frostick, A. T. BA			
qss		(N)	30 Nov

1980

James, T. M. qss (AEO)			5 Jan
Brindley, R. A. qss		(N)	8 Feb
Thorpe, A. A. MMar			
qss		(N)	2 Mar
Kelly, P. J. BSc cfs		(P)	14 Apr
Counter, M. J. BSc			
qss		(P)	15 Apr
Jones, P. C. BA cfs		(P)	15 Apr
Kilgour, J. A. BSc cfs			
qss		(P)	15 Apr
Ferrol, W. A. cfs		(P)	4 May
Creighton, W. H.			
cfs(c)		(ALM)	11 May
Plews, J. G. BA asq		(AEO)	11 May
Jones, J. M. G. BSc			
qss		(P)	12 May
Bull, D. I BSc qss		(P)	2 June
Taylor, D. A. cfs(n)		(N)	21 June
Bradshaw, P. cfs			
qss		(P)	30 July
Hodgson, S. A.		(P)	31 July
Hornby, L. cfs		(P)	23 Aug
Knowles, R. T. qss		(P)	27 Aug
Pollock, N. D. BSc			
qss		(P)	15 Oct
Coombs, D. C. BSc			
qss		(N)	12 Nov
Finnimore, D. T. cfs		(P)	22 Nov
Whinton, A. J. cfs			
qss		(P)	22 Nov

GENERAL DUTIES BRANCH

Flight Lieutenants

1981

Howell, D. W. BSc asq			
qss	(N)		8 Jan
Bellis, D. E.	(ALM)		11 Jan
Burrows, P. G.	(N)		17 Jan
Robinson, N. S. BA			
	(AEO)		22 Feb
Quick, P. E. cfs	(P)		1 Mar
Powell, M. BEng cfs			
qss	(P)		28 Mar
Poolman, J. C. BSc asq			
qss	(P)		15 Apr
Scott, D. N. BSc cfs	(P)		15 Apr
Chisholm, R. G. BSc			
asq qss	(N)		12 May
Davies, J. qss	(AEO)		17 May
Jillett, M. S.	(P)		20 May
Chelu, R.	(N)		12 July
Chamberlain, S. J.			
cfs(n)	(N)		1 Oct
Fryer, C. G.	(N)		7 Oct
Castle, M. J. D. BSc cfs			
qss	(P)		15 Oct
Hamlin, D. P. A. BA	(P)		15 Oct
Tunnard, J. J. BSc asq			
qss	(N)		15 Oct
White, R. D. R. BSc			
asq	(P)		26 Oct
Astle, P. W. cfs qss	(P)		1 Nov
Russell, S. F.	(P)		13 Nov
Spratt, A. B. BSc			
asq	(N)		17 Nov
Williams, S. C. qss	(N)		13 Dec

1982

Coxon, K. A. cfs			
qss	(P)		5 Feb
McKernan, P. R. qss	(N)		5 Feb
Petherick, S. T. cfs			
qss	(P)		5 Feb
Johnson, P. A. BSc			
qss	(P)		9 Feb
Raymond, M. I.			
BSc	(P)		15 Apr
Dobson, P. S. BSc			
qss	(P)		17 Apr
Davidson, I. cfs*	(P)		28 Apr
Hannam, G. A. BSc			
qss	(N)		17 May
Mills, A. M.	(AEO)		17 May
Davis, H. D.	(N)		9 June
Challis, P. W. cfs(n)			
qss	(N)		9 July

Batin, M. V. BSc			
qss	(N)		18 July
Morrison, A. F. BSc			
cfs	(P)		9 Aug
Morton, I. R.	(ENG)		14 Aug
Paul, H. A. BSc asq			
qss	(N)		15 Oct
Brook, K. H. cfs(n)			
qss	(N)		17 Oct
Binsted, P. D. qss	(P)		21 Oct
Lowndes, R. L. BSc asq			
qss	(N)		8 Nov
Innes, J. E. qss	(ENG)		19 Nov
Dean, C. P.	(N)		2 Dec
Ellis, R. A. cfs	(P)		2 Dec

1983

Taylor, G. qss	(N)		14 Jan
Avent, S. D. qss	(N)		11 Feb
Busk, D. G.	(AEO)		13 Mar
Neilson, B. J. T. cfs(n)			
qss	(N)		25 Mar
McCredie, K. I. BSc	(P)		15 Apr
Weightman, G. R. cfs			
qss	(P)		7 May
Brown, C. V. BSc			
cfs	(P)		6 June
Morris, G. D. qss	(N)		16 June
McNamara, P. A. M. cfs			
qss	(P)		28 June
Crouchman, M. W. AFC			
cfs	(P)		5 July
Holmes, J. A. M.			
cfs(n)	(N)		5 July
Thirkell, P. A.	(N)		2 Aug
Day, M. qss	(AEO)		14 Aug
Irvine, T. G.	(N)		15 Sept
Fielding, S. BSc tp	(P)		15 Oct
Whitworth, P. D. BSc			
cfs qss	(P)		15 Oct
Moseley, N. G. cfs(n)			
snc qss	(N)		11 Nov
Wilson, C. qwi(T)	(N)		11 Nov
Sutton, R. C. cfs(n)			
qss	(N)		26 Nov
Purse, J. M. BSc cfs	(P)		26 Dec

1984

Burgon, B. E. A.			
qss	(N)		20 Jan
Jenkins, C. D. BSc			
cfs(n)	(N)		7 Feb
Milnes, P. R. cfs qss	(P)		11 Mar
Donnelly, J. AFM*			
cfs(c)	(ALM)		19 Mar
Phillips, B. K. qss	(N)		20 Mar

Allen, D. W. BSc(Eng)			
asq qss	(N)		15 Apr
Biddle, D. R. BSc(Eng)			
asq cfs(n) qss	(N)		15 Apr
Jones, M. C. BSc	(P)		15 Apr
Kenrick, W. R. BSc cfs			
qss	(P)		15 Apr
Kettles, A. W. BSc cfs			
qss	(P)		15 Apr
Turnbull, K. BSc			
qss	(P)		15 Apr
Williams, J. M. BA			
qss1	(P)		15 Apr
Vickers, M. E. qss(ENG)			26 Apr
Gear, A. C. J.	(P)		29 Apr
Simmons, A. J. qss	(N)		2 May
Boundy, P. J. BSc cfs			
qss	(P)		13 May
Meikleham, F. G.			
cfs	(P)		18 June
Macintyre, R. A. BSc			
qwi(AD)	(P)		26 June
Marston, I. C. BSc			
cfs	(P)		26 June
James, K. G. BSc			
qss	(N)		27 June
Walsh, N. R. BSc	(P)		27 June
Watts, R. A. BSc cfs			
qss	(P)		27 June
Bennett, K. N. qss (AEO)			1 July
McCrea, J. D. cfs	(P)		11 July
Starr, C. J. qss	(P)		20 July
Moxon, N. P. cfs			
qss	(P)		22 Aug
Anderson, D. C. E. A.			
BSc	(N)		15 Oct
Blood, D. M. W. BSc			
cfs	(P)		15 Oct
Davies, N. A. BSc			
qss	(P)		15 Oct
Fisk, M. P. BSc	(P)		15 Oct
Harris, K. BA qss	(N)		15 Oct
Henderson, H. BSc			
qss	(P)		15 Oct
Leach, W. T. BSc cfs			
qss	(P)		15 Oct
Longhurst, D. N.			
BSc	(P)		15 Oct
Macdonald, J. B. BTech			
tp qwi qss	(P)		15 Oct
Nightingale, A. L.			
BSc(Eng) cfs qss	(P)		15 Oct
Parry, G. W. H. BSc			
qss	(P)		15 Oct
Skinner, A. W. M. BSc			
asq qss	(N)		15 Oct
Bausor, N. T.	(P)		17 Nov
Higginbottom, R. P.			
cfs(n) qss	(N)		17 Nov

GENERAL DUTIES BRANCH

Flight Lieutenants

1984—contd

Moore, K. E. BSc asq qss	(N)	17 Nov
Newton, D. J.	(N)	17 Nov
Weir, A. W. qss	(N)	17 Nov
Mason, J. P. qss	(N)	20 Nov
Thorne, D. E. qss (AEO)		26 Nov
Hughes, R. P. BSc asq qss	(N)	19 Dec

1985

Jackson, R.	(P)	1 Jan
Hill, G. J. BSc qss	(P)	11 Mar
Carter, R. W. asq cfs(n) qss	(N)	13 Mar
Cunningham, J. cfs(n) qss	(N)	6 Apr
Charnley, N. S. BSc qwi qss	(P)	15 Apr
Gordon, A. G. BA qss	(P)	15 Apr
Margetts, P. R. BSc cfs qss	(P)	15 Apr
Munro, C. A. BSc(Eng) qss	(P)	15 Apr
Simpson, R. A. C. BSc cfs qss	(P)	15 Apr
Wood, M. A. BTech cfs	(P)	15 Apr
Ayton, C. H.	(N)	18 Apr
Thompson, S. G. A.	(P)	1 May
Mellor, S. G. BSc asq cfs(n) qss	(N)	11 June
Moule, J. R. qss	(P)	13 June
Johnson, D. A.	(N)	15 June
Pring, R. M.	(AEO)	1 July
Taylor, M. A. qss	(P)	19 July
Read, W. R. qss	(P)	31 July
Robinson, C. P. qss	(N)	31 July
Thornhill, A. qss	(P)	31 July
Firmin, P. A. BSc qss	(N)	5 Aug
Underwood, S. C. cfs	(P)	28 Aug
Roberts, C. T.	(AEO)	8 Sept
Warren, J. D. tp qss	(P)	8 Sept
Humphreys, P. J.	(P)	26 Sept
Harding, M. S. asq cfs(n) qss	(N)	27 Sept
Harwell, G. G. M. BSc asq qss	(P)	15 Oct
Lancaster, D. E. BSc	(P)	15 Oct
Boyer, K. qss	(P)	24 Oct
Gibby, R. M. BSc cfs(n) qss	(N)	27 Oct
Francey, M. D. BSc	(P)	7 Nov
Cookson, E. W. qss	(N)	22 Nov
Dixon, A. J. cfs	(P)	22 Nov
Greer, A. S. qss	(N)	22 Nov
Hesketh, J. I.	(N)	22 Nov
Palastanga, P. R. cfs(n) qss	(N)	22 Nov
Wells, R. P. D. BSc cfs(n) qss	(N)	8 Dec
Johnson, A. R. A. BSc cfs qss	(P)	19 Dec
Ridley, C. R. A. BSc asq qss	(P)	19 Dec
Robinson, I. G. BA	(N)	19 Dec
Smerdon, G. R. B. BSc	(P)	19 Dec
Stewart, D. E. BSc cfs	(P)	19 Dec

1986

Harrison, D. M. qss	(N)	3 Jan
Hawkins, P.	(N)	3 Jan
Pillai, S. N. BSc qss	(P)	15 Jan
Pickard, A. C. BA qss	(P)	31 Jan
Stockton, I. D. BSc qss	(N)	5 Feb
Stevens, V. A. cfs(n) qss	(N)	14 Feb
Williams, W. qss	(N)	14 Feb
Taylor, S. J.	(P)	17 Feb
Grindley, G. A. BSc qss	(N)	2 Mar
Wilson, A. D. BSc asq qss	(N)	2 Mar
Smith, N. P. BSc qss	(P)	11 Mar
Moss, D. E. qss	(N)	16 Mar
Powell, P. R. qss	(P)	12 Apr
McGrath, J. G. BSc qss	(P)	14 Apr
Parker, M. A. BSc	(P)	15 Apr
Rees, N. C. R. BSc cfs qss	(P)	15 Apr
Burman, M. H. BSc cfs	(P)	30 Apr
Jones, K. A. BSc qss	(P)	30 Apr
Witts, C. B. BSc	(P)	30 Apr
Dearden, J. A. qss	(P)	5 May
Pitts, R. J. M. cfs(n) qss	(N)	6 May
Hendry, R. W. qss	(P)	15 May
Baber, C. W. BSc cfs(n) qss	(N)	25 May
Anderson, D. S. BSc	(P)	11 June
Gilbert, M. StJ. J. BSc	(P)	11 June
Moore, M. L. BSc qwi qss	(P)	11 June
Wilson, W. D. M. BSc cfs	(P)	11 June
Perry, C. BSc cfs qss	(P)	5 Aug
Randells, T. M. qss	(N)	5 Aug
Seely, P. A. A. BA qss	(P)	5 Aug
Simm, G. E. asq	(N)	5 Aug
Paton, A. D. qss	(N)	29 Aug
Fullerton, R. G. BSc cfs(n) qss	(N)	18 Sept
Sinker, D. R. G. BSc qss	(P)	18 Sept
Campbell, I. M.	(P)	19 Sept
Emtage, J. A. BSc	(P)	15 Oct
Evans, J. C. BSc cfs	(P)	15 Oct
Paul, A. G. BSc cfs qss	(P)	15 Oct
Hudson, A. M.	(P)	19 Oct
Docker, C. E. BSc asq	(N)	29 Oct
White, W. B. MSc BSc MCGI asq cfs(n) qss	(N)	29 Oct
Meston, J. M. qss	(N)	30 Oct
Nicol, L. A.	(P)	30 Oct
Purnell, T. L. G. qss	(AEO)	30 Oct
Spencer, J. qss	(AEO)	22 Nov
Smalldon, R. J.	(P)	8 Dec
Brand, C. W. BSc qss	(N)	10 Dec
Clark, R. D. qss	(N)	11 Dec
Harvey, D. J. qwi	(P)	11 Dec
Ransome, R. L. qss	(P)	11 Dec
Twelvetree, T. qwi	(P)	11 Dec
Wright, E. G. qss	(N)	11 Dec
Wynn, J. K. qss	(N)	13 Dec

1987

Simpson, A. C.	(N)	5 Jan
Adam, J. BSc cfs qss	(P)	15 Jan
Arnold, A. D. BSc qss	(N)	15 Jan
Gibson, J. A. BSc	(P)	15 Jan
Kemp, P. G. BSc cfs	(P)	15 Jan
Leach, P. W. BSc qwi qss	(P)	15 Jan
Smorthit, N. M. BSc cfs	(P)	15 Jan

GENERAL DUTIES BRANCH

Flight Lieutenants

1987—contd

Williams, G. W. BSc qss	(P)	15 Jan	
Farrington, P. R. qss	(AEO)	17 Jan	
Millar, H. A. W. G. qss	(AEO)	17 Jan	
Jones, M. P. BSc	(P)	22 Jan	
Jones, M. S. BSc	(P)	22 Jan	
Nash, J. B. BSc cfs qss	(P)	22 Jan	
Davis, R. A.	(N)	24 Jan	
Lewis, R. C. J. cfs	(P)	24 Jan	
Physick, M. D. BSc cfs qss	(P)	18 Feb	
Settery, G. BSc qss	(N)	18 Feb	
Sheppard, G. J. cfs qss		25 Feb	
Richards, R. P. qss (AEO)		28 Feb	
Seaton, C. M.	(AEO)	1 Mar	
Brown, D. W. T. BSc qss	(P)	2 Mar	
Churchill, I. M. BSc cfs qss	(P)	2 Mar	
Girven, C. F. BSc	(N)	2 Mar	
Holden, A. R. BSc asq qss	(N)	2 Mar	
Jones, G. V. BSc cfs(n) qss	(N)	2 Mar	
Sansford, S. M. BCom qss	(N)	2 Mar	
Stoner, R. A. BSc asq qss	(N)	2 Mar	
Oliver, M. A. qwi(AD)	(P)	4 Mar	
Pearson, S. M. asq qss	(N)	4 Mar	
Snowdon, R. E.	(P)	4 Mar	
Paish, S. C. BA cfs qss	(P)	29 Mar	
Thomas, A. J.	(AEO)	11 Apr	
Carter, C. A. BSc cfs qss	(P)	14 Apr	
Quinlan, M. A. BSc qss	(N)	14 Apr	
Taylor, P. F. BA	(P)	14 Apr	
Trott, D. T. BSc cfs	(P)	14 Apr	
Palgrave, C. W. J. qss	(N)	15 Apr	
Pullen, S. K. asq qss	(N)	15 Apr	
Cauchi, M. J. V. qss	(P)	21 Apr	
Burnell, P. N. BTech qcc	(N)	10 May	
Riley, D. J. BSc cfs	(P)	25 May	
Taylor, A. H. BSc qab qss	(N)	25 May	
Witts, P. D. BSc	(N)	25 May	
Evans, A. M. asq	(N)	26 May	
Hayes, S. P. cfs(n) qss	(N)	26 May	
Zanker, M. W. qwi	(P)	26 May	
Lloyd, D. cfs	(P)	4 July	
Millbank, P. cfs(c) qss	(ALM)	4 July	
Halpin, D. R. BEd qss	(N)	5 July	
Holdsworth, P. cfs qss	(P)	8 July	
Parker, T. J. tp cfs	(P)	8 July	
Hands, R. L. BSc asq qss	(N)	20 July	
Marshall, J. BA qss	(N)	20 July	
Southern, P. BSc cfs qss	(P)	20 July	
Cornes, B. R. cfs qss	(P)	25 Aug	
Middleton, G. W. qss	(P)	25 Aug	
Wilkins, S. J. cfs qss	(P)	1 Sept	
Bulteel, C. J. B. BSc	(P)	3 Sept	
Harris, D. J. BSc asq cfs(n)	(N)	3 Sept	
Hilton, C. E. J. BA	(N)	3 Sept	
Mortimer, A. P.	(AEO)	26 Sept	
Couper, P. BSc qss	(N)	30 Sept	
Pittaway, S. F.	(N)	1 Oct	
Kinder, J. R. qss	(P)	8 Oct	
Sheath, N. T. qss	(P)	8 Oct	
Hart, M. C. BSc cfs qs	(P)	14 Oct	
Weston, P. J. qss	(P)	21 Oct	
Tomlinson, M. I. qss	(N)	7 Nov	
Straw, E. T. BA qss	(P)	11 Nov	
Dearie, I. A. S. asq qss	(N)	20 Nov	
Saunders, I. W.	(P)	20 Nov	
Sanders, P. S. BSc asq qss	(N)	26 Nov	
Smith, C. J. BSc	(P)	26 Nov	
Walker, E. S.	(AEO)	19 Dec	

1988

Evans, J. M. cfs qss1	(P)	1 Jan	
Hardy, N. J.	(P)	1 Jan	
Ims, M. K. qwi	(P)	1 Jan	
Jarvis, T. cfs	(P)	1 Jan	
Letton, J. S.	(P)	1 Jan	
Hargrave, B. W. BSc qss	(N)	7 Jan	
Spooner, D. M. J. BSc asq qss	(N)	7 Jan	
Vallance, S. F.	(P)	12 Jan	
Ambury, S. B. BSc	(N)	15 Jan	
Coulton, L. W. J. BA cfs qss	(P)	15 Jan	
Esau, R. G. BSc cfs qss	(P)	15 Jan	
Gunn, M. J. BSc asq qss	(N)	15 Jan	
Jacobs, D. M. H. BSc cfs qss	(P)	15 Jan	
Martin, D. J. BSc cfs qss	(P)	15 Jan	
Ritch, D. N. S. BSc cfs	(P)	15 Jan	
Williams, G. J. BSc cfs	(P)	15 Jan	
Johnston, N. A. BSc qwi(T) qss	(N)	3 Feb	
Robinson, M. N. BA	(N)	3 Feb	
Smyth, K. BEd qss	(P)	3 Feb	
Wolfendale, P. cfs	(P)	13 Feb	
Beaumont, R. G. BSc asq cfs(n) qss	(N)	18 Feb	
Fairs, M. R. R. BSc qwi(AD)	(P)	18 Feb	
Heaton, M. R. BSc qss	(N)	18 Feb	
Holmes, R. J. BSc asq qss	(P)	18 Feb	
Wintermeyer, M. J. BSc	(N)	18 Feb	
Toyne, R. C. BA qss	(P)	5 Mar	
Balshaw, M. J. F. BSc cfs qss	(P)	14 Mar	
Cunningham, P. M. BSc cfs qss	(P)	14 Mar	
D'Lima, D. J. BEd cfs qss	(P)	14 Mar	
Wattam, D. M. BSc cfs	(P)	14 Mar	
Macdonald, P. J. S. D. cfs(n) qss	(N)	23 Mar	
Scoines, D. A. qss	(N)	25 Mar	
Berry, M. R. BSc qss	(N)	29 Mar	
Carr, G. BSc qss	(N)	29 Mar	
Daulby, K. J. BSc cfs	(P)	29 Mar	
Mallinson, C. P. BSc qss	(P)	29 Mar	
May, J. E. BSc(Eng) cfs qss	(P)	29 Mar	
McCormick, R. A. BSc asq qss	(N)	29 Mar	
Perrins, R. H. BSc qss	(N)	29 Mar	

GENERAL DUTIES BRANCH

Flight Lieutenants

1988—contd

Name		Date
Crook, R. J. M. BTech qss	(N)	26 Apr
Fraser, E. C. BSc qss	(N)	26 Apr
Shaw, I. M. BSc	(N)	26 Apr
Clarke, S. R. BSc qss	(N)	10 May
Morris, D. P. BSc qss	(N)	10 May
Andrew, N. R. BSc	(N)	7 June
Aston, S. N. BEng qss	(P)	7 June
Dodson, G. A. F. cfs	(P)	16 June
Goodrum, R. M. qss	(P)	16 June
Young, N. F.	(P)	19 July
Evans, M. D. qwi(AD)	(N)	21 July
Thomas, R. K.	(AEO)	31 July
Roxburgh, D. K. BSc	(P)	1 Aug
Glover, A. S. BSc cfs(n) qss	(N)	4 Aug
Brewer, S. J. qss	(N)	10 Aug
Hammond, S. M. BSc qss1	(P)	16 Aug
Lewis, R. D. BSc qss		16 Aug
Rea, S. A. BSc qss	(P)	16 Aug
Wilson, C. B. BSc asq qss	(N)	16 Aug
Mellor, D. J.	(AEO)	30 Aug
Howieson, W. B. BSc MRAeS cfs(n) qss	(N)	15 Sept
Laws, D. J. BEng	(P)	15 Sept
Carr, S. R. cfs qss	(P)	24 Sept
Hendry, T. qss	(N)	24 Sept
Jenkins, G. P. cfs	(P)	24 Sept
Huke, C. W. N. BA	(P)	30 Sept
Lawson, D. A. BSc qss	(N)	30 Sept
Plumb, S. P. BA qss	(N)	30 Sept
Smith, P. D. BA qss	(P)	30 Sept
Dunkley, P. A. qwi	(P)	23 Oct
Stobie, D. N. cfs qwi qss	(P)	6 Nov
Tait, J. qss	(P)	6 Nov
Trainor, P. R. D. cfs qss	(P)	6 Nov
Williams, N. P. cfs qss	(P)	6 Nov
Doherty, G. P. BSc	(N)	11 Nov
Liston, G. A.	(AEO)	4 Dec
Ouston, C. M. qss	(AEO)	15 Dec
Pell, G. W. Y. cfs qss	(P)	15 Dec
Underwood, R.	(P)	15 Dec

1989

Name		Date
Bennett, M. W.	(N)	15 Jan
Dawe, A. G. BA cfs qss	(P)	15 Jan
Edwards, G. A. BEng qss	(P)	15 Jan
Gales, A. J. BA	(P)	15 Jan
Howard-Smith, P. M. BSc qss	(N)	15 Jan
Kelly, B. R. BEng cfs qss	(P)	15 Jan
Mitchell, D. J. G. BSc qss1	(P)	15 Jan
O'Brien, S. T. MA MSc qss	(N)	15 Jan
Ward, J. D. R. BSc qwi qss	(P)	15 Jan
Welsh, M. BSc qwi	(P)	15 Jan
Wilson, R. D. BSc cfs	(P)	15 Jan
Brown, C. T. BEng cfs qss	(P)	19 Jan
Gorringe, M. B. J. BA qss	(N)	19 Jan
Taylor, N. R. cfs qss	(P)	19 Jan
Bates, W. N. cfs	(P)	29 Jan
Clover, B. J. qss	(P)	29 Jan
Harcombe, O. M.	(N)	29 Jan
Mackenzie, N. H.	(N)	29 Jan
Mcara, D. cfs(n) qss	(N)	29 Jan
Mitchell, J. I. qwi(T) qss	(N)	29 Jan
Pontefract, J. C. qss	(N)	29 Jan
Wooff, K. C. asq qss	(N)	29 Jan
Duffin, J. R.	(P)	1 Feb
Brennan, R. N. BSc qss	(P)	3 Feb
Cadman, T. L. BSc qss	(P)	3 Feb
Hoaen, A. J. BA cfs	(P)	3 Feb
Thomas, M. L. BSc qss	(P)	3 Feb
Garratt, W. H.	(P)	25 Feb
Carder, C. D. cfs qss1	(P)	8 Mar
Durke, P. qwi(T)	(P)	8 Mar
Hathaway, N. T. qss	(N)	8 Mar
Knight, A. E. cfs	(P)	8 Mar
Newman, P. G.	(P)	8 Mar
Patching, E. J.	(P)	8 Mar
Carson, B. J. qss	(N)	12 Mar
Forbes, A. MacP. asq	(N)	14 Mar
Phipps, A. L. BSc	(P)	14 Mar
Smith, A. M. BSc qss	(P)	14 Mar
Taylor, R. N. BSc	(P)	14 Mar
Taylor, T. J. BSc qwi(AD)	(P)	14 Mar
Tucker, M. P. BSc asq qss	(N)	14 Mar
Ware, D. J. qss	(N)	14 Mar
Cable, M.	(P)	5 Apr
Bearblock, P. D. BSc qss	(P)	11 Apr
Buckingham, C. F. qss	(AEO)	11 Apr
Sheard, M. J. B. BSc cfs	(P)	11 Apr
Gregory, R. J. cfs	(P)	20 Apr
Hillsmith, K. R. cfs	(P)	20 Apr
Knight, P. cfs	(P)	20 Apr
Rodgers, M. P. qss	(N)	20 Apr
Smith, M. G.	(P)	20 Apr
Tait, S. A. asq	(N)	20 Apr
Walker, G. P. qss	(P)	20 Apr
Harris, M. R. BSc qss	(N)	26 Apr
Hippman, R. S.	(AEO)	4 June
Alexander, D. J. BEng cfs qss	(P)	7 June
Boag, D. A. BSc qss	(N)	7 June
Curry, R. L. S. BSc(Eng) qss		7 June
Hartford, C. R. BSc qss	(N)	7 June
Heaney, S. R. BA	(P)	7 June
Kevan, R. M. BA cfs(n) qss	(N)	7 June
Ready, M. S. BA cfs	(P)	7 June
Williams, D. R. BSc qss	(N)	7 June
Edwards, K. A. J. qwi(T)	(N)	8 June
Hodgson, C. P. qss	(P)	8 June
Smith, I. S. cfs	(P)	8 June
Speakman, N. A.	(N)	8 June
Stobart, G. cfs qss1	(P)	8 June
Tett, P. E. cfs	(P)	8 June
Pout, C. L. cfs(n) qss	(N)	10 June
Wright, W. S. qss	(N)	12 July
Henderson, N. McL. cfs(c)	(ALM)	17 July
Tuckfield, L. S.	(P)	19 July
Edwards, G. D. BSc cfs qss	(P)	1 Aug
Hall, A. R. BSc asq qss	(N)	1 Aug

GENERAL DUTIES BRANCH

Flight Lieutenants

1989—contd

Wardrop, T. BSc asq	(N)	1 Aug
Bedford, D.J. qss	(P)	2 Aug
Davidson, A. G. G. cfs	(P)	2 Aug
Thomas, J. P.	(P)	2 Aug
Brotherton, J. BEng	(N)	14 Aug
Hooper, R. T. cfs qss	(P)	27 Aug
Nichols, W. H. BSc	(N)	6 Sept
High, P. A. qss	(N)	7 Sept
Beddoes, S. L. BSc qss	(N)	15 Sept
Bracken, M. J. qss	(N)	15 Sept
Craven, I. W.	(P)	15 Sept
Dalton, A. G.	(P)	15 Sept
Heathcote, G. BSc asq qss	(P)	15 Sept
Hopkinson, P. E. BA qss	(P)	15 Sept
Jepson, C. D. qwi	(P)	15 Sept
Jones, R. R. qss	(P)	15 Sept
Potter, D. J. A. BA qss	(N)	15 Sept
Tennant-Bell, N. R.	(P)	15 Sept
Thyng, I. F. qss	(N)	15 Sept
Wall, S. A. cfs qss	(P)	15 Sept
Waring, J. M. R. qss	(N)	15 Sept
Clarke, S. M. BEng cfs	(P)	27 Sept
Latham, P. E. S. cfs	(P)	8 Oct
Marshall, I. F.	(N)	8 Oct
Taylor, J. E. qss	(P)	12 Oct
Clark, J. W. qss	(P)	26 Oct
Cranstoun, C. D. J. qss	(P)	26 Oct
Jannaty, Y. BSc	(N)	26 Oct
Mangan, M. T. BSc	(N)	26 Oct
Miller, P. C. R. BSc cfs qss	(P)	26 Oct
Parkinson, A. F.	(P)	26 Oct
Walsh, I. J. BSc qss	(N)	26 Oct
Stellmacher, D. BEng qss	(P)	8 Nov
Gray, A. S. qss	(N)	11 Nov
Hambleton, A. E.	(P)	8 Dec
Smith, P. A. cfs	(P)	8 Dec
Wigglesworth, D. J. cfs qwi qss	(P)	8 Dec
Buxton, S. G. cfs	(P)	18 Dec

1990

Ashford, A. M. BSc	(P)	15 Jan
Bearblock, C. D. A. F. BSc cfs qss	(P)	15 Jan
Beeston, M. D. MA	(P)	15 Jan
Bowland, J. D. R. BSc qss	(P)	15 Jan
Davy, J. BEng cfs	(P)	15 Jan
Edwards, R. C. BA cfs qss	(P)	15 Jan
Evans, A. D. E. BEng cfs qss	(P)	15 Jan
Gell, A. P. BSc cfs	(P)	15 Jan
Goldstraw, D. A. BSc qss	(N)	15 Jan
Harris, J. I. MEng	(P)	15 Jan
Helm, D. A. BEng qss	(P)	15 Jan
Hopson, P. BSc	(P)	15 Jan
Howard, S. M. BSc cfs qss	(P)	15 Jan
Hugall, D. R. BA qss	(P)	15 Jan
Hughes, P. J. BA qss	(P)	15 Jan
Hunter J. H. BSc cfs qss	(P)	15 Jan
Makepeace, A. D. E. BSc cfs qss	(P)	15 Jan
Martin, A. T. BSc qwi(AD) qss	(P)	15 Jan
Mobbs, P. W. BEng cfs qss	(P)	15 Jan
Owen, W. K. BA	(P)	15 Jan
Price, R. S. BSc cfs qss	(P)	15 Jan
Purves, N. L. BSc qss	(P)	15 Jan
Robertshaw, N. J. BA qss	(P)	15 Jan
Ross, A. N. BSc	(P)	15 Jan
Rovery, S. W. BA cfs qss	(P)	15 Jan
Russell, I. J. L. BSc cfs qss1	(P)	15 Jan
Slatford, T. K. BTech	(P)	15 Jan
Stocker, S. C. BSc qss	(P)	15 Jan
Tait, A. G. BA qss	(N)	15 Jan
Taylor, D. P. BSc qss	(P)	15 Jan
Telfer, J. C. BSc	(P)	15 Jan
Ward, S. J. BSc qss	(P)	15 Jan
Wheeler, D. J. BSc cfs	(P)	15 Jan
Wright, J. BSc	(N)	15 Jan
Wyatt, D. P. P. BSc cfs	(P)	15 Jan
Barker, R. A. BSc cfs qss	(P)	19 Jan
Colligan, G. R. BEng qwi qss	(P)	19 Jan
Cook, I. V. BSc qss	(P)	19 Jan
Grant, S. G. BSc qwi qcc	(P)	19 Jan
Harbron, S. E.	(P)	19 Jan
Mullen, A.	(P)	19 Jan
Stockings, J. D. BSc qwi(T)	(P)	19 Jan
Whitwood, S. L. cfs qss	(P)	19 Jan
Russell, N. G. asq	(N)	5 Feb
Kelly, A. M. qss	(N)	12 Feb
Birnie, F. BEng qss	(N)	14 Feb
Dornan, I. S. BA cfs	(P)	14 Feb
Edmunds, K. W.	(AEO)	25 Feb
Griffiths, K. I.	(AEO)	25 Feb
Jones, R. L. MBE	(ALM)	25 Feb
Ead, I. S. qss	(N)	28 Feb
Frost, P. A. BSc cfs	(P)	28 Feb
Goodman, P. St. J. qss1	(P)	28 Feb
Jones, J. M. BEng qss	(P)	28 Feb
McBryde, D. W. qwi(AD) qss	(N)	28 Feb
Oliphant, G. G. BSc qss	(P)	28 Feb
Presland, R. D. BEng qwi(T) qss1	(P)	28 Feb
Saunders, P. BSc	(N)	28 Feb
Stirton, I. N. cfs	(P)	28 Feb
Wood, J. R.	(P)	28 Feb
Yorston, R. A. BEng qss	(N)	28 Feb
Morris, S. C. cfs(n) qss	(N)	2 Mar
Addison, J. M.	(N)	9 Mar
Boulton, M. S. BA qss	(N)	11 Apr
Coote, S. M. BSc qss	(P)	11 Apr
Eccles, C. J. BSc cfs	(P)	11 Apr
Humphreys, M. S. BSc qwi(T) qss	(P)	11 Apr
Livingston, N.	(P)	11 Apr
McCarthy, S. F. BSc cfs	(P)	11 Apr
Myhill, J. S. qss	(N)	11 Apr
Sawyer, G. P. BEng cfs qss	(P)	11 Apr
Seal, C. T. BPharm cfs qss	(P)	11 Apr
Shinner, A. M. BSc cfs qss1	(P)	11 Apr
Tucker, D. L. BSc qss	(N)	11 Apr

GENERAL DUTIES BRANCH

Flight Lieutenants

1990—contd

Vicary, P. N. L. BSc qwi(AD)	(N)	11 Apr
Walton, I. W. R. BEng qwi(T)	(P)	11 Apr
Webb-Dicken, R. qss	(N)	11 Apr
Williams, C. D.	(P)	15 Apr
Collins, M. D. qss	(N)	2 May
Bayliss, D. qss	(P)	5 May
Jones, C. D.	(N)	5 May
Rundle, N. C. cfs(c) qhti qss	(ALM)	5 May
Taylor, N. qss	(AEO)	5 May
Peacey, S. BSc cfs qss	(P)	6 May
Smith, D. A. BSc qss1	(N)	6 May
Hughes, D. K. cfs qss	(P)	7 May
Price, R. G.	(N)	11 May
Clarke, J. W. qss	(N)	21 May
Dover, I. P.	(P)	22 May
Fancett, P. A.	(P)	22 May
Garrod, M. D. cfs	(P)	22 May
Gaughan, P. J. cfs qss	(P)	22 May
Sell, A. cfs	(P)	22 May
Heald, T. J. H. qss	(P)	23 May
Warburton, P. L. qcc	(N)	8 June
Nash, J. E.	(AEO)	16 June
Mudgway, A. P.	(P)	29 June
Bremer, G. J. BSc asq qss	(N)	3 July
Grapes, S. A. R. BSc qss	(N)	3 July
Paines, J. D. B. MSc BA tp qss1	(P)	3 July
Sumner, A. P.	(P)	9 July
Bartle, D. J. cfs qss	(N)	10 July
Lake, A. R.	(P)	17 July
Morris, P. G.	(P)	17 July
Stafford, M. I. qss	(N)	17 July
Stradling, C. J. qss	(N)	17 July
Gilbert, N. P.	(P)	24 July
Adkinson, S.	(P)	28 July
Charles, R. L.	(AEO)	28 July
Wesley, N. P. cfs qss1	(P)	28 July
Baxter, M. E. BSc qss1	(P)	14 Aug
Goold, I. G. BA cfs	(P)	14 Aug
Pugh, J. BEng qss	(N)	14 Aug
Winsor, N. W. BEng qss	(N)	14 Aug
Austin, R. P.	(P)	28 Aug
Bell, S.	(P)	28 Aug
Crennell, N. J. qwi(T) qss1	(P)	28 Aug
Faulkner, S. C.	(P)	28 Aug
Green, S. C. MSc MCGI MRAeS asq qss	(N)	28 Aug
Hiscox, B. J. asq qss	(N)	28 Aug
Lings, G. B.	(P)	28 Aug
Sanders, R. H. W. cfs	(P)	28 Aug
Willson, S.	(P)	28 Aug
Blundell, S. J. BSc qss	(N)	27 Sept
Matthews, M. W. BSc	(N)	27 Sept
Ross, A. BSc	(P)	2 Oct
Davey, P. M.	(P)	11 Oct
Dazeley, J. M.	(P)	11 Oct
Garner, R. W. C. qss	(N)	11 Oct
Harrington, N. qss	(N)	11 Oct
Hough, C. R. qss	(P)	11 Oct
Jackson, J. A. cfs	(P)	11 Oct
Jeffries, M. J. qss	(N)	11 Oct
Salisbury, D. A. qs	(P)	11 Oct
Williams, P. J.	(N)	11 Oct
Gallagher, J. J. qss1	(N)	13 Oct
Foggo, C. H. qss (ENG)		2 Nov
Ainsworth, D. P. BSc	(P)	8 Nov
Audet, D. W. BSc	(P)	8 Nov
Flynn, S. A. BA qss	(P)	8 Nov
Richardson, P. T. BSc qss	(P)	8 Nov
Williams, N. P. BSc	(P)	8 Nov
Rooney, A. J. BSc qss	(P)	11 Nov
Mannion, D. T. cfs	(P)	17 Nov
Bhatia, R. J.	(P)	23 Nov
Davies, G. C. qss	(N)	23 Nov
Fairbrother, P. J.	(P)	23 NovF
Griffiths, S. M. tp cfs	(P)	23 Nov
Hare, G. W. J. qss	(P)	23 Nov
Ludlow, S. cfs	(P)	23 Nov
Perrett, S. D. cfs qss1	(P)	23 Nov
Smith, T. G. asq qss	(N)	23 Nov
Wood, M. L. qss	(N)	23 Nov
Howells, I. M. qss	(P)	10 Dec
Dunne, P. J. qss (ALM)		15 Dec
McLaren, T. M. qss	(AEO)	15 Dec
Fascione, T. M. BSc qss	(N)	19 Dec
Evans, D. A. W. qcc	(N)	24 Dec

1991

Cawthorne, P. qwi(T) qss	(P)	4 Jan
Chadwick, G. C.	(P)	4 Jan
Cockerill, D. cfs qss	(P)	4 Jan
Jones, K. R. qss1	(N)	4 Jan
Laing, G. W. cfs	(P)	4 Jan
Mason, R. D. qss	(P)	4 Jan
McGregor, I. cfs qcc	(P)	4 Jan
Powell, P. J. qss	(P)	4 Jan
Robson, M. cfs qss	(P)	4 Jan
Rowley, T. G. S.	(P)	4 Jan
Rumens, K. R. cfs qss1	(P)	4 Jan
Smith, P. A. qss	(N)	4 Jan
Westwood, P. G.	(P)	4 Jan
Nelson, N. J.	(ENG)	11 Jan
McNulty, M. D. qss	(N)	13 Jan
Ballance, D. J. BSc cfs qss1	(P)	15 Jan
Breddy, P. B. BSc qss	(P)	15 Jan
Carby, H. R. BSc qss	(P)	15 Jan
Fitzgerald, J. F. BEng cfs	(P)	15 Jan
Frampton, J. K. MBE BA qss	(N)	15 Jan
Greig, D. A. BSc cfs	(P)	15 Jan
Grimshaw, R. D. BSc BSc qss	(P)	15 Jan
Hales, D. W. BEng cfs qss	(P)	15 Jan
Hossle, T. BA qss	(P)	15 Jan
Johnson, S. A. BSc qcc	(P)	15 Jan
Johnstone, R. W. S. BSc qss	(N)	15 Jan
Jones, P. R. BSc cfs qss1	(P)	15 Jan
Lewis, M. T. MB ChB DAvMed qss1	(P)	15 Jan
Mather, D. A. BA cfs	(P)	15 Jan
Moor, N. BSc asq	(N)	15 Jan
Phimister, M. S. BSc qss	(N)	15 Jan
Pike, H. J. BEng qwi	(P)	15 Jan
Potter, D. J. BA qss	(P)	15 Jan
Preston-Whyte, R. A. BA qss	(P)	15 Jan
Roxburgh, S. I. BEng	(P)	15 Jan
Ryder, A. S. BA qcc	(P)	15 Jan

GENERAL DUTIES BRANCH

Flight Lieutenants

1991—contd

Sharman, P. R. BSc		
qwi	(P)	15 Jan
Sickling, A. M. BSc	(P)	15 Jan
Smith, H. F. BA cfs		
qwi(T) qcc	(P)	15 Jan
Snashall, S. M. BEng		
qhti qss	(P)	15 Jan
Thirtle, C. B. BSc		
qss	(P)	15 Jan
Thornton, M. J.		
BSc	(P)	15 Jan
Walton, R. I. BSc		
cfs	(P)	15 Jan
Watson, I. BSc qss	(P)	15 Jan
Wilson, M. A. BSc cfs		
qss	(P)	15 Jan
Easton, M. S.	(P)	17 Jan
Cookson, S.	(ALM)	29 Jan
Day, C. J. qss	(N)	7 Feb
Chattaway, M. S.		
BEng	(P)	14 Feb
Erry, D. S. BEng cfs		
qss	(P)	14 Feb
Hynd, A. N. BSc		
qss	(P)	14 Feb
Kirby, S. BSc qss	(N)	14 Feb
Cooper, A. E. R.	(N)	15 Feb
Hadley, S. C. qwi(T)		
qss	(N)	15 Feb
Jobling, C. L. qss	(N)	15 Feb
Kay, S. T. E.	(N)	15 Feb
Parke, R. J.	(N)	15 Feb
Senior, D. A. qss	(N)	15 Feb
Strookman, R. D.		
qss1	(P)	15 Feb
Warwick, P. J. cfs	(P)	15 Feb
O'Hora, G. A. qss(AEO)		16 Feb
Stephens, M. F. asq		
qss	(AEO)	16 Feb
Booth, J. H. J. BEng		
qss	(N)	20 Feb
Bradshaw, M. C. BSc		
qss1	(P)	20 Feb
Deboys, R. G. BSc		
qss	(N)	20 Feb
Thombs, D. U. BEd	(P)	20 Feb
Smith, J. A.	(P)	1 Mar
Janaway, C. D. qss	(P)	22 Mar
Beal, M. A. BSc	(P)	25 Mar
Dyson, J. BSc qss	(N)	25 Mar
McInroy, S. D. BSc		
qcc	(N)	25 Mar
Stewart, G. BA	(P)	25 Mar
Allsop, D. A.	(P)	26 Mar
Brown, V. C. qss	(P)	26 Mar
Edwards, J. K. cfs		
qss	(P)	26 Mar
Fenton, S. D.	(P)	26 Mar
Jarvis, A. R. qss	(N)	26 Mar
Harris, P. J. qhti	(ALM)	30 Mar
Liivet, P. qss	(AEO)	30 Mar
Pritchard, E. J. qss		
	(AEO)	30 Mar
Gourlay, D. C. MacG.		
BEng qss	(N)	1 Apr
Letch, M. J. BEng		
qss1	(N)	1 Apr
Ballantyne, A. C.		
qss	(P)	4 Apr
Hutchins, G. I.	(P)	3 May
Dyer, I. C. BSc qss1	(N)	6 May
Johnston, N. D. S.		
MA	(P)	6 May
Phillips, P. A. BSc	(P)	6 May
Squires, A. J. BSc		
qss	(P)	6 May
Tucker, J. D. BSc		
qss	(N)	6 May
Weedon, G. C. BSc cfs		
qss	(P)	6 May
Woods, R. M. BEng	(P)	6 May
Geeson, C. T. cfs	(P)	7 May
Higgs, S. K. qss	(P)	7 May
Lowry, M. R. J. cfs	(P)	7 May
Dennis, M.	(P)	11 May
Duffy, C. P.	(AEO)	11 May
Lawson, R. J. tp		
qss	(P)	11 May
Devenish, S. A. BEng		
qss	(N)	12 May
Johnson, D. A. N. BEng		
qwi qss1	(P)	12 May
Morton, N. D. BEng		
qss	(N)	12 May
Simmonds, M. A. BEng		
cfs qcc	(P)	12 May
Woodley, P. qss	(P)	26 May
Tinworth, M. R. qss	(N)	27 May
Culpin, R. W. qwi(AD)		
qss	(P)	19 June
Horlock, N. J. cfs		
qss	(P)	19 June
McCowan, N. C.	(P)	19 June
Platt, D. asq qss	(N)	19 June
Scott, D. W. qss	(N)	19 June
Brown, G. J.		
MIOSH	(AEO)	22 June
Piercey, B. A. BA	(N)	8 July
Sweatman, J. BSc		
qss	(P)	8 July
Nixon, A. qss	(N)	11 July
Vaughan, K. M. D.		
qss	(N)	31 July
Cook, G. C. qss	(P)	13 Aug
Robinson, A. W.		
qss	(N)	13 Aug
Wilson, R. A.	(P)	13 Aug
Withington, D. J.		
qwi(AD)	(N)	13 Aug
Morris, D. J. R. qcc	(N)	15 Aug
Cant, A. J. BSc	(P)	18 Aug
Kinrade, I. G. BSc		
cfs	(P)	18 Aug
Parkinson, F. C. J.		
BA	(P)	18 Aug
Ashworth, D. C.		
BSc	(N)	19 Aug
Hargreaves, A. K.		
qss	(N)	22 Aug
Mason, S. J. qcc	(N)	8 Sept
Taylor, P. J. N.	(N)	10 Sept
Catterall, R. P. qcc	(P)	11 Sept
Howell, R. J. qwi(T)		
qss	(N)	27 Sept
Kennish, B. E. qab		
qss1	(N)	27 Sept
Rainier, M. D. DFC qwi		
qss	(P)	27 Sept
Sharpe, S. R.	(N)	27 Sept
Tennant, J. A. cfs	(P)	27 Sept
Thorpe, P. A. qss	(N)	27 Sept
Weeks, R. M. H. qss	(P)	27 Sept
Hulmes, T. A.	(ENG)	28 Sept
Vaughnley, A. G.		
qss	(N)	28 Sept
Preece, W. R. qss	(N)	30 Sept
Bird, A. P. BSc	(P)	1 Oct
Faulds, M. D. MA	(P)	1 Oct
Paterson, N. A. BSc	(P)	1 Oct
Cavey, P. A. BA cfs	(P)	2 Oct
Dowling, S. N.		
BSc(Econ) qwi		
qss	(P)	2 Oct
Skinner, J. qss	(N)	12 Oct
Carver, M. H. G.		
qss	(P)	31 Oct
James, B. F.	(P)	3 Nov
Bastable, A. D. qss	(P)	8 Nov
Clancy, J. M. E. qss	(P)	8 Nov
Fawcett, S. I. qss1	(P)	8 Nov
Hulley, S. F. qss	(N)	8 Nov
Jonas, W. M. qwi	(P)	8 Nov
Mitchell, F. G. qss	(N)	8 Nov
Othen, M. J. qss	(P)	8 Nov
Williams, R. O. cfs	(P)	8 Nov
Cowe, R. I.	(AEO)	9 Nov
Taylor, E. S. BA	(N)	13 Nov
Smith, I. W. qcc	(N)	18 Dec
Atkinson, R. qss	(N)	19 Dec
Carlton, P.	(P)	19 Dec
Frost, M. cfs qss1	(P)	19 Dec
Matthews, R. qwi		
qss	(P)	19 Dec
McGlone, A. T. qss	(N)	19 Dec

GENERAL DUTIES BRANCH

Flight Lieutenants

1991—contd

McLean, K.	(N)	19 Dec
Mewes, A. S. cfs	(P)	19 Dec
Parker, J. G. qwi qss	(P)	19 Dec
Poppleton, C. A.	(P)	19 Dec
Smith, A. P. qss	(P)	19 Dec
Uren, J. D. cfs qss	(P)	19 Dec
Ward, N. P. D.	(P)	19 Dec
Winwright, G. A. qss	(N)	19 Dec
Carter, T. P. qss	(AEO)	21 Dec
Gauntlett, D. W.	(N)	21 Dec
Palmer, A. qss	(N)	21 Dec
Maguire, N. M. BEd	(P)	24 Dec
Jenkins, J. H. BSc qwi(T) qcc	(N)	25 Dec

1992

Hughes, J. P. BSc	(P)	8 Jan
Barrow, C. BA cfs qss	(P)	15 Jan
Beck, J. R. BA qss	(P)	15 Jan
Clayphan, R. J. BSc	(P)	15 Jan
Counter, N. E. BA qss1	(P)	15 Jan
Dawson, A. E. L. BEng qss	(P)	15 Jan
Dean, S. J. BSc cfs qss	(P)	15 Jan
Fairhurst, M. BEng qcc	(N)	15 Jan
Farmer, N. J. BEng qss	(P)	15 Jan
Felgate, N. J. BEng qwi qcc	(P)	15 Jan
Garrett, M. R. BEng cfs	(P)	15 Jan
Gillespie, A. K. BSc qwi(AT) qss	(N)	15 Jan
Gladston, J. G. BEng qss	(P)	15 Jan
Grant, R. D. BEng qcc	(P)	15 Jan
Harland, G. C. BSc	(P)	15 Jan
Hooper, R. S. BSc qss	(N)	15 Jan
Hopkins, P. W. BSc	(N)	15 Jan
Hopkinson, A. M. BEng cfs	(P)	15 Jan
Kenworthy, D. I. BSc cfs qss	(P)	15 Jan
Kerley, A. A. BEng qss	(P)	15 Jan
Malcolm, J. M. W. BA	(P)	15 Jan
Powell, G. S. BEng	(P)	15 Jan
Reeves, S. E. BEng qwi(T) qcc	(P)	15 Jan
Shakespeare, P. B. BEng qwi(T) qss	(P)	15 Jan
Slater, A. M. BSc	(P)	15 Jan
Taylor, K. D. BEng cfs qss1	(P)	15 Jan
Watkins, P. A. BA qss2	(P)	15 Jan
Whyatt, O. B. BSc qss1	(P)	15 Jan
Wigston, M. MA qwi(T) qs	(P)	15 Jan
Williamson, P. M. BSc qss	(P)	15 Jan
Wood, D. R. W. BA qwi(T) qss	(P)	15 Jan
King, M. J.	(P)	19 Jan
O'Connor, A. C. qss	(P)	23 Jan
Appleby, D. J. R. cfs(n) qss	(N)	28 Jan
Johnson, S. asq cfs(n) qss	(N)	28 Jan
Bullick, G. B.	(P)	31 Jan
Charlton, D. H. qss	(N)	31 Jan
Cullen, A. J.	(P)	31 Jan
Kingscott, R. A. asq qss	(N)	31 Jan
Neyland, J. T. cfs	(P)	31 Jan
Sanders, R. G. qss	(N)	31 Jan
Squires, D. J.	(N)	31 Jan
Thomas, P.	(N)	31 Jan
Stinchcombe, C. G.	(P)	4 Feb
Munro, W. P. qss	(N)	13 Feb
Buckley, J. P. qss (AEO)		15 Feb
Wheeler, M. A.	(P)	17 Feb
Bailey, H. R. BSc qss1	(N)	19 Feb
Brooker, J. G. BEng	(P)	19 Feb
McQuade, S. BSc	(P)	19 Feb
Thomas, C. R. BEng cfs	(P)	19 Feb
Tyson, P. J. BEng	(P)	19 Feb
Avery, D. K. BEng qss	(P)	20 Feb
Barr, A. BSc qhti qss	(P)	20 Feb
Flynn, R. J. BSc qss	(P)	20 Feb
Miller, A. B. BSc qss	(P)	20 Feb
Pope, C. C. BSc qss	(N)	20 Feb
Quine, I. J. BSc cfs	(P)	20 Feb
Reade, S. E. LLB qss1	(P)	20 Feb
Wood, N. BA	(P)	20 Feb
Robertson, A. MacD.	(P)	6 Mar
Allan, M. S. qss1	(N)	8 Mar
House, G. K. qss	(P)	9 Mar
Burgess, T. J.	(P)	11 Mar
Cowell, J. J. qss	(N)	11 Mar
Davidson, G. S. qss	(P)	11 Mar
Delaney, P. G.	(P)	11 Mar
Green, M. J. qwi	(P)	11 Mar
Hayter, D. P.	(P)	11 Mar
Ingle, N. J. W cfs qcc	(P)	11 Mar
Littlejohns, G. E.	(P)	11 Mar
Mansfield, J. J. qss	(N)	11 Mar
Mutty, D. J.	(P)	11 Mar
Plain, C. N. cfs qcc	(P)	11 Mar
Roberts, G. P. qss1	(P)	11 Mar
Holmes, G. M. qss (AEO)		29 Mar
Rogan, J. G. (ALM)		29 Mar
Shepherd, D. J. (AEO)		29 Mar
Coolbear, R. A. BEng	(P)	30 Mar
Cullen, S. M. BEd	(N)	30 Mar
Edwards, O. E. BSc	(P)	30 Mar
Freeman, S. E. G. BEng	(P)	30 Mar
Quick, A. N. BA	(P)	30 Mar
Wood, E. J. BSc	(N)	30 Mar
Hamill, S. J. BA qcc	(P)	1 Apr
Oliver, S. C. BSc qcc	(N)	1 Apr
Palmer, A. D. BSc	(P)	1 Apr
Seymour, A. J. BSc qwi(AD)	(P)	1 Apr
Trueman, R. E. BEng tp qss1	(P)	1 Apr
Watts, P. A. F. BSc qss	(P)	1 Apr
McDermott, A. W.	(P)	8 Apr
Adcock, M. R. qss	(P)	23 Apr
Cartwright, L. J.	(N)	23 Apr
Correia, J. C.	(N)	23 Apr
Dingwall, I. R. qss	(P)	23 Apr
Eves, P. M. qss1	(N)	23 Apr
Glover, A. D. qss	(N)	23 Apr
Gregory, S. P. qss1	(P)	23 Apr
Jackson, R. G.	(N)	23 Apr
Mattinson, R. G.	(P)	23 Apr
Morris, P. A. cfs qss	(P)	23 Apr
Newton, N. D. qss	(P)	23 Apr
Rea, J. C. qss	(N)	23 Apr
Voigt, P. G. O.	(P)	23 Apr
Reed, A. W. qss	(N)	29 Apr
Lewis, I. J. qss (AEO)		10 May
Yates, T. J. qss (AEO)		10 May
McWilliams, I. R. BEng	(P)	11 May
Wirdnam, G. T. BTech	(P)	11 May
Baber, M. A. BSc qss1	(P)	12 May

GENERAL DUTIES BRANCH

Flight Lieutenants

1992—contd

Name		Date
Bedford, R. W. BSc qss	(P)	12 May
Cosens, I. J. BEng	(P)	12 May
Hill, J. W. A. BEng cfs	(P)	12 May
Manson, J. H. BEng	(P)	12 May
Barrett, P. N.	(P)	4 June
Lawson, J. D. qwi(T) qss	(P)	4 June
McLaughlin, S. J. qss	(N)	4 June
Millington, J. C. asq qss	(N)	4 June
Parry, A. J. qss	(N)	4 June
Pearce, M. D. qss	(P)	4 June
Valley, I. F. qss	(P)	4 June
Wilson, D. qwi(T)	(N)	4 June
Hatzel, S. A. qss	(N)	20 June
Burrough, G. D. qcc	(AEO)	21 June
Ferris, S. J. qss	(AEO)	21 June
Green, N. M. BA qs	(P)	6 July
Knight, R. A. qss	(N)	6 July
Brockett, J. W. A. BSc	(P)	7 July
Hannigan, S. D. BA qss	(P)	7 July
Howard, A. BEng	(P)	7 July
Matson, R. C.	(P)	7 July
Morgan, P. R. BEng qss1	(P)	7 July
Chapman, S. R. qwi(T) qss	(N)	17 July
Strode, T. M. qhti	(P)	17 July
Barrett, R. W. qwi(T) qss	(N)	29 July
Beckett, P. C. qss	(N)	29 July
Conner, A. G. qss	(P)	29 July
Crowe, J. A. cfs	(P)	29 July
Curtis, D. M. qss	(P)	29 July
Fazal, P. A.	(P)	29 July
Gray, F. T. cfs	(P)	29 July
Innes, A. J. qwi(AD) qss	(P)	29 July
Oliver, M. J.	(P)	29 July
Rumsey, N. K. qss	(P)	29 July
Rutherford, T. W.	(P)	29 July
Smith, A. M. qss	(N)	29 July
Jury, N. M. A.	(P)	31 July
Dack, G. T.	(P)	7 Aug
Munns, P. N. BEng	(P)	17 Aug
Shepherd, P. G. BEng	(P)	17 Aug
Sykes, P. C. BSc	(P)	17 Aug
Frost, D. K. BSc cfs qss	(P)	18 Aug
Housley, R. S. A. BSc	(P)	18 Aug
Pugh, A. D. BEng	(P)	18 Aug
Bradshaw, A. qss	(N)	12 Sept
Fowler, M. L.	(P)	12 Sept
Maggs, C. D. qss	(N)	12 Sept
Merritt, P. J. qss	(P)	12 Sept
Hardwick, M. qss	(AEO)	26 Sept
Smyth, D. M.	(N)	26 Sept
Ball, G. R. BEng	(N)	30 Sept
Blake, R. D. BEng qss1	(P)	30 Sept
Dale, A. L. BEng	(P)	30 Sept
Soul, M. D. MEng	(N)	30 Sept
Baddeley, J. J. G. BSc	(P)	1 Oct
Burton, A. BSc qwi(T) qss1	(N)	1 Oct
Hadlow, C. D. BSc qwi qcc	(P)	1 Oct
Hadlow, D. M. BSc	(P)	1 Oct
Wootton, W. J. BSc qwi(T)	(P)	1 Oct
Jury, J. G.	(P)	4 Oct
Robertson, R. N. BA qss	(P)	6 Oct
Boyd, S. asq qss	(N)	23 Oct
Burley, C. J.	(N)	23 Oct
Cottle, N. qss	(P)	23 Oct
Davies, M. W.	(P)	23 Oct
Hackett, P. L. MBE	(P)	23 Oct
Hopcroft, I. D. qss	(P)	23 Oct
McCallum, D. P.	(N)	23 Oct
Monk, T. I. qss	(N)	23 Oct
Myers, A. M. qwi(T) qss1	(P)	23 Oct
Panter, C. S.	(P)	23 Oct
Wilkie, D. W. qss	(N)	23 Oct
Curtis, A. C.	(P)	8 Nov
Griffin, S. J. asq qss	(AEO)	8 Nov
Jones, N. F. qss	(AEO)	8 Nov
Hodgkison, J. BSc	(N)	13 Nov
Strang, J. R. BSc	(N)	13 Nov
McGarrigle, S. B.	(P)	16 Nov
Morrin, A. J. cfs	(P)	19 Nov
Hamilton, D. J. qss	(P)	30 Nov
Ashton, S. P.	(P)	4 Dec
Aspinall, M. E. qwi(T) qss1	(N)	4 Dec
Beresford, A.	(N)	4 Dec
Bolton, P. M. qss	(N)	4 Dec
Boyes, M. S. qs	(P)	4 Dec
Davies, C.	(P)	4 Dec
Gray, A. cfs qss1	(P)	4 Dec
Hardy, I.	(P)	4 Dec
Lawrence, M. E. qss	(N)	4 Dec
Main, K. B. cfs qss	(P)	4 Dec
Parker, A. M. B.	(N)	4 Dec
Prior, S. C. qss	(P)	4 Dec
Rodden, M. O. asq qss	(N)	4 Dec
Stopforth, P. J.	(N)	4 Dec
Mulgrew, K. qss1	(AEO)	20 Dec
Ring, M. J.	(N)	20 Dec
Stamp, R. J. qss	(ENG)	20 Dec
Truesdale, J.	(AEO)	20 Dec
Cooper, N. R. BSc qss	(N)	24 Dec
Donaghue, C. E. BSc qss	(N)	24 Dec
Williams, M. P. BSc	(P)	24 Dec

1993

Name		Date
Rees, R. G. qcc	(P)	1 Jan
Sumner, R. A. qss	(N)	1 Jan
Strickland, C. E.	(P)	14 Jan
Bayman, P. MBA MA BA	(P)	15 Jan
Bentley, S. A. BSc qcc	(P)	15 Jan
Berkley, R. A. BEng qss1	(P)	15 Jan
Blythe, A. N. BEng qwi(T)	(P)	15 Jan
Bradshaw, J. P. BSc qss	(P)	15 Jan
Cooke, C. V. BSc qwi qcc	(P)	15 Jan
Cormack, H. R. C. BA qhti qcc	(N)	15 Jan
Cornes, T. A. BSc	(P)	15 Jan
Courtis, N. C. BSc	(P)	15 Jan
Day, M. J. BSc	(P)	15 Jan
Edwards, P. J. BA	(P)	15 Jan
Foley, A. P. BEng	(N)	15 Jan
Harrison, R. A. BSc cfs	(P)	15 Jan
Homer, R. StJ. BEng	(P)	15 Jan
Hoskinson, R. J. BA qss1	(P)	15 Jan
James, B. BEng qwi(T) qss1	(P)	15 Jan
Kinnersley, S. J. BEng	(P)	15 Jan
Lawrence, M. D.	(N)	15 Jan
Maguire, A. J. BEng	(P)	15 Jan
McDermott, A. E. R. BEng	(P)	15 Jan
McGregor, C. J. BSc	(P)	15 Jan
Nash, M. BSc	(P)	15 Jan
Seymour, R. P. qss	(P)	15 Jan

GENERAL DUTIES BRANCH

Flight Lieutenants

1993—contd

Name			Date
Stringer, J. J. BA qwi		(P)	15 Jan
Taylor, L. S. BEng qwi qcc		(P)	15 Jan
Tomlinson, C. J. BSc qss		(P)	15 Jan
Walker, R. W. BA qwi qss1		(P)	15 Jan
Waller, T. M. BSc		(P)	15 Jan
Weller, T. R. BSc		(P)	15 Jan
Williams, A. J. BSc qss1		(N)	15 Jan
Archer, B. M. cfs		(P)	17 Jan
Cheseldene-Culley, R. A. qss		(N)	17 Jan
Craghill, C. M. qwi(T) qss		(N)	17 Jan
Day, M. N. qss		(P)	17 Jan
Day, S. T. qwi(T)		(P)	17 Jan
Donnelly, I. D. qss		(N)	17 Jan
Duckworth, I. N. qss		(P)	17 Jan
Farrar, M. P. qss		(P)	17 Jan
Read, M. P.		(P)	17 Jan
Stevens, C. P. qwi		(P)	17 Jan
Webber, R. B. cfs qss		(P)	17 Jan
Nicholas, M. A. qs		(P)	21 Jan
Bull, A. J. MB ChB		(P)	1 Feb
Pomeroy, A. I. cfs		(P)	2 Feb
Rawnsley, S. qcc		(P)	4 Feb
Rich, C. A. cfs(c) qss		(ALM)	14 Feb
Lay, C. J. qss		(P)	17 Feb
Andrew, R. J.		(N)	18 Feb
Burrows, D. H. BSc		(P)	18 Feb
Doyle, M. G. BA qss1		(P)	18 Feb
Meneely, D. W. BA		(P)	18 Feb
Potter, A. J. qss1		(P)	18 Feb
Bacon, A. D. BSc qcc		(N)	19 Feb
Bromley, P. R. BSc qss1		(P)	19 Feb
Cooney, S. qcc		(N)	19 Feb
Formoso, S. G. qwi		(P)	19 Feb
Gilpin, W. J. C. BA		(P)	19 Feb
Hui, D. BEng MIL MRAeS qss i*		(P)	19 Feb
Humphrey, P. A. BSc qss1		(P)	19 Feb
Knight A. M. BEng		(P)	19 Feb
Lilleyman, S. A. BSc qcc		(N)	19 Feb
Moreton, J. BEng		(P)	19 Feb
Reed, S. M. BSc qss1		(P)	19 Feb
Vardy, M. J. BA		(P)	19 Feb
Webster, P. J. BEng		(P)	19 Feb
Atkinson, P. G.		(P)	27 Feb
Butler, J. D. cfs		(P)	27 Feb
Cochrane, J. G. qwi(T) qss		(N)	27 Feb
Dunsmore, S. M. cfs(n) qss		(N)	27 Feb
Houghton, A. M. qss		(N)	27 Feb
Jones, K. R. qcc		(N)	27 Feb
Traill, D. I. G.		(P)	27 Feb
Williams, L. P. qss		(N)	27 Feb
Richards, N. qss1		(P)	5 Mar
Heal, M. D.		(ENG)	28 Mar
McKeith, T. N.		(P)	28 Mar
Millward, A. A.		(AEO)	28 Mar
Beard, D. BA		(P)	29 Mar
Edwards, N. J.		(P)	29 Mar
Holland, J. A. BSc qcc		(N)	29 Mar
McDermott, K. W. R. BSc		(N)	29 Mar
Monahan, J. F. MA BA		(P)	29 Mar
Brown, P. J. BSc		(N)	30 Mar
Cavaciuti, K. M. BSc(Econ) cfs		(P)	30 Mar
Clancy, N. G. BSc		(P)	30 Mar
Dale, B. E. LLB qss1		(P)	30 Mar
Fryar, D. N. BEng		(P)	30 Mar
McIlfatrick, G. R. BEng		(P)	30 Mar
Millns, P. A. BSc		(P)	30 Mar
Parker, G. D. A. BSc qcc		(P)	30 Mar
Parkin, K. BSc		(P)	30 Mar
Poole, B. V. J. BEng CEng MRAeS qss		(N)	30 Mar
Sharman, S. E. BA		(N)	30 Mar
Smith, A. P. T. BA		(P)	30 Mar
Storr, D. J. BSc		(N)	30 Mar
Whittaker, I. D. BCom qwi		(P)	30 Mar
Woodward, J. E. BSc qss1		(P)	30 Mar
Bennison, M. A. qss		(N)	8 Apr
Crawley, N. R. qss		(N)	8 Apr
Dix, R. P. qss		(N)	8 Apr
Dodd, P. A. qss		(P)	8 Apr
Dudman, D. A. qss		(P)	8 Apr
Entwisle, M. J.		(P)	8 Apr
Fewtrell, R. A.		(P)	8 Apr
Hunter, G. M.		(N)	8 Apr
Sheppeck, G. J. qss		(P)	8 Apr
Townshend, A. C.		(P)	8 Apr
Cole, P. W.		(N)	30 Apr
Forster, S. D. qss		(P)	5 May
Nash, M. S. qss		(P)	7 May
Barnsley, S. W.		(P)	9 May
Cripps, G. A. qss		(ENG)	9 May
Farci, V. I. A. qs		(ENG)	9 May
Gimenez, J. C. qcc		(N)	9 May
Mepham, R. P. qss		(AEO)	9 May
Stubbs, D. M. BA qss		(AEO)	9 May
Ash, J. C. BEng qss1		(N)	11 May
Ashton, S. E. BA		(P)	11 May
Benham, P. W. BSc		(P)	11 May
Bhasin, D. BEng qwi		(P)	11 May
Cook, M. N. MA BA		(P)	11 May
Eva, R. N. BEng		(P)	11 May
Faulkner, J. R. H. BSc		(P)	11 May
Flynn, A. G. G. BEng qss1		(P)	11 May
Harden, R. J. BSc		(P)	11 May
James, S. F. MSc BEng		(P)	11 May
Jones, J. P. BSc		(N)	11 May
Jurd, M. L. BSc qcc		(N)	11 May
Kidd, P. BEng		(P)	11 May
Kinsler, K. A. BSc		(P)	11 May
Melvin, A. J. BA		(P)	11 May
Slow, D. J. BSc		(P)	11 May
Sterritt, J. M. BEng		(P)	11 May
Tarry, M. J. BEng		(P)	11 May
Andrews, N. F.		(P)	18 May
Turner, J. qwi(T) qcc		(N)	18 May
Clegg, A. asq		(N)	19 May
Cooke, R. qss		(N)	19 May
Daly, C. A.		(P)	19 May
Guy, J. P. cfs qss		(P)	19 May
Robinson, I. D. qwi(T) qss		(P)	19 May
Lushington, S. F. cfs		(P)	16 June
Coates, C. R.		(P)	20 June
Muir, R. asq qss		(ENG)	20 June
Nelson, A. W. qss		(AEO)	20 June
Noble, A. J. qss		(AEO)	20 June
Searle, B. A. T.		(AEO)	20 June
Thurtle, I. C.		(P)	20 June
Goodwyn, A. N. cfs qcc		(P)	1 July
Beck, K. J. BA		(P)	6 July
Davies, N. F. BEng qss		(N)	6 July
Gardiner, H. M. BA		(P)	6 July
Segal, A. P. BEng		(P)	6 July
Bennett, R. S. qss		(P)	14 July
Bingham, J. H. qs		(N)	14 July

GENERAL DUTIES BRANCH

Flight Lieutenants

1993—contd

Name		Date
Buckland, H. M.	(P)	14 July
Dodds, A. M. qwi qcc	(P)	14 July
Felix, J.	(P)	14 July
Gilling, P. R. T. qss	(P)	14 July
Green, J. H. qwi	(P)	14 July
Thompson, I. M. qss	(N)	14 July
Boulter, D. J.	(AEO)	29 July
Dodwell, G. D.	(AEO)	29 July
Howells, J. MBE	(AEO)	29 July
Valentine, A.	(ENG)	29 July
Brookes, K. P. qss1	(N)	30 July
Wildey, S. K. T. qwi qss	(P)	5 Aug
Barlow, P. R. qss	(N)	16 Aug
Farmer, N. A.	(P)	16 Aug
Elliot, M. T. BEng	(P)	17 Aug
Shingles, J. S. BSc cfs qwi	(P)	17 Aug
Slingsby, S. B. BEng qss	(P)	17 Aug
Warren, D. J. BSc qss1	(N)	17 Aug
Williams, M. BEng	(N)	17 Aug
Armeanu, A. R.	(P)	25 Aug
Grafton, J. E. qss	(N)	25 Aug
Leighton, J. D. qss	(N)	25 Aug
Manning, S. L. qss	(P)	25 Aug
Waugh, P. qss	(P)	25 Aug
Hodson, R. B. H. qcc	(P)	13 Sept
Cooke, D. J. qss	(AEO)	26 Sept
Drinkwater, G. M. qss1	(P)	26 Sept
Martin, R. C. BEng	(P)	29 Sept
Frecknall, I. T. BA	(N)	30 Sept
Evans, A. D.	(N)	5 Oct
Lismore, M. R. qss1	(N)	8 Oct
Auckland, G. W. cfs qcc	(P)	5 Nov
Barrow, R. P. qwi(AD) qss	(N)	5 Nov
Binns, P. B. qwi qss1	(P)	5 Nov
Boughton, S. J. qss	(N)	5 Nov
Cairns, S. J. N.	(P)	5 Nov
Davis, G. J. qwi(T) qss	(N)	5 Nov
Everett, M. D. cfs qcc	(P)	5 Nov
Organ, R. W. qss1	(P)	5 Nov
Pearce, R. H. qss	(N)	5 Nov
Platt, C. qss	(N)	5 Nov
Smith, R. I. qwi(T) qss1	(N)	5 Nov
Williams, H. cfs qcc	(P)	5 Nov
Wilson, M. J. qss	(P)	5 Nov
Berry, K. P.	(P)	7 Nov
Radford, M. BEng qss1	(P)	12 Nov
Sinclair, D. BSc	(P)	12 Nov
Tiddy, J. N. BSc	(P)	12 Nov
Wall, D. A. BSc	(N)	12 Nov
Toriati, D. J. qss	(P)	22 Nov
Mitchell, N. R.	(P)	1 Dec
Honey, R. J.	(N)	14 Dec
Collins, S. qss	(P)	16 Dec
Durlston-Powell, C. A. qcc	(N)	16 Dec
Ellett, N. S. qss	(P)	16 Dec
Fellowes, D. A. qwi qss	(P)	16 Dec
Green, A. J. cfs qss	(P)	16 Dec
Hulme, S. J. qwi(T) qss	(P)	16 Dec
Leckey, M. J. cfs	(P)	16 Dec
McDonald, M. qcc	(P)	16 Dec
Mitchell, B. G. qcc	(N)	16 Dec
Norris, R. S. cfs qss	(P)	16 Dec
O'Rourke, J. P.	(P)	16 Dec
Purkis, E. R. qcc	(N)	16 Dec
Seymour-Dale, S. A.	(P)	16 Dec
Crosby, G. R. qss	(AEO)	19 Dec
Sall, I. qss	(ENG)	19 Dec
Brooks, M. W. BSc qss1	(P)	23 Dec
Lamping, S. J. BEng	(P)	23 Dec
Warren, C. J. BSc	(P)	23 Dec

1994

Name		Date
Tagg, A. M. qss	(P)	10 Jan
Baxter, A. MSc BEng qcc	(P)	15 Jan
Belton, A. C. MA qcc	(P)	15 Jan
Bradshaw, D. G. BSc qss1	(P)	15 Jan
Burge, A. S. BSc	(N)	15 Jan
Burke, T. J. P. MA BSc	(P)	15 Jan
Cann, A. D. BA qwi qss1	(P)	15 Jan
Chevli, R. J. MA BSc	(P)	15 Jan
Chitty, F. M. BSc	(P)	15 Jan
Conner, A. C. BSc	(N)	15 Jan
Denyer, K. A. BEng qcc	(P)	15 Jan
Fletcher, P. A. BEng	(P)	15 Jan
Lawrenson, D. J. BA	(N)	15 Jan
Linsley, A. BSc	(P)	15 Jan
May, J. M. BSc	(N)	15 Jan
Molyneux, E. T. U. BA	(P)	15 Jan
Pattle, R. E. G. BA qcc	(P)	15 Jan
Rendall, M. R. BEng qss1	(N)	15 Jan
Ritchie, A. J. BSc	(P)	15 Jan
Sanderson, D. P. BSc	(N)	15 Jan
Smith, J. A. BEng qss1	(N)	15 Jan
Smith, P. A. BSc	(P)	15 Jan
Stringer, N. J. BEng	(N)	15 Jan
Zarecky, C. P. J. MA BSc(Econ)	(P)	15 Jan
Oldfield, S. C. R. qcc	(N)	20 Jan
Tuck, M. A.	(N)	20 Jan
Mace, C. J. qss	(P)	21 Jan
Chadderton, D. M. qss	(N)	28 Jan
Cutmore, M. R. qwi qss1	(P)	28 Jan
Hamilton, A. E. R.	(P)	28 Jan
Hindley, S. J. qss	(P)	28 Jan
Holleworth, L. A.	(N)	28 Jan
Hurley, A. J.	(P)	28 Jan
Marwood, R. qss	(N)	28 Jan
Mayhew, G. M. D. qwi qss	(P)	28 Jan
Moss, D. R. K.	(P)	28 Jan
Powers, D. R. qwi	(P)	28 Jan
Ward, S. M. R. qss	(N)	28 Jan
Williams, C. C.	(P)	28 Jan
Wright, R. J.	(N)	28 Jan
Slatter, F. G.	(P)	31 Jan
Bloomer, G. A. M.	(AEO)	13 Feb
Ramsay, D. G. qcc	(AEO)	13 Feb
Armstrong, I. R. B. BSc	(P)	16 Feb
Gaskell, A. S. BEng qss1	(P)	16 Feb
Maguire, M. J. BSc	(N)	16 Feb
Rendall, L. J. BSc	(P)	16 Feb
Cowie, A. J. BSc	(P)	18 Feb
Freeman, T. J. BSc	(P)	18 Feb
Hindley, N. J. BEng	(P)	18 Feb
Knight, T. J. BA	(P)	18 Feb
McCombie, P. B. BSc	(P)	18 Feb
Richards, D. BEng qss1	(N)	18 Feb
Webber, D. J. BEng qhti	(P)	18 Feb
Barker, M. H. R. qss	(P)	22 Mar

GENERAL DUTIES BRANCH

Flight Lieutenants

1994—contd

Name		Date
Claringbould, S. E. qss1	(P)	22 Mar
Davy, A. J.	(P)	22 Mar
Kennedy, G. G. cfs	(P)	22 Mar
Roberts, D. G.	(P)	22 Mar
Rolfe, S. R. qss	(P)	22 Mar
Rutter, K. J. qss	(P)	22 Mar
Thompson, D. P. cfs qss1	(P)	22 Mar
Watts, R. R. qss	(N)	22 Mar
Bond, M.	(AEO)	26 Mar
Burlingham, P. A.	(P)	26 Mar
Ackland, P. M. BSc	(N)	29 Mar
Baulkwill, M. R. BEng	(P)	29 Mar
Copple, J. A. BEng	(P)	29 Mar
Davis, I. S. BA	(P)	29 Mar
Evans, J. E. MSc BEng	(P)	29 Mar
Forster, N. J. BSc	(P)	29 Mar
Hall, D. P. BEng	(P)	29 Mar
McNeil, J. D. BSc	(P)	29 Mar
Smiles, J. A. BSc qss1	(P)	29 Mar
Summers, C. M. BSc	(P)	29 Mar
Williams, J. V. BSc	(P)	29 Mar
Faulkner, P. M. cfs qss	(P)	1 Apr
Cochrane, D. S. BSc	(P)	11 Apr
Millar, P. F. BSc	(P)	11 Apr
Morris, J. B. BCom	(P)	11 Apr
Rhind, M. G. BEng	(P)	11 Apr
Shepherd, D. J.	(P)	12 Apr
Cooper, C. C.	(P)	19 Apr
Richardson, J. K. qss1	(P)	19 Apr
Rose, M. B. qss	(N)	26 Apr
Carrodus, A. J.	(P)	2 May
Foster-Bazin, S. M.	(P)	2 May
Sealey, A. D.	(P)	2 May
Smylie, P. qss	(N)	2 May
Barnes, P. J. M.	(ALM)	7 May
Cox, S. N. qss	(ENG)	7 May
Hutchinson D. E. K. qss	(ALM)	7 May
Kneen, C. T. E.	(AEO)	7 May
Farman, D. J. BSc	(P)	10 May
Harris, R. J. BEng qss1	(P)	10 May
Heaney, N. C. BSc	(P)	10 May
Ip, K. H. LLB	(N)	10 May
Ponting, T. M. BSc	(P)	10 May
Reid, A. I. A. BA	(N)	10 May
Robertson, N. G. BEng	(P)	10 May
Squires, C. C. M. MA BEng	(P)	10 May
Sodeau, M. D.	(P)	16 May
King, E. N. F. BSc	(N)	6 June
Lewry, J. R. qss	(N)	15 June
Perrin, N. A.	(P)	15 June
Blackburn, C. A.	(ENG)	16 June
Stallwood, G.	(AEO)	16 June
Patounas, R. P. G. cfs	(P)	22 June
Mackenzie-Brown, P. E. BSc	(P)	29 June
Dixey, M. J. BEng	(P)	5 July
Kilkenny, G. M. qcc	(AEO)	30 July
McColl, A.	(N)	9 Aug
Wareham, M. J.	(N)	12 Aug
Brown, L. F. BA	(P)	14 Aug
Cogley, N. M. B. BSc	(P)	14 Aug
MacNaughton, K. BA qcc	(P)	14 Aug
Perilleux, G B. J. BA	(P)	14 Aug
Faskin, E. J.	(P)	16 Aug
Jhoolun, A. S. J.	(P)	16 Aug
Miller, P. D.	(P)	16 Aug
Williams, C. D. cfs qss1	(P)	16 Aug
Witcombe, P. R. qcc	(P)	16 Aug
Hunter, N. E. M A BA	(P)	29 Sept
Pilliner, A. N. MA BA	(P)	29 Sept
Breese, D. L. qss	(P)	30 Sept
Brown, S. H. C.	(P)	30 Sept
Cepelak, G. P. qss	(N)	30 Sept
Colman, J. M. qss	(P)	30 Sept
Denton, R. A. qwi(AD)	(P)	30 Sept
MacMillan, I. D.	(P)	30 Sept
Taylor, L. A.	(N)	30 Sept
Tully, D. H.	(P)	30 Sept
Murphy, T. J. L.	(P)	1 Nov
Provost, J. D. cfs	(P)	9 Nov
Diggle, I. J. BEng	(P)	10 Nov
Quinn, M. P. BEng	(P)	10 Nov
Barnes, J. A. F. cfs	(P)	11 Nov
Brogden, D. J. qss1	(P)	11 Nov
Hallam, G. M. J.	(P)	11 Nov
Lilley, A.	(P)	11 Nov
MacDonald, F. J. qcc	(N)	11 Nov
Nichols, R. J. qcc	(P)	11 Nov
Shields, J. H. qss	(N)	11 Nov
Vickers, S. qss	(N)	11 Nov
Leeder, J. D. qss	(N)	15 Nov
Manning, D. P. qss	(P)	27 Nov
Hake, D. qcc	(N)	30 Nov
Gregory, A. J. qss1	(P)	21 Dec
Baines, M. W.	(P)	22 Dec
Darnley, P. R.	(P)	22 Dec
Dewes, R. J. M.	(P)	22 Dec
Earl, J. cfs qss1	(P)	22 Dec
Gubb, P. J. qss	(P)	22 Dec
James, D. J.	(P)	22 Dec
Pappini, N. J. cfs qcc	(P)	22 Dec
Smith, G. N. qwi(T) qss	(N)	22 Dec

1995

Name		Date
Davenhill, J. C. M. BEng	(P)	5 Jan
Abra, S. M. BEng	(N)	15 Jan
Barnes, D. M. W. BA	(P)	15 Jan
Brosch, I. M. MA BSc	(P)	15 Jan
Clarke, D. I. T. BSc	(P)	15 Jan
Crawford, J. B. BEng	(P)	15 Jan
Datson, R. I. BSc	(P)	15 Jan
Elworthy, R. J. BA	(P)	15 Jan
Froome, P. D. BEng	(P)	15 Jan
Gambold, K. A. BSc	(P)	15 Jan
Gatenby, N. J. BSc	(P)	15 Jan
Glaves, G. R. BA	(P)	15 Jan
Grogan, I. BSc	(P)	15 Jan
Hamilton, T. G. W. BA	(P)	15 Jan
Helliwell, J. BSc	(P)	15 Jan
Jones, G. A. BEng	(P)	15 Jan
Laugharne, P. A. BEng	(P)	15 Jan
Ling, R. J. D. BSc	(P)	15 Jan
Mackereth, J. E. BSc	(N)	15 Jan
Marsh, K. BEng cfs	(P)	15 Jan
Meikle, J. C. BSc	(P)	15 Jan
Milward, R. J. BEng	(P)	15 Jan
Mulholland, J. P. BSc qss1	(N)	15 Jan
Nelson, J. W. BEng	(P)	15 Jan
Sargent, B. BEng	(P)	15 Jan
Sawbridge, T. C. BSc	(P)	15 Jan
Smith, S. H. BSc	(P)	15 Jan
Yates, R. J. BEng qss1	(N)	15 Jan
Bartrip, J. R. L. qcc	(P)	27 Jan
Chappell, M. W. J. qwi(AD)	(P)	27 Jan

GENERAL DUTIES BRANCH

Flight Lieutenants

1995—contd

Name		Date
Coombs, D. J. qss1	(P)	27 Jan
Hamilton, S. F.	(N)	27 Jan
Milne, J. D. qwi qss	(P)	27 Jan
Molsom, S. J. qss	(P)	27 Jan
O'Kennedy, P. L. qhti qcc	(N)	27 Jan
Oakes, S. L.	(P)	27 Jan
Sheffield, J. A. qhti	(P)	27 Jan
Discombe, M. qcc	(P)	29 Jan
Lindsay, J. W. qss	(N)	30 Jan
Cowie, M. J. qss (ALM)		11 Feb
Hamilton, T. A. (ALM)		11 Feb
Peebles, A. B. qcc	(N)	11 Feb
Roscoe, M. W.	(P)	11 Feb
Watson, D. C. (ALM)		11 Feb
Lafferty, J. P. BSc		15 Feb
Brown, R. G. BEng qss1	(P)	16 Feb
Cartlidge, R. BSc	(N)	16 Feb
Eyles, T. BEng	(P)	16 Feb
Gibbs, D. A. BSc qcc	(N)	16 Feb
Heald, J. E. BEng	(P)	16 Feb
Hughes, S. G. BEng	(P)	16 Feb
Martin, S. A. BEng	(P)	16 Feb
McKenzie, R. L. BSc	(P)	16 Feb
Michael, R. J. BEng	(P)	16 Feb
Moyes, D. R. BEng	(P)	16 Feb
Myers, H. J. MA BSc	(P)	16 Feb
Parsons, R. BSc	(P)	16 Feb
Williams, S. P. BEng	(P)	16 Feb
Roberts, A. G. qwi(T) qss1	(N)	18 Feb
Castle, B. C.	(P)	25 Feb
Attridge, J. J. qwi(AD) qss1	(P)	28 Mar
Aveling, G.	(P)	28 Mar
Ball, J. D. qwi(AD) qss	(N)	28 Mar
Bensly, R. W. qcc	(P)	28 Mar
Bethell, S. F.	(P)	28 Mar
Frick, R. E.	(P)	28 Mar
Gale, I. D. qwi(T) qcc	(P)	28 Mar
Grigg, M. J. cfs qss	(P)	28 Mar
Harbottle, E. G. M.	(P)	28 Mar
Johnson, K. V.	(P)	28 Mar
Lewis, M.	(N)	28 Mar
McKeon, A. J. cfs	(P)	28 Mar
Rosser, A. G. cfs	(P)	28 Mar
Richardson, A. G.	(P)	2 Apr
Dawson, A. J. BA	(P)	10 Apr
McCrory, P. M. BA	(N)	10 Apr
Adamson, J. P. M. BSc	(P)	11 Apr
Banks, S. M. BEng	(P)	11 Apr
Best, D. A. BSc	(P)	11 Apr
Downey, J. R. BA	(N)	11 Apr
Gault, G. W. K. BA	(P)	11 Apr
Gibb, R. J. BSc	(N)	11 Apr
Holland, M. R. BEng	(N)	11 Apr
Kennard P. K. BA	(P)	11 Apr
Kenyon, D. J. BEng	(P)	11 Apr
Lloyd-Evans, G. BEng qss1	(N)	11 Apr
Millward, P. T. BEng	(P)	11 Apr
Moore, S. I. BSc	(P)	11 Apr
Morley, N. R. BSc	(P)	11 Apr
Murphy, W. R. BEng	(P)	11 Apr
Rushmere, L. D. G. BSc	(P)	11 Apr
Singleton, P. R. BSc	(P)	11 Apr
Stradling, A. P. BSc qcc	(P)	11 Apr
Crocker, P. T. qss1	(P)	9 May
Jevons, A. P.	(N)	9 May
Morgan, S. C. qwi(T)	(P)	9 May
Reuter, J. S. qwi(AD)	(N)	9 May
Sharp, M. J. qcc	(P)	9 May
Skene, R. K.	(P)	9 May
Szymanski, A. R. qss	(P)	9 May
Wright, D.	(P)	9 May
Renshaw, M. (ENG)		3 June
Scott, A. J. (ENG)		3 June
Dixon, R. S. BSc	(N)	6 June
Flewers, J. A. BSc	(P)	6 June
Hendy, I. D. BSc	(N)	6 June
Mack, A. P. BSc	(N)	6 June
Roberts, B. J. BEng	(N)	6 June
Robinson, J. R. BEng	(P)	6 June
Startup, D. J. BSc	(P)	6 June
Barratt, C. D.	(N)	21 June
Hawker, J. R. cfs qss1	(P)	21 June
House, G. E. W. qss1	(P)	21 June
Lock, G. R.	(N)	21 June
Luggar, A. J. cfs	(P)	21 June
Middleton, D. N. qss	(P)	21 June
Sheardown, C. N.	(P)	21 June
Tickle, A. qcc	(N)	21 June
Calmus, D.	(AEO)	28 July
Crane, R.	(AEO)	28 July
Robertson, R. L. qcc	(ENG)	28 July
Timbrell, C. P.	(AEO)	28 July
Thomas, D.	(P)	3 Aug
Marston, S. K. qss1	(P)	12 Aug
Bowes, J. P. BEng	(P)	13 Aug
Moss, P. S. BEng	(P)	13 Aug
Wisely, A. C. E. BSc	(P)	13 Aug
Bell, S. J. BSc	(N)	14 Aug
Taylor, P. R. BEng	(N)	14 Aug
Upward, J. BEng	(N)	14 Aug
Geary, N. J. qss1	(N)	15 Aug
Moriarty, E. P. cfs qcc	(P)	15 Aug
Parker, R. S. qss	(P)	15 Aug
Tyzack, J. E. qss	(P)	15 Aug
Adey, S. K. qwi	(P)	29 Sept
Burrows, E. J. qcc	(P)	29 Sept
Chan, O. T.	(P)	29 Sept
Cox, P. C. qcc	(N)	29 Sept
Cripps, S. T. qcc	(P)	29 Sept
Daniels, S. M. qss1	(P)	29 Sept
Donnelly, J. A. F.	(P)	29 Sept
Evans, W. L.	(P)	29 Sept
Flynn, M. A.	(P)	29 Sept
Green, E. B. H.	(P)	29 Sept
Iavagnilo, R. G. qss	(P)	29 Sept
Lippiatt, S. D. cfs	(P)	29 Sept
Massey, P. C. cfs	(P)	29 Sept
Maund, D. C.	(P)	29 Sept
Mills, D. W. qss1	(P)	29 Sept
Puzey, M. E. qwi(AD) qcc	(N)	29 Sept
Savage, S. W. qcc	(N)	29 Sept
Reece, J. MEng	(P)	10 Oct
Hobkirk, J. D.	(P)	9 Nov
Alcock, M. L. qss1	(P)	10 Nov
Applegarth, C. G.	(P)	10 Nov
Barmby, M. I. qwi(AD)	(N)	10 Nov
Batey, R.	(P)	10 Nov
Berg, S. E. V.	(P)	10 Nov
Bosworth, P. C.	(P)	10 Nov
Brennan, B. J.	(P)	10 Nov
Chadwick, S. J. cfs	(P)	10 Nov
Clayton, G. J.	(N)	10 Nov
Cullen, A. J. E. qwi	(P)	10 Nov
Cunningham, M. L. qss1	(P)	10 Nov
Dann, G. J. qcc	(P)	10 Nov
Dobie, A. F.	(P)	10 Nov
Eaton, D. J. qs	(N)	10 Nov
Edwards, S. S. qss1	(P)	10 Nov
Franklin, A. R. qss1	(P)	10 Nov
Hepburn, P. R.	(P)	10 Nov
Howett, D. qss	(P)	10 Nov
Humphries, R. W. qss	(P)	10 Nov
Kay, D. J.	(N)	10 Nov

GENERAL DUTIES BRANCH

Flight Lieutenants

1995—contd

Name		Date
Owen, D. E.	(P)	10 Nov
Waller, R. D.	(P)	10 Nov
McCann, B.	(P)	9 Dec
Booth, D. L. qhti	(P)	21 Dec
Coleman, G. P.	(N)	21 Dec
Farrell, D. S.	(N)	21 Dec
Goddard, A. R.	(N)	21 Dec
Haines, D. F. qwi qcc	(P)	21 Dec
Hatton-Ward, J. qwi	(P)	21 Dec
Marshall, P. B.	(P)	21 Dec
McAdam, W. J.	(P)	21 Dec
Payne, J. C. qwi(T) qcc	(N)	21 Dec
Stinson, R. J.	(P)	21 Dec
Knott, I. J.	(P)	22 Dec

1996

Name		Date
Sutherland, S. A. M.	(N)	11 Jan
Arthurton, D. S. BEng	(P)	15 Jan
Evans, J. C. BEng	(N)	15 Jan
Fraser, N. A. BEng	(P)	15 Jan
Hampson, M. BA	(P)	15 Jan
Houston, R. S. BSc	(P)	15 Jan
MacMillan, A. A.	(P)	15 Jan
Marsden, D. F. BA	(P)	15 Jan
Mason, D. P. BA	(P)	15 Jan
McDonald, P. A. BEng	(P)	15 Jan
Paterson, S. A. BSc	(P)	15 Jan
Pollard, N. G. BSc	(P)	15 Jan
Poulter, J. L. BEng	(N)	15 Jan
Priestnall, A. R. BEng qcc	(P)	15 Jan
Ratcliffe, B. E. BSc	(P)	15 Jan
Reeks, S. I. BSc	(P)	15 Jan
Rigby, J. D.	(P)	15 Jan
Saunders, R. J. BEng	(P)	15 Jan
Sington, D. K. BSc	(P)	15 Jan
Slattery, M. L. BEng	(P)	15 Jan
Stanley, J. M. BEng	(P)	15 Jan
Stilwell, J. M. BEng	(P)	15 Jan
Thomas, E. M. BEng	(P)	15 Jan
West, C. R. BSc	(P)	15 Jan
Berris, D. C. D.	(P)	2 Feb
Clement, M. J.	(P)	2 Feb
Hayes, M. A. qwi	(P)	2 Feb
Holder, I. D.	(P)	2 Feb
Holmes, R. qwi	(P)	2 Feb
Jewiss, S. E.	(N)	2 Feb
McKay, J. G.	(P)	2 Feb
Moir, R. D. qcc	(N)	2 Feb
Sparks, C. D.	(P)	2 Feb
Stead, D. K.	(P)	2 Feb
Stevenson, C.	(P)	2 Feb
Toomey, L. D.	(P)	2 Feb
Jones, S. R.	(P)	4 Feb
Livingstone, D. A. BEng	(P)	14 Feb
Fisher, S. A. BEng	(P)	15 Feb
Guest, J. A. BEng	(P)	15 Feb
Harding, P. C. B. BA	(P)	15 Feb
Henderson-Begg, R. I. BEng	(N)	15 Feb
Higgins, M. J. BEng	(P)	15 Feb
Means, S. W. BSc	(P)	15 Feb
Mounsey, P. N. BSc	(P)	15 Feb
Netherwood, A. G. BSc(Econ)	(P)	15 Feb
Pollard, S. M. BSc	(N)	15 Feb
Beddall, J. T. qss1	(N)	26 Mar
Hackland, M. A. cfs	(P)	26 Mar
Hasted, M. R.	(P)	26 Mar
Holland, A. K.	(P)	26 Mar
Howe, J. B.	(N)	26 Mar
Jess, R.	(N)	26 Mar
Leonard, A. R.	(P)	26 Mar
Marshall, R. D. qss1	(P)	26 Mar
Shirley, S. B.	(P)	26 Mar
Woods, M. J. qcc	(N)	26 Mar
Doncaster, M. R. cfs		1 Apr
Oxford, M. G.	(N)	2 Apr
Keen, S.	(ALM)	7 Apr
Lilly, P. D. MBE	(AEO)	7 Apr
Donald, C. S. BEng	(P)	9 Apr
Hopkins, G. A. BEng	(P)	9 Apr
Morton, N. C. B. BEng	(P)	9 Apr
Pocock, M. F. BEng	(P)	9 Apr
Stewart, M. J. MA	(P)	9 Apr
Twidell, A. J. BEng	(P)	9 Apr
Averty, C. J. BA	(P)	10 Apr
Baker, M. T. BSc	(P)	10 Apr
Brandon, B. BEng	(P)	10 Apr
Bridge, E. K. L. BEng	(N)	10 Apr
Brown, P. J. BA	(P)	10 Apr
Cook, N. P. BSc	(N)	10 Apr
Frewin, K. R. BSc	(P)	10 Apr
Hardie, J. A. BA	(P)	10 Apr
Holt, C. A. MSc BSc	(P)	10 Apr
Johns, D. E. H. BA	(P)	10 Apr
Oetzmann, D. M. BEng	(P)	10 Apr
Stevens, J. A. BSc	(P)	10 Apr
Towell, A. M. BEng	(P)	10 Apr
Trasler, K. F. MLitt BA	(P)	10 Apr
Turner, J. J. BA	(P)	10 Apr
Williams, J. S. BSc	(N)	10 Apr
Spain, D.	(AEO)	7 May
Ashurst, R. C.	(N)	8 May
Bloom, A. H. qcc	(P)	8 May
Brown, K. P.	(P)	8 May
Buchanan, I. M. qcc	(P)	8 May
Creese, L. B.	(P)	8 May
Griggs, J. P. qwi(T)	(P)	8 May
Owen, T. E. qcc	(N)	8 May
Rawlins, D. G. qcc	(N)	8 May
Saunders, E. M. qss	(N)	8 May
Shaw, J. M.	(P)	8 May
Smiley, S. L. qss1	(P)	8 May
Shenton, A. G. qss	(ALM)	9 May
Garland, M. M. E. V. qwi	(P)	1 June
Haskins, J. M. A.	(P)	1 June
Jessett, S. P. qwi qcc	(P)	5 June
Crowther, J.	(P)	10 June
Cockram, M. S. BEng	(P)	18 June
Colman, N. J. qhti qss	(N)	20 June
Fitch, S. A.	(P)	20 June
Forbes, D. R. qss1	(P)	20 June
Gleave, C. qss	(P)	20 June
Kirby, D. J. qwi(T)	(N)	20 June
Moran, K. R.	(P)	20 June
Thompson, J. R.	(N)	20 June
Scott, A. J.	(P)	18 July
Burgess, A. J.	(P)	28 July
Chadwick, L. A.	(ALM)	28 July
Courtaux, N. P.	(ENG)	28 July
Gresham, A. P. qcc	(AEO)	28 July
Harris, L. A. qcc	(ALM)	28 July
Lawrence, I. M.	(ALM)	28 July
Paynton, P. J.	(AEO)	28 July
Rennet, A.	(AEO)	28 July
Steele, P. C.	(ENG)	28 July
Simmons, J.	(AEO)	30 July
Dunn, J. F. BEng	(N)	12 Aug
Berry, R. I. BSc	(P)	13 Aug
Ervine, B. J.	(P)	14 Aug
Fraser, C. L.	(P)	14 Aug
Hirst, J. M.	(P)	14 Aug
Canning, S. J. BSc	(P)	18 Sept
Bousfield, R. J.	(P)	28 Sept
Connor, R. A. qcc	(N)	28 Sept
Cree, S. J. S.	(P)	28 Sept

GENERAL DUTIES BRANCH

Flight Lieutenants

1996—contd

Name		Date
Davies, R. A. qwi(T)	(P)	28 Sept
Moore, G. P. qss1	(P)	28 Sept
Ormiston, J. A.	(P)	28 Sept
Palmer, M. S.	(P)	28 Sept
Smith, R. C. W.	(P)	28 Sept
Whitehill, J.	(P)	28 Sept
Gusterson, L. qs	(P)	29 Sept
Holman, M. J.	(ALM)	6 Oct
Stewart, J. A. BA(ENG)		6 Oct
Donaldson, N. S. BA	(P)	9 Oct
Hall, J. T. BEng	(N)	9 Oct
Hollywood, M. J. BSc	(P)	9 Oct
Jones, J. L. H. BA	(P)	9 Oct
Mayo, L. M. MA	(N)	9 Oct
Rae, C. MEng	(P)	9 Oct
Eden, J. K. BSc	(N)	10 Oct
Joel, R. W. H. BSocSc	(P)	10 Oct
McGurk, D. G. BEng	(N)	10 Oct
Walden, D. R. BEng	(N)	10 Oct
Pearce, M. A. qss1	(N)	27 Oct
Appleton, J. L. qcc	(N)	9 Nov
Austin, S. J.	(P)	9 Nov
Bazalgette, G. R. qcc	(N)	9 Nov
Dickens, A.	(P)	9 Nov
Driscoll, N. J. S.	(P)	9 Nov
Edwards, H.	(P)	9 Nov
Farrant, R. P.	(N)	9 Nov
Fraser, R. M. qwi(T)	(P)	9 Nov
Godfrey, P. A. qwi	(P)	9 Nov
Jardine, E. S. R.	(P)	9 Nov
Sharpe, P. R.	(P)	9 Nov
Smith, R. R. qcc	(P)	9 Nov
Smyth, H. qwi	(P)	9 Nov
Stewart, N. R.	(P)	9 Nov
Wood, A. M. qcc	(N)	9 Nov
Heamon, P. J.	(N)	11 Dec
Brewis, S. T.	(P)	20 Dec
Doidge, J. G. qwi	(P)	20 Dec
Jamieson, D. S.	(P)	20 Dec
Lapham, P. A. A.	(N)	20 Dec
Mason, D. C.	(P)	20 Dec
Millar, H. M. qss1	(P)	20 Dec
O'Brien, P. A.	(P)	20 Dec
Olsen, M. P. L.	(N)	20 Dec
Parker, D. A.	(P)	20 Dec
Richards, J. B.	(P)	20 Dec
Simpson, S. P. MA	(P)	20 Dec
Turk, A. D. qss1	(N)	20 Dec

1997

Name		Date
Long, R. C. J. R. qss1	(N)	6 Jan
Bagnall, G. BSc	(P)	15 Jan
Bowlzer, D. J. M.	(P)	15 Jan
Cochrane, P. G. BA	(P)	15 Jan
Cole, S. R. MA	(N)	15 Jan
Crutchlow, P. S. BSc	(P)	15 Jan
Dewar, J. E. BEng	(P)	15 Jan
Johnson, A. M. BEng ACGI	(P)	15 Jan
Lund, A. J. K. BSc	(P)	15 Jan
Marshall, A. P. BA	(P)	15 Jan
McNaught, R. S. BEng	(P)	15 Jan
Percival, I.	(P)	15 Jan
Philpot, T. J.	(P)	15 Jan
Priest, J.	(P)	15 Jan
Sanders, D. T. BEng	(P)	15 Jan
Simpson, K. BSc	(P)	15 Jan
Snaith, C. D. BA	(P)	15 Jan
Stewart, D. I.	(P)	15 Jan
Tandy, M. J.	(P)	15 Jan
Tompkins, S. M.	(P)	15 Jan
Trimble, S. BA	(P)	15 Jan
Whitney, M. A.	(P)	15 Jan
Breeze, J. P.	(P)	29 Jan
Collings, S. J.	(P)	29 Jan
Cox, S. J.	(P)	29 Jan
Dunn, R. B.	(N)	29 Jan
Gardner, S. cfs	(P)	29 Jan
Nolan, B.	(P)	29 Jan
Read, A. J.	(P)	29 Jan
Simmons, D. J.	(P)	29 Jan
Smith, M. B.	(P)	29 Jan
Wells, R. A. C. qcc	(N)	29 Jan
Hopkins, K. R.	(AEO)	9 Feb
Stainton, L. A.	(ALM)	9 Feb
Toms, J. E.	(ALM)	9 Feb
Dark, E. A. BA	(P)	13 Feb
Dunning, J. R. BA	(P)	13 Feb
Hayes, J. L. BSc	(P)	13 Feb
Hunter, L. J. BEng	(P)	13 Feb
Loughran, S. MA	(N)	13 Feb
McArthur, C. P. D. BSc	(P)	13 Feb
Seymour, C. W. E. BA	(P)	13 Feb
Sutherland, M. J. BCom	(P)	13 Feb
Thomson, J. A. C. BSc	(N)	13 Feb
Beldon, J. R. BSc	(N)	14 Feb
Breeze, H. R. MSc BSc	(P)	14 Feb
Burnet, A. E. BA	(N)	14 Feb
Davison, P. BSc	(P)	14 Feb
Dow, A. V. BEng	(P)	14 Feb
Giles, N. S. BEng	(P)	14 Feb
Hedley Lewis, H. C. LLB	(P)	14 Feb
Hillier, S. W. BEng	(P)	14 Feb
Keenlyside, P. G. BSc	(P)	14 Feb
Lansley, J. M. BSc	(N)	14 Feb
Ludman, A. I. BEng	(N)	14 Feb
Ruscoe, T. J. BEng	(P)	14 Feb
Sagar, G. M. BSc	(P)	14 Feb
Wightman, D. J. BEng	(N)	14 Feb
Challen, A. P.	(P)	26 Mar
Dennis, R. J.	(P)	26 Mar
Hargreaves, V. J.	(P)	26 Mar
Knight, S. G. cfs qss	(P)	26 Mar
O'Brien, T. J.	(P)	26 Mar
Ollis, J. P.	(P)	26 Mar
Paine, R. N.	(P)	26 Mar
Pook, S. A.	(P)	26 Mar
Preece, A. D.	(N)	26 Mar
Smith, M. G.	(P)	26 Mar
Tudge, E. V.	(P)	26 Mar
Williams, D. qcc	(P)	26 Mar
Hazell, C. S.	(N)	1 Apr
Crockett, M. L.	(P)	6 Apr
Jopling, B. W.	(ALM)	6 Apr
Jones, T. T. BSc	(P)	8 Apr
Lenahan, C. A. BA	(N)	8 Apr
Maslin, A. C. BSc	(P)	8 Apr
Middleton, C. S. BSc	(N)	8 Apr
Sheldon, J. B. BSc	(P)	8 Apr
Battersby, N. BEng	(P)	9 Apr
Berry, N. S. BSc	(P)	9 Apr
Blackwell, S. E. BEng	(P)	9 Apr
Bunn, T. BSc	(P)	9 Apr
Carvosso, P. F. BSocSc	(P)	9 Apr
Clayton, S. A. LLB	(N)	9 Apr
Cloke, S. J. BEng	(P)	9 Apr
Davis, I. A. BSc	(P)	9 Apr
Everitt, J. M. BEng	(P)	9 Apr
Goodfellow, P. R. BA	(N)	9 Apr
Hanlon, A. D. BA	(P)	9 Apr
Hough, J. T. W. BSc	(P)	9 Apr
Lindsell, S. BSc	(P)	9 Apr
Murphy, P. R. BSc	(P)	9 Apr
Ogilvie, D. C. BSc	(P)	9 Apr
South, M. R. BSc	(P)	9 Apr
Wells, A. E. BSc	(P)	9 Apr
Wyatt, P. J. BSc	(P)	9 Apr
Allison, R. P. G.	(P)	24 Apr
Carr, T. D.	(N)	7 May
Carter, G. S.	(P)	7 May

GENERAL DUTIES BRANCH

Flight Lieutenants

1997—contd

Name		Date
Checkley-Mills, A. D.	(P)	7 May
Lassale, F. L. C.	(P)	7 May
Main, S. J. cfs	(P)	7 May
May, B. J. S.	(P)	7 May
Whipp, R. I.	(N)	7 May
Witte, J. M.	(P)	7 May
Wood, D. G. D.	(P)	7 May
Wright, A. J. qcc	(N)	26 May
Page, G.	(N)	3 June
Crawford, J.	(P)	8 June
Braid, B. R. qss1	(P)	19 June
Cartner, J. G. S.	(P)	19 June
Drew, N. R.	(N)	19 June
Horrigan, A. J.	(P)	19 June
Mills, R. M.	(P)	19 June
Molineaux, M. K.	(P)	19 June
Robins, A. C. R.	(P)	19 June
Stuchfield, D. J.	(P)	19 June
Pullen, C. L.	(P)	4 July
Davey, M. F.	(P)	11 July
Hockley, D. C.	(AEO)	28 July
Mackay, A. J.	(ENG)	28 July
Bradford, I. J. BEng	(N)	11 Aug
Dunlop, M. T. MA	(P)	11 Aug
Gillan, C. J. BA	(N)	11 Aug
Haxton, D. J. LLB	(N)	11 Aug
Kovach, S. J. BA	(P)	11 Aug
Rolfe, J. H. BA	(P)	11 Aug
Curzon, R. T. BA	(N)	12 Aug
Graham, M. C. BEng	(P)	12 Aug
Page, M. BA	(N)	12 Aug
Spencer-Jones, M. G. BEng	(P)	12 Aug
Wilkes, J. BA	(N)	12 Aug
Dean, M. S. cfs	(P)	13 Aug
Hickey, S. M.	(P)	13 Aug
Rayne, S. E.	(P)	13 Aug
Wootten, P. W.	(N)	13 Aug
Cole, P. A. qcc	(P)	26 Sept
Cooper, P. D.	(P)	26 Sept
Henning, I. C.	(P)	26 Sept
Kane, D. P.	(P)	26 Sept
Kileen, D.	(P)	26 Sept
McCullagh, J.	(P)	26 Sept
Richardson, D. T.	(P)	26 Sept
Rogers, C. P.	(P)	26 Sept
Lennon, M. M.	(P)	5 Oct
Collins, L. BEng	(N)	7 Oct
Dempster, C. S. BEng	(P)	7 Oct
Phoenix, N. BA	(P)	7 Oct
Ross, S. BSc	(P)	7 Oct
Altoft, P. B. BSc	(P)	9 Oct
Cothill, G. M. J. BSc	(P)	9 Oct
Dales, N. M. C. BA	(P)	9 Oct
English, M. J. BA	(P)	9 Oct
Green, R. A. BEng	(P)	9 Oct
Hart, W. BEng	(P)	9 Oct
Ingall, D. A. BEng	(P)	9 Oct
John, C. T. B. BSc	(N)	9 Oct
Lindley, M. C. BCom	(P)	9 Oct
Long, S. C. BA	(P)	9 Oct
Mikellides, A. BEng	(P)	9 Oct
Pickup, A. G. MSc	(P)	9 Oct
Pollard, D. M. BSc	(P)	9 Oct
Richings, S. P. BSc	(P)	9 Oct
Street, M. J. BA	(P)	9 Oct
Warmerdam, P. J. R. BSc	(P)	9 Oct
Brown, M. R.	(P)	7 Nov
Catlow, D. W.	(P)	7 Nov
Curnow, P. R. qcc	(N)	7 Nov
Griffiths, P. L.	(P)	7 Nov
Hough, S. H.	(N)	7 Nov
Lloyd-Jones, E.	(P)	7 Nov
Lord, A. S.	(N)	7 Nov
Lowe, N. A.	(P)	7 Nov
Newberry, W. K.	(P)	7 Nov
Nixon, J. P.	(P)	7 Nov
Robinson, P. J.	(P)	7 Nov
Turner, J. H.	(P)	7 Nov
Bland, I. D.	(N)	3 Dec

1998

Name		Date
Lambert, I. R.	(P)	14 Jan
Butler, W. S. BSc	(P)	15 Jan
Farquhar, B. W. BEng	(P)	15 Jan
Francis, P. S. BSc	(P)	15 Jan
Hodges, B. F. L. BSc	(P)	15 Jan
Holmes, E. BSc	(P)	15 Jan
Hurley, D. D. BEng	(P)	15 Jan
Kinsella, A. J. LLB	(P)	15 Jan
Layden, C. J. BA	(P)	15 Jan
MacDougall, K. C. BEng	(P)	15 Jan
Shand, R. G. P. BA	(P)	15 Jan
Stanton, N. D. BSc	(P)	15 Jan
Vance, R. M.	(P)	15 Jan
Batt, J. G.	(P)	30 Jan
Grieve, S. N.	(N)	30 Jan
Grimsey, S. R.	(P)	30 Jan
Newcombe, S. L.	(N)	30 Jan
Strasdin, S. R. qwi(T)	(N)	30 Jan
Townsend, I. J.	(P)	30 Jan
Allen, D. J. qss1		8 Feb
Batu, A. BSc	(P)	11 Feb
Dalby, N. L. BSc	(N)	11 Feb
Edmondson, J. M. BEng	(P)	11 Feb
James, G. S. BSc	(N)	11 Feb
James, T. R. T. BA	(P)	11 Feb
Morrison-Smith, D. J. BA	(P)	11 Feb
Taylor, J. J. BEng	(P)	11 Feb
Austin, J. W. LLB	(P)	13 Feb
Bell, D. BSc	(N)	13 Feb
Blackburn, M. J. BSc	(N)	13 Feb
Boulton, D. C. BA	(N)	13 Feb
Butler, S. J. BEng	(N)	13 Feb
Cronin, S. A. BSc	(P)	13 Feb
Dyer, K. B. BA	(P)	13 Feb
Lucas, P. A. BSc	(P)	13 Feb
Martin, D. BEng	(P)	13 Feb
Meakins, S. J. BA	(P)	13 Feb
Millikin, A. P. BSocSc	(P)	13 Feb
Stephen, D. M. BEng	(P)	13 Feb
Turner, L. BEng	(P)	13 Feb
Webb, O. W. BA	(P)	13 Feb
Done, A. J. P. MEng	(N)	15 Mar
Bethell, R. A.	(P)	24 Mar
Gasson, L. F.	(P)	24 Mar
Hailey, A. T.	(P)	24 Mar
Kilby, S. B. cfs	(P)	24 Mar
Maxey, N. D. qcc	(P)	24 Mar
Wells, R.	(P)	24 Mar
Abrahams, M. D. qcc	(ALM)	4 Apr
Cannon, S. R.	(P)	4 Apr
Barley, F. J. R. BEng	(P)	6 Apr
Ellacott, D. R. BSc	(P)	6 Apr
Haley, M. S. BSc	(N)	6 Apr
Lea, M. R. MEng	(P)	6 Apr
Melville, G. C. BEng	(P)	6 Apr
Yeoman, D. BEng	(N)	6 Apr
Borthwick, G. J. BEng	(P)	8 Apr
Clague, M. J. BSc	(P)	8 Apr
Daykin, C. R. BSc	(P)	8 Apr
Dibden, R. S. BSc	(P)	8 Apr
Farrell, M. J. BA	(N)	8 Apr
Farrow, J. BEng	(N)	8 Apr
Greenhowe, J. M. BSc	(N)	8 Apr
Lyle, A. J. BSc	(N)	8 Apr
Murnane, J. M. BA	(N)	8 Apr
Scully, K. J. BSc	(N)	8 Apr
Street, N. A. BA	(P)	8 Apr
Talbot, T. S. BSc	(P)	8 Apr
Thomas, D. E. BEng	(P)	8 Apr
Vickers, L. R. BSc	(P)	8 Apr

GENERAL DUTIES BRANCH

Flight Lieutenants

1998—contd

Name		Date
Waring, M. W. BSc	(P)	8 Apr
Waterson, J. A. BA	(P)	8 Apr
Wylde, P. F. BSc	(P)	8 Apr
Meadows, J. B.	(N)	6 May
Partridge, G. J.	(N)	6 May
Henderson, J. R.	(N)	28 May
James, D. MEng BA	(P)	1 June
Ritchley, K. M. MEng	(N)	1 June
Stratton, A. K.	(N)	5 June
Farrant, P. J.	(P)	17 June
Chapman, A. P. K. qcc	(ENG)	25 July
Boardman, R. J. BEng	(P)	9 Aug
Cartmell, C. M. BA	(P)	9 Aug
Ixer, J. W. BA	(N)	9 Aug
Bissett, M. H.	(N)	10 Aug
Baxter, N. J. BEng	(N)	11 Aug
Curtis, W. H. BEng	(P)	11 Aug
Dixon, R. M. BEng	(P)	11 Aug
Fairley, C. T. BSc	(P)	11 Aug
Gilbert, S. J. BA	(N)	11 Aug
Jewitt, K. D. BEng	(P)	11 Aug
Jones, P. J. BEng	(N)	11 Aug
Larkam, D. J. D. BSc	(N)	11 Aug
Perks, C. BEng	(N)	11 Aug
Richardson, N. G. BSc	(P)	11 Aug
Stretton-Cox, M. L. BSc	(P)	11 Aug
Pumford, S. M.	(P)	24 Sept
Barnett, M. P. C. MEng	(P)	6 Oct
Enright, C. B. BSc	(P)	6 Oct
Fisher, A. R. BSc	(N)	6 Oct
Adams, A. L. LLB	(P)	7 Oct
Berry, R. G. BEng	(P)	7 Oct
Biggadike, M. E. BSc	(N)	7 Oct
Bowell, S. V. BEng	(P)	7 Oct
Cone, G. E. BSc	(N)	7 Oct
Kilvington, S. P. BSc	(N)	7 Oct
Lockyer, S. J. BA	(P)	7 Oct
Rafferty, D. J. BEng	(P)	7 Oct
Scourfield, J. D. BSc	(P)	7 Oct
Smyth, M. J. BA	(N)	7 Oct
Ashley, D. A.	(P)	8 Oct
Kay, M.	(P)	8 Oct
Lewis, P. B.	(P)	8 Oct
Pymm, M. L.	(P)	8 Oct
Allsop, A. J.	(P)	3 Dec
Aspinall, M. J.	(P)	3 Dec
Barnes, A. E.	(P)	3 Dec
Jarvis, M. R.	(P)	3 Dec
Killerby, J. A.	(P)	3 Dec
Littlechild, G. J. M.	(N)	3 Dec
Margiotta, C. A.	(P)	3 Dec
Pemberton, G. A.	(P)	3 Dec
Roberts, A. J.	(N)	3 Dec
Roberts, A. N.	(P)	3 Dec
Warren, C. A.	(P)	3 Dec

1999

Name		Date
Melen, C. A.	(P)	14 Jan
Berry, S. A. MEng	(P)	15 Jan
Elliott, R. G. BEng	(P)	15 Jan
Evans, R. O. BA	(P)	15 Jan
Gossling, S. M. BEng	(P)	15 Jan
Ireland, N. R. BSc	(P)	15 Jan
Massie, A. MA	(P)	15 Jan
McKay, D. J. BSc	(P)	15 Jan
Nicol, C. S. MA	(P)	15 Jan
Ormshaw, N. J. BSc	(P)	15 Jan
Smith, W. G. BEng	(N)	15 Jan
Thomson, M. J. MA	(P)	15 Jan
Walls, J. R. E. MA	(P)	15 Jan
Grindlay, J. P.	(P)	28 Jan
Harvey, G.	(N)	28 Jan
Morley, S.	(P)	28 Jan
Mullen, C. A.	(P)	28 Jan
Webb, K. R.	(P)	28 Jan
Westwood, M. D.	(P)	28 Jan
Hynes, J. M. BMedSci BM BS	(P)	10 Feb
Keenan, W. MEng	(P)	10 Feb
McAllister, J. BSc	(P)	10 Feb
Robertson, E. A. BVMS	(P)	10 Feb
Smith, M. A. BSc	(N)	10 Feb
Airey, A. M. R. BSc	(N)	11 Feb
Anderson, D. I. BEng	(P)	11 Feb
Ball, C. D. BSc	(P)	11 Feb
Coyle, G. S. J. BSc	(N)	11 Feb
Duff, G. BEng	(P)	11 Feb
Garlick, D. J. B. BSc	(P)	11 Feb
Greenhalgh, S. D. BEng	(P)	11 Feb
Hart, G. F. BEng	(P)	11 Feb
Harvey, G. T. BSc	(P)	11 Feb
Laidlar, R. E. BSc	(N)	11 Feb
McKee, J. C. BSc	(P)	11 Feb
Mcphee, R. K. J. BEng	(P)	11 Feb
Militis, G. M. BEng	(P)	11 Feb
Ollerton, C. L. E. BSc	(P)	11 Feb
Phillips, T. L. BA	(P)	11 Feb
Tomala, R. J. BPharm	(P)	11 Feb
West, D. J. BEng	(P)	11 Feb
Whiteman, T. J. BA	(P)	11 Feb
Edwards, G. MBE	(AEO)	14 Feb
Ebberson, N. E.	(N)	28 Mar
Croydon, T. G.	(AEO)	3 Apr
Meleady, M.	(AEO)	3 Apr
Bridges, D. R. MPhys	(P)	5 Apr
Cripps, R. B. MEng	(P)	5 Apr
Keys, A. T. J. BEng	(P)	5 Apr
Mallon, B. J. BEng	(P)	5 Apr
Sheldon, J. A. BD	(P)	5 Apr
Thompson, C. S. BEng	(N)	5 Apr
Belford, J. S. BSc	(N)	6 Apr
Bundock, G. E. BA	(N)	6 Apr
Caple, L. C. BSc	(P)	6 Apr
Davies, G. T. BEng	(N)	6 Apr
Farrell, N. G. A. BSc	(P)	6 Apr
Freeborough, J. A. BEng	(P)	6 Apr
Galbraith, M. A. BSc	(N)	6 Apr
Gover, K. M. A. BScEcon	(P)	6 Apr
Grindal, D. J. BEng	(P)	6 Apr
Morton, C. J. BSc	(P)	6 Apr
Payne, M. B. BSc	(P)	6 Apr
Smith, J. M. BSc	(P)	6 Apr
Staudinger, S. J. BEng	(P)	6 Apr
Thorpe, B. C. B. BEng	(P)	6 Apr
Wilson, D. C. LLB	(P)	6 Apr
Wright, A. J. BSc	(P)	6 Apr
Clarke, P. A.	(P)	7 Apr
Hale, P. N.	(P)	7 Apr
Redfern, C. C.	(P)	7 Apr
Wilson, B.	(P)	7 Apr
Arch, D. J.	(N)	6 May
Stokes, N. J.	(AEO)	29 May
Clark, D. J. BCom	(N)	1 June
Fleckney, M. A. BEng	(P)	1 June
Hague, S. C. BA	(P)	1 June
Hurcomb, R. J. BA	(N)	1 June
Missen, R. A. C. BSc	(P)	1 June
Moon, C. J. BEng	(P)	1 June
Plummer, A. L. BA	(N)	1 June
Pote, C. F. BEng	(P)	1 June

131

GENERAL DUTIES BRANCH

Flight Lieutenants

1999—contd

Schofield, J. A. A. BSc	(P)	1 June
Spencer, R. BSc	(P)	1 June
Vaughan, M. J. BSc	(N)	1 June

Flying Officers

1991

Triccas, R. P.	(ENG)	21 Mar

1992

Vickery, M. A.	(ALM)	20 Jan
Appleby, P. R.	(ALM)	14 Aug
Foster, D. A.	(ENG)	11 Sept
Eccleshall, N.	(AEO)	28 Dec

1993

Walsh, S. W.	(AEO)	22 Jan
Lee, M. P.	(ALM)	16 Feb
Diacon, P. R. BEng	(P)	15 July
Harris, R. P. BA	(P)	15 July
Strutt, S. R.	(AEO)	12 Aug
Stowell, J. M.	(AEO)	19 Sept
Wright, I.	(AEO)	30 Sept

1994

Swan, A. J.	(ALM)	3 Mar
Murray, I. R.	(AEO)	10 Mar
Wilkinson, S. J.	(ALM)	1 May
Covell, S. P.	(ENG)	31 July
Ward, K. N. BSc	(P)	13 Aug
Williams, R. M.	(AEO)	28 Aug
Eden-Hamilton, J. M. BSc	(ALM)	2 Oct

1995

Kimberley, S. D.	(P)	15 July
Lynham, C. R. BA	(P)	15 July
Graham, A. G.	(ENG)	28 July
Parker, A.	(N)	28 Aug
Tano, A. BEng	(P)	1 Dec

1996

Wardrope, A. B.	(P)	7 Jan
Watson, J. A.	(P)	2 Feb
Bateman, S. A.	(P)	5 Feb
Stevenson, T. L. BSc	(N)	8 Feb
Berry, J. E. MA BSc	(N)	9 Feb
Blythe, A. T. BEng	(P)	9 Feb
Boyle, S. J. BA	(P)	9 Feb
Chapple, C. O. BA	(P)	9 Feb
Dickerson, K. N. BSc	(P)	9 Feb
Fallon, M. BEng	(N)	9 Feb
Fopp, C. M. BSc	(N)	9 Feb
Forward, G. S. BA	(N)	9 Feb
Haith, L. R. P. BSc	(P)	9 Feb
Hutchinson, I. C. BA	(N)	9 Feb
Mordecai, P. D. BA	(N)	9 Feb
Murphy, B. D. BA	(P)	9 Feb
Squires, M. J. BEng	(P)	9 Feb
Stainthorpe, I. R. BSc	(N)	9 Feb
Williams, D. M. BEng	(N)	9 Feb
Scuffham, S. J.	(P)	10 Feb
Flewin, M. R. BEng	(P)	5 Apr
Macbrayne, A. A. BVMS	(P)	5 Apr
Arlett, D. J. BEng	(P)	6 Apr
Baker, R. D. F. BA	(N)	6 Apr
Beamond, D. A. BSc	(N)	6 Apr
Billingham, K. L. BSc	(N)	6 Apr
Crawford, M. J. BA	(N)	6 Apr
Cripps, R. E. BEng	(P)	6 Apr
Dunlop, T. E. BEng	(P)	6 Apr
Kay, A. M. BSc	(P)	6 Apr
McLenaghan, L. BEng	(N)	6 Apr
Mitchell, J. G. C. BSc	(P)	6 Apr
Peterson, I. M. BSc	(P)	6 Apr
Riches, A. S. BSc	(P)	6 Apr
Risely, A. L. BEng	(N)	6 Apr
Rogers, J. S. BEng	(P)	6 Apr
Sloley, R. BSc	(N)	6 Apr
Young, P. L. BSc	(P)	6 Apr
Holmes, J. D.	(P)	10 Apr
Gale, D. R. BSc	(P)	30 May
Ross, J. A. BSc	(P)	30 May
Bury, N. P. BSc	(N)	1 June
Salam, A. BA	(P)	1 June
Stead, E. J. BSc	(P)	1 June
Thomas, D. J. BSc	(N)	1 June
Woodward, J. BEng	(P)	1 June
Bamford, H. BSc	(N)	15 July
Barraclough, H. E. BSc	(P)	15 July
Batt, S. P. BEng	(P)	15 July
Clayton, J. A. BSc	(P)	15 July
Crichton, A. BEng	(P)	15 July
Davies, S. G. MEng BA	(P)	15 July
Fowler, D. J. BSc	(N)	15 July
Hillard, R. J. BA	(P)	15 July
Hudson, J. D. BA	(P)	15 July

GENERAL DUTIES BRANCH

Flying Officers

1996—contd

Name		Date
Knight, C. W. BSc	(P)	15 July
Lewis, I. S. BSc	(P)	15 July
Lindsay, T. J. BSc	(P)	15 July
Littlejohn, P. A. T. BA	(P)	15 July
Mannering, R. E. BEng	(P)	15 July
Parr, A. J. MEng BA	(P)	15 July
Scott, A. J. BSc	(P)	15 July
Tipper, J. A. MEng	(P)	15 July
Wilkinson, A. J. MEng	(P)	15 July
Williams, P. J. BSc	(P)	15 July
Cassells, I.	(AEO)	25 July
Mottram, D.	(AEO)	25 July
Caine, R. A.	(P)	28 July
Dahroug, M.	(P)	28 July
Hoare, M. D.	(P)	28 July
Lees, R. M.	(P)	28 July
Cockroft, J. M. BEng	(P)	9 Aug
Cooper, G. E. BSc	(N)	9 Aug
Goggin, B. D. J. BEng	(P)	9 Aug
Grafton, M. J. BEng	(N)	9 Aug
Hale, E. L. BA	(N)	9 Aug
Hederman, R. W. MEng	(P)	9 Aug
Landy, D. C. M Eng	(P)	9 Aug
McCulloch, E. A. BSc	(P)	9 Aug
Spoor, B. J. BSc	(P)	9 Aug
Thompson, A. R. BSc	(P)	9 Aug
Beck, J. A. BEng	(P)	10 Aug
Butler, V. R. P. BSc	(P)	10 Aug
Campion, S. J. BEng	(P)	10 Aug
Clement, T. J. BSc	(P)	10 Aug
Farndon, C. A. BSc	(N)	10 Aug
French, D. C. BEng	(P)	10 Aug
Hollingworth, J. L. BSc	(P)	10 Aug
Kent, J. D. BEng	(N)	10 Aug
Logan, C. R. G. BA	(P)	10 Aug
Marr, P. J. B. BEng	(P)	10 Aug
McCann, S. O. BEng	(P)	10 Aug
Ouellette, A. D. BEng	(P)	10 Aug
Rutland, M. F. BEng	(P)	10 Aug
Spencer, D. C. P. BSc	(N)	10 Aug
Whitnall, M. G. BA	(N)	10 Aug
Prangley, D.	(N)	27 Aug
Healing, J. M. BSc	(N)	4 Oct
Howard, J. M. BEng	(N)	4 Oct
Kemp, T. MEng	(P)	4 Oct
McCabe, I. MEng	(N)	4 Oct
Roberts, L. A. BA	(P)	4 Oct
Talbot, C. G. BSc	(P)	4 Oct
Whitehead, N. C. MEng	(N)	4 Oct
Bressani, M. J. BSc	(N)	5 Oct
Colley, M. BEng	(P)	5 Oct
Deyes, S. BEng	(P)	5 Oct
Dixon, J. P. BEng	(P)	5 Oct
Ellson, A. M. BSc	(P)	5 Oct
Fothergill, S. R. BSc	(N)	5 Oct
Frayling, A. K. BSc	(P)	5 Oct
Graham, N. J. BSc	(P)	5 Oct
Guertin, J. A. BSc	(P)	5 Oct
Hill, T. BSc	(P)	5 Oct
Kelly, C. J. R. BSc	(P)	5 Oct
Kenworthy, E. S. BSc	(P)	5 Oct
Macniven, D. J.	(N)	5 Oct
Massingham, D. P. BSc	(P)	5 Oct
Melville, C. R. BEng	(N)	5 Oct
Norton, P. S. BSc	(P)	5 Oct
Radley, J. P. BA	(P)	5 Oct
Redican, C. J. BSc	(N)	5 Oct
Shaw, M. R. BSc	(P)	5 Oct
Shorey, T. D. G. BA(Econ)	(P)	5 Oct
Wadlow, P. J. BEng	(P)	5 Oct
Walker, S. BSc	(P)	5 Oct
Willers, S. J. BA	(N)	5 Oct
Baptie, D. C.	(N)	6 Oct
Cavendish, T.	(N)	6 Oct
Evans, G. J.	(P)	6 Oct
Firth, P. T.	(N)	6 Oct
Griffiths, G. O.	(P)	6 Oct
Keer, M. B.	(P)	6 Oct
Lovett, G. S.	(P)	6 Oct
Redman, A. P.	(N)	6 Oct
Baker, G. J. MSc	(P)	29 Nov
Masters, M. W. MEng	(P)	29 Nov
Mathew, N. BSc	(N)	29 Nov
Millikin, N. J. BA	(P)	29 Nov
Nicol, C. MA	(P)	29 Nov
Owens, G. A. BSc	(N)	29 Nov
Pearson, D. L. BSc	(P)	29 Nov
Randall, M. C. MPhys	(P)	29 Nov
Roycroft, J. BEng	(N)	29 Nov
Shave, A. R. J. BSc	(P)	29 Nov
Wilson, C. T. BEng	(P)	29 Nov
Baker, A. C. M. BEng	(P)	30 Nov
Jones, B. M. BEng	(P)	30 Nov
Leather, R. W. BA	(P)	30 Nov
Purkis, R. J. BEng	(P)	30 Nov
Reardon, A. J. BSc	(N)	30 Nov
Stewart, K. D. BA	(P)	30 Nov

1997

Name		Date
Turner, P. C.	(P)	21 Jan
Currie, D. D. BSc	(N)	8 Feb
Griffiths, T. M. BSc	(N)	8 Feb
Sharpe, D. J. C. BSc	(N)	8 Feb
Swinton, M. L. BSc	(N)	8 Feb
White, C. A. BA	(P)	8 Feb
Morton, C.	(N)	18 Feb
Allen, J. W. BA	(N)	5 Apr
Buxton, K. M. L. BEng	(P)	5 Apr
Dean, D. R. BEng	(P)	5 Apr
Marston, L. BEng	(P)	5 Apr
Phillips, D. B. BA	(P)	5 Apr
Stratford, G. BSc	(P)	5 Apr
Webster, C. BEng	(N)	5 Apr
Potter, R. D. E.	(P)	6 Apr
Whitworth, J. A.	(P)	12 Apr
Cowan, S. J. BSc	(P)	30 May
Davies, D. B. BEng	(P)	30 May
Flynn, D. M. BSc	(P)	30 May
Hammond, P. N. BEng	(P)	30 May
Hodges, M. S. BA	(N)	30 May
Payne, A. G. BEng	(P)	30 May
Reilly, B. J. BSc	(P)	4 June
Beevers, P. D. BSc	(P)	15 July
Clarke, D. J. BSc	(P)	15 July
Coe, A. BSc	(P)	15 July
Durban, P. M. BEng	(P)	15 July
Garbutt, A. M. BSc	(P)	15 July
Rogers, A. J. BSc	(P)	15 July
Shepherd, B. BEng	(P)	15 July
Waple, C. A. BSc	(P)	15 July
Williams, S. M. BSc	(P)	15 July
Monslow, K.	(AEO)	24 July
Brough, C.	(P)	28 July
Moore, R. D. G.	(P)	28 July
Wylie, D. R.	(P)	28 July
Baron, A. P. BEng	(P)	9 Aug
Barrett, M. P. BSc	(P)	9 Aug
Blakemore, D. BSc	(P)	9 Aug
Jones, M. J. L. BEng	(P)	9 Aug
Jordan, T. M. BSc	(P)	9 Aug
Kidd, C. R. BEng	(P)	9 Aug
Krol, P. BEng	(P)	9 Aug
Laisney, D. J. BSc	(P)	9 Aug
Oakley, S. P. BEng	(P)	9 Aug
Pengelly, O. J. BA	(P)	9 Aug

GENERAL DUTIES BRANCH

Flying Officers

1997—contd

Russell, B. C. R. BEng	(N)	9 Aug
Sennett, Z. R. BSc	(P)	9 Aug
Tuer, R. J. BEng	(P)	9 Aug
Watts, A. P. BEng	(P)	9 Aug
Woodward, A. K. BSc	(P)	9 Aug
Wright, M. J. BEng	(P)	9 Aug
Aboboto, R. BSc	(P)	4 Oct
Bott, D. F. BSc	(P)	4 Oct
Burdett, G. J. BA	(P)	4 Oct
Catton, D. M. BSc	(P)	4 Oct
Clark, K. N. BA	(P)	4 Oct
Dachtler, S. R. BSc	(P)	4 Oct
Dawson, H. J. BSc	(N)	4 Oct
De candole, N. J. BA	(P)	4 Oct
Fowler, J. BA	(P)	4 Oct
Gallagher, M. J. BA	(N)	4 Oct
Hulme, S. B. BSc	(P)	4 Oct
Laidlaw, B. L. BSc	(P)	4 Oct
Lee, P. J. BEng	(P)	4 Oct
Lee, S. A. BA	(N)	4 Oct
McLarnon, P. D. BSc	(P)	4 Oct
Mills, S. BA	(N)	4 Oct
Padbury, O. M. BSc	(P)	4 Oct
Platt, R. A. BEng	(P)	4 Oct
Shaw, S. M. BSc	(P)	4 Oct
Smith, T. P. BEng	(P)	4 Oct
Whyman, K. BA	(P)	4 Oct
Winnister, P. A. BSc(Econ)	(P)	4 Oct
Elsey, M. J.	(N)	5 Oct
Epps C. P.	(P)	5 Oct
Everett, A. R.	(P)	5 Oct
Keeling, R. L.	(P)	5 Oct
Wills, B. T.	(P)	5 Oct
Naismith, P. J.	(N)	3 Nov
Cade, A. J.	(P)	18 Nov
Gray, C. B. BSc	(P)	29 Nov
Hunt, G. BEng	(P)	29 Nov
Mason, B. J. BEng	(P)	29 Nov
McDowell, A. J. BEng	(P)	29 Nov
Metcalfe, J. R. BSc	(P)	29 Nov
Nassif, T. P. BEng	(P)	29 Nov
Sell, A. D. M. BA	(P)	29 Nov
Thorpe, D. BSc	(P)	29 Nov
Whitehouse, S. R. BEng	(P)	29 Nov

1998

Coffey, S. M.	(P)	8 Feb
Pepper, A. E.	(N)	8 Feb
Richley, P. J.	(N)	8 Feb
Wood, J. P.	(P)	8 Feb
Deeney, P. J. M.	(AEO)	28 May
Crawford, D. S.	(AEO)	23 July
Pearce, S. G.	(AEO)	23 July
Elwell, M.	(N)	25 July
Hewer, S. M.	(N)	25 July
Lock, M. D.	(P)	25 July
Lockwood, S. I.	(N)	25 July
Prochera, D. J.	(P)	25 July
Pryor, A. M.	(P)	25 July
Boyce, P. A.	(P)	3 Oct
Cole, G. W.	(P)	3 Oct
Cooper, W. D.	(P)	3 Oct
Fincher, S. J.	(N)	3 Oct
Mason, J. R.	(P)	3 Oct
O'grady, P.	(P)	3 Oct
Saunders, W. D. R.	(P)	3 Oct
Madden, L. T.	(N)	9 Nov

1999

Elliott, N. A.	(P)	6 Feb
Robinson, D. A.	(P)	6 Feb
Warren, T. J.	(N)	3 Apr
Lucas, C. J.	(N)	29 May

Pilot Officers

1998

Frazer, M. T.	(N)	2 Oct
Jackson, O. J.	(P)	2 Oct
McDonnell, C.	(N)	2 Oct
Osborne, J. W.	(P)	2 Oct
Staite, N. P.	(P)	2 Oct
Howe, C. J.	(P)	27 Nov
Meakin, K. S.	(P)	27 Nov
Owczarkowski, N. E.	(P)	27 Nov
Reader, G. S.	(P)	27 Nov
Thorne, I. D.	(P)	27 Nov
Lee, G. J. BSc	(P)	29 Nov

1999

Edwards, G. T.	(P)	5 Feb
Green, M. W.	(P)	5 Feb
Bailey, S. E. BEng	(N)	7 Feb
Courtnadge, S. BEng	(P)	7 Feb
Davey, S. R. BEng	(P)	7 Feb
Elsey, S. J. BSc	(P)	7 Feb
England, K. A. MEng	(P)	7 Feb
Holboj, M. A. BSc	(P)	7 Feb
Hollowood, M. J. BA	(P)	7 Feb
Inman, N. T. BA	(P)	7 Feb
Johnson, A. M. BSc	(P)	7 Feb
Lane, N. BSc	(P)	7 Feb
McDonnell, J. R. BA	(P)	7 Feb
Miller, A. T. BEng	(N)	7 Feb
Nightingale, J. R. BA	(N)	7 Feb
Renton, C. R. BEng	(P)	7 Feb
Setterfield, C. J. MSc	(P)	7 Feb
Shergill, J. S. BA	(P)	7 Feb
Simmons, T. C. BMus	(P)	7 Feb
Simpson, T. M. BEng	(P)	7 Feb
Unsted, S. R. BA	(P)	7 Feb
Amos, M. D. BSc	(P)	4 Apr
Badel, N. M. BA	(P)	4 Apr
Charter, K. L. BSc	(N)	4 Apr
Cornish, C. J. BSc	(P)	4 Apr
Cox, J. M. BEng	(P)	4 Apr
Ferris, K. E. BEng	(N)	4 Apr
Goodey, D. J. MSc BA	(N)	4 Apr
Hoad, S. R. BA	(N)	4 Apr

GENERAL DUTIES BRANCH

Pilot Officers

1999—contd

Lownds, D. M. LLB	(N)	4 Apr
Mason, B. P. BSc	(P)	4 Apr
Montenegro, D. A. BA	(P)	4 Apr
Tucker, S. J. BEng	(P)	4 Apr
Whittaker, B. BA	(P)	4 Apr
King, R. J.	(N)	28 May
Townsend, J. D.	(P)	28 May
Woolley, M.	(P)	28 May

Acting Pilot Officers

1997

Wharry, M. G.	(P)	4 Sept

1998

Gough, C. E. J.	(N)	23 July
Holford, D. D.	(N)	23 July
Small, R. K.	(N)	23 July
Stanford, D. C.	(P)	23 July
Whiteley, N. A.	(N)	23 July
Heeps, J. D.	(P)	4 Aug
McLaughlin, C.	(P)	25 Aug
Bews, I. M. MEng	(P)	1 Sept
Chisholm, A. BA	(P)	1 Sept
Collins, A. S. BEng	(P)	1 Sept
Cooper, J. P.	(P)	1 Sept
Hanson, P. A. MSc	(P)	1 Sept
Kingdon, N. R. MEng	(P)	1 Sept
Lakin, I. K. H. MEng	(P)	1 Sept
McLean, M. F. BEng	(P)	1 Sept
Skinner, G. A. M.	(N)	1 Sept
Stewart, K. A. MEng	(P)	1 Sept
Tacchi, J. A.	(P)	1 Sept
Williams, E. L.	(P)	1 Sept
Beilby, P. C.	(P)	1 Oct
Dutton, B. G.	(P)	1 Oct
Marshall, M. R.	(P)	1 Oct
McMeeking, J. J.	(P)	1 Oct
Parsons, H. A.	(P)	1 Oct
Clegg, D. J.	(N)	26 Nov
Ling, M. R.	(P)	26 Nov
Rayner, M. A.	(N)	26 Nov
Ward, P. H. J.	(P)	26 Nov

1999

Baker, J. D.	(P)	4 Feb
Coxall, A. P.	(P)	4 Feb
Williams, A. K.	(P)	4 Feb
Butcher, J. R.	(P)	1 Apr
Dodsworth, J. L.	(P)	1 Apr
Footitt, A.	(P)	1 Apr
Luker, A. J.	(N)	1 Apr
McAuley, T. G. A.	(N)	1 Apr
Roberts, P. A.	(P)	1 Apr

OPERATIONS SUPPORT BRANCH

Group Captains

1988

Buckley, Nicholas John rcds psc Born 1/10/47 . . . . (FC) 1 July

1990

Fishwick, Robert, John psc G(a) Born 18/6/45 . . . . (REGT) 1 July

1991

Bremner, David Alastair Gillan psc Born 11/9/45 . . . . (REGT) 1 Jan

1993

Shields, Michael Hedley FIMgt psc qwi(AD) Born 4/3/45 . . . . . . (FC) 1 July

1994

Sturman, Roger John awcc psc Born 4/11/46 . . . . (ATC) 1 Jan
Hollin, David MIMgt psc Born 6/4/44 . . . . (INT) 1 July

1995

Moore, Richard Charles MBE BSc psc Born 5/8/50 . . . . (REGT) 1 Jan

1996

Dingle, Barry Thomas psc Born 24/11/48 . . . . (ATC) 1 Jan
Fuller, Malcolm John psc Born 22/10/50 . . . . (ATC) 1 Jan
Pearson, Nigel John FRAeS FIMgt qab qs Born 17/2/46 . . . . . (INT) 1 Jan

1997

Anderton, Stephen Harper MSc BSc FIMgt psc Born 29/8/50 . . . . (REGT) 1 Jan
Bettel, Martyn Roswell OBE ADC BSc MInstAM jsdc qs Born 16/10/49 . . (FC) 1 Jan
Jenner, Richard Mark jsdc qwi qs Born 22/8/53 . . . . (FC) 1 Jan
Lloyd, Stephen James BSc FRAeS FIMgt jsdc qs Born 08/5/51 . . . (INT) 1 Jan
Pellatt, Kevin John MIMgt jsdc qs Born 26/1/52 . . . . (FC) 1 Jan
Williams, Nigel jsdc qss Born 3/2/51 . . . . (ATC) 1 Jan

1998

Evans, David Robert Evan jsdc psc Born 19/10/52 . . . . (REGT) 1 Jan
McPhee, Ian Alexander psc Born 17/4/53 . . . . (REGT) 1 Jan

OPERATIONS SUPPORT BRANCH

Group Captains

1998—contd

Rogers, Brian Edward MBE psc Born 6/1/49 . . . . (FC) 1 Jan
Drissell, Peter James MA BSc MInstD jsdc qs Born 24/11/55 . . . . (REGT) 1 July

1999

Hallam, Martin Rupert psc Born 18/1/55 . . . . (INT) 1 Jan
Roberts, Philip psc Born 6/9/57 . . . . (ATC) 1 Jan
Brewer, Nicholas Charles nadc psc Born 19/4/49 . . . . (ATC) 1 July
Gregory, Norman Alan BA ACII psc Born 31/8/47 . . . . (ATC) 1 July
Pennington, Andrew John MIMgt psc Born 3/2/50 . . . . (INT) 1 July
Stacey, Graham Edward MBE BSc psc(m) G(a) qs Born 1/9/59 . . . . . . (REGT) 1 July

OPERATIONS SUPPORT BRANCH

Wing Commanders

1985

Roberts, D. jsdc qwi
  qs (FC)   1 Jan

1986

Gritten, A. J. MBE
  jsdc (REGT)   1 July

1987

Valentine, M. C. qs
  (REGT)   1 Jan
Fonfe, M. D. C. MBE
  G(a) qs (REGT)   1 July
Todd, D. MBE BSc jsdc
  qs (FC)   1 July

1988

Barnes, L. J. F. MSc
  psc (REGT)   1 Jan

1989

Willmott, N. P. qs (FC)   1 Jan
Acons, E. G. N. qs
  (REGT)   1 July
Davie, A. MA psc (REGT)   1 July

1990

Parker, J. E. psc (FC)   1 Jan
Rodford, J. D. BSc G(a)
  qs (REGT)   1 Jan
Singleton, P. M. MIPD
  qs (FC)   1 Jan
Hooker, M. R. MIMgt
  qs (REGT)   1 July
Nash, C. C. BA qs (FC)   1 July
Shepherd, P. jsdc
  qs (FLTOPS)   1 July

1991

White, R. W. MBE G(a)
  qss (REGT)   1 Jan

1992

Ordish, G. A. jsdc
  qs (ATC)   1 Jan
Gray-Wallis, H. F.
  qs (ATC)   1 July
Hunter, P. R. OBE
  jsdc (FC)   1 July
Shackell, J. M. jsdc
  awcc G(a) qs (REGT)   1 July

1993

Hutchinson, N. qs i*(FC)   1 Jan
Angus, P. J. M. MBE BA
  jsdc qs (FC)   1 July
Denholm, I. T. MBE BSc
  jsdc qs (INT)   1 July
Knowles, D. W. MBA
  BA qs (REGT)   1 July
Whiteway, H. A. qs (FC)   1 July

1994

Cornwell, B. A. BSc
  ARCS qab qs (FC)   1 Jan
Evans, J. G. MBE MBA
  BA jsdc G(a) (REGT)   1 Jan
Perfect, A. A. MIMgt
  qs (ATC)   1 Jan
Stenson, J. P. MBE BSc
  qs (ATC)   1 Jan
Crofton, D. N. qs (INT)   1 July
Hamilton, D. B. nadc
  qs (INT)   1 July
Leckey, J. jsdc qs (FC)   1 July
Middleton, P. G.
  qss (FC)   1 July
Parker, M. K. psc(j)
  (REGT)   1 July
Romney, C. N. BSc
  psc(j) qab (FC)   1 July
Sherdley, K. P. BA
  qs (ATC)   1 July

1995

Gimblett, W. J. qab
  qs (INT)   1 Jan
Grant, B. C. E. qs (ATC)   1 Jan
Scott, A. M. O. BA
  qs (INT)   1 Jan
Strong, M. C. G. qs
  (ATC)   1 Jan
Trevett, A. D. qab qs (FC)   1 Jan
Wordley, M. R. psc(ATC)   1 Jan
Hill, C. D. MBE qs (ATC)   1 July

Middleton, I. S. MBA
  BA psc (ATC)   1 July

1996

Clare, A. J. MIMgt
  qs (ATC)   1 Jan
Colgate, J. A. BSc
  qs (INT)   1 Jan
Dipper, K. R. MA BSc
  G(a) psc (REGT)   1 Jan
Finely, N. H. M. qss
  (ATC)   1 Jan
Gordon, N. J. MBE
  MBA FIPD psc qab
  qwi(AD) (FC)   1 Jan
Kennedy, P. A. M.
  MIMgt ACII qs(REGT)   1 Jan
McGonigle, N. psc
  (REGT)   1 Jan
Trundle, C. C. psc (ATC)   1 Jan
Walker, D. J. qs (INT)   1 Jan
Wilkins, R. A. W. qs(INT)   1 Jan
Abbott, S. BA jsdc G(a)
  qs (REGT)   1 July
Greatorex, M. psc (FC)   1 July
Jenkins, I. P. psc(j)
  (REGT)   1 July
Sheeley, I. M. qss (ATC)   1 July
Smith, F. J. P. BEd
  qs (ATC)   1 July
Strickland, K. N.
  qss (REGT)   1 July
Wood, P. M. qs (FC)   1 July

1997

Ashwell, M. L. MBE BSc
  nadc psc (FC)   1 Jan
Batchelor, A. B. qs(INT)   1 Jan
Brignall, T. A. MBE
  psc(j) (INT)   1 Jan
Bunting, B. E. qs (ATC)   1 Jan
Clark, J. jsdc qs (ATC)   1 Jan
Dziuba, M. S. qs (ATC)   1 Jan
Hill, E. J. R. qss (FC)   1 Jan
Kaye, P. M. qs (REGT)   1 Jan
Minns, T. qs (ATC)   1 Jan
Rimmer, M. qab qs(FC)   1 Jan
Steele, A. H. BA PGCE
  qs (REGT)   1 Jan
Warrick, N. M. FIAP
  MIMgt qab qs (FC)   1 Jan
West, C. M. BSc G(a)
  qs (REGT)   1 Jan
Williams, R. N. qs(ATC)   1 Jan
Balshaw, K. S. qs
  (REGT)   1 July

OPERATIONS SUPPORT BRANCH

Wing Commanders

1997—contd

Buist, S. L. psc(j) (FC)		1 July
Greville, P. J. psc(j) (ATC)		1 July
Hughes, J. T. BA psc(j) (REGT)		1 July

1998

Chambers, P. qs (FC)		1 Jan
Galbraith, A. G. qs (REGT)		1 Jan
Peart, C. J. qs (ATC)		1 Jan
Proudlove, A. MBA qab qs (REGT)		1 Jan
Stewart, P. D. T. MBE adp qs (INT)		1 Jan
Tyrrell, I. R. BSc qs (INT)		1 Jan
Chambers, M. A. qs (ATC)		1 July
Coombs, B. BA qs (ATC)		1 July
Crayford, M. K. qs (FC)		1 July
Lynch, R. D. BA qs (REGT)		1 July
Peters, N. P. psc(j) (FC)		1 July

1999

Burt, P. G(a) qs (REGT)		1 Jan
Diffey, G. E. MBE qs (REGT)		1 Jan
Green, B. C. qss (FC)		1 Jan
Hemsley, R. J. T. BA psc(j) qab (FC)		1 Jan
Kirk, J. N. qs (REGT)		1 Jan
La Forte, R. W. MBE BA qs (REGT)		1 Jan
Osborne, T. E. jsdc cfs qs (FLTOPS)		1 Jan
Pearson, G. J. BA qs (INT)		1 Jan
Ronaldson, A. psc(j) qs (FC)		1 Jan
Stevens, P. F. qab qs (FC)		1 Jan
Tolman, N. J. qs (ATC)		1 Jan
Worrall, J. A. qs (ATC)		1 Jan
Beckwith, D. M. qs (REGT)		1 July
Clegg, J. A. qs (FC)		1 July
Day, P. N. G(a) qs (REGT)		1 July

Driver, M. N. BSc(Eng) MRAeS G(a) qs (REGT)		1 July
Eaton, J. G. MDA BSc qs (REGT)		1 July
Foster, C. A. qs (ATC)		1 July
Gorman, C. J. qs (REGT)		1 July
Heath, M. A. BSc MIPD G(a) qs (REGT)		1 July
Loader, J. P. MBE qss (INT)		1 July
Millington, W. J. MA asq qs (FC)		1 July
Mills, A. R. M. BA qs (ATC)		1 July
Naworynsky, M. P. qs (ATC)		1 July
Rogerson, M. MBE qs (ATC)		1 July
Williams, D. A. K. qs (REGT)		1 July
Wragg, S. G. BSc qs (ATC)		1 July

Squadron Leaders

1981

Hunter, G. qs (INT)		1 Jan

1982

Comina, P. S. C. qss (REGT)		1 Jan
Williams, M. qss (FC)		1 July

1983

Cox, R. E. N. qs (REGT)		1 July
Vass, A. (FC)		1 July
Vernal, J. qss (REGT)		1 July

1984

Grove, A. D. W. qs (ATC)		1 Jan
Baxter, A. qss (REGT)		1 July
Jackson, M. R. qs (ATC)		1 July
Jasinski, N. Z. R. qs (REGT)		1 July

1985

Stokes, R. K. qss (REGT)		1 Jan

1986

Harrison, E. C. MBE qss (ATC)		1 Jan
Moralee, P. J. qss (REGT)		28 May
Hutchinson, F. N. qs (REGT)		1 July

1987

Clough, G. (FC)		1 Jan
Dalley, K. P. qss (ATC)		1 Jan
Thompson, C. P. C. qs (FC)		1 July

1988

Chalklin, R. qs (REGT)		1 Jan
Duncan, J. C. (ATC)		1 Jan
George, A. M. MBE qs i (ATC)		1 Jan

OPERATIONS SUPPORT BRANCH

Squadron Leaders

1988—contd

Gifford, F. C. M. qs(ATC)		1 Jan
Ingham, J. A. qs (REGT)		1 Jan
Sinclair, P. L. MIMgt qss	(ATC)	1 Jan
Smith, A. R.	(ATC)	1 Jan
Tester, D. J. MA qs (INT)		1 Jan
Tully, K. F. qs	(ATC)	1 Jan
Bartlett, A.	(FC)	1 July
Hawkins, B. J. R. qs	(ATC)	1 July
Littlehales, M. P. G. qs	(FC)	1 July
Webster, E. E. adp qs	(ATC)	1 July
Williamson, B. T. qs	(ATC)	1 July

1989

Birkbeck, P. C. L. BSc qs	(FC)	1 Jan
Franklin, C. J.	(FC)	1 Jan
Gresham, J. W.	(ATC)	1 Jan
Preston, G. A. qab qs	(FC)	1 Jan
Revell, C. qs	(ATC)	1 Jan
Smith, P. R. qab qs (FC)		1 Jan
Strachan, P. D. qs	(REGT)	1 Jan
Sutherland-Scott, R. BSc qs	(ATC)	1 Jan
Walker, C. G. qs (ATC)		1 Jan
Williams, V. J. MBE BSc	(INT)	1 Jan
Ainslie, I. McP. qss(ATC)		1 July
Hammett, G. G. qss(INT)		1 July
Howells, L. qs (ATC)		1 July
Hurry, A. J. qs (REGT)		1 July
Jago, P. qs i*	(FC)	1 July
McManus, S. J. qss(FC)		1 July
Tolley, S. G. BSc qab qwi qwi(T) qss	(FC)	1 July

1990

Burchet, C. R. qs (INT)		1 Jan
Campbell, I. M. qss(ATC)		1 Jan
Fryer, R. P. qs (ATC)		1 Jan
Hagan, J. G. BSc qs (FC)		1 Jan
Perkins, A. D. qs (ATC)		1 Jan
Yarnold, J. G. T. qss	(REGT)	1 Jan

Barrowcliffe, I. qss (INT)		1 July
Bateman, J. C. qwi(AD) qs	(FC)	1 July
Bull, R. M. qss (ATC)		1 July
Child, J. A. BSc MMar qss	(FC)	1 July
Hallett, C. qab qss (FC)		1 July
Jones, P. A. BSc qs(ATC)		1 July
Kiely, C. T. qs (ATC)		1 July
Lainchbury, D. I. qs(ATC)		1 July
Merryweather, D. V. qss	(ATC)	1 July
Mitchell, G. I. qss (ATC)		1 July

1991

Caddick, D. J. MBE MLitt BA FIPD MIMgt qs	(REGT)	1 Jan
Challenor, G. B. BA qs	(ATC)	1 Jan
Coggon, M. G. qss (FC)		1 Jan
Cole, J. M. qs (INT)		1 Jan
Cross, H. C. (REGT)		1 Jan
McFadyen, A. G. BA qs	(FC)	1 Jan
Riley, J. J. (REGT)		1 Jan
Abbott, C. J. qss (REGT)		1 July
Day, F. B. W. E. qs	(FLTOPS)	1 July
Hann, K. MBE qwi qs	(FC)	1 July
Hidden, C. J. qs (REGT)		1 July
Hodgson, J. W. qss	(ATC)	1 July
Jones, R. W. qab qs	(FC)	1 July
Payne, T. BSc G(a) qss	(REGT)	1 July
Powe, M. J. BSc qs(FC)		1 July
Reeve, N. P. qss (FC)		1 July
Ryan, M. J. MIPD MIMgt qs	(REGT)	1 July
Stoner, N. B. qs (ATC)		1 July
Thomas, N. A. qs (ATC)		1 July
Ware, I. H. qs (REGT)		1 July
Wilmshurst-Smith, J. D. qs	(FC)	1 July

1992

Duffus, A. A. qs (FC)		1 Jan
Evans, N. qs (REGT)		1 Jan
Hill, N. BSc qs (INT)		1 Jan
Holland, D. A. qs (INT)		1 Jan
Mellor-Jones, R. A. BSc qab	(FC)	1 Jan
Oxley, J. P. qss (FC)		1 Jan

Quin, A. K. qs (ATC)		1 Jan
Downs, G. D. qs (INT)		1 July
Edwards, P. qss (INT)		1 July
Gray, R. W. qs (FC)		1 July
Marsden, J. W. BSc MRINA qss	(FC)	1 July
Marsh, R. J. L. BSc qss	(FLTOPS)	1 Oct

1993

Allan, D. qab qs (INT)		1 Jan
Beck, J. MSc BA qs(INT)		1 Jan
Buttery, P. A. MRAeS asq qs	(FC)	1 Jan
Christie, D. J. qs i (FC)		1 Jan
Cox, P. H. qs (FC)		1 Jan
George, B. D. qss (ATC)		1 Jan
Griffiths, B. M. MBA BSc MIMgt G(a) qs	(REGT)	1 Jan
Hewett, G. BEd qs (FC)		1 Jan
Nott, R. E. qs (ATC)		1 Jan
Nuttall, S. V. qs (INT)		1 Jan
Adey, E. J. BA qs	(REGT)	1 July
Balaam, D. C. MBE qs	(INT)	1 July
Casey, J. P. qs (FC)		1 July
Kay, A. qs (FC)		1 July
King, A. J. qab qs (FC)		1 July
Knapman, C. S. qab qs	(FC)	1 July
Morrison, D. qss (ATC)		1 July
Rapson, A. D. qs (ATC)		1 July
Roberts, A. J. BSc qs	(ATC)	1 July
Robinson, A. qs (ATC)		1 July
White, J. P. BSc qs	(REGT)	1 July
Woosey, D. C. qab qs	(INT)	1 July
Wylde, J. D. BA qss(FC)		1 July

1994

Alexander, J. MBA BA qab G(a) qs	(REGT)	1 Jan
Bartlett, S. E. BSc qss	(INT)	1 Jan
Bennett, P. G. qab qss	(INT)	1 Jan
Bush, D. A. BSc qs	(ATC)	1 Jan
Chapman, M. A. (ATC)		1 Jan
Chapman, N. A. MSc BA qs	(INT)	1 Jan

OPERATIONS SUPPORT BRANCH

Squadron Leaders

1994—contd

Cookson, J. D. BEM		
qs	(ATC)	1 Jan
Embleton, S. N.		
qss	(REGT)	1 Jan
Fearon, J. B. BSc asq		
qss	(FC)	1 Jan
Garston, R. J. L. MSc		
qs	(REGT)	1 Jan
Jobling, C. qs	(FC)	1 Jan
McLean, B. J. qs	(FC)	1 Jan
Mullings, N. W. BSc		
qs	(FC)	1 Jan
Nicolson, J. A. qss	(ATC)	1 Jan
Ormerod, C. A. MBE		
qs	(REGT)	1 Jan
Ward, G. F. qss	(FC)	1 Jan
Kreft, S. N. MBA BA		
qss	(INT)	17 June
Atkinson, P. W. BA		
qs	(FC)	1 July
Bainbridge, A. C.		
qs	(ATC)	1 July
Dickson, G. L. BA		
qs	(ATC)	1 July
Fraser, N. A. S. qss	(FC)	1 July
Hyett, S. D. qs	(ATC)	1 July
Luton, M. qs	(REGT)	1 July
McCombe, A. B. qs		
	(REGT)	1 July
McLean, A.	(INT)	1 July
Paige, J. M. qss	(ATC)	1 July
Presley, M. A. qs	(FC)	1 July
Rayfield, P. H. qs	(FC)	1 July
Smailes, M. S. qss	(ATC)	1 July
Smith, H. G. BA qab		
qss	(ATC)	1 July
Smith, N. C. qs	(REGT)	1 July
Steel, C. S. qs	(INT)	1 July
Stewart, M. qs	(REGT)	1 July
Watson, R. M. qs	(ATC)	1 July

1995

Anthistle, P. qs	(ATC)	1 Jan
Davies, J. B. qs	(INT)	1 Jan
Dowling, F. K. qs	(ATC)	1 Jan
Drake, D. J. BA qss		
	(ATC)	1 Jan
Hazelgreaves, G. BA		
qs	(ATC)	1 Jan
Jones, P. C. MBA		
qs	(INT)	1 Jan
Mackay, I. T.	(ATC)	1 Jan
McLintic, P. J. qss	(FC)	1 Jan
Prevett, W. S. qs	(ATC)	1 Jan
Price, I. R. MIMgt qab		
qwi(AD) qs	(FC)	1 Jan
Roper, M. L. BA qs	(FC)	1 Jan
Saunders, R. J. qs	(FC)	1 Jan
Barrow, S. qs	(ATC)	1 July
Catmull, T. P. fc qs	(FC)	1 July
Holland, P. L. BSc		
qs	(REGT)	1 July
Maguire, P. J. BA		
qs	(FC)	1 July
Roberts, P. A. BSc		
qs	(ATC)	1 July
Stokes, P. M. qs	(REGT)	1 July
Todd, C. R. BSc qs	(ATC)	1 July
Varley, G. A. qs	(ATC)	1 July

1996

Barber, D. BA qs	(ATC)	1 Jan
Bray, N. qab qs	(REGT)	1 Jan
Brown, R. P. C. qs	(INT)	1 Jan
Corbett, A. S. BA		
qs	(INT)	1 Jan
Gibb, P. H. qs	(FC)	1 Jan
Johnson, S. BEd qs		
	(ATC)	1 Jan
Morton, M. A. BA		
qs	(ATC)	1 Jan
Oldfield, C. I. qss	(INT)	1 Jan
Raine, D. W. qss	(ATC)	1 Jan
Reid, L. M. qs	(FC)	1 Jan
Taylor, C. BA		
qs	(FLTOPS)	1 Jan
Taylor, W. S. MSc BSc		
MIMgt	(REGT)	1 Jan
Thompson, K. S.		
qs	(INT)	1 Jan
Thornber, S. R. BSc		
qss	(INT)	1 Jan
Tottman, M. BSc qs	(FC)	1 Jan
Austen, D. J. qs	(ATC)	1 July
Coffey, J. fc qs	(FC)	1 July
Germaney, R. C.		
qss	(ATC)	1 July
Heyworth, T. C. BSc		
qs	(REGT)	1 July
Johnston, D. C. (REGT)		1 July
King, W. N. MDA BA		
MIPD	(REGT)	1 July
Martin, K. L. qss	(ATC)	1 July
McCallum, A. qs	(FC)	1 July
McGregor, A. BA		
qs	(REGT)	1 July
McLaren, M. R. qss		
	(ATC)	1 July
Millward, P. qss	(FC)	1 July
Park, A. R. qs	(FC)	1 July
Parsons, B. L.	(ATC)	1 July
Pound, M. G(a)	(REGT)	1 July
Thorner, M. A. BA		
qss	(INT)	1 July
Wells, A. J. qs	(ATC)	1 July
Woodward, R. G. G.		
qs	(REGT)	1 July

1997

Archer, J. P. qss	(REGT)	1 Jan
Bainbridge, A. S.		
qss	(ATC)	1 Jan
Ball, D. E. BSc G(a)		
qss	(REGT)	1 Jan
Barnes, R. W. qs	(REGT)	1 Jan
Blake, F. J. qss	(INT)	1 Jan
Bradnam, S. W. BSc		
qab qs	(REGT)	1 Jan
Burt, M. J. G(a) qss		
	(REGT)	1 Jan
Chalmers, J. E. BA		
qs	(ATC)	1 Jan
Fitzmaurice, A. F. N. St.		
J. qss	(FC)	1 Jan
Fixter, M. R. qss	(FC)	1 Jan
Gildersleeves, J. P. V.		
qs	(FC)	1 Jan
Gill, A. C. qs	(ATC)	1 Jan
Jones, D. K. qs	(FC)	1 Jan
Kendall, E. S. G(a)		
qs	(REGT)	1 Jan
Kitt, A. P. BA qs	(REGT)	1 Jan
Lawrence, R. J. qs	(ATC)	1 Jan
Laws, A. P. qtm qs	(INT)	1 Jan
MacPherson, A. M.		
qss	(FC)	1 Jan
Millington, S. BA		
qs	(REGT)	1 Jan
Newman, N. J. qs		
	(REGT)	1 Jan
Oliver, B. A. qss	(ATC)	1 Jan
Osman, A. J. qs	(REGT)	1 Jan
Owens, T. J. L. qs	(ATC)	1 Jan
Smith, I. R. qs	(REGT)	1 Jan
Todd, I. S. G(a) qs		
	(REGT)	1 Jan
Todd, J. D. qss	(REGT)	1 Jan
Turner, J. A. G(a)	(REGT)	1 Jan
Webster, R. J. MBE		
qss	(REGT)	1 Jan
Winstanley, D. qs	(ATC)	1 Jan
Bailey, R. qs	(INT)	1 July
Beckley, C. P. BSc(Econ)		
qss	(REGT)	1 July
Bell, I. N. qs	(ATC)	1 July
Bird, M. R. MBE		
qss	(REGT)	1 July
Brunt, L. B. qab qs		
	(REGT)	1 July

OPERATIONS SUPPORT BRANCH

Squadron Leaders

1997—contd

Carter, E. M. A. MBA BA qs (ATC)	1 July
Clark, D. J. qwi(AD) fc qs (FC)	1 July
Clifford, R. F. J. qs (REGT)	1 July
Coleman, M. S. P. qss (FC)	1 July
Fitness, J. H. qs (ATC)	1 July
Gibson, C. R. qwi (FC)	1 July
Hall, A. J. MBE qs (REGT)	1 July
Lackey, E. W. M. BSc qs (ATC)	1 July
Madden, M. R. BSc MILT MIL G(a) qss (REGT)	1 July
McFarland, S. S. qab qss (REGT)	1 July
McGregor, G. L. qss (ATC)	1 July
Portlock, J. B. qs (FC)	1 July
Willson, B. qss (ATC)	1 July

1998

Belfield, F. D. MBE BSc qs (FC)	1 Jan
Callow, A. R. qss (FC)	1 Jan
Daisley, R. M. BSc qs (FC)	1 Jan
DePolo, M. J. qss (FC)	1 Jan
Devoy, D. A. qab qs (REGT)	1 Jan
Divver, T. J. qss (FC)	1 Jan
Dobson, A. P. BEng qs (REGT)	1 Jan
Grayson, K. J. qss (REGT)	1 Jan
Heaselgrave, D. R. qs (ATC)	1 Jan
Jones, S. L. qs (FC)	1 Jan
Loveday, N. J. BSc qs (FC)	1 Jan
Myers-Hemingway, A. P. BSc qs (INT)	1 Jan
Ploutarchou, A. P. qs (ATC)	1 Jan
Rodgers, J. D. qs (REGT)	1 Jan
Rossiter, G. qss (ATC)	1 Jan
Speedy, P. P. BSc qs (FLTOPS)	1 Jan

Spencer, J. D. BSc qs (FLTOPS)	1 Jan
Tomaney, D. A. qs (ATC)	1 Jan
Wann, G. B. D. qss (ATC)	1 Jan
Ware, G. S. qs (FC)	1 Jan
Wilkins, A. J. qss (FC)	1 Jan
Alcock, N. J. BSc qss (ATC)	1 July
Crompton, N. A. C. qss (FC)	1 July
Cunningham, D. J. MBE qss (FC)	1 July
Gilroy, A. BA qss (REGT)	1 July
Griffiths, S. MISM qwi(SAW) qs (REGT)	1 July
James, N. G. qss (ATC)	1 July
Lamont, N. BA qss (INT)	1 July
MacLeod, E. (ATC)	1 July
Meridew, E. J. qs (ATC)	1 July
Phillips, D. C. qab qss (ATC)	1 July
Read, D. J. BA qss (REGT)	1 July
Scott, P. qss (REGT)	1 July
Thomson, I. A. BSc G(a) qss (REGT)	1 July
Walker, J. C. BSc qss (FC)	1 July
Wood, C. D. qs (ATC)	1 July

1999

Akehurst, P. L. BSc qss (ATC)	1 Jan
Cartmell, D. R. qss (ATC)	1 Jan
Chambers, M. G. qss (ATC)	1 Jan
Dunstall, M. R. qs (ATC)	1 Jan
Ford, D. L. G(a) qss (REGT)	1 Jan
Freeman, R. J. B. BA G(a) qss (REGT)	1 Jan
Gray, D. L. BA qss (FC)	1 Jan
Griffiths, D. J. qs (REGT)	1 Jan
Hart, M. P. BA qab qss (INT)	1 Jan
Henderson, G. S. BEd qss (ATC)	1 Jan
Hughes, P. R. qss (INT)	1 Jan
Johnson, L. C. qs (ATC)	1 Jan
Jones, G. qss (REGT)	1 Jan
Knowles, A. G. G(a) qss (REGT)	1 Jan
Lester, P. T. G. qss (REGT)	1 Jan
Lewis, S. B. BSc qss (INT)	1 Jan

Lillywhite, R. qss (ATC)	1 Jan
Lindsey, D. E. qss (ATC)	1 Jan
Lockhart, N. L. qcc (ATC)	1 Jan
MacKenzie, K. D. qss (REGT)	1 Jan
Pope, M. S. qss (REGT)	1 Jan
Ryles, S. M. MBE qss (REGT)	1 Jan
Van Vogt, M. A. qss (ATC)	1 Jan
Williams, P. L. qss (INT)	1 Jan
Beasant, A. J. qss (REGT)	1 July
Coleman, C. W. T. qss (FC)	1 July
Doyle, J. M. qss (ATC)	1 July
Dyson, E. F. qss (REGT)	1 July
Hand, M. T. qss (REGT)	1 July
Jeffs, G. J. BA qss (ATC)	1 July
Keefe, D. B. qss (REGT)	1 July
Lloyd, A. T. BSc qss (INT)	1 July
MacLeod, G. M. qss (INT)	1 July
Marden, A. J. qss (ATC)	1 July
McCarney, E. S. qss (ATC)	1 July
McEvoy, J. J. qss (REGT)	1 July
McIntyre, A. E. qss (ATC)	1 July
Miller, S. M. qss (REGT)	1 July
O'Connor, S. K. qss (FC)	1 July
Pattinson, M. qss (REGT)	1 July
Scott, C. asq qss (FC)	1 July
Scott, C. W. qss (ATC)	1 July
Sharp, A. P. qss (ATC)	1 July
Walkerdine, I. M. qss (FC)	1 July
Watson, E. J. MSc qss (INT)	1 July
Webster, A. J. E. qss (ATC)	1 July
White, A. A. F. qss (INT)	1 July

OPERATIONS SUPPORT BRANCH

Flight Lieutenants

1969
Dixon, J. M. qss (INT) 3 Sept

1972
Sims, P. E. qss (ATC) 8 Mar
Pride, I. McC. MBE (ATC) 4 May

1973
Russell, J. R. (ATC) 29 July

1974
Don, J. BSc qss (ATC) 10 Oct

1975
Wright, A. R. (ATC) 10 May
Thomson, B. R.
  qss (REGT) 1 Oct
Monfort, G. R. (FC) 25 Oct

1976
Gardner, R. S. (ATC) 22 Nov

1977
Jay, P. A. MSc BSc
  qss (INT) 24 June
Hill, M. qss (ATC) 4 Aug

1978
Trist, S. N. qss (FLTOPS) 21 Mar
McClelland, D. M. (ATC) 29 June
Hartley, P. S.
  qss (FLTOPS) 16 Sept

1979
La Roche, R. (ATC) 10 Nov

1980
Harrison, J. W.
  qss (ATC) 28 Apr
Haughie, J. R. qss (FC) 28 Apr
Ripley, G. (FC) 11 May
Montgomery, H. C. A.
  qss (FC) 29 June
Clifford, D. P. qss (FC) 5 Oct
Harrison, D. P. (ATC) 13 Dec

1981
Broadway, S. J. H. (FC) 17 Jan
Lee, R. R. G. qss (FC) 20 Sept
Reading, A. M. (FC) 27 Sept

1982
Perry, R. (ATC) 28 June
Nickles, R. C. BSc (ATC) 14 Nov
Beer, R. P. BSc qss (FC) 6 Dec
Williams, M. J. (ATC) 24 Dec

1983
Dring, C. A. qss (ATC) 19 Mar
Webster, D. S. MBE
    (ATC) 2 July
Jeffs, A. J. BSc
  qss (FLTOPS) 4 Aug
Heeley, J. M. qss (INT) 5 Oct

1984
Williams, P. F. qss (ATC) 18 Apr

1985
Purchase, S. P. MSc
  BSc (INT) 25 Feb
Phillipson, P. R. qss (FC) 16 May
Tyas, S. P. J. (ATC) 23 May
Taylor, J. F. BSc qss (FC) 18 July
Brightman, P. S. (REGT) 8 Sept
Howard-Vyse, C. A. BSc
  qss (FLTOPS) 15 Oct
Gemmill, T. (FC) 19 Nov
Jones, M. P. (ATC) 15 Dec

1986
Gamble, N. (FLTOPS) 3 Jan
Shaw, P. A. (ATC) 29 Jan
Millar, H. E. (ATC) 18 Feb
Howes, D. J. G(a)
  qss (REGT) 6 Mar
Faulkner, H. M. BSc fc
  qss (FC) 11 June
Townsend, D. P.
  qss (FC) 13 June
Horne, I. qss (ATC) 24 July
Higgs, S. M. qss (REGT) 28 Aug
Summers, G. S. BA
  qss (FLTOPS) 17 Oct
Green, P. J. qss (ATC) 22 Nov
Harvard, I. C. qss (ATC) 22 Nov
Kyffin, R. G. M. BA
  qss (REGT) 19 Dec
Burke, D. G. (ATC) 20 Dec

1987
Stansby, A. W. qss (FC) 14 Jan
Williams, S. B. BSc
  qss1 (ATC) 31 Jan
Wilson, S. C. BA
  qss (ATC) 22 Apr
Wood, M. S. BA
  asq (FC) 30 Apr
Print, C. P. MSc (ATC) 25 May
Tape, S. F. (FC) 4 July
Powell, M. B. BTech
  qss (FLTOPS) 5 July
Cothey, P. qss (FC) 5 Aug
Giles, A. M. (FLTOPS) 5 Aug
Rosie, K. S. qss (FC) 5 Aug
Hamilton-Bing, S. P.
  E. (ATC) 22 Aug
Hornsby, N. A. asq
  qss (FC) 18 Sept
Howie, T. D. (REGT) 19 Sept
Iddles, J. A. D. qss (FC) 19 Sept
Power, F. (INT) 19 Sept
Bainbridge, D. J. F. BSc
  G(a) qss (REGT) 15 Oct
Wheeler, A. J.
  BSc (FLTOPS) 18 Oct
Richardson, P. D. BA
  MISM MIMgt
  qss (REGT) 29 Oct
Pendleton, G. qss (ATC) 30 Oct
Hilditch, L. E. qss (ATC) 31 Oct
Sutton, A. J. qss (ATC) 6 Nov
Patrick, S. N. BSc
  qss (ATC) 26 Nov
Philipson, R. M. fc
  qss (FC) 5 Dec
Green, A. J. BSc
  qcc (ATC) 10 Dec

OPERATIONS SUPPORT BRANCH

Flight Lieutenants

1988

Garrity, R. D. qss (ATC) 24 Jan
Preedy, J. A. qss (ATC) 4 Mar
Hill, A. A. PhD BSc
 qss (FC) 14 Apr
Mullan, P. M. BSc
 qss (FC) 14 Apr
Knight, D. (FC) 15 Apr
Moffat, W. (FC) 9 May
Pollard, C. S. BSc
 qss (FC) 10 May
Mackay, D. M. BA
 qss (REGT) 25 May
Young, C. A. BSc
 qss (FC) 25 May
Johnson, A. W. qwi (FC) 26 May
Pickett, G. R. qss (FC) 26 May
Tunaley, M. A. qss (FC) 26 May
Davies, I. D. qss (FC) 29 May
McGuigan, N. D. BSc
 qss (FLTOPS) 7 June
Brisdion, G. A. MSc
 BSc qab qss (INT) 20 July
Busby, C. A. BSc
 qss (ATC) 20 July
Hall, N. A. (ATC) 20 July
Saunders, A. E. J. BA
 qss (REGT) 30 Sept
Clarke, A. C. qss (FC) 8 Oct
Garvey, K. qss (INT) 8 Oct
Webb, B. P. (FC) 11 Oct
Whitehead, N. qcc (FC) 15 Oct
Smith, R. F. DPhil BA
 PGCE qss (INT) 8 Nov
Ortyl, R. I. qss (FC) 20 Nov
Gillott, S. M. BSc
 qss (FC) 26 Nov
Catterall, C. qss (FC) 4 Dec

1989

Arber, R. C. (FLTOPS) 17 Jan
Coleman, A. J. BSc
 qwi(SAW) qss (REGT) 18 Feb
Gibson, G. J. (FC) 28 Feb
Upton, M. N. qcc (FC) 23 Mar
Breeds, P. W. (INT) 11 Apr
Brown, A. M. qss (INT) 10 May
Mitchell, F. A. (ATC) 6 June
Kennedy, A. G. MA
 G(a) (REGT) 7 June
Clark, T. J. qss (REGT) 29 June
Bingham, J. D. (ATC) 4 July
Sumal, I. S. qss (FC) 4 July
Barker, R. J. qss (ATC) 17 July

Dowie, C. H. BSc
 qss (FC) 16 Aug
Parsons, G. A. BA
 qss (ATC) 16 Aug
Heron, P. M. qss (ATC) 27 Aug
Thayne, A. G.
 qss (REGT) 27 Aug
Balmforth-Slater, D. L.
 qss (FC) 24 Sept
Barmby, C. S. BSc
 qss (INT) 30 Sept
Clayton, K. R. BSc
 qss (REGT) 30 Sept
Kimber, C. J. BEd
 qss (FC) 30 Sept
Lawrence, N. J. BSc
 qss (FC) 30 Sept
Tait, J. D. BSc qss (FC) 30 Sept
Elsegood, M. J.
 qss (FLTOPS) 8 Oct
Snellock, C. D. BSc
 qss (INT) 26 Oct
Pulfrey, J. M. (ATC) 15 Nov
Jackson, D. qss (ATC) 3 Dec
Riley, P. J. BA qss(ATC) 7 Dec
Lewis, P. E. qss (ATC) 15 Dec

1990

Greenwood, A. BA
 qss (FC) 15 Jan
Thorpe, C. P. BSc
 qss (FC) 15 Jan
Davies, A. J. qss (FC) 29 Jan
Taylor-Powell, C. L.
 qss (ATC) 29 Jan
MacDonald, F. G.
 qss (ATC) 25 Feb
Harrop, M. D. BEng
 qss (FC) 28 Feb
Nicholson, G. B.
 qss (ATC) 3 Mar
Chinery, M. A. qss (FC) 8 Mar
Green, I. D. qss (FC) 8 Mar
Weaver-Smith, P. A.
 qss (REGT) 8 Mar
Brooks, D. P. qab
 qss (FLTOPS) 11 Apr
Mason, C. R. MPhil BSc
 qss (FLTOPS) 11 Apr
Armstrong, J. T.
 qss (REGT) 20 Apr
Hunt, D. J. fc qss (FC) 20 Apr
Sneddon, S. R.
 qss (INT) 7 June
Barrett, M. S. qss (ATC) 8 June
Hartle, N. J. (FLTOPS) 8 June
Ross, J. qss (FC) 19 June
Disdel, C. A. H. (FC) 8 July

Brabon, M. D.
 qss1 (REGT) 25 July
Baker, D. A. (ATC) 28 July
Cochrane, J. qss (INT) 28 July
Leffler, T. qss (FC) 2 Aug
Anthony, S. T. (INT) 17 Aug
Tilley. E. J. qss (FC) 1 Sept
Bartlett, S. M. qss (ATC) 12 Sept
Benn, C. qss (FC) 15 Sept
Harding, C. D. E. (REGT) 15 Sept
Jones, A. S. qss (FC) 15 Sept
Jones, H. W. qss(REGT) 15 Sept
Richardson, F. S.
 qss (REGT) 15 Sept
Tuite, P. F. qss (FC) 15 Sept
Turner, G. J. qss (ATC) 15 Sept
Topham, K. D. (FC) 4 Oct
Brook, S. R. qss (ATC) 26 Oct
Payne, S. M. qss (ATC) 2 Nov
Hughes, D. L. qss (ATC) 4 Nov
Calvert, S. C. qss (ATC) 4 Dec
Bardell-Cox, T. A.
 BSc(Econ) MIMgt
 qss (INT) 7 Dec
McKillop, J. A. BSc
 qss (ATC) 7 Dec
Tomkins, S. R.
 qss (REGT) 20 Dec

1991

Birnie, R. E. R. BSc
 qwi(AD) qss (FC) 15 Jan
Carpenter, P. J. BSc
 qss (FC) 15 Jan
Hammond, G. B. T. BA
 qss (FC) 15 Jan
Jacob, R. G. BA
 qss (ATC) 15 Jan
Stirrat, S. S. BA
 qss (INT) 15 Jan
Walker, J. C. BSc
 qss (ATC) 15 Jan
Hadden, P. (ATC) 19 Jan
Warren, D. R. qss (ATC) 19 Jan
Wilkinson, A. C. BSc
 qwi(SAW) qss (REGT) 19 Jan
Clarke, J. qss (ATC) 27 Jan
Simpson, J. C. D. (REGT) 30 Jan
Bridges, S. J. qss (FC) 1 Mar
Trown, N. J. qab
 qss1 (REGT) 1 Mar
Allen, M. R. L. (REGT) 6 Mar
O'Hanlon, M. J. (FC) 12 Mar
O'Neill, S. G. P. qss (FC) 30 Mar
Boyle, M. P. BSc
 qss (ATC) 11 Apr
Day, P. A. BSc qss (INT) 11 Apr
Evans, P. W. BSc qss (FC) 11 Apr

OPERATIONS SUPPORT BRANCH

Flight Lieutenants

1991—contd

MacLennan, S. W. qwi(AD)	(FC)	11 Apr
Bennett, A. R. BA qss1	(REGT)	6 May
Liston, M. J.	(FLTOPS)	11 May
Buchanan, J. W.	(ATC)	15 May
Palmer, M. R. K. BSc qss	(FC)	15 May
Dallas, A. W. qss	(REGT)	22 May
Kinnell, R. qss1	(REGT)	22 May
Spence, S. qss	(REGT)	22 May
Atchison, J. D. BA qss	(FC)	3 July
Hewson, N. qwi(AD) qss2	(FC)	3 July
Kendall, R. A.	(ATC)	17 July
Powell, G. J. qss	(REGT)	17 July
Steele, R. C. qss1	(ATC)	17 July
Ewen, G. P. MA qss	(ATC)	14 Aug
Miller, D. qss	(INT)	19 Aug
Turner, R. G. qss	(FC)	28 Aug
Wrenn, M. J.	(ATC)	28 Aug
Walker, S. A.	(ATC)	4 Sept
Henderson, S. K.	(INT)	5 Sept
Miller, D. W. A. qss	(FC)	27 Sept
Payne, M. J. G(a) qss	(REGT)	22 Sept
Thorpe, J. A. BA qss	(FC)	27 Sept
Breedon, C. J. qss	(FC)	11 Oct
Noone, J. M.	(ATC)	11 Oct
Brown, G. P. qss	(REGT)	6 Nov
Hall, W. P. BS qss	(ATC)	8 Nov
Hickson, P. R. BSc qss	(REGT)	8 Nov
Clyburn, N. P. qss	(ATC)	9 Nov
Lewis, J. H.	(ATC)	14 Nov
Balfour, J. R. S. G(a) qss	(REGT)	23 Nov
Hunter, D. T. qss	(ATC)	23 Nov
Reid, A. G. M. qss	(FC)	7 Dec
Currie, P. W. qss	(FC)	10 Dec
Curtis, T. B. qss	(ATC)	12 Dec
Collier, A. S. qss1	(INT)	19 Dec

1992

Dickson, M. W. qss	(ATC)	4 Jan
Kirkby, I. G. qss	(FC)	4 Jan
Lorraine, A. G. qss	(FC)	4 Jan
Throsby, M. qss	(ATC)	4 Jan
Laker, C. R. BA qss	(REGT)	15 Jan
Willingham, Y. qss	(ATC)	20 Jan
Craven, J. S. qwi(AD) qss1	(FC)	22 Jan
Brown, T. D. A. qss	(FLTOPS)	29 Jan
McAleer, A. S. qss	(FC)	8 Feb
Istance, M. qss	(ATC)	12 Feb
Walker, C. P. qss	(INT)	12 Feb
Glazebrook, A. J. C. BA qss	(REGT)	14 Feb
Uren, T. E. BSc G(a) qss	(REGT)	14 Feb
Hellard, G. P. qss	(REGT)	15 Feb
Jackson, J. A.	(REGT)	15 Feb
Owen, D. J. qss	(INT)	15 Feb
Scott, S. J. qss	(FLTOPS)	15 Feb
Coleman, M. G. qss	(ATC)	15 Jan
Bishop, C. A. M. BA qcc	(REGT)	25 Mar
Eason, A. S. BA qss1	(ATC)	25 Mar
Maple, P. D. BA qss	(FC)	25 Mar
Rickard, J. E. BSc qss	(INT)	25 Mar
Sawyer, R. N.	(REGT)	26 Mar
Cooper, R. A. qss	(INT)	29 Mar
Jago, M. qss	(FC)	30 Mar
Treacy, S. M. MSc BA qss	(FC)	1 Apr
Martin, A. J.	(ATC)	30 Apr
Taylor, D. BSc	(FC)	6 May
Liggat, A. K. S. G(a) qss	(REGT)	7 May
White, J. J. qss	(FC)	7 May
Jackson, A. D. qss	(FLTOPS)	10 May
Reid, J. A.	(FLTOPS)	10 May
Rutherford, A. qss	(INT)	15 June
Rogerson, D. M.	(ATC)	8 July
Kanhai, R. I. qss	(ATC)	13 Aug
Carter, T. J. FISM MILT	(FLTOPS)	19 Aug
Eden, J. J. BSc qss	(REGT)	19 Aug
Farmer, R. N. BA qcc	(INT)	19 Aug
Hare, J. A. BA	(ATC)	19 Aug
Gunn, J. H.	(REGT)	3 Sept
Nugent, S. G. qss	(ATC)	26 Sept
Blake, I. R. qss1	(FC)	27 Sept
Higgins, R. F.	(ATC)	27 Sept
Harris, J. C. BSc	(REGT)	2 Oct
Vine, A. P. qss	(ATC)	8 Oct
Elks, S. J. qcc	(FC)	11 Oct
Skipp, T. A. qss	(ATC)	26 Oct
Bayley, N. J. qss	(INT)	8 Nov
Blockley, S. A. qwi(AD) qss	(FC)	8 Nov
Donoghue M. P. J. qss	(REGT)	8 Nov
Mackenzie, A. K. qss	(ATC)	8 Nov
Oughton, M. D. qss	(FC)	8 Nov
Durban, S. J.	(ATC)	11 Nov
Lowman, M. E. BSc qss	(ATC)	14 Nov
Marshall, P. J. qss	(ATC)	3 Dec
Leatham, C.	(ATC)	10 Dec
Attewell, D. J.	(ATC)	13 Dec
Hampson, J. R.	(ATC)	15 Dec
Chappell, M. R. qss	(FC)	19 Dec
Crompton, D. A. qss1	(FLTOPS)	19 Dec
Dinsley, R. M.	(FC)	19 Dec
Hodgson, R. qss	(INT)	19 Dec
Rowntree, C. W. qss	(FC)	19 Dec
Ticehurst, J. qss	(FC)	19 Dec
Walton, K. G. qss	(FC)	19 Dec
Chick, A. J.	(FLTOPS)	20 Dec
Berners, P. R. qss	(FLTOPS)	21 Dec
Davis, C. D.	(FLTOPS)	25 Dec

1993

Hope, N. qss	(ATC)	7 Jan
Parrott, M. A. qss1	(INT)	11 Jan
Carter, S. J. BEng qss	(REGT)	15 Jan
Clark, A. B. BSc qss	(ATC)	15 Jan
Ferguson, E. J. BEd qss	(ATC)	15 Jan
Gray, F. J. LLB qss	(INT)	15 Jan
Johnson, M. R. BSc qwi(AD) qss	(FC)	15 Jan
Martin, D. A. BSc	(FC)	15 Jan
Owens, R. L. BSc qss	(FC)	15 Jan
Cockin, M. D. qcc	(FC)	31 Jan
Loveridge, S. M. qss	(FC)	31 Jan
Benham, T. M.	(ATC)	1 Feb
Axford-Hawkes, I. A. qss	(ATC)	7 Feb
Jones, A. D. BA qss	(INT)	20 Feb
Sharp, J. C. BSc qss	(FC)	20 Feb
Walker, J. M. L. qss1	(FC)	1 Mar
Bullock, S. T.	(ATC)	5 Mar
MacKay, G. E.	(FC)	11 Mar
Philip, M. W. BSc	(INT)	14 Mar
Robinson, C. qcc	(FC)	14 Mar

OPERATIONS SUPPORT BRANCH

Flight Lieutenants

1993—contd

Sharples, S. P.
   qss　　　　　　(REGT)　14 Mar
Burr, S. J. MILT
   qss　　　　　(FLTOPS)　16 Mar
Kellard, C. A.　　　(ATC)　30 Mar
McKay, D. S.　　　(ATC)　30 Mar
Reid, G. S. BSc
   qss　　　　　　(ATC)　1 Apr
Stylianides, A. MBE
   BSc qcc　　　　　(FC)　1 Apr
Beat, P. A. qss　　　(ATC)　14 Apr
Wiggans, I. R. qss (ATC)　18 Apr
Clark, W. A.　　　(ATC)　23 Apr
Forrester, J. M. qss (FC)　23 Apr
Lindsay, G. H.　　(ATC)　23 Apr
Swift, V. S. qss　　(FC)　23 Apr
Box, R. C. qss　　　(FC)　25 Apr
Fraser, G. M. BSc
   qss　　　　　　(FC)　11 May
Pulling, B. S. qss (ATC)　2 June
Bourton, M. J. W.
   qss　　　　　　(ATC)　4 June
Dyer, K. P. qss　(REGT)　4 June
Bond, C. N.　　(REGT)　15 June
Thomas, P. F. S.
   qss　　　　　　(ATC)　23 June
Claydon, Z. G. BA(ATC)　7 July
Williams, A. G.
   qss　　　　　(REGT)　16 July
Barnes, T. J. qss (ATC)　18 July
Northam, M. P.
   qss　　　　　　(ATC)　18 July
Prytherch, N. S.
   qss　　　　　　(INT)　23 July
Rutherdale, R. J.　(FC)　27 July
Watson, A. J.　　　(FC)　27 July
Allison, A. J. qss　(FC)　29 July
Bolton, P. M. qss　(FC)　29 July
James, D. W. qss (INT)　29 July
Scott, G. T. E.　　(FC)　29 July
Seymour, K. L. qwi(AD)
   qss　　　　　　(FC)　29 July
Hanby, D. J. qss　(FC)　30 July
Douglas, I. J.　　(ATC)　4 Aug
Lock, R. K.　　　(ATC)　5 Sept
Morley, W. J.　　(ATC)　5 Sept
Streeton, A. D. qss(ATC)　5 Sept
Cumming, J. D. (REGT)　12 Sept
Fountain, D. G(a)
   qss　　　　　(REGT)　12 Sept
Mason, M. I. qss (REGT)　12 Sept
Nuttall, R. M. qcc (INT)　12 Sept
Woolfson, C. A. qss(FC)　12 Sept
Clarke, D. J. qwi(AD)
   qss1　　　　　(ATC)　15 Sept

Cosway, D. P. qss　(FC)　15 Sept
Nixon, P. T.　　　(FC)　25 Sept
Riley, B. J. BSc qss(INT)　30 Sept
Bellworthy, A. J. (ATC)　17 Oct
Callander, A. D.
   qss　　　　　(REGT)　23 Oct
Collins, S. E. qss　(INT)　23 Oct
Flint, C. D. qss　　(FC)　23 Oct
Gibson, D.　　　　(FC)　23 Oct
Johnson, D. R. qss (ATC)　23 Oct
Langley, P. H. qss (ATC)　23 Oct
Newton, K. V. qss (FC)　23 Oct
O'Dell, R. M. qss　(FC)　23 Oct
Morris, P. K.　　　(FC)　27 Oct
Kelly, R. W. qss　(INT)　7 Nov
Thomas, R. E. L.
   qss1　　　　　(ATC)　10 Nov
Burt, T. BA qss　(INT)　13 Nov
Nicholas, J. J. R. MIMgt
   qss　　　　　　(ATC)　21 Nov
Dodds, M. A.　　(ATC)　4 Dec
Moore, C. D. qss (INT)　4 Dec
Watkins, D. M. (REGT)　4 Dec
Ball, J. K. TIG(a) (REGT)　19 Dec
Baxter, K. qss　　(ATC)　19 Dec
Dix, R. E. qss　　(ATC)　19 Dec
Jones, P. L.　　　(ATC)　19 Dec

1994

Flanigan, R. qss　(ATC)　9 Jan
Burchill, G. M. (REGT)　15 Jan
Robson, N. A. H. (ATC)　15 Jan
Taylor, L. B. BA
   qwi(SAW) qcc(REGT)　15 Jan
Cox, M.　　　　　(FC)　17 Jan
Sharland, R. E. qss(FC)　17 Jan
Walker, K. qss1　(FC)　17 Jan
Wilczek, D. S. E. P.
   qss　　　　　　(FC)　17 Jan
Eden, R. E. qss　(ATC)　13 Feb
Gratton, R. E. J. (ATC)　13 Feb
Pickering, J. D.
   qss　　　　　　(ATC)　13 Feb
Rawsthorne, N. A. BSc
   qss　　　　　(REGT)　18 Feb
Whetnall, H. C. BA(ATC)　18 Feb
Kenning, J. B. BSc
   qss　　　　　　(INT)　19 Feb
Owens, J. A. qss (ATC)　25 Feb
Duffy, P. J. qcc (REGT)　27 Feb
Millar, S. A.　　(REGT)　27 Feb
Parkinson, J. H. (REGT)　27 Feb
Rooney, W. J.
   qss　　　　　(REGT)　27 Feb
Williams, D. K.
   qss　　　　　(REGT)　27 Feb
Wood, P. qwi(SAW)
   qss　　　　　(REGT)　27 Feb

Sheppard, K. J. qcc (ATC)　28 Feb
Bullement, H. M. BSc
   qcc　　　　　　(ATC)　29 Mar
Goodchild, M. C. H. BA
   qss　　　　　(FLTOPS)　30 Mar
Lee, A. J. BA PGCE
   qss　　　　　(REGT)　30 Mar
Taylor, M. R. BSc
   qwi(SAW) qss (REGT)　30 Mar
Caesar, I. R.　　(REGT)　8 Apr
Cliff, C. H. G. qss (ATC)　8 Apr
Cox, J. L. qcc　　(FC)　8 Apr
Craddock, G. A.　(FC)　8 Apr
Owens, C. J. qss (ATC)　8 Apr
Rodger, A. L.　(REGT)　23 Apr
Wymer, R. J. qss (ATC)　27 Apr
Lawrence, P.
   qss1　　　　　(REGT)　10 May
Moon, S.　　　　(ATC)　10 May
O'Brien, T. M.　 (ATC)　10 May
Scott, P. A. BA PGCE
   qss　　　　　(REGT)　11 May
Stride, K. J. BA
   qss　　　　　　(ATC)　11 May
Brooks, D. J. qss　(FC)　19 May
Povey, A. R. qss (ATC)　19 May
Preston-Whyte, P. A.
   qss　　　　　　(ATC)　19 May
Robb, A. McE.　(ATC)　19 May
Stevens, A. J.　　(FC)　19 May
Welling, S. C.　(ATC)　19 May
Ballantyne, D. N.
   qss　　　　　　(ATC)　22 May
Harvey, D. G.　(ATC)　25 May
Lutton, D. R.　　(ATC)　22 June
Breddy, L. A. qcc (ATC)　30 June
Clark, G. A. P.
   qss　　　　　(REGT)　3 July
Adamson, A. P. W. BSc
   AIL qss i* (FLTOPS)　5 July
Hughes, K. A. MA MISM
   MInstAM(Dip)　(FLTOPS)　5 July
Godfrey, J. E. A. (INT)　14 July
Hathaway, S. R. BSc
   qcc　　　　　　(INT)　15 July
Boxell, D. M.　　(ATC)　2 Aug
Mclvor, N. J.　(REGT)　2 Aug
Kendall, W. J.
   qss　　　　　(REGT)　14 Aug
Bruce, C. I. D. qcc (INT)　17 Aug
Dixon, N. R. A. qss (FC)　25 Aug
Gibbs, B. T. qss　(FC)　25 Aug
Gill, C. M. qss　(ATC)　25 Aug
Horn, N. B. qwi(SAW)
   qss　　　　　(REGT)　25 Aug
Sackley, D. P. qwi(AD)
   qss　　　　　　(FC)　25 Aug
Sinclair, S. J. qcc (ATC)　25 Aug
Dickson, J. C. qss(ATC)　19 Sept

OPERATIONS SUPPORT BRANCH

Flight Lieutenants

1994—contd

Name		Date
Hamer, P.	(INT)	22 Sept
Dick, G. J. qss	(FC)	24 Sept
Smart, K. qcc	(ATC)	24 Sept
Johnston, M. J.	(FC)	26 Sept
Moss-Rogers, N. B. BSc qss	(ATC)	30 Sept
Raper, S. P.	(ATC)	28 Oct
Beck, N. P.	(FC)	5 Nov
Brooks, J. qwi(AD) qss	(FC)	5 Nov
Formby, M. R. qss	(REGT)	5 Nov
Irvine, A. C. A. qss	(INT)	5 Nov
Ogden, M. R. qss	(FC)	5 Nov
Tatters, S. D.	(ATC)	5 Nov
Wheeler, S. C.	(ATC)	5 Nov
White, A. J.	(INT)	5 Nov
Ratcliffe, J. J.	(REGT)	8 Nov
Hayter, G. qcc	(ATC)	10 Dec
Mellings, I. M.	(ATC)	10 Dec
Maxted, S. J. qss1	(ATC)	11 Dec
Larry, S. qss2	(FC)	16 Dec
Stamford, J. M. qss	(INT)	16 Dec
Mills, C. qss1	(FC)	20 Dec
Atkinson, K. M. BSc qss	(INT)	23 Dec
Myatt, R. J. D. BSc qss1	(INT)	23 Dec
Hann, C. D. qss	(FC)	24 Dec

1995

Name		Date
Derbyshire, J. G. BA qwi(SAW) qs	(REGT)	15 Jan
Grady, S. W. MA qcc	(ATC)	15 Jan
Mayers, M. S. BSc	(ATC)	15 Jan
Smeath, M. J.	(REGT)	15 Jan
Driscoll, E. J.	(ATC)	17 Jan
Metcalfe, J. H.	(ATC)	18 Jan
Boundy, R. A. qcc	(FC)	28 Jan
Calame, A. B. G(a)	(REGT)	28 Jan
Connelly, R. qss	(ATC)	28 Jan
Cryer, N. C. qcc	(ATC)	28 Jan
Lunn, A. R. qcc	(INT)	28 Jan
Otley-Doe, D. L.	(ATC)	28 Jan
Kettle, T. M.	(ATC)	11 Feb
Hughes, J. L. BSc qss	(FC)	18 Feb
Underhill, S. E. BSc qcc	(ATC)	18 Feb
MacLeod, F. D.	(ATC)	4 Mar
James, P. M. qss	(ATC)	22 Mar
Langley, R. I. qcc	(REGT)	22 Mar
McLucas, R. I.	(REGT)	22 Mar
Prince, N. C. H. qcc	(REGT)	22 Mar
Tait, D. C. qss	(REGT)	22 Mar
White, J. P. qss	(REGT)	22 Mar
Carr, R. J. BSc	(ATC)	29 Mar
Gardner, S. MA MPhil BA	(FLTOPS)	29 Mar
Graham, D. A. BA	(FC)	29 Mar
Hixson, J. S. BSc qcc	(INT)	8 Apr
McCarney, N. C. qcc	(ATC)	12 Apr
Ratcliffe, H. C.	(ATC)	15 Apr
Seaman, M. R. N. qss	(FC)	28 Apr
Astley-Jones, G. D. qcc	(REGT)	2 May
Biggs, A. J.	(ATC)	2 May
Cranshaw, F. D.	(REGT)	2 May
Hicks, P. M. qcc	(ATC)	2 May
Hubbard, J. W. qcc	(FC)	2 May
Kendrick, S. J. qss1	(INT)	2 May
Leaman, M. J. qss2	(REGT)	2 May
Purse, M. A. qss	(INT)	2 May
Ratcliffe, P. A. qss	(FC)	2 May
Wilson, G. D. qcc	(ATC)	2 May
Biddlestone, A.	(FLTOPS)	9 May
Greene, G. R.	(INT)	9 May
Priddy, W. P.	(ATC)	9 May
Evans, C. E. BA	(ATC)	10 May
Tierrie-Slough, A. P. qss	(ATC)	17 May
Cholerton, M P. BEng	(REGT)	6 June
Jackson, S. W. BSc	(REGT)	6 June
Hamilton, G. A. qcc	(ATC)	15 June
Shea-Simonds, P. J. qs	(REGT)	17 June
McCall, W. L. BSc	(FC)	5 July
Borley, W. D. qcc	(ATC)	26 July
Gleeson, R. F.	(FC)	26 July
Banks, C. P.	(ATC)	28 July
Frost, M. L. qss	(REGT)	29 July
Davies, R. A. qss1	(REGT)	2 Aug
Haselden, M. qss	(INT)	16 Aug
Soanes, P. J. qss	(ATC)	16 Aug
Whitworth, J. M. qcc	(ATC)	16 Aug
Addison, E.	(FC)	4 Sept
Moss, B. W.	(REGT)	8 Sept
Daisley, L. S. BSc	(FC)	29 Sept
MacFarlane, A. BSc qss	(FC)	29 Sept
Phillips, P. R.	(FLTOPS)	29 Sept
Atherton, S. E. qcc	(ATC)	30 Sept
Dunbar, A. J. qss	(ATC)	30 Sept
Franks, S. qcc	(ATC)	30 Sept
Hawtin, P. E.	(REGT)	30 Sept
Lyon, S. A.	(FC)	30 Sept
Middleton, A. J. qcc	(FC)	30 Sept
Oliver, S. J. qss	(ATC)	30 Sept
Pickering, A. N. qss1	(ATC)	30 Sept
Sinclair, A. D. qcc	(ATC)	30 Sept
Wylor-Owen, R. G. qss	(REGT)	30 Sept
Charlton, S. C.	(INT)	12 Oct
Laing, S. F.	(ATC)	28 Oct
Gagnon, F. Y. BA	(FC)	5 Nov
Macintyre, A. J. M. BSc	(REGT)	6 Nov
Lowman, S.	(ATC)	7 Nov
Cockram, L.	(INT)	11 Nov
Fone, S. qss1	(INT)	11 Nov
Lee, R. P. G.	(ATC)	11 Nov
Merrick, D.	(REGT)	11 Nov
Probert, P. R. qtm qss	(INT)	11 Nov
Short, N. P. qss	(FC)	11 Nov
Jones, T. E.	(ATC)	12 Nov
Hall, R. A. qss	(ATC)	8 Dec
Maddocks, D.	(ATC)	19 Dec
Varley, S. E.	(ATC)	21 Dec
Davies, M. qss	(FC)	22 Dec
Dimbleby, A. M. qcc	(FC)	22 Dec
Fraser, P. D. qss	(INT)	22 Dec
Mayhew, S. M.	(ATC)	22 Dec

1996

Name		Date
Henrick, D. M.	(ATC)	12 Jan
Cartwright, C. D. BSc qss1	(FC)	15 Jan
Lamb, P. R. J. BTh qss	(FC)	15 Jan
Mansell, L. D. C. BSc	(FC)	15 Jan
Quigley, T. L. LLB qcc	(INT)	15 Jan
Forshaw, S. M. qcc	(INT)	19 Jan
Cyster, J. L. qss	(INT)	20 Jan
Holcroft, S. J. qwi(SAW) qss1	(REGT)	27 Jan
Capel, D. K. S.	(REGT)	3 Feb
Endruweit, D. J. qss	(FC)	10 Feb
Hyde, E. A. MSc BSc qcc	(INT)	11 Feb

147

OPERATIONS SUPPORT BRANCH

Flight Lieutenants

1996—contd

Sexton, S. R. BEng	(INT)	16 Feb
Jones, A. N.	(REGT)	24 Feb
Darling, S. J. qcc	(ATC)	17 Mar
King, N. S. qss	(ATC)	24 Mar
Bradley, A. C. qss1	(ATC)	28 Mar
House, D.	(ATC)	28 Mar
McDowell, I. G. qcc	(ATC)	28 Mar
Davies, R. E. BSc	(ATC)	10 Apr
Cooke, G. B. BSc	(FC)	11 Apr
Stowers, S. M. LLB qcc	(FLTOPS)	11 Apr
Stewart, A. E.	(INT)	15 Apr
Palmer, M. A.	(ATC)	7 May
Goodall, V. L. BSc qcc	(ATC)	6 June
Martin, K. M. BA qcc	(FC)	6 June
Muir, G.	(FC)	15 June
Barclay, A. J.	(ATC)	21 June
Cargill, R. J.	(REGT)	21 June
Marshall, K. L.	(ATC)	21 June
Parsonage, E. C. qcc	(INT)	21 June
Sutton, J. P. qcc	(REGT)	21 June
Johnson, R. O.	(REGT)	28 June
Stockbridge, E.	(FC)	1 July
Harrison, T. G. S.	(REGT)	27 July
Smith, S. R. F.	(ATC)	28 July
Antrobus, A. E. BA qcc	(FC)	14 Aug
Drummond, I. M. BSc	(FC)	14 Aug
McGregor, D. S. A. BSc	(REGT)	14 Aug
Bendell, S. A. qss	(FLTOPS)	15 Aug
Flett, T. qcc	(FLTOPS)	15 Aug
Finney, P. A. J.	(INT)	29 Sept
Ibbetson, N.	(ATC)	29 Sept
Rosier, M. P.	(FLTOPS)	29 Sept
Watts, D. L.	(INT)	29 Sept
Duncan, B. J. qcc	(ATC)	6 Oct
Trott, J. S. BEng qcc	(FC)	10 Oct
Wigglesworth, C. A.	(ATC)	7 Nov
Dalton, M. J. qss2	(FC)	10 Nov
Gillespie, C. R. qss	(FC)	10 Nov
Keighley, D. L. qss1	(FC)	10 Nov
Smith, A. P.	(ATC)	10 Nov
Stead, A. A.	(FC)	10 Nov
Stowers, M. J. qss1	(REGT)	10 Nov
Wilson, A.	(REGT)	10 Nov
McCune, D. qcc	(INT)	1 Dec
Burgess, G. S.	(ATC)	15 Dec
Robinson D. M. qcc	(ATC)	15 Dec
Vaughan, S. L. qss1	(ATC)	15 Dec
Wilson, N. J. qss1	(ATC)	15 Dec
Banbrook, J. M. qcc	(REGT)	21 Dec
Lofthouse, G. D. J. qcc	(ATC)	21 Dec
McIntyre, S.	(FC)	21 Dec
Robinson, P. D.	(FC)	21 Dec
Roylance, J. A.	(REGT)	21 Dec

1997

Thickett, A. B. M. qss1	(INT)	6 Jan
Booth, J. A. BSc	(FC)	15 Jan
Doney, M. J. BA qcc	(FC)	15 Jan
Hateley, P. B. BA qss1	(REGT)	15 Jan
Donaldson, D.	(ATC)	2 Feb
Honeybun-Kelly, C. L.	(ATC)	2 Feb
Parfitt, J. E.	(ATC)	2 Feb
Forster, I.	(REGT)	9 Feb
Fairburn, M. R.	(ATC)	11 Feb
Gunter, S. J.	(ATC)	11 Feb
O'Neill, R. K.	(ATC)	11 Feb
Wood, M. J. qcc	(FC)	20 Feb
Davison, A. B. qss1	(FC)	1 Mar
Burton, M. J. J.	(ATC)	17 Mar
Brown, A. qcc	(REGT)	26 Mar
Sills, M. R. qcc	(ATC)	26 Mar
Walker, G. R. qcc	(INT)	26 Mar
Wallace, J. M. qss1	(INT)	26 Mar
Willis, B. D.	(FLTOPS)	26 Mar
Fry, J. A. BSc	(ATC)	10 Apr
May, M. J. BSc qcc	(FC)	10 Apr
Cowieson, K. S.	(FC)	30 Apr
Ingamells, S. E. qss1	(ATC)	4 May
Philip, G. A. qss1	(FC)	8 May
Street, G. E.	(ATC)	8 May
Drummond, D. R.	(FC)	10 May
Strefford, A. D. BEng	(INT)	13 May
Martin, A. P.	(FC)	8 June
Gavars, J. M.	(REGT)	20 June
Jochum, C. W.	(ATC)	20 June
Powell, M. S.	(REGT)	20 June
McCamley, D. S.	(ATC)	26 June
Greenwood, P. M.	(ATC)	28 July
Hooper, J. A.	(INT)	28 July
Reeves, A. J.	(INT)	28 July
Harris, J. BA	(ATC)	12 Aug
Edie, C. J. qcc	(ATC)	17 Aug
Eames, K. S.	(ATC)	13 Sept
Harris, G. P. C. qcc	(FC)	28 Sept
Jacklin, M. J. qcc	(REGT)	28 Sept
Jacques, E.	(FC)	28 Sept
Lain, D. P. J. qcc	(INT)	28 Sept
Todd, H. BA	(ATC)	9 Oct
Barber, A. J. BEng	(INT)	10 Oct
Gilvary, D. R. F. BA	(FLTOPS)	10 Oct
Keer, M. BA qss1	(ATC)	10 Oct
Nichols, J. M. BA	(INT)	10 Oct
Pegg. R. MSc	(ATC)	10 Oct
Terry, G. BA	(FLTOPS)	10 Oct
Walton, K. J. BSc	(ATC)	10 Oct
Lyttle, R. B. M.	(INT)	12 Oct
Griffiths, J. A.	(REGT)	13 Oct
Crockford, J. D.	(ATC)	9 Nov
Henley, N. R. qss2	(FC)	9 Nov
Holland, P. T. W. qcc	(REGT)	9 Nov
Howard, A. R. J.	(INT)	9 Nov
Pieroni, M. L. qcc	(FC)	9 Nov
Radnall, M. M. qcc	(REGT)	9 Nov
Morton, D. T.	(ATC)	13 Nov
King, C. J.	(ATC)	28 Nov
Gautrey, D. J. M.	(INT)	14 Dec
Gilmore, S. T.	(FC)	20 Dec
Kotlarchuk, S. J.	(FC)	23 Dec

1998

Walford, S.	(ATC)	4 Jan
Threlfall, N. E. BSc	(FC)	15 Jan
Cain, P. S.	(REGT)	29 Jan
Janssen, P. C.	(FC)	29 Jan
Paddison, P.	(ATC)	29 Jan
Shea, K. Y.	(ATC)	29 Jan
Smith, M. C.	(FLTOPS)	29 Jan
Forman, R. R.	(FLTOPS)	4 Feb
Greentree, D. W. MA BA	(INT)	13 Feb
Brown, M. J. BSc	(FC)	14 Feb
Davison, P. F. BA	(FC)	14 Feb
Garner, N. BSc qcc	(INT)	14 Feb
McGlynn, S. BA	(ATC)	14 Feb
Niven, R. J. BSc qss1	(FC)	14 Feb
Webb, S. F. BA	(FC)	14 Feb
Wilson, R. J. BEng	(REGT)	14 Feb
Lindsay, C. J.	(ATC)	25 Feb
Aslett, J. R. qss1	(ATC)	7 Mar
Deane, C. C. qcc	(ATC)	7 Mar
Thomas, E. A.	(ATC)	7 Mar
Crosby, A. P.	(FC)	26 Mar
Hugall, J. J. qtm	(INT)	26 Mar
Lumb, R. P.	(REGT)	26 Mar
Shave, R. J.	(INT)	26 Mar
Smith, M. W. qcc	(INT)	26 Mar

OPERATIONS SUPPORT BRANCH

Flight Lieutenants

1998—contd

Clark, R. J. BA (N)	8 Apr	
Payne, D. V. BSc (FC)	8 Apr	
Hall, I. D. BSc (INT)	9 Apr	
Hughes, F. J. BEng (INT)	9 Apr	
Sibley, V. E. BA (INT)	9 Apr	
Williams, G. D. BSc(INT)	9 Apr	
Alborough, R. A. (ATC)	11 Apr	
Crooks, S. (ATC)	11 Apr	
Moss, G. W. (ATC)	11 Apr	
Woods, H. L. qss1 (ATC)	11 Apr	
Brown, T. J. qcc (FC)	7 May	
D Albertanson, K. (ATC)	7 May	
Stewart, W. E. (INT)	15 May	
Rait, P. M. BSc (REGT)	16 May	
Downey, C. P. L. (ATC)	19 June	
Hall, A. J. (ATC)	19 June	
Hindley, A. M. qss1 (FLTOPS)	19 June	
Hunt, P. J. (FC)	19 June	
Johnson, L. (FC)	19 June	
Mount, G. J. L. (INT)	19 June	
Parker, E. J. qss1 (ATC)	19 June	
Mattocks, S. A. B. MA (INT)	11 Aug	
Nelson, A. B. BEng (REGT)	11 Aug	
Shaw, I. S. BSc (REGT)	11 Aug	
White, C. E. BSc (ATC)	11 Aug	
Paul, S. L. S. BA (INT)	12 Aug	
Lutman, A. J. (ATC)	13 Aug	
Lambton, N. W. J. (INT)	16 Sept	
McCourt, R. D. (INT)	26 Sept	
Bolton, C. L. (ATC)	28 Sept	
Booth, S. (REGT)	3 Oct	
Bottrill, M. (REGT)	3 Oct	
France, J. A. (ATC)	3 Oct	
Laing, R. P. MA (INT)	7 Oct	
Lloyd-Jones, S. A. BA (INT)	7 Oct	
Turner, S. G. BSc (FLTOPS)	7 Oct	
Hart, J. A. BSC (INT)	9 Oct	
Stott, D. B. BEng (ATC)	9 Oct	
Iveson, S. J. (ATC)	31 Oct	
Mackintosh, W. A. (ATC)	31 Oct	
Sweeney, M. P. C. qss1 (ATC)	31 Oct	
Williams, D. B. BSc (FLTOPS)	1 Nov	
Armstrong, A. M. R. qcc (FLTOPS)	7 Nov	
Garwood, F. D. qss2 (REGT)	7 Nov	
Pearson, V. C. qcc (FC)	7 Nov	

1999

Morgan, R. L. BSc (REGT)	15 Jan	
Wienburg, E. F. qss1 (INT)	30 Jan	
Worthington, D. qwi(AD) (FC)	30 Jan	
Wright, C. qcc (INT)	30 Jan	
Lavis, R. J. (ATC)	6 Feb	
Graham, F. (FC)	9 Feb	
Davies, B. (REGT)	10 Feb	
Brown, E. E. BA (INT)	11 Feb	
Robinson, N. C. MA(SocSci) (ATC)	11 Feb	
Smith, D. A. BSc (FC)	11 Feb	
Bradley, T. J. BA (REGT)	13 Feb	
Kirkpatrick, A. M. BA (REGT)	13 Feb	
Smith, E. E. MA (ATC)	13 Feb	
Andrews, G. P. (FLTOPS)	14 Feb	
Cairns, E. J. (FLTOPS)	14 Feb	
Clabby, M. J. (FLTOPS)	14 Feb	
Gray, J. (FLTOPS)	14 Feb	
Hinkley, R. W. (REGT)	14 Feb	
Lay, P. C. (ATC)	14 Feb	
Murray, A. (FLTOPS)	14 Feb	
Trangmar, J. M. (ATC)	14 Feb	
Bailey, J. M. (FC)	24 Mar	
Jackson, A. M. (FC)	24 Mar	
Jermyn, S. M. qcc (FC)	24 Mar	
Phelps, D. L. (FC)	24 Mar	
Wheeler, B. qss1 (ATC)	24 Mar	
Dendy, P. (FLTOPS)	3 Apr	
Lane, R. J. (REGT)	3 Apr	
McCarthy, P. G. J. (FC)	3 Apr	
Thorpe, G. K. (FLTOPS)	3 Apr	
Underwood, S. J. (ATC)	3 Apr	
Hollin, R. T. D. MA BSc (INT)	6 Apr	
Green, M. A. BSc (INT)	8 Apr	
Magee, S. BSc (REGT)	8 Apr	
Openshaw, S. BSc (REGT)	8 Apr	
Stedman, R. D. BSc (ATC)	8 Apr	
Taylor, N. J. L. BA (FC)	8 Apr	
Moreton, E. A. (FLTOPS)	21 Apr	
Thomas, C. M. qcc (REGT)	6 May	
Hesketh, D. G. (ATC)	16 May	
Ling, J. J. (ATC)	21 May	
Allen, C. M. (REGT)	29 May	
Andrews, S. J. (FLTOPS)	29 May	
Barnes, D. M. (INT)	29 May	
Jones, R. C. (FLTOPS)	29 May	
Sparrow, K. A. (FLTOPS)	29 May	
Stuart, A. J. (FLTOPS)	29 May	

Flying Officers

1991

Greenham, P. M. (ATC)	22 July	
Duffield, P. J. (FC)	5 Nov	

1992

Flood, A. (FLTOPS)	23 Dec	

1993

McGhee, W. J. (REGT)	3 Feb	
King, A. G. (FLTOPS)	8 Apr	
Ford, A. G. (ATC)	16 June	
De-Vry, J. R. (ATC)	15 July	
Parker, S. R. (ATC)	17 Aug	
Heenan, J. (ATC)	27 Oct	
Dodd, R. M. (REGT)	3 Nov	

1994

Slark-Hollis, T. J. (REGT)	8 May	
Aldridge, S. M. (ATC)	12 May	
Denison, M. W. (ATC)	19 May	
Corner, A. G. (ATC)	24 May	
Sproston, J. A. (INT)	18 June	
Lansdell, S. M. (FLTOPS)	27 June	
Harrop, G. (FLTOPS)	18 July	
Derrick, A. M. (FLTOPS)	26 July	
Hawker, S. M. (ATC)	16 Oct	
Tunstall, M. S. R. (ATC)	31 Oct	
Williams, D. O. (REGT)	7 Nov	

1995

Cannon, S. M. (ATC)	1 Feb	
Sullivan, C. T. (FLTOPS)	11 Feb	
McGrath, B. L. (FC)	21 Feb	
Brockless, K. M. (FLTOPS)	9 Mar	
Ashcroft, J. A. (ATC)	17 Apr	
Boon, S. A. (ATC)	2 May	
Rhead, M. P. (ATC)	20 June	
Posnett, G. A. (FC)	24 June	
Roberts, K. (ATC)	7 July	
Brown, N. H. BA (ATC)	21 July	
Davies, J. C. (REGT)	28 July	
Gaskin, L. A. (REGT)	28 July	
Ackroyd, R. D. BA (ATC)	9 Aug	
Allen, D. T. BSc (FC)	9 Aug	
Bailey, M. N. MA BSc (INT)	9 Aug	

OPERATIONS SUPPORT BRANCH

Flying Officers

1995—contd

Name			Date
Hall, N. J. BSc		(INT)	9 Aug
Crowther, N. R. BSc		(ATC)	11 Aug
Dargan, R. J.		(ATC)	11 Aug
Elias, R. A. BSc		(ATC)	11 Aug
Fruish, S. O. BSc		(ATC)	11 Aug
Hill, A. G. BA		(ATC)	11 Aug
Hinde, M. R. BSc		(FC)	11 Aug
Jones, J. BA		(FC)	11 Aug
Norton, E. M. BSc		(FC)	11 Aug
Salmon, V. A.		(ATC)	11 Aug
Shirley, G. J.		(ATC)	11 Aug
Thorpe, A. D. BSc		(INT)	11 Aug
Wilkinson, M. G. BA		(INT)	11 Aug
Nicholls, K. P.		(REGT)	28 Aug
McConnell, S. D.		(INT)	11 Sept
Ackland, E. C. MSc		(INT)	6 Oct
Bentley, S. A. BA		(FC)	6 Oct
Brown, P. N. BA		(INT)	6 Oct
Craig, M. D. BSc		(FLTOPS)	6 Oct
Duhan, J. P. BA		(REGT)	6 Oct
Graham, M. R. MEng		(FC)	6 Oct
Mason, P. M. BA		(REGT)	6 Oct
Neeson, C. G. MA		(ATC)	6 Oct
Ratnage, P. D. BA		(REGT)	6 Oct
Christian, S. M. BSc		(FC)	7 Oct
Cressy, K. P. BEng		(REGT)	7 Oct
Deakin, M. R. BSc		(FC)	7 Oct
Hall, G. E. BA		(FLTOPS)	7 Oct
Hamilton, A. M. BA		(INT)	7 Oct
Parr, H. M. BA		(REGT)	7 Oct
Stellitano, D. W. BA		(REGT)	7 Oct
Fleckney, M. J.		(FC)	24 Oct
Smith, S. M.		(ATC)	17 Nov
Hetterley, A. D. BA		(INT)	1 Dec
Allcroft, J. M.		(FC)	3 Dec
Parker, S.		(ATC)	3 Dec
Ramsden, C. D.		(REGT)	28 Dec

1996

Name			Date
Thorp, J. M. BSc		(REGT)	15 Jan
Gregory, K. J. qss1		(ATC)	28 Jan
Grun, A. B.		(FLTOPS)	28 Jan
Harvey, G. B.		(FC)	28 Jan
Rennie, S. D.		(FC)	28 Jan
Bruce, A. S. BA		(REGT)	10 Feb
Quayle, G. E. BA		(REGT)	10 Feb
Roberts, B. W. BEng		(REGT)	10 Feb
Smith, E. M. BA		(FLTOPS)	10 Feb
Timms, D. L. BA		(FC)	10 Feb
Atkins, V. L. BA		(INT)	11 Feb
Beck, N. J. BA		(INT)	11 Feb
Bennee, T. S. BSc		(FC)	11 Feb
Fitzsimon, J. P. BEng		(REGT)	11 Feb
Hodgson, J. BA		(ATC)	11 Feb
Liston, J. H. BSc		(REGT)	11 Feb
Mayor, M. D. BSc		(ATC)	11 Feb
Robbins, N. H. BSc		(FLTOPS)	11 Feb
Wadeson, G. K. BSc		(ATC)	11 Feb
Westbrook, A. L. BSc		(FC)	11 Feb
Whiteley, N. O. M. BSc		(ATC)	11 Feb
Huyton, A. D.		(ATC)	19 Mar
Black, D.		(REGT)	4 Apr
Conn, A. BSc		(FLTOPS)	5 Apr
Wiseman, S. T. BEd		(REGT)	5 Apr
Would, C. BSc		(FLTOPS)	5 Apr
Hale, N. B. BA		(FC)	6 Apr
Ives, L. M. BA		(REGT)	6 Apr
Iveson, P. R. BTh		(ATC)	6 Apr
Khan, S. B. BSc		(FLTOPS)	6 Apr
Siddall, A. J. BA		(INT)	6 Apr
Sowter, R. M. BEng		(FC)	6 Apr
Parker, J. C. S. BSc		(FC)	20 Aug
Kiff, H. J.		(REGT)	28 Apr
Graham, J. M.		(REGT)	2 May
Hawkins, T. R. A.		(FLTOPS)	2 May
Wilson, C. J. BSc		(FC)	30 May
Adrain, J. M. BSc		(REGT)	1 June
Davenport, D. A. BSc		(FC)	1 June
Marshall, A. S. BA		(REGT)	1 June
Parker, J. P. F. BMus		(FC)	1 June
Smith, A. P. BA		(REGT)	1 June
Atkin-Palmer, C. M.		(FLTOPS)	2 July
Wheeler, J. E.		(ATC)	13 July
Chapman, R. A.		(FLTOPS)	20 July
Brown, S. J. B. BA		(ATC)	8 Aug
Butterfield, A. J. BSc		(ATC)	8 Aug
Latimer, J. A. BEng		(ATC)	8 Aug
Miller, J. BEng		(ATC)	8 Aug
Stewart, A. H. BSc		(FC)	8 Aug
Warren Rothwell, P. P. BSc		(INT)	8 Aug
Finley, E. T. BA		(ATC)	9 Aug
Williams, M. BA		(REGT)	9 Aug
Williamson, J. S. BSc		(INT)	9 Aug
Middleton, I.		(FC)	10 Aug
Howard, J. R.		(FC)	15 Aug
Hoult, J. J.		(INT)	4 Sept
Hughes, A. P. MSc		(FC)	5 Oct
Rowe, J. R. BA		(INT)	5 Oct
White, N. D. BSc		(ATC)	5 Oct
Black, H. M. BA		(FLTOPS)	6 Oct
Madden, H. M. BSc		(FC)	6 Oct
Parker, C. M. BSc		(INT)	6 Oct
Waddilove, C.		(FLTOPS)	23 Oct
Briggs, J. J. BSc		(ATC)	30 Nov
Robinson, J. B. MA		(ATC)	30 Nov
Bennett, A. M. LLB		(INT)	1 Dec
Booker, C. J. BSc		(FC)	1 Dec
Chambers, S. C. BA		(FC)	1 Dec
Finch, D. R. BA		(REGT)	1 Dec
Stewart, J. D. BA		(REGT)	1 Dec
Philpott, V. Y.		(ATC)	14 Dec

1997

Name			Date
Parsons, M. S.		(ATC)	4 Jan
Duffy, M. R.		(ATC)	14 Jan
Buckle, J. V. BA		(ATC)	15 Jan
Ritchie, C. C. BEng		(FC)	15 Jan
Tindale, A. R. BSc		(FC)	15 Jan
Grant, T. L.		(ATC)	16 Jan
Gray, S. A.		(FC)	28 Jan
Wells, J. R. BEng		(FC)	4 Feb
Carney, W. MA		(ATC)	9 Feb
Smith, M. G. BEd		(REGT)	9 Feb
Brunton, M. J. BA		(FC)	10 Feb
Lynn, C. J. BA		(ATC)	10 Feb
Slark-Hollis, R. L. S. BSc		(FLTOPS)	10 Feb
Stellitano, R. L. BA		(INT)	10 Feb
Topping, J. L. BA		(INT)	10 Feb
Wyatt, P. D. BSc		(INT)	10 Feb
Hodgson, N. E.		(ATC)	16 Feb
McWilliam, S.		(FLTOPS)	21 Mar
Carter, M. K. BEd		(REGT)	4 Apr
Coupar, E. BA		(ATC)	4 Apr
Ryan-Goldstraw, S. M. BA		(ATC)	4 Apr
Tobin, M. D. A. MSc		(FC)	4 Apr
Atkins, N. O. BSc		(FC)	5 Apr
Clegg, M. K. GRSM		(FC)	5 Apr
Crook, D. J. P. BA		(REGT)	5 Apr

OPERATIONS SUPPORT BRANCH

Flying Officers

1997—contd

Name		Date
Davies, J. M. E. BSc	(ATC)	5 Apr
Locke, J. E. BA	(INT)	5 Apr
Picken, T. J. BA	(INT)	5 Apr
Sewell, A. J. BSc	(FLTOPS)	5 Apr
Binks, P. E. L.	(ATC)	6 Apr
O'Sullivan, K. J.	(FC)	6 Apr
Dallimore, W. L.	(ATC)	21 Apr
Brady, D. A.	(FLTOPS)	8 May
Page, T. C.	(ATC)	21 May
Boreham, D. P.	(ATC)	29 May
Bowen, M. A.	(REGT)	29 May
Cook, M. J.	(REGT)	29 May
Hughes, M. I.	(ATC)	29 May
Meacham-Roberts, D. A. M.	(FC)	29 May
Nadian, R. BA	(ATC)	29 May
O'Flaherty, T. D. BA	(ATC)	29 May
Smith, C. M. BSc	(FC)	29 May
Cripps, E. A. BSc	(REGT)	30 May
England, S. D.	(FC)	30 May
Holden, E. A. BSc	(INT)	30 May
Hook, J. L. BSc	(ATC)	30 May
Misiak, C. L. BSc	(FC)	30 May
Coomer, D. L.	(ATC)	8 July
Irving, K. G.	(FLTOPS)	24 July
Quigley, I. P. J.	(ATC)	24 July
Sweeney, P. F.	(INT)	24 July
Ansell, K. M. J.	(INT)	28 July
Jones, R. M.	(REGT)	6 Aug
Bulmer, M. G. BA	(FC)	8 Aug
Bush, R. J. BSc	(FC)	8 Aug
Cockram, R. E. BSc	(FLTOPS)	8 Aug
Drage, M. N. BA	(FC)	8 Aug
Fisher, J. LLB	(FC)	8 Aug
Hammerton, G. R. BSc	(FC)	8 Aug
Hole, M. C. BA	(ATC)	8 Aug
Nelson, D. LLB	(REGT)	8 Aug
Paton, I. S. BSc	(FC)	8 Aug
Shurmer, M. A. BSc	(ATC)	8 Aug
Whiteley, D. J. BSc	(FC)	8 Aug
Mennell, G. R.	(FC)	3 Oct
Daniel, R. C. BA	(ATC)	5 Oct
Hughes, M. D. BSc	(INT)	5 Oct
McCullough, C. L. BA	(FC)	5 Oct
Milburn, R. M. LLB	(FC)	5 Oct
Stevens, R. A. BSc	(INT)	5 Oct
Matthews, J. P.	(ATC)	1 Nov
Betley, M. A. J. BSc	(REGT)	30 Nov
Doney, M. J. BA	(REGT)	30 Nov
Hey, N. S. BSc	(FC)	30 Nov
Manser, S. J. BA	(INT)	30 Nov
Morris, S. R. J. BSc	(REGT)	30 Nov
Organ, J. D. BA	(REGT)	30 Nov
Paine, R. J. BSc	(INT)	30 Nov
Price, C. A. BA	(FLTOPS)	30 Nov
Walton, A. R. BA	(FC)	30 Nov

1998

Name		Date
Hargreaves, K. L. BEng	(FC)	15 Jan
Mankowski, M. K. L. BSc	(REGT)	15 Jan
Maclaren, A. F.	(INT)	28 Jan
Harvey, S. M.	(ATC)	5 Feb
Dixon, R. L. BA	(INT)	9 Feb
Goodwin, H. J. BSc	(ATC)	9 Feb
Greenwood, E. C. BSc	(ATC)	9 Feb
Huxley, J. C. F. BA	(FLTOPS)	9 Feb
Joisce, J. H. LLB	(INT)	9 Feb
Lofts, M. S. BA	(INT)	9 Feb
Payton, S. J. BSc	(ATC)	9 Feb
Stewart, A. M. BSc	(ATC)	9 Feb
Eayrs, J. BSc	(FLTOPS)	4 Apr
Glendinning, R. D. BA	(REGT)	4 Apr
Johnson, M. A. BA	(ATC)	4 Apr
Kemeny, C. J. BSc	(FC)	4 Apr
Pattinson, G. J. BSc	(ATC)	4 Apr
Weeden, T. A. BA	(REGT)	4 Apr
Pilkington, R. C.	(FLTOPS)	5 Apr
Thomson, A. M.	(REGT)	5 Apr
Dixon, S. J.	(FLTOPS)	13 May
Reynolds, M. G.	(ATC)	28 May
Dewar, M. A. S. BSc	(REGT)	29 May
Dykes, C. BSc	(ATC)	29 May
Garratt, J. S. LLB	(FC)	29 May
Gill, D. J. BEng	(ATC)	29 May
Phipps, M. J. BSc	(REGT)	29 May
Snelders, P. A. BSc	(ATC)	29 May
Gilroy, N. S.	(ATC)	23 July
Lomax, D. qcc	(FLTOPS)	23 July
McLaughlin, K. J.	(FLTOPS)	23 July
Smith, D. O. BEng	(FLTOPS)	23 July
Walker, D. J.	(REGT)	23 July
Vine, S. L.	(ATC)	8 Aug
Secker, M. C.	(REGT)	11 Sept
Anstey, J. S.	(FLTOPS)	3 Oct

1999

Name		Date
Brown, S. M.	(FLTOPS)	25 Jan
Cleaver, J. C.	(ATC)	25 Jan
Harrild, P. E.	(FC)	25 Jan
Inglis, A. J. C.	(ATC)	3 Apr
Tennant, B.	(FC)	3 Apr
Wood, G. M.	(REGT)	6 Apr
Mason, D. S.	(FC)	9 May
Humphrey, M. R.	(INT)	11 May

OPERATIONS SUPPORT BRANCH

Pilot Officers

1997

Barker, J. R. L.	(REGT)	9 June
Archer, M. E.	(ATC)	6 Aug
Butcher, J. N.	(ATC)	6 Aug
Deane, Y. J.	(FC)	6 Aug
Hallaway, E. H.	(FLTOPS)	6 Aug
McEachran, A.	(FC)	6 Aug
Greene, M. P.	(FLTOPS)	3 Oct
Bland, R. G.	(FC)	29 Nov
Jones, D. M.	(REGT)	29 Nov
McKnight, K.	(ATC)	29 Nov

1998

Barton, S. A.	(REGT)	24 Jan
Wilkinson-Cox, P. M. A.	(FC)	24 Jan
Currie, G. J. J.	(ATC)	2 Apr
Hull, M. J.	(FC)	2 Apr
Marshall, D. W. L.	(INT)	2 Apr
Willis, A. L.	(ATC)	2 Apr
Woodbourne, M. F.	(REGT)	2 Apr
Clayton, D. L.	(FC)	27 May
Danso, K. G.	(REGT)	27 May
Hall, B.	(ATC)	27 May
Platts, J.	(ATC)	15 July
Brown, A. A. F.	(FLTOPS)	25 July
Berry, N. J.	(FLTOPS)	5 Aug
Hopkins, M. J.	(FLTOPS)	5 Aug
Jones, A. L.	(ATC)	5 Aug
Stanley, J. P.	(FC)	5 Aug
Ward, G.	(REGT)	5 Aug
Jackson, S. B.	(ATC)	11 Sept
Hawthorne, V. J.	(ATC)	2 Oct
Howard, K. E. L.	(ATC)	2 Oct
McIntyre, A. J.	(ATC)	2 Oct
Reeve, M. W.	(FC)	2 Oct
Green, A.	(ATC)	28 Nov
Harding, A. J.	(FC)	28 Nov
Kinnear, M. R.	(FLTOPS)	28 Nov
Murray, E. A.	(ATC)	28 Nov

1999

Berryman, A.	(ATC)	23 Jan
Bresher, A. D.	(ATC)	23 Jan
Cooper, J. P.	(REGT)	23 Jan
Errington, J. N.	(FC)	23 Jan
McNish, J. P.	(REGT)	23 Jan
Weekes, J. R.	(REGT)	23 Jan
Williams, S. G.	(REGT)	23 Jan

Arnall, J. V. BSc	(FC)	7 Feb
Beckett, S. M. BA	(ATC)	7 Feb
Bond, E. A. BSc	(FC)	7 Feb
Evans, R. C. BA	(REGT)	7 Feb
Fensome, J. T. BA MPhil	(FC)	7 Feb
Foy, A. K. BSc	(FC)	7 Feb
Hull, T. M. BA	(FC)	7 Feb
Kevan, G. R. BSc	(FC)	7 Feb
Pearson, C. BA	(REGT)	7 Feb
Raimondo, M. J. P. BA	(REGT)	7 Feb
Ramsay, A. G. BA	(INT)	7 Feb
Ridgway, M. K. BA	(INT)	7 Feb
Malbon, A. S.	(FLTOPS)	1 Apr
Neame, J. P.	(REGT)	1 Apr
Sefton, N. C.	(ATC)	1 Apr
Wright, D.	(REGT)	1 Apr
Benson, B. K. BEng	(FC)	4 Apr
Coormiah, J. P. BSc	(FC)	4 Apr
Dunn, C. S. BSc	(FC)	4 Apr
Gibbons, R. L. BEng	(FC)	4 Apr
Hamilton, S. BSc	(REGT)	4 Apr
Holmes, J. K. BSc	(FLTOPS)	4 Apr
Massingham, G. J. BSc	(REGT)	4 Apr
Pape, J. C. BA	(FC)	4 Apr
Scott, T. E. BSc	(INT)	4 Apr
Sharp, D. R. BA	(FC)	4 Apr
Stuart smith, H. D. A. BSc	(REGT)	4 Apr
Todd, D. BSc	(FC)	4 Apr
White, L. L. BSc	(FC)	4 Apr
Wynne, R. J. BSc	(REGT)	4 Apr
Kirkman, J. M.	(REGT)	26 May
Norry, P. A.	(REGT)	26 May
Walker, O. H.	(REGT)	26 May

Acting Pilot Officers

1998

Barnes, C. C. BSc	(REGT)	1 Sept
Green, V. J. BCom	(INT)	1 Sept
Jones, E. A. BA	(ATC)	1 Sept
McIver, R. J. BSc	(INT)	1 Sept
Stoneman, N. T. BA	(INT)	1 Sept

1999

Davis, M. J. M.	(ATC)	4 Feb
Gleeson, R. J.	(FLTOPS)	4 Feb
Dawson, P.	(REGT)	1 Apr

ENGINEER BRANCH

Group Captains

1990

Newton, John Kenneth MSc BSc CEng MIMechE MRAeS psc Born 22/4/45	(M)	1 Jan
Burton, Geoffrey Owen psc semc Born 23/7/45	(M)	1 July

1991

Ryall, Martin CEng CPhys MInstP psc Born 17/7/44	(M)	1 Jan
Gilbert, John Cliford MBE BSc psc amec Born 22/1/45	(M)	1 July
Gowing, Keith MA CEng MIMechE MRAeS psc amec Born 14/5/45	(M)	1 July
Lampard, Christopher John BSc(Eng) CEng MRAeS ACGI psc amec Born 22/3/46	(M)	1 July
Whittingham, Robert John FRAeS FIMgt qs Born 16/2/44	(El)	1 July

1992

Turner, Jeffrey MSc BSc CEng MRAeS psc Born 18/9/45	(M)	1 Jan
Dickens, Barry Charles BSc CEng MRAeS MIMgt psc Born 8/2/45	(El)	1 July
Samuel, Edmond George BSc CEng MIMechE psc amec Born 25/11/48	(M)	1 July

1993

Taylor, William John OBE MRAeS psc Born 31/1/51	(M)	1 July

1994

Schofield, Stephen Bryan MSc BSc CEng MRAeS jsdc qs Born 26/5/48	(M)	1 Jan
Badcock, Peter Charles MBE jsdc semc qs Born 15/12/46	(El)	1 July
Case, David Nathaniel MSc BSc CEng FRAeS psc Born 19/8/52	(M)	1 July
Hooper, Robert William MBE MSc BSc(Eng) CEng FRAeS psc Born 20/11/46	(M)	1 July
Paterson, Graham Austin BSc CEng MIEE MRAeS MIMgt jsdc ae Born 29/5/48	(El)	1 July
Sobey, Bruce Leonard BA CEng MIEE MIMgt psc Born 9/12/48	(El)	1 July

1995

Bate, Brian George semc qs Born 12/2/49	(El)	1 Jan
Dye, Peter John OBE ADC BSc(Eng) CEng MRAeS ACGI rcds hcsc psc Born 17/8/53	(M)	1 Jan
Hogg, Robert Ian jsdc amec Born 14/3/46	(M)	1 Jan
Kane, James Ian BSc CEng MIEE MIMgt psc Born 30/10/53	(El)	1 July
Rogers, Michael Andrew OBE qs Born 3/10/47	(El)	1 July

1996

Bairsto, Nigel Alexander MBE ADC MSc BSc CEng FIMechE FIMgt psc Born 27/8/53	(M)	1 Jan
Chitty, Jonathan Paul OBE MA BSc(Eng) CEng MRAeS ACGI psc Born 4/8/53	(M)	1 Jan
Ness, Charles Wright BEng CEng MRAeS jsdc semc Born 6/11/57	(M)	1 Jan
Rawson, Paul David BA IEng MRAeS psc semc Born 13/3/53	(M)	1 July

ENGINEER BRANCH

Group Captains

1996—contd

Warnes, Andrew Everett BSc CEng MIEE jsdc semc Born 11/4/53	(EI)	1 July
Wynn, Bruce Martin OBE BSc psc Born 4/7/52	(EI)	1 July

1997

Bufton, Terence MSc BSc CEng FIMgt MIEE DIC psc Born 26/11/46	(EI)	1 Jan
Capps, Julian John BSc psc ae Born 4/3/49	(M)	1 Jan
Leeson, Kevin James BSc CEng FIEE psc semc Born 11/6/56	(EI)	1 Jan
Stevenson, John Graham MSc BSc CEng FIEE psc ae Born 7/5/49	(EI)	1 Jan
Stewart, James Wilson psc amec Born 8/10/46	(EI)	1 Jan
Verdon, Andrew Martin BTech CEng FRAeS psc semc Born 14/12/52	(M)	1 Jan
Williams, Dilwyn Nigel OBE BSc CEng FRAeS jsdc semc qs Born 1/10/54	(M)	1 Jan
Benstead, Bruce Graham MBE BSc CEng MIEE jsdc ae Born 11/1/53	(EI)	1 July
Cole, Geoffrey MBA CEng MIMechE psc Born 5/3/48	(M)	1 July
Harker, Gregory Scott psc Born 4/5/50	(EI)	1 July
Pratley, Charles William OBE CEng FIEE amec qs Born 7/11/45	(EI)	1 July
Stevens, Mark Christopher BSc psc semc Born 2/12/54	(M)	1 July

1998

Burrell, Leslie James BEng CEng MRAeS psc Born 19/9/56	(M)	1 Jan
Kurth, Nicholas Julian Eugene OBE FRGS MRAeS psc Born 13/9/55	(M)	1 Jan
Sims, Stephen Ronald OBE BSc CEng MRAeS DLUT psc ae Born 1/3/52	(M)	1 July
Suckling, Christopher Alan MBE BSc CEng MIEE jsdc adp qs i Born 1/3/48	(EI)	1 July

1999

Akehurst, Peter Basil LVO OBE BTech CEng MRAeS jsdc semc qs Born 31/1/51	(M)	1 Jan
Allan, Robert Ian OBE MSc BSc ACGI psc ae Born 4/9/55	(EL)	1 Jan
Britten-Austin, Harold Gerald MSc BSc CEng FIEE psc ae Born 3/2/48	(EI)	1 Jan
Deytrikh, Alexander BSc CEng MRAeS psc Born 15/5/57	(M)	1 Jan
Harvey, Bryan David BSc psc semc qs Born 24/3/51	(EI)	1 Jan
Kiralfy, Richard John Charles MSc BSc CEng FIEE FIMgt psc ae Born 13/9/50	(EI)	1 Jan
Lane, Paul Leonard MSc BSc jsdc nadc semc qs Born 6/9/54	(M)	1 Jan
Wakely, Brian BSc psc amec adp Born 9/4/47	(EI)	1 Jan
Watson, Robert MBA BA psc Born 22/5/55		1 Jan
Watson, Graham Mcneill BSc CEng MIMechE semc psc Born 24/11/49	(M)	1 Jan
Yates, David Patrick OBE semc qss Born 9/7/46	(EI)	1 Jan
Church, Frederick Murray MBE BSc psc semc qs Born 20/9/54	(M)	1 July
Evans, Graham Sinclair MA MSc CEng MRAeS psc Born 25/12/50	(M)	1 July
Gammon, Neil William MA MSc BSc CEng MRAeS MIMgt psc semc Born 23/7/54	(M)	1 July
Kirby, Trevor MBE jsdc semc qs Born 5/2/51		1 July
Lewis, Anthony Luther BSc ae psc i Born 20/8/50	(EI)	1 July
Montagu, Christopher Bernard MSc BSc CEng MIMechE psc ae smc Born 18/5/50	(M)	1 July
Ottridge, Stephen Douglas BSc CEng MIEE MBCS jsdc semc Born 23/2/52	(EI)	1 July
Pigott, John Irwin MSc BSc CEng MIEE psc[n] ae semc Born 19/10/53	(EI)	1 July
Thorne, Ian David OBE BSc jsdc qs Born 6/7/53	(M)	1 July
Walsh, Leslie Martin Patrick BSc psc ae Born 21/4/49	(EI)	1 July

ENGINEER BRANCH

Wing Commanders

1985

Bates, J. O. BSc CEng
 MIEE MRAeS jsdc
 amec (El) 1 Jan
Izzard, J. OBE CEng
 FIMechE jsdc amec
 qs (M) 1 Jan

1986

Bell, C. R. L. BSc CEng
 MIMechE amec
 qs (M) 1 Jan
Goddard, G. M. MSc
 BSc CEng MIMechE
 ACGI jsdc qs (M) 1 Jan
Longman, B. D. OBE
 CEng MRAeS MIEE
 MIMgt amec qs (El) 1 July

1987

Hockley, C. J. MBE
 CEng MRAeS df
 semc psc (M) 1 Jan
Hyde, D. C. MSc MSc
 BSc ae qss (El) 1 Jan
Jones, B. A. BSc semc
 qs (M) 1 Jan
Fozard, M. J. CEng
 MRAeS ae jsdc
 semc (M) 1 July
Pearce, M. S. BSc CEng
 MIEE amec qs (El) 1 July
Wilkins, M. J. BSc CEng
 MRAeS amec qs (M) 1 July

1988

Backhouse, D. H. W.
 BTech semc qs (M) 1 Jan
Cossar, A. K. MSc BSc
 CEng MIEE ae semc
 qss (El) 1 Jan
Patel, M. R. OBE BSc
 CEng MRAeS psc
 semc (M) 1 Jan
Vaughan-Smith, N. V.
 BSc CEng MIEE
 MRAeS jsdc semc
 qs (El) 1 Jan

Hastings, J. B. jsdc
 semc qs (El) 1 July
Nelson, B. J. R. qs (El) 1 July
Wood, C. R. S. amec
 qs (El) 1 July

1989

Gilbert, P. N. BSc CEng
 MRAeS semc qs (M) 1 Jan
Harris, K. J. BSc CEng
 MIEE psc ae (El) 1 Jan
Stephens, R. J. BSc
 CEng MIEE qss* (El) 1 Jan
Johncock, D. A. qs (El) 1 July
O'Neill, A. G. MSc
 CEng MIEE semc
 qs (El) 1 July
Woods, C. J. MSc
 BSc(Eng) CEng
 MIMechE MRAeS
 qs (M) 1 July

1990

Atkinson, I. C. BSc
 CEng MIMechE DLUT
 jsdc ae qs (M) 1 Jan
Clark, T. R. semc qs (M) 1 Jan
Lewis, R. A. semc
 qs (El) 1 Jan
Thow, D. P. BSc psc
 semc (M) 1 Jan
Hillier, P. S. BSc CEng
 MRAeS ae qs (El) 1 July
MacLean, E. J. MBE
 jsdc semc qs (M) 1 July
Oliver, S. W. StJ. BSc
 jsdc semc qs (M) 1 July

1991

Brown, J. BA jsdc semc
 qs (M) 1 Jan
Willenbruch, A. G. MA
 (Eur Ing) CEng
 MIMechE MRAeS
 MIMgt jsdc ae (M) 1 Jan
Alton, J. S. ae qss (M) 1 July
Ashenhurst, R. MSc
 BSc CEng MRAeS
 psc (M) 1 July
Harris, R. M. BSc CEng
 MIEE semc qs (El) 1 July
McCormick, D. W. BSc
 nadc semc qs (M) 1 July

Phillips, R. A. BSc ae
 semc qs (EL) 1 July
Robinson, D. J. MA
 IEng MIIE(mech) psc
 semc (El) 1 July
Salter, M. G. MBE BA
 MRAeS semc qs (M) 1 July
Turner, C. D. MSc BSc
 qs (El) 1 July
Wilson, D. G. MBE BSc
 CEng MIMechE
 qs (M) 1 July

1992

Kilshaw, M. J. OBE
 MSc BSc CEng
 MRAeS jsdc qs (M) 1 Jan
Lythaby, R. (El) 1 Jan
Turvill, P. A. BSc CEng
 MIMechE psc (M) 1 Jan
Chalmers, G. M. BSc
 CEng psc semc (M) 1 July
MacLean, D. F. BSc
 CEng MIMechE
 psc (M) 1 July
Renshaw, A. qs (El) 1 July
Secker, J. C. psc (El) 1 July
Simpson, R. C. R. MSc
 MBCS MIMgt adp
 qs (M) 1 July

1993

Field, C. F. MSc BSc
 jsdc ae qs (El) 1 Jan
Pickavance, D. MSc
 BSc(Eng) psc (M) 1 Jan
Barker, A. C. MBE MSc
 psc ae qs (M) 1 July
Duguid, M. amec
 qs (M) 1 July
Ebdon, A. K. BA CEng
 MRAeS jsdc semc
 qs (M) 1 July
Hancock, J. L. MDA BSc
 CEng MRAeS psc
 semc 1 July
Heard, P. J. MBE MSc
 BSc CEng MRAeS
 MIMechE psc(n)
 ae 1 July
Lawrence, C. H. BSc
 CEng MRAeS psc
 semc (M) 1 July

ENGINEER BRANCH

Wing Commanders

1993—contd

Parker, S. H. MSc
  BSc(Eng) CEng
  MRAeS ACGI jsdc ae
  semc (M) 1 July
Pilkington, J. L.
  BSc(Eng) ae semc
  qs (El) 1 July
Smith, D. R. MSc BSc
  CEng MRAeS jsdc ae
  qs (M) 1 July
Washington-Smith, J.
  P. semc qs (M) 1 July

1994

Dean, T. P. MSc BSc
  MRAeS jsdc ae (El) 1 Jan
Dyson, G. W. BSc CEng
  MIMechE semc
  qss (M) 1 Jan
Foster, J. A. MSc BSc
  CEng MIEE CDipAF
  ae semc qss (El) 1 Jan
Goody, A. J. MA
  BSc(Eng) CEng
  MRAeS ACGI psc
  semc (M) 1 Jan
Knight, D. A. MBE MA
  BA psc ae (M) 1 Jan
Lock, P. J. qss (El) 1 Jan
Meagher, J. K. CEng
  MRAeS jsdc qs 1 Jan
Munday, R. W. semc
  qss (E) 1 Jan
Parrish, A. J. MA MSc
  BSc CEng MRAeS
  MIMgt psc (El) 1 Jan
Richardson, K. MSc
  BSc(Eng) qs (M) 1 Jan
Smith, R. P. BSc(Eng)
  CEng MIEE jsdc semc
  qs (El) 1 Jan
Barnes, A. J. BSc
  qs (El) 1 July
Coulter, E. G. MSc
  CEng MIEE semc
  qs (El) 1 July
Driver, P. J. BSc(Eng)
  psc (M) 1 July
Fisher, F. E. MBE BSc
  CEng MRAeS qs (M) 1 July
Mackenzie, K. MA MSc
  CEng MRAeS psc
  ae (M) 1 July

McCluggage, W. A.
  MSc BSc jsdc ae
  qs (El) 1 July
Nethaway, M. F. J.
  MInstD slmc qs (El) 1 July
Wheatcroft, J. G. MSc
  BSc(Eng) CEng MIEE
  qss (EL) 1 July
Williamson, C. M. MA
  MSc CEng MRAeS
  CDipAF jsdc semc
  qs (M) 1 July
Wilson, M. E. semc
  qs (El) 1 July

1995

Bollom, S. J. BSc CEng
  jsdc qs 1 Jan
Caffell, A. N. MSc BSc
  ae semc qs (El) 1 Jan
Little, N. G. BSc CEng
  MIEE semc qs (El) 1 Jan
Welburn, S. MA MSc
  BSc CEng MRAeS
  psc semc (M) 1 Jan
Edwards, C. R. MSc BA
  CEng MIEE ae
  qss 1 July
Gray, B. L. IEng
  FIIE(elec) jsdc semc
  qs 1 July
Hamilton, I. P. qss (M) 1 July
Major, A. C. MSc BTech
  CEng MRAeS psc(n)
  semc (M) 1 July
McElroy, G. E. BSc
  CEng MRAeS
  psc 1 July
Pickerill, R. A. OBE MA
  BSc CEng MIMechE
  MBCS psc (M) 1 July
Spencer, J. W. C. MSc
  BSc CEng MIMechE
  qs (M) 1 July

1996

Brown, P. M. D. BSc
  CEng MRAeS MIMgt
  semc qs (M) 1 Jan
Sneller, J. A. J. MA
  CEng MRAeS
  psc 1 Jan
Stokes, B. J. IEng
  FIIE(elec) semc
  qs (El) 1 Jan
Tanner, D. J. qs 1 Jan

Ward, A. J. MSc BSc
  CEng MRAeS MIMgt
  jsdc 1 Jan
Ward, D. A. R. BSc
  CEng MIEE qs (El) 1 Jan
Welburn, M. slmc
  qss 1 Jan
Young, J. A. MDA BSc
  psc ptsc 1 Jan
Baber, G. A. BSc CEng
  psc semc (M) 1 July
Binfield, G. H. qss 1 July
Eighteen, D. E. OBE
  semc qss (El) 1 July
Green, C. H. BSc CEng
  MRAeS jsdc
  psc(j) 1 July
Hickman, C. H. BSc
  psc 1 July
Render, M. E. J. MA
  MBA MSc BSc CEng
  MRAeS psc (M) 1 July
Taylor, S. J. MBE MSc
  CEng MIEE MIMgt
  nadc ae qs (El) 1 July
Thomas, V. E. BSc
  CEng MRAeS
  psc 1 July
Wilding, A.C BSc jsdc
  qs 1 July
Wishart, G. K. MA MSc
  BSc CEng MIMechE
  psc(j) ae qs 1 July
Wynne, C. A. MBE
  qss (M) 1 July

1997

Gale, S. BSc semc
  qss (El) 1 Jan
Harris, G. H. MA
  BSc(Eng) CEng
  MIMechE MIMgt
  psc(j) semc (M) 1 Jan
Madge, A. W. MSc BSc
  MRAeS qs 1 Jan
Martin, G. C. psc 1 Jan
Pallister, I. BSc semc
  qs (M) 1 Jan
Pharaoh, P. J. MSc BSc
  qab psc (El) 1 Jan
Rait, D. M. semc
  qss (El) 1 Jan
Richards, E. W. MSc
  LLB BSc(Eng) CEng
  MIEE DIC LTCL ACGI
  psc 1 Jan
Ryder, R. S. MSc BSc
  psc(j) gw qs 1 Jan

ENGINEER BRANCH

Wing Commanders

1997—contd

Sheard, M. S. MSc BSc CEng MIEE psc(j) qs	1 Jan
Shearer, R. A. MA BSc CEng MRAeS MIMgt MIEE psc semc	1 Jan
Thomson, I. W. MSc BSc(Eng) qss (M)	1 Jan
Ward, M. M. MDA BSc MIMgt semc qs i*	1 Jan
Witney, J. W. MSc MPhil BSc CEng MIEE MIMgt qs (El)	1 Jan
Wrigley, M. J. MSc BSc qss (El)	1 Jan
Abbott, J. D. F. BSc CEng MIMeche psc	1 July
Betteridge, R. MSc BSc ARCS semc qss (El)	1 July
Boyle, A. MSc BSc slmc qs	1 July
Brandt, I. T. G. MSc BSc CEng MIMechE qs	1 July
Burke, T. C. MSc BSc slmc qs	1 July
Carlin, G. M. semc qs	1 July
Clark, M. A. BSc(Eng) CEng MIEE psc	1 July
Collins-Bent, N. BTech psc	1 July
Danks, P. I. BSc CEng MRAeS MIMgt semc qss (M)	1 July
Dipper, A. L. psc	1 July
Earnden, K. C. BA CEng MRAeS semc qs	1 July
Fulford, M. A. MSc MBA BSc CEng MIEE semc qss (El)	1 July
Hannaby, A. R. BSc CEng MRAeS qs	1 July
Kinder, S. J. MBE BSc jsdc semc qss (El)	1 July
Lewis, A. P. qs	1 July
Maciver, J. slmc qss	1 July
Neal, M. F. IEng FIIE(elec) semc qs	1 July
Parker, J. S. MBE MBA BSc CEng MRAeS semc qss (El)	1 July
Penketh, W. J. BSc qs (El)	1 July
Phelps, S. M. BTech CEng MIMechE semc qs (M)	1 July
Rigby, J. C. MSc BSc CEng MIEE psc(j) ae qs	1 July
Sturgess, M. I. psc	1 July
Wilson, A. slmc qss	1 July

1998

Barwell, R. J. BSc CEng MRAeS psc semc (M)	1 Jan
Bishop, T. L. J. MSc BSc CEng MIEE psc(j)	1 Jan
Burgess, C. A. R. MSc jsdc semc qss	1 Jan
Cox, A. F. MA BSc CEng MIEE MIMgt psc(j) slmc	1 Jan
Dixon, M. D. BSc slmc qs	1 Jan
Gale, D. J. MBE MA MDA BSc CEng MIEE psc(j) slmc	1 Jan
Long, S. BSc psc(j)	1 Jan
McLachlan, P. MSc BEng CEng MIEE jsdc qs	1 Jan
Russell, G. M. BSc qs	1 Jan
Tudor, D. C. qss	1 Jan
Whittaker, D. A. MDA BSc psc	1 Jan
Wiltshire, J. qs	1 Jan
Ashraf, M. A. BSc qs	1 July
Bushell, C. R. MA BSc CEng MIMechE psc(j)	1 July
Ewen, P. R. jsdc qs	1 July
Ridge, P. C. BSc qs	1 July
Short, P. BSc qs	1 July
Walker, W. F. IEng MIIE(elec) semc qs	1 July
Wall, G. P. MBA BSc(Eng) CEng MRAes qs	1 July
Winwood, C. D. L. BSc CEng MIEE qs	1 July

1999

Bacon, L. D. MA MSc BSc CEng MRAeS DIC psc(j) slmc	1 Jan
Bailey, S. J. qs	1 Jan
Bland, G. J. BSc CEng MIEE psc	1 Jan
Charnock, S. MSc BSc(Eng) CEng MIMechE MRAeS jsdc ae qs	1 Jan
Dubock, I. M. BEng qs (El)	1 Jan
Etheridge, J. qs	1 Jan
Farnell, G. P. BSc psc(j)	1 Jan
Holder, S. BSc qs	1 Jan
Keep, D. J. MSc BSc qs	1 Jan
Mawston, A. N. BSc qs	1 Jan
Sibley, M. A. psc slmc	1 Jan
Smith, M. D. qs	1 Jan
Abra, J. E. MBE semc qs (El)	1 July
Aleandri, M. P. BSc qs	1 July
Arnold, A. J. qs	1 July
Bromehead, J. M. BSc slmc qs	1 July
Canning, G. M. BSc slmc qs	1 July
Cartwright-Terry, L. G. G. MBE BA semc qs (M)	1 July
Chantry, J. S. MDA BSc CEng MRAeS qs	1 July
Chinneck, M. R. S. MSc BSc semc qss (El)	1 July
Christensen, C. K. MBE MSc CEng DipEE MIEE ae semc qs (El)	1 July
Cox, B. W. MBE slmc qs	1 July
Crocombe, M. MIIE(elec) qss	1 July
Davis-Poynter, S. P. MA MSc BA CEng MRAeS psc(j) ae	1 July
Donohoe, H. G. BSc CEng MRAeS qs	1 July
Eckersley, R. B. MBE MSc BSc CEng qs	1 July
Edgar, J. D. BSc CEng MRAeS qs	1 July
Farr, A. J. R. BA qs	1 July

ENGINEER BRANCH

Wing Commanders

1999—contd

French, M. J. MBE BSc CEng MRAeS MIMgt AIL slmc qs i*	1 July
Gill, C. A. BSc qs	1 July
Gould, C. slmc qs	1 July
Greenbank, A. R. MSc CEng MIEE MIProdE MIMgt semc qs	1 July
Griffiths, D. K. semc qs	1 July
Harsley, S. J. slmc qs	1 July
Hay, J. C. BA semc qs (EI)	1 July
Hicks, P. G. MBE BSc qs	1 July
Hutchinson, R. P. W. BSc semc qs	1 July
McTeague, R. B. BSc semc qs	1 July
Moody, S. C. BSc qs	1 July
Mowat, I. semc qs	1 July
Parton, N. MDA MA BSc CEng MRAeS psc(j) qs	1 July
Reed, A. G. IEng FIIE(elec) MIMgt qs (EI)	1 July
Reid, W. McK. PhD BSc qs	1 July
Scotchmer, N. J. BSc qs	1 July
Smith, C. J. L. semc qss (M)	1 July
Tulloch, R. D. A. MBE BSc qs	1 July
Weaver, C. B. MBA MSc BSc CEng MRAeS MIMgt ae qs (M)	1 July
West, S. P. MA MSc ae qss (M)	1 July

Squadron Leaders

1975

Hoare, W. H. C. amec qs (EI)	1 July

1977

Hills, P. L. MSc BSc CEng MIEE ae semc qs (EI)	1 July
Kerrison, P. I. BSc CEng MIMechE MRAeS qss* (M)	1 July
Garden, E. R. BSc(Eng) CEng MIMechE MRAeS ae qs (M)	2 Dec

1978

Fleckney, C. F. MSc BSc DIC qs (M)	18 Mar
Norris, P. G. semc (M)	8 Apr
Woodcock, B. N. BTech ae qs	1 July

1979

Haynes, A. R. BSc ae qs (EI)	1 July
Myall, D. M. qs (EI)	1 July

1980

De Fleury, C. G. qss (M)	1 July
Mcdowell, C. B. semc qs (M)	1 July

1982

Rowley-Brooke, P. S. J. BA qs (M)	1 Jan
Weight, P. E. semc qs (EI)	1 Jan
Shepard, M. J. W. semc qs (M)	15 July

1983

Buck, C. W. D. MA ae qss (EI)	1 Jan

Bakewell, G. BSc(Eng) CEng MIMechE MRAeS semc qs (M)	1 July
Seviour, C. D. BSc qss (EI)	1 July
Shaw, T. J. H. BSc CEng MIMechE qs (M)	1 July
Walker, K. J. BSc CEng MIMechE qs (M)	1 July

1984

Greenwood, B. BSc CEng MRAeS qss (M)	1 Jan
Hulland, G. R. qss (M)	1 Jan
Bright, R. M. semc qss (EI)	1 July
Deane, S. T. CEng MIMechE qss (M)	1 July
Derbyshire, I. MSc BA CEng MInstP MIEE ae qs (EI)	1 July
Farmer, M. J. qss (EI)	1 July
Hamilton, C. W. MSC BSc CEng MIMechE ae qs (M)	1 July
Morrison, G. J. qss (M)	1 July

1985

Bradshaw, J. C. MSc BSc semc qs (EI)	1 Jan
Chappell, D. IEng MIIE(elec) qss (EI)	1 Jan
Evans, M. H. IEng FSERT qss (EI)	1 Jan
Figgures, J. M. F. BSc CEng MIEE amec qss (EI)	1 Jan
Lewis, I. V.	1 Jan
Pickavance, R. MSc BSc CEng MIEE ae qss (EI)	1 Jan
Rutter, A. S. BSc CEng MRAeS semc qss (M)	1 Jan
Slater, I. M. MSc BSc CDipAF semc qs i (EI)	1 Jan
Webster, D. M. semc qss (EI)	1 Jan
Ayers, R. S. semc qss (E)	1 July
Davies, H. E. J. BSc ae qs (EI)	1 July
Dunkley, P. R. IEng MIIE(mech) qs (M)	1 July

ENGINEER BRANCH

Squadron Leaders

1985—contd

Keen, P. J. BA semc qs	(El)	1 July
Peterson, G. K. CEng MRAeS qs	(M)	1 July
Ruskell, C. M. BSc semc qss	(El)	1 July

1986

Armstrong, M. H. BA qss	(El)	1 Jan
Costello, M. E. MSc BSc CEng MIMechE MIMgt semc qs	(M)	1 Jan
Davidson, W. A. IEng FIIE(elec) semc qs	(El)	1 Jan
Dowds, T. BA semc qs	(El)	1 Jan
Horrocks, P. A. BSc CEng MIEE qs	(El)	1 Jan
Kevan, G. J. qs	(E)	1 Jan
Ladds, R. G. BSc CEng MBCS adp	(M)	1 Jan
Trood, B. L. MBE qss	(El)	1 Jan
Barker, P. semc qss		1 July
Bookham, R. P. BA qs	(M)	1 July
Stanhope, M. F. BSc qs	(M)	1 July

1987

Barnard, P. Q. MBE IEng semc	(E)	1 Jan
Brunning, G. BSc CEng MRAeS ae qss	(M)	1 Jan
Connolly, E. MSc BTech CEng MIEE semc qss	(El)	1 Jan
Daniels, S. R. BSc ae slmc qs	(M)	1 Jan
Denham, R. L. MSc BSc CEng MIEE semc qs	(M)	1 Jan
Elsom, J. BSc CEng MRAeS ae semc qss	(M)	1 Jan
Gow, P. J. MSc BSc CEng MIEE qs		1 Jan

Howell, A. J. MBE BSc(Eng) CEng MRAeS ACGI qs	(M)	1 Jan
Humphrey, P. G. qss	(El)	1 Jan
Jenkins, M. R. MBE BA IEng MIMgt AMRAeS semc qss		1 Jan
Jones, G. B. BSc qss	(M)	1 Jan
Martin, J. PhD MSc qs		1 Jan
McHale, J. MDA BSc CEng MIEE MIMgt semc qs		1 Jan
Page, J. M. MBA BSc CEng MIMechE MIMgt qs	(M)	26 Apr
Adams, R. M. MBE MSc BSc CEng MRAeS MIMgt qs	(M)	1 July
Brown, S. P. BSc CEng MRAeS qs	(M)	1 July
Dean, P. semc qss	(El)	1 July
Denwood, V. R. MBE amec	(El)	1 July
Gatenby, G. J. BSc qss	(M)	1 July
Goff, N. J. BSc CEng MRAeS semc qss	(M)	1 July
Matthews, T. J. BSc qs	(El)	1 July
Orme, D. J. MSc BSc CEng MIEE MIMgt qs	(El)	1 July
Shevels, A. A. qss	(El)	1 July

1988

Brough, S. G. BEng CEng MRAeS semc qss	(M)	1 Jan
Bruce, D. A.	(El)	1 Jan
Chadwick, G. H. CEng MRAeS semc qs	(M)	1 Jan
Chamberlain, S. J. MSc BEng CEng MIMechE slmc qss	(M)	1 Jan
Harris, P. R. BSc(Eng) qss	(M)	1 Jan
Marshall, D. MBE slmc qs		1 Jan
Melling, P. BSc CEng MRAeS ACGI qs		1 Jan
Parfit, G. R. BA semc qs		1 Jan
Priestley, S. D. BSc CEng MIEE qs	(El)	1 Jan

Robinson, D. F. BSc qss		1 Jan
Dixon, M. F. MSc BSc qss		1 July
Hands, S. J. MDA BSc CEng MRAeS qs		1 July
Jennings, R. W. qs	(M)	1 July
Lambie, P. S. BTech MIMgt qss	(El)	1 July
Ruddlesden, D. N. BA qs	(M)	1 July
Tillbrook, R. E. qss		1 July
Whitehead, G. E. BSc qss	(El)	1 July

1989

Butterfield, M. qss		1 Jan
Crookston, J. MSc CEng MIMechE qs	(M)	1 Jan
Durling, R. A. R. MSc BSc ae semc qs		1 Jan
Ellis, D. C. MSc BSc CEng MIMechE qss	(M)	1 Jan
Ford, E. A. BSc qs	(M)	1 Jan
Harding, M. BSc CEng MIMechE MIMgt qs	(M)	1 Jan
Hardwick, M.	(M)	1 Jan
Hopton, C. H. MSc BSc (Eur Ing) CEng MIEE MRAeS ae qss	(El)	1 Jan
McMaster, T. H. L. semc qs		1 Jan
Morley, E. MBE qss	(El)	1 Jan
Poulton, S. BSc qss	(M)	1 Jan
Scully, J. M. qss		1 Jan
Woodhouse, I. P. MBE BSc CEng MRAeS semc qs	(M)	1 Jan
Fillingham, D. BSc CEng MIEE semc qs	(El)	1 July
Green, G. N. qss	(El)	1 July
Honey, N. J. MSc BSc qs		1 July
Ivory, S. P. BSc qss	(El)	1 July
Kidd, A. M. BSc qss	(M)	1 July
Phillips, P. L. BSc CEng MRAeS qss		1 July
Twine, N. E. semc		1 July
Whiteley, A. M. qss		1 July
Wingrove, G. E. MSc BSc slmc qs		1 July

ENGINEER BRANCH

Squadron Leaders

1990

Adams, R. C. qs	1 Jan
Bees, A. R. IEng MIIE(mech) qss	1 Jan
Buckland, A. J. MA (Eur Ing) CEng MIEE (El)	1 Jan
Cardy, T. IEng AMRAeS semc qs	1 Jan
Childs, D. R. MSc BSc CEng FBIS MRAeS ae qs (M)	1 Jan
Cooke, G. G. MBE qss	1 Jan
Davis, R. MSc BSc CEng MIMechE qss	1 Jan
Drake, D. W. qs	1 Jan
Dreier, S. A. IEng qs	1 Jan
Eagles, M. E. BSc semc qs (M)	1 Jan
Gibbons, T. E. qss	1 Jan
Goodall, J. P. qs	1 Jan
Gooden, R. qs	1 Jan
Gray, A. BSc CEng MRAeS qs	1 Jan
Kerry, C. J. BSc semc qss	1 Jan
Liley, S. qss	1 Jan
Martin, M. L. MIMgt qss	1 Jan
McCarthy, M. B. qss (El)	1 Jan
Musselwhite, M. N. MBE IEng MIIE(elec) qs (El)	1 Jan
Pearce, K. N. MSc BSc CEng MIMechE qs	1 Jan
Peers, J. BSc slmc qss	1 Jan
Petch, C. S. F. MSc BSc	1 Jan
Readman, N. E. BSc IEng AMRAeS semc qs	1 Jan
Scott, P. J. MSc BSc slmc qss	1 Jan
Stephenson, I. MSc BA gw (El)	1 Jan
Taylor, A. J. BSc CEng MRAeS slmc qs	1 Jan
Thompson, A. J. qss	1 Jan
Thompson, M. J. qs	1 Jan
Walton, J. IEng qss	1 Jan
Williams, T. B. MSc BSc CEng MIEE qs	1 Jan
Wilson, S. J. BSc qs	1 Jan
Wray, C. F. BSc CEng MRAeS qs	1 Jan
Young, S. MA qs	1 Jan
Aldridge, M. R. DipMgmt qs	1 July
Cocksey, J. K. MSc BSc qs	1 July
Codling, A. semc qs	1 July
Dennay, V. R. BEng qss	1 July
Gingell, C. E. MBE scc qs	1 July
Helliwell, D. MSc BSc CEng MRAeS qs	1 July
James, A. R. BSc CEng MRAeS qss	1 July
Kelly, W. J. R. BSc CEng MIMechE adp qss	1 July
McCreanney, T. MBE qs	1 July
Prout, K. E. IEng FIIE(elec) qs	1 July
Robinson, J. C. P. BSc CEng MRAeS qss	1 July
Webber, S. semc qs	1 July

1991

Allen, R. J. BSc CEng MIEE qs	1 Jan
Bottomley, S. D. G. BSc qss	1 Jan
Brown, A. qss	1 Jan
Cottam, S. BSc CEng MIEE qs	1 Jan
Davidson, M. C. F. MDA MSc BSc CEng MRAeS MIMgt qs	1 Jan
Dunn, J. F. PhD MSc BSc CEng MIEE MIMechE slmc qs	1 Jan
Flowers, P. A. qs	1 Jan
Foran, P. J. qs	1 Jan
Garner, A. S. BSc CEng MRAeS psc	1 Jan
Gransden, A. W. MBE IEng MIIE(elec) qs	1 Jan
Harvey, P. J. R. MSc BSc qss	1 Jan
Hughes, G. J. MSc ae qss	1 Jan
Leach, R. L. F. BSc slmc qss	1 Jan
Leitch, D. O. S. semc qs	1 Jan
Millington, N. G. IEng FIIE(elec) qss	1 Jan
Moran, M. qss	1 Jan
Pappa, M. R. qss	1 Jan
Richards, S. R. qs	1 Jan
Rigby, R. P. BSc CEng MIEE qs	1 Jan
Roads, C. BSc qss	1 Jan
Shears, A. J. MBE qss	1 Jan
Skinner, M. W.	1 Jan
Squires, P. J. MSc BEng CEng MIEE qs	1 Jan
Storey, R. N. MSc BSc CEng MIEE slmc qs	1 Jan
Waller, C. J. N. IEng FIIE(elec) AMRAeS qss	1 Jan
Young, D. J. MSc BSc CEng MIMechE ae qs	1 Jan
Barton, T. R. slmc qs	1 July
Howard, P. qss	1 July
Lindsay, J. R. qss (El)	1 July
Mansfield, R. A. MSc BSc (Eur Ing) CEng MBCS qs (El)	1 July
Mitchell, N. qs	1 July
Pearce, A. J. qss	1 July
Stammers, M. O. qs	1 July
Wren, C. A. MSc BSc(Eng) ae qs	1 July

1992

Barrett, A. H. BSc qss	1 Jan
Bunting, M. E. MSc BSc CEng MIEE ae qs	1 Jan
Bush, V. R. IEng MIIE(elec) qs	1 Jan
Cox, N. J. BSc CEng MIMechE psc slmc	1 Jan
Elliott, V. P. MSc BSc CEng MIEE slmc qs	1 Jan
Goslin, I. P. BSc CEng MIEE qs	1 Jan
Hawley, A. B. MSc BSc ae slmc qs	1 Jan
Humphries, L. J. MSc BA CEng MRAeS gw qss	1 Jan

ENGINEER BRANCH

Squadron Leaders

1992—contd

Moore, A. W. BSc slmc qs	1 Jan
Morgan, C. R.	1 Jan
Nicholls, P. qs	1 Jan
Ousby, R. T. MSc BSc ae qs	1 Jan
Payne, T. A. R. MSc BA CEng MIEE qs	1 Jan
Pitkin, J. M. BSc CEng MRAeS qs	1 Jan
Powell, K. BSc CEng MIMechE slmc qs	1 Jan
Rickwood, S. R. qss	1 Jan
Roughsedge, E. IEng MIIE(elec) qs	1 Jan
Shillito, P. MSc BSc CEng MIEE qs	1 Jan
Straw, K. BSc CEng MIEE qs	1 Jan
Thompson, T. A. qss	1 Jan
Thorne, P. A. MSc BSc CEng MIMechE qs	1 Jan
Underhill, G. P. BSc CEng MIEE slmc qs	1 Jan
Verth, J. W. MSc BA CEng MRAeS MIEE DIC qss	1 Jan
Waring, M. S. BSc qs	1 Jan
White, P. J. FSERT IEng qs	1 Jan
Woodland, C. R. qss	1 Jan
Wrigley, D. A. qss (El)	1 Jan
Wynne, M. qs	1 Jan
Bole, L. T. qs	1 July
Burdess, A. R. E. MSc BSc CEng MIEE qs	1 July
Forrest, P. F. MSc BSc CEng MIEE qs	1 July
Goodall, M. P. qs	1 July
Lean, P. A. BSc IEng MIIE(elec) slmc qs	1 July
Rope, B. A. qss	1 July
Smith, J. J. MSc slmc qs	1 July
Stead, J. R. MSc BSc qab qs	1 July

1993

Bray, B. A. J. BSc qs	1 Jan
Henwood, C. M. MSc BSc CEng MIMechE qs	1 Jan
Hesketh, R. L. MA MSc qs	1 Jan
Lovell, G. J. MSc MRAeS slmc qs	1 Jan
Martindale, I. qss	1 Jan
Simpson, R. MSc BSc CEng MIEE qs	1 Jan
Smith, N. J. MSc BSc qss	1 Jan
Surtees, I. BSc adp qs	1 Jan
Voss, M. G. BSc CEng MIEE slmc qss	1 Jan
Walsh, J. MDA BSc CEng MRAeS AMIMgt qs	1 Jan
Webb, C. BSc CEng MIMechE MRAeS slmc qs	1 Jan
Beange, P. qs	1 July
Billings, P. A. qss	1 July
Collinge, M. J. qss	1 July
Dawson, G. P. M. IEng MIIE(elec) qss	1 July
Evans, M. A. BA MIMgt qs	1 July
Gilbert, C. N. R. MSc BEng ae qss	1 July
Gilbert, M. P. BSc CEng MIEE qs	1 July
Gill, D. N. BA BSc CEng MRAeS qs	1 July
Lindsay, P. F. MBE qss	1 July
Liston, G. D. MSc BSc slmc qs	1 July
Martin, P. MSc BSc ae qs	1 July
Myers, I. A. qs	1 July
Nidd, D. A. adp qss	1 July
Powell, D. McA. BSc semc qss	1 July
Sirs, R. C. qs	1 July
Turner, R. M. BSc qs	1 July
Venner, R. IEng AMRAeS qss	1 July
Wade, R. A. MA MSc CEng MIMechE qs	1 July
Williams, J. D. BSc qss	1 July

1994

Appleton, D. P. MSc BSc qss	1 Jan
Barclay, I. G. qss	1 Jan
Clark, D. R. qs	1 Jan
Dalley, S. L.	1 Jan
Dixon, Q. L. MSc BSc CEng MIEE ae qs	1 Jan
Fletcher, G. J. MSc BSc CEng MIEE DMS ae qss	1 Jan
Harris, A. J. MSc BSc qs	1 Jan
Hill, K. W. M. MSc BSc CEng MIMechE qs	1 Jan
Jameson, S. V. qss	1 Jan
Johnston, J. B. BSc qss	1 Jan
Kirkwood, I. McI. A. MSc BSc CEng MIEE qs	1 Jan
Land, A. IEng MIIE(elec) qss	1 Jan
Leech, D. W. MSc BEng CEng MIEE qss	1 Jan
Mercer, B. P. BSc qs	1 Jan
Pennycook, J. A. R. semc	1 Jan
Powell, A. L. MSc BSc CEng MIEE qs	1 Jan
Roberts, J. D. BSc slmc qs	1 Jan
Stokes, J. A. BSc CEng MIEE semc qss	1 Jan
Aunger, D. J. MSc BSc qss	1 July
Crane, D. MDA BSc slmc qs	1 July
Croft, P. J. MSc BSc ae slmc qs	1 July
Cross, A. R. D. BA qs	1 July
Davies, M. J. MSc qss	1 July
Dunn, G. J. BSc IEng FIIE(elec) MRAeS qss	1 July
Gray, S. C. MSc BSc qs	1 July
Hanslow, M. G. qss	1 July
Izard, B. S. MSc BSc CEng MIMechE qs	1 July
Jones, R. A. semc qss	1 July
Lansbury, D. BA qs	1 July
McMillen, W. R.	1 July
Moss, S. A. MSc BSc CEng MIEE MRAeS ae qs	1 July

ENGINEER BRANCH

Squadron Leaders

1994—contd

Name	Date
O'Connell, P. M. slmc qs	1 July
Parkinson, S. J. qs	1 July
Raine, P. D. MSc BSc CEng MIEE ae qs	1 July
Scannell, K. H. E. BSc qs	1 July
Singleton, C. M. qs	1 July
Small, M. K. MSc BSc qss	1 July
Spencer, R. M. J. MBA IEng MIIE(elec) qs	1 July
Stewart, W. J. MSc BA IEng MIIE(mech) qss	1 July
Tarbitten, C. M. BSc(Tech) qss	1 July
Terrett, J. D. qss	1 July
Whitaker, J. qss	1 July
Wilson, G. A. BEM qss	1 July

1995

Name	Date
Bingham, G. K. MSc BSc ae qss	1 Jan
Butler, A. J. qs	1 Jan
Clouth, P. J. MSc BEng CEng MIEE qs	1 Jan
Currie, R. I. MSc BSc ae qss	1 Jan
Daykin, C. P. BEng qs	1 Jan
Friend, R. qs	1 Jan
Fyffe, J. C. N. MSc BSc gw qs	1 Jan
Gibson, J. M. M. qss	1 Jan
Iddenden, P. qss	1 Jan
James, R. D. BA qss	1 Jan
Jones, F. B. qs	1 Jan
Keeton, P. BSc CEng MRAeS slmc qs	1 Jan
Marshall, K. A. BSc CEng MIMechE qs	1 Jan
McDermid, B. D. MSc BEng CEng MRAeS ae qs	1 Jan
Melhuish, R. T. K. MSc BEng CEng MIMechE qss	1 Jan
Miller, R. L. BSc CEng MIMechE qs	1 Jan
Newby, M. A. MSc BSc ae qs	1 Jan
Reed, S. C. MSc BSc qss	1 Jan
Tolometti, G. R. BTech qs	1 Jan
Turner, D. J. MSc BEng CEng MIMechE ae qs	1 Jan
Warmington, M. A. BSc qss	1 Jan
Williams, G. qs	1 Jan
Willis, M. E. IEng MIIE(mech) LCGI qs	1 Jan
Baird, M. J. MSc BSc ae qs	1 July
Barnes, O. R. J. MSc BSc qs	1 July
Brodie, G. E. BSc qs	1 July
Clark, T. J. MSc BSc CEng MIEE ACGI qs	1 July
Dangerfield, M. J. BSc qss	1 July
De Soyza, K. W. MSc BSc qss	1 July
Donald, P. W. qss	1 July
Emmett, P. C. PhD MSc BSc CEng MIEE qss	1 July
Featherstone, C. J. BSc qs	1 July
Headey, G. E. qss	1 July
Hollis, M. BSc CEng MRAeS slmc qs	1 July
Jones, C. G. IEng MIIE(elec) qss	1 July
Judd, D. G. M. MSc MSc BSc slmc qss	1 July
Marks, M. H. MBE IEng MIMgt AMRAeS slmc qs	1 July
McCloskey, P. W. J. qss	1 July
Moody, D.	1 July
Moore, C.	1 July
Muir, A. G. BSc CEng MRAeS	1 July
Peet, K. MSc BEng CEng MIEE qs	1 July
Perry, L. K. IEng MIExpE MIIE(mech) AMRAeS slmc qss	1 July
Rawcliffe, A. P. qss1	1 July
Sarjeant, A. P. qs	1 July
Saunders, E. J. IEng MIIE(elec) qss	1 July
Scott, D. P. P. qs	1 July
Smith, C. R. M. BSc qs	1 July
Thomas, K. L. BEng CEng MIEE qss	1 July
Thomson, C. R. BSc CEng MIEE qs	1 July
Turner, N. J. BSc qs	1 July
Williamson, M. B. BSc CEng MIEE MIMgt qs	1 July
Wilson, D. J. BSc	1 July

1996

Name	Date
Annal, P. D. BSc CEng MIMechE qss	1 Jan
Box, A. P. R. BSc qs	1 Jan
Conant, A. J. BSc qs	1 Jan
Edmondson, S. J. BSc CEng MIEE qss	1 Jan
Evans, B. R. CEng BEng MIMechE qs	1 Jan
Evans, D.	1 Jan
Gibson, M. BEng CEng MIMechE qs	1 Jan
Grinsted, P. J. MRAeS DipMgmt qs	1 Jan
Guy, T. J. BEng qs	1 Jan
Hargrave, R. J. BSc qs	1 Jan
Hobbs, M. H. qs	1 Jan
Howitt, M. G. qss	1 Jan
Johnstone, A. K. MSc BSc CEng MIMechE MRAeS qs	1 Jan
March, A. P. BSc qs	1 Jan
McMillan, M. MSc BEng CEng MIEE qss	1 Jan
Murray, N. qs	1 Jan
Phillips, N. J. MBA IEng MIIE(elec) qs	1 Jan
Russell, S. M. qss	1 Jan
Turner, T. N. MPhil MSc BSc AMIMechE qs	1 Jan
Walder, C. L. qss	1 Jan
Wilkinson, S. R. MDA BSc CEng MRAeS qs	1 Jan
Wray, H. L. BSc qss	1 Jan
Ambrose, I. D. qss	1 July

ENGINEER BRANCH

Squadron Leaders

1996—contd

Name	Date
Apps, R. M. qss	1 July
Bartlett, N. G.	1 July
Bennett, C. R. MIIE(elec) qss	1 July
Brown, A. S. E. qss	1 July
Devlin, T. D. BSc IEng MIIE(elec) MIMgt slmc qs	1 July
Galkowski, R. A. MSc BEng qss	1 July
Harris, S. J. qss	1 July
Ho, M. Y. K. BSc(Eng)	1 July
Holden, P. J. MA MSc qss	1 July
Looker, I. MSc BSc qss	1 July
Mann, T. S. BSc CEng MIMechE qs	1 July
Marshall, J. qss	1 July
McAlpine, P. W. MSc BSc ae qss	1 July
Moss, M. S. BEM BA qss	1 July
Patel, P. qs	1 July
Pooley, T. T.	1 July
Robinson, M. BSc IEng AMRAeS qss	1 July
Simpson, A. C. slmc qs	1 July
Tassell, D. M. BSc qss	1 July
Taylor, K. R. IEng MIIE(elec) qss	1 July
Thompson, C. M. BSc qs	1 July

1997

Name	Date
Biddington, D. V. W.	1 Jan
Bradbeer, P. A. qss	1 Jan
Bradbury, N. J. BSc CEng MIMechE qss	1 Jan
Cottrell, N. IEng MIIE(mech) qs	1 Jan
Donald, M. H.	1 Jan
Eady, C. J. MSc BSc qss	1 Jan
Griffiths, G. D. MSc BSc qss	1 Jan
Ham, G. qss	1 Jan
Horrocks, M. BSc qss	1 Jan
Horton, M. qss	1 Jan
Jones, P. qss	1 Jan
Mitchison, B. MSc BSc qss	1 Jan
Nesbitt, R. C. slmc qss	1 Jan
Northcote-Wright, A. qss	1 Jan
Orton, D. G. BSc CEng MIEE qss	1 Jan
Pearson, N. F. BSc qss	1 Jan
Quigley, M. qs	1 Jan
Satchell, V. J. qss	1 Jan
Stewart, S. BSc qs	1 Jan
Stubbs, M. R. MSc BSc(Eng) qss	1 Jan
Tait, A. G. BSc(Eng) CEng MRAeS AMIMechE qss	1 Jan
Wood, A. qss	1 Jan
Wood, N. C. BSc qs	1 Jan
Armitage, S. R. MSc BEng CEng MRAeS qs	1 July
Benford, C. BSc qss	1 July
Booth, G. A. qs	1 July
Bradshaw, N. T. BEng qs	1 July
Burgess, C. M. IEng MIIE(mech) qss	1 July
Carson, A. V. qss	1 July
Cook, D. R. D. BSc qss	1 July
Deacon, R. qss	1 July
Delaney, R. H. MSc qss	1 July
Fallow, D. qss	1 July
Gasson, B. R. qs	1 July
Gilbert, M. R. IEng AMRAeS qs	1 July
Gill, J. R. MSc BEng qss	1 July
Holmes, C. N. BSc qss	1 July
Horne, B. P. BA IEng FIIE(elec) AMRAeS qs	1 July
Hughes, R. G. BSc CEng MIEE qs	1 July
Jarvis, K. E. BEng qss	1 July
Johnson, R. M. BSc qss	1 July
Keeley, R. F. MSc qss	1 July
Lewis, D. qss	1 July
McGlary, S. qss	1 July
Mitchell, P. MSc BEng CEng MRAeS qss	1 July
Murphy, T. G. BEng slmc qs	1 July
Pearce, P. BSc CEng MRAeS CDipAF qs	1 July
Pettitt, S. J. BSc CEng MRAeS qs	1 July
Read, A. B. BSc CEng MRAeS qs	1 July
Rees, B. G.	1 July
Richardson, S. A. BSc CEng MRAeS qs	1 July
Rogers, D. E. IEng qs	1 July
Rose, P. S. MSc BEng ae qs	1 July
Sainsbury, N. M. qs	1 July
Taylor, C. BSc qss	1 July
Thorley, L. R. qss	1 July
Wariner, J. P. BSc CEng MIEE qss	1 July
Wilkes, J. G. qss	1 July
Wilson, I. A. MSc BEng ae qs	1 July
Wilson, P.	1 July
Young, A. G. BEng qss	1 July

1998

Name	Date
Andrews, D. L. qss	1 Jan
Axelsen, M. IEng AMRAeS qss	1 Jan
Brook, D. J. BSc CEng MRAeS qss	1 Jan
Bullen, A.	1 Jan
Burn, R. IEng AMRAeS qs	1 Jan
Currie, A. J. A. MSc BEng CEng MIEE qss	1 Jan
Davies, M. R. BSc qss	1 Jan
Day, A. P. MSc BSc ae qss	1 Jan
Dennis, G. J.	1 Jan
Edge, A. D. MSc BSc qss	1 Jan
Evers, M. C. MSc qss	1 Jan
Gowing, A. R. IEng MIIE(elec) qss	1 Jan
Grainger, R. BSc(Eng) qss	1 Jan
Hand, J. A. qss	1 Jan
Hartley, N. J. BSc CEng CPhys MIEE MInstP slmc qss	1 Jan

163

ENGINEER BRANCH

Squadron Leaders

1998—contd

Hurst, I. M. CEng BSc MIEE qss	1 Jan
Kelsey, D. BSc qs	1 Jan
Knott, S. qss	1 Jan
Legg, A. R. MSc BEng gw qs	1 Jan
Manger, M. J. MSc BEng CEng MIEE ae qs	1 Jan
Nicholls, A. P. BEng qss	1 Jan
Northover, M. J. MBE BEng qs	1 Jan
Powell, N. R. BSc slmc qss	1 Jan
Rhimes, D. M. qss	1 Jan
Roberts, H. MSc BSc CPhys MInstP qs	1 Jan
Sansom, A. M. MSc BEng CEng MRAeS ae qs	1 Jan
Savage, J. D. C. MSc BSc qss	1 Jan
Smith, F. E. A. qs	1 Jan
Tandy, R. MSc BSc CEng MIEE ae qs	1 Jan
Tyrell, A. J. BEng qss	1 Jan
Ward, I. BSc qs	1 Jan
Webster, S. M. J. qss	1 Jan
Weston, A. J. BEng qs	1 Jan
Wray, S. W. BEng qss	1 Jan
Arnold, D. B. BSc qs	1 July
Balderstone, A. W. MSc BEng qs	1 July
Bell, A. S. MSc BSc ae qss	1 July
Berry, I. F. qss	1 July
Bethell, K. H. R. qss	1 July
Birkenhead, G. B. MSc BSc CEng MIEE qss	1 July
Borthwick, S. P. BA BEng qss	1 July
Brown, M. A. IEng MIIE(elec) MIMgt qss	1 July
Buckland, P. J. qss	1 July
Coleman, M. J. qss	1 July
Diamond, P. A. BEng CEng MIEE qss	1 July
Edwards, M. A. BSc qs	1 July
Ewbank, T. D. qss	1 July
Firby, N. qss	1 July
Freer, G. W. MSc BSc ae qss	1 July
Gilligan, M. MSc BSc gw qss	1 July
Graham, H. BSc qss	1 July
Green, N. B. BA qss	1 July
Greenway, A. M. MSc BEng MIEE qss	1 July
Greenwood, R. J. qss	1 July
Gunn, T. J. qs	1 July
Hands, C. J. MSc BEng ae qss	1 July
Hawley, G. A. qss	1 July
Holmes, A. G. K. qss	1 July
Hughes, G. K. BSc qss	1 July
Jemmett, R. C. MSc BSc CEng ae qss	1 July
Johnson, C. N. qss	1 July
Kimber, A. J. qs	1 July
MacRury, D. G. qss	1 July
Machray, R. G. MSc BEng ae qss	1 July
McCann, N. F. BEng qss	1 July
Nelson, A. R. MSc BEng CEng ae qss	1 July
Parlett, R. B. qss	1 July
Pye, C. D. BEng qss	1 July
Rowsell, M. A. BEng CEng MIMechE qss	1 July
Saunders, D. BEng CEng MIMechE qs	1 July
Slee, P. BEng CEng MIEE qs	1 July
Starr, P. G.	1 July
Tremaine, J. MSc BEng CEng MIEE qss	1 July
Watts, D. J. BSc CEng MIEE qss	1 July
Wells, M. C. BEng qss	1 July
Williams, P. L. MSc BSc qss	1 July

1999

Allison, P. B. BEng qs	1 Jan
Armitage, G. V. R. BSc qss	1 Jan
Bannister-Green, G. M. BSc qss	1 Jan
Bathgate, P. BEng qss	1 Jan
Beresford, I. M. MBE qss	1 Jan
Bolton, G. I. qss	1 Jan
Carleton, R. K. MSc BEng CEng MIEE qss	1 Jan
Chapman, M. A. qss1	1 Jan
Edwards, C. J. MSc BEng (Eur Ing) CEng MIEE qss	1 Jan
Ellard, S. D. BSc CEng MRAeS MBCS qss i*	1 Jan
Ellis, S. C. qss	1 Jan
Flather, N. qss	1 Jan
Hammond, J. BSc qss	1 Jan
Hampson-Jones, C. BEng	1 Jan
Higson, D. W. BEng qss	1 Jan
Hubert, I. L. BSc qss	1 Jan
Jack, S. A. BEng CEng MIEE qss	1 Jan
Knighton, R. J. MA CEng MIMechE qss	1 Jan
Kyte, G. M. BSc CEng MIEE qss	1 Jan
Lea, N. J. MSc BEng qss	1 Jan
Lee, P. B. T. BEng CEng MIMechE qss	1 Jan
Lloyd, N. J. BSc qss	1 Jan
Lockhart, P. qss	1 Jan
Martin, N. R. qss	1 Jan
Marvell, C. B. BEng CEng MIEE qss	1 Jan
McCann, C. T. BSc qss	1 Jan
Mitchell, J. BEng CEng MRAeS qss	1 Jan
Paris, C. A. BEng qss	1 Jan
Rose, P. M. BEng CEng MIEE qss	1 Jan
Senior, K. S. BSc CEng MIMechE qss	1 Jan
Shields, R. G. qss	1 Jan

ENGINEER BRANCH

Squadron Leaders

1999—contd

Stace, C. J. BEng CEng MIEE	1 Jan
Taylor, I. J. MSc BEng CEng MRAeS qss	1 Jan
Thomas, D. M. BEng qss	1 Jan
Ward, S. K. MBA BA MIMgt AMRAeS qss	1 Jan
Wheeler, P. G. BSc CEng MRAeS qss	1 Jan
Wilcock, S. J. MSc BEng CEng MRAeS gw qss	1 Jan
Williamson, N. P. qss	1 Jan
Wright, J. M. qss	1 Jan
Akerman, C. qss	1 July
Barratt, P. L. MSc BEng qss	1 July
Barrington, M. P. B. qss	1 July
Blades, J. M. BEng qss	1 July
Burke, J. G. qss	1 July
Campbell, A. J. BEng qss	1 July
Chalmers, G. qss	1 July
Chowns, D. A. BEng qss	1 July
Clarke, N. IEng MIIE(elec) qss	1 July
Clarkson, D. BSc qss	1 July
Cockram, J. D. BEng CEng MRAeS qss	1 July
Cooper, A. J. qss1	1 July
Cooper, I. R.	1 July
Cummins, N. J. IEng MIIE(elec) qss	1 July
Dryden, I. BEng qss	1 July
Elsy, K. BEng CEng MIEE qss	1 July
Fryer, D. MSc BEng CEng MIEE qss	1 July
Harrop, J. M. MSc BSc CEng MRAeS qss	1 July
Hegharty, D. BSc(Eng) qss	1 July
Hellard, S. M. BEng qss	1 July
Hill, G. W. BEng qss	1 July
Hill, J. J. MBE	1 July
Hopkins, D. J. BEng qss	1 July
Hopkins, M. J. IEng MIIE(elec) qss	1 July
Jamieson, J. IEng MIIE(elec) qss	1 July
Jeffrey, D. W. R. BSc CEng MIMechE qss	1 July
Johnson, J. S. qss	1 July
Kennedy, M. H. IEng MIIE(elec) qss	1 July
Kilbride, D. M. IEng MIMechIE qss	1 July
Knight, A. J. BEng qss	1 July
Lomas, M. MBE qss	1 July
MacDonald, A. T. qss	1 July
Marshall, T. A. BSc qss	1 July
Moore, S. J. BEng qss	1 July
Owen, M. J. qss	1 July
Panton, A. BSc qss	1 July
Peacock, J. C. slmc qss	1 July
Perrett, B. J. BA BSc CEng MRAeS qss	1 July
Philliban, J. qss	1 July
Pye, G. A. BEng qss	1 July
Ramsey, S. A. BEng AMIEE qss	1 July
Rees, P. A. BSc CEng MRAeS qss	1 July
Riddell, J. G. BSc CEng MRAeS qss	1 July
Salmon, R. E. BSc qss	1 July
Sansome, E. A. BEng qss	1 July
Sheppard, P. R.	
Shippen, J. M. BSc qss	1 July
Skinner, M. D. IEng MIIE(elec) qss	1 July
Spencer, P. M. qss	1 July
Terrill, N. S. BEng qss	1 July
Vella, R. A. qss	1 July
Willis, A. S. BSc qss	1 July

Flight Lieutenants

1976

Vale, P. N. BSc semc adp qss	(M)	25 Nov

1982

Rubenstein, M. MSc CEng MRAeS qss	10 Dec

1983

Kohli, R. D. S. BSc qss	13 July

1984

Barnes, N. I.	20 Dec

1985

Perry, A. T. BSc qss	20 Oct
Jones, K. C. BSc IEng MIIE(elec)	26 Oct
Third, A. G. CEng qss	7 Dec
Davies, M. J. BSc qss	19 Dec
McGregor, W. R. BSc CEng MRAeS qss	19 Dec

1986

Goddard, M. R. BSc qss	23 Feb
Kreckeler, M. K. BSc qss	15 Sept
Dabrowski, M. R. BSc qss	8 Nov
Evans, M. P. qss	20 Nov
Lucie-Smith, E. R. BSc CEng MRAeS qss	15 Dec

1987

Roberts, T. M. C. BSc CEng MIEE qss	17 Jan
Wilby, S. K. qss	28 Feb

ENGINEER BRANCH

Flight Lieutenants

1987—contd

Carr, J. H. MSc BSc (Eur Ing) CEng MIMechE qss	14 Apr
Hoskin, D. P. qss	29 July
Dodding, S. D. BSc qss	3 Sept
Palmer, G. R. A. BSc qss	15 Oct
St John-Crees, D. BSc CEng MRAeS qss	15 Oct
Wharrier, I. BSc qss	5 Nov
Kelsey, C. M. qss	27 Nov

1988

Jones, A. S. MSc BSc ae qss	16 Jan
Greenstreet, D. M. BSc qss	21 Feb
John, R. S. BSc CEng MIMechE MRAeS qss	2 Mar
Jones, C. H. BSc qss	25 Mar
Thorpe, M. P. BSc qss	14 Apr
Dickinson, P. W. BSc CEng MRAeS qss	30 Apr
Smale, M. J. qss	8 May
Mason, D. G. J. BSc qss	10 May
Budkiewicz, K. S. qss	8 June
Rillie, I. MIIE(elec) qss	19 June
Seymour, W. S. BEng CEng qss	15 July
Schoner, N. J. MSc BSc qss	22 July
McLellan, A. M. K.	31 July
Middlewood, M. L. qss	31 July
Chapman, P. G. H. BSc	20 Aug
Sheffield, C. J.	11 Oct

1989

Ellis, T. J. R. BSc CEng MRAeS MIExpE qtm qss	15 Jan
Burgess, M. K.	17 Jan
Norton, B. K.	17 Jan
Thomas, P. D. BSc qss	18 Feb
McKevitt, M. MBE BEM qss	11 Apr
Lawrence, G. BSc CEng qss	15 Apr
Ellis, G. BEng CEng MRAeS qss	3 May
Taylor, A. J. BEng qss	3 May
Cornford, D. A.	23 May
Ashman, R. J. L. BA	4 June
Seaton, G. R. BSc CEng MRAeS qss1	1 Aug
Jackson, D.	15 Aug
Kinsey, A. T. qss	27 Aug
Wells, J. W. BSc	2 Sept
Reese, N. P. BSc ae	3 Oct
Ford, A. J. qss	7 Oct
Baughan, D. S. IEng MIEIE qss	8 Oct
Martland, J. R. BSc qss	17 Oct
Miller, P. L. BEng CEng MIEE qss	16 Nov
Edwards, G. D. BSc qss	7 Dec
Way, C. S. BSc qss	7 Dec
Frieland, C. A. qss	19 Dec

1990

Swinney, R. W. MSc MSc BSc	11 Jan
Marshall, R. J. qss	14 Jan
Tudor, N. J. BEng CEng MIEE qss	15 Jan
Anderson, M. G. MSc CEng MISM MRAeS ae qss	19 Jan
Phillips, J. S. BEng CEng qss	11 Feb
Parker, G. H.	13 Feb
Butt, N. J. MSc BSc qcc	15 Mar
Duncan, E. C. D. BSc CEng MRAeS qss	15 Mar
Chandler, J. H. BSc qss	27 Mar
McCandless, D. C. qss	27 Mar
Clark, F. S. BSc(Eng) qss	15 Apr
Stott, I. R. qss	26 Apr
Hockley, S. P. qss	5 May
Waters, P. J. qss	5 May
Shelton-Smith, C. A. BEng CEng MRAeS qss	27 May
Berrecloth, P. C. BSc qcc	5 July
Sandom, C. W. MSc BEng CEng MIEE qss	15 July
Bowles, K. N. qss	28 July
Booth, D. M. C. qss	31 July
Pawson, P. T. qss	31 July
Upton, D. J.	31 July
Snowden, R. W.	11 Sept
Houghton, I. BSc	19 Sept
Atkins, A. R. qss	9 Oct
Winfield, R. J.	19 Oct
Leadbitter, S. J. IEng AMRAeS	22 Nov
Losh, S. qss	25 Nov
Aitchison, D. F. qss	15 Dec

1991

Gudgeon, A. C. MSc BSc CEng MIEE qss	15 Jan
Long, C. E. BEng CEng MIMechE qss	15 Jan
Milwright, D. T. P. BSc CEng MIEE qss	15 Jan
Nicholson, E. H. J. MBE BSc CEng qss	15 Jan
Savage, S. J. BEng CEng MIEE qss	15 Jan
Tapson, I. R. BEng qss	15 Jan
Carroll, M. W. BEng qss	19 Jan
Pawsey, A. R. BSc adp qss	19 Jan
Grimsley, D. T. A. BSc qss	14 Feb
Stanway, N. A. MSc BEng CEng MRAeS qss	28 Feb
Jones, L. J. BSc CEng qss	15 Mar
James, T. R. BEng qss	12 Apr
Macdonald, G. B. qss	23 Apr
Wilkinson, S. N. MSc BSc CEng MRAeS ae qss	30 Apr
Walker, R. J. BEng qss	6 May
Ashcroft, K.	4 June
Ladbrook, P. R. IEng MRAeS qss	4 June
Wilson, C. J. qss	4 June

ENGINEER BRANCH

Flight Lieutenants

1991—contd

Mills, J. B. BEng qss	1 July
Khan, R. BEng qss	3 July
O'Connell, S. T. BEng qss	8 July
Birch, P. H. B. BEng	15 July
Hill, C. V. BEng CEng MRAeS qss	15 July
Lainchbury, I. M. BEng CEng	15 July
Mackie, W. S. MSc BSc BEng CEng MIIE(elec) MIEE qss1	15 July
Souter, W. G. BEng	15 July
Clarke, K.	17 July
Saldanha, R. C.	17 July
Cunningham, S. qss	18 July
Pearce, G. C. MIMIME qss	26 July
Rowes, R. A. qss	14 Aug
Morgan, D. W. MEng CEng qss	19 Aug
Gurden, M. BEng qss	21 Aug
Oglesby, D. H. BEng CEng MIEE qss	25 Aug
Robbins, C. J.	27 Aug
White, T. A. BSc adp	2 Sept
Nimick, P. G. BEng qcc	7 Sept
Vicary, S. R. BEng CEng MIMechE qss	15 Sept
Callaghan, J. BEng CEng MIMechE qss1	2 Oct
Fitzpatrick, J. D. BEng qss	3 Oct
Rogers, E. W. qss	8 Oct
Beckett, W. B. M.	17 Oct
Treloar, B. C. qss	26 Oct
Robinson, D. A. qss	14 Dec
MacLennan, A. R. IEng MIIE(elec) qss	21 Dec
Pipe, A. J. IEng MIIE(elec) MIMgt qss	21 Dec
Studley, G. S. qss	21 Dec
Hill, C. M. BEng qss	25 Dec

1992

Parry, D. T. IEng MIIE(elec) MIMgt	14 Jan
McQuillan, S. D. V. BEng qss	15 Jan
McQuillin, K. F. BSc qss	15 Jan
Parker, R. M. MSc BA ae qss	15 Jan
Skilton, T. J. BSc	15 Jan
Killick, A. J. qss	15 Feb
Hewitt, A. K. BEng CEng MIMechE qss	20 Feb
Gates, M. BEng qcc	21 Feb
Haywood, S. J. BEng qss	21 Feb
Baldwin, B. F. qss	25 Feb
Lacey, T. A. BSc	25 Feb
Bradgate, J. K. BEng	27 Feb
Wallis, A. D. BSc	15 Mar
Hillary, N. P. qss	29 Mar
Herbert, G. S. R. qss	26 Apr
Gordon, B.	5 May
Howard, J. C. E. qss	5 May
Stellitano, W.	5 May
Williams, M. J. BEng qss	6 May
Austen, R. G. qss	10 May
Grace, J. C. BEng qss	12 May
Williams, H. J. BEng qcc	12 May
Warr, S. A. BEng qss	20 May
Murphy, C. J. qcc	15 June
Welberry, J. BEM	16 June
Beech, G. qss	21 June
Peters, C. E. qss	21 June
Wright, K. M.	21 June
Heath, S. T. BSc CEng MRAeS qss	24 June
Hood, M. G. H. qcc	2 July
Marshall, P. S. BEng BSc CEng MIEE	13 July
Bailey, A. P. BEng	15 July
Chapman, C. R. BEng qcc	15 July
Foster, S. F. BEng qss	15 July
Halliday, S. J. BEng qss	15 July
Holmes, R. BEng qss1	15 July
Legge, G. P. E. BEng qcc	15 July
McLaughlin, W. BEng qss	15 July
Still, W. BEng qss	15 July
Stockton, N. A. BEng qss	15 July
Thompson, T. M. BEng qss	15 July
Cudlipp, R. M.	28 July
Pattison, F.	28 July
Allan, C. J. qss	2 Aug
Jones, C. A. qss	2 Aug
Moss, A. S. qss	2 Aug
Empson, J. G. BEng CEng MIEE qcc	6 Aug
Watkins, G. D. BEng CEng qss1	18 Aug
Watson, B. J. BEng qss	18 Aug
Miller, S. BEng qss	23 Aug
Brown, D. P. BEng CEng MIEE qss	3 Sept
Bailey, C. P. IEng qss1	26 Sept
Le Galloudec, S. J. qss	26 Sept
Tanfield, I. F. qss	26 Sept
Hartland, P. A. BEng qss2	1 Oct
Barraclough, R. BEng qss	2 Oct
Sanderson, A. M. BSc qss	2 Oct
Martin, P. L. BEng CEng qss	20 Oct
Peck, R. BEng qss1	23 Oct
Block, K. J.	2 Nov
Freeman, G. J. qss	2 Nov
Hunter, K.	2 Nov
Hoyton, D. G. BSc	7 Nov
Boardman, L. D. qss	8 Nov
Brandon, V. G. qss	8 Nov
Carlton, D. qss	8 Nov
Carter, S. J. asq qss	8 Nov
Crowle, A. J. W.	8 Nov
Newton, C. H. qss1	8 Nov
Paice, N. J. qss	8 Nov
Twine, A. N. H. BTech qss	8 Nov
Shears, P. M. BEng MRAeS qss	25 Nov
O'Brien, P. F. J. IEng MIIE(elec) qss1	26 Nov
McCleary, D. P. BSc qss	7 Dec
Brown, M. H. qss	15 Dec
Phillips, M. E.	15 Dec
Brudenell, J. P. qss	20 Dec

ENGINEER BRANCH

Flight Lieutenants

1992—contd

Bareham, D. M. BEng CEng MRAeS qss	23 Dec

1993

Dique, M. J. A. BEng	7 Jan
Hurst, T. M. MSc BSc qss2	11 Jan
Bell, J. R. BEng BA qss1	15 Jan
Bradshaw, S. J. MEng MSc qss	15 Jan
Brown, M. G. BEng qss	15 Jan
Di Nucci, S. BEng qss	15 Jan
Edmondson, E. A. BEng CEng MIMechE qss	15 Jan
Ellen, R. A. BEng qss	15 Jan
Hutchison, P. B. BEng qss	15 Jan
Johnson, P. E. C. BEng qss	15 Jan
Martin, D. V. BEng qss	15 Jan
McEwing, M. F. BEng qss	15 Jan
Morris, A. J. S. BSc qss	15 Jan
Rooney, C. M. BEng	15 Jan
Thurrell, W. M. BEng qcc	15 Jan
Waring, S. J. BSc qss	15 Jan
Watson, N. BEng BSc qss	15 Jan
Woodfine, D. S. BEng CEng MIEE qss	15 Jan
Robinson, I. M. qcc	25 Jan
McKenna, S. M.	15 Feb
Molle, D. C.	16 Feb
Vernoum, K. G. qss	16 Feb
Brooks, C. P. BEng	18 Feb
Rowland, D. J. BEng CEng MIEE qss	20 Feb
Timoney, M. J. BSc CEng MRAeS qss	20 Feb
Alcock, A. BEng qss	21 Feb
Krauze, I. A. BEng CEng MIEE ptsc qcc	21 Feb
Houghton, A. P. qcc	15 Mar
Beken, D. C. qss	27 Mar
Bowden, J. T. IEng AMRAeS qss	28 Mar
Jack, J. A. BEng qss	28 Mar
Gay, M. A. BEng qcc	30 Mar
Leyland, T. J. W.	30 Mar
Watt, K. G. BEng qss	30 Mar
Burgess, P. D. C. BEng ae	1 Apr
Morris, P. D. MBA BEng CEng MIMechE	1 Apr
Mitchell, J. C. BEng qss	2 Apr
Streatfield, G. P. BEng qss	4 Apr
Dove, E. L. BEng	8 Apr
McCarthy, J. A. BEng qss	10 Apr
Daulby, P. R. BEng qss	11 Apr
O'Dell, S. J. BEng	18 Apr
Oram, G. BEng	20 Apr
Mammatt, J. E. BEng qcc	7 May
Palk, R. A. BEng CEng qss	11 May
Smith, P. J.	11 May
Trimble, I. C.	11 May
Hart, S. J. BEng ae	12 May
Scantlebury, P. J. BEng qss	12 May
Blackmore, N. J. BEng qss	25 May
Campbell, P. E.	19 June
Hatcher, A. I. qcc	20 June
Sadler, A. R. qss	20 June
Williams, D. J. qss	21 June
Evans, D. J. qss	25 June
Childs, C. BEng CEng MIEE qss	29 June
McKeown, I. D. BEng qss	6 July
Elford, S. B. qss	12 July
Burke, S. BEng qcc	15 July
Connor, S. P. BEng qss1	15 July
Dawes, D. P. BEng qcc	15 July
Godbolt, S. D. BEng qss1	15 July
Griffiths, S. C. BEng	15 July
Lefley, R. MSc BEng ae	15 July
Reed, S. J. BEng CEng MIEE qss	15 July
Slaven, D. R. BEng qcc	15 July
Woodgate, A. M. BEng qss1	15 July
Hill, I. R.	19 July
Knights, S. A. BEng	4 Aug
Pickard, M. J. BEng qcc	5 Aug
Hall, D. A. qss	14 Aug
Kirk, J. qcc	1 Sept
Arnold, J. G.	12 Sept
Challonder, A. S. qss	26 Sept
Blake, C. BEng	27 Sept
Harvey, S. D. BSc	1 Oct
Pemberton, A. J. qss	4 Oct
Smeaton, J. P. R. BEng qcc	11 Oct
Horsley, D. R. BEng CEng qss	23 Oct
Arnold, N. J. BEng qss1	29 Oct
Connelly, J. A. BEng qcc	2 Nov
Sussex, P. S. BEng qss	4 Nov
Stanley, M. BEng qcc	5 Nov
Crosby, C. P. qss1	9 Nov
Sallis, B. A. MBE	9 Nov
Anderson, D. qss	19 Dec
Exley, M. A. qss	19 Dec
Mackay, D. J. qss	19 Dec
Scott, M. D. BSc	19 Dec
Wilkins, M. E. IEng MIIE(elec) qss2	19 Dec
Dalton, G. S.	21 Dec
Gibbs, P.	21 Dec
Jones, S. A.	21 Dec
O'Callaghan, P. J.	21 Dec
Poulton, J. C.	21 Dec
Gillespie, W. M. BEng qss1	22 Dec
Abbs, M. R. qss1	24 Dec
Taylor, C. M.	26 Dec

1994

Mockford, A. D. qss	10 Jan
Beverley, S. J. BEng qss	15 Jan
Bonser, J. V. BEng	15 Jan
Brennan, M. F. BEng qcc	15 Jan
Coleby, T. B. BEng qss	15 Jan

ENGINEER BRANCH

Flight Lieutenants

1994—contd

Name	Date
Dalton, G. BEng qs	15 Jan
Danton, S. J. BEng CEng MIMechE ACGI qss	15 Jan
Elder, R. P. AMIEE qss	15 Jan
Ford, R. J. BEng	15 Jan
Hallam, A. J. BEng qs	15 Jan
Hutchison, H. G. BEng CEng MIMechE qss	15 Jan
Johnson, J. A. BEng CEng MIMechE qss	15 Jan
Jones, A. J. MSc BEng qss	15 Jan
Lawn, J. E. BEng CEng MIEE qss	15 Jan
Leeks-Musselwhite, M. BSc AMIEE qss	15 Jan
Martin, J. W. R. MSc BEng AMIEE	15 Jan
Mitchell, I. J. BEng qss	15 Jan
Moore, C. J. BEng qcc	15 Jan
Owen, P. E. BSc	15 Jan
Pennington, C. A. BSc CEng MIEE qss	15 Jan
Rule, S. Z. BSc	15 Jan
Stevens, J. E. BEng qss	15 Jan
Thompson, J. P BEng qss1	15 Jan
Weston, C. T. BEng	15 Jan
Wilson, M. R. BSc qss	15 Jan
Woods, R. A. BSc qss	15 Jan
Parry, R. M. BEng	1 Feb
Press, J. R. qss	12 Feb
Adams, A. D. qss	13 Feb
Baldwin, P. J. qcc	13 Feb
Burke, R. T. qcc	13 Feb
Moore, S. N. qss1	13 Feb
Thompson, A. G. AMRAeS qcc	13 Feb
Bull, M.	15 Feb
Dodds, F. K.	15 Feb
Duncan, J.	15 Feb
Jones, J. G.	15 Feb
McDermott, D. qss	15 Feb
Newton, M. D.	15 Feb
Rickards, T. J.	15 Feb
Shatford, W. F.	15 Feb
Tyler, P. MBE IEng MIIE(mech)	15 Feb
Rogers-Jones, A. BEng CEng MIEE qss	18 Feb
Villiers, P. BEng qss1	25 Feb
Briggs, S. V. BEng CEng MIEE qss2	2 Mar
Housby, G. BSc qcc	26 Mar
Blackmore-Heal, D. C. IEng MIIE(mech) qss	29 Mar
Davies, A. T.	29 Mar
Worth, N. P. qss	29 Mar
Ramsden, G. P. BEng qcc	9 Apr
Poole, G. J. BEng CEng MRAeS qss	11 Apr
Frew, D. M. BEng qss1	12 Apr
Mitchell, A. BTech IEng AMRAeS qss	14 Apr
O'Brien, M. C. BEng	21 Apr
Parry, S. A. BEng qcc	29 Apr
Beasley, S. G. qss	7 May
Jones, S. J.	7 May
Meeghan, P. qcc	7 May
Croxford, K. C. A.	10 May
Cruikshanks, R. W. qss1	10 May
Hollins, D. G.	10 May
McNamara, P. V. P.	10 May
Moinet, A. N.	10 May
Crowe, J. A. BSc	11 May
Jones, J. P. BEng qcc	11 May
Potterill, S. M. BSc	11 May
Docherty, C. qss	14 May
McMurtrie, S. R. J. BEng qss	31 May
King, J. qss	6 June
Cannon, S. A. IEng qss	16 June
Gidda, G. S. qcc	16 June
Applebee, S. qss	21 June
Bales, S. J. qss1	21 June
Channon, M. P. qss	21 June
Farrow, P. W.	21 June
Gray, G. H.	21 June
Johnson, T. P.	21 June
Piaggesi, G. P. qss	21 June
Ricketts, J. M.	21 June
Praag, A. N. qcc	27 June
Armstrong, A. D. BEng qss	6 July
Edwards, D. B. MEng BSc CEng MIEE	10 July
Baker, S. A. BEng	15 July
Bilney, M. BEng	15 July
Clapham, D. L. qss1	15 July
Dunne, A. J. BEng	15 July
Ingleson, M. S. BEng	15 July
Maxwell, I. D. BEng qcc	15 July
Rosbotham, K. BEng qss1	15 July
Ross, F. G. BEng	15 July
Southall, R. C. BEng	15 July
Withers, R. M. BEng	15 July
Carroll, J. H. qcc	30 July
Green, A. R. BA qss	30 July
Parsons, C. J. qss	30 July
Bailey, P.	2 Aug
Dunnett, R. D. IEng qss1	2 Aug
Paling, J. J. IEng	2 Aug
Tanner, A. J.	2 Aug
Iles, A. D. G. qss1	5 Aug
Hanley, R. D. BEng	17 Aug
Poyner, I. K. BEng	18 Aug
Partridge, M. A. qss2	20 Aug
Smith, L. F. BEng	10 Sept
Eaton, K. P. BTech qss1	11 Sept
Bateman, G. J. qcc	24 Sept
Cotter, G. qss	24 Sept
Martin, G. qss	24 Sept
Moran, R. F.	24 Sept
Owen, R. M. qss	24 Sept
Goldsworthy, J. H.	26 Sept
Greenfield, J. M.	26 Sept
Hamilton, E. S. qss	26 Sept
Pick, K.	26 Sept
Richards, B.	26 Sept
McKenzie-Orr, A. BSc qcc	29 Sept
Khan, F. MEng	9 Oct
Wincott, S. M. BEng	11 Oct
Espie, D. W.	27 Oct
Haynes, P. D. BEng	29 Oct
Marshall, R. S. qss1	8 Nov
Whittingham, R. C. MBE qss1	8 Nov
Williams, W. J. A. BA	8 Nov
Darby, C. A. M. qss	12 Nov
Wilson-Smith, G. K. qss1	12 Nov
Watford, I. R. IEng AMRAeS qss	13 Nov

ENGINEER BRANCH

Flight Lieutenants

1994—contd

Hayes, C. G.	21 Nov
Cunliffe, P. BEng	22 Nov
Shelley, J. M. qss	20 Dec
Thompson, M. H.	20 Dec
Slater, N. BEng qcc	28 Dec

1995

O'Kane, S. J. BEng	10 Jan
Allan, R. M. BSc	15 Jan
Bolt, A. T. BEng qss	15 Jan
Bradley, M. R. BEng	15 Jan
Broderick, C. A. BSc BEng qcc	15 Jan
Bunning, S. L. BEng qcc	15 Jan
Cooksley, A. P. BSc qcc	15 Jan
Dart, P. G. BEng qcc	15 Jan
Eames, D. P. MSc BEng	15 Jan
Goodfellow, R. C. BEng qs	15 Jan
Heath, P. A. BEng	15 Jan
Hesketh, S. J. BEng qss1	15 Jan
Marsh, R. E. MEng MBA CDipAF CEng MIMechE MRAeS qss	15 Jan
McNeill, A. D. BEng qs	15 Jan
Payne, D. E. BEng qcc	15 Jan
Payne, N. G. BSc qss	15 Jan
Ross, J. M. BEng	15 Jan
Simmonite, A. J. BEng qcc	15 Jan
White, A. J. BEng qcc	15 Jan
Williamson, S. C. BEng qcc	15 Jan
Wilson, A. G. A. BEng qss	15 Jan
Woods, S. B. BEng qcc	15 Jan
Walker, M. B.	28 Jan
Jones, D. M. qcc	2 Feb
Lander, D. S. BEng qcc	7 Feb
Musk, T. S. qss	11 Feb
Dourish, G. A.	14 Feb
Pullen, J. R. E. qcc	16 Feb
Smeaton, C. A. BEng qss	18 Feb
Mepham, K. D. BEng MIEE qss	22 Feb
Pullen, M. P. BEng CEng MIEE qcc	10 Mar
Watkins, S. C. BEng qcc	21 Mar
McLoughlin, A. J. qcc	23 Mar
Lobley, B.	28 Mar
Mannall, D. M. qss1	28 Mar
Pybus, K. W.	28 Mar
Simpson, I. BEM	28 Mar
Lloyd, P. H. BEng CEng MIMechE qss2	29 Mar
McLaughlin, S. BEng qss1	29 Mar
Saul, P. M. BEng qcc	29 Mar
Skirving, D. J. BEng qcc	29 Mar
Smith, I. T. G. BEng qss	4 Apr
Eccleston, A. M. MEng qcc	10 Apr
McNair, G. W. BEng qs	11 Apr
Bowland, J. E.	19 Apr
Wootten, M. J. qcc	24 Apr
Noon, A. R. BEng	5 May
McCann, A. M. MBE	9 May
Scott, S.	9 May
Hawkins, F. P. BEng qss2	10 May
Davies, S. R. qss1	13 May
Tempest-Roe, R. M.	17 May
Cook, C. M. qss	31 May
Blogg, D. O. qss	3 June
Breslin, P. G. qss1	20 June
Doughty, R.	20 June
Belfield, D. qss1	21 June
Harris, S. BEng qss1	21 June
Kellaway, E. M. BEng qs	5 July
Chapman, P. M. BEng	15 July
Hussain, Z. BEng	15 July
Lacey, L. J. BEng	15 July
Longden, R. D. BEng	15 July
Osborne, J. B. BEng	15 July
Smith, R. L. BEM BEng MRAeS	15 July
Stanley, A. K. BEng	15 July
Wray, P. M. BEng qss1	15 July
Robinson, B.	28 July
Turner, J.	28 July
Bradley, R. N.	29 July
Lilly, P. D. BEng qs	8 Aug
Stanley, R. M. BEng	12 Aug
Hodge, M. BEng	13 Aug
Keen, K. M. MEng	14 Aug
Lamont, M. M. BA qcc	14 Aug
McKenzie, A. W. qcc	31 Aug
Forbes, G. S. qss	26 Sept
Lowry, W. M. IEng MIET	26 Sept
Sadler, B.	26 Sept
Walton, J. R.	26 Sept
Evans, M. S. BEng qss	29 Sept
Powlson, M. D. BEng qcc	29 Sept
Orme, D. I.	10 Oct
Blyth, I. qss	7 Nov
Cann, C.	7 Nov
Cole, M. E. IEng	7 Nov
Roberts, W.	7 Nov
Russell, S. J.	7 Nov
Stevens. C. N.	7 Nov
Wild, J. R.	7 Nov
Russell, J. qcc	11 Nov
Wilson, P.	17 Nov
Bradley, I. M. BEng CEng MIEE qcc	8 Dec
McGhie, D. C. P.	19 Dec

1996

Baker, S. J. BEng qcc	15 Jan
Baldaro, J. L. BEng qcc	15 Jan
Barton, S. D. MEng qcc	15 Jan
Baxter, D. M. BEng qs	15 Jan
Chappell, J. L. BEng	15 Jan
Donnellan, S. J. BEng qss1	15 Jan
Downey, E. A. BEng qss1	15 Jan
Fell, A. T. BEng qss	15 Jan
Gee, S. BEng qss1	15 Jan
Green, A. S. BEng	15 Jan
Head, A. D. BEng qss1	15 Jan

ENGINEER BRANCH

Flight Lieutenants

1996—contd

Name	Date
Janssen, S. J. BEng qss2	15 Jan
Ley, E. R. J. BEng	15 Jan
Lindsay, D. R. BEng	15 Jan
Lloyd, R. A. BEng qss1	15 Jan
Lunan, I. BEng qcc	15 Jan
Matthew, J. H. BSc	15 Jan
Morley, P. M. BEng qss	15 Jan
Plant, B. M. BEng	15 Jan
Ross, I. A. BEng	15 Jan
Seymour, A. M. BEng qss2	15 Jan
Warren, J. BEng qcc	15 Jan
Watkin, J. S. BEng qcc	15 Jan
Williams, H. M. BEng qcc	15 Jan
Wilson, J. W. I. BEng qss	15 Jan
Hopwell, I. J.	10 Feb
Clancy, D. G. R. BA	15 Feb
Hale, R. J. BEng qcc	16 Feb
Huby, G. M. BEng CEng MRAeS qcc	16 Feb
Regan, P. E. BEng qss1	17 Feb
Tucker, C. D. BEng qcc	27 Feb
Brodie, S. BEng qcc	28 Feb
Harrison, A. R. BEng	8 Mar
Doherty, B. D. BEng AMIEE qss	13 Mar
Tapping, J. G. C.	26 Mar
Egan, C. J. BEng qss1	2 Apr
German, A. D. BEng	11 Apr
Hunter, C. V. BEng qss1	11 Apr
Potts, M. J. BEng qss1	11 Apr
Wright, R. BEng	11 Apr
Streatfield, P. J. BEng	30 Apr
Elliott, A. H. qss	7 May
Munroe, G. M. BEng	12 May
Pinckney, N. J. BEng qcc	6 June

Name	Date
Higham, N. P. BEng	24 June
Roberts, L. P.	4 July
Barr, R. P. BEng	15 July
Calder, A. P. J. BEng	15 July
Davies, H. B. BEng	15 July
Gadney, A. D. BEng	15 July
Kent, S. E. R. BEng	15 July
Kilday, I. BEng	15 July
Kirk, N. H.	15 July
Russell, S. I. BEng	15 July
Tomlinson, G. G. BEng	15 July
Tomlinson, J. I. M. BEng	15 July
Young, J. N.	23 July
Harmer, N. J. BEng qcc	14 Aug
Shipley, J. M. qss1	13 Sept
Fielder, R.	16 Sept
Wood, B. D. A. qcc	29 Sept
Blevins, P. R.	6 Oct
Green, J. R.	6 Oct
Hodge, C. F. BEM qcc	6 Oct
Johnson, T. W. R. S.	6 Oct
Bye, D. D. BSc qss1	10 Oct
Graham, K. B. BEng	10 Oct
Howard, N. A. BEng	27 Oct
Mercer, G. F. BEng	2 Nov
Wild, J. E.	13 Dec

1997

Name	Date
Bradbury, S. P. BEng qcc	15 Jan
Gilroy, J. R. BEng qcc	15 Jan
Green, C. D. BEng qss1	15 Jan
Hampson, M. C. BEng qcc	15 Jan
Joly, R. B. BEng	15 Jan
Kelly, P. BEng qss1	15 Jan
O'Donnell S. M. BEng qcc	15 Jan
O'Donnell, T. BEng	15 Jan
Prentice, P. R. BEng qss1	15 Jan
Rolf, J. MA qss1	15 Jan
Shipp, A. M. qcc	15 Jan
Smith, R. L. S. BEng	15 Jan
Sobers, P. C. BEng qcc	15 Jan
Tozer, D. J. BEng	15 Jan

Name	Date
Wilkinson, P. J. BEng	15 Jan
Longley, C. I. BEng	6 Feb
Rayner, K. S. BEng	10 Feb
Copeland, A. W. W. qss1	11 Feb
Daly, C. T. BEng qcc	14 Feb
Casey, T. J. BEng	15 Feb
Storer, K. A. BEng	15 Feb
Crook, L. D. BEng	1 Mar
Bedding, S. J. qss1	29 Mar
Hunt, M. BEng qcc	10 Apr
Reid, J. C. BEng qcc	10 Apr
Seddon, J. W. BEng	10 Apr
Waggitt, R. D. BEng qcc	10 Apr
Brydon, M. F.	14 May
Croft, P. BEng	2 June
McLeod, A. C. BEng	13 July
Cowie, I. BEng	15 July
Greenland, S. J. BEng	15 July
Hall, G. J. BEng	15 July
Hatten, G. A. BEng	15 July
Lawson, D. M. BEng	15 July
Mayo, P. R. BEng	15 July
Nadin, M. A. BEng	15 July
Russell, P. J. BEng	15 July
Swanson, J. BEng	15 July
Wright, M. S. BEng	15 July
Bradshaw, N. J.	28 July
Pease, C. T.	28 July
Pridmore, B. J. BEng	4 Aug
Clapp, S. E. BEng	8 Aug
Hawley, M. R.	16 Aug
Powley, S. K. BEng	16 Aug
Todd, B. S. BEng	23 Aug
Stephens, D. A. BEng	9 Oct
Lewis, D. A. BEng	10 Oct
Gibson, M. A. BEng	11 Nov
Hope, M. A. BEng	2 Dec

1998

Name	Date
Ankers, J. R. BEng	15 Jan
Bobbin, A. J. BEng	15 Jan
Browning, J. L. W. BEng	15 Jan
Carter, K. BEng	15 Jan
Collins, L. BEng qcc	15 Jan

171

ENGINEER BRANCH

Flight Lieutenants

1998—contd

Hamilton, D. M. BEng	15 Jan
Handley, D. A. BA	15 Jan
Neal-Hopes, T. D. BEng qcc	15 Jan
Richards, R. P. MEng	15 Jan
Frazer, S. R. BSc	30 Jan
Harrop, D. G.	8 Feb
Paris, G. D.	8 Feb
Brown, R. N. BEng	13 Feb
Goodchild, S. P. BEng	13 Feb
Bellamy, S. J. BEng	14 Feb
Hamilton, C. J. BSc	14 Feb
Limb, N. P. BEng	14 Feb
Will, D. E. BEng qcc	14 Feb
Morris, B. D. BEng	6 Mar
Greenwood, P.	4 Apr
Salter, A. R. qss1	4 Apr
Warren, M. C. BEng	5 Apr
Barker, M. A. BEng	9 Apr
Carter, D. J. BEng qcc	9 Apr
Kellett, R. J. BEng	9 Apr
Stone, J. D. BEng	9 Apr
Iddon, J. N. BEng	12 May
Robertson, D. BEng	12 May
Collett, T. G. BEng qcc	13 May
Brooker, P. A. BEng	15 July
Checkley, C. C. T. BEng	15 July
Clarkson, J. E. BEng	15 July
Dixon, J. BEng	15 July
Dyke, S. J. BEng	15 July
Keeling, A. C. BEng	15 July
Nash, J. S. BEng	15 July
Pearce, P. BEng	15 July
Ponting, R. D. BEng	15 July
Taylor, S. M. BEng	15 July
Walker, G. J. BEng	15 July
Williams, E. D. BEng	15 July
Leech, A. H. qss1	25 July
Lusty, R. O. D.	25 July
Peeters, G. A.	25 July
Keir, R. H. BEng	5 Aug
Burnham, R. E. BEng	12 Aug
Cooke, A. J. BSc	12 Aug
James, P. BEng	12 Aug
Beagle, T. qss1	3 Oct
Calder, F. J.	3 Oct
Lowe, D. P.	3 Oct
Austin, P. R. BEng	7 Oct
Bremner, S. D. BEng	7 Oct
Stocks, M. C. MSc BEng	7 Oct
Thorley, L. D. BEng	9 Oct
Mews, J. E.	10 Oct
Franklin, J. A. R. BEng	20 Oct
Harding, M. BEng	3 Nov

1999

Green, D. H. BEng	15 Jan
Rodley, C. I. MEng	15 Jan
Sumner, L. D. BEng	15 Jan
Whyte, E. BEng	15 Jan
Cooke, P. A. BEng	8 Feb
Goddard, A. P.	9 Feb
Hull, P.	14 Feb
Lamb, J. D.	14 Feb
Hendry, J. BEng	2 Mar
Colledge, G. G.	3 Apr
Collis, P. H.	3 Apr
Dunn, B. J.	3 Apr
Higton, C. N.	3 Apr
Place, M. J.	3 Apr
Potter, A. K.	3 Apr
Shrewsbury, T. J.	3 Apr
Strachan, T. R. A.	3 Apr
Styles, G. T.	3 Apr
Bolton, P. J.	6 Apr
Hartley, S. E. BEng	6 Apr
Lamberton, D. M. qss	6 Apr
McBain, R. BEng	6 Apr
Morfee, J. P. qss	6 Apr
Whitehouse, S. qss1	6 Apr
Baker, A. J. BEng	8 Apr
Catt, M. S. BEng	8 Apr
Chappell, D. C. BEng	8 Apr
Clowes, N. A. BEng	8 Apr
Crichton, I. A. B. BEng	8 Apr
Hansford, J. E. BEng	8 Apr
Marter, P. N. BEng	8 Apr
Race, S. C. BEng	8 Apr
Ralph, S. BEng	8 Apr
Robinson, N. M. BEng	8 Apr
Peach, B. J.	5 May
Carrier, P. A.	29 May
Rogers, A.	29 May
Wood, A. J.	29 May

Flying Officers

1991

Higgins, J.	25 Apr
Baskerville, G. D.	27 Oct
Williams, N. P.	3 Nov

1992

Ditton, R. J.	25 Jan
Bell, S. J.	15 Feb
Schoner, A. L.	9 Apr
Adam, P.	20 Apr
Hill, S. W.	7 May
Skelton, P. J.	7 June
Jackson, D. R.	14 Sept
Simmonds, G. T.	15 Sept
Greenslade, L. A.	7 Oct
Ahmed, M. A.	23 Oct
Ellis, S.	7 Dec
Johnston, D. J.	12 Dec
Rushton, J. R.	12 Dec
Gellini, M.	14 Dec

1993

Tuckwood, G.	30 Jan
Nicholson, M. S.	13 Feb
Bevan, N. A.	15 Mar
Barley, N. D.	13 May
Parr, L. C.	2 June
Smith, R. D.	17 June
Palfrey, S.	1 Aug
Jones, R. E.	26 Aug
Deakin, M. J.	19 Sept
Steel, R. N.	27 Sept
Ward, A. L.	7 Nov

1994

Ball, G. P.	6 Jan
Sweatman, G. G.	4 Mar
Rand, T. J.	17 Mar
Searle, P. J.	15 Apr
Bent, C. G.	27 Apr
Holmes, D. P.	15 May
McKay, I. J.	15 May
Corn, J. A.	31 May
McGeorge, M. H.	16 June
Matthews, P. H.	22 June
Woods, D. K.	8 July
Reid, R. V.	20 Aug
Greensill, K. B.	12 Oct
Lambert, T. T. A.	12 Oct

Cox, B. N.	19 Dec
Jones, C.	25 Dec
Keen, S. D.	25 Dec
Barrett, J. E. B.	31 Dec

1995

Tinsley, I. K.	15 Jan
Birchall, S. T.	18 Jan
Watkins, T. C. S. BEng	13 Feb
Patterson, M.	19 Mar
Owen, A. K.	20 Mar
Elliott, E. J.	26 Mar
Rudge, W.	26 Mar
Maisey, D. S.	6 Apr
Walton, S. T.	12 June
Ratcliffe, J. D. K.	2 July
White, E. P. BSc	7 July
Gundry, D.	23 July
Atkins, I. E.	28 July
Grigglestone, C. M.	28 July
MacNaught, R. L. F.	28 July
Timms, T. G.	28 July
Balls, R. J. BEng	9 Aug
Bradbrook, D. M. BEng	9 Aug
Neasham, S. BEng	9 Aug
Pescott, K. J. BEng	9 Aug
Brett, S. J. BEng	11 Aug
Moody, I. P. BEng	11 Aug
Sidney, R. BEng	11 Aug
Garrad, J.	23 Aug
Smith, B. J.	28 Aug
Brookes, J.	6 Sept
Taylor, R. M.	7 Sept
Neasham, M. A. BEng	8 Sept
Cox, J. E.	24 Sept
Gilbert, A. MEng	6 Oct
Armstrong, N. BEng	7 Oct
Dickinson, M. J. BEng	7 Oct
Gow, A. BEng	7 Oct
Keenan, S. N. BEng	7 Oct
Hayton, J. R. B Eng	24 Oct
Kirby, S.	4 Nov
Bartley, L. D.	9 Nov
Rowdon, S. C. BEng	1 Dec
Townsend, D. J.	17 Dec

1996

Blenkinship, D.	6 Jan
Follows, M. W. L. MEng	15 Jan

Rose, L. J. MEng BA	15 Jan
Stringer, T. A. MEng	15 Jan
Bertie, J. J. E. MSc BEng	9 Feb
Fashade, O. A. BEng	10 Feb
Fawcett, P. W. MEng	10 Feb
Young, S. E. MEng	10 Feb
Joy, S. D. BEng	11 Feb
Peters, C. J. BEng	11 Feb
Staveley, M. D. BEng	11 Feb
Trollone, S. M.	2 Mar
Leighton, P. M. MSc	8 Mar
Flett, D. P.	4 Apr
Harding, N. qss1	4 Apr
Haygarth, M. qss1	4 Apr
Parkes, D. W. qss1	4 Apr
Day, S. P. BEng	5 Apr
Anderson, R. D. BEng	6 Apr
Geeson, J. A. BEng	6 Apr
Gould, H. L. BEng	6 Apr
Harle, J. E. BEng	6 Apr
Newcombe, L. A. BEng	6 Apr
Hays, S.	12 Apr
Cragg, A. K.	29 Apr
Lester, M. D.	13 May
Reid, D. G. BEng	30 May
Rose, P. M. BEng	1 June
Barnaby, I. J.	25 July
Hawthorn, N. R. qss1	25 July
Macalister, S. J.	25 July
Wass, H. L. BSc	8 Aug
Middleton, T. J. BEng	9 Aug
Bryant, G. J. BEng	1 Sept
Taylor, R. A.	15 Sept
Malcolm, N. I. BEng	5 Oct
Martin-Jones, P. D. BEng	6 Oct
Mason, M. I. P. BEng	6 Oct
Clarke, S. D.	16 Oct
Black, D. C. S. BEng	30 Nov
Weekes, S. A. BSc	1 Dec

1997

Forsdyke, M. J.	12 Jan
Bleakley, T. J.	15 Jan

ENGINEER BRANCH

Flying Officers

1997—contd

Johnson, H. M. BEng	15 Jan
Lowe, M. C. MEng	15 Jan
Penter, D. A. MEng	15 Jan
Ruben, R. BEng	15 Jan
Tillyard, M. S. BEng	15 Jan
Chapman, S.	4 Feb
Bennett, N. P. BEng	10 Feb
Osselton, R. G. S. BEng	10 Feb
Smith, N. D. BEng	10 Feb
Hart, R. J. E.	24 Feb
Andrews, I. D. BEng	4 Apr
Price, N. E. S. MEng	4 Apr
Braybrook, R. E. BSc	5 Apr
Overthrow, J. T. Q. BEng	5 Apr
Sach, J. L. BEng	5 Apr
Sproule, G. A. BSc	5 Apr
Critchley, N. J. MEng	29 May
Dunnigan, R. M. BEng	29 May
Hayes, M. I.	29 May
Marrison, S. A. BEng	29 May
Pearce, S. C. BEng	29 May
Richardson, C. J.	28 June
Cole, T. M.	24 July
Farrell, D. M.	24 July
Oughton, P.	24 July
Plumley, R. K.	28 July
Blackie, J. R. BEng	8 Aug
Evans, B. BEng	8 Aug
Heard, G. A. BEng	8 Aug
McKenna, B.	25 Aug
Birchenall, R. P.	1 Sept
Ede, J. A. BSc	5 Oct
Hide, A. K. BSc	5 Oct
Mustoe, K. J. BEng	5 Oct
Slater, J. H. BSc	5 Oct
Dark, G. D.	6 Oct
Hake, B. D.	6 Oct
Williams, R. J.	13 Oct
Mungroo, V. BEng BA	30 Nov
Fortune, J. H.	1 Dec

1998

Cook, M. C. BEng	9 Feb
Lane, M. A. BEng	9 Feb
Ward, J. C. V. BEng	9 Feb
Wood, A. N. BEng	9 Feb
Budden, N. BSc	4 Apr
Gates, R. D. J. BEng	4 Apr
Parsons, C. BEng	4 Apr
Taylor, E. R. BEng	4 Apr
Mould, J. S.	24 Apr
Dexter, A. W.	28 May
Parker, A. F.	28 May
Ashbridge, T. BEng	29 May
Curson, D. C. BEng	29 May
Jones, H. B. BEng	29 May
Jones, I. J.	23 July
Warner, A. M.	23 July
Macivor, K. S.	30 Nov

1999

Audus, A. M.	31 May

Pilot Officers

1998

Edmondson, S. W.	15 July
Forsyth, K. L. D.	29 Nov
Stevens, P. B. MPhys	29 Nov

1999

Higgins, C. A. BEng	7 Feb
Bath, G. J. MSc BEng	4 Apr
Crimin, M. J. BEng	4 Apr
Ellis, D. G. MEng	4 Apr
Kirk, A. I. C. BEng	4 Apr
Thorley, J. O. BEng	4 Apr
Thrower, R. B. BEng	4 Apr

ENGINEER BRANCH

Acting Pilot Officers

1996

Barry, R. J. BEng	1 Aug
Chesworth, I. D. BEng	1 Aug
Dodwell, J. E. BEng	1 Aug
Hicks, A. B. BEng	1 Aug
Hutcheon, R. BEng	1 Aug
Jackson-Soutter, P. B. BEng	1 Aug
Jones, D. L. BEng	1 Aug
Kennedy, D. M. BEng	1 Aug
Lipscomb, P. R. BEng	1 Aug
McMahon, J. D. BEng	1 Aug
Middleton, G. R. BEng	1 Aug
Millne, P. E. BEng	1 Aug
Roberts, N. C. BEng	1 Aug
Smallman, R. L. BEng	1 Aug

1998

Downing, A. M. BEng	1 Sept
Watson, C. S. BEng	1 Sept
Winterbone, T. BEng	1 Sept

SUPPLY BRANCH

Group Captains

1992

~~Connor, Michael Ralph Hamilton OBE MSc psc ssc ts Born 22/3/45~~ . . . . 1 July

1993

Wesley, David Maurice OBE FInstPet jsdc ssc qs Born 29/9/46 . . . . . 1 July

1995

Armstrong, John Christopher MCIPS psc ssc Born 10/11/46 . . . . . 1 Jan
Gaskin, Peter Patrick Victor OBE psc Born 23/10/47 . . . . . . 1 July
Morton, Glenn MCIPS psc ssc Born 2/12/47 . . . . 1 July

1996

~~Gardiner, Christopher Anthony BA MCIPS psc ssc Born 14/5/45~~ . . . . 1 Jan
Morris, Nicholas Steven MSc BA MIL MILT osc(Fr) ssc i* Born 22/2/55 . . . 1 Jan
Tripp, Robert Jonathan BSc MIMgt psc Born 15/3/49 . . . . . . 1 Jan
Ovens, Allan Jefferson OBE BSc psc ssc Born 12/2/52 . . . . . 1 July

1997

Cannon, Donald Bernard MSc BSc MCIT MILT psc ts Born 1/12/53 . . . 1 Jan
Howson, Timothy George MSc BA jsdc im ssc qs Born 13/7/52 . . . . 1 Jan
Kendrick, David Ian MIDPM jsdc ssc Born 4/2/47 . . . . . 1 Jan
Spinks, Andrew Charles MILT jsdc ssc qs Born 16/9/52 . . . . . 1 Jan
Benson, David Richard OBE psc ssc Born 11/11/46 . . . . . . 1 July
Bernard, David Charles MBE MIMgt psc qab ssc Born 19/7/47 . . . . 1 July
Hedges, Desmond Paul psc ssc Born 2/3/48 . . . . 1 July
Miles, Philip Mark BSc psc Born 18/4/53 . . . . 1 July

1998

Chandler, Nicholas Robert MBE LLB psc ssc Born 25/10/58 . . . . . 1 Jan
Thompson, Julian Howard MSc BA MBCS jsdc im Born 11/3/54 . . . . 1 Jan
Bateman, Richard Ian MSc BA MCIT MILT MRAeS psc Born 8/8/54 . . . 1 July
Page, Brian Stephen psc Born 6/11/48 . . . . 1 July

1999

Babington, Jeremy Paul BA jsdc ssc qs Born 3/4/50 . . . . . . 1 Jan
Cromarty, Neil William psc ssc Born 28/4/58 . . . . 1 Jan
Wiles, Matthew John Gethin MILT psc ssc Born 9/2/61 . . . . . 1 Jan
Foster, David John MSc BSc psc(j) im qab Born 19/11/53 . . . . . 1 July

SUPPLY BRANCH

Wing Commanders

1987

Taylor, P. C. OBE BA odc(US) ssc qs — 1 July

1988

Britton, G. S. qss — 1 Jan
MacDonald, J. H. MSc FInstPet ssc qs — 1 Jan
Thomas, J. A. ssc qs — 1 Jan
Knight, P. C. MSc im ssc qs — 1 July
Morrell, P. B. ssc qs — 1 July

1989

Bratby, M. J. MSc BA im ssc qs — 1 Jan
Bolton, B. N. psc — 1 July

1990

Archer, D. F. MBE MSc MCIPS jsdc ssc qs — 1 Jan
Clark, G. S. IEng MCIT MILT MRAeS MHSM ssc qs — 1 Jan
Pemberton-Pigott, T. N. J. MCIT MILT ssc qs — 1 Jan
Hay, B. D. T. MCIT MILT MRAeS qs — 1 July
Hollands, S. A. MIMgt ssc qs — 1 July
Humphries, A. S. MBA FIMgt MIMIS psc ssc — 1 July

1991

Henderson, J. M. AMBCS ssc adp qs — 1 Jan
Gibb, I. B. MBE DipTechEd MILT MInstPet ssc qs — 1 July

Rushmere, P. A. MIMgt psc — 1 July

1992

Micallef, D. MCIT MILT MIMgt ssc qs — 1 Jan
Simpson, F. M. BA MIL MRAeS ALCM odc(Ge) qs i* — 1 Jan
Blomley, D. L. MBE ssc qss — 1 July
Grimson, P. MInstPet MRAeS psc — 1 July
Thompson, D. R. qss — 1 July
Thompson, R. V. MSc MILT psc im ssc qs — 1 July

1993

Faulconer, E. J. MA BSc psc — 1 Jan
Howlett, E. B. psc — 1 Jan
Armitage-Maddox, S. E. MBE qs — 1 July
Bennett, J. B. ssc qs — 1 July
Bushby, R. D. MDA BA MInstPet ssc qs — 1 July
Kellett, B. M. MSc BSc psc im — 1 July
King, P. M. BSc psc — 1 July
Leonard, R. G. OBE ssc psc — 1 July
Morgan, J. V. BSc qs — 1 July
Oldaker, R. W. BSc psc — 1 July
Williams, R. A. OBE MA BA psc — 1 July

1994

Ashcroft, G. A. ssc qs — 1 Jan
Caunt, S. F. qs — 1 Jan
Elliott, R. P. qs — 1 Jan
Sheppard, N. A. MCIPS psc — 1 Jan
Mahon, W. E. BA psc(m) ssc — 1 July
Norris, M. W. MInstPet MRAeS qss — 1 July

1995

Belmore, D. S. MBE MCIPS jsdc ssc — 1 Jan
Blore, D. J. MSc BSc MRAeS psc ts ssc — 1 July
Davenport, A. J. R. psc — 1 July
Knights, J. C. psc ssc — 1 July
Mason, A. J. MA jsdc ssc qs — 1 July
Patch, T. J. MSc BA CDipAF psc(m) ssc — 1 July
Steiner, P. H. MILT ssc qs — 1 July

1996

Kennett, R. J. MSc BA FInstPet MCIPS MIMIS im qss — 1 Jan
Brierley, M. BA MILT jsdc ssc — 1 July
Harris, R. C. qs — 1 July
Hicks, C. P. qs — 1 July
Howard, G. J. MA MCIT MILT MIMgt psc(m) ssc qs — 1 July
MacLeman, R. BSc ssc qss — 1 July
Markey, C. R. psc — 1 July
Martin, I. M. MPhil LLB MCIT MILT jsdc ssc qs — 1 July
O'Dea, K. L. MA MRAeS MIMgt psc(j) — 1 July
Primett, M. N. MA psc — 1 July
Rowney, P. J. ssc qs — 1 July
Thistlethwaite, K. jsdc qs — 1 July
Thomas, J. M. MSc BA ts qss — 1 July
Towler, A. J. psc ssc — 1 July
Veale, R. M. MDA BA qs — 1 July
Waitt, C. B. BA nadc psc ssc — 1 July
Waldegrave, R. A. ssc qss — 1 July
Warne, A. P. BA qs — 1 July

SUPPLY BRANCH

Wing Commanders

1997

Djumic, M. MSc BSc
  psc im   1 Jan
Palmer, M. W. BSc psc
  slmc   1 Jan
Taplin, R. K. MBE
  BSc(Econ) FILT
  MCIPS MIMIS MBCS
  MIL MRAeS MIMgt
  ssc adp qs i   1 Jan
Vose, W.L. ssc qs   1 Jan
Ashford, R. R. qss   1 July
Henson, S. W. jsdc
  qs   1 July
Hewat, C. J. S. MBE qss   1 July
Moore, M. C. C. qs   1 July
Thompson, S. P. BSc qs   1 July
Voltzenlogel, P. N. MCIT
  MILT qab ssc qs   1 July
Williams, G. T. qs   1 July

1998

Allen, J. D. qs   1 Jan
Cannock, P. J. BSc
  psc   1 Jan
Gell, A. T. MBA BA BSc
  MCIT MILT   1 Jan
Thorogood, P. J. MA
  MRAeS MILT psc(j)
  semc ssc   1 Jan
Atherton, R. L. A. ssc
  qs   1 July
Forshaw, K. H. MSc BSc
  MCIT MILT psc(j) ts   1 July
Hubble, P. N. MSc BSc
  MIMgt qs   1 July
Smith, R. S. BSc slmc
  qs   1 July

1999

Beanland, A. K. BA
  psc(j)   1 Jan
Cooke, S. C. BA psc(j)
  qab   1 Jan
Pike, J. MSc qs   1 Jan
Arnold, N. MInstPet
  qs   1 July
Bagnall, A. R. BSc ACA
  ssc qs   1 July
Buckingham, A. E. MILT
  ssc qs   1 July

Hadnett, D. T. J. qss   1 July
Laws, D. L. MBE MSc
  BA DESEM MCIT
  MILT MIL ts ssc qs i*   1 July
Rice, P. BA ssc qs   1 July

Squadron Leaders

1979

Storey, R. R. BSc im ssc
  qs   1 Jan
Carmen, T. R. E. ssc
  qss   1 July

1980

Clucas, B. P. MInstPet
  qss   1 July

1981

Pickles, T. ssc qs   1 Jan
Yarram, M. F. BSc ssc
  qs   1 July

1983

Collins, M. W. F. MBE   1 Jan
Kingwill, P. M. ssc
  qs   17 Jan
Green, D. A. ssc qs   1 July

1984

Garstin, J. C. BSc ssc
  qs   1 Jan
Martin, S. E. MILT ssc
  qs   1 Jan
Bolton, G. E. qs   1 July
Carr, M. C. qss   1 July

1985

Bevan, D. L. ssc qss   1 Jan
Palmer, D. J. ssc qs   1 July
Powling, B. F. E. BA im
  qs   1 July

1986

Finnegan, R. M. J. BSc
  ssc qs   1 Jan
Fitt, G. R. ssc   1 July
Hickey, S. D. MIMgt qs   1 July
Thompson, D. A. qs   1 July

SUPPLY BRANCH

Squadron Leaders

1986—contd

Williams, D. R. MSc BSc im qs	1 July

1987

Britton, P. D. qs	1 Jan

1988

Bentley, N. L. qs	1 Jan
Dorman, T. R. BA slmc qss	1 Jan
Drake, I. P. BA ssc qs	1 Jan
Gallaugher, R. A. MBE qss	1 Jan
Page, J. C. BA MCIPS ssc qs	1 Jan
Swift, A. B. ssc qs	1 July

1989

Beverley, I. M. BA qs	1 Jan
Fulker, M. D. qs	1 Jan
Henry, L. H. ssc qs	1 Jan
Laurent, C. L. T. qss	1 Jan
Manville, K. D. qs	1 Jan
Montague, G. T. CertEd ssc qs	1 Jan
Morgan, A. J. qss	1 Jan
Thomas, H. qs	1 Jan

1990

Moody, D. B. qss	1 Jan
Parker, R. J. qs	1 Jan
Phillips, I. R. BA MIPD ssc qs	1 Jan
Potts, A. T. qss	1 Jan
Thompson, M. J. MILT ssc qss	1 Jan
Crockatt, S. H. ssc qs	1 July
Edwards, K. A. BSc ssc qs	1 July
Gannon, D. M.	1 July

1991

Bacon, D. R. qss	1 Jan
Berry, P. W. MBE qss	1 Jan
Davidson, P. M. slmc qss	1 Jan
Heaton, S. M. slmc qss	1 Jan
Kime, A. G. qs	1 Jan
Old, R. C. slmc qs	1 Jan
Roberts, O. J. slmc qs	1 Jan
Russell, I. R. qs	1 Jan
Ward, V. H. qss	1 Jan
Ainsworth, S. J. MDA BSc MCIPS MCIT MILT MIMgt ssc qs	1 July
Heslin, T. MBE ssc qs	1 July
Hughes, J. I. MSc BSc MCIPS MILT ssc qs	1 July
Watton, R. J. MILT slmc qss	1 July
Weber, E. R. BA MILT ssc qs	1 July

1992

Boyce, C. L. MBE MIL slmc qs	1 Jan
Coward, M. J. qs	1 Jan
Craib, J. A. BSc qs	1 Jan
Dobson, G. A. qss	1 Jan
Ford, M. S. MSc qs	1 Jan
MacKenzie, G. C.	1 Jan
Morris, W. B. slmc qs	1 Jan
Newstead, T. J. qs	1 Jan
Selby, G. M. C. MIL ssc qs i	1 Jan
Simmonds, A. slmc qs	1 Jan
Stewart, C. E. BSc MCIPS qs	1 Jan
Borrill, C. P. BSc slmc qs	1 July
Grogan, P. ssc qs i	1 July
Hall, S. D. B. slmc qss	1 July
Hannaway, P. MA qss	1 July
Hornsby, R. C. MDA BH MILog	1 July
Howard, R. M. ssc	1 July
Parr, N. H. E. MCIPS qss	1 July
Paterson, P. F. B. qss	1 July
Payne, P. J. BA qs	1 July

1993

Anderson, K. W. qss	1 Jan
Baxter, A. D. M. qs	1 Jan
Dabin, N. R. S. ssc qs	1 Jan
Farnsworth, A. D. slmc qss	1 Jan
Flippant, P. J. MA MSc qss	1 Jan
Haywood, P. R. BSc ssc qs	1 Jan
Jones, C. L. MIMgt slmc qs	1 Jan
Lester-Powell, D. M. BSc slmc qs	1 Jan
Clark, B. J. BSc slmc qs	1 July
Gordon, R. G. H. slmc qs	1 July
Grimson, A. S. BA qss	1 July
Hardman, A. N. slmc qs	1 July
Smith, N. A. MDA BSc MILT ssc qs	1 July

1994

Attrill, M. P. ssc qs	1 Jan
Ayers, D. L. OBE qs	1 Jan
Beresford, M. J. qs	1 Jan
Bleeker, J. D. MBA BA BSc MCIPS qs i*	1 Jan
Coller, A. J. BA MILT slmc qs	1 Jan
Gardiner, J. C MBE ssc qss	1 Jan
Green, M. D. qss	1 Jan
Hardwick, M. C. slmc qs	1 Jan
Hornett, M. C. G. BSc slmc qs	1 Jan
Joseph, J. D. MSc BA MIEMgt MIPD qs	1 Jan
Lea, S. M. BSc slmc qs	1 Jan
Nichol, H. R. BSc slmc qs	1 Jan
Sexton, G. MBE adp qs	1 Jan
Treanor, B. G. qs	1 Jan
Arkle, N. BSc qss	1 July

SUPPLY BRANCH

Squadron Leaders

1994—contd

Barbour, S. R. A. MSc BA MIL qss	1 July
Gough, P. M. BSc slmc qs	1 July
Harpum, S. P. MSc BSc MILT ts qs	1 July
Hill, C. M. J. MCIT MILT qs	1 July
Honeyman, D. J. M. BSc qs	1 July
Howlett, D. J. qss	1 July
John, D. H. BEng LLB slmc qs	1 July
Johnson, M. qss	1 July
Organ, J. W. slmc qs	1 July
Orr, D. J. slmc qs	1 July
Peacock, E. BA slmc qs	1 July
Stone, T. MSc FILT MRAeS im qs	1 July
Topley, N. E. A. MILT qs	1 July

1995

Doherty, L. A. MBE qs	1 Jan
Gill, E. A. BSc MILT qs	1 Jan
Green, J. W. M. BA slmc qs i*	1 Jan
Luter, B. A. qs	1 Jan
Mickleburgh, A. S. BSc qs	1 Jan
Pearce, N. G. BSc qs	1 Jan
Watts, D. BA slmc qs i*	1 Jan
Young, M. P. MILT slmc qs	1 Jan
Brown, A. G. qs	1 July
Fitness, P. M. BSc qss	1 July
Halliday, D. G.	1 July
Hunter, J. M. MCIT MILT qs	1 July
Huxtable, R. D. slmc qss	1 July
Keep, R. P. qss	1 July
McErlean, L. BSc qss	1 July
Pey, P. G. qs	1 July
Phillips, A. B.	1 July

Stark, J. P. MSc BSc ts qs	1 July
Targett, S. R. qss	1 July
Thomson, A. H. W. slmc qs	1 July

1996

Cook, P. G. qs	1 Jan
Craib, B. L. BSc qss	1 Jan
Firth, H. V. qss	1 Jan
Fletcher, S. P. qs	1 Jan
Higgins, P. BA slmc qs	1 Jan
Jones, K. S. qss	1 Jan
O'Keefe, R. J. qs	1 Jan
Pearson, S. J. MCIPS MILog Dip	1 Jan
Serrell-Cooke, P. J. qs	1 Jan
Ainsworth, A. M. MIMgt DipMgmt qs	1 July
Berry, T. I. BSc qss	1 July
Bessell, J. C. qs	1 July
Bickers, S. M. qs	1 July
Cole, D. qs	1 July
Dack, J. R. qss	1 July
Evans, D. J. qss	1 July
Goss, C. H. slmc qs	1 July
Hardcastle, O. E. qss	1 July
Hudson, P. A.	1 July
Macleod, R. M. IEng MILT AMRAeS slmc qss	1 July
Maddox, A. J. M.	1 July
Martin, A. P. BSc qs	1 July
Pearson, J. M. BSc slmc qss	1 July
Rygalski, S. A. qss	1 July
Sargent, B. BA MIL MILT MIMgt qss i*	1 July
Smith, R. D. BA qs	1 July
Thomas, G. D. qs	1 July
Thomson, D. B. slmc qs	1 July
Watson, C. W. MInstPet qs	1 July
Woodward, M. F. qss	1 July
Wright-Cooper, S. J. F. MBA BSc MILT MIMgt qs	1 July

1997

Clempson, P. qss	1 Jan

Colpus, M. R. MDA BSc qs	1 Jan
Elworthy, B. J. DMS qs	1 Jan
Haseltine, S. J. qss	1 Jan
Lee, R. G. MSc BSc MILT qss	1 Jan
McMillan, N. J. MSc MILT qs	1 Jan
Munday, S. P. qss	1 Jan
Mutton, P. A.	1 Jan
Porter, J. D. BSc AKC qss	1 Jan
Rolfe, A. W. MDA BSc MILT qs	1 Jan
Stevens, N. W. H. BA qs	1 Jan
Widger, W. J. qss	1 Jan
Cowie, G. BSc qss	1 July
Dolan, M. C.	1 July
Ellis, J. qss	1 July
Fogden, R. qs	1 July
Hughes, M. A. qs	1 July
Jones, S. D. BSc qss	1 July
Lory, G. I. BSc qs	1 July
Mitchell-Gears, S. qs	1 July
Osman, M. R. qs	1 July
Picton, D. M. BSc MCIPS qs	1 July
Poppe, A. N. BSc MILT qs	1 July
Read, S. G. qs	1 July
Stobart, R. H. MILT qss	1 July
Tranter, P. BA qss i*	1 July
Vincent, M. S. E. BA qss	1 July

1998

Barclay, E. J. A. BSc qs	1 Jan
Curtis, A. R. qs	1 Jan
Dunn, M. K. qss	1 Jan
Flint, R. MILT qs	1 Jan
Hale, R. J. BSc qss	1 Jan
Hill, R. MILT qss	1 Jan
Otley-Doe, C. E. qs	1 Jan
Perryman, J. G. qss	1 Jan
Roberts, R. W. qss	1 Jan
Sharpe, S. J. A. qs	1 Jan
Tempest-Roe, C. B. qss	1 Jan
Alder, I. T. qss	1 July
Crighton, M. BSc qss	1 July
Dainton, S. D. qs	1 July

SUPPLY BRANCH

Squadron Leaders

1998—contd

Duncan, A. W. BA	1 July
Farrer, G. B. J. BSc qs	1 July
Grieves, D. J. qss	1 July
Howard, R. E. BA qs	1 July
Masters, C. W. qss	1 July
Ogden, S. qss	1 July
Paulson, J. D. qss	1 July
Smith, C. R. BA qss	1 July
Sutton, R. A. qs	1 July
Thompson, G. J. BA ssc qss	1 July
Tripp, I. M. qss	1 July
Walsh, P. BA qss	1 July

1999

Bell, N. E. BA qss	1 Jan
Brown, S. M. BSc qs	1 Jan
Carlton, M. R. BA qss	1 Jan
Gould, J. C. MBE qss	1 Jan
Killey, A. H. BSc DMS qss	1 Jan
MacPherson, C. J. qss	1 Jan
Allen, R. D. qcc	1 July
Atkinson, N. F. MBE qss	1 July
Corby, K. S. MILT LCGI qss	1 July
Etches, T. J. qss	1 July
Fisher, S. MA qss	1 July
Flint, T. D. qss	1 July
Jones, P. G. MCIT MILT qss	1 July
Musselwhite, J. BSc MILT qss	1 July
Streeter, M. J. qss1	1 July
Tomkinson, P. qss	1 July
Williams, S. K.	1 July

Flight Lieutenants

1973

Mumme, I. G. T. qss	18 Mar

1984

Beard, D. M.	13 Dec

1985

Hardingham, P. qss	15 June
Williams, I. S. BSc qss	27 June
Cope, P.	11 July

1986

Pratt, T. F. qss	26 Mar
Wilson, A. J. O. MILT AMIPD	30 Aug

1987

Innes, A. G. BSc qss	31 Jan
Taylor, A. C. qss	23 May
Adams, I. M. qss	4 July

1988

Bullers, P. M. BA qss	2 Mar
Carroll, P. J. qss	4 Mar
Evans, R. D. MILT qss	22 July

1989

Stanford, P. G. qss	26 Mar
Dathan, C. H. BA qss	10 May
Dean, M. J.	26 Sept
Arnold, S.	16 Dec

1990

Caldara, S. BEng qss1	15 Jan
Barley, M. J. qss	20 Jan
Aldhous, R. R. qss	21 Jan
Barth, R. O. qss	29 Jan

Stewart, J. G. qss	31 Jan
Morgan, S. J. BSc qss	28 Feb
Parry, D. W. qss	8 Mar
Clare, P. E. BA qss	14 Mar
Scire, J. P. qss	20 Apr
Huddleston, C. J. qss	22 July
Lendon, G. D. C. qss	15 Sept
Allen, J. M.	22 Sept
Hunter-Tod, J. F. qss	6 Dec
Sharples, V. C. BA qss	7 Dec

1991

Larkin, P. J. BA qss	1 Jan
Duffy, G. J. M. qss	21 Jan
Whitwham, M. D. qss	23 Jan
Grice, G. B.	6 Feb
Cooper, D. A. qss	2 Mar
Wareham, F.	12 Mar
Marshall, M. L. qss	11 Apr
Garnham, A. J. BSc qss	6 May
Power, R. W. BSc qss1	14 May
Mulholland-Fenton, L. G. ACMA qss	8 July
Christison, D. S. W. qss	28 Aug
Harrington, J. M. H. qss	28 Aug
Coughlan, J. R. MILT qss	28 Sept
Redgwick, C. D. MSc BA qss	12 Nov

1992

Almond, M. BSc MILT qss	14 Feb
Cumberland, M. J. qss	15 Feb
Hulls, A. P.	15 Feb
Wright, S. Mck. qss	23 Apr
Burn, R. qss	10 May
Dale, D. C. qss	10 May
Beach, T. E. BEd qss	12 May
Marshall, A. R. qss	28 May
Grimwood, M. P. MILT	16 June
Tyre, G. J. B. BA	7 July

SUPPLY BRANCH

Flight Lieutenants

1992—contd

Jiggins, J. M. BSc qss	8 July
Gannon, A. S. BSc qcc	24 July
Hutchinson, P. D. BSc qss	2 Aug
Davidson, R. B. qss	3 Aug
Smith, D. P. BSc qss1	18 Aug
Maple, G. C. BA qss	19 Aug
Rowlands, J. W. BSc qss	19 Aug
Scrancher, P. J.	26 Sept
Burman, C. W. qss	27 Sept
Norman, G. J. BSc qss	2 Oct
Little, R. A.	2 Nov
Wood, M. J. MInstPet	2 Nov
Dungate, J. MILT qss	19 Dec

1993

Gossow, S. D.	4 Jan
Vine, A. J. qss	31 Jan
Harrop, D. J. BEd MInstPet qss	19 Feb
Jacobs, D. E. qss	28 Feb
Sendell, C. W. J. qss	28 Feb
Bowtell, C. MILT qss	11 Mar
George, E. R. qcc	11 Mar
Potts, D. J. qss	11 Mar
Talbot, D. J. qss	11 Mar
Morgan-Frise, F. T. qss	28 Mar
Turner, C. R. qss	28 Mar
Bathgate, A. qss	31 Mar
Twose, S. J. qss	23 Apr
Barclay, I. D. qss	26 Apr
Chatterton, S. A.	8 May
Biggs, P. R.	11 May
Mahon, M. C. qss	11 May
Newland, D. J.	11 May
Williams, M. R. qcc	11 May
Ward, J. L. BA qss	12 May
Forshaw, N. de C. qss	4 June
Hawker, A. M. qss	4 June
Ireland, D.	4 June
Shields, P. L. qss	8 June
Cameron, J. D. BA	7 July
Jones, G. R. qss	29 July
Johnson, K. qss	15 Aug
Lee, S. W. MILT	12 Sept
Wilcox, R. J.	26 Sept
Bowsher, S. J.	21 Oct
Large, M. L. qss	23 Oct
Udy, J. G. qss1	23 Oct
Winks, K. qss	7 Nov

1994

Lloyd, A. R. qcc	27 Feb
Smith, G. N. qss1	27 Feb
Rose, J. R. qss	13 Mar
Wilkins, D. E. qss	18 Mar
Tissington, B. R.	29 Mar
Curry, R. J. BA qss	30 Mar
Sykes, I. J. qss	30 Mar
Alexander, G. C. qss	8 Apr
Bridgman, P. J. MILT qss	8 Apr
Comfort, J. L. qss	8 Apr
Dorsett, P.	1 May
Warwick, P. J.	7 May
Louca, J. C. LLB qss	14 May
Jones, K. A. qss	19 May
Licence, J. R. qss	19 May
Wellings, N. D.	19 May
Farmer, R. M. L. MILT qss	16 June
State, A. J. qss	25 June
Wober, D. U. BA qss	6 July
Merrison, K. L. MInstPet qss	14 July
Burrows, T. MILT qss	22 July
Brewer, G. P. BEM	2 Aug
Laurie, J. K.	2 Aug
Bowen, S. M. qss1	17 Aug
Heaton, D. C. BSc qcc	17 Aug
Cole, E. J. qcc	25 Aug
Smith, B. J. BSc qss1	30 Sept
Duguid, R. K.	30 Oct
Davies, M. L. qcc	5 Nov
Lansdown, M. L. E. A. qss1	8 Nov
Jarvis, D. J. qcc	10 Nov
Wilson, K. J. qss	20 Dec

1995

Veitch, C. C. DipTechEd qss	7 Jan
Wilson, L. M. qss	8 Jan
Jackson, I. A. MSc BSc MILT qss	15 Jan
Moss, T. S. BSc	15 Jan
Wardle, S. J. H. BA qss1	15 Jan
Green, N. qss1	11 Feb
Snitch, M. L. BEd qss1	16 Feb
Waterworth, G. K. BSc	18 Feb
Young, C. BA	18 Feb
Hermon, E. L. qss	22 Mar
Prime, R. J. qss	22 Mar
Muskett, K. S. BSc	29 Mar
Roberts, R. J. BA qcc	29 Mar
Rowland, E. M. BA qcc	29 Mar
Brambles, J. P. qss	2 May
Giles, M. R. qss	2 May
Feasey, P. BEng	10 May
Fidler, G. N.	17 May
Arnold, P. J. BSc	6 June
Chilas, A. BSc	6 June
Keith, A. K. BSc qss1	6 June
Potts, D. S. qcc	14 June
Alexander, D. R. BSc qcc	5 July
Tomlinson, C. M. A.	24 July
Page, A. C. qss	16 Aug
Lambe, P. A. qss	21 Aug
Stutters, G. A. MILT	26 Sept
Logan, M. J. BSc qcc	29 Sept
Smith, M. G.	1 Oct
James, P. A. H.	11 Nov
Matthews, L. A. DipHE	11 Nov
Valentine, W. A. qcc	11 Nov
Ward, D. N.	11 Nov
Davidson, N. qss1	13 Nov
Jones, N. A.	22 Dec

1996

Pratley, R. D. MA qcc	15 Jan
Bewsher, J. E. S. MSc qss	27 Jan
Duffy, S. J. qcc	27 Jan

SUPPLY BRANCH

Flight Lieutenants

1996—contd

MacKenzie, E. G. qcc	27 Jan
Florey, I. BSc qcc	16 Feb
Mahony, P. A.	18 Feb
Jinadu, A. O. qss	7 Mar
Reed, G. W.	26 Mar
Alford, S. L.	28 Mar
Simpson, M. qcc	28 Mar
Thurston, P. L. BA qs	11 Apr
Randerson, A.	23 May
Dant, A. C.	9 June
Heath, P. J. qcc	21 June
Binns, J. S. MCIT MILT	23 June
Drummond-Hay, R. N. qss1	24 June
Henry, D. G.	28 July
Webb, W. M. qcc	15 Aug
Reynolds, I. D. qcc	19 Aug
Robinson, J.	24 Sept
Topley, D. C.	29 Sept
Watkins, S. N.	29 Sept
Campbell-Wood, J. S. qcc	6 Oct
Hart, R. J.	6 Oct
Fairgrieve, J. A.	10 Nov

1997

Rowlands, M. A. qss1	6 Jan
Roofe, J. BEng qcc	15 Jan
Stepney, M. J. BA qcc	15 Jan
Williams, C. R. BSc	15 Jan
Baxter, K. D. qss1	22 Jan
Nash, R. A. J.	9 Feb
Doyle, P. J. BSc qcc	14 Feb
Collingswood, P. D.	19 Mar
Frain, I. K. qss	26 Mar
Leckie T. M. BTech	8 May
Alford, T. E.	16 June
Curnow, J. D.	28 July
Garnon-Cox, D. G. qss1	28 July
Thorne, C. J. qss	28 July
Brown, C. G. J. BSc qcc	13 Aug
Lowe, S. J. BSc qcc	13 Aug
Durke, J. MILT qss	14 Aug
Stuart, P. G.	14 Aug
McGowan, J.	5 Sept
Richins, E. K. L. qss1	26 Sept
Beeby, S. C. qcc	28 Sept
Casey, G. A.	5 Oct
Haggett, P. J.	5 Oct
Crewe, J. C. BA	9 Oct
Lindsay, H. D. BSc	9 Oct
Rands, S. M.	9 Nov

1998

O'Neill, A. J.	4 Jan
Wilson, J. P. MA	15 Jan
Wiseman, F. qss	15 Jan
Munden, B.	29 Jan
Corriette, R. H.	8 Feb
Hampton, D. J.	8 Feb
Ingram, G. J.	8 Feb
Kinloch, S. MSc BSc PGCE	13 Feb
Rutherford, C. E. MSc BSc qss1	13 Feb
Taylor, D. C.	13 Feb
Crabtree, J. A. E. BA	14 Feb
Holmes, S. L. BSc qss1	14 Feb
Manwaring, C. A. BSc	14 Feb
Ling, S. J.	4 Apr
Vaughan, S. M. P.	4 Apr
Fletcher, H. S. BA	9 Apr
Hodge, M. BA	9 Apr
Rooke, J. P. qcc	7 May
Sawyer, G. T. qss1	7 May
Hornsby, S. L. MILT	29 May
Pook, E. A.	29 May
Hamilton, D. qcc	19 June
Keith, C. S.	19 June
Langfield, G.	19 June
Connor, P.	6 Aug
Roberts, R. J. qss	6 Aug
Rogers, S. H.	6 Aug
McGrath, T. E. BSc	11 Aug
Penn, S. N. BA qss1	12 Aug
Andrews, N. J.	26 Sept
McComisky, E.	26 Sept
Morrison-Smith, S. BSc	7 Oct
Atkinson, V. L. BA	9 Oct
Bullard, G. L. BA	9 Oct
Hubbick, D. J. BA	9 Oct
Stoneley, I. S. BA	9 Oct
Harding, S. R.	9 Dec
Bell, Q. L.	11 Dec
Knight, S. R.	13 Dec

1999

Hall, T. G. BSc(Econ)	15 Jan
Baker, A. M. BA	11 Feb
Chappell, S. J. BSc	11 Feb
Sharp, D. J. W. MA	11 Feb
McGeary, G. P. BA	13 Feb
Presly, A. D. BSc	13 Feb
Reece, L. P. BEng	13 Feb
Leigh, R. A.	14 Feb
Abbott, P. K.	20 Mar
Cane, P. J.	24 Mar
Stewart. A. G.	24 Mar
Kingston, S. L. BA	6 Apr
Wheeler, P. J. qss	6 Apr
Barnes, G. A. BSc	8 Apr
Benjamin, T. M. BA	8 Apr
Turnbull, J. K. BA	8 Apr
Clulo, M. J.	6 May
Craig, P. S. A.	6 May

SUPPLY BRANCH

Flying Officers

1992

Atack, J. E.	26 Nov

1993

Jones, A. D.	27 Jan
Stait, T. C.	1 July

1994

Sigsworth, N.	22 July
Baker, G.	21 Oct

1995

Smith, J. P.	5 Aug
Hancock, L. BSc	9 Aug
Coughlin, K. BEng	11 Aug
Evans, D. B. L. BSc	11 Aug
Lewis, C. O. M. BA	11 Aug
Toye, S. E. BA	11 Aug
Kane, I. F.	14 Aug
Eastham, J. F. A.	19 Aug
Fountain, M. J.	3 Oct
Cameron, R. C. BSc	7 Oct
O'Brien, P. J. BA	7 Oct
Burns, D. E. BSc	11 Oct
Brooks, S. S.	14 Nov
Bell, J. H. D. BSc	24 Nov
Brennan, C. BA	1 Dec

1996

Miller, J. J.	28 Jan
Bayley, N. J. BSc	10 Feb
Griffiths, R. G. BA	10 Feb
Brabner, D. J. BEng	11 Feb
McGeachy, F. BSc(Econ)	11 Feb
Symons, J. A. BSc	11 Feb
Watkinson, S. J. BSc	11 Feb
Wilson, L. J.	21 Mar
Brown, D. D. MA	5 Apr
Clarke, P. J. BSc	6 Apr
Gregory, S. J. E. BSc	6 Apr
Grist, A. W. J. BSc	6 Apr
Jones, C. R. M. BA	6 Apr
Smith, P. D. BA	6 Apr
Doncaster, J. C.	7 Apr

Foulstone, S. BEng	30 May
Harris, R. A. F. BA	1 June
Taylor, L. E. K. BA	1 June
Gray, A. R. BA	9 Aug
Rogers, P. D. BSc	9 Aug
Fell, J.	10 Aug
Godwin, S. BEd	5 Oct
Reed, M. BSc	5 Oct
Cruse, S. R. BEng	30 Nov
Barker, R. J. BA	1 Dec
Burcher, G. S.	28 Dec

1997

Males, A. C. BSc	15 Jan
Batey, T. J. BA	10 Feb
Moss, S. J. R. BSc	5 Apr
Tribble, J. L. BA	5 Apr
Grant, A. N.	6 Apr
Huntley, N. J. A.	6 Apr
Sheehan, J.	2 May
Sadler, G. M. BA	8 Aug
McLuskie, T. A.	9 Aug
Lamb, A. L. BA	5 Oct
Priestley, J. B. BSc	5 Oct
Binns, L. K.	6 Oct

1998

Moore, S. M. BSc	15 Jan
Whelan, G.	28 Jan
Gledhill, H. M. BSocSc	9 Feb
Shilvock, A. L. BSc	9 Feb
Tose, A. BA	9 Feb
Hall, V. C. J. LLB	4 Apr
Kingsman, M. P.	8 Aug

1999

Motley, J. A. K.	25 Jan

Pilot Officers

1997

Brooke, J. C. A.	6 Aug
Matthews, R.	3 Oct
Harris, S.	29 Nov
Maton, A. K.	29 Nov

1998

Kean, G. L.	24 Jan
Braddick, B. G.	5 June
McGeehan, G. L.	28 Nov
Watson, P. J.	28 Nov
Patel, D. L. BSc	29 Nov

Acting Pilot Officers

1998

Oliver, S. J. BSc   1 Sept
Windridge, J. L. BSc   1 Sept

ADMINISTRATIVE BRANCH

Group Captains

1991

Slater, Robert John qss Born 13/2/45 . . . . (Sec) 1 July

1992

Baker, Dennis Michael OBE FIMgt psc Born 4/1/48 . . . . (Sec) 1 Jan

1993

Cooper, Clive Richard OBE FIMgt CertEd nadc psc Born 5/3/45 . . . . . (Sec) 1 July

1994

Thomas, Paul Royston MBE BSc psc Born 16/3/55 . . . . (Sec) 1 July

1995

Chisnall, Steven ADC MPhil BA CertEd psc Born 12/6/54 . . . . . (Trg) 1 July
Harris, Andrew BSc psc Born 12/8/50 . . . . (Trg) 1 July
Ingham, David Andrew OBE BSc qs Born 22/3/50 . . . . (Sec) 1 July
Stanley, David John qss Born 28/2/49 . . . .(ProvSy) 1 July

1996

Hilling, Peter James MA qs Born 1/11/53 . . . . (Sec) 1 Jan
Jerstice, Brian James BA psc Born 29/2/52 . . . . (Sec) 1 Jan
Lewis, Peter John LLB psc Born 21/1/56 . . . . (Sec) 1 Jan
Morgan, Clive Richard jsdc scc Born 7/2/51 . . . .(ProvSy) 1 Jan
Arnot, Thomas McKenzie OBE qs Born 7/1/47 . . . . (Sec) 1 July
Sherit, Kathleen Louise MA MSc CEng FIPD MInstMC jsdc ae qs Born 1/10/53 . . (Trg) 1 July
Wood, Stephen MHCIMA psc Born 29/6/52 . . . . (Cat) 1 July

1997

Anderson, David Hugh MA psc Born 24/6/55 . . . . (Sec) 1 Jan
Barnett, Wendy qs Born 24/2/45 . . . . (Sec) 1 Jan
Love, David Bernard BJur MIPD qs Born 9/9/47 . . . .(ProvSy) 1 Jan
Tonks, John David BSc psc adp Born 2/2/49 . . . . (Sec) 1 Jan
Turner, Philip David James BSc FIMgt FIPD jsdc Born 7/5/53 . . . . (Sec) 1 Jan
Bruton, Ian Frank BA jsdc qs Born 8/11/50 . . . . (Sec) 1 July
Cooper, Ian Robert jsdc qs Born 10/6/49 . . . . (Sec) 1 July
Evans, Christopher David OBE qs Born 4/4/48 . . . . (Sec) 1 July
Kinzett, Roger Harvey BA FIPD MInstAM psc Born 23/9/49 . . . . . (Sec) 1 July
Pettifer, Maurice Ian OBE BSc psc Born 4/11/48 . . . . (Sec) 1 July
Randall, Helen Mary jsdc psc Born 10/4/52 . . . . (Sec) 1 July

ADMINISTRATIVE BRANCH

Group Captains

1997—contd

Thomas, John Henry Stanley BA MIL jsdc qs i* Born 13/2/54 . . . . . . (Sec) 1 July

1998

Lilley, Stephen Patrick John MA psc Born 3/10/57 . . . . (Sec) 1 Jan
Watson, Peter Lindsay FIMgt DPhysEd psc pji Born 11/2/46 . . . . . . (PEd) 1 Jan
Comina, Beverley Jane jsdc qs Born 19/6/52 . . . . (Sec) 1 July

1999

Amroliwala, Feroze Fredoon OBE MA psc Born 23/12/59 . . . . (Sec) 1 Jan
Foster, Edward Charles nadc qs Born 6/6/50 . . . . (Sec) 1 Jan
Hibberd, Peter James BA psc Born 1/8/57 . . . . (Sec) 1 Jan
Leatt, Michael Trevor BSc psc Born 27/2/55 . . . . (Trg) 1 Jan
Maxwell, Alistair Rennie psc Born 30/10/52 . . . . (Sec) 1 Jan
Upham, John Arthur MSc BSc CEng FIPD MIEE MBCS DIC CDipAF psc Born 17/3/46 (Trg) 1 Jan
Urquhart, Morag Marjory Anne qs Born 26/6/49 . . . . (Sec) 1 Jan
Barton, David George BSc jsdc qs Born 20/5/55 . . . . (Sec) 1 July
Brzezicki, Michael Paul MPhil MIL qs i* Born 21/2/56 . . . .(ProvSy) 1 July
Hodcroft, Peter Gerald Hugh BSc MBCS psc Born 14/7/53 . . . . (Sec) 1 July
Lees, James Robert OBE qs Born 1/2/51 . . . . (Sec) 1 July
MacEachern, Ian James Ogilvie OBE MSc MBA BSc BA CEng CMath FIMA FIPD FIMgt MBCS
   MIMgt CDipAF jsdc qs Born 8/9/52 . . . . (Trg) 1 July
Pearson, David Alastair Weech MHCIMA psc Born 6/4/49 . . . . (Cat) 1 July
Ware, Geoffrey qs Born 7/2/51 . . . . (Sec) 1 July

ADMINISTRATIVE BRANCH

Wing Commanders

1985

Hocknell, J. S. OBE
  MSc BSc qs   (Trg)   1 Jan

1987

Bullock, M. C. BSc
  qss   (Sec)   1 July
Edgar, S. MHCIMA
  qss   (Cat)   1 July

1988

Jordan, M. F. qs   (Sec)   1 Jan
Poulter, J. M. BSc
  qs   (Trg)   1 Jan
Shore, I. D. L. MIMIS
  adp qs   (Sec)   1 July

1989

Lindley, R. B. MIMgt
  psc   (Sec)   1 Jan
Morgan, J. R. MHCIMA
  qs   (Cat)   1 Jan
Dyer, J. qs   (Sec)   1 July
Medford, A. W. BSc
  qs   (Sec)   1 July
Parkhurst, C. R. qs (Sec)   1 July
Pilgrim-Morris, G. J.
  BSc(Econ) FInstAM
  qs   (Sec)   1 July
Woodroffe, R. J. MBE
  jsdc qs   (Sec)   1 July

1990

August, G. I. BA osc(Fr)
  qs   (Sec)   1 Jan
Bentley, D. E. qs (Sec)   1 Jan
Codgbrook, M. A. C.
  BSc psc(j) qab (Cat)   1 Jan
Bell, J. D. OBE qs (Sec)   1 July
Dawson, C. L. qs (Sec)   1 July
Ellison, I. MIMgt qs (Sec)   1 July
Fisher, M. G. W. qs (Sec)   1 July
Halfter, P. N. BA qs (Sec)   1 July
Little, A. J. psc (Sec)   1 July
Salisbury, D. StJ.
  psc   (Sec)   1 July

Sharma, D. C. qs (Sec)   1 July

1991

Burdett, R. F. BA qs (Sec)   1 Jan
Gracie, S. A. MA BA psc
  i*   (Trg)   1 Jan
Jones, M. H. OBE
  qs   (Sec)   1 Jan
Daybell, P. J. MBE MA
  BA qs   (Sec)   1 July
Milnes, J. P. BEd qs (Sec)   1 July
Rice, W. qs   (Sec)   1 July
Ross, J. G. qs   (Sec)   1 July
Swain, B. L. qs (Sec)   1 July

1992

Blackburn, S. MBE jsdc
  qs   (Sec)   1 Jan
Bolam, S. F. MHCIMA
  qss   (Cat)   1 Jan
Gardiner, J. C. BA
  DPhysEd pji qs (PEd) 1 Jan
Harrison, R. J. BA
  MIMgt DPhysEd
  CertEd psc (PEd)   1 Jan
Heaton, P. psc (Sec)   1 Jan
Wardill, T. C. qs
  icc   (ProvSy)   1 Jan
Clyde, G. A. BSc
  qss   (Sec)   1 July
Hayward, D. J. jsdc
  qs   (Sec)   1 July
Hill, C. J. qss (Sec)   1 July
Jones, A. MBE qs (Sec)   1 July
Kennedy, B. J. O.
  qs   (Sec)   1 July

1993

Allen, C. psc qs (Sec)   1 Jan
Branagh, N. OBE BEd
  pji qss   (PEd)   1 Jan
Cordery, C. BEd
  psc   (Trg)   1 Jan
Pearce, J. qs (Sec)   1 Jan
Spearpoint, A.
  MIMgt   (Sec)   1 Jan
Meyer, M. S. qss (Sec)   1 July
Waring, M. R. MA BSc
  FIPD psc (Trg)   1 July

1994

Bale, N. T. BSc qs (Sec)   1 Jan

Davidson, C. S. MA jsdc
  qs   (Sec)   1 Jan
Doel, M. T. OBE MA
  BEd psc (Sec)   1 Jan
Fox, L. MA BA psc (Sec)   1 Jan
Harvey, I. qs (Sec)   1 Jan
Poyntz, S. J. qss (Sec)   1 Jan
Smith, W. jsdc
  qs   (ProvSy)   1 Jan
Wood, S. C. MIMgt
  qs   (Sec)   1 Jan
Bessant, L. R. E.
  MHCIMA psc (Cat)   1 July
Britton, C. A. MIPD
  qs   (Sec)   1 July
Brumage, M. W. MA
  CertEd qs (Trg)   1 July
Bryans, J. C. W. MSc
  BA BSc CEng
  MIEE   (Trg)   1 July
Codd, M. L. F. qss (Sec)   1 July
Gardner, D. K. BSc
  qs   (Sec)   1 July
Gillingham, N. K. OBE
  BEd qs (PEd)   1 July
Green, K. W. J. qss (Sec)   1 July
Moore, G. J. P. jsdc
  qs   (ProvSy)   1 July
Murray, C. A. qs (Sec)   1 July
Nash, P. BSc psc(j) (Sec)   1 July
Roberts, C. I. BSc(Econ)
  MIMgt qs (Sec)   1 July
Wheeler, J. K. OBE BA
  psc   (Sec)   1 July
Wilkinson, N. W. R. BA
  BSc PGCE FIPD FIMgt
  qs   (Trg)   1 July

1995

Harding, R. A. MA MDA
  BA MIPD psc (Sec)   1 Jan
Pollock, A. J. jsdc
  qs   (Sec)   1 Jan
Scaplehorn, E. J. OBE
  BA MMar qs(ProvSy) 1 Jan
Smith, S. E. MBE MBA
  BEd MIPD MIMgt
  psc   (Sec)   1 Jan
Winstanley, T. MSc MA
  psc   (Sec)   1 Jan
Burkinshaw, D. A. MEd
  qs   (Trg)   1 July
Cameron, A. D. C. icc
  qs   (ProvSy)   1 July
Parker, R. G. BA
  qss   (Sec)   1 July

ADMINISTRATIVE BRANCH

Wing Commanders

1995—contd

Ward, A. W. MBE BSc
  qs   (Sec)   1 July

1996

Castle, R. A. J. MDA BA
  jsdc qs   (Sec)   1 Jan
Clark, R. E. V. MSc BA
  BSc qs   (Sec)   1 Jan
Cruickshank, J. M.
  odc(Aus) qs   (Sec)   1 Jan
Hughesdon, P. J.
  psc   (Sec)   1 Jan
Innes, R. R. OBE MIMgt
  qs   (Sec)   1 Jan
Mayne, J. P. BSc
  qss   (Trg)   1 Jan
Murray, The
  Honourable D. P. OBE
  psc   (Sec)   1 Jan
Rooney, P. BA DPhysEd
  qs   (PEd)   1 Jan
Shields, R. psc   (Sec)   1 Jan
Wyn-Jones, E. W. BSc
  jsdc qs   (Trg)   1 Jan
Battley, S. P. adp qs (Sec)   1 July
Beaumont, B. J.
  CDipAF qs   (Sec)   1 July
Campbell, C. B. BSc
  ACIS pfc qs   (Sec)   1 July
Cato, N. A. S. BA
  DipEurHum
  qss   (ProvSy)   1 July
Ferrar, D. CertEd qs (Sec)   1 July
Gardiner, G. J. BA scc
  qs   (ProvSy)   1 July
Jermy, G. A. OBE
  qs   (Sec)   1 July
Kemley, M. J. BA
  qss   (Sec)   1 July
Paterson, R. BSc jsdc
  qs   (Trg)   1 July
Singleton, S. L. qs (Sec)   1 July
Taylor, M. W. BSc
  qss   (Sec)   1 July
Walker, B. J. qss (Sec)   1 July
Williams, G. A. psc (Sec)   1 July

1997

Andrews, J. R. MA jsdc
  qs   (Sec)   1 Jan

Barnes, N. J. BSc jsdc
  qs   (Trg)   1 Jan
Beet, N. P. BA
  psc(j)   (Sec)   1 Jan
Clark, D. P. C. V. BA
  psc   (Sec)   1 Jan
Hollin, M. A. MBE
  MInstD psc   (Sec)   1 Jan
Knight, S. C. qs (Sec)   1 Jan
Lackey-Grant, R. J. BSc
  qs   (ProvSy)   1 Jan
Leggat, J. G. qs (ProvSy)   1 Jan
McAll, D. MDA qs (Sec)   1 Jan
Melhuish, P. qs (Sec)   1 Jan
Parry, D. G. MBE BA
  adp qs   (Sec)   1 Jan
Taylor, C. M. qs (Sec)   1 Jan
West, M. E. qss (Sec)   1 Jan
Williams, M. A. jsdc pfc
  qs   (Sec)   1 Jan
Bake, A. T. BSc qs (Sec)   1 July
Berridge, A. J. qs (Sec)   1 July
Cooper, B. psc(j) (Sec)   1 July
Dingle, A. G. FHCIMA
  qs   (Cat)   1 July
Fairbrother, D.
  qss   (ProvSy)   1 July
Harris, P. G. qs (Cat)   1 July
Hereford, P. J. OBE (Sec)   1 July
Howard, S. P. MHCIMA
  MIMgt qs   (Cat)   1 July
Leggett, A. E. MDA BA
  MInstAM qs   (Sec)   1 July
MacKinnon, R. J. N.
  qs   (ProvSy)   1 July
Milburn, M. J. BEd
  qs   (PEd)   1 July
Sagar, P. J. MBE jsdc
  qs   (Sec)   1 July
Smith, V. MSc MBA
  BEd MIPD MIMgt
  AMBCS psc   (Trg)   1 July
Smout, P. F. AFC
  DPhysEd pji qs (PEd)   1 July
Wilson, P. A. qs (Sec)   1 July

1998

Bonell, S. E. BA ACIS
  pfc qss   (Sec)   1 Jan
Buchanan, I. K. qs
  icc   (ProvSy)   1 Jan
Coombes, D. C.
  GradDipMS FInstAM
  MBIFM MIMgt
  psc   (Sec)   1 Jan
Harrison, J. MA
  psc(j)   (Sec)   1 Jan

Ogg, D. I. BSc
  psc(j)   (Sec)   1 Jan
Opie, G. A. MDA BSc
  qs   (Sec)   1 Jan
Payn, A. L. qs (Sec)   1 Jan
Smith, C. L. MBE
  qs   (Sec)   1 Jan
Archer, T. D. BEd qs (Trg)   1 July
Branston, N. G. MBE
  BA FInstAM MIL
  MIMgt psc i*   (Sec)   1 July
Bray, P. L. BEd qs (Sec)   1 July
Court, S. J. MBE
  qss   (ProvSy)   1 July
Egerton, A. J.
  psc(j)   (Sec)   1 July
Forte, C. B. qs (Cat)   1 July
Greenwood, S. D. MDA
  MInstAM(AD) ACII
  qs   (Sec)   1 July
Lyster, J. M. MIPD
  qs   (Sec)   1 July
McCafferty, D. A.
  psc(j)   (Sec)   1 July
McMillan, R. MA MSc
  qs   (Trg)   1 July
Milroy, W. H. MA BTh
  MIPD MBIFM qss (Sec)   1 July
Oxland, C. J. ACIS
  qs   (Sec)   1 July

1999

Clark, J. J. qs (Sec)   1 Jan
Faulkes, J. J. MHCIMA
  qs   (Cat)   1 Jan
Gammage, R. D. BSc
  qs   (PEd)   1 Jan
Haywood, M. W. MBE
  MDA MInstAM(AD)
  MIMgt BA qs   (Sec)   1 Jan
Lee, G. MSc MDA BSc
  qs   (Sec)   1 Jan
Login, B. ACIS qs (Sec)   1 Jan
Page, M. L. GradDipMS
  psc   (Sec)   1 Jan
Parr, R. M. P. BA qs (Sec)   1 Jan
Pollitt, I. S. MBE MDA
  qs   (Sec)   1 Jan
Sainsbury, D. J. MSc
  BEd pji qs   (PEd)   1 Jan
Sanderson, J. S. BA
  qs   (Trg)   1 Jan
Schollar, J. S. B. psc(j)
  qs   (Sec)   1 Jan
Betteridge, P. A. MA
  DipMgmt psc(j)
  icc   (ProvSy)   1 July
Dale, J. icc qss (ProvSy)   1 July

ADMINISTRATIVE BRANCH

Wing Commanders

1999—contd

Fletcher-Smith, R. D.
BSc qss (Trg) 1 July
Horscroft, G. D. MSc
BSc qs (ProvSy) 1 July
Lewis, M. P. D. MSc BSc
qss (Trg) 1 July
Mellor, D. B. MA DMS
CertEd pji qss (PEd) 1 July
Nicholson, M. J.
qss (Sec) 1 July
O'Donnell, T. K. BSc
qs (Cat) 1 July
O'Sullivan, M. P. BA
qs (Trg) 1 July
Pattenden, G. E. P. LLB
ACIS qs (Sec) 1 July
Roberts, C. S. MA MSc
BSc psc(j) qs (Trg) 1 July
Roberts, R. W. qs (Sec) 1 July
Shackleton, M. J. BSc
qss (Trg) 1 July
Simpson, C. BA pji
qs (PEd) 1 July
Thomas, A. M. MA
qs (Trg) 1 July
Tindall, P. D. BSc
qss (Trg) 1 July
Waygood, S. A. BSc
qs (Sec) 1 July
Webster, M. K. qss (Sec) 1 July
Williams, P. R. B.
qs (Sec) 1 July

Squadron Leaders

1978

Barnes, D. N. qs (Sec) 1 July

1980

Davies, P. A. G. BSc (Sec) 1 July
Leech, T. MHCIMA
MIMgt qs (Cat) 28 Aug
Styles, J. C. (ProvSy) 18 Nov

1982

Kershaw, M. E.
DPhysEd MIMgt pji
qs (Sec) 1 Jan

1983

Symes, G. D. BA
qss (Sec) 1 Jan

1984

Fidgett, J. G.
MilSec (ProvSy) 1 July
McBurney, A. E. qs (Sec) 1 July
Tench, I. R. PhD BA
qs (Trg) 1 July

1985

O'Donnell, R. E. BSc
AIB qss (Sec) 1 Jan
Brady, T. A. qs (Sec) 1 July
Finney, S. F. MBE qs (Sec) 1 July
Gilbert, R. L. MBE BSc
MBCS qss (Sec) 1 July
Gunn, D. C. E. MIMgt
qs (ProvSy) 1 July
Jenkins, N. BSc qss (Sec) 1 July
Lyttle, R. E. MIMgt
qs (Sec) 1 July

1986

Donnelly, P. P. MA
qs (Sec) 1 Jan
Godfrey, P. M. BSc
qs (Trg) 1 Jan

Harrison, R. L. DPhysEd
pji qs (PEd) 1 Jan
Makin, B. G. qss (Sec) 1 Jan
Galley, B. W. qss (Sec) 1 July
Jeffery, J. M. qss (Sec) 1 July
Melvin, I. BSc adp
qs (Sec) 1 July
Newcombe, A. M. MBE
qs (Sec) 1 July
Vizoso, A. F. BSc
qss (Sec) 1 July
Walton, P. MSc BSc
ae (Trg) 1 July
Lacey, S. M. (ProvSy) 19 Dec

1987

Browning, C. J. BA (Sec) 1 Jan
Chown, B. A. qs (Sec) 1 Jan
Devlin, D. BSc CEng
MBCS ARSM qss (Sec) 1 Jan
MacKenzie, M. R. BSc
qss (Sec) 1 Jan
Wright, E. (Cat) 1 Jan
Asher, D. R. LLB qs (Sec) 1 July
Hughes, P. B. qss (Sec) 1 July
Johnston, C. W. H. (Sec) 1 July
Macnab, A. J. MA
BCom FCMA
MInstAM MIMgt
AMS qs (Sec) 1 July
Parmee, R. J. MIMgt
qs (Sec) 1 July
Scott, W. J. BSc qs (Trg) 1 July
Wood, C. R. LLB qs (Sec) 1 July

1988

Burton, A. J. MSc
MPhil BEd DIC
AMIPD qs (Trg) 1 Jan
Fraser, B. BA DPhysEd
pji qs (PEd) 1 Jan
Learner, P. F. G. MIMgt
qss (Sec) 1 Jan
Mann, C. F. MSc BSc
CPhys CEng qs (Trg) 1 Jan
Morris, P. J. qs (Trg) 1 Jan
Roberts, S. E. BSc
qss (Sec) 1 Jan
Smith, S. qss (Cat) 1 Jan
Turner, D. J. qss (Cat) 1 Jan
Wynn, D. I. MBE qs (Sec) 1 Jan
Mundy, D. (Sec) 23 Feb
Kenrick, M. C. BSc
qs (Sec) 1 July
McDonald, I. J. MA
qs (Sec) 1 July

ADMINISTRATIVE BRANCH

Squadron Leaders

1988—contd

Sharpe, J. H. MBE
  MISM MInstAM(Dip)
  MIMgt qs   (Sec)   1 July

1989

Anderson, L. E. qs (Sec)   1 Jan
Ashton, D. C. MSc BSc
  qs   (Trg)   1 Jan
Bartlett, G. D. BSc
  qs   (Trg)   1 Jan
Brooke, R. BSc qs (Sec)   1 Jan
Cullen, A. M.   (Trg)   1 Jan
Erwich, K. M. adp
  qss   (Sec)   1 Jan
Godfrey, M. F. BSc (Sec)   1 Jan
Haslam, A. S. MSc BSc
  CEng MRAeS qs(Trg)   1 Jan
Howell, E. A. BEd
  qs   (Sec)   1 Jan
Muir, J. N. qs   (Sec)   1 Jan
Potter, D. N. R. MPhil
  BEd df qss   (Sec)   1 Jan
Prunier, A. P. BSc
  qs   (Trg)   1 Jan
South, A. A. MBE
  DPhysEd qss (PEd)   1 Jan
Staincliffe, C. D.
  qs   (ProvSy)   1 Jan
Wilson, J. R. qss (Sec)   1 Jan
Pope, C. A. MA PGCE
  FRGS MIPD
  DipEdTech qs (Trg)   1 July
Rawe, C. J.   (Sec)   1 July
Read, J. A. pji qs (PEd)   1 July

1990

Bristow, P. D. BSc
  qss   (Sec)   1 Jan
Chubb, M. A. MA BSc
  MIMgt qs   (Sec)   1 Jan
Clark, L. J. BEd qs (Trg)   1 Jan
Clayton, C. A. M. qs (Sec)   1 Jan
Cowdrey, M. A. BA
  qss   (Sec)   1 Jan
Daughtrey, P. S. qs (Trg)   1 Jan
Green, M. D. BSc MMS
  ACIS pfc qss (Sec)   1 Jan

Haywood, V. M. MA
  MIPD MBIFM CertEd
  AdvDipEd(Open)
  DPhysEd qs   (Sec)   1 Jan
Johnston, I. A. B.
  qs   (Sec)   1 Jan
Sheldon, K. J. adp
  qs   (Sec)   1 Jan
Williams, M. qs (Sec)   1 Jan
Andrews, A. W. PhD
  MSc BSc CPhys
  CChem MRSC
  MInstP MIPD qs (Trg)   1 July
Gillespie, J. R.   (Sec)   1 July
Powell, J. B. qss (Sec)   1 July
Taylor, P. A. BSc MBCS
  adp qss   (Sec)   1 July

1991

Brooks, D. R. BSc
  qs   (Trg)   1 Jan
Davies, J. C. qs (ProvSy)   1 Jan
Johnston, S. J. MBE
  MA qss   (Sec)   1 Jan
Mackie, E. D. qss (Sec)   1 Jan
Ritchie, N. D. BA
  MIPD   (Sec)   1 Jan
Walker, A. qs (ProvSy)   1 Jan
Waterfield, B. J. qs (Sec)   1 Jan
Wilmers, D. H. qss (Sec)   1 Jan
Banks, P. A. BSc qs (Sec)   1 July
Christie, S. J.
  qs   (ProvSy)   1 July
Clews, P. J. MEd BSc
  qss   (Trg)   1 July
Everall, N. D. qs (ProvSy)   1 July
Finlow, B. H. BSc
  qss   (Cat)   1 July
Galloway, A. H. qs (Sec)   1 July
Guthrie, J. M. BSc
  MISM MInstAM
  qss   (Sec)   1 July
Osborne, R. A. qs (Sec)   1 July
Pepper, M. S. MSc adp
  qs   (Sec)   1 July
Renshaw, S. MSc BSc
  qss   (Trg)   1 July
Swatkins, I. R. BA
  qs   (Sec)   1 July
Townsend, P. A. qs (PEd)   1 July

1992

Bown, T. V. qs (PEd)   1 Jan
Brown, A. M. MSc
  qss   (Trg)   1 Jan
Clarke, D. C. qss (ProvSy)   1 Jan

Evans, M. G. BEd
  qss   (Trg)   1 Jan
Grant, K. F. MA MEd
  qs   (Trg)   1 Jan
Hermon, C. C. qs (Sec)   1 Jan
Jones, D. M. BSc
  qss   (Trg)   1 Jan
Kelly, P. G. qss (Sec)   1 Jan
Lewis-Morris, M. J.
  MSc BSc gw (Trg)   1 Jan
Lloyd, P. J. qs (Sec)   1 Jan
Martin, D. L. BSc
  qss   (Sec)   1 Jan
McGregor, I. M. MA
  qs   (Sec)   1 Jan
McIntosh, J. A. K.
  qs   (Sec)   1 Jan
Mullinger, J. R. (Sec)   1 Jan
Neal, N. J. MSc qs (Trg)   1 Jan
Screech, P. V.
  BA qs   (ProvSy)   1 Jan
Whitmell, J. W.
  qs   (ProvSy)   1 Jan
Wookey, C. K. MHCIMA
  qs   (Cat)   1 Jan
Bacon, D. T. qs (Sec)   1 July
Bellars, B. P. qab
  qs   (Sec)   1 July
Cambrook, I. D. BA
  qss   (Sec)   1 July
Cook, C. M. qs (Sec)   1 July
England, J. D. L. MBE
  LLB qs   (Sec)   1 July
Evans, B. N. qss (Sec)   1 July
Firth, M. H. MBA BA
  qs   (Sec)   1 July
Harker, J. qss (Sec)   1 July
Lee, M. K. MBE (PEd)   1 July
Morgan, D.   (Sec)   1 July
Rabagliati, R. O. ACIS
  MInstAM qs (Sec)   1 July
Shay, S. P. qss (Sec)   1 July
Slade, J. P. MA BA
  qs   (Sec)   1 July
Tyrer, S. qs   (Sec)   1 July
Wolton, A. J. qs (Sec)   1 July
Wright, S. R. A. qs (Sec)   1 July

1993

Allen, R. MBE BA
  qss   (Sec)   1 Jan
Burton, A. J. MEd BA
  qs   (Trg)   1 Jan
Calder, J. ACMA qs (Sec)   1 Jan
Donald, R. qs   (Trg)   1 Jan
Gilbert, A. I. qs (Sec)   1 Jan
Lindsay, S. M. MA BSc
  qss   (Trg)   1 Jan

ADMINISTRATIVE BRANCH

Squadron Leaders

1993—contd

Marley, T. J. BSc
  qss   (Sec)   1 Jan
Pearce, A. C. MSc BSc
  PGCE DIC qss   (Trg)   1 Jan
Peters, S. G. MIPD
  qss   (Sec)   1 Jan
Reith, R. G. qs   (Sec)   1 Jan
Rogerson, C. S. BA
  qss   (Sec)   1 Jan
Röver-Parkes, S. N.
  MIMgt qs   (Sec)   1 Jan
Sears, R. H. qss   (Sec)   1 Jan
Short, M. A. qss   (Sec)   1 Jan
Ulhaq, Z. BA FCMA
  qss   (Sec)   1 Jan
Warwick, N. C. qs   (Sec)   1 Jan
Bryne, A. M. BA qs   (Trg)   1 July
Harrison, J. MHCIMA
  qss   (Cat)   1 July
Johnston, A. qs (ProvSy)   1 July
Leech, G. BA CertEd
  AMITD qs   (Trg)   1 July
Mountain, P. W. MSc
  BSc CEng MRAeS
  CertEd qs   (Trg)   1 July
Williams, G. D. V.
  qss   (Cat)   1 July

1994

Bale, M. A. BA adp
  qss   (Sec)   1 Jan
Bull, K. M.   (Sec)   1 Jan
Burton, A. D. CertEd
  qss   (Trg)   1 Jan
Caddick, R. P. qs   (Sec)   1 Jan
Campbell, A. qss   (Sec)   1 Jan
Campbell, P. A. BSc
  qss   (Sec)   1 Jan
Cowell, R. J. qs   (Sec)   1 Jan
Dean, S. P. BA FICPD
  MInstAM qs   (Sec)   1 Jan
Gatenby, M. H. BSc qss
  i   (Sec)   1 Jan
Griffin, M. J. MA BSc
  PGCE MIPD qs   (Trg)   1 Jan
Hart, P. T.   (Sec)   1 Jan
Heath, R. A. BA   (Sec)   1 Jan
Hedley-Smith, P. C. W.
  PhD MBA BSc
  psc(j)   (Sec)   1 Jan
Henderson, G. G.
  qss   (Sec)   1 Jan

Hutchison, B. BA
  qs   (ProvSy)   1 Jan
Jones, T. A. qss   (Sec)   1 Jan
Lewis, D. J. MSc BA
  PGCE   (PEd)   1 Jan
Macaulay, L. K. BA (Sec)   1 Jan
Marden, V. J. A. BA
  qss   (Sec)   1 Jan
McLintock, I. BSc
  qss   (Sec)   1 Jan
Ralston, W. qs   (Trg)   1 Jan
Sparks, J. C. BA CertEd
  qs   (Trg)   1 Jan
Sumner, E. C. DMS
  MInstAM MIMgt
  qss   (Sec)   1 Jan
Tagg, P. MIMgt qs (Sec)   1 Jan
Williams, D. V. BA
  PGCE MIPD qs   (Sec)   1 Jan
Williamson, I. D.   (Sec)   1 Jan
Bate, P. N. qs   (PEd)   1 July
Blanchard-Smith, R. M.
  BSc CertEd qss (Sec)   1 July
Chaplin, C. P. FISM
  MBIFM MIMgt
  qss   (Sec)   1 July
Collinson, D. P. qs (Sec)   1 July
D'Ardenne, P. J.
  qss   (ProvSy)   1 July
Dean, S. MSc BSc
  qss   (Trg)   1 July
Evans, P. MEd BA qs
  i   (Trg)   1 July
Exeter, D. W. BA
  qss   (Trg)   1 July
Forde, D. J. C. BA
  qs   (Cat)   1 July
Gibson, D. A. MA MIL
  MIMgt qs i*   (Sec)   1 July
Harvey, J. C. BA qs
  i*   (Trg)   1 July
Hockley, S. J. E. MBA
  BSc CBiol MIBiol
  CertEd qss   (Trg)   1 July
Holley, B. J. MSc BSc
  CEng CPhys MInstP
  ae qs   (Trg)   1 July
Hopkin, R. A. BEd
  qs   (Trg)   1 July
Horton, P. qss   (Sec)   1 July
Jerrard, P. E. BSc
  qss   (Sec)   1 July
Kerr, R. A. qs   (Sec)   1 July
Lamb, J. A. qss   (Cat)   1 July
Lydiate, D. MSc FIPD
  qs   (Trg)   1 July
Lyons, D. E. BA qss (Sec)   1 July
MacTaggart, R. A. McL.
  qss   (Sec)   1 July

Marks, P. C.
  G(a)   (ProvSy)   1 July
McCafferty, P. qs (Sec)   1 July
McCullough, D. McC.
  qss   (Trg)   1 July
McDevitt, P. M. qs (Sec)   1 July
Mitchell, R. A. snc (Sec)   1 July
Mitra, A. R. qs   (Sec)   1 July
Moos, F. J. BSc MBCS
  adp qss   (Sec)   1 July
Morris, D. S. qss (Sec)   1 July
Neild, J. R. qss   (Sec)   1 July
Perks, R. J. FCIS
  qss   (Sec)   1 July
Rudd, M. J.   (Sec)   1 July
Stretton, C. J. H. MSc
  BSc qs   (ProvSy)   1 July
Surr, R. A. qss i*   (Trg)   1 July
Wallis, H. M. BA MIPD
  qss   (Sec)   1 July
Walsh, A. W. qss (Sec)   1 July
Wilkinson, M. BA PGCE
  MIL qss i*   (Trg)   1 July
Young, M. qs   (Sec)   1 July
Youngs, R. A. DMS
  qs   (Sec)   1 July

1995

Atkinson, R. D. qss (Sec)   1 Jan
Chalmers, N. F. BSc
  qss   (ProvSy)   1 Jan
Davies, J. A. BA qs (Trg)   1 Jan
Harris, K. A. qs   (Sec)   1 Jan
Haughton, S. E. MBE
  BA qs   (Sec)   1 Jan
Hill, A. R. FBIFM qss (Sec)   1 Jan
Hill, D. J. qs   (Sec)   1 Jan
Hoper, B. P. qss   (Sec)   1 Jan
Hunter, D. A. BA
  qs   (ProvSy)   1 Jan
Little, C. BEd qss (Sec)   1 Jan
Parkinson, W. N. MA
  BSc CEng MIMechE
  MIPD qs   (Trg)   1 Jan
Pittson, K. T.   (Sec)   1 Jan
Reed, D. J. BA PGCE
  qss   (Trg)   1 Jan
Spencer, K. A. BH
  qss   (Sec)   1 Jan
Tomany, M. P. BEd
  qs   (Sec)   1 Jan
West, I. J. qs   (ProvSy)   1 Jan
Whitfield, K. H. adp
  qs   (Sec)   1 Jan
Bain, D. D. BSc qs (Trg)   1 July
Battersby, R. S. H. BA
  qs   (Sec)   1 July

ADMINISTRATIVE BRANCH

Squadron Leaders

1995—contd

Bishop, R. S.
  qss (ProvSy) 1 July
Cobley, L. W. G. BSc
  qs (Trg) 1 July
Field, T. W. J. psc (Sec) 1 July
Fish, M. MA BA qss (Trg) 1 July
Flynn, K. G. M. BSc
  FCMA MIMgt qs (Sec) 1 July
Johnston, G. A. qs (Sec) 1 July
Leadbeater, N. C. LLB
  qs (Sec) 1 July
Lindsay, A. J. BA
  qss (Sec) 1 July
Mackenzie, D. P. qs (Sec) 1 July
Mahoney, N. G. A. BSc
  qss (Sec) 1 July
McGuigan, M. P. BA
  qss (Sec) 1 July
McLean, J. F. BA qs (Sec) 1 July
Organ, M. J. BEd
  qs (Sec) 1 July
Patching, C. BSc
  qss (Sec) 1 July
Radcliffe, A. J. qs (Sec) 1 July
Riseley-Prichard, J. M.
  BSc qs (ProvSy) 1 July
Seymour, P. S. AIB
  qs (Sec) 1 July
Smith, C. M. qs (Sec) 1 July
Thompson, R. M.
  MSERT qs (Sec) 1 July
Tofi, P. M. qs (Sec) 1 July
Tolfts, I. R. qss (Sec) 1 July
Warby, D. A. J. MBE
  BEd pji qss1 (PEd) 1 July

1996

Boston, J. qss (Sec) 1 Jan
Carver, L. BA qss (Trg) 1 Jan
Collett, T. G. BA
  qss (Cat) 1 Jan
Coombes, R. E.
  qs (ProvSy) 1 Jan
Crowder, S. J. qs (Sec) 1 Jan
Flatt, H. BSc MIPD
  qs (Sec) 1 Jan
Garwood, M. qs (Sec) 1 Jan
Good, J. BSc qs (Cat) 1 Jan
Gough, A. A. MSc BEd
  qs (Trg) 1 Jan
Griffiths, S. C. BA
  qs (Trg) 1 Jan

Heffron, M. D. MIMgt
  qs (Sec) 1 Jan
Highmore, R. A.
  qs (ProvSy) 1 Jan
Mahoney, P. J. BA
  qss (Sec) 1 Jan
McKiernan, C. J. BA
  MBIFM qs (Sec) 1 Jan
Montellier, C. A. MIMgt
  qs (Sec) 1 Jan
Nicholson, A. S. qs (Sec) 1 Jan
Read, R. C. ACIS qs (Sec) 1 Jan
Roberts, N. J. FISM
  MInstAM MIMgt
  qs (Sec) 1 Jan
Selway, K. qs (Sec) 1 Jan
Smith, D. M. BA qss (PEd) 1 Jan
Spence, S. J. qs (Sec) 1 Jan
Stanfield, J. W. MA BA
  qs (Sec) 1 Jan
Stewart, A. G. (Sec) 1 Jan
Walker, A. BA qs (Sec) 1 Jan
Weight, M. J. (Sec) 1 Jan
Yorke, D. J. FBIFM
  qss (Sec) 1 Jan
Arnold, L. E. BA MIPD
  qss (Sec) 1 July
Atkins, S. qss (ProvSy) 1 July
Barlow, P. E. qs (Sec) 1 July
Bowen, S. J. FIL qs
  i (Sec) 1 July
Bray, C. M. qs (Sec) 1 July
Brinkworth, D. A.
  qss (Cat) 1 July
Butler, S. J. MBE (Trg) 1 July
Chant, T. J. qs (Sec) 1 July
Clarke, P. K. BEd qs (PEd) 1 July
Dickinson, C. (Sec) 1 July
Edgcumbe, G. D. T.
  qss (ProvSy) 1 July
Erskine, J. W. icc
  qs (ProvSy) 1 July
Evans, M. W. BSc
  MIMgt qs (Trg) 1 July
Fuller, M. A. qss (Sec) 1 July
Fuller, S. BSc qss (Sec) 1 July
Holden, T. I. qs (Sec) 1 July
Hunter, A. J. BA qs (Sec) 1 July
Kellachan, P. A. BSc
  qss (Trg) 1 July
Lawlor, A. E. M. (Cat) 1 July
Lock, D. M. (Sec) 1 July
MacLean, D. A. qss (Sec) 1 July
Reynolds, R. G. BA
  qs (Sec) 1 July
Roberts, O. D. BEd pji
  qs (PEd) 1 July
Robins, P. D. BA
  qss (Sec) 1 July
Townend, I. A. qss (Sec) 1 July

Webster, J. T. qs (Sec) 1 July
Willox, K. W. qs (Cat) 1 July
Wilson, G. BSc qss (Sec) 1 July

1997

Bird, T. G. BEd pji
  qss (PEd) 1 Jan
Bolton, G. BA AdDipEd
  qss (Trg) 1 Jan
Bulman, C. G. MBE
  qss (Sec) 1 Jan
Chapman, P. W. BSc
  qss (Sec) 1 Jan
Cornish, C. S. qss (PEd) 1 Jan
Evans, M. A. BA
  qss (Sec) 1 Jan
Jackman, S. M. icc
  qs (ProvSy) 1 Jan
Jewsbury, M. R. MSc
  BSc MIPD qss (Trg) 1 Jan
Keetley, A. E. qss (Sec) 1 Jan
Kindell, H. D. BA qs (Trg) 1 Jan
Lawson, E. BSc icc
  qs (ProvSy) 1 Jan
Leighton, G. (Trg) 1 Jan
Lunan, M. qs (ProvSy) 1 Jan
Martin, M. J. qss (Sec) 1 Jan
Pearson, A. qs (PEd) 1 Jan
Salway, J. E. BA qs (Trg) 1 Jan
Tracey, M. A. BA ACIS
  qss (Sec) 1 Jan
Tunnicliffe, G. BA
  qs (Sec) 1 Jan
Walcot, B. V. H. BA
  qs (Sec) 1 Jan
Wilkinson, K. BA qs (Sec) 1 Jan
Willerton, A. qss (Sec) 1 Jan
Cairns, S. L. qs (Sec) 1 July
Chadwick, S. P. qs (Sec) 1 July
Cunliffe, R. P. BEd
  qss (PEd) 1 July
Curry, D. BA qss (Sec) 1 July
Elliott, D. J. McC
  BA (Sec) 1 July
Groves, J. A. (Sec) 1 July
Logan, K. A. MSc FISM
  FIPD qss (Sec) 1 July
Louth, J. P. W. BSc
  qss (Sec) 1 July
McCracken, T. S. (Sec) 1 July
Mulready, C. P. qs (Sec) 1 July
Palmer, I. L. qs (Sec) 1 July
Paul, R. J. BA qs (Sec) 1 July
Prescott, K. qs (Sec) 1 July
Seabright, A. J. BA
  qs (ProvSy) 1 July
Southern, S. (ProvSy) 1 July

ADMINISTRATIVE BRANCH

Squadron Leaders

1997—contd

Sugden, G. H. B. MSc FllSec qs (ProvSy)	1 July
Taylor, M. F. H. (PEd)	1 July
Vincent, H. J. C. qss (Sec)	1 July
Wheeler, M. qss (ProvSy)	1 July

1998

Aderyn, A. A. MA qss (Sec)	1 Jan
Anderson, P. W. adp qss (Sec)	1 Jan
Ashworth, D. R. qs (Sec)	1 Jan
Ball, L. P. qss (Sec)	1 Jan
Beaton, J. E. BA (Sec)	1 Jan
Bradstock, J. BA qss (Cat)	1 Jan
Bruce, G. J. qs (Sec)	1 Jan
Bruff, K. J. qss (Sec)	1 Jan
Campbell, C. J. A. qs (ProvSy)	1 Jan
Daniels, J. C. BSc qss (Cat)	1 Jan
De Soyza, N. A. qss (Sec)	1 Jan
Fane De Salis, H. J. A. BA qss (Sec)	1 Jan
Fenton, T. J. qss1 (Sec)	1 Jan
Fiddy, P. C. qs (ProvSy)	1 Jan
Gracey, D. G. T. BSocSc qss (ProvSy)	1 Jan
Hobkirk, C. A. qs (Sec)	1 Jan
Hollingsworth, M. J. qss (Sec)	1 Jan
Isaac, S. A. qs (Trg)	1 Jan
Jackson, P. A. FIPD qs (Sec)	1 Jan
Jennings, R. (Sec)	1 Jan
Morgan, A. N. BEd qab qss (Trg)	1 Jan
Palomeque, A. G. BA MHCIMA DipAT qss (Cat)	1 Jan
Peoples, S. F. MSc BSc qs (Trg)	1 Jan
Riches, A. W. MA qs (Trg)	1 Jan
Todd, C. W. BA qs (Sec)	1 Jan
Tudor, R. I. C. BA qs (Trg)	1 Jan
Turner, M. J. qss (Sec)	1 Jan
Williams, I. A. BEd qss (ProvSy)	1 Jan

Ainsworth, M. S. A. qss (Sec)	1 July
Allan, S. BA qss (Sec)	1 July
Bell, N. J. D. qss (Sec)	1 July
Black, P. BA qss(ProvSy)	1 July
Carten, J. B. qs (Sec)	1 July
Dryburgh, D. S. MSc BSc qss (Trg)	1 July
Ellis, R. A. BA CertEd qss (Sec)	1 July
Gorman, N. R. BEd pji qs (PEd)	1 July
Johnstone, S. C. BEd qss (PEd)	1 July
Jones, A. qss (Sec)	1 July
Khepar, B. S. qss (Sec)	1 July
Loxton, W. T. BEd pji qss (PEd)	1 July
Marshall, P. J. qss (Sec)	1 July
McCord, A. A. BA adp qss (Sec)	1 July
McGill, A. qs (Sec)	1 July
Mennie, B. G. qss (Cat)	1 July
Mitchell, J. K. H. qs(Sec)	1 July
Page, M. R. qss1 (ProvSy)	1 July
Potts, D. A. BA qss (Sec)	1 July
Stewart, D. E. M. (Sec)	1 July
Trollen, A. F. ACIS qss (Sec)	1 July
Wain, W. J. qss (Sec)	1 July
Wilson, A. R. BA qss (Sec)	1 July
Wood, T. H. P. qs (Sec)	1 July
Young, C. MHCIMA qss (Cat)	1 July

1999

Bland, M. qss (ProvSy)	1 Jan
Coton, C. C. qss (Sec)	1 Jan
Doherty, J. N. qs (Sec)	1 Jan
Jones, W. A. qss (PEd)	1 Jan
Lamb, R. A. qss (PEd)	1 Jan
Loader, P. C. BEd (Trg)	1 Jan
Mandley, C. J. BA RGN qss (Sec)	1 Jan
Mathieson, P. BSc qss (Sec)	1 Jan
Morris, I. J. (Sec)	1 Jan
Newcombe, E. P. MA CertFE qss (Trg)	1 Jan
O'Shea, P. F. A. BA qss (Sec)	1 Jan
Ousby, S. E. BSc qss (Trg)	1 Jan
Palmer, W. V. qss (Sec)	1 Jan
Parry, J. A. MA BSc qss (Trg)	1 Jan

Perkins, J. M. BA qcc (Sec)	1 Jan
Petty, M. J. (Cat)	1 Jan
Sanderson, J. M. BSc qcc (Sec)	1 Jan
Smith, P. A. (Sec)	1 Jan
Stock, I. M. BSc qss(Trg)	1 Jan
Sunderland, S. J. E. BSc qss (Trg)	1 Jan
Sutherland, W. D. qss (Sec)	1 Jan
Wadsworth, S. E. BA qs (Trg)	1 Jan
Wright, N. D. qss (ProvSy)	1 Jan
Allcock, G. BA pji qss (PEd)	1 July
Bamford, R. qss (Sec)	1 July
Bell, P. N. BA qss (Sec)	1 July
Brennan, P. S. BA PGCE MIPD MIMgt qss (Trg)	1 July
Brooks, G. S. BA FRGS qss (Sec)	1 July
Brown, H. J. qss (Sec)	1 July
Brown, P. C. BSc qss (Trg)	1 July
Bunce, A. R. BA qss (ProvSy)	1 July
Carter, S. G. qss (Sec)	1 July
Cottew, T. A. J. ACMA adp qss (Sec)	1 July
Couzens, M. C. A. qss (ProvSy)	1 July
Crennell, J. qss (Sec)	1 July
Forbes, L. MSc BSocSci MIPD qss (Trg)	1 July
Hill, J. S. BA qss (Trg)	1 July
Hyde, R. M. BMus qcc (Trg)	1 July
Jackson, S. J. qss (Cat)	1 July
Kelly, J. A. C. qss (Cat)	1 July
Lavender, M. D. qss (Sec)	1 July
MacAlpine, A. T. MA qss (Sec)	1 July
Marsh, H. MBE BEd qss (PEd)	1 July
McCormack-White, C. (Cat)	1 July
McSherry, P. BSc qss (Sec)	1 July
Meal, R. G. qss (ProvSy)	1 July
Miles, F. W. J. qs (Sec)	1 July
O'Donnell, N. (Sec)	1 July
Suggett, D. M. H. qss (Sec)	1 July
Trevey, S. G. (Sec)	1 July
Vaughton, P. A. qss (PEd)	1 July
Wallace, P. J. qss (Sec)	1 July

ADMINISTRATIVE BRANCH

Flight Lieutenants

1974
Seaward, P. V. A. MRIN
  MIMgt qss (Sec) 28 Dec

1976
Dickson, W. H. E.
  DPhysEd pji (PEd) 29 Aug

1980
Evans, C. J. BSc
  qss (Trg) 18 Sept

1981
Cardwell, M. A. BSc
  qss (Trg) 14 Oct

1982
Hutchinson, L. J. BEd
  qss (Trg) 2 Mar
Walling, G. MA BA PGCE
  MIPD qss (Trg) 14 June
Lodge, A. M. (Trg) 20 Sept

1983
Cassels, J. D.
  qss (ProvSy) 16 Mar
Holden, R. P. BSc
  qss (Trg) 5 July

1984
Alfandary, C. M. BA
  qss (Trg) 16 Feb
Langstaff-Ellis, J. W.
  BEd qss (Sec) 17 Feb
Skuodas, L. J. BEd BSc
  qss (PEd) 14 Apr
Wilkinson, K. MA BSc
  CertEd qss (Trg) 3 July
Revell, M. FRSA FIPD
  MIMgt qss (Sec) 17 July
Morgan, G. R. (Trg) 3 Aug
Heathershaw, C. M. pji
  qss (PEd) 17 Aug

Overton, D. G. BA CPhys
  MInstP qss (Trg) 7 Dec

1985
Jarvis, R. A. (Trg) 1 Feb
Barrett, J. BSc qss (Trg) 19 Feb
Freak, D. C. BSc adp
  qss (Trg) 18 Apr
Denner, P. O. H. BA BSc
  PGCE qss (Trg) 30 Apr
Kerr, R. J. gw (Trg) 3 July
Merrick, R. E. MIPD
  AIB (Sec) 17 Oct
Cooper, J. D. BSc
  qss (Trg) 26 Oct

1986
Pim, R. S. BSc qss (Trg) 29 Mar
Elmes, R. I. (Cat) 30 Mar
Ashton, C. C. BA
  qss (Trg) 30 Apr
Bullock, C. G. qss (Sec) 19 July
Grieve, D. J. W. BA qss
  i (Trg) 18 Sept
Blackburn, G. J. BA qss
  i* (Trg) 20 Oct

1987
Griffiths, M. A. BEd
  pji (PEd) 4 Jan
Goatham, J. MSc BSc
  PGCE qss (Trg) 15 Jan
Curwen, D. J. MSc BSc
  MRAeS MIPD CertEd
  qss (Trg) 1 Mar
Turner, J. A. BEd
  qss (PEd) 11 Mar
Cannon, M. J. BSc
  PGCE CBiol MIBiol
  MIPD (Trg) 29 Mar
Jackson, M. L. BSc
  qss (Trg) 26 Apr
Doonan, D. K. BSc
  qss (Sec) 30 Apr
Hudson, M. MA BA (Trg) 30 Apr
Sutherland, D. J. L.
  BSc (Sec) 30 Apr
Kindell, F. J. BA qss
  i* (Trg) 25 May
Hemingway, C. J.
  qss (Sec) 31 May
Amis, S. A. qss (ProvSy) 4 July
Newton, E. J. C. BA
  qss (Trg) 16 Sept

Amos, S. A. qss (Trg) 3 Nov
Walker, R. S. qss (Sec) 11 Dec

1988
Gorton, A. P. BA qss (Trg) 7 Jan
Battey, F. J. BA qss (Trg) 15 Jan
Smith, D. B. MSc BSc
  PGCE CEng MIEE
  qss (Trg) 1 Feb
Earle, P. J. BSc (Trg) 16 Feb
Haggarty, E. MSc BSc
  qss (Trg) 11 Apr
Kirman, C. K. (Sec) 26 Apr
Stanyon, P. BSc CertFE
  qss (Trg) 19 June
Hunt, B. J. MSc qss (Sec) 23 June
Bauer, J. C. MA BA
  qss (Trg) 1 Aug
Burbridge, J. M. BEd
  qss (PEd) 1 Aug
Clarke, R. M. P. G. BEd
  qss (PEd) 18 Aug
Healey, J. R. qss (Cat) 11 Sept
Shuttleworth, M. R.
  MSc BEd qss (PEd) 14 Sept
Dalton, S. M.
  qss (ProvSy) 25 Oct
Colgan, A. J. BEd
  qss1 (PEd) 10 Nov

1989
Day, M. BSc qss (Trg) 7 Jan
Huddlestone, J. A. BEd
  qss (Trg) 15 Jan
Morris, P. M. BA adp
  qss (Trg) 1 Feb
Painter, R. E. PhD BSc
  qss (Trg) 14 Feb
Brake, C. R. BSc
  qss (ProvSy) 18 Feb
Richards, N. M. BSc
  qss (Trg) 18 Feb
Buchanan, N. J. BEd
  qss (PEd) 7 Mar
Cowsill, J. R. qss (PEd) 14 Mar
Heathfield, A. J. BEd
  qss (Trg) 14 Mar
Rich, S. J. MA BSc
  qss (ProvSy) 30 Mar
Bailey, J. P. BSc
  CertEd (Trg) 1 Apr
Petersen, C. J. BA
  qss (PEd) 26 Apr
Burge, G. P. qss (Cat) 29 Apr
Plume, J. M. (ProvSy) 14 May

ADMINISTRATIVE BRANCH

Flight Lieutenants

1989—contd

Bon, D. A. BEd pji
  qss (PEd) 30 May
Spanner, H. M. BSc 30 May
Hicks, D. A. BEd
  qss (PEd) 3 June
Jardim, M. P. MBE
  BA (Trg) 3 July
George, R. M. A. pji
  qss (PEd) 1 Aug
Keane, C. BSc adp
  qss (Trg) 1 Aug
Brown, G. BEd (PEd) 18 Aug
Manktelow, A. J. (Sec) 8 Oct
Bateman, S. A. BH
  PGCE qss (PEd) 7 Dec
Kendell, M. R. J. B. (Sec) 19 Dec
Saunders, P. C. H.
  qss (PEd) 19 Dec

1990

Cusack, E. P. BSc
  PGCE (Trg) 5 Jan
Nicholls, B. A. BEd
  qss (PEd) 19 Jan
Parkinson, G. E. MA
  BSc qss (Trg) 3 Feb
Snape, C. J. S. qss1(Sec) 3 Feb
Finneran, M. A. (Sec) 4 Feb
Jarvis, S. N. P. BEd pji
  qss (PEd) 14 Feb
Burns, P. BSc (Trg) 20 Feb
Payne, D. W. MSc BSc
  qcc (Trg) 20 Feb
Bowman, M. A. (Sec) 27 Mar
Paveley, D. J. BA
  qss (PEd) 11 Apr
Jones, R. A. BA
  adp (Sec) 18 Apr
Spiller, A. W. J. (Sec) 19 Apr
Glendinning, P. J.
  BSc (Trg) 26 Apr
Rayfield, P. R. BA 4 June
Alker, M. A. BA qss (Trg) 7 June
Thomas, D. G. MSc BSc
  qss (Trg) 7 June
Garnett, I. M. BSc
  qss (Sec) 26 June
Bryce, S. BA pji (PEd) 8 July
Hewitt, S. L. qss (ProvSy) 1 Aug
Rowlinson, D. I.
  BEd (Sec) 1 Aug
Mountain, A. R. qss(Sec) 15 Sept

Roberts, A. R. MInstAM
  CertEd (Sec) 22 Sept
Gwillim, J. M. D.
  qss (ProvSy) 24 Sept
Incledon-Webber, P. D.
  qss (Cat) 17 Oct
Milburn, E. J. BA
  qss (Sec) 26 Oct
Stewart, G. K.
  qss (ProvSy) 2 Nov
Ward, J. M. MSc BSc
  PGCE qss (Trg) 1 Dec
Hannaford, G. E.
  qss (Sec) 8 Dec
Potts, A. J. qss (Cat) 22 Dec
Newbould, H. C.
  qss (Sec) 25 Dec

1991

Hughes, A. M. qss(Cat) 5 Jan
Bissell, R. J. BA
  qss (ProvSy) 8 Jan
Marshall, I. G. BSc (Trg) 19 Jan
Taylor, S. qss (Sec) 19 Jan
Scott, S. C. W. qss (Cat) 27 Jan
White, K. M. BEd 3 Feb
Luton, S. BSc qss (Trg) 28 Feb
Adams, M. P. BSc (Sec) 1 Mar
Gillies, J. R. C. BSc
  qss (Trg) 25 Mar
Gillies, R. L. MA
  qss1 (Trg) 25 Mar
Baber, J. D. BEd (PEd) 6 May
Hunt, A. C. BEd pji
  qss (PEd) 6 May
Williams, S. G. BA
  CertEd (PEd) 12 May
Chauhan, A. R. BA
  qss (Sec) 24 May
Chadwick-Higgins, S.
  G. qss (Sec) 21 June
Harris, A. W. D. (Sec) 22 June
MacInnes, A. J. E. BA
  qss (Sec) 3 July
Dyson, P. J. qss (Cat) 19 July
Jamieson, B. W. BSc
  qss (Sec) 3 Aug
Overend, D. T. qss (Sec) 3 Aug
Guthrie, M. E. G. BEng
  adp (Trg) 19 Aug
Brebner, R. A. qss (Sec) 14 Sept
Dunn, J. J. BEd qss(PEd) 27 Sept
Peel, D. B. qss (PEd) 28 Sept
Williams, K. D.
  qss (ProvSy) 4 Oct
Fox, D. A. BA
  qss (ProvSy) 8 Nov

Heathcote, A. J.
  qss (ProvSy) 11 Nov
Godsland, M. BEd pji
  qss (PEd) 14 Nov
Logsdon, C. L.
  MHCIMA qss (Cat) 7 Dec
Beanlands, S. M.
  MInstAM(Dip) MISM
  MIMgt AInstBA
  qss (Sec) 21 Dec
Pilkington, G. S.
  qss (Cat) 21 Dec

1992

Draper, L. M. LLB
  qss (Sec) 14 Feb
Fairbrass, P. qss (Sec) 16 Feb
Dalby, R. P. BSc
  PGCE (Trg) 19 Feb
Seaton, A. D. I. BSc
  PGCE qss (PEd) 20 Feb
Western, G. R. adp
  qss (Sec) 25 Feb
Moorcroft, P. (PEd) 29 Mar
Wiener, J. S. adp (Sec) 29 Mar
Peart, J. W. qss (Trg) 10 May
Sayer, J. P. qss (Trg) 10 May
Brown, R. B. qss (Sec) 11 May
Paton, M. A. qss (Sec) 11 May
Willis, S. R. MSc BSc
  qss2 (Sec) 12 May
Barnes, S. A. K. qss(Sec) 4 June
Armstrong, B. L.
  qss (Sec) 7 June
MacDonald, A. R.
  qss (Sec) 22 June
Holland, E. J. BSc (Trg) 5 July
Horne, S. R. BSc
  qss (ProvSy) 6 July
Jones, M. G. BSc adp
  qss1 (Trg) 6 July
Buchan, E. M. BEd
  qss (Sec) 7 July
Kearney, J. S. BSc
  qss (Trg) 7 July
Cowley, R. L. R. BA
  qss (Sec) 8 July
Tribe, D. M. qss (Sec) 19 July
Tanner, R. B. qcc (Cat) 14 Aug
Pollock, D. M. (Trg) 12 Sept
Ball, H. J. (Cat) 26 Sept
Young, R. BSc qss (Trg) 1 Oct
Hamilton, I. G. BSc
  qcc (Trg) 2 Oct
Parker, K. L. MSc
  qss (Trg) 10 Oct
Dickinson, K. (PEd) 2 Nov
Harwood, R. W. (Sec) 2 Nov

ADMINISTRATIVE BRANCH

Flight Lieutenants

1992—contd

Ramsey, B. P. qss (Sec) 8 Nov
Jones, W. A. BEd
  qss (ProvSy) 11 Nov
Heffer, R. J. MA (Trg) 13 Nov
Whitty, M. A. BA (Sec) 14 Nov
Fyfe, P. D. qss (ProvSy) 25 Nov
Murphy, C. M. MBE
  pji (PEd) 15 Dec
Lynch, B. G. BA CertEd
  qss (Trg) 20 Dec

1993

Townend, G. BSc PGCE
  qss (Sec) 15 Jan
Cockerill, G. S. MIL
  qcc (Sec) 21 Jan
Balmer, M. T. qss (Sec) 24 Jan
Thomson, C. G. A. (Sec) 7 Feb
Broadley, S. M.
  qss (ProvSy) 10 Feb
Sloan, N. P. (Sec) 10 Feb
Boyes, H. R. BEM
  qss (Sec) 14 Feb
Ditch, O. qss (Cat) 16 Feb
Dixon, S. A. qss (Sec) 18 Feb
Leckenby, D. BA
  qss (Sec) 19 Feb
Mason, T. R. BA
  qss (Trg) 20 Feb
Simmonds, A. BA (Sec) 20 Feb
Barry, S. qss (ProvSy) 11 Mar
Johnston, G. A.
  qss (ProvSy) 11 Mar
Stalker, A. D. J. qss(Sec) 11 Mar
Ripley, B. E. qss(ProvSy) 21 Mar
Howard, K. L. qss (Cat) 27 Mar
Ellis, M. J. BEd
  pji (PEd) 30 Mar
Maskell, P. BEng PGCE
  qss (Trg) 30 Mar
Dharamaj, S. J.
  BSc (Trg) 1 Apr
Forster, D. BA qss (Sec) 1 Apr
Harrison, A. G. BSc
  qss (Sec) 1 Apr
McCleery, S. BSc
  qss (ProvSy) 1 Apr
Norey, M. BA (Trg) 1 Apr
Parker, J. R. qss (Sec) 23 Apr
Gibson, E. A. qss (Sec) 8 May
Halliday, R. J. qss (Sec) 9 May
Stacey, A. M. qss (Sec) 9 May
Miller, R. M. BA qss (Sec) 10 May

Clifton, H. R. MA
  qss (Sec) 11 May
Faulkner, N. (ProvSy) 11 May
Simmonds, J. R. BA
  pji (PEd) 11 May
Booth, R. J. BEd pji
  qss (PEd) 12 May
Wright, S. qss (ProvSy) 12 May
Elliott-Mabey, A. V.
  qss (Sec) 18 May
Harper, S. A. qss (Sec) 25 May
Fancourt, I. J.
  qcc (ProvSy) 4 June
Gavin, M. K. qss (Sec) 7 June
Lewis, D. L.
  MInstAM(Dip)
  qss (Sec) 17 June
Harrison, D. E. qss (Cat) 25 June
Davies, J. A. 27 June
Taylor, M. V. MSc BSc
  qss (Trg) 5 July
Turner, K. A. BA (Trg) 6 July
McKeen, P. W. qss (Sec) 29 July
Oswald, N. G. pji (PEd) 29 July
Richards, A. C. qcc (Sec) 29 July
Sykes, P. qss (PEd) 8 Aug
Morris, D. S. (Cat) 14 Aug
Bill, N. J. BA GradIPD
  qss1 (Sec) 17 Aug
Fenemore, A. M. BEng
  qss (ProvSy) 17 Aug
Holcroft, K. M. LLB
  qss (Sec) 18 Aug
Moss, D. S. MSc BA
  qss (Trg) 18 Aug
Taylor, I. B. BSc qss(Sec) 18 Aug
King, I. D. qss (Sec) 21 Aug
Rossiter, G. A. qss (Sec) 21 Aug
Yarwood, J. T. (ProvSy) 26 Aug
Battye, A. E. BSc (Trg) 26 Sept
Wotton, R. E. qss (PEd) 28 Sept
Alvey, M. J. qss (Sec) 29 Sept
Fuller, A. D. qss (Sec) 23 Oct
Appleton, M. R.
  qss (ProvSy) 6 Nov
Eamonson, J. M.
  qss (ProvSy) 7 Nov
Watt, A. W. (Sec) 9 Nov
East, J. S. BA (Sec) 10 Nov
Kay, C. J. BA 30 Nov
Ackroyd, C. A. qss (Sec) 2 Dec
Harrison, I. M. qss (Sec) 2 Dec
Barratt, W. T. (Sec) 12 Dec
Gibson, G. V. qss1 (Trg) 19 Dec
Morrow, A. M. H. BA
  qcc (Sec) 23 Dec

1994

Carpenter, R. L.
  MHCIMA qss (Cat) 8 Jan
Sheppard, R. BA
  qss (Trg) 8 Jan
Penelhum, J. P.
  BA qss (ProvSy) 15 Jan
Savage, J. E. BSc
  qss (Sec) 15 Jan
Sexton, M. S.
  BA (ProvSy) 15 Jan
Stringer, L. M. BSc
  PGCE adp qcc (Trg) 15 Jan
Brooks, N. N. BA (Trg) 13 Feb
Hill, D. J. qcc (Sec) 13 Feb
Doughty, A. M.
  qss (ProvSy) 14 Feb
Galway, N. K. BSc (Trg) 18 Feb
Hebden, M. A. BA
  PGCE qss (Trg) 18 Feb
McFetrich, M. S. BSc
  MIPD MHCIMA
  qcc (Trg) 18 Feb
Shieber, K. J.
  qcc (ProvSy) 18 Feb
Lawrence, C. S.
  BA (ProvSy) 19 Feb
Turner, B. A. (ProvSy) 23 Feb
Thomson, W. J.
  BEd 25 Feb
Rignall, A. J. (Sec) 7 Mar
Churchman, N. J.
  qss (Sec) 16 Mar
East, R. G. adp qcc (Sec) 16 Mar
Gaynor, J. qss (Sec) 26 Mar
Greaves, J. M. BA
  qcc (Trg) 29 Mar
Tobin, K. R. BSc (Sec) 30 Mar
Gibson, S. J. qcc (Cat) 2 Apr
Parr, S. E. (Sec) 3 Apr
Bailey, K. R. BA
  qss (ProvSy) 13 Apr
Ward, M. A. BA (Cat) 10 May
Wright, I. N. BSc (Sec) 10 May
Bogg, A. BSc qss (Trg) 11 May
Perry, K. W. BSc
  qss (Sec) 11 May
Cook, J. A. qss (Cat) 12 May
Rowntree, R. A. qcc(Sec) 15 May
Snell, R. A. qss (Sec) 18 May
Nicholas, A. K.
  qs (ProvSy) 19 May
Bushell, K. J. qss (Sec) 15 June
Dean, P. N.
  AInstAM(Dip) (Sec) 21 June
Egglestone, M.
  qss1 (ProvSy) 21 June
Evans, T. J. qcc (Cat) 2 July

ADMINISTRATIVE BRANCH

Flight Lieutenants

1994—contd

Hayes, M. J. BA
  qcc (Sec) 5 July
Lushington, R. D. L. BA
  qcc (Sec) 5 July
Prichard, K. A. BSc
  qss (ProvSy) 5 July
Wardle, C. R. BSc
  qcc (Cat) 5 July
Allen, P. A. MA BSc
  qcc (Trg) 6 July
Clucas, A. W. BSc
  qss (Sec) 6 July
McMillan, D. R.
  qss1 (Sec) 14 July
Owens, P. J. qss (Sec) 20 July
Moore, C. qss (Sec) 30 July
Searles, S. M. qss (Sec) 30 July
Young, S. R. (Sec) 30 July
Bayliss, D. G. (Sec) 2 Aug
Limbert, J. J. qss (PEd) 2 Aug
McCormack-White, P. A. (Cat) 2 Aug
Quinn, A. M.
  qss (ProvSy) 21 Aug
Cheeseman, N. D.
  qcc (ProvSy) 24 Sept
Hadley, S. MA (Sec) 29 Sept
Williams, D. BSc
  PGCE (Trg) 29 Sept
Eichenberger, M. T. BA
  qss (Sec) 30 Sept
Fowler, J. D. BSc (Sec) 30 Sept
Marsh, D. W. R. BSc
  pji (PEd) 30 Sept
Gerry, S. T. qss (Sec) 23 Oct
Ashmore, G. J. BEng
  qcc (Sec) 12 Nov
Connolley, R. J. BA
  GradIPD qcc (Sec) 12 Nov
Dixon, M. C.
  qss (ProvSy) 30 Nov
Wood, S. M.
  qss (ProvSy) 8 Dec
Scott, S. H. qcc (Trg) 17 Dec
Braun, S. P. MBE
  MInstAM qcc (Sec) 20 Dec

1995

Bishop, J. N. (Cat) 7 Jan
Walters, J. (Sec) 7 Jan
Cleary, D. J.
  BSocSc (Sec) 15 Jan
Ratcliff, P. M. de G. BSc
  qss (Sec) 15 Jan
Ardron, A. qcc (Sec) 11 Feb
Scott, A. E. M. qcc (Sec) 11 Feb
Larter, M. H. qss (Sec) 13 Feb
Peebles, L. D. BEd
  qss1 (Trg) 16 Feb
Burton, A. D. BSc
  qss (Sec) 18 Feb
Chipperfield, G. A. BA
  qss (Trg) 18 Feb
Rothery, W. BA qss (Sec) 18 Feb
Cooper, J. R. qss (Sec) 8 Mar
Sharp, R. A. qss (Sec) 8 Mar
Taylor, D. A. qss1 (Sec) 8 Mar
Dunn, R. (Sec) 17 Mar
Barnes, C. R. (ProvSy) 19 Mar
Cross, L. qss2 (Sec) 20 Mar
Lyons, N. J. qss1 (Sec) 22 Mar
Simon, R. J. (Sec) 22 Mar
Jones, K. G. BA
  CIMA (Sec) 29 Mar
Purdom, C. J. BA
  qs (Sec) 29 Mar
Sawyer, H. E. BSc
  qss1 (Sec) 29 Mar
Turner, J. P. BA qss (Sec) 29 Mar
Wyeth, G. L. BSc
  qcc (Sec) 29 Mar
Collins, M. A. qcc (Cat) 1 Apr
Gilroy, K. M. (Sec) 7 Apr
Tullock, E. P. qss (Sec) 2 May
Collins, F. C. M.
  BSc (Sec) 10 May
Dole, W. E. BA qcc (Sec) 10 May
Rodrigues, V. E.
  BSc 29 May
Lovelace, S. K.
  BA (ProvSy) 6 June
Wannell, H. M. (Sec) 9 June
Hathaway, J. S. qss (Sec) 21 June
Beech, J. A. qcc (Sec) 2 July
Jenkins, A. G.
  L. (ProvSy) 9 July
Gulliver, A. D. qss (Sec) 19 July
MacDonald, P. D.
  qcc (Sec) 19 July
Dawling, R. I. RVM (Cat) 28 July
Gadbury, T. M. qcc (Sec) 28 July
Jones, A. G. (Trg) 28 July
Marshall, A. P. (Cat) 28 July
Mitchell, P. W. (ProvSy) 29 July
Groombridge, R. D.
  BA (Trg) 8 Aug
Clayton, N. J. BSc (Sec) 14 Aug
Lumsdon, M. BEng
  qcc (Sec) 14 Aug
Millington, C. H. BSc
  qss1 (Sec) 14 Aug
Bell, A. qss1 (ProvSy) 18 Aug

Martin, J. W. (Sec) 20 Aug
Hogarth, D. R. MSc
  BEng (Trg) 10 Sept
Gange, D. K. pji (PEd) 26 Sept
Rose, H. L. qss (Sec) 27 Sept
Salmon, D. R. qss (Sec) 27 Sept
Morton, J. E. BA
  qcc (Sec) 29 Sept
Rice, P. H. BA qss (Sec) 29 Sept
Hindmarsh, H. C.
  qss (Sec) 30 Sept
McWilliam, I. A. B.
  qss (Sec) 30 Sept
Bettridge, A. V. R.
  qss (Sec) 2 Oct
Parlor, S M. (PEd) 4 Oct
Armitage, G. J. qss (Trg) 7 Oct
Knight, J. D. MA
  qcc (Sec) 10 Oct
Duffy, J. S.
  qss1 (ProvSy) 11 Nov
Myers, M. (Sec) 11 Nov
Wheeler, I. R.
  qcc (ProvSy) 11 Nov
Smith, M. I. qss (Sec) 12 Nov
Wright, J. M. BSc
  qss1 (Sec) 15 Nov
McEvoy, D. A. T.
  qss2 (Sec) 19 Nov
Bowie, I. J. qss (Sec) 20 Dec
Brown, A. D. qcc (Sec) 20 Dec
Cook, R. W. qss (Sec) 20 Dec
Logan, S. W.
  qcc (ProvSy) 22 Dec

1996

Treweek, A. J. MSc (PEd) 2 Jan
Davies, J. A. qcc (Sec) 6 Jan
Schollar, A. D. B.
  qcc (ProvSy) 6 Jan
Headland, G. C. qcc (Sec) 12 Jan
Parkhouse, T. E. BSc
  qss (ProvSy) 15 Jan
Rimmer, L. F. BA
  qcc (Sec) 15 Jan
Gillespie, A. J. (ProvSy) 19 Jan
Bowditch, M. qcc (Sec) 27 Jan
Gunther, J. C. BSc (Trg) 11 Feb
Wood, V. BSc (Trg) 11 Feb
Pettit, B. W. 12 Feb
Parry, A. BSc (Cat) 15 Feb
Mitchell, A. K. BSc (Trg) 16 Feb
Moore, T. BA (Sec) 16 Feb
Turner, D. J. M. qcc (Sec) 17 Feb
Parker, C. qss1 (Sec) 9 Mar
Burston, K. A. D.
  qss (Sec) 26 Mar

ADMINISTRATIVE BRANCH

Flight Lieutenants

1996—contd

O'Neill, P. E. MIPD		
qss	(Sec)	29 Mar
Serrell-Cooke, T.		
BSc	(Sec)	2 Apr
Pruden, J. R. BA	(Trg)	10 Apr
Welborn, J. M. BA	(Sec)	10 Apr
Brittain, N. C. J. BA		
qss1	(Sec)	11 Apr
Corbett, G. BA	(Sec)	11 Apr
Stewart, D. E. BA ALCM		
qcc	(Sec)	12 Apr
Dorsett, S. J. qcc	(Sec)	9 May
Rowlands, D. C.		
qcc	(Sec)	9 May
Parkins, E. A.		
qcc	(ProvSy)	26 May
McLafferty, G. BSc	(Sec)	6 June
Harrison, R. J. T.	(ProvSy)	21 June
Egan, P. J. BA	(Sec)	13 July
McNamara, A. J.	(Sec)	13 July
Roulston, S. P.	(ProvSy)	28 July
Phipps, K. H. BA	(Sec)	1 Aug
Disley, J. BA	(ProvSy)	14 Aug
Haskell, S. L. BA		
qss1	(ProvSy)	14 Aug
Hincks, J. E. BA	(Sec)	14 Aug
McEwan-Lyon, S. R. BA	(Sec)	14 Aug
Ewer, R. P. qcc	(Sec)	15 Aug
Thacker, S. L. McD.		
qcc	(Sec)	15 Aug
Coombes, C. A. qcc	(Sec)	29 Sept
Adey, D. D. qs	(Sec)	6 Oct
Akred, R. L.	(Sec)	6 Oct
Beer, P. qcc	(Sec)	6 Oct
Brickwood, R. P.	(Trg)	6 Oct
Cross, N. G.	(Trg)	6 Oct
Smith, M. G. qcc	(Sec)	6 Oct
Brown, J. T. BA	(Sec)	10 Oct
Corbould, R. J. BA BA		
qcc	(Sec)	10 Oct
Gosling, V. P. BA		
qcc	(Sec)	10 Oct
Griffiths, N. R. BA	(Ed)	10 Oct
Rea, S. K. BA qcc	(Sec)	10 Oct
Sanger-Davies, C. J. BSc qcc	(Trg)	10 Oct
Sanger-Davies, P. R. BA		
qcc	(Sec)	10 Oct
Whyte, S. J. BA		
qss1	(Sec)	10 Oct
Michael, T. J. BSc	(Sec)	29 Oct
Gillespie, A. L.	(Sec)	10 Nov
Blakeley, P.	(Sec)	21 Nov
Moorhouse, R. W. qss	(Sec)	21 Nov
Barrett, M. E. MA		30 Nov
South, D. E. BA	(Trg)	7 Dec
Petticrew, G. A qcc	(Sec)	21 Dec

1997

Alabaster, M. J. BSc qcc	(ProvSy)	15 Jan
Burns, A. S. BSc qcc	(Sec)	15 Jan
Hamilton-Wilks, J. L. BSc	(Sec)	15 Jan
Havercroft, R. I. BSc	(Sec)	15 Jan
Sharp, C.	(PEd)	15 Jan
Cumberland, M. J.	(Sec)	23 Jan
Ellison, A. M. qcc	(Sec)	23 Jan
Chan, D. C. BSc		31 Jan
Dempsey, K. C. qs	(Sec)	2 Feb
Morin, R. A. BA DMS qss	(Sec)	2 Feb
Sumner, G. BA		10 Feb
De-La-Hunty, T. S.	(PEd)	11 Feb
Baskeyfield, A. BSc qss1	(Sec)	13 Feb
Moore, I. D.	(Sec)	21 Feb
Brown, S. A. MECl qcc	(Sec)	26 Mar
Bryden, L. P. qcc	(Sec)	26 Mar
Treharne, S. M.	(ProvSy)	26 Mar
Smith, C. A. qcc	(Sec)	29 Mar
King, D. R. qcc	(Sec)	31 Mar
Duffy, J. F.	(ProvSy)	6 Apr
Nichols, R. M.	(Cat)	6 Apr
Riddell, J. W. qss1	(Sec)	6 Apr
Stembridge-King, J. R. MBE qcc	(Sec)	6 Apr
Howells, K. L. BSc qcc	(Sec)	9 Apr
Mardon, P. D. BA	(Sec)	9 Apr
Nicholson, S. qss	(Sec)	8 May
Clarke, I. P. qcc	(ProvSy)	12 May
Heath, I. R. BA		31 May
Edwards, E. S. BA	(PEd)	1 June
Jackson, T. I.	(Sec)	3 June
Cartmell, G. H. qcc	(Sec)	20 June
Currie, K. D. L. qcc	(Sec)	20 June
Hartley, N. A. qcc	(Sec)	20 June
Anstee, S. D. qcc	(Sec)	28 July
O'Donnell, P. K. qcc	(Trg)	28 July
Scott, J. B.	(Trg)	28 July
Whyborn, C. M.	(ProvSy)	28 July
McClelland-Jones, M. A. BA	(Sec)	1 Aug
Jenkins, G. S. BSc	(Trg)	6 Aug
Fall, J. J. H. BEng		8 Aug
Neaves, M. G. BSc	(Cat)	12 Aug
Knight, J. BSc	(ProvSy)	13 Aug
Stephenson, A. BA		11 Sept
Bill, A. M.	(Sec)	28 Sept
Hornby, G. P. qcc	(Sec)	28 Sept
Norris, R. H. qss	(ProvSy)	28 Sept
Fothergill, M. A. BA		4 Oct
McClurg, P. A.	(Sec)	5 Oct
Doyle, E. M. BEM	(Sec)	7 Oct
Weir, C. A. BA	(PEd)	9 Oct
Goodwin-Baker, J. BEng	(Sec)	10 Oct
Mellings, N. A. BA qss1	(Sec)	10 Oct
Palk, A. L. BA qss1	(Sec)	10 Oct
Sharp, S. D. BSc	(Sec)	10 Oct
Cooper, M. qcc	(Sec)	17 Oct
Jennings, R. S.	(Sec)	17 Oct
Bennett, K. M.	(Sec)	9 Nov
Baird, W. Y. qcc	(Sec)	20 Nov
Sandilands, A. P.	(Sec)	20 Nov
Holder, D. M. BA pji	(PEd)	11 Dec
Cowan, T. W.	(Sec)	20 Dec
Jolliffe, G. J. R.	(Sec)	30 Dec

1998

Butler, I. qcc	(Sec)	29 Jan
Harland, D. P. MIPD qcc	(Sec)	29 Jan
Kidd, P. D.	(Sec)	29 Jan
Pitter, A. M.	(Sec)	29 Jan
Trotter, L. R. A.	(Sec)	12 Feb
Gibson, A. L. BSc PGCE	(Trg)	13 Feb
Neasom, R. J. BSc	(Trg)	13 Feb
Scott, S. L. BA	(Sec)	13 Feb
Stembridge-King, H. M. BSc	(Sec)	13 Feb
Yates, J. A. BA	(Sec)	13 Feb
Allcock, S. A. BA	(ProvSy)	14 Feb
Britten, J. E. BSc qss1	(Sec)	14 Feb
Keenlyside, T. G. BSc	(Sec)	14 Feb
Roberts, S. J.	(Sec)	14 Feb
Stoker, S. E. BA	(Trg)	14 Feb
Jackson, R. A.	(Sec)	26 Feb
Hansell, C. L.	(Sec)	1 Mar
Barnes, T. M.	(Sec)	5 Mar
Ingram, A.	(Sec)	5 Mar
Read-Jones, A. M.	(Sec)	5 Mar
Sturtridge, K. N. qcc	(Sec)	11 Mar
Brayshaw, J. P. MIPD qss1	(Sec)	18 Mar
Ball, R. F.	(Sec)	26 Mar
Clark, A. C. qcc	(Sec)	26 Mar

ADMINISTRATIVE BRANCH

Flight Lieutenants

1998—contd

Harper-Davis, D. P. qcc	(Sec)	29 Mar
Pearce, H. E. BSc		6 Apr
Pearson, K. W. BSc (Trg)		7 Apr
Casebury, J. S. BA(Trg)		8 Apr
Floyd, A. D. C. BEd pji	(PEd)	8 Apr
Manvell, S. P. BSocSc	(ProvSy)	9 Apr
McClean, J. BA	(Sec)	9 Apr
Posthumus, L. C. BSc	(Trg)	9 Apr
Priestnall, S. J. BSc qss1	(Sec)	9 Apr
Hobbs, M. K. qcc	(Sec)	7 May
Lloyd, E. R. qcc	(Sec)	7 May
Lovett, Z. K. qss1	(Sec)	7 May
Woolley, J. E. MInstAM MISM	(Sec)	7 May
Reed, W. A.	(Sec)	27 May
Buttery, M. J. qcc	(Sec)	19 June
Blake, A. G. qss1	(Sec)	29 June
Harrison, P. A.	(Sec)	25 July
Smith, M.	(ProvSy)	25 July
Chalk, J. A. BA	(PEd)	9 Aug
Collier, E. L. BA	(Sec)	11 Aug
Parker, M. L. MA	(Sec)	11 Aug
Webster, J. D. BSc (Ed)		11 Aug
Beck, G. BSc	(Trg)	12 Aug
Finn, N. J. BA	(ProvSy)	12 Aug
Graham, S. A. BA	(Sec)	12 Aug
Armstrong, S. J.	(ProvSy)	13 Aug
Webber, P. N. qs	(ProvSy)	16 Aug
Parry, H. L.	(Sec)	28 Aug
South, A. C.	(Sec)	26 Sept
Tomlin, N. D.	(Sec)	26 Sept
Harrison, C. A.	(Trg)	3 Oct
Malone, M.	(Sec)	3 Oct
Roberts, B. A.	(Trg)	3 Oct
Eley, S.		6 Oct
Palmer, K.	(Sec)	6 Oct
Worsfold, D. L.	(Cat)	6 Oct
Brown, J. E. BA	(Sec)	9 Oct
Craggs, J. V. BSc	(Sec)	9 Oct
Paterson, C. P. BA	(ProvSy)	9 Oct
Bown, M.	(Sec)	7 Nov
Boyle, M. qcc	(Sec)	7 Nov
Davis, M. Y. qss2	(Sec)	7 Nov
Jones, N. A.	(ProvSy)	7 Nov
Orr, S. A.	(Sec)	7 Nov
Pickering, A. K. qss2	(Sec)	7 Nov
Ploutarchou, L. M.	(Sec)	7 Nov
Rogers, E.	(Sec)	7 Nov
Craig, N. M. BEd		23 Dec

1999

Bettington, G. J. BA	(Sec)	15 Jan
Lynam, N. C. BSc	(ProvSy)	15 Jan
Davies, A. J.	(Sec)	30 Jan
Hodder, M. A. qss1	(Sec)	30 Jan
O'Neill, K. M.	(ProvSy)	30 Jan
Parker, A. J.	(Sec)	30 Jan
Phillips, K. M.	(Sec)	30 Jan
Allen, A. C.	(Sec)	9 Feb
Irwin, R. W.	(ProvSy)	9 Feb
Whiting, P. D. BEd	(PEd)	10 Feb
McKee, C. BA	(Cat)	11 Feb
Lannie, F. P. BA		11 Feb
Pearce, J. L. BA	(PEd)	11 Feb
Razzaq, S. BA	(Sec)	11 Feb
Walker, G. M. BEd	(PEd)	11 Feb
Barnett, J.	(Cat)	12 Feb
Foster-Jones, R. A. BA	(ProvSy)	13 Feb
Fox-Wiltshire, C. A. BA	(Sec)	13 Feb
Newland, R. J. BA	(Sec)	13 Feb
Wilkinson, D. J. BA	(ProvSy)	13 Feb
Davidson, R. BSc MISM MIMgt LicIPD		14 Feb
Lane, A.	(PEd)	14 Feb
Thom, I. BA MIPD CertFE		14 Feb
Threlfall, M.	(PEd)	14 Feb
Walters, M.	(Sec)	14 Feb
Williams, N. E.	(Sec)	14 Feb
Hinton, S. BA		9 Mar
Charlesworth, K. H. BSc	(Trg)	6 Apr
Kitson, B. BA	(ProvSy)	6 Apr
Mayes, T. M. BSc	(ProvSy)	8 Apr
Morgan, P. J.	(Sec)	8 Apr
O'Carroll, N. D. BA	(ProvSy)	8 Apr
Phillips, J. BSc		8 May
Aston, A. D.	(Sec)	29 May
Lovatt, I. M.	(PEd)	29 May
Wooler, D. V.	(Sec)	29 May

Flying Officers

1989

Warner, S. R. BSc	(Trg)	17 May

1990

Hall, A. F. BA		28 Feb

1991

Brearley, J. F.	(PEd)	6 Apr
Green, A. C. MBE BSC	(Trg)	10 May
McGuinness, W. A.		16 Nov

1992

Chiles, G. N.		20 Feb
Solomon, G. E.	(Sec)	14 July
Johnstone, I. A.	(Trg)	2 Nov

1993

Popper, I. A.	(Sec)	29 Jan
Meenan, K.	(ProvSy)	29 Sept

1994

Full, S. M.	(Sec)	12 Jan
Leeming, M. D.	(Sec)	22 Apr
Dear, R. A.	(Sec)	17 July
Hannam, R.	(Sec)	16 Aug
Buttery, S. J.	(Sec)	24 Aug

1995

Dennis, J. L.	(Sec)	28 Feb
Simpson, D. J.	(Sec)	28 Feb
Clark, N.	(Sec)	30 Apr
Setters, E. P. BA		9 June
Morris, A.	(Sec)	14 June
Owen, C. J. BSc	(PEd)	5 July
Baker, C. qss1	(Sec)	28 July
Addison, D. BA	(Trg)	9 Aug
Allen, M. C. BSc	(Sec)	9 Aug
McMillan, S. N. MA	(Sec)	9 Aug
Drake, A. Y. BA	(ProvSy)	11 Aug
Elliott, D. R. BA	(Sec)	11 Aug
Humphrey, G. D. BSc	(Sec)	11 Aug

ADMINISTRATIVE BRANCH

Flying Officers

1995—contd

Martin-Mann, A. C.		
BSc	(Ed)	11 Aug
O'Donnell, S. J. BSc	(Sec)	11 Aug
Trasler, J. qcc	(Sec)	11 Aug
Willis, S. C. BA	(Sec)	11 Aug
Mulheron, J.	(ProvSy)	12 Aug
Hodder, B. qss1	(Cat)	14 Aug
Daly, B. J.	(ProvSy)	20 Aug
Hoskison, P.	(Sec)	20 Aug
Jones, J. C. BA	(Trg)	1 Sept
Dickens, P. BSc	(Trg)	1 Oct
Bailey, S. E. BEng	(Trg)	7 Oct
Potter, M. S. A.		
BSc	(ProvSy)	7 Oct
Draper, T. C. qss1	(Sec)	8 Oct
Edwards, D. K. qcc	(Sec)	8 Oct
Furness, S. L.	(Cat)	9 Oct
Edwards, P. W. MIL	(Sec)	14 Oct
Kendall, J. M.	(Sec)	24 Oct
Scott-Jeffs, M. A. BA		30 Nov
Goodwin, J. P.		
BEng	(Trg)	1 Dec
Jones, M. I. BA	(Sec)	1 Dec
Warwick, K. MA	(Sec)	1 Dec

1996

Parr, J. N. BSc	(PEd)	5 Jan
Payne, R. B. BEng	(Trg)	9 Jan
Westcott, S. J. BA	(PEd)	15 Jan
Wood, S. M.	(Sec)	23 Jan
Backus, T. W. qcc	(Sec)	28 Jan
Boyle, M. M. qcc	(Sec)	28 Jan
Curzon, R. S.		
qcc	(ProvSy)	28 Jan
Jeffery, C. R.	(ProvSy)	28 Jan
Rossi, C. A. S.	(Sec)	28 Jan
Ross, D. A. BSc		31 Jan
Sharman, N. J. (ProvSy)		31 Jan
Lynch, H. A. M. BA	(Sec)	10 Feb
Reeves, J. E. BA	(Sec)	11 Feb
Russell, J. R. BEd		4 Mar
Cartlidge, P. T. BSc		9 Mar
Phillips, R. M. BSc		9 Mar
Kelly, M. F. BA	(Cat)	31 Mar
Griffiths, I. S.	(Sec)	1 Apr
Allan, N. qss1 (ProvSy)		4 Apr
Bremner, K. D. LLB	(Trg)	5 Apr
Brown, A. J. BA	(Cat)	5 Apr
Clifford, M. BEd	(Trg)	5 Apr
Huntley, D. M.		
MSci	(ProvSy)	5 Apr
Matthews, K. L. BSc		5 Apr
Nesbitt, J. A. BA	(Trg)	5 Apr

Radford, J. MA BA	(Trg)	5 Apr
Jelfs, R. J. BA	(Sec)	6 Apr
Slater, E. A. M. BSc	(Sec)	6 Apr
Dobbing, T. J.	(Sec)	7 Apr
Amers, J.	(Sec)	24 Apr
Davies, G. B. H.		
BEd	(PEd)	30 May
Gillespie, S. G. BA	(Sec)	30 May
Nicholl, E. J. BEd	(Trg)	30 May
Williams, O. A. BA	(Trg)	30 May
Bolton, L. M. LLB	(Sec)	1 June
Lowe, P. S. BSc	(Cat)	1 June
Watkins, T. K. BA	(Sec)	1 June
Walls, J. A. BA	(Sec)	8 July
Mansell, A. C.	(Sec)	25 July
Lomas, V. A. BA	(PEd)	8 Aug
McDonnell, C. L.		
BEd	(PEd)	8 Aug
Tipping, C. J. BSc	(Trg)	8 Aug
Collinge, M. J. BA	(Sec)	9 Aug
Harris, K. R. BSc	(Sec)	9 Aug
Henry, L. C. BSc	(Sec)	9 Aug
Rowlands, S. LLB	(Sec)	9 Aug
Gue, R. W. M.	(Sec)	10 Aug
Knox, A. J.	(Cat)	13 Aug
Parry-Sim, J. A.	(Sec)	27 Sept
Howie, D. A. MBE		
qss1	(PEd)	3 Oct
Gleave, B. J. BA	(Sec)	5 Oct
Scott, S. BA	(Sec)	5 Oct
Bowles, S. J. BSc	(Trg)	6 Oct
Bunce, N. J. E. BSc	(Sec)	6 Oct
Garratt, A. J. BA	(Sec)	6 Oct
Selway, M. A. BSc	(Sec)	6 Oct
Caplan, R. A. BEd		29 Nov
Powell, P. J. BA		30 Nov
Appleby, R. I. BA (ProvSy)		1 Dec
Floyd, S. BA	(Sec)	1 Dec
King, N. A. BSc	(Sec)	1 Dec
Macdonald, F. M.		
BA	(Sec)	1 Dec
Mills, D. L. BA	(Sec)	1 Dec
Woodrow, S. C. BA	(Sec)	1 Dec
Gray, S. E. BA		4 Dec

1997

Portlock, A. J. BSc	(Sec)	15 Jan
Brewer, L. J. BA	(Sec)	10 Feb
Cordock, M. A. L.		
BA	(Cat)	10 Feb
Hampson, M. D.		
BA	(Sec)	10 Feb
Jarvis, A. S. J.		
BSc	(ProvSy)	10 Feb
McIntosh, K. M. BA	(Sec)	10 Feb
Thomas, G. R. F.		
LLB	(Sec)	10 Feb
Todd, P. M. BSc	(Sec)	10 Feb

Lovejoy, A. F.	(Sec)	11 Feb
Marks, D. J.	(Sec)	13 Mar
Crossby, O. H. BSc		4 Apr
Lane, S. J. BA		4 Apr
Edensor, L.	(Cat)	5 Apr
Pilgrim-Morris, L. S.		
BA	(Sec)	5 Apr
Sinclair, R. A. BA	(Sec)	5 Apr
Rickard, M. W.	(Sec)	6 Apr
Straw, E. L.	(Sec)	6 Apr
Condren, M. A.	(PEd)	29 May
Fitzgerald, A. C. BSc		29 May
Hackett, J. N. BA	(Sec)	29 May
Scott, P. J. BA		29 May
Brown, A. J. BA	(Sec)	30 May
Cross, T. A. BA	(Sec)	30 May
Davis, A. G. BA (ProvSy)		30 May
Gabb, N. BSc	(Sec)	30 May
Glover, T. M. BSc	(Sec)	30 May
Lawrence, D. J. BA		30 May
Weavill, R. G.	(PEd)	24 July
Bailes, C. A. BA	(Sec)	8 Aug
Carrick, J. BSc (ProvSy)		8 Aug
Dengate, N. S. BSc	(Sec)	8 Aug
Eason, R. M. BA	(Trg)	8 Aug
Jones, P. A. BA		
MA	(ProvSy)	8 Aug
Milledge, E. C. BA	(Sec)	8 Aug
Outteridge, G. J.		
BA	(ProvSy)	8 Aug
Park, C. S. BSc	(Sec)	8 Aug
Peddle, L. V. LLB	(Sec)	8 Aug
Mahon, K.	(Sec)	9 Aug
Hone, J. A.	(Sec)	11 Aug
Hitt, M.	(Sec)	17 Aug
Hiller, L. J. BA	(Sec)	5 Oct
Hinton, R. J.		
BSc	(ProvSy)	5 Oct
Macinnes, F. C. L.		
BSc	(Trg)	5 Oct
Morefield, C. E. BSc (Trg)		5 Oct
Whitehead, N. H.		
BA	(Sec)	5 Oct
Wright, M. J. BA	(Sec)	5 Oct
Moody, G. A.	(Sec)	6 Oct
Wood, N. M.	(Sec)	6 Oct
Curran, N. W.		
BSc	(ProvSy)	30 Nov
Dempster, M. BA		30 Nov
Reid, P. BA	(Sec)	30 Nov

1998

Hamilton, J. J. (ProvSy)		28 Jan
Milnes, J. A. J.	(Sec)	28 Jan
Putland, K. A. (ProvSy)		5 Feb
John, A. M. BEng (Sec)		6 Feb
Brocklebank, J. M.		
BSc	(Sec)	9 Feb

ADMINISTRATIVE BRANCH

Flying Officers

1998—contd

Dryden, K. L. BA (Sec)	9 Feb
Edmond, R. W. BA (Sec)	9 Feb
Hughes, V. L. BSc (Sec)	9 Feb
Short, V. J. K. BA (Sec)	4 Apr
Green, N. (Sec)	5 Apr
Scales, D. J. (Sec)	26 Apr
Barratt, D. (Sec)	28 May
Forsman, V. L. BA	29 May
Gregory, S. A. BA	29 May
Heaton, A. C. BSc (ProvSy)	29 May
Hughes, P. B. BA (Sec)	29 May
Lockwood, S. C. LLB (Sec)	29 May
Evans, A. J. (Sec)	29 June
Dilley, P. M. (PEd)	23 July
Newman, R. E. (ProvSy)	23 July
Mackintosh, A. J. (Sec)	1 Oct
Cairns, S. L. (Sec)	4 Oct
Higgins, J. M. (ProvSy)	4 Oct
Bird, S. A. (Sec)	7 Nov

1999

Morris, A. L. (Sec)	25 Jan
Senescall, M. J. E. (Sec)	9 Feb
Roe, J. E. (Sec)	18 Mar
Ward, A. J. (Sec)	18 Mar
Pluckrose, A. (PEd)	1 Apr
Hetherington, J. (Sec)	3 Apr
Martin-Mann, D. D. (Sec)	3 Apr

Pilot Officers

1997

Hodgson, V. L. (Sec)	19 June
Beel, D. E. (Sec)	29 July
Van Halteren, S. J. (ProvSy)	26 Sept

1998

Lawrence, S. J. L. (Sec)	26 Mar
Bryan, K. P. (Sec)	2 May
Butler, J. R. (Sec)	18 July
Logan, J. C. (Sec)	18 July
McGuckin, S. J. (Cat)	4 Oct
Sinclair, A.	4 Oct
Long, R. F. (Sec)	28 Nov

1999

Skaife, C. R. (Sec)	23 Jan
Betts, D. D. BSc (Sec)	7 Feb
Davis, A. J. BA (Sec)	7 Feb
Du ross, S. J. BSc (PEd)	7 Feb
Howarth, S. L. BA (Sec)	7 Feb
Shearing, J. BA (Sec)	7 Feb
Williams, M. R. BA (ProvSy)	7 Feb
Carbutt, D. P. BA (Sec)	4 Apr
Farrelly, B. L. BSc (ProvSy)	4 Apr
Lye, S. J. BA (Sec)	4 Apr
Makinson-Sanders, J. BA (Sec)	4 Apr
Marshall, T. A. BA (Sec)	4 Apr
Miller, H. MSc BSc	4 Apr
Parrott, T. A. BA (Sec)	4 Apr
Perrin, M. N. A. BA PGCE (Sec)	4 Apr
Waller, K. S. MA (Sec)	4 Apr
Brealey, S. J. (Sec)	26 May
Smith, N. A. (Sec)	26 May

Acting Pilot Officers

1999

Hawthornthwaite, J. M. (Sec)	4 Feb
Yates, P. D. (Sec)	4 Feb
Munslow, D. (Sec)	1 Apr
Wells, L. A. (Sec)	1 Apr

MEDICAL BRANCH

Air Marshal

1997

Baird, Sir John KBE QHP MB ChB FRCP(Edin) FRCS(Edin) FFOM FRAeS DAvMed
Born 25/7/37 . . . . (F) 24 Feb

Air Vice-Marshal

1997

Sharples, Christopher John QHP MSc FFOM MRCS(Eng) LRCP DAvMed MRAeS rcds
Born 9/4/42 . . . . (F) 1 July

Air Commodores

1992

Cullen, Stephen Anthony QHS MB ChB FRCPath FRAeS DCP Born 18/7/39 . . . 6 Apr

1996

Pike, Warwick John QHP MSc MB BS MRCGP MRCS MFOM DRCOG DAvMed LRCP qss
Born 31/12/44 . . . . (F) 1 July
Morgans, Brian Thomas QHP MB BCh FRCS(Glas) Born 31/5/43 . . . . . . 21 Aug
Rainford, David John MBE QHS MB BS FRCP FFOM FRAeS MRCS Born 27/7/46 . 21 Aug

1997

Gibson, Terence Michael QHS PhD MB ChB MFOM DAvMed MRAeS psc Born 6/3/47 (F) 1 July

1998

Thornton, Eric John MB ChB FIMgt MFOM DAvMed psc Born 24/8/48 . . . . (F) 1 Jan

1999

Merry, Robert Thomas George QHS MB BS FRCP MRCPsych DRCOG Born 25/10/37 . 1 Feb

Group Captains

1993

Long, Peter James MB ChB DPhysMed Born 14/11/44 . . . . 27 July

MEDICAL BRANCH

Group Captains

1994

Coles, Peter Keith Lindsay MB ChB MRCGP DRCOG DAvMed AFOM Born 31/1/48 . (F) 1 July

1995

Jones, John MSc MB BCh MRCPath DRCOG Born 15/4/48 . . . . . . (F) 11 Aug
Batchelor, Anthony John CBE BSc MB BS FRCP DRCOG DAvMed Born 27/6/47 . . (F) 30 Nov

1996

Dougherty, Simon Robert Charles MSc MB BS FFOM FIMgt DRCOG DAvMed MRAeS jsdc qs
  Born 26/2/49 . . . . (F) 1 Jan
Coker, William John OBE MB ChB BA BSc FRCP DavMed Born 28/8/46 . . . . 12 Mar
Jones, John Meirion MB BCh DAvMed AFOM Born 14/10/46 . . . . . . (F) 1 July
Laundy, Trevor John BSc MB BS FRCP DAvMed qss Born 11/4/48 . . . . . 7 Oct

1997

Lindsay, Ian David MA MSc MB BChir MRCGP DRCOG DAvMed AFOM psc Born 1/3/48 (F) 1 Jan
Mitchell, Ian Duncan MDA BSc MB BS MRCGP MHSM DRCOG DAvMed AFOM RFN psc
  Born 22/1/48 . . . . (F) 1 Jan
Ranger, Michael MB BS DAvMed AFOM MRAeS qss Born 23/8/49 . . . . (F) 1 Jan

1998

Graham-Cumming, Andrew Nesbitt MB BS MRCGP MRCS MFOM LRCP DAvMed MRAeS psc
  Born 17/12/48 . . . . (F) 1 Jan
Dharmeratnam, Rajkumar MB BS FRCR DCH Born 30/3/50 . . . . . . 20 June

1999

McConnell, David Leslie MSc MB ChB DObstRCOG DAvMed qss Born 23/12/49 . . (F) 1 July

Wing Commanders

1988

Reid, G. E. MB ChB
  FRCPsych DAvMed
  MRAeS qs — 1 Aug

1989

Jones, D. W. FRCP
  FISM MRCP(UK)
  MRCS(Eng)
  LRCP — 14 Aug
Morris, C. B. MB BS
  DRCOG (F) — 18 Aug

1991

McManus, F. B. MB BS
  MRCPsych qss — 10 Mar
O'Connell, C. R. W. MB
  BCh BAO
  LLMRCP(Irel)
  LLMRCS(Irel) — 3 July
Watkins, M. J. G. BA
  MB BChir FRCS(Edin) — 30 Aug
Keatings, B. T.
  MMedSci MB ChB
  MFOM DAvMed
  qs (F) — 31 Dec

1992

Cromarty, I. J. MSc MB
  ChB MRCGP DRCOG
  DAvMed psc (F) — 1 Aug
Evans, C. P. A. MSc MB
  BCh DAvMed psc (F) — 1 Aug

1993

Ferriday, D. W. MSc
  MMedSci MB BCh
  FFOM MRCGP
  DRCOG qs — 13 Feb
Elphinstone, L. H. MB
  ChB MRCGP qs — 15 Feb
Lenoir, R. J. MA MB
  BChir FFARCS
  DRCOG — 10 May
Smyth, D. G. BA MB
  BCh BAO — 16 July

Mcloughlin, K. H. MB
  ChB BAO
  FFARCS(Ire) — 1 Aug
Skipper, J. J. MB BCh
  FRCS(Ed) qss — 1 Sept
Blake, D. C. S. BSc MB
  ChB FFARCS — 1 Nov

1994

Jenkins, D. I. T. BSc MB
  BS MRCP DRCOG
  DAvMed qs (F) — 24 May
Marshall, D. N. F. MB
  ChB MRCGP DRCOG
  DAvMed qs (F) — 18 July
Reynolds, M. F. MB ChB
  MRCGP DRCOG
  qss (F) — 2 Aug
McGuire, N. M.
  BMedSci BM BS — 3 Aug
Macauley, S. J. BSc MB
  BS — 2 Sept
Kilbey, J. H. BSc MB
  BS — 28 Sept

1995

Phillips, R. C. MB ChB
  MRCGP DRCOG (F) — 8 Jan
Cugley, J. OBE MB
  BS — 8 Feb
Peterson, M. K. — 17 Feb
Jagdish, S. MB BS — 11 May
Mozumder, A. K. MB
  BS MRCGP
  MRCS(Eng) LRCP
  DRCOG DTM&H
  DAvMed qs (F) — 29 July
Anderson, A. M. MB
  ChB MRCGP (F) — 1 Aug
Gradwell, D. P. PhD BSc
  MB ChB DAvMed
  MRAeS — 1 Aug

1996

Scerri, G. V. G. J.
  FRCS(Eng) LRCP — 1 Feb
Skinner, T. A. MB
  BS — 19 Feb
Green, A. D. MB BS
  MRCPath DTM&H — 27 Feb
Hackney, R. G. MB ChB — 1 May
Lucas, M. A. MB ChB — 20 May

Broadbridge, R. J. M.
  MB BS MRCGP
  DRCOG DAvMed
  qss (F) — 1 Aug
Lewis, D. M. MB ChB
  MRCGP DAvMed (F) — 1 Aug
Vardy, S. J. FRCSEd
  MB ChB — 1 Aug
Neal, L. A. MB BCh
  MRCGP DRCOG — 18 Oct
Aitken, J. BSc MB ChB
  DAvMed (F) — 13 Nov
Schofield, P. J. MB ChB
  MRCGP DA(UK)
  DAvMed qss (F) — 17 Nov

1997

Connolly D. M. MB BS
  MRCGP MRAeS
  DAvMed psc(j) (F) — 2 Mar
Khan, M. A. MB BS
  MRCP — 19 May
Bell, I. F. MB ChB
  qss (F) — 30 June
Whitbread, T. MB BS — 4 July
Barney, J. S.
  MB ChB (F) — 1 Aug
Mason, P. F. MB ChB
  FRCS(Edin)
  DAvMed — 1 Aug
Ross, N. MB ChB
  DRCOG DAvMed (F) — 1 Aug
Ryles, M. T. MSc MB
  ChB MRCGP DRCOG
  DAvMed — 1 Aug
Wilcock, A. C. MSc MB
  ChB MRCGP MFOM
  DRCOG DAvMed
  qss (F) — 1 Aug
Lupa, H. T. BSc MB ChB
  DAvMed MRAeS — 2 Aug
Wingham, A. MB BS
  DRCOG — 3 Aug
Seddon, P. J. BSc MB
  BS — 15 Aug
Carr, N. J. MB BS
  MRCPath — 22 Sept
Cousins, M. A. MB ChB
  MRCGP qss1 — 8 Oct
Webster, T. M. MB BS
  MRCGP DRCOG
  qss (F) — 16 Oct
Allison, G. E. MB
  BS (F) — 17 Nov
Bone, C. E. MB ChB — 25 Nov

MEDICAL BRANCH

Wing Commanders

1998

Gaffney, J. E. BSc MB
  ChB MRCGP DCH
  DRCOG DAvMed
  qss   (F) 11 Jan
Bhullar, T. P. S. MBBS
  FRCPRCS(Glas)
  FRCS(Edin)   12 Jan
Bruce, D. L. MBE MSc
  MB BS MRCGP
  DAvMed DipIMC
  DOccMed MRAeS
  AKC qss   (F) 1 Aug
Matthews, R. S. J. BSc
  MB BS MRCGP
  qs   (F) 19 Aug
Sheldon, K. J. MB ChB
  DOccMed   9 Sept
Gomes, P. J. BM MRCP 16 Sept

1999

Roberts, A. J. BSc MB
  BS MRCGP DAvMed
  qss   (F) 1 Feb
Wallace, V. J. MB ChB
  MRCGP DRCOG
  qs   (F) 2 Mar
Kirkpatrick, R. B. J. MB
  BS DAvMed   (F) 26 Apr

Squadron Leaders

1991

Reid, A. N. C. MB ChB
  MRCGP DRCOG
  qss1   27 June
Shapland, W. D. MB BS
  MRCPsyc DA
  DRCOG   27 June
Greenish, T. S. MB BS
  DAvMed qss   (F) 1 Aug
Farmer, D. J. BSc MB
  ChB   6 Aug
Kilbey, S. C. MB ChB
  MRCGP DRCOG
  DAvMed DOccMed
  qss   (F) 12 Aug
Amos, A. M. MB BCh
  MRCGP DRCOG
  DAvMed MRAeS
  qss   5 Sept
Gilbert, T. J. MB BS   10 Sept
Allen, G. M. BM
  MRCGP MRCP
  DCH   9 Dec

1992

Cartwright, J. MB BS
  DAvMed   (F) 13 Jan
Dexter, D. BSc MB ChB
  DRCOG qs   (F) 1 Aug
Hurley, A. V. A. BA BA
  BM DOccMed   1 Aug
Sargeant, I. D. MB BS
  qss   1 Aug
Boden, J. G. MB ChB
  qss   (F) 3 Aug
Ross, D. E. MB ChB
  qs   (F) 4 Aug

1993

Archer, G. A. MB
  BS   1 Aug
Houghton, J. A. MB
  BS   1 Aug
Warren, A. Y. MSc MB
  BS MRCPath   1 Aug
Winfield, D. A. BSc MSc
  MB ChB MRCGP DCH
  DRCOG DCH DPhil
  ARCS qss   2 Aug
Hall, I. S. MB BS   27 Aug

Burling, P. M. MB ChB 30 Nov

1994

Scott, R. A. H. MB
  BS   26 Feb
Hutchinson, M. R. MB
  BS qss   (F) 1 Aug
Paish, N. R. MB BS   1 Aug
Hill, N. J. MB ChB   9 Aug
Carter, N. D. R. MB
  ChB   21 Aug
Connor, M. P. MB
  ChB   25 Aug
Hansford, N. G. MB
  ChB   (F) 27 Aug
Green, N. D. C. BSc MB
  BS   1 Sept

1995

Wright, P. MSc MB BCh
  BAO DAvMed
  qcc   25 Feb
Pathak, G. MB BS
  FRCS   22 Mar
Trudgill, M. J. A. MB
  ChB MRCGP
  DAvMed DipIMC
  MRAeS   (F) 1 Aug
Walton, C. S. BSc MB
  BS MRCGP DRCOG
  qss   (F) 1 Aug
Low, N. J. MB ChB   7 Aug
Bastock, J. M. MB
  ChB   26 Aug
Holdcroft, A. J. MB ChB
  MRCGP DRCOG   26 Aug
Lewis, M. E. MB
  BCh   18 Nov

1996

Maidment, G. MA BM
  BCh DAvMed MRAeS
  qss   24 Feb
Rowland, P. O. MD
  FRCS   15 Mar
Hodgson, J. MB ChB   1 Aug
McLoughlin, D. C. MB
  BCh BAO MRCGP
  DRCOG   1 Aug
Procter, D. B. MB BCh 1 Aug
Ruth, M. J. MB ChB   1 Aug
Timperley, A. C. BSc
  MB ChB   1 Aug

MEDICAL BRANCH

Squadron Leaders

1996—contd

Wright, L. J. BSc MB BS (F)	25 Aug
Lasrado, I. F. N. MB BS	24 Sept
Caldera, S. R. M. BSc MB BS FRCS	25 Nov

1997

Burton, T. BSc MB BS MRCGP DCH DipIMC	1 Aug
Forde, S. C. O. MB ChB FRCA DA(UK)	1 Aug
Fox, G. C. MB BS MRCPsych	1 Aug
Hill, K. P. MB BS	1 Aug
Khan, R. MB BS	1 Aug
Stitson, D. J. MB BS	1 Aug
Thomson, N. J. MB ChB	1 Aug
Monnery, P. M. MB BS	27 Aug
McGrath, R. D. MB BCh	3 Sept

1998

Pickering, P. M. MA BSc MB BChir MRCGP DRCOG	1 Feb
Stammers, J. B. MB	28 June
Baker, J. E. MB BS	1 Aug
Berry, R. D. BSc BM BS	1 Aug
Flucker, C. J. R. BSc	1 Aug
Geary, K. G. MB ChB	1 Aug
Hastle, J. A. BM BS	1 Aug
Hocking, G. MB ChB	1 Aug
Hughes, P. R. MB ChB	1 Aug
Sareen, S. D. MB BCh	1 Aug
Williams, M. MB ChB	1 Aug
Withnall, R. D. J. MB BS	1 Aug

Daborn, D. K. R. BSc MB BS DRCOG DipIMC	3 Sept
Durrani, A. MB BS FRCS	1 Dec

1999

Craig, J. P. MB ChB	1 Feb
Sheehan, J. P. A. MB BCh	6 Mar

Flight Lieutenants

1994

Lewis-Russell, J. M. MB ChB	1 Aug
Smith, S. A. MB BCh	1 Aug
Trimble, K. T. MB ChB	1 Aug
Smith, M. B. MB BS	3 Aug

1995

Evriviades, D. MB ChB	1 Aug
Sparks, S. E. MB ChB	1 Aug
Avory, G. M. BM	2 Aug
Birch, K. MB	2 Aug
Brown, D. J. G. MB ChB	2 Aug
Dynan, Y. M. BSc MB ChB	2 Aug
Naylor, J. R. MB ChB	2 Aug
Temple, M. J. MB ChB	2 Aug
Davies, M. T. BSc MB ChB	7 Aug
Jackson, C. E. MB ChB	10 Aug

1996

Timperley, J. MB ChB	7 Feb
Singleton, J. F. MB ChB	22 Feb
Griffiths, J. S. MB BCh	1 Aug
McLaren, R. M. BM BCh	1 Aug
Butt, A. BSc MB BS	7 Aug
Cartwright, A. J. MB ChB	7 Aug
Chapple, S. A. MB ChB	7 Aug
Dalrymple, P. M. MB ChB	7 Aug
Grimmer, P. M. MB ChB	7 Aug
Whittle, C. L. MB BS	7 Aug

MEDICAL BRANCH

Flight Lieutenants

1996—contd

Woodcock, M. G. L. BM	8 Aug
McGrath, M. M. MB ChB	14 Oct

1997

Huntbach, J. A. BSc BA BChir	13 Feb
Shepard, C. L. BM	1 Aug
Kendrew, J. M. MB BS	6 Aug
Knights, A. L. MB BS	6 Aug
Tagg, C. E. MB BS	6 Aug
Haseldine, D. C. MB ChB	7 Aug

1998

Becker, G. W. MB BChir	4 Feb
Hughes, S. N. MB BS	5 Aug
Mollan, I. A. MB ChB	11 Sept

Flying Officers

1998

Nicol, E. D. MB BS	14 July
Ostler, A. M. MB BS	15 July
Houghton, L. J. MB ChB	17 July
Smith, E. J. D. BA BM BCh	30 Dec

Pilot Officers

1996

Bradley, J. C.	25 Nov
Drew, J. L. MB ChB	25 Nov

1997

Hendriksen, D. A.	6 Oct
O'Reilly, D. J.	6 Oct
Tipping, R. D. MB BS	6 Oct

1998

Brown, A. M. R.	26 Jan
Mollan, S. P.	26 Jan
Davy, A. P.	16 Mar
Shepherd, B. D. BSc	16 Mar
Harris, N. S. BSc	27 July
Manson, A. L.	27 July
Jacobs, N.	26 Oct
Patterson, D. T.	26 Oct
West, S. L.	26 Oct

1999

Partner, A. M.	25 Jan

DENTAL BRANCH

Air Vice-Marshal

1997

McIntyre, Ian Graeme QHDS MSc BDS FDSRCSEd MGDSRCS(Eng) DDPHRCS FIMgt psc Born 9/7/43 . . . . 1 July

Air Commodores

1994

Negus, Timothy Wilfred OBE BDS FDSRCSEd LDSRCS Born 10/1/43 . . . . . 1 Jan

1997

Butler, Richard Michael QHDS MSc BDS FFGOP(UK) MGDSRCS(Ed) qss Born 20/5/44 1 July

Group Captains

1987

Shepherd, Robert George BDS FDSRCPS LDSRCS MIMgt qss Born 16/1/41 . . . 29 July

1992

Reid, John BDS FFGOP(Uk) MGDSRCPS(Glas) psc Born 11/9/46 . . . . . . 1 Jan

1994

Allen, Derrick Raymond MSc BDS MGDSRCS(Ed) Born 23/12/42 . . . . . . 1 Jan

1996

Amy, David James MSc BDS MGDSRCS(Ed) qss Born 17/6/50 . . . . . . 1 July
Armstrong, David Brian BDS MGDSRCS(ENG) DGDP(UK) LDSRCS Born 21/9/46 . . 1 July

1997

Richardson, Peter Sandiford MSc BDS MGDSRCS(Eng) MGDSRCS(Ed) LDSRCS(Eng) DDPHRCS(Eng) Born 29/9/48 . . . . 1 Jan
Ollivere, P. T. R. MSc BDS Born 16/4/47 . . . . 6 Aug

DENTAL BRANCH

Group Captains

1998

Rees, David John MSc BDS MGDSRCS(Eng) qs Born 5/5/53 . . . . . . 1 July

1999

Cornthwaite, Peter William BDS MGDSRCS(Ed) qs Born 3/9/51 . . . . . 1 July

DENTAL BRANCH

Wing Commanders

1977

Hughes, J. C. BDS qss — 23 June

1984

Knowles, R. C. BDS
  LDSRCS — 15 Dec

1990

Gallagher, P. M. BDS
  BA MGDSRCS(Ed)
  qs — 28 Feb

1992

Mellor, T. K. MB BCh
  BDS FDSRCPS
  FRCS(Ed) — 13 Feb
Nottingham, J. A. BDS
  MGDSRCS(Ed)
  qs — 2 Apr
Mayhew, M. T. MSc
  BDS DDPHRCS jsdc
  qs — 5 Dec

1994

Monaghan, A. M. BDS
  FDSRCSEng qss — 12 Jan

1995

McCarthy, D. MSc BDS
  MGDSRCS(Eng)
  DGDP(UK) LDSRCS
  qss — 21 Apr
Brown, R. T. M. BDS
  MGDSRCS(Ed)
  qs — 18 June

1996

Knight, H. I. MSc BDS
  MGDSRCS(Eng)
  DDPHRCS
  LDSRCS — 30 Jan
Senior, N. J. MSc BDS
  MGDSRCS(Eng) — 31 July

Harper, K. A. MSc BDS
  FDSRCSEng
  MGDSRCS(Eng)
  MRD qss — 1 Aug
Bows, R. W. BDS
  MGDSRCS(Ed)
  qss — 22 Aug

1997

O'Donnell, J. J. BDS
  LDSRCS — 3 Mar
Gibbons, A. J. MA BDS
  MB BChir FDSRCSEd
  FRCS(Edin) LDSRCS
  qss — 16 Mar
Bambridge, D. E.
  BDS — 5 Aug

1998

Birkett, A. C. BDS — 2 Jan
Nelson, T. A. B. BChD
  FDSRCSEng — 3 Feb
Allan, K. T. BDS — 4 Mar
Fleming, J. C. MSc BDS
  MGDSRCS(Eng)
  LDSRCS — 4 Apr
Saunders, M. B. MSc
  BDS
  MGDSRCS(Eng) — 11 July
Mitchell, M. BDS — 19 July
Chadwick, A. R. BDS
  qss — 10 Sept
Duffy, S. BDS — 29 Oct

1999

Cox, J. J. LDSRCS — 1 Apr

Squadron Leaders

1991

Brooks, E. A. S.
  BDS — 6 July
Hamshaw, G. BSc BDS — 16 July
Boyle, L. M. BDS — 8 Sept
McDavitt, J. N. MSc
  BDS
  MGDSRCPS(Glas) — 18 Dec

1992

Cook, C. BDS qss — 4 Jan
Gowing, S. T. J. BDS
  qss — 4 Jan
Rhodes, C. E. BDS
  MGDSRCPS(Glas) — 4 Jan
Cook, E. BChD qss1 — 23 Feb
Jones, T. W. MSc
  BDS — 6 Mar
Frick, T. BDS — 2 Aug
King, J. M. BDS
  qss1 — 11 Aug
Austin, J. F. BDS
  MGDSRCPS(Glas)
  qss — 13 Sept

1993

Andrews, N. A. G.
  BDS — 20 Feb
Reith, M. J. BDS — 10 Aug
Sinclair, J. W. BDS — 1 Dec

1994

Richardson, M. H.
  BDS — 29 Jan
Feasey, J. M. M.
  BDS — 1 Dec

1995

Peak, J. D. BDS
  FDSRCSEng — 1 Jan
Lloyd, M. V. BDS — 20 Jan
Cooper, D. J. BDS — 4 Feb

1996

Byford, M. BDS — 13 Jan

Squadron Leaders

1996—contd

Macbeth, N. D. BDS	25 Jan
Pratt, A. C. BDS	5 Feb
Laird, L. M. BDS	23 Aug
Hurst, S. E. BDS	25 Aug
Neppalli, R. P. K. BDS DGDPRCS	25 Aug
Doyle, S. B. BDS	1 Sept
Ilsley, J. D. BDS	1 Nov

1997

Thomas, S. R. BDS	6 Jan
Wynne, J. E. BDS	17 Jan
Towlerton, A. J. BDS	23 May
Foster, M. R. BDS DGDP(UK) qss	14 Dec

1998

Smith, R. M. BDS	21 Apr
Ritchie, K. L. BDS	3 Dec

1999

McLelland, R. G. BDS qss1	12 Jan
Renfrew, A. H. BSc BDS	6 Mar

Flight Lieutenants

1994

Scott, L. A. BDS	9 July

1995

Jones, I. R. BDS	23 June
Burn, R. L. BDS	27 June

1996

Ross, A. M. BDS	6 Aug
Clare, M. D. BDS	8 Aug
Clayton, D. R. BChD	8 Aug
King, M. L.	8 Aug

1997

Butler, S. R. BChD	7 Aug
Robb, S. M. BMSc BDS	7 Aug

1998

Abbott, P. J. BDS	6 Aug
Humphries, S. A. BDS	6 Aug
McLean, W. L. BDS	6 Aug

PRINCESS MARY'S ROYAL AIR FORCE NURSING SERVICE

AIR CHIEF COMMANDANT H.R.H. PRINCESS ALEXANDRA, The Hon. Lady Ogilvy, GCVO

All Officers of Princess Mary's Royal Air Force Nursing Service hold the qualification of Registered General Nurse or Registered Mental Nurse

Air Commodore

1999

Williams, Robert Henry RRC QHNS Born 13/10/44 . . . . 1 July

Group Captain

1998

Forward, Bernard John BA ARRC RNT CertEd qs Born 27/1/48 . . . . 1 July

Wing Commanders

1992

Welford, A. M. RRC RM qss	1 July

1994

Reid, R. A. OBE ARRC RM	1 July

1997

Chew, L. RRC qs	1 Jan

1998

White, M. E. ARRC qs	1 July

1999

Williams, W. B. RM qss	1 Jan

Squadron Leaders

1987

Smith, J. A. RM qss	22 July

1990

Massey, L. A. qs	24 June

1991

Laurence, R. qss1	23 May
Wroe, B. CertEd qs	18 Sept
Henderson, C. A. ARRC RM qss	26 Dec

1992

Warburton, A. M.	26 Feb

1993

Eastburn, E. A.	30 May

1994

Gross, J. L. qs	10 Apr
Weir, H. ARRC RM	16 June
Harper, P. J.	3 Nov

1995

Hurst, L. MA BSc CertFE	3 Feb
Cromie, S. E.	6 Apr
Baker, C. A. RM	4 Oct
Beaumont, S. P. BA qs	12 Dec

1996

Devenport-Ward, A. BSc RM DipN	14 Jan
Day, J. A. RM	27 Jan
Callcott, S. T. RM qss	2 Apr
Barnes, M.	8 Apr
Stewart, H. M. qss	15 Apr
Gullidge, K. A.	9 June
Ferguson, P. G.	25 June
Roscoe, F. G. qss	5 July

PRINCESS MARY'S ROYAL AIR FORCE NURSING SERVICE

Squadron Leaders

1997

Petter-Bowyer, D. A. RM	21 Mar
Taylor, M. J. BSc	24 July
Oakley, S. J.	17 Nov

1998

Dickin, L.	10 Jan
Durrant, Y. F. RM	3 Mar
Ward, P. J. ARRC qss	21 May
Hutton, D. J.	10 July
Onions, A. C.	20 Sept

1999

Burgess, D. A.	9 Jan
Cushen, P. B. qss1	9 Feb
Mackie, K. C.	21 May
Hill, D. M. W. MSc BSc FISM RMN qss	4 June

Flight Lieutenants

1991

Evans, A. W.	26 June
Hopper, T. M.	31 Dec

1992

Tue, N. S. DipN	18 Jan
Lockton, L. A.	31 Jan
Gibson, L. K.	5 Feb
Priestley, M. J.	5 Feb
Jones, D. C.	6 Mar
Meath, P.	29 May
Spragg, P. M.	15 Oct
Preece, A. D. RSCN	27 Nov

1993

Smart, C. A.	6 Feb
Philpott, N. F. M. BA	28 June
Jenner, B. C.	6 Sept
Ewart, A. P. G.	16 Sept
Payne, D. A.	17 Sept
Gardner, J.	8 Oct

1994

Ball, S. J. RM	6 Jan
Covill, L. M.	13 Jan
MacPherson, A. P.	3 Feb
Hymas, P. B. RM	8 Feb
Cuthbert, S. J.	20 Feb
Griffiths, T. A.	22 Feb
Wallace, J. H. RM	8 May
Raper, A.	21 May
Van Zwanenberg, G. qcc	9 June
Duffy, K. M. BSc	26 June
Hecht, D. A. RSCN	28 July
Davenport, J. RM	3 Aug
Aird, B. G. BSc DipN	2 Sept
Edmondson, M. J.	18 Oct
Hardie, L. C.	8 Nov
Whiting, D.	14 Nov
Harrison, R. J.	15 Nov

1995

Lamb, D. W.	2 May
Rapson, K.	21 June

Reilly, B. A.	7 Aug
English, M. E.	3 Sept

1996

Hold, C. K. BSc	15 Jan
Hutchison, F. M.	22 Apr
Dyson, N. C.	27 July
Lester, A. J.	15 Oct
Roberts, A. E. BSc RM	22 Nov

1997

Quick, P. A. RSCN	4 Feb
Pascoe, S. W.	27 May
Kiddey, V. K. RSCN RM	20 Aug
Phythian, S. M.	20 Aug
Rider, I. BSc RM	1 Sept
Swain, I. S.	1 Sept
Stratford-Fanning, P. J.	10 Oct
Bradshaw, N.	8 Dec

1998

Richardson, L. Y. R.	14 Mar
Ducker, S. J. BSc	11 Nov
Bathgate, Y.	15 Dec

1999

Salmon, A. C. RMN	14 Feb
O'Brien, J. M.	17 Mar
Arroyo, G. H.	5 May

Flying Officers

1995

Pavitt, A. J. 24 June

1996

Ulke, D. 10 Feb
Lynn, S. B. 5 Mar
Ryder, L. M. 9 June
Harris, M. J. BA 11 Sept

MEDICAL TECHNICIAN BRANCH
(MEDICAL SECTION)

Wing Commanders		Squadron Leaders		Flight Lieutenants	
1995		**1991**		**1994**	
Mayes, R. W. OBE PhD BSc CChem FRSC qss	1 Jan	Farmer, T. P.	11 Jan	Bain, R. MSc	4 June
				1995	
1998				Lawson, S. P. BSc qss	11 May
Stacey, J. qss	1 July				
				1996	
				Jones, R. J. BA MCSP CertEd	1 June
				Start, I. J.	10 June
				Dray, M. D.	2 Aug
				Earp, M. T.	2 Aug
				Beach, C. J.	27 Sept
				1997	
				Nixon, J. R. M.	22 Apr
				Mitchell, W. A. MSc MIPD	26 July
				Coleman, M. J. BSc	1 Aug
				Biggs, C. J.	27 Dec

MEDICAL TECHNICIAN BRANCH
(DENTAL SECTION)

Flight Lieutenants

1998

Culpan, D. S.		17 Aug
Maynard, M. R.		24 Sept
Tilling, E. J.		26 Nov

1999

Harris, T. C.   14 Feb

Flying Officer

1996

Stezaker, M.   6 Oct

MEDICAL SECRETARIAL BRANCH

Wing Commanders

1992

Woods, T. L. qss　　　　　　1 Jan

1993

Jarvis, J. A. MBE
　MHSM RMN qss　　　　　1 July

1997

Lane, K. MBA DipMgmt
　qs　　　　　　　　　　　　1 Jan
Rippon, D. qss　　　　　　　1 July

1999

Allaway, R. J. BEd qss　　　　1 Jan

Squadron Leaders

1992

Burgess, P. MSc
　DipMgmt qs　　　　　　　1 Jan

1994

Cowan, A. DipMgmt
　MRIPHH MIMgt
　qs　　　　　　　　　　　　1 Jan

1995

Dalby, A. P. MSc MHSM
　MIMgt DipHSM
　qs　　　　　　　　　　　　1 July
Hoyle, D. L. qs　　　　　　　1 July

1997

Cranfield, A. qss　　　　　　1 Jan
Batley, R. J. qss　　　　　　1 July

1998

MacDonald, G. W. B.
　MSc FICD qs　　　　　　　1 Jan
Staniforth, C. A.
　DipMgmt qs　　　　　　　1 Jan

1999

Fleetwood, W. M. qss　　　1 Jan
Choppen, P. I. BSc
　CBiol MIBiol qcc　　　　　1 July
Smith, H. A. qss　　　　　　1 July

Flight Lieutenants

1990

Court, P. G. BSc　　　　　　31 Jan
Baird, W. P.　　　　　　　　22 Sept
Ellis-Martin, P. qss　　　　　2 Nov
Acres, S. P.　　　　　　　　21 Nov

1992

Robinson, J. SRN RMN
　qss　　　　　　　　　　　　21 Jan

1993

McCay, D. D.　　　　　　　9 Nov

1994

White, J. E.　　　　　　　　2 June
Quinn, A. C. DipMgmt
　qss　　　　　　　　　　　　24 Sept

1996

Covill, J. A.　　　　　　　　21 Mar

1998

Carlin, N. J.　　　　　　　　19 Feb
Miranda, D. A. qss1　　　　6 Oct

MEDICAL SECRETARIAL BRANCH

Flying Officers

1994

Walker, M. J.   10 Jan

1995

Cowell, J. A.   17 Oct

1999

Ford, S. A.   20 Jan

CIVIL CONSULTANTS

Mr P. Banks BDS MB BS FDSRCS MRCS LRCP (Oral and Maxillo-Facial Surgery)

Professor R. W. Beard MD MB BChir FRCOG (Obstetrics and Gynaecology)

Professor R. J. Berry RD Ost.J DPhil MD FRCP FRCR (HON FACR) FFOM (Radiobiology)

Professor R. S. Bluglass CBE MD FRCPsych FRCP DPM (Psychiatry)

Dr A. J. Boakes MSc MB BS FFARCS (Genito-Urinary Medicine)

Mr J. B. Booth FRCS (Otology)

Mr P. D. Burge FRCS (Orthopaedic (Hand) Surgery)

Dr A. K. Clarke BSc MB BS FRCP (Rheumatology and Rehabilitation)

Professor R. C. D. S. Coombes MD PhD FRCP (Medical Oncology)

Mr M. J. Coptcoat ChM FRCS(Urol)(Urology)

Mr C. B. Croft FRCS FRCS(Ed)(Laryngology)

Dr A. R. Cummin DM MRCP (Respitory Physiology)

Mr D. J. Dandy MD MChir FRCS (Knee Surgery)

Dr M. P. Deahl MA MB BS FRCPsych MPhil (Psychiatry)

Professor D. M. Denison PhD FRCP (Applied Physiology)

Mr M. A. Edgar MA MChir MB FRCS (Orthopaedic Surgery)

Professor P. H. Fentem MSc BSc MB ChB FRCP (Aviation Medicine)

Dr P. R. Goddard MD BSc MB BS FRCR DMRD (Computed Tomography and Magnetic Resonance Imaging)

Dr F. Stc. Golden OBE Phd MB BCh DAvMed (Survival Medicine)

Mr P Goldstraw FRCS(Eng) FRCS(Ed) (Thoracic Surgery)

Professor E. C. Gordon-Smith MA MSc MB FRCP FRCPath (Civil Consultant in Haematology)

Dr I. W. F. Hanham FCRP FRCR MA MB BChir MRCP FFR DMRT (Radiotherapy)

Professor J. M. Harrington CBE BSc MSc MD FRCP FFOM RCP (Epidemiology)

Professor J. Hayden FRCP FRCGP DCH DRCOG (General Practice)

Dr I. R. Hill OBE MA MD PhD MRCPath MRAeS LDS (Forensic Medicine)

Dr J. M. Holt MD FRCP (Medicine)

Dr G. R. V. Hughes MD FRCP (Rheumatology)

Professor H. S. Jacobs BA MD MB BChir FRCP FRCOG (Metabolic and Endocrine Disorders)

Mr D. H. A. Jones FRCS FRCSEd(Orth)(Orthopaedic Surgery)

Dr J Keenan MA MB BChir FRCPath (Clinical Chemistry)

Mr B. G. H. Lamberty MA FRCS FRCSEd(Plastic Surgery)

Professor W. R. Lees FRCR FRACR(Hon) (Radiology)

Dr D. G. Lowe MD FRCS FRCPath FIBiol (Histology)

Dr E. B. MacDonald MB ChB FRCP(Glas) FRCP FFOM DIH (Occupational Medicine)

Professor D. G. McDevitt DSc MD FRCP FFPM FRSE (Experimental Medicine)

Dr C. M. Mckee MD MSc FRCP(UK) FFPHM (Public Health Medicine)

Professor D. McLeod FRCS FRCOphth (Ophthalmology (Retinal Surgery)

Dr A. T. Mitchell MB BS MRCP (Paediatrics)

Dr D. Murray FRCP (Dermatology)

Professor A. J. Newman Taylor OBE FRCP FFOM (Chest Diseases)

Professor Sir Keith Peters FRS (Renal Disorders)

Professor I. Phillips MA MD FRCP FRCPath (Microbiology)

Mr M. Powell FRCS (Neurosurgery)

Dr A. F. Rickards FRCP FACC FESC (Cardiology)

Mr A. H. N. Roberts MA BSc BM BCh FRCS (Plastic Surgery)

Dr D. Rule FDS DOrth MCCD RCS (Post Graduate Education)

Dr J. W. Scadding BSc MB BS MD FRCP (Neurology)

Professor C. D. Stephens MDS FDSRCS(Edin) FDS DOrthRCS(Eng) (Orthodontics)

Dr J. M. Thomas MS MRCP FRCS (Oncology)

Mr J. P. S. Thomson DM MS FRCS (Surgery)

Mr J. K. H. Webb MB BS FRCS (Spinal Trauma)

Mr P. Worlock DM FRCS (Orthopaedic Trauma)

Dr G. B. Wyatt MB BS FRCP FFCM DTM&H DCH (Tropical Medicine)

CIVIL CONSULTANTS

HONORARY CIVIL CONSULTANTS

Air Commodore A. J. C. Balfour CBE MA MB BChir FRCPath LMSSA DCP DTM&H MRAeS RAF (Retd) (Aviation Pathology)

A. J. Barwood OBE MRCS LRCP DPH DIH FRAeS Group Captain (Retd) (Accident Investigation)

B. J. Bickford MB BS FRCS (Thoracic Surgery)

Professor W. Burns DSc ChB FRCP DRCOG (Acoustic Science)

Professor S. Brandon MD MB BS DPM FRCPsych MRCP DCH (Psychiatry)

Dr S. J. Carne CBE MB BS MRCS LRCP FRCGP DCH (General Practice)

Air Vice Marshal J. Ernsting CB OBE PhD MB BS BSc FRAeS MFOM MRCS FRCP RAF(Retd) (Aviation Med)

Dr M. R. Geake FRCP (Chest Diseases)

Dr J. Harper MBE MB ChB FRCP(Edin) FRCPsych DPM (Psychiatry)

Dr J. C. Hasler OBE MD MA BS FRCGP DA DCM (General Practice)

Mr P. L. James FDS FRCS LRCP (Oral and Maxillo-Facial Surgery)

Dr R. C. Kocen TD FRCP (Neurology)

T. F. Macrae OBE DSc PhD (Nutrition)

Dr W. R. MacRae MB ChB FRCA FFARCSI FRCS(Ed) (Anaesthetics)

Mr M. A. Makey MS FRCS (Thoracic Surgery)

Professor J. R. E. Mills DDS FDS DOrthRCS (Orthodontics)

Air Vice Marshal P. J. O'Connor CB OBE MD BCh FRCP(Edin) FRCPsych DPM, RAF (Retd) (Neuropsychiatry)

Professor J. P. Payne MB ChB FFARCS DA (Anaesthetics)

Mr M. D. Sanders MB BS FRCP FRCS (Ophthalmology)

Dr D. A. D. Slattery MBE FRCP FFOM DIH (Occupational Medicine)

Dr Walter Somerville MD FRCP (Cardiology)

Dr A. G. Stansfeld MA(Cantab) MB BChi FRCPath (Histopathology)

Professor Sir Eric Stroud BSc MB BCh FRCP DCH (Paediatrics)

Air Commodore P. D. Sutton MB BS FRCR DMRD RAF (Retd) (Radiology)

Mr K. Till MA MB BCh FRCS (Paediatric Neurosurgeon)

Mr J. E. A. Wickham MS MD BSc FRCS FRCP FRCR (Urology)

Professor Sir Brian Windeyer MB BS FRCS FRCS(Edin) DMRE FFR (Radiotherapy)

CHAPLAINS BRANCH

The Air Member for Personnel administers the Chaplains Branch on behalf of the Minister of Defence for the Armed Forces

The Chaplains belonging to the Church of England are under the control of the Chaplain-in-Chief

Chaplains belonging to Churches other than the Church of England are under the control of the respective Principal Chaplains

Chaplains are known and addressed by their eccleciastical titles and not by the rank titles equivalent to their relative status in the RAF (QR 73)

Chaplain-in-Chief with the relative rank of Air Vice-Marshal

1998

The Venerable Anthony Peter Bishop QHC MPhil LTh FRSA Born 24/5/46 . . . . 21 Aug

Principal Chaplain: with the relative rank of Group Captain

1997

Roman Catholic—
    The Rev Mgr Edward Peter Hill QHC VG Born 8/8/43 . . . . 3 Feb

1998

Methodist—
    Rev R. O. Bayliss QHC RMN Born 21/7/44 . . . . 27 Mar

Chaplains with the relative rank of Wing Commander

1983

Church of England—
 Rev N. A. Bryan BA . . . . 11 Aug

1988

Church of England—
 Rev D. S. Mackenzie . . . . 21 Apr

1989

Church of England—
 Rev R. W. Bailey qs . . . . 21 Apr

Church of England—
 Rev R. D. Hesketh BA . . . 29 June

1991

Church of England—
 Rev I. M. Thomas QHC MA qs . 2 Jan

Church of England—
 Rev I. J. Weston MBE . . . 18 Sept

Church of England—
 Rev P. Sladen MA . . . . 11 Dec

1992

Church of England—
 Rev A. P. R. Fletcher BTh DipPasTh 14 May

1994

Church of England—
 Rev T. R. Lee AKC qss . . . 20 Jan

1996

Church of England—
 Rev C. W. Long BA BTh . . . 6 June

Church of England—
 Rev S. J. Ware BA . . . . 6 June

Catholic—
 Rev T. J. Devany . . . . 14 Nov

1997

Methodist—
 Rev G. H. Moore . . . . 22 May

Church of England—
 Rev. A. L. Willis BA . . . 14 Aug

Church of England—
 Rev M. P. Roemmele MA . . 13 Nov

1998

Church of England—
 Rev C. Parnell-Hopkinson . . 19 Feb

Church of England—
 Rev I. F. Greenhalgh qss . . . 13 May

Church of Scotland—
 Rev P. W. Mills BD qss . . . 13 May

Church of Scotland—
 Rev D. Shaw LTh . . . . 13 May

1999

Roman Catholic—
 Rev J. A. Daly . . . . 21 Jan

Methodist—
 Rev J. R. Russell . . . . 17 Mar

Chaplains with the relative rank of Squadron Leader

1987

Church of England—
 Rev E. Core BTh . . . . 19 Jan

Church of England—
 Rev C. W. K. Berry-Davies . . 3 Mar

Church of England—
 Rev J. W. G. Hughes MBE . . 25 May

Church of England—
 Rev M. F. Loveless . . . . 28 Sept

1988

Church of England—
 Rev D. J. Mckavanagh MA BD AKC 26 Jan

Church of England—
 Rev L. E. D. Clark MBE . . . 15 Feb

Chaplains with the relative rank of Squadron Leader

1988—contd

Church of England—
    Rev N. P. Heron BA BTh . . . 10 May

Church of England—
    Rev W. L. F. Mounsey . . . 19 June

Church of England—
    Rev L. E. Spicer . . . . 1 Aug

Church of England—
    Rev D. T. Osborn BD AKC . . 1 Nov

1989

Church of England—
    Rev D. Wynne-Jones . . . 31 Jan

Church of England—
    Rev K. Maddy GRSM MA . . 6 Mar

Church of Scotland—
    G. T. Craig BD qss1 . . . . 3 Apr

Church of England—
    Rev J. E. Coyne MA BA . . 21 Aug

1990

Church of England—
    Rev M. J. Elliott MTh PGDipTh . 15 Jan

Church of England—
    Rev A. C. Gatrill BTh . . . 15 Jan

Church of England—
    Rev A. J. D. Gilbert BA qs . . 15 Jan

Church of England—
    Rev A. J. Davies MTh BA PGCE qss 21 May

Church of England—
    Rev I. McFadzean MA BD . . 21 May

Church of England—
    Rev I. S. Ward BD qss . . . 21 May

Methodist—
    Rev R. J. Taylor . . . . 25 June

Roman Catholic—
    Rev A. J. Wilson . . . . 27 Aug

1991

Church of England—
    Rev N. B. P. Barry BA qss1 . . 25 Feb

Church of England—
    Rev J. P. Chaffey BA qss . . 20 May

Presbyterian—
    Rev D. A. Edgar . . . . 20 May

Roman Catholic—
    Rev P. A. Owens qss . . . 20 May

Church of England—
    Rev A. D. Hewett BA . . . 1 July

Church of England—
    Rev A. B. McMullon BSc . . 1 July

Church of Scotland—
    Rev A. J. Jolly qcc . . . 9 Aug

Church of England—
    Rev R. J. Pentland qss . . 26 Aug

1992

Church of England—
    Rev J. K. Wilson . . . . 13 Jan

Church of England—
    Rev C. E. Hewitt MA BA . . 24 Feb

Church of England—
    Rev G. Williams BD . . . 6 Mar

Methodist—
    Rev R. B. Hardman qss1 . . 25 Aug

Church of England—
    Rev A. J. Turner . . . . 25 Aug

1993

Roman Catholic—
    Rev J. M. White BSc . . . 12 Jan

Church of England—
    Rev A. D. Bissell . . . . 23 Aug

Roman Catholic—
    Rev D. C. Hewitt . . . . 23 Aug

Roman Catholic—
    Rev C. Webb . . . . . 15 Nov

Church of England—
    Rev J. W. K. Taylor MSSc BD BTh 7 Dec

1994

Church of England—
    Rev I. R. Colson BSc . . . 21 Feb

Church of England—
    Rev S. P. Iredale BA qss . . 21 Feb

Church of England—
    Rev J. C. Hetherington . . 5 Sept

CHAPLAINS BRANCH

Chaplains with the relative rank of Squadron Leader

1996

Church of England—
    Rev J. F. Hudghton BA . . . 10 Aug

1997

Church of England—
    Rev A. T. Coates . . . . 8 Aug
Church of England—
    Rev I. A. Jones BA . . . 8 Aug

1998

Church of England—
    Rev J. M. Beach BA BSc . . . 7 Aug
Roman Catholic—
    Rev J. E. Caulfield BD . . . 7 Aug
Catholic—
    Rev M. W. Hodges MTh . . . 7 Aug
Methodist—
    Rev M. A. Olanrewaju MA . . 7 Aug
Church of England—
    Rev P. A. Rennie BSc LTh . . 7 Aug

1999

Methodist—
    Rev K. M. Hart . . . . 5 Feb
Church of England—
    Rev T. Wright BSc . . . 5 Feb

LEGAL BRANCH

Air Vice-Marshal

1997

Weeden, John LLB Born 21/6/49 . . . . (Solicitor) 1 July

Air Commodore

1998

Charles, Richard Anthony LLB Born 24/2/54 . . . . (Solicitor) 1 Jan

Group Captain

1998

Boothby, William Henry BA Born 18/9/51 . . . . (Solicitor) 1 Jan

Wing Commanders

1992

McGrigor, A. J. B.
    (Solicitor) 14 Mar

1993

Burns, P. A. BA
    (Solicitor) 9 June

1994

Baker, T. T. J. LLB
    (Solicitor) 21 July

1995

Wood, C. N. W. MA
    (Barrister) 4 Jan
Harding, G. J. LLB
    (Solicitor) 21 Jan
Ash, D. LLB (Solicitor) 3 Feb
Irvine, L. J. MA
    DipLaw (Barrister) 5 Nov

Squadron Leaders

1991

Howard, A. C. LLB
    (Barrister) 25 Oct

1993

Connell, P. J. BA
    (Barrister) 2 July

1994

Kell, S. J. LLB
    (Barrister) 25 Aug

1997

Rowlinson, S. P.
    LLB (Solicitor) 18 Aug

Flight Lieutenants

1996

Dunn, R. J. LLB qs
    (Solicitor) 8 Feb
Dureau, S. LLB qcc
    (Solicitor) 8 Feb
Foster, M. S. LLB qab
    qcc (Solicitor) 8 Feb
Leonard, I. LLB
    (Solicitor) 8 Feb
Donington, S. J.
    LLB (Solicitor) 8 Aug
Moore, N. J. LLB
    (Barrister) 8 Aug
Spinney, P. C. LLB
    (Solicitor) 8 Aug
Wood, T. J. LLB
    (Solicitor) 8 Aug

1997

Mardell, A. LLB
    (Solicitor) 6 Feb

LEGAL BRANCH

Flight Lieutenants

1998

Baird, N. J. LLB
           (Solicitor)   5 Feb
Cowley, A. M. LLB
           (Barrister)   5 Feb
McKendrick, A. G.
   LLB   (Solicitor)   5 Feb
Pattenden, M. S.
   MA   (Barrister)   6 Aug

DIRECTORS OF MUSIC

Wing Commander

1998

Wiffin, R. K. BA FTCL
   LRAM ARCM   1 July

Squadron Leaders

1997

Stirling, S. L. MA BMus
   FTCL LRAM
   ARCM   15 Aug

Flight Lieutenants

1991

Compton, D. W.
   ARCM   17 Aug

1992

Stubbs, D. J. G. BA
   PGCE ARCM
   LGSM   29 Mar

1994

Bain, G. J. BA MIL
   LRAM ARCM qss   10 Oct

WARRANT OFFICERS

1979

Beasley, E. J. MBE BEM	13 Jun

1981

Harrison, C. J.	22 June

1982

Griggs, D. F. C. MBE	23 Aug

1983

Willis, R. J. AFM	19 Sept
Hetherington, D.	3 Oct
France, H. J. AFM	10 Dec

1984

Kilroy, G. R.	22 Mar
Goodman, K. R. J. MBE	9 Apr
Andrews, J. B. BEM	30 Apr
Ellis, G. L.	23 July
Cocker, D. J.	1 Oct

1985

Tipper, P. T. V.	21 Jan
Cornett, A.	1 Mar
Leese, S. MBE	6 Mar
Stock, C. J.	8 July
Williams, A. T. MBE	19 Aug
Clouston, M.	9 Sept
Neale, D.	16 Sept
Berry, I. W.	4 Nov
Davies, D. E.	11 Nov
Cooper, R. G.	13 Nov

1986

Jones, K. L.	25 Feb
Hooper, R. C.	1 Apr
Martin, P. H. MBE	2 Apr
Lewis, K. A. C.	19 May
Winfield, A. P.	19 May
Gipson, P. S.	30 May
Sweeney, E. W. T.	2 June
Benford, A.	16 June
Hodgson, D.	16 June
Leslie, A. W.	30 June
Hunter, J. J. MBE BEM	14 July
Bradford, I. D. R. H.	1 Aug
Austen, N. E. P.	4 Aug
Morris, W.	11 Aug
Chandler, R. A. BEM	3 Nov
Burgess, H. H. M.	10 Nov
Turner, T. J.	10 Nov
Brailey, D. O. MBE	13 Nov
Wells, P. A.	24 Nov
Vince, L. R.	15 Dec

1987

Holdsworth, S.	12 Jan
McGrath, S. C.	27 Jan
Wishart, R. T.	16 Mar
McCombie, S.	15 Apr
Reddell, D. J.	24 Apr
Patrick, A. K. MBE	27 Apr
Melville, A. D. BEM	2 May
Rudling, B. J.	11 May
Voisey, J. J.	18 May
Cutler, C. J.	1 June
Sweeney, P. MBE	1 June
Plaxton, G.	15 June
Whitbourn, P. J. MBE	15 June
Kavanagh, J. J.	17 June
Heat, M. A. R.	6 July
Parkin, K. E.	6 July
Facey, D. W.	20 July
Gough, A. J. MBE BEM	20 July
Kendall, V. C.	20 July
Sparrow, B.	27 July
Blair, J. R.	3 Aug
Jarrel, P. A. MBE	3 Aug
Lacey, D. M.	3 Aug
Roffey, J. M. MBE	3 Aug
Coppell, D. J. A. BEM	10 Aug
Ogilvie, L. W.	13 Aug
Goodlad, D.	17 Aug
Standley, J. F.	17 Aug
Kellas, J.	24 Aug
Marshall, T. C.	2 Sept
Parker, B. BEM	7 Oct
Scullion, C. J.	3 Nov
Hamilton-Wilks, B. P.	6 Nov
Kearney, W. J. C. MBE BEM	30 Nov
Blair, T. F. BEM	1 Dec
Wheeler, B. MBE BEM	9 Dec

1988

Ralph, P. J.	2 Feb
Black, G.	15 Feb
Oswald, I. W.	15 Feb
Gray, R. C.	1 Mar
Munro, D. R. MBE	7 Mar
Siggs, G. S. BEM	14 Mar
Day, E. C. MBE	11 Apr
Beaty, R. B.	18 Apr
Hardie, A. G.	2 May
Kirkbride, J. S.	2 May
Bailey, P. W.	9 May
Taylor, K. L.	9 May
Hughes, B. W.	23 May
Wass, M.	23 May
Libby, R. L.	31 May
Harding, D. A.	1 June
Palmer, R. P. A. BEM	13 June
Males, D.	27 June
Hodgetts, R. D.	4 July
Penrose, B. L.	4 July
Powell, M.	4 July
Fray, R. A.	18 July
Hicks, C. J. G. BEM	18 July
Bailey B. J. BEM	19 July
MacDonald, A.	1 Aug
Munro, V. H.	1 Aug
Smith, N. P.	7 Aug
Ford, J.	8 Aug
Dawson, P. J.	14 Aug
Shaw, R. G. MBE BEM	30 Aug
Ayres, P. C. R. MBE	8 Sept
Pashley, D. A.	28 Sept
Saker, G.	30 Sept
Francis, R. A.	21 Oct
Anderson, P. J. MBE	24 Oct
Connell, O. BEM	24 Oct
Turner, L. G.	24 Oct
Raw, M. G.	28 Oct
Reddick, G.	7 Nov
Pittard, G.	14 Nov
Bradbury, M. J.	30 Nov
McHugh, R. MBE	9 Dec

1989

Hughes, S. MBE BEM	14 Feb
Aitken, J. O.	20 Feb
Wright, J. R. B. BEM	20 Feb
Campbell, K. A.	13 Mar
Flinn, W.	13 Mar
McGilligan, M.	28 Mar
Livesey, G. BEM	31 Mar
Kelly, P. J. MBE	3 Apr

WARRANT OFFICERS

1989—contd

Name	Date
Hanson, J.	17 Apr
Sansome, J. S.	17 Apr
Prior, A. S.	19 Apr
Gormley, A.	27 Apr
Gardner, D. H.	4 May
Marcer, P.	8 May
Carnan, B. N.	22 May
McNalty, T. A. BEM	22 May
Lamb, C.	27 May
Howard, J.	30 May
Braithwaite, T.	12 June
Gant, R. W.	19 June
Haveron, A. B. BEM	19 June
White, W. MBE	26 June
Gore, M. F.	3 July
Allcock, M. W.	10 July
Dixon, M. G.	10 July
Morgan, W. BEM	10 July
Lee, P. J.	17 July
Skelton, M. MBE	17 July
Steadman, K.	27 July
Knowles, A.	30 July
Evans, M. J.	31 July
Smith, D.	31 July
Welsh, B. H.	31 July
Brennan, N. P.	7 Aug
Tappin, D. BEM	7 Aug
Kidd, R. D.	10 Aug
Menzies, H. D. P.	10 Aug
Last, A. K.	14 Aug
Burgess, R. D.	21 Aug
Curzon, P.	21 Aug
Sinclair, J. G.	30 Aug
Snitch, P. A. BEM	8 Sept
Hyde, J. F.	11 Sept
Hyde, R.	18 Sept
Herbert, J. M.	25 Sept
Hannah, K.	28 Sept
Collins, J. P. BEM	1 Oct
Fosh, G. E. BEM	2 Oct
Hare, L. G.	3 Oct
Mullen, J. L.	6 Oct
Philp, G. H. G. C. BEM	9 Oct
Simons, T. C.	9 Oct
Leiper, E. A.	16 Oct
Davies, T. R. W.	18 Oct
Page, D. C.	6 Nov
Roberts, P.	6 Nov
Stewart, A. B. MBE	27 Nov
Clark, A. J.	29 Nov
Collins, W.	2 Dec
Houlden, D.	4 Dec
Wilce, R. T.	20 Dec

1990

Name	Date
Aitken, R. C.	3 Jan
Hampson, A. J.	8 Jan
Martin, J.	8 Jan
Roberts, R. G.	8 Jan
Woods, K. W.	9 Jan
Chalmers, M. A.	29 Jan
Smith, J. A.	5 Feb
Smith, J. D.	16 Feb
Cain, B. BEM	26 Feb
Angus, E. B. BEM	5 Mar
Goodwin, A. R. P. BEM	5 Mar
Turley, E. P.	5 Mar
Walley, I. J.	19 Mar
Fields, B. G.	26 Mar
Herd, I.	29 Mar
Dix, G.	1 Apr
Blyth, R.	2 Apr
Short, R. M.	2 Apr
Truelove, A. S.	2 Apr
Dickinson, M. D.	4 Apr
Wattam, P.	11 Apr
Stephens, D. L. BEM	16 Apr
Tonkin, R. J.	21 Apr
May, J. H. MBE BEM	24 Apr
Bilner, C. J. BEM	29 Apr
Smith, E. MBE	2 May
Griggs, J.	9 May
Hedinburgh, R.	21 May
Garfoot, B. R.	25 May
Crisp, J. A.	28 May
Green, D. E. MBE BEM	4 June
Anderson, C. C.	8 June
Norris, I. M. MBE	11 June
Gorman, J. W.	18 June
Smith, C. MBE BEM	29 June
Lee, D. M. J. MBE BEM	2 July
Watling, N. D.	2 July
Salisbury, E. MBE BEM	16 July
Nicholson, R.	18 July
Allen, D. E.	30 July
Lee, P. V.	30 July
Steel, J. D.	30 July
Woodley, B. W.	30 July
Norton, G.	5 Aug
Millward, G.	6 Aug
Grimshaw, G. A.	13 Aug
Jordan, M. R.	20 Aug
Cheshire, A. J.	28 Aug
Julian, P. J. MBE	28 Aug
Smith, M. I.	28 Aug
Vater, J. BEM	28 Aug
Wesley, D. A.	28 Aug
Belshaw, P. J.	10 Sept
Dodd, D. J.	28 Sept
Daniels, R. A.	1 Oct
Tyler, P. A.	1 Oct
Ashwood, A. J.	4 Oct
Day, A. J. MBE BEM	8 Oct
Telford, B.	8 Oct
Cowling, N. W. F.	10 Oct
Foulds, R. J.	17 Oct
Smooker, E. P.	22 Oct
King, M. R.	5 Nov
Fuller, S.	19 Nov
Chaplin, A. J. MBE	3 Dec
John, G. L.	4 Dec
McKenzie, K.	10 Dec

1991

Name	Date
Gray, B. T.	7 Jan
Peacock, A. M.	11 Jan
Hughes, R.	21 Jan
Dunphy, A. J. MBE	4 Feb
Dowding, H. J.	5 Feb
Churchyard, A. C.	1 Mar
Shiells, A. D.	4 Mar
Honey, S. J.	14 Mar
Pointon, D.	25 Mar
Nightingale, J. A. BEM	2 Apr
Jones, T. I.	3 Apr
Billingsley, J. L.	8 Apr
Eden, G. C.	8 Apr
Tappenden, B. P.	8 Apr
Rees, D. A. MBE BEM	15 Apr
Stevens, J. H.	7 May
Boissel, T. K.	13 May
Ward, B. J.	13 May
Davidson, M. A.	21 May
Brown, A. F.	28 May
Cale, B.	28 May
Dring, M. C.	28 May
Robinson, P.	3 June
Robertson, D.	17 June
Sparks, B. J.	17 June
Bloomfield, P. R.	1 July
Eversden, P. W. A.	15 July
Akers, P. A.	22 July
Walker, J. M.	22 July
Jones, B. J.	29 July
Giles, G. G.	12 Aug
Smailes, M. J.	19 Aug
Gillett, P.	2 Sept
Taylor, M.	2 Sept
Fry, R. P.	4 Sept
Jones, R.	9 Sept
Hutchinson, R. C. MBE	30 Sept
Price, I.	30 Sept
Owen, T. W. BEM	7 Oct
Wilson, R. B.	14 Oct
Graham, W. J. BEM	21 Oct
Crump, S. A.	4 Nov
Williams, W. E. R.	4 Nov
Pearce, J. M.	25 Nov
Shand, G. S.	17 Dec

1992

Name	Date
Bainbridge, J. W.	1 Jan

WARRANT OFFICERS

1992—contd

Goddard, M. J. BEM	6 Jan	
Lewis, K. G.	6 Jan	
Palmer, A. P. K. BEM	1 Feb	
McMurdo, J. M.	27 Feb	
Stockdale, P. H. MBE	9 Mar	
Ferris, E. J.	6 Apr	
Haward, B. T.	6 Apr	
Ingledew, V. E. MBE BEM	27 Apr	
Luckhurst, A. R.	27 Apr	
Mallison, J. G.	11 May	
Pitt, W. R.	18 May	
Sparks, C. J.	18 May	
Hall, R. R. J.	1 June	
Molyneaux, R. C.	8 June	
Low, W. R.	15 June	
Farrell, T. D. BEM	6 July	
Hocking, D. S.	6 July	
Curson, R. G.	20 July	
Gass, I.	20 July	
Winspear, R. I.	27 July	
Tyler, C. R.	2 Aug	
Bigham, J. C.	10 Aug	
Evans, G.	10 Aug	
Jones, D.	10 Aug	
McGill, B.	10 Aug	
Tibble, C. G.	14 Sept	
Jones, M. B.	25 Sept	
McCune, T. BEM	5 Oct	
Waterhouse, A. H.	5 Oct	
Love, A. J.	12 Oct	
Andrew, K. MBE BEM	23 Nov	
Streek, M. A.	30 Nov	
Crossman, A. A. MBE	18 Dec	

1993

Green, T. J.	4 Jan
Morris, K. J.	25 Feb
O'Brien, D. J.	1 Mar
Singfield, J. T.	15 Mar
Percy, D. W. BEM	5 Apr
Sainty, P.	5 Apr
Sanderson, J. A.	5 Apr
Walker, D. BEM	5 Apr
Callaghan, A. J.	19 Apr
Andrews, N.	26 Apr
Williams, J. H.	4 May
Mason, J. P.	1 June
Mitchell, R.	1 June
Short, E. J. BEM	1 June
Fleming, R. J.	7 June
Hurd, A. A. BEM	14 June
Hope, D. R.	21 June
Lowe, R. F. BEM	22 June
Ayres, M. F. W.	28 June
Hannis, J.	28 June

Williams, R. J.	29 June
Lambert, S. W.	5 July
Tully, R. C.	5 July
Bunnett, P. S.	12 July
Dark, W. J.	12 July
Macrae, J. C. MBE	12 July
Brooks, C. BEM	19 July
Duff, J.	19 July
Follett, S. K.	19 July
Hall, K. E.	19 July
Milne, A. P. R.	26 July
Sowerby, P. J.	29 July
Osbourne, A. M.	30 July
Wylie, J. S.	2 Aug
Scott, R.	9 Aug
Kennedy, I.	16 Aug
Murray, D. G.	23 Aug
Sewell, C. P.	23 Aug
Summersgill, J. R. BA	23 Aug
Edgeworth, J. R.	1 Sept
Holmes, S. W.	13 Sept
Scott, P. K.	20 Sept
Williamson, J. A.	27 Sept
Gaynor, J. F.	4 Oct
Hoban, C.	4 Oct
Kirton, W. S.	4 Oct
Shipley, R.	25 Oct
Harrison, M.	29 Oct
Farrell, I.	1 Nov
Winters, I. S.	1 Nov
Shepherdson, D.	8 Nov
Clements, M. M.	9 Nov
Pengilly, D. F.	15 Nov
Wilson, K. MBE	13 Dec

1994

Bray, J. H.	14 Jan
Crane, S. M.	17 Jan
Wilcox, J. A.	17 Jan
Hancock, M. J.	23 Jan
Gard, B. J.	7 Feb
Wood, J. R.	7 Feb
McVey, F.	8 Feb
Harper, J. C.	21 Feb
Williams, K.	21 Feb
Kynaston, T. G.	28 Feb
Peirce, D.	28 Feb
Regan, D.	7 Mar
Bromley, A. F.	18 Mar
Downe, D. F.	22 Mar
Lloyd, R. C.	28 Mar
Lynch, C.	28 Mar
Wellstead, V. J.	28 Mar
Forster, L. E.	5 Apr
Heaton, R. J.	5 Apr
Thomas, A. G. MBE	11 Apr
Powell, P. J.	25 Apr
Ramsdale, L. J.	25 Apr

Meakin, D. R. MBE	9 May
Pickering, H. K.	13 May
Cardy, B. M. MBE	16 May
Lines, R.	16 May
Nelson, J.	16 May
Frame, O. G. MBE	23 May
Long, S. M. BEM	31 May
McKee, J. J. BEM	31 May
Hall, M. Mc L.	6 June
Champion, D. R.	13 June
Fell, G.	13 June
Stewart, J. B.	13 June
Attard, J.	4 July
Bate, R. A.	4 July
Coughlan, M. J.	4 July
Exton, N. P.	4 July
Magee, B. MBE	18 July
Whitfield, C.	18 July
Fryer, K. P.	25 July
Jones, P.	25 July
Rawle, A. P. MBE BEM	25 July
Morgan, D. W. MBE BEM	1 Aug
Hopkins, B.	15 Aug
Hunt, G. R.	30 Aug
McAllister, G.	31 Aug
Clarkson, J. D.	5 Sept
Mikolajewski, J. MBE	5 Sept
Hunter, I. N.	12 Sept
Brimacombe, K. P.	3 Oct
Moore, L.	3 Oct
Clarke, T.	17 Oct
Kane, F. H. Mc.	31 Oct
Ruhle, C. J. K.	31 Oct
Ashman, W. L.	1 Nov
Walliman, C. G. M.	1 Nov
Pullen, C. R.	7 Nov
Davidson, J. H.	21 Nov
Hamilton, G. V.	28 Nov
Kilner, I. F.	4 Dec
Feeney, P. J.	5 Dec
Wark, S.	12 Dec

1995

Jones, C. W.	4 Jan
Bennett, D. G.	16 Jan
Wilson, J.	21 Jan
Fewings, P. A.	20 Feb
Asty, W.	27 Feb
Meldrum, D. H. A. BEM	27 Feb
Edwards, J. C. MBE	1 Mar
Maggs, J. N.	20 Mar
Beal, N. P.	21 Mar
Fox, T.	27 Mar
Moulton, L. P.	5 May
Woodbridge, F. D.	9 May
Neal, P. L.	30 May
Kerr, A. McA. MBE	5 June

WARRANT OFFICERS

1995—contd

Name	Date
Crawford, W. F. C.	12 June
Jennings, M. D.	12 June
McQuiston, C. A.	12 June
Anderson, B. M.	19 June
Thain, D. J.	19 June
Green, N. MBE	3 July
Hardinges, D. A.	3 July
Lord, B. D.	4 July
Harrison, R. A.	1 Aug
Kirkham, B. M.	1 Aug
O'Reilly, D. F.	1 Sept
Gascoigne, P. G.	4 Sept
Taylor, R.	4 Sept
Sherry, J. F. MBE	1 Oct
Cahill, D. P.	2 Oct
Williams, L. F.	2 Oct
McMath, J. G. F. BEM	23 Oct
Pollard, J. S.	6 Nov
Barton, T. F.	12 Nov
Nightingale, P. W.	13 Nov
Whatley, A. E.	13 Nov
Robertson, M.	20 Nov
Pettitt, D. J.	27 Nov
Boyd, W. J.	4 Dec
Hebert, C. J.	4 Dec
Horsburgh, J.	4 Dec
Mason, M. K.	4 Dec

1996

Name	Date
Layton, D. J. H.	2 Jan
Taylor, M.	2 Jan
Hassall, B.	3 Jan
Bennett, A. E.	8 Jan
Sealy, K. A.	8 Jan
Battersby, P. G.	22 Jan
Martin, A. J.	25 Jan
Clarkson, D.	5 Feb
Hardy, D. P.	5 Feb
Norman, G. L. BEM	12 Feb
Looen, D. J. F.	26 Feb
Edward, J. G.	4 Mar
Russell, B.	4 Mar
Yelland, D. J.	4 Mar
Trew, A. N. F.	11 Mar
Hand, T. R. BEM	12 Mar
Tipler, G. C.	13 Mar
Burgess, R. W.	18 Mar
Ralph, R. R.	18 Mar
Simmonds, A. M.	18 Mar
Smith, F. W. J. BEM	31 Mar
Harris, J. R.	1 Apr
Ramsay, W.	12 Apr
Bowden, J.	3 Apr
Gilbert, P. C. BEM	7 Apr
Bray, T. A. G.	7 May
Lowry, W. S.	13 May
Anderton, N. H.	20 May
Harding, M. H. R.	20 May
Murray, A. BEM	20 May
Wells, M. J.	1 June
Marklew, M. J.	17 June
Fallows, J.	24 June
Brydon, J. W.	4 July
Howell, R. A.	8 July
Sutton, T.	14 July
Hartis, N. MBE	15 July
Morris, I. S. MBE	15 July
Ogden, B.	15 July
Rodger, D. I.	21 July
Ricketts, M. R. BEM	22 July
Tansley, A. D.	22 July
Watkins, M. W.	22 July
Barnes, P.	29 July
Conlin, B. J.	29 July
Pryce, P. G.	29 July
Nicol, B.	5 Aug
Steen, G.	5 Aug
Burton, P. R.	12 Aug
Fitzgerald, G. G.	12 Aug
Blanchard, W. J.	19 Aug
Currie, W. R.	19 Aug
Hynam, R. A.	19 Aug
Jordan, M. B.	19 Aug
Spicer, A. D.	19 Aug
Williams, G.	26 Aug
Armitage, R.	27 Aug
Smaldon, C. R. E.	1 Sept
Dennis, R. H.	2 Sept
Ditty, J. M.	2 Sept
Payne, J. K. H.	2 Sept
Saul, A. W.	2 Sept
Hockley, T. G.	9 Sept
Logue, M. J.	9 Sept
Copsey, L. J.	16 Sept
Dykes, P. J.	16 Sept
Hodgett, P.	16 Sept
Nash, W. V.	16 Sept
Sheppard, A. B.	16 Sept
Staton, E.	16 Sept
Dadds, J.	23 Sept
Granger, T. W.	23 Sept
Muncey, R. D.	23 Sept
Taylor, D. J.	23 Sept
Toyne, D.	23 Sept
Hogg, R. J.	30 Sept
Credland, A. C.	7 Oct
Goldsmith, C. R.	7 Oct
Jackson, P.	7 Oct
Restall, D. I.	7 Oct
Taylor, D. G.	14 Oct
Cilia la Corte, F.	21 Oct
Sluggett, R. P.	21 Oct
Walton, D. M.	28 Oct
Vincent, D. J.	4 Nov
Day, D. W.	11 Nov
Fraser, I. B.	11 Nov
Hobbs, R. J.	11 Nov
Hughes, R. J.	11 Nov
Shorthose, P. C.	11 Nov
Stuart, R. M.	11 Nov
Corton, D. W.	18 Nov
Payne, D. C.	18 Nov
Shrimpton, P. J.	18 Nov
Taylor, J. W.	18 Nov
Stebbing, C. R.	25 Nov
Donovan, G.	2 Dec
Smith, G.	2 Dec
Tarran, J. V.	2 Dec
Thorne, W. G.	2 Dec
Bradfield, S. P.	9 Dec
Blackman, C. A. R.	9 Dec
Pepper, G. A.	9 Dec
Chopping, D. V.	16 Dec
Peace, M. J.	16 Dec
Lang, D. J.	23 Dec
Mepham, K. D.	30 Dec
Stoddart, D. R.	30 Dec

1997

Name	Date
Wightwick, D. R.	3 Jan
Blackburn, A. J.	6 Jan
Gwilliam. M. J.	6 Jan
Loker, T. J. A.	6 Jan
Mahoney, B. R.	6 Jan
Nash, T. M.	6 Jan
Rollings, G. M.	6 Jan
Cradock, W.	13 Jan
Nuttall, G.	20 Jan
Spencer, B. R.	27 Jan
Strange, J. M.	27 Jan
Werndly, S.	29 Jan
Bennett, R. J. MEB	3 Feb
Davies, T. B.	3 Feb
Farmer, W. G.	3 Feb
Gilroy, F. A.	3 Feb
Morning, J. L. BEM	3 Feb
McDonald, P. R.	3 Feb
Pritchard, R. D.	3 Feb
Richardson, W. L.	3 Feb
Liptrot, J.	10 Feb
Loughlin, R. B.	10 Feb
Hulbert, A. R.	24 Feb
Claxton, R. M.	3 Mar
Clayton, P.	3 Mar
Gardner, A. H.	3 Mar
James, C. M.	3 Mar
Rouget, D. J.	3 Mar
Tulloch, T. C.	8 Mar
Horner, K. MBE	10 Mar
Knight, J. G.	17 Mar
Meadows, G. P.	20 Mar
Amos, K. W.	24 Mar
Rudling, R. S.	24 Mar
Vaughan, E. A.	26 Mar

WARRANT OFFICERS

1997—contd

Name	Date
Wolford, M. J.	31 Mar
Jaques, R. A.	2 Apr
Nicol, A. W.	2 Apr
Sperring, A. P.	2 Apr
Snowden, G. N.	7 Apr
Yeaman, E.	7 Apr
Brown, C.	14 Apr
Davies, B.	28 Apr
Main, A.	28 Apr
Norris, S. M.	28 Apr
Payne, A. G.	5 May
Hughes, J. J	6 May
Ince, P. H.	6 May
Stout, E. J.	6 May
Lynskey, M. F. BEM	12 May
Harper, T. W. RVM	2 June
Hutton, I. D.	9 June
Birt, M. J.	7 July
Chivers, P. K.	14 July
Harrhy, D. P.	21 July
Hunt, J. L.	28 July
Myton, R.	28 July
Jones, P. BEM	31 July
Frizzell, G. H.	4 Aug
Horseman, D. C.	4 Aug
Burhouse, M. N.	6 Aug
James, D.	11 Aug
Bryden, J. D.	2 Sept
Ricketts, D. A.	8 Sept
Rutherford, J.	8 Sept
Butt, M. A.	11 Sept
Muir, J. M.	16 Sept
Jones, S. M. W.	29 Sept
Smyth, J.	29 Sept
Ash, I. R.	6 Oct
Lucas, B.	13 Oct
Bradshaw, J.	20 Oct
Harmer, G. R.	27 Oct
Harfield, G. D.	3 Nov
Martin, I. D. M.	3 Nov
McMahon, S. M.	3 Nov
Dunlap, A. C.	17 Nov
Austin, P. J.	24 Nov
Moss, N.	24 Nov
Roberts, A.	1 Dec
Smith, W. K.	1 Dec
Edwards, J. C.	5 Dec
Brompton, J. A.	8 Dec
Lovell, D. J.	8 Dec
Wilson, D. C. BEM	8 Dec
MacDonald, N. Mc. K.	15 Dec
Waite, C. A.	15 Dec
Oram, J. B.	16 Dec
Rumbell, D. E.	22 Dec
Watkins, J. D.	22 Dec

1998

Name	Date
Swanson, R. L.	2 Jan
Chapman, A. E. W.	5 Jan
Ingram, M. J.	5 Jan
McCaffrey, J. P. M.	5 Jan
Oswin, J.	5 Jan
Siddle, D.	19 Jan
Bishop, C.	21 Jan
McTavish, J. C.	26 Jan
Phillips, M. J.	2 Feb
Kilby, S. A.	3 Feb
Murphy, S. J.	11 Feb
Ellis, D. G.	16 Feb
Holmes, A. M.	3 Mar
Brown, S.	9 Mar
Foster, F. T.	9 Mar
Harris, D. A.	9 Mar
Thomas, G. J.	9 Mar
Fletcher, R. A.	16 Mar
Hembry, G. H.	16 Mar
Bailie, A.	30 Mar
Norrish, G. C.	30 Mar
Symonds, C. L.	30 Mar
Grieves, A.	1 Apr
Walton, K. D.	13 Apr
Kilner, A.	14 Apr
Smith, M. A.	15 Apr
Piddington, M. J.	17 Apr
Assanand, K. K. K.	20 Apr
Carr, G.E.	27 Apr
Jackson, V.	27 Apr
McQuigg, C. W.	27 Apr
Durrant, I.	1 May
Marsden T. G.	8 June
Wilmott, M.	8 June
Barnes, D. J.	15 June
Moffat, J. A. BEM	15 June
Southcott, D.	15 June
Smith, K. M.	29 June
Bindloss, A. C.	6 July
O'Donoghue, J.	6 July
Edy, S. M.	20 July
Francis, R. D.	20 July
Kennedy, B.	22 July
Bell, R.	24 July
Cole, P. C.	27 July
Jackson, E. A.	30 July
Ballard, D.	3 Aug
Rudland, P. H.	3 Aug
Haynes, B. A.	10 Aug
Boswell, G. G.	24 Aug
Rodulson, K.	24 Aug
King, J. D. MBE	1 Sept
Rice, S. M.	1 Sept
Shaw, W. B.	1 Sept
Soo, G. C. BEM	2 Sept
Brankin, D. G.	7 Sept
McDonald, J. H.	7 Sept
Westwood, M. H.	7 Sept
Bowden, B. P.	12 Sept
Forry, A. P.	14 Sept
Jarvis, D. T.	14 Sept
Needham, K. J. MBE	14 Sept
Straney, A. McC.	14 Sept
Smith, M. F.	17 Sept
Mair, K. A.	21 Sept
Newman, R. H.	24 Sept
Lofting, P. J.	28 Sept
Ramsay, A. W.	28 Sept
Stevens, P. MBE BEM	28 Sept
Tomblin, J. A.	28 Sept
Winfield, D. J.	28 Sept
Ansell, Y. M.	5 Oct
Jenkinson, A. J.	5 Oct
Ogborne, S. A.	5 Oct
Savage, D.	5 Oct
Smith, M. W. M.	5 Oct
Kay, B. A.	12 Oct
Mayhew, D. E.	12 Oct
Robinson, J. V.	12 Oct
Borland, S. M.	20 Oct
Hoyland, G.	26 Oct
Owen, K. R.	26 Oct
West, N. J.	26 Oct
Bolton, R.	2 Nov
Boucher, D. S.	2 Nov
Ford, R.	9 Nov
Lawrence, P. A.	9 Nov
Pimperton, W. K.	12 Nov
MacKay, P. I.	16 Nov
Banks, G. N.	30 Nov
Dempsey, M. BEM	30 Nov
Hurley, Y. G.	30 Nov
Jones, M. R.	30 Nov
Sandilands, B. W.	30 Nov
Cooke, G. B.	2 Dec
Collins, E. J. BEM	14 Dec
Tucker, I. A.	14 Dec
Fitzgerald, A. A. R. BEM	21 Dec

1999

Name	Date
Ash, D. B.	4 Jan
Couch, J. A.	4 Jan
Gibbs, B. G.	4 Jan
Herbert, C. P.	4 Jan
Jones, B. J. MBE	4 Jan
Kindleysides, C. J.	4 Jan
Latham-Warde, P.	4 Jan
Mackintosh, D.	4 Jan
Mylchreest, M. J. C.	4 Jan
Tonks, D. A.	4 Jan
Thorpe, M. R.	5 Jan
Davie, J.	11 Jan
Davidson, L. A.	18 Jan
Ellerington, J. H.	25 Jan

WARRANT OFFICERS

1999—contd

Bayles, E.	1 Feb
Cardno, J.	1 Feb
Murton, W. J.	1 Feb
Waik, M. L.	1 Feb
Foran, B.	8 Feb
Jones, M. J. E.	15 Feb
Longley, D. A.	15 Feb
Youens, S.	15 Feb
Bailey, D. J.	1 Mar
King, P. T.	1 Mar
Walters, A. C.	1 Mar
Wood, A.	1 Mar
Lewin, A. D.	8 Mar
Eaton, K. G.	15 Mar
Jacobs, N. T.	15 Mar
Busby, C. J.	22 Mar
Paterson, A. L. B.	22 Mar
Evans, C. J.	29 Mar
Johnson, M. K.	1 Apr
Heywood, G. J. MBE	6 Apr
James, G. A.	6 Apr
Kirk, C. W.	6 Apr
Arling, J. M.	12 Apr
Day, I.	15 Apr
Forder, M. C.	15 Apr
Goodstadt, E. A.	26 Apr
Hewitt, M. S. MBE	26 Apr
Morse, S.	26 Apr
Wier, P. R.	26 Apr
Watson, D.	4 May
Connell, B.	10 May
Menzies, J.	17 May
Moyse, P. J. MBE	24 May
Nicholas, M.	24 May
Marsden, D. BEM	1 June
Stevens, D. G.	1 June
Corry, A.	7 June
Cunningham, R. W.	7 June
Hill, J. P.	11 June
Farrow, S. R.	14 June
Murray, D.	14 June
Vance, G. D.	14 June
Wood, D. I.	14 June
Bell, C.	30 June
Ibbs, B. V.	5 July
Mills, J. F.	5 July
Morfitt, R.	5 July
Telfer, T. C.	5 July

MASTER AIRCREW

MASTER SIGNALLERS

1980
Luke, P. — 10 Jan

1982
Rigby, M. BEM — 9 Aug

1983
Carpenter, M. E. — 7 Aug

1988
Cleminson, A. — 1 July
Rock, D. — 1 Nov

1994
Gibney, J. C. — 1 July

1996
Oliver, D. — 1 July

1997
Cook, M. D. A. — 1 Jan

1998
Halliwell, M. R. — 1 July
Waterfield, W. E. — 1 July

1999
Caldicott, D. — 1 Jan
McDonald, S. R. — 1 July

MASTER ENGINEERS

1977
Morley, C. A. — 1 Jan

1978
Othen, J. E. A. — 13 Oct

1979
Hardy, H. R. — 1 July

1980
Evans, L. — 6 June
Murrell, J. R. MBE — 1 July

1981
Smith, D. J. — 1 Jan

1982
Jones, N. C. — 1 Jan
Hall, R. — 1 July

1983
Reddcliff, J. H. — 5 Jan

1984
Quick, K. J. — 22 Aug
Skate, J. A. — 16 Oct
Smith, C. A. — 2 Nov

1985
Newton, N. J. MBE — 1 Jan

1986
Pace, K. — 17 Jan
Crosland, J. D. — 23 Feb

Hampson, G. R. — 4 May

1987
Wishart, W. S. C. — 24 Jan
Dodd, D. M. — 1 July
Herman, G. M. — 1 July

1988
Nobbs, P. D. — 1 Jan
Riley, N. J. — 1 June
Baker, C. J. — 29 June
Sheldon, S. J. — 29 July

1989
Mitchell, K. — 1 Jan
Saunders, P. R. C. — 14 May
Sutton, A. — 14 June
Carter, R. A. — 1 July
Saxby, T. J. cfs(c) — 1 July

1990
Gregson, P. — 1 July
Iddon, R. P. — 1 July
Keable, M. J. — 1 July
Nurse, K. — 1 July

1991
Blackburn, C. — 1 July
Rockley, A. P. B. — 1 July
Scott, A. J. — 1 July
Simpson, D. W. — 1 July
Winner, P. C. — 1 July
Sheather, M. C. — 5 Sept

1992
Docherty, A. J. — 1 Jan
Garrett, J. T. — 1 July
Paull, N. MBE — 1 July

1993
Lee, T. — 1 Jan
Hamill, M. — 1 July

MASTER AIRCREW

1994

Mohun, A. R.	1 Jan
Morris, J.	1 Jan
Pogue, T.	1 July

1995

Hall, C. I.	1 Jan

1996

Warrilow, J. T. W.	1 Jan
Chicken, P. A.	1 July

1997

Moxon, M. D.	1 Jan

1998

Allan, J. W.	1 July
Deepan, N. K.	1 July

1999

Jardine, I. E.	1 Jan
Ashman, A. P.	1 July
Brown, M. K.	1 July

MASTER AIR ELECTRONICS OPERATORS

1976

Knight, G. J.	1 July

1978

Slade, M. J.	10 July

1979

Harber, J. E.	22 Oct

1980

Pewton, A. V.	16 Jan
Clack, M. E.	18 Jan
Torrance, D. A.	1 July

1981

Kitchingham, I. D.	1 Jan
Abbott, P. L.	1 July
Hunt, B. I. S.	1 July

1982

Jerry, D. I.	1 Jan

1983

Thompson, M. S.	1 Jan
Morrice, J. C.	21 Jan
Moys, W. R.	1 July
Cornes, M. R.	5 July

1984

Rath, N. T.	1 Jan
Flint, R. G.	7 Apr
Dobson, M. B.	28 Apr
Webb, R.	1 July
Scott, D.	6 July

Fielding, M. W.	1 Sept

1985

Knight, K. M.	1 Jan
Tamblyn, C. W.	26 Mar
Bramley, R. W.	10 May
Davies, K. A.	1 July
McGregor, I. J.	29 July

1986

Cox, E. P. cfs(c)	1 Jan
Halley, W. L.	1 Jan
Moore, S. P.	1 Jan
Davies, A. E.	24 Feb
Dewfall, A.	28 Mar
Abbott, J. E.	25 Apr
Lofts, D. A.	12 May
Amos, R.	30 May
Brown, C. M.	1 July
Muir, D.	1 July
Bush, J. A.	11 Dec

1987

Ward, S. J.	1 Jan
Holdway, P. MBE	18 Mar
Burns, B.	1 July
Thompson, K. T.	27 July
Headland, M. J.	10 Aug
Nichols, B. G.	7 Oct
Brown, R. E.	23 Nov

1988

Hallett, D.	1 Jan
Silvester, E. A.	29 Mar
Woolfson, A. J. MBE	22 Apr
Reid, W.	8 Sept
Masson, A.	3 Nov
Ramsay, D. McC.	10 Nov

1989

Wade, W. H.	1 Jan
Wetherell, M. J.	1 Jan
Lawrence, R. A.	1 July
Smedley, P.	1 July
McCabe, A. J. M.	4 July

MASTER AIRCREW

1990

Pratt, E. J.	16 May
Edwards, A. J.	1 July
Wilkinson, R. A.	1 July

1991

Dewar, A. J. M.	1 Jan
Nicholson, D. C.	1 Jan
Lloyd, B. J.	1 July

1992

Crouch, M. J. B.	1 Jan
Parrish, W.	1 Jan
Ashby, B. J.	1 July
Bird, J.	1 July
Keracher, R. I.	1 July

1993

Dixon, D.	1 Jan
Hitchin, D. K.	1 Jan
Schiavone, A. P.	1 July

1994

Benton, N. J.	1 Jan
Curtis, A. J.	1 Jan
Paterson, J.	1 Jan
Bruce, D. W.	1 July
Clarke, A. J.	1 July
Forbes, W. B.	1 July

1995

Dewar, I.	1 Jan
Vongyer, G. G.	1 Jan
Woodland, A. L.	1 Jan
Berry, R. W.	1 July
Geary, S. G.	1 July
Haynes, R. B.	1 July

1996

Jeffrey, D. S.	1 Jan
Penlington, D. W. E.	1 Jan
Oates, S. T.	1 July

1997

Bayne, J. T.	1 Jan
Stansfield, D.	1 Jan
Whitham, P. E.	1 July

1998

Hawksworth, I. R.	1 Jan
Silvey, C. E. P.	1 Jan
Walker, J. A.	1 Jan
Bowyer, S. J.	1 July
Jones, N. P.	1 July
Warren, P. L.	1 July

1999

Bayford, D. J.	1 Jan
Randall, I. L.	1 Jan
Young, K. S.	1 Jan
Doane, S. L.	1 July
Hyams, P. D.	1 July
Yost, K. A.	1 July

MASTER AIR LOADMASTERS

1976

Dally, M. J.	1 Jan
Bain, A.	1 July
Caddick, R.	1 July

1977

Bond, T. A. MBE	1 Jan
Bearham, G.	14 Mar
Pringle, N. cfs(c)	1 July
Unwin, C.	1 July

1978

McArthur, J. L.	1 July
Murphy, P.	1 Dec

1979

Hynes, G. A. MBE	3 Feb
Purvis, G. L.	10 Mar
Gattrell, R. A. AFM	1 July
Whiting, D. T.	1 July
Payne, W.	12 Oct

1980

Felton, M. J.	1 Jan
Mursell, K. T.	22 Feb
Wright, S.	26 Feb
Broome, I. M.	31 Mar
Robertson, I. P. MBE cfs(c)	28 May
Evans, R. E.	1 July

1981

Collings, K.	1 Jan
Graham, R. S.	1 Jan
Maggs, C. M. MSc	1 Jan
Scott, A. R. cfs(c)	1 July
Lynn, R. H. cfs(c)	10 Sept
Glenton, C. I.	16 Sept
Michael, E.	22 Oct

MASTER AIRCREW

1981—contd

Connolly, B.	18 Nov

1982

Tyas, P. D.	1 Jan
Mead, M. J.	6 Jan
McKee, M. T.	15 Apr
Whitehead, C. M.	9 May
Hegarty, A. P. J.	1 July
Willis, C. W.	1 July
Samwell, T. J.	9 Nov
Armstrong, J. MBE MIPD cfs(c)	13 Dec

1983

Venn, B. F.	1 Jan
Shepherd, R. A.	16 Jan
Allen, D.	23 Jan
Mills, R. A.	1 July
Clements, D.	1 Oct
Todd, R. H.	1 Oct

1984

Edwards, K. D. V. cfs(c)*	1 Jan
Rowe, S. A.	25 May
Payne, A. D.	1 July
Lowe, S.	6 July

1985

Goodall, A. D. cfs(c)	1 Jan
Cross, K. J.	8 Mar
McLeod, A.	6 May

1986

Jones, H. O.	1 Jan
Porter, D. R.	6 Jan
Colley, P. C.	7 Mar
Cuthell, T. M.	28 Apr
Ball, A. L.	22 May
Davies, G.	22 June
Maddison, M. J.	11 Sept
Jones, A. W.	31 Dec

1987

Bateson, G.	1 Jan
Birkin, B. M.	1 Jan
Lester, D. R.	1 Jan
McCullough, K. D.	1 Jan
Magee, T. M.	1 Jan
Wain, A. G.	1 Jan
Webster, N. J. R.	1 Jan
Lewis, M. H.	4 May
Dowell, P. D.	1 July
Morrison, H. C.	1 July
Taylor, K. J.	28 Aug
Morris, C. M.	3 Sept
Laken, W. E. cfs(c)	30 Sept
Stanhope, I. W.	1 Nov
Gudgin, G. D.	26 Nov

1988

Bragg, R. J. AFM cfs(c)	1 Jan
Colven, P. McL.	1 Jan
Gosney, P.	1 Jan
Tucker, K. C. cfs(c)	1 Jan
Buxton, R.	7 Jan
Guttridge, I.	1 Mar
Mellor, J. R. D.	1 July
Seward, G. N.	1 July
Thomas, H. MBE cfs(c)	1 July
Thraves, P. T.	11 Nov
Milward, R. G.	30 Nov

1989

Corner, G. R.	1 Jan
Mackenzie, G. T.	9 Feb
Crawford, M. L. cfs(c)	7 Mar
Nightingale, P. R.	12 Apr
Lynch, S. C.	7 June
Jones, C. J.	1 July
Thompson, A. R. cfs(c)	1 July
Connell, P. R. C.	18 July
Roberts, G. W.	23 July

1990

Blake, P. K.	1 July
Turnbull, P. A. cfs(c)	1 July

1991

Read, M. C. J.	1 Jan
Watts, S. H.	1 Jan
Kinnimont, F. I.	1 July

1992

Coombes, D. N.	1 Jan
Robinson, R. F.	1 July

1993

McLaughlin, K. J.	29 Jan
Ritson, A.	1 July
Whittle, H. G. MBE	1 July

1994

Evans, D. J. cfs(c)	1 Jan
Hamilton, I. D.	1 Jan
Muir, J. D.	1 Jan
Aitken, D. S.	1 July
Mitchell, R. J.	1 July

1995

Bottomley, M.	1 Jan
Gale, R. D.	1 Jan
Grogan, A. P.	1 Jan
Walmsley, D. A.	1 Jan
Dodsworth, V. G. S.	1 July
Franks, N.	1 July
Mahef, G. M.	1 July

1996

Maxwell, D. F. A.	1 Jan
Tait, M. W.	1 Jan
Morgan, G. N.	1 July
Sampson, F. J.	1 July

1997

Bridge, M. V.	1 Jan
Pearson, B. G.	1 Jan
Prall, T. G. E.	1 Jan
Archard, P. W. MBE	1 July

1998

Bence, A. J.	1 Jan

1998—contd

Dearing, G. J.	1 Jan
Galloway, J. R.	1 Jan
McKay, W A.	1 Jan
Davies, G.	1 July
Docherty, T. G.	1 July
Hunter, B. H.	1 July

1999

Drake, P. M.	1 Jan
McCormick, J. W.	1 Jan
Neill, P. B.	1 Jan
Sheldon, J. R.	2 Feb
Cruttenden, P. F.	1 July
Finnigan, D. M.	1 July

ROYAL AIR FORCE RESERVE

GENERAL DUTIES BRANCH

Squadron Leaders

1993

Bridges, A. G. CBE (P) 1 Oct
Mayer, W. L. M. AFC (P) 1 Oct

1994

Purchase, W. (P) 20 Nov

1995

Turgoose, R. BSc (P) 4 Sept

1997

Jewiss. J. O. (P) 1 Apr
Steen, B. A. MBE (P) 6 Oct

1998

Williamson, M. C.
  qss (P) 13 July
Ilsley, C. W. (P) 11 Dec

Flight Lieutenants

1982

Hopwood, C. G. BSc
  cfs (P) 22 June

1985

Davidson, M. F. MA (P) 11 June
Allan, S. D. (P) 10 Dec

1986

Bodie, C. S. BSc (P) 15 Jan
Curry, P. D. BA (P) 11 Mar
Fortune, M. BSc (N) 11 Mar

Seymour, M. A. BSc
  tp (P) 11 Mar
Hill, M. J. R. BSc (N) 11 June
Linney, M. V. cfs (P) 19 Sept
Keefe, R. J. BSc (P) 29 Oct

1987

Hart, R. W. BSc cfs (P) 22 Jan
Airey, S. M. BSc (P) 2 Mar
Croshaw, J. BSc cfs (P) 2 Mar
Dutton, N. C. BEng (P) 2 Mar
Watson, R. A. H. BSc
  cfs (P) 29 Mar
de Savigny-Bower, R.
  A. BSc (P) 14 Apr
Flinn, P. D. BSc (N) 25 May
Boyd, F. D. S. BSc (P) 16 Aug
Reynolds, G. R. BSc (N) 11 Nov
Arundell, P. A. MSc
  cfs (P) 3 Sept

1988

Dairon, L. J. T. BSc (P) 3 Feb
Rowlinson, P. J. BSc
  tp (P) 18 Feb
Cooper, A. H. C. BSc (P) 29 Mar
Haigh, W. D. P. BSc
  cfs (P) 29 Mar
Siddall, P. J. BSc (P) 29 Mar
Hawkins, M. D. BSc (P) 10 May
Kelly, S. M. BA (P) 10 May

1989

Gill, C. S. BSc (P) 15 Jan
Smiles, P. W. BTech (P) 19 Jan
Capon, G. A. (P) 29 Jan
Watson, A. T. N. BSc (P) 3 Feb
Loftus, P. BEng (P) 28 Feb
Shenton, P. J. BSc (P) 14 Mar
Bartlem, K. A. BSc (P) 11 Apr
Langman, A. R.
  MEng (P) 11 Apr
Bonwitt, A. J. BEng (P) 3 July
Sowery, C. D. (P) 2 Aug
Devine, N. BA (N) 26 Oct
Ward, K. A. BSc cfs (P) 26 Oct

Hazzard, C. I. (P) 8 Dec

1990

Arnold, M. S. BSc (P) 28 Feb
Weatherly, S. A. BA (P) 25 Mar
Gibson, I. S. BA (P) 11 Apr
Batey, N. R. qwi (P) 17 July
Cleaver, S. H. BSc (N) 27 Sept
Rose, D. A. BSc (P) 14 Nov

1991

Sumner-Lockwood, G.
  BA (P) 14 Feb
Madgwick, I. A. (P) 15 Feb
Wright, I. BA cfs (P) 25 Mar
Gallon, J. C. BEng (N) 6 May
Walker, A. R. BSc (P) 6 May
Abraham, D. L. BSc (P) 8 July
Spencer, J. J. (P) 13 Aug
Williams, D. M. P. (P) 13 Aug
Everall, E. J. cfs (P) 19 Dec

1992

Fryett, R. P. cfs (P) 31 Jan
Spratt, C. J. BEng (P) 19 Feb
Aspden, S. M. BSc (N) 20 Feb
Archer, J. W. (P) 27 Feb
Lees, D. M. BSc (P) 1 Apr
Steele, F. P. BSc (P) 1 Apr
Stevens, S. D. BSc (P) 1 Apr
Phelps, M. A. (P) 4 June
Caley, J. J. (P) 23 Oct
Mackle, T. (P) 23 Oct
Woolley, M. G. (P) 23 Oct
Hamer, P. M. (P) 4 Dec

1993

Pullen, M. J. (P) 17 Jan
Leigh, C. J. (P) 27 Feb
Pearcy-Caldwell, J. L.
  D. (P) 27 Feb
Watson, B. L. (P) 19 May
McLean, E. F. (N) 14 July
Harris, M. R. cfs (P) 25 Aug
Hurt, T. S. BSc (P) 30 Sept

Flight Lieutenants

1993—contd

Duffy, C. E. cfs	(P)	5 Nov
Marshall, J. E.	(P)	5 Nov

1994

Bonser, A. C. L.	(P)	22 Mar
Lear, M. J. cfs	(P)	2 May

1995

Bielby, M. C.	(P)	28 Mar
Hillyer, K. S.	(P)	28 Mar
Price, M. C. L.	(P)	21 June

1997

Johnson, M. C.	(P)	24 Mar
Skipp, J. S.	(P)	24 Mar
Morley, P. R.	(P)	1 Apr
Bowen, A. J.	(P)	7 Apr
Edenbrow, R. A. O. BSc	(P)	7 Apr
Janiurek, J. D.	(P)	7 Apr
Mannings, E. J.	(P)	7 Apr
McDougall, D. J. DipEd	(P)	7 Apr
Woods, R. D.	(P)	7 Apr
Johnson, H. R. BSc	(P)	14 Apr
Pearce, A. G.	(P)	16 Apr
Stanton, S.	(P)	21 Apr
Kennedy, G. S.	(P)	28 Apr
Wiseman, R. A. BSc	(P)	6 May
Patterson, L. J. BSc	(P)	7 May
Danby, C. I.	(P)	12 May
Ford, M. A.	(P)	19 May
Selman, A. C.	(P)	27 May
Clark, D. H.	(P)	28 May
Barbour, T. M. BA	(P)	4 Aug
Sproul, E. C.	(P)	26 Aug
Campbell, D. A.	(P)	2 Sept
Chew, C. P. BA BArch	(P)	8 Sept
Eeles, T. BA	(P)	15 Sept
Pinnington, A.	(ENG)	19 Sept
Clements, R. E.	(P)	22 Sept
Shuster, R. C. AFC	(P)	27 Sept
Garton, A. C.	(P)	7 Oct
Hall, M. R. BA	(P)	18 Oct
Newman, R. A.	(P)	21 Oct
Newton, R. J. BSc	(P)	26 Oct
Taylor, G. T.	(P)	7 Nov

Logan, S. T. BSc	(P)	3 Dec
Brown, J. R.	(P)	9 Dec
Mathieson, D.	(N)	20 Dec

1998

Clark, M. A.	(P)	5 Jan
Williams, M. A.	(P)	5 Jan
Barnard, J. B. qss	(P)	2 June
Biglands, S. BSc cfs	(P)	23 July
Hewitt, P. A.	(P)	24 Aug
Ball, M. W. AFC jsdc qwi qs	(P)	28 Sept
Guyatt, D. J. cfs qss	(P)	2 Nov
Chown, M. BSc	(P)	1 Dec
Wilkinson, J. N.	(P)	12 Dec

1999

Crouch, C. A.	(P)	11 Jan
Brooks, D. BSc	(P)	11 May

OPERATIONS SUPPORT BRANCH

Group Captains

1992

Keers, J. F.	(FLTOPS)	13 July

1998

Jones, D. J.	(FLTOPS)	20 Jan

Wing Commanders

1986

McQueen, W. R. MBE QVRM AE	(FLTOPS)	23 Jan

1987

Read, N. R.	(FLTOPS)	26 Aug

1989

Nunn, J. M.	(FLTOPS)	14 Aug

1993

Grange, M. J.	(FLTOPS)	1 Jan
Buchanan, P. J.	(FLTOPS)	28 May

1995

Green, R. J. C.	(FLTOPS)	6 Mar
Houghton, A. W.	(FLTOPS)	11 Sept
Gibb, R. W.	(FLTOPS)	4 Dec

1996

Moses, H. H.	(FLTOPS)	29 Jan

Wing Commanders

1996—contd

Campbell, A. D. K.
   (FLTOPS) 10 June

1997

Vary, C. E. (FLTOPS) 3 Feb

1998

Channon, J. H. MBE
  jsdc qab qs (FLTOPS) 12 Nov
Milsom, R. J. OBE jsdc
  awcc psc cfs (FLTOPS) 10 Dec

Squadron Leaders

1985

Philpott, J. H.
  AE   (FLTOPS) 15 Aug

1988

Crane, D. L. (INT) 11 July

1990

Cook, J. B. MILT (INT) 2 Apr

1991

Dixon, R. S. (FLTOPS) 9 Dec

1993

Hall, B. T. F. AE (REGT) 1 Mar

1994

Austin, T. S. (FLTOPS) 17 Jan
Hudson, C. P.
  M. (FLTOPS) 16 May
Noyes, S. G. (FLTOPS) 30 Aug

Williams, R. G. C.
  (FLTOPS) 10 Oct

1995

Wilson, H. (FLTOPS) 17 Nov

1996

Nicolle, B. P. (FLTOPS) 31 Jan
Squires, J. V. (FLTOPS) 15 Apr
Whelan, J. B.
  D. (FLTOPS) 15 Apr
Deepan, K. V. (FLTOPS) 3 June
Campbell, C.
  H. (FLTOPS) 23 Sept
Goodman, P.
  J. (FLTOPS) 3 Oct

1997

Ashton, J. M. (FLTOPS) 6 Jan
Glasspool, I.
  D. (FLTOPS) 8 July
Coles, R. G. (FLTOPS) 9 July
Bray, D. B. (FLTOPS) 3 Dec
Hartley, J. (FLTOPS) 17 Dec

1998

Shepherd-Smith, M. A.
  snc qs (FLTOPS) 27 May
Martin, J. C. P.
  qs (REGT) 21 Oct
Davies, P. W.
  AE (FLTOPS) 9 Nov

Flight Lieutenants

1983

Hopkinson, D. L.
  AE (FLTOPS) 1 Dec

1986

Hind, P. J. (FLTOPS) 4 Aug

1987

Guy, M. R. BSc (INT) 3 Oct

1988

Leach, K. L. BA (ATC) 18 Feb
Hamilton, B. A.
  BEd (ATC) 10 May

1989

Tudor, K.E. BSc (ATC) 7 Jan
Tweed, P. L.
  AE (FLTOPS) 16 June
Tayler, J. S. (FLTOPS) 3 July
Price, A. E. BSc (FC) 30 Sept

1990

Easton, S. T. BSc (ATC) 14 Mar
Nicholls, B. G. (FLTOPS) 2 Apr
Horn, K. (FLTOPS) 14 Aug
Cheetham, J.
  D. (FLTOPS) 24 Sept
Newsome, C. P.
  BA (ATC) 7 Dec

1991

Barnes, P. N.
  AE (FLTOPS) 1 Feb
Jack, A. E. (ATC) 11 Apr
Wallis, C. M. (ATC) 11 Apr
Chisholm, H. J.
  BA (INT) 14 Aug
Hammond-Doutre, G.
  I. (FLTOPS) 14 Oct

1992

Wright, M. A. BA (FC) 12 May
Adkin, M. E. (FLTOPS) 25 Sept
Chapman, N. (FLTOPS) 25 Sept
Hurst, I. P. (FLTOPS) 25 Sept
Robins, C. G.
  AE (FLTOPS) 6 Oct
Goodman, C. J. (ATC) 11 Oct

1993

Armstrong, A. E.
  AE (FLTOPS) 4 Feb

ROYAL AIR FORCE RESERVE

Flight Lieutenants

1993—contd

Dane, M. B. MBE		
AFC	(FLTOPS)	15 Feb
Cameron, I.	(FLTOPS)	4 Mar
Merrell, J. C.	(FLTOPS)	4 Mar
Kerley, M.L.A. BA	(ATC)	12 May
Phillips, G. A.		
AE	(FLTOPS)	13 July
Hussey, P. J.	(FLTOPS)	3 Aug
Norman, R. E.		
J.	(FLTOPS)	3 Aug
West, D. J.	(FLTOPS)	3 Aug
Burgess, C. BSc	(FC)	1 Oct
Griffiths, M. C.		
BSc	(INT)	13 Nov
Wood, L. G.	(ATC)	21 Nov

1994

Linton, M. G.	(FLTOPS)	1 Jan
Donnelly, M. G.	(ATC)	17 Jan
Gabriel, S. L.	(REGT)	20 Jan
Hickmore, G. G.		
A.	(FLTOPS)	24 Jan
Scott, I. C.	(FLTOPS)	27 Jan
Lloyd, T. E. L.	(FLTOPS)	3 Feb
Maeer, K. W.	(FLTOPS)	3 Feb
Steel, M. K.	(FLTOPS)	3 Feb
Watson, J. R.		
AE	(FLTOPS)	9 Feb
Warren, J. J.	(FLTOPS)	14 Feb
Jones, D. J. R.	(FLTOPS)	9 Mar
Pearson, G. M.	(ATC)	19 Mar
Hanley, K. D. BA	(ATC)	30 Mar
Wynne, M. C.	(ATC)	8 Apr
Stewart, K. J. BSc	(FC)	10 May
Dunbar, L.	(FC)	2 July
Bennett, A. BA	(INT)	17 Aug
Clark, A. C. BSc	(FC)	17 Aug
Beeby, H. M.	(ATC)	5 Nov
Turner, P. W.	(ATC)	5 Nov

1995

Davies, R. W.	(FLTOPS)	3 Apr
Bissett, W. C. BA		
PGCE	(INT)	5 July
Cook, R. M. S.		
MBE	(FLTOPS)	31 July
Dawson, K. J. BA		10 May
Illing, C. L. BSc	(FC)	10 May
Hickton, K. N. BEng	(FC)	14 Aug
McKay, K. R. BSc	(ATC)	14 Aug
Gallon, J. D.	(FLTOPS)	1 Sept
Gresty, P. J.	(FLTOPS)	8 Sept
Matthews, I. D.	(FLTOPS)	8 Sept
Nott, J. M. BSc	(ATC)	10 Nov
Lowman, C.	(ATC)	22 Dec

1996

Cowell, R. W.	(ATC)	5 Feb
Kiggel, L. J.	(ATC)	5 Feb
Howell, D. K.	(FLTOPS)	7 Feb
Burdekin, P. A.	(FLTOPS)	19 Feb
McFarland, C. A.	(ATC)	28 Mar
Mason, I. M.	(FLTOPS)	11 Apr
Brown, T. C.	(FLTOPS)	13 May
Delahunt-Rimmer, H. F.		
RGN	(ATC)	19 May
Collins, G. E.	(ATC)	16 Sept
Quick, M. C.	(ATC)	14 Oct
Jones, J. N.	(FLTOPS)	28 Oct
Kent, S. L.	(FLTOPS)	1 Nov
Ward, J. F.	(FLTOPS)	1 Nov
Park, S. J. BA	(FLTOPS)	27 Nov

1997

Lucking, R. R.	(FLTOPS)	20 Jan
Locke, G. H.	(FLTOPS)	27 Jan
Baker, H. M.	(FLTOPS)	1 Apr
Byrne, M. S.	(FLTOPS)	14 Apr
Davis, J. A.	(INT)	8 May
Johnston, G. J.		
BEd	(FLTOPS)	10 July
Young, A C. M.		
N.	(FLTOPS)	18 Aug
Kent, K. J. BSc	(ATC)	3 Nov
Hallowes, S. D.	(ATC)	8 Nov

1998

McKeown, J. D.		
P.	(FLTOPS)	19 Jan
Sumner, D. G.	(ATC)	23 Feb
White, D. A. C.	(ATC)	1 Mar
Tournay, R. N. A.		
J.	(REGT)	1 Apr
Culmer, B. E.	(ATC)	4 Apr
Baker, B. A. F.	(ATC)	8 Apr
George, G. H. E.	(ATC)	8 Apr
Toogood, W. R. qs	(ATC)	2 May
Smith, R. J.	(FLTOPS)	18 May
Hill, D. snc qs	(FLTOPS)	2 June
Simpson, A. qss	(ATC)	2 June
Young, M. J. MA BA		
MIPD CertEd	(ATC)	2 June
Chafer, S. N.	(FLTOPS)	6 July
Randall, E. W.	(ATC)	22 July
Robinson, B.	(ATC)	22 July
Romeo, J. T.	(ATC)	22 July
Stuart, K.	(ATC)	22 July
Talbot, R.	(ATC)	22 July
Vardy, D. P.	(ATC)	22 July
Ward, J.	(ATC)	22 July
Lakeland, C.	(FLTOPS)	29 July
Holden, S. J.	(FLTOPS)	6 Aug
Mill P. D.	(REGT)	18 Aug
Ashwell, R. J.		
BSc	(FLTOPS)	24 Aug
Elliott, T. J.	(FLTOPS)	24 Aug
Ward, M. J.	(ATC)	25 Aug
Priestley, D.	(FLTOPS)	23 Sept
Barradell, D. J. snc		
qss	(FLTOPS)	29 Sept
James, H. R.		
BA		20 Oct
Carey, D. J.		
cfs	(FLTOPS)	1 Nov
Clark, M.	(FLTOPS)	4 Dec

1999

Morris, P. L. qss	(ATC)	4 Jan
Reid, S. C.	(ATC)	18 Jan
Day, P. qss	(ATC)	30 Jan
Little, R.	(ATC)	30 Jan
Cawkwell, P. A.		
R.	(FLTOPS)	19 Apr
Charles, S. J.		
BSc	(FLTOPS)	1 May

Flying Officers

1990

Harrison, S. R.	(ATC)	9 July

1991

Kutub, M. V. A.	(FC)	11 Nov

1992

Haigh, J. L. BA	(ATC)	11 Apr
Dale, J.	(ATC)	9 May
Laing, B.	(FLTOPS)	25 Sept
D'Albertanson, S.		
R.	(ATC)	18 Oct

Flying Officers

1992—contd

Davis, A. S. (ATC) 10 Nov

1993

Thompson, S. M. (FLTOPS) 4 Mar
Osborne, A. P. (ATC) 26 Mar
Saunders, R. (ATC) 4 May
Trapp, J. (ATC) 20 June
Davis, A. L. (INT) 9 Nov

1994

Gunn, C. (REGT) 14 Feb
Gerrard, C. P. (ATC) 26 Sept
Ledger, A. J. (ATC) 16 Dec

1995

Main, V. J. (ATC) 30 Jan
Wallace, P. N. R. (FC) 30 Jan

1996

Edmeston, M. C. (ATC) 28 Jan

1998

Sherratt, C. J. B. (FLTOPS) 16 Nov

1999

Harrison, I. (FLTOPS) 15 Feb
Trice, J. M. BSc (FLTOPS) 23 Feb
Carleton, E. J. 8 Apr
Keenan, T. (FLTOPS) 6 May

ENGINEER BRANCH

Wing Commander

1998

Maunder, M. J. qs 26 Oct

Squadron Leaders

1990

Tweedley, J. McM. 1 June

1992

Swan, A. J. 13 July

1993

MacDonald, E. D. (FLTOPS) 4 Mar

1994

Carrington, D. J. 10 Oct

1997

McKenzie, I. BA CEng MIEE MRAes 6 Jan
Thorpe, G. S. E. 9 Dec

1998

Wood, R. B. qss 21 Aug
Flavell, D. M. qss 3 Dec

Flight Lieutenants

1989

Kirby, B. C. BA 2 May

Morris, C. V. BSc 7 June

1990

Mann, S. S. BSc 1 Aug

1991

Turner, P. D. C. 3 Aug

1992

Lazenby, P. BSc 17 Feb
Whitfield, M. M. MEng 18 Aug
Wilson, T. J. BEng 18 Aug
Powell, A. D. 30 Sept
Perks, K. S. BEng 19 Oct
Lewis-Morgan, A. C. BSc 14 Nov

1993

Whitbread, K. M BEng 20 Feb
Darling, T. BEM 29 Mar
Stewart, K. L. BEng 30 Mar
Williams, S. BEng 30 Mar
Stidolph, R. L. BEng 11 May
Donlon, C. J. BEng 12 May
Filby, J. E. MEng BA 6 July
Davies, A. R. BEng 18 Aug
Barrett, C. L. BSc 30 Sept
Johnson, I. C. BEng 18 Dec

1994

Allinson, M. MEng 19 Feb
Hall, D. E. BEng 19 Feb
Relf, M. N. BEng 10 May
Ascott, S. BEng 11 May
Patel, I. M. BEng 11 May
Watkins, D. L. BEng 11 May
Hogan, N. BSc 10 July
Collie, P. D. BSc 12 Nov

1995

de Rouffignac, C. BEng 15 Jan
Broatch. D. M. BSc PGCE 29 Sept

Flight Lieutenants

1995—contd

Jayne, B. M. BEng	29 Sept

1997

Goddard, A. MSc BSc	10 Oct

1998

Watson, C. R.	10 Mar
Grace, R. qss	1 Nov

Flying Officer

1990

MacLeod, S. I.	1 Nov

SUPPLY BRANCH

Squadron Leader

1998

Ayers, C. R.	5 Jan

Flight Lieutenants

1990

Hale, S. L. BSc	1 Aug

1991

Cook, N. M.	25 Mar
Finding, J. A.	16 Nov

1993

Gladwin, K. J. BSc	19 Aug
Potter, C. BSc	1 Oct
Ashurst, S. J. BSc	24 Dec
Robertson, C. S. A. BSc	24 Dec

1994

Lenihan, J. H.	20 Feb
Fisk, C. L. BSc	29 Mar
McGrath, L. J.	15 May
Laurent, N. A.	25 Aug
Cooper, J. P.	13 Sept

1995

Coote, A. H. BA	16 Feb
Gibbons, R. J.	22 Mar
Robbins, T. S.	22 Mar
Tobin, F. K.	15 June
Wilby, N. S.	22 Dec

1996

Stamp, S.	9 May
Lane, S. R.	30 June

Flying Officers

1993

Brown, S.	2 Feb
Paish, J. R.	8 May
Freear, D. J.	28 Sept

1994

Stephens, T. A.	29 Jan
Morgan, D. L.	7 May

ADMINISTRATIVE BRANCH

Wing Commanders

1987

Dickson, A. OBE AE
  FRSA FIMgt   (Sec)   25 Nov

1998

Monte. G. H.   (Sec)   1 Feb

Squadron Leaders

1990

Beighton, S. MBE AE*
  PhD BSc   (Sec)   1 July

1994

Edmunds, D. J.   (Sec)   17 Jan

1996

Morgan, M. L.   (Sec)   2 Jan
Bacon, T. J. OBE   (Sec)   3 June

1997

Lamonte, E. S. M.   (Sec)   2 Apr
Campion, P.   (Sec)   7 Apr
Wilson, W. J.   (Sec)   1 Oct
Pritchard, M.
  MIMgt   (Sec)   4 Oct

1998

Pell, K. L. BA
  CertEd   (Sec)   1 July
Russell, R. M. BA   (Sec)   1 Aug

1999

Barkway, R. J.   (Sec)   1 Jan
Bell, J. J.   (Sec)   1 Jan
Burge, W. J.   (Sec)   1 Jan
Dutton, M. J. R.   (Sec)   1 Jan
Exley, B. J. A.   (Sec)   1 Jan
Hack, K. S.   (Sec)   1 Jan
Jessiman, W.   (Sec)   1 Jan
Lawrance, I.   (Sec)   1 Jan
Leech, B. J.   (Sec)   1 Jan
McCulloch, T.   (Sec)   1 Jan
Ross, D. FInstAM
  MIPD   (Sec)   1 Jan
Stanton, R. H. MVO
  MRAeS MRIN   (Sec)   1 Jan
Johnson, W. A.
  BSc   (Sec)   5 Mar
Davey, J. M.   (Sec)   6 Apr

Flight Lieutenants

1988

Higgins, D. J.   (Sec)   3 Sept

1990

Bessant, S. E. BEd   (Trg)   17 Feb
Anderson, G. I. BA   (Sec)   28 Feb
Davies, R. J. MInstAM
  AMIPD   (Sec)   11 June
Heyes, W. J. BEd   (Trg)   7 July
Hayllor, P. A. BSc   (Trg)   30 Oct
Rich, V. M. BSc   (Trg)   7 Dec
Smith, S. J. BA   (ProvSy)   7 Dec

1991

Dempsey, S. L. BA   (Trg)   14 Feb
Hood, H. J. BSc   (Trg)   28 Feb
Lane, S. BSc PGCE   (Trg)   5 July
Jones, G. M. BEng   (Trg)   7 July
Buckley, J. N. V.
  BSc   (Trg)   19 Aug
Oakley, P. C. BSc   (Trg)   19 Aug
Whitbread, A. J.
  BA   (Sec)   8 Nov
Eaves, A. L.   (Sec)   7 Dec
Langley, S. J. BA   (Trg)   19 Dec

1992

Lee, C. BA   (Sec)   20 Feb

Manhire, L. J. BSc   (Trg)   20 Feb
Astley-Jones, J. G. MSc
  BSc   (Trg)   25 Mar
Evans, J. J. BSc   (Trg)   25 Mar
Harrison, J. M. MSc
  BEng ae   (Trg)   25 Mar
Jones, S. H. BSc   (Trg)   1 Apr
Frame, L. V. BSc   (Sec)   7 July
Serrell-Cooke, T.
  BSc   (Sec)   8 July
Larsson, E. A. BA   (Sec)   18 Aug
Berry, S. J. MA   (Sec)   1 Oct
State, N. J.   (Sec)   24 Oct
Tandy, S.   (Cat)   1 Nov
Wells, C. E. BA   (Sec)   13 Nov

1993

Sullivan, M. L. BSc   (Sec)   18 Feb
King, A. J. BEd   (Sec)   19 Feb
Lake, R. J. N. BA   (Trg)   20 Feb
Walsh, J.   (Sec)   27 Feb
Carder, T. C. BSc   (Sec)   1 Apr
Bosworth, A. J.
  BSc   (Sec)   1 Apr
Wignall, P.   (Sec)   23 Apr
Campbell, G. J.
  BSc   (Trg)   12 May
Hyde, S. M. BSc   (Trg)   7 July
Green, G. E. BSc   (Trg)   17 Aug
Anderson, A. J. T.   (Sec)   30 Aug
Dempsey, D. A.
  BA   (Sec)   1 Oct
Punshon, R. BA   (Cat)   1 Oct
Hall, T. W. BA   (Sec)   24 Dec

1994

Johnson, A. M. BA   (Trg)   6 Jan
Eagger, G. R.   (Sec)   17 Jan
Best, M. C. LLB   (Sec)   10 Mar
Davidson, H. R.
  BSc   (Cat)   29 Mar
Gilley, R. M. BSc   (Trg)   30 Mar
Morris, N. J.   (Cat)   25 June
Sully, P. D.   (Sec)   14 July
Wellard, C. J.   (Sec)   14 July
Hollett, S. J. L. BA   (Sec)   17 Aug
McLeod, J. P. LLB   (Sec)   30 Sept
Russell J. BA   (Sec)   30 Sept
Thompson, Y. BA   (Sec)   30 Sept

1995

Jackson, R. A.   (Sec)   1 Apr
Coyne, S. A.   (Cat)   17 May

Flight Lieutenants

1995—contd

Ashby, T. A.
 GradIPD (Sec) 15 June
Cheesbrough, D. (Sec) 25 Oct
Corrie, N. C. BA (Sec) 10 Nov
Sutherland, A. J.
 BSc (Sec) 10 Nov
Rose, S. M. (Sec) 11 Nov

1996

Mackmurdie, R. L. (Sec) 9 May
Davis, W. MBE (Sec) 1 July

1997

Read, P. J. BSc (Sec) 15 Jan
Ginnever, J. D. (Sec) 28 Sept

1998

Darby, S. J. BSc (Sec) 1 Aug

1999

Pudney, K. W. (Sec) 4 Jan

Flying Officers

1991

Bain, C. A. (Sec) 20 Dec
Roberts, J. E. (Sec) 20 Dec

1992

Struthers, W. J. R. (Cat) 23 June

1993

Cunningham, L. N. (Cat) 5 Jan
Kennedy, S. M. (Sec) 23 Jan
Phillips, K. M. (Sec) 23 Jan
Prole, N. M. (Sec) 23 Jan
McTaggart, H. A. (Sec) 26 Mar

Scurrah, P. J. (ProvSy) 24 May
Steadman, D. R. (Sec) 14 Aug
Hardy, D. N. (ProvSy) 17 Aug
McNea, P. (Sec) 28 Sept
Lisney, P. J. (Sec) 20 Nov

1994

Rawnsley, L. M.
 BSc (Sec) 14 Feb
Bruce, T. J. (Sec) 7 Nov
Lilleyman, A. M. (Sec) 7 Nov

1998

Pemberton, A. L. (Sec) 26 Mar

MEDICAL BRANCH

Squadron Leaders

1985

Walters, J. N. MB BCh
 MRCGP DA DRCOG 14 Jan

1992

Arathoon, D A. MB BS 12 Jan

1994

Barrow, A. S. MB ChB
 DRCOG 4 Jan

1995

Bartlett, D. W. MB ChB 25 Feb
Jones, J. W. M. BSc MB
 ChB 1 Aug
Speight, H. M. BM BS 1 Aug
Jackson, T. M. MB BS 6 Sept

1996

Barr, E. J. MB ChB 1 Aug
Dyer, M. F. MB ChB 1 Aug
Fox, E. V. MB BS 1 Aug
Kennish, N. P. MB BCh
 MRCGP 1 Aug
Licence, K. A. M. MB
 BS 1 Aug
Watermeyer, S. R. BSc
 MB BCh 1 Aug

1997

Cotton, S. J. MB ChB 1 Aug
Gregory, K. L. MB
 ChB 1 Aug
Brunskill, J. M. E. MB
 BS 5 Aug

Flight Lieutenants

1991

Anees, W. M. MB BS   1 Aug
Brazier, J. C. MB BS   1 Aug
Gorton, M. G. MB ChB   1 Aug
Price, S. V. MB BS   1 Aug

1992

Howell, J. R. MB BS   1 Aug
Watt, D. A. L. MB ChB   1 Aug

1994

Ambler, L. C. MB BS   1 Aug

DENTAL BRANCH

Squadron Leaders

1994

Howe, M. BDS   1 Jan

1996

Dearing, J. BDS FDSRCPS   3 Aug

1997

Savage, A. BDS DGDP(UK)   17 Sept

Flight Lieutenants

1991

Minall, P. A. BDS   25 Aug

1993

Belcher, K. A. BDS   9 Dec

PRINCESS MARY'S ROYAL AIR FORCE NURSING SERVICE

All Officers of Princess Mary's Royal Air Force Nursing Service hold the qualification of Registered General Nurse and/or Registered Mental Nurse

Flight Lieutenants

1982
Olliver-Cook, S. E. — 29 Jan
Howie, J. M. C. — 15 Mar

1984
Whitfield, S. — 18 Aug
Cooke, M. A. RM — 7 Dec

1985
Parker, M. J. RSCN — 30 Apr
Bull, A. M. C. RM — 22 Dec

1986
Wingham, A. E. — 10 June

1987
Ralph, E. A. RM — 3 Apr
Pullen, J. D. RM RHV — 12 Apr

1988
Simpson, D. A. RM — 21 July

1989
Bray, L. M. RM — 17 July

1990
Churchill, C. M. RSCN — 16 Mar
Pardoe, A. L. RM — 1 June
Norman, J. E. — 19 Aug

1991
Merritt, J. C. RM — 13 Jan
Morris, C. RM — 1 July
Edwards, J. T. — 24 Aug
Hensey, J. V. — 2 Oct

1992
Lewis, J. L. — 5 Jan
Toomer, S. F. RM — 13 Feb
Cox, A. J. — 25 July
Grainger-Birkholz, J. A. RM — 25 July
Stribley, J. E. — 13 Oct
Fitzmaurice, P. A. — 18 Dec
Orr, K. D. M. — 21 Dec

1993
Denkowycs, I. L. RM — 25 Apr
Gormley, S. RM — 1 May
Smith, K. A. — 7 June
Pierpoint, V. J. RSCN — 7 July
Lee, P. — 29 Sept
Drynan, P. G. RM — 3 Oct
Noble, A. D. RM — 18 Nov

1994
Woodfine, D. M. RM — 9 Jan
Tilley, L. H. A. — 19 Nov

1995
Taylor, S. E. BNurs — 7 July
Hughes, D. A. RM — 15 Aug
Rimmer, V. A. RM — 27 Sept
Lord, J. S. RM — 17 Nov

1997
Hill, M. K. — 28 Apr

MEDICAL SECRETARIAL BRANCH

Wing Commander

1998

Fares, D. B. MInstAM
  MHSM MIMgt   1 May

CLASS "CC"

Group Captains

1993

Skelley, R. P.   7 June
Gambold, W. G.   25 Oct

1994

Kiggell, P. S. OBE   6 Apr

1997

Cross, W. M. N. OBE   26 May
Hakin, L. OBE   10 July

1998

Ford, J. A. F. FIMgt   25 May

1999

Wight-Boycott, A. B.
  OBE   20 Apr

Wing Commanders

1988

Herd, H. D. OBE   24 Nov

1991

Woods, G.   22 Apr

1992

Seymour, C. C. B.   14 Sept
Sewell, J. BA FRGS   9 Nov

1993

Evans, J. P.   3 June

Canning, P. F. A.   31 Aug

1995

Kermeen, R. W.   2 Oct

1996

Stephens, M. A.   1 Apr
Thorley, M. A.
  MRAeS   1 Apr
Wright, W. W. BA BA
  DipEd   1 Apr
MacLachlan, A. J. C.
  CEng MRAeS   20 Sept

1997

Jones, M. J. OBE
  MIMgt   3 Mar
Carter, P. R.   1 Sept
Clayton-Jones, G. S.
  MRAeS   1 Dec

1999

Eveleigh, M. OBE
  MIMgt   20 Jan

Squadron Leaders

1985

Moorhouse, M. G.
  BSc   2 Sept
Miller, R. W. A.   4 Oct

1986

Goldstein, M. MBE
  BA   17 Mar
Cunnane, A.   4 Aug
Le Moine, J. MBE   19 Dec

1987

Dunstan, P. N.   1 Sept
McEwan, A. R.   4 Sept

ROYAL AIR FORCE RESERVE

Squadron Leaders

1988

James, F. D.	31 Oct
Gibson, A. J.	2 Dec

1989

Ross, A.	5 June
Morris, H. R.	25 Oct

1990

Tutin, F.	4 June
McMichael, A. F.	7 Sept
Wood, D. A.	15 Nov
Foley, T.	10 Dec

1992

McFarlane, S. C.	12 May
Dinmore, G. W.	1 Sept
Davies, W. G.	30 Oct
Douglass, M. P.	23 Nov

1993

Johnson, D. L. MIPD MIMgt	4 Mar
Grant, T.	1 June
McCluskey, R. AFC DPhysEd pji qs	6 Sept
Butler, V. P. L.	1 Oct
Booth, R. E.	21 Oct

1994

Roberts, R. E.	14 Feb
Johns, L. T.	25 Mar
Taylor, R.	5 Apr

1995

Abbott, R. J.	6 Mar
Maddocks, B. J.	18 Apr
Dole, T. F.	8 May
Foster, J. E.	19 June
Hastings, A.	4 July
Fairhead, I. F. BSc(Eng)	17 July
Grand-Scrutton, J.	4 Sept

Griffiths, A.	16 Oct

1996

Bruce, A. J.	8 Jan
Bird, P. R.	15 Feb
Lang, B.	8 Mar
Bayliss, J. A. MBE	29 Apr
Nadin, J. L.	1 July
Durack, C. B.	8 July
Wright, R. C.	19 Aug
Lunt, J. D. BA	24 Sept
Locke, M. A. MIMgt	16 Oct
Cobb, J. W. MBE	11 Nov
Carr, E. MILT MIPD	18 Nov
Broom, B. A.	27 Nov
English, J. P.	1 Dec
Yarrow, S. W. S. MIMgt	9 Dec

1997

Shorter, B.	27 Jan
Chalkley, K. B. MBE	3 Mar
Spence, B. G. BA IEng MIIE(elec)	21 Apr
Low, I. N.	9 June
Hathaway, J. H. T.	11 Sept
Collins, R. M. MIMgt	6 Oct
Joose, C. A.	3 Dec
Massey, R. G. MIMgt	11 Dec

1998

Duguid, M. D. MIMgt	5 Jan
Margiotta, G. L.	2 Feb
Campbell, R. S.	7 Feb
Moore, G. J. T.	17 Mar
Livingston, R. J.	27 Apr
Vale, G. G.	15 Aug
Jones, R. N. IEng MIIE(elec) semc qs	21 Aug
Wright, A. J. BA MIMgt snc qs	24 Aug
Hill, B. H.	9 Nov
Phillips, G. T. BSc qs	25 Nov
Giles, W. J.	2 Dec

1999

Reed, K. B.	1 Jan

Flight Lieutenants

1975

Tapson, B.	3 Jan

1978

Throssell, M. G.	5 Apr

1981

Coombes, C.	7 Sept

1982

Ward, T. J.	6 Aug

1986

Plummer, J. A.	25 Apr

1987

Westwell, D. K.	6 July
Hood, L. S.	13 Aug

1989

Cliff, M. E.	1 Sept

1990

Pleasant, D. M.	12 Mar
Shepherd, J. M. P.	13 Aug

1991

Vernon, J.	7 Jan
Rigby, C. M. R.	16 Sept
Parrini, A. L.	4 Nov
Brooks, P. E. BA	11 Nov

1992

Parratt, R. MBE	14 Sept
Pennington, G. J.	17 Nov

ROYAL AIR FORCE RESERVE

Flight Lieutenants

1993

Hermolle, M. A.	19 Aug
Davies, D. E.	14 Sept

1994

Anderson, J. D.	5 Apr

1995

Welch, F. I.	3 Jan
Rowe, D. H. W.	3 Apr
Foster, A. F.	1 May
Samme, R. J.	1 June
James, J. R. BA	3 Aug
Wood, M. J.	31 Aug
Miller, R. E. BA PGCE FRGS	25 Sept
Watkins, M.	13 Nov
Coker, J. D.	4 Dec

1996

Webber, G. R.	9 Jan
McCran, J. B.	19 Feb
Morris, D. G.	22 July
Shephard, R. G.	2 Sept
Pelcot, A. F.	7 Oct
Fahey, J. B.	28 Oct
Meadows, C. J.	11 Nov

1997

Hamon, S.	18 Apr
Inman, P. G.	6 June
Bartle, C. J.	30 Sept
Flaherty, S. D.	8 Dec

1998

Marshall, R. A.	23 Feb
Lamb, B. J. MSc	29 June
Heys, P. J. IEng FIIE(elec) qs	30 Oct
Fearn, M. H. qss	8 Dec
Mutch, P. MSc BEd qss	8 Dec

Webb, E. A. H. DMS FISM MInstAM MIPD MIMgt	8 Dec

1999

Bargewell, T. A. IEng MIIE(elec)	4 Mar
Quick, D. M.	6 Apr
Simpson, D. A. MBE	13 Apr

Flying Officers

1987

Young, G. A.	19 Oct

1989

Mason, A. D.	12 Sept

WARRANT OFFICERS

1995

Sumpter, V. G. MSM   3 Aug

1998

Copeland, E.   1 May

1999

Marjoram, R. A.   1 Apr

ROYAL AUXILIARY AIR FORCE

Air Commodore-in-Chief .... H.M. THE QUEEN

Honorary Inspector-General of the Royal Auxiliary Air Force
The Right Honourable Lord Monro of Langholm, AE JP DL

Inspector — Group Captain R. T. W. Mighall, OBE ADC MSc BA RAUXAF

Honorary Air Commodores

Sir Adrian Swire, AE MA DL No 1 (County of Hertford) Maritime Headquarters Unit
The Right Honourable Lord Selkirk of Douglas QC, MA LLB No 2 (City of Edinburgh) Maritime Headquaters Unit
Air Vice-Marshal T. P. White CB CEng FIEE No 2503 (County of Lincoln) Squadron RAuxAF Regiment
Marshal of the Royal Air Force Sir Michael Beetham, GCB CBE DFC AFC DL FRAeS No 2620 (County of Norfolk) Squadron RAuxAF
The Right Honourable Lord Monro of Langholm, AE JP DL No 2622 (Highlands) Squadron RAuxAF Regiment
Sir John Graham, Bt GCMG, Air Transport and Air-to-Air Refulling Supp0ort Squadron RAuxAF
Mr. J. M. Williams, No 2625 (County of Cornwall) Squadron RAuxAF Regiment
Sir Mark Norman, Bt DL No 4624 (County of Oxford) Movements Squadron RAuxAF
Air Vice-Marshal R. A. Riseley-Prichard, MA BM BCh FFCM FIMgt No 4626 (County of Wiltshire) Aeromedical Evacuation Squadron RAuxAF
Dame Stella Rimington, DCB No 7006 (VR) Intelligence Squadron RAuxAF
Air Vice-Marshal B. H. Newton, CB OBE FIMgt Helicopter Support Squadron RAuxAF
The Viscount of Arbuthnott, KT CBE DSC Air Transportable Surgical Squadron RAuxAF
Sir Richard George, KT Offensive Support Role Support Squadron RAuxAF

GENERAL DUTIES BRANCH

Squadron Leader

1998

Harper, H. R.   (N)   1 Nov

Flight Lieutenants

1991

Graham, K. P. BSc   (P)   4 Nov

1994

Burgess, J. G.   (P)   1 Sept
Garrod, S. J.   (P)   1 Sept
Prince, I. A.   (N)   24 Oct

Chandler, H. T.   (P)   21 Nov

1996

Hawkins, P. W, BSc   (P)   30 Aug
Jordan, R. J. B. BSc   (P)   30 Aug
Roberts, H. D. BSc(Eng)   (P)   30 Aug
Ford, J. A. BSc   (P)   1 Oct
Cook, C. E. BSc   (P)   12 Nov
Wildeman, M. BA   (P)   26 Nov

1997

Lawrenson, A. J. BA (P)   25 Feb
White, M. J. H. BSc   5 Mar
Fitzgerald, P. E. BSc   (P)   7 Apr
Baatz, A. P.   (N)   30 May
Shiells, I. M.   (N)   30 May
Finch, G. P.   (P)   1 July

Walton, M. W.   (P)   1 July
Kingsford, P. G. BSc   (P)   5 July
Crawford, J. A. BSc cfs qss   (P)   15 Sept
Black, I. C.   (P)   29 Sept
McLea, C. D.   (P)   3 Oct
Sully, D. S. BEng asq qss   (N)   5 Oct
Knapp, P. D.   (N)   6 Oct
Dixon, D. P.   (N)   7 Oct
Vaughan, T. A. G.   (P)   11 Nov
Bell, J. V. CBE   (N)   12 Nov
Offord, R. J. BCom qwi qs   (P)   16 Nov
Lewis, D. H.   (N)   8 Dec
Coulson, D. L.   (N)   17 Dec

1998

Morison, I. C.   (P)   5 Jan

ROYAL AUXILIARY AIR FORCE

Flight Lieutenants

1998—contd

McCarry, K. J. BSc qss	(P)	16 Jan
Marshall, R. A.	(P)	23 Feb
Brown, G. P.	(N)	27 Feb
Mackay, L. W.	(N)	16 Apr
Neill, A. BSc cfs qs		28 Apr
Jones, P. D.	(P)	8 May
Nichol, C. R.	(P)	14 May
Jones, D. C. cfs qs	(P)	29 May
Manser, R. C. H. qss	(P)	3 June
Airey, N. D.	(P)	6 July
Duncan, G. qss	(P)	1 Sept
Sutton, R. J.	(ALM)	22 Oct
Berresford, C. S.	(GD)	11 Nov
Hayes, L. J.	(ALM)	16 Nov

1999

Smith, A. J.	(P)	28 Jan
Speight, W. MBE	(ENG)	10 Mar
Spreckley, G. C.	(N)	11 Mar

OPERATIONS SUPPORT BRANCH

Wing Commanders

1992

Kemp, R. G. QVRM AE MIMgt   (FLTOPS)   13 July

1996

Partridge, E. F. AE BEd   (FLTOPS)   21 Apr

1997

Colver, R. J. OBE   (FLTOPS)   4 Dec

Squadron Leaders

1987

Blanche, J. B. AE MSc BSc DIC   (INT)   1 Feb

1988

Dawson, S. AE MRIN   (FLTOPS)   16 Sept

1989

Melling, T. J. AE   (INT)   1 July

1990

Carr, F. R.   (REGT)   1 Mar
Londesborough, A.   (FLTOPS)   1 Sept

1992

Dulson, P. P. AE   (FLTOPS)   1 May
Lussey, D.   (REGT)   26 Oct

1993

Hodgson, P. AE MA (INT)   1 July
O'Shaughnessy, K. M. P. AE   (FLTOPS)   1 Oct

1994

Matheson, D. AE (REGT)   1 Aug
Park, A. S.   (FLTOPS)   1 Oct

1995

Roberts, S. G. AE BA   (INT)   3 Mar
Graham, M. B. (FLTOPS) 30 June

1996

Muir, R. W.   (FLTOPS)   1 Jan
Culpitt, J. V.   (INT)   1 Feb
Pattenden, S. M.   (INT)   1 Oct

ROYAL AUXILIARY AIR FORCE

Squadron Leaders

1996—contd

Beaton, A. J. (FLTOPS) 22 Nov
Ashton, D. (INT) 27 Nov

1997

White, D. J. (FLTOPS) 29 Jan
Ridge, M. C. FIMgt
  MILT (INT) 1 Apr
Moncaster, C. J.
  BSc (FLTOPS) 9 July
Bunkell, G. W. AE
  FCII (REGT) 1 Sept
Plumridge, D. L.
  AIB (INT) 1 Oct

1998

Wallbank, D. J. (INT) 1 Feb
Crudgington, S.
  AE (FLTOPS) 1 July
Adamson, G. D. W.
  MBE TD AE
  MA (REGT) 1 Oct

1999

Byrne, J. D. AE
  MA (INT) 1 Feb

Flight Lieutenants

1985

Wright, W. F. AE BSc
  BArch RIBA (FLTOPS) 1 Sept

1986

Gray, N. M. BSc (INT) 3 Jan
Horn, J. A. BSc (INT) 12 Jan

1987

Mackay, F. TD (INT) 1 Jan
Colhoun, D. N.
  T. (FLTOPS) 18 May
Reid, J. C. BA (INT) 18 May
Laird, B. C. (FLTOPS) 26 June
Ailes, M. K. G. BSc (INT) 7 Nov
Tingle, D. AE
  DipElEng (INT) 7 Nov

1988

van Geene, R.
  G. (FLTOPS) 29 Mar
Tooze, R. J. W. AE
  IEng (FLTOPS) 3 May
Shields, D. (INT) 16 Dec

1989

Tomlinson, P. F.
  BEd (INT) 5 Feb
Fraser, C. BEd (INT) 1 July
Matthews, J. T.
  BA (REGT) 16 Dec

1990

Gray, J. (FLTOPS) 13 Jan
Davies, C. W. (INT) 15 Mar
Platt, K. J. G. BSc(Eng)
  CEng MIEE (INT) 24 Sept
Bratton, E. G. R.
  AE (REGT) 1 Oct
Purdy, R. B. MA MITI
  qss i (FLTOPS) 6 Nov

1991

Shaw, R. J. AE
  RIBA (INT) 1 Jan
McGettrick, J. J. (REGT) 2 July
Ashbee, D. J. AE (INT) 1 Aug
Everitt, A. J. (FLTOPS) 22 Aug

1992

Lynn, T. DMS FIMgt
  MRIN (FLTOPS) 1 July
Creed, N. R. E. AE (INT) 1 Aug
Drew, J. L.
  BSc MIPD (INT) 1 Aug
Buxton, R. S. (FLTOPS) 10 Nov

1993

Chappell, J. I. BSc (INT) 1 Jan
Hellyer, R. J. (FLTOPS) 27 July

1994

Langston-Jones, P. G.
  (REGT) 7 Feb
Whiteley, H. E. LLB (INT) 4 Apr
Weekes, N. C. F. MA
  psc(m) (INT) 5 May
Lewis, A. D. BA LLB
  JP (INT) 21 June
Gardner, M. J. MBA
  BSc (REGT) 22 June
Eves, D. G. E. D. (INT) 2 Aug
Beynon, G. G. (FLTOPS) 18 Oct
Currie, J. H. (INT) 31 Oct
Lovegrove, G.
  B. (FLTOPS) 1 Nov

1995

Bruster, A. G. (FLTOPS) 25 Jan
Collins, K. (FLTOPS) 27 Jan
Lyall, G. AE BA (INT) 1 May
Morrison, D. (INT) 1 May
Murray, B. A. BA (INT) 1 May
Verril, M. (FLTOPS) 29 Nov

1996

Alldritt, D. P. G. (REGT) 16 Jan
Woodhead, S. J. M.
  BSc (FLTOPS) 21 Jan
Alderson, B. (INT) 30 Jan

Flight Lieutenants

1996—contd

Davies, J. C.	(INT)	1 Feb
Daniel, N. S.	(ATC)	29 Feb
Livingstone, S. BSc MIMgt	(FLTOPS)	15 Mar
Retallic, J.	(INT)	28 Mar
Andrews, S. C.	(INT)	15 Apr
Launder, W. A. AE	(REGT)	1 May
Bradshaw, P. N. MSc	(INT)	26 May
Shaw, G.	(INT)	1 June
Zervoudakis, A. BA	(INT)	1 June
Slingsby, E. T. BEng	(FLTOPS)	26 June
Greenhalgh, S. B.	(FLTOPS)	25 Sept
Niven, M. L.	(FLTOPS)	26 Sept
Ryan, G. A. E. AE	(FLTOPS)	1 Oct
Nichol, D. A. BA	(FLTOPS)	9 Oct
Rice, K. R.	(REGT)	9 Oct
Owens, N. R. BSc	(REGT)	15 Oct
Payne, A. J. MA BA	(INT)	27 Nov

1997

Anning J. E.	(INT)	1 Jan
Baker, J. E.	(REGT)	2 Jan
Turnbull, J. G.	(FLTOPS)	21 Jan
Londesborough, L. A. AE	(FLTOPS)	19 Feb
Reeves, A. C.	(INT)	11 Mar
Redgrave, M. S.	(INT)	14 Mar
Greenfield, C. W. BEng	(INT)	20 Apr
Abram, E. A.	(INT)	28 Apr
Bayne, P. BSc	(FLTOPS)	4 May
Whichelo-Page, E. A.	(INT)	3 June
Partridge, S. J.	(INT)	16 June
Berryman, C. W.	(REGT)	25 June
Rigby, J. C. H. BA	(REGT)	27 June
Smith, S.	(FLTOPS)	1 July
Stenson, R. BA	(FC)	19 Nov
Broome, T. J.	(FLTOPS)	24 Nov

1998

Nicoll, R. F.	(INT)	1 Jan
Gilbert P. N. qtm	(INT)	12 Jan
Newman, R. D.	(FLTOPS)	29 Jan
Chattaway, A. M. BA	(REGT)	2 Mar
Austin, P. D.	(INT)	1 May
Wilson, A. D. BA BSc	(FLTOPS)	1 May
Burke, H. R.	(FLTOPS)	3 July
Fraser, J.	(FLTOPS)	6 Aug
Parlour, R. S. MA	(INT)	10 Aug
Onley, M. J. BSc	(INT)	12 Aug
Rousseau, N. A. B.	(INT)	19 Aug
Phillips, I. BSc qtm qss	(INT)	27 Sept
Lynch, J. A.	(FLTOPS)	1 Oct
Rogers, J. S.	(REGT)	13 Nov
Reynolds, S. G.	(REGT)	9 Dec

1999

Leach, K. L. BA	(FLTOPS)	6 Jan
Dye, A. P.	(REGT)	1 Mar
De Maine, M. J. MPhil BSc	(INT)	12 Apr
Laybourne, K. R.		19 Apr
Crisp, R. J.	(FLTOPS)	16 May

Flying Officers

1992

Nokes, S. M.	(INT)	2 Apr
Talton, S. J. S.	(INT)	16 July
Preece, M. L.	(INT)	7 Oct
Pike, S. BA	(INT)	25 Nov

1993

Oliphant, L. J.	(INT)	21 Jan
Metcalfe, J. W.	(REGT)	19 Aug
Avery, J. W. L. S.	(INT)	20 Sept
Parker, J. E. BA PGCE	(INT)	2 Oct

1994

Somerville, J.	(INT)	17 Feb
Tabbron, J. W.	(FLTOPS)	21 June
Moir, A. G. C. BSc	(INT)	6 Aug

Owen, C. M.	(INT)	8 Oct
Smith, T. F. MA BA	(INT)	18 Nov

1995

Waite. I. P.	(INT)	5 Jan
Hayes, D.	(INT)	15 Jan
Austin, T. N.	(INT)	19 Jan
Muntus, S. J.	(FLTOPS)	17 Mar
Comfort, S. B. RM	(INT)	2 July
Fox, S. BA	(INT)	14 July

1996

Moore, M. A. S.	(INT)	16 Feb
Johnson, J. C.	(INT)	1 Mar
Roche, J. A.	(INT)	25 Mar
Weaver, P. M. G.	(INT)	18 Apr
Morley, D. M. BEd	(REGT)	24 May
Leyshon, T. J. R.	(INT)	25 May
Cavie, G. R.	(INT)	1 July
Skidmore, T. R.	(INT)	18 July
McDonald-Webb, R. N.	(INT)	16 Aug
Pearson, N. R.	(FLTOPS)	19 Dec

1997

Gale, P. S.	(INT)	24 Feb
Fines, G. J.	(REGT)	1 Mar
Bagley, J. V.	(INT)	1 June
Farrant, W. F.	(INT)	31 July
Chegwidden, P.	(REGT)	21 Sept
Jones, J. A.	(INT)	10 Dec

1998

Thompson, S. P. BA	(INT)	13 Apr
Ince, N. D. BA	(INT)	12 June
Patel, R. C.	(INT)	12 June
Featherstone, R. A. J.	(INT)	4 Sept
Blane, A. E. MSc BSc	(INT)	7 Sept
Ford, L. G.	(INT)	1 Oct
Bowles, C. M.	(REGT)	1 Dec
Cowling, J. T.	(FLTOPS)	16 Dec

ROYAL AUXILIARY AIR FORCE

Pilot Officers

1995

Bowden, L. M. (REGT) 1 May

1996

Barnes, R. A. (INT) 20 Apr
Horwood, J. (INT) 15 Oct

1997

Paton, R. A. (REGT) 13 Oct
Padgett, L. (INT) 21 Nov
Walters, T. J. MA
   BA (INT) 21 Nov

1998

Crayford, K. A. J. (INT) 11 Dec
Hanson, S. C. (INT) 11 Dec
Hough, S. J. (REGT) 11 Dec
Moore, G. L. (INT) 11 Dec

Acting Pilot Officers

1997

Gooch, N. I. (FLTOPS) 16 May
Coulson, S. G. (INT) 12 Nov

1998

Kingston, D. BSc (INT) 2 Feb
Parker, A. G. BSc (INT) 9 Feb
Fenwick, T. J. MSc
   BA (INT) 10 Feb
Flory, M. J. BSc (INT) 10 Feb
Claesens, A. P. (INT) 16 Feb
Moss, A. (FLTOPS) 1 June
Duddy, S. J. (FLTOPS) 11 Aug
Berry, S. L. (INT) 12 Oct
Easton, D. M. (INT) 16 Nov
Lane, G. A. (FLTOPS) 24 Nov

1999

Grimshaw, M. D. (INT) 19 Jan
Chalcraft, J. D. (REGT) 25 Feb
Webb, S. M. (REGT) 25 Feb
Gilham, D. J. (FLTOPS) 4 Mar

ENGINEER BRANCH

Squadron Leader

1996

Ahearn, A. S. AE 1 Feb

Flight Lieutenants

1996

Place, C. S. BTech 7 Aug
McMahon, D. BSc 23 Sept
McAnally, A. D. BSc
   CEng MIMechE 30 Sept

Flying Officer

1996

Greig, A. D. C. 1 Oct

SUPPLY (MOVEMENTS) BRANCH

Group Captain

1994

Mighall, R. T. W. OBE ADC MSc BA   28 July

Wing Commander

1994

Dixon, R. OBE MCIPS MInstPet MIMgt aws psc im   16 May

Squadron Leaders

1995

Freeman, F. A. AE qs   20 Apr
Symonds, M. L. AE   20 Oct

1996

Gingell, A. S. BSc   27 Nov

1997

Willis, A. P.   26 Mar

1998

Mallon, M. G.   15 Feb

Flight Lieutenants

1993

Dover, M. R. AE   1 Jan

1994

Dunn, M. J. AE   14 Apr

1996

Anderson, C. G. BEd   22 Feb
Willmot, P. S.   23 Sept

1997

Saddington, J. P.   1 Jan
Williams, R. B. BSc MIPD MIMgt   1 Apr

1998

Vincenti, M. N. MBE MDA BSc MIMgt qs   10 Feb
Hammond, B. K.   1 Dec

Flying Officers

1996

Smith, H. J.   3 Sept

1997

Morgan, D. L.   14 May

Pilot Officers

1997

Stephens, J. C.   21 Nov

Wheeler, J. A.   21 Nov

Acting Pilot Officers

1998

Fennell, A. J. BA   23 Jan

ADMINISTRATIVE BRANCH

Wing Commanders

1997

Ducker, G. H. AE (Sec) 14 Feb
Hyde, C. B. (Sec) 2 June

Squadron Leaders

1989

Skues, R. K. AE (Sec) 24 Nov

1993

Merrick, V. E. (Sec) 28 July

1994

Gwyn, R. T. (Sec) 5 July

1995

Mitcham, D. T. (Sec) 9 Aug

1997

Forde, W. L. T. MIMgt
 (Sec) 11 June

1998

Cunningham, G. C. (Sec) 1 May

Flight Lieutenants

1982

Allen, D. L. AE MA MSc
 BA CEng MIM
 MIProdE i (Sec) 28 Oct

1987

Storey, C. B. BSc (Sec) 23 Nov

1989

Difford, H. AE MA BA
 (Sec) 5 Apr

1991

Morgan, I. D. AE MB
 ChB MRCGP (Sec) 4 Sept
Moult, C. J. (Sec) 8 Nov

1992

Norman, D. (Sec) 17 Jan
Johnston, P. T. (Sec) 22 Nov

1993

Cairns, M. J. (Sec) 1 Nov

1994

Seaword, R. W. (Sec) 25 Feb
Lynch, J. R. (Sec) 12 Apr
Taffinder, S. J. S. (Sec) 17 July
Dargan, S. (Sec) 25 Nov

1995

Masson, D. G. MA (Sec) 17 Jan
Power, C. S. (Sec) 25 Sept
Corbett, A. J. (Sec) 6 Nov

1996

Willis, R. J. BA (Sec) 29 Apr

Burgess, S. F. BSc (Sec) 1 May

1997

Chitty, D. A. MA (Sec) 12 Apr
McNulty, K. BA (Sec) 1 Aug
Shrubsole, S. C. (Sec) 1 Aug

1998

Hearn, P. J. MBE
 MIMgt (Sec) 1 Jan
Johnston, D. D. (Sec) 27 May
Williams, K. L. D. (Sec) 14 Dec

1999

Waite, B. (Sec) 1 Mar
Burton, J. M. (Sec) 29 Mar

Flying Officers

1991

de Banzie, S. E. BA
 MIL (Sec) 21 June

1994

Dorey, P. M. (Sec) 25 Feb

1995

Buckley, D. AMBCS (Sec) 12 Sept

1997

Bishop, L. (Sec) 7 Mar
Leach, J. W. P. (Sec) 23 Apr
Sawers, L. (Sec) 1 May
Mitchell, G. (Sec) 21 Sept

Pilot Officers

1996

Loosemore, C. S. A.(Sec)   26 Mar

1997

Radcliffe, N. J. R. (Sec)   1 Apr
Cooper, J. P.   (Sec)   24 Apr
Grattan, M. P. BA (Sec)   28 Apr
Dalboozi, F. BA   (Sec)   6 Feb

Acting Pilot Officers

1997

Thomas, C. D. I. BA(Sec)   7 Aug
Streeter, S. M. BSc (Sec)   15 Oct

1998

Walsh, M. C. F.   (Sec)   7 May
Henderson, R. L.   (Sec)   30 Nov
Muchowski, A. J. (Sec)   30 Nov

MEDICAL BRANCH

Wing Commanders

1997

Curnow, J. BMedSci
   BM BS   1 Sept
Almond, M. K.
   BMedSci BM BS
   MRCP   28 Nov

Squadron Leaders

1980

Vital, M. F. MRCS LRCP
   DRCOG   13 June

1986

Pote, J. BSc MB BS
   MRCGP   22 June
Whitmey, R. J. BSc MB
   ChB   17 Aug
Lee, C. P. MSc BSc MB
   ChB DRCOG DPH
   DTM&H   10 Nov

1991

Martin, T. E. BSc MB BS
   MRCGP MRCS LRCP
   DRCOG MRAeS   11 June
Elcock, S. M. MB BCh
   MRCGP DRCOG DA   29 Oct

1992

Dalton, A. M. MB BS
   FRCS   18 Feb

1995

Hannaford, P. F. MB
   ChB MRCGP DRCOG
   DCH DAvMed   26 Jan
Smith, P. C. T. MB BCh
   MRCGP DRCOG   19 July
Charlwood, G. P. MB
   BCh BAO MRCGP
   DCH   12 Sept
Mowbray, A. BSc MB
   ChB FRCA   21 Oct

1996

Pugsley, W. B. BA MB
   BS FRCS   19 Mar
Bannister, J. MB ChB
   FRCA   26 Mar
Barlow, P. BSc MB ChB
   FRCS   26 Mar
Sowden, G. R. MB BS
   MRCS LRCP FCA   30 Mar
Day, T. K. MChir MB
   MRCP   10 June
Adeboye K. O. A. BSc
   MB BS   25 June

1997

Stewart, A. V. G. MB
   ChB FRCA DA   2 July
McCormack, P. J. MB
   ChB MRCGP DRCOG
   DOrthRSCEng   3 July

1998

Douglas, A. F.   13 Feb
Casey, W. F. MA MB
   ChB FRCA   10 May

Flight Lieutenants

1993

Smart, K. T. BA MB
   ChB   1 Aug

ROYAL AUXILIARY AIR FORCE

Flight Lieutenants

1995

Acton, K. J. BSc MB BS 10 Feb
Shirley, P. J. MB ChB FRCA DA DipIMC 2 Nov

1997

Akhtar, S. 21 Oct

1999

Miller, K. A. MB BS 10 Feb

PRINCESS MARY'S ROYAL AIR FORCE NURSING SERVICE

Squadron Leaders

1990

Sparkes, P. J. AE 27 Oct

1994

Orzel, M. N. F. RSCN 1 Aug

1996

Kyte, D. I. 1 Aug

Flight Lieutenants

1990

Warncken, B. C. RMN 19 Feb

1993

Froude, H. RM 10 Feb
Baranski, P. B. RM 1 Sept

1994

Haggo, S. J. 18 Aug

1995

Charters, S. E. 18 Feb
Thornhill, P. A. 30 Nov

1996

Horton, H. J. 18 June
Bond, E. F. 12 Sept

1997

Horburgh, M. W. 13 May
Pitts, J. 5 Aug
Lawton, L. H. 29 Nov

Flying Officer

1994

Iheagwaram, E. 2 May

MEDICAL SECRETARIAL BRANCH

Wing Commander

1995

Donaldson, A. S. AE BA
  psc(m) s G(a)   1 Oct

Squadron Leaders

1988

Walker, S. AE RNT   3 May

1996

Hird, J. C. M.   1 Oct

1999

Walden-Hughes, P. P.   1 Mar

Flight Lieutenants

1996

Moodie, A. M.   7 Feb

1997

Edwards, N. H.   24 Apr

1998

Ridler, A. W. MA BA   24 June

Flying Officers

1997

Mathieson, C. A. C. AE   2 May

1998

Irwin, M. J.   2 Feb

Pilot Officer

1997

Borgman, P. S. BSc   1 Oct

Acting Pilot Officer

1998

Donaghue, K. J.   30 Nov

WARRANT OFFICERS

1987

McCaig, P. B. K.	24 Apr

1988

Davies, B. D.	1 Jan

1989

Jeffrey, D. G.	22 Feb
Brownlie, R.	1 Aug

1990

Kutassy, R.	18 Mar

1993

Brown, G. A.	3 Oct
Mabon, R. M.	12 Oct
Cross, W. A. M.	9 Nov

1994

Grace, E. J.	1 May
McQueen, D. C.	1 June
Pickett, A. R. MBE	21 Sept
Ramshaw, G. P.	29 Oct
Mackie, A. D. J. MBE	1 Dec

1995

Roberts, T. J.	10 Mar
Conroy, F. J.	1 Aug
Coupe, S.	1 Sept
Bennell, S. E.	1 Oct

1996

Mapp, D. W.	1 Jan
Thorington, F. G.	28 Feb
Davis, D. G.	1 Apr
Jones, D. H. R.	11 May
Foxley, H.	15 May
Yaxley, G. L.	1 Oct
Shipsides, M. G.	21 Oct
Kingshott, C.	29 Oct

Chidgey, M. A.	27 Nov

1997

Simpson, N. W. W.	2 Apr
Green, P.	3 May
Cormack, C. S.	1 Dec
Harris, M. F.	7 Dec

1998

Griffiths, J. P.	10 Jan
King, E. J.	23 Feb
Starling, R.	16 May
Collicutt, G. J.	1 Oct
Harris, P. A.	1 Oct
Hiscoke, D. L.	1 Oct
McKay, M. J.	1 Oct
Timms, K. G.	1 Oct
Loosemore, A. R.	3 Oct
Haxton, J. A.	1 Nov
Simpson, H. G.	1 Nov

MASTER ENGINEERS

1997
Barrett, L. R. 30 Sept
Lawson, L. B. 2 Oct

1998
May, B. W. 18 Sept

MASTER AIR ELECTRONICS OPERATORS

1998
Richards, J. 21 Aug

MASTER AIR LOADMASTERS

1997
Owen, A. 1 Jan
Armour, B. G. 30 May
Freeman, T. P. 30 Aug

1998
Bush, M. 12 May

ROYAL AIR FORCE VOLUNTEER RESERVE
(UNIVERSITY AIR SQUADRONS)

GENERAL DUTIES BRANCH

Acting Pilot Officers

1996

Flewin, M. R.	(P)	1 Sept
Rickards, J. A.	(P)	1 Sept
Aspin, K. P.	(P)	12 Nov
Barrett, M. P.	(P)	12 Nov

1997

Spencer, D. C. P.	(N)	28 Jan
Thomson, A. R. H.	(P)	28 Jan
Butler, V. R. P.	(P)	1 Mar
Baron, A. P.	(P)	1 Aug
Lee, P. J.	(P)	1 Oct

1998

Pengelly, O. J.	(P)	1 Jan
Gray, D. E.	(P)	1 Sept
Hermolle, C. H. A.	(P)	1 Sept
Paton, N. J.	(P)	1 Sept
Rickards, E. E.	(P)	1 Sept

OPERATIONS SUPPORT BRANCH

Acting Pilot Officer

1998

Gardner, D. M.	(INT)	1 Sept

ENGINEER BRANCH

Acting Pilot Officer

1999

Adams, G. D.	1 Mar

ROYAL AIR FORCE VOLUNTEER RESERVE
(Training Branch)

Flying Officers

1961

Smith, G. MIMgt — 6 Aug

1963

Blunn, K. — 30 June
Beeley, G. R. LLB — 9 Aug
Higgins, B. T. MBE — 16 Dec

1964

Willis, M. R. — 5 May
Austin, A. W. MBE — 22 June
Scott, P. G. BSc — 9 July
Boyce, P. E. BA — 25 July
Fleetwood, A. V. — 6 Oct

1965

Lemm, D. H. W. — 29 Apr
Farron, J. — 17 July
Hearn-Grinham, M. C. V. — 14 Sept
Copas, R. N. K. BA — 21 Sept
Gilbert, M. J. BA — 6 Nov

1966

House, B. N. M. — 11 June
Carter, R. O. — 11 Nov

1967

Badham, J. W. — 14 Jan
Gillett, F. R. — 26 Jan
Edwards, G. — 25 Feb
Trotman, C. S. — 3 Mar
Wallace, P. R. — 10 Apr
Green, R. W. — 4 May
Fraser, R. L. OBE — 18 May
Scott, J. A. — 18 Aug
Selwyn-Yates, I. M. P. — 15 Sept
Croucher, D. M. — 28 Sept

1968

Beavis, J. R. BA — 7 Jan
Grierson, S. W. MA — 8 Jan
Briar, L. A. MBE — 14 Jan
Smith, B. C. — 8 Feb
Sollars, A. J. MA — 12 July
Wood, B. — 2 Aug
Dawson, C. J. — 22 Aug
Giles, P. OBE — 22 Aug
Bartram, I. — 19 Nov

1969

Gillen, D. A. BA — 12 Jan
Alleyn, W. G. — 27 Jan
Howard, J. — 27 Feb
Coombes, M. C. R. MBE — 23 Mar
Moor, R. G. BSc — 29 Mar
Arnold, R. W. MBE — 6 Apr
Stedman, K. B. — 4 May
Allen, T. J. BA — 26 June
McCarroll, P. J. — 30 June
Murray, A. V. M. MA — 14 Sept
Young, K. A. — 14 Sept
Pennock, N. — 10 Oct
Jones, F. M. P. BSc ACGI — 1 Nov
Strickland, C. S. P. — 29 Nov
Todd, I. F. OBE — 29 Nov

1970

Darrant, J. G. — 1 Apr
Fawkes, R. E. MIMgt MInstAM — 27 June
Emmerson, B. — 16 July
Sims, A. W. BSc — 16 Aug
North, StJ. D. B. — 5 Sept
Shepperd, K. H. — 10 Sept
Briton, T. — 12 Sept
Pomeroy, D. E. BSc — 28 Oct
Howard, A. A. MBE — 20 Nov

1971

King, J. P. BA — 10 Jan
Brackenborough, K. — 1 Mar
Starling, R. H. — 23 Apr
Jones, I. D. L. MBE BSc — 25 June
Richards, D. J. — 25 June
Ramsden, G. — 10 July
Speed, D. R. — 10 July
Williams, B. C. MA — 10 July
Sutton, M. J. F. C. — 1 Aug
Broad, I. H. — 10 Oct
Gallup, S. BSc — 23 Oct
Price, B. V. — 5 Dec
Prescott, R. M. BSc — 18 Dec

1972

Beaven, J. P. — 27 Jan
Bacon, C. J. BA MCIPS — 29 Jan
Brown, R. W. — 4 Mar
Fox, R. — 24 Apr
Sturman, H. — 30 Apr
Wiggins, A. — 30 Apr
Bonney, E. V. — 25 June
Jackson, K. — 25 June
Harrison, D. L. — 30 June
Endean, B. W. — 1 July
Fuller, J. — 1 July
Shepherd, P. W. BSc CEng MIMechE — 3 July
Singleton, J. E. DPhysEd — 3 Aug
Mott, B. G. — 4 Oct
Murphy, B. — 14 Oct
Kerr, I. S. — 15 Oct
Mallett, C. W. — 14 Nov
Curry, J. — 1 Dec
Hayler, P. BA — 7 Dec
Yarrow, P. N. S. — 16 Dec

1973

Mobey, R. — 3 Feb
Harris, J. C. — 15 Feb
Brand, A. D. — 22 Mar
Porter, G. C. BSc — 1 Apr
Vass, R. I. — 6 Apr
Arnold, I. D. — 21 Apr
Pepper, J. — 5 May
Gilmour, C. R. — 7 May
Bowen, D. I. — 27 May
Broadwith, B. E. BSc — 2 June
Bullock, J. — 8 June
Bomphrey, J. S. BSc — 21 June
Johns, T. J. OBE — 7 July
Hotston, P. R. — 14 July
Laver, M. R. — 6 Aug
Arnott, R. H. C. — 30 Sept

ROYAL AIR FORCE VOLUNTEER RESERVE (Training Branch)

Flying Officers

1973—contd

Name	Date
Abbott, P. L.	24 Oct
Lyall, G. BA	22 Nov
Short, T. W.	25 Nov
Wallis, P. S. BA	10 Dec
Doust, R. J. C.	13 Dec

1974

Name	Date
Lloyd, D. M.	4 Jan
Scott, R. J. I.	4 Jan
Beaumont, R. A.	14 Jan
Young, M.	14 Jan
Talbot, K.	27 Jan
Connolly, T. E.	14 Feb
Campbell, G.	15 Feb
Williams, F. S.	1 Mar
Gray, T. D.	20 Mar
Walsh, R. H.	28 Mar
Quartly, A. F. BSc	29 Mar
Colebrook, M. C.	1 May
Olver, J. N.	12 May
Smith, K. R. J.	18 May
Flood, C. J. MA	26 May
Whitestone, A. E. N. BA	7 July
Walton, J. N.	4 Aug
Protheroe, L.	10 Aug
Greer, A. T. BSc	18 Aug
Hearle, E. M.	20 Aug
Gridley, M. J.	4 Sept
Pertwee, M. N.	9 Sept
Scott, C. R.	18 Sept
Broom, B. N.	4 Oct
Rawlings, D. G.	4 Oct
Coldwell, R. A.	11 Oct
Lewis, C. A.	11 Oct
Quarman, B.	8 Nov
Thomson, D.	20 Nov
Edwards, G.	27 Nov
Vaughan, M. D.	5 Dec
Beech, R. C.	20 Dec

1975

Name	Date
Mustard, A.	22 Jan
Wilson, G. A.	2 Feb
Cousins, C. MA	28 Feb
Lewis, R. BSc	10 Mar
Farmer, C. J.	15 Mar
Davey, M. J. S.	27 Mar
Parker, D. E.	12 Apr
Carpenter, J. J.	6 June
Jung, M. A.	15 June

Name	Date
Hodges, P. BSc	1 July
Clement, J.	9 July
Sheehan, D. W. MBE	11 July
Clavell, A. R. FCA MIMgt	29 Aug
Irlam, J. C. BSc	1 Sept
Senft, S. W.	29 Sept
Hine, M. T. BA	9 Nov
Lobb, P. J. A. MBE	9 Nov
Barker, A. A.	12 Nov
Howarth, B.	29 Nov
Spence, J. R.	29 Nov
Rooney, W.	18 Dec
Wilson, F. K. BA	29 Dec

1976

Name	Date
Middleton, D. J.	30 Jan
Reed, P. H.	1 Feb
Anthony, D. R.	20 Feb
Morrell, C. J.	20 Mar
Wise, P. G. BSc	9 July
Coxon, F. R. W. MBE	10 July
Edwards, M. G.	22 July
Mockeridge, P. MIMgt	25 July
Wills Pope, B. W.	1 Aug
Sandford, G. S.	5 Aug
Carter, E. J. BSc	20 Sept
Briant, D. R. H.	25 Sept
Biggs, C. J.	9 Oct
Wilkie, R. M.	10 Oct
Lines, B.	16 Oct
Ball, B. J. W. GTCL	29 Oct
McCleave, M. J. MBE	4 Nov
Nicholson, J. ACA	17 Nov
Abbott, J.	20 Nov
Wright, A. G.	27 Nov
Smith, A. A.	5 Dec
Stockill, S.	16 Dec

1977

Name	Date
Thomas, A.	22 Jan
Oram, B. K.	5 Feb
Ing, P. W.	7 Feb
Owen, G. C.	19 Feb
Cook, A. BSc	20 Feb
Coomber, T. W.	24 Feb
Mans, K. D. R.	5 Apr
Albone, M. S. C.	29 Apr
Osborne, A. J.	5 May
Morris, S.	9 July
Woods, B. J.	24 Sept
Liquorish, N. J.	1 Oct
Smith, G. S.	1 Oct
Wilby, P. D.	8 Oct
Gallagher, K.	29 Oct

Name	Date
Walton, A. T.	3 Nov
Lark, A. J. MBE	14 Nov
Wilson, R. L.	29 Nov
Watt, K.	9 Dec
Webster, M. S.	11 Dec

1978

Name	Date
Russell, D.	26 Jan
Harvey, D. M.	28 Jan
Craig, G. MBE	29 Jan
Miller, C. A.	29 Jan
Lowe, B. C.	8 Feb
Mosses, J. P.	16 Feb
Place, J. K.	23 Feb
Windo, A. R.	26 Feb
North, M. J.	26 Mar
Woolliscroft, R. E.	5 Apr
Edwards, G.	10 Apr
Horsley, T. J.	1 May
Johnstone, D. A.	1 May
Richards, F. R.	3 May
Lutton, P. F. BA	4 May
Hope, D. E. BSc	3 June
Watson, C. L.	7 June
Martin, D.	23 June
Cope, C. S.	4 July
Nowak, L. C.	7 July
Kirkland, F. B.	20 July
Fairington, R. W.	21 July
Butler, R. L. S.	26 July
Morvan, G.	28 July
McCrae, D. C.	9 Aug
Davies, K.	26 Aug
Jones, R. P.	28 Sept
Beecroft, A. J.	11 Oct
Wells, D. J.	11 Oct
Begent, T. A.	15 Nov
Piper, G. R. BSc	5 Dec
Dimond, J.	6 Dec
Pardoe, D. J. D.	6 Dec

1979

Name	Date
Seymour, J. N. J.	5 Jan
Oatey, W. R.	12 Jan
Blaikie, A. R.	7 Feb
Peasgood, D. J.	7 Feb
Lyttle, T.	9 Feb
Hammond, I.	23 Feb
Moss, R.	2 Mar
Molnar, B. R.	7 Mar
Warrender, B. R. MA	15 Mar
Tancell, P.	31 Mar
Tipper, M. S.	4 Apr
Parry, J. K. BSc	11 Apr
Kirby, R. J.	19 Apr
Miskell, T. M.	14 June

ROYAL AIR FORCE VOLUNTEER RESERVE (Training Branch)

Flying Officers

1979—contd

Name	Date
Mills, S. M.	15 June
Nichols, J. P.	22 June
Platts, P. B.	5 Aug
Bower, P. E. L.	14 Sept
Southee, P. E. C.	21 Sept
Lawrence, T. MA	23 Sept
Richards, P. J.	4 Oct
Anderson, A.	11 Oct
Sheehan, A. V.	11 Oct
Barber, D. I.	23 Nov
Coombs, P.	23 Nov
Edwards, B. R.	23 Nov
Weldon, C. A.	23 Nov
Hucker, S. J.	30 Nov
Hackett, R. PhD	1 Dec
Peace, J.	20 Dec
Bussetil, S. G.	22 Dec
Green, N. J.	22 Dec

1980

Name	Date
Greenhalgh, J. K.	31 Jan
Kinnon, D. McF.	7 Feb
Paterson, R. A.	7 Feb
Hepburn, R. O.	29 Feb
Catterall, R.	6 Mar
Shilladay, S. BA	6 Mar
Speakman, P. C.	6 Mar
Goldsworthy, R.	7 Mar
Cartwright, B.	8 Mar
Upham, P.	21 Mar
Clark, D. A.	22 Mar
Harris, A. R.	6 Apr
Flower, H.	25 Apr
Massey, P.	25 Apr
Molloy, S.	25 Apr
Thrussell, P. C. S.	25 Apr
Bosworth, R. J.	26 Apr
Davison, I. F.	27 Apr
Walker, J. A. BSc	19 June
Chalmers, I. MacD.	26 June
Apiafi, H.	27 June
O'Brien, D. A.	28 June
Ledamun, R.	29 June
Fradley, D.	23 July
Hadlow, R. K. J.	23 July
Geddes, R.	2 Aug
Keel, J. S.	4 Aug
Garrett, M.	12 Aug
Hills, E. R.	25 Aug
Mansfield, J.	5 Sept
Cutting, D. J. BA	12 Sept
Wilkinson, T. S.	14 Sept
Symons, M. T.	20 Sept
Docking, P. W.	4 Oct
Osborne, R.	16 Oct
Austin, A. L. BA	18 Oct
Colvin, D. P.	7 Nov
Raynor, G.	8 Nov
Whitters, P. D.	15 Nov

1981

Name	Date
Percival, D.	29 Jan
MacKay, D. J.	19 Feb
Swan, B.	19 Feb
Price, D.	28 Feb
Clemerson, G. C. BSc	4 Mar
Chart, D. I. J.	7 Mar
Vinnicombe, W. J.	8 Mar
Reid, M. B. BSc	9 Mar
Byng, E. F.	14 Mar
Gardner, W. J.	20 Mar
Kern, S. J. MA	29 Mar
Mackintosh, N. J.	8 May
Toon, T. H.	17 May
Challoner, E. IEng MIEIE	4 June
Jackson, B. K.	5 June
McClenagham, P. S. BEd	5 June
Jackson, T. A.	20 June
Doughty, A.	26 June
Priest, P. T.	11 July
Seazell, P. G.	19 July
Matthews, G. R.	22 July
Gunter, N. J.	26 July
Turnbull, W. E.	26 July
Kelly, I.	30 July
Wallace, I.	8 Aug
Walker, R. L. H. BSc	12 Aug
Christmas, K.	13 Aug
Richards, S. J.	13 Aug
Nicholls, P. T.	22 Aug
Clark, D. E.	23 Aug
Wake, G. R.	24 Aug
Duff, G. R.	3 Sept
Millar, J. B.	13 Sept
Harrison, S. D.	1 Oct
Elliott, A. G.	3 Oct
McCammont, T. T. McM	3 Oct
Murray, I. B.	3 Oct
Wood, S. MCIT MILT	17 Oct
Acland, P. T.	23 Oct
Beardwood, P. N.	29 Oct
Miller, R. R. BTech MBCS	31 Oct
McCall, J. M.	12 Nov
Brennan, P. M. BSc	14 Nov
Aldred, J. BSc	26 Nov
Woolcock, D. H.	30 Nov
Mayes, G. J.	12 Dec
Ralph, P. S.	17 Dec
Woods, S. J. BSc	17 Dec
Walker, P.	21 Dec

1982

Name	Date
Thomas, G. C. J.	8 Jan
Broomfield, I. K.	14 Jan
Ellis, B. I.	14 Jan
Bowers, J. W.	30 Jan
Doubell, P. T.	30 Jan
Hugo, R. L.	30 Jan
Yeoell, A.	30 Jan
Thirkell, C.	31 Jan
Adamson, C. J.	8 Feb
Curtis, A. J.	27 Feb
Southern, G. BDS	27 Feb
Poloczek, J. A.	7 Mar
Barton-Greenwood, G. C.	10 Mar
Thompson, A. G. F.	10 Mar
Metcalfe, J. W.	20 Mar
McArthur, A. BSc	26 Mar
Bowles, G. J.	1 Apr
Fisher, C. J.	10 Apr
Buehner-Coldrey, M. J. M.	30 Apr
White, M. E. BSc MInstP	1 May
Atherton, H. S. J.	2 May
Watts, P. A.	2 May
Wyse, A. R.	2 May
Greenslade, A. L. J.	8 May
Pitts, G. K.	9 May
Faulkner, C. R. BSc	20 May
Warren, J. S. BSc	22 May
Dunn, D. J.	16 June
Lyons, P. C.	16 June
Taylor, W. L.	16 June
Armstrong, A. P.	17 June
Milne, T. A.	17 June
Marshall, A. E.	27 June
Woodward, I. D.	27 June
Mohammed, I. N.	30 June
Smith, A. E. BSc	9 July
Charnock, G.	11 July
Melmore, A. C.	11 July
Orr, H.	4 Aug
Kaye, M. P. BA	9 Aug
Brickley, C. J. A.	22 Aug
Denton, W. B.	26 Aug
Nicholls, S.	26 Aug
Chapman, G. W. LLM MIMgt	29 Aug
Ranger, M. StJ.	29 Aug
Simpson, A. J. BSc	29 Aug
Burns, J. G.	11 Sept
Guy, S. D.	12 Sept
Semple, N. DipEE	20 Sept

ROYAL AIR FORCE VOLUNTEER RESERVE (Training Branch)

Flying Officers

1982—contd

Thompson, A. P. BSc	24 Sept	
Biddles, D.	26 Sept	
Bennett, G. E. D. BA	7 Oct	
Little, G. I. BSc	7 Oct	
Bailey-Woods, G. MRAeS	9 Oct	
Bennett, A. R. T.	9 Oct	
Dicks, C. P.	9 Oct	
Lewis, M. A.	9 Oct	
McKeown, B. J.	11 Oct	
Cook, J. A. BA	13 Oct	
Coffer, P.	28 Oct	
Gibson, T. H. G.	28 Oct	
Mehmet, K.	28 Oct	
Swierczek, A. F. I. AIB	29 Oct	
Evans, M. R. BSc	3 Nov	
Chapman, J. W.	13 Nov	
Walter, T. D. BA	14 Nov	
Burton, P. J.	17 Nov	
Melican, J. J. BA	21 Nov	
Abbey, S. M. BA	26 Nov	
Baker, M.	28 Nov	
Jelfs, R. G. BEd	28 Nov	
Measures, P. J.	8 Dec	
Passfield, A.	8 Dec	
Page, J. R.	17 Dec	
Willman, W. T. BA MIMgt	19 Dec	

1983

Harris, D. L.	6 Jan
Wilson, R. J.	6 Jan
Hill, T. J. BSc	14 Jan
Cox, D. C.	26 Jan
Day, C. M.	27 Jan
Druce, A. G.	27 Jan
Cook, F. J.	30 Jan
Goodier, R. L.	2 Feb
Barbour, E. C.	24 Feb
Mitchell, J. A.	24 Feb
Mekins, R.	3 Mar
Borwick, J. P.	11 Mar
Hunter-Brown, D.	11 Mar
Shelbourn, P. J.	27 Mar
Freehold, D. R.	31 Mar
Quayle, S. A.	31 Mar
Sweetman, R. C.	31 Mar
Purllant, N.	16 Apr
Tuff, G.	28 Apr
Clark, M.	8 May
Archibald, D.	13 May
Finch, D. J.	13 May
Wood, D.	13 May

Bethell, A. H.	20 May
Gorman, F.	4 June
Pettitt, B. W.	9 July
Routledge, P. W.	9 July
Stroud, J.	9 July
Forrester, A. BTech	10 July
Scott, P. R. BPharm MPS	10 July
Behenna, R. N.	17 July
Bishop, R. N. McC.	17 July
Lee, R. E.	17 July
Sherry, S. T.	17 July
James, B. R.	24 July
Brackston, A. M.	4 Aug
Miller, D. C. BSc	4 Aug
Rushton, F. A. StJ.	4 Aug
Coats, B.	12 Aug
Stanley, J. C.	13 Aug
Banks, H. R.	18 Aug
Easson, S. RGN RMN DN	1 Sept
Spinks, R. D.	3 Sept
Miller, D. K.	15 Sept
Timothy, R. C.	17 Sept
Chapman, A. W.	22 Sept
Steele, R. M. G. BSc	25 Sept
English, S. A.	30 Sept
Taylor, A. T. H. BSc MIMgt	5 Oct
Brown, D.	14 Oct
Munro, B.	19 Oct
Arnold, D. H.	23 Oct
Howard-Dobson, S. P.	29 Oct
Robinson, C.	29 Oct
Southwell, G. W. PhD MSc BSc	29 Oct
Smith, G. J.	30 Oct
Birkett, B.	12 Nov
Lewis, M. A.	12 Nov
Reywer, G.	12 Nov
Bohanna, P. J.	27 Nov
Twemlow, W. J. BA	27 Nov
Thynne, D.	15 Dec

1984

Harrison, M. D.	6 Jan
Mathews, M. G. BA	6 Jan
Seaton, I. G.	6 Jan
Carter, M. A.	4 Feb
Sergeant, P. S. BEd	4 Feb
Slaney, P. J.	4 Feb
Kalamatianos, C. M. BA	12 Feb
Ensor, S. J.	19 Feb
Eaton, M. A.	2 Mar
Robins, P. R.	2 Mar
Williams, S. MBE	2 Mar
Baker, N. W.	11 Mar
Horn, J. A.	11 Mar

Ulrich, M. P. ACA	11 Mar
Hartley, J. R. L. BSc	26 Mar
Smith, P. J.	26 Mar
Staniszewski, C. S.	26 Mar
Marshall, I. P.	30 Mar
Huntley, A. D.	1 Apr
McNamara, H. M.	10 Apr
Ferguson, C. G.	16 Apr
Wood, A. J.	16 Apr
Colbourne, D. J.	12 May
Davies, K.	12 May
Perriam, D. A.	12 May
Thompson, M. L.	12 May
Blundell-Pound, G. BSc MCIT MILT	20 May
Gill, G. BA	20 May
Westgate, P. R.	20 May
Wood, P. A. W.	20 May
Hailstone, A.	2 June
Collins, P. W.	11 June
Edwards, T. G. JP	29 June
Ely, D. E. MIMgt	29 June
Parker, G. G.	29 June
Parker, K. B. M.	29 June
Hoy, P. J. MIMgt	6 Aug
Hughes, D. M.	6 Aug
Mistry, K. K. G.	8 Aug
L'astrange, J. P.	25 Aug
Dent, M. A.	1 Sept
Gordon, J.	1 Sept
Neilson-Hansen, S. A.	7 Sept
Trueman, R.	13 Sept
Lane, P. S. BSc	14 Sept
Redmore, P. J.	17 Sept
Powell, P. J.	22 Sept
Greenow, J. W.	30 Sept
Brady, G.	4 Oct
Harper, M. E.	4 Oct
Lee, R. E. BA	4 Oct
Bennet, M. G. DFC	16 Oct
Churnside, T. W.	3 Nov
Wilson, M. J.	3 Nov
Flynn, C. P.	11 Nov
Moffat, J. C.	11 Nov
Linehan, M.	22 Nov
Callow, B.	6 Dec
Clark, A. E. C.	6 Dec
Jenkins, G. A.	8 Dec
Suddards, D. G.	8 Dec
Quarterman, R. J.	20 Dec
Willacy, B. F.	21 Dec
Fry, J. M. BSc	22 Dec

1985

Day, I. E.	3 Jan
Parsons, J.	3 Jan
McLauchlan, W. W.	27 Jan
Nicholls, D. T.	27 Jan

ROYAL AIR FORCE VOLUNTEER RESERVE (Training Branch)

Flying Officers

1985—contd

Name	Date
Breward, R. W. MSc	1 Feb
Meath, P.	1 Feb
Silver, S. E.	7 Feb
Sucksmith, P. S.	15 Feb
Race, B. T.	16 Feb
Williams, G. N.	3 Mar
Sutton, A. J.	14 Mar
Broadbridge, I. J. D.	21 Mar
Jones, P. M.	21 Mar
Haswell, M. R. BSc MIEE	25 Mar
Streule, C. R. BSc	25 Mar
Courtney, R. B. MSc BTech	29 Mar
Heath, J. G. RMN	29 Mar
Alford, R. E. PhD BSc CChem MRSC	31 Mar
Bark, B. P.	31 Mar
Girdler, E. E. G.	3 Apr
Jones, G. D. R. PhD BSc	14 Apr
Penn, A. D.	22 Apr
Muskett, N. P.	28 Apr
Smith, D. BSc MB ChB	30 Apr
Fitzpatrick, B. J.	5 May
Gould, R. G.	11 May
Holloway, G.	11 May
Hullott, S.	11 May
Smith, P. M. BSc	18 May
Padgham, A. J.	22 May
Cooper, N. C.	24 May
Oliver, A. D.	24 May
Anderson, P. B.	30 June
Bate, K. M.	30 June
Houston, T. W.	30 June
McNeill, C. T.	30 June
Milford, C.	30 June
Moore, K. S.	30 June
Parker, E. R.	28 July
Smith, J. I.	28 July
MacKay, D. J.	12 Aug
Taylor, R. S.	6 Sept
Beard, G.	19 Sept
Beardsley, C. L.	19 Sept
Sosnowski, S.	19 Sept
Steggles, T. P.	19 Sept
Foster, H.	21 Sept
Smith, M. R.	21 Sept
Williams, A. D.	21 Sept
Graham, R.	23 Sept
Allison, K. D. BA	5 Oct
Stansfield, J. D.	7 Oct
Cheeseman, G. C.	19 Oct
Standish, J. L. IPFA	20 Oct
Bratt, L. BSc	26 Oct
Whittington, J. W. BA MIL	26 Oct
Ving, I. C.	2 Nov
Dudek, M.	9 Nov
Fitch, G. R.	9 Nov
Barnes, C. R.	24 Nov
Strunwick, A.	24 Nov
Coleman, P. A. BSc	25 Nov
Dooley, S. F.	29 Nov
Hawke, T. R.	29 Nov
Johnson, M. S.	6 Dec
Taylor, W. A.	6 Dec
Rickwood, T. R. BA	15 Dec
Naeem, S. M.	16 Dec
Rogers, J. C. R.	16 Dec
Tuff, V. G.	16 Dec

1986

Name	Date
Bean, D.	3 Jan
Cartwright, A. C.	3 Jan
Dimond, W. B.	3 Jan
Grix, A. D. H.	3 Jan
Lloyd, S.	3 Jan
Moore, P. A.	3 Jan
Warner, P. S.	3 Jan
Sheppee, P. W. V.	5 Jan
Gillespie, D.	9 Jan
Hodges, C. J. M. BA	17 Jan
Bishop, I. L. BSc	23 Jan
Ancell, T.	27 Jan
Bristow, J. C.	27 Jan
Barber, S.	1 Feb
Davey, P. R.	1 Feb
Duffin, J. E.	1 Feb
Kirczey, A. M.	1 Feb
Down, J. PhD BSc CEng MIERE	9 Feb
Ward, R. J.	16 Feb
Dignan, J. C. MIMgt	19 Feb
Newman, T. P.	3 Mar
Wiper, K. J.	7 Mar
Wright, G.	7 Mar
Longstaffe, A. J.	10 Mar
Barnett, D. A. R.	12 Mar
Plant, J.	13 Mar
Morris, R. A. F.	19 Mar
Holt, A. BA JP	22 Mar
Loveday, P. B.	22 Mar
Nicholson, S. B.	28 Mar
Boyd, A.D. BEd	2 Apr
Mitchell, R. T. MBE	10 Apr
Levick, P.	16 Apr
Rundle, C. B.	16 Apr
Truberg, P. A.	16 Apr
Johnson, S. R. BSc	28 Apr
Hawkes, G. R.	11 May
Kelsey, G.	15 May
Mullins, C. R. J.	15 May
Bovingdon, A. D.	21 May
Scott, P. J.	21 May
Dailly, N. J. S. Dip El Eng	1 June
Sterland, R. J. MBE	11 June
Smith, R. C.	23 June
Eames, M. E.	26 June
Hick, J. K.	26 June
Lampard, J. S.	26 June
Rowland, D.	26 June
Goodier, R. E.	5 July
Higgins, D. T.	5 July
Saunders, M. J.	5 July
Watkins, D. V.	10 July
Gardner, T. P.	25 July
Stanley, D. S.	5 Aug
Gillott, C.	13 Aug
Gregory, T. W.	13 Aug
Foster, R. W.	28 Aug
Cox, B. R.	14 Sept
Latimer, J. S.	16 Sept
Hicks, R. G.	17 Sept
Chandler, K. R.	28 Sept
Armitage, J. P. BSc	1 Oct
Thomas, B. C.	1 Oct
Hipperson, A. J.	11 Oct
Bosworth, D. PhD BSc	24 Oct
Clarke, J. BSc	24 Oct
Lark, M. A.	24 Oct
Anderson, D. J.	9 Nov
Baldock, B. F.	12 Nov
Dickinson, N. C.	15 Nov
Eccles, R. S. FCMA	15 Nov
Skinner, D. S.	15 Nov
Vance, W. G.	15 Nov
Carter, D. E.	17 Nov
Iliffe-Rolfe, G. D.	18 Nov
Flower, P. C.	3 Dec
Mullan, I. J.	3 Dec
Singer, J. C.	3 Dec
Roberts, T. G. BA	10 Dec
Morgan, D. J.	14 Dec
Yates, G. J.	14 Dec
Penwarden, R. J.	16 Dec
Wood, M. R. O.	20 Dec

1987

Name	Date
Barrett, M. E.	9 Jan
Gibson, G. V. BSc	17 Jan
Kemp, R. A.	21 Jan
French, B. S.	24 Jan
Shingler, F. J. MA	31 Jan
Anderton, K. R.	11 Feb
Bastow, J. N. MBCS	11 Feb
Byrne, M. P.	22 Feb
Cubitt, P. A.	22 Feb
Griffiths, D.	22 Feb
Griffiths, L. M.	22 Feb

ROYAL AIR FORCE VOLUNTEER RESERVE (Training Branch)

Flying Officers

1987—contd

Yeomans, M. J. M.	22 Feb
Davies, A. J. BA	3 Mar
Da Silva, L. J.	8 Mar
Martin, C.	8 Mar
Nash, M. A.	8 Mar
Wilson, J.	8 Mar
Goodayle, R. C.	25 Mar
Suchorzewski, D. G.	25 Mar
Wellings, H. J.	25 Mar
Blance, L. H. BEd	28 Mar
Loynton, J. C. MA BEd	28 Mar
Rogers, M. T.	9 Apr
Thomas, J. E.	28 Apr
Jones, B. R.	1 May
Ridge, J. P. MA	1 May
Ledser, C.	2 May
Manfield, R. F. W.	8 May
Boyce, D. R.	13 May
Pritchard, K.	20 May
Tapply, S. A. MEd BA	31 May
Riley, M. W.	3 June
Wickwar, P. J.	3 June
Shepherdson, K. A.	9 June
Cook, M. I. BSc	11 June
Reyes, J. A. BA	28 June
Dart, N.	1 July
Davies, H. B.	1 July
Harris, R. W. BSc	1 July
Hollington, R. V.	1 July
Hoyle, R. F.	1 July
Jukes, R. W.	1 July
Parsons, P.	1 July
Sutton, B. J. N.	1 July
Aves, J. M. BSc	8 July
Bell, L. A.	8 July
Evans, D. E.	30 July
Gregor, G. R.	30 July
Hornsey, L. BSc	30 July
Keane, L.	30 July
Kendall, D. J. BA	30 July
Smale, J. A. BEd	30 July
Souter, T. W.	30 July
Hambly, C. J.	6 Aug
Hudson, I. M.	14 Aug
Mihailovic, D.	14 Aug
Davies, M. S.	22 Aug
Brown, H. D.	29 Aug
Burchall, R. F.	3 Sept
Davies, A. J.	5 Sept
Hedley, R. L. BSc CEng MIMechE	5 Sept
Moran, J. P. BA	13 Sept
New, S. P.	19 Sept
Stacey, C.	23 Sept
Pomeroy, C. A.	28 Sept
Castleton, L. M.	30 Sept
Williamson, J. W.	30 Sept
Ross, H. S.	20 Oct
Blakey, M. P.	21 Oct
Lee, F.	21 Oct
Tunnah, J. E.	3 Nov
Goggin, J. F.	5 Nov
Gurney, R. F.	5 Nov
McLennan, J. D.	5 Nov
Bradfield, M. A. H. BA	7 Nov
Eaton, J. G.	18 Nov
Tranter, G.	26 Nov
Hincks, P. S.	2 Dec
Rogers, A. D.	13 Dec
Swallow, R. J.	13 Dec
Howard, D.	17 Dec
Penn, B. W. BSc	18 Dec

1988

Roberts, R.	7 Jan
Elphick, R. W.	23 Jan
Penn, C. M.	23 Jan
Sewell, R. G.	23 Jan
Merriman, D. A. P. MA BA	2 Feb
Barton, N.	4 Feb
Kelly, L. D. BSc	14 Feb
Koscikiewicz, M. J.	14 Feb
Morse, J. E.	14 Feb
Ronaldson, D. D.	14 Feb
Walkley, J. R.	14 Feb
Yee, R.	18 Feb
MacLean, R. F.	20 Feb
Weir, D. C. J.	20 Feb
Winton, N. O.	21 Feb
Adams, P.	10 Mar
Heath, J. H.	20 Mar
Horsley, D. C.	20 Mar
Kerr, R. J. BSc CEng MIEE	20 Mar
Flynn, A. J.	11 Apr
Soughton, K. J.	11 Apr
Crew, D. R.	16 Apr
Peterkin, I. C. BA	16 Apr
Murray, R. J.	24 Apr
Mulvee, B.	30 Apr
Woods, S. A. BSc	30 Apr
Ford, P.	1 May
Goodwin, D.	19 May
Totten, P. A.	19 May
Barnes, P. D.	6 June
Hector, H. M.	6 June
Huntley, J.	6 June
Pearson, D.	6 June
Stock, M. B.	23 June
Yates, P. W.	23 June
McDonald, R. L. C.	30 June
Davies, G. M.	7 July
Sumbler, B. A. BSc	7 July
Richardson, E. M.	9 July
Kidney, R. AFC	17 July
Hepple, K. J.	30 July
Smith, S. P.	30 July
Timmins, D. AIB	30 July
Turner, D.	30 July
Vincent, J. N.	30 July
Watts, A. J.	30 July
Richardson, P. J. BSc	14 Aug
Page, A. M. BA	15 Aug
Hutton, C. R. BSc CEng MIEE JP	18 Aug
Unthank, R.	2 Sept
Beech, J. A.	8 Sept
Parker, M. C.	8 Sept
Wood, P. J.	15 Sept
Hamilton, A.	17 Sept
Leinster-Evans, S. BSc	17 Sept
Mackay, M.	17 Sept
Ward, I. M.	17 Sept
Gant, D. McK. MA	23 Sept
Shaddick, D. W. C.	23 Sept
Tippell, R. J. BA MIMgt	27 Sept
Rowan, P. R. BSc	30 Sept
Smith, R. L.	30 Sept
Lovett, M. S.	1 Oct
Warner, D. L. BSc	2 Oct
McNaught, R.	6 Oct
Paish, C. M. BA	11 Oct
Fox, A. BSc	22 Oct
Thubron, B. F.	27 Oct
Boden, C. G. BSc	30 Oct
Butler, A. G.	6 Nov
MacCarron, J. P. BA	6 Nov
Green, M. H. MEd MRAeS	25 Nov
Sinclair, S. B. M.	25 Nov
Taylor, N. J.	4 Dec
Webb, A. W.	4 Dec
Wratten, A. J. BTech	4 Dec
Joynson, D. BEd	11 Dec
Godden, J. R.	15 Dec
Wort, G. L. P.	15 Dec
Beaney, V. R.	18 Dec

1989

Carr, S. J.	2 Jan
Duffin, K. E.	6 Jan
Smith, A. L.	6 Jan
Westacott, E. BA	6 Jan
Williams, R. S.	12 Jan
Stapleton, R.	26 Jan
Wright, M. G. BEd	26 Jan
Littleton, J. A.	27 Jan
Breedon, R. LLB	2 Feb
Brooks, B. C.	2 Feb
Jones, P. E. C.	6 Feb

ROYAL AIR FORCE VOLUNTEER RESERVE (Training Branch)

Flying Officers

1989—contd

Name	Date	Name	Date	Name	Date
Reid, N. J. W.	9 Feb	Gabriel, W. A.	28 Sept	Young, B.	19 Feb
Keen, G.	19 Feb	Stephenson, B.	28 Sept	Grapes, N. P. P.	26 Feb
Withers, N. R.	20 Feb	Evans, D. K.	19 Oct	Bowyer, R. E.	1 Mar
Cochran, A. N. MSc		Delaney, G. T.	20 Oct	Hair, J. L.	3 Mar
BSc CEng MIEE	28 Feb	Parfitt, A. P.	20 Oct	McAtamney, E. J.	3 Mar
Waller, A. J.	2 Mar	Revell, I. L.	20 Oct	Victory, C.	3 Mar
Thomson, B. I.	10 Mar	Talbot, A. J.	20 Oct	Walker, D. J.	3 Mar
Butterley, J. D.	22 Mar	Weston, P. T.	20 Oct	Adgar, B.	8 Mar
Britton, K. M. MSc BA	31 Mar	Winder, D.	22 Oct	Dean, J. D. E. BSc	20 Mar
Browne, R. A.	31 Mar	Laycock, J. BA	2 Nov	Lockwood, N. C.	8 Apr
Gale, C. A. F.	31 Mar	Palmer, J. M. BA	3 Nov	Ridgway, E.	8 Apr
Guy, R. M.	31 Mar	Kay, E.	9 Nov	Sewell, M. A.	8 Apr
Brown, J. A.	27 Apr	Smith, A. C.	9 Nov	Trickey, A.	8 Apr
Dunnett, S. K.	27 Apr	Stanton, T. M.	9 Nov	Tunstall, R.	18 Apr
Smith, W. H.	5 May	Watson, N. A.	9 Nov	Love, M. A.	28 Apr
Cotton, E. M.	7 May	Emmins, D. J.	12 Nov	Shimmons, R. W.	9 May
Lawrence, P. J. LLB	21 May	White, R.	12 Nov	Baldwin, T. M. A. BSc	
Spottiswood, J. D. CB		Wiles, H. B.	12 Nov	MIBiol PGCE	11 May
CVO AFC MA	28 May	Crawley, E. J.	13 Nov	Cohen, G.	11 May
Baker, S. J.	29 May	Hildersley, C.	13 Nov	Kerr, R. W.	11 May
Bickerdike, H. J.	29 May	Langfield, P. A.	13 Nov	Naismith, I. E.	11 May
Farndon, E. E.	29 May	McGrattan, C.	13 Nov	Waller, S. E.	11 May
Jones, J. E. M. BA	29 May	Holden, R. E.	16 Nov	Mayes, D. C.	24 May
Whittenbury, W. P.	29 May	Ephgrave, P. J.	18 Nov	Shakespeare, M. N.	24 May
Finlay, G. F.	11 June	Knight, Sir Michael		Brookbank, C. K.	26 May
Jordan, A. P.	11 June	KCB AFC BA DLitt		Wright, A. S.	26 May
Stroh, J.	18 June	FRAeS	19 Nov	Roy, T. D.	27 May
Button, D. MIMgt	25 June	Simpson, A. C.	26 Nov	Day, P. J. J.	9 June
Winks, C. W. BSc	25 June	Morris, R. H. BEd FRGS	1 Dec	Bell, S. G.	27 June
Mackay, I. F.	28 June	Spokes, A. J.	1 Dec	Gillespie, A. J.	27 June
Budd, W. J.	2 July	Davies, K.	10 Dec	Lawrance, A. D.	30 June
Flood, E. A.	2 July	McLachlan, R. A. P.	10 Dec	Pollard, J. E.	30 June
Pitt, M. R.	2 July	Seymour, V. R.	15 Dec	Welborne, R. G. BA	30 June
Broughton, B. W.	10 July	Evans, S. E. BA	18 Dec	Boggis, M. F.	2 July
Dodd, M. S.	10 July	Hodges, T. A. ACII	20 Dec	Reynolds, G. W.	4 July
Howard, B. M. RGN	10 July			Bulley, B. BSc	13 July
Mitchell, P. V.	10 July	**1990**		Rutledge, G. A. BA	14 July
Cyster, C. D.	11 July			Forster, J. B.	26 July
Davidson, R. H. C. MA	12 July	Blanche, J. D. BSc	12 Jan	Gallagher, M.	31 July
Evans, A. M.	13 July	Franklin, S. J. W.	12 Jan	Anderson, J. M.	2 Aug
Adams, D. C.	28 July	Guy, B. J.	12 Jan	Bracey, K. W.	2 Aug
Haygarth, P. W. J.	28 July	Smith, G. J.	18 Jan	Hansen, D.	2 Aug
Hollyer, P. A.	28 July	Lundy, R. P.	21 Jan	Hynes, A. C. LLB	2 Aug
Jefferies, N.	28 July	Tisley, B. P. F.	24 Jan	Morrell, S.E.	2 Aug
Wiggins, P. E.	28 July	Bage, K. M. BSc	26 Jan	Parker, N. E.	2 Aug
Grover, J. D.	11 Aug	Bates, J. D.	28 Jan	Patterson, G. D.	2 Aug
Lawrence, J. M.	13 Aug	Tebbs, J. E.	28 Jan	Poulton, M. J.	2 Aug
Burford, D. P.	19 Aug	Tebbs, R. C.	28 Jan	Scott, J. G.	2 Aug
East, N. R. H.	3 Sept	Robetts, W. C. R. MEd		Webb, D. J.	2 Aug
Hope, M. E. MA BA	5 Sept	BA	2 Feb	Westwood, E. A. W.	
Down, F. C. BSc	18 Sept	Davis, H. N.	4 Feb	MIMechE	2 Aug
Maggs, C. K.	18 Sept	Single, G. J.	4 Feb	Wright, M. R. BSc	2 Aug
Owen, J. E.	18 Sept	Griffith, E. D.	5 Feb	Kerr, A. T.	2 Sept
Bass, M.	28 Sept	Cooke, I.	19 Feb	Shepherd, S. V.	2 Sept
Ellison, C. R.	28 Sept	Davies, L. S.	19 Feb	Stevens, E.	2 Sept
		Dixon, P.	19 Feb	Brittain, A. J.	4 Sept
		Edwards, D. G.	19 Feb	Edmonds, R. S. P.	4 Sept
		Hardwick, S. J.	19 Feb	Naz, P. G.	5 Sept
		Peers, J. K.	19 Feb	Robinson, A. H.	5 Sept
				Gould, H.	9 Sept

273

ROYAL AIR FORCE VOLUNTEER RESERVE (Training Branch)

Flying Officers

1990—contd

Name	Date
Hackshall, S. E.	9 Sept
Stancombe, K. M. BSc PGCE	12 Sept
Baker, A. J.	14 Sept
Griffin, A. C.	14 Sept
Pavitt, R. G.	14 Sept
Kent, B. L. CertEd	16 Sept
Tebbs, R. C.	20 Sept
Bailey, M. J.	27 Sept
Carr, J. M.	27 Sept
Farrow, R. H.	27 Sept
Ireland, D. E.	27 Sept
Roe, C. P.	27 Sept
White, M.	27 Sept
Blacklock, C. N. BA CertEd	30 Sept
Boland, W.	30 Sept
Hoskins, M. J.	4 Oct
Mead, S. M.	4 Oct
Swatridge, J. C.	6 Oct
Eckersley, E. J.	10 Oct
Graham, M. J.	10 Oct
Bartlett, A. J.	13 Oct
Palmer, P. J.	13 Oct
Bell, C. G.	24 Oct
Brown, A. J.	28 Oct
Wilkin, D.	28 Oct
Oswell, Q. M. B.	30 Oct
Sweeney, M.	31 Oct
Brad, W. G. M.	1 Nov
Martin, I. J.	2 Nov
Bloor, P. J.	4 Nov
Anderson, I. F.	15 Nov
Hougham, S.	15 Nov
Meredith, C.	15 Nov
Newton, F. G. J.	21 Nov
Pinching, S. J.	21 Nov
Barwick, R. L.	27 Nov
Lamb, A. R. MIBiol	5 Dec
Rogers, F. C.	5 Dec
Wood, C. P.	5 Dec
Wood, J. A.	5 Dec
Aylett, G. L.	9 Dec
Pratt, B. R. D.	9 Dec
Ogden, P. J.	14 Dec
Blake, N.	22 Dec
East, C. A.	22 Dec
Hitchen, J. B.	22 Dec
Sullivan, R. J.	22 Dec

1991

Name	Date
Ogden, G. Y.	5 Jan
Cook, B. J.	17 Jan
Adams, C. R.	18 Jan
Pole, H. W. M.	31 Jan
Bruguier, G. P.	6 Feb
Leduc, F. P.	6 Feb
Loxton, J. V.	9 Feb
Keable, J.	10 Feb
Bass, S.	28 Feb
Gracey, M. H. BA	28 Feb
Jenkins, D. P. BA PGCE	28 Feb
Roberts, M. A. BA	28 Feb
Stubbs, M. K.	28 Feb
Walker, S. F. BEd	28 Feb
Wardill D. H. CEng MIEE MIMechE	4 Mar
Cliffe, A. J.	14 Mar
Scanlon, N. F. J.	14 Mar
Thomas, B. A.	14 Mar
Bryan, A. S.	22 Mar
Davies, J.	25 Mar
Bruce, C. W. OBE	3 Apr
Edwards, G. G.	4 Apr
Kocbusz, G.	7 Apr
Anderson, S. D.	11 Apr
Gilvary, R. B.	12 Apr
Anderson, J. S.	15 Apr
Cowley, D. A. AFC BA	16 Apr
Howlett, M.	19 Apr
Johnson, K. R.	19 Apr
Stonestreet, C. J.	19 Apr
Tolley, P. J.	19 Apr
Rees, G. F. MBCS	26 Apr
Sutherland, D. F.	28 Apr
Delafield, J.	13 May
Kelly, A. J.	17 May
Kidby, M. J.	17 May
Truman, W. E.	17 May
Smith, A. M. BSc	19 May
Warrender, N. R. BSc	19 May
White, D. A. C. BSc	19 May
Deighton, D.	20 May
King, A.	25 May
Moss, D. W.	25 May
Welbourne, R. J.	25 May
Smithson, P. J.	26 May
Alexander, B. A.	13 June
Smitheman, G. E.	13 June
Thorrington, B. W. G.	13 June
Goodier, M. A.	14 June
Simpson, C.	14 June
Ashton, P.	21 June
Livingston, R. C.	21 June
Buckland, S.	22 June
Carter, P. A.	22 June
Flitcroft, S. E.	28 June
Adams, J. E.	2 July
Brown, A. K. BSc	2 July
Atkinson, S. P.	4 July
King, T. R.	4 July
MacDonald, A. S.	4 July
Rattle, R.	4 July
Wood, R. P.	4 July
Boustead, S.	20 July
Lowe, J. L.	20 July
Stockill, B. M.	20 July
Walshaw, R. N. BA PGCE ARCO	20 July
Wilcock, N. BTech	20 July
Lees, A.	26 July
Taylor, J. G. MSc AIB	26 July
Blunt, G. J.	28 July
Morton, W. J.	30 July
Carvosso, K. G.	1 Aug
Clift, A. D.	2 Aug
Reis, F.	2 Aug
Elms, D. J.	11 Aug
Slater, P. C.	11 Aug
Combe, A. G.	14 Aug
Miller, A. A. BA	14 Aug
Haller, D.	19 Aug
Hall, D.	25 Aug
Hill, D. A.	25 Aug
Hooton, G. A.	25 Aug
Hill, R.	29 Aug
Cartwright, P.	4 Sept
James, D. L.	4 Sept
Lucas, J. P. MA	4 Sept
Neate, M. W. J.	4 Sept
Endean, J. P.	5 Sept
Hatch, M. L.	11 Sept
Eke, M. J.	14 Sept
Henson, D. R.	14 Sept
Williams, T. J. W.	14 Sept
Turner, Y. A.	18 Sept
Edwards, A. M.	19 Sept
Williams, P. M. RGN	19 Sept
Davis, A.	29 Sept
Taylor, R. D. DPhysEd	29 Sept
Henderson, D. J. PhD BSc PGCE	2 Oct
Hutchinson, S. A.	11 Oct
Mayoh, S. A.	11 Oct
Goddard, C. M.	16 Oct
Esson, D. J. M.	23 Oct
Howes, R. W.	23 Oct
Pidgeon, P. R.	23 Oct
White, A. J.	23 Oct
Biddles, D.	26 Oct
Goring, P. D.	26 Oct
Jeremiah, L.	26 Oct
Palmer, D. J.	26 Oct
Tucker, K. D.	3 Nov
Wilson, K. R.	13 Nov
Armstrong, R. T.	16 Nov
Cambra, J. M.	16 Nov
Jones, D. A.	16 Nov
Chapman, P.	25 Nov
Hallam, J. W. R.	30 Nov
Hunt, J. L.	30 Nov
Kearns, G.	30 Nov

ROYAL AIR FORCE VOLUNTEER RESERVE (Training Branch)

Flying Officers

1991—contd

Robinson, D. A.	30 Nov	Evans, A. L. BSc	22 Apr	Brierley, J. A.	8 Oct
Rogers, G. L.	30 Nov	Newton, C. J.	1 May	Hawke, C. D.	8 Oct
Swinge, P. D.	30 Nov	Copsey, C.	14 May	Spencer, C. J.	8 Oct
Dasilva, M. E.	1 Dec	Robertson, A. BSc	14 May	Toth, V. M.	8 Oct
Downs, T.	11 Dec	Teggin, C. M. BA	17 May	Huyton, D. G.	11 Oct
Vernon, M. BSc		Clarke, G. A. BA	19 May	Smith, A. L. BEd	
PGCE	12 Dec	Creveul, I. C. BA	21 May	FSERT	11 Oct
Atkins, A. M.	20 Dec	Adam, S. D.	30 May	Robson, J. D.	16 Oct
Goodger, G.	20 Dec	Alburey, D.	4 June	Hacksall, D.	17 Oct
		Donnelly, D. P.	4 June	Humphreys, N. A.	17 Oct
		Swann, G. B. G.	4 June	Law, D. W.	17 Oct
		Costin, G. A.	11 June	Caffyn, B.	25 Oct
		Gardner, J.	20 June	Warwick, N. P.	25 Oct
		Turner, J. A.	20 June	Morrison, S. W.	30 Oct
		Crandon, D.	4 July	Crawford, W. I.	1 Nov
1992		Hill, K. M.	4 July	Southwell, R.	1 Nov
		Merritt, C. K.	4 July	Cretney, P. A.	5 Nov
		Pescod, V.	4 July	Stone, J. B.	5 Nov
Burrows, G. W.	8 Jan	Walton, E.	4 July	Stone, P.	5 Nov
Davison, E. D.	8 Jan	Filler, N. D.	16 July	Turner, S. J.	5 Nov
Hamilton, M. R.	8 Jan	Starling, P. G.	16 July	Cambra, A.	12 Nov
Monro, I. W.	8 Jan	Taylor, G.	16 July	Kilminster, W. B.	12 Nov
Potter, S.	8 Jan	Wiggins, D. A.	16 July	Hughes, G. W. A.	22 Nov
Smith, J. H.	8 Jan	Wiggins, S. J.	16 July	Pepper, I. K.	22 Nov
Thompson, P.	8 Jan	Worsnop, A. M.	16 July	Podger, S.	22 Nov
Brett, M. I.	13 Jan	Irving, P.	23 July	Sharpe, A. J.	26 Nov
Mitchell, A.	22 Jan	Smith, S. I.	23 July	Mason, J. B.	27 Nov
Johnson, S.	23 Jan	Whitehead, V. G.		Jones, N. R.	30 Nov
Mead, A. B.	24 Jan	MIMgt	23 July	Metherell, M. J. BA	1 Dec
Medhurst, P. W.	30 Jan	Pyett, G. W.	24 July	Grant, M. J. MA	
Brittain, V.	5 Feb	Smith, N. G.	24 July	PGCE	5 Dec
Halliday, J. W.	5 Feb	McKay, A. FIMgt	3 Aug	Gill, J. L.	10 Dec
Anderson, D. N.		Morgan, A.	6 Aug	Smith, M. J.	10 Dec
CertEd	7 Feb	Alexander, D. A.		Douglass, I. J. BSc	
Hobbs, D. G.	7 Feb	BMus	9 Aug	PGCE	13 Dec
Gidney, A. J.	10 Feb	Fox, B. J.	9 Aug	Tanner, H. S. T.	14 Dec
Arnold, W. J. W. BA		Walker, C. BA	17 Aug	Cunningham, A. M.	17 Dec
PGCE	15 Feb	Brooks, A. R.	20 Aug	Danson, C. A.	17 Dec
Haggo, S. J.	15 Feb	Hortop, D. BA	20 Aug	Johnson, R. G.	17 Dec
Lee, J. F.	15 Feb	Carnegie, D. N.	24 Aug	Southwell, D. L.	28 Dec
Teague, W. W. L.	15 Feb	Lee, G.	24 Aug		
Middleton, K. J.		Burke, J. R. BSc	31 Aug		
BEng	20 Feb	Godfrey, P. A.	6 Sept		
Miskimmin, M. D.	26 Feb	Drury, C.	10 Sept	**1993**	
Chivers, G. C. R.	27 Feb	Jones, D. A. G.	10 Sept		
Jones, J.	27 Feb	Leeson, S. A.	10 Sept	Feltham, C.	7 Jan
Roberts, P. G.	2 Mar	Wells, P. A.	10 Sept	Willey, R. E.	7 Jan
Retallick, R. N.	12 Mar	Westlake, R. G.	11 Sept	Anderson, A.	14 Jan
Woolven, A. J.	12 Mar	Kensett, C. J.	12 Sept	Hetterley, E. C.	22 Jan
Hale, D. I.	20 Mar	Perris, A. J. B.	16 Sept	Wyer, E. J.	27 Jan
Whitehead P. F.	23 Mar	Bagshaw, M. J.	19 Sept	Clarke, H. PhD BSc	28 Jan
McNeill, S. D.	28 Mar	Brunt, G. H.	19 Sept	Clapp, G. D.	29 Jan
Porter, E. A.	28 Mar	Winrow, N.	19 Sept	Forward, A. J.	29 Jan
Emmins, A. M.	2 Apr	Rathbone, S.	21 Sept	Foulkes, J. MSc	
French, D.	2 Apr	Chandler, H. T.	22 Sept	BSc	1 Feb
Spring, D. R.	2 Apr	Crawford, M. I.	25 Sept	Birch, F. J.	8 Feb
Cleeter, A. G.	4 Apr	Duff, M.	25 Sept	Rees, D. W. BSc	8 Feb
Mathie, A. R. C.	4 Apr	Reditt, J. L.	25 Sept	Tomlinson, J.	11 Feb
Nutland, C. F.	4 Apr	Gilbert, B. R.	4 Oct	Clark, J.	15 Feb
Ford, C. A.	10 Apr	Grant, D. I.	4 Oct	Houghman, D. M.	18 Feb

275

ROYAL AIR FORCE VOLUNTEER RESERVE (Training Branch)

Flying Officers

1993—contd

Name	Date
Artt, M. H. BA PGCE	19 Feb
Owen, D.	28 Feb
Child, R. PhD BSc PGCE	7 Mar
Weatherston, S. A.	8 Mar
Blackford, P. K.	11 Mar
Browell, A.	11 Mar
Entwistle, G. S.	11 Mar
Gilbey, S. L.	11 Mar
Hayes, G. P.	11 Mar
Longdon, M. E. B.	13 Mar
Stokes, R.	13 Mar
Bennett, P. J.	15 Mar
Wilson, R. C.	28 Mar
Robinson, C. I.	1 Apr
Hayr, Sir Patrick KCB KBE AFC	6 Apr
Willison, D. J. BSc	7 Apr
Marr, J. D.	8 Apr
Lawrance, M. J. B. MBE	12 Apr
Betson, C.	14 Apr
Brabner, J. R.	14 Apr
Davis, A. R.	17 Apr
Boulet, O. A. M.	19 Apr
Hatton, C. I.	19 Apr
Bolt, C.	23 Apr
Graddon, L. B. BA CertEd	25 Apr
Parkin, M. J. CertEd	25 Apr
Toon, S. M.	25 Apr
Gatland, G. D. LLB	26 Apr
Griffiths, R.	29 Apr
Pallister, D. H.	29 Apr
Jago, T. M.	7 May
Wilson-Benn, A.	7 May
Castle, M. E.	30 May
North, G. W.	30 May
Thomas, E. A.	30 May
Hewitt, R. S.	3 June
Atkins, P. M.	12 June
Kamper, R.	12 June
Machin, A. J.	25 June
Moyes, T. E.	25 June
Sansom, T. D. BEng	25 June
Shepherd, J. M.	25 June
Parkes, G. F. H. BSc PGCE	26 June
Conway, G. E.	2 July
Smith, P. R.	2 July
Barnes, M. J.	5 July
Hawthorn, M. R. CertEd	5 July
Reyes, E. J. BTh	5 July
Burnett, W. M.	9 July
Chapman, P. J.	9 July
Sutcliffe, K.	9 July
Gregory, R. J. BSc	16 July
Whitelaw, D. J. BA	18 July
Holman, B. C. L.	19 July
Parsons, J. D. F.	22 July
Cameron, W.	23 July
Craghill, W. M.	30 July
Watt, N. R.	30 July
Robson, A. A.	5 Aug
Atkins, J. S.	7 Aug
Dale, J. N.	7 Aug
Rose, J. S.	7 Aug
Watkinson, C.	7 Aug
Smart, R. W.	9 Aug
Martin, J. F. S.	11 Aug
Smith, T. J.	11 Aug
Fisher, B. A.	13 Aug
Gale, P. S.	13 Aug
Lemmon, L. J.	13 Aug
Fincher, D.	16 Aug
Musgrove, D. J.	19 Aug
Henley, P. S.	26 Aug
Marley, G.	29 Aug
Michie, J. M.	29 Aug
Cunningham, A.	2 Sept
Gillett, R. A.	2 Sept
Thomas, F. E.	4 Sept
Darnell, M. C.	9 Sept
Frowe, N. J. BA	9 Sept
Anderson, P.	11 Sept
Czarnecki, P. E.	11 Sept
Lovett, A. W.	11 Sept
Berry, D. J.	12 Sept
Budd, R. L. H.	12 Sept
Byatt, M. J. BEd	12 Sept
Robertson, A. R. BSc	12 Sept
Stump, D. R.	12 Sept
Cheek, I.	16 Sept
Quick, S. G.	16 Sept
Chaplin, R. E.	17 Sept
Fallon, J. F.	17 Sept
Leigh, J. M. BEd	17 Sept
Lloyd, J. R. BA	17 Sept
Bell, J. P.	20 Sept
McCutcheon, M.	23 Sept
Rymer, G.	23 Sept
Edmunds, A. C.	24 Sept
Easson, I. M. RGN RMN	4 Oct
Short, G.	4 Oct
Yorston, I. S.	5 Oct
Bernays, J. S.	9 Oct
Charlton, J. J. BSc PGCE	15 Oct
Taylor, I. A.	15 Oct
Cooper, J. M.	22 Oct
Doughty, P. D.	22 Oct
Gore, S. A.	22 Oct
Horncastle, S.	30 Oct
Newman, T. C. M. MA	31 Oct
Barlow, S. R. R.	4 Nov
Hutchinson, L. D.	6 Nov
McNaught, J. A. B. MA	6 Nov
Wheeler, D. J. BSc	6 Nov
Mussett, P. G.	7 Nov
Simms, V. A. M.	7 Nov
Bolton, G. A.	8 Nov
Burke, M.	11 Nov
Gridley, S. A.	11 Nov
Alexander, J. A. BA	14 Nov
Meehan, L. B.	14 Nov
Palmer, P. M.	14 Nov
Davis, P. J.	19 Nov
Mc Grath, D.	19 Nov
Morgan, L. I.	19 Nov
Davies, R. M.	21 Nov
Sumbler, K. S. BA	21 Nov
Nisbett, B.	12 Dec

1994

Name	Date
Bibby, A. J.	6 Jan
Bullock, S.	6 Jan
Gilbert, P.	6 Jan
Mair, D. T.	6 Jan
Pumphrey, R. J.	6 Jan
Melville, F. S.	10 Jan
Pocha, C.	12 Jan
Stanley, C. D. W.	13 Jan
Sked, R. F.	16 Jan
Tinson, P. J.	17 Jan
Godden, M. J.	21 Jan
Lundy, A.	21 Jan
Maclean, A. G.	23 Jan
Grantham-Hill, M. R. BSc	24 Jan
Jefferies, D. R.	28 Jan
Oram, M. C. BEng	28 Jan
Latton, K. B.	1 Feb
Andrews, W. M.	5 Feb
Croft, P. M.	5 Feb
Freeman, D. J.	5 Feb
Grout, N. M.	5 Feb
Husbands, D. J. T.	5 Feb
Jones, G. F. MA	5 Feb
Lowe, G.	5 Feb
Martinez, R. L. M.	5 Feb
McGowan, A. P. BSc PGCE	5 Feb
Parker-Moore, D. J.	5 Feb
Tooke, M. B.	5 Feb
Collins, I. H.	7 Feb
Hill, R. R. J.	7 Feb
McClune, J. M. BA	11 Feb
Irvine, M.	14 Feb
Lyle, R.	14 Feb
Lambert, C. R. BSc	17 Feb
Rolfe, D. G.	20 Feb

ROYAL AIR FORCE VOLUNTEER RESERVE (Training Branch)

Flying Officers

1994—contd

Name	Date	Name	Date	Name	Date
Stannard, A. P.	20 Feb	Steel, J. M.	5 May	Wadsworth, M. E.	20 Sept
Saunders, W. L.	27 Feb	Buckley, J. C.	13 May	Hake, A. A. S.	21 Sept
Butt, V. R.	3 Mar	Hazell, A. J. E.	13 May	Fenner, J. M. BSc	
Caisley, P. J.	3 Mar	Lines, M. J.	13 May	PGCE	23 Sept
Dalby, W. J.	3 Mar	Long, D. J.	13 May	Rood, P.	23 Sept
Ellis, C. S.	3 Mar	McColgan, P. E. BA	13 May	Counsell, R.	25 Sept
Haughton-Turner, J.	3 Mar	McCormick, R.	13 May	Eckersley, M. A.	25 Sept
Morgan, R. BEng	3 Mar	Rogers, G. R. D.	13 May	Fitzpatrick, I. A.	25 Sept
Parker, R. C.	3 Mar	Anwar, N.	14 May	Goacher, M.	25 Sept
Riley, P.	3 Mar	Cairns, R. J. BA	18 May	Plessis, J. K. BSc	
Robinson, I.	3 Mar	Testro, B. J.	19 May	PGCE	25 Sept
Robinson, S. A.	3 Mar	Williamson, M. A.	26 May	Adair, C. R.	27 Sept
Smith, S. J.	3 Mar	Woods, R. M. BSc	26 May	Lee, B.	28 Sept
Williams, M.	3 Mar	Winter, J. L. BSc	28 May	Stanley, T. J.	28 Sept
Baker, M. J. BA	4 Mar	Sutherland, D.	1 June	Stobbie, J. A.	28 Sept
Cremen, M. F.	10 Mar	Robinson, D. K. BSc	4 June	Wellings, D. J.	28 Sept
Crichton, A. T.	10 Mar	Taylor, I.	4 June	Whittaker, S. M.	28 Sept
Simpson, C. R. MA BA	10 Mar	Tipping, P. W.	4 June	Burns, J. C. S. BA	
Utting, A. D.	10 Mar	Blair, G. A.	7 June	PGCE	30 Sept
Matheson, N. G.	11 Mar	Hutchings, C. D.	9 June	Reid-Johnson, M. J.	30 Sept
Bidgood, S. J. BSc	20 Mar	Allam, C. M.	15 June	Westley, P. J.	8 Oct
Fox, K. A.	20 Mar	Grinstead, M. G. P. R.	18 June	Bayliss, J. R. N.	20 Oct
Gray, R. W.	20 Mar	Roebuck, S. C. BSc	18 June	Thomson-Clark, C. L.	20 Oct
Mayhew, G. A.	20 Mar	Roth, B. N. BSc	18 June	Tziros, N. A. L. B.	21 Oct
McFarlane, W. L.	20 Mar	Sheehan, T. D.	18 June	Butterworth, R. BSc	22 Oct
Rennison, J. P.	20 Mar	Bennett, M. S.	29 June	Terrett, A. L.	25 Oct
Bone, S.	23 Mar	Collins, D. P.	29 June	Turner, P. D. C.	25 Oct
Upton, N. J.	23 Mar	Crewe, I. L.	29 June	Burchett, K. J.	28 Oct
Walker, E. M. BA	23 Mar	Bateman, A. J. BSc	30 June	Loft, N. L.	28 Oct
Beaumont, S. C. BSc	24 Mar	Brain, T.	30 June	Basnett, L.	2 Nov
Lightowler, N. J,	24 Mar	Human, A. R. D.	30 June	Oldham, W. P.	2 Nov
Pryke, D. P.	24 Mar	Stuart, B. G.	30 June	Oakley, N. W.	4 Nov
Thomas, G. R. S.	24 Mar	Walters, S. A.	30 June	Bees, R. G.	7 Nov
Harris, D. G.	31 Mar	Griffiths, M. E.	1 July	Gamble, J. R.	9 Nov
Rushen, P. C.	31 Mar	Eccles, P. J.	3 July	Williams, D. R.	9 Nov
Wilson, N. J.	31 Mar	Davies, H. M.	6 July	Baxter, D. S.	12 Nov
Woodman, G. PhD MSc		Fish, L. A.	6 July	Lansley, A. P. BEd	12 Nov
BSc	31 Mar	Hickie, K. M.	6 July	MacLeod, J. A.	12 Nov
Gamlin, D.G. CertEd	6 Apr	Gilbert, J. M.	13 July	Stubbs, P. N. MA	12 Nov
Mellish, P. W. BA	7 Apr	McCracken, J.	13 July	Waugh, M. K.	12 Nov
Mollard, D. R. G.	7 Apr	Sneider, A. J. BA	13 July	Bradley, L. Y.	19 Nov
Young, A. I.	7 Apr	Longhurst, S. E.	17 July	Davies, G.	19 Nov
Gillard, J. A.	11 Apr	Montgomery, N.	17 July	Dixon, S. A. E. MA BD	19 Nov
Bailey, G. T.	22 Apr	Temple, D. R.	17 July	Elliott, S. D.	19 Nov
Cozens, D. J.	22 Apr	Miller, R.	20 July	Parks, T.	19 Nov
Diskett, D. J.	22 Apr	Hamlen, W. W.	28 July	Peck, M.	19 Nov
Dolan, K. P.	22 Apr	Parfrey, C. J.	28 July	Fagg, A. D.	23 Nov
Fordham, A. G.	22 Apr	Taylor, T. H.	1 Aug	Parsons, A. G.	23 Nov
Weiss, R. M. J.	26 Apr	Lee, C. P.	13 Aug	Thompson, E. J.	23 Nov
Whalvin, H. J. J. N.	27 Apr	Rodford, R. P.	13 Aug	Higgins, G. A.	30 Nov
Robins, S. E.	28 Apr	Knight, O. J. A.	17 Aug	Trevena, M. J.	1 Dec
Heslin, M.	5 May	Roberts, A. P.	18 Aug	Woods, I. R.	1 Dec
Naylor, P.	5 May	Lovering, M. L. BA	23 Aug	Collins, P. W.	7 Dec
Ritson, M.	5 May	Pallett, B. J.	28 Aug	Brock, M. J. B. BA	15 Dec
Staincliffe, A. W.	5 May	Downham, D. A.	3 Sept	Caulfield, G. A. BA	15 Dec
		Price, M. J.	3 Sept	Maycock, S.	15 Dec
		Long, D. BSc	6 Sept	McAdam, N. W. E. MA	15 Dec
		Thum, M. J.	9 Sept	Turley, R. C.	15 Dec
		Jardine, A.	10 Sept		
		McCammont, L. E. W.	10 Sept		

ROYAL AIR FORCE VOLUNTEER RESERVE (Training Branch)

Flying Officers

1995

Name	Date
Harvey, S. J.	5 Jan
Tegg, B. A.	9 Jan
Blakenborough, S. F.	11 Jan
Davies, R. RGN	11 Jan
Dods, R. M.	11 Jan
Green, I. M. BEd	11 Jan
Lewry, G. J.	11 Jan
Macleod, S. L.	11 Jan
Smith, M. J.	11 Jan
Tickell, R.	11 Jan
Woods, T. E.	11 Jan
Dacre, J. P.	13 Jan
Harris, S. J.	14 Jan
Boothroyd, J. M.	25 Jan
Iles, S. D.	25 Jan
Ruskin, D. J. BA PGCE	28 Jan
Hynett, M. T.	29 Jan
Hullis, S. BA	4 Feb
Parker, J. E. BA PGCE	10 Feb
Warman, J. L.	15 Feb
Clark, N. S.	18 Feb
Flower, J.	18 Feb
Norton, P. D.	18 Feb
O'Connell, B. C.	18 Feb
Ransome, P.	18 Feb
Raper, T. D.	18 Feb
Westwood, E. A.	18 Feb
Wohlgemuth, J. F.	18 Feb
Haley, J. G.	22 Feb
Smyth, F. D. MA	22 Feb
Serle, J. C.	24 Feb
Turner, S. J.	24 Feb
White, J. E.	24 Feb
Perry, P. J.	27 Feb
Quinn, J. J.	27 Feb
Meadows, P. BEng	2 Mar
Usher, G. R. MA LTCL	3 Mar
Hakes, M. D. BEd CertEd	4 Mar
Bennett, J. K.	8 Mar
Brown, K. A.	8 Mar
Hibberd, J. P.	8 Mar
Tanner, R. J.	8 Mar
Thompson, S. T.	8 Mar
Grant, S. J.	15 Mar
Cobbold, D. J.	17 Mar
O'Neill, G. L. BA PGCE	17 Mar
Wilkinson, M.	17 Mar
Wood, S. W.	17 Mar
Flower, L. E.	18 Mar
Tapsell, A.	20 Mar
Nickson, A. J.	24 Mar
Vasey, D. C.	24 Mar
Maddox, J. P. MA	29 Mar
Metcalfe, R.	1 Apr
Hiley, P.	2 Apr
Lawn, D. K.	2 Apr
McGhie, S.	2 Apr
Parkinson, A. G.	2 Apr
Strand, A. M.	2 Apr
Joslin, I. E. BSc	7 Apr
Bremner, G. A.	10 Apr
Flitcroft, S. K.	11 Apr
Carter, R. I.	14 Apr
Libby, K. A.	14 Apr
Nugent, J. M. B. P.	14 Apr
Dickson, J. J.	21 Apr
Hoe, W. J. BSc	26 Apr
Ward, M. C. J. BSc	26 Apr
Brant, T. D.	29 Apr
Buscombe, C. B.	29 Apr
Woodbury, M. J.	29 Apr
Rowles, S.	2 May
Connolly, M. T.	6 May
Hinchliffe, D. A. R.	6 May
Maggs, S. K.	6 May
Pike, G. J. S.	6 May
Price, R. A.	6 May
Bellamy, M. G. FCA	14 May
Cottrell, S. E. BEd	14 May
Daniel, B. L.	14 May
Davies, E. M. G.	14 May
Henderson, G. P.	14 May
Smith, I. P.	14 May
Stanley, M. T.	14 May
Harvey, R. E.	18 May
O'Shaughnessy, S. E.	19 May
Chart, P. L.	27 May
Greenow, K. F.	27 May
Hall, A. J.	27 May
Simmons, D. C.	27 May
Keech, R. A.	7 June
Kidley, M. F.	7 June
Levett, M. J.	7 June
Botten, L. D.	10 June
Dewhurst, R. M.	10 June
Pilbeam, L. M.	10 June
Fusedale, J. S.	16 June
Bland, T. J.	22 June
Coxon, P. R.	22 June
Mathieson, P.	22 June
Ryan, J. L.	22 June
Vincent, R. A.	22 June
White, C. M.	22 June
Dunkley, D. I.	25 June
Willis, T. C.	25 June
Ash, T. A. BA PGCE	5 July
Billingham, N. J.	5 July
Green, I. M.	5 July
Maitland, P.	5 July
McCarthy, M.	5 July
Scruton, S. D.	5 July
Jones, L. S.	7 July
Logan, A.	7 July
Marks, F. M.	7 July
Coe, D. F.	17 July
Hibbert, C. J. MSc BA	18 July
Clift, S. A.	19 July
Gilham, J. K.	19 July
Lawton, S. M.	19 July
Parsons, J. J.	19 July
Pearce S. J.	19 July
Saunders, D.	19 July
Smith, A. P.	21 July
Fox, A. C.	23 July
Evans, S. E.	5 Aug
Mahoney, M. F.	13 Aug
Farrell, L. N. RGN	15 Aug
Hunt, W. G.	15 Aug
Noble, J. P. BSc	15 Aug
Ashpole, C. E.	16 Aug
Christmas, K. H.	16 Aug
Delves, D. J.	16 Aug
Dempsey, P. D.	16 Aug
Donaldson, L. S.	16 Aug
Tindall, N. M.	16 Aug
Woodcock, P.	16 Aug
O'Dell, V. E.	26 Aug
Stevens, K. R.	26 Aug
Wootton, S.	26 Aug
Mellors, W. C.	24 Aug
Taylor, G. E.	24 Aug
Downie, J. C. P.	27 Aug
Duncan, P. A. BSc	27 Aug
Fishley, J. F. MA	1 Sept
Canning, T.	6 Sept
Scott, J. BSc	6 Sept
Tarttelin, R. B.	6 Sept
Walkling, N J.	6 Sept
Donovan, K. B.	9 Sept
Hudson, C. D.	9 Sept
Russell, M. J.	9 Sept
Hawkins, P. W. BSc	12 Sept
Bex, P. R.	14 Sept
Coalfield, I. P.	14 Sept
Meacock, A. P.	14 Sept
Taylor, S. V.	14 Sept
Bullock, S. L.	19 Sept
Barnfather, C. R.	23 Sept
Steele, J. R.	23 Sept
Rankin, L.	24 Sept
Battram, J. M.	30 Sept
Skillman, J. J.	30 Sept
Tandy, G. F.	30 Sept
Allanson, D. BSc	4 Oct
McMillan, A. B.	4 Oct
Abington, M. B.	5 Oct
Hollings, J. I.	6 Oct
Pounder, M. L.	6 Oct
Elliott, G. L. BSc	13 Oct
Mumford, C. M.	13 Oct

ROYAL AIR FORCE VOLUNTEER RESERVE (Training Branch)

Flying Officers

1995—contd

Name	Date
Oram, R. M. D. BA ARCM DipTh	13 Oct
Yates, C. E. BSc	14 Oct
Chalmers, M. BSc	27 Oct
Donald, G. D.	27 Oct
Downie, L.	27 Oct
Showell, A. C. SRN	31 Oct
Benham, D. A.	2 Nov
Bennett, K. D. BA	2 Nov
Capon, G. J. C.	2 Nov
Jenkins, P. C.	2 Nov
Milner, M. J.	2 Nov
Norton, S. D.	2 Nov
Carlton, N.	9 Nov
Brown, J. E.	10 Nov
Graham, D. H.	11 Nov
Austing, D. R.	15 Nov
Cameron, A.	15 Nov
Hassanali, A.	15 Nov
Jackson, K. L.	15 Nov
Patel, R. K.	15 Nov
Rogers, D. J. P.	18 Nov
Grogan, R.	20 Nov
Mottram, J. M.	23 Nov
Dethierry, A. M. A. BA PGCE	25 Nov
O'Connor, F. P.	25 Nov
Payne, D. J.	25 Nov
Cairns, S.	6 Dec
Coutts, S. BSc	6 Dec
Catcheside, S. J.	10 Dec
Dodman, L. M.	10 Dec
Growcott, J. A. BSc PGCE	10 Dec
McKee, J. V.	10 Dec
Sacre, J. F.	10 Dec
Smith, A. J. BSc	10 Dec
Smith, V. J.	10 Dec
Elvins, L. J.	20 Dec
Southern, L. W.	20 Dec
Thorn, T. G. AFC FRAeS	29 Dec

1996

Name	Date
Loftus, P. BEng	4 Jan
Brennan, G. J. P.	6 Jan
Atherton, V. A.	10 Jan
Healing, C. A.	10 Jan
Smith, C. F. BSc	10 Jan
Wilson, B. B.	10 Jan
Braddon, R.	12 Jan
Searl, P. D.	12 Jan
Watson, D. A.	12 Jan
McMullan, T. A. BSc PGCE	13 Jan
Vincent, P. J.	16 Jan
Bell, J.	18 Jan
Fairhurst, D. T.	18 Jan
Warner, A. J.	18 Jan
Barnes, S. BSc	21 Jan
Everett, A. M.	21 Jan
McFall, A. BSc PGCE	21 Jan
Walker, M. J. BSc PGCE	21 Jan
Sawyer, M. G. BSc MIBiol	25 Jan
Davies, D. L.	27 Jan
Pearson, T. A.	27 Jan
Prigmore, G. T.	27 Jan
Duke, C. M.	31 Jan
Felton, P. H.	2 Feb
Haywood, C. C.	2 Feb
Henry, M. W.	2 Feb
Hickin, J. V.	2 Feb
Hutchings, A. W.	2 Feb
Lee, P. A.	2 Feb
Lewis, R. J.	2 Feb
Phillips, B. E.	2 Feb
Prele, P.	2 Feb
Reed, E. C.	2 Feb
Smith, A. M.	2 Feb
Willows, S. L.	2 Feb
Downes, K. F. BSc	5 Feb
Blain, R. T.	10 Feb
Rolfe, M. J.	10 Feb
Feehan, P. J. D.	15 Feb
Grimshire, L. K. BEd	15 Feb
Harrison, I.	15 Feb
Hillier, M. A. T.	15 Feb
Venn, J. C.	15 Feb
Wingrove, D. J.	15 Feb
Kelso, C. W.	16 Feb
Noyce, R. A.	16 Feb
Patterson, R.	16 Feb
Perera, T. E.	16 Feb
Farnworth, A.	19 Feb
Camwell, A.	22 Feb
Rillie, G.	22 Feb
Knowles, D.	25 Feb
Schofield, N. C.	25 Feb
Vickers, D. J.	27 Feb
Pearson, I. D. BA	1 Mar
Bartley, D.	9 Mar
D'Anna, G. W. S. MSc BSc	9 Mar
Walker, R. C. S.	9 Mar
Loftus, K. B.	11 Mar
Steed, A.	11 Mar
Tait, I. A.	11 Mar
Lowery, M. D.	15 Mar
Achilles, L. E. A.	21 Mar
Mellor, A. D.	21 Mar
Monksfield, M. E.	21 Mar
Newton, M. E.	21 Mar
Nicholson, J. D. PhD BSc	21 Mar
Brearey, M. N. BSc	24 Mar
Butcher, A. J.	24 Mar
Gough, C. F.	24 Mar
Murphy, S. D.	24 Mar
Rose, I. K.	24 Mar
Jenkins, D. J.	29 Mar
Rayson, J. A.	29 Mar
Webb, J. F.	29 Mar
Walker, I. A.	1 Apr
Williams, R. T.	1 Apr
Neil, R. A.	10 Apr
Achilles, B. K.	11 Apr
Butler, C.	11 Apr
Plane, R. P.	11 Apr
Harvey, J. D.	19 Apr
Greenall, B. W.	20 Apr
Malling, S. H. BEd	23 Apr
Clark, P. W.	26 Apr
Reed, G. M.	26 Apr
Tilson, N.	26 Apr
Bellis, J. P. BA	30 Apr
Callister, J. W. BA	30 Apr
Baldwin, J.	9 May
Bateman, L. A. BA	9 May
Clark, P.	9 May
Montgomery, D. W. MA	9 May
Dickie, A. D. BSc	11 May
Plews, A. H.	11 May
Hogben, R. J. J.	25 May
Powell, V. E.	25 May
Williamson, J. M. C.	25 May
Browne, W. F.	31 May
Byrne, J. T.	31 May
Stretton, A. I.	31 May
Tilton, D. R. BSc	31 May
Bevan, C. J.	2 June
Cross, R.	2 June
Dennis, K. M.	2 June
Freeman, P. R.	2 June
MacDonald, J. P. BSc	2 June
Drew, R. W. F.	7 June
Harris, P. R.	7 June
Mackenzie, P. J.	7 June
Rickerby, C. D.	7 June
Rodger, G. N.	7 June
Webb, R. G.	7 June
Higgins, K. M.	13 June
Head, L.	14 June
Marsh, C. J.	14 June
Abubakar, A. B. PhD MSc BSc	16 June
Clarke, A. G.	20 June
Brittain, M.	22 June

ROYAL AIR FORCE VOLUNTEER RESERVE (Training Branch)

Flying Officers

1996—contd

Name	Date
Allen, A. J. BSc	27 June
Elliott, J. L.	27 June
Agate, J. J.	30 June
Evans, R. M.	30 June
Squires, V. J.	30 June
Sully, A. J. BSc	1 July
Hawkins, D. J.	2 July
Morton, E. M.	6 July
Peach, D. G.	6 July
Steven, R.	6 July
Duffey, M. G.	10 July
Jones, A. N. B.	11 July
Robinson, C. E.	11 July
Leggott, S. P. BSc	15 July
Mott, J. F.	15 July
Bevan, K. J.	20 July
Dodd, P. J. BEng	20 July
Millar, J. D.	20 July
Stones, M. D. BEng	20 July
Cleeter, N. Y.	25 July
Roberts, D. MBCS MIPD	26 July
Balshaw, H. S. BA	31 July
Bonneywell, J. E. BSc PGCE	3 Aug
Stanbury, P. W. BWng PGCE	3 Aug
Edwards, I.	5 Aug
Todd, A. D. BA MPhil	8 Aug
Kennedy, I. D. BSc	6 Aug
Green, K. J.	9 Aug
Kirby, O. J. A.	9 Aug
Richards, K. F.	9 Aug
Daly, J. M.	12 Aug
Stewart, M. J.	12 Aug
Pope, J. R. BSc	14 Aug
Borthwick, J. H.	23 Aug
Edney, M. R.	23 Aug
Thomson, G.	23 Aug
Wall, D.	23 Aug
Wiltshire, M. J.	23 Aug
Barnes, J. A.	1 Sept
Graham, A.	1 Sept
Hannent, P. A.	1 Sept
Mottershead, J. C.	1 Sept
Archibald, S. J.	7 Sept
Cairns, J. A.	7 Sept
Cawood, E. A.	7 Sept
Clarke, A. C.	7 Sept
Harrison, S. J.	7 Sept
Martin. K. H. D. BA	7 Sept
Williamson, M. A.	7 Sept
Fielder, C. BSc	13 Sept
Forrester, J. PhD BSc	13 Sept
Gill, S.	13 Sept
Hickie, L. RGN RMN	13 Sept
Hirst, S. A. J. MA BSc	13 Sept
Jones, M. A.	13 Sept
Bates, D. L.	20 Sept
Baynes, T. M. J.	20 Sept
Bissell, K. D.	20 Sept
Walters, K.	20 Sept
King, N. J. BSc PGCE	27 Sept
Lee, D. P.	27 Sept
Martin, H. S.	27 Sept
Dixon, G. BSc PGCE	28 Sept
Humphrey, R.	1 Oct
Woodland, R. K. BSc	1 Oct
Timms, S. J.	2 Oct
Davies, P. J.	3 Oct
Dow, S. M. MA PhD	3 Oct
Harding, C. V.	3 Oct
Thomas, D.	3 Oct
Haskell, G. BSc	5 Oct
Cooper, S. R.	6 Oct
Harpur, K. M. T.	6 Oct
Phillips, R. M.	6 Oct
Slack, R. A.	6 Oct
King, B. W.	7 Oct
Warren, L. C.	7 Oct
Egerton, C. J.	11 Oct
Stear, Sir Micheal KCB CBE MA	11 Oct
Allen, N. J.	21 Oct
Munro, I. R.	21 Oct
Rennison, S. RGN RMN	22 Oct
Hendry, R. S.	25 Oct
Brown, J. A.	31 Oct
Green, M.	31 Oct
Smith, D. P.	31 Oct
Cox, J. M.	4 Nov
Le Worthy, D. A.	5 Nov
Rishman, G. BSc	14 Nov
Glover, A. M.	16 Nov
Hanks, W. G.	22 Nov
Murray, H. D.	22 Nov
Wainwright, G. J.	22 Nov
Clayson, T. P. S.	24 Nov
Foster, M. J.	24 Nov
Jones, G. C.	24 Nov
Judge, C. P. B.	24 Nov
Lane, D.	24 Nov
Whitehead, M. S.	24 Nov
Smith, A. L.	25 Nov
Booth, S. J.	30 Nov
Harper, S.	30 Nov
Davies, A. R.	3 Dec
Doling, G. J.	3 Dec
Hicks, S. D. BA	3 Dec
Abbott, M. I.	5 Dec
Jordan, J.	5 Dec
Pal, R. R.	5 Dec
Angell, M. J. BEng	13 Dec
Brackett, L. A.	13 Dec
Grout, J.	13 Dec
Laidler, P.	13 Dec
McElroy, G. F.	13 Dec
Renshaw, I.	13 Dec
Stephenson, T.	13 Dec
Sullivan, D. B. BA	13 Dec
Corteen, J. B.	20 Dec
Fairhurst, A. G.	20 Dec
Hallowes, R. A. D.	20 Dec
Thornby, T. J.	20 Dec
Bostock, S. N. MSc FIMgt	24 Dec
Hurt, T. S. BEng	25 Dec

1997

Name	Date
Adcock, C. B. BA	1 Jan
Burdess, S. BEng CEng FRAeS	2 Jan
Aitken, T. A. BSc	7 Jan
Cox, R. I.	9 Jan
Addison, G. BSc PGCE	11 Jan
Faulkner, M. A.	11 Jan
Bodger, M. A. BEng	17 Jan
Breward, C. J. W. BA	17 Jan
Ellen, G. P.	17 Jan
Parker, N. BSc	17 Jan
Ward, P. D.	17 Jan
Brooke, A. J. BA PGCE	19 Jan
Cousins, P.T. BSc	21 Jan
Balson, J. D.	25 Jan
Gay, A. J.	1 Feb
Barry, J. D.	3 Feb
Beasant, N. C. A. BSc	5 Feb
Abbott, P. J. MSc BTech CertEd	6 Feb
Butchers, M. J.	6 Feb
Horsley, N. J. BA	6 Feb
Pettengell, N. C.	6 Feb
Stannard, I. N. BA	6 Feb
Donne, R. H. S. MA PGCE	10 Feb
Chandler, N. J.	15 Feb
Mamoany, T. J.	15 Feb
Sawyer, M. A. G.	15 Feb
Turley, K. E.	15 Feb
Gough, B.	18 Feb
Legatt, C. P.	26 Feb
Astin, D. A.	27 Feb
Bain, C. A. BEng	27 Feb
Hill, D. L. BSc	27 Feb
Jones, K. W.	28 Feb
Jones, M. A.	28 Feb

ROYAL AIR FORCE VOLUNTEER RESERVE (Training Branch)

Flying Officers

1997—contd

Name	Date
Mawson, S. J. BTech	3 Mar
Singer, M. J.	3 Mar
Avery, G. J.	5 Mar
Hawkins, T. R. A.	5 Mar
Hale, D. H.	7 Mar
Hicks, C. J.	7 Mar
Watson, M.	7 Mar
Withams, S. J. A. BSc	11 Mar
Pursehouse, A. J.	13 Mar
Rogers, R. M.	13 Mar
Bulgin, J. P.	14 Mar
Gilchrist, K.G.	14 Mar
Hurrell, A. J. BA	14 Mar
Patel, H. S.	14 Mar
Davidson, M. D. MA	18 Mar
King, A. K. BEng	18 Mar
Wetherall, M.	23 Mar
Cooper, A. C. BA PGCE	24 Mar
Colman, D. J.	28 Mar
Hutchins, D. J.	28 Mar
Kerr, E. R.	28 Mar
Laird, S. P.	28 Mar
Mustafa. S.	28 Mar
Southern, L. A.	28 Mar
Baxby, D. R.	30 Mar
King, H. R.	30 Mar
Williams, C. G.	30 Mar
Adams, G. BA	12 Apr
Best, J. T.	12 Apr
Boulton, P.	12 Apr
Dunlop, C. A.	12 Apr
Marriott, G. A. BTech	12 Apr
McGarva, A. R.	12 Apr
Morris, J. N.	12 Apr
Niven, S. O.	12 Apr
Park, D. MSc	12 Apr
Surry, D. D. BSc	12 Apr
Tatar, P. N.	12 Apr
Tidman, J. E.	12 Apr
Tenison-Collins, J. A. BSc	22 Apr
Collins, M. S.	24 Apr
Curtis, T.	24 Apr
Harrison, S. D.	24 Apr
Valentine, P. A. BSc	25 Apr
Lavender, B. W. OBE AFC	26 Apr
Riach, C. J.	30 Apr
Arthur, L. O.	2 May
Bell, J. M.	2 May
Cairns, R. S. PhD MSc BSc	2 May
Dale, N. T.	2 May
Michel, R. G. BA	2 May
O'Connor, M. J. OBE	2 May
Parry, C.	2 May
Simmons, C. J.	2 May
Stamp, G. D.	2 May
Thompson, W. C.	2 May
Warman, A. D.	2 May
Spinks, J. C.	3 May
Fay, J. C. BA	7 May
Wright, S. L.	10 May
Saunderson, K.	15 May
Severs, A. D.	15 May
Stapleton, K. R.	15 May
Stokoe, A. M.	17 May
Austin, Sir Roger KCB AFC FRAeS	22 May
Flitton, D. C.	24 May
Goodacre, R. G.	24 May
Hannaford, P. F.	24 May
Hooper, C. P.	24 May
Reeves, M. C.	24 May
Banks, T. J.	25 May
Beswick, G. T. W.	25 May
McChristie, R. S.	25 May
Bracci, M. S.	1 June
Greene, C. D.	1 June
King, A. C.	1 June
Pattenden, C. E.	1 June
Perring, I. D.	1 June
Sherlock, L. M. BA	1 June
Miller, H. A. BSc	4 June
Young, A. J.	4 June
Houricon, D. M.	8 June
Screen, D. A.	8 June
Smith, R. G.	9 June
Hunt, H.	10 June
Colbron, S. L.	15 June
Hughes, G. P.	15 June
Waters. R. D.	23 June
Jancis, A. BSc PGCE	24 June
Warburton, R. G.	24 June
Brady, J. P. BA	3 July
Cockrill, M. J. MBE	9 July
Falle, P. R.	9 July
Williams, R. J. BSc	9 July
Barlow, P.	17 July
Blackwell, T. W.	17 July
Brown, D. W.	17 July
Butler, S. P.	17 July
Carlisle, A.	17 July
Dunn, R. A.	17 July
Dunn, S. S.	17 July
Gough, C. G.	17 July
Jarvis, I.	17 July
Kendall, T. N. BSc	17 July
Morgan, A. D.	17 July
Payne, A. G.	17 July
Sheehan, P. J. BEng	17 July
Sinfield, A. J.	17 July
Smith, M. G. BSc	17 July

1997

Name	Date
Stilgoe, G. P. BSc	17 July
Swatridge, E. L.	17 July
Torrell, C. A.	17 July
Webb, J. F.	17 July
Westgate, A. J. BEd	17 July
Lambert, S.	21 July
Morten, J. A.	21 July
Williams, J. T. BA	21 July
Fletcher, R. M. BSc	26 July
Gerrish, D. J.	27 July
Alford, A. M.	28 July
Bishop, G. P.	28 July
Exton, D. V.	28 July
Jackson, N.	28 July
Lovell, P. M.	28 July
May, S. J.	28 July
Muggridge, S. J.	28 July
Barker, D. BSc	30 July
Joyce, T. J.	6 Aug
Byng, E. F.	12 Aug
Armstrong, I. G.	14 Aug
Cantwell, P. J. BSc	14 Aug
Ackerley, D. J.	15 Aug
Betts, J. D. BEng	15 Aug
Cotton, D. A.	15 Aug
Dudgeon, P.	15 Aug
Jackson, N.	15 Aug
Lewis, N. M.	15 Aug
Stamp, M. R.	15 Aug
Walker, P. J.	15 Aug
Hawthorne, M. E. BSc	24 Aug
Priestly, R. M. BSc	24 Aug
Henderson, J.	25 Aug
Kay, R.	25 Aug
Pender, W. D.	1 Sept
Seabrook, R. J.	5 Sept
Boulton, R. P.	6 Sept
Cork, S. J.	6 Sept
Davies, A. M.	6 Sept
Ford, M. P.	6 Sept
Ridge, J. G.	6 Sept
Thompson Ambrose, W. I.	6 Sept
Alcock, R. J. F. BEng	12 Sept
Bewley, J. W.	12 Sept
Golding, S. T.	12 Sept
Martin, J. W.	12 Sept
Perkins, A. D.	17 Sept
Hunt, G. J. JP PhD MBA BA MInstAM MIMgt	18 Sept
Gardiner, C. D.	19 Sept
McQueen, S. E.	19 Sept
Molloy, M. P.	19 Sept
Sherwood, R. J.	19 Sept
Eyers, I. A.	20 Sept
Jones, J. T. D.	20 Sept
Napier, M. J. W. BSc	21 Sept

ROYAL AIR FORCE VOLUNTEER RESERVE (Training Branch)

Flying Officers

1997—contd

Name	Date
Dabell, S. W. BSc	26 Sept
Melrose, W.	26 Sept
Axon, P. J. W.	29 Sept
Burns, I. A.	29 Sept
Grant, P. E.	29 Sept
Pudney, K. W.	29 Sept
Ratinon, J. G. A.	29 Sept
Tyler, F. M.	29 Sept
Joy, C. A. BEd	3 Oct
Beesley, M. J.	6 Oct
Fraser, I. E.	6 Oct
Haworth, D. BSc	6 Oct
Hinchliffe, S. K.	6 Oct
Ireland, D. P. BEng PGCE	6 Oct
Jones, A. D.	6 Oct
Lennie, A. W.	6 Oct
Nolan, A. D. BSc	6 Oct
Slater, A. D.	6 Oct
Smith, F. M. BSc	6 Oct
Thompson, C. W.	6 Oct
Freeney, D.	10 Oct
Hall, M. I.	10 Oct
Sparry, P. M.	10 Oct
Hodge, R. J. W. BSc	13 Oct
Coombes, G. R.	17 Oct
Evans, J. R.	17 Oct
Gregory, K.	17 Oct
Kilby, D. J.	17 Oct
Roberts, P. M.	17 Oct
Baker, R.	23 Oct
Mitchell, C. BA	23 Oct
Sibley, J. BEd	23 Oct
Echevarria, J. MA BA PGCE	24 Oct
Lakeland, A. J.	24 Oct
Walker, D. K. BTech	24 Oct
Edwards, P. J.	29 Oct
Balsillie, I.	31 Oct
Dean, R. J.	31 Oct
Keenan, A.	31 Oct
Rankin, D. M.	31 Oct
Whiteman, R. C.	31 Oct
Joynson, J. BA	14 Nov
Aala, R. MA ACA	20 Nov
Banks, N. K. M.	20 Nov
Brown, D. BA	20 Nov
Ireland, C. BA PGCE	20 Nov
Rogers, N. S.	20 Nov
Turner, R. R.	20 Nov
Plane, K. L.	21 Nov
Barnett, I. C. BEng	25 Nov
Cooper, A. H. C. BSc	27 Nov
Laycock, P. M. BSc	2 Dec
Hawkins, D. G. PhD BSc	3 Dec
Bagnall, R. D. A.	4 Dec
Denton, D. J.	4 Dec
Taylor, C. L. BA	7 Dec
Cowell, A. C.	7 Dec
Davison, M. G.	7 Dec
King, A. P.	7 Dec
Milligan, D. R.	7 Dec
Partridge, J. M. BSc	7 Dec
Thomas, J. N.	7 Dec
Young, J. S.	7 Dec
Coram-Wright, N. H. MA	8 Dec
Feakes, C. J. MSc BSc	8 Dec
Grace, M. J. BSc PGCE	8 Dec
Penny, S. D. BA BSc MBCS MIEE MRAeS	8 Dec
Bone, K. L.	19 Dec
Pym, J. D.	19 Dec
Abdy, M. J.	20 Dec
Jensen, F. LLB ACIS	20 Dec
Kocbusz, M. D.	20 Dec

1998

Name	Date
Manktelow, J. A.	4 Jan
Boughton, R. P.	10 Jan
Johnson, A. G.	10 Jan
Martin, P. M.	10 Jan
Gant, I. S.	12 Jan
Wilson, E. R. BSc	14 Jan
Bayles, J. M.	16 Jan
Allard, C. E.	17 Jan
Bell, M. F.	17 Jan
Crane, N. M.	17 Jan
Bailey, A. J.	25 Jan
Galley, P. T. PhD BSc	25 Jan
George, S. J.	25 Jan
Kuschirow, D. K.	25 Jan
Braithwaite, S. M.	26 Jan
Braybrook, D. R. MA DPhil	26 Jan
Curry, P. D. BA	26 Jan
Kay, M.	26 Jan
Masters, D. A.	26 Jan
Schenk, K. S. R.	28 Jan
Fry, R.	31 Jan
Geary-Andrews, C.	31 Jan
Rees, D. E.	31 Jan
Kirsopp, G. N. J.	2 Feb
Smith, I.	2 Feb
Hindley, K. L. BA	9 Feb
Jones, E. G. BSc MB ChB	10 Feb
Bennett, M. J.	12 Feb
MacDonald, B.	12 Feb
Alderton, R. C.	16 FebT
Lamb, S. G. MA PGCE	16 Feb
Gee, M. J.	19 Feb
Hall, M. J.	19 Feb
Higginson, S. J.	19 Feb
Salt, G. T. BEng	19 Feb
Davies, D. I.	21 Feb
McLachlan, S. C. J.	21 Feb
Moore, M. J.	21 Feb
McCotter, B. W.	27 Feb
Green, P. D.	2 Mar
Crighton, D. S. BSc	7 Mar
Mulroy, M. C.	11 Mar
Collick, A. J.	12 Mar
Fox, C. J.	12 Mar
Higson, A. L. BSc	13 Mar
Hogg, A. R. BA	13 Mar
Lynch, K.	13 Mar
Makepeace, C. J.	13 Mar
Parfitt, M. A.	13 Mar
Quinn, M. S.	13 Mar
Thompson, G. BEd	13 Mar
Thurtle, G. R.	13 Mar
Treutlein, J.	13 Mar
Xavier, F. Y.	13 Mar
Hudson, J.	20 Mar
O'Brien, P. S.	20 Mar
Platt, M. A.	20 Mar
Shepherd, D. J. BSc	20 Mar
Gunstone, J. P.	25 Mar
Impey, M. J.	25 Mar
Pace, S.	25 Mar
Routledge, S.	27 Mar
Lawton, S. R.	29 Mar
Organ, A.	29 Mar
Gadd, S. I.	7 Apr
Riley, S. C.	8 Apr
Smith, T. R.	8 Apr
Armstrong, P. W.	9 Apr
Glover, R. G.	9 Apr
Belshaw, A. M. T.	15 Apr
France, J. C.	15 Apr
Madge, A. D.	15 Apr
Carter, R. S. BEd	17 Apr
Siddall, P. J. BSc	17 Apr
Forward, W. J.	19 Apr
Perkins, C.	19 Apr
Wingfield-Griffin, J. A.	19 Apr
Sherring, I. D.	22 Apr
Whiten, P. R.	22 Apr
Cowan, J. A. BA	23 Apr
Angelosanto, A. BSc PGCE	30 Apr
Jarvis, K. W.	5 May
Parsons, M. G.	5 May
Head, D. P.	9 May
Knowles, C. A. BEng	9 May
Purkiss, A.	9 May
Staincliffe, R. E. BA	9 May
Terry, S. J. BA	9 May
Allanson, W. J.	13 May
Fortune, A. R. BA	13 May
Robinson, S. M. BEng	14 May
Lewis, C. R. BA LRAM LGSM	20 May
Davidson, G.	23 May

ROYAL AIR FORCE VOLUNTEER RESERVE (Training Branch)

Flying Officers

1998—contd

Name	Date
Bucklow, E. J. BSc	29 May
Noble, K. G. BSc(Eng)	29 May
Wren, R. J.	29 May
Baker, E. A. BA	31 May
Davies, J. R.	31 May
Dixon, S. E.	31 May
Flint, R. S. B.	31 May
Howard, D. F.	31 May
Hudson, A. C.	31 May
Laird, J. E.	31 May
Marshall, S. W.	31 May
Milne, A. C.	31 May
Mollan, M. S. J. BSc	31 May
Parkes, S. M.	31 May
Pollock, J. M.	31 May
Ross, A. I.	31 May
Rylatt, A. J. BEng	31 May
Sie, E. R. H. B. PhD BSc	31 May
Voce, H. B.	31 May
Elliott, M. A.	2 June
Brown, R. C.	5 June
Jones, M. G.	5 June
Shepherd, D. M.	5 June
Bonner, B. A.	7 June
Rennie, A. E. W. BSc	7 June
Smith, D. E.	7 June
Anderson, D. I.	10 June
Johnson, H. M.	10 June
Robb, I. R.	10 June
Rule, N. W.	13 June
Bain, J. B.	18 June
Crumpton, D. L.	18 June
Fisher, T.	18 June
Lobban, A.	18 June
McTeir, J.	18 June
Thom, A. G.	18 June
Bull, M. M.	4 July
Edwards, R. T. MInstAM	4 July
Herniman, M. C. J.	4 July
Marriott, G. E.	4 July
Saunders, P.	4 July
Weston, N. S.	4 July
Allan, J.	8 July
Duplock, S. J.	8 July
Turner, K. P.	8 July
Balmford, S. J.	9 July
Bass, C. R. BA	9 July
Taylor, M. A.	9 July
Morris, K. R. BSc PGCE	12 July
Kinnear, N. R. MA	16 July
Connolly, G. M.	19 July
Holmes, J. G.	19 July
Jones, T. M.	19 July
Piccavey, S. K. E.	19 July
Williamson, D. BA	19 July
Holmes, A. T.	22 July
Stead, J. L.	23 July
Grafham, D.	26 July
Lee, D. W.	4 Aug
Linney, M. V.	4 Aug
Hall, J. E. BA	6 Aug
Heckel, P. A.	6 Aug
Morton, D. R.	6 Aug
Walker, M. A.	6 Aug
Webb, C. J. P.	8 Aug
Creswell, P. N. BSc	9 Aug
Fairley, G. J.	9 Aug
Taylor, S. R.	9 Aug
Turoczy, S.	10 Aug
Cemm, N. A. BSc	21 Aug
Stone, C. A.	21 Aug
Stubbs, C. M.	21 Aug
Burrett, T. J.	28 Aug
Maguire, B. J.	28 Aug
Porter, S. A.	28 Aug
Hopkinson, M. J. BSc	31 Aug
Fitton, N. J.	I Sept
Fitton, R. J. BSc	11 Sept
Jenkins, L. C.	11 Sept
Bragg, D.	13 Sept
Fowler, L. D.	13 Sept
Poole, C. J.	13 Sept
Pratt, E. V.	13 Sept
Cheetham, G. E.	17 Sept
Blythe, R. T. C.	19 Sept
Turner S. BSc CEng MIEE MIMechE	22 Sept
Stewart, J. R.	23 Sept
Watson, P. M. BSc	23 Sept
Bailey, S. M.	24 Sept
Burnham, K. A. BSc	24 Sept
MacMillan, L. D. BSc	24 Sept
Ryder, D. J.	25 Sept
Amey, R. J.	7 Oct
Eyre, P. S.	7 Oct
Fox, P. E.	7 Oct
Nowlan, K. A.	7 Oct
Palmer, R. F.	7 Oct
Smith, M.	7 Oct
Titley, S. K. BSc	7 Oct
Watson, M. S. J. BA PGCE	7 Oct
Arnold, R. J.	11 Oct
Capron-Tee, J. A.	11 Oct
Deadman, I. A. BA	11 Oct
McFall, A. J. BA	11 Oct
Watson, L. B.	11 Oct
Strutt, S. M. BSc PGCE	12 Oct
Hardy, L. R.	14 Oct
Little, S. P.	14 Oct
Rowbotham, P.	14 Oct
Bacon, R. R.	15 Oct
Barre, G. R.	15 Oct
Brayford, S. J.	15 Oct
Foster, C. T.	15 Oct
Laurence, P. E.	15 Oct
Manning, D. A.	15 Oct
Shearer, L. E.	15 Oct
Whalvin, J. C.	15 Oct
Simmonds-Short, P. R.	20 Oct
Ashton, B.	22 Oct
Abbott, S. J.	6 Nov
Pickup, G. R.	6 Nov
Taylor, S. R.	6 Nov
Colverson, A.	11 Nov
English, J.	11 Nov
Woods, A. J.	11 Nov
Drew, A. A. BSc PGCE	16 Nov
Lord, P. B. BSc PGCE	23 Nov
Bird, J. BSc	25 Nov
Frazer, A. T. W. BA	25 Nov
Henderson, N. T.	25 Nov
Bell, M. J.	27 Nov
Castleton, J. R.	27 Nov
Cottier, K. J. S. BSc	27 Nov
Dawson, A.	27 Nov
Holmes, A. N. BA	27 Nov
Howlett, S. A.	27 Nov
MacDonald, J. A.	27 Nov
Reed, S. J.	27 Nov
Shaw, T. L. BA	27 Nov
Squance, K. L.	27 Nov
Mundill, R. R. PhD MA PGCE DipEd	30 Nov
Hayward, J. L.	3 Dec
McCormack, W. J. BSc	3 Dec
Muller, J. V.	3 Dec
Shorthouse, L. J. MSc	3 Dec
White, A. J. BSc PGCE	3 Dec
O'Brien, R. P. CB OBE BA FRAeS	4 Dec
Hemsil, K. I.	5 Dec
Ross, I. S. PhD BSc	5 Dec
Ruscoe, R. M.	5 Dec
Edey, N. J. BSc BSc PGCE	8 Dec
Walters, A. M.	8 Dec
Chandler, N. A.	9 Dec
Dyos, M. B.	9 Dec
Lillywhite, G. J.	9 Dec
Burton, S. B.	12 Dec
Derrick, L. M. H.	12 Dec
Gay, S. J. BSc	12 Dec
Powell, K. D. BSc PGCE	12 Dec
Smith, R.	12 Dec
Baines, N.	17 Dec
Cooper, S. L.	17 Dec
Stockill, J. L.	17 Dec
Fray, H. A.	19 Dec
Howarth, S.	19 Dec
Price, J.	19 Dec
Thomas, J. S.	19 Dec
Tyson, N. K.	19 Dec
Dengate, K. MEd	20 Dec

ROYAL AIR FORCE VOLUNTEER RESERVE (Training Branch)

Flying Officers

1999

Thompson, D. MSc BSc PGCE	1 Jan
Bailey, J.	6 Jan
Blatchford, A. M. IEng	6 Jan
Blease, M.	6 Jan
Gilson, D. R. BPhil	6 Jan
Furley, S. J.	6 Jan
Hood, B.	7 Jan
Bishop, M. S. FRAeS	9 Jan
Campbell, R. I.	10 Jan
Coyle, J. M.	10 Jan
Pitts, A.	10 Jan
Looker, P. G.	12 Jan
Roche, T. J. MA	12 Jan
MacMillan, D. J.	15 Jan
Coombes, S. R. A. BSc	20 Jan
Leese, J. BA	21 Jan
Ali, M.	24 Jan
Bridges, S.	24 Jan
Haynes, C.	24 Jan
Day, P. W. AFC	25 Jan
Deere, G. W.	27 Jan
Kenchington, N.	27 Jan
Pendlebury, S. R.	27 Jan
Williams, R. M.	27 Jan
White, H. J. PhD BSc PGCE	28 Jan
Bennett, N. A. D.	3 Feb
Courtnadge, S. E.	3 Feb
Coyne, C. P.	3 Feb
King, K. A.	3 Feb
Williams, J. D. BSc PGCE	3 Feb
Davis, B. T. DPhysEd	4 Feb
Hammond, G. G.	6 Feb
Elder, R. D. CBE FRAeS	8 Feb
Gardner, J. A. BA PGCE	11 Feb
Neil, M. J. MBE	15 Feb
Bullock, R. E.	18 Feb
Faulkner, S. C.	18 Feb
Hayton, P.	19 Feb
Johnson, N. I.	20 Feb
MacFadyen, I. D. CB OBE FRAeS	20 Feb
Davey, J. R. BA PGCE	25 Feb
Bennett, D. J.	26 Feb
Bartlett, J. D.	4 Mar
Frizzle, R. W.	4 Mar
Gildea, A. C.	4 Mar
Moore, H.	4 Mar
Pocock, M. D.	4 Mar
Walker, S.	4 Mar
Cullen, R. J. BEd	5 MarR
Norman, P. E.	5 Mar
Bullingham, M. C.	7 Mar
Carroll, I. H.	7 Mar
Cheesman, D. A. J. BSc	13 Mar
Curran, I. J.	13 Mar
Langley, A. M.	15 Mar
Oliver, P. R.	23 Mar
Houlihan, M. S. BSc	24 Mar
Webb, E. A. H. DMS FISM MInstAM MIPD MIMgt	26 Mar
Knell, R. E. BA PGCE	27 Mar
Thorpe, J. W. AFC FRAeS	11 Apr
Ovel, W. E.	29 Apr
Plummer, K. G. BSc	29 Apr

Pilot Officers

1990

Hunter, L. M.	27 Feb
Rotherham, D. J. BEd	20 Mar

1991

McLintock, C. M. BSc	25 June
Cameron, J.	2 July
Cooper, P. R. BEng	2 July
Sawyer, J. N. CBE	17 Sept
Alexander, A. J.	9 Dec
Bailey, G. M. B.	9 Dec
Cheetham, M. K.	9 Dec
Green, H. J.	9 Dec
Coates, N. D.	10 Dec
Davies, M. R.	10 Dec
Dix, R.	10 Dec
Bird, I. N.	12 Dec
Blood, C. ARCM	18 Dec

1992

Marshall, G. P. B.	9 June
Cherry, R. F. N.	4 Aug
Brennan, M. I.	18 Aug
Child, J. J.	18 Aug
Davies, P. A.	18 Aug
Hart, D. L.	28 Aug
Elliot, S. D.	19 Nov

1993

Moore, E.	24 Mar
Garwood, R. MIMgt	5 July
Langdon, N. G.	19 July
Wilkes, C. A. BA PGCE	6 Oct
Redican, S. N.	4 Dec
Rhodes, K. P.	9 Dec
Leech, E. J.	10 Dec
Moy, A. J.	10 Dec
Van Rhyn, S. J.	10 Dec
Bentley, K. LTCL	12 Dec
Seward, C. M.	12 Dec
Paul, C.	16 Dec
Nash, D. J.	18 Dec

1994

Vickers, D. J.	27 Feb
Symonds, D. C. BA	19 Oct

1995

Peat, C. I. BSc	25 Apr
Reeves, M. C.	24 May
Dolby, R. A.	6 Oct
Hayward, P. J.	6 Oct

1996

Chipman, P. D. PhD BSc PGCE	5 Feb
Burton, G. C.	7 Feb
Train, N. M.	15 Apr
McGuire, J. A.	9 May
Adkins, M. J.	31 May
Alexander, S. C.	31 May
Riding, P. M.	1 Sept
Coppack, D. M.	19 Sept
Crust, A. C BSc	7 Oct
Evans, T. W.	7 Oct
Flux, M. J.	15 Oct
Finck, P. H.	6 Nov
Walters, R. J.	6 Nov
Ashby, A. P.	27 Nov
Pass, A. C.	12 Dec
Baron, J. St. J. BSc PGCE	13 Dec
Clifton, W. A. H.	17 Dec
McDonnell, S. M.	17 Dec

ROYAL AIR FORCE VOLUNTEER RESERVE (Training Branch)

Pilot Officers

1997

Name	Date
Brewer, E.	9 Jan
Anderson, S. J.	10 Jan
Adamson, M. BSc PGCE	15 Jan
Davies, C. V. BSc	15 Jan
Giess, N. P.	21 Jan
Conley, C. R.	18 Feb
Greenland, L. S.	18 Feb
Hoddinott, V. K. BA PGCE	18 Feb
Taylor, A. B. BSc	19 Feb
Hughes, K. E. BA PGC	26 Feb
Hyde, M. A.	7 Mar
Le Worthy, S. L.	13 Mar
Lynch, C. BA	13 Mar
Todd, D.	13 Mar
Willies, A. M.	13 Mar
Yaku, L.	13 Mar
Day, J. P. DPhil BSc PGCE	24 Mar
Appleby, R. C.	2 Apr
Smith, B. A.	2 Apr
Streeton, R. W.	2 Apr
Armstrong, C. J.	14 Apr
Ball, H. G.	14 Apr
Bellamy, C. H.	14 Apr
Cobb, J.	14 Apr
Gallop, M. P.	14 Apr
Taylor, P. J.	14 Apr
White, B. J.	14 Apr
Hart, D. J. BD	16 Apr
Close-Ash, W. P.	28 Apr
MacIntosh, F. I.	28 Apr
Smith, B. D.	28 Apr
Lawson, J. R.	2 May
Shere-Massey, M.	2 May
Wright, D. M.	2 May
Balchin, A. W.	7 May
Bell, G. M.	7 May
Jenkins, K. F.	7 May
Moore, D. A. S.	7 May
Silver, B. R.	7 May
Colley, P.	12 May
Williamson, M. A.	12 May
Davies, G. D.	20 May
Farr, J. E.	20 May
Hughes, P. M.	20 May
Lawson, P. S.	20 May
Mewes, C. A.	21 May
Eade, F. R. PhD	22 May
Pressley, J. W. BA PGCE	22 May
Duncan, J. A.	23 May
Parry, D. H.	23 May
Warrender, M.	23 May
Burgess, L. A.	29 May
Smith, P. J.	29 May
Turner, P. L.	29 May
Whitehead, S. J.	29 May
Allen, L. I.	4 June
Anthony, G.	4 June
Brannan, R. J.	4 June
Bromley, G. L.	4 June
Brooksbank, R. E.	4 June
Hill, Z. M.	4 June
Lemmon, D. S.	4 June
Rafferty, D. M.	4 June
Smith, M. J. MEng MICE	4 June
Adams, S. L. BSc	6 June
Morris, L.	6 June
Scott, W. G. BA	6 June
Wilson, N.	9 June
Wilson, P.	9 June
Driscoll, K. J. S.	11 June
Mayfield, P. S. BA PGCE	11 June
Wood, R.	11 June
Ayre, A. M.	16 June
Hatton, T. J.	16 June
Mason, A. C.	16 June
Rigby, S. I.	16 June
Scudder, D. R. M.	16 June
Clark, J. E.	20 June
Moore, R. A.	30 June
Pinckston, P. K.	30 June
Withersby, E. D.	30 June
Booth, T. N. BSc	3 July
Kendall, A. R.	4 July
Gilhooly, B. BA DipEd	9 July
Cepelak, A.	10 July
Mortimer, D. F.	10 July
Pearce, G. M.	10 July
Durkin, C. B. J. BSc	14 July
Sharrard-Williams, E. L. BEd	14 July
Wheatley, J. L.	14 July
Hick, S.	17 July
Reece, D. J.	17 July
Williams, J. D. BSc	17 July
Fulbrook, I. S.	21 July
Partington, J. E.	21 July
Prentice, K. J. BA BSc	21 July
Pursehouse, M. C.	21 July
Gillespie, J. W. C.	29 July
Booth, L. A.	31 July
Butterfield, J. BSc	31 July
Berry, I. C.	4 Aug
Divver, J. A.	4 Aug
Hunt, R. A. J.	4 Aug
Thomas, L. C.	4 Aug
Macher, D.	5 Aug
Pick, J. A.	5 Aug
Swierczek, J.	5 Aug
Davenport, L. E.	12 Aug
Davies, M. J.	12 Aug
Thijs, N.	12 Aug
MacMillan, D. F.	28 Aug
Oldham, C. M.	18 Aug
Carrington, J. F.	2 Sept
Collins, M. J.	2 Sept
Carr, M.	5 Sept
Darwin, K. A.	5 Sept
French, M. J.	5 Sept
Head, G. M. M. BA IEng MIEIE	5 Sept
Byford, J. E. BSc PGCE	10 Sept
Caseman, P. M.	10 Sept
Sutherland, S.	10 Sept
Cooper, N. L.	18 Sept
Dalrymple, I. V. J.	18 Sept
Daly, N. T.	18 Sept
Davies, A. S.	18 Sept
Davies, J. T.	18 Sept
Elliott, K. F. BA	18 Sept
Forster, D. MA	18 Sept
Gough, S. J.	18 Sept
Izzard, V. E. L.	18 Sept
Malik, S. BEng	18 Sept
Roberts, P. F.	18 Sept
Smith, D. P.	18 Sept
Quarmby, C. A. MA PGCE	19 Sept
Ravenhall, S. R. MPhil BA	19 Sept
Ripley, J. K. PhD BSc	19 Sept
Adam, K. J. BA PGCE	26 Sept
Draper, C. BSc PGCE	26 Sept
Elder, L. N.	26 Sept
Kuperus, S.	26 Sept
Vardon, A. J. BEd FRSA	26 Sept
McGovern, R.	3 Oct
Smith, J. A. BA	3 Oct
Bone, P. J.	13 Oct
Britton, P. J.	13 Oct
Crane, M. A. J.	13 Oct
Edwards, J. O. LTCL	13 Oct
Head, K. L.	13 Oct
Hockin, M. J. BEng	13 Oct
Smart, M. Z. BEd	13 Oct
Allen, G. D.	15 Oct
Gibson, D. J.	15 Oct
Jones, W. H.	15 Oct
Nadin, R. T. BEng	15 Oct
Cameron, W. H. M. LLB BD	23 Oct
Evans, B. J. BSc(Eng)	23 Oct
Roderick, J. G. MA BSc	23 Oct
Smith, T. D. BA PGCE	23 Oct
Dunn, R. J.	6 Nov
Inglis, J. H.	6 Nov
Symmons, G. J. JP	6 Nov
Cole, P. A.	11 Nov
Gordon, J. A. BSc	11 Nov
Gunner, P. A.	11 Nov

ROYAL AIR FORCE VOLUNTEER RESERVE (Training Branch)

Pilot Officers

1997—contd

Name	Date
Knell, G. C.	11 Nov
Millyard, P. A.	11 Nov
Tucker, J. M. BSc	11 Nov
Furze, J. A. BA	14 Nov
Simms, N. J. BSc	14 Nov
Jenkins, S. R.	18 Nov
Mimpress, P. J.	18 Nov
Moreton, D. K.	18 Nov
Fotheringham, J. T.	19 Nov
Norris, S. T.	19 Nov
Berry-Robinson, J. A. S.	24 Nov
McNicholas, J. A.	24 Nov
Rosewarn, P. J.	24 Nov
Stedman, L. S.	24 Nov
Brewster, R. A. BSc	25 Nov
Holdsworth, B. J. BA	25 Nov
Brayford, M. A.	27 Nov
Andrews, R. P.	1 Dec
Briggs, A. D. PhD BSc	1 Dec
Yates, F. L.	1 Dec
Costain, J. P. BA	2 Dec
Power, C. P.	5 Dec
Pugsley, G. D.	5 Dec
Cornell, G. W.	11 Dec
Donoghue, I. D.	11 Dec
Jennings, R. D.	15 Dec
Clark, G. J.	16 Dec

1998

Name	Date
Colling, T.	5 Jan
Doveton, L. J.	5 Jan
Fisher, H. J.	5 Jan
Howell, R.	5 Jan
Lee, A. G. C. Y.	5 Jan
Lester, M. S.	5 Jan
Machin, J. G.	5 Jan
Melia, C. P.	5 Jan
Richards, S. A.	5 Jan
Twist, S. L. BA	5 Jan
Walker, R. A.	5 Jan
Burt, D. J.	12 Jan
Cornish, P. M.	12 Jan
Merchant, G. H. L.	12 Jan
Armitstead, A. R.	16 Jan
Collier, D.	16 Jan
MacQuarrie, J. B.	16 Jan
McDonnell, G. T. MSc	16 Jan
Ramage, C. A.	16 Jan
Branson, F. S. BA PGCE	26 Jan
Cave, S.	26 Jan
Longmuir, M. C. BA PGCE	26 Jan
Mann, J. CertEd	26 Jan
O'Connor, P.	26 Jan
Randle, M. J.	26 Jan
Rogers, G. T.	26 Jan
Cook, S. M.	27 Jan
Crebbin, C. B. BEng	27 Jan
Hardy, D.	27 Jan
Hawksfield, D.	27 Jan
John, J. K.	27 Jan
Miller, J. D. BEng	27 Jan
Morrissey, S. M.	27 Jan
Sumner, A. J.	27 Jan
Woodburn, B. W.	27 Jan
Brooks-Johnson, A. J.	28 Jan
Penberthy, M. P.	28 Jan
Young, S-D.	28 Jan
Hogan, J. F.	3 Feb
Ward, G.	3 Feb
Williams, E. C. BA PGCE	3 Feb
Brekke, J. K.	6 Feb
Carter, M.	6 Feb
Evans, A.	6 Feb
Cope, J.	9 Feb
Gibson, S. M. BA PGCE	9 Feb
Last, G. A. BA PGCE	9 Feb
James, M. D.	16 Feb
Pears, J. S. BA MIIM	16 Feb
Sault, D. A.	16 Feb
Tazzyman, J. C. BA PGCE	16 Feb
Edwards, N. McM.	25 Feb
Gilmour, K.	25 Feb
Leith, D. McK.	25 Feb
Shields, H.	25 Feb
Walmsley, D. MIFireE	25 Feb
Bradshaw, R.	26 Feb
Hadley, L. J. BA	26 Feb
Izzard, T. C. BSc	26 Feb
Lane, D. M.	26 Feb
Wilson, C. S.	26 Feb
Dyer, J. J.	27 Feb
Baron, N.	12 Mar
Beal, S.	12 Mar
Burr, L.	12 Mar
Caffrey, C. M.	12 Mar
Erasmuson, H. J.	12 Mar
Fleming, M. E.	12 Mar
Gillies, S.	12 Mar
Horton, J. M. BEng	12 Mar
Hutchinson, C. A.	12 Mar
Middlemiss, J. J.	12 Mar
Pickering, C. M. BSc	12 Mar
Tucker, J. H.	12 Mar
Morris, D. W.	18 Mar
Smith, R. Y.	18 Mar
Baradoe, S. J.	19 Mar
Corfield, A. G.	19 Mar
Marshallsay, P. J. BEd	19 Mar
Rigsby, A. E.	19 Mar
Rowlands, J. A. J.	19 Mar
Taylor, A. G. BSc PGCE	27 Mar
Robertson, L.	31 Mar
Vernon, P. I.	31 Mar
Webb, S. L.	31 Mar
Foy, N.	1 Apr
Bryce, M. BSc PGCE	6 Apr
Basnett, D.	8 Apr
Jones, A. G.	8 Apr
Bryans, E. P. BEd	20 Apr
Ellis, W.	20 Apr
Glennon, A. M.	20 Apr
Pimm, J. A.	20 Apr
Sadler, D. A.	20 Apr
Herd, G. D.	21 Apr
Openshaw, R. A.	21 Apr
Prestage, S. D.	21 Apr
Austin, K. L. BA PGCE	22 Apr
Clark, A. R. D.	22 Apr
Mixture, D. BEng	22 Apr
Skinner, A. J.	22 Apr
Wellsteed, M. A.	22 Apr
Ayre, J.	23 Apr
Di Domenico, A. J. MSc BEng	23 Apr
Richards, M.	23 Apr
Sewart, P. R. BSc	23 Apr
Freeman, S. R.	29 Apr
Kidd, N. S.	29 Apr
Long, D. P.	29 Apr
Milton, P. BEd	29 Apr
Milner, E.	5 May
Patel, Y. BSc PGCE	5 May
Shaw, D. A. T. BSc	5 May
Wood, C. S. MSc BSc PGCE	5 May
Hookham, K. P.	14 May
Lentell, S. D.	14 May
Dicks, M. A. BA	18 May
Magill, B. F.	18 May
Thornell, P. J.	18 May
Mitchell, W. M.	27 May
Clark, I. C.	29 May
Elliot, L. J.	29 May
Matten, P. A.	29 May
Vernon, M. N.	29 May
Clarke, A. J. CEng MIEE	3 June
Jarvis, E. A.	3 June
Moon, N. Y.	3 June
Powell-Jones, H. D.	3 June
Sheerin, C. E. BA	3 June
Yamin-Ali, S. S. BSc PGCE	8 June
Campbell, A A.	10 June
Meighan, J. R. H.	10 June
Oldershaw, M. J. MEd BA PGCE	10 June
Vint, R. J.	10 June
Walker, S. M.	10 June
Baines, J. L.	11 June
Crockford, P. D.	11 June

Pilot Officers

1998—contd

Name	Date
Thorne, N. E.	11 June
McLeod, R. E. BSc PGCE	15 June
Coleman, T.	17 June
Felton, J. C.	17 June
Bartlett, P. L.	24 June
Bisby, M.	24 June
Butt, D. J.	24 June
Campouser, P. A.	24 June
Child, E. A.	24 June
Kent, P.	24 June
Rose, P. A.	24 June
Smith, D. S. BSc BEng MIFireE	24 June
Williams, K.	24 June
Wrigley, G. K.	24 June
Cook, K. M.	25 June
Walker, Z. K.	25 June
Flynn, C.	1 July
Eckersall, R. L. BSc PGCE	2 July
Cooper, J. T. BA	3 July
Clements, P. M.	6 July
Gardner, J. W.	6 July
Kanas, T. G. BDS	6 July
Onions, M. J.	6 July
Braddy, J. P.	13 July
Callaghan, S. E.	13 July
Murray, M.	13 July
Nicholas, S. B.	13 July
Parker, R. L.	13 July
Russell, I. E.	13 July
Turner, S.	13 July
Akinin, I. J.	30 July
Willshire, D. J.	30 July
Moore, B. T.	4 Aug
Hunter, A. J. BA PGCE	10 Aug
White, F. C.	10 Aug
Howell, D. J.	17 Aug
McNeill, A. B.	17 Aug
Anderson, V.	24 Aug
Cowan, J. M.	24 Aug
Jackson, K. A.	24 Aug
Sneider, C. B.	24 Aug
Young, S. J.	24 Aug
Lowndes, P. S.	27 Aug
Ambrose, A. B.	2 Sept
Biddles, L. E.	2 Sept
Horton, N. K.	2 Sept
Hunter, D. C.	2 Sept
Ledson, T. D. MSc BA	2 Sept
Budd, D. G.	8 Sept
Conway, D. L. BA	8 Sept
Edmondson, P.	8 Sept
Frost, R. E. P.	8 Sept
Gardner, S.	8 Sept
Hartley, K. L.	8 Sept
Sales, K.	8 Sept
Daw, D. I.	17 Sept
Ford, R. W.	17 Sept
Nunnerley, L. A.	17 Sept
Ward, C. A. BSc	17 Sept
Bruce, L. D.	21 Sept
Jackson, G. A. BEng	21 Sept
Malcolm, G. R.	21 Sept
Price, D. G.	21 Sept
Allen, P. R. BA PGCE	22 Sept
Cheesman, P. J.	22 Sept
Lang, R. I. W.	22 Sept
Mills, J. R.	22 Sept
Nicoll, D. C.	22 Sept
Rae, S. A.	22 Sept
Smith, M. H.	22 Sept
Tanner, J. M.	22 Sept
Tebay, H. P. MA PGCE	2 Oct
Blatchford, L. M.	7 Oct
Holman, M. R.	7 Oct
Bush, E. K. D. BA PGCE	12 Oct
Davies, R. BA PGCE	12 Oct
McMorran, M. I. BSc PGCE	12 Oct
Griffiths, J. E. BA PGCE	16 Oct
Kinvig, J. P. MEng	19 Oct
Waplington, L. M.	19 Oct
Warke, C. A. BSc PGCE	20 Oct
Grant, L. J.	21 Oct
Kerr, J. A.	21 Oct
Scott, T. R.	21 Oct
Birnie, Y. M.	23 Oct
Hogan, R. A.	28 Oct
Taylor, J. S.	28 Oct
Bailey, N. E. BSc PGCE	6 Nov
Hadfield, N. A. MA	6 Nov
Holman, A. N. MA	6 Nov
Marlow, P. M. BSc PGCE	6 Nov
Anson, N. A. BEd	11 Nov
Cullen, S. M. MA DPhil MLitt	11 Nov
Iredale, K. J. BSc PGCE	11 Nov
Homsey, K. G.	12 Nov
Laidler, P. D. BSc	12 Nov
Murfin, A. S. BSc	12 Nov
Richardson, C. M.	12 Nov
Barr, K. E.	13 Nov
Bleese, A.	13 Nov
Higgins, L. M.	13 Nov
Hill, D. W.	13 Nov
Latchford, T. C.	13 Nov
Taylor, M. L. MA PGCE	16 Nov
Anderson, J. E. BSc	23 Nov
Boycott, S. H.	23 Nov
Campbell, G.	23 Nov
Curtis, J. P.	23 Nov
Grantham, S. M.	23 Nov
Harvey, J. R. A.	23 Nov
Moss, S.	23 Nov
Nelson, J. H. BA	23 Nov
Nimmo, S. D.	23 Nov
Ashworth, C. D. I. BA	30 Nov
Ball, M. C.	30 Nov
Hesketh-Roberts, R. D.	30 Nov
Miller, R. G. S.	30 Nov
Norbury, M. D. T.	30 Nov
Pache, A. E. BA	30 Nov
Ratcliffe, D. C. BSc	30 Nov
Swift, S. BA	30 Nov
Worsley, S. E. LLB	30 Nov
Emerson, G. BA PGCE	2 Dec
Forey, D. M.	2 Dec
Kent, J. D.	2 Dec
Kirkby, R. I. BA PGCE	2 Dec
Bernard, J. K.	4 Dec
MacDonald, A. N.	4 Dec
Melhado, S. J.	4 Dec
Pudge, D. D.	4 Dec
Ramage, D.	4 Dec
Therwell, P.	4 Dec
Bannister, P. S.	7 Dec
Kimberley, M.	7 Dec
Walcuch, J. M. A.	9 Dec
Norman, C. BSc PGCE	10 Dec
Dewey, H. J.	14 Dec
Lees, L. M.	14 Dec
Nuttall, K. L.	14 Dec
Stringer, P.	14 Dec
Weddle, D. G.	14 Dec
Davies, R. M.	18 Dec
Earley, P.	18 Dec
Ratcliffe, A. J.	18 Dec
Berryman, D. G.	22 Dec
Losse, C. A. MA PGCE	22 Dec
Reed, K. I.	22 Dec

1999

Name	Date
Adams, C. D.	4 Jan
Knight, D.	4 Jan
Llewellyn, A. J.	4 Jan
Daw, A. R. B.	12 Jan
Campbell, D.	25 Jan
Davies, S. J.	25 Jan
Kidd, A.	25 Jan
Strongman, M. A.	25 Jan
Davies, B. J. BA	26 Jan
Newcombe, P. J.	26 Jan
Whitford, P. T.	26 Feb
Brown, A. E. BEd	27 Jan
Revell, C. J. BSc PGCE	27 Jan
Stafford, R. P. BSc PGCE	27 Jan
Stanyer, R. J. BSc BEd	27 Jan
Evans, J. C. BA	29 Jan
Firth, D.	2 Feb

ROYAL AIR FORCE VOLUNTEER RESERVE (Training Branch)

Pilot Officers

1999—contd

Guzy, S. J.	2 Feb
Logan, A.	2 Feb
Travis, J. E. L. BSc	2 Feb
Day, J. M. BA PGCE	3 Feb
Gale, N. J. BA PGCE	10 Feb
Coppell, S. MA	11 Feb
Creber, E. J. BSc PGCE	11 Feb
Martin, S. F. BSc PGCE	11 Feb
Harbar, D. J.	16 Feb
Johnson, S. P.	16 Feb
Lambert, M. S.	16 Feb
Wild, C.	16 Feb
Nutten, D. D.	25 Feb
March, A. BSc	5 Mar
Brown, A. R. BSc	8 Mar
Hannant, M. E. BA	8 Mar
Jupe, G. V. BA	8 Mar
Monie, G. K.	9 Mar
France, S. J.	10 Mar
Gleeson, A.	15 Mar
MacCarron, D. F.	15 Mar
Riley, S. D.	15 Mar
Thompson, P.	15 Mar
Walker, R. L.	15 Mar
Baines, C. E.	16 Mar
Green, D. L. MBA	16 Mar
Ibell, A. J.	16 Mar
Knight, P. R.	16 Mar
Maunder, S. G.	16 Mar
McManus, N. J. R. BA PGCE	16 Mar
Ritchie, L.	16 Mar
Shardlow, C. H.	16 Mar
Charters, S. BEng BEd	17 Mar
Bannister, A. S. BSc CertEd	19 Mar
Barrett, J. L.	19 Mar
Gale, J. M. BSc PGCE	19 Mar
Humphries, A. J.	19 Mar
Skew, M. E. BEd CertEd	19 Mar
Wright, F. K.	19 Mar
Douglas, A. R. BSc PGCE	22 Mar
Hendry, K. M.	23 Mar
Roberts, N. O.	23 Mar
Warren, L. A.	24 Mar
Russell, A. W.	24 Mar
Shaw, R. J.	24 Mar
Cromie, D. S.	25 Mar
Lobbeday, J. C. BA	25 Mar
Bingham, P.	31 Mar
Jones, J. S.	31 Mar
Ayling, S. J.	5 Apr
Calvert, D. A.	5 Apr
Gulam, M.	5 Apr
Hodgson, J.	5 Apr
Manville, S.	9 Apr
Naylor, J.	14 Apr
Williams, S. D.	14 Apr
Barnes, E. K. BA PGCE	27 Apr
Clark, T. A.	27 Apr
Cox, D. P. BNurs	27 Apr
Cusack, K.	27 Apr
Horsburgh, A. G.	27 Apr
Hutchinson, I. G.	27 Apr
Hedley, R. K. MSc PGCE	28 Apr
Petty, J. M. BEd	28 Apr
Shand, T. A. BSc DipEd	28 Apr
Waller, L. BSc PGCE	28 Apr
McAvoy, S. P.	29 Apr
Dewhurst, L. M.	5 May
Towse, J. L.	12 May

BATTLE HONOURS—RAF SQUADRONS

(**BOLD** PRINT INDICATES HONOURS ACTUALLY EMBLAZONED ON THE EXISTING STANDARD)

1 SQUADRON RAF

1st STANDARD PRESENTED 24 APRIL 1953 BY AVM SIR CHARLES LONGCROFT.
2nd STANDARD PRESENTED 27 JUNE 1983 BY MRAF SIR DERMOT BOYLE.

HONOURS WITH THE RIGHT TO EMBLAZONMENT

WESTERN FRONT, 1915–1918 YPRES, 1915 NEUVE CHAPPELLE LOOS **SOMME, 1916** ARRAS YPRES, 1917 LYS AMIENS SOMME, 1918 HINDENBERG LINE **INDEPENDENT FORCE & GERMANY, 1918 FRANCE & LOW COUNTRIES, 1939–1940 BATTLE OF BRITAIN, 1940** CHANNEL & NORTH SEA, 1941–1945 HOME DEFENCE, 1940–1945 **FORTRESS EUROPE, 1941–44** ARNHEM NORMANDY, 1944 **FRANCE & GERMANY, 1944–1945** BISCAY, 1944–1945 RHINE **SOUTH ATLANTIC, 1982**

HONOURS WITHOUT THE RIGHT TO EMBLAZONMENT

KURDISTAN, 1922–1925   IRAQ, 1923–1925

2 SQUADRON RAF

1st STANDARD PRESENTED 31 OCTOBER 1953 BY ACM SIR ROBERT M FOSTER.
2nd STANDARD PRESENTED 30 MAY 1984 BY ACM SIR ALASDAIR STEEDMAN.

HONOURS WITH THE RIGHT TO EMBLAZONMENT

WESTERN FRONT, 1914–1918 MONS **NEUVE CHAPPELLE YPRES, 1915** LOOS **SOMME, 1916** ARRAS SOMME, 1918 LYS **FRANCE & LOW COUNTRIES, 1939–1940 DUNKIRK** FORTRESS EUROPE, 1942–1944 FRANCE & GERMANY, 1944–1945 **NORMANDY, 1944 ARNHEM** WALCHEREN RHINE **GULF, 1991**

3 SQUADRON RAF

1st STANDARD PRESENTED 11 DECEMBER 1953 BY ACM SIR PHILIP JOUBERT de la FERTE.
2nd STANDARD PRESENTED 3 JUNE 1983 BY AM SIR PATRICK B HINE.

HONOURS WITH THE RIGHT TO EMBLAZONMENT

WESTERN FRONT, 1914–1918 MONS NEUVE CHAPELLE LOOS SOMME, 1916 CAMBRAI, 1917 **SOMME, 1918** HINDENBERG LINE **FRANCE & LOW COUNTRIES, 1940 BATTLE OF BRITAIN, 1940** HOME DEFENCE, 1940–1945 FORTRESS EUROPE, 1942–1944 CHANNEL AND NORTH SEA, 1943–1945 **NORMANDY, 1944 ARNHEM** RHINE **FRANCE & GERMANY, 1944–1945**

BATTLE HONOURS—RAF SQUADRONS

4 SQUADRON RAF

1st STANDARD PRESENTED 20 NOVEMBER 1953 BY MRAF SIR JOHN SLESSOR.
2nd STANDARD PRESENTED 6 JULY 1984 BY AM SIR PATRICK B HINE.

HONOURS WITH THE RIGHT TO EMBLAZONMENT

WESTERN FRONT, 1914–1918 MONS NEUVE CHAPPELLE SOMME, 1916 **YPRES, 1917** LYS **SOMME, 1918 FRANCE & LOW COUNTRIES, 1939–1940** FORTRESS EUROPE, 1942–1944 **FRANCE & GERMANY, 1944–1945 NORMANDY, 1944 ARNHEM** RHINE

5 SQUADRON RAF

1st STANDARD PRESENTED 24 APRIL 1954 BY ACM SIR LESLIE N HOLLINGHURST.
2nd STANDARD PRESENTED 11 AUGUST 1983 BY AVM G A WHITE.

HONOURS WITH THE RIGHT TO EMBLAZONMENT

WESTERN FRONT, 1914–1918 **MONS** NEUVE CHAPPELLE **YPRES, 1915 LOOS** ARRAS SOMME, 1918 **AMIENS** HINDENBERG LINE **ARAKAN, 1942–1944** MANIPUR, 1944 **BURMA, 1944–1945**

HONOURS WITHOUT THE RIGHT TO EMBLAZONMENT

WAZIRISTAN, 1920–1925 MOHMAND, 1927 NORTH WEST FRONTIER, 1930–1931 NORTH WEST FRONTIER, 1935–1939

6 SQUADRON RAF

1st STANDARD PRESENTED 31 JANUARY 1954 BY AM SIR CLAUDE B R PELLY.
2nd STANDARD PRESENTED 31 OCTOBER 1980 BY ACM SIR KEITH WILLIAMSON.

HONOURS WITH THE RIGHT TO EMBLAZONMENT

WESTERN FRONT, 1914–1918 NEUVE CHAPPELLE YPRES, 1915 LOOS **SOMME, 1916** YPRES, 1917 **AMIENS HINDENBURG LINE EGYPT & LIBYA, 1940–1943 EL ALAMEIN** EL HAMMA **ITALY, 1944–1945** SOUTH EAST EUROPE, 1944–1945 GULF, 1991

HONOURS WITHOUT THE RIGHT TO EMBLAZONMENT

IRAQ, 1919–1920 KURDISTAN, 1922–1924 PALESTINE, 1936–1939

7 SQUADRON RAF

1st STANDARD PRESENTED 9 OCTOBER 1953 BY MRAF SIR JOHN SALMOND.
2nd STANDARD PRESENTED 8 JUNE 1978 BY HRH PRINCESS ALICE DUCHESS OF GLOUCESTER.

HONOURS WITH THE RIGHT TO EMBLAZONMENT

WESTERN FRONT, 1915–1918 YPRES, 1915 LOOS **SOMME, 1916** YPRES, 1917 **FORTRESS EUROPE, 1941–1944 BISCAY PORTS, 1941–1944 RUHR, 1942–1945** GERMAN PORTS, 1942–1945 **BERLIN, 1943–1945 FRANCE & GERMANY, 1944-1945** NORMANDY, 1944 RHINE GULF, 1991

BATTLE HONOURS—RAF SQUADRONS

8 SQUADRON RAF

1st STANDARD PRESENTED 9 APRIL 1954 BY SIR TOM HICKINBOTHAM.
2nd STANDARD PRESENTED 25 FEBRUARY 1967 BY HIS EXCELLENCY SIR RICHARD TURNBALL.
3rd STANDARD PRESENTED 28 MAY 1992 BY HRH THE DUKE OF GLOUCESTER.

HONOURS WITH THE RIGHT TO EMBLAZONMENT

WESTERN FRONT, 1915–1918　LOOS　SOMME, 1916　**ARRAS**　**CAMBRAI, 1917**　SOMME, 1918　AMIENS　HINDENBURG LINE　**EAST AFRICA, 1940-1941**　**EASTERN WATERS, 1942–1945**　**BURMA, 1945**

HONOURS WITHOUT THE RIGHT TO EMBLAZONMENT

KURDISTAN, 1922–1924　ADEN, 1928　ADEN, 1929　ADEN, 1934

9 SQUADRON RAF

1st STANDARD PRESENTED 9 OCTOBER 1956 BY ACM SIR HUGH LLOYD.
2nd STANDARD PRESENTED 23 MAY 1984 BY ACM SIR DAVID CRAIG.

HONOURS WITH THE RIGHT TO EMBLAZONMENT

WESTERN FRONT, 1915–1918　SOMME, 1916　YPRES, 1917　AMIENS　HINDENBURG LINE　CHANNEL & NORTH SEA, 1939–1945　BALTIC, 1939–1945　FRANCE & LOW COUNTRIES, 1940　NORWAY, 1940　GERMAN PORTS, 1940–1945　**FORTRESS EUROPE, 1940–1944**　BERLIN, 1941–1945　BISCAY PORTS, 1940–1945　**RUHR, 1941–1945**　FRANCE & GERMANY, 1944–1945　**TIRPITZ**　**THE DAMS**　RHINE　**GULF, 1991**

10 SQUADRON RAF

1st STANDARD PRESENTED 21 OCTOBER 1958 BY HRH THE PRINCESS MARGARET.
2nd STANDARD PRESENTED 30 SEPTEMBER 1988 BY RT HON MARGARET THATCHER.

HONOURS WITH THE RIGHT TO EMBLAZONMENT

WESTERN FRONT, 1915–1918　LOOS　SOMME, 1916　**ARRAS**　**SOMME, 1918**　INVASION PORTS, 1940　CHANNEL & NORTH SEA, 1940–1945　NORWAY, 1940　**FORTRESS EUROPE, 1940–1944**　BISCAY PORTS, 1940–1945　**RUHR, 1940–1945**　GERMAN PORTS, 1940-1945　**NORMANDY, 1944**　BERLIN, 1940–1945　FRANCE & GERMANY, 1944-1945　RHINE

HONOURS WITHOUT THE RIGHT TO EMBLAZONMENT

GULF, 1991

11 SQUADRON RAF

1st STANDARD PRESENTED 28 AUGUST 1954 BY AM SIR OWEN JONES.
2nd STANDARD PRESENTED 17 AUGUST 1984 BY AVM P S COLLINS.

HONOURS WITH THE RIGHT TO EMBLAZONMENT

WESTERN FRONT, 1915–1918　**LOOS**　SOMME, 1916　ARRAS　**CAMBRAI, 1917**　**SOMME, 1918**　AMIENS　**HINDENBURG LINE**　EAST AFRICA, 1940　**EGYPT & LIBYA, 1940–1942**　GREECE, 1941　SYRIA, 1941　CEYLON, APRIL 1942　**ARAKAN, 1943–1944**　**NORTH BURMA, 1943–1944**　MANIPUR, 1944　**BURMA, 1944–1945**

HONOURS WITHOUT THE RIGHT TO EMBLAZONMENT

NORTH WEST FRONTIER, 1930–1931　NORTH WEST FRONTIER, 1935–1939

12 SQUADRON RAF

1st STANDARD PRESENTED 23 JUNE 1954 BY MRAF THE LORD NEWALL.
2nd STANDARD PRESENTED 21 FEBRUARY 1975 BY AM SIR NIGEL MAYNARD.

HONOURS WITH THE RIGHT TO EMBLAZONMENT

WESTERN FRONT, 1915–1918   **LOOS**   SOMME, 1916   ARRAS   **CAMBRAI, 1917**   **SOMME, 1918**   HINDENBURG LINE   **FRANCE & LOW COUNTRIES, 1939–40**   MEUSE BRIDGES   FORTRESS EUROPE, 1940–1944   GERMAN PORTS, 1941–1945   BISCAY PORTS, 1940–1945   **BERLIN, 1941–1945**   **RUHR, 1941–1945**   FRANCE & GERMANY, 1944–1945   **RHINE**   GULF 1991;

13 SQUADRON RAF

1st STANDARD PRESENTED 3 MAY 1957 BY FM SIR JOHN HARDING.
2nd STANDARD PRESENTED 12 FEBRUARY 1993 BY HRH THE DUKE OF KENT.

HONOURS WITH THE RIGHT TO EMBLAZONMENT

WESTERN FRONT, 1915–1918   SOMME, 1916   **ARRAS**   CAMBRAI, 1917   **SOMME, 1918**   HINDENBURG LINE   **FRANCE & LOW COUNTRIES, 1939–1940**   DIEPPE   NORTH AFRICA, 1942–1943   MEDITERRANEAN, 1943   **ITALY, 1944–1945**   GUSTAV LINE   GOTHIC LINE   **GULF, 1991**

14 SQUADRON RAF

1st STANDARD PRESENTED 21 AUGUST 1954 BY AVM T C TRAILL.
2nd STANDARD PRESENTED 26 NOVEMBER 1982 BY ACM SIR KEITH WILLIAMSON.

HONOURS WITH THE RIGHT TO EMBLAZONMENT

EGYPT, 1915–1917   ARABIA, 1916–1917   **PALESTINE, 1917–1918**   GAZA   MEGIDDO   **EAST AFRICA, 1940–1941**   **EGYPT & LIBYA, 1941–1942**   MEDITERRANEAN, 1941–1943   SICILY, 1943   **ATLANTIC, 1945**   GULF, 1991

HONOURS WITHOUT THE RIGHT TO EMBLAZONMENT

TRANSJORDAN, 1924   PALESTINE,1936–1939

18 SQUADRON RAF

1st STANDARD PRESENTED 14 JUNE 1962 BY HRH THE PRINCESS MARGARET.
2nd STANDARD PRESENTED 3 FEBRUARY 1989 BY ACM SIR PETER HARDING.

HONOURS WITH THE RIGHT TO EMBLAZONMENT

WESTERN FRONT, 1915–1918   SOMME, 1916   **SOMME, 1918**   LYS   **HINDENBURG LINE**   FRANCE & LOW COUNTRIES, 1940   **INVASION PORTS, 1940**   FORTRESS EUROPE, 1940–1942   **CHANNEL & NORTH SEA, 1940–1941**   GERMAN PORTS, 1940–1941   **MALTA, 1941–1942**   EGYPT & LIBYA, 1942   **NORTH AFRICA, 1942–1943**   MEDITERRANEAN, 1943   SICILY, 1943   SALERNO   SOUTH EAST EUROPE, 1943–1944   **ITALY, 1943–1945**   GOTHIC LINE   **SOUTH ATLANTIC, 1982**   **GULF, 1991**

BATTLE HONOURS—RAF SQUADRONS

22 SQUADRON RAF

1st STANDARD PRESENTED 20 OCTOBER 1960 BY AM SIR RALPH SORLEY.
2nd STANDARD PRESENTED 15 MARCH 1978 BY ACM SIR DAVID EVANS.

HONOURS WITH THE RIGHT TO EMBLAZONMENT

WESTERN FRONT, 1916–1918 SOMME, 1916 YPRES, 1917 CAMBRAI, 1917 SOMME, 1918 LYS AMIENS HINDENBURG LINE **CHANNEL & NORTH SEA, 1939–1941** FRANCE & LOW COUNTRIES, 1940 INVASION PORTS, 1940 BISCAY PORTS, 1940–1941 **MEDITERRANEAN, 1942** **EASTERN WATERS, 1942–1945** **BURMA, 1944–1945**

23 SQUADRON RAF

1st STANDARD PRESENTED 28 JUNE 1957 BY MRAF SIR JOHN SLESSOR.
2nd STANDARD PRESENTED 2 FEBRUARY 1987 BY AM SIR ANTHONY SKINGSLEY

HONOURS WITH THE RIGHT TO EMBLAZONMENT

HOME DEFENCE, 1916 WESTERN FRONT, 1916–1918 SOMME, 1916 ARRAS **YPRES, 1917** **SOMME, 1918** **CHANNEL & NORTH SEA, 1939–1940** FORTRESS EUROPE, 1940–1944 **NORTH AFRICA, 1943** SICILY, 1943 **ITALY, 1943–1944** ANZIO & NETTUNO FRANCE & GERMANY, 1944–1945 RUHR, 1944–1945

24 SQUADRON RAF

1st STANDARD PRESENTED 4 MARCH 1954 BY AM SIR CHARLES E N GUEST.
2nd STANDARD PRESENTED 15 SEPTEMBER 1981 BY HRH THE PRINCESS ANNE.

HONOURS WITH THE RIGHT TO EMBLAZONMENT

WESTERN FRONT, 1916–1918 SOMME, 1916 SOMME, 1918 **AMIENS** HINDENBURG LINE **FRANCE & LOW COUNTRIES, 1939–1940** MALTA, 1942 NORTH AFRICA, 1942–1943 ITALY, 1943–1944 **BURMA, 1944–1945**

HONOURS WITHOUT THE RIGHT TO EMBLAZONMENT

GULF, 1991

25 SQUADRON RAF

1st STANDARD PRESENTED 21 JUNE 1954 BY AM SIR DERMOT BOYLE.
2nd STANDARD PRESENTED 15 MAY 1984 BY ACM SIR THOMAS KENNEDY.

HONOURS WITH THE RIGHT TO EMBLAZONMENT

HOME DEFENCE, 1916 **WESTERN FRONT, 1916–1918** SOMME, 1916 ARRAS **YPRES, 1917** **CAMBRAI, 1917** **SOMME, 1918** LYS HINDENBURG LINE CHANNEL & NORTH SEA, 1939–1941 **BATTLE OF BRITAIN, 1940** **FORTRESS EUROPE, 1943–1944** HOME DEFENCE, 1940–1945 FRANCE & GERMANY, 1944–1945

BATTLE HONOURS—RAF SQUADRONS

27 SQUADRON RAF

1st STANDARD PRESENTED 7 JANUARY 1955 BY AVM A E BORTON.
2nd STANDARD PRESENTED 22 JUNE 1979 BY ACM SIR DAVID EVANS.

HONOURS WITH THE RIGHT TO EMBLAZONMENT

WESTERN FRONT, 1916–1918 SOMME, 1916 ARRAS **YPRES, 1917 CAMBRAI, 1917** SOMME, 1918 LYS AMIENS HINDENBURG LINE **MALAYA, 1941–1942 ARAKAN, 1942–1944 NORTH BURMA, 1944 BURMA, 1944–1945 GULF, 1991**

HONOURS WITHOUT THE RIGHT TO EMBLAZONMENT

MAHSUD, 1920 WAZIRISTAN, 1920–1925 MOHMAND, 1927
NORTH WEST FRONTIER, 1930–1931 MOHMAND, 1933
NORTH WEST FRONTIER, 1935–1939

28 SQUADRON RAF

1st STANDARD PRESENTED 16 MARCH 1955 BY AM F J FRESSANGES.
2nd STANDARD PRESENTED 29 JUNE 1977 BY HE SIR MURRAY MACLEHOSE.

HONOURS WITH THE RIGHT TO EMBLAZONMENT

ITALIAN FRONT & ADRIATIC, 1917–1918 PIAVE VITTORIO VENETO BURMA, 1942 ARAKAN, 1943–1944 **MANIPUR, 1944 BURMA, 1944–1945**

HONOURS WITHOUT THE RIGHT TO EMBLAZONMENT

WAZIRISTAN, 1921–1925 NORTH WEST FRONTIER, 1939

30 SQUADRON RAF

1st STANDARD PRESENTED 1 JULY 1954 BY ACM SIR JAMES M ROBB.
2nd STANDARD PRESENTED 18 MAY 1978 BY HRH THE PRINCESS ANNE.

HONOURS WITH THE RIGHT TO EMBLAZONMENT

EGYPT, 1915 MESOPOTAMIA, 1915–1918 EGYPT & LIBYA, 1940–1942 GREECE, 1940–1941 MEDITERRANEAN, 1940–1941 CEYLON APRIL, 1942 ARAKAN, 1944 BURMA, 1944–1945

HONOURS WITHOUT THE RIGHT TO EMBLAZONMENT

IRAQ, 1919–1920 NORTH WEST PERSIA, 1920 KURDISTAN, 1922–1924 IRAQ, 1923–1925 IRAQ, 1928–1929 KURDISTAN, 1930–1931 NORTHERN KURDISTAN, 1932 GULF, 1991

BATTLE HONOURS—RAF SQUADRONS

31 SQUADRON RAF

1st STANDARD PRESENTED 13 SEPTEMBER 1956 BY ACM SIR ALEC CORYTON.
2nd STANDARD PRESENTED 14 NOVEMBER 1986 BY AM SIR LESLIE MAVOR.

HONOURS WITH THE RIGHT TO EMBLAZONMENT

NORTH WEST FRONTIER, 1916–1918 **IRAQ, 1941** SYRIA, 1941 **EGYPT & LIBYA, 1941–1942** **BURMA, 1941–1942** **NORTH BURMA, 1943–1944** **ARAKAN, 1943–1944** **MANIPUR, 1944** **BURMA, 1944–1945** GULF,1991

HONOURS WITHOUT THE RIGHT TO EMBLAZONMENT

AFGHANISTAN 1919, MAHSUD, 1919–1920, WAZIRISTAN,1919–1925 NORTH WEST FRONTIER, 1939

32 (THE ROYAL) SQUADRON RAF

1st STANDARD PRESENTED 6 JUNE 1957 BY ACM SIR JAMES M ROBB.
2nd STANDARD PRESENTED 6 JUNE 1987 BY ACM SIR MICHAEL KNIGHT.

HONOURS WITH THE RIGHT TO EMBLAZONMENT

WESTERN FRONT, 1916–1918 **SOMME, 1916–1918** ARRAS **YPRES, 1917** **AMIENS** **FRANCE & LOW COUNTRIES, 1939–1940** **BATTLE OF BRITAIN, 1940** HOME DEFENCE, 1940–1942 **DIEPPE** **NORTH AFRICA, 1942–1943** ITALY, 1943 **SOUTH EAST EUROPE, 1944–1945**

HONOURS WITHOUT THE RIGHT TO EMBLAZONMENT

GULF, 1991

33 SQUADRON RAF

1st STANDARD PRESENTED 24 APRIL 1958 BY ACM SIR PHILIP JOUBERT de la FERTE.
2nd STANDARD PRESENTED 19 MAY 1988 BY ACM SIR DENIS SMALLWOOD.

HONOURS WITH THE RIGHT TO EMBLAZONMENT

HOME DEFENCE, 1916–1918 **EGYPT & LIBYA, 1940–1943** **GREECE, 1941** **EL ALAMEIN** **FRANCE & GERMANY, 1944–1945** **NORMANDY, 1944** **WALCHEREN** **RHINE** **GULF, 1991**

HONOURS WITHOUT THE RIGHT TO EMBLAZONMENT

PALESTINE, 1936–1939

39(1 PRU) SQUADRON RAF

1st STANDARD PRESENTED 26 JUNE 1954 BY AM SIR CLAUDE B R PELLY.
2nd STANDARD PRESENTED 25 SEPTEMBER 1981 BY ACM SIR KEITH WILLIAMSON.

HONOURS WITH THE RIGHT TO EMBLAZONMENT

HOME DEFENCE, 1916–1918 EAST AFRICA, 1940 **EGYPT & LIBYA, 1940–1943** **GREECE, 1941** **MEDITERRANEAN, 1941–1943** **MALTA, 1942** **NORTH AFRICA, 1942–1943** **SOUTH EAST EUROPE, 1944–45**

HONOURS WITHOUT THE RIGHT TO EMBLAZONMENT

NORTH WEST FRONTIER, 1930–1931 MOHMAND, 1933 NORTH WEST FRONTIER, 1935–1939

BATTLE HONOURS—RAF SQUADRONS

41 SQUADRON RAF

1st STANDARD PRESENTED 14 JULY 1957 BY AM SIR THEODORE MCEVOY.
2nd STANDARD PRESENTED 5 DECEMBER 1985 BY ACM SIR PETER HARDING.

HONOURS WITH THE RIGHT TO EMBLAZONMENT

WESTERN FRONT, 1916–1918   **SOMME, 1916**   ARRAS   **CAMBRAI, 1917**   SOMME, 1918   LYS   **AMIENS**
BATTLE OF BRITAIN, 1940   HOME DEFENCE, 1940–1944   **FORTRESS EUROPE, 1940–1944**   **DIEPPE**
FRANCE & GERMANY, 1944–1945   ARNHEM   WALCHEREN   GULF, 1991

43 SQUADRON RAF

1st STANDARD PRESENTED 4 JUNE 1957 BY HM QUEEN ELIZABETH II.
2nd STANDARD PRESENTED 26 MAY 1988 BY HM QUEEN ELIZABETH II.

HONOURS WITH THE RIGHT TO EMBLAZONMENT

WESTERN FRONT, 1917–1918   ARRAS   **YPRES, 1917**   CAMBRAI, 1917   **SOMME, 1918**   LYS   AMIENS   **DUNKIRK**
BATTLE OF BRITAIN, 1940   HOME DEFENCE, 1940–1942   FORTRESS EUROPE, 1942   **DIEPPE**
NORTH AFRICA, 1942–1943   SICILY, 1943   SALERNO   ITALY, 1943–1945   **ANZIO AND NETTUNO**   GUSTAV LINE
FRANCE & GERMANY, 1944

HONOURS WITHOUT THE RIGHT TO EMBLAZONMENT

GULF, 1991

47 SQUADRON RAF

1st STANDARD PRESENTED 25 MARCH 1955 BY MRAF SIR JOHN SLESSOR.
2nd STANDARD PRESENTED 3 MAY 1984 BY HRH THE PRINCESS ANNE.

HONOURS WITH THE RIGHT TO ENBLAZONMENT

MACEDONIA, 1916–1918   EAST AFRICA, 1940–1941   EGYPT & LIBYA, 1942   MEDITERRANEAN, 1942–1943
BURMA, 1945

HONOURS WITHOUT THE RIGHT TO EMBLAZONMENT

SOUTH ATLANTIC, 1982   GULF, 1991

51 SQUADRON RAF

STANDARD PRESENTED 9 JULY 1968 BY ACM SIR WALLACE KYLE.

HONOURS WITH THE RIGHT TO EMBLAZONMENT

HOME DEFENCE, 1916–1918   CHANNEL & NORTH SEA, 1940–1943   **NORWAY, 1940**   **FRANCE & LOW COUNTRIES, 1940**   RUHR, 1940–1945   **FORTRESS EUROPE, 1940–1944**   GERMAN PORTS, 1940–1945
INVASION PORTS, 1940   BISCAY PORTS, 1940–1944   BERLIN, 1940–1944   **BALTIC, 1940–1944**   BISCAY, 1942
ITALY, 1943   **FRANCE & GERMANY, 1944–1945**   NORMANDY, 1944   WALCHEREN   RHINE

HONOURS WITHOUT THE RIGHT TO EMBLAZONMENT

SOUTH ATLANTIC, 1982   GULF, 1991

BATTLE HONOURS—RAF SQUADRONS

54 SQUADRON RAF

1st STANDARD PRESENTED 24 MAY 1963 BY MAJOR K K HORN RFC.
2nd STANDARD PRESENTED 21 JANUARY 1988 BY ACM SIR PETER HARDING.

HONOURS WITH THE RIGHT TO EMBLAZONMENT

WESTERN FRONT, 1916–1918 **ARRAS** **YPRES, 1917** **CAMBRAI, 1917** **AMIENS** HOME DEFENCE, 1940–1945 FRANCE & LOW COUNTRIES, 1940 **DUNKIRK** **BATTLE OF BRITAIN, 1940** **FORTRESS EUROPE, 1941** **EASTERN WATERS, 1943–1945** GULF, 1991

70 SQUADRON RAF

1st STANDARD PRESENTED 16 JULY 1955 BY AVM SIR HAZELTON NICHOLL.
2nd STANDARD PRESENTED 3 MAY 1984 BY HRH THE PRINCESS ANNE.

HONOURS WITH THE RIGHT TO EMBLAZONMENT

WESTERN FRONT, 1916–1918 **SOMME, 1916** ARRAS **YPRES, 1917** SOMME, 1918 MEDITERRANEAN, 1940–1943 **EGYPT & LIBYA, 1940–1943** GREECE, 1940–1941 SYRIA, 1941 **IRAQ, 1941** EL ALAMEIN **NORTH AFRICA, 1942–1943** EL HAMMA SICILY, 1943 **ITALY, 1943–1945** SALERNO ANZIO & NETTUNO GUSTAV LINE GOTHIC LINE **SOUTH EAST EUROPE, 1944–1945**

HONOURS WITHOUT THE RIGHT TO EMBLAZONMENT

KURDISTAN, 1922–1924 IRAQ, 1928–1929 KURDISTAN, 1930–1931 NORTHERN KURDISTAN, 1932 NORTH WEST FRONTIER, 1937 SOUTH ATLANTIC, 1982 GULF, 1991

72 SQUADRON RAF

STANDARD PRESENTED 30 JUNE 1966 BY AM SIR RONALD LEES.

HONOURS WITH THE RIGHT TO EMBLAZONMENT

MESOPOTAMIA, 1918 CHANNEL & NORTH SEA, 1939–1942 **DUNKIRK** **BATTLE OF BRITAIN, 1940** **FORTRESS EUROPE, 1941–1942** **NORTH AFRICA, 1942–1943** MEDITERRANEAN, 1942–1943 **SICILY, 1943** ITALY, 1943–1945 **SALERNO** **ANZIO & NETTUNO**

78 SQUADRON RAF

STANDARD PRESENTED 11 FEBRUARY 1965 BY Lt Gen SIR CHARLES HARINGTON

HONOURS WITH THE RIGHT TO EMBLAZONMENT

HOME DEFENCE, 1916–1918 **FORTRESS EUROPE, 1940–1944** **RUHR, 1940–1945** INVASION PORTS, 1940 BISCAY PORTS, 1940–1943 **BERLIN, 1940–1944** **CHANNEL & NORTH SEA, 1942–1945** **NORMANDY, 1944** WALCHEREN **FRANCE & GERMANY, 1944–1945** **RHINE**

84 SQUADRON RAF

1st STANDARD PRESENTED 5 JANUARY 1956 BY ACM SIR FRANCIS FOGARTY.
2nd STANDARD PRESENTED 23 OCTOBER 1980 BY AM SIR KEITH WILLIAMSON.

HONOURS WITH THE RIGHT TO EMBLAZONMENT

WESTERN FRONT, 1917–1918   CAMBRAI, 1917   **SOMME, 1918**   AMIENS   **HINDENBURG LINE**
EGYPT & LIBYA, 1940–1942   **GREECE, 1940–1941**   **IRAQ, 1941**   HABBANIYA   SYRIA, 1941   **MALAYA, 1942**
NORTH BURMA, 1944   MANIPUR, 1944

HONOURS WITHOUT THE RIGHT TO EMBLAZONMENT

IRAQ, 1920   IRAQ, 1923–1925   IRAQ, 1928–1929

100 SQUADRON RAF

1st STANDARD PRESENTED 21 OCTOBER 1955 BY AM SIR GEORGE MILLS.
2nd STANDARD PRESENTED 14 DECEMBER 1984 BY MRAF SIR MICHAEL BEETHAM.

HONOURS WITH THE RIGHT TO EMBLAZONMENT

WESTERN FRONT, 1917–1918   **YPRES, 1917**   **SOMME, 1918**   **INDEPENDENT FORCE & GERMANY, 1918**
MALAYA, 1941–1942   **FORTRESS EUROPE, 1943–1944**   BISCAY PORTS, 1943–1945   **RUHR, 1943–1945**
BERLIN, 1943–1945   GERMAN PORTS, 1943–1945   BALTIC, 1943–1945   FRANCE & GERMANY, 1944–1945
NORMANDY, 1944   WALCHEREN

101 SQUADRON RAF

1st STANDARD PRESENTED 14 JUNE 1962 BY HRH THE PRINCESS MARGARET.
2nd STANDARD PRESENTED 24 JUNE 1988 BY ACM SIR PETER HARDING.

HONOURS WITH THE RIGHT TO EMBLAZONMENT

WESTERN FRONT, 1917–1918   YPRES, 1917   SOMME, 1918   LYS   HINDENBURG LINE
FORTRESS EUROPE, 1940–1944   INVASION PORTS, 1940   RUHR, 1940–1945   BERLIN, 1941
CHANNEL & NORTH SEA, 1941–1944   BISCAY PORTS, 1941–1944   GERMAN PORTS, 1941–1944   BALTIC, 1942–1945
BERLIN, 1943–1944   FRANCE & GERMANY, 1944–1945   **NORMANDY, 1944**   WALCHEREN

HONOURS WITHOUT THE RIGHT TO EMBLAZONMENT

SOUTH ATLANTIC, 1982   GULF, 1991

111 SQUADRON RAF

1st STANDARD PRESENTED 30 APRIL 1957 BY ACM SIR HARRY BROADHURST.
2nd STANDARD PRESENTED 2 AUGUST 1987 BY ACM SIR PATRICK HINE.

HONOURS WITH THE RIGHT TO EMBLAZONMENT

PALESTINE, 1917–1918   MEGIDDO   **HOME DEFENCE, 1940–1942**   FRANCE & LOW COUNTRIES, 1940   **DUNKIRK**
BATTLE OF BRITAIN, 1940   **FORTRESS EUROPE, 1941–1942**   DIEPPE   **NORTH AFRICA, 1942–1943**   SICILY, 1943
ITALY, 1943–1945   SALERNO   ANZIO & NETTUNO   GUSTAV LINE   **FRANCE & GERMANY, 1944**

BATTLE HONOURS—RAF SQUADRONS

120 SQUADRON RAF

1st STANDARD PRESENTED 14 AUGUST 1961 BY HM QUEEN ELIZABETH II.
2nd STANDARD PRESENTED 26 MAY 1988 BY HRH THE DUKE OF EDINBURGH,

HONOURS WITH THE RIGHT TO ENBLAZONMENT

ATLANTIC, 1941–1945   BISCAY, 1941–1944   ARCTIC, 1942–1944   CHANNEL & NORTH ATLANTIC, 1941–1944

HONOURS WITHOUT THE RIGHT TO EMBLAZONMENT

SOUTH ATLANTIC, 1982   GULF, 1991

201 SQUADRON RAF

1st STANDARD PRESENTED 16 DECEMBER 1955 BY AVM G W TUTTLE.
2nd STANDARD PRESENTED 9 NOVEMBER 1984 BY HRH THE DUKE OF EDINBURGH.

HONOURS WITH THE RIGHT TO EMBLAZONMENT

WESTERN FRONT, 1915–1918   ARRAS   YPRES, 1917   SOMME, 1918   AMIENS   HINDENBURG LINE   CHANNEL & NORTH SEA, 1939–1945   NORWAY, 1940   ATLANTIC, 1941–1945   BISMARCK   BISCAY, 1941–1945   NORMANDY, 1944

HONOURS WITHOUT THE RIGHT TO EMBLAZONMENT

SOUTH ATLANTIC, 1982   GULF, 1991

202 SQUADRON RAF

1st STANDARD PRESENTED 6 SEPTEMBER 1957 BY ACM SIR DOUGLAS EVILL.
2nd STANDARD PRESENTED 16 JUNE 1987 BY ACM SIR PETER TERRY.

HONOURS WITH THE RIGHT TO EMBLAZONMENT

WESTERN FRONT, 1916–1918   ATLANTIC, 1939–1945   MEDITERRANEAN, 1940–1943   NORTH AFRICA, 1942–1943   BISCAY, 1942–1943

206 SQUADRON RAF

1st STANDARD PRESENTED ON 28 JULY 1966 BY HRH THE PRINCESS MARGARET.
2nd STANDARD PRESENTED 21 MAY 1992 BY HRH THE DUKE OF EDINBURGH.

HONOURS WITH THE RIGHT TO EMBLAZONMENT

WESTERN FRONT, 1916–1918   ARRAS, 1917   LYS   **CHANNEL & NORTH SEA, 1939–1945   ATLANTIC 1939, 1941–1945   DUNKIRK**   INVASION PORTS, 1940   **FORTRESS EUROPE 1940, 1942**   GERMAN PORTS 1940, 1942   **BISCAY 1941, 1943–1944   BISMARCK**   BALTIC, 1945

HONOURS WITHOUT THE RIGHT TO EMBLAZONMENT

SOUTH ATLANTIC, 1982   GULF, 1991

BATTLE HONOURS—RAF SQUADRONS

216 SQUADRON RAF

1st STANDARD PRESENTED ON 24 MAY 1957 BY ACM SIR DONALD HARDMAN.
2nd STANDARD PRESENTED ON 24 JUNE 1988 BY ACM SIR PETER HARDING.

HONOURS WITH THE RIGHT TO EMBLAZONMENT

INDEPENDENT FORCE AND GERMANY, 1917–1918   GREECE, 1940–1941   EGYPT & LIBYA, 1940–1942   SYRIA, 1941   EL ALAMEIN   EL HAMMA   **NORTH AFRICA, 1943**   MEDITERRANEAN, 1943   MANIPUR, 1944   **NORTH BURMA, 1944**   SOUTH EAST EUROPE, 1944–1945

HONOURS WITHOUT THE RIGHT TO EMBLAZONMENT

GULF, 1991

230 SQUADRON RAF

1st STANDARD PRESENTED ON 26 OCTOBER 1962 BY HRH THE DUKE OF GLOUCESTER.
2nd STANDARD PRESENTED ON 27 OCTOBER 1992 BY HRH THE DUKE OF GLOUCESTER.

HONOURS WITH THE RIGHT TO EMBLAZONMENT

HOME WATERS, 1918   MEDITERRANEAN, 1940–1943   EGYPT & LIBYA, 1940–1943   GREECE, 1940–1941   MALTA, 1940–1942   EASTERN WATERS, 1943–1945   NORTH BURMA, 1944   BURMA, 1945   GULF, 1991

617 SQUADRON RAF

1st STANDARD PRESENTED ON 14 MAY 1959 BY HM QUEEN ELIZABETH II.
2nd STANDARD PRESENTED ON 13 JANUARY 1988 BY THE QUEEN MOTHER.

HONOURS WITH THE RIGHT TO EMBLAZONMENT

FORTRESS EUROPE, 1943–1944   THE DAMS   BISCAY PORTS, 1944   FRANCE & GERMANY, 1944–1945   NORMANDY, 1944   TIRPITZ   CHANNEL & NORTH SEA, 1944–1945   GERMAN PORTS, 1945   GULF, 1991

RAF RESERVE SQUADRONS

15 (RESERVE) SQUADRON RAF

1st STANDARD PRESENTED ON 3 MAY 1961 BY HRH PRINCESS MARINA DUCHESS OF KENT.
2nd STANDARD PRESENTED ON 8 MAY 1981 BY SQN LDR P J S BOGGIS.

HONOURS WITH THE RIGHT TO EMBLAZONMENT

WESTERN FRONT, 1915–1918   SOMME, 1916   ARRAS   CAMBRAI, 1917   SOMME, 1918   HINDENBURG LINE   FRANCE & LOW COUNTRIES, 1939–1940   MEUSE BRIDGES   DUNKIRK   INVASION PORTS, 1940   FORTRESS EUROPE, 1941–1944   RUHR, 1941–1945   BERLIN, 1941–1945   BISCAY PORTS, 1941–1945   FRANCE & GERMANY, 1944–1945   NORMANDY, 1944   GULF, 1991

BATTLE HONOURS—RAF SQUADRONS

16 (RESERVE) SQUADRON RAF

1st STANDARD PRESENTED ON 6 APRIL 1956 BY HRH PRINCESS MARINA, DUCHESS OF KENT.
2nd STANDARD PRESENTED ON 12 JULY 1985 BY AVM D PARRY-EVANS

HONOURS WITH THE RIGHT TO EMBLAZONMENT

WESTERN FRONT, 1915–1918 NEUVE CHAPPELLE LOOS **SOMME, 1916** **ARRAS** **YPRES, 1917** **FRANCE & LOW COUNTRIES, 1940** **DUNKIRK** **FORTRESS EUROPE, 1943–1944** FRANCE & GERMANY, 1944 **NORMANDY, 1944** **ARNHEM** RUHR, 1944–1945 GULF, 1991

19 (RESERVE) SQUADRON RAF

1st STANDARD PRESENTED 11 JULY 1956 BY ACM SIR DONALD HARDMAN
2nd STANDARD PRESENTED 19 JANUARY 1988 BY AM SIR ANTHONY SKINGSLEY

HONOURS WITH THE RIGHT TO EMBLAZONMENT

WESTERN FRONT, 1916–1918 **SOMME, 1916** ARRAS **YPRES, 1917** SOMME, 1918 LYS AMIENS HINDENBURG LINE **DUNKIRK** HOME DEFENCE, 1940–1942 **BATTLE OF BRITAIN, 1940** CHANNEL & NORTH SEA, 1941–1942 **FORTRESS EUROPE, 1942–1944** DIEPPE **NORMANDY, 1944** **ARNHEM** FRANCE & GERMANY, 1944–1945

20 (RESERVE) SQUADRON RAF

1st STANDARD PRESENTED 13 JULY 1954 BY HRH THE PRINCESS MARGARET
2nd STANDARD PRESENTED 26 NOVEMBER 1982 BY ACM SIR KEITH WILLIAMSON.

HONOURS WITH THE RIGHT TO EMBLAZONMENT

WESTERN FRONT, 1916–1918 **SOMME, 1916** **ARRAS** **YPRES, 1917** **SOMME, 1918** LYS HINDENBURG LINE **NORTH BURMA, 1943–1944** **ARAKAN, 1943–1944** **MANIPUR, 1944** **BURMA, 1944–1945** GULF, 1991

HONOURS WITHOUT THE RIGHT TO EMBLAZONMENT

MAHSUD, 1919–1920 WAZIRISTAN, 1919–1925 MOHMAND, 1927 NORTH WEST FRONTIER, 1930–1931 MOHMAND, 1933 NORTH WEST FRONTIER, 1935–1939

42 (RESERVE) SQUADRON RAF

STANDARD PRESENTED 14 JULY 1966 BY HM QUEEN ELIZABETH II.

HONOURS WITH THE RIGHT TO EMBLAZONMENT

WESTERN FRONT, 1916–1918 **ITALIAN FRONT & ADRIATIC, 1917–1918** SOMME, 1916 ARRAS, 1917 YPRES, 1917 LYS **CHANNEL & NORTH SEA, 1939–1942** **BISCAY, 1940** **BALTIC, 1941** FORTRESS EUROPE, 1941 PACIFIC, 1943–1945 **EASTERN WATERS, 1943** **ARAKAN, 1943–1944** **MANIPUR, 1944** BURMA, 1944–1945

HONOURS WITHOUT THE RIGHT TO EMBLAZONMENT

SOUTH ATLANTIC, 1982 GULF, 1991

45 (RESERVE) SQUADRON RAF

1st STANDARD PRESENTED 9 FEBRUARY 1955 BY AM F J FRESSANGES.
2nd STANDARD PRESENTED 4 OCTOBER 1994 BY ACM SIR ANDREW WILSON.

HONOURS WITH THE RIGHT TO EMBLAZONMENT

WESTERN FRONT, 1916–1917 SOMME, 1916 YPRES, 1917 **ITALIAN FRONT & ADRIATIC, 1917–1918** PIAVE **INDEPENDENT FORCE & GERMANY, 1918** EGYPT & LIBYA, 1940–1942 EAST AFRICA, 1940 SYRIA, 1941 **BURMA, 1942** ARAKAN, 1943–1944 **BURMA, 1944–1945**

HONOURS WITHOUT THE RIGHT TO EMBLAZONMENT

KURDISTAN, 1922–1924 IRAQ, 1923–1925

55 (RESERVE) SQUADRON RAF

1st STANDARD PRESENTED 20 JULY 1962 BY HRH PRINCESS MARINA, DUCHESS OF KENT.

HONOURS WITH THE RIGHT TO EMBLAZONMENT

WESTERN FRONT, 1917–1918 ARRAS **YPRES, 1917** INDEPENDENT FORCE & GERMANY, 1918 **EGYPT & LIBYA, 1940–1943** **EL ALAMEIN** **EL HAMMA** NORTH AFRICA, 1943 SICILY, 1943 SALERNO ITALY, 1943–1945 GUSTAV LINE **GOTHIC LINE** SOUTH ATLANTIC, 1982 GULF, 1991

HONOURS WITHOUT THE RIGHT TO EMBLAZONMENT

IRAQ, 1920 KURDISTAN, 1922–1924 IRAQ, 1928–1929 KURDISTAN, 1930–1931 NORTHERN KURDISTAN, 1932

56 (RESERVE) SQUADRON RAF

1st STANDARD PRESENTED 27 APRIL 1956 BY HRH PRINCESS MARINA, DUCHESS OF KENT.
2nd STANDARD PRESENTED 23 OCTOBER 1986 BY ACM SIR JOHN ROGERS.

HONOURS WITH THE RIGHT TO EMBLAZONMENT

WESTERN FRONT, 1917–1918 ARRAS **YPRES, 1917** CAMBRAI, 1917 **SOMME, 1918** AMIENS HINDENBURG LINE FRANCE & LOW COUNTRIES, 1940 **DUNKIRK** **BATTLE OF BRITAIN, 1940** FORTRESS EUROPE, 1942–1944 DIEPPE **FRANCE & GERMANY, 1944–1945** **NORMANDY, 1944** HOME DEFENCE, 1942–1945 **ARNHEM**

57 (RESERVE) SQUADRON RAF

STANDARD PRESENTED 20 JULY 1962 BY HRH PRINCESS MARINA, DUCHESS OF KENT.

HONOURS WITH THE RIGHT TO EMBLAZONMENT

WESTERN FRONT, 1916-1918 **AMIENS** FRANCE & LOW COUNTRIES, 1939–1940 **NORWAY, 1940** CHANNEL & NORTH SEA, 1940 RUHR, 1941–1943 FORTRESS EUROPE, 1941–1944 **BERLIN, 1941–1943** WALCHEREN **FRANCE & GERMANY, 1944–1945**

HONOURS WITHOUT THE RIGHT TO EMBLAZONMENT

SOUTH ATLANTIC, 1982

BATTLE HONOURS—RAF SQUADRONS

60 (RESERVE) SQUADRON RAF

1st STANDARD PRESENTED 6 MAY 1955 BY ACM SIR JOHN BAKER.
2nd STANDARD PRESENTED 18 MAY 1984 BY ACM SIR DAVID LEE.

HONOURS WITH THE RIGHT TO EMBLAZONMENT

WESTERN FRONT, 1916-1918 **SOMME, 1916** ARRAS SOMME, 1918 **HINDENBURG LINE** **BURMA, 1941–1942** **MALAYA, 1941–1942** **ARAKAN, 1942–1944** NORTH BURMA, 1944 **MANIPUR, 1944** **BURMA, 1944–1945**

HONOURS WITHOUT THE RIGHT TO EMBLAZONMENT

WAZIRISTAN, 1920–1925   MOHMAND, 1927   NORTH WEST FRONTIER, 1930–1931   MOHMAND, 1933   NORTH WEST FRONTIER, 1935–1939

74 (RESERVE) SQUADRON RAF

1st STANDARD PRESENTED 3 JUNE 1965 BY HRH THE PRINCESS MARGARET.
2nd STANDARD PRESENTED 11 MAY 1990 BY AVM B L ROBINSON WHO DEPUTISED FOR ACM SIR FREDERICK ROSIER.

HONOURS WITH THE RIGHT TO EMBLAZONMENT

WESTERN FRONT, 1918 FRANCE & LOW COUNTRIES, 1940 DUNKIRK **BATTLE OF BRITAIN, 1940** **FORTRESS EUROPE, 1940–1941 & 1944** HOME DEFENCE, 1940–1941 **MEDITERRANEAN, 1943** WALCHEREN **NORMANDY, 1944** **FRANCE & GERMANY, 1944–1945** RHINE

203 (RESERVE) SQUADRON RAF

STANDARD PRESENTED 6 JUNE 1963 BY HRH THE PRINCESS MARGARET.

HONOURS WITH THE RIGHT TO EMBLAZONMENT

WESTERN FRONT, 1914–1918 INDEPENDENT FORCE & GERMANY, 1914–1918 AEGEAN, 1915 HELLES **ANZAC** SUVLA **ARRAS** LYS **SOMME, 1918** HINDENBURG LINE EAST AFRICA, 1940–1941 **MEDITERRANEAN, 1941–1943** **IRAQ, 1941** HABBANIYA SYRIA, 1941 EGYPT & LIBYA, 1941, 1942 NORTH AFRICA, 1943 SICILY, 1943 EASTERN WATERS, 1944–1945 **BURMA, 1945**

208 (RESERVE) SQUADRON RAF

1st STANDARD PRESENTED 15 NOVEMBER 1955 BY AVM SIR GEOFFREY BROMET
2nd STANDARD PRESENTED 1 JUNE 1984 BY SIR HUMPHREY EDWARDES-JONES.

HONOURS WITH THE RIGHT TO EMBLAZONMENT

WESTERN FRONT, 1916–1918 ARRAS YPRES, 1917 LYS **SOMME, 1918** EGYPT & LIBYA, 1940–1942 **GREECE, 1941** IRAQ, 1941 SYRIA, 1941 **EL ALAMEIN** **ITALY, 1944–1945** GUSTAV LINE GOTHIC LINE **GULF, 1991**

ROYAL AIR FORCE REGIMENT SQUADRONS

1 SQUADRON RAF REGIMENT

1st STANDARD PRESENTED 8 APRIL 1959 BY AM SIR HUGH CONSTANTINE.
2nd STANDARD PRESENTED 3 NOVEMBER 1988 BY AM SIR HUGH SKINGSLEY.

HONOURS WITH THE RIGHT TO EMBLAZONMENT

IRAQ, 1941   HABBANIYA   EGYPT & LIBYA, 1941–1943   GULF, 1991

HONOURS WITHOUT THE RIGHT TO EMBLAZONMENT

KURDISTAN, 1922–1923   KURDISTAN, 1930–1931   PALESTINE, 1936

2 SQUADRON RAF REGIMENT

1st STANDARD PRESENTED 25 NOVEMBER 1959 BY ACM SIR HUBERT PATCH.
2nd STANDARD PRESENTED 5 JUNE 1989 BY ACM SIR PATRICK HINE.

HONOURS WITH THE RIGHT TO EMBLAZONMENT

EGYPT & LIBYA, 1940–1943   IRAQ, 1941   SYRIA, 1941   EL ALAMEIN   NORTH AFRICA, 1943

HONOURS WITHOUT THE RIGHT TO EMBLAZONMENT

TRANSJORDAN, 1924   PALESTINE, 1936–1939

3 SQUADRON RAF REGIMENT

STANDARD PRESENTED 15 JUNE 1996 BY HRH THE DUKE OF YORK

HONOURS WITH THE RIGHT TO EMBLAZONMENT

FRANCE & GERMANY, 1944–45

HONOURS WITHOUT THE RIGHT TO EMBLAZONMENT

IRAQ, 1923–1925

15 SQUADRON RAF REGIMENT

STANDARD PRESENTED 10 OCTOBER 1975 BY ACM SIR ANDREW HUMPHREY.

16 SQUADRON RAF REGIMENT

STANDARD PRESENTED 26 MAY 1977 BY AM SIR MICHAEL BEETHAM.

26 SQUADRON RAF REGIMENT

STANDARD PRESENTED 28 NOVEMBER 1979 BY AM SIR PETER TERRY.

HONOURS WITHOUT THE RIGHT TO EMBLAZONMENT
GULF, 1991

27 SQUADRON RAF REGIMENT

STANDARD PRESENTED 4 JUNE 1980 BY ACM SIR DAVID EVANS.

34 SQUADRON RAF REGIMENT

STANDARD PRESENTED 4 OCTOBER 1979 BY ACM SIR DAVID EVANS.

HONOURS WITHOUT THE RIGHT TO EMBLAZONMENT
GULF, 1991

37 SQUADRON RAF REGIMENT

STANDARD PRESENTED 26 NOVEMBER 1980 BY AM SIR PETER TERRY.

THE QUEEN'S COLOUR SQUADRON OF THE RAF - 63 SQUADRON RAF REGIMENT

STANDARD PRESENTED 27 MAY 1976 BY HRH THE PRINCESS ANNE.

HONOURS WITH THE RIGHT TO EMBLAZONMENT
ITALY, 1943–1944   FRANCE & GERMANY, 1945   SOUTH ATLANTIC, 1982

QUEEN'S COLOURS TO THE ROYAL AIR FORCE

RAF COLLEGE CRANWELL

1st COLOUR PRESENTED 6 JULY 1948 BY HM KING GEORGE VI.
2nd COLOUR PRESENTED 25 JULY 1960 BY HM QUEEN ELIZABETH II.
3rd COLOUR PRESENTED 30 MAY 1975 BY HM QUEEN ELIZABETH II.
4th COLOUR PRESENTED 27 JULY 1989 BY HM QUEEN ELIZABETH II.

RAF IN THE UNITED KINGDOM

1st COLOUR PRESENTED 26 MAY 1951 BY HRH THE PRINCESS ELIZABETH.
2nd COLOUR PRESENTED 3 JULY 1964 BY HM QUEEN ELIZABETH II.
3rd COLOUR PRESENTED 29 JULY 1977 BY HM QUEEN ELIZABETH II.
4th COLOUR PRESENTED 1 APRIL 1993 BY HM QUEEN ELIZABETH II.

BATTLE HONOURS—RAF SQUADRONS

No 1 SCHOOL OF TECHNICAL TRAINING

1st COLOUR PRESENTED 25 JULY 1952 BY HM QUEEN ELIZABETH II.
2nd COLOUR PRESENTED 6 APRIL 1968 BY HRH THE PRINCESS MARGARET.
3rd COLOUR PRESENTED 25 SEPTEMBER 1990 BY HRH THE DUKE OF KENT.

ROYAL AIR FORCE REGIMENT

1st COLOUR PRESENTED 17 MARCH 1953 BY HM QUEEN ELIZABETH II.
2nd COLOUR PRESENTED 16 JUNE 1967 BY HM QUEEN ELIZABETH II.
3rd COLOUR PRESENTED 30 OCTOBER 1992 BY HM QUEEN ELIZABETH II.

NEAR EAST AIR FORCE
(TITLE CHANGED FROM MIDDLE EAST AIR FORCE ON 11 APRIL 1961)

COLOUR PRESENTED 14 OCTOBER 1960 BY HRH THE DUKE OF GLOUCESTER.

FAR EAST AIR FORCE

COLOUR PRESENTED 13 JANUARY 1961 BY THE EARL OF SELKIRK.

CENTRAL FLYING SCHOOL

1st COLOUR PRESENTED 26 JUNE 1969 BY HM QUEEN ELIZABETH II.
2nd COLOUR PRESENTED 4 JUNE 1992 BY HM THE QUEEN MOTHER.

ROYAL AIR FORCE GERMANY

COLOUR PRESENTED 16 SEPTEMBER 1970 BY HRH THE PRINCESS ANNE.

ROYAL AUXILIARY AIR FORCE
(Known as Sovereign's Colour)

COLOUR PRESENTED 12 JUNE 1989 BY HM QUEEN ELIZABETH II.

IMPORTANT NOTES CONCERNING RAF BATTLE HONOURS

The Battle Honours to which Royal Air Force Squadrons are entitled, and the conditions under which they are awarded are set out in AP 3327, originally published in 1957.

The Battle Honours Committee was first convened in 1947 to consider Honours for World War 1, World War 2 and the Inter War Years, however since the Army did not then award honours for battles between the wars the RAF fell in step and considered just World War 1 and World War 2. These recommendations were approved by the Air Council in AC 58 (47) of Nov 47.

The Standard will be awarded by order of the Monarch in every case, to Operational Squadrons qualifying in one of the following two respects:

BATTLE HONOURS—RAF SQUADRONS

1. By completion of 25 years of existence in the RAF, the Royal Flying Corps or the Royal Naval Air Service. This includes Squadrons with continuous or non-continuous service.

2. By having earned the Monarch's appreciation of specially outstanding operations.

Battle Honours awarded for operations during the First and Second World Wars, up to maximum of 8 in number, may be displayed on Squadron Standards. If a Squadron has been awarded more than 8, the Squadron Commander is to select those which are to be displayed. Battle Honours for operations during the period between the two wars were awarded to Squadrons but may not be emblazoned on Standards. Battle Honours awarded for operations occurring after the Second World War have been awarded both with and without the right to emblazonment. Only those Battle Honours with the Sovereign's permission to emblazon may be displayed but subject to a maximum of 15.

It was also agreed that only flying squadrons were entitled to receive a Squadron Standard, however in January 1952 Standards were to be awarded to RAF Regiment and Royal Auxiliary Air Force Squadrons.

The first Squadron to receive its Standard was No 1 Squadron and the first Regiment squadron to receive its Standard was No 2 Armoured Car Company RAF Regiment.

Since 1945, 3 Battle Honours have been granted namely, "Korea 1950–1953", "South Atlantic 1982" and "Gulf 1991". However, no right to emblazonment was granted in the case of "Korea 1950–53", and the three Squadrons awarded their Battle Honours in 1987 have been disbanded in the intervening years. In the case of "South Atlantic 1982" 3 precedents were created;

a. For the first time, authority was given to emblazon an honour awarded outside the time frame of the 2 World Wars.

b. The right to emblazon was accorded to 3 Squadrons only (Numbers 1 and 18 Squadrons and Number 63 Squadron RAF Regiment) rather than being extended to all the Squadrons which were granted the battle honour, thus creating a two-tier battle-honours system. The review of post-war operations conducted in 1987 considered that a distinction should be drawn between the award of the battle honours and the right of emblazonment. It was decided that the latter should be the ultimate accolade and be reserved to those Squadrons which were in direct confrontation with the enemy and had demonstrated gallantry and spirit under fire.

For seniority purposes an RAF Regiment Squadron is entitled to claim its service as a armoured car squadron.

ROYAL AIR FORCE TROPHIES, AWARDS, PRIZES AND MEDALLISTS

WILKINSON SWORD OF PEACE

1996—RAF Stornoway
1997—No's 1 & 34 Squadrons of the RAF Regiment.

WILKINSON BATTLE OF BRITAIN SWORD

1994/96—No 399 Signals Unit
1996/98—No Award

THE ROYAL AIR FORCES ESCAPING SOCIETY TROPHY

1996—No Award
1997—No Award

QUEEN'S MEDAL FOR CHAMPION SHOTS OF THE AIR FORCE

1998—Flight Lieutenant L. F. Smith, BEng
1999—Not yet awarded

JOLLIFFE TROPHY

1997—RAF Woodvale
1998—RAF Bruggen

THE ARTHUR BARRATT MEMORIAL PRIZE

1996—Hercules Wing Rodeo 96 Team
1997—RAF Sentry AEW MRI (E-3D) Force RAF Waddington

THE "L. G. GROVES" MEMORIAL PRIZES & AWARDS

Air Safety Prize

1996—Wing Commander J. Cugley, OBE MB BS
1997—Corporal D. Higgins

Meteorology

1996—Dr D. Pick
Mr B. Greener
1997—Dr A. Dickinson

Meteorological Observation Award

1996—Mr N. Price
1997—Dr J. Nash

Ground Safety Award

1996—No Award
1997—Sergeant P. J. Wright-Gardner
Corporal J. D. Sanderson

ADRIAN RAY MEMORIAL AWARD FOR RAF ENGINEERING

1997—Squadron Leader R. D. A. Tulloch, MBE BSc
1998—Corporal M. Rowland

"HYDE-THOMSON" MEMORIAL PRIZE

General Duties Officer Award

1996—Flying Officer I. D. Bland
1997—Flight Lieutenant J. M. Hirst

Engineering Officer Award

1996—Flight Lieutenant A. K. Stanley, BEng
1997—Flying Officer M. Gellini

"GORDON SHEPHARD" MEMORIAL PRIZE ESSAY

1997—No Award
1998—No Award

ROYAL AIR FORCE COMMAND TROPHIES

(listed in Command order of precedence)

HEADQUARTERS STRIKE COMMAND

GEORGE STAINFORTH TROPHY

1997—RAF Coltishall
1998—RAF Laarbruch

SMALLWOOD ELECTRONIC WARFARE TROPHY

1997—Flight Sergeant R. C. Boatman
1998—No Award

YELLOWGATE TROPHY

1996—Sergeant P. Hooper
1998—MAEOp N. J. Benton

HQ No 11/18 Group

ABERPORTH TROPHY

1996—Not Awarded
1997—No 43 Squadron

ROYAL AIR FORCE TROPHIES, AWARDS, PRIZES AND MEDALLISTS

DACRE TROPHY

1995/96—No 25 Squadron
1996/97—No 25 Squadron

INGPEN TROPHY

1994/95—No Award
1995/96—Not yet Awarded

SEED TROPHY

1995/96—No 29 Squadron
1996/97—No 5 Squadron

SMALL STATIONS TROPHY

1995—RAF Saxa Vord
1996—Not yet Awarded

AIRD WHYTE TROPHY

1996—No 120 Squadron
1997—No 206 Squadron

FINCASTLE TROPHY

1996—Royal Canadian Air Force
1997—Royal New Zealand Air Force

INTER SQUADRON PHOTOGRAPHIC TROPHY

1996—No 42(R) Squadron
1997—No 42(R) Squadron

HARRIS TROPHY

1996—Flight Lieutenant C. S. H. Watson
1997—Flight Lieutenant A. K. Stratton

NAIRN TROPHY

1996—NLS (North) RAF Kinloss
1997—NLS RAF Kinloss

SKYFAME TROPHY

1995/96—No 202 Squadron

HQ MATO

COSSOR TROPHY

1997—Linton-on-Ouse
1998—Boscombe Down

THE BOMBARDIER SUPPORT SERVICES ATC TROPHY

1997—Sergeant J. W. Wylie
1998—Flight Lieutenant R. Connelly

HEADQUARTERS ROYAL AIR FORCE PERSONNEL & TRAINING COMMAND

DISTINGUISHED PASSES IN FLYING TRAINING

1997—No Award
1998—No Award

HEADQUARTERS ELEMENTARY FLYING TRAINING

HACK TROPHY

1998—Southampton UAS
1999—To be Notified

THE COOPER TROPHY

1998—Southampton UAS
1999—To be Notified

DE HAVILLAND TROPHY

1998—East Midlands UAS
1999—Cambridge UAS

REID TROPHY

1998—Northumbrian UAS
1999—Northumbrian UAS

SCONE TROPHY

1998—Universities of Glasgow and Strathclyde Air Squadron
1999—To be Notified

ROYAL AIR FORCE REGIMENT

LLOYDS CUP (ROYAL AIR FORCE REGIMENT SKILL AT ARMS)

1998—Not Awarded
1999—No 2503 Squadron (County of Lincoln) RAuxAF Regiment

HIGGINSON TROPHY (EXCEPTIONAL PROFESSIONAL ACHIEVEMENT)

1997—1 Squadron RAF Regiment
1998—QCS (63 Squadron RAF Regiment)

ARTHUR BARNARD TROPHY

1997—Not Awarded
1998—Not Awarded

ROBERTS LEADERSHIP TROPHY FOR THE RAF REGIMENT

1997—Flight Lieutenant P. T. W. Holland
1998—Flight Lieutenant R. J. Lane

RAF REGIMENT ESSAY COMPETITION

1997—Flight Lieutenant G. J. Powell
1998—Flying Officer S. Openshaw, BSc

THE RAF REGIMENT OFFICERS DINNER CLUB PRIZE AND KAPUSCINSKI SWORD

(Top Student on the Junior Regiment Officer's Course)

1997—Course 1—Flying Officer M. Bottrill
Course 2—Pilot Officer G. M. Wood
1998—Course 1—Flying Officer E. A. Cripps, BSc

THE VAUX TROPHY

(Student on the Junior Regiment Officer's Course displaying the greatest development of leadership qualities)

1997—Course 1—Flying Officer S. Booth
Course 2—Flying Officer J. H. Liston, BSc
1998—Course 1—Flying Officer S. T. Wiseman, BEd

ROYAL AIR FORCE MEDICAL SERVICES

"RICHARD FOX LINTON" MEMORIAL PRIZE

1997—Wing Commander R. J. M. Broadbridge, MB BS MRCGP DRCOG DAvMed
1998—Not yet Awarded

THE LADY CADE MEDAL

1996—Wing Commander M. J. Spittal, MB ChB
1997—Wing Commander D. W. Ferriday, MSc MMedSci MB BCh FFOM MRCGP DRCOG

THE SIR ANDREW HUMPHREY MEMORIAL MEDAL

1998—Squadron Leader B. Wroe, CertEd
1999—Not yet Awarded

LEAN MEMORIAL AWARD

1998—Group Captain J. Reid, BDS MGDSRCPS(Glas)
1999—Squadron Leader C. Cook, BDS

STEWART MEMORIAL PRIZE

1998—Major A. Manton RAMC
1999—Not yet Awarded

THE SIR HAROLD WHITTINGHAM MEMORIAL PRIZE

1998—Air Commodore S. A. Cullen, QHS MB ChB FRCPath FRAeS DCP
1999—Not yet Awarded

ROYAL AIR FORCE MUSIC SERVICES—Competition Winners

SIR FELIX CASSEL CHALLENGE CUP

1997—The Band of the Royal Air Force Regiment
Director of Music—Flight Lieutenant D. W. Compton, ARCM
1998—The Band of the Royal Air Force Regiment
Director of Music—Flight Lieutenant D. W. Compton, ARCM

ROYAL AIR FORCE TROPHIES, AWARDS, PRIZES AND MEDALLISTS

SIMS CEREMONIAL CUP

1997—The Band of the Royal Air Force College
Director of Music—Flight Lieutenant D. J. G. Stubbs, BA PGCE ARCM LGSM
1998—Squadron Leader S. L. Stirling, MA BMus FTCL LRAM ARCM

BOOSEY AND HAWKES TROPHY

1997—The Band of the Royal Air Force College
Director of Music—Flight Lieutenant D. J. G. Stubbs, BA PGCE ARCM LGSM
1998—Flight Lieutenant G. J. Bain, BA MIL LRAM ARCM

WORSHIPFUL COMPANY OF MUSICIANS' SILVER MEDAL

1997—Headquarters Music Services
Flight Sergeant C. Weldon
1998—Chief Technician G. Stevens

THE SIR FELIX CASSEL SILVER MEDAL

1997—The Band of the Royal Air Force College
Junior Technician R. Taylor
1998—Junior Technician R. Murray

THE SIR FELIX CASSEL BRONZE MEDAL

1997—Headquarters Music Services
Junior Technician J. M. Ness
1998—Junior Technician C. Allen

SUPPLY BRANCH

THE GILL SWORD AWARD

1997—Flight Lieutenant K. S. Muskett, BSc
1998—Flight Lieutenant P. J. Warwick

ADMINISTRATIVE (SECRETARIAL BRANCH)

ROYAL AIR FORCE HALTON

Secretarial Cup Winners

1998—Flying Officer L. M. Bolton, LLB
Flight Lieutenant N. P. Sloan
Flying Officer M. I. Jones, BA
Flying Officer B. J. Gleave, BA
Flying Officer A. J. Portlock, BSc
1999—Flight Lieutenant F. C. M. Collins, BSc

THE WORSHIPFUL COMPANY OF CHARTERED SECRETARIES AND ADMINISTRATORS' PRIZES

1998—Flying Officer S. Rowlands LLB
Senior Aircraftwoman L. M. Coffill
1999—Flying Officer A. J. Portlock, BSc
Senior Aircraftman S. R. Lamont

ADMINISTRATIVE (CATERING BRANCH)

THE HEREFORD TROPHY

1997—Flying Officer C. Gunn-Wilson, BA
1998—Flying Officer M. A. L. Cordock, BA

R AUX AF TROPHIES & AWARDS

ROBINS TROPHY

1996/97—No 2622 (Highland) Squadron RAuxAF Regiment RAF Lossiemouth
1997/98—No 4624 (County of Oxford) Movements Squadron RAF Brize Norton

STRICKLAND TROPHY

1998—No 2503 (County of Lincoln) Squadron RAuxAF Regiment
1999—No 2503 (County of Lincoln) Squadron RAuxAF Regiment

ROYAL MILITARY COLLEGE OF SCIENCE

COMMANDANTS PRIZE

1997—Acting Pilot Officer J. A. R. Franklin, BEng
1998—Captain D. Crook, REME

ROYAL AIR FORCE HISTORICAL SOCIETY

"THE TWO AIR FORCES" AWARD

1997—Wing Commander M. P. Brzezicki, MPhil MIL
1998—Wing Commander P. J. Daybell, MBE MA BA

ROYAL AIR FORCE COLLEGE CRANWELL, AND ROYAL AIR FORCE CRANWELL PRIZE WINNERS AND MEDALLISTS

The Awards Shown on this page are made at the Royal Air Force College, Cranwell

DEPARTMENT OF INITIAL OFFICER TRAINING

QUEEN'S MEDAL AND R. S. MAY MEMORIAL PRIZE

1996—Flying Officer J. M. Murnane, BA
1997—Flying Officer W. G. Smith, BEng

WILKINSON SWORD OF HONOUR AND R. S. MAY MEMORIAL PRIZE

1996—Flying Officer S. J. Brett, BEng
1997—Flying Officer C. R. Lynham, BA

PRINCE BANDAR TROPHY AND PRIZE

1996—Flying Officer C. J. Layden, BA
1997—Flying Officer A. S. Marshall, BA

SWORD OF MERIT

1997—Flying Officer W. G. Smith, BEng
　　　Flying Officer C. R. Lynham, BA
　　　Flying Officer J. A. Watson
　　　Pilot Officer J. W. Ixer, BA
　　　Flying Officer S. A. Bateman
　　　Flying Officer M. L. Parker, MA
1998—Flying Officer K. A. Putland
　　　Flying Officer J. Hendry, BEng
　　　Flying Officer E. A. Cripps, BSc
　　　Flying Officer J. M. Eden-Hamilton, BSc
　　　Flying Officer P. C. Beilby
　　　Flying Officer M. A. J. Betley, BSc

HENNESSY TROPHY AND PHILIP SASSOON MEMORIAL PRIZE

1997—Flight Lieutenant J. I. M. Tomlinson, BEng
　　　Pilot Officer R. T. D. Hollin, MA BSc
　　　Flying Officer J. E. Atack
　　　Flying Officer I. Wright
　　　Pilot Officer G. M. Wood
　　　Flying Officer S. M. Trollone
1998—Flying Officer A. S. J. Jarvis, BSc
　　　Flying Officer S. R. Warner, BSc
　　　Flying Officer S. M. Lansdell
　　　Flying Officer R. E. Newman
　　　Flying Officer G. G. Sweatman
　　　Flying Officer I. R. Heath, BA

BRITISH AIRCRAFT CORPORATION TROPHY

1997—Flying Officer C. J. McKee, BSc
　　　Flying Officer R. K. J. McPhee, BEng
　　　Pilot Officer J. A. A. Schofield, BSc
　　　Flying Officer A. G. Corner
　　　Flying Officer P. J. Duffield
　　　Pilot Officer B. Hall
1998—Flying Officer R. R. Chettleburgh, MSc
　　　Flying Officer B. J. Gleave, BA
　　　Flying Officer S. R. Strutt
　　　Flying Officer D. O. Smith, BEng
　　　Pilot Officer D. B. Phillips, BA
　　　Flying Officer S. M. Wood

OVERSEAS STUDENT'S PRIZE

1997—Second Lieutenant K. O. K. Al-Khayareen QEAF
　　　Flying Officer F. Odoi-Wellington, BA GAF
　　　Officer Cadet C. Kis, HAF
　　　Second Lieutenant H. M. A. S. Noeh, RBAF
　　　Second Lieutenant J. J. M. E. Vital, SPDF
1998—Second Lieutenant H. M. Al Noaimi, QEAF
　　　Flying Officer R. DAnso, BEng GAF
　　　Flying Officer T. K. Beacher, BEng, GAF
　　　Pilot Officer A. S. Al Sharji, RAFO
　　　Flying Officer G. A. Hunoz Roldan, BSc GAF
　　　Second Lieutenant R. Al Naimi, QEAF

DEPARTMENT OF SPECIALIST GROUND TRAINING

WHITTLE PRIZE

1997—Flight Lieutenant A. G. Jacopino, BEng RAAF
1998—Flight Lieutenant M. G. Anderson, BSc CEng MISM MRAeS

SHIRLEY MEMORIAL CUP AND MINERVA SOCIETY PRIZE

1996—Flight Lieutenant A. C. McLeod, BEng
1997/8—Flight Lieutenant J. I. M. Tomlinson, BEng

HALAHAN PRIZE

1996—Flight Lieutenant A. C. McLeod, BEng
1997—Flight Lieutenant J. I. M. Tomlinson, BEng

HERBERT SMITH MEMORIAL TROPHY

1997—Squadron Leader A. M. Sansom, MSc BEng CEng MRAeS
1998—Not Awarded

SUPPLY PRIZE

1996—Flight Lieutenant I. S. Stoneley, BA
1997/98—Flying Officer A. J. Atack

WORSHIPFUL COMPANY OF ENGINEERS' PRIZE

1997—Flight Lieutenant D. G. R. Clancy, BA
1998—Flight Lieutenant J. B. Osborne, BEng

STUART BOULTON MEMORIAL PRIZE

1996—Flight Lieutenant R. D. Longden, BEng
1997—Flight Lieutenant A. D. Gadney, BEng

BECKWITH TROPHY AND PRIZE

1997—Acting Pilot Officer J. E. Dodwell, BEng
1998—Flying Officer A. J. Atack

ROYAL NEW ZEALAND AIR FORCE PRIZES

1997—Acting Pilot Officer D. M. Lawson, BEng
       Acting Pilot Officer B. D. Morris, BEng
1998—Acting Pilot Officer A. C. Keeling, BEng
       Acting Pilot Officer J. S. Nash, BEng

COLLEGE AWARDS
LOWE-HOLMES TROPHY

1997—Officer Cadet S. M. Lansdell
1998—Flying Officer P. M. Dilley

OPERATIONAL DOCTRINE AND TRAINING (AIR WARFARE CENTRE)

ANDREW HUMPHREY MEMORIAL GOLD MEDAL

1997—Major A. G. Glodowski, MSc BSc USAF
1998—Squadron Leader P. S. Boyland, AFC BSc

ARIES TROPHY

1997—Flight Lieutenant M. J. Gunn, BSc
1998—Squadron Leader P. S. Boyland, AFC BSc

ROYAL AIR FORCE STAFF COLLEGE, BRACKNELL, AND ROYAL AIR FORCE CENTRAL FLYING SCHOOL PRIZEWINNERS

SIR ROBERT BROOKE-POPHAM TROPHY

(Awarded to the member of the Advanced Staff Course at the RAF Staff College, Bracknell who submits the best Service paper)

1997—Not Awarded
1998—Not Awarded

BRABYN TROPHY

(Awarded annually to the winner of the individual aerobatics competition for Hawk instructors from Royal Air Force Personnel and Training Command)

1998—Not Awarded
1999—Not Awarded

WRIGHT JUBILEE TROPHY

(Awarded annually to the overall winner of the aerobatics competition for instructors from Royal Air Force Personnel and Training Command)

1998—Flight Lieutenant R. A. Harrison, BSc
1999—Not Awarded

BRITISH AEROSPACE BULLDOG TROPHY

(Awarded annually to the winner of the Aerobatics Competition for Bulldog instructors from Royal Air Force Personnel and Training Command)

1998—Flight Lieutenant P. R. Margetts, BSc
1999—Not Awarded

SPITFIRE TROPHY

(Awarded annually to the winner of the individual Aerobatics Comptition for instructors from Royal Air Force Personnel and Training Command) Tucano

1998—Not Awarded
1999—Not Awarded

OBITUARY

ACTIVE LIST

Officers and Warrant Officers
whose deaths have been reported since September 1998

Rank and Name	Date of Death
Group Captains	
J. K. E. Barlow	29.8.99
D. A. Haward, OBE	18.12.98
Squadron Leaders	
N. P. Hayes	13.7.99
R. J. LeC. Nicolle, DPhysEd	25.8.99
Flight Lieutenants	
M. T. Andrews, BSc	22.10.99
N. Arkless	15.8.99
S. P. Casabayo	14.10.99
R. M. Harvey, BA	7.11.98
G. J. Hurst, BEng	21.1.99
F. Mayo	2.2.99
S. G. Todd, BEng	22.10.99
R. A. Wright, BSc	14.10.99
Warrant Officer	
G. R. Hoyland	27.10.99

Rank and Name	Date of Death
RAFVR (T)	
Flight Lieutenants	
D. D. Milne	3.7.99
N. Williams-Slaven	19.1.99
Flying Officers	
J. K. Clarke	17.11.98
C. J. Lunt	30.10.98

INDEX

THE QUEEN	1, 89
HRH The Prince Philip, Duke of Edinburgh	1, 74, 90
HM Queen Elizabeth, the Queen Mother	1, 76
HRH The Prince of Wales	1, 91
HRH The Duke of York	1
HRH The Princess Royal	1
HRH The Princess Margaret, Countess of Snowdon	1
HRH Princess Alice, Duchess of Gloucester	2, 90
HRH The Duke of Gloucester.	2
HRH The Duke of Kent	2, 81
HRH Princess Alexandra, the Hon. Mrs Angus Ogilvy.	2
HRH Prince Bernhard of the Netherlands	4

A

Personal No		Page No	Personal No		Page No	Personal No		Page No
			5208164	Acres, S. P.	218	209957	Adgar, B.	273
			91522	Acton, K. J.	262	300887	Adkin, M. E.	242
			2625748	Adair, C. R.	277	214271	Adkins, M. J.	284
2615302	Aspinall, R. M.	57	2628435	Adam, J.	116	8138361	Adkinson, S.	120
214157	Aala, R.	282	214619	Adam, K. J.	285	8028476	Adlam, R. H.	109
210482	Abbey, S. M.	270	8152758	Adam, P.	173	5208366	Adrain, J. M.	150
8025993	Abbot, A. C.	114	212669	Adam, S. D.	275	213784	Agate, J. J.	280
8023070	Abbott, C. J.	140	8174955	Adams, A. D.	169	8028806	Ager, J. N.	109
209364	Abbott, J.	268	2639474	Adams, A. L.	131	2625171	Ahearn, A. S.	258
5202893	Abbott, J. D. F.	157	214935	Adams, C. D.	287	8228728	Ahmed, M. A.	173
4278642	Abbott, J. E.	236	8025070	Adams, C. K.	45, 98	210250	Ailes, M. K. G.	256
213883	Abbott, M. I.	280	3517109	Adams, C. R.	274	4335470	Ainslie, I. McP. . . 62, 140
	Abbott, N. J. S.	18	211954	Adams, D. C.	273	8032454	Ainsworth, A. M. . . .	180
213925	Abbott, P. J.	280		Adams, D. N. . . .	28, 92	2628484	Ainsworth, D. P.	120
5208623	Abbott, P. J.	212	213980	Adams, G.	281	8250071	Ainsworth, M. S. A. . .	194
8238442	Abbott, P. K.	183	2658756	Adams, G. D.	266	5203703	Ainsworth, S. J.	179
206975	Abbott, P. L.	268	8019445	Adams, I. M.	181	8191718	Aird, B. G.	214
1961438	Abbott, P. L.	236	416895	Adams, J. E.	274	5208339	Airey, A. M. R.	131
3528097	Abbott, R. J.	251	5207944	Adams, M. P.	196	8027193	Airey, N. D.	255
5202781	Abbott, S.	138	8023231	Adams, P.	272	2628413	Airey, S. M.	240
214390	Abbott, S. J.	283	5204609	Adams, R. C.	160	8138143	Aitchison, D. F.	166
	Abbott, Sir Peter . . .	5, 7	2622400	Adams, R. M.	159	8026563	Aitken, A. P-D.	106
8152394	Abbs, M. R.	168	8028724	Adams, R. M.	110	8127576	Aitken, D. S.	238
214181	Abdy, M. J.	282	214545	Adams, S. L.	285	5207037	Aitken, J.	205
213545	Abington, M. B. . . .	278	5207992	Adamson, A. P. W. . .	146	1937895	Aitken, J. O.	229
2659051	Aboboto, R.	134	1945434	Adamson, C. J.	269	0687868	Aitken, R. C.	230
688933	Abra, J. E.	157	91426	Adamson, G. D. W.	256	8026098	Aitken, R. T.	104
5207374	Abra, S. M.	126	5208066	Adamson, J. P. M. . .	127	2630940	Aitken, T. A.	280
2627894	Abraham, D. L.	240	9798	Adamson, M.	285		Akehurst, P. B.	154
2637544	Abrahams, M. D. . .	130	608182	Adcock, C. B.	280	8032302	Akehurst, P. L.	142
306032	Abram, E. A.	257	8029342	Adcock, M. R.	122	8027764	Akehurst, R.	109
213772	Abubakar, A. B. . . .	279	2642681	Addison, D.	200	8209943	Akerman, C.	165
8067852	Achilles, B. K.	279	8235107	Addison, E.	147	8100663	Akers, P. A.	230
8043185	Achilles, L. E. A. . . .	279	213911	Addison, G.	280	91491	Akhtar, S.	262
214087	Ackerley, D. J.	281	8212303	Addison, J. M.	119		Akhurst, G. R.	57
213892	Ackland, E. C.	150	91511	Adeboye K. O. A. . .	261	214829	Akinin, I. J.	287
2636128	Ackland, P. M.	126	5206076	Aderyn, A. A.	194	8209879	Akred, R. L.	199
8032634	Ackroyd, C. A.	197		Ades, A. V.	96		Al Naimi, R.	312
5208386	Ackroyd, R. D.	149	8186915	Adey, D. D.	199		Al-Khayareen, K. O. K.	312
8106241	Acland, C. A.	269	5204657	Adey, E. J.	140	5206400	Alabaster, M. J.	199
4335541	Acons, E. G. N.	138	8304230	Adey, S. K.	127	209437	Albone, M. S. C.	268

316

INDEX

Personal No	Page No	Personal No	Page No	Personal No	Page No
8300614 Alborough, R. A.	149	8300726 Allcroft, J. M.	150	8239372 Amers, J.	201
212671 Alburey, D.	275	8207058 Alldritt, D. P. G.	256	214358 Amey, R. J.	283
8152939 Alcock, A.	168	8125213 Allen, A. C.	200	5207932 Amis, S. A.	195
8304326 Alcock, M. L.	127	213781 Allen, A. J.	280	306147 Amos, A. M.	206
5206671 Alcock, N. J.	142	Allen, C.	311	8095261 Amos, K. W.	232
214077 Alcock, R. J. F.	281	8023272 Allen, C.	188	2648443 Amos, M. D.	134
1946071 Alder, I. T.	180	8285202 Allen, C. M.	149	8007635 Amos, R.	236
4230938 Alderson, B.	256	1950185 Allen, D.	238	8151539 Amos, S. A.	195
8127483 Alderton, R. C.	282	1948634 Allen, D. E.	230	Amroliwala, F. F.	39, 187
8023949 Aldhous, R. R.	181	8260384 Allen, D. J.	130	Amy, D. J.	209
2619426 Aldred, J.	269	2591644 Allen, D. L.	260	211158 Ancell, T.	271
8123668 Aldridge, M. R.	160	Allen, D. R.	209	212806 Anderson, A.	275
8275289 Aldridge, S. M.	149	5208384 Allen, D. T.	149	8097053 Anderson, A.	269
5205309 Aleandri, M. P.	35, 157	5203660 Allen, D. W.	115	8032676 Anderson, A. J. T.	246
213010 Alexander, A. J.	284	214630 Allen, G. D.	285	5206717 Anderson, A. M.	205
212419 Alexander, B. A.	274	9908 Allen, G. M.	206	4232290 Anderson, A. R. L.	105
211865 Alexander, D. A.	275	Allen, G. P.	71	8070352 Anderson, B. M.	232
5206521 Alexander, D. J.	118	8023699 Allen, J. D.	40, 178	8099871 Anderson, C. C.	230
5207968 Alexander, D. R.	182	1949816 Allen, J. M.	181	5206043 Anderson, C. G.	259
Alexander, Dr S. H.	14	2643786 Allen, J. W.	133	Anderson, Dr D.	21
8025240 Alexander, E. C.	105	8049650 Allen, L. I.	285	8211941 Anderson, D.	168
8024711 Alexander, G. C.	182	306257 Allen, M. C.	200	2628612 Anderson, D. C. E. A.	115
5204697 Alexander, J.	140	8208787 Allen, M. R. L.	144	Anderson, D. H.	186
212991 Alexander, J. A.	276	8246250 Allen, N. J.	280	214297 Anderson, D. I.	283
2649135 Alexander, S. C.	284	5207783 Allen, P. A.	198	2642562 Anderson, D. I.	131
8025570 Alexander, W. J.	104	214855 Allen, P. R.	287	8134204 Anderson, D. J.	271
5206002 Alfandary, C. M.	195	9283 Allen, R.	191	212605 Anderson, D. N.	275
214079 Alford, A. M.	281	8300180 Allen, R. D.	181	2627343 Anderson, D. S.	116
210990 Alford, R. E.	271	Allen, R. J.	97	5206726 Anderson, G. I.	246
8302562 Alford, S. L.	183	5204900 Allen, R. J.	160	212275 Anderson, I. F.	274
5208679 Alford, T. E.	183	208088 Allen, T. J.	267	Anderson, J. A.	29
214457 Ali, M.	284	207950 Alleyn, W. G.	267	5200233 Anderson, J. D.	252
5206538 Alker, M. A.	196	2633054 Allinson, M.	244	214898 Anderson, J. E.	287
8026902 Allam, C. M.	277	8024595 Allison, A. J.	146	212220 Anderson, J. M.	273
8201570 Allan, C. J.	167	5207956 Allison, G. E.	205	211447 Anderson, J. S.	274
8023619 Allan, D.	140	Allison, Sir J.	90	8027755 Anderson, K. W.	179
214314 Allan, J.	283	211085 Allison, K. D.	271	1947280 Anderson, L. E.	191
8020105 Allan, J. W.	236	8152951 Allison, P. B.	164	5206690 Anderson, M. G.	166, 313
9558 Allan, K. T.	211	8304670 Allison, R. P. G.	129	212939 Anderson, P.	276
5207285 Allan, M. S.	122	608455 Allport, M. K.	99	211035 Anderson, P. B.	271
8099842 Allan, N.	201	8304740 Allsop, A. J.	131	1950272 Anderson, P. J.	229
2625944 Allan, P.	106	8029014 Allsop, D. A.	121	8190590 Anderson, P. W.	194
Allan, R. I.	45, 154	5205262 Allton, M. C.	110	5202988 Anderson, R.	105
2634568 Allan, R. M.	170	5206994 Almond, M.	181	2644196 Anderson, R. D.	173
9837 Allan, S.	194	2626424 Almond, M. K.	261	212377 Anderson, R. D.	274
2627077 Allan, S. D.	240	8026178 Almond, T.	99	214450 Anderson, S. J.	285
213542 Allanson, D.	278	5208214 Altoft, P. B.	130	8027331 Anderson, T. M.	101
214265 Allanson, W. J.	282	8025911 Alton, J. S.	155	214836 Anderson, V.	287
214193 Allard, C. E.	282	8250736 Alvey, M. J.	197	211389 Anderton, K. R.	271
5204572 Allaway, R. J.	218	2640859 Ambler, L. C.	248	4276297 Anderton, N. H.	232
5204572 Allaway, R. J.	40	Ambler-Edwards, Miss S. J.	12	Anderton, S. H.	136
8028559 Allchorne, R. M.	108	214839 Ambrose, A. B.	287	8028949 Andrew, D. R.	110
5204984 Allcock, G.	194	8019905 Ambrose, I. D.	162	0594744 Andrew, K.	231
0594882 Allcock, M. W.	230	5204310 Ambury, S. B.	117	5206525 Andrew, N. R.	118
5208170 Allcock, S. A.	199			8152955 Andrew, R. J.	124

317

INDEX

Personal No		Page No	Personal No		Page No	Personal No		Page No
5205850	Andrews, A. W.	191	8099253	Arber, R. C.	144	5206109	Arnold, D. B.	164
	Andrews, D.C.	13		Arbuthnott,		210686	Arnold, D. H.	270
8011566	Andrews, D. L.	163		Viscount of	254	208702	Arnold, I. D.	267
8140857	Andrews, G. P.	149	8304499	Arch, D. J.	131	8248289	Arnold, J. G.	168
2649840	Andrews, I. D.	174	8141294	Archard, P. W.	238	9540	Arnold, L. E.	193
685063	Andrews, J. B.	229	8024693	Archer, B. M.	124	2629198	Arnold, M. S.	240
5205122	Andrews, J. R.	189	608964	Archer, D. F.	177	8023698	Arnold, N.	178
8200159	Andrews, M. R.	109	9593	Archer, G. A.	206	5207918	Arnold, N. J.	168
8000730	Andrews, N.	231	2630991	Archer, G. M.	108	5208088	Arnold, P. J.	182
9776	Andrews, N. A. G.	211	8023759	Archer, J. P.	141	214370	Arnold, R. J.	283
8152911	Andrews, N. F.	124	8029561	Archer, J. W.	240	207991	Arnold, R. W.	267
8304671	Andrews, N. J.	183	8302740	Archer, M. E.	152	8232474	Arnold, S.	181
2648131	Andrews, R. P.	286	5204063	Archer, T. D.	189	212609	Arnold, W. J. W.	275
4220327	Andrews, S. C.	257	210596	Archibald, D.	270		Arnot, T. M.	186
8153049	Andrews, S. J.	149	213830	Archibald, S. J.	280	8022908	Arnot, T. Mc.	39
213065	Andrews, W. M.	276	8028628	Arden, J. P.	58, 110		Arnott, R. D.	41
5207229	Anees, W. M.	248	8025504	Ardley, J. C.	107	208784	Arnott, R. H. C.	267
	Angelides, A.	26	8222576	Ardron, A.	198	2647207	Arroyo, G. H.	214
213893	Angell, M. J.	280		Argue, M. H.	28		Arscott, J. R. D.	25, 91
214259	Angelosanto, A.	282	5201014	Arkell, J. D.	24, 99	214011	Arthur, L. O.	281
608868	Angus, D. A.	24, 99	5204128	Arkle, N.	179	2639075	Arthurton, D. S.	128
1960117	Angus, E. B.	230	2643068	Arlett, D. J.	132	212826	Artt, M. H.	276
8023363	Angus, P. J. M.	58, 138	8001144	Arling, J. M.	234	5205773	Arundell, P. A.	240
5207367	Ankers, J. R.	171	8029690	Armeanu, A. R.	125	5207754	Ascott, S.	244
5202636	Ankerson, R.	105	8107759	Armitage, G. J.	198	5206000	Ash, D.	43, 226
211074	Annal, P. D.	162	5206698	Armitage, G. V. R.	164	1943327	Ash, D. B.	233
8028659	Annas, D. R.	111	211305	Armitage, J. P.	271	1960499	Ash, I. R.	233
213025	Anning J. E.	257	8080909	Armitage, R.	232	5207751	Ash, J. C.	124
8302764	Ansell, K. M. J.	151	5207003	Armitage, S. R.	163	213482	Ash, T. A.	278
8048483	Ansell, Y. M.	233	8032085	Armitage-Maddox,		1939555	Ashbee, D. J.	256
214891	Anson, N. A.	287		S. E.	177	2649558	Ashbridge, T.	174
8246730	Anstee, S. D.	199	214686	Armitstead, A. R.	286	214398	Ashby, A. P.	284
8244204	Anstey, J. S.	151	8105936	Armour, B. G.	265	8141080	Ashby, B. J.	237
5203303	Anthistle, P.	141	5207782	Armstrong, A. D.	169	8032738	Ashby, T. A.	247
8025776	Anthony, D. R.	268	300819	Armstrong, A. E.	242	1946073	Ashcroft, G. A.	177
214537	Anthony, G.	285	2637109	Armstrong, A. M. R.	149	42622204	Ashcroft, I. T.	10, 101
8173543	Anthony, S. T.	144	210380	Armstrong, A. P.	269	8289439	Ashcroft, J. A.	149
5208110	Antrobus, A. E.	148	5206674	Armstrong, B. L.	196	1950522	Ashcroft, K.	166
213011	Anwar, N.	277	214510	Armstrong, C. J.	285	5203375	Ashenhurst, R.	13, 155
4253997	Apiafi, H.	269		Armstrong, D. B.	39, 209	5202102	Asher, D. R.	190
8125121	Applebee, S.	169	2622531	Armstrong, D. R.	110	2628318	Ashford, A. M.	119
4233032	Appleby, B. K.	109	214590	Armstrong, I. G.	281	5205154	Ashford, R. R.	178
5206844	Appleby, D. J. R.	122	2634508	Armstrong, I. R. B.	125	8304732	Ashley, D. A.	131
8227171	Appleby, P. R.	132	1950521	Armstrong, J.	238	8191560	Ashman, A. P.	236
214503	Appleby, R. C.	285		Armstrong, J. C.	176	8106699	Ashman, R. J. L.	166
5208431	Appleby, R. I.	201	8024063	Armstrong, J. T.	144	1961989	Ashman, W. L.	231
8304313	Applegarth, C. G.	127		Armstrong, M. A.	19	5207846	Ashmore, G. J.	198
	Applegate, Mr D.	7	689053	Armstrong, M. H.	159	213512	Ashpole, C. E.	278
5205797	Appleton, D. P.	161	2643056	Armstrong, N.	173	5204906	Ashraf, M. A.	40, 157
8304532	Appleton, J. L.	129	4232003	Armstrong, P. W.	282	209299	Ashton, B.	283
8225411	Appleton, M. R.	197	212546	Armstrong, R. T.	274	5205240	Ashton, C. C.	195
686145	Apps, R. M.	56, 163	8304657	Armstrong, S. J.	200	8022671	Ashton, D.	256
	Apsley, Dr N.	21	5208685	Arnall, J. V.	152	5204611	Ashton, D. C.	191
5207986	Arathoon, D A.	247	5204267	Arnold, A. D.	116	4233160	Ashton, J. M.	242
8027693	Arathoon, W. J.	110	8135451	Arnold, A. J.	66, 157	212429	Ashton, P.	274

INDEX

Personal No		Page No	Personal No		Page No	Personal No		Page No
2630737	Ashton, S. E.	124	8028258	Atkinson, R. J.	107		**B**	
8029559	Ashton, S. P.	123	212440	Atkinson, S. P.	274			
8304370	Ashurst, R. C.	128	306184	Atkinson, V. L.	183	5205595	Baalam, A. W. L.	110
306006	Ashurst, S. J.	245	8150194	Attard, J.	231	8028241	Baatz, A. P.	254
5204644	Ashwell, M. L.	138	8024425	Attewell, D. J.	145	5205509	Baber, C. W.	116
300929	Ashwell, R. J.	243	8304188	Attridge, J. J.	127	5203265	Baber, G. A.	35, 156
8103700	Ashwood, A. J.	230	8023716	Attrill, M. P.	179	5207057	Baber, J. D.	196
214900	Ashworth, C. D. I.	287	8029706	Auckland, G. W.	125	5207267	Baber, M. A.	122
5207124	Ashworth, D. C.	121	5206932	Audet, D. W.	120		Babington, J. P.	176
8212406	Ashworth, D. R.	194	213197	Audus, A. M.	174	4233496	Babraff, J. K. L.	35, 99
8300621	Aslett, J. R.	148	5203073	August, G. I.	28, 188	5201572	Backhouse, D. H. W.	155
5207204	Aspden, S. M.	240	5205966	Aunger, D. J.	161	8300732	Backus, T. W.	201
2644327	Aspin, K. P.	266	8023726	Austen, D. J.	57, 141	5207667	Bacon, A. D.	124
8029449	Aspinall, M. E.	123	4284419	Austen, N. E. P.	229	208465	Bacon, C. J.	267
8304741	Aspinall, M. J.	131	8152463	Austen, R. G.	167	1960967	Bacon, D. R.	179
2615302	Aspinall, R. M.	104	210066	Austin, A. L.	269	8076044	Bacon, D. T.	191
4291564	Assanand, K. K. K.	233	207103	Austin, A. W.	267	5203716	Bacon, L. D.	157
8026473	Astbury, A. J.	114	9726	Austin, J. F.	211	214373	Bacon, R. R.	283
5203813	Astill, M. C.	111	2642947	Austin, J. W.	130	1936987	Bacon, T. J.	246
213944	Astin, D. A.	280	214769	Austin, K. L.	286		Badcock, P. C.	55, 153
8141039	Astle, P. W.	115	213464	Austin, P. D.	257	5207613	Baddeley, J. G.	123
8300194	Astley-Jones, G. D.	147	1960300	Austin, P. J.	233	5208705	Badel, N. M.	134
9803	Astley-Jones, J. G.	246	5208311	Austin, P. R.	172	207541	Badham, J. W.	267
8260365	Aston, A. D.	200	8028830	Austin, R. P.	120	212087	Bage, K. M.	273
8026702	Aston, M. R.	112	4230216	Austin, Sir Roger	281	2641909	Bagley, J. V.	257
5206544	Aston, S. N.	118	8304493	Austin, S. J.	129	5205308	Bagnall, A. R.	178
1944887	Asty, W.	231	213570	Austin, T. N.	257	5207384	Bagnall, G.	129
8233199	Atack, A. J.	313	3523617	Austin, T. S.	242	4232308	Bagnall, R. A.	108
8233199	Atack, J. E.	184, 312	213574	Austing, D. R.	279	214125	Bagnall, R. D. A.	282
5206802	Atchison, J. D.	145	8304098	Aveling, G.	127		Bagnall,	
2627100	Atha, S. D.	102	8026928	Avent, S. D.	115		Sir Anthony	6, 38, 89, 90
210361	Atherton, H. S. J.	269	2636168	Averty, C. J.	128	212727	Bagshaw, M. J.	275
5202565	Atherton, I. W.	105	2628341	Avery, D. K.	122		Baguley, Mr A. D.	15
8028324	Atherton, P. A.	101	212772	Avery, G. J.	281	8027917	Bagwell, G. J.	101
8032150	Atherton, R. L. A.	35, 178	213977	Avery, J. W. L. S.	257	306310	Bailes, C. A.	201
8302509	Atherton, S. E.	128	211483	Aves, J. M.	272	1946215	Bailey B. J.	229
213614	Atherton, W. J.	279	306079	Avory, M. C.	207	214196	Bailey, A. J.	282
8260707	Atkin-Palmer, C. M.	150	8128627	Axelsen, M.	163	8152087	Bailey, A. P.	167
2846327	Atkins, A. M.	275	8216108	Axford-Hawkes, I. A.	145	8300520	Bailey, C. P.	167
8152245	Atkins, A. R.	166	214123	Axon, P. J. W.	282	8103302	Bailey, D. J.	234
8125563	Atkins, I. E.	173	4335198	Ayers, C. R.	245	263929	Bailey, G. M. B.	284
4282720	Atkins, J. S.	276	8023972	Ayers, D. L.	179	213129	Bailey, G. T.	277
5208475	Atkins, N. O.	150	8024867	Ayers, J. H.	107	5207703	Bailey, H. R.	122
212882	Atkins, P. M.	276	690614	Ayers, R. S.	158	214442	Bailey, J.	284
5205428	Atkins, R. F.	109	607605	Aylett, G. L.	274	8300702	Bailey, J. M.	149
4292097	Atkins, S.	193	8140154	Ayliffe, A. C.	114	5207612	Bailey, J. P.	195
2623422	Atkins, S. R.	114	215000	Ayling, S. J.	288	8226869	Bailey, K. R.	197
306234	Atkins, V. L.	150	214554	Ayre, A. M.	285	212261	Bailey, M. J.	274
8020978	Atkinson, I. C.	155	214770	Ayre, J.	286	5208383	Bailey, M. N.	149
306070	Atkinson, K. M.	147	1961400	Ayres, M. F. W.	231		Bailey, Mr A. L. H.	36
8029239	Atkinson, N. F.	181	5203502	Ayres, N. P.	104	214878	Bailey, N. E.	287
8029589	Atkinson, P. G.	124	4292466	Ayres, P. C. R.	229	8105163	Bailey, P.	169
5203715	Atkinson, P. W.	42, 141	5202266	Ayres, S. P.	40, 100	1932814	Bailey, P. W.	229
8029213	Atkinson, R.	121	8027392	Ayton, C. H.	116			
8127205	Atkinson, R. D.	192						

319

INDEX

Personal No		Page No	Personal No		Page No	Personal No		Page No
8207631	Bailey, R.	141	8027812	Baker, M. F. 53,	107	8024009	Balmforth-Slater,	
8027496	Bailey, R. C.	110	2617662	Baker, M. J.	277		D. L.	144
8025887	Bailey, R. M.	99	2639249	Baker, M. T.	128	9806	Balshaw, H. S.	280
4233376	Bailey, Rev R. W.	223		Baker, Miss J.	8	8023514	Balshaw, K. S. . . 60,	138
214443	Bailey, S. E.	134	210758	Baker, N. W.	270	2627370	Balshaw, M. J. F.	117
306227	Bailey, S. E.	201	209062	Baker, R.	282	214152	Balsillie, I.	282
8150692	Bailey, S. J. 17,	157	5208419	Baker, R. D. F.	132	8077534	Balson, J. D.	280
214352	Bailey, S. M.	283	8209861	Baker, S. A.	169	9484	Bambridge, D. E.	211
3137637	Bailey-Woods, G.	270	211902	Baker, S. J.	273	2642585	Bamford, H.	132
1949399	Bailie, A.	233	5206370	Baker, S. J.	170	5207777	Bamford, R.	194
4265685	Bain, A.	237	5205833	Baker, T. T. J. . . 40,	226	8300450	Banbrook, J. M.	148
213945	Bain, C. A.	280	609511	Bakewell, G.	158	8050410	Bancroft-Pitman,	
8302578	Bain, C. A.	247	8092619	Balaam, D. C.	140		S. C.	106
5205373	Bain, D. D.	192	214520	Balchin, A. W.	285	8063030	Banks, C. P.	147
8115729	Bain, G. J. 228,	311	5206377	Baldaro, J. L.	170	8128522	Banks, G. N.	233
214301	Bain, J. B.	283	5203789	Balderstone, A. W.	164	210652	Banks, H. R.	270
1962202	Bain, R.	216	3512259	Baldock, B. F.	271	8285592	Banks, N. K. M.	282
8032177	Bainbridge, A. C. 62,	141		Baldock, K. W.	41		Banks, P.	220
5205157	Bainbridge, A. S.	141	8009216	Baldwin, B. F.	167	5203882	Banks, P. A.	191
5204195	Bainbridge, D. J. F.	143	213736	Baldwin, J.	279	2636550	Banks, S. M.	127
0687506	Bainbridge, J. W.	230	8117164	Baldwin, K. J.	106	214033	Banks, T. J.	281
214979	Baines, C. E.	288	8204333	Baldwin, P. J.	169	214984	Bannister, A. S.	288
214801	Baines, J. L.	286	212170	Baldwin, T. M. A.	273	689325	Bannister, D. R. . 35,	98
8304158	Baines, M. W.	126	5205214	Bale, M. A.	192	2625934	Bannister, J.	261
214433	Baines, N.	283	5202157	Bale, N. T. 40,	188	214920	Bannister, P. S.	287
	Baird, Sir J.	203	8084280	Bales, S. J.	169	5204334	Bannister-Green,	
	Baird, J. A. 3,	14		Balfour, A. J. C.	221		G. M.	164
5203788	Baird, M. J.	162	8024337	Balfour, J. R. S.	145	8304806	Baptie, D. C.	133
306315	Baird, N. J.	227	8073287	Ball, A. L.	238	2844965	Baradoe, S. J.	286
8184590	Baird, W. P.	218	209405	Ball, B. J. W.	268	9940	Baranski, P. B.	262
8300540	Baird, W. Y.	199	2642482	Ball, C. D.	131	5208150	Barber, A. J.	148
8027205	Bairsto, C. A. . . . 67,	100	5205331	Ball, D. E. 60,	141	9472	Barber, D. 62,	141
	Bairsto, N. A. . . . 3,	153	8284397	Ball, G. P.	173	209901	Barber, D. I.	269
5202809	Bake, A. T. 35,	189	5207832	Ball, G. R.	123	4232609	Barber, G.	99
2640260	Baker, A. C. M.	133	214508	Ball, H. G.	285	211161	Barber, S.	271
212254	Baker, A. J.	274	8135862	Ball, H. J.	196	8026456	Barber, S. B. J.	24
8154486	Baker, A. J.	172		Ball, J. A.	94	8026456	Barber, S. B. J.	101
8028377	Baker, A. K.	109	8141140	Ball, J. C. 50,	107	210549	Barbour, E. C.	270
2642677	Baker, A. M.	183	8304134	Ball, J. D.	127	5205457	Barbour, S. R. A.	180
4335606	Baker, B. A. F.	243	1948966	Ball, J. K.	146	8140224	Barbour, T. M.	241
8000520	Baker, C.	200	8232726	Ball, L. P.	194	8300358	Barclay, A. J.	148
409352	Baker, C. A.	213	214907	Ball, M. C.	287	9696	Barclay, E. J. A.	180
8090879	Baker, C. J.	235	8028277	Ball, M. G.	108	8300012	Barclay, I. D.	182
8191257	Baker, D. A.	144	608825	Ball, M. W.	241	8170823	Barclay, I. G.	161
	Baker, D. M.	186	8302699	Ball, R. F.	199		Barclay, S. J.	41
214287	Baker, E. A.	283	409488	Ball, S. J.	214	5206663	Bardell-Cox, T. A.	144
8271429	Baker, G.	184	2630333	Ball, S. W.	112	8225356	Bareham, D. M.	168
2653859	Baker, G. J.	133	5205647	Ballance, D. J.	120	1945622	Bargewell, T. A.	252
4276461	Baker, H. M.	243	5205999	Ballantyne, A. C.	121	210989	Bark, B. P.	271
	Baker, J.	29	8283865	Ballantyne, D. N.	146	209185	Barker, A. A.	268
2649834	Baker, J. D.	135	4290685	Ballard, D.	233	5203358	Barker, A. C.	155
306110	Baker, J. E.	207	5208379	Balls, R. J.	173	8026678	Barker, C. M. I.	100
4233090	Baker, J. E.	103		Balmer, C. V.	15	2625933	Barker, D.	281
8024020	Baker, J. E.	257	8210594	Balmer, M. T.	197	8300809	Barker, J. R. L.	152
210483	Baker, M.	270	214316	Balmford, S. J.	283	5208181	Barker, M. A.	172

INDEX

Personal No		Page No	Personal No		Page No	Personal No		Page No
2633709	Barker, M. H. R. ...	125	8152696	Barnes, S. A. K. ...	196	306142	Barrow, A. S.	247
5202652	Barker, P.	159	5203764	Barnes, S. G.	101	5205660	Barrow, C.	122
4282420	Barker, R.	110	8024551	Barnes, T. J.	146	8029800	Barrow, R. P.	125
2629563	Barker, R. A.	119	8302677	Barnes, T. M.	199	8024258	Barrow, S.	141
5208438	Barker, R. J.	184	211192	Barnett, D. A. R. ...	271	8100446	Barrowclife, I. ... 35,	140
8123744	Barker, R. J.	144	2627643	Barnett, I. C.	282	213317	Barry, J. D.	280
4178372	Barkway, R. J.	246	306183	Barnett, J.	200	5207324	Barry, Rev N. B. P. ...	224
2642545	Barley, F. J. R.	130	8029158	Barnett, J. R. ... 59,	111	8154192	Barry, R. J.	175
9526	Barley, M. J.	181	5208409	Barnett, M. P. C. ...	131	8029330	Barry, S.	197
5205871	Barley, M. P.	110		Barnett, W.	186		Barter, M. C.	97
8249922	Barley, N. D.	173	2840108	Barnett, W.	39	2627992	Barth, R. O.	181
	Barlow, G. G.	26	9412	Barney, J. S.	205	4232743	Bartle, C. J.	252
5204119	Barlow, J. K. E.	39		Barnfather, C. L.	41	8028493	Bartle, D. J.	120
91502	Barlow, P.	261	213537	Barnfather, C. R. ...	278	2630921	Bartlem, K. A.	240
211248	Barlow, P.	281	5206458	Barnfield, S. K.	111	8023410	Bartlett, A.	140
8024276	Barlow, P. E.	193	8220584	Barnsley, S. W.	124	594302	Bartlett, A. J.	274
8260025	Barlow, P. R.	125	2649567	Baron, A. P. ... 133,	266	9915	Bartlett, D. W.	247
8287111	Barlow, S. R. R.	276	214431	Baron, J. St. J.	284	5204646	Bartlett, G. D.	191
	Barltrop, J. A.	27	214731	Baron, N.	286	214482	Bartlett, J. D.	284
5203233	Barmby, A. S.	101	4232910	Barr, A.	113	8151449	Bartlett, N. G.	163
5206044	Barmby, C. S.	144	5207214	Barr, A.	122	2631890	Bartlett, P. J.	111
8304225	Barmby, M. I.	127	9918	Barr, E. J.	247	214807	Bartlett, P. L.	287
8150781	Barnaby, I. J.	173	214886	Barr, K. E.	287	9173	Bartlett, S. E.	140
4231377	Barnard, J. B.	241	8028723	Barr, N. J.	110	8024403	Bartlett, S. M.	144
685632	Barnard, P. Q.	159	8248671	Barr, R. P.	171	8300466	Bartley, D.	279
8300730	Barnes, A. E.	131	2644180	Barraclough, H. E. .	132	8271683	Bartley, L. D.	173
5201234	Barnes, A. J.	156	5207127	Barraclough, R.	167		Barton, D. G. ... 39,	187
2658720	Barnes, C. C.	152	4231207	Barradell, D. J.	243	609514	Barton, N.	272
211111	Barnes, C. R.	271	5204785	Barrass J. A.	102	5204860	Barton, P. R. ... 24,	102
8153566	Barnes, C. R.	198	8029230	Barratt, C. D.	127	8300824	Barton, R. A.	152
	Barnes, D.	21	8062185	Barratt, D.	202	5206372	Barton, S. D.	170
4233209	Barnes, D. A.	114		Barratt, I.	16	1949128	Barton, T. F.	232
4280058	Barnes, D. J.	233	9577	Barratt, P. L.	165	8097413	Barton, T. R. ... 53,	160
8213248	Barnes, D. M.	149	8249914	Barratt, W. T.	197	210323	Barton-Greenwood,	
2630796	Barnes, D. M. W. ..	126	214374	Barre, G. R.	283		G. C.	269
4335584	Barnes, D. N.	190	5205128	Barrett, A. H.	160	687780	Bartram, I.	267
215005	Barnes, E. K.	288	8023034	Barrett, A. J. ... 7,	99	8025661	Bartram, J. A.	100
4231439	Barnes, F. O.	113	306025	Barrett, C. L.	244	8304196	Bartrip, J. R. L.	126
2642683	Barnes, G. A.	183	5203229	Barrett, G. J.	106	5202894	Barwell, R. J. ... 70,	157
213827	Barnes, J. A.	280	5202621	Barrett, I.	105	207751	Barwick, R. L.	274
8304099	Barnes, J. A. F.	126	5207104	Barrett, J.	195		Barwood, A. J.	221
8020991	Barnes, L. J. F.	138	8154655	Barrett, J. E. B.	173	8028358	Basey, P. A. B.	108
5206812	Barnes, M.	213	214987	Barrett, J. L.	288	8212795	Baskerville, G. D. ...	173
	Barnes, M. A. J. .. 66,	97	8141571	Barrett, L. F.	111	306201	Baskeyfield, A.	199
4281453	Barnes, M. J.	276	1961990	Barrett, L. R.	265	8183726	Basnett, C. 8,	107
8019626	Barnes, N. I.	165	211370	Barrett, M. E.	271	214757	Basnett, D.	286
5204907	Barnes, N. J.	189	306298	Barrett, M. E.	199	213283	Basnett, L.	277
5203802	Barnes, O. R. J.	162	2649372	Barrett, M. P. .. 133,	266	214318	Bass, C. R.	283
8099412	Barnes, P.	232	8024125	Barrett, M. S.	144	212005	Bass, M.	273
211676	Barnes, P.	272		Barrett, P. A. ... 39,	95	212367	Bass, S.	274
8109998	Barnes, P. J. M.	126	8014182	Barrett, P. J.	105	8029147	Bastable, A. D.	121
300828	Barnes, P. N.	242	8024514	Barrett, P. N.	123	5207681	Bastock, J. M.	206
300916	Barnes, R. A.	258	8029430	Barrett, R. W.	123	211391	Bastow, J. N.	271
8024236	Barnes, R. W.	141	2628749	Barrett, T. A.	111	8025197	Batchelor, A. B. . 49,	138
213621	Barnes, S.	279	5206183	Barrington, M. P. B.	165		Batchelor, A. J. ... 65,	204

INDEX

Personal No	Page No	Personal No	Page No	Personal No	Page No
	Bate, B. G. 153	689326	Bayles, E. 234	5205376	Beaumont, S. P. 213
211033	Bate, K. M. 271	214192	Bayles, J. M. 282	208456	Beaven, J. P. 267
8140046	Bate, P. N. 192	2644485	Bayley, N. J. 184	5049366	Beavis, J. R. 267
8010061	Bate, R. A. 231	8029118	Bayley, N. J. 145	5208194	Beck, G. 200
5202741	Bateman, A. J. 277	8141381	Bayliss, D. 120	5204420	Beck, J. 140
8152403	Bateman, G. J. 169	8100968	Bayliss, D. G. 198	2644086	Beck, J. A. 133
8026195	Bateman, J. C. 140	608225	Bayliss, J. A. 251	5205692	Beck, J. R. 122
213732	Bateman, L. A. 279		Bayliss, J. F. T. 23	2635512	Beck, K. J. 124
	Bateman, R. I. 176	213278	Bayliss, J. R. N. 277	306235	Beck, N. J. 150
9698	Bateman, S. A. 196		Bayliss, Rev R. O. 39, 222	8300065	Beck, N. P. 147
8260621	Bateman, S. A. 132, 312	2630750	Bayman, P. 123	2637977	Becker, G. W. 208
5202875	Bates, B. L. 100	8141431	Bayne, J. T. 237	686750	Becker, K. H. 103
213844	Bates, D. L. 280	5207734	Bayne, P. 257	8029426	Beckett, P. C. 123
212093	Bates, J. D. 273	213845	Baynes, T. M. J. . . . 280	5208690	Beckett, S. M. 152
5200679	Bates, J. O. 14, 155	8304535	Bazalgette, G. R. . . . 129	8224286	Beckett, W. B. M. . . . 167
2627549	Bates, W. N. 118	8113087	Beach, C. J. 216	5206089	Beckley, C. P. 141
8025525	Bateson, G. 238	5208447	Beach, Rev J. M. . . . 225	8023555	Beckwith, D. M. . . 60, 139
8028732	Batey, N. R. 240	5206496	Beach, P. J. 110	8304407	Beddall, J. T. 128
8304302	Batey, R. 127	5207254	Beach, T. E. 181	212022	Bedding, S. J. 171
2644127	Batey, T. J. 184		Beacher, T. K. 312	5206591	Beddoes, S. L. 119
5208643	Bath, G. J. 174	8151819	Beagle, T. 172	8028446	Bedford, D.J. 119
8229861	Bathgate, A. 182	5207029	Beal, M. A. 121	5207269	Bedford, R. W. 123
8141516	Bathgate, P. 164	8007464	Beal, N. P. 231	8032637	Beeby, H. M. 243
409517	Bathgate, Y. 214	214733	Beal, S. 286	8300548	Beeby, S. C. 183
5204783	Batin, M. V. 115	608581	Bealer, R. A. 9, 99	8210344	Beech, G. 167
8138597	Batley, R. J. 218	5208424	Beamond, D. A. . . . 132	211736	Beech, J. A. 272
8080114	Batson, P. K. 105	8088698	Bean, D. 271	8236997	Beech, J. A. 198
8304705	Batt, J. G. 130	211806	Beaney, V. R. 272	209033	Beech, R. C. 268
2642526	Batt, S. P. 132	5205814	Beange, P. 161	209697	Beecroft, A. J. 268
2640899	Battersby, N. 129	5205194	Beanland, A. K. 178		Beedie, A. I. B. . . 60, 95
8010710	Battersby, P. G. 232	8172534	Beanlands, S. M. . . . 196		Beedle, W. 41
5205315	Battersby, R. S. H. . . 192	5204364	Bearblock, C. D. A. F. 119	8302790	Beel, D. E. 202
9425	Battery, F. J. 195	5206800	Bearblock, P. D. 118	2673989	Beeley, G. R. 267
8022909	Battley, S. P. 189	5207927	Beard, D. 124	8226836	Beer, P. 199
213541	Battram, J. M. 278	593944	Beard, D. M. 181	2627955	Beer, R. P. 143
8186646	Battye, A. E. 197	211073	Beard, G. 271	8019389	Bees, A. R. 160
2649454	Batu, A. 130	8025512	Beard, P. R. 104	5203195	Bees, R. G. 277
211556	Bauer, J. C. 195		Beard, R. W. 220	214129	Beesley, M. J. 282
8110170	Baughan, D. S. 166	8027325	Beardmore, M. J. . . . 110	5204362	Beeston, M. D. 119
2637778	Baulkwill, M. R. 126	8029200	Beardmore, S. M. . . . 110	5205185	Beet, N. P. 189
8027289	Bausor, N. T. 115	211066	Beardsley, C. L. 271		Beetham,
213973	Baxby, D. R. 281	210256	Beardwood, P. N. . . 269		Sir Michael . . . 90, 254
1947630	Baxter, A. 139	1933778	Bearham, G. 237	2649091	Beevers, P. D. 133
5206355	Baxter, A. 125	8024437	Beasant, A. J. 142	209703	Begent, T. A. 268
8024387	Baxter, A. D. M. . . . 179	2622335	Beasant, N. C. A. . . 280	210640	Behenna, R. N. 270
5206414	Baxter, D. M. 170	2838945	Beasley, E. J. 229	209991	Beighton, C. 246
213292	Baxter, D. S. 277	8137003	Beasley, S. G. 169	8304892	Beilby, P. C. . . . 135, 312
8028332	Baxter, G. L. 109	8225862	Beat, P. A. 146	5206896	Beken, D. C. 168
8029152	Baxter, I. P. 110	4233210	Beaton, A. J. 256	306109	Belcher, K. A. 248
8214240	Baxter, K. 146	9692	Beaton, J. E. 194	2637127	Beldon, J. R. 129
8404398	Baxter, K. D. 183	4290557	Beaty, R. B. 229	8304275	Belfield, D. 170
5206879	Baxter, M. E. 120	8051461	Beaumont, B. J. 35, 189	5204377	Belfield, F. D. 142
2643839	Baxter, N. J. 131	208871	Beaumont, R. A. . . . 268	2642535	Belford, J. S. 131
8024869	Bayer, P. 104	2628259	Beaumont, R. G. . . . 117	212529	Bell, A. 198
8141270	Bayford, D. J. 237	213700	Beaumont, S. C. . . . 277	5206045	Bell, A. S. 164

322

INDEX

Personal No		Page No	Personal No		Page No	Personal No		Page No
4286308	Bell, C.	234	5208238	Benjamin, T. M.	183	8024772	Beresford, N. E. L.	18, 98
212287	Bell, C. G.	274	2621546	Benke, R. N.	114		Beresford-Green,	
609321	Bell, C. R. L.	155	8024175	Benn, C.	144		P. M.	13
5208221	Bell, D.	130	8021112	Benn, C. R.	102	8304338	Berg, S. E. V.	127
214521	Bell, G. M.	285	2644127	Bennee, T. S.	150	5206241	Berkley, R. A.	123
5207862	Bell, I. F.	205	2630812	Bennell, S. E.	264		Berkson, D. M.	23
8027426	Bell, I. K.	101	1664660	Bennet, M. G.	270		Bernard, D. C.	176
8175138	Bell, I. N.	141	5207810	Bennett, A.	243	214917	Bernard, J. K.	287
213624	Bell, J.	279	2625684	Bennett, A. A.	109	212961	Bernays, J. S.	276
1943505	Bell, J. D.	188	690189	Bennett, A. E.	232	8027084	Berners, P. R.	145
8418562	Bell, J. H. D.	184	2643845	Bennett, A. M.	150	5207988	Berrecloth, P. C.	166
4335257	Bell, J. J.	246	5207065	Bennett, A. R.	145	4233576	Berresford, C. S.	255
214002	Bell, J. M.	281	210456	Bennett, A. R. T.	270	8170675	Berridge, A. J.	189
212952	Bell, J. P.	276	5203694	Bennett, C. R.	163	8304297	Berris, D. C. D.	128
5205702	Bell, J. R.	168	8024984	Bennett, D.	104	212941	Berry, D. J.	276
5200056	Bell, J. V.	254	8082032	Bennett, D. G.	231	214581	Berry, I. C.	285
4268199	Bell, L. A.	272	214480	Bennett, D. J.	284	5205968	Berry, I. F.	164
214194	Bell, M. F.	282	210449	Bennett, G. E. D.	270	594571	Berry, I. W.	229
214399	Bell, M. J.	283	4335595	Bennett, J. B.	48, 177	5208378	Berry, J. E.	132
	Bell, Mr A.	20	213376	Bennett, J. K.	278	8152502	Berry, K. P.	125
9760	Bell, N. E.	181	4281587	Bennett, K. D.	279	5205914	Berry, M. R.	117
4231901	Bell, N. G.	98	8302676	Bennett, K. M.	199	213865	Berry, N. J.	152
8024443	Bell, N. J. D.	194	8111879	Bennett, K. N.	115	2642991	Berry, N. S.	129
5204248	Bell, P. A.	110	2627872	Bennett, L. J.	111	8100132	Berry, P. W.	179
5206274	Bell, P. N.	194	214212	Bennett, M. J.	282	5207184	Berry, R. D.	207
8300662	Bell, Q. L.	183	213190	Bennett, M. S.	277	2643843	Berry, R. G.	131
0595620	Bell, R.	233	5204259	Bennett, M. W.	118	5208132	Berry, R. I.	128
8028823	Bell, S.	120	214465	Bennett, N. A. D.	284		Berry, R. J.	220
212202	Bell, S. G.	273	2637131	Bennett, N. P.	174	8141517	Berry, R. W.	237
306139	Bell, S. J.	127	5203469	Bennett, P. G.	140	2642428	Berry, S. A.	131
8211429	Bell, S. J.	173	608849	Bennett, P. J.	276	9923	Berry, S. J.	246
5203740	Bell, S. M.	102	8011572	Bennett, R. J.	232	8276281	Berry, S. L.	258
214511	Bellamy, D. C. H.	285	8029656	Bennett, R. S.	124	5205838	Berry, T. I.	180
213438	Bellamy, M. G.	278	2628415	Bennington, T.	110	5205998	Berry-Davies,	
2635628	Bellamy, S. J.	172	2633616	Bennison, M. A.	124		Rev C. W. K.	223
8027173	Bellars, B. P.	72, 191	8304175	Bensly, R. W.	127	214659	Berry-Robinson,	
207955	Bellingall, J. E.	114	5208695	Benson, B. K.	152		J. A. S.	286
8089081	Bellis, D. E.	115		Benson, D. R.	176	8302824	Berryman, A.	152
211684	Bellis, J. P.	279	8126925	Benson, N. J.	109	8300103	Berryman, C. W.	257
8024606	Bellworthy, A. J.	146	2627053	Benson, N. R.	76, 108	2642086	Berryman, D. G.	287
5204819	Belmore, D. S.	177		Benstead, B. G.	154	5208616	Bertie, J. E.	173
2633142	Below, T. D. Q.	110		Bensted, B. G.	14	5204033	Bessant, L. R. E.	188
214253	Belshaw, A. M. T.	282	8401479	Bent, C. G.	173	306049	Bessant, S. E.	246
0687251	Belshaw, P. J.	230	8026036	Bentham, A.	35, 102	8024164	Bessell, J. C.	180
5206344	Belton, A. C.	125	8151744	Bentley, D. A.	109	5203637	Best, D.	106
	Benbow, W. K.	27	8031453	Bentley, D. E.	188	306127	Best, D. A.	127
8141256	Bence, A. J.	238	213024	Bentley, K.	284	8026202	Best, J. L.	114
8025536	Bendall, D. H.	114	4335701	Bentley, N. L.	179	213981	Best, J. T.	281
8300356	Bendell, S. A.	148	306264	Bentley, S. A.	150	5207997	Best, M. C.	246
	Beney, T. J.	34, 94	2637747	Bentley, S. A.	123	8025491	Best, P. K.	110
1947973	Benford, A.	229		Benton, N. J.	308	8025032	Best, R. E.	49, 98
5203620	Benford, C.	163	8141761	Benton, N. J.	237	214034	Beswick, G. T. W.	281
213564	Benham, D. A.	279	8029528	Beresford, A.	123	210607	Bethell, A. H.	270
2635235	Benham, P. W.	124	8151887	Beresford, I. M.	164	8152597	Bethell, K. H. R.	164
8024670	Benham, T. M.	145	8133666	Beresford, M. J.	179	8304722	Bethell, R. A.	130

323

INDEX

Personal No		Page No	Personal No		Page No	Personal No		Page No
8304206	Bethell, S. F.	127	8152086	Bilney, M.	169		Bishop, R. StJ. S.	28
5208579	Betley, M. A. J.	151, 312	8177995	Bindloss, A. C.	233	5205189	Bishop, T. L. J.	157
8025100	Betson, C.	276	190527	Binfield, G. H.	35	609472	Bishopp, J. B.	99
	Bettel, M. R.	3, 136	0527	Binfield, G. H.	156	5208042	Bissell, Rev A. D.	224
8028217	Betteridge, P. A.	189	5206617	Bingham, G. K.	162	213843	Bissell, K. D.	280
8028317	Betteridge, P. A.	35	4281259	Bingham, J. D.	144	2627823	Bissell, R. J.	196
5201222	Betteridge, R.	157	8029700	Bingham, J. H.	124	8304706	Bissett, M. H.	131
2642432	Bettington, G. J.	200	214997	Bingham, P.	288	5207969	Bissett, W. C.	243
5206315	Bettridge, A. V. R.	198	8300760	Binks, P. E. L.	151	8111790	Black, D.	150
5208670	Betts, D. D.	202	5207866	Binns, J. S.	183	5208592	Black, D. C. S.	173
214088	Betts, J. D.	281	8302767	Binns, L. K.	184	594357	Black, G.	229
213747	Bevan, C. J.	279	2635432	Binns, P. B.	125	306263	Black, H. M.	150
4286090	Bevan, D. L.	178	8025636	Binsted, P. D.	115	8027202	Black, I. C.	254
	Bevan, G. N.	17	683331	Birch, F. J.	275	5207117	Black, P.	194
213779	Bevan, K. J.	280	306093	Birch, K.	207		Black, S. D.	10, 96
8245579	Bevan, N. A.	173	8199829	Birch, P. H. B.	167	1946607	Blackburn, A. J.	232
5204688	Beverley, I. M.	179	8027998	Birch, P. N.	107	8015088	Blackburn, C.	235
5206279	Beverley, S. J.	168	8028730	Birch, R. S.	107	8015088	Blackburn, C. A.	126
8077274	Bewley, J. W.	281	8236687	Birchall, S. T.	173	5205740	Blackburn, G. J.	195
2649633	Bews, I. M.	135	8420783	Birchenall, R. P.	174	5208223	Blackburn, M. J.	130
8300294	Bewsher, J. E. S.	182	5207626	Bird, A. P.	121	1961658	Blackburn, S.	43, 188
213528	Bex, P. R.	278	213022	Bird, I. N.	284		Blackford, P. A.	96
4280376	Beynon, G. G.	256	214400	Bird, J.	283	212829	Blackford, P. K.	276
2636440	Bhasin, D.	124	8124079	Bird, J.	237		Blackham,	
8028882	Bhatia, R. J.	120	8028453	Bird, M. R.	141		Sir Jeremy	13
5207984	Bhullar, T. P. S.	206	4233445	Bird, P. R.	251	8025726	Blackie, G. C.	114
213041	Bibby, A. J.	276	686654	Bird, R. C.	106	2644182	Blackie, J. R.	174
	Bibby, G.	10		Bird, R. J.	81	212272	Blacklock, C. N.	274
211904	Bickerdike, H. J.	273	8244292	Bird, S. A.	202	8118196	Blackman, C. A. R.	232
8028250	Bickers, S. M.	180	5205332	Bird, T. G.	193	8153183	Blackmore, N. J.	168
	Bickford, B. J.	221	5200655	Birkbeck, P. C. L.	140	8008776	Blackmore-Heal,	
	Bickley, M.	11	5206625	Birkenhead, G. B.	164		D. C.	169
1949567	Biddington, D. V. W.	163	5205917	Birkett, A. C.	211	2635614	Blackwell, S. E.	129
5203643	Biddle, D. R.	115	210697	Birkett, B.	270	214040	Blackwell, T. W.	281
210447	Biddles, D.	270	8102101	Birkin, B. M.	238	2633655	Blades, J. M.	165
212536	Biddles, D.	274	2626187	Birks, C. J.	100	5203534	Blagrove, C. N.	104
214840	Biddles, L. E.	287	5206996	Birnie, F.	119	209751	Blaikie, A. R.	268
8115533	Biddlestone, A.	147	5205556	Birnie, R. E. R.	144	213658	Blain, R. T.	279
213101	Bidgood, S. J.	277	8045288	Birnie, Y. M.	287	8151243	Blair, G. A.	277
8304133	Bielby, M. C.	241	1960528	Birt, M. J.	233	594886	Blair, J. R.	229
5208303	Biggadike, M. E.	131	8028197	Birtwistle, R. W.	44, 102	8028644	Blair, R. C.	110
8032750	Biggs, A. J.	147	214810	Bisby, M.	287	4285430	Blair, T. F.	229
209352	Biggs, C. J.	268		Bishop, A. P.	39, 222	8239339	Blake, A. G.	200
8300750	Biggs, C. J.	216	5203114	Bishop, The Rev A. P.	4	8152987	Blake, C.	168
595418	Biggs, P. R.	182	0595929	Bishop, C.	233	5206752	Blake, D. C. S.	205
8107250	Bigham, J. C.	231	5207026	Bishop, C. A. M.	145	306141	Blake, F. J.	141
5202007	Biglands, S.	241	4232486	Bishop, D. E.	113	8224926	Blake, I. R.	145
8300506	Bill, A. M.	199	214080	Bishop, G. P.	281	212327	Blake, N.	274
2636880	Bill, N. J.	38, 197	5204750	Bishop, I. L.	271	8001973	Blake, P. K.	238
2642828	Billingham, K. L.	132	5207289	Bishop, J. N.	198	5207833	Blake, R. D.	123
213475	Billingham, N. J.	278	213978	Bishop, L.	260	4233266	Blake, R. G.	27, 98
8020521	Billings, P. A.	161	214447	Bishop, M. S.	284	8027911	Blake, S. J.	109
1949820	Billingsley, J. L.	230	8028952	Bishop, N. A.	111	8302625	Blakeley, P.	199
8028731	Billington, D. P.	109	210639	Bishop, R. N. McC.	270	2653746	Blakemore, D.	133
4288539	Bilner, C. J.	230	4273088	Bishop, R. S.	193	213327	Blakenborough, S. F.	278

INDEX

Personal No		Page No	Personal No		Page No	Personal No		Page No
8106777	Blakey, M. P.	272	2644179	Boardman, R. J.	131	8304040	Bonser, A. C. L.	241
211429	Blance, L. H.	272		Boatman, R. C.	308	9652	Bonser, J. V.	168
4279099	Blanchard, W. J.	232		Bobbilon, P.	58	2628735	Bonwitt, A. J.	240
8023573	Blanchard-Smith, R. M.	192	5207375	Bobbin, A. J.	171	5208427	Booker, C. J.	150
91410	Blanche, J. B.	255	211766	Boden, C. G.	272	690011	Bookham, R. P.	159
212072	Blanche, J. D.	273	5207089	Boden, J. G.	206	8400723	Boon, S. A.	149
5205922	Bland, G. J.	157	213916	Bodger, M. A.	280	4233290	Boon, T. R.	104
8260530	Bland, I. D.	130, 308	2625755	Bodie, C. S.	240	8304354	Booth, D. L.	128
8024126	Bland, M.	194	5207745	Bogg, A.	197	595237	Booth, D. M. C.	166
1944705	Bland, P. C.	108	4138669	Boggis, M. F.	273	8151019	Booth, G. A.	163
8300810	Bland, R. G.	152	210709	Bohanna, P. J.	270	8027011	Booth, G. H.	13, 101
213462	Bland, T. J.	278	5203681	Bohill, W. P.	109	5207355	Booth, J. A.	148
306056	Blane, A. E.	257	8087818	Boissel, T. K.	230		Booth, J. B.	220
	Blatch, Baroness.	80		Boissier, R. P.	13	5207224	Booth, J. H. J.	121
214444	Blatchford, A. M.	284	5202454	Bolam, S. F.	40, 188	214578	Booth, L. A.	285
214864	Blatchford, L. M.	287	212270	Boland, W.	274	4220018	Booth, R. E.	251
	Blatchley N.	9	1961676	Bole, L. T.	161	5207855	Booth, R. J.	197
2638714	Bleakley, T. J.	173	5203772	Bollom, S. J.	156	8198896	Booth, S.	149, 310
1961609	Blease, M.	284	2622954	Bolsover, D. R.	100	213878	Booth, S. J.	280
608647	Blee, P. M.	40, 98	2637100	Bolt, A. T.	170	214564	Booth, T. N.	285
8023973	Bleeker, J. D.	179	212854	Bolt, C.	276		Boothby, W. H.	39, 226
8260369	Bleese, A.	287	609459	Bolton, B. N.	177	213347	Boothroyd, J. M.	278
	Blencowe, C. J.	93	8302544	Bolton, C. L.	149	8115367	Boreham, D. P.	151
8154410	Blenkinship, D.	173	5206809	Bolton, G.	193	2642043	Borgman, P. S.	263
4232849	Blenkinsop, J. W.	103	210544	Bolton, G. A.	276	8211486	Borland, G. A.	108
8151852	Blevins, P. R.	171	8020744	Bolton, G. E.	178	1948639	Borland, S. M.	233
8104436	Block, K. J.	167	8195486	Bolton, G. I.	164		Borley, J.	17
8141083	Blockley, M. A.	109	306250	Bolton, L. M.	201, 311	8284630	Borley, W. D.	147
8024452	Blockley, S. A.	145	4231309	Bolton, M. W.	104	5205471	Borrill, C. P.	179
8151177	Blogg, D. O.	170	8108591	Bolton, P. J.	172	2643833	Borthwick, G. J.	130
608474	Blomley, D. L.	177	8024610	Bolton, P. M.	146	8210379	Borthwick, J. H.	280
213029	Blood, C.	284	8029521	Bolton, P. M.	123	5205557	Borthwick, S. P.	164
5203700	Blood, D. M. W.	115	8109600	Bolton, R.	233	210556	Borwick, J. P.	270
2633060	Bloom, A. H.	128	208738	Bomphrey, J. S.	267	688647	Bossy, M. J.	101
8110561	Bloomer, G. A. M.	125	5206729	Bon, D. A.	196	5206857	Bostock, P. J.	60, 111
4285086	Bloomfield, P. R.	230	8026823	Bond, C. L.	99	608499	Bostock, S. N.	280
8028800	Bloor, P. J.	274	5206995	Bond, C. N.	146	8027020	Bostock, S. P.	106
5203304	Blore, D. J.	34, 177	306378	Bond, E. A.	152	594171	Boston, J.	193
5203723	Blount, C. S.	107	2643631	Bond, E. F.	262	1962143	Boswell, G. G.	233
	Bluglass, R. S.	220	8026877	Bond, G. R.	13, 101	9877	Bosworth, A. J.	246
9757	Blundell, S. J.	120	8141340	Bond, M.	126	211327	Bosworth, D.	271
210809	Blundell-Pound, G.	270	8026945	Bond, R. W.	106	8304249	Bosworth, P. C.	127
8024789	Blunden, R. F.	45, 99	594239	Bond, T. A.	237	209979	Bosworth, R. J.	269
3522157	Blunn, K.	267	8026216	Bone, A. M.	42, 100	2640297	Bott, D. F.	134
8028819	Blunt, G. J.	274	9376	Bone, C. E.	205	213452	Botten, L. D.	278
8012508	Blyth, I.	170	214178	Bone, K. L.	282	2629116	Bottomley, J. C.	110
0595075	Blyth, R.	230	214624	Bone, P. J.	285	8171677	Bottomley, M.	238
5206259	Blythe, A. N.	123	213102	Bone, S.	277	5203908	Bottomley, S. D. G.	160
2642415	Blythe, A. T.	132	9249	Bonell, S. E.	40, 189	8251151	Bottrill, M.	149, 310
214350	Blythe, R. T. C.	283	8251059	Bonner, B. A.	283	8015155	Boucher, D. S.	233
2629066	Boag, D. A.	118		Bonner, D.	26	214187	Boughton, R. P.	282
	Boakes, Dr A. J.	220	8021264	Bonner, P. B.	111	8029754	Boughton, S. J.	125
	Boardman, A.	11	208559	Bonney, E. V.	267	690249	Boulden, A.	111
8135026	Boardman, L. D.	167	608660	Bonney-James, R. M.	98	212849	Boulet, O. A. M.	276
			213156	Bonneywell, J. E.	280	8002155	Boulter, D. J.	125

325

INDEX

Personal No		Page No	Personal No		Page No	Personal No		Page No
5208219	Boulton, D. C.	130	211437	Boyce, D. R.	272	5206328	Bradley, M. R.	170
5206773	Boulton, M. S.	119		Boyce, Sir Michael	5	8009335	Bradley, R. N.	170
213990	Boulton, P.	281	8304853	Boyce, P. A.	134	5208224	Bradley, T. J.	149
214102	Boulton, R. P.	281	2772940	Boyce, P. E.	267	8023820	Bradnam, S. W.	141
5205050	Boundy, P. J.	115	214895	Boycott, S. H.	287	8029355	Bradshaw, A.	123
8300164	Boundy, R. A.	147	609461	Boyd, A. J. W.	44, 99	5206342	Bradshaw, D. G.	125
8024596	Bourton, M. J. W.	146	211218	Boyd, A.D.	271	8002000	Bradshaw, J.	233
8304471	Bousfield, R. J.	128	2623100	Boyd, C. J.	105	608969	Bradshaw, J. C.	158
8051927	Boustead, S.	274	2627344	Boyd, F. D. S.	240	5206249	Bradshaw, J. P.	123
211238	Bovingdon, A. D.	271	8029508	Boyd, S.	123	5207199	Bradshaw, M. C.	121
8010579	Bowden, B. P.	233	1960089	Boyd, W. J.	232	8243153	Bradshaw, N.	214
1948044	Bowden, J.	232	8027520	Boyer, K.	116	8224022	Bradshaw, N. J.	171
8112119	Bowden, J. T.	168	8116371	Boyes, H. R.	197	5206177	Bradshaw, N. T.	163
2646924	Bowden, L. M.	258	8024681	Boyes, M. S.	123	8026599	Bradshaw, P.	114
8304124	Bowditch, M.	198	5204962	Boyland, P. S.	108, 313	5204414	Bradshaw, P. N.	257
2644027	Bowell, S. V.	131	2622455	Boyle, A.	105	2646594	Bradshaw, R.	286
4232487	Bowen, A. J.	241	5204908	Boyle, A.	157	2633712	Bradshaw, S. J.	168
8028852	Bowen, A. P.	108	8028314	Boyle, B.	109	2640500	Bradstock, J.	194
208742	Bowen, D. I.	267	306045	Boyle, L. M.	211	8260758	Brady, D. A.	151
	Bowen, D. J.	15	8300666	Boyle, M.	200	210894	Brady, G.	270
8150852	Bowen, D. K. B.	109	8302743	Boyle, M. M.	201	689013	Brady, J. P.	281
5203235	Bowen, J. B.	110	9734	Boyle, M. P.	144	8022816	Brady, T. A.	70, 190
8137318	Bowen, M. A.	151	2642370	Boyle, S. J.	132	595933	Bragg, D.	283
	Bowen, Mr D.	13	5203791	Boyle, S. J.	111	8140974	Bragg, R. J.	238
595219	Bowen, S. J.	193	8026463	Boyle, T. L.	99	8304640	Braid, B. R.	130
306053	Bowen, S. M.	182	5208327	Brabner, D. J.	184	1947663	Brailey, D. O.	229
209852	Bower, P. E. L.	269	208916	Brabner, J. R.	276	8028688	Brailsford, S.	3, 109
	Bowerman, G. A.	51, 97	8198635	Brabon, M. D.	144	8026439	Brain, I. B.	107
210292	Bowers, J. W.	269	214036	Bracci, M. S.	281	213187	Brain, T.	277
5208135	Bowes, J. P.	127	212217	Bracey, K. W.	273	8028269	Braithwaite, S. M.	282
8300352	Bowie, I. J.	198	8028582	Bracken, M. J.	119	4277947	Braithwaite, T.	230
5204367	Bowland, J. D. R.	119	208359	Brackenborough, K.	267	2629144	Brake, C. R.	195
8236085	Bowland, J. E.	170		Brackenbury, I.	19, 91	8026275	Brakewell, C. S.	106
	Bowles, B. M.	27	213894	Brackett, L. A.	280	8300190	Brambles, J. P.	182
2648694	Bowles, C. M.	257	210646	Brackston, A. M.	270	1961441	Bramley, R. W.	236
210335	Bowles, G. J.	269	212292	Brad, W. G. M.	274	5202645	Brammer, C. M.	114
8019967	Bowles, K. N.	166	8170626	Bradbeer, P. A.	163	5201957	Branagh, N.	188
5208401	Bowles, S.	201	5208380	Bradbrook, D. M.	173	208692	Brand, A. D.	267
8028974	Bowles, S. J.	112	1946307	Bradbury, M. J.	229	2627769	Brand, C. W.	116
2639359	Bowlzer, D. J. M.	129	5204608	Bradbury, N. J.	163	690250	Brandie, W. J.	114
4282649	Bowman, M. A.	196	5207389	Bradbury, S. P.	171	2640839	Brandon, B.	128
8025423	Bown, A. R.	18, 68, 99	8300813	Braddick, B. G.	184		Brandon, S.	221
8300651	Bown, M.	200	213612	Braddon, R.	279	8172091	Brandon, V. G.	167
5203996	Bown, T. V.	191	214823	Braddy, J. P.	287	5203302	Brandt, I. T. G.	157
4233569	Bowron, C. F.	113	211547	Bradfield, M. A. H.	272	1960529	Brankin, D. G.	233
5206071	Bows, R. W.	211	1962226	Bradfield, S. P.	232	214538	Brannan, R. J.	285
8304117	Bowsher, S. J.	182	608278	Bradford, D. A.	113	214694	Branson, F. S.	286
8029263	Bowtell, C.	182	1942580	Bradford, I. D. R. H.	229	5203419	Branston, N. G.	56, 189
209985	Bowyer, R. E.	273	5208260	Bradford, I. J.	130	213422	Brant, T. D.	278
8260105	Bowyer, S. J.	237	8152267	Bradgate, J. K.	167	4232990	Branthwaite, P. A.	113
5204241	Box, A. P. R.	162	8302547	Bradley, A. C.	148	2629118	Brass, A. J.	111
8212162	Box, R. C.	146	8021008	Bradley, D. J.	105	2616435	Bratby, M. J.	177
608452	Boxall, A. C. W.	105	8401347	Bradley, I. M.	170	211891	Bratt, L.	271
8112626	Boxell, D. M.	146	5208364	Bradley, J. C.	208	208695	Bratton, E. G. R.	256
8023740	Boyce, C. L.	179	8049734	Bradley, L. Y.	277	8300107	Braun, S. P.	198

INDEX

Personal No		Page No	Personal No		Page No	Personal No		Page No
8027002	Bray, A. M. J.	105	214448	Brewer, E.	285	5204674	Broadbridge, R. J. M.	40, 205, 310
8107699	Bray, B. A. J.	161	8000821	Brewer, G. P.	182		Broadhead, Mrs J. A.	12
5206168	Bray, C. M.	193	2649390	Brewer, L. J.	201		Broadhurst, M. J.	30
4232253	Bray, D. B.	242		Brewer, N. C.	137	8226735	Broadley, S. M.	197
4278709	Bray, J. H.	231	433578	Brewer, N. C.	62	8026661	Broadway, S. J. H.	143
409382	Bray, L. M.	249	8028293	Brewer, S. J.	118	2618939	Broadwith, B. E.	267
8024046	Bray, N.	141		Brewer, T. P.	96	5208006	Broatch. D. M.	244
5205346	Bray, P. L.	189		Brewerton, N.	13, 96	5207110	Brock, M. J. B.	277
8097806	Bray, T. A. G.	232	8304465	Brewis, S. T.	129	2628748	Brockett, J. W. A.	123
214198	Braybrook, D. R.	282	2633390	Brewster, R. A.	286	214496	Brocklebank, J. M.	201
5208476	Braybrook, R. E.	174	209333	Briant, D. R. H.	268	4231271	Brocklebank, R. A.	113
214661	Brayford, M. A.	286	3155805	Briar, L. A.	267	8260302	Brockless, K. M.	149
214375	Brayford, S. J.	283	210430	Brickley, C. J. A.	269	9843	Broderick, C. A.	170
8026415	Brayn Smith, I. A. M.	106	8221597	Brickwood, R. P.	199	9632	Brodie, G. E.	162
8406158	Brayshaw, J. P.	199	2640926	Bridge, E. K. L.	128	8154134	Brodie, S.	171
8028448	Brazier, C. E. J.	109	8141295	Bridge, M. V.	238	8304105	Brogden, D. J.	126
5207179	Brazier, J. C.	248	5203144	Bridger, S. P.	105	5204221	Bromehead, J. M.	157
8300868	Brealey, S. J.	202	607552	Bridges, A. G.	240	8104974	Bromley, A. F.	231
213709	Brearey, M. N.	279	2644262	Bridges, D. R.	131	214540	Bromley, G. L.	285
8195399	Brearley, J. F.	200	214458	Bridges, S.	284	2637707	Bromley, P. R.	124
5206176	Brebner, R. A.	196	8024241	Bridges, S. J.	144	8071285	Brompton, J. A.	233
5204296	Brecht, M. A. B.	60, 108	8300041	Bridgman, P. J.	182	5204238	Brook, D. J.	163
306098	Breddy, L. A.	146	212576	Brierley, J. A.	275	8019431	Brook, K. H.	115
5205581	Breddy, P. B.	120	5204504	Brierley, M.	177	5201370	Brook, P. J.	101
8024323	Breedon, C. J.	145	214662	Briggs, A. D.	286	8024182	Brook, S. R.	144
211837	Breedon, R.	272	5208596	Briggs, J. J.	150	212181	Brookbank, C. K.	273
4287775	Breeds, P. W.	144	8153185	Briggs, S. V.	169	213921	Brooke, A. J.	280
8304036	Breese, D. L.	126	4335774	Bright, R. M.	158	8300800	Brooke, J. C. A.	184
306169	Breeze, H. R.	129	595353	Brightman, P. S.	143	2624875	Brooke, R.	191
8304470	Breeze, J. P.	129	8114169	Brignall, T. A.	138	2636429	Brooker, J. G.	122
214709	Brekke, J. K.	286		Brigstocke, Sir John.	89	8154240	Brooker, P. A.	172
5206817	Bremer, G. J.	120	1947047	Brimacombe, K. P.	231	2619430	Brookes, A. J.	98
5204809	Bremer, T.	107		Brims, R. V.	13	8238863	Brookes, J.	173
	Bremner, D. A. G.	13, 136		Brindle, G.	94	8153397	Brookes, K. P.	125
209900	Bremner, G. A.	278	8026512	Brindley, R. A.	114	212708	Brooks, A. R.	275
306327	Bremner, K. D.	201	8015459	Brinkworth, D. A.	193	211838	Brooks, B. C.	272
5208293	Bremner, S. D.	172	5205753	Brisdion, G. A.	144		Brooks, B. P. S.	19
5204386	Brennan, B.	111	8103719	Bristow, J. C.	271	8044879	Brooks, C.	231
8304336	Brennan, B. J.	127	5203351	Bristow, P. D.	191	5207876	Brooks, C. P.	168
306274	Brennan, C.	184	208280	Briton, T.	267	507857	Brooks, D.	241
8185527	Brennan, G. J. P.	279	212711	Brittain, A. J.	273	8300025	Brooks, D. J.	146
5206250	Brennan, M. F.	168	8207227	Brittain, M.	279	8028753	Brooks, D. P.	144
213222	Brennan, M. I.	284	5208068	Brittain, N. C. J.	199	5204037	Brooks, D. R.	191
4287015	Brennan, N. P.	230	212599	Brittain, V.	275	9623	Brooks, E. A. S.	211
210260	Brennan, P. M.	269	306171	Britten, J. E.	199	5206870	Brooks, G. S.	57, 194
8140982	Brennan, P. S.	194		Britten-Austin, H. G.	69, 154	8300066	Brooks, J.	147
2628096	Brennan, R. N.	118	8022514	Britton, C. A.	188	8140873	Brooks, J. H.	109
5203713	Brennan, S. D. F.	111	4335714	Britton, G. S.	177	8028505	Brooks, J. R.	108
8302823	Bresher, A. D.	152	211870	Britton, K. M.	273	8140993	Brooks, K. A.	111
8015666	Breslin, P. G.	170	1945939	Britton, P. D.	179	2635488	Brooks, M. W.	125
2654323	Bressani, M. J.	133	214625	Britton, P. J.	285	8300658	Brooks, N. N.	197
2636475	Brett, M. I.	275	208046	Broad, I. H.	267	9062	Brooks, P. E.	251
5208280	Brett, S. J.	173, 312	2629478	Broadbent, J. R.	109	8401828	Brooks, S. S.	184
213917	Breward, C. J. W.	280	210980	Broadbridge, I. J. D.	271			
608791	Breward, R. W.	271						

327

INDEX

Personal No	Page No	Personal No	Page No	Personal No	Page No
214704 Brooks-Johnson, A. J.	286	211511 Brown, H. D.	272	2626549 Brownlow, S. M.	110
214539 Brooksbank, R. E.	285	8231418 Brown, H. J.	194	4264114 Bruce, A. J.	251
1944317 Broom, B. A.	251	690013 Brown, J.	155	5208454 Bruce, A. S.	150
208993 Broom, B. N.	268	8045856 Brown, J. A.	280	5207794 Bruce, C. I. D.	146
4275008 Broome, I. M.	237	8232644 Brown, J. A.	273	607582 Bruce, C. W.	274
8032534 Broome, T. J.	257	306185 Brown, J. E.	200	4232932 Bruce, D.	9, 98
210721 Broomfield, I. K.	269	4275466 Brown, J. E.	279	690307 Bruce, D. A.	159
5206374 Brosch, I. M.	126	8028344 Brown, J. E.	108	5204770 Bruce, D. L.	65, 206
5206856 Brotherton, J.	119	4232145 Brown, J. R.	241	8141175 Bruce, D. W.	237
8304818 Brough, C.	133	5208146 Brown, J. T.	79, 199	5203790 Bruce, G.	111
2626922 Brough, J. H.	109	213379 Brown, K. A.	278	2623762 Bruce, G. J.	40, 102
5202891 Brough, S. G.	159	8304374 Brown, K. P.	128	8029526 Bruce, G. J.	194
211947 Broughton, B. W.	273	2634514 Brown, L. F.	126	214852 Bruce, L. D.	287
212830 Browell, A.	276	5205367 Brown, M. A.	164	2619448 Bruce, P. R.	103
689126 Brown, A.	160	8028356 Brown, M. F.	110	5206495 Bruce, R. P.	110
8300486 Brown, A.	148	5205684 Brown, M. G.	168	8302724 Bruce, T. J.	247
2638161 Brown, A. A. F.	152	1946992 Brown, M. H.	167	8150534 Brudenell, J. P.	167
212113 Brown, A. D.	198	5208174 Brown, M. J.	148	8064350 Bruff, K. J.	194
8028921 Brown, A. D.	110	8260024 Brown, M. K.	236	212351 Bruguier, G. P.	274
214949 Brown, A. E.	287	8029302 Brown, M. O.	110	5203992 Brumage, M. W.	40, 188
1948045 Brown, A. F.	230	8304688 Brown, M. R.	130	Brumpton, R.	92
8028066 Brown, A. G.	180	508282 Brown, M. W.	10, 18, 101	5202356 Brunning, G.	159
212289 Brown, A. J.	274	8243764 Brown, N. H.	149	5204584 Brunning, I.	106
306289 Brown, A. J.	201	5206395 Brown, P. C.	24, 194	5207008 Brunskill, J. M. E.	247
306296 Brown, A. J.	201	2640320 Brown, P. J.	128	212728 Brunt, G. H.	275
2626850 Brown, A. K.	274	5207728 Brown, P. J.	59, 124	8027550 Brunt, L. B.	60, 141
5205925 Brown, A. M.	144	8021283 Brown, P. M. D.	156	5208471 Brunton, M. J.	150
8023513 Brown, A. M.	191	5208402 Brown, P. N.	150	4253466 Bruster, A. G.	256
5208514 Brown, A. M. R.	208	8024524 Brown, R. B.	196	Bruton, I. F.	74, 186
214968 Brown, A. R.	288	214291 Brown, R. C.	283	212375 Bryan, A. S.	274
4285295 Brown, A. S. E.	163	8011154 Brown, R. E.	236	8302805 Bryan, K. P.	202
1948841 Brown, C.	233	2633391 Brown, R. G.	127	8021177 Bryan, M. J.	104
2639246 Brown, C. G. J.	183	5208227 Brown, R. N.	172	5200985 Bryan, Rev N. A.	223
8140846 Brown, C. M.	236	5204775 Brown, R. P. C.	141	214763 Bryans, E. P.	286
5206700 Brown, C. T.	118	5204568 Brown, R. T. M.	211	687375 Bryans, J. C. W.	188
2626349 Brown, C. V.	115	3061457 Brown, R. W.	267	Bryant, . S.	97
210682 Brown, D.	270	4291106 Brown, S.	233	5208443 Bryant, G. J.	173
214158 Brown, D.	282	8032617 Brown, S.	245	5208677 Bryant, I.	109
8019283 Brown, D. A.	101	8300422 Brown, S. A.	199	214756 Bryce, M.	286
2649190 Brown, D. D.	184	8304065 Brown, S. H. C.	126	5207075 Bryce, S.	196
5208052 Brown, D. J. G.	207	306323 Brown, S. J. B.	150	4283351 Bryden, J. D.	233
8228555 Brown, D. P.	167	4232289 Brown, S. K.	113	8302614 Bryden, L. P.	199
214056 Brown, D. W.	281	306086 Brown, S. M.	181	4291838 Brydon, J. W.	232
8141062 Brown, D. W.	106	8304836 Brown, S. M.	151	8251856 Brydon, M. F.	171
2627122 Brown, D. W. T.	117	5201099 Brown, S. P.	159	5206172 Bryne, A. M.	192
306237 Brown, E. E.	149	300914 Brown, T. C.	243	Brzezicki, M. P.	39, 187
8026798 Brown, E. S.	100	8207949 Brown, T. D. A.	145	5202874 Brzezicki, M. P.	311
5207596 Brown, G.	196	8300635 Brown, T. J.	149	9895 Buchan, E. M.	196
8093498 Brown, G. A.	264	8029012 Brown, V. C.	121	5207119 Buchan, J.	62
608646 Brown, G. B.	108	211872 Browne, R. A.	273	8023666 Buchanan, I. K.	45, 189
8122028 Brown, G. G.	112	4287747 Browne, W. F.	279	8304394 Buchanan, I. M.	128
8093070 Brown, G. J.	121	4233461 Browne, W. N.	106	5207119 Buchanan, J. W.	145
689058 Brown, G. P.	255	8990 Browning, C. J.	190	5207874 Buchanan, N. J.	195
8213583 Brown, G. P.	145	5207376 Browning, J. L. W.	171	300899 Buchanan, P. J.	241
		2626770 Brownlie, R.	264	4232918 Buchanan, W. D.	107

328

INDEX

Personal No	Page No	Personal No	Page No	Personal No	Page No
5202013 Buck, C. W. D.	158	8099620 Bulman, C. G.	193	212710 Burke, J. R.	275
8023779 Buckingham, A. E.	178	5208524 Bulmer, M. G.	151	212987 Burke, M.	276
8077956 Buckingham, C. F.	118	5205774 Bulteel, C. J. B.	117	8150674 Burke, R. T.	169
2628602 Buckingham, S. C.	67, 111	5206110 Bunce, A. R.	194	8151978 Burke, S.	168
5202119 Buckland, A. J.	160	213933 Bunce, N. J. E.	201	5202860 Burke, T. C.	157
8029707 Buckland, H. M.	125	5208360 Bundock, G. E.	131	5206329 Burke, T. J. P.	125
5201383 Buckland, M. R. G.	103	4291713 Bundock, P.	112	209930 Burkinshaw, D. A.	188
8151419 Buckland, P. J.	164	2631309 Bunkell, G. W.	256	8029509 Burley, C. J.	123
212430 Buckland, S.	274	2639103 Bunn, T.	129	8025226 Burley, D.	9, 101
2649631 Buckle, J. V.	150	1943334 Bunnett, P. S.	231	8026138 Burley, G.	114
Buckler, J. L.	44, 95	9856 Bunning, S. L.	170	5208139 Burling, P. M.	206
91494 Buckley, D.	260	8084222 Bunting, B. E.	25, 138	8260175 Burlingham, P. A.	126
8026920 Buckley, G. C. A.	101	5205403 Bunting, M. E.	160	8029122 Burman, C. W.	182
213146 Buckley, J. C.	277	9676 Burbridge, J. M.	195	2628217 Burman, M. H.	116
5207668 Buckley, J. N. V.	246	5207917 Burch, S. C. B.	110	8026989 Burn, N.	108
8105221 Buckley, J. P.	122	689015 Burchall, R. F.	272	8179128 Burn, R.	163
Buckley, N. J.	136	8260746 Burcher, G. S.	184	8180951 Burn, R.	181
2620327 Bucklow, E. J.	283	209440 Burchet, C. R.	140	306313 Burn, R. L.	212
214847 Budd, D. G.	287	8179255 Burchett, K. J.	277	5205946 Burnell, P. N.	117
8026631 Budd, P. H.	104	5206286 Burchill, G. M.	146	2640983 Burnet, A. E.	129
212942 Budd, R. L. H.	276	4233148 Burdekin, P. A.	243	4232207 Burnett, D. J.	113
1960387 Budd, W. J.	273	2627794 Burdess, A. R. E.	161	608426 Burnett, W. M.	276
5208637 Budden, N.	174	507899 Burdess, S.	280	214353 Burnham, K. A.	283
688093 Budkiewicz, K. S.	166	2649643 Burdett, G. J.	134	5208188 Burnham, R. E.	172
687451 Buehner-Coldrey, M. J. M.	269	5202495 Burdett, R. F.	188	5207357 Burns, A. S.	199
Bufton, T.	154	211980 Burford, D. P.	273	8140949 Burns, B.	236
609400 Bufton, T.	34	Burford, K. A.	41	608692 Burns, C. S.	9, 99
8023461 Buist, S. L.	70, 139	5206346 Burge, A. S.	125	306240 Burns, D. E.	184
213959 Bulgin, J. P.	281	8024224 Burge, G. P.	195	214124 Burns, I. A.	282
2628718 Bull, A. J.	124	Burge, P. D.	220	213270 Burns, J. C. S.	277
409259 Bull, A. M. C.	249	3514613 Burge, W. J.	246	210443 Burns, J. G.	269
5204169 Bull, D. I	114	8025136 Burges, R. R.	104	8142001 Burns, P.	196
689127 Bull, K. A.	40, 98	8153802 Burgess, A. J.	128	5205716 Burns, P. A.	226
1946219 Bull, K. M.	192	9922 Burgess, C.	243	Burns, W.	221
1943211 Bull, M.	169	5203173 Burgess, C. A. R.	17, 157	5204316 Burr, J.	110
214308 Bull, M. M.	283	8172637 Burgess, C. M.	163	214738 Burr, L.	286
5203820 Bull, R. M.	140	409422 Burgess, D. A.	214	8024705 Burr, S. J.	146
5208203 Bullard, G. L.	183	8300460 Burgess, G. S.	148	Burrell, L. J.	34, 154
306091 Bullement, H. J.	146	4278043 Burgess, H. H. M.	229	5203308 Burrett, I. C.	100
2628468 Bullement, T. J.	110	8021105 Burgess, J. G.	254	8211969 Burrett, T. J.	283
8127404 Bullen, A.	163	690076 Burgess, K. J.	46, 99	Burridge, B. K.	54, 58, 91
Bullen, J. D.	96	214534 Burgess, L. A.	285	8115215 Burrough, G. D.	123
2626518 Bullers, P. M.	181	1944058 Burgess, M. K.	166	Burrough, R. F.	95
2619606 Bulley, B.	273	8100198 Burgess, P.	218	2635134 Burrows, D. H.	124
8029159 Bullick, G. B.	122	2633755 Burgess, P. D. C.	168	2635100 Burrows, E. J.	127
214490 Bullingham, M. C.	284	4281560 Burgess, R. D.	230	212577 Burrows, G. W.	275
8113303 Bullock, C. G.	195	1941831 Burgess, R. W.	232	688489 Burrows, J. A.	104
208733 Bullock, J.	267	2630221 Burgess, S. F.	260	8026720 Burrows, P. G.	115
5201955 Bullock, M. C.	40, 188	8029309 Burgess, T. J.	122	8229862 Burrows, R.	182
214472 Bullock, R. E.	284	8027107 Burgon, B. E. A.	115	8000326 Burston, K. A. D.	198
213037 Bullock, S.	276	8020990 Burgoyne, H. C.	104	214683 Burt, D. J.	286
8141713 Bullock, S. L.	278	8076860 Burhouse, M. N.	233	8023930 Burt, M. J.	141
8024518 Bullock, S. T.	145	8023697 Burke, D. G.	143	8023498 Burt, P.	139
		211223 Burke, H. R.	257	2631954 Burt, T.	146
		8085368 Burke, J. G.	165	5207614 Burton, A.	123

329

INDEX

Personal No		Page No	Personal No		Page No	Personal No		Page No
1949058	Burton, A. D.	192	8252679	Butt, D. J.	287		**C**	
5207904	Burton, A. D.	198	4232477	Butt, L. C.	103			
	Burton, A. J.	34, 91	4290483	Butt, M. A.	233			
5204054	Burton, A. J.	190	5204276	Butt, N. J.	166	8210182	Cable, M.	118
5206179	Burton, A. J.	191	213090	Butt, V. R.	277		Cadden, E.	80
	Burton, Sir Edmund	9	5208532	Butterfield, A. J.	150	5203679	Caddick, D. J.	140
214211	Burton, G. C.	284	214579	Butterfield, J.	285	4272118	Caddick, R.	237
	Burton, G. O.	35, 153	8018887	Butterfield, M.	159	8023974	Caddick, R. P.	192
9193	Burton, J. M.	260	4181197	Butterley, J. D.	273	8424696	Cade, A. J.	134
8028956	Burton, M. J. J.	148	2616475	Butterworth, R.	277	2627012	Cadman, T. L.	118
210320	Burton, P. J.	270	8300589	Buttery, M. J.	200	2634844	Caesar, I. R.	146
8084978	Burton, P. R.	232	8023581	Buttery, P. A.	140	5202702	Caffell, A. N.	156
214423	Burton, S. B.	283	8251498	Buttery, S. J.	200	8028422	Cafferky, P. W. P.	108
5207055	Burton, T.	207	211929	Button, D.	273	214742	Caffrey, C. M.	286
	Burwell, C. C. N.	94	5208567	Buxton, K. M. L.	133	212759	Caffyn, B.	275
5208440	Bury, N. P.	132	8010320	Buxton, M.	238	1949186	Cahill, D. P.	232
5205747	Busby, C. A.	144	8032125	Buxton, R. S.	256	8028246	Cahill, I. G.	76, 109
8045030	Busby, C. J.	234	5207147	Buxton, S. G.	119	0688762	Cain, B.	230
2616406	Busby, J. M.	103	8028511	Byard, J. J.	108	8304591	Cain, P. S.	148
8172736	Buscombe, C. B.	278	212943	Byatt, M. J.	276	8304787	Caine, R. A.	133
5204926	Bush, D. A.	62, 140	8027101	Byatt, N. E.	105	8026901	Cairncross, A. K.	105
214866	Bush, E. K. D.	287		Byatt, W. G.	9	8080563	Cairns, E. J.	149
8007490	Bush, J. A.	236	5208162	Bye, D. D.	171	2622098	Cairns, J.	106
1935182	Bush, M.	265	5202614	Bye, D. M. I.	57	213833	Cairns, J. A.	280
5208548	Bush, R. J.	151	5202837	Bye, D. M. I.	101	4284147	Cairns, J. L.	106
8018873	Bush, V. R.	160	5203786	Byford, A. J.	109	211142	Cairns, M. J.	260
5201829	Bushby, R. D.	177	214599	Byford, J. E.	285	213154	Cairns, R. J.	277
5204317	Bushell, C. R.	35, 157	306042	Byford, M.	211	214003	Cairns, R. S.	281
8032680	Bushell, K. J.	197	210133	Byng, E. F.	269, 281	213589	Cairns, S.	279
1944514	Busk, D. G.	115		Byrne, Dr D.	21	8029742	Cairns, S. J. N.	125
209928	Bussetil, S. G.	269	2632467	Byrne, J. D.	256	8187593	Cairns, S. L.	193
213707	Butcher, A. J.	279	213744	Byrne, J. T.	279	8302783	Cairns, S. L.	202
8300784	Butcher, J. N.	152	210766	Byrne, M. P.	271	4277416	Cairns, T. P. M.	106
8300888	Butcher, J. R.	135	8023687	Byrne, M. S.	243	8069340	Caisley, P. J.	277
8134839	Butchers, M. J.	280	8026040	Byron, K. B.	106	8029858	Calame, A. B.	147
211768	Butler, A. G.	272				5205565	Caldara, S.	181
8120499	Butler, A. J.	162				8245649	Calder, A. P. J.	171
213714	Butler, C.	279				8300785	Calder, F. J.	172
8300593	Butler, I.	199				8113742	Calder, J.	191
8029626	Butler, J. D.	124				5205711	Calder, J. M.	57, 110
8300842	Butler, J. R.	202				5208464	Caldera, S. R. M.	207
	Butler, Mr G.	10				8028621	Calderwood, L. D.	110
608083	Butler, R. L. S.	268				8115490	Caldicott, D.	235
	Butler, R. M.	209				0594662	Cale, B.	230
	Butler, R. M.	3				8029498	Caley, J. J.	240
	Butler, S. D.	96				8102491	Callaghan, A. J.	231
2637126	Butler, S. J.	130				5207134	Callaghan, J.	167
8080431	Butler, S. J.	193				214824	Callaghan, S. E.	287
8038839	Butler, S. P.	281				8024651	Callander, A. D.	146
2653649	Butler, S. R.	212				409339	Callcott, S. T.	213
8029133	Butler, T. S.	111					Callcutt, J. E.	24
209929	Butler, V. P. L.	251				8186811	Callister, J. W.	279
2642589	Butler, V. R. P.	133, 266				8028321	Callow, A. R.	142
2643049	Butler, W. S.	130				210924	Callow, B.	270
2642994	Butt, A.	207						

330

INDEX

Personal No		Page No	Personal No		Page No	Personal No		Page No
1962230	Calmus, D.	127	608811	Canning, J. A.	113	2626426	Carr, J. V.	109
2149995	Calvert, D. A.	288	608038	Canning, P. F. A.	250	214596	Carr, M.	285
5201038	Calvert, D. P.	104	306365	Canning, S. J.	128	4335455	Carr, M. C.	178
8232903	Calvert, S. E.	144	8153668	Canning, T.	278	5205468	Carr, N. J.	205
212778	Cambra, A.	275	5204455	Cannock, P. J.	178		Carr, R. F. R.	35, 94
212550	Cambra, J. M.	274		Cannon, D. B.	176	2636518	Carr, R. J.	147
5203513	Cambrook, I. D.	191	5207919	Cannon, M. J.	195	684338	Carr, S. J.	272
213572	Cameron, A.	279	8207115	Cannon, S. A.	169	8028307	Carr, S. R.	118
8023381	Cameron, A. D. C.	13, 188	8287406	Cannon, S. M.	149	8304586	Carr, T. D.	129
300891	Cameron, I.	243	8405926	Cannon, S. R.	130	306312	Carrick, J.	201
2628260	Cameron, I.	112	5207333	Cant, A. J.	121	8153985	Carrier, P. A.	172
4233008	Cameron, I. A.	100	5203792	Cantwell, P. J.	281	508287	Carrington, D. J.	244
8029593	Cameron, J.	284	8300038	Capel, D. K. S.	147	214593	Carrington, J. F.	285
5207309	Cameron, J. D.	182		Capewell, . I.	96	8304050	Carrodus, A. J.	126
5208290	Cameron, R. C.	184	306368	Caplan, R. A.	201	214491	Carroll, I. H.	284
	Cameron, S.	12	2644045	Caple, L. C.	131	8153495	Carroll, J. H.	169
212907	Cameron, W.	276	8028401	Capon, G. A.	240	5206692	Carroll, M. W.	166
2124634	Cameron, W. H. M.	285	213566	Capon, G. J. C.	279	8023886	Carroll, P. J.	181
	Camp, J. P.	23		Capps, J. J.	154	8180296	Carson, A. V.	163
214797	Campbell, A A.	286	8302679	Capron-Tee, J. A.	283	8141028	Carson, B.	118
	Campbell, A.	95	306385	Carbutt, D. P.	202		Carson, Ms L.	17
0594454	Campbell, A.	70	5205588	Carby, H. R.	120	5206144	Carten, J. B.	194
594454	Campbell, A.	192	8028443	Carder, C. D.	118	2630223	Carter, C. A.	117
608210	Campbell, A. D. K.	242	9886	Carder, T. C.	246	687081	Carter, D. E.	111
5205628	Campbell, A. J.	165	8097759	Cardno, J.	234	4230800	Carter, D. E.	271
5203228	Campbell, C. B.	40, 189	5205789	Cardwell, M. A.	195	2637119	Carter, D. J.	172
684815	Campbell, C. H.	242	1950206	Cardy, B. M.	231	2617742	Carter, E. J.	268
8181267	Campbell, C. J. A.	194	8019206	Cardy, T.	160	9404	Carter, E. M. A.	62, 142
4277090	Campbell, K. A.	229	4232073	Carey, D. J.	243	8304625	Carter, G. S.	129
9548	Campbell, P. A.	192	8021183	Carey, R. J. L.	107	8028096	Carter, J. D.	107
5206941	Campbell, P. E.	168	8024587	Cargill, R. J.	148	2636491	Carter, K.	171
214451	Campbell, R. I.	284	300937	Carleton, E. J.	244	214710	Carter, M.	286
1946440	Campbell, R. S.	251	2634239	Carleton, R. K.	164	210737	Carter, M. A.	270
	Campbell, A. J. C.	28	8020430	Carlin, G. M.	157	5208625	Carter, M. K.	150
214941	Campbell, D.	287	8235169	Carlin, N. J.	218	5205919	Carter, N. D. R.	206
8027027	Campbell, D. A.	241	214057	Carlisle, A.	281	212431	Carter, P. A.	274
8028948	Campbell, D. C.	109	8194652	Carlton, D.	167	4335681	Carter, P. R.	250
208890	Campbell, G.	268	5206660	Carlton, M. R.	181	8121235	Carter, R. A.	235
214899	Campbell, G.	287	8029390	Carlton, N.	279	213409	Carter, R. I.	278
5207261	Campbell, G. J.	246	8029204	Carlton, P.	121	207503	Carter, R. O.	267
2627034	Campbell, I. M.	116	608485	Carmen, T. R. E.	178	214254	Carter, R. S.	282
8023039	Campbell, I. M.	140	0595357	Carnan, B. N.	230	5201358	Carter, R. V.	104
	Campbell, A. J. C.	28		Carne, Dr S. J.	221	8027503	Carter, R. W.	116
8236174	Campbell-Wood, J. S.	183	4231766	Carnegie, D. N.	275	8024578	Carter, S. G.	194
4238759	Campion, P.	246	306349	Carney, W.	150	5206348	Carter, S. J.	145
2649349	Campion, S. J.	133	4230820	Carpenter, J. J.	268	8189770	Carter, S. J.	167
213305	Campouser, P. A.	287	4282921	Carpenter, M. E.	235	8023768	Carter, T. J.	145
213671	Camwell, P.		5205577	Carpenter, P. J.	144	8141541	Carter, T. P.	122
8024929	Candlish, E. G. J.	52, 103	9831	Carpenter, R. L.	197	5202116	Carter, W. A. D.	78, 101
8304708	Cane, P. J.	183	4276208	Carr, E.	251	5208606	Cartlidge, P. T.	201
5206361	Cann, A. D.	125	2629698	Carr, F. R.	255	2640956	Cartlidge, R.	127
8011280	Cann, C.	170	2628437	Carr, G.	117	2642740	Cartmell, C. M.	131
8024641	Cannard, M. W.	59, 110	8015020	Carr, G.E.	233	8024205	Cartmell, D. R.	142
5203648	Canning, G. M.	157	5205489	Carr, J. H.	166	8304436	Cartmell, G. H.	199
			212265	Carr, J. M.	274	8304641	Cartner, J. G. S.	130

331

INDEX

Personal No		Page No	Personal No		Page No	Personal No		Page No
2847546	Cartwright, A. C.	271	213796	Cavie, G. R.	257	8116883	Chandler, N. J.	280
5208111	Cartwright, A. J.	207	300934	Cawkwell, P. A. R.	243		Chandler, N. R.	176
209956	Cartwright, B.	269	213831	Cawood, E. A.	280	1941171	Chandler, R. A.	229
5206439	Cartwright, C. D.	147	8028959	Cawthorne, P.	120	686967	Channon, J. H.	242
5207173	Cartwright, J.	206	2628588	Cemm, N. A.	283	8015233	Channon, M. P.	169
8032571	Cartwright, L. J.	122	214567	Cepelak, A.	285	8128022	Chant, T. J.	193
212483	Cartwright, P.	274	8304060	Cepelak, G. P.	126	5204955	Chantry, J. S.	17, 157
608919	Cartwright-Terry, L. G. G.	40, 157	608263	Chacksfield, C. C.	99	688593	Chaplin, A. J.	230
			8029778	Chadderton, D. M.	125	8027094	Chaplin, C. P.	192
8072847	Carver, C. C.	104	5208004	Chadwick, A. R.	211	212950	Chaplin, R. E.	276
9565	Carver, L.	193	8028977	Chadwick, G. C.	120	4233025	Chapman, A. D.	113
8029087	Carver, M. H. G.	121	5203490	Chadwick, G. H.	159	1960505	Chapman, A. E. W.	233
8025673	Carvosso, K. G.	274	8232667	Chadwick, L. A.	128	8206147	Chapman, A. P. K.	131
2641442	Carvosso, P. F.	129	8304300	Chadwick, S. J.	127	210674	Chapman, A. W.	270
	Case, D. N.	153	8188978	Chadwick, S. P.	193	8208156	Chapman, C. R.	167
306208	Casebury, J. S.	200	8109810	Chadwick-Higgins, S. G.	196	210437	Chapman, G. W.	269
214600	Caseman, P. M.	285	8028260	Chafer, S. N.	243	5203391	Chapman, J. G.	102
	Casey, D. M.	44	5207619	Chaffey, Rev J. P.	224	2491139	Chapman, J. W.	270
8225610	Casey, G. A.	183	2647405	Chalcraft, J. D.	258	8020563	Chapman, M. A.	164
8023742	Casey, J. P.	140	5208381	Chalk, J. A.	200	8023383	Chapman, M. A.	140
2637102	Casey, T. J.	171	608508	Chalkley, K. B.	251	300890	Chapman, N.	242
91520	Casey, W. F.	261	209082	Chalklin, R.	60, 139	5203934	Chapman, N. A.	140
	Cash, B. J.	20		Challands, G. D.	10	1949168	Chapman, P.	274
8151908	Cass, D. N.	108	8304623	Challen, A. P.	129	5208613	Chapman, P. G. H.	166
5205089	Cass, J. M.	108	5203525	Challenor, G. B.	140	212901	Chapman, P. J.	276
4231664	Cassady, R. J.	45, 98	8019538	Challis, P. W.	115	8026193	Chapman, P. J.	106
8141497	Cassells, I.	133	8152079	Challonder, A. S.	168	8219706	Chapman, P. M.	170
8023333	Cassels, J. D.	195	210173	Challoner, E.	269	5205386	Chapman, P. W.	193
	Casson, P. R.	19	8211546	Chalmers, G.	165	8411823	Chapman, R. A.	150
	Castle, A. S.	44	8021278	Chalmers, G. M.	17, 155	8423647	Chapman, S.	174
5207252	Castle, B. C.	127	2630884	Chalmers, I. D.	109	8029592	Chapman, S. R.	123
5202338	Castle, D. A.	101	4023622	Chalmers, I. MacD.	269	688841	Chappell, D.	158
8049476	Castle, M. E.	276	9614	Chalmers, J. E.	141	2644065	Chappell, D. C.	172
5203222	Castle, M. J. D.	115	213559	Chalmers, M.	279	5206775	Chappell, J. I.	256
5204016	Castle, R. A. J.	13, 189	0683017	Chalmers, M. A.	230	5206383	Chappell, J. L.	170
8103786	Castleton, J. R.	283	5205851	Chalmers, N. F.	192	8024489	Chappell, M. R.	145
211537	Castleton, L. M.	272	5202756	Chamberlain, S. J.	159	8304193	Chappell, M. W. J.	126
213593	Catcheside, S. J.	279	8026745	Chamberlain, S. J.	115	5208346	Chappell, S. J.	183
8304689	Catlow, D. W.	130		Chambers, C. M.	24, 92	5208398	Chapple, C. O.	132
8028438	Catmull, T. P.	141	4335507	Chambers, M. A.	40, 139		Chapple, R. G.	23
8023546	Cato, N. A. S.	189	4279927	Chambers, M. G.	142	5208051	Chapple, S. A.	207
80235406	Cato, N. A. S.	63	8023167	Chambers, P.	139		Charles, R. A.	39, 226
5208239	Catt, M. S.	172	8026152	Chambers, P. J.	108	1961967	Charles, R. L.	120
8104758	Catterall, C.	144	209954	Chambers, R. I.	40, 99	300935	Charles, S. J.	243
209954	Catterall, R.	269	8025358	Chambers, R. I.	40, 99	306243	Charlesworth, K. H.	200
8029308	Catterall, R. P.	121	306277	Chambers, S. C.	150	8029167	Charlton, D. H.	122
2644367	Catton, D. M.	134	595629	Champion, D. R.	231	8099053	Charlton, G. R.	112
8027162	Cauchi, M. J. V.	117	5208598	Chan, D. C.	199	212963	Charlton, J. J.	276
213324	Caulfield, G. A.	277	8027809	Chan, D. K. M.	10, 17, 106	8283147	Charlton, S. C.	147
5208448	Caulfield, Rev J. E.	225	8304276	Chan, O. T.	127	91479	Charlwood, G. P.	261
8023185	Caunt, S. F.	177	608755	Chandler, H. T.	254, 275	5203724	Charnley, N. S.	57, 116
2633320	Cavaciuti, K. M.	124		Chandler, J. E.	34, 92	210397	Charnock, G.	269
214692	Cave, S.	286	690499	Chandler, J. H.	166	5203626	Charnock, S.	69, 157
8304792	Cavendish, T.	133	211319	Chandler, K. R.	271	210128	Chart, D. I. J.	269
2628320	Cavey, P. A.	121	214419	Chandler, N. A.	283	213441	Chart, P. L.	278

332

INDEX

Personal No		Page No	Personal No		Page No	Personal No		Page No
5208703	Charter, K. L.	134		Chisholm, J. A. R.	21	5203775	Clark, B. J.	179
214982	Charters, S.	288	2627014	Chisholm, R. G.	115	5204474	Clark, B. M.	104
2640499	Charters, S. E.	262		Chisnall, S.	3, 186	209961	Clark, D. A.	269
8027748	Chaskin, S. R.	110	91497	Chitty, D. A.	260	210216	Clark, D. E.	269
5205249	Chattaway, A. M.	257	5206330	Chitty, F. M.	125	4231031	Clark, D. H.	241
5206989	Chattaway, M. S.	121		Chitty, J. P.	153	5208370	Clark, D. J.	131
2623764	Chatterton, M. J.	114	1947444	Chivers, G. C. R.	275	8028194	Clark, D. J.	142
8141057	Chatterton, R. J.	106	4285756	Chivers, P. K.	233	5205432	Clark, D. P. C. V.	189
9767	Chatterton, S. A.	182	2636204	Cholerton, M P.	147	8133092	Clark, D. R.	161
5206834	Chauhan, A. R.	196	8122992	Choppen, P. I.	218	5204305	Clark, F. S.	166
8154173	Checkley, C. C. T.	172	0689412	Chopping, D. V.	232	2630314	Clark, G.	108
8304620	Checkley-Mills, A. D.	130		Chorley, J.	12	8026072	Clark, G.	110
212946	Cheek, I.	276	594664	Chown, B. A.	190	8251381	Clark, G. A. P.	146
3521425	Cheesbrough, D.	247	5205710	Chown, M.	241	214669	Clark, G. J.	286
211092	Cheeseman, G. C.	271	5206209	Chowns, D. A.	165	5202072	Clark, G. S.	177
8213648	Cheeseman, N. D.	198	5203606	Christen, J. R. R.	106	214788	Clark, I. C.	286
214224	Cheesman, D. A. J.	284	5202920	Christensen, C. K.	157	8023329	Clark, J.	62, 138
214858	Cheesman, P. J.	287	5208307	Christian, S. M.	150	8191534	Clark, J.	275
	Cheesman, P. M.	22	8027405	Christie, D. J.	140	214559	Clark, J. E.	285
8098049	Cheetham, G. E.	283	4281972	Christie, S. J.	63, 191	4291197	Clark, J. J.	40, 189
3522546	Cheetham, J. D.	242	8024304	Christison, D. S. W.	181	8028643	Clark, J. W.	119
8203624	Cheetham, M. K.	284	210214	Christmas, K.	269	2638715	Clark, K. N.	134
2641772	Chegwidden, P.	257	213510	Christmas, K. H.	278	5206595	Clark, Rev L. E. D.	223
8015311	Chelu, R.	115	5204820	Chubb, M. A.	191	209910	Clark, L. J.	191
8024756	Cherry, D. F.	113		Church, F. M.	13, 154	210594	Clark, M.	270
2132155	Cherry, R. F. N.	284	5202270	Church, F. M.	17	4232271	Clark, M.	243
8029608	Cheseldene-Culley, R. A.	124	409373	Churchill, C. M.	249	5203653	Clark, M. A.	157
8102014	Cheshire, J.	230	2628245	Churchill, I. M.	117	8027628	Clark, M. A.	241
	Cheshire, J	46, 90	8300022	Churchman, M. J.	197	8252137	Clark, N.	200
	Chesworth, G. A.	84	1947901	Churchyard, A. C.	230	213359	Clark, N. S.	278
8402568	Chesworth, I. D.	175	210901	Churnside, T. W.	270	8304459	Clark, P.	279
2642487	Chettleburgh, R. R.	312		Chuter, D. M.	9	213722	Clark, P. W.	279
5206333	Chevli, R. J.	125	8070259	Cilia la Corte, F.	232	8027879	Clark, R. D.	116
5204766	Chew, C. P.	241	8100549	Clabby, M. J.	149	2623056	Clark, R. E. V.	48, 189
409006	Chew, L.	213	687725	Clack, M. E.	236	5208254	Clark, R. J.	149
8140955	Chick, A. J.	145	2632164	Claesens, A. P.	258	2621881	Clark, R. J. S. G.	110
8137363	Chicken, P. A.	236	2642891	Clague, M. J.	130		Clark, R. W.	92
8028456	Chiddention, S.	57, 108	2630721	Clancy, D. G. R.	171, 313	215006	Clark, T. A.	288
4252695	Chidgey, M. A.	264	8029177	Clancy, J. M. E.	121	5204811	Clark, T. J.	162
5208082	Chilas, A.	182	2629643	Clancy, N. G.	124	8023705	Clark, T. J.	144
2141811	Child, E. A.	287	8027091	Clapham, C. M.	104	4335739	Clark, T. R.	155
5204002	Child, J. A.	140	8186518	Clapham, D. L.	169	8024576	Clark, W. A.	62, 146
213223	Child, J. J.	284	212812	Clapp, G. D.	275	213832	Clarke, A. C.	280
212828	Child, R.	276	8154303	Clapp, S. E.	171	8032332	Clarke, A. C.	144
608650	Childs, A. P.	66, 99	4335525	Clare, A. J.	62, 138	213774	Clarke, A. G.	279
8152448	Childs, C.	168	5208322	Clare, M. D.	212	214791	Clarke, A. J.	286
5202316	Childs, D. R.	160	2633019	Clare, P. E.	181	8122362	Clarke, A. J.	237
8215190	Chiles, G. N.	200	8029835	Claringbould, S. E.	126		Clarke, Dr A. K.	220
8028376	Chinery, M. A.	144	5205688	Clark, A. B.	145	5200992	Clarke, D. C.	191
8020817	Chinneck, M. R. S.	157	306051	Clark, A. C.	243	5206399	Clarke, D. I. T.	126
214210	Chipman, P. D.	284	8304573	Clark, A. C.	199	2644491	Clarke, D. J.	133
5207913	Chipperfield, G. A.	198	210930	Clark, A. E. C.	270	5203408	Clarke, D. J.	114
2644490	Chisholm, A.	135	1948179	Clark, A. J.	230	5204323	Clarke, D. J.	146
9746	Chisholm, H. J.	242	8025786	Clark, A. McG.	104	213162	Clarke, G. A.	275
			214767	Clark, A. R. D.	286		Clarke, G. H.	96

333

INDEX

Personal No		Page No	Personal No		Page No	Personal No		Page No
212810	Clarke, H.	275	3529362	Clemerson, G. C.	269	8024436	Cockerill, G. S.	197
5207860	Clarke, I. P.	199	2603191	Clemett, A. L.	103	8024450	Cockin, M. D.	145
211330	Clarke, J.	271	8107165	Cleminson, A.	235	5200835	Cocking, R. K.	103
8210847	Clarke, J.	144	8024159	Clempson, P.	180	8026526	Cockman, P. R.	104
8210956	Clarke, J. W.	120	8025402	Clephane, W. B. J.	104	8151762	Cockram, J. D.	165
8072774	Clarke, K.	167		Cleveland, S. C. H.	29	8302527	Cockram, L.	147
8198593	Clarke, N.	165	5205853	Clews, P. J.	191	8154190	Cockram, M. S.	128
8304765	Clarke, P. A.	131	8029673	Cliff, C. H. G.	146		Cockram, R.	12
5208358	Clarke, P. J.	184	4243624	Cliff, M. E.	251	306311	Cockram, R. E.	151
5206570	Clarke, P. K.	193	212368	Cliffe, A. J.	274	8028026	Cockram, S. H.	102
5205854	Clarke, R. M. P. G.	195		Cliffe, J. A.	95	4232647	Cockrill, M. J.	281
8413011	Clarke, S. D.	173	8023186	Clifford, D. P.	143	2644063	Cockroft, J. M.	133
5206902	Clarke, S. M.	119	5201371	Clifford, J. M.	9, 100	609464	Cocksedge, M. P.	59, 98
5205936	Clarke, S. R.	60, 118	5208474	Clifford, M.	201	5205093	Cocksey, J. K.	160
1950235	Clarke, T.	231	5203774	Clifford, N.	107	9166	Codd, M. L. F.	188
1961572	Clarkson, D.	232	8024024	Clifford, R. F. J.	142	5203062	Codgbrook,	
4291593	Clarkson, D.	165		Clifford, W.	21		M. A. C.	24, 188
686206	Clarkson, J. D.	231	212460	Clift, A. D.	274	8015362	Codling, A.	160
8152836	Clarkson, J. E.	172	213495	Clift, S. A.	278	2644252	Coe, A.	133
209158	Clavell, A. R.	268	306040	Clifton, H. R.	74, 197	211350	Coe, D. F.	278
8111923	Claxton, R. M.	232	5206354	Clifton, W. A. H.	284	210464	Coffer, P.	270
9904	Claydon, Z. G.	146	2640967	Cloke, S. J.	129	8027760	Coffey, J.	141
2631892	Clayphan, R. J.	122	214514	Close-Ash, W. P.	285	8304823	Coffey, S. M.	134
213870	Clayson, T. P. S.	280	1961382	Clough, G.	139		Coffill, L. M.	311
8023320	Clayton, C. A. M.	191	4278337	Clouston, M.	229	8023214	Coggon, M. G.	140
8300835	Clayton, D. L.	152	5206483	Clouth, P. J.	162	5208102	Cogley, N. M. B.	126
306231	Clayton, D. R.	212	8028396	Clover, B. J.	118	4276656	Cohen, G.	273
8304258	Clayton, G. J.	127	2643837	Clowes, N. A.	172		Coker, Mrs J.	15
2640258	Clayton, J. A.	132	5207781	Clucas, A. W.	198	608453	Coker, J. D.	252
5206046	Clayton, K. R.	144	608723	Clucas, B. P.	178		Coker, P. A.	13, 96
2631961	Clayton, N. J.	198	8026799	Cluer, R. J.	107		Coker, W. J.	204
8075961	Clayton, P.	232	8304711	Clulo, M. J.	183	210796	Colbourne, D. J.	270
8027986	Clayton, S.	109	8133713	Clyburn, N. P.	145	214017	Colbron, S. L.	281
2642446	Clayton, S. A.	129	5203467	Clyde, G. A.	40, 188	208998	Coldwell, R. A.	268
	Clayton-Jones, G. S.	75	213530	Coalfield, I. P.	278		Cole, , G.	154
4230824	Clayton-Jones, G. S.	250	5208320	Coates, Rev A. T.	225	1944819	Cole, B. F.	103
5206312	Cleary, D. J.	198	8221455	Coates, C. R.	124	8024068	Cole, D.	180
8302791	Cleaver, J. C.	151	213016	Coates, N. D.	284	8300076	Cole, E. J.	182
5206886	Cleaver, S. H.	240	8026465	Coats, B.	270	8304856	Cole, G. W.	134
212643	Cleeter, A. G.	275	214509	Cobb, J.	285	8110208	Cole, J. M.	72, 140
213802	Cleeter, N. Y.	280	5200993	Cobb, J.	251	4287942	Cole, M. E.	170
8029641	Clegg, A.	124	2627176	Cobb, M. R.	110	8023567	Cole, M. J.	110
2653907	Clegg, D. J.	135	213393	Cobbold, D. J.	278	2630477	Cole, P. A.	285
8026659	Clegg, J. A.	35, 139	5202812	Cobelli, R. D.	100	8304673	Cole, P. A.	130
306288	Clegg, M. K.	150	5206180	Cobley, L. W. G.	193	8015238	Cole, P. C.	233
8025836	Cleland, D. J.	9	212363	Cochran, A. N.	273	8153348	Cole, P. W.	124
8025836	Cleland-Smith, D. J.	100	8203667	Cochrane, A. W.	110	608968	Cole, R. A.	105
209141	Clement, J.	268	2636850	Cochrane, D. S.	126	2634411	Cole, S. R.	129
8304342	Clement, M. J.	128	1949099	Cochrane, J.	144	8138977	Cole, T. M.	174
2642590	Clement, T. J.	133	8029646	Cochrane, J. G.	124	208937	Colebrook, M. C.	268
5202571	Clements, A. N.	104	5207381	Cochrane, P. G.	129	5206267	Coleby, T. B.	168
0594819	Clements, D.	238		Cochrane, R.	10	5205855	Coleman, A. J.	144
8075970	Clements, M. M.	231	5202349	Cockbill, S. C.	57, 106	8024124	Coleman,	
214819	Clements, P. M.	287	4284051	Cocker, D. J.	229		C. W. T.	58, 142
8024731	Clements, R. E.	241	2626983	Cockerill, D.	120	8304367	Coleman, G. P.	128

INDEX

Personal No	Page No	Personal No	Page No	Personal No	Page No
608975 Coleman, I. M.	104	213996 Collins, M. S.	281	5203011 Connolly, E.	159
8029329 Coleman, M. G.	145	608858 Collins, M. W. F.	178	214326 Connolly, G. M.	283
5208612 Coleman, M. J.	216	8026466 Collins, N. D.	114	Connolly, J.	13, 92
8104016 Coleman, M. J.	164	8029011 Collins, N. D.	111	213425 Connolly, M. T.	278
8024147 Coleman, M. S. P.	58, 142	Collins, P. H.	22	3519486 Connolly, T. E.	268
8024954 Coleman, P.	103	210822 Collins, P. W.	270	8141093 Connor, K. D.	102
211112 Coleman, P. A.	271	213319 Collins, P. W.	277	5207609 Connor, M. P.	206
214805 Coleman, T.	287	689130 Collins, R.	103		Connor, M. R. H. 46, 176
	Coles, Mr J. D.	19	4232299 Collins, R. D.	105	212288 Connor, P.	183
	Coles, P. K. L.	204	5059371 Collins, R. M.	251	8304475 Connor, R. A.	128
4231675 Coles, R. G.	242	8029725 Collins, S.	125	8207405 Connor, S. P.	168
	Coley, Dr J.	21	8029467 Collins, S. E.	146	2641762 Conroy, F. J.	264
5205959 Colgan, A. J.	195	8090991 Collins, W.	230	8025080 Constable, D. C. J.	109
2623777 Colgate, J. A.	138	5204501 Collins-Bent, N.	157	8025038 Constable, E. C.	103
4233559 Colhoun, D. N. T.	256	5205441 Collinson, D. P.	192		Constable, Mr G. P.	69
8419207 Colledge, G. G.	172	8024755 Collis, J. J.	104	2633292 Conway, D. L.	287
5205207 Coller, A. J.	179	8154188 Collis, P. H.	172	2843885 Conway, G. E.	276
2640198 Collett, T. G.	172	213965 Colman, D. J.	281	8029256 Conway, J. B.	110
5206003 Collett, T. G.	193	8304097 Colman, J. M.	126	209450 Cook, A.	268
2649252 Colley, M.	133	8304546 Colman, N. J.	128	212337 Cook, B. J.	274
8020237 Colley, M. P.	100	5203770 Colpus, M. R.	180	5206549 Cook, C.	211, 310
8093713 Colley, P.	285	2626914 Colquhoun, W. M.	112	507882 Cook, C. E.	254
8070895 Colley, P. C.	238	5208099 Colson, Rev I. R.	224	4220241 Cook, C. J.	104
213708 Collick, A. J.	282	8140991 Colven, P. McL.	238	5207836 Cook, C. M.	170
2632010 Collicutt, G. J.	264	4232477 Colver, R. J.	255	8031978 Cook, C. N.	191
5207852 Collie, P. D.	244	214394 Colverson, A.	283	609503 Cook, D. F.	103
5206951 Collier, A. S.	145	210074 Colvin, D. P.	269	2633615 Cook, D. R. D.	163
214687 Collier, D.	286	212470 Combe, A. G.	274	306108 Cook, E.	211
306224 Collier, E. L.	200	8028047 Comer, P. K.	108	210521 Cook, F. J.	270
	Collier, J. A.	38, 93	8029680 Comfort, J. L.	182	8029054 Cook, G. C.	121
8070373 Collier, J. F.	105	409443 Comfort, S. B.	257	5206696 Cook, I. V.	119
5204111 Collier, P. R. S.	108		Comina, B. J.	43, 187	210450 Cook, J. A.	270
8029006 Collier, S. J.	112	8025188 Comina, P. S. C.	139	5207859 Cook, J. A.	197
2635027 Colligan, G. R.	119	2619887 Common, M. F. F.	55, 98	4107391 Cook, J. B.	242
214680 Colling, T.	286	8112314 Compton, D. W. 228, 310		214814 Cook, K. M.	287
5208388 Collinge, M. J.	201	2628469 Conant, A. J.	162	5208617 Cook, M. C.	174
8151161 Collinge, M. J.	161	8192131 Condren, M. A.	201	8132231 Cook, M. D. A.	235
4284445 Collings, K.	237	5208301 Cone, G. E.	131	211462 Cook, M. I.	272
8304601 Collings, S. J.	129	214473 Conley, C. R.	285	8180786 Cook, M. J.	151
8284011 Collingswood, P. D.	183	688303 Conlin, B. J.	232	2631893 Cook, M. N.	124
5200045 Collins, A. J.	107	306290 Conn, A.	150	5207033 Cook, N. M.	245
2658753 Collins, A. S.	135	8088719 Connell, B.	234	2640900 Cook, N. P.	128
	Collins, B. R.	97	5203656 Connell, N. M.	13, 102	8136319 Cook, P. G.	180
213193 Collins, D. P.	277	4281146 Connell, O.	229		Cook, R.	96
8074232 Collins, E. J.	233	5207610 Connell, P. J.	40, 226	4231014 Cook, R. M. S.	243
306104 Collins, F. C. M.	198, 311	8140913 Connell, P. R. C.	238	8300299 Cook, R. M.	198
8079978 Collins, G. E.	243	8246203 Connelly, J. A.	168	214699 Cook, S. M.	286
213067 Collins, I. H.	276	8300156 Connelly, R.	147, 309	5208196 Cooke, A. J.	172
0688492 Collins, J. P.	230	2634516 Conner, A. C.	125	5206296 Cooke, C. V.	123
5202910 Collins, K.	256	8029382 Conner, A. G.	123	8125083 Cooke, D. J.	125
306228 Collins, L.	130	5207843 Connolley, R. J.	198	5208064 Cooke, G. B.	148
5207338 Collins, L.	171	5205848 Connolly D. M.	205	8092381 Cooke, G. B.	233
5207618 Collins, M. A.	198	1949820 Connolly, B.	238	688710 Cooke, G. G.	160
8209920 Collins, M. D.	120	5205770 Connolly, B. T.	108	212119 Cooke, I.	273
214594 Collins, M. J.	285	5205848 Connolly, D. M.	40	594667 Cooke, J. A.	99

335

INDEX

Personal No		Page No	Personal No		Page No	Personal No		Page No
409273	Cooke, M. A.	249	211021	Cooper, N. C.	271	5202766	Cornfield, K. L.	100
8154528	Cooke, P. A.	172	214602	Cooper, N. L.	285	687096	Cornford, D. A.	166
8029649	Cooke, R.	124	5207654	Cooper, N. R.	123	5208706	Cornish, C. J.	134
5204742	Cooke, S. C.	66, 178	8304642	Cooper, P. D.	130	8178054	Cornish, C. S.	193
5206316	Cooksley, A. P.	170	2623014	Cooper, P. R.	284		Cornish, Dr R.	12
8027554	Cookson, E. W.	116	8116935	Cooper, R. A.	145	214684	Cornish, P. M.	286
8067441	Cookson, J. D.	62, 141	4237004	Cooper, R. G.	229		Cornthwaite, P. W.	210
8028125	Cookson, N. T.	108	8026598	Cooper, S. J.	105	5202448	Cornwell, B. A.	35, 138
8141649	Cookson, S.	121	214434	Cooper, S. L.	283	8029345	Correia, J. C.	122
5207717	Coolbear, R. A.	122	213856	Cooper, S. R.	280	2629642	Corrie, N. C.	247
	Coombe, A.	81	8304857	Cooper, W. D.	134	8193250	Corriette, R. H.	183
209416	Coomber, T. W.	268	5208702	Coormiah, J. P.	152	1946842	Corry, A.	234
607587	Coombes, C.	251	306120	Coote, A. H.	245	8141086	Corry, A.	106
8029032	Coombes, C. A.	199	8026246	Coote, J. E.	9, 100	213904	Corteen, J. B.	280
8023560	Coombes, D. C.	189	2629574	Coote, S. M.	119	0689334	Corton, D. W.	232
8130933	Coombes, D. N.	238	2618217	Copas, R. N. K.	267	2635459	Cosens, I. J.	123
214143	Coombes, G. R.	282		Cope, A. W.	24, 96	690077	Cossar, A. K.	35, 155
4232125	Coombes, M. C. R.	267	209656	Cope, C. S.	268	214663	Costain, J. P.	286
	Coombes, R. C. D. S.	220	214712	Cope, J.	286	2629536	Costello, J. M.	111
8024460	Coombes, R. E.	63, 193	3023543	Cope, P.	181	5202264	Costello, M. E.	159
2630876	Coombes, S. R. A.	284	8014577	Copeland, A. W. W.	171	212601	Costin, G. A.	275
8022700	Coombs, B.	25, 44, 139	4263544	Copeland, E.	253	5205563	Cosway, D. P.	146
5204006	Coombs, D. C.	114	214351	Coppack, D. M.	284	8023802	Cothey, P.	143
8304178	Coombs, D. J.	127	1942390	Coppell, D. J. A.	229	5208198	Cothill, G. M. J.	130
209899	Coombs, P.	269	214958	Coppell, S.	288	8032422	Coton, C. C.	194
8300761	Coomer, D. L.	151	8029721	Copple, J. A.	126	5203413	Cottam, S.	160
8304448	Cooney, S.	124	212658	Copsey, C.	275	8026247	Cottell, P.	107
4233462	Coop, G. A.	45, 98	8088216	Copsey, L. J.	232	8152009	Cotter, G.	169
2633636	Coope, A. J.	111		Coptcoat, Mr M. J.	220	5205724	Cottew, T. A. J.	194
214499	Cooper, A. C.	281	214165	Coram-Wright, N. H.	282	214401	Cottier, K. J. S.	283
8028835	Cooper, A. E. R.	121	5204976	Corbett, A. J.	260	2628323	Cottle, N.	123
2626541	Cooper, A. H. C.	240, 282	5206830	Corbett, A. S.	141	214089	Cotton, D. A.	281
8209851	Cooper, A. J.	165	2640838	Corbett, G.	199	211890	Cotton, E. M.	273
8032068	Cooper, B.	189		Corbett, G. J.	62	5207013	Cotton, S. J.	247
8260184	Cooper, C. C.	126		Corbitt, A. G.	71	8024381	Cottrell, N.	163
	Cooper, C. F.	19, 92		Corbitt, I. S.	38, 92	213429	Cottrell, S. E.	278
	Cooper, C. R.	186	5208153	Corbould, R. J.	199	1946042	Couch, A.	233
5202680	Cooper, D.	113	8130612	Corby, K. S.	181	8135827	Coughlan, J. R.	181
8028672	Cooper, D. A.	181	5204678	Cordery, C.	13, 188	8100245	Coughlan, M. J.	231
8028812	Cooper, D. G.	109	306283	Cordock,		306238	Coughlin, K.	184
306083	Cooper, D. J.	211		M. A. L.	201, 311	8019628	Coulls, C. J.	70, 103
5206908	Cooper, D. J. E.	110	5205990	Core, Rev E.	223	8191215	Coulson, D. L.	254
2649157	Cooper, G. E.	133	214749	Corfield, A. G.	286	91495	Coulson, S. G.	258
	Cooper, I. R.	39, 186	8234406	Cork, S. J.	281	5202000	Coulter, E. G.	156
8151317	Cooper, I. R.	165	593344	Cormack, C. S.	264	2627825	Coulton, L. W. J.	117
5206630	Cooper, J. D.	195	5206242	Cormack, H. R. C.	123	213255	Counsell, R.	277
212968	Cooper, J. M.	276	8153971	Corn, J. A.	173	8188353	Counter, G. C.	111
212838	Cooper, J. P.	261	214667	Cornell, G. W.	286	5202838	Counter, M. J.	114
2642618	Cooper, J. P.	135	8251035	Corner, A. G.	149, 312	9647	Counter, N. E.	122
8029723	Cooper, J. P.	245	8051705	Corner, G. R.	238	2644442	Coupar, E.	150
8300849	Cooper, J. P.	152	8028071	Cornes, B. R.	117	4290993	Coupe, S.	264
2632862	Cooper, J. R.	198	690253	Cornes, M. R.	236	5206040	Couper, P.	117
214818	Cooper, J. T.	287	2633364	Cornes, T. A.	123		Couperthwaite, W. J.	10
8300583	Cooper, M.	199	1946132	Cornett, A.	229		Court, M. E.	38
	Cooper, M. B.	30		Corney, H. R.	24, 96	5208517	Court, P. G.	218

INDEX

Personal No	Page No	Personal No	Page No	Personal No	Page No
8023518 Court, S. J.	40, 189	215007 Cox, D. P.	288	4233363 Crane, R.	24, 100
8151518 Courtaux, N. P.	128	8072496 Cox, E. P.	236	8009816 Crane, R.	127
5206309 Courtis, N. C.	123	8154778 Cox, J. E.	173	8076960 Crane, S. M.	231
2649864 Courtnadge, S.	134	9085 Cox, J. J.	211	8128542 Cranfield, A.	218
214466 Courtnadge, S. E. . .	284	8032645 Cox, J. L.	146	8300154 Cranshaw, F. D.	147
8026919 Courtnage, P. J. . . .	105	213864 Cox, J. M.	280	8028627 Cranstoun, C. D. J. . .	119
2622084 Courtney, R. B.	271	2658837 Cox, J. M.	134	2616336 Cranswick, C. E.	103
209086 Cousins, C.	268	Cox, J. S.	24	8028482 Craven, I. W.	119
5206915 Cousins, M. A.	205	8024583 Cox, M.	146	8028342 Craven, J. S.	145
2627795 Cousins, P.T.	280	2628220 Cox, N. J.	160	8131755 Crawford, D. S.	134
8028637 Couston, T.	111	8304282 Cox, P. C.	127	8019370 Crawford, G. J.	100
213588 Coutts, S.	279	8023780 Cox, P. H.	140	8260509 Crawford, J.	130
Couzens, D. C. . .	19, 91	4233151 Cox, R. E. N.	139	5203277 Crawford, J. A.	254
8024490 Couzens, M. C. A. . .	194	213909 Cox, R. I.	280	2634354 Crawford, J. B.	126
8260445 Covell, S. P.	132	8304515 Cox, S. J.	129	212735 Crawford, M. I.	275
8250092 Covill, J. A.	218	8208573 Cox, S. N.	126	5208412 Crawford, M. J.	132
409496 Covill, L. M.	214	8304912 Coxall, A. P.	135	8089048 Crawford, M. L.	238
	Coville, C. C. C. . .	48, 90	5205010 Coxen, J.	108		Crawford, P. A. . . .	8, 92
8179072 Cowan, A.	218	209284 Coxon, F. R. W.	268	8068369 Crawford, W. F. C. . .	232
8025251 Cowan, J. A.	282	2623787 Coxon, K. A.	115	5073636 Crawford, W. I.	275
2846852 Cowan, J. M.	287	213459 Coxon, P. R.	278	212044 Crawley, E. J.	273
	Cowan, Sir Sam . .	5, 19		Coy, S. J.	29, 94	8300031 Crawley, N. R.	124
2648991 Cowan, S. J.	133	5208340 Coyle, G. S. J.	131	8092196 Crayford, K. A. J. . .	258
8029812 Cowan, T. W.	199	214452 Coyle, J. M.	284	8023856 Crayford, M. K.	139
	Coward, G. R.	8	214467 Coyne, C. P.	284	2637120 Crebbin, C. B.	286
8124660 Coward, M. J.	179	5206958 Coyne, Rev J. E. . . .	224	214959 Creber, E. J.	288
	Cowdale, Mr A. C. . .	66	306047 Coyne, S. A.	246	595298 Credland, A. C.	232
5204540 Cowdrey, M. A. . .	70, 191	213130 Cozens, D. J.	277	2639612 Cree, S. J. S.	128
8079721 Cowe, R. I.	121	5203725 Crabb, A. S. G.	107	212059 Creed, N. R. E.	256
214166 Cowell, A. C.	282	5208165 Crabtree, J. A. E. . . .	183	8304377 Creese, L. B.	128
8271493 Cowell, J. A.	219	5205679 Cracroft, P. N.	112	4220278 Creighton, W. H.	114
8029267 Cowell, J. J.	122	8024691 Craddock, G. A. . . .	146	213094 Cremen, M. F.	277
8023879 Cowell, R. J.	26, 43, 192	1948052 Cradock, W.	232	8218195 Crenell, J.	194
4233096 Cowell, R. W.	243	8154273 Cragg, A. K.	173	8028825 Crennell, N. J.	120
9879 Cowie, A. J.	111	306190 Craggs, J. V.	200	5208312 Cressy, K. P.	150
5207900 Cowie, A. J.	125	8029480 Craghill, C. M.	124	214334 Creswell, P. N.	283
5205574 Cowie, G.	180	4230226 Craghill, W. M.	276	212765 Cretney, P. A.	275
8250313 Cowie, I.	171	8032384 Craib, B. L.	180	212466 Creveul, I. C.	275
8260138 Cowie, M. J.	127	5205225 Craib, J. A.	179	211646 Crew, D. R.	272
8026706 Cowieson, K. R. .	18, 105	8141218 Craib, J. W.	110	213192 Crewe, I. L.	277
8409988 Cowieson, K. S. . . .	148		Craig of Radley, T. L.	90	5208200 Crewe, J. C.	183
306316 Cowley, A. M.	227	5205824 Craig, A. W. D.	111	2649341 Crichton, A.	132
607666 Cowley, D. A.	274	209564 Craig, G.	268	213095 Crichton, A. T.	277
5207082 Cowley, R. L. R. . . .	196	5206854 Craig, Rev G. T. . . .	224	8025393 Crichton, C. H.	105
2624365 Cowling, G. P. . .	67, 106	2616404 Craig, I. J. 57, 104		5208240 Crichton, I. A. B.	172
2639453 Cowling, J. T.	257	5207673 Craig, J. P.	207		Crichton, R. F. A. . . .	22
8000275 Cowling, N. W. F. . .	230	5208425 Craig, M. D.	150	690120 Crick, S. E.	114
	Cowpe, A.	41	306359 Craig, N. M.	200	213813 Crighton, D. S.	282
5206462 Cowsill, J. R.	195	8302741 Craig, P. S. A.	183	5206675 Crighton, M.	180
5203705 Cox, A. F.	157	688633 Craig, R. E.	114	5208704 Crimin, M. J.	174
409458 Cox, A. J.	249	212682 Crandon, D.	275	5208496 Cripps,	
8154492 Cox, B. N.	173	5205456 Crane, D.	161		E. A. . . . 151, 310, 312
211299 Cox, B. R.	271	4111659 Crane, D. L.	242	8141354 Cripps, G. A.	124
8012124 Cox, B. W.	49, 157	8103100 Crane, M. A. J.	285	2649737 Cripps, R. B.	131
210515 Cox, D. C.	270	214195 Crane, N. M.	282	2640980 Cripps, R. E.	132

337

INDEX

Personal No		Page No	Personal No		Page No	Personal No		Page No
8304260	Cripps, S. T.	127	8032475	Crowder, S. J.	193	8024200	Cunningham, D. J.	142
0684051	Crisp, J. A.	230	5207771	Crowe, J. A.	169	212244	Cunningham, G. C.	260
2625179	Crisp, R. J.	257	8029443	Crowe, J. A.	123	8132550	Cunningham, J.	116
	Critchley, Dr J.	10	8175938	Crowle, A. J. W.	167	687875	Cunningham, J. D.	104
5208644	Critchley, N. J.	174		Crowley, J. W.	97	5207971	Cunningham, L. N.	247
8023649	Crockatt, S. H.	179	8302626	Crowther, J.	128	8086699	Cunningham, M. 28,	107
8020814	Crockatt. A. B.	99	5208275	Crowther, N. R.	150	8300391	Cunningham, M. L.	127
8304177	Crocker, P. T.	127	8103977	Croxford, K. C. A.	169		Cunningham, Mr J.	8
8286130	Crockett, M. L.	129	8260142	Croydon, T. G.	131	5202765	Cunningham, P. A.	101
8302666	Crockford, J. D.	148	2629291	Crudgington, S.	256	2631807	Cunningham, P. M.	117
214802	Crockford, P. D.	286	8052616	Cruickshank, J. M.	189		Cunningham, R. B.	97
8100142	Crocombe, M.	44, 157	8028914	Cruickshank, W. A.	111	8105675	Cunningham, R. W.	234
	Croft, C. B.	220		Cruickshanks, C. J.	92	8141455	Cunningham, S.	167
8154249	Croft, P.	171	8011099	Cruikshanks, R. W.	169	5204287	Cunningham, W. J.	112
5205112	Croft, P. J.	161	2624536	Crump, D. G.	106	4231501	Curnow, J.	261
213057	Croft, P. M.	276	8018808	Crump, S. A.	230	8226019	Curnow, J. D.	183
8025657	Crofton, D. N.	48, 138	214302	Crumpton, D. L.	283	8304660	Curnow, P. R.	130
5203110	Cromarty, I. J.	205	5208591	Cruse, S. R.	184	214493	Curran, I. J.	284
	Cromarty, N. W.	35, 176	2638846	Crust, A. C.	284		Curran, L. D.	22
4232631	Crombie, D. J. C.	103	5207387	Crutchlow, P. S.	129	8300872	Curran, N. W.	201
214994	Cromie, D. S.	288	8141362	Cruttenden, P. F.	239	2627210	Currie, A. J. A.	163
5205843	Cromie, S. E.	213	8032718	Cryer, N. C.	147	2642250	Currie, D. D.	133
8024462	Crompton, D. A.	145	8028797	Cryer, N. G.	60, 110	8300829	Currie, G. J. J.	152
8024357	Crompton, N. A. C.	142	8026031	Crymble, M. J.	114	608155	Currie, J. H.	256
2642472	Cronin, S. A.	130	8027993	Cubin, A.	110	8302649	Currie, K. D. L.	199
	Crook, D.	311	211398	Cubitt, P. A.	271	5208075	Currie, P. W.	145
2640284	Crook, D. J. P.	150	1950587	Cudlipp, R. M.	167	5204250	Currie, R. I.	162
8290399	Crook, L. D.	171	9537	Cugley, J.	205, 308	8009041	Currie, W. R.	232
2626559	Crook, R. J. M.	118	2614765	Culbert, A. S. C.	101	5206863	Curry, D.	193
2638733	Crooks, S.	149	8029282	Cullen, A. J.	122	208627	Curry, J.	267
5203560	Crookston, J.	159	8304301	Cullen, A. J. E.	127	5205195	Curry, P. D.	240, 282
8304525	Crosby, A. P.	148	1945944	Cullen, A. M.	191	2629378	Curry, R. J.	182
8013603	Crosby, C. P.	168	214488	Cullen, R. J.	284	2630315	Curry, R. L. S.	118
8025796	Crosby, D. M. M.	110		Cullen, S. A.	3, 203, 310	5208645	Curson, D. C.	174
8211516	Crosby, G. R.	125	212346	Cullen, S. M.	287	0595556	Curson, R. G.	231
2628662	Croshaw, J.	240	5207727	Cullen, S. M.	122	8218925	Curtis, A. C.	123
8007184	Crosland, J. D.	235		Cullington, G. G.	58, 94	210312	Curtis, A. J.	269
	Crosland, J. H.	27	608775	Cullum,		8111093	Curtis, A. J.	237
5205145	Cross, A. R. D.	161		P. J. G. E. McG.	98	8028811	Curtis, A. R.	180
8028323	Cross, B. J.	111	4264476	Culmer, B. E.	243	8029436	Curtis, D. M.	123
4335863	Cross, H. C.	140	8196281	Culpan, D. S.	217	8068229	Curtis, J. P.	287
595437	Cross, K. J.	238	8029007	Culpin, R. W.	121	213997	Curtis, T.	281
8275967	Cross, L.	198	2834721	Culpitt, J. V.	255	8233394	Curtis, T. B.	145
8150988	Cross, N. G.	199	8028837	Cumberland, M. J.	181	2642382	Curtis, W. H.	131
213749	Cross, R.	279	8302575	Cumberland, M. J.	199	5206737	Curwen, D. J.	195
5204934	Cross, T.	101		Cummin, Dr A. R.	220	4257064	Curzon, P.	230
5208497	Cross, T. A.	201	8029451	Cumming, J. D.	146	8304766	Curzon, R. S.	201
682377	Cross, W. A. M.	264	8026982	Cummings, S.	49, 101	5208193	Curzon, R. T.	130
	Cross, W. M. N.	74, 250	5206797	Cummins, N. J.	165	211808	Cusack, E. P.	196
2640257	Crossby, O. H.	201	8246416	Cunliffe, P.	170	215008	Cusack, K.	288
8068174	Crossman, A. A.	231	5204381	Cunliffe, R. P.	193	5208045	Cushen, P. B.	214
8025110	Crouch, C. A.	241	4134405	Cunnane, A.	250	8058214	Cuthbert, S. J.	214
8109168	Crouch, M. J. B.	237	212930	Cunningham, A.	276	4291577	Cuthell, T. M.	238
3511525	Croucher, D. M.	267	212795	Cunningham, A. M.	275	1942584	Cutler, C. J.	229
8027031	Crouchman, M. W.	115	8027489	Cunningham, C. S.	107	8300165	Cutmore, M. R.	125

338

INDEX

Personal No		Page No	Personal No		Page No	Personal No		Page No
507733	Cutting, D. J.	269		**D**		5208183	Dalrymple, P. M.	207
4233500	Cyster, C. D.	273				8028557	Dalton, A. G.	119
8300239	Cyster, J. L.	147				2626242	Dalton, A. M.	261
8062802	Czarnecki, P. E.	276	8302702	D Albertanson, K.	149	5206292	Dalton, G.	169
			8300440	D'Albertanson, S. R.	243	8102198	Dalton, G. S.	168
			213678	D'Anna, G. W. S.	279	8300388	Dalton, M. J.	148
			8028466	D'Arcy, Q. N. P.	108	5204255	Dalton, R. A.	110
			8119396	D'Ardenne, P. J.	192		Dalton, S. G. G.	95
			2616454	D'Aubyn, J. A.	112	8027227	Dalton, S. M.	195
			2626546	D'Lima, D. J.	117	213895	Daly, B. J.	201
			4230194	Da Costa, F. A.	104	8029684	Daly, C. A.	124
			211409	Da Silva, L. J.	272	2632714	Daly, C. T.	171
			8028703	Da'Silva, C. D.	110	5205755	Daly, Rev J. A.	223
			5205875	Dabell, S. W.	282	213811	Daly, J. M.	280
			8023849	Dabin, N. R. S.	179	214603	Daly, N. T.	285
			5208140	Daborn, D. K. R.	207	4335165	Danby, C. I.	241
			5205100	Dabrowski, M. R.	165	5202397	Dancey, A. N.	106
			2649410	Dachtler, S. R.	134		Dandy, D. J.	220
			8141667	Dack, G. T.	123	3515713	Dane, M. B.	243
			8024069	Dack, J. R.	180	5204187	Dangerfield, M. J.	162
				Dacre, J. P.	84	213437	Daniel, B. L.	278
			4231721	Dacre, J. P.	278	4253246	Daniel, N. S.	257
			4277291	Dadds, J.	232	5208576	Daniel, R. C.	151
				Daffarn, G. C.	97	8025492	Daniels, G. A.	103
			8020882	Daffarn, G. C.	35	306009	Daniels, J. C.	194
			8024333	Daft, R. E.	112	0687877	Daniels, R. A.	230
			8304793	Dahroug, M.	133	2638530	Daniels, S. M.	127
			211249	Dailly, N. J. S.	271	8021279	Daniels, S. R.	159
			8024426	Dainton, S. D.	180	5202699	Danks, P. I.	157
			2630987	Dairon, L. J. T.	240	8304329	Dann, G. J.	127
			306111	Daisley, L. S.	147	8300825	Danso, K. G.	152
			5205606	Daisley, R. M.	58, 142		DAnso, R.	312
			2621405	Dakin, A. G.	102	212796	Danson, C. A.	275
			2647784	Dalboozi, F.	261	8289165	Dant, A. C.	183
			5204902	Dalby, A. P.	218	5206310	Danton, S. J.	169
			2642566	Dalby, N. L.	130	9887	Darby, C. A. M.	169
			5207676	Dalby, R. P.	196	9763	Darby, S. J.	247
			213091	Dalby, W. J.	277	8300715	Dargan, R. J.	150
			212627	Dale, A. L.	123	213718	Dargan, S.	260
			2634286	Dale, B. E.	124	2640345	Dark, E. A.	129
			8001834	Dale, D. C.	181	8419926	Dark, G. D.	174
			8023427	Dale, J.	46, 189	1949750	Dark, W. J.	231
			8302542	Dale, J.	243	8402430	Darling, S. J.	148
			212911	Dale, J. N.	276	1930449	Darling, T.	244
			214004	Dale, N. T.	281	212934	Darnell, M. C.	276
			2642461	Dales, N. M. C.	130	8304114	Darnley, P. R.	126
			8024272	Dallas, A. W.	145	208202	Darrant, J. G.	267
			2630609	Dalley, G. P.	110		Dart, G. C.	89
			4335080	Dalley, K. P.	139	8026350	Dart, J. N.	105
				Dalley, R. J.	81	211469	Dart, N.	272
			5206624	Dalley, S. L.	161	5206300	Dart, P. G.	170
			8242289	Dallimore, W. L.	151	214595	Darwin, K. A.	285
			594103	Dally, M. J.	237	8015412	Dasilva, M. E.	275
			4292104	Dalrymple, I. V. J.	285	5205948	Dathan, C. H.	181
						2640855	Datson, R. I.	126

INDEX

Personal No		Page No	Personal No		Page No	Personal No		Page No
8076341	Daughney, R.	105	8095945	Davies, B.	233	5208377	Davies, M. T.	207
5203981	Daughtrey, P. S.	191	8406130	Davies, B.	149	8029379	Davies, M. W.	123
2628438	Daulby, K. J.	117	3523903	Davies, B. D.	264	5203701	Davies, N. A.	115
8152948	Daulby, P. R.	168	214945	Davies, B. J.	287	5207791	Davies, N. F.	124
5202593	Davenall, D. S.	60	8025276	Davies, C. D.	105		Davies, P.	22
5202593	Davenall, D. S.	100	214453	Davies, C. V.	285	213224	Davies, P. A.	284
2640971	Davenhill, J. C. M.	126	680981	Davies, C. W.	256	8140939	Davies, P. A.	104
8023276	Davenport, A. J. R.	35, 177	5208584	Davies, D. B.	133	5201944	Davies, P. A. G.	190
			1927117	Davies, D. E.	252	213853	Davies, P. J.	280
5208376	Davenport, D. A.	150	4245011	Davies, D. E.	229	2738248	Davies, P. W.	242
409507	Davenport, J.	214	214221	Davies, D. I.	282		Davies, R.	12
214588	Davenport, L. F.	285	213634	Davies, D. L.	279	213330	Davies, R.	278
5203129	Davey, G. J.	102	213434	Davies, E. M. G.	278	214865	Davies, R.	287
8140923	Davey, G. R.	51, 106	213297	Davies, G.	277	8289496	Davies, R. A.	147
594102	Davey, J. M.	246	8000052	Davies, G.	238	8304440	Davies, R. A.	129
214964	Davey, J. R.	284	8209834	Davies, G.	239	306145	Davies, R. E.	148
8260506	Davey, M. F.	130	5208502	Davies, G. B. H.	201	4233373	Davies, R. J.	113
209083	Davey, M. J. S.	268	8028919	Davies, G. C.	120	8032441	Davies, R. J.	246
8028866	Davey, P. M.	120	214526	Davies, G. D.	285	214930	Davies, R. M.	287
211162	Davey, P. R.	271		Davies, G. G.	30	8300389	Davies, R. M.	276
2654034	Davey, S. R.	134	211687	Davies, G. M.	272	8021191	Davies, R. W.	105
	Davidson, A. F.	28	5208348	Davies, G. T.	131	8025466	Davies, R. W.	243
8028471	Davidson, A. G. G.	119	211470	Davies, H. B.	272	8029547	Davies, S.	123
	Davidson, C. M.	20	8025773	Davies, H. B.	109	2638695	Davies, S. G.	132
5202276	Davidson, C. S.	188	8234395	Davies, H. B.	171	214944	Davies, S. J.	287
214182	Davidson, G.	282	5201135	Davies, H. E. J.	158	5207605	Davies, S. R.	170
8029291	Davidson, G. S.	122	2617909	Davies, H. M.	277	8103557	Davies, T. B.	232
306088	Davidson, H. R.	246	5203777	Davies, I. D.	144	4282486	Davies, T. R. W.	230
8026807	Davidson, I.	115	211839	Davies, J.	274	593746	Davies, W. G.	251
4232447	Davidson, I. F.	35, 99	8070685	Davies, J.	115	212505	Davis, A.	274
4285799	Davidson, J. H.	231	9241	Davies, J. A.	192	5208493	Davis, A. G.	201
8103699	Davidson, L. A.	233	5207788	Davies, J. A.	198	5208671	Davis, A. J.	202
0595559	Davidson, M. A.	230	5208609	Davies, J. A.	197	8302657	Davis, A. L.	244
5203183	Davidson, M. C. F.	160	8181226	Davies, J. B.	141	2619781	Davis, A. McB.	48, 98
262728	Davidson, M. D.	281	4231849	Davies, J. C.	257	212848	Davis, A. R.	276
2627287	Davidson, M. F.	240	8011879	Davies, J. C.	191	8302595	Davis, A. S.	244
8300407	Davidson, N.	182	8154501	Davies, J. C.	149	209018	Davis, B. T.	284
8031743	Davidson, P. M.	179	5206793	Davies, J. H.	107	9332	Davis, C. D.	145
8013847	Davidson, R.	200	2640259	Davies, J. M. E.	151	2632828	Davis, D. G.	264
8024604	Davidson, R. B.	182	214272	Davies, J. R.	283	8029801	Davis, G. J.	125
2619835	Davidson, R. H. C.	273	8025498	Davies, J. S.	100	8026848	Davis, H. D.	115
688663	Davidson, W. A.	159	214605	Davies, J. T.	285	212100	Davis, H. N.	273
609483	Davie, A.	138	209678	Davies, K.	268	2641441	Davis, I. A.	129
1948907	Davie, J.	233	210798	Davies, K.	270	2635387	Davis, I. S.	126
8007638	Davies, A. E.	236	212063	Davies, K.	273	8302639	Davis, J. A.	243
210705	Davies, Rev A. J.	224	8140867	Davies, K. A.	236		Davis, M.	9
211522	Davies, A. J.	272	212111	Davies, L. S.	273	8300878	Davis, M. J. M.	152
2620494	Davies, A. J.	272	8300334	Davies, M.	147	8007878	Davis, M. R.	110
8024016	Davies, A. J.	144	214589	Davies, M. J.	285	8302726	Davis, M. Y.	200
8300688	Davies, A. J.	200	5205028	Davies, M. J.	161	2624507	Davis, N. J.	10, 101
214104	Davies, A. M.	281	5205127	Davies, M. J.	165	212997	Davis, P. J.	276
5207602	Davies, A. R.	244	8029779	Davies, M. L.	182	5204706	Davis, R.	160
8094933	Davies, A. R.	280	5204243	Davies, M. R.	163	8027912	Davis, R. A.	117
214604	Davies, A. S.	285	8260091	Davies, M. R.	284	4335532	Davis, S.	107
8008628	Davies, A. T.	169	211450	Davies, M. S.	272	4267403	Davis, W.	247

INDEX

Personal No	Page No	Personal No	Page No	Personal No	Page No
5203161	Davis-Poynter, S. P. 35, 157	8026831	Day, P. N. 49, 139	8141533	Deeney, P. J. M. 134
8300362	Davison, A. B...... 148	4231751	Day, P. W. 284	4220189	Deepan, K. V. 242
	Davison, C. 38, 92	5208473	Day, S. P. 173	8260009	Deepan, N. K. 236
	Davison, C. M. .. 69, 92	8029594	Day, S. T. 124	214460	Deere, G. W. 284
212581	Davison, E. D. 275	91508	Day, T. K. 261	2619249	Deighton, P. 274
209980	Davison, I. F. 269	5201073	Daybell, P. J. ... 188, 311	607813	Delafield, J. 274
214167	Davison, M. G. 282	5206531	Daykin, C. P. ... 37, 162	409425	Delahunt-Rimmer,
2638586	Davison, P. 129	2641431	Daykin, C. R. 130		H. F. 243
306167	Davison, P. F. 148	8028875	Dazeley, J. M. 120	212009	Delaney, G. T. 273
8029785	Davy, A. J. 126	212646	de Banzie, S. E. ... 260	8024453	Delaney, P. G. 122
4233526	Davy, A. M. J. 105	2649669	De candole, N. J. .. 134	8300472	Delaney, R. H. 163
5208555	Davy, A. P. 208	4201297	De Fleury, C. G. ... 158		Delve, H. 51, 95
5204351	Davy, J. 119	5204249	De La Cour, G. . 57, 109	213511	Delves, D. J. 278
214938	Daw, A. R. B. 287	91518	De Maine, M. J. 257		Demetriades, K. A ... 26
8210576	Daw, D. I. 287	306011	de Rouffignac, C. .. 244	306000	Dempsey, D. A. 246
5204302	Dawe, A. G. 118	2630252	de Savigny-Bower,	8300467	Dempsey, K. C. 199
8152006	Dawes, D. P. 168		R. A. 240	8105513	Dempsey, M. 233
8077616	Dawling, R. I. 198	5203799	De Soyza, K. W. ... 162	213507	Dempsey, P. D. 278
8075128	Dawson, A. 283	8024142	De Soyza, N. A. ... 194	9784	Dempsey, S. L. 246
2628738	Dawson, A. E. L. ... 122	8186065	De-La-Hunty, T. S. . 199	5208287	Dempster, C. S. 130
2640321	Dawson, A. J. 127	8220142	De-Vry, J. R. 149	5208557	Dempster, M. 201
207877	Dawson, C. J. 267	8205851	Deacon, R. 163	8122257	Dendy, P. 149
8025681	Dawson, C. L. 188	681731	Deadman, I. A. 283	214183	Dengate, K. 283
1961660	Dawson, G. P. M. .. 161		Deahl, Dr M. P. 220	2649798	Dengate, N. S. 201
2653849	Dawson, H. J. 134	8153579	Deakin, M. J. 173	5202668	Denham, R. L. 159
	Dawson, Miss J. 15	5208314	Deakin, M. R. 150		Denholm, I. G. 58
2633372	Dawson, K. J. 243	2622984	Dean, C. P. 115	5202186	Denholm, I. T. 138
2626222	Dawson, N. S. 106	2649783	Dean, D. R. 133		Denison, D. M. 220
8300867	Dawson, P. 152		Dean, Mr G. D. 18	8249142	Denison, M. W. 149
690082	Dawson, P. J. 229	2623723	Dean, J. D. E. 273	409493	Denkowycs, I. L. ... 249
4233276	Dawson, S. 255	1949832	Dean, M. J. 181	8019208	Dennay, V. R. 160
8072048	Day, A. J. 230	8304627	Dean, M. S. 130	5205224	Denner, P. O. H. 195
5204268	Day, A. P. 163	8018683	Dean, P. 159	4233521	Denning, T. W. E. ... 107
8225797	Day, C. J. 121	8096775	Dean, P. N. 197	689340	Dennis, G. J. 163
210517	Day, C. M. 270	214153	Dean, R. J. 282	8237807	Dennis, J. L. 200
8087690	Day, D. W. 232	5206588	Dean, S. 192	213751	Dennis, K. M. 279
8088380	Day, E. C. 229	5205662	Dean, S. J. 122	8141293	Dennis, M. 121
8023347	Day, F. B. W. E. 140	9656	Dean, S. P. 192	8072117	Dennis, R. H. 232
4277762	Day, I. 234	5203463	Dean, T. P. 156	8304608	Dennis, R. J. 129
8049158	Day, I. E. 270	2607694	Dean, T. R. L. 113	5202873	Dennison, K. 18, 100
	Day, Sir John 90	8300604	Deane, C. C. 148	210872	Dent, M. A. 270
409322	Day, J. A. 213	5202391	Deane, J. H. 104	214164	Denton, D. J. 282
214955	Day, J. M. 288	8021048	Deane, S. T. 158	8304046	Denton, R. A. 126
214500	Day, J. P. 285	8302778	Deane, Y. J. 152	4276300	Denton, W. B. 269
	Day, J. R. 8	689135	Dear, A. J. 100	689136	Denwood, V. R. 159
685948	Day, M. 115	8236811	Dear, R. A. 200	9853	Denyer, K. 125
5205840	Day, M. 195	8027700	Dearden, J. A. 116	8067298	DePolo, M. J. 142
2633360	Day, M. J. 123	8028149	Dearie, I. A. S. 117	5201889	Derbyshire, I. 158
8029577	Day, M. N. 124	8141648	Dearing, G. J. 239	5206360	Derbyshire, J. G. ... 147
	Day, N. J. 34, 92	5208056	Dearing, J. 248	8285690	Derrick, G. M. 149
4231352	Day, P. 103	5204881	Deas, A. S. 106	214424	Derrick, L. M. H. ... 283
8026548	Day, P. 243	8026315	Deas, E. J. 109	689259	Desai, A. K. 103
2629589	Day, P. A. 144	5207209	Deboys, R. G. 121	213587	Dethierry, A. M. A. ... 279
4232155	Day, P. J. J. 273		Dee, A. G. O. 96	5205004	Devany, Rev T. J. ... 223
			Deeley, C. R. 76	5207260	Devenish, S. A. 121

341

INDEX

Personal No		Page No	Personal No		Page No	Personal No		Page No
	Devenport, Mr C.	8	8023510	Diffey, G. E.	139	608454	Dixon, R.	259
409430	Devenport-Ward, A.	213	210635	Difford, H.	260		Dixon, R. L.	58, 92
5206639	Devine, N.	240	5208031	Diggle, I. J.	126	2649665	Dixon, R. L.	151
5202436	Dewey, H.	190	4233361	Dignan, J. C.	271	2640974	Dixon, R. M.	131
8196564	Devlin, T. D.	163	8136697	Dilley, M.	313	4233180	Dixon, R. S.	242
8023600	Devoy, D. A.	142	8136697	Dilley, P. M.	202	5208084	Dixon, R. S.	127
8140998	Dewar, A. J. M.	237	8300333	Dimbleby, A. M.	147	8032555	Dixon, S. A.	197
8141204	Dewar, I.	237	209710	Dimond, J.	268	213303	Dixon, S. A. E.	277
2642349	Dewar, J. E.	129	211133	Dimond, W. B.	271	214273	Dixon, S. E.	283
5208646	Dewar, M. A. S.	151	5203821	Dingle, A. G.	189	8424567	Dixon, S. J.	151
8304086	Dewes, R. J. M.	126		Dingle, B. T.	29, 33, 136	9375	Djumic, M.	178
214925	Dewey, H. J.	287	8029283	Dingwall, I. R.	122	8141299	Doane, S. L.	237
8007423	Dewfall, A.	236	3151689	Dinmore, G. W.	251	8027243	Dobb, S. K.	101
5203429	Dewhurst, A. R.	114	8024376	Dinsley, R. M.	145	8300738	Dobbing, T. J.	201
213966	Dewhurst, L. M.	288	8109441	Dipper, A. L.	157	8304322	Dobie, A. F.	127
213451	Dewhurst, R. M.	278	5202877	Dipper, K. R.	138		Doble, L. A.	24, 92
8019394	Dexter, A. W.	174	8248481	Dique, M. J. A.	168	5206971	Dobson, A. P.	60, 142
9443	Dexter, D.	206	8304265	Discombe, M.	127	1961275	Dobson, G. A.	179
5202879	Dey, A. J.	100	5208133	Disdel, C. A. H.	144	8026170	Dobson, M.	104
2649761	Deyes, S.	133	213131	Diskett, D. J.	277	4286566	Dobson, M. B.	236
	Deytrikh, A.	154	306132	Disley, J.	199	5204874	Dobson, P. S.	115
	Deytrikh, A.	17	8008990	Ditch, O.	197	2621172	Dobson, W. G. S.	101
	Dezonie, A. F. P.	97	8224118	Ditton, R. J.	173	8120786	Docherty, A. J.	235
5207234	Dharamaj, S. J.	197	1948026	Ditty, J. M.	232	5207174	Docherty, C.	169
	Dharmeratnam, R.	204	214582	Divver, J. A.	285	8138908	Docherty, T. G.	239
214771	Di Domenico, A. J.	286	8028642	Divver, T. J.	58, 142	5205364	Docker, C. E.	116
5205681	Di Nucci, S.	168	1944671	Dix, G.	230	2627796	Docker, P. A.	102
2640963	Diacon, P. R.	132	213020	Dix, R.	284	210056	Docking, P. W.	269
5204029	Diamond, D. J.	102	8174672	Dix, R. E.	146	0595564	Dodd, D. J.	230
8212025	Diamond, P. A.	164	8029658	Dix, R. P.	124	8014471	Dodd, D. M.	235
2644010	Dibden, R. S.	130	2632000	Dixey, M. J.	126	211948	Dodd, M. S.	273
8199625	Dick, G. J.	147	5202708	Dixon, A.	114	8029629	Dodd, P. A.	124
8304494	Dickens, A.	129	8027553	Dixon, A.	116	213793	Dodd, P. J.	280
	Dickens, B. C.	153	8023586	Dixon, C. W.	100	8246286	Dodd, R. M.	149
8025426	Dickens, C. R. D.	49, 99	8015317	Dixon, D.	237	5205763	Dodding, S. D.	166
5208365	Dickens, P.	201	8204045	Dixon, D. P.	254	8029659	Dodds, A. M.	125
2643003	Dickerson, K. N.	132	213849	Dixon, G.	280	689045	Dodds, F. K.	169
213734	Dickie, A. D.	279	5203999	Dixon, G. P.	99	8032592	Dodds, M. A.	146
409426	Dickin, L.	214	8153245	Dixon, J.	172	213594	Dodman, L. M.	279
	Dickinson, Dr A.	308	608585	Dixon, J. M.	143	213329	Dods, R. M.	278
8032193	Dickinson, C.	193	5206786	Dixon, J. M.	109	8028280	Dodson, G. A. F.	118
8081952	Dickinson, K.	196	2644378	Dixon, J. P.	133	8304904	Dodsworth, J. L.	135
1949716	Dickinson, M. D.	230	5208216	Dixon, M. C.	198	8141338	Dodsworth, V. G. S.	238
5208291	Dickinson, M. J.	173	5205166	Dixon, M. D.	157	8141221	Dodwell, G. D.	125
211340	Dickinson, N. C.	271	5204676	Dixon, M. F.	159	8154629	Dodwell, J. E.	175, 313
5206069	Dickinson, P. W.	166	1950317	Dixon, M. G.	230	5204500	Doel, M. T.	70, 188
210455	Dicks, C. P.	270		Dixon, N. G.	36		Doggett, B. P.	93
214785	Dicks, M. A.	286	8300071	Dixon, N. R. A.	146	8290901	Doherty, B. D.	171
3143089	Dickson, A.	246	212105	Dixon, P.	273	5206086	Doherty, G. P.	118
8029510	Dickson, A. G.	58, 112	8028245	Dixon, P. G.	107	8207905	Doherty, J. N.	194
5205129	Dickson, G. L.	73, 141	4233560	Dixon, P. M.	103	8024108	Doherty, L. A.	180
5207828	Dickson, J. C.	146		Dixon, P. R.	77	2631999	Doidge, J. G.	129
213242	Dickson, J. J.	278	5200610	Dixon, P. R.	100	8025252	Doig, C. G.	104
8024352	Dickson, M. W.	145	507870	Dixon, P. S.	104	213132	Dolan, K. P.	277
5202449	Dickson, W. H. E.	195	5203794	Dixon, Q. L.	161	1948025	Dolan, M. C.	180

342

INDEX

Personal No		Page No	Personal No		Page No	Personal No		Page No
214130	Dolby, R. A.	284	91499	Douglas, A. F.	261	8247888	Dray, M. D.	216
8027594	Dolding, A. E.	111	214990	Douglas, A. R.	288	5204887	Dreier, S. A.	160
2778241	Dole, T. F.	251	8246669	Douglas, I. J.	146	214892	Drew, A. A.	283
5207960	Dole, W. E.	198	4232150	Douglas, J. S.	46, 98		Drew, D. J.	57, 96
8026050	Doling, G. J.	280	4232443	Douglas, K. M.	40, 98	9946	Drew, J. L.	256
	Dolling, D.	66		Douglas-Hamilton, Lord James	254	2642598	Drew, J. L.	208
5201631	Don, J.	143					Drew, Mr J. R.	19
306005	Donaghue, C. E.	123	212794	Douglass, I. J.	275	8304643	Drew, N. R.	130
8416471	Donaghue, K. J.	263	8025152	Douglass, M. P.	251	213757	Drew, R. W. F.	279
2634371	Donald, C. S.	128	4281680	Dourish, G. A.	170	8028110	Drewery, C. C.	107
213560	Donald, G. D.	279	208831	Doust, R. J. C.	268		Drewett, R. E.	66
8007384	Donald, M. H.	163	8233572	Dove, E. L.	168		Drewienkiewicz, K. J.	77
8151915	Donald, P. W.	162	8028741	Dover, I. P.	120		Drewry, C. F.	11
5206728	Donald, R.	191	2631446	Dover, M. R.	259	8088181	Dring, C. A.	143
91448	Donaldson, A. S.	263	214670	Doveton, L. J.	286	1949326	Dring, M. C.	230
8300435	Donaldson, D.	148	2642336	Dow, A. V.	129	8212321	Drinkwater, G. M.	125
213506	Donaldson, L. S.	278	213850	Dow, S. M.	280	8236948	Driscoll, E. J.	147
2640374	Donaldson, N. S.	129	2627876	Dowdeswell, J. L.	112	214551	Driscoll, K. J. S.	285
8300731	Doncaster, J. C.	184	4284014	Dowding, H. J.	230	8304528	Driscoll, N. J. S.	129
2636519	Doncaster, M. R.	128		Dowdle, M.	28		Drissell, P. J.	137
5208175	Done, A. J. P.	130	4281756	Dowds, T.	159	5202750	Drissell, P. J.	60
5206451	Doney, M. J.	148	8140977	Dowell, P. D.	238	5203795	Driver, M. N.	139
5208581	Doney, M. J.	151	5206004	Dowie, C. H.	144	5203395	Driver, P. J.	156
306233	Donington, S. J.	226	8089821	Dowling, F. K.	141	210514	Druce, A. G.	270
2636433	Donlon, C. J.	244	2633293	Dowling, S. N.	121	5200829	Druitt, R. K.	105
213938	Donne, R. H. S.	280	211997	Down, F. C.	273	5208029	Drummond, D. R.	148
5206384	Donnellan, S. J.	170	211170	Down, J.	271	306133	Drummond, I. M.	148
608550	Donnelly, D. A.	45, 98	690451	Downe, D. F.	231	8300496	Drummond-Hay, R. N.	183
212672	Donnelly, D. P.	275	211336	Downes, K. F.	279	212716	Drury, C.	275
8029587	Donnelly, I. D.	124		Downes, T.	12		Drury, S. C.	32
4220298	Donnelly, J.	115	8304593	Downey, C. P. L.	149	8141222	Dryburgh, B. A.	107
8304285	Donnelly, J. A. F.	127	9883	Downey, E. A.	170	5207245	Dryburgh, D. S.	194
8032622	Donnelly, M. G.	243	5208061	Downey, J. R.	127	5205700	Dryden, I.	165
5201865	Donnelly, P. P.	190	213234	Downham, D. A.	277	306358	Dryden, K. L.	202
8138009	Donoghue M. P. J.	145	213514	Downie, J. C. P.	278	409485	Drynan, P. G.	249
214666	Donoghue, I. D.	286	213558	Downie, L.	279	2642820	Du ross, S. J.	202
5204220	Donohoe, H. G.	157	2649976	Downing, A. M.	175	8023991	Duance, R. C.	108
8105814	Donovan, G.	232	8096236	Downs, G. D.	140	5202138	Dubock, I. M.	17, 157
213526	Donovan, K. B.	278	212568	Downs, T.	275	209542	Ducker, G. H.	260
5204125	Dooley, C. F.	106	8089656	Doyle, E. M.	199	409525	Ducker, S. J.	214
211114	Dooley, S. F.	271	2625847	Doyle, G.	109	8029613	Duckworth, I. N.	124
5205226	Doonan, D. K.	195	8300256	Doyle, J. M.	142	2641348	Duddy, S. J.	258
	Dore, M. I. V.	29	5207902	Doyle, M. G.	124	211105	Dudek, M.	271
213719	Dorey, P. M.	260	306170	Doyle, P. J.	183	608502	Dudgeon, M. G.	99
5202802	Dorman, T. R.	179	5207916	Doyle, S. B.	212	214090	Dudgeon, P.	281
2635048	Dornan, I. S.	119	5208525	Drage, M. N.	151	8029663	Dudman, D. A.	124
8153522	Dorsett, P.	182	5208279	Drake, A. Y.	200	8124690	Duell, K.	102
8302585	Dorsett, S. J.	199	5204148	Drake, D. J.	62, 141	2644037	Duff, G.	131
210294	Doubell, P. T.	269	8116446	Drake, D. W.	160	210220	Duff, G. R.	269
	Dougherty, S. R. C.	39, 204	8021292	Drake, I. P.	179	8072883	Duff, J.	231
210179	Doughty, A.	269	8027014	Drake, P. M.	239	212738	Duff, M.	275
8300152	Doughty, A. M.	197	214620	Draper, C.	285	213622	Duffey, M. G.	280
212969	Doughty, P. D.	276	5202701	Draper, I. M.	101	8203040	Duffield, P. J.	149, 312
4289014	Doughty, R.	170	9778	Draper, L. M.	196	690663	Duffill, S.	99
			8300727	Draper, T. C.	201			

343

INDEX

Personal No		Page No	Personal No		Page No	Personal No		Page No
211168	Duffin, J. E.	271	306218	Dunn, R. J.	226	409523	Dyson, N. C.	214
5203796	Duffin, J. R.	118	214059	Dunn, S. S.	281	5206710	Dyson, P. J.	196
1945003	Duffin, K. E.	272	8152223	Dunne, A. J.	169	8028182	Dyson, R. K.	110
8027588	Duffus, A. A.	140	8028556	Dunne, J. P.	112	5201142	Dziuba, M. S.	138
8029759	Duffy, C. E.	241	8136029	Dunne, P. J.	120			
8138182	Duffy, C. P.	121	8125992	Dunnett, R. D.	169			
8208672	Duffy, G. J. M.	181	211893	Dunnett, S. K.	273			
8213012	Duffy, J. F.	199	5208647	Dunnigan, R. M.	174			
8300263	Duffy, J. S.	198	2640382	Dunning, J. R.	129			
5208076	Duffy, K. M.	214	1949842	Dunphy, A. J.	230			
8424023	Duffy, M. R.	150	5200677	Dunsford, R. J.	66, 100			
8024668	Duffy, P. J.	146	8029644	Dunsmore, S. M.	60, 124			
9899	Duffy, S.	211	8024281	Dunstall, M. R.	142			
8302559	Duffy, S. J.	182	3147741	Dunstan, P. N.	250			
	Dugmore, I. L.	3, 97		Dunt, P.	89			
8029319	Duguid, I. W.	112	8052860	Duplock, S. J.	283			
690026	Duguid, M.	155		Dupree, Miss J.	36			
5200648	Duguid, M. D.	251	1932894	Durack, C. B.	251			
8029494	Duguid, R. K.	182	2649946	Durban, P. M.	133			
5208403	Duhan, J. P.	150	8232109	Durban, S. J.	145			
213640	Duke, C. M.	279	306219	Dureau, S.	39, 226			
8025415	Dulson, P. P.	255	8300537	Durke, J.	183			
	Dumas, T. R.	27	8028359	Durke, P.	118			
8300226	Dunbar, A. J.	147	214569	Durkin, C. B. J.	285			
8032646	Dunbar, L.	243	5203904	Durling, R. A. R.	159			
5204764	Duncan, A. W.	181	8029738	Durlston-Powell,				
8300437	Duncan, B. J.	148		C. A.	125			
8151511	Duncan, E. C. D.	166	5208457	Durrani, A.	207			
8202342	Duncan, G.	255	8088853	Durrant, I.	233			
8014951	Duncan, J.	169	409398	Durrant, Y. F.	214			
4292387	Duncan, J. A.	285	8304893	Dutton, B. G.	135			
8026469	Duncan, J. C.	139		Dutton, J. B.	11			
213515	Duncan, P. A.	278	4123289	Dutton, M. J. R.	246			
8032500	Dungate, J.	182	2629067	Dutton, N. C.	240			
213466	Dunkley, D. I.	278		Dwyer, Mr A.	7			
8151106	Dunkley, P. A.	118	5201913	Dyche, M. W.	113			
8022951	Dunkley, P. R.	158	2636656	Dye, A. P.	257			
8097445	Dunlap, A. C.	233		Dye, P. J.	3, 79, 87, 153			
213991	Dunlop, C. A.	281	5207046	Dyer, I. C.	121			
2634615	Dunlop, M. T.	130	594243	Dyer, J.	40, 188			
5208420	Dunlop, T. E.	132	214730	Dyer, J. J.	286			
8154225	Dunn, B. J.	172	2640966	Dyer, K. B.	130			
5208715	Dunn, C. S.	152	8024407	Dyer, K. P.	146			
210381	Dunn, D. J.	269	2629620	Dyer, M. F.	247			
8019735	Dunn, G. J.	161	5202798	Dyer, P. J.	114			
2642780	Dunn, J. F.	128	4233588	Dyer-Perry,				
5205013	Dunn, J. F.	160		A. H. C.	56, 98			
5206882	Dunn, J. J.	196	8251903	Dyke, S. J.	172			
5204252	Dunn, L. G.	111	2649101	Dykes, C.	151			
5201602	Dunn, M. J.	259	8001162	Dykes, P. A.	232			
8024141	Dunn, M. K.	180	2643792	Dynan, Y. M.	207			
2797594	Dunn, R.	198	214420	Dyos, M. B.	283			
214058	Dunn, R. A.	281	8028537	Dyson, E. F.	142			
8304600	Dunn, R. B.	129	5201105	Dyson, G. W.	156			
214639	Dunn, R. J.	285	5207025	Dyson, J.	121			

INDEX

Personal No		Page No	Personal No		Page No	Personal No		Page No
	E		8025935	Ede, H.	108	8027490	Edwards, G. D.	107
			306330	Ede, J. A.	174	4281028	Edwards, G. G.	274
			4279522	Eden, G. C.	230	214225	Edwards, G. T.	134
8028689	Ead, I. S.	119	5207107	Eden, J. J.	145	8304543	Edwards, H.	129
214530	Eade, F. R.	285	2640858	Eden, J. K.	129	213505	Edwards, I.	280
8151666	Eady, C. J.	163	8032547	Eden, R. E.	146	0689283	Edwards, J. C.	231
8024703	Eagger, G. R.	246	8260471	Eden-Hamilton, J. M.	132, 312	1949589	Edwards, J. C.	233
5203828	Eagles, M. E.	160	8020915	Edenbrow, R. A. O.	241	8028981	Edwards, J. K.	121
8025039	Eames, C. M.	98	306291	Edensor, L.	201	214626	Edwards, J. O.	285
5206317	Eames, D. P.	170	214922	Edey, N. J.	283	5207962	Edwards, J. T.	249
8031690	Eames, K. S.	148	5207630	Edgar, Rev D. A.	224	5201255	Edwards, K. A.	179
8074095	Eames, M. E.	271	5203640	Edgar, J. D.	157	8028404	Edwards, K. A. J.	118
8116892	Eamonson, J. M.	197		Edgar, M. A.	220	8140863	Edwards, K. D. V.	238
8304151	Earl, J.	126	5200899	Edgar, S.	40, 188	5207011	Edwards, M. A.	164
8090182	Earle, P. J.	195	8105436	Edgcumbe, G. D. T.	193	209300	Edwards, M. G.	268
214931	Earley, P.	287	5206049	Edge, A. D.	163	2632690	Edwards, N. H.	263
8020100	Earnden, K. C.	157		Edge, G. H.	3, 96	8229025	Edwards, N. J.	124
8193124	Earp, M. T.	216	8107244	Edgeworth, J. R.	231	214720	Edwards, N. McM.	286
	Earwicker, Mr M.	15, 21	8302673	Edie, C. J.	148	5207716	Edwards, O. E.	122
5207014	Eason, A. S.	145		Edis, R. J. S.	77		Edwards, P.	29, 94
5208551	Eason, R. M.	201		Edleston, H. A. H. G.	11	8109272	Edwards, P.	140
212957	Easson, I. M.	276	8300739	Edmeston, M. C.	244	211176	Edwards, P. J.	282
8103472	Easson, S.	270	2649475	Edmond, R. W.	202	5206442	Edwards, P. J.	123
8080336	East, C. A.	274	4233522	Edmonds, A. J.	113	5202762	Edwards, P. W.	102
9688	East, J. S.	197	5202614	Edmonds, C. C.	57, 99	8406983	Edwards, P. W.	201
4093273	East, N. R. H.	273	212712	Edmonds, R. S. P.	273	5204330	Edwards, R. C.	119
8300024	East, R. G.	197	9649	Edmondson, E. A.	168	593384	Edwards, R. T.	283
409238	Eastburn, E. A.	213	2642542	Edmondson, J. M.	130	8304305	Edwards, S. S.	127
8154420	Eastham, J. F. A.	184	5208109	Edmondson, M. J.	214	210824	Edwards, T. G.	270
8025897	Easthope, N. C. V.	112	8247803	Edmondson, P.	287	8007188	Edy, S. M.	233
91515	Easton, D. M.	258	5206145	Edmondson, S. J.	162	608251	Eeles, T.	241
8141532	Easton, M. S.	121	2638682	Edmondson, S. W.	174	8153677	Egan, C. J.	171
9641	Easton, S. T.	242	607651	Edmunds, A. C.	276	8300406	Egan, P. J.	199
8304339	Eaton, D. J.	127	4258455	Edmunds, D. J.	246	8024240	Egerton, A. J.	189
211555	Eaton, J. G.	272	8141067	Edmunds, K. W.	119	213860	Egerton, C. J.	280
5203727	Eaton, J. R.	139	213820	Edney, M. R.	280	4281612	Egglestone, M.	197
8072368	Eaton, K. G.	234	690227	Edward, J. G.	232	306062	Eichenberger, M. T.	198
8245641	Eaton, K. P.	169	8103966	Edwards, A. J.	237	688397	Eighteen, D. E.	156
210750	Eaton, M. A.	270	212502	Edwards, A. M.	274	212494	Eke, M. J.	274
9662	Eaves, A. L.	246	209897	Edwards, B. R.	269	91474	Elcock, S. M.	261
306362	Eayrs, J.	151	8191715	Edwards, C. J.	164	214617	Elder, L. N.	285
8260676	Ebberson, N. E.	131	1961682	Edwards, C. R.	156	608799	Elder, R. D.	284
8010594	Ebdon, A. K.	155	8021085	Edwards, D.	114	5205671	Elder, R. P.	169
5206771	Eccles, C. J.	119	5208027	Edwards, D. B.	169	8015530	Eley, S.	200
213196	Eccles, P. J.	277	212116	Edwards, D. G.	273	8221267	Elford, S. B.	168
211341	Eccles, R. S.	271	8300668	Edwards, D. K.	201	2641446	Elias, R. A.	150
8248603	Eccleshall, N.	132	306253	Edwards, E. S.	199	5206776	Elks, S.	62
5208127	Eccleston, A. M.	170	207570	Edwards, G.	267	5206776	Elks, S. J.	145
214148	Echevarria, J.	282	209029	Edwards, G.	268	2643997	Ellacott, D. R.	130
214817	Eckersall, R. L.	287	209611	Edwards, G.	268	5205617	Ellard, S. D.	164
8028244	Eckersley, A. M.	108	8013152	Edwards, G.	131	8025496	Ellaway, M. J.	98
212281	Eckersley, E. J.	274	2627191	Edwards, G. A.	118	213919	Ellen, G. P.	280
8300287	Eckersley, M. A.	277	2628514	Edwards, G. D.	118	5205593	Ellen, R. A.	168
5202844	Eckersley, R. B.	157	5206673	Edwards, G. D.	166	1949172	Ellerington, J. H.	233
						2631904	Ellett, N. S.	125

345

INDEX

Personal No		Page No	Personal No		Page No	Personal No		Page No
	Elliot, J. A.	19	5208689	Elsey, S. J.	134	8029631	Evans, A. D.	125
8127196	Elliot, L. J.	286	5202764	Elsom, J.	159	5205637	Evans, A. D. E.	119
5207823	Elliot, M. T.	125	8210542	Elsy, K.	165	8300770	Evans, A. J.	202
2132299	Elliot, S. D.	284	2619503	Elton, E. A.	76, 103	213113	Evans, A. L.	275
210232	Elliott, A. G.	269	213603	Elvins, L. J.	279	8025253	Evans, A. M.	273
8019304	Elliott, A. H.	171	8304846	Elwell, M.	134	8028000	Evans, A. M.	117
211145	Elliott, D. J. McC.	193	8024245	Elworthy, B. J.	180	5206889	Evans, A. W.	214
306226	Elliott, D. R.	200	5206406	Elworthy, R. J.	126	5208526	Evans, B.	174
5203797	Elliott, E. A. C.	110		Elworthy, the Hon		2124635	Evans, B. J.	285
8154781	Elliott, E. J.	173		T. C.	3	4286963	Evans, B. N.	191
213557	Elliott, G. L.	278	1945584	Ely, D. E.	270	8151037	Evans, B. R.	162
8027781	Elliott, H. J.	110	8023725	Embleton, S. N.	13, 141		Evans, C. D.	186
609474	Elliott, H. T.	99	214910	Emerson, G.	287	306101	Evans, C. E.	147
608743	Elliott, J. G.	29, 101	8026490	Emery, S. J.	114	5205333	Evans, C. J.	195
213780	Elliott, J. L.	280	208259	Emmerson, B.	267	8118100	Evans, C. J.	234
214611	Elliott, K. F.	285	5205906	Emmett, P. C.	162		Evans, C. P. A.	39
214238	Elliott, M. A.	283	212639	Emmins, A. M.	275	5203329	Evans, C. P. A.	205
5207085	Elliott, Rev M. J.	224	212037	Emmins, D. J.	273	4290694	Evans, D.	162
8304840	Elliott, N. A.	134	8218645	Empson, J. G.	167	5206764	Evans, D. A. W.	120
2643872	Elliott, R. G.	131	5204222	Emtage, J. A.	116	5208278	Evans, D. B. L.	184
5204873	Elliott, R. I.	101	208567	Endean, B. W.	267	211496	Evans, D. E.	272
5202650	Elliott, R. P.	177	212487	Endean, J. P.	274	595641	Evans, D. J.	180
213299	Elliott, S. D.	277	8196994	Endruweit, D. J.	147	8115335	Evans, D. J.	238
4278092	Elliott, S. W.	114	5204165	England, J. D. L.	40, 191	8212984	Evans, D. J.	168
4232048	Elliott, T. J.	243	306381	England, K. A.	134	212522	Evans, D. K.	273
5205826	Elliott, V. P.	160	8282574	England, S. D.	151		Evans, D. R. E.	8, 136
8024555	Elliott-Mabey, A. V.	197	214395	English, J.	283	8076035	Evans, G.	231
3109555	Ellis, B. I.	269	5204482	English, J. P.	251	8304810	Evans, G. J.	133
213078	Ellis, C. S.	277	8254062	English, M. E.	214		Evans, G. R.	46, 96
5204017	Ellis, D. C.	159	5208204	English, M. J.	130		Evans, G. S.	154
1960976	Ellis, D. G.	233	2996931	English, S. A.	270	8026329	Evans, H. F. J.	114
5208692	Ellis, D. G.	174	4231539	Engwell, M. J.	53, 98		Evans, I.	95
8151648	Ellis, G.	166	5208422	Enright, C. B.	131	8028457	Evans, I. A.	112
1945177	Ellis, G. L.	229	210743	Ensor, S. J.	270	214957	Evans, J. C.	287
8189138	Ellis, J.	180	4232582	Enston, J. N.	113	5204237	Evans, J. C.	116
5207722	Ellis, M. J.	197	212832	Entwistle, G. S.	276	5206421	Evans, J. C.	128
	Ellis, P. J.	29	595534	Ephgrave, P. J.	273	8026385	Evans, J. D.	111
8024688	Ellis, R. A.	194	8304829	Epps C. P.	134	5202396	Evans, J. E.	70
8026908	Ellis, R. A.	115	214735	Erasmuson, H. J.	286	5207925	Evans, J. E.	126
8025399	Ellis, R. M. H.	100		Ernsting, J.	221	5202396	Evans, J. G.	138
8252011	Ellis, S.	173	8300851	Errington, J. N.	152	9796	Evans, J. J.	246
8152353	Ellis, S. C.	164	4220177	Errington, M. E.	107	8028183	Evans, J. M.	117
5205552	Ellis, T. J. R.	166	2628728	Erry, D. S.	121	4231311	Evans, J. P.	250
214759	Ellis, W.	286	8109099	Erskine, J. W.	193	214144	Evans, J. R.	282
8111944	Ellis-Martin, P.	218	8304455	Ervine, B. J.	128	687220	Evans, L.	235
8300483	Ellison, A. M.	199	8023284	Erwich, K. M.	191	5207623	Evans, M. A.	193
212001	Ellison, C. R.	273	2628261	Esau, R. G.	117	8020468	Evans, M. A.	161
4335443	Ellison, I.	40, 188	8225993	Espie, D. W.	169	8198871	Evans, M. D.	118
2649052	Ellson, A. M.	133	212521	Esson, D. J. M.	274	5206051	Evans, M. G.	191
5206050	Elmes, R. I.	195	8300521	Etches, T. J.	181	1945646	Evans, M. H.	158
212467	Elms, D. J.	274	8126020	Etheridge, J.	157	1945332	Evans, M. J.	230
211594	Elphick, R. W.	272	5207755	Eva, R. N.	124	8188859	Evans, M. P.	165
9671	Elphinstone, L. H.	205		Evans, Sir David	89	210466	Evans, M. R.	270
8126495	Elsegood, M. J.	144	214711	Evans, A.	286	5208007	Evans, M. S.	170
2647063	Elsey, M. J.	134				9595	Evans, M. W.	38, 193

INDEX

Personal No		Page No	Personal No		Page No	Personal No		Page No
	Evans, Mr J. H.	36		**F**		5203776	Farr, A. J. R.	157
8023630	Evans, N.	140				214527	Farr, J. E.	285
5205731	Evans, P.	192				8304723	Farrant, P. J.	131
5206641	Evans, P.	110	4279796	Facey, D. W.	229	8304533	Farrant, R. P.	129
8026051	Evans, P. A.	105	213306	Fagg, A. D.	277	2630815	Farrant, W. F.	257
5206765	Evans, P. W.	58, 144	300915	Fahey, J. B.	252	8029595	Farrar, M. P.	124
685743	Evans, R. A.	114	8024486	Fairbrass, P.	196	8116507	Farrell, D. M.	174
5208672	Evans, R. C.	152	8103647	Fairbrother, D.	189	8304343	Farrell, D. S.	128
8023938	Evans, R. D.	181	8028816	Fairbrother, P. J.	120	4287916	Farrell, I.	231
4282511	Evans, R. E.	237	8109448	Fairburn, M. R.	148	214091	Farrell, L. N.	278
213783	Evans, R. M.	280	8300430	Fairgrieve, J. A.	183	5208237	Farrell, M. J.	130
2644129	Evans, R. O.	131	507436	Fairhead, I. F.	251	2642728	Farrell, N. G. A.	131
8028394	Evans, S. C.	108	213905	Fairhurst, A. G.	280	8092679	Farrell, T. D.	231
212065	Evans, S. E.	273	213625	Fairhurst, D. T.	279	306382	Farrelly, B. L.	202
213503	Evans, S. E.	278	5205668	Fairhurst, M.	122	5205266	Farrer, G. B. J.	181
8300615	Evans, T. J.	197	4267981	Fairington, R. W.	268	8141125	Farrington, P. R.	117
214359	Evans, T. W.	284	2642899	Fairley, C. T.	131	207273	Farron, J.	267
8021295	Evans, W. G.	57, 100	214335	Fairley, G. J.	283	2636209	Farrow, J.	130
8304266	Evans, W. L.	127	2630265	Fairs, M. R. R.	117	8093360	Farrow, P. W.	169
	Eveleigh, M.	75	5208501	Fall, J. J. H.	199	4259191	Farrow, R. H.	274
4335908	Eveleigh, M.	250	8027341	Falla, S. O.	100	8103807	Farrow, S. R.	234
8029215	Everall, E. J.	240	4231724	Falle, P. R.	281	5206956	Fascione, T. M.	120
8023536	Everall, N. D.	191	4233406	Fallis, R. J. H.	103	2649743	Fashade, O. A.	173
	Everett, Mr A.	16	212948	Fallon, J. F.	276	8300204	Faskin, E. J.	126
213618	Everett, A. M.	279	2644057	Fallon, M.	132	8027272	Fauchon, T. T.	106
8304830	Everett, A. R.	134	4233527	Fallon, R. D.	105	5202196	Faulconer, E. J.	177
8029702	Everett, M. D.	125	8019173	Fallow, D.	163	2627213	Faulds, M. D.	121
5204904	Everitt, A. J.	256	8117501	Fallows, J.	232	8032342	Faulkes, J. J.	189
2639362	Everitt, J. M.	129	8026840	Falvey, M. K.	109	206977	Faulkner, C. R.	269
5206084	Evers, M. C.	163	8028771	Fancett, P. A.	120	5205273	Faulkner, H. M.	143
1949170	Eversden, P. W. A.	230	8029156	Fancourt, I. J.	197	5207747	Faulkner, J. R. H.	124
4233518	Eves, D. G. E. D.	256	5207129	Fane De Salis, H. J. A.	194	213913	Faulkner, M. A.	280
8029251	Eves, P. M.	122	8134946	Farci, V. I. A.	124	8106786	Faulkner, N.	197
5208001	Evriviades, D.	207	594732	Fares, D. B.	250	8304109	Faulkner, P. M.	126
5208130	Ewart, A. P. G.	214	8116060	Farley, R. F.	107	214474	Faulkner, S. C.	284
8029569	Ewbank, T. D.	164	8304687	Farman, D. J.	126	8028772	Faulkner, S. C.	120
5206855	Ewen, G. P.	145	5204627	Farmer, A. I.	107		Fauset, Mr I. D.	17
8020332	Ewen, P. R.	157	209064	Farmer, C. J.	268	2649505	Fawcett, P. W.	173
8021045	Ewer, M. H.	106	5205255	Farmer, D. J.	206	8029078	Fawcett, S. I.	121
8302580	Ewer, R. P.	199	687107	Farmer, M. J.	158	208233	Fawkes, R. E.	267
	Ewins, P. D.	16	4233520	Farmer, M. K.	105	2633049	Fay, J. C.	281
5204894	Exeter, D. W.	192	8260055	Farmer, N. A.	125	8029315	Fazal, P. A.	123
4245632	Exley, B. J. A.	246	5205663	Farmer, N. J.	122	214168	Feakes, C. J.	282
8202699	Exley, M. A.	168	8234624	Farmer, R. M. L.	182	8141096	Fearn, M. H.	252
214082	Exton, D. V.	281	5207095	Farmer, R. N.	145	5204530	Fearon, J. B.	141
8000424	Exton, N. P.	231	8027180	Farmer, T. P.	216	306068	Feasey, J. M. M.	211
690358	Exton, S. W.	99	1947097	Farmer, W. G.	232	5207957	Feasey, P.	182
209909	Eyers, I. A.	281	2644232	Farndon, C. A.	133	8151969	Featherstone, C. J.	162
2636588	Eyles, T.	127	211906	Farndon, E. E.	273	91485	Featherstone, R. A.	257
214360	Eyre, P. S.	283	8174906	Farnell, G. P.	35, 58, 157	213665	Feehan, P. J. D.	279
			8023841	Farnsworth, A. D.	179		Feenan, M. L.	28, 92
			212224	Farnworth, A.	279	4289855	Feeney, P. J.	231
			2642782	Farquhar, B. W.	130	2635468	Felgate, N. J.	122
						4231833	Felger, C. F. W.	98

347

INDEX

Personal No		Page No	Personal No		Page No	Personal No		Page No
8029660	Felix, J.	125	5208437	Finch, D. R.	150	8104554	Fitzgerald, G. G.	232
5207373	Fell, A. T.	170	4233464	Finch, G. P.	254	5205596	Fitzgerald, J. F.	120
1946087	Fell, G.	231	210163	Fincher, D.	276	5201560	Fitzgerald, P. E.	254
8302758	Fell, J.	184	8304858	Fincher, S. J.	134	8024509	Fitzmaurice, A. F. N. St. J.	141
8029823	Fellowes, D. A.	125	214388	Finck, P. H.	284			
212801	Feltham, C.	275	8032471	Finding, J. A.	245	8235572	Fitzmaurice, P. A.	249
214806	Felton, J. C.	287	4274471	Finely, N. H. M.	138	211010	Fitzpatrick, B. J.	271
594375	Felton, M. J.	237	2636265	Fines, G. J.	257	213256	Fitzpatrick, I. A.	277
213642	Felton, P. H.	279	211916	Finlay, G. F.	273	8151403	Fitzpatrick, J. D.	167
5207805	Fenemore, A. M.	197	2649227	Finley, E. T.	150	2644413	Fitzsimon, J. P.	150
5205353	Fenlon, M. C.	107	5204546	Finlow, B. H.	191	8024073	Fixter, M. R.	141
2641340	Fennell, A. J.	259	8026204	Finn, C. J.	11, 99	8025839	Flaherty, S. D.	252
	Fennell, P. R.	36	2647036	Finn, N. J.	200		Flanagan, P. A.	19
213250	Fenner, J. M.	277	5202234	Finnegan, R. M. J.	178	8024704	Flanigan, R.	62, 146
5208673	Fensome, J. T.	152	5208665	Finneran, M. A.	196	5206509	Flather, N.	164
	Fentem, P. H.	220	8304181	Finney, P. A. J.	148	9445	Flatt, H.	193
8028973	Fenton, S. D.	121	8023042	Finney, S. F.	190	1940827	Flavell, D. M.	244
8224244	Fenton, T. J.	194	8260380	Finnigan, D. M.	239	5201779	Fleckney, C. F.	158
2647692	Fenwick, T. J.	258	8026697	Finnimore, D. T.	114	2643884	Fleckney, M. A.	131
	Ferbrache, D.	12	8020199	Firby, N.	164	8300716	Fleckney, M. J.	150
	Ferguson, A.	80	5205298	Firmin, P. A.	116	207141	Fleetwood, A. V.	267
	Ferguson, A. M.	92	8185963	Firth, D.	287	5205326	Fleetwood, W. M.	38, 218
4230807	Ferguson, C. G.	270	2630229	Firth, D. S. J.	112			
2629012	Ferguson, E. J.	145	594376	Firth, H. V.	180	5206755	Fleming, J. C.	211
8028391	Ferguson, I. D.	112	5204498	Firth, M. H.	191	214734	Fleming, M. E.	286
5206623	Ferguson, P. G.	213	8304811	Firth, P. T.	133	0594723	Fleming, R. J.	231
8022862	Ferrar, D.	189	5206154	Firth, S. T.	60, 112	687798	Fletcher, A. K.	103
5202676	Ferriday, D. W.	205, 310	2839648	Fish, L. A.	277	5203616	Fletcher, Rev A. P. R.	223
8141650	Ferrier, J. A.	111	9541	Fish, M.	193	5206090	Fletcher, G. J.	161
5201911	Ferries, A. I.	48, 100	2626796	Fisher, A.	107	2636490	Fletcher, H. S.	183
1949894	Ferris, E. J.	231	2642705	Fisher, A. R.	131	2633381	Fletcher, P. A.	125
2637133	Ferris, K. E.	134	212918	Fisher, B. A.	276	0690539	Fletcher, R. A.	233
8141099	Ferris, S. J.	123		Fisher, B. P.	41		Fletcher, R. H.	92
5202282	Ferrol, W. A.	114	210344	Fisher, C. J.	269	5204717	Fletcher, R. M.	281
8000657	Fewings, P. A.	231	5203009	Fisher, F. E.	156	8028067	Fletcher, S. P.	60, 180
8029661	Fewtrell, R. A.	124	214671	Fisher, H. J.	286	5204021	Fletcher-Smith, R. D.	190
5207704	Fiddy, P. C.	194	5208549	Fisher, J.	151	8015540	Flett, D. P.	173
8025652	Fidgett, J. G.	190	8028458	Fisher, L.	110	8302598	Flett, T.	148
8025600	Fidler, D. C.	33, 100	4335395	Fisher, M. G. W.	40, 188	2637780	Flewers, J. A.	127
8254965	Fidler, G. N.	182	5205656	Fisher, S.	181	2642491	Flewin, M. R.	132, 266
5202174	Field, C. F.	155	2635394	Fisher, S. A.	128	5205722	Flinn, P. D.	240
	Field, M.	24	214303	Fisher, T.	283	4280507	Flinn, W.	229
5205921	Field, T. W. J.	193	214145	Fishley, J. F.	278	5205076	Flint, A. P.	107
8032653	Fielder, C.	280		Fishwick, R. J.	45, 136	8024637	Flint, C. D.	146
8154215	Fielder, R.	171	306089	Fisk, C. L.	245	4287688	Flint, P. A.	105
4286618	Fielding, M. W.	236	5203721	Fisk, M. P.	115	8131478	Flint, R.	180
	Fielding, R. E.	29	211107	Fitch, G. R.	271	1961543	Flint, R. G.	236
5203739	Fielding, S.	115	8304447	Fitch, S. A.	128	214275	Flint, R. S. B.	283
4275691	Fields, B. G.	230	8232432	Fitness, J. H.	142	8029084	Flint, T. D.	181
609352	Figgures, J. M. F.	158	5204912	Fitness, P. M.	180	5205241	Flippant, P. J.	179
	Filbey, K. D.	77, 91	8022690	Fitt, G. R.	178	210204	Flitcroft, S. E.	274
306041	Filby, J. E.	244	214342	Fitton, N. J.	283	213331	Flitcroft, S. K.	278
212688	Filler, N. D.	275	214345	Fitton, R. J.	283	214025	Flitton, D. C.	281
5202200	Fillingham, D.	159	8055602	Fitzgerald, A. A. R.	233	8232915	Flood, A.	149
210597	Finch, D. J.	270	214580	Fitzgerald, A. C.	201	208965	Flood, C. J.	268

348

INDEX

Personal No	Page No	Personal No	Page No	Personal No	Page No
8177479	Flood, E. A. 273	8302613	Ford, L. G. 257	214377	Foster, C. T. 283
5208057	Florey, I. 183	2623612	Ford, M. A. 241	8260044	Foster, D. A. 132
2648038	Flory, M. J. 258	214105	Ford, M. P. 281		Foster, D. J. 176
209978	Flower, H. 269	5203803	Ford, M. S. 179		Foster, E. C. 187
213360	Flower, J. 278	211662	Ford, P. 272	1945559	Foster, F. T. 233
213002	Flower, L. E. 278	1950476	Ford, R. 233	211079	Foster, H. 271
211351	Flower, P. C. 271	4233283	Ford, R. B. 104	5201106	Foster, J. A. 156
5200053	Flowerdew, B. N. . . . 98	5206206	Ford, R. J. 169	681647	Foster, J. E. 251
8019057	Flowers, P. A. 160	214849	Ford, R. W. 287	213867	Foster, M. J. 280
5208241	Floyd, A. D. C. 200	8424712	Ford, S. A. 219	2629678	Foster, M. R. 212
5203783	Floyd, J. R. 76, 108	5205876	Forde, D. J. C. . . 73, 192	5205597	Foster, M. S. 226
306267	Floyd, S. 201	5206985	Forde, S. C. O. 207		Foster, Mr J 59
5207223	Flucker, C. J. R. 207	608204	Forde, W. L. T. 260	8027493	Foster, P. 111
214376	Flux, M. J. 284	1960696	Forder, M. C. 234		Foster, R. 46
2629673	Flynn, A. G. G. 124	683347	Fordham, A. G. 277	8025154	Foster, R. 98
211644	Flynn, A. J. 272	214913	Forey, D. M. 287	211294	Foster, R. W. 271
214816	Flynn, C. 287	5208611	Forman, R. R. 148	8195237	Foster, S. F. 167
210911	Flynn, C. P. 270	8300096	Formby, M. R. 147	8304051	Foster-Bazin, S. M. . . 126
5208599	Flynn, D. M. 133	2633321	Formoso, S. G. 124	5208225	Foster-Jones, R. A. . . 200
5205348	Flynn, K. G. M. 193	5205493	Forrest, P. F. 161	5207993	Fothergill, M. A. 199
8304284	Flynn, M. A. 127	210632	Forrester, A. 270	5208478	Fothergill, S. R. 133
2628760	Flynn, R. J. 122	2627414	Forrester,	214654	Fotheringham, J. T. . . 286
2629213	Flynn, S. A. 120		C. W. J. 58, 112	4265912	Foulds, R. J. 230
8024255	Fogden, R. 60, 180	213837	Forrester, J. 280	212814	Foulkes, J. 275
8140905	Foggo, C. H. 120	8024505	Forrester, J. M. 146	5208500	Foulstone, S. 184
5206227	Foley, A. P. 123	8001997	Forry, A. P. 233	8024632	Fountain, D. 146
4252375	Foley, T. 251	8416245	Forsdyke, M. J. 173	8405798	Fountain, M. J. 184
	Follenfant, Mr C. R. . . 69	5205319	Forshaw, K. H. 178	2633078	Fowell, J. P. 112
8072440	Follett, S. K. 231	8024586	Forshaw, N. de C. . . . 182		Fowler, C. R. . . 3, 74, 92
2644326	Follows, M. W. L. . . . 173	8235463	Forshaw, S. M. 147	2649143	Fowler, D. J. 132
8304116	Fone, S. 147	306369	Forsman, V. L. 202	8304920	Fowler, J. 134
608687	Fonfe, M. D. C. 138	214612	Forster, D. 285	5207841	Fowler, J. D. 198
8028492	Foote, D. A. 110	5207238	Forster, D. 197	5203676	Fowler, K. E. 110
5203991	Foote, S. J. 110	8210624	Forster, I. 148	214347	Fowler, L. D. 283
5203153	Footer, S. G. 70, 101	4232902	Forster, J. B. 273	8029445	Fowler, M. L. 123
8304916	Footitt, A. 135	8001165	Forster, L. E. 231	8025211	Fowler, S. M. 114
2644137	Fopp, C. M. 132	2637748	Forster, N. J. 126	211759	Fox, A. 272
8072639	Foran, B. 234	8029791	Forster, S. D. 124	213500	Fox, A. C. 278
5204901	Foran, P. J. 160		Forsyth, A. R. 9	212703	Fox, B. J. 275
2628702	Forbes, A. MacP. . . . 118	306374	Forsyth, K. L. D. . . . 174	8028261	Fox, C. J. 282
8304438	Forbes, D. R. 128	609498	Forsythe, R. A. . . 78, 98	5206921	Fox, D. A. 196
8106177	Forbes, G. S. 170	5205845	Forte, C. B. 189	2633722	Fox, E. V. 247
9845	Forbes, L. 194	214266	Fortune, A. R. 282	5206986	Fox, G. C. 207
8101043	Forbes, R. W. 110	214131	Fortune, J. H. 174	8402527	Fox, K. A. 277
8141111	Forbes, W. B. 237	5205196	Fortune, M. 240	9165	Fox, L. 188
8220282	Ford, A. G. 149	1960329	Fortune, T. F. 107		Fox, Mr T. J. 69
5205825	Ford, A. J. 166	212813	Forward, A. J. 275	8020810	Fox, N. G. 98
213432	Ford, C. A. 275		Forward, B. J. 213	214363	Fox, P. E. 283
8021092	Ford, C. D. 110	2642982	Forward, G. S. 132	8024855	Fox, P. N. 108
1961223	Ford, D. J. 54, 100	2626090	Forward, S. D. . 67, 101	208509	Fox, R. 267
8024438	Ford, D. L. 142	214255	Forward, W. J. 282	213724	Fox, S. 257
8020998	Ford, E. A. 159	0682776	Fosh, G. E. 230	2623108	Fox, S. M. 101
8058108	Ford, J. 229	4171202	Foster, A. F. 252	1937670	Fox, T. 231
5204634	Ford, J. A. 254		Foster, A. W. 77	5203760	Fox-Edwards, A. 107
	Ford, J. A. F. . . 74, 250	8026660	Foster, C. A. . . . 62, 139	306202	Fox-Wiltshire, C. A. . . 200

349

INDEX

Personal No	Page No
8083612 Foxley, H.	264
Foxton, P. D.	20
5208674 Foy, A. K.	152
214276 Foy, N.	286
8022527 Fozard, M. J.	17, 155
5204057 Fradgley, J. N.	100
608173 Fradley, D.	269
8300470 Frain, I. K.	183
9905 Frame, L. V.	246
8068889 Frame, O. G.	231
5205638 Frampton, J. K.	120
0594733 France, H. J.	229
8183261 France, J. A.	149
214251 France, J. C.	282
214970 France, S. J.	288
5208013 Francey, M. D.	116
5204925 Francis, A. G.	105
5205727 Francis, I. R.	111
2642433 Francis, P. S.	130
685492 Francis, R. A.	229
1949634 Francis, R. D.	233
8304310 Franklin, A. R.	127
8023151 Franklin, C. J.	53, 140
8154684 Franklin, J. A. R.	172, 311
212073 Franklin, S. J. W.	273
8141246 Franks, N.	238
8302508 Franks, S.	147
5201493 Fraser, B.	190
2797125 Fraser, C.	256
8304457 Fraser, C. L.	128
5206493 Fraser, E. C.	118
5207740 Fraser, G. M.	146
8117738 Fraser, I. B.	232
214132 Fraser, I. E.	282
4231952 Fraser, J.	257
5202734 Fraser, J. C. A.	105
2636205 Fraser, N. A.	128
8023869 Fraser, N. A. S.	141
8300328 Fraser, P. D.	147
5203422 Fraser, R. G.	35, 102
207603 Fraser, R. L.	267
8304520 Fraser, R. M.	129
214438 Fray, H. A.	283
594261 Fray, R. A.	229
2644067 Frayling, A. K.	133
214402 Frazer, A. T. W.	283
8304867 Frazer, M. T.	134
8290919 Frazer, S. R.	172
2627703 Freak, D. C.	195
5207831 Frecknall, I. T.	125
8300557 Freear, D. J.	245
2644038 Freeborough, J. A.	131
210571 Freehold, D. R.	270
Freeman, Mrs D.	15
213058 Freeman, D. J.	276

Personal No	Page No
2692235 Freeman, F. A.	259
8011654 Freeman, G. J.	167
213746 Freeman, P. R.	279
5205712 Freeman, R. J. B.	142
2635294 Freeman, S. E. G.	122
214776 Freeman, S. R.	286
2633393 Freeman, T. J.	125
1940170 Freeman, T. P.	265
214142 Freeney, D.	282
5204707 Freer, G. W.	164
211383 French, B. S.	271
212641 French, D.	275
2649755 French, D. C.	133
French, J. C.	91
214598 French, M. J.	285
5203728 French, M. J.	35, 158
8230026 Frew, D. M.	169
2639326 Frewin, K. R.	128
212176 Frick, R. E.	127
9714 Frick, T.	211
1949775 Frieland, C. A.	166
8150723 Friend, R.	162
8132118 Frizzell, G. H.	233
8116224 Frizzle, R. W.	284
2629679 Froome, P. D.	126
5204245 Frost, A. S.	110
5207332 Frost, D. K.	123
609476 Frost, D. W.	104
8029228 Frost, M.	121
8300237 Frost, M. L.	147
2633661 Frost, P. A.	119
214844 Frost, R. E. P.	287
5203842 Frostick, A. T.	114
5202148 Froude, C. L.	105
408837 Froude, H.	262
212938 Frowe, N. J.	276
306225 Fruish, S. O.	150
8027583 Fry, D. J.	108
2639271 Fry, J. A.	148
211172 Fry, J. M.	270
8087254 Fry, R.	282
1945845 Fry, R. P.	230
5207715 Fryar, D. N.	124
8027356 Fryer, A. D.	13, 101
5204681 Fryer, C. G.	115
8180202 Fryer, D.	165
1961661 Fryer, K. P.	231
8023484 Fryer, R. P.	140
8029274 Fryett, R. P.	240
214575 Fulbrook, I. S.	285
5203057 Fulford, M. A.	55, 157
8023170 Fulker, M. D.	179
8248907 Full, S. M.	200
5206146 Fuller, A. D.	197
208566 Fuller, J.	267

Personal No	Page No
8032482 Fuller, M. A.	193
Fuller, M. J.	24, 62, 136
9545 Fuller, S.	193
1943912 Fuller, S.	230
5205328 Fullerton, R. G.	116
687963 Funnell-Bailey, C. C.	113
214445 Furley, S. J.	284
306186 Furness, S. L.	201
Furniss, N. J.	24
4335426 Furniss, N. J.	9, 99
4231961 Furr, R. D.	113
214648 Furze, J. A.	286
213456 Fusedale, J. S.	278
8225388 Fyfe, P. D.	197
5206750 Fyffe, J. C. N.	162
4220300 Fynes, C. J. S.	106
8026565 Fynes, J. P. S.	76, 100

INDEX

Personal No		Page No	Personal No		Page No	Personal No		Page No
	G		594378	Gannon, D. M.	179	4233068	Garton, A. C.	241
			211761	Gant, D. McK.	272	8028053	Garvey, K.	144
			213407	Gant, I. S.	282	8300669	Garwood, F. D.	149
306299	Gabb, N.	201	4290672	Gant, R. W.	230	8194401	Garwood, M.	193
5207633	Gabriel, S. L.	243	2649296	Garbutt, A. M.	133	213469	Garwood, R.	284
211999	Gabriel, W. A.	273	1948393	Gard, B. J.	231	8027437	Garwood, R. F.	100
8234510	Gadbury, T. M. .	66, 198	507680	Garden, E. R.	158	8012251	Gascoigne, P. G. ...	232
214005	Gadd, S. I.	282	2625766	Garden, S. N.	107	2635300	Gaskell, A. S.	125
8153267	Gadney, A. D. .	171, 313		Gardiner, C. A.	176	8119767	Gaskin, L. A.	149
5207312	Gaffney, J. E.	206	214121	Gardiner, C. D.	281		Gaskin, P. P. V.	176
8141015	Gagen, S. P.	106	5204989	Gardiner, G. J.	189	4276085	Gass, I.	231
5208515	Gagnon, F. Y.	147	2631988	Gardiner, H. M.	124	8019863	Gasson, B. R.	163
8029796	Gair, G. C. 60, 111		595449	Gardiner, J. C	179	8304724	Gasson, L. F.	130
608834	Galbraith, A. G.. 51, 139		5201794	Gardiner, J. C. . 60, 188		8021197	Gatenby, G. J.	159
2642743	Galbraith, M. A. ...	131	8020880	Gardiner, J. F... 76, 104		9285	Gatenby, M. H.	192
211879	Gale, C. A. F.	273		Gardiner, M. J.	91	2639043	Gatenby, N. J.	126
5204990	Gale, D. J. 35, 157		1962124	Gardner, A. H.	232	8152554	Gates, M.	167
2644445	Gale, D. R.	132	4287858	Gardner, D. H.	230	5208639	Gates, R. D. J.	174
8026442	Gale, G.	105	5202957	Gardner, D. K.	188	212569	Gatland, G. D.	276
8304212	Gale, I. D.	127	2653963	Gardner, D. M.	266	5207100	Gatrill, Rev A. C. ...	224
214985	Gale, J. M.	288	212677	Gardner, J.	275	4271341	Gattrell, R. A.	237
214956	Gale, N. J.	288	409490	Gardner, J.	214	8028743	Gaughan, P. J.	120
212919	Gale, P. S. 257, 276		214960	Gardner, J. A.	284	2636892	Gault, G. W. K.	127
8141387	Gale, R. D.	238	214820	Gardner, J. W.	287	8026073	Gault, R. K. 13, 98
8019102	Gale, S.	156	2647012	Gardner, M. J.	256		Gault, R. W.	94
5204269	Gales, A. J.	118	8025361	Gardner, R. S.	143	4232943	Gault, W.	103
8151886	Galkowski, R. A. ...	163	214848	Gardner, S.	287	8151307	Gauntlett, D. W.	122
8208352	Gallagher, J. J.	120	2629019	Gardner, S.	147	8300559	Gautrey, D. J. M. ...	148
209525	Gallagher, K.	268	8302694	Gardner, S.	129	8300516	Gavars, J. M.	148
207970	Gallagher, M.	273	211281	Gardner, T. P.	271	8300217	Gavin, M. K.	197
5208626	Gallagher, M. J.	134	210139	Gardner, W. J.	269	213930	Gay, A. J.	280
4232933	Gallagher, P. M. ...	211	0690579	Garfoot, B. R.	230	5207710	Gay, M. A.	168
608789	Gallaugher, R. A. ..	179	8304503	Garland, M. M. E. V.	128	214425	Gay, S. J.	283
2627124	Galletly, D. R. W. ..	112	2642330	Garlick, D. J. B.	131	8130011	Gaynor, J.	197
5201587	Galley, B. W.	190	5203651	Garner, A. S. .. 35, 160		8091199	Gaynor, J. F.	231
214200	Galley, P. T.	282	5208178	Garner, N.	148		Geake, Dr M. R.	221
5203630	Gallie, D. W.	111	8028838	Garner, R. W. C. ...	120	8122824	Gear, A. C. J.	115
5207051	Gallon, J. C.	240	5207170	Garnett, I. M.	196	306124	Geary, K. G.	207
2619867	Gallon, J. D.	243		Garnett, Sir Ian.....	18	8304256	Geary, N. J.	127
214506	Gallop, M. P.	285	5207066	Garnham, A. J.	181	8141126	Geary, S. G.	237
8023433	Galloway, A. H.	191	8223662	Garnon-Cox, D. G. .	183	214205	Geary-Andrews, C...	282
8027391	Galloway, J. R.	239	8418583	Garrad, J.	173	8026149	Geddes, H. G.	105
208453	Gallup, S.	267	306262	Garratt, A. J.	201	210034	Geddes, R.	269
2635172	Galway, N. K.	197	5208664	Garratt, J. S.	151	5201928	Geddes, R. G.	108
	Gambazzi, M. J.	14	8195756	Garratt, W. H.	118	214217	Gee, M. J.	282
213289	Gamble, J. R.	277		Garrett, J. S. L.	9	5206413	Gee, S.	170
8027593	Gamble, N.	143	8131805	Garrett, J. T.	235	8028991	Geeson, C. T.	121
5206363	Gambold, K. A.	126	208032	Garrett, M.	269	306244	Geeson, J. A.	173
	Gambold, W. G. 75, 250		2636450	Garrett, M. R.	122	4335791	Gegg, J. D. J.	108
213122	Gamlin, D.G.	277	8023821	Garrity, R. D.	144	5204332	Gell, A. P.	119
5205969	Gammage, R. D. ...	189	8028744	Garrod, M. D.	120	8023677	Gell, A. T.	178
	Gammon, N. W. 74, 154		8026507	Garrod, S. J.	254	8252429	Gellini, M. 173, 308
8105172	Gange, D. K.	198	8125842	Garside-Beattie, L. .	101	8023527	Gemmill, T.	143
5207657	Gannon, A. S.	182	8020925	Garstin, J. C. ... 56, 178		8028601	Gent, A. J.	110
			8023944	Garston, R. J. L. ...	141	690001	George, A. M.	139

351

INDEX

Personal No		Page No	Personal No		Page No	Personal No		Page No
8026617	George, B. D.	140	8024291	Gilbert P. N.	257	8300315	Gillespie, A. J.	198
8214699	George, E. R.	182	5208407	Gilbert, A.	173	2637703	Gillespie, A. K.	122
8022893	George, G. H. E.	243	8000028	Gilbert, A. I.	191	8302602	Gillespie, A. L.	199
5206586	George, R. M. A.	196	2623406	Gilbert, Rev A. J.	224	8302604	Gillespie, C. R.	148
214201	George, S. J.	282	8009729	Gilbert, B. R.	275	211146	Gillespie, D.	271
	George, Sir Richard	254	5204202	Gilbert, C. N. R.	161	594207	Gillespie, J. R.	191
2635367	German, A. D.	171	8024997	Gilbert, J.	104	8125651	Gillespie, J. W. C.	285
8023511	Germaney, R. C.	141		Gilbert, J. C.	153	5208498	Gillespie, S. G.	201
8300672	Gerrard, C. P.	244	213203	Gilbert, J. M.	277	8227329	Gillespie, W. M.	168
2633229	Gerrard, P. S.	112	207318	Gilbert, M. J.	267	207546	Gillett, F. R.	267
213931	Gerrish, D. J.	281	5206054	Gilbert, M. P.	161	8018566	Gillett, P.	230
8250448	Gerry, S. T.	198	210612	Gilbert, M. R.	163	212929	Gillett, R. A.	276
	Ghosh, A. K.	81	2626483	Gilbert, M. StJ. J.	116	5207714	Gilley, R. M.	246
8025063	Gibb, I. B.	177	8024198	Gilbert, N. P.	120	5207016	Gillies, J. R. C.	196
8023765	Gibb, P. H.	141	213036	Gilbert, P.	276	9808	Gillies, R. L.	196
5208062	Gibb, R. J.	127	1960020	Gilbert, P. C.	232	214739	Gillies, S.	286
608066	Gibb, R. W.	241	208878	Gilbert, P. N.	155	2627107	Gillies, S. C.	109
5205995	Gibbons, A. J.	211	4232603	Gilbert, R. L.	190	5206653	Gilligan, M.	164
4233225	Gibbons, G. R.	113	5208262	Gilbert, S. J.	131	8029674	Gilling, P. R. T.	125
8300191	Gibbons, R. J.	245	5205726	Gilbert, T. J.	206	5203514	Gillingham, N. K. 40, 188	
5208714	Gibbons, R. L.	152	212833	Gilbey, S. L.	276	2836173	Gillott, C.	271
8092938	Gibbons, T. E.	160	213960	Gilchrist, K.G.	281	9546	Gillott, S. M.	144
1947988	Gibbs, B. G.	233	2622093	Gilday, E. J. W.	105	8304552	Gilmore, S. T.	148
8300058	Gibbs, B. T.	146	214486	Gildea, A. C.	284	208716	Gilmour, C. R.	267
5208050	Gibbs, D. A.	127	8023732	Gildersleeves,		214723	Gilmour, K.	286
690590	Gibbs, P.	168		J. P. V.	58, 141	5207701	Gilpin, W. J. C.	124
5207638	Gibby, R. M.	116		Gilding, M. J.	19, 92	5205473	Gilroy, A.	60
8101168	Gibney, J. C.	235	8032223	Giles, A. M.	143	5205473	Gilroy, A.	142
607688	Gibson, A. J.	251	1946979	Giles, G. G.	230	8068094	Gilroy, F. A.	232
306207	Gibson, A. L.	199	8300097	Giles, M. R.	182	5206455	Gilroy, J. R.	171
5203631	Gibson, C. R.	142	2640173	Giles, N. S.	129	8235970	Gilroy, K. M.	198
8029433	Gibson, D.	146		Giles, P.	83	8139589	Gilroy, N. S.	151
5203698	Gibson, D. A.	192	207876	Giles, P.	267	214446	Gilson, D. R.	284
214631	Gibson, D. J.	285		Giles, P. W.	17, 92		Gilson, J. I.	41
9765	Gibson, E. A.	197	686213	Giles, W. J.	251	5208157	Gilvary, D. R. F.	148
4275993	Gibson, G. J.	144	2662128	Gilham, D. J.	258	4163658	Gilvary, R. B.	274
211374	Gibson, G. V.	271	213491	Gilham, J. K.	278	8025227	Gimblett, W. J.	138
8012137	Gibson, G. V.	197	214566	Gilhooly, D.	285	8141596	Gimenez, J. C.	124
	Gibson, G. W.	36	8024335	Gill, A. C.	141	5202810	Gingell, A. S.	259
	Gibson, I.	15	9427	Gill, C. A.	158	8027787	Gingell, C. E.	35, 160
5206798	Gibson, I. S.	240	8300056	Gill, C. M.	146	8302674	Ginnever, J. D.	247
9463	Gibson, J. A.	116		Gill, C. S.	32	1931867	Gipson, P. S.	229
8172568	Gibson, J. M. M.	162	2628313	Gill, C. S.	240	589209	Girdler, E. E. G.	271
409491	Gibson, L. K.	214	2653899	Gill, D. J.	151	5204299	Girdwood, K. R. H.	111
2629489	Gibson, M.	162	5205209	Gill, D. N.	161	8128769	Girling, R. J.	107
8154513	Gibson, M. A.	171	8023943	Gill, E. A.	72, 180	2627582	Girven, C. F.	117
5207125	Gibson, S. J.	197	210801	Gill, G.	270		Gittins, P.	10
214713	Gibson, S. M.	286	8110467	Gill, J. L.	275	5205664	Gladston, J. G.	122
210468	Gibson, T. H. G.	270	8151782	Gill, J. R.	163		Gladwell, J.	10
	Gibson, T. M.	3, 203	213841	Gill, S.	280	5207699	Gladwin, K. J.	245
2627054	Gibson, W. R.	108	2634362	Gillan, C. J.	130	4250711	Glasspool, I. D.	242
8246717	Gidda, G. S.	169	8111846	Gillan, J.	105	5206364	Glaves, G. R.	126
2615419	Gidney, A. J.	275	213133	Gillard, J. A.	277	5206963	Glazebrook, A. J. C.	145
214455	Giess, N. P.	285	207811	Gillen, D. A.	267	306285	Gleave,	
8022801	Gifford, F. C. M.	140	212201	Gillespie, A. J.	273		B. J.	201, 311-312

INDEX

Personal No		Page No	Personal No		Page No	Personal No		Page No
8304446	Gleave, C.	128	505447	Goldstein, M.	250	1960849	Gordon, B.	167
	Gleave, M.	67, 94	5204333	Goldstraw, D. A.	119	4269555	Gordon, J.	270
8026485	Gledhill, D. J.	104		Goldstraw, P.	220	2124644	Gordon, J. A.	285
2649005	Gledhill, H. M.	184	8009628	Goldsworthy, J. H.	169	5203236	Gordon, N. J.	11, 138
214971	Gleeson, A.	288	209959	Goldsworthy, R.	269	8027040	Gordon, R. G. H.	179
5207830	Gleeson, R. F.	147	2621412	Golledge, A.	101		Gordon-Smith, E. C.	220
8300879	Gleeson, R. J.	152	5207318	Gomes, P. J.	206	0683297	Gore, M. F.	230
5206468	Glendinning, P. J.	196	91500	Gooch, N. I.	258	212970	Gore, S. A.	276
5208632	Glendinning, R. D.	151	9573	Good, J.	193	212535	Goring, P. D.	274
214760	Glennon, A. M.	286		Good, M. J.	49, 92	8023842	Gorman, C. J.	139
1947636	Glenton, C. I.	237	214026	Goodacre, R. G.	281	210616	Gorman, F.	270
	Glodowski, A. G.	68, 313	8011431	Goodall, A. D.	238	8074724	Gorman, J. W.	230
8029281	Glover, A. D.	122	8010605	Goodall, J. P.	160	5206599	Gorman, N. R.	194
1949635	Glover, A. M.	280	8007333	Goodall, M. P.	161	8070354	Gormley, A.	230
5206911	Glover, A. S.	118	8141004	Goodall, R.	68, 101	409467	Gormley, S.	249
	Glover, E.	30		Goodall, R. H.	91	5206707	Gorringe, M. J.	118
8028636	Glover, R. G.	282	2635548	Goodall, V. L.	148	2630231	Gorton, A. P.	195
306297	Glover, T. M.	201	211419	Goodayle, R. C.	272	9717	Gorton, M. G.	248
4233146	Glyde, P. L.	113	5203276	Goodbourn, J. A.	100	5205320	Goslin, I. P.	160
213257	Goacher, M.	277	2631927	Goodchild, M. C. H.	146	5203135	Gosling, A. T.	106
9459	Goatham, J.	195	5208226	Goodchild, S. P.	172	8027537	Gosling, J. R.	107
8025164	Goatham, J. M.	50	8018915	Gooden, R.	160	306160	Gosling, V. P.	58, 199
8205164	Goatham, J. M.	110	8026824	Goodenough, N. J.	105	8051084	Gosney, P.	238
5202812	Gobelli, R. D.	49	5208668	Goodey, D. J.	134	8027507	Goss, C. H.	180
8210297	Godbolt, S. D.	168		Goodfellow, M.	21	2642722	Gossling, S. M.	131
5208161	Goddard, A.	245	2637972	Goodfellow, P. R.	129	2797481	Gossow, S. D.	182
8010830	Goddard, A. P.	172	5206318	Goodfellow, R. C.	170	9561	Gough, A. A.	73, 193
8304366	Goddard, A. R.	128	212573	Goodger, G.	275		Gough, A. B.	45
208911	Goddard, C. M.	274	212423	Goodier, M. A.	274	1944467	Gough, A. J.	229
609359	Goddard, G. M.	33, 155	1933833	Goodier, R. E.	271	209477	Gough, B.	280
0595454	Goddard, M. J.	231	1942544	Goodier, R. L.	270	8302822	Gough, C. E. J.	135
5204913	Goddard, M. R.	165	5203205	Goodison, A. J.	106	213702	Gough, C. F.	279
	Goddard, Dr P. R.	220	687651	Goodlad, D.	229	214061	Gough, C. G.	281
	Goddard, R. A.	28	9732	Goodman, C. J.	242	8024167	Gough, P. M.	180
211809	Godden, J. R.	272	4233056	Goodman, D. F.	103	214606	Gough, S. J.	285
209503	Godden, M. J.	276	608748	Goodman, G. J.	45, 98	5204884	Gould, C.	158
8032674	Godfrey, J. E. A.	146	1943460	Goodman, K. R. J.	229		Gould, E. J.	27
5201834	Godfrey, M. F.	191		Goodman, P. C.	9, 35, 96	212251	Gould, H.	273
2621452	Godfrey, M. V.	43, 98	607996	Goodman, P. J.	242	2642403	Gould, H. L.	173
212715	Godfrey, P. A.	275	8028742	Goodman, P. St. J.	119	8024280	Gould, J. C.	181
8304527	Godfrey, P. A.	129	5202225	Goodman, R. N.	114		Gould, Mr D.	19
5202380	Godfrey, P. M.	190	8028276	Goodrum, R. M.	118		Gould, R.	21
	Godsal, D. H.	13	8025166	Goodsell, G. V.	99	211014	Gould, R. G.	271
5207154	Godsland, M.	196		Goodsir, J.	57		Gould, R. H.	92
306326	Godwin, S.	184	8001915	Goodstadt, E. A.	234	4231699	Goulding, N. B.	113
608916	Goff, D. K.	113	0683502	Goodwin, A. R. P.	230	5207253	Gourlay, D. C. MacG.	121
5202297	Goff, N. J.	159	211663	Goodwin, D.	272	2640230	Gover, K. M. A.	131
214421	Goggin, B. D. J.	133	306348	Goodwin, H. J.	151	5208289	Gow, A.	173
211548	Goggin, J. F.	272	5208439	Goodwin, J. P.	201	2630984	Gow, D. G.	112
8025054	Golden, E.	104	306159	Goodwin-Baker, J.	199	5204409	Gow, P. J.	159
	Golden, Dr F. Stc.	220	8304006	Goodwyn, A. N.	124	688404	Gowing, A. R.	163
4232883	Golden, M. J.	105	5202732	Goody, A. J.	156		Gowing, K.	35, 153
	Golding, Mrs L.	81	5206877	Goold, I. G.	120	5206550	Gowing, S. T. J.	211
214111	Golding, S. T.	281		Gordon Lennox, A. C.	27	4271348	Grace, E. J.	264
1961153	Goldsmith, C. R.	232	2630591	Gordon, A. G.	116	5207263	Grace, J. C.	167

INDEX

Personal No		Page No	Personal No		Page No	Personal No		Page No
214169	Grace, M. J.	282	8302785	Grantham, S. M.	287	5203218	Green, C. H.	156
1945525	Grace, R.	245	213049	Grantham-Hill, M. R.	276	608690	Green, D. A.	178
2627657	Gracey, D. G. T.	194		Granville-Chapman, T. J.	70	0689073	Green, D. E.	230
212361	Gracey, M. H.	274				5207393	Green, D. H.	172
5203079	Gracie, S. A.	45, 188	212125	Grapes, N. P. P.	273	214981	Green, D. L.	288
212859	Graddon, L. B.	276	5206826	Grapes, S. A. R.	120	2627234	Green, E. B. H.	127
5205393	Gradwell, D. P.	65, 205	91498	Grattan, M. P.	261	5207818	Green, G. E.	246
5207366	Grady, S. W.	147	8024669	Gratton, R. E. J.	146	688961	Green, G. N.	159
214226	Grafham, D.	283	8026714	Graves, R. D.	105	213013	Green, H. J.	284
8029730	Grafton, J. E.	125	5204150	Gray, A.	160	8024074	Green, I. D.	144
2642630	Grafton, M. J.	133	8029532	Gray, A.	123	213342	Green, I. M.	278
213825	Graham, A.	280	2629523	Gray, A. P.	109	213472	Green, I. M.	278
8019890	Graham, A. G.	132	2640174	Gray, A. R.	184	8029708	Green, J. H.	125
5207938	Graham, D. A.	147	5206104	Gray, A. S.	119	8289509	Green, J. R.	171
213571	Graham, D. H.	279	8126105	Gray, B. L.	156	5204319	Green, J. W. M.	180
8110529	Graham, F.	149	1948649	Gray, B. T.	230	8182676	Green, K. J.	280
210222	Graham, G.	271	5208642	Gray, C. B.	134	594055	Green, K. W. J.	188
5206981	Graham, H.	164	2642619	Gray, D. E.	266	213863	Green, M.	280
8300786	Graham, J. M.	150	5205274	Gray, D. L.	142		Green, M. A.	68
	Graham, Sir John	254	8028675	Gray, D. M.	112	5208243	Green, M. A.	149
5208147	Graham, K. B.	171	5205598	Gray, F. J.	145	5203223	Green, M. C.	10, 17, 100
5203621	Graham, K. P.	254	8029437	Gray, F. T.	123	5202259	Green, M. D.	191
1946763	Graham, M. B.	255	8011807	Gray, G. H.	169	8023678	Green, M. D.	179
2640961	Graham, M. C.	130	2626709	Gray, J.	256	211790	Green, M. H.	272
8028430	Graham, M. G. C.	108	8103541	Gray, J.	149	8029300	Green, M. J.	122
687116	Graham, M. J.	274	8028181	Gray, J. J.	110	8304869	Green, M. W.	134
5208404	Graham, M. R.	150	5206669	Gray, K. R.	109	8009222	Green, N.	232
2644398	Graham, N. J.	133		Gray, Ms L. A.	36	8206630	Green, N.	182
	Graham, P. J.	7	2622305	Gray, N. M.	256	8302776	Green, N.	202
4283230	Graham, R. S.	237	8021198	Gray, P. W.	11, 99	5206080	Green, N. B.	164
5208190	Graham, S. A.	200	1930914	Gray, R. C.	229	5207315	Green, N. D. C.	206
8069968	Graham, W. J.	230	4283036	Gray, R. W.	277	209925	Green, N. J.	269
	Graham-Cumming, A. N.	39, 204	8023420	Gray, R. W.	140	5207802	Green, N. M.	123
			8300756	Gray, S. A.	150	4280321	Green, P.	264
5204307	Grainger, R.	163	9564	Gray, S. C.	161	210036	Green, P. D.	282
409463	Grainger-Birkholz, J. A.	249	2649288	Gray, S. E.	201	8023696	Green, P. J.	143
				Gray, Sir John	81	5208205	Green, R. A.	130
507640	Grand-Scrutton, J.	251	208794	Gray, T. D.	268		Green, R. J. C.	36, 66
	Grandy, Sir John	90	8022660	Gray-Wallis, H. F.	138	4230398	Green, R. J. C.	241
5072186	Grange, M. J.	241		Graydon, Sir Michael	80, 90	4231877	Green, R. W.	267
690641	Granger, T. W.	232	8212608	Grayson, K. J.	142	8028833	Green, S. C.	120
8019483	Gransden, A. W.	160	8023374	Greatorex, M.	138	8110967	Green, S. J.	9, 102
8300755	Grant, A. N.	184	306095	Greaves, J. M.	197	1945623	Green, T. J.	231
4335683	Grant, B. C. E.	138	5201410	Greaves, K. R. C.	9, 99	2642626	Green, V. J.	152
212746	Grant, D. I.	275	8300848	Green, A.	152	8253318	Greenall, B. W.	279
	Grant, G. A. B.	28	8213475	Green, A. C.	200	5203493	Greenbank, A. R.	158
5205971	Grant, K. F.	191	5203707	Green, A. D.	108	214039	Greene, C. D.	281
214873	Grant, L. J.	287	5205067	Green, A. D.	205	8083000	Greene, G. R.	147
212790	Grant, M. J.	275	9479	Green, A. J.	143	213681	Greene, M. P.	152
2637673	Grant, P. E.	282	8029737	Green, A. J.	125	8027233	Greene, R. A. D.	106
2630720	Grant, R. D.	122	8122467	Green, A. R.	169		Greener, B.	308
5206701	Grant, S. G.	119	5207365	Green, A. S.	170	5206284	Greenfield, C. W.	257
213385	Grant, S. J.	278	8023223	Green, B. C.	35, 139	8105729	Greenfield, J. M.	169
208959	Grant, T.	251	5206445	Green, C. D.	171	209935	Greenhalgh, J. K.	269
8302725	Grant, T. L.	150						

354

INDEX

Personal No		Page No	Personal No		Page No	Personal No		Page No
5205377	Greenhalgh, Rev I. F.	48, 223	8141735	Grieves, A.	233	8031801	Grimson, A. S.	179
4277743	Greenhalgh, S. B.	257	5206167	Grieves, D. J.	181	8021096	Grimson, P.	177
2643963	Greenhalgh, S. D.	131	212253	Griffin, A. C.	274	8000107	Grimwood, M. P.	181
8201982	Greenham, P. M.	149		Griffin, A. J.	83	2644341	Grindal, D. J.	131
2642892	Greenhowe, J. M.	130	2621654	Griffin, G.	107	8304769	Grindlay, J. P.	131
5205096	Greenish, T. S.	206	4232674	Griffin, J. T.	105	5205396	Grindley, G. A.	116
214475	Greenland, L. S.	285	5206558	Griffin, M. J.	192	4274498	Grinstead, M. G. P. R.	277
8153614	Greenland, S. J.	171	8141377	Griffin, S. J.	123	8150994	Grinsted, P. J.	162
210889	Greenow, J. W.	270	8023215	Griffith, E. D.	273		Grisdale, J. N. J.	29, 95
213447	Greenow, K. F.	278	4251619	Griffiths, A.	251	5208349	Grist, A. W. J.	184
8248792	Greensill, K. B.	173	5203729	Griffiths, B. M.	140	608839	Gritten, A. J.	45, 138
210365	Greenslade, A. L. J.	269	211400	Griffiths, D.	271	211136	Grix, A. D. H.	271
8153208	Greenslade, L. A.	173	8024183	Griffiths, D. J.	142	8118926	Grogan, A. P.	238
5205997	Greenstreet, D. M.	166	8019315	Griffiths, D. K.	158	5206431	Grogan, I.	126
5208228	Greentree, D. W.	148	8180764	Griffiths, G. D.	163	5204527	Grogan, P.	179
5204370	Greenway, A. M.	164	8304804	Griffiths, G. O.	133	211959	Grogan, R.	279
5204291	Greenwood, A.	144	5204262	Griffiths, H. M.	110	306278	Groombridge, R. D.	198
5203065	Greenwood, B.	158	8406652	Griffiths, I. S.	201	207154	Grose, L. A.	112
306354	Greenwood, E. C.	151	5208520	Griffiths, J. A.	148	409260	Gross, J. L.	213
8207180	Greenwood, P.	172	214868	Griffiths, J. E.	287	4233125	Grosvenor, L.	113
8114070	Greenwood, P. M.	148	1938800	Griffiths, J. P.	264	213896	Grout, J.	280
8170789	Greenwood, R. J.	164	5208107	Griffiths, J. S.	207	8025427	Grout, M. J.	57, 108
8023612	Greenwood, S. D.	189	8068774	Griffiths, K. I.	119	213059	Grout, N. M.	276
8027578	Greer, A. S.	116	211401	Griffiths, L. M.	271	4335494	Grove, A. D. W.	139
208984	Greer, A. T.	268	5205000	Griffiths, M. A.	195	209894	Grover, J. D.	273
	Gregg, D.	12	5207639	Griffiths, M. C.	243	8027736	Groves, A. K.	108
211498	Gregor, G. R.	272	213141	Griffiths, M. E.	277	8013766	Groves, J. A.	193
5206306	Gregory, A. J.	126	5208149	Griffiths, N. R.	199	213698	Growcott, J. A.	279
8183055	Gregory, K.	282	8304691	Griffiths, P. L.	130	608713	Grumbley, K. G.	98
8300743	Gregory, K. J.	150	8014539	Griffiths, R.	276	8304742	Grun, A. B.	150
9871	Gregory, K. L.	247	5208456	Griffiths, R. G.	184	8304162	Gubb, P. J.	126
	Gregory, N. A.	62, 137		Griffiths, R. J.	27	5206280	Gudgeon, A. C.	166
2622929	Gregory, P. W.	106	8024371	Griffiths, S.	142	8140874	Gudgin, G. D.	238
8020788	Gregory, R. D.	106	9666	Griffiths, S. C.	24, 193	8300754	Gue, R. W. M.	201
212902	Gregory, R. J.	276	8206986	Griffiths, S. C.	168	2649772	Guertin, J. A.	133
8028504	Gregory, R. J.	118	608912	Griffiths, S. G.	45, 98	608911	Guest, D. M.	98
306370	Gregory, S. A.	202	2627353	Griffiths, S. M.	120	2637103	Guest, J. A.	128
2642475	Gregory, S. J. E.	184	409501	Griffiths, T. A.	214	8025871	Guest, T. A.	73, 105
8029369	Gregory, S. P.	122	5208550	Griffiths, T. M.	133		Guiver, P.	80
8026472	Gregory, S. StJ.	114		Griffiths-Hardman, C.	81	215001	Gulam, M.	288
211289	Gregory, T. W.	271	2632386	Grigg, M. J.	127		Gullan, P. H. W.	28
8108511	Gregson, P.	235	8118214	Grigglestone, C. M.	173	5206813	Gullidge, K. A.	213
2636009	Greig, A. D. C.	258		Griggs, C. J.	7	8300253	Gulliver, A. D.	198
2630709	Greig, D. A.	120	1949727	Griggs, D. F. C.	229	8024813	Gulliver, J.	114
2638224	Gresham, A. P.	128		Griggs, D. S.	95	8027357	Gumby, A. D.	101
4335592	Gresham, J. W.	140	8051613	Griggs, J.	230	8154759	Gundry, D.	173
300910	Gresty, P. J.	243	8304429	Griggs, J. P.	128	8153362	Gunn, C.	244
8023641	Greville, P. J.	139	8029025	Grime, J. R. A.	110	8024931	Gunn, D. C. E.	190
8210183	Grice, G. B.	181	5208112	Grimmer, P. M.	207	8028141	Gunn, D. J.	108
208986	Gridley, M. J.	268	8304713	Grimsey, S. R.	130	8209780	Gunn, J. H.	145
212990	Gridley, S. A.	276	1961910	Grimshaw, G. A.	230	2627387	Gunn, M. J.	117, 313
2620185	Grierson, S. W.	267	91519	Grimshaw, M. D.	258	8120317	Gunn, T. J.	164
5205334	Grieve, D. J. W.	195	2633035	Grimshaw, R. D.	120	2635615	Gunn-Wilson, C.	311
8304712	Grieve, S. N.	130	213664	Grimshire, L. K.	279	214642	Gunner, P. A.	285
			5206984	Grimsley, D. T. A.	166			

355

INDEX

Personal No		Page No	Personal No		Page No	Personal No		Page No
8021199	Gunner, S.	99		**H**		5201986	Halfter, P. N.	75, 188
5203576	Gunning, K. E.	106				8184019	Hall, A. F.	200
214242	Gunstone, J. P.	282				213445	Hall, A. J.	278
210202	Gunter, N. J.	269	4285117	Hack, K. S.	246	8024358	Hall, A. J.	60, 142
8050989	Gunter, S. J.	148		Hack, Mr R.	19	8304616	Hall, A. J.	149
5208332	Gunther, J. C.	198	306371	Hackett, J. N.	201	4232720	Hall, A. N. C. M. M.	107
8210712	Gurden, M.	167	8029435	Hackett, P. L.	123	5206583	Hall, A. R.	118
211549	Gurney, R. F.	272	210230	Hackett, R.	269	8302806	Hall, B.	152, 312
	Gurr, N.	12	8304395	Hackland, M. A.	128	2616111	Hall, B. T. F.	60, 242
8304321	Gusterson, L.	129	5203916	Hackney, R. G.	205	8128563	Hall, C. I.	236
	Guthrie, Sir Charles	5, 7	212754	Hacksall, D.	275	212478	Hall, D.	274
1946326	Guthrie, J. M.	191	212249	Hackshall, S. E.	274	5206970	Hall, D. A.	168
5207118	Guthrie, M. E. G.	196		Haddacks, P. K.	44	5207696	Hall, D. E.	244
8087708	Guttridge, I.	238	2625868	Hadden, P.	144	2636524	Hall, D. P.	126
212076	Guy, B. J.	273	214879	Hadfield, N. A.	287	5208315	Hall, G. E.	150
8029698	Guy, J. P.	124	214729	Hadley, L. J.	286	8249926	Hall, G. J.	171
212232	Guy, M. R.	242	5208009	Hadley, S.	198	2639393	Hall, I. D.	149
211880	Guy, R. M.	273	8028894	Hadley, S. C.	121	5207195	Hall, I. S.	206
210453	Guy, S. D.	269	2633296	Hadlow, C. D.	123	214329	Hall, J. E.	283
5206736	Guy, T. J.	162	2633719	Hadlow, D. M.	123	306194	Hall, J. T.	129
1961133	Guyatt, D. J.	241	3516780	Hadlow, R. K. J.	269	8102303	Hall, K. E.	231
2628175	Guz, N.	67, 102	208264	Hadnett, D. T. J.	178	8097480	Hall, M. I.	282
214952	Guzy, S. J.	288	5204974	Hagan, J. G.	140	4283037	Hall, M. J.	282
4284490	Gwilliam. M. J.	232	4233227	Haggar, N. A. T.	113	4287267	Hall, M. Mc L.	231
5207111	Gwillim, J. M. D.	196	5206766	Haggarty, E.	195	2619240	Hall, M. R.	241
213532	Gwyn, R. T.	260	8221992	Haggett, P. J.	183	5205749	Hall, N. A.	144
			212611	Haggo, S. J.	262, 275	5208396	Hall, N. J.	150
			2640400	Hague, S. C.	131	1961141	Hall, R.	235
			306125	Haigh, J. L.	243	8031686	Hall, R. A.	147
			2628467	Haigh, W. D. P.	240	4232892	Hall, R. J.	54, 59, 103
			8304725	Hailey, A. T.	130	8025345	Hall, R. P. W.	105
			210816	Hailstone, A.	270	1948731	Hall, R. R. J.	231
			8304347	Haines, D. F.	128	5202851	Hall, S. D. B.	179
				Haines, J. H.	3, 79, 92		Hall, T. E.	27
			5202533	Haines, P. J. J.	9, 98	306119	Hall, T. G.	183
			1945602	Hair, J. L.	273	5207660	Hall, T. W.	246
			306256	Haith, L. R. P.	132	2653845	Hall, V. C. J.	184
			213244	Hake, A. A. S.	277	9759	Hall, W. P.	145
			214006	Hake, B. D.	174	5206299	Hallam, A. J.	169
			8290499	Hake, D.	126	8304103	Hallam, G. M. J.	126
			213372	Hakes, M. D.	278	212553	Hallam, J. W. R.	274
				Hakin, L.	74, 250		Hallam, M. R.	137
			213953	Hale, D. H.	281	8023098	Hallam, M. R.	49
			212629	Hale, D. I.	275	8302797	Hallaway, E. H.	152
			2649251	Hale, E. L.	133	607885	Haller, D.	274
			5203872	Hale, M. D.	114	8023340	Hallett, C.	140
			5208354	Hale, N. B.	150	8141124	Hallett, D.	236
			8304770	Hale, P. N.	131	2626100	Hallett, L. T.	102
			2640846	Hale, R. J.	171	5202205	Hallett, P. Q.	104
			5206603	Hale, R. J.	180	8025807	Halley, W. L.	236
			9674	Hale, S. L.	245	690127	Halliday, D. G.	180
			2628769	Hales, D. W.	120	212602	Halliday, J. W.	275
			213368	Haley, J. G.	278	8190796	Halliday, R. J.	197
			5208362	Haley, M. S.	130	8206877	Halliday, S. J.	167
						8009055	Halliwell, M. R.	235

356

INDEX

Personal No		Page No	Personal No		Page No	Personal No		Page No
213906	Hallowes, R. A. D. .	280	4230600	Hammond-Doutre, G. I.	242	213225	Harbar, D. J.	288
300924	Hallowes, S. D.	243	8070315	Hamon, S.	252	4220195	Harber, J. E.	236
5203907	Hallwood, J. Q.	106	8076002	Hampson, A. J.	230	8020847	Harborne, P. N.	101
5205984	Halpin, D. R.	117	8008582	Hampson, G. R.	235	8304186	Harbottle, E. G. M.	127
	Halsall, M. W.	46, 97	8087523	Hampson, J. R.	145	8013189	Harbottle, F.	70, 99
689292	Ham, G.	163	2641011	Hampson, M.	128	8028697	Harbron, S. E.	119
8028651	Hambleton, A. E.	119	5207341	Hampson, M. C.	171	8028403	Harcombe, O. M.	118
2628367	Hambly, C. J.	272	214378	Hampson, M. D.	201	8027663	Harcourt, S. J. R.	108
8029842	Hamer, P.	147	8203083	Hampson-Jones, C.	164	8032301	Hardcastle, O. E.	180
8029505	Hamer, P. M.	240	8229866	Hampton, D. J.	183	5207756	Harden, R. J.	124
8020470	Hamill, M.	235	4232830	Hampton, I. J.	103	1949335	Hardie, A. G.	229
2631905	Hamill, S. J.	122	5204497	Hamshaw, G.	211	2635574	Hardie, J. A.	128
4276576	Hamilton, A.	272	5206683	Hanby, D. J.	146	409504	Hardie, L. C.	214
8304005	Hamilton, A. E. R.	125	5203197	Hancock, J. L.	155	8300841	Harding, A. J.	152
306229	Hamilton, A. M.	150	8028572	Hancock, J. P.	110	8028580	Harding, C. D. E.	144
9581	Hamilton, B. A.	242	2642786	Hancock, L.	184	213851	Harding, C. V.	280
4233252	Hamilton, C. I.	113	4282619	Hancock, M. J.	231	4278059	Harding, D. A.	229
5208169	Hamilton, C. J.	172	8172469	Hand, J. A.	163	520810	Harding, G. J.	40
8021202	Hamilton, C. W.	75, 158	8211713	Hand, M. T.	60, 142	5205810	Harding, G. J.	226
8302721	Hamilton, D.	183	1961873	Hand, T. R.	232	5202214	Harding, M.	159
2621958	Hamilton, D. A.	60, 104	5207377	Handley, D. A.	172	8154337	Harding, M.	172
4233557	Hamilton, D. B.	10, 138	8119397	Hands, C. J.	164	8008632	Harding, M. H. R.	232
8260003	Hamilton, D. J.	123	5205510	Hands, R. L.	117	8027510	Harding, M. S.	116
2640149	Hamilton, D. M.	172	5203231	Hands, S. J.	159	8198178	Harding, N.	173
1960893	Hamilton, E. S.	169		Hanham, Dr I. W. F.	220	5208123	Harding, P. C. B.	128
8300233	Hamilton, G. A.	147	213876	Hanks, W. G.	280	5203436	Harding, R. A.	40
0686925	Hamilton, G. V.	231	306028	Hanley, K. D.	243	5203949	Harding, R. A.	188
8140985	Hamilton, I. D.	238	5207811	Hanley, R. D.	169	8260763	Harding, S. R.	183
5207139	Hamilton, I. G.	196	2639363	Hanlon, A. D.	129	595895	Hardinges, D. A.	232
5202433	Hamilton, I. P.	156		Hanlon, T. G.	10, 95	8015529	Hardingham, P.	181
5282433	Hamilton, I. P.	40	8260013	Hann, C. D.	147	8023832	Hardman, A. N.	179
8304820	Hamilton, J. J.	201	8023466	Hann, K.	140	5207861	Hardman, Rev R. B.	224
212582	Hamilton, M. R.	275		Hanna, L. J.	81	5202427	Hardwick, M.	159
2654239	Hamilton, S.	152	5203151	Hannaby, A. R.	157	8141141	Hardwick, M.	123
8304120	Hamilton, S. F.	127	8024196	Hannaford, G. E.	196	8184886	Hardwick, M. C.	17, 179
8021014	Hamilton, S. P.	114	91476	Hannaford, P. F.	261	212106	Hardwick, S. J.	273
4286543	Hamilton, T. A.	127	214027	Hannaford, P. F.	281	214702	Hardy, D.	286
2638860	Hamilton, T. G. W.	126		Hannah, D. M.	8	8304491	Hardy, D. N.	247
5208628	Hamilton-Bing, S. P. E.	143	1948428	Hannah, K.	230	690193	Hardy, D. P.	232
687367	Hamilton-Wilks, B. P.	229	2623182	Hannam, G. A.	115	687462	Hardy, H. R.	235
306022	Hamilton-Wilks, J. L.	199	8254714	Hannam, R.	200	8029562	Hardy, I.	123
1939574	Hamlen, W. W.	277	214969	Hannant, M. E.	288	2641226	Hardy, L. R.	283
5203212	Hamlin, D. P. A.	115	5204690	Hannaway, P.	179	8028084	Hardy, N. J.	117
4233489	Hamlyn, G. M.	113	213828	Hannent, P. A.	280	4233355	Hardy-Gillings, B.	110
5208552	Hammerton, G. R.	151	2633733	Hannigan, S. D.	123	8028915	Hare, G. W. J.	120
8026609	Hammett, G. G.	140	1961319	Hannis, J.	231	9840	Hare, J. A.	145
8090756	Hammond, B. K.	259	8302659	Hansell, C. L.	199	1941197	Hare, L. G.	230
5205654	Hammond, G. B. T.	144	212213	Hansen, D.	273		Hare, T. W.	11
214470	Hammond, G. G.	284	2635627	Hansford, J. E.	172	8101896	Harfield, G. D.	233
209756	Hammond, I.	268	5207210	Hansford, N. G.	206	5205830	Hargrave, B. W.	117
9766	Hammond, J.	264	1947694	Hanslow, M. G.	161	5204281	Hargrave, R. J.	162
2649782	Hammond, P. N.	133	4283397	Hanson, J.	230	8141490	Hargreaves, A. K.	121
2628698	Hammond, S. M.	118	2649290	Hanson, P. A.	135	2631353	Hargreaves, I. J.	111
4233168	Hammond, S. P.	113	91505	Hanson, S. C.	258	4231821	Hargreaves, K.	105
						2649466	Hargreaves, K. L.	151

357

INDEX

Personal No		Page No	Personal No		Page No	Personal No		Page No
8304609	Hargreaves, V. J.	129	5206491	Harris, M. R.	118	8032671	Harrison, S. R.	243
	Harker, G. S.	35, 154	8029699	Harris, M. R.	240	8300274	Harrison, T. G. S.	148
8102450	Harker, J.	191	5208602	Harris, N. S.	208	2622989	Harrison, W. P.	105
8304597	Harland, D. P.	199	2625604	Harris, P. A.	264	5203577	Harrod, V. W.	114
5206225	Harland, G. C.	122	5205144	Harris, P. G.	189	8153575	Harrop, D. G.	172
8028098	Harland, M. C.	109	8141335	Harris, P. J.	121	5207692	Harrop, D. J.	182
2644036	Harle, J. E.	173	213765	Harris, P. R.	279	8282926	Harrop, G.	149
	Harley, Sir Alex.	89	5203841	Harris, P. R.	159	9421	Harrop, J. M.	165
1949636	Harmer, G. R.	233		Harris, P. V.	91	5206725	Harrop, M. D.	144
5208097	Harmer, N. J.	171	306252	Harris, R. A. F.	184	5205082	Harsley, S. J.	17, 158
	Harper, C. N.	96	8067574	Harris, R. C.	177	5206946	Hart, D. J.	285
	Harper, C. R.	12	2636481	Harris, R. J.	126	213230	Hart, D. L.	284
4232400	Harper, H. R.	254	5200712	Harris, R. M.	33, 155	2643871	Hart, G. F.	131
4233571	Harper, I. F.	99	5207399	Harris, R. P.	132	5208385	Hart, J. A.	149
	Harper, Dr J.	221	211471	Harris, R. W.	272	5208518	Hart, Rev K. M.	225
8104124	Harper, J. C.	231	8153892	Harris, S.	170		Hart, M. A.	28
5205828	Harper, K. A.	211	8302798	Harris, S.	184	2629480	Hart, M. C.	117
210896	Harper, M. E.	270	212808	Harris, S. J.	278	2630657	Hart, M. P.	142
5205809	Harper, P. J.	213	8151400	Harris, S. J.	163	8199349	Hart, P. T.	192
213879	Harper, S.	280	690264	Harris, T. C.	217	8220465	Hart, R. J.	183
5207074	Harper, S. A.	197	8029427	Harris, T. N.	112	8417708	Hart, R. J. E.	174
8021075	Harper, T. A.	40, 99	5207237	Harrison, A. G.	197	2626919	Hart, R. W.	240
0687464	Harper, T. W.	233	5208449	Harrison, A. R.	171	5207256	Hart, S. J.	168
8300689	Harper-Davis, D. P.	200	8153563	Harrison, C. A.	200	2635193	Hart, W.	130
8023926	Harpum, S. P.	180	1934256	Harrison, C. J.	229	5206540	Hartford, C. R.	118
213854	Harpur, K. M. T.	280	8302587	Harrison, D. E.	197	8100937	Hartis, N.	232
8100441	Harrhy, D. P.	233		Harrison, D. I.	39	8221807	Hartland, P. A.	167
8300774	Harrild, P. E.	151	2623109	Harrison, D. I.	99	8024140	Hartle, N. J.	144
	Harrington, J. M.	220	3526089	Harrison, D. L.	267	608703	Hartley, I. G.	104
8024294	Harrington, J. M. H.	181	8027613	Harrison, D. M.	116	300925	Hartley, J.	242
8028796	Harrington, N.	120	8026530	Harrison, D. P.	143	210770	Hartley, J. R. L.	270
	Harris, A.	186	4335837	Harrison, E. C.	139	214845	Hartley, K. L.	287
5204186	Harris, A. J.	37, 161	5204175	Harrison, G. S.	108	8302646	Hartley, N. A.	199
209963	Harris, A. R.	269	213660	Harrison, I.	279	2636470	Hartley, N. J.	163
8177215	Harris, A. W. D.	196	300933	Harrison, I.	244	8023002	Hartley, P. S.	143
8008957	Harris, D. A.	233	8024650	Harrison, I. M.	197	5208359	Hartley, S. E.	172
213114	Harris, D. G.	277	9196	Harrison, J.	192	8026536	Hartree, W. R.	49, 99
5205764	Harris, D. J.	117	8027947	Harrison, J.	189	8019760	Harvard, I. C.	143
8025403	Harris, D. J.	114	5204189	Harrison, J. J.	111		Harvey, B. D.	154
210505	Harris, D. L.	270	5207042	Harrison, J. M.	246	8283326	Harvey, D. G.	146
5202863	Harris, G. H.	156		Harrison, J. P.	12	8027865	Harvey, D. J.	116
8300495	Harris, G. P. C.	148	5201053	Harrison, J. W.	143	209560	Harvey, D. M.	268
306177	Harris, J.	148	8071680	Harrison, M.	231	8304771	Harvey, G.	131
208704	Harris, J. C.	267	210720	Harrison, M. D.	270	8300749	Harvey, G. B.	150
5207135	Harris, J. C.	145	8249384	Harrison, P. A.	200	2644432	Harvey, G. T.	131
2629558	Harris, J. I.	119	8028851	Harrison, P. K.	110	5202106	Harvey, I.	188
8081005	Harris, J. R.	232	5206336	Harrison, R. A.	123, 314	5205713	Harvey, J. C.	192
	Harris, J. W. R.	70	8077786	Harrison, R. A.	232	687329	Harvey, J. D.	279
5203741	Harris, K.	115	409499	Harrison, R. J.	214	214896	Harvey, J. R. A.	287
8013840	Harris, K. A.	192	5201509	Harrison, R. J.	40, 188	5204733	Harvey, P. J. R.	160
609408	Harris, K. J.	155	8300369	Harrison, R. J. T.	199	213436	Harvey, R. E.	278
306258	Harris, K. R.	201	5201484	Harrison, R. L.	190	2637722	Harvey, S. D.	168
8138497	Harris, L. A.	128	210248	Harrison, S. D.	269	213177	Harvey, S. J.	278
1938802	Harris, M. F.	264	213998	Harrison, S. D.	281	8423678	Harvey, S. M.	151
5208683	Harris, M. J.	215	213834	Harrison, S. J.	280	4232649	Harvey, S. R.	113

INDEX

Personal No		Page No	Personal No		Page No	Personal No		Page No
5203780	Harwell, G. G. M. . .	116	687966	Hawkins, D. J.	280	8029153	Hayter, D. P.	122
8027098	Harwood, M. J.	101	2633382	Hawkins, F. P.	170	8032707	Hayter, G.	147
595567	Harwood, R. W. . . .	196	2627830	Hawkins, M. D.	240	5208614	Hayton, J. R.	173
8029765	Haselden, M.	147	8027612	Hawkins, P.	116	214478	Hayton, P.	284
5208126	Haseldine, D. C. . . .	208	4233069	Hawkins, P. J.	113	8021301	Hayward, A. J. M. . .	105
8024399	Haseltine, S. J.	180	2628406	Hawkins, P. W.	254	5203436	Hayward, D. J.	188
213858	Haskell, G.	280	2628406	Hawkins, P. W.	278	214410	Hayward, J. L.	283
306130	Haskell, S. L.	199	4233241	Hawkins, R. L.	110	8121798	Hayward, P. J.	284
8304509	Haskins, J. M. A. . .	128	8300535	Hawkins,		8028598	Hayward, S. A.	112
5204857	Haslam, A. S.	191		T. R. A.	150, 281	213647	Haywood, C. C.	279
8018598	Haslam, S. J.	105	4286407	Hawksfield, D.	286	5205121	Haywood, M. W. . . .	189
	Hasler, Dr. J. C.	221	8141640	Hawksworth, I. R. . .	237	5204735	Haywood, P. R.	179
8098208	Hassall, B.	232	9402	Hawley, A. B.	160	8152451	Haywood, S. J.	167
213575	Hassanali, A.	279	1961892	Hawley, G. A.	164	9133	Haywood, V. M.	191
8304405	Hasted, M. R.	128	5205985	Hawley, M. D. . . 59,	108	5205117	Hazelgreaves, G. . . .	141
595306	Hastings, A.	251	8153986	Hawley, M. R.	171	213150	Hazell, A. J. E.	277
5203781	Hastings, C. N.	110	214133	Haworth, D.	282	8154340	Hazell, C. S.	129
688677	Hastings, J. B. . . 17,	155	8025690	Haworth, P. W.	105	8029105	Hazell, D. J.	112
9901	Hastle, J. A.	207	213468	Hawthorn, M. R. . . .	276	2628458	Hazzard, C. I.	240
2622925	Haswell, M. R.	271	8135950	Hawthorn, N. R. . . .	173	5206340	Head, A. D.	170
212491	Hatch, M. L.	274	214097	Hawthorne, M. E. . .	281	214260	Head, D. P.	282
8300630	Hatcher, A. I.	168	8302811	Hawthorne, V. J. . . .	152	8013611	Head, G. M. M.	285
	Hatcher, Mr D.	7	8302828	Hawthornthwaite,		2626886	Head, J. S.	109
5206446	Hateley, P. B.	148		J. M.	202	214627	Head, K. L.	285
	Hatfield, R. P. . . . 11,	15		Hawtin, B. R.	11	213768	Head, L.	279
681069	Hathaway, J. H. T. .	251		Hawtin, Mr B.	8	5200631	Head, R.	109
8245720	Hathaway, J. S.	198	8300250	Hawtin, P. E.	147	8019019	Headey, G. E.	162
8028357	Hathaway, N. T. . . .	118	2642734	Haxton, D. J.	130	8284037	Headland, G. C.	198
5208067	Hathaway, S. R. . . .	146	2625440	Haxton, J. A.	264	8082722	Headland, M. J.	236
	Hatt, P. W. D.	15	4335624	Hay, B. D. T.	177	8132087	Heal, M. D.	124
8223609	Hatten, G. A.	171	688678	Hay, J. C. 14,	158	2639316	Heald, J. E.	127
212850	Hatton, C. I.	276	8304028	Hay, N. J. 50,	111	8028922	Heald, T. J. H.	120
214555	Hatton, T. J.	285		Hayden, J.	220	5205215	Healey, J. R.	195
8304286	Hatton-Ward, J. . . .	128	8228080	Hayes, C. G.	170	213601	Healing, C. A.	279
8247721	Hatzel, S. A.	123	213569	Hayes, D.	257	2644184	Healing, J. M.	133
5202134	Haughie, R.	143	212834	Hayes, G. P.	276	5201282	Heames, C. V. J.	109
9347	Haughton, S. E. . . .	192	2634596	Hayes, J. L.	129	8304477	Heamon, N. C.	129
8063869	Haughton-Turner, J.	277	1948064	Hayes, L. J.	255	5207966	Heaney, N. C.	126
8027684	Havelock, K. . . . 59,	102	8304324	Hayes, M. A.	128	2627628	Heaney, S. R.	118
5207351	Havercroft, R. I. . . .	199	8010512	Hayes, M. I.	174	5208530	Heard, G. A.	174
4285302	Haveron, A. B.	230	5207978	Hayes, M. J.	198	5203122	Heard, P. J. 40,	155
687533	Haward, B. T.	231	8028017	Hayes, S. P.	117	209130	Hearle, E. M.	268
2621572	Hawes, A. P. . . . 75,	101	8136225	Haygarth, M.	173	4232602	Hearn, P. J.	260
8024757	Hawes, C. M. H. . 14,	99	211961	Haygarth, P. W. J. . .	273	4230531	Hearn-Grinham,	
212740	Hawke, D. C.	275	208660	Hayler, P.	267		M. C. V.	267
211115	Hawke, T. R.	271	2630279	Hayler, S. D.	110	8024532	Heaselgrave, D. R. . .	142
608442	Hawken,		5207996	Hayllor, P. A.	246	688224	Heat, M. A. R.	229
	A. V. B. 9, 24,	98	609410	Haynes, A. R.	158	4232979	Heath, C.	104
8029264	Hawke, A. M.	182	8088295	Haynes, B. A.	233	8300532	Heath, I. R. 199,	312
5203401	Hawker, J.	114	214459	Haynes, C.	284	210992	Heath, J. G.	271
8304231	Hawker, J. R.	127	2628263	Haynes, J. M.	112	211634	Heath, J. H.	272
8284129	Hawker, S. M.	149	8252398	Haynes, P. D.	169	8023529	Heath, M. A.	139
211233	Hawkes, G. R.	271	8027166	Haynes, R. B.	237		Heath, M. C.	94
8105024	Hawkins, B. J. R. . .	140	607636	Hayr, Sir Patrick . . .	276	5206339	Heath, P. A.	170
263208	Hawkins, D. G.	282	8405878	Hays, S.	173	8300368	Heath, P. J. 46,	183

359

INDEX

Personal No		Page No	Personal No		Page No	Personal No		Page No
5205260	Heath, R. A.	192	8304733	Henderson, J. R.	131	5204793	Hesketh, R. L.	161
8152670	Heath, S. T.	167	8118413	Henderson, N. McL.	118	5206349	Hesketh, S. J.	170
5207043	Heathcote, A. J.	196	214403	Henderson, N. T.	283	214908	Hesketh-Roberts,	
2629192	Heathcote, G.	119		Henderson, P. W.	19, 91		R. D.	287
5204453	Heathershaw, C. M.	195	2647691	Henderson, R. L.	261	213140	Heslin, M.	277
5206191	Heathfield, A. J.	195	5206655	Henderson, S. K.	145	8073047	Heslin, T.	179
306373	Heaton, A. C.	202	2639320	Henderson-Begg,		4279361	Hetherington, D.	229
5207812	Heaton, D. C.	182		R. I.	128		Hetherington, J.	202
2631810	Heaton, M. R.	117	5208477	Hendriksen, D. A.	208	8009440	Hetherington,	
8049373	Heaton, P.	38, 188	8417435	Hendry, J.	172, 312		Rev J. C.	224
8001169	Heaton, R. J.	231	214989	Hendry, K. M.	288	213880	Hetterley, A. D.	150
8027513	Heaton, S. M.	179	8009817	Hendry, R. S.	280	212809	Hetterley, E. C.	275
5207893	Hebden, M. A.	197	5207958	Hendry, R. W.	116	4291899	Hewat, C. J. S.	35, 178
8009000	Hebert, C. J.	232	8028313	Hendry, T.	118	8304847	Hewer, S. M.	134
409510	Hecht, D. A.	214	2640867	Hendy, I. D.	127	5207646	Hewett, Rev A. D.	224
214330	Heckel, P. A.	283	8025976	Hendy, J. W.	114	5204959	Hewett, G.	140
211678	Hector, H. M.	272	8300567	Henley, N. R.	148	8027633	Hewett, G. M.	10, 101
5208619	Hederman, R. W.	133	2682318	Henley, P. S.	276	211402	Hewitt, A. K.	167
	Hedges, D. P.	176	8304674	Henning, I. C.	130		Hewitt, C. A.	19
0594057	Hedinburgh, R.	230	8300298	Henrick, D. M.	147	5207806	Hewitt, Rev C. E.	224
2640903	Hedley Lewis, H. C.	129	4232370	Henry, B. L.	104	5208048	Hewitt, Rev D. C.	224
5202713	Hedley, A. T.	106	8287765	Henry, D. G.	183	8028465	Hewitt, J. P.	112
	Hedley, B.	21	306259	Henry, L. C.	201	8007340	Hewitt, K.	60, 106
8029058	Hedley, B. H.	109	690067	Henry, L. H.	179	8009907	Hewitt, M. S.	234
215009	Hedley, R. K.	288	213648	Henry, M. W.	279	4282439	Hewitt, P. A.	241
211516	Hedley, R. L.	272	409472	Hensey, J. V.	249	212878	Hewitt, R. S.	276
5205271	Hedley-Smith,		212495	Henson, D. R.	274	9680	Hewitt, S. L.	196
	P. C. W.	57, 192	8027358	Henson, S. W.	52, 178		Hewlett, T. C.	35, 95
8114102	Heeley, J. M.	143	5204196	Henwood, C. M.	161	5208074	Hewson, N.	145
8248513	Heenan, J.	149	8304325	Hepburn, P. R.	127	5204581	Hewson, P. W.	108
2649682	Heeps, J. D.	135	2778540	Hepburn, R. O.	269	5202400	Hext, A.	114
5207631	Heffer, R. J.	197	211722	Hepple, K. J.	272	306345	Hey, N. S.	151
8028755	Heffron, M. D.	193	0688782	Herbert, C. P.	233	9916	Heycock, S. A.	112
4289059	Hegarty, A. P. J.	238	2628229	Herbert, G. J.	110	9897	Heyes, W. J.	246
2627111	Hegharty, D.	165	5206628	Herbert, G. S. R.	167	689157	Heys, P. J.	252
	Helbren, N. J.	21	1944757	Herbert, J. M.	230	8075444	Heywood, G. J.	234
2631203	Hellard, G. P.	145	8021102	Herbertson, P. S.	104	5205485	Heyworth, T. C.	141
8236345	Hellard, S. M.	165	214764	Herd, G. D.	286	213377	Hibberd, J. P.	278
5203232	Helliwell, D.	160	2738749	Herd, H. D.	250		Hibberd, P. J.	187
2639221	Helliwell, J.	126	0690318	Herd, I.	230	608518	Hibbert, C. J.	278
4220349	Hellyer, R. J.	256	8098223	Hereford, P. J.	45, 189	211268	Hick, J. K.	271
2629557	Helm, D. A.	119	8014447	Herman, G. M.	235	214572	Hick, S.	285
8116984	Hembry, G. H.	233	2642633	Hermolle, C. H. A.	266		Hickey, S. A.	56, 95
8139041	Hemingway, C. J.	195	4220244	Hermolle, M. A.	252	8022792	Hickey, S. D.	178
	Hemming, D. D.	80	8023465	Hermon, C. C.	191	2638539	Hickey, S. M.	130
214417	Hemsil, K. I.	283	8032734	Hermon, E. L.	182	213199	Hickie, K. M.	277
5205474	Hemsley, R. J. T.	70, 139	214312	Herniman, M. C. J.	283	213839	Hickie, L.	280
409188	Henderson, C. A.	213	8028548	Herod, J. R.	109	2624827	Hickin, D. J. T.	114
212512	Henderson, D. J.	274	5206622	Heron, Rev N. P.	224	213644	Hickin, J. V.	279
8115643	Henderson, G. G.	192	8032362	Heron, P. M.	144	5205092	Hickman, C. H.	156
213433	Henderson, G. P.	278		Herrington, P. W.	18	8158655	Hickmore, G. G. A.	243
9721	Henderson, G. S.	142	8025055	Herriot, D. R.	75, 99	8154256	Hicks, A. B.	175
5203730	Henderson, H.	115	8300442	Hesketh, D. G.	149	213954	Hicks, C. J.	281
214100	Henderson, J.	281	8027577	Hesketh, J. I.	116	687736	Hicks, C. J. G.	229
4335578	Henderson, J. M.	177	5203094	Hesketh, Rev R. D.	223	609505	Hicks, C. P.	177

INDEX

Personal No	Page No	Personal No	Page No	Personal No	Page No
8028199 Hicks, D. A.	196	8013466 Hill, D. M. W.	214	8300602 Hindley, A. M.	149
Hicks, Mr S. W.	69	214887 Hill, D. W.	287	214213 Hindley, K. L.	282
8019637 Hicks, P. G.	158	8022825 Hill, E. J. R.	138	2631963 Hindley, N. J.	125
8300166 Hicks, P. M.	147	2630889 Hill, G. J.	116	8032699 Hindley, S. J.	125
211302 Hicks, R. G.	271	5205880 Hill, G. W.	165	8302522 Hindmarsh, H. C.	198
2621886 Hicks, S. D.	280	Hill, Dr I. R.	220	8028906 Hindmarsh, S.	110
5206926 Hickson, P. R.	145	8187374 Hill, I. R.	168	5204358 Hine, A. C.	111
5208096 Hickton, K. N.	243	2623507 Hill, J. A.	50, 100	209219 Hine, M. T.	268
8022774 Hidden, C. J.	140	8106521 Hill, J. J.	165	8105471 Hinkley, R. W.	149
5208557 Hide, A. K.	174	1960897 Hill, J. P.	234	5201400 Hinton, B. K.	114
8027293 Higginbottom, R. P.	115	5206480 Hill, J. S.	194	4232871 Hinton, P. N.	103
207002 Higgins, B. T.	267	2633718 Hill, J. W. A.	123	2641523 Hinton, R. J.	201
5208686 Higgins, C. A.	174	212683 Hill, K. M.	275	306356 Hinton, S.	200
Higgins, D.	308	5207629 Hill, K. P.	207	211322 Hipperson, A. J.	271
9534 Higgins, D. J.	246	5205888 Hill, K. W. M.	161	8141091 Hippman, R. S.	118
211270 Higgins, D. T.	271	8025579 Hill, M.	143	8064168 Hird, J. C. M.	263
213310 Higgins, G. A.	277	2626950 Hill, M. J. R.	240	8154271 Hirst, J. M.	128, 308
8208750 Higgins, J.	173	409511 Hill, M. K.	249	213842 Hirst, S. A. J.	280
8304232 Higgins, J. M.	202	8026533 Hill, M. R.	101	4278148 Hiscoke, D. L.	264
213766 Higgins, K. M.	279	Hill, Mr S. R.	19	8028817 Hiscox, B. J.	120
214889 Higgins, L. M.	287	5204997 Hill, N.	140	8028932 Hitchcook, J. J.	107
2635575 Higgins, M. J.	128	5205961 Hill, N. J.	206	212328 Hitchen, J. B.	274
5206192 Higgins, P.	180	507853 Hill, R.	274	8141095 Hitchin, D. K.	237
8209986 Higgins, R. F.	145	8028993 Hill, R.	180	8243021 Hitt, M.	201
214218 Higginson, S. J.	282	595097 Hill, R. R. J.	276	8141670 Hixson, J. S.	147
8028987 Higgs, S. K.	121	8152874 Hill, S. W.	173	HM The Sultan of Brunei Darussalam.	4
8023648 Higgs, S. M.	143	2649767 Hill, T.	133
8185202 High, P. A.	119	5201266 Hill, T. J.	105	5206106 Ho, M. Y. K.	163
8154212 Higham, N. P.	171	5203311 Hill, T. J.	270	5208716 Hoad, S. R.	134
8121001 Highmore, R. A.	193	Hill, The Rt Rev Mgr E. P.	4, 39, 222	5206158 Hoaen, A. J.	118
214227 Higson, A. L.	282	8304796 Hoare, M. D.	133
5205929 Higson, D. W.	164	214541 Hill, Z. M.	285	609391 Hoare, W. H. C.	158
8153833 Higton, C. N.	172	2644060 Hillard, R. J.	132	4292344 Hoban, C.	231
212041 Hildersley, C.	273	8123622 Hillary, N. P.	167	Hobart, D. A.	13, 93
2797548 Hilditch, L. E.	143	306329 Hiller, L. J.	201	212607 Hobbs, D. G.	275
5202378 Hilditch, S. L.	100	213662 Hillier, M. A. T.	279	8187491 Hobbs, M. H.	162
2624921 Hildred, K.	114	5200917 Hillier, P. S.	35, 155	8302695 Hobbs, M. K.	34, 200
8227183 Hiley, P.	278	8027634 Hillier, S. J.	101	8078665 Hobbs, R. J.	232
5205494 Hill, A. A.	144	2640347 Hillier, S. W.	129	8025113 Hobkirk, B. D.	114
5208282 Hill, A. G.	150	4232967 Hilliker, C.	40, 99	8032616 Hobkirk, C. A.	194
4232863 Hill, A. K.	110	Hilling, P. J.	186	8304113 Hobkirk, J. D.	127
8152617 Hill, A. P.	110	8027297 Hillman, G. A.	107	5203702 Hobson, R. A.	102
8027460 Hill, A. R.	192	595465 Hills, E. R.	269	8028602 Hochkins, S. D.	107
684966 Hill, B. R.	251	4231224 Hills, P. L.	158	8029535 Hockenhull, W. J.	112
8025832 Hill, C. D.	62, 138	8028496 Hillsmith, K. R.	118	214628 Hockin, M. J.	285
508293 Hill, C. J.	188	8304150 Hillyer, K. S.	241	1950395 Hocking, D. S.	231
5207185 Hill, C. M.	167	5205762 Hilton, C. E. J.	117	5207232 Hocking, G.	207
8023857 Hill, C. M. J.	180	Hilton, P. W.	41	608900 Hockley, C. J.	155
8028720 Hill, C. R.	108	5203298 Hinchcliffe, R. A.	110	8141614 Hockley, D. C.	130
8151520 Hill, C. V.	167	4230409 Hinchliffe, D. A. R.	278	9451 Hockley, S. J. E.	72, 192
4233408 Hill, D.	243	214134 Hinchliffe, S. K.	282	8139554 Hockley, S. P.	166
212479 Hill, D. A.	274	2641180 Hincks, J. E.	199	688466 Hockley, T. G.	232
8028618 Hill, D. J.	192	211567 Hincks, P. S.	272	508411 Hocknell, J. S.	40, 188
8210918 Hill, D. J.	197	4220288 Hind, P. J.	242	Hodcroft, P. G. H.	187
213947 Hill, D. L.	280	5208281 Hinde, M. R.	150	8302772 Hodder, B.	201

361

INDEX

Personal No		Page No	Personal No		Page No	Personal No		Page No
8300674	Hodder, M. A.	200	5208283	Holder, D. M.	199		Holmes, M.	12
214476	Hoddinott, V. K.	285	8304355	Holder, I. D.	128		Holmes, M. S.	94
8152950	Hodge, C. F.	171	5204308	Holder, S.	157	8130271	Holmes, R.	167
306172	Hodge, M.	183		Holderness, R.	12	8304392	Holmes, R.	128
8153163	Hodge, M.	170	8025719	Holding, B. C.	40, 98	5200218	Holmes, R. G.	113
5203805	Hodge, R. J. W.	282	214660	Holdsworth, B. J.	286	2628448	Holmes, R. J.	117
2643998	Hodges, B. F. L.	130	8026864	Holdsworth, P.	117	2639102	Holmes, S. L.	183
2627550	Hodges, C. J. M.	271	1949799	Holdsworth, S.	229	0595851	Holmes, S. W.	231
2638664	Hodges, M. S.	133	4289909	Holdway, P.	236	245637	Holt, A.	271
5208452	Hodges, Rev M. W.	225	5208527	Hole, M. C.	151	2636609	Holt, C. A.	128
209134	Hodges, P.	268	8304890	Holford, D. D.	135		Holt, Dr J. M.	220
209755	Hodges, T. A.	273	8304417	Holland, A. K.	128		Holtby, C.	9
8117751	Hodgett, P.	232	8025396	Holland, D. A.	140	5206238	Homer, R. StJ.	123
4271417	Hodgetts, R. D.	229	306106	Holland, E. J.	196	214883	Homsey, K. G.	287
5207644	Hodgkison, J.	123	5207930	Holland, J. A.	124	306239	Hone, J. A.	201
	Hodgson, . P.	96	5208060	Holland, M. R.	127	5204891	Honey, N. J.	159
8028551	Hodgson, C. P.	118	5205175	Holland, P. L.	141		Honey, R. J.	38
1945191	Hodgson, D.	229	8300578	Holland, P. T. W.	148, 310	5206872	Honey, R. J.	125
8028176	Hodgson, D. C.	111		Hollings, J. R.	41	1946854	Honey, S. J.	230
689352	Hodgson, G. F.	104	4335793	Hollands, S. A.	177	8302608	Honeybun-Kelly,	
4233563	Hodgson, I.	105	306052	Hollett, S. J. L.	246		C. L.	148
214998	Hodgson, J.	288	8304029	Holleworth, L. A.	125	5205134	Honeyman, D. J. M.	180
5207228	Hodgson, J.	206	5206025	Holley, B. J.	192	4202104	Hood, B.	284
5208333	Hodgson, J.	150		Hollin, D.	136	5206739	Hood, H. J.	246
8023316	Hodgson, J. W.	140	8023707	Hollin, M. A.	189	300837	Hood, L. S.	251
8417515	Hodgson, N. E.	150	5208350	Hollin, R. T. D.	149, 312	5207141	Hood, M. G. H.	167
209577	Hodgson, P.	255	4291894	Hollings, J. I.	278	5208495	Hook, J. L.	151
8029119	Hodgson, R.	145	8024692	Hollingsworth, M. J.	194	8022659	Hooker, M. R.	52, 60, 138
	Hodgson, R. B.	96	21147	Hollington, R. V.	272	214783	Hookham, K. P.	286
8026595	Hodgson, S. A.	114	2642519	Hollingworth, J. L.	133	8135738	Hoole, P.	111
8260896	Hodgson, V. L.	202	8007471	Hollins, D. G.	169		Hoon, G.	5-7
8024786	Hodson, I.	50, 103		Hollinshead, Dr P. A.	12	608632	Hooper, C. A.	103
8260089	Hodson, R. B. H.	125	2629503	Hollis, M.	162	214029	Hooper, C. P.	281
213411	Hoe, W. J.	278	211013	Holloway, G.	271	8228222	Hooper, J. A.	148
214708	Hogan, J. F.	286	2653663	Hollowood, M. J.	134		Hooper, P.	308
5208024	Hogan, N.	244	211962	Hollyer, P. A.	273	685041	Hooper, R. C.	229
214876	Hogan, R. A.	287	5208206	Hollywood, M. J.	129	9783	Hooper, R. S.	122
5208156	Hogarth, D. R.	198	214880	Holman, A. N.	287	8150854	Hooper, R. T.	119
213741	Hogben, R. J. J.	279	2134887	Holman, B. C. L.	276		Hooper, R. W.	153
214228	Hogg, A. R.	282	8141309	Holman, M. J.	129	212480	Hooton, G. A.	274
8028215	Hogg, J. K.	109	214112	Holman, M. R.	287	8029477	Hopcroft, I. D.	123
	Hogg, R. I.	153	8195862	Holmes, A. G. K.	164	209642	Hope, D. E.	268
8142167	Hogg, R. J.	232	4287181	Holmes, A. M.	233	1950396	Hope, D. R.	231
2661459	Holboj, M. A.	134	214404	Holmes, A. N.	283	8401094	Hope, M. A.	171
9912	Holcroft, K. M.	197	8080750	Holmes, A. T.	283	212490	Hope, M. E.	273
8300320	Holcroft, S. J.	147	5204242	Holmes, C. N.	163	8210012	Hope, N.	145
5208195	Hold, C. K.	214	8141523	Holmes, D.	112	1961518	Hoper, B. P.	192
5207640	Holdcroft, A. J.	206	8271719	Holmes, D. P.	173	5206881	Hopkin, R. A.	192
2628423	Holden, A. R.	117	2641491	Holmes, E.	130	1962177	Hopkins, B.	231
306303	Holden, E. A.	151		Holmes, E. R.	13	5206115	Hopkins, D. J.	165
5203632	Holden, P. J.	163	8118176	Holmes, G. M.	122	2640919	Hopkins, G. A.	128
5201127	Holden, R. E.	273	8027037	Holmes, J. A. M.	115	8106984	Hopkins, K. R.	129
5205972	Holden, R. P.	195	5206390	Holmes, J. D.	132	213855	Hopkins, M. J.	152
300928	Holden, S. J.	243	214325	Holmes, J. G.	283	5206116	Hopkins, M. J.	165
8195253	Holden, T. I.	193	306384	Holmes, J. K.	152	2625781	Hopkins, M. W. G.	102

362

INDEX

Personal No	Page No	Personal No	Page No	Personal No	Page No
5206211 Hopkins, P. W.	122	212274 Hoskins, M. J.	274	Howard, R. N.	60
5205665 Hopkinson, A. M.	122	5206281 Hoskinson, R. J.	123	8027610 Howard, S. J.	101
300829 Hopkinson, D. L.	242	8276697 Hoskison, P.	201	2627186 Howard, S. M.	119
5203746 Hopkinson, M. J.	283	5205600 Hossle, T.	120	8009226 Howard, S. P.	189
2627775 Hopkinson, P. E.	119	208756 Hotston, P. R.	267	210687 Howard-Dobson,	
Hopper, P.	41	8028859 Hough, C. R.	120	S. P.	270
5208319 Hopper, T. M.	214	2640970 Hough, J. T. W.	129	5204289 Howard-Smith, P. M.	118
2631849 Hopson, P.	119	8304694 Hough, S. H.	130	5203816 Howard-Vyse, C. A.	143
5202267 Hopton, C. H.	159	8283840 Hough, S. J.	258	209207 Howarth, B.	268
825150 Hopwell, I. J.	171	212282 Hougham, S.	274	214439 Howarth, S.	283
5204669 Hopwood, C. G.	240	212845 Houghman, D. M.	275	306379 Howarth, S. L.	202
595222 Horburgh, M. W.	262	8032601 Houghton, A. M.	124	214030 Howe, C. J.	134
690320 Horler, D. C.	114	8212516 Houghton, A. P.	168	8304337 Howe, J. B.	128
2627857 Horlock, N. J.	121	4173390 Houghton, A. W.	241	5208072 Howe, M.	248
210757 Horn, J. A.	270	8028474 Houghton, D. A.	112	Howe, Mr J.	17
2626146 Horn, J. A.	256	5207700 Houghton, I.	166	608684 Howe, R. S.	106
300875 Horn, K.	242	5205732 Houghton, J. A.	206	5202722 Howell, A. J.	159
8300072 Horn, N. B.	146	5208235 Houghton, L. J.	208	214832 Howell, D. J.	287
8300511 Hornby, G. P.	199	4281104 Houlden, D.	230	300913 Howell, D. K.	243
8097681 Hornby, L.	114	214501 Houlihan, M. S.	284	5203954 Howell, D. W.	115
8028305 Hornby, R.	111	8418209 Hoult, J. J.	150	9186 Howell, E. A.	191
212975 Horncastle, S.	276	8020740 Houlton, J. A. D.	108	5207186 Howell, J. R.	248
8102304 Horne, B. P.	163	Hounslow, R. J.	10, 95	214672 Howell, R.	286
8023646 Horne, I.	143	214049 Hourican, D. M.	281	4285129 Howell, R. A.	232
5207786 Horne, S. R.	196	8191972 Housby, G.	169	8029093 Howell, R. J.	121
1949688 Horner, K.	232	207436 House, B. N. M.	267	5206687 Howells, I. M.	120
5205734 Hornett, M. C. G.	179	8302548 House, D.	148	8012153 Howells, J.	125
5205345 Hornsby, N. A.	143	8304207 House, G. E. W.	127	306173 Howells, K. L.	199
5205444 Hornsby, R. C.	179	8229202 House, G. K.	122	4283637 Howells, L.	140
2636206 Hornsby, S. L.	183	House, M.	9	8173770 Howes, D. J.	143
211499 Hornsey, L.	272	2633070 Housley, R. S. A.	123	212524 Howes, R. W.	274
8304615 Horrigan, A. J.	130	Houston, E. H.	29	8304319 Howett, D.	127
8027731 Horrocks, J.	67, 101	5206453 Houston, R. S.	128	8129833 Howie, D. A.	201
5205575 Horrocks, M.	163	211037 Houston, T. W.	271	409095 Howie, J. M. C.	249
5202405 Horrocks, P. A.	159	5207311 Howard, A.	123	8023806 Howie, T. D.	143
215010 Horsburgh, A. G.	288	208307 Howard, A. A.	267	5206604 Howieson, W. B.	118
8000668 Horsburgh, J.	232	5206762 Howard, A. C.	226	8072381 Howitt, M. G.	162
5205451 Horscroft, G. D.	190	8300533 Howard, A. R. J.	148	8025581 Howlett, D. J.	180
8099953 Horseman, D. C.	233	8033879 Howard, B. M.	273	8026361 Howlett, E. B.	35, 177
211636 Horsley, D. C.	272	211578 Howard, D.	272	212383 Howlett, M. A.	274
8029507 Horsley, D. R.	168	214277 Howard, D. F.	283	4232608 Howlett, P. W.	107
213935 Horsley, N. J.	280	8023542 Howard, G. J.	177	214405 Howlett, S. A.	283
209618 Horsley, T. J.	268	1942400 Howard, H. J.	113	Howson, T. G.	176
4232062 Horton, B. A.	44, 98	207966 Howard, J.	267	8023102 Hoy, P. J.	270
4232958 Horton, D.	104	0595572 Howard, J.	230	8002093 Hoyland, J.	233
91488 Horton, H. J.	262	8008640 Howard, J. C. E.	167	8108639 Hoyle, D. L.	218
214743 Horton, J. M.	286	5208633 Howard, J. M.	133	8024043 Hoyle, R. F.	272
8210919 Horton, M.	163	8402455 Howard, J. R.	150	5208306 Hoyton, D. G.	167
214841 Horton, N. K.	287	214116 Howard, K. E. L.	152	8300157 Hubbard, J. W.	147
594822 Horton, P.	192	9755 Howard, K. L.	197	5208210 Hubbick, D. J.	183
688126 Hortop, D.	275	Howard, Mr M.	8	5204759 Hubble, P. N.	178
8024860 Horwood, G. M.	99	8286187 Howard, N. A.	171	5206561 Hubert, I. L.	164
2647841 Horwood, J.	258	1948240 Howard, P.	160	2640833 Huby, G. M.	171
Horwood, R. J.	66, 92	5206626 Howard, R. E.	181	209907 Hucker, S. J.	269
686973 Hoskin, D. P.	166	8105899 Howard, R. M.	179	Huckins, N. M.	97

363

INDEX

Personal No		Page No	Personal No		Page No	Personal No		Page No
5203194	Huckstep, C. R.	110	4232638	Hughes, P. B.	190	8029411	Hunt, E. S. J.	112
8024265	Huddleston, C. J.	181	5208648	Hughes, P. B.	202	2649308	Hunt, G.	134
4232588	Huddleston, F. A.	99	5204336	Hughes, P. J.	119	5206950	Hunt, G. I.	108
5204303	Huddlestone, J. A.	195	8227443	Hughes, P. M.	285	211363	Hunt, G. J.	281
5208217	Hudghton, Rev J. F.	225	5207230	Hughes, P. R.	207	688542	Hunt, G. R.	231
214278	Hudson, A. C.	283	8029798	Hughes, P. R.	142	214020	Hunt, H.	281
8141023	Hudson, A. M.	116	4277338	Hughes, R.	230	212555	Hunt, J. L.	274
	Hudson, A. T.	95	5206778	Hughes, R. G.	163	1960596	Hunt, J. L.	233
213525	Hudson, C. D.	278	8007599	Hughes, R. J.	232	2635580	Hunt, M.	171
300868	Hudson, C. P. M.	242	5205135	Hughes, R. P.	116	4232659	Hunt, M. J.	76, 104
8027360	Hudson, D. J.	106	0687891	Hughes, S.	229	8302696	Hunt, P. J.	149
211506	Hudson, I. M.	272	2638580	Hughes, S. G.	127	8227468	Hunt, R. A. J.	285
4281693	Hudson, J.	282	2643006	Hughes, S. N.	208	211473	Hunt, W. G.	278
2653648	Hudson, J. D.	132	306355	Hughes, V. L.	202	2635315	Huntbach, J. A.	208
9448	Hudson, M.	195	8136090	Hughes, W. R.	108	5204337	Hunter J. H.	119
8028701	Hudson, M. J.	110	8024099	Hughesdon, P. J.	33, 189	214830	Hunter, A. J.	287
	Hudson, Mrs B. S.	69	210295	Hugo, R. L.	269	5205930	Hunter, A. J.	193
508299	Hudson, N. C. L.	70, 98	5207675	Hui, D.	124	8023633	Hunter, B. H.	239
8024114	Hudson, P. A.	180	2626987	Huke, C. W. N.	118	8028379	Hunter, C. T.	109
5201801	Hudson, R. A.	104	8098290	Hulbert, A. R.	232	2635581	Hunter, C. V.	171
5204313	Huffington, M. C.	109	5202262	Hull, C. P. A.	66, 101	5205799	Hunter, D. A.	192
5204335	Hugall, D. R.	119	8300826	Hull, M. J.	152	214842	Hunter, D. C.	287
8300617	Hugall, J. J.	148	8008533	Hull, P.	172	8024299	Hunter, D. T.	145
8027703	Huggett, A. D.	49, 101	306380	Hull, T. M.	152	4335674	Hunter, G.	139
8025455	Huggett, J. P.	110	609518	Hulland, G. R.	158	8029683	Hunter, G. M.	124
5201029	Hughes, A.	112	8029140	Hulley, S. F.	121	690626	Hunter, I. N.	231
5205975	Hughes, A. M.	196	213355	Hullis, S.	278	0594211	Hunter, J. J.	229
5208577	Hughes, A. P.	150	211015	Hullott, S.	271	8028295	Hunter, J. M.	180
1940454	Hughes, B. W.	229	8028883	Hulls, A. P.	181	8075527	Hunter, K.	167
409502	Hughes, D. A.	249	4220355	Hulme, L. M.	108	2634598	Hunter, L. J.	129
8028990	Hughes, D. K.	120	2653932	Hulme, S. B.	134	8058795	Hunter, L. M.	284
8209838	Hughes, D. L.	144	8029821	Hulme, S. J.	125		Hunter, M. A.	23
1934589	Hughes, D. M.	270		Hulmes, R. J.	22	2637744	Hunter, N. E.	126
2639364	Hughes, F. J.	149	8085263	Hulmes, T. A.	121	8023198	Hunter, P. R.	138
209613	Hughes, G. J.	160	213188	Human, A. R. D.	277	210557	Hunter-Brown, D.	270
5206194	Hughes, G. K.	164	306221	Humphrey, G. D.	200	8024137	Hunter-Tod, J. F.	181
214053	Hughes, G. P.	281	689030	Humphrey, M. H.	108	210776	Huntley, A. D.	270
	Hughes, Dr G. R. V.	220	8418168	Humphrey, M. R.	151	2658739	Huntley, D. M.	201
212781	Hughes, G. W. A.	275	5207687	Humphrey, P. A.	124	211677	Huntley, J.	272
506503	Hughes, J. C.	211	690161	Humphrey, P. G.	159	8300757	Huntley, N. J. A.	184
5204446	Hughes, J. I.	179	607742	Humphrey, R.	280	2649237	Hurcomb, R. J.	131
0594823	Hughes, J. J.	233	5206791	Humphreys, M. S.	119	4254886	Hurd, A. A.	231
5207894	Hughes, J. L.	147	212755	Humphreys, N. A.	275	8029790	Hurley, A. J.	125
2628773	Hughes, J. P.	122	211796	Humphreys, P. J.	116	8007406	Hurley, A. V. A.	206
5203875	Hughes, J. T.	60, 139	8153875	Humphries, S. A.	288	2643830	Hurley, D. D.	130
5206093	Hughes, Rev J. W. G.	223	8020858	Humphries, A. S.	177	8024998	Hurley, D. J.	99
5207990	Hughes, K. A.	146	8015614	Humphries, L. J.	160	8051068	Hurley, Y. G.	233
214481	Hughes, K. E.	285	8304306	Humphries, R. W.	127	8020932	Hurrell, A. J.	281
8135363	Hughes, K. L. W.	109	306360	Humphries, S. A.	212	8022600	Hurry, A. J.	140
5204204	Hughes, M. A.	180		Hunoz Roldan, G. A.	312	5206195	Hurst, I. M.	164
5208558	Hughes, M. D.	151	5207060	Hunt, A. C.	196	300888	Hurst, I. P.	242
8173818	Hughes, M. I.	151	4233005	Hunt, B. D.	109	409289	Hurst, L.	213
	Hughes, Mrs A. J.	15	1960145	Hunt, B. I. S.	236	306085	Hurst, S. E.	212
	Hughes, Mrs T. L.	15	5207650	Hunt, B. J.	195	5207750	Hurst, T. M.	168
			8024097	Hunt, D. J.	144	8025160	Hurst, W. J.	100

INDEX

Personal No		Page No	Personal No		Page No	Personal No		Page No
2631924	Hurt, T. S.	240, 280	1940000	Hynes, G. A.	237		**I**	
213060	Husbands, D. J. T. . .	276	5208458	Hynes, J. M.	131			
5201205	Hush, W.	73, 99	210512	Hynett, M. T.	278	8304292	Iavagnilo, R. G.	127
8026034	Huskie, A. J.	112	8027530	Hyslop, R. M.	106	8300409	Ibbetson, N.	148
5204263	Huskisson, E. S.	57, 112				1961427	Ibbs, B. V.	234
8226024	Hussain, Z.	170				214977	Ibell, A. J.	288
300882	Hussey, P. J.	243				689226	Iddenden, P.	162
8408436	Hutcheon, R.	175				8023809	Iddles, J. A. D.	143
8176954	Hutchings, A. W. . . .	279				8154465	Iddon, J. N.	172
213179	Hutchings, C. D. . . .	277				8140942	Iddon, R. P.	235
8027686	Hutchings, J. P. .	58, 107					Ifould, K. W.	86, 95
213967	Hutchins, D. J.	281					Igoe, C. P.	94
5207976	Hutchins, G. I.	121				2626700	Iheagwaram, E.	262
608472	Hutchins, M. B. . .	40, 99				8222594	Iles, A. D. G.	169
8185953	Hutchinson D. E. K.	126				213346	Iles, S. D.	278
214736	Hutchinson, C. A. . .	286				4231076	Iliffe-Rolfe, G. D.	271
8022854	Hutchinson, F. N. . .	139				306100	Illing, C. L.	243
5208382	Hutchinson, I. C. . .	132				2619700	Ilsley, C. W.	240
215011	Hutchinson, I. G. . . .	288				306195	Ilsley, J. D.	212
212984	Hutchinson, L. D. . .	276				214243	Impey, M. J.	282
5205436	Hutchinson, L. J. . .	195				8028165	Ims, M. K.	117
2628887	Hutchinson, M. R. . .	206				214386	Ince, N. D.	257
	Hutchinson, R. A. J. .	69				0688685	Ince, P. H.	233
8023037	Hutchinson, N. . .	9, 138				8024229	Incledon-Webber,	
8150506	Hutchinson, P. D. . .	182					P. D.	196
8029564	Hutchinson, P. T. . . .	112				209410	Ing, P. W.	268
4282665	Hutchinson, R. C. . .	230				2635591	Ingall, D. A.	130
5205098	Hutchinson, R. P. W.	158				8302640	Ingamells, S. E.	148
212520	Hutchinson, S. A. . .	274					Ingham, D. A.	186
5206163	Hutchison, B.	192				5202022	Ingham, D.A.	39
409506	Hutchison, F. M. . . .	214				8022977	Ingham, J. A.	140
5206252	Hutchison, H. G. . . .	169				8029287	Ingle, N. J. W.	122
5206273	Hutchison, P. B. . . .	168				0595656	Ingledew, V. E.	231
3155269	Hutton, C. R.	272				8219852	Ingleson, M. S.	169
5207202	Hutton, D. J.	214				8302792	Inglis, A. J. C.	151
8107238	Hutton, I. D.	233				214641	Inglis, J. H.	285
5208615	Huxley, J. C. F.	151				8302690	Ingram, A.	199
8023925	Huxtable, R. D.	180				8251281	Ingram, G. J.	183
8410130	Huyton, A. D.	150				8115172	Ingram, M. J.	233
212749	Huyton, D. G.	275				2649008	Inman, N. T.	134
8141458	Hyams, P. D.	237				300922	Inman, P. G.	252
4231012	Hyde, C. B.	260				5205163	Innes, A. G.	181
5201805	Hyde, D. C.	35, 155				8029410	Innes, A. J.	123
306163	Hyde, E. A.	147				8122056	Innes, J. E.	115
1943490	Hyde, J. F.	230				800678	Innes, R. R.	40
214492	Hyde, M. A.	285				8000670	Innes, R. R.	189
4274661	Hyde, R.	230				2638518	Ip, K. H.	126
306010	Hyde, R. M.	194				214882	Iredale, K. J.	287
5207306	Hyde, S. M.	246					Iredale, R. D.	39, 94
8206487	Hyett, S.	62				5208100	Iredale, Rev S. P. . . .	224
8206487	Hyett, S. D.	141				8025983	Ireland, B. J.	114
409514	Hymas, P. B.	214				214135	Ireland, C.	282
8118295	Hynam, R. A.	232				8024603	Ireland, D.	182
5206978	Hynd, A. N.	121						
212225	Hynes, A. C.	273						

365

INDEX

Personal No		Page No	Personal No		Page No	Personal No		Page No
212262	Ireland, D. E.	274		**J**		5206942	Jagdish, S.	205
2639355	Ireland, D. P.	282				8021205	Jagger, N. R.	101
2643870	Ireland, N. R.	131				8024508	Jago, M.	145
209170	Irlam, J. C.	268	8032442	Jack, A. E.	242	8023468	Jago, P.	58, 140
8300054	Irvine, A. C. A.	147	8152921	Jack, J. A.	168	212820	Jago, T. M.	276
5206026	Irvine, L. J.	18, 226	8152888	Jack, S. A.	164	5203432	James, A. R.	160
213073	Irvine, M.	276	8300536	Jacklin, M. J.	148	2635402	James, B.	123
5203206	Irvine, T. G.	115		Jackling, R. T.	5, 6, 15	8029201	James, B. F.	121
4281654	Irving, D. J.	275	8189255	Jackman, S. M.	193	210644	James, B. R.	270
8013138	Irving, K. G.	151	8180474	Jackson, A. D.	145	8078208	James, C. M.	232
5201832	Irving, R.	104	8300709	Jackson, A. M.	149	2638635	James, D.	131
2638061	Irwin, M. J.	263	5206490	Jackson, B. G.	110	8084148	James, D.	233
8105292	Irwin, R. W.	200	210194	Jackson, B. K.	269	8300259	James, D. J.	126
8028224	Isaac, S. A.	194	306196	Jackson, C. E.	207	212484	James, D. L.	274
	Isbell, B. R.	27	4289481	Jackson, D.	166	8029336	James, D. W.	146
8229160	Istance, M.	145	8190023	Jackson, D.	144	3137513	James, F. D.	251
2640295	Ives, L. M.	150	8248034	Jackson, D. R.	173	8105520	James, G. A.	234
2644580	Iveson, P. R.	150	8112234	Jackson, E. A.	233	5208338	James, G. S.	130
	Iveson, R. D.	94	214853	Jackson, G. A.	287	300931	James, H. R.	243
8302710	Iveson, S. J.	149	5206331	Jackson, I. A.	182		James, I. S.	13
5201288	Ivory, S. P.	159	8024370	Jackson, J. A.	145	4275613	James, J. R.	252
2644115	Ixer, J. W.	131, 312	8028877	Jackson, J. A.	120	5205090	James, K. G.	115
210298	Izard, B. S.	161	208557	Jackson, K.	267	214716	James, M. D.	286
8024844	Izatt, G. N.	114	214834	Jackson, K. A.	287	8300085	James, N. G.	142
5200928	Izzard, J.	155	213576	Jackson, K. L.	279	2635602	James, P.	172
214725	Izzard, T. C.	286	5206508	Jackson, M. L.	195	8304127	James, P. A. H.	182
2124607	Izzard, V. E. L.	285	4335661	Jackson, M. R.	139		James, P. L.	221
			214086	Jackson, N.	281	8289012	James, P. M.	147
			214092	Jackson, N.	281	5204270	James, R. D.	162
			8304870	Jackson, O. J.	134	8125871	James, R. S.	110
				Jackson, P.	30	2637711	James, S. F.	124
			8039654	Jackson, P.	232	690196	James, T. M.	114
			8024076	Jackson, P. A.	194	8222602	James, T. R.	166
			5203037	Jackson, P. B.	114	2642846	James, T. R. T.	130
			8019947	Jackson, R.	116	8029048	James, W. A. W.	110
			5207627	Jackson, R. A.	199, 246	4177571	James, W. J. M.	103
			8029280	Jackson, R. G.	122	1943103	Jameson, S. V.	161
			8300847	Jackson, S. B.	152	5206150	Jamieson, B. W.	196
			5207032	Jackson, S. J.	194	8304563	Jamieson, D. S.	129
			5208079	Jackson, S. W.	147	8121857	Jamieson, J.	165
			210170	Jackson, T. A.	269	8152359	Janaway, C. D.	121
			8128862	Jackson, T. I.	199	214560	Jancis, A.	281
			5206670	Jackson, T. M.	247	8027406	Janiurek, J. D.	241
			8099993	Jackson, V.	233	5206642	Jannaty, Y.	119
			8154389	Jackson-Soutter, P. B.	175	8304592	Janssen, P. C.	148
			5206224	Jacob, R. G.	144	5206416	Janssen, S. J.	171
			8024517	Jacobs, D. E.	182		Jaques, P.	17
			2627836	Jacobs, D. M. H.	117	8030184	Jaques, R. A.	233
				Jacobs, H. S.	220	5206808	Jardim, M. P.	196
			5208640	Jacobs, N.	208	213238	Jardine, A.	277
			0595735	Jacobs, N. T.	234	8304522	Jardine, E. S. R.	129
			8020591	Jacobs, P. C.	58, 107	8135736	Jardine, I. E.	236
				Jacopino, A. G.	313	8025205	Jarmain, S. P.	104
			8304478	Jacques, E.	148	4256942	Jarrel, P. A.	229
							Jarron, J. C.	94

366

INDEX

Personal No		Page No	Personal No		Page No	Personal No		Page No
8028980	Jarvis, A. R.	121	1960988	Jenkinson, A. J.	233	608324	Johnson, B. W.	98
306280	Jarvis, A. S. J.	201, 312	5208077	Jenner, B. C.	214	8202693	Johnson, C. N.	164
5207950	Jarvis, D. J.	182		Jenner, R. M.	45, 136	8124042	Johnson, D. A.	116
1945109	Jarvis, D. T.	233		Jenner, T. I.	34, 90	5207268	Johnson, D. A. N.	121
214792	Jarvis, E. A.	286	8113241	Jennings, M. D.	232	507093	Johnson, D. L.	251
214063	Jarvis, I.	281	4233169	Jennings, P. T.	113	8024657	Johnson, D. R.	146
595334	Jarvis, J. A.	218	8068187	Jennings, R.	194	2642527	Johnson, H. M.	174
8109550	Jarvis, K. E.	163	214668	Jennings, R. D.	286	8062510	Johnson, H. M.	283
608239	Jarvis, K. W.	282	8300582	Jennings, R. S.	199	5204374	Johnson, H. R.	241
8304749	Jarvis, M. R.	131	8018825	Jennings, R. W.	159	5207905	Johnson, I. C.	244
5206562	Jarvis, R. A.	195	214185	Jensen, F.	282	5206268	Johnson, J. A.	169
5206965	Jarvis, S. N. P.	196	8028603	Jepson, C. D.	119	2640318	Johnson, J. C.	257
8028164	Jarvis, T.	117	212534	Jeremiah, L.	274	5206265	Johnson, J. S.	165
8020896	Jasinski, N. Z. R.	139	8090688	Jermy, G. A.	70, 189	8216409	Johnson, K.	182
5202959	Jay, P. A.	143	8302747	Jermyn, S. M.	37, 149	212382	Johnson, K. R.	274
5208020	Jayne, B. M.	245	5203613	Jerrard, P. E.	192	8300317	Johnson, K. V.	127
213051	Jefferies, D. R.	276	1960146	Jerry, D. I.	236	8302711	Johnson, L.	149
4220309	Jefferies, I. S.	107		Jerstice, B. J.	186	8061499	Johnson, L. C.	142
211963	Jefferies, N.	273	8304418	Jess, R.	128	8023981	Johnson, M.	180
	Jeffers, P.	18, 47, 92		Jessett, W. M.	18	306364	Johnson, M. A.	151
8304750	Jeffery, C. R.	201	8304500	Jessett, S. P.	128	4233251	Johnson, M. C.	241
8023003	Jeffery, J. M.	190	4106736	Jessiman, W.	246	8124808	Johnson, M. K.	234
2630144	Jeffery, M. A.	108	8304185	Jevons, A. P.	127	5206208	Johnson, M. R.	145
8029314	Jeffrey, A. K.	111	8304384	Jewiss, S. E.	128	211117	Johnson, N. S.	271
2618535	Jeffrey, D. G.	264	4220060	Jewiss. J. O.	240	214426	Johnson, N. I.	284
	Jeffrey, D. R.	18	5208259	Jewitt, K. D.	131	2626830	Johnson, P. A.	115
8141174	Jeffrey, D. S.	237	5205733	Jewsbury, M. R.	193	5206216	Johnson, P. E. C.	168
5206513	Jeffrey, D. W. R.	165	8304076	Jhoolun, A. S. J.	126		Johnson, P. G.	92
	Jeffries, P.	66	9821	Jiggins, J. M.	182	212798	Johnson, R. G.	275
8028798	Jeffries, M. J.	120	8026743	Jillett, M. S.	115	5206484	Johnson, R. M.	163
5204068	Jeffs, A. J.	143	8288454	Jinadu, A. O.	183	8300354	Johnson, R. O.	148
5205931	Jeffs, G. J.	62, 142	8110014	Jobling, C.	67, 141	212595	Johnson, S.	275
210485	Jelfs, R. G.	270	8032463	Jobling, C. L.	121	5205791	Johnson, S.	141
5208351	Jelfs, R. J.	201	8027541	Jochimsen, P. H. C.	107	8029440	Johnson, S.	122
5204213	Jemmett, R. C.	164	8304445	Jochum, C. W.	148	5205621	Johnson, S. A.	120
5205639	Jenkins, A. G. L.	198	2636198	Joel, R. W. H.	129	8113627	Johnson, S. P.	288
5204993	Jenkins, C. D.	115	8300515	John, A. M.	201	2603234	Johnson, S. R.	271
5205965	Jenkins, D. I. T.	205	5208213	John, C. T. B.	130	8007835	Johnson, T. P.	169
213711	Jenkins, D. J.	279	5205068	John, D. H.	180	8152735	Johnson, T. W. R. S.	171
	Jenkins, D. J. M.	17	1948874	John, G. L.	230	2619385	Johnson, W. A.	246
212309	Jenkins, D. P.	274	214697	John, J. K.	286	8027970	Johnston, A.	35, 192
210933	Jenkins, G. A.	270	2629079	John, R. S.	166	4335907	Johnston, C. W. H.	190
8028325	Jenkins, G. P.	118	4335803	Johncock, D. A.	155	8027761	Johnston, D. C.	141
5208355	Jenkins, G. S.	199		Johns, A. J.	7	8300343	Johnston, D. D.	260
8023458	Jenkins, I. P.	138	2639321	Johns, D. E. H.	128	2627132	Johnston, D. H.	72, 108
5207178	Jenkins, J. H.	122	508105	Johns, L. T.	251	8222830	Johnston, D. J.	173
8028148	Jenkins, J. K.	107		Johns, Sir Richard.	3, 5, 6, 24, 90	8029335	Johnston, G. A.	197
214523	Jenkins, K. F.	285	208755	Johns, T. J.	267	8032365	Johnston, G. A.	193
214191	Jenkins, L. C.	283	214189	Johnson, A. G.	282	5206997	Johnston, G. J.	243
2626244	Jenkins, M. J. M.	101	2640888	Johnson, A. M.	129	4233356	Johnston, H.	100
1946856	Jenkins, M. R.	159	2644520	Johnson, A. M.	134	2622157	Johnston, I. A. B.	191
5201057	Jenkins, N.	190	5207799	Johnson, A. M.	246	5204173	Johnston, J. B.	161
4287225	Jenkins, P. C.	279	5205137	Johnson, A. R. A.	116	2627368	Johnston, J. C. M.	108
5206204	Jenkins, R. D.	101	8023876	Johnson, A. W.	144	8101502	Johnston, M. J.	147
214651	Jenkins, S. R.	286				2633147	Johnston, N. A.	117

367

INDEX

Personal No		Page No	Personal No		Page No	Personal No		Page No
2634445	Johnston, N. D. S.	121	8026078	Jones, D. K.	104	8141272	Jones, K. S.	180
213314	Johnston, P. T.	260	8286521	Jones, D. L.	175	213948	Jones, K. W.	280
5202273	Johnston, R. T.	76, 101		Jones, D. M.	94	8152121	Jones, L. J.	166
9213	Johnston, S. J.	191	5205200	Jones, D. M.	191	213486	Jones, L. S.	278
5207070	Johnstone, A. K.	162	8152225	Jones, D. M.	170	213840	Jones, M. A.	280
209623	Johnstone, D. A.	268	8300817	Jones, D. M.	152	213949	Jones, M. A.	280
8153262	Johnstone, I. A.	200	5205123	Jones, D. W.	205	0594862	Jones, M. B.	231
5205635	Johnstone, R.	60	2649494	Jones, E. A.	152	5203674	Jones, M. C.	115
5205635	Johnstone, R. W. S.	120	2622225	Jones, E. G.	282	214292	Jones, M. G.	283
5207122	Johnstone, S. C.	194	8108457	Jones, F. B.	162	5207780	Jones, M. G.	196
306351	Joisce, J. H.	151	208153	Jones, F. M. P.	267	1949341	Jones, M. H.	188
8028609	Jolliffe, G. J. R.	199		Jones, G.	92	5208430	Jones, M. I.	201, 311
5208258	Jolly, Rev A. J.	224	8027771	Jones, G.	60, 142	685361	Jones, M. J.	250
	Jolly, Mr J.	36	5206407	Jones, G. A.	126	8089898	Jones, M. J. E.	234
2640835	Joly, R. B.	171	8021018	Jones, G. B.	159	2659291	Jones, M. J. L.	133
8029174	Jonas, W. M.	121	213872	Jones, G. C.	280	5205426	Jones, M. P.	117
8023232	Jones, A.	188	210997	Jones, G. D. R.	271	8126377	Jones, M. P.	143
8032457	Jones, A.	194	213066	Jones, G. F.	276	8110421	Jones, M. R.	233
214136	Jones, A. D.	282	5207304	Jones, G. M.	246	2628449	Jones, M. S.	117
5207221	Jones, A. D.	145	8024589	Jones, G. R.	182	8300302	Jones, N. A.	182
8219257	Jones, A. D.	184	5205414	Jones, G. V.	117	8300631	Jones, N. A.	200
214758	Jones, A. G.	286	2654022	Jones, H. B.	174	1949670	Jones, N. C.	235
8229453	Jones, A. G.	198	8025546	Jones, H. O.	238	8141556	Jones, N. F.	123
5206313	Jones, A. J.	169	8024165	Jones, H. W.	144	8130628	Jones, N. P.	237
8300838	Jones, A. L.	152	5208321	Jones, Rev I. A.	225	1947878	Jones, N. R.	275
8287967	Jones, A. N.	148	208379	Jones, I. D. L.	267		Jones, P.	12
213789	Jones, A. N. B.	280	8130433	Jones, I. J.	174	1950559	Jones, P.	163
5206009	Jones, A. S.	166	2639300	Jones, I. R.	212	4280858	Jones, P.	231
8024106	Jones, A. S.	144		Jones, J.	204	8082603	Jones, P.	233
8007214	Jones, A. W.	238	5053170	Jones, J.	275	2626491	Jones, P. A.	109
5201660	Jones, B. A.	155	5208286	Jones, J.	150	5204675	Jones, P. A.	140
0594631	Jones, B. J.	230	8063692	Jones, J. A.	257	5208522	Jones, P. A.	201
8007285	Jones, B. J.	233		Jones, J. B.	32	5202850	Jones, P. C.	114
5208507	Jones, B. M.	133	306305	Jones, J. C.	201	8204327	Jones, P. C.	141
4142518	Jones, B. R.	272	211908	Jones, J. E. M.	273	8027067	Jones, P. D.	255
8028893	Jones, C.	110	8008907	Jones, J. G.	169	3149392	Jones, P. E. C.	272
8097267	Jones, C.	110	5208201	Jones, J. L. H.	129	8024077	Jones, P. G.	181
8154546	Jones, C.	173		Jones, J. M.	204		Jones, P. H.	30
8151193	Jones, C. A.	167	5206746	Jones, J. M.	119		Jones, P. J.	9
8141363	Jones, C. D.	120	2621189	Jones, J. M. G.	114	5208256	Jones, P. J.	131
4287893	Jones, C. G.	53, 162	4230236	Jones, J. N.	243	8027327	Jones, P. J.	107
5207038	Jones, C. H.	166	2627903	Jones, J. P.	124	8216160	Jones, P. L.	146
8051007	Jones, C. J.	238	5207735	Jones, J. P.	169	210982	Jones, P. M.	271
8032230	Jones, C. L.	179		Jones, J. R.	97	5205592	Jones, P. R.	120
5208357	Jones, C. R. M.	184	214996	Jones, J. S.	288	1950406	Jones, R.	230
8094551	Jones, C. W.	231	213999	Jones, J. T. D.	281	8012525	Jones, R. A.	161
4291804	Jones, D.	231	2629080	Jones, J. W. M.	247	8024092	Jones, R. A.	196
212547	Jones, D. A.	274	2628013	Jones, K. A.	116	8204935	Jones, R. C.	149
21329	Jones, D. A. G.	275	4233095	Jones, K. A.	107	8283310	Jones, R. E.	173
409505	Jones, D. C.	214	8024713	Jones, K. A.	182	8113261	Jones, R. J.	216
8027919	Jones, D. C.	255	5206510	Jones, K. C.	165	1961087	Jones, R. L.	119
5078478	Jones, D. H. R.	264	5207923	Jones, K. G.	198	5208521	Jones, R. M.	151
	Jones, D. J.	39, 241	1945339	Jones, K. L.	229	1943138	Jones, R. N.	251
4220262	Jones, D. J. R.	243	8028878	Jones, K. R.	120	209691	Jones, R. P.	268
8024003	Jones, D. K.	141	8029586	Jones, K. R.	124	8028030	Jones, R. P.	109

INDEX

Personal No	Page No
2627802 Jones, R. R.	119
8023444 Jones, R. W.	72, 140
8007836 Jones, S. A.	168
5205418 Jones, S. D.	180
5207625 Jones, S. H.	246
8177252 Jones, S. J.	169
8024496 Jones, S. L.	142
8113464 Jones, S. M. W.	233
5207669 Jones, S. R.	128
8098124 Jones, T. A.	192
8287681 Jones, T. E.	147
0690282 Jones, T. I.	230
214327 Jones, T. M.	283
2634426 Jones, T. T.	129
5208144 Jones, T. W.	211
8028639 Jones, T. W.	108
5206730 Jones, W. A.	194
5207211 Jones, W. A.	197
2124442 Jones, W. H.	285
4231870 Jones, W. R. D.	103
1942180 Joose, C. A.	251
8000244 Jopling, B. W.	129
211917 Jordan, A. P.	273
213885 Jordan, J.	280
8068927 Jordan, M. B.	232
4231885 Jordan, M. F.	40, 188
0594603 Jordan, M. R.	230
Jordan, Mr G. H. B.	15
2627777 Jordan, R. J. B.	254
2654029 Jordan, T. M.	133
8023637 Joseph, J. D.	179
Joseph, R. W.	59, 94
5202651 Joseph, R. W.	54
213405 Joslin, I. E.	278
214622 Joy, C. A.	282
2642404 Joy, S. D.	173
213645 Joyce, T. J.	281
211813 Joynson, D.	272
2629930 Joynson, J.	282
9447 Judd, D. G. M.	162
Judd, D. L.	19
Jude, Dr R.	14
8260452 Judge, C. P. B.	280
8027799 Judson, R. W.	102
5200634 Jukes, M. H.	105
211474 Jukes, R. W.	272
8083115 Julian, P. J.	230
209128 Jung, M. A.	268
8058832 Jupe, G. V.	288
5203930 Jupp, J. A.	101
306035 Jurd, M. L.	124
8221275 Jury, J. G.	123
8218764 Jury, N. M. A.	123

K

Personal No	Page No
210739 Kalamatianos, C. M.	270
8208081 Kamper, R.	276
214821 Kanas, T. G.	287
8304678 Kane, D. P.	130
1948898 Kane, F. H. Mc.	231
5206381 Kane, I. F.	184
Kane, J. I.	153
8028750 Kanhai, R. I.	145
4291311 Kavanagh, J. J.	229
8015068 Kay, A.	140
5208400 Kay, A. M.	132
1950039 Kay, B. A.	233
5208595 Kay, C. J.	197
8304255 Kay, D. J.	127
212632 Kay, E.	273
214202 Kay, M.	282
8304736 Kay, M.	131
214101 Kay, R.	281
8028988 Kay, S. T. E.	121
608377 Kaye, M. P.	269
8023539 Kaye, P. M.	9, 11, 138
212357 Keable, J.	274
8141262 Keable, M. J.	235
8302804 Kean, G. L.	184
5206584 Keane, C.	196
8106840 Keane, L.	272
Kearney, A. J.	9, 94
5207301 Kearney, J. S.	196
1949781 Kearney, W. J. C.	229
212556 Kearns, G.	274
2624842 Keating, P. K.	28, 99
5205015 Keatings, B. T.	205
2623504 Keech, R. A.	278
8024506 Keefe, D. B.	142
5205370 Keefe, R. J.	240
Keegan, W. J.	19
4335830 Keel, J. S.	269
8138836 Keeley, R. F.	163
8153834 Keeling, A. C.	172, 313
8304831 Keeling, R. L.	134
211851 Keen, G.	273
2638579 Keen, K. M.	170
4290860 Keen, P. J.	159
8008497 Keen, S.	128
8154533 Keen, S. D.	173
214154 Keenan, A.	282
4233426 Keenan, D. J.	10, 98
Keenan, Dr J.	220
5208308 Keenan, S. N.	173
300939 Keenan, T.	244
2654032 Keenan, W.	131

Personal No	Page No
2639397 Keenlyside, P. G.	129
306168 Keenlyside, T. G.	199
5203758 Keep, D. J.	157
8028036 Keep, R. P.	180
306154 Keer, M.	148
8304812 Keer, M. B.	133
Keers, J. F.	241
8032557 Keetley, A. E.	74, 193
5204171 Keeton, P.	162
8300423 Keighley, D. L.	148
2654129 Keir, R. H.	172
306129 Keith, A. K.	182
8300620 Keith, C. S.	183
5207915 Kell, S. J.	226
9822 Kellachan, P. A.	193
8079809 Kellard, C. A.	146
4265182 Kellas, J.	229
2635382 Kellaway, E. M.	170
2629540 Kellett, A. J. C.	111
5202804 Kellett, B. M.	177
2640999 Kellett, R. J.	172
212402 Kelly, A. J.	274
8141400 Kelly, A. M.	119
8028561 Kelly, B. R.	118
2649784 Kelly, C. J. R.	133
2628398 Kelly, G. S.	112
210206 Kelly, I.	269
5207045 Kelly, J. A. C.	194
211610 Kelly, L. D.	272
306346 Kelly, M. F.	201
5207354 Kelly, P.	171
209042 Kelly, P. G.	191
4283265 Kelly, P. J.	229
5203897 Kelly, P. J.	114
8027386 Kelly, P. M.	100
8141305 Kelly, R. W.	146
5205941 Kelly, S. M.	240
8020950 Kelly, W. J. R.	160
8141277 Kelsey, C. M.	166
9872 Kelsey, D.	164
211240 Kelsey, G.	271
213668 Kelso, C. W.	279
2649815 Kemeny, P.	151
5202363 Kemley, M. J.	189
5205567 Kemp, B. V.	112
Kemp, Miss C.	12
2626540 Kemp, P. G.	116
211381 Kemp, R. A.	271
4232872 Kemp, R. G.	255
2638705 Kemp, T.	133
5206907 Kemsley, M. H. M.	109
214461 Kenchington, N.	284
214565 Kendall, A. R.	285
211500 Kendall, D. J.	272
8024212 Kendall, E. S.	141

369

INDEX

Personal No		Page No	Personal No		Page No	Personal No		Page No
4233528	Kendall, J. F.	103	5201824	Kerr, A. W.	101	8141525	Kilkenny, G. M.	126
8240516	Kendall, J. M.	201	213969	Kerr, E. R.	281	2625827	Killen, M. F.	101
5205676	Kendall, P. A.	112	208630	Kerr, I. S.	267	8304751	Killerby, J. A.	131
8069037	Kendall, R. A.	145		Kerr, Sir John	81	5204366	Killey, A. H.	181
214064	Kendall, T. N.	281	214874	Kerr, J. A.	287	8014910	Killick, A. J.	167
4275073	Kendall, V. C.	229		Kerr, J. G.	28	212775	Kilminster, W. B.	275
8300209	Kendall, W. J.	146	8023994	Kerr, R. A.	192	8103298	Kilner, A.	233
594908	Kendall, M. R. J. B.	196	211639	Kerr, R. J.	272	4290031	Kilner, I. F.	231
2643009	Kendrew, J. M.	208	5204423	Kerr, R. J.	195	4270689	Kilroy, G. R.	229
	Kendrick, D. I.	176	212171	Kerr, R. W.	273	5203342	Kilshaw, M. J.	155
	Kendrick, K. R.	71	8141195	Kerr-Sheppard, D. A.	107	5208300	Kilvington, S. P.	131
8300205	Kendrick, S. J.	147	609293	Kerrison, P. I.	158	8151732	Kimber, A. J.	164
2638606	Kennard P. K.	127	5204493	Kerry, C. J.	160		Kimber, A. T. B.	27
5206532	Kennedy, A. G.	144	5201153	Kershaw, J.	48, 99	5206055	Kimber, C. J.	144
8018705	Kennedy, B.	233	5200789	Kershaw, M. E.	190	214921	Kimberley, M.	287
8098159	Kennedy, B. J. O.	188	8027467	Kessell, J. B.	11, 102	8404163	Kimberley, S. D.	132
609481	Kennedy, C. J.	109	8221429	Kettle, T. M.	147	8023651	Kime, A. G.	179
	Kennedy, D.	81	5203629	Kettles, A. W.	115	5205714	Kindell, F. J.	195
8408510	Kennedy, D. M.	175		Keun, M. I.	28	9681	Kindell, H. D.	193
8029845	Kennedy, G. G.	126	690465	Kevan, G. J.	159	8028126	Kinder, J. R.	117
4231633	Kennedy, G. S.	241	5208675	Kevan, G. R.	152	5202736	Kinder, S. J.	18, 33, 157
8053372	Kennedy, I.	231	2629543	Kevan, R. M.	118	8119863	Kindleysides, C. J.	233
5203113	Kennedy, I. D.	280	2649846	Keys, A. T. J.	131	212409	King, A.	274
	Kennedy, J. D.	74, 92	5208397	Khan, F.	169	2637427	King, A. C.	281
5202605	Kennedy, J. M.	101	5207850	Khan, M. A.	205	8141634	King, A. G.	149
8127539	Kennedy, M. H.	165	5206987	Khan, R.	207	5207661	King, A. G.	246
208188	Kennedy, P. A. M.	138	8216465	Khan, R.	167	8023830	King, A. J.	140
8300489	Kennedy, S. M.	247	2634560	Khan, S. B.	150	5206272	King, A. K.	281
8028849	Kennett, P. D.	111	8027765	Khepar, B. S.	194	214172	King, A. P.	282
686810	Kennett, R. J.	177	212396	Kidby, M. J.	274	608938	King, B. W.	280
5207690	Kenning, J. B.	146	214939	Kidd, A.	287	5208533	King, C. J.	148
8029022	Kennish, B. E.	60, 121	5203559	Kidd, A. M.	159	8300612	King, D. R.	199
306139	Kennish, N. P.	247	2649467	Kidd, C. R.	133	2678841	King, E. J.	264
2622864	Kenrick, M. C.	190	2643013	Kidd, N. S.	286	2636960	King, E. N. F.	126
5203659	Kenrick, W. R.	115	2635332	Kidd, P.	124	213975	King, H. R.	281
212723	Kensett, C. J.	275	8304598	Kidd, P. D.	48, 199	8024617	King, I. D.	197
	Kent, Mrs A. V.	16	8070292	Kidd, R. D.	230	8249269	King, J.	169
213534	Kent, B. L.	274	409524	Kiddey, V. K.	214	8083507	King, J. D.	233
214911	Kent, J. D.	287	4262825	Kidley, M. F.	278	5208167	King, J. M.	211
2649342	Kent, J. D.	133	607671	Kidney, R.	272	208346	King, J. P.	267
4271966	Kent, K. J.	243	8025955	Kidson, M.	114	214468	King, K. A.	284
8184046	Kent, P.	287	8071454	Kiely, C. T.	140	8029694	King, M. J.	122
8247191	Kent, S. E. R.	171	8300747	Kiff, H. J.	150	5208324	King, M. L.	212
300912	Kent, S. L.	243	683991	Kiggel, L. J.	243	0595471	King, M. R.	230
2629626	Kenworthy, D. I.	122		Kiggell, P. S.	74, 250	5208428	King, N. A.	201
2649940	Kenworthy, E. S.	133	5204797	Kilbey, J. H.	205	213848	King, N. J.	280
2637765	Kenyon, D. J.	127	5207327	Kilbey, S. C.	206	8300345	King, N. S.	148
8141165	Keracher, R. I.	237	8211108	Kilbride, D. M.	165	5203382	King, P. M.	177
5205706	Kerley, A. A.	122	211773	Kilby, D. J.	282	8090650	King, P. T.	234
	Kerley, M.	13	4286144	Kilby, S. A.	233	4232136	King, R. A.	105
9888	Kerley, M.L.A.	243	8304714	Kilby, S. B.	130	608639	King, R. F.	103
508123	Kermeen, R. W.	250	8227622	Kilday, I.	171	8304886	King, R. J.	135
210146	Kern, S. J.	269	8304679	Kileen, D.	130	8024972	King, R. L.	104
8001991	Kerr, A. McA.	231		Kilfoyle, Mr. P.	5-7	608739	King, R. W.	55, 99
212137	Kerr, A. T.	273	5202869	Kilgour, J. A.	114		King, T. N.	71

INDEX

Personal No	Page No	Personal No	Page No	Personal No	Page No
212439 King, T. R. 274		5205895 Kirkwood, I. McI. A. . . 161		8021206 Knowles, D. W. . . 24, 138	
5205955 King, W. N. 141		1949534 Kirman, C. K. 195		5201177 Knowles, R. C. 211
1960235 Kingdon, A. A. 107		214208 Kirsopp, G. N. J. . . . 282		8026645 Knowles, R. T. 114
2649962 Kingdon, N. R. 135		8090745 Kirton, W. S. 231		306200 Knox, A. J. 201
8029286 Kingscott, R. A. 122		Kis, C. 312		212394 Kocbusz, G. 274
2624359 Kingsford, P. G. 254		Kiszely, J. P. 13		214186 Kocbusz, M. D. 282
8140875 Kingshott, C. 264		4220376 Kitchingham, I. D. . . 236		Kocen, Dr R. C. 221
8300767 Kingsman, M. P. . . . 184		2640231 Kitson, B. 200		5204384 Kohli, R. D. S. 165
91514 Kingston, D. 258		5205032 Kitt, A. P. 141		Kongialis, J. A. 22
306245 Kingston, S. L. 183		8027936 Klein, J. B. 102		211611 Koscikiewicz, M. J. . . 272
4335588 Kingwill, P. M. 178		8023983 Knapman, C. S. 35, 140		8029541 Kosogorin, P. 112
306199 Kinloch, S. 183		208851 Knapp, P. D. 254		5208667 Kotlarchuk, S. J. 148
5203682 Kinnaird, S. 106		8141589 Kneen, C. T. E. 126		5208285 Kovach, S. J. 130
2647340 Kinnear, M. R. 152		214643 Knell, G. C. 286		8152870 Krauze, I. A. 168
214320 Kinnear, N. R. 283		214502 Knell, R. E. 284		5203664 Kreckeler, M. K. 165
8024271 Kinnell, R. 145		2633325 Knight A. M. 124		8023413 Kreft, S. N. 141
2636156 Kinnersley, S. J. . . . 123		8028421 Knight, A. E. 118		2654116 Krol, P. 133
8102730 Kinnimont, F. I. 238		8152146 Knight, A. J. 165		214618 Kuperus, S. 285
4268419 Kinnon, D. McF. . . . 269		8025359 Knight, C. A. 105		Kurth, N. J. E. 154
2636863 Kinrade, I. G. 121		2649171 Knight, C. W. 133		214203 Kuschirow, D. K. 282
5207394 Kinsella, A. J. 130		214936 Knight, D. 287		4275453 Kutassy, R. 264
8012068 Kinsey, A. T. 166		8023845 Knight, D. 144		8300292 Kutub, M. V. A. 243
5207743 Kinsler, K. A. 124		5202301 Knight, D. A. 156		5205141 Kyffin, R. G. M. 143
214869 Kinvig, J. P. 287		Knight, D. J. 77		4291986 Kynaston, T. G. 231
Kinzett, R. H. 186		687742 Knight, G. J. 236		91469 Kyte, D. I. 262
Kiralfy, R. J. C. 154		9712 Knight, H. I. 211		5206643 Kyte, G. M. 164
Kirby, . T. 154		5208137 Knight, J. 199		
607775 Kirby, B. C. 244		306155 Knight, J. D. 198		
8304402 Kirby, D. J. 128		8099235 Knight, J. G. 232		
213805 Kirby, O. J. A. 280		8008614 Knight, K. M. 236		
209796 Kirby, R. J. 268		8027483 Knight, M. 108		
5206983 Kirby, S. 121		2608813 Knight, Sir Michael 273		
8408497 Kirby, S. 173		609157 Knight, O. J. A. 277		
211164 Kirczey, A. M. 271		8028524 Knight, P. 118		
5208701 Kirk, A. I. C. 174		4335528 Knight, P. C. 177		
8024890 Kirk, A. P. 99		214980 Knight, P. R. 288		
1946002 Kirk, C. W. 234		8153035 Knight, R. A. 123		
Kirk, G. 10		4232989 Knight, R. M. 113		
5207622 Kirk, J. 168		8023617 Knight, S. C. . . . 14, 189		
8023679 Kirk, J. N. 46, 139		8024421 Knight, S. G. 129		
8229622 Kirk, N. H. 171		8420307 Knight, S. R. 183		
4277415 Kirkbride, J. S. 229		5207883 Knight, T. J. 125		
8024353 Kirkby, I. G. 145		5206319 Knighton, R. J. 164		
214912 Kirkby, R. I. 287		306176 Knights, A. L. 208		
1960941 Kirkham, B. M. 232		8023224 Knights, J. C. 177		
Kirkham, The Rt Rev J. D. G. 80		80232245 Knights, J. C. 43		
		8218530 Knights, S. A. 168		
5201887 Kirkhope, T. 9, 100		8304081 Knott, I. J. 128		
8026976 Kirkin, T. R. 10, 102		8300042 Knott, S. 164		
2608874 Kirkland, F. B. 268		1950407 Knowles, A. 230		
8300863 Kirkman, J. M. 152		5206601 Knowles, A. G. 142		
2649338 Kirkpatrick, A. M. . . 149		8226370 Knowles, C. A. 282		
2624258 Kirkpatrick, A. S. . . . 101		686981 Knowles, D. 279		
5206829 Kirkpatrick, R. B. J. . . 206		5204942 Knowles, D. J. 108		
8021093 Kirkup, A. P. J. 114		4288250 Knowles, D. W. . . 66, 99		

371

INDEX

L

Personal No		Page No
3041026	L'astrange, J. P.	270
8174289	La Forte, R. W.	60, 139
8026269	La Roche, R.	143
594114	Lacey, D. M.	229
8234926	Lacey, L. J.	170
	Lacey, R. H.	3, 96
8088276	Lacey, S. M.	63, 190
1960339	Lacey, T. A.	167
5204936	Lackey, E. W. M.	142
5203932	Lackey-Grant, R. J.	189
689210	Ladbrook, P. R.	166
5201136	Ladds, R. G.	159
2636864	Lafferty, J. P.	127
2644406	Laidlar, R. E.	131
8304794	Laidlaw, B. L.	134
4231962	Laidler, A. J.	57, 103
213899	Laidler, P.	280
2649176	Laidler, P. D.	287
8300554	Lain, D. P. J.	148
8117440	Lainchbury, D. I.	72, 140
8206560	Lainchbury, I. M.	167
300889	Laing, B.	243
2602948	Laing, G. H. B.	103
8028939	Laing, G. W.	120
8029389	Laing, I.	112
5208299	Laing, R. P.	149
8400188	Laing, S. F.	147
4230660	Laird, B. C.	256
214279	Laird, J. E.	283
306122	Laird, L. M.	212
5206523	Laird, N. W. G.	108
213968	Laird, S. P.	281
2658969	Laisney, D. J.	133
8028700	Lake, A. R.	120
5207190	Lake, R. J. N.	246
214160	Lakeland, A. J.	282
300927	Lakeland, C.	243
8083911	Laken, W. E.	238
5206215	Laker, C. R.	145
4232923	Lakey, M. J.	105
2644260	Lakin, I. K. H.	135
8029037	Lalley, M. T.	112
5208559	Lamb, A. L.	184
212311	Lamb, A. R.	274
3151050	Lamb, B. J.	252
1948074	Lamb, C.	230
409512	Lamb, D. W.	214
	Lamb, G. C. M.	70
8027511	Lamb, J. A.	192
8007426	Lamb, J. D.	172
5206422	Lamb, P. R. J.	147
5204744	Lamb, R. A.	194
214216	Lamb, S. G.	282
8300371	Lambe, P. A.	182
	Lambert, A. P. N.	35, 94
5202796	Lambert, C. R.	276
5208513	Lambert, I. R.	130
214963	Lambert, M. S.	288
8172788	Lambert, S.	281
8000196	Lambert, S. W.	231
8408513	Lambert, T. T. A.	173
8019346	Lamberton, D. M.	172
	Lamberty, B. G. H.	220
5203489	Lambie, P. S.	159
8419240	Lambton, N. W. J.	149
2637903	Lamont, M. M.	170
5207655	Lamont, N.	142
	Lamont, S. R.	311
	Lamonte, J.	97
8032413	Lamonte, E. S. M.	246
	Lampard, C. John	153
684789	Lampard, J. S.	271
2635510	Lamping, S. J.	125
5204177	Lancaster, D. E.	116
8131538	Land, A.	161
8153659	Lander, D. S.	170
8026041	Lander, R. J.	105
1960236	Landsburgh, A.	104
5208603	Landy, D. C.	133
8079269	Lane, A.	200
213873	Lane, D.	280
214726	Lane, D. M.	286
8223061	Lane, G. A.	258
8132916	Lane, K.	218
2649458	Lane, M. A.	174
5208669	Lane, N.	134
	Lane, P. L.	154
208672	Lane, P. S.	270
8214788	Lane, R. J.	149, 310
306105	Lane, S.	246
5208713	Lane, S. J.	201
8300262	Lane, S. R.	245
	Lang, A. C.	92
8022748	Lang, B.	251
8068838	Lang, D. J.	232
	Lang, N. G. W.	29
214859	Lang, R. I. W.	287
8304498	Langdon, N. G.	284
8300647	Langfield, G.	183
210426	Langfield, P. A.	273
211763	Langley, A. M.	284
8029481	Langley, P. H.	146
8300181	Langley, R. I.	147
9772	Langley, S. J.	246
5206783	Langman, A. R.	240
5204452	Langstaff-Ellis, J. W.	195
4275864	Langston-Jones, P. G.	256
5208328	Lannie, F. P.	200
8129458	Lansbury, D.	161
8235704	Lansdell, S. M.	149, 312-313
8001755	Lansdown, M. L. E. A.	182
213296	Lansley, A. P.	277
2640873	Lansley, J. M.	129
	Lansley, S.	10
8304488	Lapham, P. A. A.	129
8024652	Large, M. L.	70, 182
685669	Lark, A. J.	268
211333	Lark, M. A.	271
5208263	Larkam, D. J. D.	131
5205551	Larkin, P. J.	181
8300149	Larry, S.	147
9913	Larsson, E. A.	246
8225117	Larter, M. H.	198
5208466	Lasrado, I. F. N.	207
8304631	Lassale, F. L. C.	130
1942553	Last, A. K.	230
214714	Last, G. A.	286
214890	Latchford, T. C.	287
8192758	Latham, P. E. S.	119
8019059	Latham-Warde, P.	233
5206337	Latimer, J. A.	150
1931821	Latimer, J. S.	271
608190	Latton, K. B.	276
5206438	Laugharne, P. A.	126
2631680	Launder, W. A.	257
	Laundy, T. J.	204
214379	Laurence, P. E.	283
5205059	Laurence, R.	213
	Laurence, T. J. H.	70
8099226	Laurent, C. L. T.	179
8032659	Laurent, N. A.	245
4232454	Laurie, G. H.	103
8097765	Laurie, J. K.	182
	Laurie, M. I.	8
3516265	Lavender, B. W.	281
8300178	Lavender, M. D.	194
2630953	Laver, M. D. M.	109
208766	Laver, M. R.	267
8285297	Lavis, R. J.	149
212756	Law, D. W.	275
2622508	Lawless, A. A.	106
8074193	Lawlor, A. E. M.	193
5203919	Lawlor, J.	75, 101
213401	Lawn, D. K.	278
5206283	Lawn, J. E.	169
212205	Lawrance, A. D.	273
300879	Lawrance, I.	246
607584	Lawrance, M. J. B.	276

372

INDEX

Personal No		Page No	Personal No		Page No	Personal No		Page No
	Lawrence, A.	12	2638626	Lea, M. R.	130	8260125	Lee, M. P.	132
8020821	Lawrence, C. H.	35, 155	8152614	Lea, N. J.	164	5205613	Lee, N. P. D.	110
8025854	Lawrence, C. J.	54, 59, 99	2629500	Lea, R. J.	108	409482	Lee, P.	249
306012	Lawrence, C. S.	197	9501	Lea, S. M.	35, 179	213652	Lee, P. A.	279
5208494	Lawrence, D. J.	201	214163	Leach, J. W. P.	260	5206322	Lee, P. B. T.	164
5204210	Lawrence, G.	166	9560	Leach, K. L.	242, 257	2649484	Lee, P. J.	134, 266
8037782	Lawrence, I. M.	128	2628658	Leach, P. W.	116	4272176	Lee, P. J.	230
211974	Lawrence, J. M.	273	5202340	Leach, R. L. F.	160	4235685	Lee, P. V.	230
2633778	Lawrence, M. D.	123	2628709	Leach, S. C.	111	210897	Lee, R. E.	270
8029464	Lawrence, M. E.	123	5203738	Leach, W. T.	115	4251846	Lee, R. E.	270
5206056	Lawrence, N. J.	144	5204698	Leadbeater, N. C.	193	5206542	Lee, R. G.	180
8095426	Lawrence, P.	146	609491	Leadbetter, P. M.	27, 99	8304107	Lee, R. P. G.	147
8100173	Lawrence, P. A.	233	8200536	Leadbitter, S. J.	166	1949552	Lee, R. R. G.	143
5201300	Lawrence, P. J.	273		Leakey, A. D.	8	2644282	Lee, S. A.	134
8140995	Lawrence, R. A.	236		Leakey, M. A.	97		Lee, S. M. A.	30
608869	Lawrence, R. H.	110	2624925	Leakey, M. A.	10	8032577	Lee, S. W.	182
8133717	Lawrence, R. J.	141	8300196	Leaman, M. J.	147	8125300	Lee, T.	235
8302801	Lawrence, S. J. L.	202	8021210	Leaming, M. W.	59, 99	5204138	Lee, Rev T. R.	223
209868	Lawrence, T.	269	690661	Lean, P. A.	161	8218273	Leech, A. H.	172
2633769	Lawrenson, A. J.	254		Leaning, P. T. W.	20, 92	3519805	Leech, B. J.	246
5207364	Lawrenson, D. J.	125	8029856	Lear, M. J.	241	5204236	Leech, D. W.	161
5202220	Lawrie, I. G.	106	8021207	Learner, P. F. G.	190	213017	Leech, E. J.	284
4233368	Lawry, K. J.	103	8222141	Leatham, C.	145	5206011	Leech, G.	192
8024102	Laws, A. P.	141	2644297	Leather, R. W.	133	5200661	Leech, T.	60, 190
5206606	Laws, D. J.	118		Leatt, M. T.	39, 187	5206245	Leeder, J. D.	126
5204814	Laws, D. L.	178	8025617	Leaviss, R. E.	76, 105	9729	Leeks-Musselwhite, M.	169
5206064	Lawson, D. A.	118	306018	Leckenby, D.	197			
8153283	Lawson, D. M.	171, 313	4231635	Leckenby, P. J.	105	8228547	Leeming, M. D.	200
5206864	Lawson, E.	193	2624270	Leckey, J.	138	212458	Lees, A.	274
5206497	Lawson, J.	109	2627647	Leckey, M. J.	125	2636050	Lees, D. M.	240
8029332	Lawson, J. D.	123	8302627	Leckie T. M.	183		Lees, J. R.	74, 187
214517	Lawson, J. R.	285	210013	Ledamun, R.	269	214926	Lees, L. M.	287
8018828	Lawson, L. B.	265	8302712	Ledger, A. J.	244		Lees, M. N.	95
214528	Lawson, P. S.	285		Ledger, S. W.	77		Lees, R. B.	7, 13
	Lawson, R. J.	28	214843	Ledson, T. D.	287	8304788	Lees, R. M.	133
5204338	Lawson, R. J.	121	211439	Ledster, C.	272		Lees, W. R.	220
8282583	Lawson, S. P.	216	212349	Leduc, F. P.	274	8109948	Leese, J.	284
2647054	Lawton, L. H.	262	8027056	Ledward, D. J.	106	1947112	Leese, S.	229
8330316	Lawton, S. M.	278	214673	Lee, A. G. C. Y.	286		Leeson, K. J.	154
214248	Lawton, S. R.	282	5207707	Lee, A. J.	146	8056983	Leeson, S. A.	275
8229417	Lay, C. J.	124	213264	Lee, B.	277	8028441	Leffler, T.	144
4290047	Lay, P. C.	149	5207189	Lee, C.	246	8152005	Lefley, P.	168
8176094	Laybourne, K. R.	257	91445	Lee, C. P.	261	213195	Legatt, C. P.	280
607897	Laycock, J.	273	213218	Lee, C. P.	277	5206866	Legg, A. R.	164
2630189	Laycock, P. M.	282	2628039	Lee, D. J. F.	110	8028222	Legg, D. A. C.	109
5207396	Layden, C. J.	130, 312	1943279	Lee, D. M. J.	230	210417	Leggatt, D. J.	189
8001181	Layton, D. J. H.	232	213847	Lee, D. P.	280	5206378	Legge, G. P. E.	167
	Layton, P. B.	32	607891	Lee, D. W.	283		Legge, J. M.	15
5207809	Lazenby, P.	244	211541	Lee, F.	272		Legge-Bourke, H. R.	7
1960904	Lazzari, J. N.	108	2622948	Lee, G.	189	5204520	Leggett, A. E.	189
	Le Bas, C. B.	31, 95	4220082	Lee, G.	275	2626966	Leggott, S. P.	280
8139460	Le Galloudec, S. J.	167	5208649	Lee, G. J.	134	8029550	Leigh, C. J.	240
586661	Le Moine, J.	250		Lee, I. R.	11	212949	Leigh, J. M.	276
208671	Le Worthy, D. A.	280	212613	Lee, J. F.	275	8069411	Leigh, R. A.	183
214497	Le Worthy, S. L.	285	4282366	Lee, M. K.	191	4231748	Leigh, R. G.	113

373

INDEX

Personal No	Page No
5207694 Leighton, G.	193
211254 Leighton, J. D.	125
5208624 Leighton, P. M.	173
211741 Leinster-Evans, S.	272
0684634 Leiper, E. A.	230
8019276 Leitch, D. O. S.	160
214721 Leith, D. McK.	286
688471 Lemare, D. A. C.	104
207244 Lemm, D. H. W.	267
214542 Lemmon, D. S.	285
212920 Lemmon, L. J.	276
5208244 Lenahan, C. A.	129
8027155 Lence, M. S.	107
8028590 Lendon, G. D. C.	181
8032636 Lenihan, J. H.	245
5205182 Lenihan, P. J. D.	110
8112690 Lennie, A. W.	282
8403175 Lennon, M. M.	130
5206651 Lenoir, R. J.	205
214784 Lentell, S. D.	286
2635120 Leonard, A. R.	128
5208271 Leonard, I.	226
8021122 Leonard, R. G.	24, 177
2627778 Leonczek, M. R.	110
1948078 Leslie, A. W.	229
409515 Lester, A. J.	214
8096583 Lester, D. R.	238
Lester, G. A.	15
8407050 Lester, M. D.	173
214674 Lester, M. S.	286
Lester, Mr G.	7
8024666 Lester, P. T. G.	142
5203759 Lester-Powell, D. M.	179
5207250 Letch, M. J.	121
8028063 Letton, J. S.	117
213449 Levett, M. J.	278
8026921 Levick, P.	107
8068315 Levick, P.	271
1950483 Lewin, A. D.	234
Lewington, J. M.	80
212485 Lewis, A. D.	256
Lewis, A. L.	154
8087022 Lewis, A. P.	157
208997 Lewis, C. A.	268
306222 Lewis, C. O. M.	184
214269 Lewis, C. R.	282
8121924 Lewis, D.	163
5208145 Lewis, D. A.	171
8026481 Lewis, D. H.	254
5205187 Lewis, D. J.	192
8216036 Lewis, D. L.	197
2627695 Lewis, D. M.	205
Lewis, Mrs E. J.	25
8150797 Lewis, I. J.	122
2644430 Lewis, I. S.	133

Personal No	Page No
688415 Lewis, I. V.	158
5207163 Lewis, J. H.	145
409459 Lewis, J. L.	249
2633674 Lewis, K. A.	111
3529057 Lewis, K. A. C.	229
4286150 Lewis, K. G.	231
8304169 Lewis, M.	127
210458 Lewis, M. A.	270
210695 Lewis, M. A.	270
5208143 Lewis, M. E.	206
8080599 Lewis, M. H.	238
5207030 Lewis, M. P. D.	190
5206481 Lewis, M. T.	120
214093 Lewis, N. M.	281
8304737 Lewis, P. B.	131
8189000 Lewis, P. E.	144
Lewis, P. J.	35, 186
209068 Lewis, R.	268
686324 Lewis, R. A.	46, 155
8027925 Lewis, R. C. J.	117
5206012 Lewis, R. D.	118
213653 Lewis, R. J.	279
2624568 Lewis, S. B.	58, 142
5207159 Lewis-Morgan, A. C.	244
5205357 Lewis-Morris, M. J.	191
5207888 Lewis-Russell, J. M.	207
213334 Lewry, G. J.	278
8304032 Lewry, J. R.	126
5206401 Ley, E. R. J.	171
8013916 Leyland, T. J. W.	168
214162 Leyshon, T. J. R.	257
213412 Libby, K. A.	278
1946905 Libby, R. L.	229
8024718 Licence, J. R.	182
9898 Licence, K. A. M.	247
Liddell, P.	91
8024400 Liggat, A. K. S.	145
213109 Lightowler, N. J.	277
8141375 Liivet, P.	121
8019275 Liley, S.	160
8300273 Lilley, A.	126
Lilley, S. P.	35
Lilley, S. P. J.	187
8302739 Lilleyman, A. M.	247
5207672 Lilleyman, S. A.	124
608653 Lillis, J.	70, 105
8107364 Lilly, P. D.	128
8153668 Lilly, P. D.	170
214422 Lillywhite, G. J.	283
8287280 Lillywhite, R.	142
2641433 Limb, N. P.	172
8121605 Limbert, J. J.	198
2641462 Lindley, M. C.	130
802676 Lindley, R. B.	40
8022676 Lindley, R. B.	188

Personal No	Page No
5205858 Lindsay, A. J.	34, 193
8413553 Lindsay, C. J.	148
5206373 Lindsay, D. R.	171
8024553 Lindsay, G. H.	146
306191 Lindsay, H. D.	183
Lindsay, I. D.	39, 204
8018728 Lindsay, J. R.	160
8286490 Lindsay, J. W.	127
8101610 Lindsay, P. F.	161
5205896 Lindsay, S. M.	191
2644459 Lindsay, T. J.	133
2640178 Lindsell, S.	129
8032518 Lindsey, D. E.	142
Lindsey, I. W.	89
210914 Linehan, M.	270
209326 Lines, B.	268
213151 Lines, M. J.	277
8028320 Lines, P. J.	111
688792 Lines, R.	231
8239870 Ling, J. J.	149
8304903 Ling, M. R.	135
5206408 Ling, R. J. D.	126
8282610 Ling, S. J.	183
8028788 Lings, G. B.	120
8027772 Linney, M. V.	240, 283
5206305 Linsley, A.	125
5205870 Linstead, A. S.	108
5205609 Linter, J. E.	112
3516602 Linton, M. G.	243
8304290 Lippiatt, S. D.	127
8154198 Lipscomb, P. R.	175
1941235 Liptrot, J.	232
209510 Liquorish, N. J.	268
8213410 Lismore, M. R.	125
8300587 Lisney, P. J.	247
5202181 Lister-Tomlinson, A. D.	104
8098847 Liston, G. A.	118
5205385 Liston, G. D.	161
5208329 Liston, J. H.	150, 310
595383 Liston, M. J.	145
8021064 Little, A. H.	109
8025280 Little, A. J.	48, 188
9333 Little, C.	192
210459 Little, G. I.	270
5202525 Little, N. G.	69, 156
8023530 Little, R.	243
1950335 Little, R. A.	182
214371 Little, S. P.	109
8304752 Littlechild, G. J. M.	131
5202185 Littlehales, M. P. G.	140
2649753 Littlejohn, P. A. T.	133
8029331 Littlejohns, G. E.	122
211827 Littleton, J. A.	272
8141651 Littley, B.	112

INDEX

Personal No		Page No	Personal No		Page No	Personal No		Page No
4283749	Livesey, G.	229	8304849	Lockwood, S. I.	134	8025125	Loosemore, A. R.	264
	Livesey, R. J. D.	26	5208317	Lockyer, S. J.	131	214356	Loosemore, C. S. A.	261
8024221	Livingston, N.	119	9215	Lodge, A. M.	195	8304696	Lord, A. S.	130
212433	Livingston, R. C.	274	213281	Loft, N. L.	277	8071078	Lord, B. D.	232
4268595	Livingston, R. J.	251	8300398	Lofthouse, G. D. J.	148	8260087	Lord, D. K.	109
	Livingstone, A.	26	8010521	Lofting, P. J.	233	5203386	Lord, D. P.	107
2636946	Livingstone, D. A.	128	8073038	Lofts, D. A.	236	409473	Lord, J. S.	249
9353	Livingstone, S.	257	2649103	Lofts, M. S.	151	8304602	Lord, P. B.	283
214937	Llewellyn, A. J.	287	8028038	Lofts, P. D.	109		Lorimer, J. G.	8
8024721	Lloyd, A. R.	182	213686	Loftus, K. B.	279	8024275	Lorraine, A. G.	145
5204979	Lloyd, A. T.	142	2629176	Loftus, P.	240, 279	5205572	Lory, G. I.	180
8141058	Lloyd, B. J.	237	213483	Logan, A.	278	8188608	Losh, S.	166
8150511	Lloyd, D.	117	214953	Logan, A.	288	214933	Losse, C. A.	287
208850	Lloyd, D. M.	268	2638681	Logan, C. R. G.	133	5206218	Louca, J. C.	182
8302687	Lloyd, E. R.	200	8302810	Logan, J. C.	202	8099530	Loughlin, R. B.	232
608842	Lloyd, J. D.	113	8116804	Logan, K. A.	193	2642787	Loughran, S.	129
212947	Lloyd, J. R.	276	5208010	Logan, M. J.	182	5206724	Louth, J. P. W.	193
	Lloyd, M. G.	97	4232296	Logan, P. S.	107	8224992	Lovatt, I. M.	200
5208044	Lloyd, M. V.	211	2611609	Logan, S. T.	241	8078807	Love, A. J.	231
5205687	Lloyd, N. J.	164	8300264	Logan, S. W.	198		Love, D. B.	186
2636590	Lloyd, P. H.	170	8112566	Login, B.	189	212164	Love, M. A.	273
8124125	Lloyd, P. J.	191	9661	Logsdon, C. L.	196	2636052	Loveday, N. J.	58, 142
2623184	Lloyd, P. O.	102	8103198	Logue, M. J.	232	211204	Loveday, P. B.	271
5206382	Lloyd, R. A.	171	1945203	Loker, T. J. A.	232	2834731	Lovegrove, G. B.	256
8125441	Lloyd, R. C.	231	5205252	Lomas, M.	165	4231002	Lovegrove, G. B.	59, 103
211137	Lloyd, S.	271	306309	Lomas, V. A.	201	5208273	Lovejoy, A. F.	201
	Lloyd, S. J.	136	8186404	Lomax, D.	151	2641362	Lovelace, S. K.	198
5203207	Lloyd, S. J.	109	4232242	Londesborough, A.	255	5206463	Loveless, Rev M. F.	223
	Lloyd, S. J. A.	28	2629308	Londesborough, L. A.	257	8028804	Lovell, A. B.	111
3519222	Lloyd, T. E. L.	243	5205615	Long, C. E.	166	4285357	Lovell, D. J.	233
2637781	Lloyd-Evans, G.	127	5204923	Long, Rev C. W.	223	8019680	Lovell, G. J.	161
8304695	Lloyd-Jones, E.	130	4232458	Long, D.	277	214577	Lovell, P. M.	281
5208295	Lloyd-Jones, S. A.	149	213148	Long, D. J.	277	8140927	Lovell, R. H.	111
	Loader, C. R.	95	214777	Long, D. P.	286	2633061	Lovely, P.	112
8023200	Loader, J. P.	139		Long, P. J.	203	8026756	Loveridge, M. J.	105
5207998	Loader, P. C.	194	8304603	Long, R. C. J. R.	129	8024498	Loveridge, S. M.	145
209187	Lobb, P. J. A.	268	8300845	Long, R. F.	202	208725	Lovering, M. L.	277
214304	Lobban, A.	283	5205113	Long, S.	157	212940	Lovett, A. W.	276
214995	Lobbeday, J. C.	288	2637985	Long, S. C.	130	8304789	Lovett, G. S.	133
8090233	Lobley, B.	170	8001701	Long, S. M.	231	4230585	Lovett, M. S.	272
1948750	Lock, D. M.	193	8152520	Longden, R. D.	170, 313	8302705	Lovett, Z. K.	200
8304238	Lock, G. R.	127	212839	Longdon, M. E. B.	276	8027616	Low, I. N.	251
8304848	Lock, M. D.	134	5203744	Longhurst, D. N.	115	5208451	Low, N. J.	206
688259	Lock, P. J.	14, 156	213206	Longhurst, S. E.	277	8027236	Low, R. A. C.	101
5203257	Lock, R.	70, 100	8154307	Longley, C. I.	171	0594914	Low, W. R.	231
8247185	Lock, R. K.	146	4286276	Longley, D. A.	234	206814	Lowe, B. C.	268
3528221	Locke, G. H.	243	609376	Longman, B. D.	49, 155		Lowe, Dr D. G.	220
306287	Locke, J. E.	151	214695	Longmuir, M. C.	286		Lowe, D. J.	14
4231143	Locke, M. A.	251	8027030	Longstaff, M. C.	108	8414401	Lowe, D. P.	172
8032493	Lockhart, N. L.	142	5037933	Longstaffe, A. J.	271	1938829	Lowe, G.	276
5205741	Lockhart, P.	164	4281475	Looen, D. J. F.	232	1946242	Lowe, J. L.	274
409498	Lockton, L. A.	214	5205365	Looker, I.	163	2649666	Lowe, M. C.	174
	Lockwood, A. J.	95	213096	Looker, P. G.	284	8304697	Lowe, N. A.	130
212148	Lockwood, N. C.	273	8026013	Looseley, M.	114	306254	Lowe, P. S.	201
306372	Lockwood, S. C.	202				8091846	Lowe, R. F.	231

375

INDEX

Personal No		Page No	Personal No		Page No	Personal No		Page No
4287548	Lowe, S.	238	8304632	Lutman, A. J.	149		**M**	
2635625	Lowe, S. J.	183	8028143	Luton, M.	141			
213690	Lowery, M. D.	279	5206740	Luton, S.	196	8027808	Maas, J. D.	102
8302518	Lowman, C.	243	8249178	Lutton, D. R.	146		Mabberley, J.	21
5207155	Lowman, M. E.	145	209625	Lutton, P. F.	268	4176215	Mabon, R. M.	264
8102815	Lowman, S.	147	2629477	Luxton, P. A.	107	8141752	Macalister, S. J.	173
214838	Lowndes, P. S.	287	2626758	Lyall, G.	256	5206885	MacAlpine, A. T.	194
5204633	Lowndes, R. L.	115	2785690	Lyall, G.	268	8025044	Macartney, J. K.	104
5208707	Lowndes, D. M.	135	5206795	Lyall, P.	18, 102	2616493	Macartney, S. M. J.	9, 99
8028983	Lowry, M. R. J.	121		Lyddon, A. C.	18	9293	Macaulay, L. K.	192
8081303	Lowry, W. M.	170	5205978	Lydiate, D.	192	5205496	Macauley, S. J.	40, 205
4279986	Lowry, W. S.	232	306387	Lye, S. J.	202	5208005	Macbeth, N. D.	212
212355	Loxton, J. V.	274	2642687	Lyle, A. J.	130	2649905	Macbrayne, A. A.	132
5206507	Loxton, W. T.	194	213074	Lyle, R.	276	214973	MacCarron, D. F.	288
11421	Loynton, J. C.	272		Lynam, D. A.	14	211776	MacCarron, J. P.	272
0595009	Lucas, B.	233	2642955	Lynam, N. C.	200	2630345	MacCormack,	
8304866	Lucas, C. J.	134	8093859	Lynch, B. G.	197		R. M. J.	110
2619035	Lucas, J. P.	274	2644188	Lynch, C.	285	1946737	MacDonald, A.	229
5207314	Lucas, M. A.	205	8109534	Lynch, C.	231	214918	MacDonald, A. N.	287
2643014	Lucas, P. A.	130	306284	Lynch, H. A. M.	201	8032559	MacDonald, A. R.	196
5203655	Lucie-Smith, E. R.	165	8032663	Lynch, J. A.	257	212448	MacDonald, A. S.	274
8028767	Luck, C. J.	109	213726	Lynch, J. R.	260	8094187	MacDonald, A. T.	165
8029362	Luck, R. K.	112	214230	Lynch, K.	282	214215	MacDonald, B.	282
8099000	Luckhurst, A. R.	231	5204792	Lynch, R. D.	139		MacDonald, Dr E. B.	220
607939	Lucking, R. R.	243	8140910	Lynch, S. C.	238	300892	MacDonald, E. D.	244
	Luckyn-Malone, M.	26	2640403	Lynham, C. R.	132, 312	8130275	MacDonald, F. G.	144
	Luckyn-Malone, M. P. S.	43	2644198	Lynn, C. J.	150	8304122	MacDonald, F. J.	126
8028133	Ludlow, S.	120	1947163	Lynn, R. H.	237	306272	Macdonald, F. M.	201
5208177	Ludman, A. I.	129	5208536	Lynn, S. B.	215	4278628	Macdonald, G. B.	166
8304239	Luggar, A. J.	127	4231204	Lynn, T.	256	8076254	MacDonald, G. W. B.	218
	Luke, J. C. O.	13, 92	8091634	Lynskey, M. F.	233	214406	MacDonald, J. A.	283
4274112	Luke, P.	235	8300260	Lyon, S. A.	147	5203737	Macdonald, J. B.	115
8304921	Luker, A. J.	135		Lyons, A. W.	19	4335296	MacDonald, J. H.	177
	Luker, P. D.	8, 93	5205452	Lyons, D. E.	192	5207019	MacDonald, J. P.	279
8028717	Lumb, D. M. V.	111	8300183	Lyons, N. J.	198	4290543	MacDonald,	
8300616	Lumb, R. P.	148	210393	Lyons, P. C.	269		N. Mc. K.	233
5208171	Lumsdon, M.	198	5206909	Lyons, T. P.	112	8024355	MacDonald, P. D.	198
5206396	Lunan, I.	171	8968	Lyster, J. M.	70, 189	8028203	Macdonald,	
8024101	Lunan, M.	193	687657	Lythaby, R.	155		P. J. S. D.	117
2640875	Lund, A. J. K.	129	8300729	Lyttle, R. B. M.	148	2643999	MacDougall, K. C.	130
8007430	Lund, R. M.	104	594248	Lyttle, R. E.	40, 190	5207275	Mace, C. J.	125
210867	Lundy, A.	276	209753	Lyttle, T.	268		MacEachern, I. J. O.	187
212086	Lundy, R. P.	273				8141201	Macey, G.	107
8027337	Lungley, S. D.	35, 101				608286	MacFadyen. I. D.	284
8304016	Lunn, A. R.	147				5208015	MacFarlane, A.	147
5202078	Lunnon-Wood, A. K.	104					MacFarlane, D. S.	28
2629470	Lunt, C. C.	107				8029106	MacFarlane, I. J.	111
2617932	Lunt, J. D.	251					Macgregor, A. N.	94
5204800	Lupa, H. T.	205				214584	Macher, D.	285
5207989	Lushington, R. D. L.	198				212887	Machin, A. J.	276
8029807	Lushington, S. F.	124				214675	Machin, J. G.	286
4335600	Lussey, D.	255				5205631	Machray, R. G.	164
8152396	Lusty, R. O. D.	172				5206820	MacInnes, A. J. E.	196
8024246	Luter, B. A.	180						

INDEX

Personal No		Page No	Personal No		Page No	Personal No		Page No
306331	Macinnes, F. C. L. . .	201	5201860	MacLean, E. J. .	35, 155	8140944	Magee, T. M.	238
2621151	MacInnes, G. W. . . .	102	211620	MacLean, R. F.	272	8029462	Maggs, C. D.	123
5202310	MacIntosh, D. R. . . .	105	5202254	MacLeman, R.	177	211994	Maggs, C. K.	273
214515	MacIntosh, F. I.	285	8152419	MacLennan, A. R. . .	167	4278411	Maggs, C. M.	237
5208680	Macintyre, A. J. M. .	147	2616560	MacLennan, K. M. .	105	8089319	Maggs, J. N.	231
5204953	Macintyre, R. A. . . .	115	8032436	MacLennan, S. W. .	145		Maggs, P.	13
690275	Maciver, J.	157	8028522	MacLeod, D. H.	107	213423	Maggs, S. K.	278
5208506	Macivor, K. S.	174	2797468	MacLeod, E.	142	2640601	Magill, B. F.	286
5208085	Mack, A. P.	127	8032739	MacLeod, F. D.	147	2627562	Maginnis, R. J.	112
8024683	Mackay, A. J.	130	8029444	MacLeod, G. M. . . .	142	5206228	Maguire, A. J.	123
8027916	Mackay, A. J. M. . . .	108	213293	MacLeod, J. A.	277	214339	Maguire, B. J.	283
211231	MacKay, D. J.	271	8116159	Macleod, R. M.	180	5208049	Maguire, M. J.	125
4232230	MacKay, D. J.	269	5207621	MacLeod, S. I.	245	2635059	Maguire, N. M.	122
8210348	Mackay, D. J.	168	213335	Macleod, S. L.	278	5204999	Maguire, P. J.	141
5205719	Mackay, D. M.	144	5207339	MacMillan, A. A. . . .	128	2619117	Mahaffey, B. S. . .	36, 98
2676532	Mackay, F.	256		Macmillan, A. J. F. .	310	8023434	Mahef, G. M.	238
8032546	MacKay, G. E.	145	214591	MacMillan, D. F. . . .	285	8300762	Mahon, K.	201
	MacKay, H. G. . .	76, 92	8290354	MacMillan, D. J. . . .	284	8000454	Mahon, M. C.	182
2621056	Mackay, I. F.	273		MacMillan, Dr A. J. F.	65	5203187	Mahon, W. E.	177
8133413	Mackay, I. T.	141		MacMillan, I. C. . . .	12	8001900	Mahoney, B. R.	232
8029042	Mackay, L. W.	255	8304083	MacMillan, I. D. . . .	126	2622518	Mahoney, M. F.	278
211743	Mackay, M.	272	214354	MacMillan, L. D. . . .	283	5205341	Mahoney, N. G. A. . .	193
0690458	MacKay, P. I.	233	2622248	Macnab, J.	190	9467	Mahoney, P. J.	193
8192505	Mackenzie, A.	62	8110340	MacNaught, R. L. F.	173	8300456	Mahony, P. A.	183
8192505	Mackenzie, A. K. . . .	145	5208104	MacNaughton, K. . .	126	5207817	Maidment, G.	206
8094005	Mackenzie, D. P. . . .	193	2649880	Macniven, D. J. . . .	133	8015643	Main, A.	233
5202970	Mackenzie, Rev D. S.	223	8024622	MacPherson, A. M. .	141	4232681	Main, A. P. T. . . .	46, 99
8300288	MacKenzie, E. G. . .	183	409484	MacPherson, A. P. .	214	8029454	Main, K. B.	123
8032141	MacKenzie, G. C. . .	179	8182662	MacPherson, C. J. .	181	8304633	Main, S. J.	130
8011025	MacKenzie, G. T. . . .	238	214688	MacQuarrie, J. B. . .	286	8302727	Main, V. J.	244
5202325	Mackenzie, K.	156	4287118	Macrae, J. C.	231	213034	Mair, D. T.	276
8028338	MacKenzie, K. D. . .	142		Macrae, T. F.	221	8104281	Mair, K. A.	233
5205277	MacKenzie, K. J. . . .	110		MacRae, Dr W. R. . .	221	8011263	Maisey, D. S.	173
2622873	MacKenzie, M. R. . .	190	8015328	MacRury, D. G.	164	213474	Maitland, P.	278
8028405	Mackenzie, N. H. . . .	118	2621081	MacTaggart,		5203856	Major, A. C.	70, 156
213756	Mackenzie, P. J. . . .	279		R. A. McL.	192	2635436	Makepeace, A. D. E. .	119
2639207	Mackenzie-Brown,		306266	Madden, H. M.	150	214231	Makepeace, C. J. . . .	282
	P. E.	126	8260856	Madden, L. T.	134		Makey, Mr M. A. . . .	221
5206423	Mackereth, J. E. . . .	126	5205363	Madden, M. R.	142	8022901	Makin, B. G.	190
686681	Mackie, A. D. J. . . .	264	595478	Maddison, M. J. . .	238	5208694	Makinson-Sanders,	
5206134	Mackie, E. D.	191	8304052	Maddison, R. C. . . .	112		J.	202
5207290	Mackie, K. C.	214	4335917	Maddocks, B. J. . . .	251	213081	Malbon, A. S.	152
8180972	Mackie, W. S.	167	8088227	Maddocks, D.	147	8026614	Malcolm, C. D.	100
8023708	MacKinnon, R. J. N.	189	8024228	Maddox, A. J. M. . .	180	214854	Malcolm, G. R.	287
8106018	Mackintosh, A. J. . .	202	213400	Maddox, J. P.	278	2634460	Malcolm, J. M. W. . .	122
1943230	Mackintosh, D.	233		Maddox,		2649848	Malcolm, N. I.	173
210154	Mackintosh, N. J. . .	269		N. D. A. . . .	54, 59, 92	2637128	Males, A. C.	184
8302678	Mackintosh, W. A. .	149	5206875	Maddy, Rev K.	224	1960638	Males, D.	229
8029506	Mackle, T.	240	8300023	Madge, A. D.	282	214608	Malik, S.	285
8304214	Mackmurdie, R. L. .	247	5203662	Madge, A. W.	156	208619	Mallett, C. W.	267
4335092	MacLachlan, A. J. C.	250	8028917	Madgwick, I. A.	240	211501	Malling, S. H.	279
8302775	Maclaren, A. F.	151	4232621	Maer, K. W.	243	2627858	Mallinson, C. P.	117
213045	Maclean, A. G.	276	8081473	Magee, B.	231	8080136	Mallison, J. G.	231
8128444	MacLean, D. A.	193		Magee, D. J.	41	2649530	Mallon, B. J.	131
5202129	MacLean, D. F.	155	5208246	Magee, S.	149	2631426	Mallon, M. G.	259

377

INDEX

Personal No	Page No	Personal No	Page No	Personal No	Page No
8287844 Malone, M.	200	2617686 Margiotta, G. L.	251	8304359 Marshall, P. B.	128
8152969 Mammatt, J. E.	168	685431 Marjoram, R. A.	253	8023982 Marshall, P. J.	194
213940 Mamoany, T. J.	280	8023225 Markey, C. R.	177	8210560 Marshall, P. J.	145
8025654 Mander, S. G.	104	Markin, Mr M.	15	8226608 Marshall, P. S.	167
9842 Mandley, C. J.	194	8001184 Marklew, M. J.	232	8025178 Marshall, R. A.	252, 255
3571974 Manfield, R. F. W.	272	8243262 Marks, D. J.	201	8304419 Marshall, R. D.	128
5206649 Mangan, M. T.	119	4233400 Marks, F. M.	278	8109292 Marshall, R. J.	166
5205768 Manger, M. J.	164	8187474 Marks, M. H.	162	8012906 Marshall, R. S.	169
9860 Manhire, L. J.	246	8028374 Marks, P. C.	192	5204952 Marshall, S.	109
2644197 Mankowski, M. K. L.	151	4231739 Marks, P. J.	113	214280 Marshall, S. W.	283
8171957 Manktelow, A. J.	196	212924 Marley, G.	276	5204298 Marshall, T. A.	165
8231792 Manktelow, J. A.	282	5205291 Marley, T. J.	192	5208711 Marshall, T. A.	202
5204701 Mann, C. F.	190	214881 Marlow, P. M.	287	690329 Marshall, T. C.	229
214696 Mann, J.	286	5202365 Marr, J.	106	214748 Marshallsay, P. J.	286
5206582 Mann, S. S.	244	212846 Marr, J. D.	276	8025376 Marson, A. C.	111
5205738 Mann, T. S.	163	2649486 Marr, P. J. B.	133	5204943 Marston, I. C.	115
1962154 Mannall, D. M.	170	213984 Marriott, G. A.	281	5208560 Marston, L.	133
2640256 Mannering, R. E.	133	214309 Marriott, G. E.	283	8026122 Marston, R.	75, 99
214380 Manning, D. A.	283	4231980 Marriott, M. B. R.	107	2636494 Marston, S. K.	127
8400342 Manning, D. P.	126	8027012 Marrison, C. G.	100	2642473 Marter, P. N.	172
8029695 Manning, S. L.	125	5208650 Marrison, S. A.	174	1962125 Martin, A. J.	232
4232551 Mannings, E. J.	241	8000768 Marsden T. G.	233	8032480 Martin, A. J.	145
8029495 Mannion, D. T.	120	1962219 Marsden, D.	234	5205278 Martin, A. P.	180
608652 Mans, K. D. R.	268	2637940 Marsden, D. F.	128	8411722 Martin, A. P.	148
8189672 Mansell, A. C.	201	8025770 Marsden, J. W.	140	5204340 Martin, A. T.	119
5206393 Mansell, L. D. C.	147	213771 Marsh, C. J.	279	211412 Martin, C.	272
608475 Manser, R. C. H.	255	4231943 Marsh, D. A.	105	209661 Martin, D.	268
306340 Manser, S. J.	151	5207838 Marsh, D. W. R.	198	2642456 Martin, D.	130
210052 Mansfield, J.	269	5206171 Marsh, H.	194	5206311 Martin, D. A.	145
8029312 Mansfield, J. J.	122	5206430 Marsh, K.	126	2630957 Martin, D. J.	117
5202777 Mansfield, R. A.	160	5206323 Marsh, R. E.	170	9281 Martin, D. L.	191
5208610 Manson, A. L.	208	5208444 Marsh, R. J. L.	140	5205693 Martin, D. V.	168
	Manson, I. S.	24	210406 Marshall, A. E.	269	8183275 Martin, G.	169
5207266 Manson, J. H.	123	5207382 Marshall, A. P.	129	8150971 Martin, G. C.	156
	Manton, A.	310	8218738 Marshall, A. P.	198	8084781 Martin, H. S.	280
	Manton, A. R.	29	8210014 Marshall, A. R.	181	1961734 Martin, I. D. M.	233
2641434 Manvell, S. P.	200	5208375 Marshall, A. S.	150, 312	211487 Martin, I. J.	274
1941404 Manville, K. D.	179	4291645 Marshall, D.	159	8021214 Martin, I. M.	177
215004 Manville, S.	288	8024749 Marshall, D. J.	113	5201990 Martin, J.	159
306165 Manwaring, C. A.	183	5203443 Marshall, D. N. F.	205	8050770 Martin, J.	230
8028698 Manwaring, M. T.	112	8300827 Marshall, D. W. L.	152	802377 Martin, J. C. P.	242
5207112 Maple, G. C.	182	213180 Marshall, G. P. B.	284	4232520 Martin, J. D.	10, 98
2628780 Maple, P. D.	145	8141040 Marshall, I. F.	119	2617371 Martin, J. F. S.	276
682572 Mapp, D. W.	264	5206695 Marshall, I. G.	196	214114 Martin, J. W.	281
8069059 Marcer, P.	230	210767 Marshall, I. P.	270	8300373 Martin, J. W.	198
214967 March, A.	288	5205728 Marshall, J.	117	5205695 Martin, J. W. R.	169
5204339 March, A. P.	162	8189907 Marshall, J.	163	8061675 Martin, K. L.	141
8027757 March, K. C. W.	112	8025813 Marshall, J. D.	105	306128 Martin, K. M.	148
306255 Mardell, A.	226	8029668 Marshall, J. E.	241	8140051 Martin, M. J.	193
8024156 Marden, A. J.	142	5204226 Marshall, K. A.	162	8098456 Martin, M. L.	160
9457 Marden, V. J. A.	192	8302561 Marshall, K. L.	148		Martin, Mr E.	36
5202288 Mardon, J.	106	8027433 Marshall, L.	108		Martin, Mrs S. J.	69
5208180 Mardon, P. D.	199		Marshall, M. J.	80	8201469 Martin, N. R.	164
5203645 Margetts, P. R.	116, 314	8024257 Marshall, M. L.	181	5200649 Martin, P.	108
8304753 Margiotta, C. A.	131	8304894 Marshall, M. R.	135	5204988 Martin, P.	161

INDEX

Personal No		Page No	Personal No		Page No	Personal No		Page No
8028331	Martin, P.	109	2648927	Massingham, D. P.	133	5207368	May, J. M.	125
1936658	Martin, P. H.	229	5208693	Massingham, G. J.	152	5208128	May, M. J.	148
8230211	Martin, P. L.	167	8025746	Masson, A.	236	4233292	May, N.	104
214190	Martin, P. M.	282	212596	Masson, D. G.	260	687342	May, S. J.	281
5208022	Martin, R. C.	125	8015665	Masters, C. W.	181		May, Mrs Y.	15
2636569	Martin, S. A.	127	214204	Masters, D. A.	282	1949026	Maycock, S.	277
4335570	Martin, S. E.	178	2644070	Masters, M. W.	133	4232134	Mayer, W. L. M.	240
214961	Martin, S. F.	288	5205612	Mather, D. A.	120	5206440	Mayers, M. S.	147
5204078	Martin, T. E.	261	2630060	Matheson, D.	255	688797	Mayes, D. C.	273
5208406	Martin-Jones, P. D.	173	8020967	Matheson, N. G.	277	210277	Mayes, G. J.	269
306209	Martin-Mann, A. C.	201	2649189	Mathew, N.	133	5203524	Mayes, R. W.	216
213776	Martin-Mann, D. D.	202	5054502	Mathews, M. G.	270	5208247	Mayes, T. M.	200
213829	Martin. K. H. D.	280	608464	Mathie, A. R. C.	275	214553	Mayfield, P. S.	285
8086329	Martindale, I.	161	2633999	Mathieson, C. A. C.	263	1960908	Mayhew, D. E.	233
213061	Martinez, R. L. M.	276	2626305	Mathieson, D.	241	213103	Mayhew, G. A.	277
8151810	Martland, J. R.	166	213463	Mathieson, P.	278	8300155	Mayhew, G. M. D.	125
8152589	Marvell, C. B.	164	5206679	Mathieson, P.	194	5203866	Mayhew, M. T.	211
8304026	Marwood, R.	125	8300818	Maton, A. K.	184	8302534	Mayhew, S. M.	147
8027217	Maskall, R. L.	76, 107	5207848	Matson, R. C.	123	8201613	Maynard, M. R.	217
5207711	Maskell, P.	197	214789	Matten, P. A.	286	5201919	Mayne, J. P.	75, 189
2642748	Maslin, A. C.	129	5206392	Matthew, J. H.	171	306193	Mayo, L. M.	129
214556	Mason, A. C.	285	4232406	Matthews, G. R.	269	8153172	Mayo, P. R.	171
210892	Mason, A. D.	252	3009110	Matthews, I. D.	243	212521	Mayoh, S. A.	274
5202135	Mason, A. J.	177	8243552	Matthews, J. P.	151	2640209	Mayor, M. D.	150
2649487	Mason, B. J.	134	91455	Matthews, J. T.	256	4289010	Mc Grath, D.	276
5208717	Mason, B. P.	135	306295	Matthews, K. L.	201	213326	McAdam, N. W. E.	277
5206784	Mason, C. R.	144	8300275	Matthews, L. A.	182	8304357	McAdam, W. J.	128
	Mason, D.	32	5206913	Matthews, M. W.	120	8024390	McAleer, A. S.	145
5205483	Mason, D.	111	8153996	Matthews, P. H.	173	8150603	McAll, D.	40, 189
8304536	Mason, D. C.	129		Matthews, R.	10	1946412	McAllister, G.	231
5205933	Mason, D. G. J.	166	8029132	Matthews, R.	57, 121	2653711	McAllister, J.	131
2636214	Mason, D. P.	128	8300780	Matthews, R.	184	5207021	McAlpine, P. W.	163
8425887	Mason, D. S.	151	5204799	Matthews, R. S. J.	206	8019097	McAlpine, R. I.	35, 99
8027862	Mason, G.	111	1960746	Matthews, T. J.	159	2622509	McAnally, A. D.	258
608481	Mason, I. M.	243		Matthewson, A.	12		McAnally, J. A. H.	77
212787	Mason, J. B.	275	8029360	Mattinson, R. G.	122	8138381	Mcara, D.	118
8099989	Mason, J. P.	231	306217	Mattocks, S. A. B.	149	207748	McArthur, A.	269
8125947	Mason, J. P.	116		Matusiewicz	59	2634601	McArthur, C. P. D.	129
8304859	Mason, J. R.	134	8304268	Maund, J. C.	127	2838385	McArthur, J. L.	237
8025010	Mason, K.	103	2636112	Maunder, C. N. J.	111	212131	McAtamney, E. J.	273
8029448	Mason, M. I.	146	5201158	Maunder, M. J.	244	8027385	McAuley, A. W. J.	102
5640277	Mason, M. I. P.	173	8177556	Maunder, M. S. G.	288	2627133	McAuley, D.	112
8047768	Mason, M. K.	232	2602148	Mawby, A. J.	10, 98	8304915	McAuley, T. G. A.	135
5204732	Mason, P. F.	205	213950	Mawson, S. J.	281	215015	McAvoy, S. P.	288
5208416	Mason, P. M.	150	5203661	Mawston, A. N.	157	2642544	McBain, R.	172
8028951	Mason, R. D.	120	8304716	Maxey, N. D.	130	8020741	McBain, S. B.	60, 106
5202928	Mason, R. K.	106	8246355	Maxted, S. J.	147	8028718	McBryde, D. W.	119
8220982	Mason, S. J.	121		Maxwell, A. R.	39, 187	8031906	McBurney, A. E.	190
5207191	Mason, T. R.	197	8141334	Maxwell, D. F. A.	238	8099045	McCabe, A. J. M.	236
	Massey, H. P. D.	27	5206278	Maxwell, I. D.	169	2649826	McCabe, I.	133
5204850	Massey, L. A.	213	5202348	Maxwell, K. H.	100	8032390	McCafferty, D. A.	40, 189
209976	Massey, P.	269	8304618	May, B. J. S.	130	8024144	McCafferty, P.	192
8304274	Massey, P. C.	127	8090355	May, B. W.	265	8077882	McCaffrey, J. P. M.	233
593808	Massey, R. G.	251	2630286	May, J. E.	117	3523456	McCaig, P. B. K.	264
2649137	Massie, A.	131	4286433	May, J. H.	230	210261	McCall, J. M.	269

INDEX

Personal No		Page No
5207973	McCall, W. L.	147
8024039	McCallum, A.	141
8024659	McCallum, D. P.	123
5207963	McCamley, D. S.	148
213237	McCammont, L. E. W.	277
210245	McCammont, T. T. McM.	269
687432	McCandless, D. C.	166
8091020	McCann, A. M.	170
8400751	McCann, B.	128
5206992	McCann, C. T.	164
5203279	McCann, K. B.	102
5205645	McCann, N. F.	164
2642616	McCann, S. O.	133
8028383	McCarney, E. S.	142
8032693	McCarney, N. C.	62, 147
3153509	McCarroll, P. J.	267
2627838	McCarry, K. J.	255
5206552	McCarthy, D.	211
8223506	McCarthy, J. A.	168
8020974	McCarthy, K. R.	111
213480	McCarthy, M.	278
689033	McCarthy, M. B.	160
	McCarthy, Mr M. C.	36
8212492	McCarthy, P. G. J.	149
5202744	McCarthy, R. J.	106
2633639	McCarthy, S. F.	119
689079	McCarthy, W. J.	100
8079031	McCay, D. D.	218
1948208	McChristie, R. S.	281
306174	McClean, J.	200
5207292	McCleary, D. P.	167
209347	McCleave, M. J.	268
2635078	McCleery, S.	197
2622364	McClelland, D. M.	143
5208463	McClelland-Jones, M. A.	199
2776449	McClenaghan, P. S.	269
688273	McCloskey, P. W. J.	162
4231823	McCloud, R. C.	103
5202776	McCluggage, W. A.	156
213071	McClune, J. M.	276
607724	McCluney, J. G.	103
8220227	McClurg, P. A.	199
507135	McCluskey, R.	251
213152	McColgan, P. E.	277
8236104	McColl, A.	126
8023634	McCombe, A. S.	141
2633367	McCombie, P. B.	125
1933792	McCombie, S.	229
8302633	McComisky, E.	183
	McConnell, D. L.	39, 204
	McConnell, R.	34, 93
8241085	McConnell, S. D.	150
5206222	McCord, A. A.	194
5205402	McCormack, P. J.	261
214411	McCormack, W. J.	283
8105553	McCormack-White, C.	194
8048390	McCormack-White, P. A.	198
5201992	McCormick, D. G.	113
8021267	McCormick, D. W.	49, 155
8119430	McCormick, J. W.	239
213153	McCormick, R.	277
5205912	McCormick, R. A.	117
212824	McCotter, B. W.	282
8300648	McCourt, R. D.	149
8029030	McCowan, N. C.	121
8095123	McCracken, J.	277
8113946	McCracken, T. S.	193
209676	McCrae, D. C.	268
595311	McCran, J. B.	252
8027199	McCrea, J. D.	115
8150823	McCreanney, T.	160
5203275	McCredie, K. I.	115
2639229	McCrory, P. M.	127
8304651	McCullagh, J.	130
2658794	McCulloch, E. A.	133
593306	McCulloch, T.	246
306339	McCullough, C. L.	151
5206199	McCullough, D. McC.	192
8000127	McCullough, K. D.	238
5207946	McCune, D.	148
8073143	McCune, T.	231
212954	McCutcheon, M.	276
5207760	McDavitt, J. N.	211
8125106	McDermid, B. D.	162
9789	McDermott, A. E. R.	123
8152624	McDermott, A. W.	122
8027066	McDermott, C. W.	36, 102
8013352	McDermott, D.	169
5207937	McDermott, K. W. R.	124
	McDevitt, D. G.	220
8032276	McDevitt, P. M.	192
5203543	McDonald, I. J.	190
8230863	McDonald, J. H.	233
8029803	McDonald, M.	125
2635171	McDonald, P. A.	128
8081014	McDonald, P. R.	232
211693	McDonald, R. L. C.	272
8201649	McDonald, S. R.	235
208581	McDonald, T. P.	99
8104132	McDonald-Webb, R. N.	257
8304873	McDonnell, C.	134
306321	McDonnell, C. L.	201
	McDonnell, D. K. L.	27, 95
214689	McDonnell, G. T.	286
	McDonnell, J. M. P.	66
5208691	McDonnell, J. R.	134
8027575	McDonnell, N. J.	106
214435	McDonnell, S. M.	284
8025820	McDougall, D. J.	241
5208657	McDowell, A. J.	134
689080	Mcdowell, C. B.	158
2631819	McDowell, I. G.	148
8300807	McEachran, A.	152
2624334	McElroy, G. E.	17, 156
213900	McElroy, G. F.	280
5205230	McErlean, L.	180
212526	McEvoy, D. A. T.	198
5205792	McEvoy, J. J.	142
5205611	McEvoy, S.	112
4184431	McEwan, A. R.	250
306140	McEwan-Lyon, S. R.	199
5205691	McEwing, M. F.	168
5204841	McFadyen, A. G.	59, 140
5207136	McFadzean, Rev I.	224
213628	McFall, A.	279
214369	McFall, A. J.	283
8302568	McFarland, C. A.	243
8023904	McFarland, S. S.	142
8028854	McFarlane, A. J.	111
4198470	McFarlane, S. C.	251
4220062	McFarlane, W. L.	277
5207878	McFetrich, M. S.	197
8152356	McGarrigle, S. B.	123
213985	McGarva, A. R.	281
2640179	McGeachy, F.	184
2647298	McGeary, G. P.	183
2640296	McGeehan, G. L.	184
8238077	McGeorge, M. H.	173
5202773	McGeown, M. S.	9, 100
4282993	McGettrick, J. J.	256
8218860	McGhee, W. J.	149
8135549	McGhie, D. C. P.	170
213404	McGhie, S.	278
2630966	McGill, A.	194
0594826	McGill, B.	231
0594921	McGilligan, M.	229
8187830	McGlary, S.	163
8029094	McGlone, A. T.	121
2640180	McGlynn, S.	148
5203167	McGonigle, N.	60, 138
8215566	McGovern, R.	285
5205979	McGowan, A. P.	276
8292223	McGowan, J.	183
8287739	McGrath, B. L.	149
2627546	McGrath, J. G.	116
8302569	McGrath, L. J.	245

INDEX

Personal No	Page No	Personal No	Page No	Personal No	Page No
5208605 McGrath, M. M. ...	208	4232204 McKendrick, D. I. ...	103	214804 McLeod, R. E.	287
2635145 McGrath, R. D.	207	8422527 McKenna, B.	174	8023873 McLintic, P. J.	141
0688509 McGrath, S. C.	229	4233593 McKenna, M. J. ...	104	9869 McLintock, C. M. ...	284
5208266 McGrath, T. E.	183	8211494 McKenna, S. M. ...	168	5205321 McLintock, I.	192
212042 McGrattan, C.	273	8252908 McKenzie, A. W. ...	170	8247813 McLoughlin, A. J. ..	170
5204899 McGregor, A.	141	609165 McKenzie, I.	244	5206968 McLoughlin, D. C. ..	206
5206229 McGregor, C. J. ...	123	1946887 McKenzie, K.	230	McLoughlin, J. A. 38, 93	
5208094 McGregor, D. S. A. .	148	2636568 McKenzie, R. L.	127	9579 Mcloughlin, K. H. ...	205
8059658 McGregor, G. L.	142	5208016 McKenzie-Orr, A. ..	169	2631068 McLucas, R. I.	147
8028841 McGregor, I.	120	8304211 McKeon, A. J.	127	McLuskie, I. R.	96
8067905 McGregor, I. J.	236	210121 McKeown, B. J. ...	270	8302766 McLuskie, T. A.	184
5205253 McGregor, I. M. 73, 191		5207779 McKeown, I. D.	168	5205154 McMahon, D.	258
5205124 McGregor, W. R.	165	8018665 McKeown, J. D. P. .	243	8424200 McMahon, J. D.	175
5204876 McGrigor, A. J. B. ..	226	8026757 McKernan, P. R. ...	115	8027090 McMahon, R. M. ...	109
5208634 McGuckin, S. J. ...	202	4287812 McKevitt, M.	166	8100248 McMahon, S. M. ...	233
5205139 McGuigan, M. P. ...	193	5206893 McKiernan, C. J. 38, 193		5202961 McManus, F. B.	205
2627381 McGuigan, N. D. ...	144	5206661 McKillop, J. A.	144	214983 McManus, N. J. R. ..	288
8211239 McGuinness, W. A. .	200	8302802 McKnight, K.	152	4232716 McManus, S. J. . 59, 140	
214261 McGuire, J. A.	284	5205397 McLachlan, P. .. 14, 157		1961025 McMaster, T. H. L. ..	159
690138 McGuire, K.	109	323062 McLachlan, R. A. P.	273	1961420 McMath, J. G. F.	232
5205802 McGuire, N.	205	214222 McLachlan, S. C. J.	282	8304900 McMeeking, J. J. ...	135
5208151 McGurk, D. G.	129	5208080 McLafferty, G.	199	4132585 McMichael, A. F.	251
5203602 McHale, J.	159	McLaren, B. E.	35	213543 McMillan, A. B.	278
8086084 McHugh, P.	229	McLaren, B. G.	95	8029678 McMillan, D. R.	198
2637739 McIlfatrick, G. R. ...	124	8184785 McLaren, M. R.	141	8150562 McMillan, M.	162
2629638 McInroy, S. D.	121	306138 McLaren, R. M.	207	8028671 McMillan, N. J.	180
8119530 McIntosh, J. A. K. ..	191	8141502 McLaren, T. M.	120	2621006 McMillan, R.	189
306281 McIntosh, K. M. ...	201	2644399 McLarnon, P. D. ...	134	306260 McMillan, S. N.	200
8026712 McIntyre, A. E.	142	210949 McLauchlan, W. W.	270	8025750 McMillen, P. T.	109
8300843 McIntyre, A. J.	152	5203747 McLaughlin, A. N. .	102	8078171 McMillen, W. R.	161
McIntyre, I. G. 3, 14, 209		2658878 McLaughlin, C.	135	214867 McMorran, M. I.	287
8300412 McIntyre, S.	148	8120888 McLaughlin,		213617 McMullan, T.	279
2658797 McIver, R. J.	152	K. J. 151, 238		5207645 McMullon, Rev A. B.	224
8070689 McIvor, N. J.	146	McLaughlin, R.	71	4290466 McMurdo, J. M.	231
McKane, Mr T. C.	7	5206302 McLaughlin, S.	170	8153576 McMurtrie, S. R. J. ..	169
5206557 Mckavanagh,		8029328 McLaughlin, S. J. ...	123	2636969 McNair, G. W.	170
Rev D. J.	223	8191158 McLaughlin, W.	167	1950417 McNalty, T. A.	230
608681 McKay, A.	275	1942264 McLea, C. D.	254	8300374 McNamara, A. J. ...	199
2649145 McKay, D. J.	131	8101401 McLean, A.	141	8031736 McNamara, H. M. ...	270
8070738 McKay, D. S.	146	2622489 McLean, B. J.	141	8141043 McNamara, P. A. M. .	115
685710 McKay, I. J.	107	8029704 McLean, E. F.	240	4267712 McNamara, P. V. P. ..	169
8225299 McKay, I. R.	173	8027728 McLean, I. J.	107	8013158 McNamara, S. P. . 24, 102	
2629668 McKay, J. G.	128	5206118 McLean, J. F. 38, 193		212982 McNaught, J. A. B. ..	276
2634384 McKay, K. R.	243	2627165 McLean, K.	122	McNaught, L. W.	22
2631725 McKay, M. J.	264	2658745 McLean, M. F.	135	211751 McNaught, R.	272
8023352 McKay, W A.	239	306353 McLean, W. L.	212	5207379 McNaught, R. S.	129
McKee Fr C. M.	220	8009942 McLellan, A. M. K. .	166	8304489 McNea, P.	247
2635615 McKee, C.	200	5208186 McLelland, R. G.	212	McNeil, I. W. P.	92
2642469 McKee, C. J. .. 131, 312		2643960 McLenaghan, L.	132	2639225 McNeil, J. D.	126
1960251 McKee, J. J.	231	211551 McLennan, J. D. ...	272	8024982 McNeil, J. J.	104
213595 McKee, J. V.	279	690241 McLeod, A.	238	214833 McNeill, A. B.	287
594101 McKee, M. T.	238	8154374 McLeod, A. C. 171, 313		5206321 McNeill, A. D.	170
8209700 McKeen, P. W.	197	McLeod, D.	220	2621192 McNeill, C. T.	271
8221452 McKeith, T. N.	124	8141020 McLeod, J. E.	106	212634 McNeill, S. D.	275
5208535 McKendrick, A. G. .	227	306055 McLeod, J. P.	246		

INDEX

Personal No		Page No	Personal No		Page No	Personal No		Page No
4233006	McNeill-Matthews, J. H. F.	103	8181165	Meeghan, P.	169	5204861	Merrick, R. E.	195
8025663	McNichol, P.	114	212992	Meehan, L. B.	276	211641	Merrick, V. E.	260
214656	McNicholas, J. A.	286	8247427	Meenan, K.	200	5020597	Merriman, D. A. P.	272
	McNicoll, I. W.	96	210471	Mehmet, K.	270	8300044	Merrison, K. L.	182
8300855	McNish, J. P.	152	214798	Meighan, J. R. H.	286	212684	Merritt, C. K.	275
213380	McNulty, K.	260	5206426	Meikle, J. C.	126	409444	Merritt, J. C.	249
8141486	McNulty, M. D.	120	8120243	Meikleham, F. G.	115	8029399	Merritt, P. J.	123
	McPhee, I. A.	136	209209	Mekins, R.	270		Merritt, T. V.	30
5208337	Mcphee, R. K. J.	131, 312	0690413	Meldrum, D. H. A.	231		Merry, R. T. G.	3, 203
2636866	McQuade, S.	122	8260510	Meleady, M.	131	4335738	Merryweather, D. V.	62, 140
1942474	McQueen, D. C.	264	8260775	Melen, C. A.	131	8027834	Meston, J. M.	116
214119	McQueen, S. E.	281	214914	Melhado, S. J.	287	8250206	Metcalfe, J. H.	147
300756	McQueen, W. R.	241	8022943	Melhuish, P.	36, 189	2654121	Metcalfe, J. R.	134
8140880	McQuigg, C. J. W.	109	5204193	Melhuish, R. T. K.	162	210330	Metcalfe, J. W.	257, 269
4289748	McQuigg, C. W.	233	214676	Melia, C. P.	286	4232855	Metcalfe, R.	278
5206240	McQuillan, S. D. V.	167	210478	Melican, J. J.	270		Metcalfe, W.	54, 95
5205623	McQuillin, K. F.	167	5204666	Melling, P.	159	2620305	Metherell, M. J.	275
8090315	McQuiston, C. A.	232	91414	Melling, T. J.	255		Mew, Mr D.	17
5202376	McSherry, A. L.	60, 106	8300081	Mellings, I. M.	147	8029248	Mewes, A. S.	122
5206953	McSherry, P.	194	306151	Mellings, N. A.	199	214529	Mewes, C. A.	285
8302629	McTaggart, H. A.	247	213123	Mellish, P. W.	277	2639371	Mews, J. E.	172
8103376	McTavish, J. C.	233	213698	Mellor, A. D.	279	594115	Meyer, M. S.	40, 188
5204623	McTeague, R. B.	14, 158	8023375	Mellor, D. B.	190	8026327	Meyrick, N. D.	101
214305	McTeir, J.	283	8140895	Mellor, D. J.	118	684498	Miall, M. J. D.	105
0690368	McVey, F.	231	8111487	Mellor, J. R. D.	238	4335613	Micalleff, D.	177
8300524	McWilliam, I. A. B.	198	5205265	Mellor, S. G.	116	4220382	Michael, E.	237
8242846	McWilliam, S.	150	5205256	Mellor, T. K.	211	2633400	Michael, R. J.	127
5207748	McWilliams, I. R.	122	5204786	Mellor-Jones, R. A.	140	306114	Michael, T. J.	199
8026351	McWilliams, T. P.	66, 102	1960811	Mellors, W. C.	278	214007	Michel, R. G.	281
8173064	Meacham-Roberts, D. A. M.	151	210407	Melmore, A. C.	269	212925	Michie, J. M.	276
213535	Meacock, A. P.	278	214122	Melrose, W.	282	2627839	Mickleburgh, A. S.	180
212598	Mead, A. B.	275	594250	Melville, A. D.	229	214740	Middlemiss, J. J.	286
4276344	Mead, M. J.	238	2648952	Melville, C. R.	133		Middleton, . J.	96
212280	Mead, S. M.	274	4162717	Melville, F. S.	276		Middleton, A.	21
8027455	Meade, S. C.	76, 102	2642815	Melville, G. C.	130	8302526	Middleton, A. J.	147
1948936	Meadows, C. J.	252	608787	Melville-Jackson, A.	103	2642751	Middleton, C. S.	129
8112899	Meadows, G. P.	232	5207761	Melvin, A. J.	124	209228	Middleton, D. J.	268
8304717	Meadows, J. B.	131	5203362	Melvin, I.	190	8027674	Middleton, D. J.	108
5203745	Meadows, N.	102	8026287	Menage, C. P.	106	8304240	Middleton, D. N.	127
2636456	Meadows, P.	278	2636867	Meneely, D. W.	124	8027785	Middleton, E.	107
8019357	Meagher, J. K.	156	8304501	Mennell, G. R.	151	8154569	Middleton, G. R.	175
1943560	Meakin, D. R.	231	5206665	Mennie, B. G.	194	8028051	Middleton, G. W.	117
8304884	Meakin, K. S.	134	0594488	Menzies, H. D. P.	230	213135	Middleton, I.	150
2643083	Meakins, S. J.	130	690514	Menzies, J.	234	5203853	Middleton, I. S.	138
8029186	Meal, R. G.	194	8103604	Mepham, K. D.	232		Middleton, J.	24
5208118	Means, S. W.	128	8284466	Mepham, K. D.	170	211196	Middleton, K. J.	275
	Mears, Dr A. L.	21	8141346	Mepham, R. P.	124	4220261	Middleton, P. G.	138
210494	Measures, P. J.	270	5203800	Mercer, B. P.	161		Middleton, R. H.	74, 96
210954	Meath, P.	271	8153540	Mercer, G. F.	171	2643853	Middleton, T. J.	173
409460	Meath, P.	214	8134470	Mercer, M. J.	102	8137886	Middlewood, M. L.	166
5201094	Medford, A. W.	40, 188	214685	Merchant, G. H. L.	286		Mighall, R. T. W.	259
8021011	Medhurst, P. W.	275	212302	Meredith, C.	274	211507	Mihailovic, D.	272
8025510	Medland, W. J.	104	8141138	Meridew, E. J.	142	5208202	Mikellides, A.	130
			300893	Merrell, J. C.	243	1946205	Mikolajewski, J.	231
			8300272	Merrick, D.	147			

382

INDEX

Personal No		Page No	Personal No		Page No	Personal No		Page No
9695	Milburn, E. J.	196	2642376	Millikin, A. P.	130	5208504	Misiak, C. L.	151
5203976	Milburn, M. J.	189	2649360	Millikin, N. J.	133	209815	Miskell, T. M.	268
5200849	Milburn, R. L.	113	4232430	Millikin, P. M.	106	608715	Miskelly, I. R.	98
5208569	Milburn, R. M.	151	306131	Millington, C. H.	198	212616	Miskimmin, M. D.	275
5204995	Milburn, T. S.	101	8029419	Millington, J. C.	123	2640210	Missen, R. A. C.	131
8029575	Miles, F. W. J.	194	8118686	Millington, N. G.	160	210672	Mistry, K. K. G.	270
4232594	Miles, P. G.	56, 103	5205443	Millington, S.	141	2607677	Mitcham, D. T.	260
	Miles, P. M.	13, 176	9607	Millington, W. J.	58, 139	212591	Mitchell, A.	275
211038	Milford, C.	271	8153312	Millne, P. E.	175	8227566	Mitchell, A.	169
2649441	Militis, G. M.	131	2633327	Millns, P. A.	124	5204402	Mitchell, A. G.	36, 105
8027038	Mill P. D.	243	4220368	Mills, A. M.	115	5208041	Mitchell, A. K.	198
8012371	Millar, H. A. W. G.	117	5204650	Mills, A. R. M.	139	8025261	Mitchell, A. N.	98
8023644	Millar, H. E.	143	8102867	Mills, C.	147		Mitchell, Dr A. T.	220
8304456	Millar, H. M.	129	306273	Mills, D. L.	201	2627220	Mitchell, B. G.	125
1934003	Millar, J. B.	269	8029447	Mills, D. W.	127	608357	Mitchell, C.	282
213794	Millar, J. D.	280	8208140	Mills, J. B.	167	8028311	Mitchell, C. T.	109
2634567	Millar, P. F.	126	8102810	Mills, J. F.	234		Mitchell, Sir Dennis	3
8024714	Millar, S. A.	146	214856	Mills, J. R.	287	2627428	Mitchell, D. J. G.	118
8141212	Millbank, J. MacD.	112		Mills, J. R. E.	221	8032055	Mitchell, F. A.	144
8096361	Millbank, P.	117	5205382	Mills, P. W.	39, 223	8029187	Mitchell, F. G.	121
306320	Milledge, E. C.	201	8071688	Mills, R. A.	238	214109	Mitchell, G.	260
	Millen, J. S.	11	8304652	Mills, R. M.	130	8026730	Mitchell, G. I.	140
212471	Miller, A. A.	274	2649636	Mills, S.	134		Mitchell, I. D.	204
2633169	Miller, A. B.	122	209817	Mills, S. M.	269	5206254	Mitchell, I. J.	169
5202460	Miller, A. D.	107		Mills, T.	67	8181732	Mitchell, J.	164
8020749	Miller, A. S.	113	8108477	Millward, A. A.	124	210546	Mitchell, J. A.	270
2649459	Miller, A. T.	134	1947058	Millward, G.	230	8221776	Mitchell, J. C.	168
8027110	Miller, C.	100	8024083	Millward, P.	141	5208426	Mitchell, J. G. C.	132
209559	Miller, C. A.	268	2640818	Millward, P. T.	127	8141063	Mitchell, J. I.	118
2636833	Miller, D.	145	214645	Millyard, P. A.	286	8024676	Mitchell, J. K. H.	194
210649	Miller, D. C.	270	214281	Milne, A. C.	283	8141032	Mitchell, K.	235
210669	Miller, D. K.	270	4276530	Milne, A. P. R.	231		Mitchell, M.	29, 95
8218551	Miller, D. W. A.	145	2621161	Milne, D. F.	107	9592	Mitchell, M.	211
	Miller, G. A.	10, 92	687282	Milne, G. D.	106	1946422	Mitchell, N.	160
608871	Miller, G. R.	113		Milne, I. A.	96	8153059	Mitchell, N. R.	125
306386	Miller, H.	202	8304110	Milne, J. D.	127	8028553	Mitchell, P.	163
214543	Miller, H. A.	281	210394	Milne, T. A.	269	211952	Mitchell, P. V.	273
306324	Miller, J.	150		Milne-Smith, D. H.	49, 95	8230188	Mitchell, P. W.	198
214700	Miller, J. D.	286	214778	Milner, E.	286	1949238	Mitchell, R.	231
8300746	Miller, J. J.	184	213565	Milner, M. J.	279	4233407	Mitchell, R. A.	192
2644164	Miller, K. A.	262	8300769	Milnes, J. A. J.	201	8061425	Mitchell, R. J.	238
2628730	Miller, P. C. R.	119	5202429	Milnes, J. P.	188	211227	Mitchell, R. T.	271
8304070	Miller, P. D.	126	8119474	Milnes, P. R.	115	8027665	Mitchell, S. A.	111
8209735	Miller, P. L.	166	5202309	Milnes, R. A.	104	8132426	Mitchell, W. A.	216
2617967	Miller, R.	277	5206201	Milroy, W. H.	59	214787	Mitchell, W. M.	286
8022540	Miller, R. E.	252	608378	Milsom, R. J.	40, 242	8032446	Mitchell-Gears	73, 180
214902	Miller, R. G. S.	287		Milton, A. A.	11	8151477	Mitchison, B.	163
5206511	Miller, R. L.	162	214775	Milton, P.	286	8024274	Mitra, A. R.	192
306099	Miller, R. M.	197	8025755	Milward, R. G.	238	214768	Mixture, D.	286
210257	Miller, R. R.	269	5207369	Milward, R. J.	126	5205655	Mobbs, P. W.	119
207554	Miller, R. W. A.	250	5205654	Milwright, D. T. P.	166	208676	Mobey, R.	267
8209630	Miller, S.	167	214652	Mimpress, P. J.	286	4233229	Mochan, J. P.	106
8024536	Miller, S. M.	142	5207881	Minall, P. A.	248	209302	Mockeridge, P.	268
	Miller, T. S. G.	23	4335811	Minns, T.	49, 138	8226660	Mockford, A. D.	168
8100567	Milligan, D. R.	282	8184482	Miranda, D. A.	218			

383

INDEX

Personal No		Page No	Personal No		Page No	Personal No		Page No
	Moelwyn-Hughes, E. G.	23	689177	Moody, J. K.	105	213548	Mordecai, P. D.	132
1948583	Moffat, J. A.	233	608891	Moody, R. M.	103	306334	Morefield, C. E.	201
594490	Moffat, J. C.	270	5203320	Moody, S. C.	158	214650	Moreton, D. K.	286
8013194	Moffat, W.	144	2642501	Moon, C. J.	131	8032727	Moreton, E. A.	149
4233386	Mogrford, F. L.	40, 98	214793	Moon, N. Y.	286	2636472	Moreton, J.	124
210408	Mohammed, I. N.	269	8081635	Moon, S.	146	8019186	Morfee, J. P.	172
8141172	Mohun, A. R.	236	5205583	Moor, N.	120	8025108	Morffew, C. G.	44, 98
8135251	Moinet, A. N.	169	207982	Moor, R. G.	267	428933	Morfitt, R.	234
213465	Moir, A. G. C.	257		Moorby, A. L.	30	2845615	Morgan, A.	275
8304381	Moir, R. D.	128	8171870	Moorcroft, P.	196	214066	Morgan, A. D.	281
8304653	Molineaux, M. K.	130	2624335	Moore, A. W.	161	8108828	Morgan, A. J.	59, 179
5208491	Mollan, I. A.	208	4262898	Moore, B. T.	287	5205859	Morgan, A. N.	194
214274	Mollan, M. S. J.	283	4291573	Moore, C.	162	8026516	Morgan, C. N. B.	107
2649203	Mollan, S. P.	208	8116400	Moore, C.	198		Morgan, C. R.	63, 186
213125	Mollard, D. R. G.	277	8024674	Moore, C. D.	146	1948390	Morgan, C. R.	161
4284060	Molle, D. C.	168	5206255	Moore, C. J.	169	1948760	Morgan, D.	191
2623172	Molloy, G. J.	105	214522	Moore, D. A. S.	285	5201392	Morgan, D. C.	59, 105
	Molloy, M. A.	41	213398	Moore, E.	284	211359	Morgan, D. J.	271
214118	Molloy, M. P.	281	5205116	Moore, Rev G. H.	39, 223	8302708	Morgan, D. L.	245, 259
209977	Molloy, S.	269	8000248	Moore, G. J. P.	188	594117	Morgan, D. R.	61, 106
209774	Molnar, B. R.	268	593251	Moore, G. J. T.	251	5203870	Morgan, D. T.	106
5203914	Moloney, J. P.	101	91486	Moore, G. L.	258	1944601	Morgan, D. W.	231
8304198	Molsom, S. J.	127	8304474	Moore, G. P.	129	5207105	Morgan, D. W.	167
4282047	Molyneaux, R. C.	231	214487	Moore, H.	284	5204570	Morgan, G. M.	108
5206358	Molyneux, E. T. U.	125	8300067	Moore, I. D.	199	8226215	Morgan, G. N.	238
5205973	Monaghan, A. M.	211	8000248	Moore, J. P.	45	5206166	Morgan, G. R.	195
4233457	Monaghan, G. A.	98	8027299	Moore, K. E.	116	213228	Morgan, I. D.	260
2634301	Monahan, J. F.	124	211039	Moore, K. S.	271		Morgan, J. H.	19
5202202	Moncaster, C. J.	256	595872	Moore, L.	231	4220315	Morgan, J. L.	51, 101
	Mones, Mr H. D. A.	220	2640445	Moore, M. A. S.	257	5201875	Morgan, J. R.	188
8025047	Monfort, G. R.	143	8022639	Moore, M. C. C.	178	5201833	Morgan, J. V.	177
211814	Monie, G. K.	288	214223	Moore, M. J.	282	212999	Morgan, L. I.	276
8029488	Monk, T. I.	123	5205263	Moore, M. L.	116	4335780	Morgan, M. L.	246
2628864	Monkman, A.	109	306232	Moore, N. J.	226		Morgan, P. J.	200
213693	Monksfield, M. E.	279	211138	Moore, P. A.	271	2636068	Morgan, P. R.	123
8152866	Monnery, P. M.	207	214561	Moore, R. A.	285	213082	Morgan, R.	277
	Monro, Sir Hector	254		Moore, R. C.	60, 136	5207398	Morgan, R. L.	149
212585	Monro, I. W.	275	8304817	Moore, R. D. G.	133	8304194	Morgan, S. C.	127
8124465	Monslow, K.	133		Moore, S.	8	5206748	Morgan, S. J.	181
	Montagu, C. B.	35, 154	5208071	Moore, S. I.	127	0595587	Morgan, W.	230
8023139	Montague, G. T.	179	5206214	Moore, S. J.	165	8052713	Morgan-Frise, F. T.	182
2617393	Monte, G. H.	11	2648994	Moore, S. M.	184		Morgans, B. T.	3, 203
2617393	Monte. G. H.	246	8212461	Moore, S. N.	169	8304257	Moriarty, E. P.	127
8024363	Montellier, C. A.	193	8092117	Moore, S. P.	236	8300468	Morin, R. A.	199
2644388	Montenegro, D. A.	135	306121	Moore, T.	198	8027108	Morison, I. C.	254
8023190	Montgomerie, H. C. A.	143	5200937	Moorhouse, M. G.	250	4220294	Morley, C. A.	235
	Montgomery, D. W.	11	8300455	Moorhouse, R. W.	199	8245760	Morley, D. M.	257
2621190	Montgomery, D. W.	279	5204695	Moos, F. J.	192	1943734	Morley, E.	159
213205	Montgomery, N.	277	8022711	Moralee, P. J.	139		Morley, J. R. D.	60, 94
2625256	Moodie, A. M.	263	5206638	Moran, C. H.	70, 96	2639236	Morley, N. R.	127
1961791	Moody, D.	162	211527	Moran, E. M.	111	5206403	Morley, P. M.	171
8000509	Moody, D. B.	179	8304435	Moran, J. P.	272	608572	Morley, P. R.	241
8302768	Moody, G. A.	201	5204653	Moran, K. R.	128	8304777	Morley, S.	131
5208264	Moody, I. P.	173	8300714	Moran, M.	160	8225784	Morley, W. J.	146
				Moran, R. F.	169	8000776	Morning, J. L.	232

INDEX

Personal No	Page No	Personal No	Page No	Personal No	Page No
209237 Morrell, C. J.	268	2626701 Morrison, D.	256	8300781 Motley, J. A. K.	184
608763 Morrell, P. B.	177	4232060 Morrison, D.	62, 140	681588 Mott, B. G.	267
212223 Morrell, S.E.	273	690460 Morrison, G. J.	158	213792 Mott, J. F.	280
690004 Morrice, J. C.	236	8140908 Morrison, H. C.	238	213824 Mottershead, J. C.	280
8029693 Morrin, A. J.	123	8027290 Morrison, I. C.	24, 101	8141265 Mottram, D.	133
214546 Morris, A.	285	212761 Morrison, S. W.	275	213579 Mottram, J. M.	279
8289069 Morris, A.	200	2642680 Morrison-Smith, D. J.	130	8423968 Mould, J. S.	174
5205650 Morris, A. J. S.	168	5208298 Morrison-Smith, S.	183	8141203 Moulds, G.	102
8302793 Morris, A. L.	202	214701 Morrissey, S. M.	286	8027412 Moule, J. R.	116
Morris, A. M.	9	5207867 Morrow, A. M. H.	197	Moulson, R. W.	89
Morris, A. M.	95	Morrow, W. K. D.	96	213027 Moult, C. J.	260
8154051 Morris, B. D.	172, 313	8025405 Morrow, W. K. D.	48	4283049 Moulton, L. P.	231
Morris, B. S.	74, 94	211612 Morse, J. E.	272	5204693 Mounsey, Rev D. V. R.	224
409423 Morris, C.	249	8014504 Morse, S.	234	2639040 Mounsey, P. N.	128
5202535 Morris, C. B.	65, 205	214078 Morten, J. A.	281	8304654 Mount, G. J. L.	149
Morris, C. J.	94	4268939 Mortimer, A. P.	117	8024107 Mountain, A. R.	196
608978 Morris, C. J.	27	2214568 Mortimer, D. F.	285	5205980 Mountain, P. W.	192
8083305 Morris, C. M.	238	8418514 Morton, C.	133	8018577 Mowat, I.	158
9664 Morris, C. V.	244	2644030 Morton, C. J.	131	91492 Mowbray, A.	261
4230926 Morris, D. G.	252	214331 Morton, D. R.	283	8141393 Moxon, M. D.	236
8028929 Morris, D. J. R.	121	5206269 Morton, D. T.	148	2623129 Moxon, N. P.	115
2630199 Morris, D. P.	118	2846165 Morton, E. M.	280	213018 Moy, A. J.	284
594220 Morris, D. S.	192	Morton, G.	176	5208055 Moyes, D. R.	127
5206998 Morris, D. S.	197	8140979 Morton, I. R.	115	212888 Moyes, T. E.	276
214745 Morris, D. W.	286	Morton, Dr J.	21	1962099 Moys, W. R.	236
Morris, F.	66	306113 Morton, J. E.	57, 198	8079491 Moyse, P. J.	234
5204096 Morris, G. D.	115	5205164 Morton, M. A.	62, 141	5206551 Mozumder, A. K.	205
507755 Morris, H. R.	251	2636945 Morton, N. C. B.	128	91517 Muchowski, A. J.	261
8140869 Morris, I.	101	5207281 Morton, N. D.	121	5207985 Mudgway, A. P.	120
8115161 Morris, I. J.	194	1940273 Morton, W. J.	274	214085 Muggridge, S. J.	281
8106620 Morris, I. S.	232	8071344 Morvan, G.	268	2626545 Muir, A. G.	162
8124536 Morris, J.	236	8023483 Moseley, N. G.	115	8098556 Muir, D.	236
2634399 Morris, J. B.	126	Moses, H. H.	83	8289376 Muir, G.	148
213992 Morris, J. N.	281	4244715 Moses, H. H.	241	5202925 Muir, I.	112
4286521 Morris, K. J.	231	8288178 Moss, A.	258	8023091 Muir, J. D.	238
214319 Morris, K. R.	283	8212044 Moss, A. S.	167	0895800 Muir, J. M.	233
8300493 Morris, N. J.	246	8024579 Moss, B. W.	147	1948855 Muir, J. N.	191
Morris, N. S.	176	5206884 Moss, D. E.	116	8141087 Muir, R.	124
8029349 Morris, P. A.	122	Moss, D. M.	95	4231677 Muir, R. W.	255
8141280 Morris, P. A.	102	2633084 Moss, D. R. K.	125	Muirhead, Miss O. G.	8, 11
5207244 Morris, P. D.	168	5207329 Moss, D. S.	197	8183860 Mulgrew, K.	123
8028761 Morris, P. G.	120	212410 Moss, D. W.	274	8400083 Mulheron, J.	201
5203912 Morris, P. J.	70, 190	4291533 Moss, G. P.	107	5206433 Mulholland, J. P.	126
8255394 Morris, P. K.	146	8300638 Moss, G. W.	149	211815 Mulholland-Fenton, L. G.	181
4335571 Morris, P. L.	243	595018 Moss, M. S.	163	211354 Mullan, I. J.	271
5206563 Morris, P. M.	195	8015034 Moss, N.	233	5205490 Mullally, P. M.	144
211206 Morris, R. A. F.	271	5208134 Moss, P. S.	127	8028696 Mullen, A.	119
212052 Morris, R. H.	273	209761 Moss, R.	268	8304698 Mullen, C. A.	131
Morris, R. V.	57, 92	214894 Moss, S.	287	0690598 Mullen, J. L.	230
209480 Morris, S.	268	5204205 Moss, S. A.	161	214412 Muller, J. V.	283
8214073 Morris, S. C.	119	5208485 Moss, S. J. R.	184	8025484 Mulligan, G. H.	103
5208593 Morris, S. R. J.	151	5206338 Moss, T. S.	182	0690598 Mullen, J. L.	230
4276515 Morris, W.	229	306063 Moss-Rogers, N. B.	147	8022851 Mullinger, J. R.	191
5204597 Morris, W. B.	179	209578 Mosses, J. P.	268		
2621101 Morrison, A. F.	115				

385

INDEX

Personal No		Page No
5206138	Mullings, N. W.	141
211243	Mullins, C. R. J.	271
8024522	Mulready, C. P.	193
214106	Mulroy, M. C.	282
211668	Mulvee, B.	272
213551	Mumford, C. M.	278
4335643	Mumme, I. G. T.	181
8080467	Muncey, R. D.	232
690330	Munday, R. W.	48, 156
8107705	Munday, S. P.	180
8300523	Munden, B.	183
214909	Mundill, R. R.	283
4273520	Mundy, D.	190
5208585	Mungroo, V.	174
8028715	Munnelly, H. M.	108
5207821	Munns, P. N.	123
210685	Munro, B.	270
5203704	Munro, C. A.	116
4284959	Munro, D. R.	229
4285549	Munro, I. R.	280
687283	Munro, V. H.	229
8029041	Munro, W. P.	122
5207858	Munroe, G. M.	171
8300884	Munslow, D.	202
91521	Muntus, S. J.	257
214884	Murfin, A. S.	287
8098111	Murkin, S. D.	73, 105
2638640	Murnane, J. M.	130, 312
208613	Murphy, B.	267
2649224	Murphy, B. D.	132
5206614	Murphy, C. J.	167
8087250	Murphy, C. M.	197
4264902	Murphy, P.	237
2638892	Murphy, P. R.	129
213699	Murphy, S. D.	279
8117363	Murphy, S. J.	233
8197298	Murphy, T. G.	163
8304204	Murphy, T. J. L.	126
2635076	Murphy, W. R.	127
8001032	Murray, A.	232
8141434	Murray, A.	149
2619841	Murray, A. V. M.	267
2633448	Murray, B. A.	256
8108403	Murray, C. A.	188
	Murray, D.	23, 220
1949054	Murray, D.	234
4270370	Murray, D. G.	231
8023715	Murray, D. P.	18, 189
8302706	Murray, E. A.	152
213874	Murray, H. D.	280
210242	Murray, I. B.	269
2631089	Murray, I. R.	132
	Murray, J. A.	80
2625416	Murray, M.	287
8010530	Murray, N.	162

Personal No		Page No
	Murray, R.	311
4253558	Murray, R. J.	272
688326	Murrell, J. R.	235
1945696	Mursell, K. T.	237
8012566	Murton, W. J.	234
8020931	Murty, J. K.	104
5201345	Muse, R. C.	105
4232462	Musgrave, D.	99
212922	Musgrove, D. J.	276
8228191	Musk, T. S.	170
8028028	Muskett, A. J.	109
306090	Muskett, K. S.	182
211007	Muskett, N. P.	271
306090	Muskett, S. K.	311
5206515	Musselwhite, J.	181
690515	Musselwhite, M. N.	160
212985	Mussett, P. G.	276
213970	Mustafa. S.	281
4231520	Mustard, A.	268
306332	Mustoe, K. J.	174
5204022	Mutch, P.	252
595982	Mutton, P. A.	180
8028247	Mutty, D. J.	122
687474	Myall, D. M.	158
5207853	Myatt, R. J. D.	147
8029496	Myers, A. M.	123
2638608	Myers, H. J.	127
8119206	Myers, I. A.	161
5207736	Myers, M.	198
5206031	Myers-Hemingway, A. P.	53, 142
8028769	Myhill, J. S.	119
0595488	Mylchreest, M. J. C.	233
8076941	Myton, R.	233

N

Personal No		Page No
5208663	Nadian, R.	151
4291869	Nadin, J. L.	251
8217732	Nadin, M. A.	171
214633	Nadin, R. T.	285
211125	Naeem, S. M.	271
5207731	Naismith, A.	111
212169	Naismith, I. E.	273
8304885	Naismith, P. J.	134
5203274	Napier, M. J. W.	281
8027351	Nash, A. J.	9, 102
8023088	Nash, C. C.	138
213031	Nash, D. J.	284
	Nash, Dr J.	308
8028480	Nash, H. W.	70, 102
2630235	Nash, J. B.	117
8015612	Nash, J. E.	120
8283957	Nash, J. S.	172, 313
5206230	Nash, M.	123
211410	Nash, M. A.	272
8260019	Nash, M. S.	124
5202785	Nash, P.	18, 188
8246047	Nash, R. A. J.	183
8012169	Nash, T. M.	232
8052516	Nash, W. V.	232
2649974	Nassif, T. P.	134
8024026	Naworynsky, M. P.	10, 139
215003	Naylor, J.	288
5207889	Naylor, J. R.	207
213137	Naylor, P.	277
3515759	Naz, P. G.	273
8025885	Neal, A. C.	106
	Neal, A. E.	38, 92
688715	Neal, B. R.	98
5204941	Neal, L. A.	205
8150987	Neal, M. F.	14, 157
5205793	Neal, N. J.	70, 191
1949926	Neal, P. L.	231
5207344	Neal-Hopes, T. D.	172
4276644	Neale, D.	229
8300864	Neame, J. P.	152
8418049	Neasham, M. A.	173
5208390	Neasham, S.	173
5208232	Neasom, R. J.	199
212486	Neate, M. W. J.	274
5208192	Neaves, M. G.	199
8025873	Needham, E. G.	114
8063202	Needham, K. J.	233
5208417	Neeson, C. G.	150
	Negus, T. W.	209
8025611	Neighbour, J. D. E.	111

386

INDEX

Personal No		Page No	Personal No		Page No	Personal No		Page No
3133792	Neil, M. J.	284	8019607	Newton, C. H.	167	8300504	Nicholson, S.	199
214268	Neil, R. A.	279	212654	Newton, C. J.	275	211217	Nicholson, S. B.	271
8026741	Neild, J. R.	192	8027316	Newton, D. J.	116	9129	Nickles, R. C.	143
2625802	Neill, A.	255	9506	Newton, E. J. C.	195		Nickols, C. M.	18, 96
5203667	Neill, F. R. J.	107	212308	Newton, F. G. J.	274	213397	Nickson, A. J.	278
8135596	Neill, P. B.	239	5202263	Newton, H. E.	104	8009681	Nicol, A. W.	233
8107042	Neilson, B. J. T.	115		Newton, J. K.	17, 153	8014836	Nicol, B.	232
210875	Neilson-Hansen, S. A.	270	8032604	Newton, K. V.	146	2649852	Nicol, C.	133
5208268	Nelson, A. B.	149	8014269	Newton, M. D.	169	2649123	Nicol, C. S.	131
8125998	Nelson, A. R.	164	213697	Newton, M. E.	279	5208234	Nicol, E. D.	208
8174417	Nelson, A. W.	124	8029381	Newton, N. D.	122	8027709	Nicol, L. A.	116
0689179	Nelson, B. J. R.	70	8018844	Newton, N. J.	235	214860	Nicoll, D. C.	287
689179	Nelson, B. J. R.	155	508247	Newton, R. J.	241	8031885	Nicoll, R. F.	257
5208546	Nelson, D.	151	2622931	Newton, R. J.	106		Nicolle, B. P.	41
595489	Nelson, J.	231	2628301	Newton, R. T.	109	608145	Nicolle, B. P.	242
8025377	Nelson, J. H.	287	8027135	Newton, S.	102	8072134	Nicolson, J. A.	141
5206367	Nelson, J. W.	126	8029268	Neyland, J. T.	122	8019101	Nidd, D. A.	161
8110007	Nelson, N. J.	120		Nias, T. J.	71	5204088	Nielsen, R. E.	108
5205744	Nelson, T. A. B.	211	8027178	Nichol, C. R.	255	5203736	Nightingale, A. L.	115
5207892	Neppalli, R. P. K.	212	5206917	Nichol, D. A.	257	4286828	Nightingale, J. A.	230
306293	Nesbitt, J. A.	201	5205445	Nichol, H. R.	179	5208687	Nightingale, J. R.	134
8010044	Nesbitt, R. C.	163	8300010	Nicholas, A. K.	197	8141042	Nightingale, P. R.	238
	Ness, C. W.	153	8024675	Nicholas, J. J. R.	146	1947497	Nightingale, P. W.	232
	Ness, J. M.	311	4281866	Nicholas, M.	234	8151879	Nimick, P. G.	167
688429	Nethaway, M. F. J.	156	8252369	Nicholas, M. A.	124	214897	Nimmo, S. D.	287
8304248	Netherwood, A. G.	128	214825	Nicholas, S. B.	287	213062	Nisbett, B.	276
5205937	Neville, M. C.	109	306307	Nicholl, E. J.	201		Niven, D. M.	91
211531	New, S. P.	272		Nicholl, S. M.	9, 91	8027226	Niven, J. G.	108
8304700	Newberry, W. K.	130	5204278	Nicholls, A. P.	164	8028521	Niven, M. L.	257
8200015	Newbould, H. C.	196	5206689	Nicholls, B. A.	196	5208166	Niven, R. J.	148
	Newby, B. W.	45, 96	4230225	Nicholls, B. G.	242	213986	Niven, S. O.	281
5204254	Newby, M. A.	162	2449273	Nicholls, D. T.	270	8217516	Nixon, A.	121
8026386	Newby, T.	106	2635765	Nicholls, K. P.	150	8304701	Nixon, J. P.	130
8031522	Newcombe, A. M.	190	8008369	Nicholls, P.	161	8127519	Nixon, J. R. M.	216
8111300	Newcombe, E. P.	194	210224	Nicholls, P. T.	269	5207006	Nixon, P. T.	146
2643869	Newcombe, L. A.	173	210433	Nicholls, S.	269		Noaimi, H. M.	312
214947	Newcombe, P. J.	287	8024764	Nichols, B. G.	236	8012084	Nobbs, P. D.	235
8304473	Newcombe, S. L.	130	5208158	Nichols, J. M.	148	5208092	Noble, A. D.	249
8000134	Newland, D. J.	182	209829	Nichols, J. P.	269	2629835	Noble, A. J.	124
5208229	Newland, R. J.	200	2633754	Nichols, R. J.	126		Noble, Dr J. P.	7
	Newman Taylor, A. J.	220	8133850	Nichols, R. M.	199	8029210	Noble, J. P.	278
8024414	Newman, N. J.	141	9711	Nichols, W. H.	119	2621660	Noble, K. G.	283
8028442	Newman, P. G.	118		Nicholson, A. A.	6, 17, 91		Noeh, H. M. A. S.	312
4232723	Newman, R. A.	241		Nicholson, A. P.	12	8029053	Noel, R.	109
687139	Newman, R. D.	257	8032373	Nicholson, A. S.	193	213384	Nokes, S. M.	257
8170787	Newman, R. E.	202, 312	8025759	Nicholson, D. C.	237	214138	Nolan, A. D.	282
4278518	Newman, R. H.	233	5206229	Nicholson, E. H. J.	166	8304053	Nolan, B.	129
5203573	Newman, T. C. M.	276	2627453	Nicholson, F. J.	112	8153526	Noon, A. R.	170
2616446	Newman, T. P.	271	8024084	Nicholson, G. B.	144	8024319	Noone, J. M.	145
8029604	Newnham, N.	112	209358	Nicholson, J.	268	608574	Norbury, E. G.	103
5206680	Newsome, C. P.	242	213696	Nicholson, J. D.	279	214903	Norbury, M. D. T.	287
594405	Newstead, T. J.	179	595588	Nicholson, M. J.	190	5207247	Norey, M.	197
	Newton, B. H.	254	8153458	Nicholson, M. S.	173	214924	Norman, C.	287
			5205131	Nicholson, P. D.	112	213121	Norman, D.	260
			0594620	Nicholson, R.	230	5207146	Norman, G. J.	182

387

INDEX

Personal No		Page No
8105688	Norman, G. L.	232
8028195	Norman, I. A. W.	109
8032655	Norman, J. E.	249
	Norman, Sir Mark	254
214244	Norman, P. E.	284
300872	Norman, R. E. J.	243
8025458	Norris, D. J.	104
4285930	Norris, I. M.	230
1949852	Norris, M. W.	177
609373	Norris, P. G.	158
8300553	Norris, R. H.	199
8029837	Norris, R. S.	125
4278014	Norris, S. M.	233
214655	Norris, S. T.	286
0594621	Norrish, G. L.	233
	Norriss, D. K.	29, 92
	Norriss, P. C.	17, 90
8300871	Norry, P. A.	152
8028152	North, B. M.	102
212876	North, G. W.	276
209597	North, M. J.	268
208273	North, StJ. D. B.	267
8251198	Northam, M. P.	146
8210351	Northcote-Wright, A.	163
5204342	Northover, M. J.	164
8085107	Norton, B. K.	166
5205560	Norton, C. J. R.	110
2639294	Norton, E. M.	150
4284874	Norton, G.	230
8026994	Norton, J. R.	76, 107
213362	Norton, P. D.	278
2649074	Norton, P. S.	133
213567	Norton, S. D.	279
8024085	Notman, S. R.	109
5208023	Nott, J. M.	243
8023556	Nott, R. E.	140
9230	Nottingham, J. A.	211
209675	Nowak, L. C.	268
214364	Nowlan, K. A.	283
213667	Noyce, R. A.	279
300853	Noyes, S. G.	242
213414	Nugent, J. M. B. P.	278
8184672	Nugent, S. G.	145
	Nunn, J. M.	83
3518886	Nunn, J. M.	241
214850	Nunnerley, L. A.	287
8111036	Nurse, K.	235
212644	Nutland, C. F.	275
8018541	Nuttall, G.	232
214927	Nuttall, K. L.	287
2630329	Nuttall, R. M.	146
8026804	Nuttall, S. V.	140
214965	Nutten, D. D.	288

O

Personal No		Page No
2622788	O'Brien, C. M. P.	73, 106
210014	O'Brien, D. A.	269
0684082	O'Brien, D. J.	231
409527	O'Brien, J. M.	214
8251560	O'Brien, M. C.	169
8304571	O'Brien, P. A.	129
8216484	O'Brien, P. F. J.	167
5208296	O'Brien, P. J.	184
214239	O'Brien, P. S.	282
608178	O'Brien, R. P.	283
5205648	O'Brien, S. T.	118
2638548	O'Brien, T. J.	129
8096985	O'Brien, T. M.	146
4287998	O'Callaghan, P. J.	168
5208242	O'Carroll, N. D.	200
213363	O'Connell, B. C.	278
8020778	O'Connell, C. D.	58, 102
5203028	O'Connell, C. R. W.	205
8008922	O'Connell, P. M.	162
5207083	O'Connell, S. T.	167
8222591	O'Connor, A. C.	122
213581	O'Connor, F. P.	279
8028940	O'Connor, G. M.	112
608736	O'Connor, M. J.	281
214693	O'Connor, P.	286
	O'Connor, P. J.	221
8024472	O'Connor, S. K.	142
8023626	O'Dea, K. L.	44, 177
8028725	O'Dell, P. M. H.	110
8024649	O'Dell, R. M.	146
5207906	O'Dell, S. J.	168
213517	O'Dell, V. E.	278
2637111	O'Donnell S. M.	171
5205883	O'Donnell, J. J.	211
595590	O'Donnell, N.	194
8217571	O'Donnell, P. K.	199
5202074	O'Donnell, R. E.	190
306210	O'Donnell, S. J.	201
2637110	O'Donnell, T.	171
5205344	O'Donnell, T. K.	190
8060875	O'Donoghue, J.	233
5208659	O'Flaherty, T. D.	151
8022594	O'Gorman, P. D.	105
8304863	O'grady, P.	134
4284458	O'Hanlon, M. J.	144
8020044	O'Hora, G. A.	121
8255305	O'Kane, S. J.	170
8024202	O'Keefe, R. J.	180
8304174	O'Kennedy, P. L.	127
5202912	O'Meeghan, P. M.	101
5203013	O'Neill, A. G.	40, 155

Personal No		Page No
8260071	O'Neill, A. J.	183
213386	O'Neill, G. L.	278
8300680	O'Neill, K. M.	200
211933	O'Neill, P. E.	199
	O'Neill, R. J.	81
8113161	O'Neill, R. K.	148
8192370	O'Neill, S. G. P.	144
	O'nions, Sir Keith.	5, 15
8008019	O'Reilly, D. F.	232
2654228	O'Reilly, D. J.	208
	O'riordan, M. P.	30
8029854	O'Rourke, J. P.	125
4231081	O'Shaughnessy, K. M. P.	255
213435	O'Shaughnessy, S. E.	278
5205798	O'Shea, P. F. A.	194
8300763	O'Sullivan, K. J.	151
5204751	O'Sullivan, M. P.	190
8300335	Oakes, S. L.	127
213286	Oakley, N. W.	277
5207115	Oakley, P. C.	246
409468	Oakley, S. J.	214
2644081	Oakley, S. P.	133
8141171	Oates, S. T.	237
2620114	Oatey, W. R.	268
8027476	Oborn, P. N.	101
8024968	Oddy, R. T.	109
	Odoi-Wellington, F.	312
2636574	Oetzmann, D. M.	128
8028814	Offer, A. C.	109
2623236	Offord, R. J.	254
8115057	Ogborne, S. A.	233
8118733	Ogden, B.	232
212332	Ogden, G. Y.	274
8300048	Ogden, M. R.	147
212320	Ogden, P. J.	274
8212900	Ogden, S.	181
5204614	Ogg, D. I.	189
306175	Ogilvie, D. C.	129
1949927	Ogilvie, L. W.	229
8152303	Oglesby, D. H.	167
5208445	Olanrewaju, Rev M. A.	225
8000712	Old, R. C.	179
5202749	Oldaker, R. W.	177
214799	Oldershaw, M. J.	286
8028517	Oldfield, C. I.	141
8250089	Oldfield, S. C. R.	125
2124592	Oldham, C. M.	285
608921	Oldham, D. V.	103
5204000	Oldham, M. G.	106
8027332	Oldham, W. P.	277
2634447	Oliphant, G. G.	119
8302569	Oliphant, L. J.	257

INDEX

Personal No		Page No	Personal No		Page No	Personal No		Page No
211026	Oliver, A. D.	271	8304874	Osborne, J. W.	134	8300079	Owens, P. J.	198
8032267	Oliver, B. A.	141	210065	Osborne, R.	269	9802	Owens, R. L.	145
8116857	Oliver, D.	235	5203964	Osborne, R. A.	191	8023966	Owens, T. J. L.	141
8027829	Oliver, M. A.	117	5206650	Osborne, T. E.	33, 139	2627782	Owers, A. J.	109
8029400	Oliver, M. J.	123	1950424	Osbourne, A. M.	231	8260372	Oxford, M. G.	128
210913	Oliver, P. R.	284	8024309	Osman, A. J.	141	8032382	Oxland, C. J.	189
5207243	Oliver, S. C.	122	8029318	Osman, M. R.	180	8087478	Oxley, J. P.	140
2658746	Oliver, S. J.	185	2644062	Osselton, R. G. S.	174			
8302517	Oliver, S. J.	147	5208233	Ostler, A. M.	208			
5203364	Oliver, S. W. StJ.	49, 155	1947194	Oswald, I. W.	229			
	Ollerenshaw, M.	36	8129887	Oswald, N. G.	197			
2644462	Ollerton, C. L. E.	131	607595	Oswell, Q. M. B.	274			
8304559	Ollis, J. P.	129	1948762	Oswin, J.	233			
	Ollis, P. R.	96	686458	Othen, J. E. A.	235			
409056	Olliver-Cook, S. E.	249	8029168	Othen, M. J.	121			
	Ollivere, P. T. R.	209	8177062	Otley-Doe, C. E.	180			
8304575	Olsen, M. P. L.	129	2636022	Otley-Doe, D. L.	147			
208924	Olver, J. N.	268		Ottaway, R. R.	32			
409406	Onions, A. C.	214		Ottridge, S. D.	154			
214822	Onions, M. J.	287	2642525	Ouellette, A. D.	133			
5204871	Onley, M. J.	257	8024428	Oughton, M. D.	145			
	Onslow, G. J.	66		Oughton, Mr J.	19			
214765	Openshaw, R. A.	286	8125864	Oughton, P.	174			
5208245	Openshaw, S.	149, 310	2628182	Ousby, R. T.	161			
5203734	Opie, G. A.	189	9578	Ousby, S. E.	194			
209411	Oram, B. K.	268	8028296	Ouston, C. M.	118			
8152674	Oram, G.	168	5208544	Outteridge, G. J.	201			
4284434	Oram, J. B.	233	5201047	Ovel, W. E.	284			
213053	Oram, M. C.	276		Ovens, A. J.	176			
213556	Oram, R. M. D.	279	5206164	Overend, D. T.	196			
	Orchard-Lisle, P.	81	2649343	Overthrow, J. T. Q.	174			
4335517	Ordish, G. A.	40, 138	5206534	Overton, D. G.	195			
214249	Organ, A.	282	8304881	Owczarkowski, N. E.	134			
5208582	Organ, J. D.	151	4279907	Owen, A.	265			
8024166	Organ, J. W.	180	8291676	Owen, A. K.	173			
5205771	Organ, M. J.	193	5208568	Owen, C. J.	200			
8029761	Organ, R. W.	125	91465	Owen, C. M.	257			
8181591	Orme, D. I.	170	212827	Owen, D.	276			
5203515	Orme, D. J.	159	8304309	Owen, D. E.	128			
8023940	Ormerod, C. A.	61, 141	8028916	Owen, D. J.	145			
8304441	Ormiston, J. A.	129	209421	Owen, G. C.	268			
2642981	Ormshaw, N. J.	131	211992	Owen, J. E.	273			
2627337	Orr, D. J.	180	8000678	Owen, K. R.	233			
210418	Orr, H.	269	1960578	Owen, M. J.	165			
409479	Orr, K. D. M.	249	2633311	Owen, P. E.	169			
8300681	Orr, S. A.	200		Owen, P. S.	74, 94			
5204343	Orton, D. G.	163	8130110	Owen, R. M.	169			
8023979	Ortyl, R. I.	144	8304422	Owen, T. E.	128			
8020748	Orwell, S. J.	101	688854	Owen, T. W.	230			
2638056	Orzel, M. N. F.	262	5204344	Owen, W. K.	119			
5206131	Osborn, Rev D. T.	224	8032654	Owens, C. J.	146			
8028233	Osborn, P. C.	10, 102	2642267	Owens, G. A.	133			
209444	Osborne, A. J.	268	2635638	Owens, J. A.	146			
8304420	Osborne, A. P.	244	5205140	Owens, N. R.	257			
8224079	Osborne, J. B.	170, 313	5207635	Owens, Rev P. A.	224			

389

INDEX

Personal No	Page No
P	
1961879 Pace, K.	235
214245 Pace, S.	282
Pacey, P. J.	28
214904 Pache, A. E.	287
2644068 Padbury, O. M.	134
8300552 Paddison, P.	148
91484 Padgett, L.	258
211027 Padgham, A. J.	271
8141225 Padmore, T. C.	111
8300202 Page, A. C.	182
2623591 Page, A. M.	272
Page, B. S.	176
8091672 Page, D. C.	230
8260537 Page, G.	130
5201589 Page, J. C.	179
5202562 Page, J. M.	159
210495 Page, J. R.	270
5208191 Page, M.	130
8023907 Page, M. L.	36, 189
8211683 Page, M. R.	194
8423975 Page, T. C.	151
8191248 Paice, N. J.	167
8136431 Paige, J. M.	141
Pain, D. B.	26
4232074 Paine, M. A.	104
5208588 Paine, R. J.	151
8304472 Paine, R. N.	129
2630646 Paines, J. D. B.	120
5206967 Painter, R. E.	195
2674035 Paish, C. M.	272
8300494 Paish, J. R.	245
5206807 Paish, N. R.	206
2630627 Paish, S. C.	117
213886 Pal, R. R.	280
8027549 Palastanga, P. R.	116
8283626 Palfrey, S.	173
8027932 Palgrave, C. W. J.	117
8008645 Paling, J. J.	169
306152 Palk, A. L.	199
5207766 Palk, R. A.	168
213232 Pallett, B. J.	277
1960667 Pallister, D. H.	276
5201275 Pallister, I.	156
Palmer, A.	69
8214901 Palmer, A.	122
2633714 Palmer, A. D.	122
1944480 Palmer, A. P. K.	231
Palmer, B.	9
212533 Palmer, D. J.	274
8022736 Palmer, D. J.	178
5204194 Palmer, G. R. A.	166

Personal No	Page No
8024158 Palmer, I. L.	193
1947559 Palmer, J. M.	273
8115828 Palmer, K.	200
8088955 Palmer, M. A.	148
5207063 Palmer, M. R. K.	145
8304423 Palmer, M. S.	129
5204532 Palmer, M. W.	178
8025775 Palmer, P. E.	114
212283 Palmer, P. J.	274
212993 Palmer, P. M.	276
214365 Palmer, R. F.	283
4277990 Palmer, R. P. A.	229
8122383 Palmer, W. V.	194
5206535 Palomeque, A. G.	194
8029434 Panter, C. S.	123
5205466 Panton, A.	165
5208710 Pape, J. C.	152
8103580 Pappa, M. R.	160
8304096 Pappini, N. J.	126
409408 Pardoe, A. L.	249
209711 Pardoe, D. J. D.	268
8113440 Parfit, G. R.	159
212010 Parfitt, A. P.	273
8300434 Parfitt, J. E.	148
214233 Parfitt, M. A.	282
213211 Parfrey, C. J.	277
8151725 Paris, C. A.	164
8152587 Paris, G. D.	172
8024161 Park, A. R.	141
91464 Park, A. S.	255
306319 Park, C. S.	201
213993 Park, D.	281
8026991 Park, K. W.	107
Park, S.	21
9547 Park, S. J.	243
8024373 Parke, R. J.	121
8154608 Parker, A.	132
8121620 Parker, A. F.	174
2634202 Parker, A. G.	258
8302737 Parker, A. J.	200
4233509 Parker, A. L.	104
8029523 Parker, A. M. B.	123
4264840 Parker, B.	229
8400823 Parker, C.	198
5208415 Parker, C. M.	150
8304558 Parker, D. A.	129
Parker, D. C.	81
209089 Parker, D. E.	268
Parker, D. R.	81
8302714 Parker, E. J.	149
211046 Parker, E. R.	271
5207719 Parker, G. D. A.	124
210826 Parker, G. G.	270
4282374 Parker, G. H.	166
Parker, G. P.	14

Personal No	Page No
5208545 Parker, J. C. S.	150
213202 Parker, J. E.	257, 278
690334 Parker, J. E.	138
8029184 Parker, J. G.	122
5208368 Parker, J. P. F.	150
8029380 Parker, J. R.	197
8020986 Parker, J. S.	69, 157
210825 Parker, K. B. M.	270
5208163 Parker, K. L.	196
5204179 Parker, M. A.	116
211739 Parker, M. C.	272
409215 Parker, M. J.	249
8023271 Parker, M. K.	138
306214 Parker, M. L.	200, 312
5203273 Parker, M. R.	110
213918 Parker, N.	280
8000463 Parker, N. E.	273
213083 Parker, R. C.	277
5201837 Parker, R. G.	49, 188
8023386 Parker, R. J.	179
214826 Parker, R. L.	287
5205640 Parker, R. M.	167
8304213 Parker, R. S.	127
2640969 Parker, S.	150
5203012 Parker, S. H.	156
8270463 Parker, S. R.	149
8028128 Parker, T. J.	117
Parker, W. M.	71
8045593 Parker-Moore, D. J.	276
8008124 Parkes, D. W.	173
212885 Parkes, G. F. H.	276
2616279 Parkes, K. J.	99
214282 Parkes, S. M.	283
5206434 Parkhouse, T. E.	198
8022641 Parkhurst, C. R.	188
2633768 Parkin, K.	124
4278530 Parkin, K. E.	229
212860 Parkin, M. J.	276
8283266 Parkins, E. A.	199
8028646 Parkinson, A. F.	119
213402 Parkinson, A. G.	278
5207334 Parkinson, F. C. J.	121
9633 Parkinson, G. E.	196
8024710 Parkinson, J. H.	146
Parkinson, R.	7
5206057 Parkinson, S. J.	162
Parkinson, S. L.	9, 96
5206954 Parkinson, W. N.	192
213298 Parks, T.	277
8007583 Parlett, R. B.	164
8250563 Parlor, S M	198
91523 Parlour, R. S.	257
8023056 Parmee, R. J.	190
5205310 Parnell-Hopkinson, Rev C.	223

INDEX

Personal No		Page No	Personal No		Page No	Personal No		Page No
2638683	Parr, A. J.	133	214428	Pass, A. C.	284	409521	Pavitt, A. J.	215
5208305	Parr, H. M.	150		Passby, D. C.	71	212252	Pavitt, R. G.	274
2644395	Parr, J. N.	201	210491	Passfield, A.	270	5206688	Pawsey, A. R.	166
8235565	Parr, L. C.	173	5203247	Patch, T. J.	52, 177	1947030	Pawson, P. T.	166
8023947	Parr, N. H. E.	179	5203801	Patching, C.	193	5207022	Payling, C. A.	112
5205201	Parr, R. M. P.	189	8028362	Patching, E. J.	118	8023789	Payn, A. L.	189
9475	Parr, S. E.	197	5208662	Patel, D. L.	184	8079095	Payne, A. D.	238
4115158	Parratt, R.	251	213961	Patel, H. S.	281	214068	Payne, A. G.	281
4335625	Parrini, A. L.	251	5207738	Patel, I. M.	244	5208601	Payne, A. G.	133
5202757	Parrish, A. J.	156	5201890	Patel, M. R.	155	8112654	Payne, A. G.	233
8141085	Parrish, W.	237	8118955	Patel, P.	163	5207991	Payne, A. J.	257
5208122	Parrott, M. A.	145	8086189	Patel, R. C.	257	5208114	Payne, D. A.	214
306383	Parrott, T. A.	202	213577	Patel, R. K.	279	1945827	Payne, D. C.	232
306146	Parry, A.	198	214780	Patel, Y.	286	9797	Payne, D. E.	37, 170
8029275	Parry, A. J.	123	8011208	Paterson, A. L. B.	234	213583	Payne, D. J.	279
214008	Parry, C.	281	306187	Paterson, C. P.	200	5208253	Payne, D. V.	149
5203735	Parry, D. G.	189		Paterson, G. A.	153	5207169	Payne, D. W.	196
214532	Parry, D. H.	285	8127777	Paterson, J.	237	8304294	Payne, J. C.	128
8008561	Parry, D. T.	167	5207620	Paterson, N. A.	121	8115214	Payne, J. K. H.	232
8028467	Parry, D. W.	181	8021082	Paterson, P. F. B.	179		Payne, J. P.	221
5203749	Parry, G. W. H.	115	5205172	Paterson, R.	189	2649795	Payne, M. B.	131
8302545	Parry, H. L.	200	209942	Paterson, R. A.	269	8141611	Payne, M. J.	145
9799	Parry, J. A.	194	2636224	Paterson, S. A.	128	5206371	Payne, N. G.	170
2617070	Parry, J. K.	268	5208141	Pathak, G.	206	5203120	Payne, P. J.	179
8227231	Parry, R. M.	169	5207012	Paton, A. D.	116	5208538	Payne, R. B.	201
8153521	Parry, S. A.	169	5202265	Paton, D. R.	101	8174816	Payne, S. M.	144
8423984	Parry-Sim, J. A.	201	2648375	Paton, I. S.	151	2624959	Payne, T.	59, 140
8302588	Parsonage, E. C.	148	8024533	Paton, M. A.	196	5203150	Payne, T. A. R.	161
8402510	Parsons, A. G.	277	2658747	Paton, N. J.	266	4271988	Payne, W.	237
8027470	Parsons, B. L.	141	2638741	Paton, R. A.	258	8010204	Paynton, P. J.	128
2637163	Parsons, C.	174	8304168	Patounas, R. P. G.	126	306361	Payton, S. J.	151
8198060	Parsons, C. J.	169	4291826	Patrick, A. K.	229	8186119	Peace, C. M.	57, 111
9601	Parsons, G. A.	144	5205815	Patrick, S. N.	143		Peace, Mrs E.	21
8302807	Parsons, H. A.	135	214041	Pattenden, C. E.	281	209917	Peace, J.	269
210934	Parsons, J.	270	8022907	Pattenden, G. E. P.	69, 190	1961782	Peace, M. J.	232
212905	Parsons, J. D. F.	276	5208608	Pattenden, M. S.	227	5207052	Peacey, S.	120
213494	Parsons, J. J.	278	408859	Pattenden, S. M.	255	8404370	Peach, B. J.	172
8024282	Parsons, J. J.	112	5208641	Patterson, D. T.	208		Peach, C.	28
8026733	Parsons, M. G.	282	212219	Patterson, G. D.	273	213788	Peach, D. G.	280
8416951	Parsons, M. S.	150	5203625	Patterson, L. J.	241		Peach, S. W.	70, 96
211476	Parsons, P.	272	8285340	Patterson, M.	173	0594774	Peacock, A. M.	230
5208058	Parsons, R.	127	213669	Patterson, R.	279	5205981	Peacock, E.	180
8132052	Partington, J. E.	285	5208636	Pattinson, G. J.	151	8152104	Peacock, J. C.	165
5208666	Partner, A. M.	208	8024062	Pattinson, M.	142		Peacock-Edwards, R. S.	24, 92
8027768	Parton, N.	158	1961410	Pattison, F.	167	5207845	Peak, J. D.	211
	Parton, S. L.	9	5206398	Pattle, R. E. G.	9, 125	213492	Pearce S. J.	278
9159	Partridge, E. F.	255	5204216	Paul, A. G.	116	5204292	Pearce, A. C.	192
8304718	Partridge, G. J.	131	213626	Paul, C.	284	608165	Pearce, A. G.	241
214716	Partridge, J. M.	282	5203300	Paul, H. A.	115	8093190	Pearce, C.	160
5207194	Partridge, M. A.	169	5206867	Paul, R. J.	193	5206627	Pearce, G. C.	167
	Partridge, Mr R.	36	2638618	Paul, S. L. S.	149	8119870	Pearce, G. M.	285
8026803	Partridge, S. J.	257	8124128	Paull, N.	235	5208408	Pearce, H. E.	200
8025921	Partridge, S. M.	114	8024618	Paulson, J. D.	57, 181	1949930	Pearce, J.	58, 188
5208453	Pascoe, S. W.	214	5206787	Paveley, D. J.	196	306242	Pearce, J. L.	200
1947404	Pashley, D. A.	229						

391

INDEX

Personal No		Page No	Personal No		Page No	Personal No		Page No
0688329	Pearce, J. M.	230	5208155	Pegg. R.	148	5207697	Perks, K. S.	244
2624990	Pearce, K. N.	160	4232093	Pegrum, R. G.	103	8025431	Perks, R. J.	192
8026567	Pearce, L. E. F.	105	8000552	Peirce, D.	231		Perowne, B. B.	19
8304599	Pearce, M. A.	129	8100464	Pelcot, A. F.	252	8025313	Perrem T. J.	106
8029407	Pearce, M. D.	123	8024031	Pell, G. W. Y.	118	1961145	Perrett, B. J.	165
609423	Pearce, M. S.	48, 155	9679	Pell, K. L.	246		Perrett, M. J.	35, 95
5205877	Pearce, N. G.	180		Pellatt, K. J.	136	8028933	Perrett, S. D.	120
8151860	Pearce, P.	163	8218336	Pemberton, A. J.	168	210795	Perriam, D. A.	270
8153640	Pearce, P.	172	214357	Pemberton, A. L.	247	5208696	Perrin, M. N. A.	202
8029774	Pearce, R. H.	125	8304755	Pemberton, G. A.	131	8300189	Perrin, N. A.	126
5208660	Pearce, S. C.	174	5202443	Pemberton-Pigott,		214042	Perring, I. D.	281
8141143	Pearce, S. G.	134		T. N. J.	36, 177	2628272	Perrins, R. H.	117
8029621	Pearcy-Caldwell,		8079908	Penberthy, M. P.	286	687415	Perris, A. J. B.	275
	J. L. D.	240	213713	Pender, W. D.	281	8019118	Perry, A. T.	165
214717	Pears, J. S.	286	214462	Pendlebury, S. R.	284	5205294	Perry, C.	116
5204382	Pearson, A.	193	8023798	Pendleton, G.	143	5207773	Perry, K. W.	197
8141361	Pearson, B. G.	238	5206436	Penelhum, J. P.	197	8015640	Perry, L. K.	162
2645391	Pearson, C.	152	2649289	Pengelly, O. J.	133, 266	209493	Perry, P. J.	278
2996624	Pearson, D.	272	8071170	Pengilly, D. F.	231	8083456	Perry, R.	143
	Pearson, D. A. W.	187	5201800	Penketh, W. J.	157	5205359	Perryman, J. G.	180
2649745	Pearson, D. L.	133	8023866	Penlington, D. W. E.	237	4232376	Pertwee, M. N.	268
5203215	Pearson, G. J.	139	211005	Penn, A. D.	271	212685	Pescod, V.	275
8300043	Pearson, G. M.	243	212058	Penn, B. W.	272	5208394	Pescott, K. J.	173
213673	Pearson, I. D.	279	211597	Penn, C. M.	272	5203237	Petch, C. S. F.	160
	Pearson, I. H.	23	306179	Penn, S. N.	183	690464	Peterkin, I. C.	272
5205480	Pearson, J. M.	180	2623755	Pennell, L. J.	106	8119164	Peters, C. E.	167
5208316	Pearson, K. W.	200		Pennington, A. J.	137	2637130	Peters, C. J.	173
	Pearson, Mr J.	19	5206288	Pennington, C. A.	169		Peters, D. K.	220
8173307	Pearson, N. F.	73, 163	8001986	Pennington, G. J.	251	5203750	Peters, J. S.	110
	Pearson, N. J.	35, 136	208156	Pennock, N.	267	8023650	Peters, N. P.	139
2643105	Pearson, N. R.	257	609519	Penny, A. T.	104	8023660	Peters, S. G.	192
8018942	Pearson, S.	101	5203137	Penny, S. D.	282	5206478	Petersen, C. J.	195
8027664	Pearson, S. D.	11, 107	8020052	Pennycook, J. A. R.	161	8026431	Peterson, G. K.	159
8060820	Pearson, S. J.	180	1961668	Penrose, B. L.	229	5208414	Peterson, I. M.	132
8027951	Pearson, S. M.	117	2658834	Penter, D. A.	174	5207994	Peterson, M. K.	205
213631	Pearson, T. A.	279	5207651	Pentland, Rev R. J.	224	8026785	Petherick, S. T.	115
2636129	Pearson, V. C.	76, 149	211264	Penwarden, R. J.	271	213934	Pettengell, N. C.	280
8027170	Peart, C. J.	139	5205305	Peoples, S. F.	194	409386	Petter-Bowyer, D. A.	214
8201149	Peart, J. W.	196	8304834	Pepper, A. E.	134	8024278	Petticrew, G. A.	199
2625830	Pease, A. K. F.	109	8008130	Pepper, G. A.	232		Pettifer, M. I.	39, 186
8014777	Pease, C. T.	171	212782	Pepper, I. K.	275	5208512	Pettit, B. W.	198
209745	Peasgood, D. J.	268	208712	Pepper, J. T.	267	210628	Pettitt, B. W.	270
213915	Peat, C. I.	284	8118052	Pepper, M. S.	191	1961688	Pettitt, D. J.	232
8036942	Peck, M.	277	2758872	Percival, D.	269	5204889	Pettitt, S. J.	163
8213241	Peck, R.	167	5207385	Percival, I.	129		Petty, D. A.	71
306325	Peddle, L. V.	201	8078100	Percy, D. W.	231	215012	Petty, J. M.	288
4232555	Pedley, M.	113	8204023	Perera, T. E.	279	8096596	Petty, M. J.	194
8270090	Peebles, A. B.	127	8022549	Perfect, A. A.	25, 138	4220746	Pewton, A. V.	236
2635613	Peebles, L. D.	198	2638553	Perilleux, G B. J.	126	8300240	Pey, P. G.	180
5201925	Peeke, G.	104	213955	Perkins, A. D.	281	5201041	Pharaoh, P. J.	156
8184734	Peel, D. B.	196	8023358	Perkins, A. D.	70, 140	8300710	Phelps, D. L.	149
5203829	Peers, J.	160	8013279	Perkins, C.	282	8029313	Phelps, M. A.	240
212110	Peers, J. K.	273	4283718	Perkins, C. T.	111	5203555	Phelps, S. M.	36, 157
8150675	Peet, K.	162	306013	Perkins, J. M.	194	2619822	Philip, A. F.	70, 105
8405101	Peeters, G. A.	172	5208255	Perks, C.	131	8300469	Philip, G. A.	148

392

INDEX

Personal No		Page No
5208472	Philip, M. W.	145
8023572	Philipson, R. M.	143
8153082	Philliban, J.	165
8023958	Phillips, A. B.	61, 180
213649	Phillips, B. E.	279
8128429	Phillips, B. K.	115
2649075	Phillips, D. B.	133, 312
8029065	Phillips, D. C.	142
300815	Phillips, G. A.	243
5201760	Phillips, G. T.	251
	Phillips, I.	220
5207323	Phillips, I.	257
5203353	Phillips, I. R.	179
306337	Phillips, J.	200
8152311	Phillips, J. S.	166
8024722	Phillips, K. M.	200, 247
	Phillips, Mr L. F.	18
8008541	Phillips, M. E.	167
8011472	Phillips, M. J.	233
5205390	Phillips, N. J.	162
2633278	Phillips, P. A.	121
5204927	Phillips, P. L.	159
8304277	Phillips, P. R.	147
5202036	Phillips, R. A.	155
8024828	Phillips, R. A.	103
5205812	Phillips, R. C.	205
213857	Phillips, R. M.	280
306350	Phillips, R. M.	201
2649025	Phillips, T. L.	131
8131732	Phillipson, P. R.	143
1937197	Philp, G. H. G. C.	230
2636515	Philpot, T. J.	129
5205130	Philpott, C. N.	107
300738	Philpott, J. H.	242
409516	Philpott, N. F. M.	214
8240848	Philpott, V. Y.	150
2631879	Phimister, M. S.	120
2631820	Phipps, A. L.	118
	Phipps, K. H.	79
5206760	Phipps, K. H.	199
5208656	Phipps, M. J.	151
2643901	Phoenix, N.	130
5205820	Physick, M. D.	117
5203685	Physick, M. J.	109
409513	Phythian, S. M.	214
8008924	Piaggesi, G. P.	169
214322	Piccavey, S. K. E.	283
	Pick, D.	308
214585	Pick, J. A.	285
594930	Pick, K.	169
8014483	Pick, K. E.	106
2628238	Pickard, A. C.	116
8250065	Pickard, M. J.	168
5202580	Pickavance, D.	155
5201082	Pickavance, R.	158

Personal No		Page No
306292	Picken, T. J.	151
5202872	Pickerill, R. A.	156
8302700	Pickering, A. K.	200
8300258	Pickering, A. N.	147
8304192	Pickering, C. M.	286
4278284	Pickering, H. K.	231
8024686	Pickering, J. D.	146
5207103	Pickering, P. M.	207
5201522	Pickering, R. J.	103
2633869	Pickett, A. R.	264
8023897	Pickett, G. R.	144
4335760	Pickles, T.	70, 178
5208197	Pickup, G. A.	130
214389	Pickup, G. R.	283
5205603	Picton, D. M.	180
8173044	Piddington, M. J.	233
8227168	Pidgeon, P. R.	274
8140241	Pierce, H. R.	105
608446	Pierce, J. W.	10, 99
5207093	Piercey, B. A.	121
8300577	Pieroni, M. L.	148
409469	Pierpoint, V. J.	249
8025430	Pierson, R. M.	108
	Pigott, J. I.	154
213427	Pike, G. J. S.	278
2630694	Pike, H. J.	120
8023797	Pike, J.	14, 178
213349	Pike, S.	257
	Pike, W. J.	3, 203
213450	Pilbeam, L. M.	278
608615	Pilgrim-Morris, G. J.	40, 188
306294	Pilgrim-Morris, L. S.	201
8122661	Pilkington, G. S.	196
2623325	Pilkington, J. L.	156
8304821	Pilkington, R. C.	151
5203742	Pillai, S. N.	116
5207926	Pilliner, A. N.	126
5204183	Pilling, J. A.	111
5205904	Pim, R. S.	195
214761	Pimm, J. A.	286
8129556	Pimperton, W. K.	233
212306	Pinching, S. J.	274
2637762	Pinckney, N. J.	171
4290811	Pinckston, P. K.	285
5204265	Pinner, A. C.	111
687433	Pinnington, A.	241
8202911	Pipe, A. J.	167
8026980	Piper, D.	107
208592	Piper, G. R.	268
5200853	Pitchforth, N. A.	114
5203708	Pitkin, J. M.	161
4233365	Pitt, C. R.	46, 100
8025398	Pitt, M. R.	273
1949378	Pitt, W. R.	231

Personal No		Page No
	Pitt-Brooke, J. S.	11
1947343	Pittard, G.	229
8028507	Pittaway, S. F.	117
8300610	Pitter, A. M.	199
4233205	Pitts, A.	284
210355	Pitts, G. K.	269
2646145	Pitts, J.	262
4232474	Pitts, J.	98
8027672	Pitts, R. J. M.	116
595392	Pittson, K. T.	192
	Pixton, G. W.	9, 97
5206731	Place, C. S.	258
209567	Place, J. K.	268
8411653	Place, M. J.	172
8029337	Plain, C. N.	122
214161	Plane, K. L.	282
213715	Plane, R. P.	279
5206352	Plant, B. M.	171
209934	Plant, J.	271
8029766	Platt, C.	125
8029005	Platt, D.	121
	Platt, J. C.	10, 95
8020868	Platt, K. J. G.	256
214240	Platt, M. A.	282
2649968	Platt, R. A.	134
2649159	Platts, J.	152
1940359	Platts, P. B.	269
1949376	Plaxton, G.	229
2996446	Pleasant, J. H.	251
	Pledger, M. D.	6, 37, 90
213260	Plessis, J. K.	277
213733	Plews, A. H.	279
1948404	Plews, J. G.	114
8024631	Ploutarchou, A. P.	142
8302730	Ploutarchou, L. M.	200
8223715	Pluckrose, A.	202
8026699	Plumb, J. V.	10, 102
5206068	Plumb, S. P.	118
8116956	Plume, J. M.	195
2603248	Plumley, J. H.	100
8418004	Plumley, R. K.	174
2649231	Plummer, A. L.	131
208515	Plummer, J. A.	251
2626152	Plummer, K. G.	284
8026302	Plumridge, D. L.	256
8413866	Pocha, C.	276
	Pocock, D. J.	93
214484	Pocock, M. D.	284
5208182	Pocock, M. F.	128
212782	Podmore, G.	275
8135237	Pogue, T.	236
4276146	Pointon, D.	230
212347	Pole, H. W. M.	274
5205934	Pollard, C. S.	144
2642840	Pollard, D. M.	130

393

INDEX

Personal No		Page No	Personal No		Page No	Personal No		Page No
212204	Pollard, J. E.	273	5206578	Potter, D. J. A.	119	5202087	Powling, B. F. E.	178
8093273	Pollard, J. S.	232	5204576	Potter, D. N. R.	191	5208017	Powlson, M. D.	170
2639084	Pollard, N. G.	128	5208304	Potter, M. S. A.	201	2636498	Poyner, I. K.	169
	Pollard, S.	11	8304803	Potter, R. D. E.	133	594831	Poyntz, S. J.	51, 188
5208117	Pollard, S. M.	128	212586	Potter, S.	275	8221854	Praag, A. N.	169
608745	Pollington, D.	98	8028934	Potterill, S. M.	169	8128156	Prall, T. G. E.	238
5204578	Pollitt, I. S.	189	4233536	Pottle, H. W.	111	8260627	Prangley, D.	133
5202974	Pollitt, M. M.	36, 100	5206121	Potts, A. J.	196		Pratley, C. W.	154
8032119	Pollock, A. J.	188	594124	Potts, A. T.	179	5206391	Pratley, R. D.	182
8283982	Pollock, D. M.	196	9762	Potts, D. A.	194	306115	Pratt, A. C.	212
214283	Pollock, J. M.	283	8024519	Potts, D. J.	182	4263571	Pratt, B. R. D.	274
5203141	Pollock, N. D.	114	8249059	Potts, D. S.	182	1946587	Pratt, E. J.	237
210318	Poloczek, J. A.	269	8208070	Potts, M. J.	171	214349	Pratt, E. V.	283
5207964	Pomeroy, A. I.	124	5207360	Poulter, J. L.	128	2623234	Pratt, T. F.	181
4220140	Pomeroy, C. A.	272	5201976	Poulter, J. M.	40, 188	409476	Preece, A. D.	214
208311	Pomeroy, D. E.	267	8009823	Poulton, J. C.	168	8304550	Preece, A. D.	129
	Ponsonby, J. M. M.	7, 97	212214	Poulton, M. J.	273	91516	Preece, M. L.	257
8028400	Pontefract, J. C.	118	5202524	Poulton, S.	159	5205646	Preece, W. R.	121
8152900	Ponting, R. D.	172	8023957	Pound, M.	141	8023895	Preedy, J. A.	144
2633212	Ponting, T. M.	126	8198809	Pounder, M. L.	278	213641	Prele, P.	279
8302701	Pook, E. A.	183	8209829	Pout, C. L.	118	1945676	Prentice, K. J.	285
8304620	Pook, S. A.	129	8300047	Povey, A. R.	146	2636591	Prentice, P. R.	171
5207718	Poole, B. V. J.	124	5204837	Powe, M. J.	140	8026537	Prescot, F. B.	105
214348	Poole, C. J.	283	5207713	Powell, A. D.	244	8028570	Prescott, J. C.	109
8153557	Poole, G. J.	169		Powell, Dr A. K. W.	69	8111004	Prescott, K.	193
8027574	Poole, R. M.	24, 102	5205841	Powell, A. L.	161	208490	Prescott, R. M.	267
1944076	Pooley, T. T.	163	5203282	Powell, D. McA.	161	5206741	Presland, R. D.	119
5203181	Poolman, J. C.	115	8024277	Powell, G. J.	145, 310	8139268	Presley, M. A.	59, 141
5203961	Pope, C. A.	191	5205666	Powell, G. S.	122	2642437	Presly, A. D.	183
5207216	Pope, C. C.	122	1947132	Powell, J. B.	191	5207277	Press, J. R.	169
5201273	Pope, J. R.	280	8020056	Powell, K.	161	214531	Pressley, J. W.	285
8118862	Pope, M. S.	142	214427	Powell, K. D.	283	214766	Prestage, S. D.	286
5206015	Poppe, A. N.	180	4232818	Powell, L. R.	54, 100	8026854	Preston, D. L.	107
8209198	Popper, I. A.	200		Powell, M.	220	8023268	Preston, G. A.	140
8029211	Poppleton, C. A.	122	681899	Powell, M.	229	5205823	Preston, M.	109
595596	Porter, D. R.	238	5204583	Powell, M.	115	8032628	Preston-Whyte, P. A.	146
212636	Porter, E. A.	275	5205986	Powell, M. B.	143	5205625	Preston-Whyte, R. A.	120
208786	Porter, G. C.	267	8300517	Powell, M. S.	148	8151238	Prevett, W. S.	141
5203876	Porter, G. R. R.	18, 100	5207007	Powell, N. R.	164	9602	Price, A. E.	242
5204855	Porter, J. D.	180	210880	Powell, P. J.	270	208487	Price, B. V.	267
8025281	Porter, J. L.	105	1946182	Powell, P. J.	231	306341	Price, C. A.	151
	Porter, Mr S.	17	5208600	Powell, P. J.	201	210119	Price, D.	269
214340	Porter, S. A.	283	8028947	Powell, P. J.	120		Price, Dr F.	13
2648953	Portlock, A. J.	201, 311	8141184	Powell, P. R.	116	8152178	Price, D. G.	287
8024597	Portlock, J. B.	142		Powell, Dr R. J.	16	5201548	Price, H. W.	99
8153852	Posnett, G. A.	149	8019348	Powell, R. J. A.	40, 100	4291864	Price, I.	230
5208179	Posthumus, L. C.	200	8028043	Powell, R. J. C.	106	8023877	Price, I. R.	59, 141
5205425	Postlethwaite, D.	111	213742	Powell, V. E.	279	214440	Price, J.	283
2644144	Pote, C. F.	131	214794	Powell-Jones, H. D.	286	8029173	Price, M. C. L.	241
2623289	Pote, J.	261	214664	Power, C. P.	286	213236	Price, M. J.	277
8260072	Potter, A. J.	124	214110	Power, C. S.	260		Price, Mr N.	308
8226121	Potter, A. K.	172	8032250	Power, F.	143	2644222	Price, N. E. S.	174
	Potter, A. M. F.	26	5207165	Power, R. W.	181	213419	Price, R. A.	278
5207628	Potter, C.	245	8029773	Powers, D. R.	125	8152128	Price, R. G.	120
2629587	Potter, D. J.	120	8153989	Powley, S. K.	171	2633241	Price, R. S.	119

INDEX

Personal No		Page No	Personal No		Page No	Personal No		Page No
5206656	Price, S. V.	248	5203378	Pugh-Davies, M. D.	105		**Q**	
306102	Prichard, K. A.	198	214665	Pugsley, G. D.	286			
8113551	Priddy, W. P.	147	91501	Pugsley, W. B.	261		Quantick, Mrs A.	69
4232342	Pride, I. McC.	143	8026872	Pulford, A. D.	24, 100	209012	Quarman, B.	268
8154367	Pridmore, B. J.	171	8025413	Pulfrey, A. J.	67, 98	214615	Quarmby, C. A.	285
5207353	Priest, J.	129	8032122	Pulfrey, J. M.	144		Quarterman, R. J.	71
8024881	Priest, J. S. D.	114	8154661	Pullen, C. L.	130	4124502	Quarterman, R. J.	270
210197	Priest, P. T.	269	8112075	Pullen, C. R.	231	2618321	Quartly, A. F.	268
300930	Priestley, D.	243	409345	Pullen, J. D.	249	5208459	Quayle, G. E.	150
5208574	Priestley, J. B.	184	8246467	Pullen, J. R. E.	170	210566	Quayle, S. A.	270
5207328	Priestley, M. J.	214	8029466	Pullen, M. J.	240	2633303	Quick, A. N.	122
8019116	Priestley, S. D.	159	5207941	Pullen, M. P.	170	1941494	Quick, D. M.	252
214099	Priestly, R. M.	281	8027923	Pullen, S. K.	117	690465	Quick, K. J.	235
5207340	Priestnall, A. R.	128	8245901	Pulling, B. S.	62, 146	4277607	Quick, M. C.	243
2641440	Priestnall, S. J.	200	8304730	Pumford, S. M.	131	2662364	Quick, P. A.	214
213635	Prigmore, G. T.	279	213038	Pumphrey, R. J.	276	8026263	Quick, P. E.	115
8300141	Prime, R. J.	182	8025442	Puncher, A. W.	114	2842627	Quick, S. G.	276
8120318	Primett, M. N.	177	306001	Punshon, R.	246	8173363	Quigley, I. P. J.	151
5205222	Prince, I. A.	254	9202	Purchase, S. P.	143	8152053	Quigley, M.	163
2635726	Prince, N. C. H.	147	506051	Purchase, W.	240	2640829	Quigley, T. L.	147
688553	Pring, R. M.	116	306082	Purdom, C. J.	198	8023369	Quin, A. K.	140
	Pringle, A. R. D.	18	4232334	Purdy, R. B.	256	5207225	Quine, I. J.	122
593925	Pringle, N.	237	8029828	Purkis, E. R.	125	5205478	Quinlan, M. A.	117
5205715	Print, C. P.	143	2649019	Purkis, R. J.	133	8065466	Quinn, A. C.	218
0688075	Prior, A. S.	230	214262	Purkiss, A.	282	8249788	Quinn, A. M.	198
8029525	Prior, S. C.	123	5203278	Purkiss, C. C.	102	210733	Quinn, J. J.	278
	Prissick, M.	93	210580	Purllant, N.	270	2636535	Quinn, M. P.	126
8141219	Pritchard, E. J.	59, 121	8023786	Purnell, T. L. G.	116	214234	Quinn, M. S.	282
211445	Pritchard, K.	272	2630153	Purse, J. M.	115			
4335241	Pritchard, M.	246	8300201	Purse, M. A.	147			
8107212	Pritchard, R. D.	232	213957	Pursehouse, A. J.	281			
8029836	Probert, P. R.	147	2144576	Pursehouse, M. C.	285			
2641817	Prochera, D. J.	134	8027390	Purser, C. R.	54, 105			
2622063	Procopides, M. D.	104	8627390	Purser, C. R.	59			
5206718	Procter, D. B.	206	2628532	Purves, N. L.	119			
	Procter, K. J. M.	92	686702	Purvis, G. L.	237			
	Proctor, Mr K.	36	8181263	Putland, K. A.	201, 312			
8300454	Prole, N. M.	247	8304269	Puzey, M. E.	127			
208974	Protheroe, L.	268	4286408	Pybus, K. W.	170			
8122747	Proudlove, A.	139		Pye, A. J.	92			
8018525	Prout, K. E.	160	2637099	Pye, C. D.	164			
8304141	Provost, J. D.	126	5207262	Pye, G. A.	165			
608745	Prowse, D. L.	36	212699	Pyett, G. W.	275			
5203677	Prowse, D. L.	102	214180	Pym, J. D.	282			
2640957	Pruden, J. R.	199	2638789	Pymm, M. L.	131			
5205300	Prunier, A. P.	191	8021226	Pynegar, P. G.	105			
8092749	Pryce, P. G.	232						
213110	Pryke, D. P.	277						
8304851	Pryor, A. M.	134						
8029352	Prytherch, N. S.	146						
214915	Pudge, D. D.	287						
214127	Pudney, K. W.	282						
1945395	Pudney, K. W.	247						
2636458	Pugh, A. D.	123						
2628725	Pugh, J.	120						

INDEX

Personal No		Page No
	R	
8023723	Rabagliati, R. O.	191
210959	Race, B. T.	271
2639376	Race, S. C.	172
608600	Rackham, C. M.	40, 100
5205769	Radcliffe, A. J.	38, 64, 193
213716	Radcliffe, N. J. R.	261
5208482	Radford, J.	201
5207844	Radford, M.	125
2644245	Radley, J. P.	133
608870	Radley, R. P.	11, 99
8300566	Radnall, M. M.	148
5208212	Rae, C.	129
2622520	Rae, D. J.	107
214861	Rae, S. A.	287
2642699	Rafferty, D. J.	131
8236791	Rafferty, D. M.	285
5203994	Rafferty, M. S.	108
4233080	Raffles, I.	111
5208635	Raimondo, M. J. P.	152
8023250	Raine, D. W.	141
5204200	Raine, P. D.	162
	Rainford, D. J.	3, 39, 203
8029095	Rainier, M. D.	121
4283756	Rait, D. M.	45, 156
5208481	Rait, P. M.	149
409329	Ralph, E. A.	249
594253	Ralph, P. J.	229
210270	Ralph, P. S.	269
8103511	Ralph, R. R.	232
5208252	Ralph, S.	172
8015631	Ralston, W.	192
214690	Ramage, C. A.	286
214919	Ramage, D.	287
306377	Ramsay, A. G.	152
	Ramsay, A. I.	26, 43
8113052	Ramsay, A. W.	233
8112538	Ramsay, D. G.	125
8094202	Ramsay, D. McC.	236
8133646	Ramsay, W.	232
4287586	Ramsdale, L. J.	231
8412268	Ramsden, C. D.	150
5203948	Ramsden, C. P.	110
680126	Ramsden, G.	267
8193663	Ramsden, G. P.	169
8200825	Ramsey, B. P.	197
8150958	Ramsey, S. A.	165
8026140	Ramsey, W. J.	105
4289208	Ramshaw, G. P.	264
	Rance, Dr M. L.	16
8226082	Rand, T. J.	173
8100207	Randall, E. W.	243
	Randall, H. M.	186
8141173	Randall, I. L.	237
5208651	Randall, M. C.	133
8025314	Randall, N. B.	36, 100
8027582	Randells, T. M.	116
8422809	Randerson, A.	183
690330	Randerson, R. N.	48
5203392	Randerson, R. N.	101
8304323	Randle, M. J.	286
2621613	Randle, N. C.	99
8027023	Randles, S.	36, 100
8302667	Rands, S. M.	183
	Ranger, . M.	204
	Ranger, M.	39
210435	Ranger, M. StJ.	269
214155	Rankin, D. M.	282
213350	Rankin, L.	278
213364	Ransome, P.	278
8027762	Ransome, R. L.	116
	Rant, J. W.	23
5208038	Raper, A.	214
	Raper, A. J.	14
5207940	Raper, S. P.	147
213367	Raper, T. D.	278
8027863	Rapson, A. D.	62, 140
409508	Rapson, K.	214
5206362	Ratcliff, P. M. de G.	198
214932	Ratcliffe, A. J.	287
5207350	Ratcliffe, B. E.	128
214905	Ratcliffe, D. C.	287
8032723	Ratcliffe, H. C.	147
8418850	Ratcliffe, J. D. K.	173
8107798	Ratcliffe, J. J.	147
8300195	Ratcliffe, P. A.	147
8010691	Rath, N. T.	236
212734	Rathbone, S.	275
8105453	Ratinon, J. G. A.	282
5208423	Ratnage, P. D.	150
212445	Rattle, R.	274
214616	Ravenhall, S. R.	285
1937600	Raw, M. G.	229
8151270	Rawcliffe, A. P.	162
8089074	Rawe, C. J.	191
8088884	Rawe, A. P.	231
208991	Rawlings, D. G.	268
8304391	Rawlins, D. G.	128
306166	Rawnsley, L. M.	247
8223967	Rawnsley, S.	124
	Raworth, M. A.	31
	Rawson, P. D.	153
5207880	Rawsthorne, N. A.	146
	Ray, D. A.	94
4233472	Ray, P. R.	99
8023920	Rayfield, P. H.	141
5208607	Rayfield, P. R.	196
2623654	Raymond, M. I.	115
8304667	Rayne, S. E.	130
8154382	Rayner, K. S.	171
213962	Rayner, M. A.	135
210070	Raynor, G.	269
213712	Rayson, J. A.	279
5208344	Razzaq, S.	200
8029365	Rea, J. C.	122
2633027	Rea, S. A.	118
306157	Rea, S. K.	199
8151431	Read, A. B.	163
2636933	Read, A. J.	129
5206075	Read, D. J.	142
5202472	Read, J. A.	61, 191
608136	Read, K. R. L.	106
8109652	Read, M. C. J.	238
8029599	Read, M. P.	124
2673954	Read, N. R.	241
5207336	Read, P. J.	247
8024211	Read, R. C.	193
8029183	Read, S. G.	180
8027506	Read, S. J.	110
8027442	Read, W. R.	116
8300591	Read-Jones, A. M.	199
2631906	Reade, S. E.	122
8304882	Reader, G. S.	134
8027417	Readfern, P. A.	101
8023288	Reading, A. M.	143
8112100	Readman, N. E.	160
2628931	Ready, M. S.	118
5208505	Reardon, A. J.	133
5201056	Reay, P.	104
4232663	Rechten, I. O. H.	114
689269	Reddcliff, J. H.	235
1946372	Reddell, D. J.	229
1943995	Reddick, C.	229
	Reddie, G. C.	81
8304779	Redfern, C. C.	131
8010538	Redgrave, M. S.	257
5207288	Redgwick, C. D.	181
2649254	Redican, J.	133
213006	Redican, S. N.	284
212737	Reditt, J. L.	275
8304813	Redman, A. P.	133
209137	Redmore, R. J.	270
214573	Reece, D. J.	285
2636186	Reece, J.	127
5208231	Reece, L. P.	183
5205107	Reed, A. D.	107
688040	Reed, A. G.	51, 158
8141554	Reed, A. W.	122
9615	Reed, D. J.	192
213646	Reed, E. C.	279
2628714	Reed, G. M.	279

INDEX

Personal No	Page No	Personal No	Page No	Personal No	Page No
595676 Reed, G. W.	183	8032360 Reid, S. C.	243	5206555 Rhodes, C. E.	211
3153853 Reed, K. B.	251	2621391 Reid, S. G.	106	213014 Rhodes, K. P.	284
214934 Reed, K. I.	287	8022897 Reid, W.	236	213755 Riach, C. J.	281
2647366 Reed, M.	184	5204494 Reid, W. McK.	158	8024339 Rice, K. R.	257
209223 Reed, P. H.	268	4279296 Reid-Johnson, M. J.	277	5204571 Rice, P.	178
5204233 Reed, S. C.	162	409522 Reilly, B. A.	214	5208014 Rice, P. H.	198
214407 Reed, S. J.	283	5208682 Reilly, B. J.	133	8054077 Rice, S. M.	233
8207456 Reed, S. J.	168	212348 Reis, F.	274	4335598 Rice, W.	188
2633026 Reed, S. M.	124	306197 Reith, M. J.	211	8207482 Rich, C. A.	124
8413209 Reed, W. A.	200	8027422 Reith, R. G.	192	210201 Rich, S. J.	195
	Reed-Screen, A. J.	30	5207953 Relf, M. N.	244	9700 Rich, V. M.	246
4233066 Reekie, G. L.	104		Remlinger, M. J.	9, 95	8197687 Richards, A. C.	197
5206449 Reeks, S. I.	128	2633379 Rendall, L. J.	125	8110294 Richards, B.	169
8129342 Rees, B. G.	163	5206353 Rendall, M. R.	125	2636545 Richards, D.	125
8093939 Rees, D. A.	230	5202358 Render, M. E. J.	156		Richards, D. J.	18
214206 Rees, D. E.	282	306150 Renfrew, A. H.	212	208381 Richards, D. J.	267
	Rees, D. J.	210	8141059 Rennet, A.	128	5203255 Richards, E. W.	156
2623262 Rees, D. W.	275	214295 Rennie, A. E. W.	283	209621 Richards, F. R.	268
8020929 Rees, G. D.	113	5208446 Rennie, Rev P. A.	225	1961048 Richards, J.	265
3154621 Rees, G. F.	274	8300745 Renne, S. D.	150	8304556 Richards, J. B.	129
608998 Rees, M. S.	104		Rennison, D. R. G.	34, 93	4232216 Richards, K. D.	113
5204170 Rees, N. C. R.	116	1960206 Rennison, J. P.	277	213807 Richards, K. F.	280
2629575 Rees, P. A.	165	214383 Rennison, S.	280	214772 Richards, M.	286
8141635 Rees, R. G.	123	1960684 Renshaw, A.	155	8082069 Richards, M. E.	59, 106
5206139 Reese, N. P.	166	213902 Renshaw, I.	280	8029450 Richards, N.	124
2640243 Reeve, M. W.	152	8178431 Renshaw, M.	127	5205863 Richards, N. M.	195
207825 Reeve, N. P.	59, 140	5206564 Renshaw, S.	191	209877 Richards, P. J.	269
91496 Reeves, A. C.	257	2654123 Renton, C. R.	134	2643046 Richards, R. P.	172
8153655 Reeves, A. J.	148	8102678 Restall, D. I.	232	8116568 Richards, R. P.	117
8114512 Reeves, C.	102	8109016 Retallic, J.	257	214681 Richards, S. A.	286
2648976 Reeves, J. E.	74, 201	212622 Retallick, R. N.	275	5204987 Richards, S. I.	109
1945911 Reeves, J. W.	108	8304140 Reuter, J. S.	127	210211 Richards, S. J.	269
8027013 Reeves, K. J.	106		Rev Bayliss, R. O.	4	8010872 Richards, S. R.	160
214032 Reeves, M. C.	281, 284	8023251 Revell, C.	140	4232754 Richardson, A. D.	107
2628798 Reeves, S. E.	122	214950 Revell, C. J.	287	5206345 Richardson, A. G.	127
1950197 Regan, D.	231	2112018 Revell, I. L.	273	689179 Richardson, A. K.	51
8154023 Regan, P. E.	171	5204654 Revell, K. A.	102	5201197 Richardson, A. K.	98
5206545 Reid, A. G. M.	145	2625178 Revell, M.	195	8421446 Richardson, C. J.	174
2639025 Reid, A. I. A.	126	8010639 Revell, P. R.	108	214885 Richardson, C. M.	287
5208116 Reid, A. N. C.	206	212895 Reyes, E. J.	276	8304684 Richardson, D. T.	130
5208503 Reid, D. G.	173	211546 Reyes, J. A.	272	211697 Richardson, E. M.	272
5201922 Reid, G. E.	205	5206087 Reynolds, G. R.	240	8028571 Richardson, F. S.	144
5207248 Reid, G. S.	146	208706 Reynolds, G. W.	273	5202919 Richardson, G. F.	105
	Reid, H.	95	212390 Reynolds, I. D.	183		Richardson, Mr H. D.	18
	Reid, J.	209, 310	5202921 Reynolds, M.	104	5204181 Richardson, I.	111
8114134 Reid, J. A.	145	5204736 Reynolds, M. F.	205	5202758 Richardson, J. G.	106
2639098 Reid, J. C.	171	8141337 Reynolds, M. G.	151	9773 Richardson, J. K.	126
8024882 Reid, J. C.	256		Reynolds, P. A.	27	5201386 Richardson, K.	156
8141350 Reid, J. P. Q.	109	5206140 Reynolds, R. G.	193	8235524 Richardson, L. Y. R.	214
8032409 Reid, L. M.	141	2630118 Reynolds, S. G.	257	690441 Richardson, M. G.	46, 99
210132 Reid, M. B.	269	8028655 Reynolds, S. K. P.	102	5207175 Richardson, M. H.	211
8027540 Reid, N. J. W.	273	210693 Reywer, G.	270	8028964 Richardson, M. P.	112
5208589 Reid, P.	201	8405240 Rhead, M. P.	149		Richardson, Mr I. D.	17
408852 Reid, R. A.	40, 213	8150687 Rhimes, D. M.	164	5208261 Richardson, N. G.	131
8246843 Reid, R. V.	173	2634530 Rhind, M. G.	126	5205361 Richardson, P. D.	143

INDEX

Personal No		Page No	Personal No		Page No	Personal No		Page No
211526	Richardson, P. J.	272	5205476	Riley, D. J.	117	8152323	Roberts, B. A.	200
	Richardson, P. S.	209	8023538	Riley, J. J.	140	5208083	Roberts, B. J.	127
5206934	Richardson, P. T.	120	211460	Riley, M. W.	272	2640244	Roberts, B. W.	150
5204279	Richardson, S. A.	163	8140886	Riley, N. J.	235	5202700	Roberts, C. I.	40, 188
8027837	Richardson, S. A.	109	4279673	Riley, P.	277	5205391	Roberts, C. S.	190
1946189	Richardson, W. L.	232	5206682	Riley, P. J.	144	8141192	Roberts, C. T.	116
2643820	Riches, A. S.	132	8025207	Riley, S. C.	282	4335725	Roberts, D.	138
5207152	Riches, A. W.	194	214975	Riley, S. D.	288	5205233	Roberts, D.	280
608848	Riches, P. M.	109	213670	Rillie, G.	279	4232051	Roberts, D. G.	106
8020894	Richey, F. A.	68, 99	8150934	Rillie, I.	166	8304044	Roberts, D. G.	126
2643027	Richings, S. P.	130		Rimington, Dame			Roberts, D. J. M.	89
8302589	Richins, E. K. L.	183		Stella	254	8140922	Roberts, G. J.	106
8304835	Richley, P. J.	134	5202858	Rimmer, J. A. J.	100	8029364	Roberts, G. L.	112
	Richmond, Dr T. D.	41	5206387	Rimmer, L. F.	198	8024515	Roberts, G. P.	122
	Rickard, H. W.	77	8023075	Rimmer, M.	36, 138	8014105	Roberts, G. W.	238
5207027	Rickard, J. E.	145		Rimmer, T. W.	74, 91	5206185	Roberts, H.	164
8300764	Rickard, M. W.	201	409509	Rimmer, V. A.	249	5203281	Roberts, H. D.	254
	Rickards, Dr A. F.	220	8208737	Ring, M. J.	123	8136462	Roberts, J. D.	161
2658752	Rickards, E. E.	266	8024588	Ripley, B. E.	197	8302560	Roberts, J. E.	247
2642572	Rickards, J. A.	266	594334	Ripley, G.	143	8242941	Roberts, K.	149
1950548	Rickards, T. J.	169	2636452	Ripley, J. K.	285	2640301	Roberts, L. A.	133
213762	Rickerby, C. D.	279	595229	Rippon, D.	218	8154036	Roberts, L. P.	171
8071017	Ricketts, D. A.	233	9673	Riseley-Prichard,		212365	Roberts, M. A.	274
8104797	Ricketts, J. M.	169		J. M.	63, 193	8028658	Roberts, M. L.	108
8108672	Ricketts, M. R.	232		Riseley-Pritchard,			Roberts, Mr A. H. N.	220
1945499	Rickwood, S. R.	161		R. A.	254	8243289	Roberts, N. C.	175
211127	Rickwood, T. R.	271	5208411	Risely, A. L.	132	8102712	Roberts, N. J.	74, 193
5204842	Riddell, J. G.	165	212617	Rishman, G.	280	214988	Roberts, N. O.	288
8230145	Riddell, J. W.	199	2627401	Ritch, D. N. S.	117	5206565	Roberts, O. D.	193
	Riddell-Webster,		2636536	Ritchie, A. J.	125	8000914	Roberts, O. J.	179
	M. L.	7	2637129	Ritchie, C. C.	150		Roberts, P.	25, 137
409526	Rider, I.	214	4232944	Ritchie, J. M. B.	103	8021237	Roberts, P.	52, 98
214107	Ridge, J. G.	281	306314	Ritchie, K. L.	212	8086972	Roberts, P.	230
5206021	Ridge, J. P.	272	214987	Ritchie, L.	288	5203986	Roberts, P. A.	141
593529	Ridge, M. C.	256	5203420	Ritchie, N. D.	191	8304910	Roberts, P. A.	135
5203288	Ridge, P. C.	157	2644247	Ritchley, K. M.	131	214609	Roberts, P. F.	285
212151	Ridgway, E.	273	8019975	Ritson, A.	238	210622	Roberts, P. G.	275
2649489	Ridgway, M. K.	152	2842020	Ritson, M.	277	8027304	Roberts, P. J.	109
214344	Riding, P. M.	284	5203241	Roads, C.	160	8171673	Roberts, P. M.	282
	Ridland, K.	30	8300006	Robb, A. McE.	146	211589	Roberts, R.	272
5207611	Ridler, A. W.	263	214298	Robb, I. R.	283	683410	Roberts, R. E.	251
5205132	Ridley, C. R. A.	116	5208450	Robb, S. M.	212	4281865	Roberts, R. G.	230
8028547	Ridley, M. J.	112	4287628	Robbins, C. J.	167	2641279	Roberts, R. J.	183
	Ridley, The Viscount	81	5208341	Robbins, N. H.	150	5207936	Roberts, R. J.	182
8032007	Rigby, C. M. R.	251	8028777	Robbins, T. S.	245	5204823	Roberts, R. W.	41, 190
5205228	Rigby, J. C.	157	4232053	Roberts, W. A. B.	47	8092249	Roberts, R. W.	180
5204145	Rigby, J. C. H.	257	1946825	Roberts, A.	233	9080	Roberts, S. E.	190
5206448	Rigby, J. D.	128	409528	Roberts, A. E.	214	9228	Roberts, S. G.	255
1932804	Rigby, M.	235	8304088	Roberts, A. G.	127	5208172	Roberts, S. G.	199
8150951	Rigby, R. P.	160	5203706	Roberts, A. J.	140		Roberts, S. L.	11
214557	Rigby, S. I.	285	5205025	Roberts, A. J.	206	211365	Roberts, T. G.	271
	Rigden, Dr C. J.	21	8304738	Roberts, A. J.	131	1936134	Roberts, T. J.	264
8152499	Rignall, A. J.	197	8304758	Roberts, A. N.	131	8183507	Roberts, T. M. C.	165
214747	Rigsby, A. E.	286	213226	Roberts, A. P.	277	1948804	Roberts, W.	170
5207829	Riley, B. J.	146	8109347	Roberts, A. R.	196	4232053	Roberts, W. A. B.	98

INDEX

Personal No	Page No	Personal No	Page No	Personal No	Page No
2627863 Robertshaw, N. J...	119	8103351 Robinson, J. V.....	233	211978 Rogers, E..........	200
212657 Robertson, A......	275	8019565 Robinson, M......	163	1949453 Rogers, E. W.......	167
8153023 Robertson, A. MacD.	122	5206153 Robinson, M. N....	117	212310 Rogers, F. C........	274
8026205 Robertson, A. R....	276	2642798 Robinson, N. C. ...	149	212557 Rogers, G. L.	275
2633298 Robertson, C. S. A..	245	5508251 Robinson, N. M....	172	213149 Rogers, G. R. D....	277
4262418 Robertson, D......	230	8025715 Robinson, N. S. ...	115	214691 Rogers, G. T.......	286
8154466 Robertson, D......	172	1943932 Robinson, P.......	230	211128 Rogers, J. C. R. ...	271
5205417 Robertson, D. C....	111	5206608 Robinson, P.......	112	91513 Rogers, J. S........	257
8026875 Robertson, D. G.	24, 102	Robinson, P. A.	26, 43, 92	2643856 Rogers, J. S........	132
2642824 Robertson, E. A....	131	8300453 Robinson, P. D.....	148	Rogers, M. A........	153
5204051 Robertson, G. W.	45, 102	8304704 Robinson, P. J.....	130	4119231 Rogers, M. T.......	272
4232124 Robertson, I. M...	9, 98	8050118 Robinson, R. F.....	238	214159 Rogers, N. S.	282
4275571 Robertson, I. P.....	237	4231840 Robinson, S.......	104	2634588 Rogers, P. D.......	184
2621153 Robertson, I. W....	114	213085 Robinson, S. A. ...	277	213958 Rogers, R. M.......	281
214753 Robertson, L......	286	214267 Robinson, S. M....	282	8300592 Rogers, S. H.......	183
8093409 Robertson, M......	232	8028478 Robson, A. A......	276	5207877 Rogers-Jones, A....	169
Robertson, N. D. V...	29	8029552 Robson, J.........	111	5205439 Rogerson, C. S.	192
2639009 Robertson, N. G...	126	212752 Robson, J. D......	275	9828 Rogerson, D. M.....	145
5205043 Robertson, R. A. D..	107	8028871 Robson, M........	120	8199742 Rogerson, M. ...	34, 139
8012921 Robertson, R. L....	127	5206263 Robson, N. A. H. ..	146	5206450 Rolf, J.	171
5207658 Robertson, R. N....	123	2638130 Roche, J. A.	257	5205864 Rolfe, A. W.	180
212094 Robetts, W. C. R. ..	273	8019500 Roche, M. J.......	101	213076 Rolfe, D. G........	276
8304607 Robins, A. C. R. ...	130	5203271 Roche, T. J........	284	2640186 Rolfe, J. H.	130
5055768 Robins, C. G.......	242	8029255 Rochelle, S. P.....	112	213659 Rolfe, M. J.........	279
5206186 Robins, P. D.......	193	1960444 Rock, D.........	235	8304047 Rolfe, S. R........	126
210755 Robins, P. R.......	270	8014169 Rockley, A. P. B. ...	235	1961617 Rollings, G. M......	232
213727 Robins, S. E.......	277	8025772 Rodda, S. G....	49, 100	4271672 Romeo, J. T........	243
8302621 Robinson D. M.....	148	8029527 Rodden, M. O.....	123	5203608 Romney, C. N.	138
8023393 Robinson, A.......	140	214636 Roderick, J. G.....	285	8032098 Ronaldson, A...	58, 139
212239 Robinson, A. H. ..	273	508142 Rodford, J. D......	138	211615 Ronaldson, D. D. ...	272
8029085 Robinson, A. W....	121	213220 Rodford, R. P......	277	213252 Rood, P............	277
4280523 Robinson, B.......	243	8024552 Rodger, A. L.......	146	5207342 Roofe, J............	183
8151724 Robinson, B.......	170	687907 Rodger, D. I.......	232	212255 Rooke, P..........	183
8025013 Robinson, B. G. M..	106	213759 Rodger, G. N......	279	8026222 Rooke, S. G.......	114
210690 Robinson, C.......	270	8024008 Rodgers, J. D......	142	Rooks, R. J.	15, 39
8229935 Robinson, C.......	145	4335582 Rodgers, M.	49, 99	Roome, D. C. ...	39, 96
213790 Robinson, C. E.....	280	8028506 Rodgers, M. P.	118	2627193 Rooney, A. J.	120
2619085 Robinson, C. I.....	276	5207397 Rodley, C. I.	172	9683 Rooney, C. M......	168
8027454 Robinson, C. P.....	116	306367 Rodrigues, V. E....	198	2622270 Rooney, J..........	114
212560 Robinson, D. A. ...	275	1945772 Rodulson, K.......	233	5200795 Rooney, P......	36, 189
8206231 Robinson, D. A. ...	167	212259 Roe, C. P........	274	209213 Rooney, W........	268
8304864 Robinson, D. A. ...	134	8302794 Roe, J. E.........	202	8300008 Rooney, W. J......	146
5204878 Robinson, D. F.....	159	8088669 Roe, R. A.	105	687542 Rope, B. A.	161
1960043 Robinson, D. J.....	155	213183 Roebuck, S. C.	277	5205289 Roper, M. L.	141
213718 Robinson, D. K.....	297	5205216 Roemmele,		Roper, Mr P.........	15
213084 Robinson, I.......	277	Rev M. P.	223	8209067 Rosbotham, K......	169
8029627 Robinson, I. D.....	124	8070205 Roffey, J. M.......	229	5206593 Roscoe, F. G.......	213
5205108 Robinson, I. G.....	116	8112818 Rogan, J. G.......	122	8247810 Roscoe, M. W.	127
8210310 Robinson, I. M.....	168	8187150 Rogers, A........	172	2634270 Rose, D. A.	240
4286548 Robinson, J.......	183	4235060 Rogers, A. D.	272	8302533 Rose, H. L.	198
5205834 Robinson, J.......	218	2649404 Rogers, A. J......	133	8027784 Rose, I. A.	106
306342 Robinson, J. B.....	150	Rogers, B. E....	58, 137	213701 Rose, I. K.........	279
8020834 Robinson, J. C. P...	160	8304655 Rogers, C. P......	130	8247357 Rose, J. R.	182
8020924 Robinson, J. E.....	105	5205191 Rogers, D. E......	163	212914 Rose, J. S.	276
2639337 Robinson, J. R.....	127	4276353 Rogers, D. J. P.....	279	306117 Rose, L. J.........	173

399

INDEX

Personal No		Page No	Personal No		Page No	Personal No		Page No
8260205	Rose, M. B.	126	8128483	Röver-Parkes, S. N.	192	8028876	Rumens, K. R.	120
214812	Rose, P. A.	287	5204347	Rovery, S. W.	119	8029356	Rumsey, N. K.	123
2644033	Rose, P. M.	173	211754	Rowan, P. R.	272	211656	Rundle, C. B.	271
5207709	Rose, P. M.	164	214372	Rowbotham, P.	283	8141249	Rundle, N. C.	120
8028545	Rose, P. S.	163	5208433	Rowdon, S. C.	173	214416	Ruscoe, R. M.	283
8025647	Rose, R. C.	109	593409	Rowe, D. H. W.	252	2642645	Ruscoe, T. J.	129
306014	Rose, S. M.	247	5208561	Rowe, J. R.	150	213116	Rushen, P. C.	277
8026100	Rose, V. E.	104	4287042	Rowe, S. A.	238	2638581	Rushmere, L. D. G.	127
8025553	Rosentall, P. H.	36, 99	5206184	Rowes, R. A.	167	8021025	Rushmere, P. A.	75, 177
	Roser, P. W.	44, 92	211265	Rowland, D.	271	1935243	Rushton, F. A. StJ.	270
214658	Rosewarn, P. J.	286	5207220	Rowland, D. J.	168	8223903	Rushton, J. R.	173
8027720	Rosie, K. S.	143	306094	Rowland, E. M.	182	5201077	Ruskell, C. M.	159
8019350	Rosie, P. I.	106		Rowland, M.	308	213332	Ruskin, D. J.	278
8302599	Rosier, M. P.	148	5208455	Rowland, P. O.	206		Rusling, N. C.	30, 94
592935	Ross, A.	251	8300357	Rowlands, D. C.	199	306061	Russell J.	246
2630994	Ross, A.	120	214750	Rowlands, J. A. J.	286	214991	Russell, A. W.	288
214284	Ross, A. I.	283	5207116	Rowlands, J. W.	182	1945317	Russell, B.	232
306352	Ross, A. M.	212	5207798	Rowlands, M. A.	183	2649964	Russell, B. C. R.	134
5204345	Ross, A. N.	119	306261	Rowlands, S.	201, 311	2622085	Russell, B. L.	114
4268377	Ross, D.	246	210975	Rowles, S.	278	209580	Russell, D.	268
306344	Ross, D. A.	201	8027164	Rowley, A. E.	112	5203720	Russell, G. M.	157
5205243	Ross, D. E.	206	8025646	Rowley, C. M.	104	214827	Russell, I. E.	287
4233279	Ross, D. McD.	108	8028853	Rowley, T. G. S.	120	5204348	Russell, I. J. L.	119
8152721	Ross, F. G.	169	608786	Rowley-Brooke, P. S. J.	158	8023438	Russell, I. R.	179
4232950	Ross, H. S.	272	5206566	Rowlinson, D. I.	196	5207770	Russell, J.	170
5206418	Ross, I. A.	171	2628680	Rowlinson, P. J.	240	4232951	Russell, J. R.	143
214415	Ross, I. S.	283	5207864	Rowlinson, S. P.	226	5205765	Russell, Rev J. R.	223
4291515	Ross, J.	144	8022637	Rowney, P. J.	36, 177	5208700	Russell, J. R.	201
5208586	Ross, J. A.	132	8024471	Rowntree, C. W.	145	213523	Russell, M. J.	278
8022822	Ross, J. G.	14, 188	5206931	Rowntree, R. A.	197	8141459	Russell, N. G.	119
	Ross, J. M.	13	5205652	Rowsell, M. A.	164	8153186	Russell, P. J.	171
5206351	Ross, J. M.	170	2627140	Roxburgh, D. K.	118	1941551	Russell, R. M.	246
8026729	Ross, J. W.	107	5205591	Roxburgh, S. I.	120	8141016	Russell, S. F.	115
5204594	Ross, N.	55, 205	212187	Roy, T. D.	273	8229087	Russell, S. I.	171
4232432	Ross, R.	103	8028083	Royce, M. J.	110	8098837	Russell, S. J.	170
2628122	Ross, R. A.	111	5208661	Roycroft, J.	133	9529	Russell, S. M.	162
5208288	Ross, S.	130		Roycroft, M. J.	20	8027652	Russell, S. P.	102
8027614	Ross-Thomson, A. J.	112	8300452	Roylance, J. A.	148	5203244	Russell, W. H.	107
8304205	Rosser, A. G.	127	2649158	Ruben, R.	174	8029266	Rust, T. J.	110
8302759	Rossi, C. A. S.	201	5205398	Rubenstein, M.	165	5206928	Ruth, M. J.	206
8032591	Rossiter, S.	142	8021061	Rudd, M. J.	192	8088458	Rutherdale, R. J.	146
8300030	Rossiter, G. A.	197	5202170	Ruddlesden, D. N.	159	8304095	Rutherford, A.	145
213201	Roth, B. N.	277		Ruddock, P. W. D.	96	306205	Rutherford, C. E.	183
212631	Rotherham, D. J.	284	2626903	Ruddock-West, S. C.	108	4278308	Rutherford, J.	233
306080	Rothery, W.	198		Ruddy, Miss E. F.	23	2633104	Rutherford, T. W.	123
8014948	Rouget, D. J.	232	8154711	Rudge, W.	173	2649424	Rutland, M. F.	133
8019976	Roughsedge, E.	161	8101649	Rudland, P. H.	233	608925	Rutledge, G. A.	273
8131188	Roulston, S. P.	199	690106	Rudling, B. J.	229	8020863	Rutter, A. S.	158
5203663	Round, P. A.	107	1949555	Rudling, R. S.	232	8304035	Rutter, K. J.	126
690338	Rounds, T. W. B.	103	8000046	Ruhle, C. J. K.	231	8026758	Ryall, F. D.	100
608619	Rouse, E. G. C.	103		Rule, Dr D.	220		Ryall, M.	153
4263157	Rousseau, N. A. B.	257	214299	Rule, N. W.	283	2634105	Ryan, G. A. E.	257
	Routledge, M. C.	35, 96	9724	Rule, S. Z.	169	213460	Ryan, J. L.	278
210627	Routledge, P. W.	270	1944716	Rumbell, D. E.	233	8023004	Ryan, M. J.	140
214247	Routledge, S.	282						

INDEX

Personal No		Page No	Personal No		Page No	Personal No		Page No
2640247	Ryan-Goldstraw, S. M.	150		**S**		2621162	Sanderson, R. V..	57, 112
2630161	Rycroft, A. S.	111				8067447	Sandford, G. S.	268
	Rycroft, P. W.	35, 97	2642529	Sach, J. L.	174	8300541	Sandilands, A. P.	199
2628959	Ryder, A. S.	120	2629052	Sachedina, K. A.	109	8097235	Sandilands, B. W.	233
214355	Ryder, D. J.	283	8300055	Sackley, D. P.	146	8191778	Sandom, C. W.	166
409529	Ryder, L. M.	215	213592	Sacre, J. F.	279		Sandy, R. J.	27
5205362	Ryder, R. S.	156	8024470	Saddington, J. P.	259	306158	Sanger-Davies, C. J.	199
8028109	Rygalski, S. A.	180	8019904	Sadler, A. R.	168	5208154	Sanger-Davies, P. R.	34, 199
214289	Rylatt, A. J.	283	8019293	Sadler, B.	170	2630971	Sansford, S. M.	117
5207180	Ryles, M. T.	205	214762	Sadler, D. A.	286	5204361	Sansom, A. M.	164
8024328	Ryles, S. M.	142	5208541	Sadler, G. M.	184	5204361	Sansom, M.	313
2833606	Rymer, G.	276	2643028	Sagar, G. M.	129	212889	Sansom, T. D.	276
			8171152	Sagar, P. J.	189	5205683	Sansome, E. A.	165
			8171152	Sager, P. J.	41	4276301	Sansome, J. S.	230
			5204419	Sainsbury, D. J.	41, 189	9921	Sareen, S. D.	207
			8131915	Sainsbury, N. M.	163	5205239	Sargeant, I. D.	206
			8087671	Sainty, P.	231	2626229	Sargent, B.	180
			4291873	Saker, G.	229	2640831	Sargent, B.	126
			5208442	Salam, A.	132	8019380	Sarjeant, A. P.	162
			8094809	Saldanha, R. C.	167	8109571	Satchell, V. J.	59, 163
			214846	Sales, K.	287	4281424	Saul, A. W.	232
			8028824	Salisbury, D. A.	120	5207934	Saul, P. M.	170
			8021068	Salisbury, D. St. J.	14, 41, 188	214718	Sault, D. A.	286
			8001199	Salisbury, E.	230	5206059	Saunders, A. E. J.	144
			8141653	Sall, I.	125	213493	Saunders, D.	278
			8009651	Sallis, B. A.	168	8131094	Saunders, D.	59, 164
				Salmon, A.	8		Saunders, Dr A. F.	21
			8097365	Salmon, A. C.	214	8124937	Saunders, E. J.	162
			8300277	Salmon, D. R.	198	8302642	Saunders, E. M.	128
			8010294	Salmon, R. E.	165	8026095	Saunders, I. R.	114
			8302742	Salmon, V. A.	150	8028052	Saunders, I. W.	117
			214220	Salt, G. T.	282	2630288	Saunders, M. A.	111
			8205148	Salter, A. R.	172	5205989	Saunders, M. B.	211
			8022709	Salter, M. G.	155	687753	Saunders, M. G.	9, 98
			9838	Salway, J. E.	193	211273	Saunders, M. J.	271
			8077781	Samme, R. J.	252	214310	Saunders, P.	283
			8141084	Sampson, F. J.	238	2628739	Saunders, P.	119
			8029344	Sampson, M. E.	110	4285871	Saunders, P. C. H.	196
				Samuel, E. G.	39, 153	8011851	Saunders, P. R. C.	235
			594634	Samwell, T. J.	238	8302624	Saunders, R.	244
			5207380	Sanders, D. T.	129	2640915	Saunders, R. J.	128
			8025874	Sanders, J. T.	106	8023704	Saunders, R. J.	141
				Sanders, M. D.	221		Saunders, S. W. J.	27
			5205807	Sanders, P. S.	117	8304865	Saunders, W. D. R.	134
			8029192	Sanders, R. G.	61, 122	213120	Saunders, W. L.	277
			8028832	Sanders, R. H. W.	120	214018	Saunderson, K.	281
			5207130	Sanderson, A. M.	167	5208124	Savage, A.	248
			2629685	Sanderson, D. P.	125	8084419	Savage, D.	233
			4266078	Sanderson, J. A.	231	5204206	Savage, J. D. C.	59, 164
				Sanderson, J. D.	308	2633340	Savage, J. E.	197
			9826	Sanderson, J. M.	194	4335472	Savage, S.	111
			9513	Sanderson, J. S.	189	5205659	Savage, S. J.	166
						8304267	Savage, S. W.	127
						5206369	Sawbridge, T. C.	126

401

INDEX

Personal No		Page No	Personal No		Page No	Personal No		Page No
213979	Sawers, L.	260	8026210	Scott, G. R.	105	5207193	Seaton, A. D. I.	196
	Sawyer, . A.	96	8024621	Scott, G. T. E.	146	1941208	Seaton, C. M.	117
2628333	Sawyer, G. P.	119	300903	Scott, I. C.	243	5206576	Seaton, G. R.	166
8300634	Sawyer, G. T.	183	211698	Scott, J.	278	3528060	Seaton, I. G.	270
306087	Sawyer, H. E.	198	208080	Scott, J. A.	267	8026104	Seaward, G. L.	103
607532	Sawyer, J. N.	284	8212639	Scott, J. B.	199	4335705	Seaward, P. V. A.	195
213942	Sawyer, M. A. G.	280	4291423	Scott, J. G.	273	213674	Seaword, R. W.	260
5201324	Sawyer, M. G.	279	306123	Scott, L. A.	212	210192	Seazell, P. G.	269
8024388	Sawyer, R. N.	145	8150649	Scott, M. D.	168	1962321	Secker, J. C.	17, 155
8141008	Saxby, T. J.	235	8027982	Scott, P.	142	2638927	Secker, M. C.	151
8220869	Sayer, J. P.	196	5207739	Scott, P. A.	146	2638833	Seddon, J. W.	171
4231144	Sayer, M. J.	103	207136	Scott, P. G.	267	5207071	Seddon, P. J.	205
5204622	Sayers, S. R.	108		Scott, P. J.	34, 91	688560	Sedman, D. H.	27
	Scadding, Dr J. W.	220	211245	Scott, P. J.	271	688560	Sedman, D. M.	99
8300765	Scales, D. J.	202	5203147	Scott, P. J.	160	5205297	Seely, P. A. A.	116
212371	Scanlon, N. F. J.	274	5208652	Scott, P. J.	201	8300854	Sefton, N. C.	152
5205312	Scannell, K. H. E.	162	4290419	Scott, P. K.	231	2637759	Segal, A. P.	124
5207280	Scantlebury, P. J.	168	210630	Scott, P. R.	270	8023748	Selby, G. M. C.	179
5204079	Scaplehorn, E. J.	36, 188	4287643	Scott, R.	231	8024274	Sell, A.	120
4231989	Scard, G. T.	10, 99	5207087	Scott, R. A. H.	206	2649492	Sell, A. D. M.	134
8026251	Scarffe, M. G.	105	208855	Scott, R. J. I.	268	300921	Selman, A. C.	241
5204390	Scerri, G. V. G. J.	205	306335	Scott, S.	201	8065408	Selway, K.	193
8300426	Schenk, K. S. R.	282	8015146	Scott, S.	170	306265	Selway, M. A.	201
8109586	Schiavone, A. P.	237	8213752	Scott, S. C. W.	196	207672	Selwyn-Yates, I. M. P.	267
2640214	Schofield, J. A. A.	132, 312	8195682	Scott, S. H.	198	608625	Semple, A. W.	45, 99
213672	Schofield, N. C.	279	8141074	Scott, S. J.	145	609429	Semple, N.	269
5207200	Schofield, P. J.	205	306203	Scott, S. L.	199	8024526	Sendell, C. W. J.	182
	Schofield, S. B.	153	306389	Scott, T. E.	152	8300415	Senescall, M. J. E.	202
5207796	Schollar, A. D. B.	198	214875	Scott, T. R.	287	209173	Senft, S. W.	268
8023688	Schollar, J. S. B.	189	214547	Scott, W. G.	285	8028903	Senior, D. A.	121
5202341	Scholtens, J. H.	11, 102	2624204	Scott, W. J.	190	5207120	Senior, K. S.	164
8152947	Schoner, A. L.	173	5208590	Scott-Jeffs, M. A.	201	5206961	Senior, N. J.	211
8151545	Schoner, N. J.	166	2644409	Scourfield, J. D.	131	2653925	Sennett, Z. R.	134
8028386	Scire, J. P.	181	595276	Scrancher, P. J.	182	210728	Sergeant, P. S.	270
	Scoffham, P. D.	96	5205276	Screech, P. V.	191	213370	Serle, J. C.	278
609489	Scoffham, P. D.	45	214051	Screen, D. A.	281	8028419	Serrell-Cooke, P. J.	180
5207685	Scoines, D. A.	117	213477	Scruton, S. D.	278	5207078	Serrell-Cooke, T.	199, 246
5205580	Scopes, N. R.	112	214558	Scudder, D. R. M.	285	2644484	Setterfield, C. J.	134
5203313	Scorer, D. G.	108	8304785	Scuffham, S. J.	132	8025705	Setterfield, M. J.	106
5202867	Scotchmer, N. J.	17, 158	1950277	Scullion, C. J.	229	5208622	Setters, E. P.	200
2629816	Scott, A. E. M.	198	688990	Scully, J. M.	159	5205821	Settery, G.	117
2649340	Scott, A. J.	133	2643861	Scully, K. J.	130		Severne, Sir John	3
8101992	Scott, A. J.	127, 235	8300534	Scurrah, P. J.	247	8028578	Severs, A. D.	281
8402158	Scott, A. J.	128	5205759	Seabright, A. J.	193	690206	Seviour, C. D.	158
5200664	Scott, A. M. O.	36, 138	214597	Seabrook, R. J.	281	8043736	Seward, C. M.	284
4284688	Scott, A. R.	237	2633632	Seal, C. T.	119	8140992	Seward, G. N.	238
8202835	Scott, C.	142	8304007	Sealey, A. D.	126	8026999	Seward, N. I. M.	58, 102
5204892	Scott, C. M.	109	8010731	Sealy, K. A.	232	214773	Sewart, P. R.	286
208987	Scott, C. R.	268	8300162	Seaman, M. R. N.	147	5208484	Sewell, A. J.	151
8199680	Scott, C. W.	142	8028850	Seares, M. J.	108	8068327	Sewell, C. P.	231
1961030	Scott, D.	236	213611	Searl, P. D.	279	2617477	Sewell, J.	250
2621206	Scott, D. N.	115	8012373	Searle, B. A. T.	124	212150	Sewell, M. A.	273
5205246	Scott, D. P. P.	162	8154231	Searle, P. J.	173	211599	Sewell, R. G.	272
8136174	Searles, S. M.	198	5203931	Sexton, G.	179
8028965	Scott, D. W.	121	1941530	Sears, R. H.	192	5206297	Sexton, M. S.	197

402

INDEX

Personal No		Page No	Personal No		Page No	Personal No		Page No
5208053	Sexton, S. R.	148	8300254	Sharples, S. P.	146	4291045	Sheldon, K. J.	191
2636437	Seymour, A. J.	122	5206654	Sharples, V. C.	181	8141454	Sheldon, M.	112
9880	Seymour, A. M.	171	214570	Sharrard-Williams,		8010648	Sheldon, S. J.	235
4231540	Seymour, C. C. B.	250		E. L.	285	8029793	Shell, S. J.	111
2640346	Seymour, C. W. E.	129	1960676	Shatford, W. F.	169	8012864	Shelley, J. M.	170
209721	Seymour, J. N. J.	268	2653945	Shave, A. R. J.	133	8151627	Shelton-Smith, C. A.	166
8032561	Seymour, K. L.	146	8304619	Shave, R. J.	148	8300234	Shenton, A. G.	128
2628404	Seymour, M. A.	240	2623015	Shaw, A. J.	108	2628489	Shenton, P. J.	240
210081	Seymour, P. S.	193	5205379	Shaw, Rev D.	223	306149	Shepard, C. L.	208
	Seymour, R. C. C.	23	8026634	Shaw, D.	106	4335689	Shepard, M. J. W.	158
5206236	Seymour, R. P.	123	214779	Shaw, D. A. T.	286	5201566	Shephard, R. G.	252
2797063	Seymour, V. E.	273	8027842	Shaw, D. M.	107		Shepherd, C.	36
8019487	Seymour, W. S.	166	2636997	Shaw, G.	257	2640293	Shepherd, B.	133
8029825	Seymour-Dale, S. A.	125	5206488	Shaw, I. M.	118	5208554	Shepherd, B. D.	208
8026168	Shackell, J. M.	138	5208269	Shaw, I. S.	149	214241	Shepherd, D. J.	282
5205272	Shackleton, M. J.	190	8304376	Shaw, J. M.	128	8077633	Shepherd, D. J.	122
211755	Shaddick, D. W. C.	272	2644085	Shaw, M. R.	133	8260108	Shepherd, D. J.	126
212175	Shakespeare, M. N.	273	5208399	Shaw, P. A.	143	214294	Shepherd, D. M.	283
5205675	Shakespeare, P. B.	122	1940141	Shaw, R. G.	229	212890	Shepherd, J. M.	276
1948765	Shand, G. S.	230	214992	Shaw, R. J.	288	4159017	Shepherd, J. M. P.	251
2642438	Shand, R. G. P.	130	2630813	Shaw, R. J.	256	8025942	Shepherd, P.	41, 138
215013	Shand, T. A.	288		Shaw, R. M.	19	5207822	Shepherd, P. G.	123
5200717	Shankland, D.	109	5208627	Shaw, S. M.	134	208562	Shepherd, P. W.	267
	Shannon, D. M.	95	5201554	Shaw, T. J. H.	158	1949948	Shepherd, R. A.	238
687846	Shannon, D. M.	44	214408	Shaw, T. L.	283		Shepherd, R. G.	209
5208115	Shapland, W. D.	206	8103296	Shaw, W. B.	233	212240	Shepherd, S. V.	273
214976	Shardlow, C. H.	288		Shaw-Brown, R. D.	27	5200018	Shepherd-Smith,	
	Share, Rev D. J.	80	8001051	Shay, S. P.	191		M. A.	242
	Sharji, A. S.	312	8302675	Shea, K. Y.	148	8091453	Shepherdson, D.	231
	Sharland, Mrs C.	8	5208323	Shea-Simonds, P. J.	147	209278	Shepherdson, K. A.	272
8024695	Sharland, R. E.	146	2629182	Sheard, M. J. B.	118	690466	Sheppard, A. B.	232
4335828	Sharma, D. C.	188	5203819	Sheard, M. S.	157	8028060	Sheppard, G. J.	117
8239968	Sharman, N. J.	201	8304247	Sheardown, C. N.	127	5207886	Sheppard, K. J.	146
687666	Sharman, P. B.	103	214382	Shearer, L. E.	283	8013557	Sheppard, N. A.	177
2628557	Sharman, P. R.	57, 121	5203143	Shearer, R. A.	157	4288424	Sheppard, P. R.	165
2629662	Sharman, S. E.	124	5208681	Shearing, J.	202	5207081	Sheppard, R.	197
8023722	Sharp, A. P.	142	690288	Shears, A. J.	160	8029676	Sheppeck, G. J.	124
306031	Sharp, C.	199	8215776	Shears, P. M.	167	211148	Sheppee, P. W. V.	271
4232596	Sharp, D. J.	103	8028112	Sheath, N. T.	117	208276	Shepperd, K. H.	267
5208334	Sharp, D. J. W.	183	8141012	Sheather, M. C.	235	8975	Sherdley, K. P.	62, 138
5208709	Sharp, D. R.	152	209884	Sheehan, A. V.	269	1945767	Shere-Massey, M.	285
2635420	Sharp, J. C.	145	209139	Sheehan, D. W.	268	5208676	Shergill, J. S.	134
8027571	Sharp, M. A.	101	8404280	Sheehan, J.	184		Sherit, K. L.	186
2636845	Sharp, M. J.	127	5208142	Sheehan, J. P. A.	207	214043	Sherlock, L. M.	281
8300136	Sharp, R. A.	198	214069	Sheehan, P. J.	281	300932	Sherratt, C. J. B.	244
5208160	Sharp, S. D.	199	213184	Sheehan, T. D.	277	8405364	Sherring, I. D.	282
212786	Sharpe, A. J.	275	8023428	Sheeley, I. M.	25, 138		Sherrington,	
5208528	Sharpe, D. J. C.	133	214795	Sheerin, C. E.	286		Rev J. B.	80
4233332	Sharpe, G. C.	113	1944771	Sheffield, C. J.	166	4283352	Sherry, J. F.	232
1939948	Sharpe, J. H.	191	8304167	Sheffield, J. A.	127	210636	Sherry, S. T.	270
8027369	Sharpe, N. D.	108	210563	Shelbourn, P. J.	270	214120	Sherwood, R. J.	281
8304492	Sharpe, P. R.	129	2642572	Sheldon, J. A.	131	688730	Shevels, A. A.	159
8024021	Sharpe, S. J. A.	180	2642581	Sheldon, J. B.	129	212384	Shieber, K. J.	197
8029111	Sharpe, S. R.	121	8261107	Sheldon, J. R.	239	8000047	Shields, D.	256
	Sharples, C. J.	3, 38, 203	9407	Sheldon, K. J.	206	214722	Shields, H.	286

403

INDEX

Personal No		Page No	Personal No		Page No	Personal No		Page No
5203261	Shields, I. E.	60, 102	214290	Sie, E. R. H. B.	283	5203751	Simpson, R. A. C. ...	116
8304129	Shields, J. H.	126	1944934	Siggs, G. S.	229	690489	Simpson, R. C. R. ...	155
	Shields, M. H. ..	74, 136	8252817	Sigsworth, N.	184	8304464	Simpson, S. P.	129
5205589	Shields, P. L.	182	8304411	Sills, M. R.	148	8028713	Simpson, T. D.	110
8031989	Shields, R.	36, 189	214519	Silver, B. R.	285	2648744	Simpson, T. M.	134
8151909	Shields, R. G.	164	210958	Silver, S. E.	271	208217	Sims, A. W.	267
4233073	Shields, R. M.	103	8010298	Silvester, E. A.	236	4233107	Sims, P. E.	143
1946057	Shiells, A. D.	230	8141359	Silvey, C. E. P.	237		Sims, S. R.	22, 154
8121716	Shiells, I. M.	254		Sim, D. L.	31	5208638	Sinclair, A.	202
209953	Shilladay, S.	269	8027711	Simm, G. E.	116	8300228	Sinclair, A. D.	147
5205352	Shillito, P.	161	9861	Simmonds, A.	197	8021257	Sinclair, C. M.	104
2649464	Shilvock, A. L.	184	8024148	Simmonds, A.	179	8024374	Sinclair, D.	125
608538	Shimmons, R. W. ..	273	688731	Simmonds, A. M. ..	232	1942499	Sinclair, J. G.	230
2590652	Shingler, F. J.	271	5202588	Simmonds, B. P.	41, 100	9781	Sinclair, J. W.	211
2633777	Shingles, J. S.	125	8229473	Simmonds, G. T. ..	173	4264813	Sinclair, P. L.	140
2628506	Shinner, A. M.	119	5207752	Simmonds, J. R. ..	197	5208648	Sinclair, R. A.	201
8154255	Shipley, J. M.	171	5207233	Simmonds, M. A. ..	121	8061664	Sinclair, S. B. M. ..	272
4281126	Shipley, R.	231	214872	Simmonds-Short,		8032689	Sinclair, S. J.	146
5207370	Shipp, A. M.	171		P. R.	283		Sinden, Dr A.	16
8024040	Shippen, J. M.	165	5206314	Simmonite, A. J. ..	170	214065	Sinfield, A. J.	281
4220317	Shipsides, M. G. ...	264	8020290	Simmons, A. J.	115	211355	Singer, J. C.	271
8300720	Shirley, G. J.	150	214013	Simmons, C. J.	281	213951	Singer, M. J.	281
91480	Shirley, P. J.	262	1960445	Simmons, D. C. ...	278	0687241	Singfield, J. T.	231
8304341	Shirley, S. B.	128	8304588	Simmons, D. J. ...	129	212102	Single, G. J.	273
608829	Shore, I. D. L. ..	36, 188	8026709	Simmons, I. J.	107	8019997	Singleton, C. M. ...	162
2644357	Shorey, T. D. G. ...	133	8135174	Simmons, J.	128	4183715	Singleton, J. E. ...	267
	Short, A. F.	41	2653619	Simmons, T. C.	134	2634521	Singleton, J. F.	207
1945232	Short, E. J.	231	214649	Simms, N. J.	286	8022608	Singleton, P. M. ...	138
212959	Short, G.	276	212986	Simms, V. A. M. ...	276	2638827	Singleton, P. R.	127
8027524	Short, M. A.	192	8300120	Simon, R. J.	198	2797595	Singleton, S. L. ..	36, 189
8300244	Short, N. P.	147	8073101	Simons, T. C.	230	5207349	Sington, D. K.	128
5205752	Short, P.	14, 157	2619843	Simpson, A.	243	5205330	Sinker, D. R. G. ...	116
1945417	Short, R. M.	230	212048	Simpson, A. C.	273	8183658	Sirs, R. C.	161
208840	Short, T. W.	268	4277118	Simpson, A. C. ...	116	4232327	Sitch, T.	103
306363	Short, V. J. K.	202	8014284	Simpson, A. C. ...	163	8300852	Skaife, C. R.	202
4335726	Shorter, B.	251	210438	Simpson, A. J.	269	1961618	Skate, J. A.	235
8002138	Shorthose, P. C. ...	232	212427	Simpson, C.	274	213044	Sked, R. F.	276
214413	Shorthouse, L. J. ..	283	5203988	Simpson, C.	41, 190		Skelley, R. P. ...	75, 250
8034927	Showell, A. C.	279	213098	Simpson, C. R.	277	690148	Skelton, A. M.	113
8221192	Shrewsbury, T. J. ...	172	300938	Simpson, D. A.	252	1948684	Skelton, M.	230
0594331	Shrimpton, P. J. ...	232	409331	Simpson, D. A.	249	8152526	Skelton, P. J.	173
213210	Shrubsole, S. C. ...	260	5202710	Simpson, D. A.	101	4233443	Skene, A. J.	113
	Shulte, P.	11		Simpson, D. B.	28	8304191	Skene, R. K.	127
2649150	Shurmer, M. A.	151	8285630	Simpson, D. J.	200	2149333	Skew, M. E.	288
608551	Shuster, R. C.	241	8013844	Simpson, D. W. ...	235	213795	Skidmore, T. R.	257
5206187	Shuttleworth, M. R.	195	5202242	Simpson, F. M. ...	177	213538	Skillman, J. R.	278
	Sibley, D. E.	43		Simpson, G. D.	33, 60, 92	9624	Skilton, T. J.	167
214637	Sibley, J.	282	2630001	Simpson, H. G.	264	8122189	Skinner, A. J.	286
5204994	Sibley, M. A.	157	8102252	Simpson, I.	170	5203763	Skinner, A. W. M. ..	115
2644218	Sibley, V. E.	149	5206482	Simpson, J. C. D. ..	144	8020993	Skinner, D. R.	100
2629604	Sickling, A. M.	121	2634408	Simpson, K.	129	211343	Skinner, D. S.	271
5208309	Siddall, A. J.	150	8300353	Simpson, M.	183		Skinner, G.	19, 37, 91
2630142	Siddell, P. J. ..	240, 282	8028144	Simpson, M. J.	112	2649637	Skinner, G. A. M. ...	135
4279791	Siddle, D.	233	8141149	Simpson, N. W. W.	264	8228909	Skinner, J.	121
5208270	Sidney, R.	173	8151417	Simpson, R.	161	5206162	Skinner, M. D.	165

INDEX

Personal No		Page No	Personal No		Page No	Personal No		Page No
209734	Skinner, M. W.	160	214629	Smart, M. Z.	285	688283	Smith, D. J.	235
5202370	Skinner, S. N.	100	212917	Smart, R. W.	276	5205482	Smith, D. M.	61, 193
5205311	Skinner, T. A.	205	8285997	Smeath, M. J.	147	8205297	Smith, D. O.	151, 312
8019150	Skipp, J. S.	241	5207885	Smeaton, C. A.	170	213862	Smith, D. P.	280
8024636	Skipp, T. A.	145	5207744	Smeaton, J. P. R.	168	214610	Smith, D. P.	285
5206103	Skipper, J. J.	205	8103610	Smedley, P.	236	5207330	Smith, D. P.	182
8029797	Skirving, D. J.	170	5205109	Smerdon, G. R. B.	116	5202107	Smith, D. R.	156
5059829	Skues, R. K.	260	2635278	Smiles, J. A.	126	214813	Smith, D. S.	287
5205498	Skuodas, L. J.	195	2631842	Smiles, P. W.	240	8028541	Smith, D. W.	112
8024837	Slack, A. D.	114	8304375	Smiley, S. L.	128	4276973	Smith, E.	230
213859	Slack, R. A.	280	209379	Smith, A. A.	268	2638625	Smith, E. E.	149
5205251	Slade, J. P.	191	4285085	Smith, A. C.	273	306317	Smith, E. J. D.	208
4262655	Slade, M. J.	236	210389	Smith, A. E.	269	306282	Smith, E. M.	150
5203575	Sladen, Rev P.	223	8152107	Smith, A. G.	111	9870	Smith, F. E. A.	164
210730	Slaney, P. J.	270		Smith, A. J.	92	5203830	Smith, F. J. P.	138
306279	Slark-Hollis, R. L. S.	150	213596	Smith, A. J.	279	214140	Smith, F. M.	282
8246850	Slark-Hollis, T. J.	149	8020876	Smith, A. J.	114	8025908	Smith, F. P.	107
214139	Slater, A. D.	282	8027849	Smith, A. J.	107	1950494	Smith, F. W. J.	232
2635452	Slater, A. M.	122	8029004	Smith, A. J.	255	1945425	Smith, G.	232
5208361	Slater, E. A. M.	201	211821	Smith, A. L.	272	3148484	Smith, G.	267
2621070	Slater, I. M.	158	212751	Smith, A. L.	275	8026219	Smith, G.	114
5208571	Slater, J. H.	174	213580	Smith, A. L.	280	210689	Smith, G. J.	270
8247183	Slater, N.	170	212404	Smith, A. M.	274	212082	Smith, G. J.	273
212469	Slater, P. C.	274	213636	Smith, A. M.	279	8300004	Smith, G. N.	182
8028007	Slater, R. C.	108	2628481	Smith, A. M.	118	8304143	Smith, G. N.	126
	Slater, R. J.	186	8029367	Smith, A. M.	123	688321	Smith, G. P.	41, 98
	Slater, R. P.	66	213497	Smith, A. P.	278	209505	Smith, G. S.	268
2631858	Slatford, T. K.	119	2642990	Smith, A. P.	150	8032618	Smith, H. A.	218
5202414	Slatter, C.	104	8029217	Smith, A. P.	122	5205579	Smith, H. F.	121
8260094	Slatter, F. G.	125	8300436	Smith, A. P.	148	8023825	Smith, H. G.	141
	Slattery, Dr D. A. D.	221	2636507	Smith, A. P. T.	124	8032731	Smith, H. J.	259
5207346	Slattery, M. L.	128	4289240	Smith, A. R.	140	214209	Smith, I.	282
8211415	Slaven, D. R.	168	5201307	Smith, B.	100	213430	Smith, I. P.	278
8152322	Slee, P.	164	214504	Smith, B. A.	285	8023867	Smith, I. R.	141
	Sleigh, A. C.	14	207746	Smith, B. C.	267	8028429	Smith, I. S.	118
2631923	Slingsby, E. T.	257	214516	Smith, B. D.	285	8286031	Smith, I. T. G.	170
2637753	Slingsby, S. B.	125	2636162	Smith, B. J.	182	8141536	Smith, I. W.	121
5207649	Sloan, N. P.	197, 311	8291031	Smith, B. J.	173	214623	Smith, J. A.	285
5208410	Sloley, R.	132	8083546	Smith, C.	230	409030	Smith, J. A.	213
	Sloss, I.	92	306112	Smith, C. A.	199	0684558	Smith, J. A.	230
5207749	Slow, D. J.	124	690550	Smith, C. A.	235	5206304	Smith, J. A.	125
8072794	Sluggett, R. P.	232	213615	Smith, C. F.	279	8028785	Smith, J. A.	121
4287376	Smailes, M. J.	230	2627812	Smith, C. J.	117	4272215	Smith, J. D.	230
8023501	Smailes, M. S.	62, 141	690291	Smith, C. J. L.	158	212587	Smith, J. H.	275
8087379	Smaldon, C. R. E.	232	8032148	Smith, C. L.	189	8037287	Smith, J. I.	271
211503	Smale, J. A.	272	306375	Smith, C. M.	151	8176533	Smith, J. J.	161
8014671	Smale, M. J.	166	8023961	Smith, C. M.	193	2649151	Smith, J. M.	131
5205786	Small, M. K.	312	5205905	Smith, C. R.	181	4232504	Smith, J. P.	107
8304891	Small, R. K.	135	8151584	Smith, C. R. M.	162	8260412	Smith, J. P.	184
8090246	Smalldon, R. J.	116	1949383	Smith, D.	230	409709	Smith, K. A.	249
8242853	Smallman, R. L.	175	2617658	Smith, D.	271	5205051	Smith, K. A.	107
409481	Smart, C. A.	214	2634469	Smith, D. A.	120	8067785	Smith, K. M.	233
8233683	Smart, K.	147	5208345	Smith, D. A.	149	208935	Smith, K. R. J.	268
8028301	Smart, K. T.	261	5206585	Smith, D. B.	195	5202991	Smith, K. W.	105
8029518	Smart, M. A.	109	214296	Smith, D. E.	283	5208026	Smith, L. F.	169

405

INDEX

Personal No		Page No	Personal No		Page No	Personal No		Page No
5208026	Smith, L. F.	308	8153562	Smith, R. D.	173	8027716	Smyth, P. J.	109
214366	Smith, M.	283	2624358	Smith, R. F.	144	5202501	Smyth, P. M.	113
8195906	Smith, M.	200	210995	Smith, R. G.	281	8025529	Smyth, S. G.	105
5208465	Smith, M. A.	131		Smith, R. H.	41	2624903	Smyth, W. S.	67, 99
8018943	Smith, M. A.	233	8029772	Smith, R. I.	125	5207378	Snaith, C. D.	129
5207742	Smith, M. B.	207	3529306	Smith, R. J.	243	8300013	Snape, C. J. S.	196
8304502	Smith, M. B.	129	211756	Smith, R. L.	272	5205644	Snashall, S. M.	121
8032732	Smith, M. C.	148	8222136	Smith, R. L.	170	5206537	Sneddon, S. R.	144
8027988	Smith, M. D.	157	5206425	Smith, R. L. S.	171	213204	Sneider, A. J.	277
4284702	Smith, M. F.	233	5208534	Smith, R. M.	212	214837	Sneider, C. B.	287
214070	Smith, M. G.	281	5202319	Smith, R. P.	69, 156	687926	Snelders, F. M.	103
2649699	Smith, M. G.	150	8304545	Smith, R. R.	129	306376	Snelders, P. A.	151
8028384	Smith, M. G.	118	5205268	Smith, R. S.	178	8251195	Snell, R. A.	197
8217247	Smith, M. G.	199	214744	Smith, R. Y.	286	8019634	Sneller, J. A. J.	156
8300387	Smith, M. G.	182	2632711	Smith, S.	257	5206637	Snellock, C. D.	144
8304613	Smith, M. G.	129	5202694	Smith, S.	190		Snelson, D. G.	8
214857	Smith, M. H.	287	306064	Smith, S. A.	207	2635612	Snitch, M. L.	182
211859	Smith, M. I.	198	9392	Smith, S. E.	188	1942139	Snitch, P. A.	230
1948207	Smith, M. I.	230	2626472	Smith, S. E.	109		Snook, A. W. G.	27
212793	Smith, M. J.	275	5207390	Smith, S. H.	126	685378	Snook, P.	113
213339	Smith, M. J.	278	212697	Smith, S. I.	275	5202641	Snowball, A. J.	106
214544	Smith, M. J.	285	9703	Smith, S. J.	246	8013785	Snowden, G. N.	233
8044965	Smith, M. R.	271	213086	Smith, S. J.	277	8025362	Snowden, M.	110
8300588	Smith, M. W.	148	8404076	Smith, S. M.	150	1960367	Snowden, R. W.	166
8115975	Smith, M. W. M.	233	211706	Smith, S. P.	272	8027969	Snowdon, R. E.	117
	Smith, Mr S.	19	8026132	Smith, S. P.	104	8300222	Soanes, P. J.	147
5204655	Smith, N. A.	179	8136607	Smith, S. R. F.	148	2639248	Sobers, P. C.	171
8140924	Smith, N. A.	106		Smith, Sir Rupert	45		Sobey, B. L.	17, 153
8300865	Smith, N. A.	202	214638	Smith, T. D.	285	8260290	Sodeau, M. D.	126
8023760	Smith, N. C.	141	91493	Smith, T. F.	257	2615241	Sollars, A. J.	267
2644064	Smith, N. D.	174	8028889	Smith, T. G.	120	608666	Sollitt, A. G.	103
212700	Smith, N. G.	275	8027413	Smith, T. J.	276	8014754	Solomon, A. G.	108
5205236	Smith, N. J.	161	2653836	Smith, T. P.	134	8210291	Solomon, G. E.	200
1960840	Smith, N. P.	229	4231798	Smith, T. R.	282	5204030	Somers-Cocks, R. V.	112
2630207	Smith, N. P.	116	5206503	Smith, V.	17, 189	8028473	Somerville, A. D.	111
	Smith, P. A.	10, 95	213591	Smith, V. J.	279	2797308	Somerville, J.	257
594709	Smith, P. A.	194	8023515	Smith, W.	35, 188		Somerville, Dr W.	221
2629048	Smith, P. A.	119	2644032	Smith, W. G.	131, 312	8028390	Sommerville, R. A.	108
2633376	Smith, P. A.	125	2620476	Smith, W. H.	273	8091279	Soo, G. C.	233
8024359	Smith, P. A.	120	8067307	Smith, W. K.	233		Sorfleet, K. R.	32
91477	Smith, P. C. T.	261	805426	Smitheman, G. E.	274	211071	Sosnowski, S.	271
5206036	Smith, P. D.	118	5200844	Smithson, J. D.	106	211658	Soughton, K. J.	272
5208356	Smith, P. D.	184	212408	Smithson, P. J.	274	8135352	Soul, G. D.	101
210762	Smith, P. J.	270	1949994	Smooker, E. P.	230	5207834	Soul, M. D.	123
4283988	Smith, P. J.	168	2630887	Smorthit, N. M.	116	211504	Souter, T. W.	272
8302579	Smith, P. J.	285	5200788	Smout, P. F.	189	8197664	Souter, W. G.	167
211020	Smith, P. M.	271	8304017	Smylie, P.	126	5201975	South, A. A.	191
212892	Smith, P. R.	276	5205024	Smyth, D. G.	205	8300657	South, A. C.	200
8023133	Smith, P. R.	140	8218431	Smyth, D. M.	123	306249	South, D. E.	199
5202417	Smith, P. S.	104	213361	Smyth, F. D.	278	2638891	South, M. R.	129
214429	Smith, R.	283	8304516	Smyth, H.	129	8152319	Southall, R. C.	169
208382	Smith, R. C.	271	8096218	Smyth, J.	233	1949701	Southcott, D.	233
4232442	Smith, R. C.	104	5206155	Smyth, K.	117	8141069	Southcott, G. P.	108
8304463	Smith, R. C. W.	129	5208302	Smyth, M. J.	131	1936941	Southee, P. E. C.	269
5205867	Smith, R. D.	180	8024953	Smyth, P. J.	114	210304	Southern, G.	269

INDEX

Personal No		Page No	Personal No		Page No	Personal No		Page No
213971	Southern, L. A.	281		Spiller, N. B.	35, 96	8304875	Staite, N. P.	134
213604	Southern, L. W.	279	4232254	Spilsbury, D. A.	99	8024523	Stalker, A. D. J.	197
5205729	Southern, P.	117		Spink, C. R.	91	8008605	Stallwood, G.	126
8023597	Southern, S.	193	2616536	Spink, P. L.	114	8029806	Stamford, J. M.	147
212633	Southwell, D. L.	275		Spinks, A. C.	18, 35, 176	5205299	Stammers, J. B.	207
210714	Southwell, G. W.	270	213731	Spinks, J. C.	281	8014672	Stammers, M. O.	160
212763	Southwell, R.	275	210667	Spinks, R. D.	270	8029838	Stamp, D. A.	112
5202328	Southwood, D. R.	105	5208326	Spinney, P. C.	226	214014	Stamp, G. D.	281
4232043	Southwould, B. W.	113	4281030	Spires, B.	108	214094	Stamp, M. R.	281
91512	Sowden, G. R.	261	2619510	Spirit, H. E.	107	8124082	Stamp, R. J.	123
8108535	Sowerby, P. J.	231	5204829	Spittal, M. J.	310	8302514	Stamp, S.	245
8028440	Sowery, C. D.	240	212057	Spokes, A. J.	273	213705	Stanbury, P. W.	280
306246	Sowter, R. M.	150	2627008	Spooner, D. M. J.	117	212724	Stancombe, K. M.	274
8026858	Spain, D.	128	5208618	Spoor, B. J.	133	211087	Standish, J. L.	271
306347	Spanner, H. M.	196		Spotswood, Sir Denis	90	595119	Standley, J. F.	229
9934	Sparkes, P. J.	262	3511970	Spottiswood, J. D.	273		Stanesby, D. L.	28
8070342	Sparks, B. J.	230	5208046	Spragg, P. M.	214	5207035	Stanfield, J. W.	193
8304378	Sparks, C. D.	128	2626449	Spratt, A. B.	115		Stanford, C. D.	14
4284249	Sparks, C. J.	231	2631907	Spratt, C. J.	240	8304876	Stanford, D. C.	135
5206060	Sparks, J. C.	192	5200408	Spreckley, G. C.	255	8177738	Stanford, P. G.	181
2639237	Sparks, S. E.	207	212640	Spring, D. R.	275	8019069	Stangroom, M. F.	106
1941266	Sparrow, B.	229		Springfield, E. P. O.	31	8009246	Stanhope, I. W.	238
8211484	Sparrow, K. A.	149	8284228	Sproston, J. A.	149	5202326	Stanhope, M. F.	159
608654	Sparrow, M. V. D.	104	2627383	Sproul, E. C.	241	8200920	Staniforth, C. A.	218
8029384	Sparry, P. M.	282	5208486	Sproule, G. A.	174	210764	Staniszewski, C. S.	270
8028540	Speakman, N. A.	118	214409	Squance, K. L.	283		Stanley, D. J.	9
209951	Speakman, P. C.	269	5201245	Squelch, J. P.	49, 100	8222786	Stanley, A. K.	170, 308
8023252	Spearpoint, A.	64, 188		Squire, Sir Peter	3, 6, 34, 47, 90	213042	Stanley, C. D. W.	276
208399	Speed, D. R.	267	2629600	Squires, A. J.	121		Stanley, D. J.	186
5204456	Speedy, P. P.	142	2635516	Squires, C. C. M.	126	210451	Stanley, D. S.	271
9684	Speight, H. M.	247	8029116	Squires, D. J.	122	210658	Stanley, J. C.	270
688192	Speight, W.	255	300874	Squires, J. V.	242	2639095	Stanley, J. M.	128
	Spellar, Mr. J.	5-7	2643192	Squires, M. J.	132	8300844	Stanley, J. P.	152
686563	Spence, B. G.	251	5204388	Squires, P. J.	160	5207974	Stanley, M.	168
8027989	Spence, F.	112	2635457	Squires, P. J. M.	112	213439	Stanley, M. T.	278
209197	Spence, J. R.	268	213785	Squires, V. J.	280	2641918	Stanley, R. M.	170
8024235	Spence, S.	145	5204188	St John-Crees, D.	166	8300293	Stanley, T. J.	277
8181930	Spence, S. J.	193		Stables, A.	38, 91	213077	Stannard, A. P.	277
8007242	Spencer, B. R.	232	5206470	Stace, C. J.	59, 165	213936	Stannard, I. N.	280
212743	Spencer, C. J.	275	4232870	Stacey, A. J.	109	5208090	Stansby, A. W.	143
2642683	Spencer, D. C. P.	133, 266	8195703	Stacey, A. M.	197		Stansfeld, Dr A. G.	221
8141068	Spencer, J.	116	211532	Stacey, C.	272	8118942	Stansfield, P.	237
5204985	Spencer, J. D.	57, 142		Stacey, G. E.	137	4230869	Stansfield, J. D.	271
8029077	Spencer, J. J.	240	690301	Stacey, J.	41, 216	2642948	Stanton, N. D.	130
8020898	Spencer, J. W. C.	156	8028791	Stafford, M. I.	120	5200232	Stanton, R. H.	246
8197952	Spencer, K. A.	192	214951	Stafford, R. P.	287	8021034	Stanton, S.	241
	Spencer, P.	17	213139	Staincliffe, A. W.	277	4233347	Stanton, T. M.	273
8152964	Spencer, P. M.	165	2623678	Staincliffe, C. D.	191	8026596	Stanway, M. F.	109
5208363	Spencer, R.	132	214263	Staincliffe, R. E.	282	5206721	Stanway, N. A.	166
8019729	Spencer, R. M. J.	162	5201302	Stainforth, M. A.	108	214948	Stanyer, R. J.	287
2643030	Spencer-Jones, M. G.	130	2649233	Stainthorpe, I. R.	132	690382	Stanyon, P.	195
8002104	Sperring, A. P.	233		Stainton, J.	80	5203082	Stapleton, G. M.	100
8081162	Spicer, A. D.	232	8236763	Stainton, L. A.	129	214019	Stapleton, K. R.	281
5206703	Spicer, Rev L. E.	70, 224	8233856	Stait, T. C.	184	211833	Stapleton, R.	272
8024100	Spiller, A. W. J.	196				5206910	Stark, J. P.	180

407

INDEX

Personal No		Page No	Personal No		Page No	Personal No		Page No
	Starkey, Mr P.	16	8190760	Stembridge-King, J. R.	199	8302755	Stewart, D. E.	199
2619275	Starling, M. C.	105	5201369	Stenson J. P.	41, 138	594511	Stewart, D. E. M.	194
212690	Starling, P. G.	275	4232615	Stenson, R.	257	5207383	Stewart, D. I.	129
8140899	Starling, R.	264	2642381	Stephen, D. M.	130	8141357	Stewart, D. J.	109
208371	Starling, R. H.	267	4232112	Stephens, A. P.	68, 99	2636051	Stewart, G.	121
8020200	Starr, C. J.	115		Stephens, C. D.	220	8108053	Stewart, G. K.	196
8136223	Starr, P. G.	164	8291939	Stephens, D. A.	171	4220254	Stewart, H.	102
5208684	Start, I. J.	216	1944002	Stephens, D. L.	230	409320	Stewart, H. M.	213
5208086	Startup, D. J.	127	2631462	Stephens, J. C.	259		Stewart, I. M.	38, 64, 91
5207183	State, A. J.	182	8022805	Stephens, M. A.	250	5203209	Stewart, I. R. W.	101
8235151	State, N. J.	246	5204318	Stephens, M. C.	109	8019740	Stewart, J. A.	129
688144	Staton, E.	232	8141033	Stephens, M. F.	121	4290901	Stewart, J. B.	231
2642439	Staudinger, S. J.	131	2619196	Stephens, R. J.	155	5208435	Stewart, J. D.	150
5205384	Staunton, G. J.	112	8302685	Stephens, T. A.	245	8208641	Stewart, J. G.	181
2642400	Staveley, M. D.	173	5208480	Stephenson, A.	199	2630935	Stewart, J. R.	283
8300449	Stead, A. A.	148	212004	Stephenson, B.	273		Stewart, J. W.	154
8304393	Stead, D. K.	128	5203400	Stephenson, I.	160	2653840	Stewart, K. A.	135
306270	Stead, E. J.	132	213903	Stephenson, T.	280	5208510	Stewart, K. D.	133
214328	Stead, J. L.	283	5206447	Stepney, M. J.	183	5207942	Stewart, K. J.	243
5203757	Stead, J. R.	161	211259	Sterland, R. J.	271	5207712	Stewart, K. L.	244
8300531	Steadman, D. R.	247	2633760	Sterritt, J. M.	124	8023956	Stewart, M.	141
0595121	Steadman, K.	230	213787	Steven, R.	280	2642234	Stewart, M. J.	128
	Stear, Sir Michael	81, 280	8300014	Stevens, A. J.	146	4277692	Stewart, M. J.	280
8110117	Stebbing, C. R.	232	8029603	Stevens, C. P.	124	4232505	Stewart, N. R.	109
208005	Stedman, K. B.	267	1948223	Stevens, D. G.	234	8304518	Stewart, N. R.	129
214657	Stedman, L. S.	286	212235	Stevens, E.	273	8023526	Stewart, P. D. T.	139
5208249	Stedman, R. D.	149		Stevens, G.	311	608802	Stewart, R. J.	107
213688	Steed, A.	279	2638878	Stevens, J. A.	128	5206635	Stewart, S.	163
	Steeden, M.	21	5206257	Stevens, J. E.	169	8300649	Stewart, W. E.	149
8141397	Steel, A.	111	05947 85	Stevens, J. H.	230	8020180	Stewart, W. J.	162
8026410	Steel, B. B.	106	213521	Stevens, K. R.	278	8300712	Stewart. A. G.	183
8026939	Steel, C. S.	141		Stevens, M. C.	154	8211797	Stezaker, M.	217
8076186	Steel, J. D.	230	5206648	Stevens, N. W. H.	180	5207757	Stidolph, R. L.	244
213138	Steel, J. M.	277	1944268	Stevens, P.	233	214071	Stilgoe, G. P.	281
4231949	Steel, M. K.	243	5208655	Stevens, P. B.	174	8189314	Still, W.	167
8283339	Steel, R. N.	173	8026367	Stevens, P. F.	51, 139	5207359	Stilwell, J. M.	128
	Steel, V. R.	89	5208563	Stevens, R. A.	151	8024864	Stilwell, N. J.	114
5204582	Steele, A. H.	138	2629635	Stevens, S. D.	240	8246190	Stinchcombe, C. G.	122
2628784	Steele, F. P.	240	8020574	Stevens, V. A.	116	8304346	Stinson, R. J.	128
213536	Steele, J. R.	278	1961230	Stevens. C. N.	170	5202846	Stinton, J.	100
8008463	Steele, P. C.	128	8127986	Stevenson, A. D.	102	8135727	Stirling, S. L.	228, 311
2625940	Steele, R. C.	145	8304304	Stevenson, C.	128	5205642	Stirrat, S. S.	144
210676	Steele, R. M. G.	270	4233474	Stevenson, J.	105		Stirrup, G. E.	6, 24, 91
8014864	Steen , G.	232		Stevenson, J. G.	14, 154	2630292	Stirton, I. N.	119
4280611	Steen, B. A.	240	5208529	Stevenson, T. L.	132	5207001	Stitson, D. J.	207
4233511	Steer, D. H.	105	1950442	Stewart, A. B.	230	8028423	Stobart, G.	118
211072	Steggles, T. P.	271	8029298	Stewart, A. E.	148	8024394	Stobart, R. H.	180
4335626	Steiner, P. H.	177	594943	Stewart, A. G.	193	212879	Stobbie, J. A.	277
5208292	Stellitano, D. W.	150	5208540	Stewart, A. H.	150	8028330	Stobie, D. N.	118
2653644	Stellitano, R. L.	150	5202132	Stewart, A. J.	101	4275526	Stock, C. J.	229
1943164	Stellitano, W.	167	2649022	Stewart, A. M.	151	5205281	Stock, I. M.	194
5206922	Stellmacher, D.	119	91503	Stewart, A. V. G.	261	211699	Stock, M. B.	272
306106	Stembridge-King, H. M.	199	5205314	Stewart, C. E.	179	8300203	Stockbridge, E.	148
			5205136	Stewart, D. E.	116	4290558	Stockdale, P. H.	231
						5205564	Stocker, S. C.	119

INDEX

Personal No		Page No	Personal No		Page No	Personal No		Page No
212453	Stockill, B. M.	274	5208565	Stratford, G.	133	214338	Stubbs, C. M.	283
8023552	Stockill, G.	57, 108	409519	Stratford-Fanning, P. J.	214	8027773	Stubbs, D. J.	102
214436	Stockill, J. L.	283					Stubbs, D. J. G.	311
209382	Stockill, S.	268	8302760	Stratton, A. K.	131, 309	8218333	Stubbs, D. J. G.	228, 311
2633635	Stockings, J. D.	119	8302765	Straw, E. L.	201	8141542	Stubbs, D. M.	124
5208294	Stocks, M. C.	172	5206097	Straw, E. T.	117	212362	Stubbs, M. K.	274
5203898	Stockton, I. D.	116	8170645	Straw, K.	161	5204304	Stubbs, M. R.	163
8178606	Stockton, N. A.	167	8152106	Streatfield, G. P.	168	213295	Stubbs, P. N.	277
1949456	Stoddart, D. R.	232	8153604	Streatfield, P. J.	171	8304508	Stuchfield, D. J.	130
306164	Stoker, S. E.	199	1946180	Streek, M. A.	231	8210709	Studley, G. S.	167
689193	Stokes, B. J.	156	8304242	Street, G. E.	148	212944	Stump, D. R.	276
5205491	Stokes, J. A.	161	5208211	Street, M. J.	130	8019172	Sturgess, M. I.	157
8141538	Stokes, N. J.	131	2640373	Street, N. A.	130		Sturley, P. O.	34, 60, 91
8024041	Stokes, P. M.	141	8231729	Streeter, M. J.	181	208517	Sturman, H.	267
1946580	Stokes, R.	276	91510	Streeter, S. M.	261		Sturman, R. J.	136
8022596	Stokes, R. K.	139	8024630	Streeton, A. D.	146	8029288	Sturtridge, K. N.	199
214021	Stokoe, A. M.	281	214505	Streeton, R. W.	285	594643	Stutters, G. A.	182
214337	Stone, C. A.	283	2639352	Strefford, A. D.	148	8152501	Styles, G. T.	172
212768	Stone, J. B.	275	213745	Stretton, A. I.	279	689195	Styles, J. C.	190
9800	Stone, J. D.	172	5205751	Stretton, C. J. H.	63, 192	5207235	Stylianides, A.	146
212769	Stone, P.	275	5208257	Stretton-Cox, M. L.	131	211423	Suchorzewski, D. G.	272
4233382	Stone, R. D.	98	211424	Streule, C. R.	271		Suckling, C. A.	14, 154
8023839	Stone, T.	180	8023108	Strevens, N. C.	114	210964	Sucksmith, P. S.	271
	Stonehouse, C. R.	21	409465	Stribley, J. E.	249		Sudborough, N. J.	34, 92
5208208	Stoneley, I. S.	183, 313	8029471	Strickland, C. E.	123	5204954	Suddards, A. J. Q.	9, 102
2658771	Stoneman, N. T.	152	208125	Strickland, C. S. P.	267	210932	Suddards, D. G.	270
8023486	Stoner, N. B.	140	5203384	Strickland, K. N.	138	5204393	Sudlow, A. J.	101
5205448	Stoner, R. A.	117	2629656	Stride, K. J.	146	5204410	Sugden, G. H. B.	194
213797	Stones, M. D.	280	5204227	Stringer, E. J.	108	5206567	Suggett, D. M. H.	194
212381	Stonestreet, C. J.	274	5206233	Stringer, J. J.	124	8286305	Sullivan, C. T.	149
8029533	Stopforth, P. J.	123	9771	Stringer, L. M.	197	213891	Sullivan, D. B.	280
8028912	Storer, J. S.	61, 110		Stringer, M. D.	39, 96		Sullivan, Dr. R.	10
2637112	Storer, K. A.	171	5206303	Stringer, N. J.	125	8029148	Sullivan, J. M.	111
212212	Storey, C. B.	260	214928	Stringer, P.	287	4232991	Sullivan, L.	103
5205486	Storey, P. A.	109	2644128	Stringer, T. A.	173	5207891	Sullivan, M. L.	246
5204065	Storey, R. N.	160	8224680	Strode, T. M.	123		Sullivan, Mr G.	36
5200675	Storey, R. R.	178	211926	Stroh, J.	273	212330	Sullivan, R.	274
2629641	Storr, D. J.	124	4335730	Strong, M. C. G.	25, 138	2627865	Sully, A. J.	280
5208209	Stott, D. B.	149		Strong, W. E.	29	8026087	Sully, A. K.	105
5206487	Stott, I. R.	166	8062695	Strongman, M. A.	287	5204930	Sully, D. S.	254
8000169	Stout, E. J.	233	8028910	Strookman, R. D.	121	8029677	Sully, P. D.	246
5205944	Stout, T. A.	112		Stroud, Sir Eric.	221	4284406	Sumal, I. S.	144
8260257	Stowell, J. M.	132	210626	Stroud, J.	270	211702	Sumbler, B. A.	272
8300443	Stowers, M. J.	148	4185610	Strunwick, A.	271	213004	Sumbler, K. S.	276
306126	Stowers, S. M.	148	306072	Struthers, W. J. R.	247	2639015	Summers, C. M.	126
8023351	Strachan, P. D.	61, 140	9426	Strutt, S. M.	283	5206519	Summers, G. S.	143
8400788	Strachan, T. R. A.	172	8260247	Strutt, S. R.	132, 312	1948105	Summersgill, J. R.	231
2637789	Stradling, A. P.	127	5208697	Stuart smith, H. D. A.	152	8131331	Sumner, A. J.	286
8028726	Stradling, C. J.	120	8025315	Stuart, A. F.	98	8141506	Sumner, A. P.	120
213403	Strand, A. M.	278	8234892	Stuart, A. J.	149	8100875	Sumner, D. G.	243
8001781	Straney, A. McC.	233	213786	Stuart, B. G.	277	595606	Sumner, E. C.	192
5202038	Strang, A. J. M.	103	8107551	Stuart, K.	243	5208460	Sumner, G.	199
5207647	Strang, J. R.	123	8300522	Stuart, P. G.	183	2643844	Sumner, L. D.	172
8105531	Strange, J. M.	232	1950370	Stuart, R. M.	232	8141605	Sumner, R. A.	123
8304719	Strasdin, S. R.	130						

409

INDEX

Personal No	Page No	Personal No	Page No	Personal No	Page No
2633246 Sumner-Lockwood, G.	240		Sweeting, M. P.	77		**T**	
593750 Sumpter, V. G.	253		Sweetman, A. D.	70, 93			
9528 Sunderland, S. J. E.	194	210564	Sweetman, R. C.	270	5204253	Tabbron, J. W.	257
5206188 Surr, R. A.	192	208561	Swierczek, A. F. I.	270	2653993	Tacchi, J. A.	135
213988 Surry, D. D.	281	214586	Swierczek, J.	285	213009	Taffinder, S. J. S.	260
5204822 Surtees, I.	161	8023448	Swift, A. B.	179	8260230	Tagg, A. M.	125
8253681 Sussex, P. S.	168	2623165	Swift, S.	287	306161	Tagg, C. E.	208
4233310 Sutcliffe, D. M.	109	8032537	Swift, V. S.	146	8129048	Tagg, P.	192
212898 Sutcliffe, K.	276	8140900	Swindlehurst, W.	110	5204217	Tait, A. G.	163
5208028 Sutherland, A. J.	247	212558	Swinge, P. D.	275	5205558	Tait, A. G.	119
213171 Sutherland, D.	277	5206735	Swinney, R. W.	166	8300176	Tait, D. C.	147
212385 Sutherland, D. F.	274	2640282	Swinton, M. L.	133	213687	Tait, I. A.	279
2625154 Sutherland, D. J. L.	195		Swire, Sir Adrian	254	2627096	Tait, J.	118
2642549 Sutherland, M. J.	129	8250174	Sykes, I. J.	182	5206061	Tait, J. D.	144
214601 Sutherland, S.	285	8223217	Sykes, P.	197	8136456	Tait, M. W.	238
5208511 Sutherland, S. A. M.	128	306058	Sykes, P. C.	123	8024093	Tait, S. A.	118
5207096 Sutherland, W. D.	194	8020903	Symes, G. D.	190	212016	Talbot, A. J.	273
2623017 Sutherland-Scott, R.	140	214640	Symmons, G. J.	285	2649889	Talbot, C. G.	133
8142508 Sutton, A.	235	8018957	Symonds, C. L.	233	8024513	Talbot, D. J.	182
210977 Sutton, A. J.	271	8024783	Symonds, D. C.	284	208885	Talbot, K.	268
8032159 Sutton, A. J.	143	2631438	Symonds, M. L.	259	300926	Talbot, R.	243
1937271 Sutton, B. J. N.	272	4233284	Symons, B. R.	106	2641015	Talbot, T. S.	130
8300379 Sutton, J. P.	148		Symons, D.	81	213209	Talton, S. J. S.	257
8028315 Sutton, M. C.	109	5208336	Symons, J. A.	184	4291377	Tamblyn, C. W.	236
208398 Sutton, M. J. F. C.	267	210050	Symons, M. T.	269		Tamblyn, J. T.	14
	Sutton, P. D.	221	8304220	Szymanski, A. R.	127	209790	Tancell, P.	268
2624068 Sutton, P. R.	102				213539	Tandy, G. F.	278
	Sutton, Professor P.	16				2642832	Tandy, M. J.	129
5206644 Sutton, R. A.	181				5204251	Tandy, R.	164
8102784 Sutton, R. C.	115				9829	Tandy, S.	246
4281083 Sutton, R. J.	255				8139023	Tanfield, I. F.	167
4281703 Sutton, T.	232				5205410	Tank, J. S. R.	111
1944495 Swain, B. L.	188				8007441	Tanner, A. J.	169
5208387 Swain, I. S.	214				5206999	Tanner, D. B.	196
211580 Swallow, R. J.	272				8014040	Tanner, D. J.	17, 156
685685 Swan, A. J.	244				212804	Tanner, H. S. T.	275
8029596 Swan, A. J.	132				214862	Tanner, J. M.	287
210115 Swan, B.	269				213383	Tanner, R. J.	278
2624965 Swan, M.	24, 100				2649799	Tano, A.	132
212673 Swann, G. B. G.	275				1943383	Tansley, A. D.	232
8153230 Swanson, J.	69, 171				8128971	Tape, S. F.	143
	Swanson, P. R. P.	29				5201206	Taplin, R. K.	178
4284800 Swanson, R. L.	333				1944451	Tappenden, B. P.	230
5204605 Swatkins, I. R.	191				4291568	Tappin, D.	230
214072 Swatridge, E. L.	281				8105915	Tapping, J. G. C.	171
212210 Swatridge, J. C.	274				211455	Tapply, S. A.	272
8226840 Sweatman, G. G.	173, 312				210927	Tapsell, A.	278
5207080 Sweatman, J.	121				207524	Tapson, B.	251
	Sweeney, C. M.	52, 95				5205634	Tapson, I. R.	166
1932386 Sweeney, E. W. T.	229				5205337	Tarbitten, C. M.	162
8025800 Sweeney, M.	274				8027845	Targett, S. R.	180
212725 Sweeney, M. P. C.	149				8058311	Tarran, J. V.	232
4291312 Sweeney, P.	229				2633767	Tarry, M. J.	124
8151007 Sweeney, P. F.	151						

INDEX

Personal No		Page No	Personal No		Page No	Personal No		Page No
	Tarsnane, R.	77	2635511	Taylor, L. S.	124		Tebbit, Mr K.	5, 7
213519	Tarttelin, R. B.	278	8012419	Taylor, M.	232		Tebbit, Mr K. R.	15
8186059	Tassell, D. M.	163	8111782	Taylor, M.	230	212092	Tebbs, J. E.	273
	Tassell, Miss C.	11, 15	214317	Taylor, M. A.	283	212258	Tebbs, R. C.	273-274
213994	Tatar, P. N.	281	8026881	Taylor, M. A.	116	4237551	Tegg, B. A.	278
8300138	Tatters, S. D.	147	4276494	Taylor, M. F. H.	194	212665	Teggin, C. M.	275
1928169	Tayler, J. S.	242	5206891	Taylor, M. J.	214	2627201	Telfer, J. E.	119
	Tayler, Ms H.	41	214893	Taylor, M. L.	287	8114823	Telfer, T. C.	234
214479	Taylor, A. B.	285	5207725	Taylor, M. R.	146	4282392	Telford, B.	230
1961500	Taylor, A. C.	181	5207975	Taylor, M. V.	197	5202238	Telford, G. M.	10, 100
214752	Taylor, A. G.	286	5204395	Taylor, M. W.	189	8028479	Tempest-Roe, C. B.	180
5205505	Taylor, A. H.	117		Taylor, Mr D. H.	36	5207827	Tempest-Roe, R. M.	170
8020316	Taylor, A. J.	160	8207446	Taylor, N.	120	213207	Temple, D. R.	277
8151719	Taylor, A. J.	166		Taylor, N. E.	49, 92	8190836	Temple, J. G.	112
2617837	Taylor, A. T. H.	270	211801	Taylor, N. J.	272	306076	Temple, M. J.	207
	Taylor, B.	70	2642949	Taylor, N. J. L.	149	4232811	Temple, M. L. L.	107
9278	Taylor, C.	141	8028693	Taylor, N. R.	118	5204421	Tench, I. R.	70, 190
5205279	Taylor, C.	163	8028309	Taylor, P.	108	4231956	Tench, N. R.	36, 98
8023157	Taylor, C. C.	106	5203921	Taylor, P. A.	191	5203219	Tenison-Collins, J. A.	231
214175	Taylor, C. L.	282	4335666	Taylor, P. C.	177	8300798	Tennant, B.	151
8008703	Taylor, C. M.	36, 189	2626523	Taylor, P. F.	117	8029067	Tennant, J. A.	121
8251240	Taylor, C. M.	168	4233450	Taylor, P. F.	113	8028420	Tennant-Bell, N. R.	119
2631910	Taylor, D.	145	214512	Taylor, P. J.	285	8025144	Ternouth, M. L.	109
8103901	Taylor, D. A.	114	5204271	Taylor, P. J.	111	4230348	Terrett, A. L.	277
8300093	Taylor, D. A.	198	8152679	Taylor, P. J. N.	121	8106740	Terrett, J. D.	162
306204	Taylor, D. C.	183	2639245	Taylor, P. R.	127	8151869	Terrill, N. S.	165
686286	Taylor, D. G.	232		Taylor, R.	311		Terry, Sir Colin	90
4292505	Taylor, D. J.	232	4230271	Taylor, R.	251	5208152	Terry, G.	148
5204350	Taylor, D. P.	119	8009110	Taylor, R.	232	214264	Terry, S. J.	282
2649807	Taylor, E. R.	174	8407993	Taylor, R. A.	173	2623934	Tester, D. J.	140
9914	Taylor, E. S.	121	8186924	Taylor, R. D.	274	213161	Testro, B. J.	277
212691	Taylor, G.	275	5207132	Taylor, Rev R. J.	224	8027589	Tetlow, M. J.	107
8026948	Taylor, G.	115	8415051	Taylor, R. M.	173	8028460	Tett, P. E.	118
209655	Taylor, G. E.	278	2628494	Taylor, R. N.	118	5201718	Tew, M. R. N.	103
8025742	Taylor, G. L.	114	211078	Taylor, R. S.	271	8304223	Thacker, S. L. McD.	199
686840	Taylor, G. T.	241	5206715	Taylor, S.	196	8100249	Thain, D. J.	232
213175	Taylor, I.	277	409497	Taylor, S. E.	249	8135090	Thayne, A. G.	144
212965	Taylor, I. A.	276	8025763	Taylor, S. J.	116	214916	Therwell, P.	287
5207320	Taylor, I. B.	197	8098610	Taylor, S. J.	45, 156	8300574	Thickett, A. B. M.	148
8152145	Taylor, I. C.	165	8289390	Taylor, S. M.	172	8270852	Thijs, N.	285
5202855	Taylor, J.	102	214336	Taylor, S. R.	283	5206659	Third, A. G.	165
8191480	Taylor, J. E.	119	690386	Taylor, S. R.	283	210288	Thirkell, C.	269
5204787	Taylor, J. F.	143	213529	Taylor, S. V.	278	8027064	Thirkell, P. A.	115
212459	Taylor, J. G.	274		Taylor, T.	9		Thirlwall, C.	95
2644056	Taylor, J. J.	130	4257734	Taylor, T. H.	277	5205649	Thirtle, C. B.	121
214877	Taylor, J. S.	287	2628482	Taylor, T. J.	118	8002029	Thistlethwaite, K.	177
4290237	Taylor, J. W.	232	211118	Taylor, W. A.	271	214306	Thom, A. G.	283
5208036	Taylor, Rev J. W. K.	224		Taylor, W. J.	39, 143		Thom, C. E.	30
5205694	Taylor, K. D.	122	682832	Taylor, W. L.	269	8001317	Thom, I.	200
8010571	Taylor, K. J.	238	5204918	Taylor, W. S.	141	209403	Thomas, A.	268
594512	Taylor, K. L.	229	8032372	Taylor-Powell, C. L.	144	8094826	Thomas, A. G.	231
8089603	Taylor, K. R.	163	214719	Tazzyman, J. C.	286	686348	Thomas, A. J.	117
8304094	Taylor, L. A.	126	212615	Teague, W. W. L.	275	5206602	Thomas, A. M.	14, 190
5206301	Taylor, L. B.	146	8027252	Teakle, I. D.	66, 102	8025704	Thomas, A. S.	114
306251	Taylor, L. E. K.	184	214863	Tebay, H. P.	287	212372	Thomas, B. A.	274

411

INDEX

Personal No		Page No	Personal No		Page No	Personal No		Page No
211317	Thomas, B. C.	271	210319	Thompson, A. G. F.	269	213815	Thomson, G.	280
5203172	Thomas, C. C.	107	690379	Thompson, A. J.	160	2627727	Thomson, I. A.	142
91506	Thomas, C. D. I.	261	210446	Thompson, A. P.	270	5201984	Thomson, I. W.	157
8300685	Thomas, C. M.	149	5208620	Thompson, A. R.	133	5208220	Thomson, J. A. C.	129
5207666	Thomas, C. R.	122	8002115	Thompson, A. R.	238		Thomson, J. P. S.	220
213852	Thomas, D.	280	5206467	Thompson, C. M.	163	5202275	Thomson, K. K.	58, 100
8400338	Thomas, D.	127	5206790	Thompson, C. P. C.	139	2642573	Thomson, M. J.	131
2642679	Thomas, D. E.	130	2649859	Thompson, C. S.	131	9730	Thomson, N. J.	207
5204273	Thomas, D. G.	111	214141	Thompson, C. W.	282	9897	Thomson, W. J.	197
5206543	Thomas, D. G.	196	4231758	Thompson, C. W.	108	213279	Thomson-Clark,	
4231522	Thomas, D. J.	103	214782	Thompson, D.	284		C. L.	277
5208429	Thomas, D. J.	132	8022532	Thompson, D. A.	178	593418	Thorington, F. G.	264
8152973	Thomas, D. M.	165	2636846	Thompson, D. P.	126	5208712	Thorley, J. O.	174
212875	Thomas, E. A.	276	8020762	Thompson, D. R.	177	5208215	Thorley, L. D.	172
8302686	Thomas, E. A.	148	213309	Thompson, E. J.	277	688479	Thorley, L. R.	163
8304243	Thomas, E. M.	128	214235	Thompson, G.	282	687183	Thorley, M. A.	250
212931	Thomas, F. E.	276	5202725	Thompson, G. J.	181	608332	Thorn, T. G.	279
210284	Thomas, G. C. J.	269	8029705	Thompson, I. M.	125	2633090	Thornber, S. R.	141
8024025	Thomas, G. D.	180		Thompson,		213907	Thornby, T. J.	280
4233471	Thomas, G. E.	111		J. H.	57, 91, 176	8001942	Thorne, C. J.	183
8082855	Thomas, G. J.	233	5206247	Thompson, J. P	169	8141123	Thorne, D. E.	116
5208461	Thomas, G. R. F.	201	8304574	Thompson, J. R.	128	8023330	Thorne, G. T.	107
213111	Thomas, G. R. S.	277	8028034	Thompson, K. S.	141		Thorne, I. D.	154
594645	Thomas, H.	179	8082420	Thompson, K. T.	236	8304883	Thorne, I. D.	134
8100282	Thomas, H.	238	4278315	Thompson, M. H.	170	214803	Thorne, N. E.	287
5203427	Thomas,		690607	Thompson, M. J.	160	5205006	Thorne, P. A.	161
	Rev I. M.	4, 35, 223	8023776	Thompson, M. J.	179	8073752	Thorne, W. G.	232
4335827	Thomas, J. A.	177	210794	Thompson, M. L.	270	214786	Thornell, P. J.	286
209335	Thomas, J. E.	272	1960151	Thompson, M. S.	236	2628335	Thorner, M. A.	141
	Thomas, J. H. S.	70, 187	212588	Thompson, P.	275	8027397	Thornhill, A.	116
	Thomas, Dr J. M.	220	214974	Thompson, P.	288	91481	Thornhill, P. A.	262
5201983	Thomas, J. M.	177	8138211	Thompson, R. M.	193		Thornton, B. M.	17, 92
214176	Thomas, J. N.	282	5202315	Thompson, R. T. N.	105		Thornton,	
8028491	Thomas, J. P.	119	8020941	Thompson, R. V.	177		E. J.	14, 39, 203
8206669	Thomas, J. S.	283	594029	Thompson, R. W.	104		Thornton, G.	10
5200801	Thomas, K.	108	8026907	Thompson, S. G. A.	116	5205620	Thornton, M. J.	121
5204971	Thomas, K. L.	52, 162	300894	Thompson, S. M.	244	8118042	Thorogood, P. J.	178
214583	Thomas, L. C.	285	214387	Thompson, S. P.	257	2642726	Thorp, J. M.	150
2628124	Thomas, M. L.	118	5202177	Thompson, S. P.	178	5204153	Thorpe, A. A.	114
8022942	Thomas, N. A.	140	213375	Thompson, S. T.	278	306220	Thorpe, A. D.	150
8029269	Thomas, P.	122	1948565	Thompson, T. A.	161	4232636	Thorpe, A. J.	98
5205819	Thomas, P. D.	166	8152095	Thompson, T. M.	167	2640191	Thorpe, B. C. B.	131
5206890	Thomas, P. F. S.	146	214009	Thompson, W. C.	281	5204258	Thorpe, C. P.	144
	Thomas, P. R.	186	306060	Thompson, Y.	246	2653915	Thorpe, D.	134
8032536	Thomas, R. E. L.	146	8023976	Thomson, A. H. W.	180	8198498	Thorpe, G. K.	149
8141239	Thomas, R. K.	118	1960723	Thomson, A. J.	109	4257329	Thorpe, G. S. E.	244
	Thomas, R. M.	95	8300771	Thomson, A. M.	151	9751	Thorpe, J. A.	145
8140958	Thomas, S. E.	106	2649154	Thomson, A. R. H.	266	4231782	Thorpe, J. W.	284
5208604	Thomas, S. R.	212	211862	Thomson, B. I.	273	2626954	Thorpe, M. P.	166
8027264	Thomas, S. R.	107	8022578	Thomson, B. R.	143	1961694	Thorpe, M. R.	233
5203178	Thomas, V. E.	156	8220283	Thomson, C. G. A.	197	8028378	Thorpe, P. A.	121
5207198	Thombs, D. U.	121	5205338	Thomson, C. R.	162	212417	Thorrington,	
214108	Thompson Ambrose,		209023	Thomson, D.	268		B. W. G.	274
	W. I.	281	8024149	Thomson, D. B.	19, 180	5201013	Thow, D. P.	17, 155
8150837	Thompson, A. G.	169	5201374	Thomson, D. H.	105		Thoyts, J. H.	27

412

INDEX

Personal No		Page No	Personal No		Page No	Personal No		Page No
8173794	Thrale, T.	109	213043	Tinson, P. J.	276	8020352	Tomlinson, M. I.	117
8094233	Thraves, P. T.	238	8152590	Tinworth, M. R.	121	5202696	Tomlinson, P. F.	256
	Threapleton, N. E.	74, 76, 96	1949154	Tipler, G. C.	232	2642880	Tompkins, S. M.	129
8089990	Threlfall, M.	200	8844	Tippell, R. J.	272	8226784	Toms, J. E.	129
2641432	Threlfall, N. E.	148	2644069	Tipper, J. A.	133	8152214	Toner, A.	108
8024354	Throsby, M.	145	683795	Tipper, M. S.	268	0688025	Tonkin, R. J.	230
300764	Throssell, M. G.	251	1942503	Tipper, P. T. V.	229	1961217	Tonks, D. A.	233
5208698	Thrower, R. B.	174	306322	Tipping, C. J.	201		Tonks, J. D.	186
209973	Thrussell, P. C. S.	269	213176	Tipping, P. W.	277	5201749	Tonks, J. D.	39
211782	Thubron, B. F.	272	5208489	Tipping, R. D.	208		Tonnison, M. J.	8
211765	Thum, M. J.	277		Tipple, Mr P. H.	36	4335699	Toogood, W. R.	243
5205673	Thurrell, W. M.	168	209733	Tisley, B. P. F.	273	213064	Tooke, M. B.	276
5208063	Thurston, P. L.	183	8079906	Tissington, B. R.	182	409453	Toomer, S. F.	249
214236	Thurtle, G. R.	282		Titchen, B. J.	95	8304307	Toomey, L. D.	128
8141526	Thurtle, I. C.	124	214368	Titley, S. K.	283	212861	Toon, S. M.	276
8027416	Thwaites, G. E.	102	8026892	Tizard, R. W.	67, 100	210156	Toon, T. H.	269
8028604	Thyng, I. F.	119	8032733	Tobin, F. K.	245	2626676	Tooze, R. J. W.	256
210716	Thynne, D.	270	2635483	Tobin, K. R.	197	5207648	Topham, K. D.	144
8068674	Tibble, C. G.	231	2648988	Tobin, M. D. A.	150	8300385	Topley, D. C.	183
8032527	Ticehurst, J.	145	213808	Todd, A. D.	280	8024539	Topley, N. E. A.	180
213340	Tickell, R.	278	8154412	Todd, B. S.	171	306286	Topping, J. L.	150
8302592	Tickle, A.	127	9557	Todd, C. R.	141	8141177	Torbet, R. J.	100
8028869	Tickle, S. R.	112	5207258	Todd, C. W.	194	8029853	Toriati, D. J.	125
608594	Tidball, C. J.	103	213442	Todd, D.	152		Torpy, G. L.	18, 92
5207847	Tiddy, J. N.	125	5202569	Todd, D.	66, 138	8028095	Torrance, A. I. MacA.	111
213995	Tidman, J. E.	281	8205928	Todd, D.	285	688822	Torrance, D. A.	236
4232528	Tiernan, F.	11, 99	306189	Todd, H.	148	8028286	Torrance, I. A.	59, 108
8248968	Tierrie-Slough, A. P.	147	208126	Todd, I. F.	267		Torrance, Rev Dr	80
	Till, K.	221	5203817	Todd, I. S.	141	214073	Torrell, C. A.	281
5201716	Tillbrook, R. E.	159	8084652	Todd, J. D.	141	2644494	Tose, A.	184
409486	Tilley, L. H. A.	249	8024901	Todd, P. A.	114	212741	Toth, V. M.	275
5208093	Tilley, E. J.	144	5208468	Todd, P. M.	201	211664	Totten, P. A.	272
8061271	Tilling, E. J.	217	5201292	Todd, R. E.	45, 102	5205057	Tottman, M.	141
2644199	Tillyard, M. S.	174	4283587	Todd, R. H.	238	91482	Tournay, R. N. A. J.	243
213721	Tilson, N.	279	2625159	Tofi, P. M.	193	2640885	Towell, A. M.	128
2627760	Tilton, D. R.	279	8027826	Toft, M. C.	109		Towers, P. R.	14
689199	Timbers, H. A.	113	8024208	Tolfts, I. R.	193	8023654	Towler, A. J.	177
8141390	Timbrell, C. P.	127	8007564	Tolley, P. J.	274	5208131	Towlerton, A. J.	212
211719	Timmins, D.	272	5203885	Tolley, S. G.	59, 140	9854	Townend, G.	197
5208470	Timms, D. L.	150	8023628	Tolman, N. J.	139	8023893	Townend, I. A.	193
1950355	Timms, K. G.	264	5205739	Tolometti, G. R.	162	8025856	Townend, R. J. S.	107
213728	Timms, S. J.	280	2640283	Tomala, R. J.	131	8412955	Townsend, D. J.	173
8087078	Timms, T. G.	173	8024157	Tomaney, D. A.	142	8304721	Townsend, I. J.	130
5207219	Timoney, M. J.	168	5206738	Tomany, M. P.	192	8304887	Townsend, J. D.	135
210671	Timothy, R. C.	270	1949610	Tomblin, J. A.	233	5204590	Townsend, P. A.	191
5206845	Timperley, A. C.	206	8024206	Tomkins, S. R.	144	2627255	Townsend, S. P.	108
5207999	Timperley, J.	207	8024334	Tomkinson, P.	181	8029606	Townshend, A. C.	124
2644428	Tindale, A. R.	150	8304886	Tomlin, N. D.	200	8023629	Townshend, D. P.	143
	Tindall, A.	36	4278496	Tomlinson, A. J.	107	215016	Towse, J. L.	288
213508	Tindall, N. M.	278	2633040	Tomlinson, C. J.	124	306212	Toye, S. E.	184
5203839	Tindall, P. D.	75, 190	8235133	Tomlinson, C. M. A.	182	8018643	Toyne, D.	232
210299	Tingle, D.	256	8221469	Tomlinson, G. G.	171	5206860	Toyne, R. C.	117
	Tinley, M. F. J.	254	212817	Tomlinson, J.	275	5206454	Tozer, D. J.	171
8414152	Tinsley, I. K.	173	8220304	Tomlinson, J. I. M.	171, 312-313	8026905	Trace, B. E.	105
							Trace, M. R.	39, 95

413

INDEX

Personal No		Page No	Personal No		Page No	Personal No		Page No
5206821	Tracey, M. A.	193	4291329	Truelove, A. S.	230	2642954	Turnbull, J. K.	183
8029548	Traill, D. I. G.	124	3120733	Trueman, R.	270	5203634	Turnbull, K.	115
214252	Train, N. M.	284	2636063	Trueman, R. E.	122	8113563	Turnbull, P. A.	238
8028355	Trainor, P. R. D.	118	8141106	Truesdale, J.	123	5076561	Turnbull, W. E.	269
8053947	Trangmar, J. M.	149	212401	Truman, W. E.	274	5203243	Turner S.	283
211565	Tranter, G.	272	8025219	Trundle, C. C.	138	5207912	Turner, Rev A. J.	224
5205750	Tranter, P.	180		Truran, M.	18	8029033	Turner, A. M.	108
8029292	Trapp, D. G.	111		Truran, Mrs R. M.	81	8300289	Turner, B. A.	197
8302644	Trapp, J.	244	8209764	Truss, K. P.	108	5202521	Turner, C. D.	36, 155
2622107	Trask, L. J.	109	8250144	Tuck, M. A.	125	8133751	Turner, C. R.	182
8302709	Trasler, J.	201	8027569	Tucker, A.	107	211718	Turner, D.	272
2639092	Trasler, K. F.	128	8154064	Tucker, C. D.	171	5204050	Turner, D. J.	190
	Travers Smith, I.	35, 95	2633702	Tucker, D. L.	119	8151253	Turner, D. J.	162
214954	Travis, J. E. L.	288	1948566	Tucker, I. A.	233	5207804	Turner, D. J. M.	198
4271710	Traylor, A. G.	103	5207048	Tucker, J. D.	121		Turner, F. L.	39, 95
8009685	Traynor, E. J.	109	214737	Tucker, J. H.	286	8024171	Turner, G. J.	62, 144
5207239	Treacy, S. M.	145	0214646	Tucker, J. M.	286		Turner, J.	153
8071744	Treanor, B. G.	179	8098024	Tucker, K. C.	238	5206899	Turner, J.	124
4233512	Tredray, N. P. K.	112	212539	Tucker, K. D.	274	8254746	Turner, J.	170
8304396	Treharne, S. M.	199	5206456	Tucker, M. P.	118	9439	Turner, J. A.	195
5206631	Treloar, B. C.	167	2653841	Tucker, S. J.	135	212678	Turner, J. A.	275
5205601	Tremaine, J.	164	8028709	Tuckfield, L. S.	118	8023812	Turner, J. A.	141
5202233	Trembaczowski-Ryder, D. J.	49, 102	8153085	Tuckwood, G.	173	8304668	Turner, J. H.	130
214237	Treutlein, J.	282	8304617	Tudge, E. V.	129	2638839	Turner, J. J.	128
213312	Trevena, M. J.	277	8019140	Tudor, D. C.	157	2635351	Turner, J. P.	198
8023099	Trevett, A. D.	58, 138	9551	Tudor, K.E.	242	5207797	Turner, K. A.	197
8091662	Trevey, S. G.	194	5204261	Tudor, N. J.	166	214315	Turner, K. P.	283
4276554	Trew, A. N. F.	232	5207706	Tudor, R. I. C.	194	2642364	Turner, L.	130
5207826	Treweek, A. J.	198	8200429	Tue, N. S.	214	5203565	Turner, L.	49, 101
2649988	Tribble, J. L.	184	2648998	Tuer, R. J.	134	594516	Turner, L. G.	229
8228288	Tribe, D. M.	196	210589	Tuff, G.	270	5201083	Turner, M. J.	55
8207590	Triccas, A. P.	107	211130	Tuff, V. G.	271	5205304	Turner, M. J.	194
8211312	Triccas, R. P.	132	210189	Tuite, P. F.	144	5206092	Turner, N. J.	162
300936	Trice, J. M.	244	4233036	Tull, G. A. J.	36, 102		Turner, P.	11
212146	Trickey, A.	273	5201398	Tulloch, R. D. A.	158, 308	8417651	Turner, P. C.	133
1960630	Trimble, I. C.	168	1945825	Tulloch, T. C.	232	8029412	Turner, P. D. C.	244, 277
5207732	Trimble, K. T.	207	8300147	Tullock, E. P.	198		Turner, P. D. J.	39, 186
5206452	Trimble, S.	129	8304082	Tully, D. H.	126	8029764	Turner, P. W.	243
8024098	Tripp, I. M.	181	4233019	Tully, K. F.	140		Turner, R.	9
	Tripp, R. J.	176	1946681	Tully, R. C.	231	8024292	Turner, R. G.	145
8008444	Trist, S. N.	143	8027996	Tunaley, M. A.	144	8024945	Turner, R. J.	107
	Troke, C. B.	29	683560	Tunnah, J. E.	272	5203951	Turner, R. M.	161
4233465	Troke, C. B.	99	5203210	Tunnard, J. J.	115	214160	Turner, R. R.	282
8024671	Trollen, A. F.	194	5206972	Tunnicliffe, G.	34	8050819	Turner, S.	287
8423729	Trollone, S. M.	173, 312	5206972	Tunnicliffe, G.	193	8140251	Turner, S. C. G.	102
8019027	Trood, B. L.	159	8300686	Tunstall, M. S. R.	149	2643033	Turner, S. J.	149
207578	Trotman, C. S.	267	212156	Tunstall, R.	273	212770	Turner, S. J.	275
5205488	Trott, D. T.	117	690576	Turbitt, D.	113	213369	Turner, S. J.	278
5208159	Trott, J. S.	148	2617420	Turgoose, R.	240	4276507	Turner, T. J.	229
306181	Trotter, L. R. A.	199	8304482	Turk, A. D.	129	5207018	Turner, T. N.	162
4232121	Trout, A. J.	107	8080330	Turley, E. P.	230	5201083	Turner, W. J.	102
8024238	Trown, N. J.	144	213941	Turley, K. E.	280	212499	Turner, Y. A.	274
209193	Truberg, P. A.	271	213323	Turley, R. C.	277	214535	Turner. P. L.	285
5206174	Trudgill, M. J. A.	206	2627119	Turnbull, D. T.	110	212574	Turoczy, S.	283
			608750	Turnbull, J. G.	257	5203030	Turvill, P. A.	17, 155

INDEX

Personal No		Page No	Personal No		Page No	Personal No		Page No
1926970	Tutin, F.	251						
3154569	Tweed, P. L.	242		**U**			**V**	
1926529	Tweedley, J. McM.	244						
8027896	Twelvetree, T.	116	8024585	Udy, J. G.	182	609525	Vacha, I. D.	8, 98
210707	Twemlow, W. J.	270	5205339	Ulhaq, Z.	192	8029246	Vagg, M. J.	111
2642554	Twidell, A. J.	128	8402556	Ulke, D.	215	4288384	Vale, G. G.	251
8196257	Twine, A. N. H.	167	210760	Ulrich, M. P.	270	8021028	Vale, P. N.	165
1950176	Twine, N. E.	159	5205388	Underhill, G. P.	161	8014358	Valentine, A.	125
	Twiss, A. V.	27	5207903	Underhill, S. E.	147	4335574	Valentine, M. C.	138
214682	Twist, S. L.	286	8028392	Underwood, R.	118	214001	Valentine, P. A.	281
8024542	Twose, S. J.	182	8027485	Underwood, S. C.	116	8300291	Valentine, W. A.	182
	Tyack, E. W.	21, 92	8286856	Underwood, S. J.	149		Vallance, A. G. B.	92
1961501	Tyas, P. D.	238	5208688	Unsted, S. R.	134		Vallance, E.	26
8023531	Tyas, S. P. J.	143	211730	Unthank, R.	272	8010787	Vallance, M. H.	108
8000562	Tyler, C. R.	231	4275361	Unwin, C.	237	5207872	Vallance, S. F.	117
214128	Tyler, F. M.	282		Upham, J. A.	187	8029258	Vallely, I. F.	123
8014520	Tyler, P.	169	209960	Upham, P.	269	8027750	Van Den Berg,	
8116676	Tyler, P. A.	230	687423	Upton, D. J.	166		G. G. S.	14, 102
5207295	Tyre, G. J. B.	181	8023978	Upton, M. N.	144	8024936	van Geene, R. G.	256
8204219	Tyrell, A. J.	164	213108	Upton, N. J.	277	8302782	Van Halteren, S. J.	202
8124563	Tyrer, S.	191	5208103	Upward, J.	127		Van Os, The Rev S.	80
5203397	Tyrrell, I. R.	139	8027149	Uren, J. C.	111	213021	Van Rhyn, S. J.	284
214441	Tyson, N. K.	283	8029221	Uren, J. D.	122	8029428	Van Vogt, M. A.	142
5207677	Tyson, P. J.	122	5206969	Uren, T. E.	145	5208113	Van Zwanenberg, G.	214
8304215	Tyzack, J. E.	127		Urquhart, M. M. A.	8, 187	8106731	Vance, G. D.	234
209210	Tziros, N. A. L. B.	278	213089	Usher, R. P.	278	2643938	Vance, R. M.	130
				Utley, . R.	96	211345	Vance, W. G.	271
			213099	Utting, A. D.	277	214621	Vardon, A. J.	285
						8087664	Vardy, D. P.	243
						2629233	Vardy, M. J.	124
						5204074	Vardy, S. J.	205
						8023844	Varley, G. A.	141
						8032311	Varley, S. E.	147
						608347	Vary, C. E.	242
						213399	Vasey, D. C.	278
						4283762	Vass, A.	139
							Vass, D. C.	95
						208700	Vass, R. I.	267
						4291825	Vater, J.	230
							Vaughan, A. H.	89
						0595404	Vaughan, E. A.	232
						8029272	Vaughan, K. M. D.	121
						209037	Vaughan, M. D.	268
						2641478	Vaughan, M. J.	132
						8302616	Vaughan, S. L.	148
						8287056	Vaughan, S. M. P.	183
						8304160	Vaughan, T. A. G.	254
						608935	Vaughan-Smith, N. V.	45, 155
						8193528	Vaughnley, A. G.	121
						8194914	Vaughton, P. A.	194
						5204485	Veale, R. M.	177
						8023967	Veitch, C. A.	108
						5207308	Veitch, C. C.	182

INDEX

Personal No		Page No	Personal No		Page No	Personal No		Page No
8151197	Vella, R. A.	165		**W**		4254418	Walker, E. S.	117
4281420	Venn, B. F.	238				8153820	Walker, G. J.	172
213663	Venn, J. C.	279				5208342	Walker, G. M.	200
8014436	Venner, R.	161	8419722	Waddilove, C.	150	8028369	Walker, G. P.	118
	Verdon, A. M.	154	8028887	Waddington, D. J.	111	8300484	Walker, G. R.	148
4335765	Vernal, J.	139	608896	Wade, C. E.	47, 102	214055	Walker, I. A.	279
8024946	Verner, A. D.	112	5203778	Wade, R. A.	161	8021248	Walker, I. B.	101
4174360	Vernon, J.	251	8111023	Wade, W. H.	236	210018	Walker, J. A.	269
212572	Vernon, M.	275	5208343	Wadeson, G. K.	150	8207862	Walker, J. A.	237
214790	Vernon, M. N.	286	2649749	Wadlow, P. J.	133	9631	Walker, J. C.	142
214754	Vernon, P. I.	286	8027753	Wadsworth, M. E.	277	5206217	Walker, J. C.	144
8007592	Vernoum, K. G.	168	2797478	Wadsworth, S. E.	70, 194	4278863	Walker, J. M.	230
4264779	Verril, M.	256	2640887	Waggitt, R. D.	171	8029072	Walker, J. M. L.	145
8114996	Verth, J. W.	161	8071492	Waik, M. L.	234	8029370	Walker, K.	146
5206801	Vicary, P. N. L.	120	8077499	Wain, A. G.	238	5203087	Walker, K. J.	158
8211729	Vicary, S. R.	167	8029013	Wain, S.	112		Walker, Mrs M.	21
685168	Vickers, D. J.	279, 284	8138181	Wain, W. J.	194	214332	Walker, M. A.	283
2640965	Vickers, L. R.	130	213875	Wainwright, G. J.	280	8304025	Walker, M. B.	170
8124485	Vickers, M. E.	115	8027122	Wainwright, N. D.	70, 107	213629	Walker, M. J.	279
8304121	Vickers, S.	126	8023846	Waite, B.	260	8224329	Walker, M. J.	219
8209933	Vickers, W. M. A.	132	8109310	Waite, C. A.	233	8300866	Walker, O. H.	152
212133	Victory, C.	273	4232749	Waite, G. W.	113	3148615	Walker, P.	269
8228902	Villiers, P.	169	213544	Waite, I. P.	257		Walker, P. B.	8, 92
0683418	Vince, L. R.	229	5204849	Waitt, C. B.	177	214095	Walker, P. J.	281
8020945	Vince, S. D.	106	208970	Wake, G. R.	269	214679	Walker, R. A.	286
	Vincent, A. J.	18, 97		Wakelin, C. S.	31	213677	Walker, R. C. S.	279
8098953	Vincent, D. J.	232		Wakely, . B.	154	5207069	Walker, R. J.	166
8024087	Vincent, H. J. C.	194	8027398	Wakeman, M. A.	108	214972	Walker, R. L.	288
211720	Vincent, J. N.	272	9594	Walcot, B. V. H.	193	2619302	Walker, R. L. H.	269
5206927	Vincent, M. S. E.	180	214923	Walcuch, J. M. A.	287	4232772	Walker, R. S.	103
211968	Vincent, P. J.	279	5204564	Waldegrave, R. A.	177	8023795	Walker, R. S.	195
213458	Vincent, R. A.	278	2639319	Walden, D. R.	129	5206235	Walker, R. W.	124
5204443	Vincenti, M. N.	259	681093	Walden-Hughes, P. P.	263	214483	Walker, S.	284
8024431	Vine, A. J.	182	8190389	Walder, C. L.	162	2649257	Walker, S.	133
8216124	Vine, A. P.	145		Waldron, A. P.	38, 92	4251237	Walker, S.	263
8302781	Vine, S. L.	151	8260436	Walford, S.	148	8208488	Walker, S. A.	145
8025972	Viney, G. M.	104		Walker, . D.	96	8001469	Walker, S. F.	274
211100	Ving, I. C.	271	5206142	Walker, A.	193	214800	Walker, S. M.	286
210129	Vinnicombe, W. J.	269	8139043	Walker, A.	191	8151709	Walker, T. W.	108
8008607	Vint, R. J.	286	2633306	Walker, A. R.	240		Walker, W.	80
	Visagie, P. W.	26	8031966	Walker, B. J.	7, 14, 189	8103594	Walker, W. F.	157
	Vital, J. J. M. E.	312	212707	Walker, C.	275	214815	Walker, Z. K.	287
91416	Vital, M. F.	261	8025891	Walker, C. G.	62, 140	8023993	Walkerdine, I. M.	142
2623340	Vizoso, A. F.	190	8209739	Walker, C. P.	145	211616	Walkley, J. R.	272
214286	Voce, H. B.	283	4280792	Walker, D.	231	213520	Walkling, N J.	278
8028285	Voigt, P. G. O.	122		Walker, D. A.	8, 11, 93	213816	Wall, D.	280
0683322	Voisey, J. J.	229	212132	Walker, D. J.	273	5207856	Wall, D. A.	125
8023392	Voltzenlogel, P. N.	18, 178	8026767	Walker, D. J.	18, 138	8150680	Wall, G. P.	157
8141208	Vongyer, G. G.	237	8139388	Walker, D. J.	151	8028538	Wall, S. A.	119
8031983	Vose, W. L.	41	214151	Walker, D. K.	282	4233047	Wallace, D. B.	9, 100
8031983	Vose, W.L.	178	213105	Walker, E. M.	277		Wallace, Dr I. G.	22
5204199	Voss, M. G.	161				210210	Wallace, I.	269
	Vyvyan, C. G. C.	29				409487	Wallace, J. H.	214
						8304763	Wallace, J. M.	148
						5204293	Wallace, P. J.	112

INDEX

Personal No		Page No	Personal No		Page No	Personal No		Page No
8250088	Wallace, P. J.	194	5208583	Walton, A. R.	151	8304902	Ward, P. H. J.	135
8300692	Wallace, P. N. R.	244	209530	Walton, A. T.	268	409397	Ward, P. J.	214
207589	Wallace, P. R.	267	9685	Walton, C. S.	61, 206	8027827	Ward, P. L.	112
5207316	Wallace, V. J.	206	1950449	Walton, D. M.	232	2623237	Ward, P. M.	111
8026183	Wallbank, D. J.	256	212686	Walton, E.	275	211181	Ward, R. J.	271
211860	Waller, A. J.	273	2628726	Walton, I. W. R.	120		Ward, R. J. G.	9
688073	Waller, C. J. N.	53, 160	8095900	Walton, J.	160	5203354	Ward, R. J. R.	105
306388	Waller, K. S.	202	208787	Walton, J. N.	268	2629239	Ward, S. J.	119
215014	Waller, L.	288	8116949	Walton, J. R.	170	8080685	Ward, S. J.	236
8304312	Waller, R. D.	128	8101699	Walton, K. D.	233	8018862	Ward, S. K.	165
212168	Waller, S. E.	273	8024487	Walton, K. G.	145	8029749	Ward, S. M. R.	125
5206231	Waller, T. M.	124	5208148	Walton, K. J.	148	209343	Ward, T. J.	251
1961251	Walley, I. J.	230	8028562	Walton, M. W.	254	8084020	Ward, V. H.	179
1960111	Walliman, C. G. M.	231	5203357	Walton, P.	190	505808	Wardill D. H.	274
5204710	Walling, G.	195	5205619	Walton, R. I.	121	8025131	Wardill, T. C.	46, 188
5205674	Wallis, A. D.	167	8407989	Walton, S. T.	173	5207979	Wardle, C. R.	198
9733	Wallis, C. M.	242	8023412	Wann, G. B. D.	142	5206424	Wardle, S. J. H.	182
9119	Wallis, H. M.	192	8237640	Wannell, H. M.	198	5206580	Wardrop, T.	119
2616140	Wallis, P. S.	268	2644368	Waple, C. A.	133	8411743	Wardrope, A. B.	132
8260924	Walls, J. A.	201	214870	Waplington, L. M.	287		Ware, . G.	187
2649140	Walls, J. R. E.	131	409253	Warburton, A. M.	213	608521	Ware, A.	36, 98
214724	Walmsley, D.	286	4232751	Warburton, G. R.	28, 100	2628483	Ware, D. J.	118
8139658	Walmsley, D. A.	238	8024091	Warburton, P. L.	120	8023924	Ware, G. S.	59, 142
	Walmsley, The Rt Rev F. J.	80	4262707	Warburton, R. G.	281	8022820	Ware, I. H.	140
	Walmsley, Sir Robert.	5, 17	5204042	Warby, D. A. J.	193	5204920	Ware, Rev S. J.	223
5202026	Walne, K.	100	5205275	Ward, A. J.	156	595284	Wareham, F.	181
4281228	Walsh, A. W.	66, 192	8426877	Ward, A. J.	202	8286656	Wareham, M. J.	126
5206640	Walsh, I. J.	119	8153638	Ward, A. L.	173	8152295	Wariner, J. P.	163
2628405	Walsh, J.	161	8024853	Ward, A. M.	114	4323508	Waring, D. A.	57, 103
8218250	Walsh, J.	246	5201622	Ward, A. W.	189	8024095	Waring, J. M. R.	119
2622041	Walsh, J. M.	61, 107	1960776	Ward, B. J.	230	5202799	Waring, M. R.	188
	Walsh, L. M. P.	154	214851	Ward, C. A.	287	5205040	Waring, M. S.	161
91507	Walsh, M. C. F.	261	2618904	Ward, D.	104	2642696	Waring, M. W.	131
5205079	Walsh, N. R.	115	5201042	Ward, D. A. R.	14, 156	9650	Waring, S. J.	168
5205030	Walsh, P.	181	8300217	Ward, D. N.	182	1949706	Wark, S.	231
208909	Walsh, R. H.	268	214706	Ward, G.	286	214871	Warke, C. A.	287
8248493	Walsh, S. W.	132	8300836	Ward, G.	152	214010	Warman, A. D.	281
212452	Walshaw, R. N.	274	8032152	Ward, G. F.	141	213354	Warman, J. L.	278
210473	Walter, T. D.	270	5203699	Ward, I.	164	2642429	Warmerdam, P. J. R.	130
8012725	Walters, A. C.	234	211822	Ward, I. M.	272	8151175	Warmington, M. A.	162
5204208	Walters, A. J. C.	110	5207133	Ward, Rev I. S.	224	5203500	Warmington, N. B.	112
214313	Walters, A. M.	283	4270010	Ward, J.	243	91454	Warncken, B. C.	262
5207305	Walters, J.	198	2644493	Ward, J. C. V.	174	5204821	Warne, A. P.	177
5207931	Walters, J. N.	247	2628307	Ward, J. D. R.	118	213623	Warner, A. J.	279
8194486	Walters, K.	280	300909	Ward, J. F.	243	8182740	Warner, A. M.	174
8000804	Walters, M.	200	2635406	Ward, J. L.	182	5202738	Warner, D. L.	272
5201146	Walters, P. S.	114	5207246	Ward, J. M.	196	8028207	Warner, J. E.	102
214392	Walters, R. J.	284	2627870	Ward, K. A.	240	211140	Warner, P. S.	271
5201696	Walters, R. J.	103	2642363	Ward, K. N.	132	8135115	Warner, S. R.	200, 312
213216	Walters, S. A.	277	8011383	Ward, M. A.	197		Warnes, A. E.	154
300923	Walters, T. J.	258	213417	Ward, M. C. J.	278	8211745	Warr, S. A.	167
8028055	Walters-Morgan, R.	111	4280401	Ward, M. J.	243	5208543	Warren Rothwell, P. P.	150
	Walton, A. G.	96	5204098	Ward, M. M.	157	8060025	Warren, A. Y.	206
			8029193	Ward, N. P. D.	122	8304759	Warren, C. A.	131
			213920	Ward, P. D.	280			

417

INDEX

Personal No		Page No	Personal No		Page No	Personal No		Page No
5207873	Warren, C. J.	125	5208230	Watkins, T. C. S.	173	8029811	Watts, R. D.	126
5207813	Warren, D. J.	125	5208374	Watkins, T. K.	201	8116885	Watts, S. H.	238
8024223	Warren, D. R.	144	212915	Watkinson, C.	276	8028494	Waudby, S. L.	108
5206389	Warren, J.	171	5208335	Watkinson, S. J.	184	213291	Waugh, M. K.	277
8028481	Warren, J. D.	116	8089175	Watling, N. D.	230	8029727	Waugh, P.	125
3521807	Warren, J. J.	243		Watson, . R.	154	5206658	Way, C. S.	166
210370	Warren, J. S.	269	8096018	Watson, A. J.	146	5204704	Waygood, S. A.	24, 190
8053491	Warren, L. A.	288	2631826	Watson, A. T. N.	240	8026708	Wealleans, E. A.	106
4230351	Warren, L. C.	280	5207598	Watson, B. J.	167	2629241	Weatherly, S. A.	240
8154294	Warren, M. C.	172	2630986	Watson, B. L.	240	8026542	Weatherston, S. A.	276
5205909	Warren, M. D.	50, 112	209649	Watson, C. L.	268	5202168	Weaver, C. B.	158
8026444	Warren, M. D. A.	114	300919	Watson, C. R.	245	213924	Weaver, P. M. G.	257
2621909	Warren, P. J.	109	2658759	Watson, C. S.	175	8024057	Weaver-Smith, P. A.	144
8014870	Warren, P. L.	237	8026314	Watson, C. S. H.	114, 309	8172698	Weavill, R. G.	201
8026641	Warren, S. F.	70, 100	5205463	Watson, C. W.	180	211802	Webb, A. W.	272
2644003	Warren, T. J.	134	8010472	Watson, D.	234	4278925	Webb, B. P.	144
2621061	Warrender, B. R.	268	213610	Watson, D. A.	279	5204320	Webb, C.	161
214533	Warrender, M.	285	8028068	Watson, D. C.	108	5208073	Webb, Rev C.	224
212403	Warrender, N. R.	274	8094608	Watson, D. C.	127	214096	Webb, C. J. P.	283
8026611	Warrick, N. W.	58, 138	5207753	Watson, E. J.	142	212221	Webb, D. J.	273
8141235	Warrilow, J. T. W.	236	2635352	Watson, G. M.	154	91415	Webb, E. A. H.	252, 284
	Warrington, T. C. St. J.	18	8260644	Watson, I.	121	213710	Webb, J. F.	279
306271	Warwick, K.	201		Watson, J. A.	132, 312	214074	Webb, J. F.	281
8002120	Warwick, N. C.	192		Watson, J. M. C.	28		Webb, J. K. H.	220
212760	Warwick, N. P.	275	300832	Watson, J. R.	243	2629194	Webb, J. M. L.	108
8029000	Warwick, P. J.	121	8141441	Watson, J. R.	112	8304782	Webb, K. R.	131
8225091	Warwick, P. J.	182, 311	5204885	Watson, K. J.	107		Webb, Mr S.	17
8018711	Washington-Smith, J. P.	156	8101536	Watson, L. B.	283	2643866	Webb, O. W.	130
306318	Wass, H. L.	173	213956	Watson, M.	281	8140859	Webb, R.	236
1936798	Wass, M.	229	214367	Watson, M. S. J.	283	213752	Webb, R. G.	279
8029071	Waterfall, G. M.	110	5205696	Watson, N.	168	5208173	Webb, S. F.	148
8023706	Waterfield, B. J.	191	212034	Watson, N. A.	273	214755	Webb, S. L.	286
8098354	Waterfield, W. E.	235	5203193	Watson, N. J.	101	2648182	Webb, S. M.	258
1961232	Waterhouse, A. H.	231	4233317	Watson, N. M.	107	8300337	Webb, W. M.	183
5206835	Watermeyer, S. R.	247	8302820	Watson, P. J.	184	8028768	Webb-Dicken, R.	120
8014794	Waters, P. J.	166	5203752	Watson, P. L.	39, 187	5207898	Webber, D. J.	125
8027853	Waters. R. D.	281	2630621	Watson, P. M.	283	212842	Webber, G. R.	252
5208236	Waterson, J. A.	131	8023880	Watson, R. A. H.	240	5208040	Webber, P. N.	200
5207884	Waterworth, G. K.	182	8118098	Watson, R. M.	62, 141	8029581	Webber, R. B.	124
5207637	Watford, I. R.	169	2635396	Watt, A. W.	197	690471	Webber, S.	160
5206435	Watkin, J. S.	171	209543	Watt, D. A. L.	248	5205570	Webber, W. H. J.	111
5202313	Watkins, B. J.	114	5207705	Watt, K.	268	5204408	Weber, E. R.	179
5207765	Watkins, D. L.	244	212908	Watt, K. G.	168	2619191	Webley, D. L.	103
8029522	Watkins, D. M.	146	2627000	Watt, N. R.	276	5208039	Webster, A. J. E.	142
211280	Watkins, D. V.	271	1949958	Wattam, D. M.	117	5208566	Webster, C.	133
5207597	Watkins, G. D.	167	8023735	Wattam, P.	230	690229	Webster, D. M.	158
8117110	Watkins, J. D.	233	211721	Watton, R. J.	179	8023384	Webster, D. S.	143
4259236	Watkins, M.	252	2644393	Watts, A. J.	272	8140862	Webster, E.	62, 76, 140
5203055	Watkins, M. J. G.	205	5206929	Watts, D.	180	306215	Webster, J. D.	200
4279141	Watkins, M. W.	232	5204354	Watts, D. J.	164	8024329	Webster, J. T.	193
2633307	Watkins, P. A.	122	8300413	Watts, D. L.	148	8031791	Webster, M. K.	190
8284851	Watkins, S. C.	170	210347	Watts, P. A.	269	8025703	Webster, M. S.	268
8302606	Watkins, S. N.	183	2633743	Watts, P. A. F.	122	8098982	Webster, N. J. R.	238
			2628614	Watts, R. A.	115	8028896	Webster, P. E.	112

INDEX

Personal No	Page No	Personal No	Page No	Personal No	Page No
2636542 Webster, P. J. 124		8020907 Wells, T. J. G. 113		8020921 Wheatcroft, J. G. 10, 156	
8116791 Webster, R. J. 141		4286002 Wellstead, V. J. 231		214571 Wheatley, J. L. 285	
8151385 Webster, S. M. J. . . 164		8001937 Wellsteed, M. A. . . . 286		9373 Wheeler, A. J. 143	
5207325 Webster, T. M. 205		0593137 Welsh, B. H. 230		4262938 Wheeler, B. 229	
214929 Weddle, D. G. 287		2627203 Welsh, M. 118		8300713 Wheeler, B. 149	
Wedge, R. E. 94		8025816 Wensley, C. C. 112		212983 Wheeler, D. J. 276	
Weeden, J. 39, 226		1945935 Werndly, S. 232		5204355 Wheeler, D. J. 119	
5208629 Weeden, T. A. 151		5202792 Wescott, M. R. J. . . 104		Wheeler, Dr R. C. 66	
5207053 Weedon, G. C. 121		4233555 Wesley, C. J. 109		8304106 Wheeler, I. R. 198	
8300860 Weekes, J. R. 152		0689094 Wesley, D. A. 230		2647195 Wheeler, J. A. 259	
213720 Weekes, N. C. F. . . . 256		Wesley, D. M. 176		8241458 Wheeler, J. E. 150	
5208436 Weekes, S. A. 173		8190336 Wesley, N. P. 120		5204514 Wheeler, J. K . . . 36, 188	
2628710 Weeks, R. M. H. . . . 121		8028242 Wesley, R. J. 111		8128933 Wheeler, M. 194	
595912 Weight, M. J. 193		5204683 West, C. M. 138		8029598 Wheeler, M. A. 122	
688264 Weight, P. E. 158		2635583 West, C. R. 128		8024784 Wheeler, O. J. 113	
5203179 Weightman, G. R. . . 115		300865 West, D. J. 243		5204284 Wheeler, P. G. 165	
8027210 Weir, A. W. 116		2642474 West, D. J. 131		8052106 Wheeler, P. J. 183	
306182 Weir, C. A. 199		8123984 West, I. J. 192		Wheeler, Sir Roger. . . 5	
211623 Weir, D. C. J. 272		8062626 West, M. E. 189		8300102 Wheeler, S. C. 147	
409276 Weir, H. 213		8175474 West, N. J. 233		8027320 Wheeler, T. J. 108	
Weisman, Rev M. . . . 80		8026543 West, P. C. 14, 102		Wheelwright, B. D. . . . 30	
8028719 Weiss, R. M. J. 277		306366 West, S. L. 208		8300768 Whelan, G. 184	
4281368 Welberry, J. 167		5202716 West, S. P. . . 36, 58, 158		4275384 Whelan, J. B. D. 242	
5208119 Welborn, J. M. 199		211823 Westacott, E. 272		306074 Whetnall, H. C. 146	
212211 Welborne, R. G. . . . 273		2649258 Westbrook, A. L. . . . 150		91487 Whichelo-Page,	
212411 Welbourne, R. J. . . . 274		2649816 Westcott, S. J. 201		E. A. 257	
8018908 Welburn, M. 156		8100244 Western, G. R. 196		8026646 Whinton, A. J. 114	
5202395 Welburn, S. 156		211379 Westgate, A. J. 281		8304637 Whipp, R. I. 130	
4081438 Welch, F. I. 252		210803 Westgate, P. R. 270		8098068 Whitaker, J. 162	
Weldon, C. 311		212720 Westlake, R. G. 275		5203993 Whitaker, P. J. W. . . . 101	
209915 Weldon, C. A. 269		213275 Westley, P. J. 277		1946129 Whitbourn, P. J. 229	
408545 Welford, A. M. 213		5205624 Weston, A. J. 164		9764 Whitbread, A. J. 246	
8027591 Welham, A. R. D. . . 101		5206285 Weston, C. T. 169		2637710 Whitbread, K. M. . . . 244	
8029701 Wellard, C. J. 246		5203496 Weston, Rev I. J. . . . 223		594524 Whitbread, P. C. A. . . 105	
5206441 Weller, T. R. 124		214311 Weston, N. S. 283		5206553 Whitbread, T. 205	
8029625 Welling, S. C. 146		8151305 Weston, P. J. 117		8260115 White, A. A. F. 142	
213268 Wellings, D. J. 277		212011 Weston, P. T. 273		White, A. D. 95	
211428 Wellings, H. J. 272		5069058 Westwell, D. K. 251		212527 White, A. J. 274	
8029643 Wellings, N. D. 182		213365 Westwood, E. A. . . . 278		214414 White, A. J. 283	
2641484 Wells, A. E. 129		212227 Westwood, E. A. W. 273		5206359 White, A. J. 170	
8024417 Wells, A. J. 141		8300733 Westwood, M. D. . . 131		8029771 White, A. J. 147	
Wells, Dr B. H. 12		4279310 Westwood, M. H. . . 233		214507 White, B. 285	
9925 Wells, C. E. 246		4231753 Westwood, M. P. 60, 99		5208537 White, C. A. 133	
209693 Wells, D. J. 268		2630814 Westwood, P. G. . . . 120		306211 White, C. E. 149	
8029024 Wells, G. R. 110		213964 Wetherall, M. 281		213461 White, C. M. 278	
5208547 Wells, J. C. 150		8141046 Wetherell, M. J. . . . 236		2636847 White, D. A. C. 274	
5205447 Wells, J. W. 166		Whalley, P. 34, 93		3529075 White, D. A. C. 243	
8302821 Wells, L. A. 202		213136 Whalvin, H. J. J. N. 277		White, D. H. 97	
5205632 Wells, M. C. 164		214381 Whalvin, J. C. 283		8023676 White, D. J. 256	
1950225 Wells, M. J. 232		2628360 Wharmby, N. E. . . . 102		5206022 White, D. K. 111	
212719 Wells, P. A. 275		2628459 Wharmby, P. W. . . . 112		5208578 White, E. P. 173	
1946295 Wells, P. A. 229		8151564 Wharrier, I. 166		214831 White, F. C. 287	
8304731 Wells, R. 130		2642265 Wharry, M. G. 135		214464 White, H. J. 284	
8304606 Wells, R. A. C. 129		8100954 Whatley, A. E. 232		213371 White, J. E. 278	
8020323 Wells, R. P. D. 116		8024978 Whatmore, A. G. . . . 112		8247694 White, J. E. 218	

419

INDEX

Personal No		Page No	Personal No		Page No	Personal No		Page No
8024391	White, J. J.	145	5208136	Whiting, D.	214	212693	Wiggins, S. J.	275
5207987	White, Rev J. M.	224	4220312	Whiting, D. T.	237	8302761	Wigglesworth, C. A.	148
5204914	White, J. P.	140	5208462	Whiting, P. D.	200	8028670	Wigglesworth, D. J.	119
8300182	White, J. P.	147	8023607	Whitmell, J. W.	191	5206152	Wigham, R. C.	112
	White, J. W.	57, 96	91443	Whitmey, R. J.	261		Wight-Boycott,	
9750	White, K. M.	196		Whitmore, J. C.	66		A. B.	74, 250
306390	White, L. L.	152	5205415	Whitmore, M. J.	112	2636625	Wightman, D. J.	129
212268	White, M.	274	5208467	Whitnall, M. G.	133	4286084	Wightwick, D. R.	232
408920	White, M. E.	213	4232168	Whitney, J. R. A.	98	8029254	Wignall, P.	246
2622259	White, M. E.	269	5207391	Whitney, M. A.	129	5205677	Wigston, M.	122
	White, M. G. F.	18, 92	4232512	Whitston, J. R.	55, 98		Wilby, D. J. G.	45, 92
2628533	White, M. J. H.	254	5208708	Whittaker, B.	135	8302532	Wilby, N. S.	245
5208570	White, N. D.	150	5203646	Whittaker, D. A.	157	209513	Wilby, P. D.	268
8090115	White, P. J.	161	2636126	Whittaker, I. D.	124	1962329	Wilby, S. K.	165
212038	White, R.	273	213269	Whittaker, S. M.	277	1943666	Wilce, R. T.	230
5204718	White, R. D. R.	115	211914	Whittenbury, W. P.	273	5205026	Wilcock, A. C.	41, 205
4335650	White, R. W.	36, 138	210069	Whitters, P. D.	269	212454	Wilcock, N.	274
8213480	White, T. A.	167	5202748	Whittingham, D. L.	101	8020969	Wilcock, N. J.	111
	White, T. P.	254	8026510	Whittingham, J.	100	8151763	Wilcock, S. J.	165
8000050	White, W.	230	8103787	Whittingham, R. C.	169	8083874	Wilcox, J. A.	231
8027533	White, W. A.	108		Whittingham,		4231731	Wilcox, P. H.	103
5205371	White, W. B.	116		R. J.	44, 153	8176899	Wilcox, R. J.	182
	White, W. W.	75	2623637	Whittingham,		8024658	Wilczek, D. S. E. P.	146
8026283	Whitehead P. F.	275		R. T.	55, 102	214962	Wild, C.	288
4278002	Whitehead, C. M.	238	5050403	Whittington, J. W.	271	8229320	Wild, J. E.	171
5201812	Whitehead, G. E.	159	5208184	Whittle, C. L.	207	8009662	Wild, J. R.	170
2626447	Whitehead, M. D.	108	8133975	Whittle, H. G.	238	5205506	Wildeman, M.	254
213871	Whitehead, M. S.	280	5207153	Whitty, M. A.	197	5202206	Wilder, R. A.	102
8023861	Whitehead, N.	144	8204128	Whitwham, M. D.	181	8029975	Whiley, S. K. T.	125
2649933	Whitehead, N. C.	133	8028692	Whitwood, S. L.	119	5204975	Wilding, A.C.	156
306333	Whitehead, N. H.	201	8260777	Whitworth, J. A.	133		Wildman, P. G.	94
214536	Whitehead, S. J.	285	8300243	Whitworth, J. M.	147	1933083	Wiles, H. B.	273
212698	Whitehead, V. G.	275	5203692	Whitworth, P. D.	115		Wiles, M. J. G.	176
8304439	Whitehill, J.	129	8027246	Whitworth, R. C.	106	213549	Wilkes, C. A.	284
508271	Whitehouse,		4232264	Wholey, R. E.	72, 98	2640156	Wilkes, J.	130
	M. B.	29, 100	2636062	Whyatt, O. B.	122	5205288	Wilkes, J. G.	163
8134667	Whitehouse, S.	172	8253080	Whyborn, C. M.	199	8029511	Wilkie, D. W.	123
2653917	Whitehouse, S. R.	134	5208630	Whyman, K.	134	209332	Wilkie, R. M.	268
212904	Whitelaw, D. J.	276	306118	Whyte, E.	172	8082874	Wilkin, D.	274
8019141	Whiteley, A. M.	159		Whyte, P.	19	4231944	Wilkin, R.	105
5208553	Whiteley, D. J.	151	306153	Whyte, S. J.	199	8130770	Wilkins, A. J.	142
212474	Whiteley, H. E.	256		Wickham, Mr J. E. A.	221	8236030	Wilkins, D. E.	182
8304888	Whiteley, N. A.	135	211461	Wickwar, P. J.	272	8152380	Wilkins, M. E.	168
5208331	Whiteley, N. O. M.	150	4232172	Widdess, J. D. McM.	103	5200945	Wilkins, M. J.	155
214156	Whiteman, R. C.	282		Widdowson, Dr J.	21	8141570	Wilkins, P.	112
2642579	Whiteman, T. J.	131		Widdowson, M. K.	41		Wilkins, P. A.	41
214256	Whiten, P. R.	282	8028259	Widger, W. J.	180	8023054	Wilkins, R. A. W.	138
209000	Whitestone, A. E. N.	268	8300693	Wienburg, E. F.	149	2623209	Wilkins, S. J.	117
8031881	Whiteway, H. A.	45, 138	8198816	Wiener, J. S.	196	2628517	Wilkinson, A. C.	144
688522	Whitfield, C.	231	594794	Wier, P. R.	234	2653827	Wilkinson, A. J.	133
8024012	Whitfield, K. H.	192	8118619	Wiffin, R. K.	228	2643058	Wilkinson, D. J.	200
5207599	Whitfield, M. M.	244	8224247	Wiggans, I. R.	146		Wilkinson, J.	81
409198	Whitfield, S.	249	208512	Wiggins, A.	267	2624234	Wilkinson, J.	104
214966	Whitford, P. T.	287	212692	Wiggins, D. A.	275	4232331	Wilkinson, J. N.	241
8141652	Whitham, P. E.	237	211969	Wiggins, P. E.	273	9697	Wilkinson, K.	193

INDEX

Personal No		Page No	Personal No		Page No	Personal No		Page No
5206810	Wilkinson, K.	195	5205342	Williams, D. V.	192	5206933	Williams, N. P.	120
5205900	Wilkinson, M.	192	214707	Williams, E. C.	286	8028340	Williams, N. P.	118
8177209	Wilkinson, M.	278	8153112	Williams, E. D.	172	8221300	Williams, N. P.	173
5208267	Wilkinson, M. G.	150	2659762	Williams, E. L.	135	306301	Williams, O. A.	201
5204383	Wilkinson, N. W. R.	188	208896	Williams, F. S.	268	5202707	Williams, P.	33, 99
	Wilkinson, P. J.	41	1950050	Williams, G.	232	8026211	Williams, P. F.	143
5207348	Wilkinson, P. J.	171	5205882	Williams, Rev G.	224	2644426	Williams, P. J.	133
8140997	Wilkinson, R. A.	237	8187516	Williams, G.	34, 162	8028795	Williams, P. J.	120
8260486	Wilkinson, S. J.	132	8027103	Williams, G. A.	36, 189	5204272	Williams, P. L.	164
2630342	Wilkinson, S. N.	166	2640133	Williams, G. D.	149	8260014	Williams, P. L.	142
5205653	Wilkinson, S. R.	162	5205283	Williams, G. D. V.	192	212501	Williams, P. M.	274
5203138	Wilkinson, T. A.	106	5204256	Williams, G. J.	117	4335797	Williams, P. R. B.	41, 190
210049	Wilkinson, T. S.	269	210967	Williams, G. N.	271	5204463	Williams, R. A.	14, 177
8300812	Wilkinson-Cox, P. M. A.	152	8095893	Williams, G. T.	178	211366	Williams, R. B.	259
2637116	Will, D. E.	172	2630248	Williams, G. W.	117	4231496	Williams, R. G. C.	242
210939	Willacy, B. F.	270	8029784	Williams, H.	125		Williams, R. H.	14, 39, 213
	Williams, R. H.	4	5207278	Williams, H. J.	167	2627730	Williams, R. J.	281
5201351	Willenbruch, A. G.	11, 155	9881	Williams, H. M.	171	8001450	Williams, R. J.	231
2644223	Willers, S. J.	133	5205287	Williams, I. A.	194	8425925	Williams, R. J.	174
8132712	Willerton, A.	193	8027148	Williams, I. R.	105	8260442	Williams, R. M.	132
8026849	Willey, N. W.	105	5205062	Williams, I. S.	181	8411178	Williams, R. M.	284
212805	Willey, R. E.	275	214469	Williams, J. D.	284	4286895	Williams, R. N.	138
4289870	Williams, A. D.	271	214574	Williams, J. D.	285	8029166	Williams, R. O.	121
8229640	Williams, A. G.	146	5205106	Williams, J. D.	161	3521533	Williams, R. S.	272
2619239	Williams, A. H.	103	4232606	Williams, J. G.	60, 101	4150352	Williams, R. T.	279
5206232	Williams, A. J.	124	1950310	Williams, J. H.	231	210749	Williams, S.	270
2654275	Williams, A. K.	135	2623576	Williams, J. K.	105	5207724	Williams, S.	244
1937947	Williams, A. T.	229	5203635	Williams, J. M.	115	5205158	Williams, S. B.	143
22623576	Williams, J. K.	11	306144	Williams, J. S.	128	2629142	Williams, S. C.	112
208408	Williams, B. C.	267	214076	Williams, J. T.	281	8119744	Williams, S. C.	115
8029756	Williams, C. C.	125	2639305	Williams, J. V.	126	215002	Williams, S. D.	288
2628430	Williams, C. D.	110	214808	Williams, K.	287	5207264	Williams, S. G.	196
5204207	Williams, C. D.	120	8070106	Williams, K.	231	8012300	Williams, S. G.	105
8304079	Williams, C. D.	126	8024350	Williams, K. D.	196	8300846	Williams, S. G.	152
213976	Williams, C. G.	281	593841	Williams, K. L. D.	260	595524	Williams, S. K.	181
2640834	Williams, C. R.	183	0595408	Williams, L. F.	232	2649961	Williams, S. M.	133
5208012	Williams, D.	198	8029628	Williams, L. P.	124	2637773	Williams, S. P.	127
8304569	Williams, D.	129	213087	Williams, M.	277	5207094	Williams, S. T.	112
	Williams, D. A.	45, 94	5207231	Williams, M.	207	5202780	Williams, T. B.	160
5023794	Williams, D. A. K.	139	5207819	Williams, M.	125		Williams, T. J.	31, 95
5208011	Williams, D. B.	149	5208393	Williams, M.	150	3528299	Williams, T. J. W.	274
608720	Williams, D. C.	98	8022678	Williams, M.	139	5201179	Williams, V.	140
5207943	Williams, D. I.	108	8023457	Williams, M.	191	8027631	Williams, W.	116
8219956	Williams, D. J.	168	8026553	Williams, M. A.	100	409248	Williams, W. B.	213
8300000	Williams, D. K.	146	8027222	Williams, M. A.	241	2624967	Williams, W. D.	101
2635600	Williams, D. M.	132	8127124	Williams, M. A.	189	4236766	Williams, W. E. R.	230
8029069	Williams, D. M. P.	240	2628563	Williams, M. J.	167	8013073	Williams, W. J. A.	169
	Williams, D. N.	154	8023318	Williams, M. J.	143	8023177	Williamson, B. T.	140
8300687	Williams, D. O.	149	5207653	Williams, M. P.	123	5203404	Williamson, C. M.	156
	Williams, D. R.	45, 93	595159	Williams, M. R.	182	214324	Williamson, D.	283
213290	Williams, D. R.	277	2654240	Williams, M. R.	202	8130975	Williamson, I. D.	192
5202466	Williams, D. R.	179		Williams, Mr R.	13	4232042	Williamson, J.	113
5206526	Williams, D. R.	118		Williams, Mr. J. M.	254	1946184	Williamson, J. A.	231
				Williams, N.	9, 136	213743	Williamson, J. M. C.	279
			594953	Williams, N. E.	200			

421

INDEX

Personal No		Page No	Personal No		Page No	Personal No		Page No
5208392	Williamson, J. S.	150	5204314	Wilson, A. R.	194	2639291	Wilson, R. J.	148
211538	Williamson, J. W.	272	8304783	Wilson, B.	131	8014089	Wilson, R. J.	270
	Williamson, Sir Keith	90	213613	Wilson, B. B.	279	4233381	Wilson, R. L.	268
213165	Williamson, M. A.	277	8027049	Wilson, C.	115	8043049	Wilson, S. C.	143
213835	Williamson, M. A.	280	2626520	Wilson, C. B.	118	5203877	Wilson, S. J.	107
214525	Williamson, M. A.	285	306306	Wilson, C. J.	150	5204069	Wilson, S. J.	160
2627170	Williamson, M. B.	162	4278753	Wilson, C. J.	166	5207331	Wilson, T. J.	244
608927	Williamson, M. C.	240	214727	Wilson, C. S.	286	2630918	Wilson, W. D. M.	116
5206095	Williamson, N. P.	165	5208654	Wilson, C. T.	133	4202360	Wilson, W. J.	246
2628768	Williamson, P. M.	122	8029413	Wilson, D.	123	8027518	Wilson, W. J.	110
5206350	Williamson, S. C.	170	5202274	Wilson, D. A.	100	212871	Wilson-Benn, A.	276
214495	Willies, A. M.	285	2642727	Wilson, D. C.	131	5207279	Wilson-Smith, G. K.	169
8232252	Willingham, Y.	145	8008036	Wilson, D. C.	233		Wilton, C. J. A.	27
5205156	Willis, Rev A. L.	223	8020842	Wilson, D. G.	155	8012489	Wiltshire, J.	10, 157
8302803	Willis, A. L.	152	8151593	Wilson, D. J.	162	213819	Wiltshire, M. J.	280
4335826	Willis, A. P.	259	5203108	Wilson, E. R.	282	8252278	Wincott, S. M.	169
5206213	Willis, A. S.	165	209568	Wilson, F. K.	268	681922	Winder, D.	273
8028752	Willis, A. S.	109	9571	Wilson, G.	193		Windeyer, Sir Brian	221
8300478	Willis, B. D.	148	209052	Wilson, G. A.	268	209584	Windo, A. R.	268
4280182	Willis, C. W.	238	1947923	Wilson, G. A.	162	2658761	Windridge, J. L.	185
	Willis, G. E.	38, 92	8025817	Wilson, G. C.	114		Wines, D. A.	31
8024654	Willis, M. E.	162	8300153	Wilson, G. D.	147	1941704	Winfield, A. P.	229
3153966	Willis, M. R.	267	300900	Wilson, H.	242	5207814	Winfield, D. A.	206
8027408	Willis, P. A.	24, 102	8020037	Wilson, I. A.	163	8106061	Winfield, D. J.	233
211803	Willis, R. J.	260	211414	Wilson, J.	272	8151340	Winfield, R. J.	166
1945139	Willis, R. J.	229	8092448	Wilson, J.	231	8059455	Wingfield-Griffin, J. A.	282
306213	Willis, S. C.	201		Wilson, J. D.	28			
5207255	Willis, S. R.	196	5207789	Wilson, Rev J. K.	224	5204159	Wingham, A.	205
213467	Willis, T. C.	278	5204228	Wilson, J. M.	111	409509	Wingham, A. E.	249
2618744	Willison, D. J.	276	5207335	Wilson, J. P.	183	213661	Wingrove, D. J.	279
609312	Willman, W. T.	270	594797	Wilson, J. R.	191	5203238	Wingrove, G. E.	159
	Willmer, S. J.	12	5206388	Wilson, J. W. I.	171	4232026	Winkles, A. R. C.	98
	Willmett, A. M.	42	0688583	Wilson, K.	231	211935	Winks, C. W.	273
8032593	Willmot, P. S.	259	595693	Wilson, K. J.	182	8125136	Winks, K.	182
8025729	Willmott, N. P.	10, 138	212545	Wilson, K. R.	274	8019526	Winner, P. C.	235
213651	Willows, S. L.	279	8291856	Wilson, L. J.	184	2640294	Winnister, P. A.	134
5204122	Willox, K. W.	193	8300290	Wilson, L. M.	182	212732	Winrow, N.	275
209310	Wills Pope, B. W.	268	2633087	Wilson, M. A.	121		Winskill, Sir Archie	3
8304833	Wills, B. T.	134	5200891	Wilson, M. E.	156	5206869	Winsor, N. W.	120
8027373	Wills, C. J.	110	1943754	Wilson, M. J.	270	8100794	Winspear, R. I.	231
214828	Willshire, D. J.	287	8029743	Wilson, M. J.	125	8024607	Winstanley, D.	141
8032279	Willson, B.	142	5206289	Wilson, M. R.	169	5204756	Winstanley, T.	41, 188
8028660	Willson, S.	120	214549	Wilson, N.	285	213169	Winter, J. L.	277
1947150	Wilmers, D. H.	191	213117	Wilson, N. J.	277	2658762	Winterbone, T.	175
0688148	Wilmott, M.	233	8302622	Wilson, N. J.	148	5205869	Wintermeyer, M. J.	117
8023608	Wilmshurst-Smith, J. D.	14, 140		Wilson, P.	41	1950150	Winters, I. S.	231
	Wilsey, Sir John	81	214550	Wilson, P.	285	211618	Winton, N. O.	272
1960753	Wilson, A.	157	5207849	Wilson, P.	163	2623625	Winwood, C. D. L.	36, 157
8300416	Wilson, A.	148	8250613	Wilson, P.	170	8029121	Winwright, G. A.	122
212303	Wilson, A. D.	257	8055967	Wilson, P. A.	41, 189	211199	Wiper, K. J.	271
5205449	Wilson, A. D.	116	8029082	Wilson, R. A.	121	5207772	Wirdnam, G. T.	122
2634349	Wilson, A. G. A.	170	4278010	Wilson, R. B.	230	209319	Wise, P. G.	268
5207208	Wilson, Rev A. J.	224	4233556	Wilson, R. C.	276	2634429	Wisely, A. C. E.	127
8101331	Wilson, A. J. O.	181		Wilson, R. D.	81	2639374	Wiseman, F.	183
			2628303	Wilson, R. D.	118			

INDEX

Personal No		Page No	Personal No		Page No	Personal No		Page No
2623561	Wiseman, R. A.	241	8032608	Wood, L. G.	243	8153945	Woods, D. K.	173
5208483	Wiseman, S. T.	150, 310	5203722	Wood, M. A.	116	4160796	Woods, G.	250
5203201	Wishart, G. K.	156	8025680	Wood, M. A.	113	8302631	Woods, H. L.	149
4278782	Wishart, R. T.	229	594531	Wood, M. J.	182	213313	Woods, I. R.	277
8018642	Wishart, W. S. C.	235	5206437	Wood, M. J.	148	8070304	Woods, K. W.	230
5200761	Wistow, M. R.	111	8114188	Wood, M. J.	252	8304410	Woods, M. J.	128
8304078	Witcombe, P. R.	126	8028807	Wood, M. L.	120	5206260	Woods, R. A.	169
8029607	Witcombe, T. J.	112	211367	Wood, M. R. O.	271	8026978	Woods, R. D.	241
5204007	Withams, S. J. A.	281	5205247	Wood, M. S.	143	213164	Woods, R. M.	277
4232931	Withers, B. R.	105	2633107	Wood, N.	122	5207047	Woods, R. M.	121
211855	Withers, N. R.	273	5206019	Wood, N. C.	163	211671	Woods, S. A.	272
8152066	Withers, R. M.	169	8302800	Wood, N. M.	201	2631981	Woods, S. B.	170
214563	Withersby, E. D.	285		Wood, N. R.	95	210282	Woods, S. J.	269
8029070	Withington, D. J.	121	8300009	Wood, P.	146	8302531	Woods, T. E.	278
5207698	Withnall, R. D. J.	207	5054513	Wood, P. A. W.	270	8028097	Woods, T. J. A.	111
8020995	Witney, W. B.	43, 157	1961012	Wood, P. J.	272	1950519	Woods, T. L.	218
8304560	Witte, J. M.	130	8032030	Wood, P. M.	67, 138	2653630	Woodward, A. K.	134
2626951	Witts, C. B.	116	214552	Wood, R.	285	210392	Woodward, I. D.	269
	Witts, Dr A.	10	1945573	Wood, R. B.	244	5208441	Woodward, J.	132
	Witts, J. J.	3, 95	212446	Wood, R. P.	274	2636166	Woodward, J. E.	124
5205508	Witts, P. D.	117		Wood, S.	39, 186	8024172	Woodward, M. F.	180
5207778	Wober, D. U.	182	210251	Wood, S.	269	8027519	Woodward, R. G. G.	141
213366	Wohlgemuth, J. F.	278	8023253	Wood, S. C.	41, 188		Woodward, R. J.	59
8028115	Wolfendale, P.	117	8032700	Wood, S. M.	198	8028402	Wooff, K. C.	118
8083234	Wolford, M. J.	233	8403255	Wood, S. M.	201, 312	8023793	Wookey, C. K.	191
8023404	Wolton, A. J.	191	213389	Wood, S. W.	278	210262	Woolcock, D. H.	269
	Wood, A.	12	8024432	Wood, T. H. P.	194	2626179	Wooldridge, J. B.	106
5206853	Wood, A.	163		Wood, T. J.	97	8285485	Wooler, D. V.	200
8112823	Wood, A.	234	5208325	Wood, T. J.	226	8018944	Woolfson, A. J.	236
208540	Wood, A. J.	270	306241	Wood, V.	198	8024634	Woolfson, C. A.	146
8405346	Wood, A. J.	172	8300834	Woodbourne, M. F.	152	608334	Woollacott, R. N.	41, 98
8304452	Wood, A. M.	129	8008137	Woodbridge, F. D.	231		Woollam, Miss S. E.	23
5208621	Wood, A. N.	174	214703	Woodburn, B. W.	286	8300594	Woolley, J. E.	200
207871	Wood, B.	267	213421	Woodbury, M. J.	278	214437	Woolley, M.	135
8304291	Wood, B. D. A.	171	2616265	Woodcock, B. N.	158	8029504	Woolley, M. G.	240
8024694	Wood, C. D.	62, 142	5208065	Woodcock, M. G. L.	208	209606	Woolliscroft, R. E.	268
5206556	Wood, C. N. W.	41, 226	213509	Woodcock, P.	278	209798	Woolven, A. J.	275
212317	Wood, C. P.	274	409489	Woodfine, D. M.	249	8106112	Woosey, D. C.	140
5202806	Wood, C. R.	190	5205709	Woodfine, D. S.	168	8283697	Wootten, M. J.	170
609314	Wood, C. R. S.	17, 155	8207101	Woodgate, A. M.	168	8304639	Wootten, P. W.	130
214781	Wood, C. S.	286	91411	Woodhead, S. J. M.	256	213516	Wootton, S.	278
210587	Wood, D.	270	5203574	Woodhouse, I. P.	159	2633064	Wootton, W. J.	123
586090	Wood, D. A.	251	8141185	Woodland, A. L.	237		Wordely, M. R.	62
8304638	Wood, D. G. D.	130	686566	Woodland, C. R.	161	8023346	Wordley, M. R.	138
8107263	Wood, D. I.	234	2630295	Woodland, R. K.	280		Worlock, P.	220
8026775	Wood, D. M.	101	0686183	Woodley, B. W.	230	8114892	Worrall, J. A.	139
2633730	Wood, D. R. W.	122	5206597	Woodley, P.	121	8124285	Worsfold, D. L.	200
2634342	Wood, E. J.	122	213118	Woodman, G.	277	214906	Worsley, S. E.	287
8300830	Wood, G. M.	312	8022919	Woodroffe, M. J.	48	212694	Worsnop, A. M.	275
8300831	Wood, G. M.	151, 310	8022919	Woodroffe, R. J.	188	211824	Wort, G. L. P.	272
5203307	Wood, I. N.	107	306275	Woodrow, S. C.	201	8010737	Worth, N. P.	169
210821	Wood, J. A.	274	214396	Woods, A. J.	283	8300699	Worthington, D.	149
2640953	Wood, J. P.	134	209501	Woods, B. J.	268	8111740	Wotton, R. E.	197
4283324	Wood, J. R.	231	508072	Woods, C. J.	17, 155	8260778	Would, C.	150
8028734	Wood, J. R.	119		Woods, D.	15	5205392	Wragg, S. G.	41, 139

423

INDEX

Personal No		Page No	Personal No		Page No	Personal No		Page No
211804	Wratten, A. J.	272	5207945	Wright, W. S.	118		**X**	
5205027	Wray, C. F.	160	5200707	Wright, W. W.	250			
2633185	Wray, H. L.	162	5205044	Wright-Cooper,		8102688	Xavier, F. Y.	282
8212018	Wray, P. M.	170		S. J. F.	180			
5205658	Wray, S. W.	164		Wright-Gardener,				
5203753	Wren, C. A.	160		P. J.	308			
8026925	Wren, R. J.	283	5203461	Wrigley, C. M.	114			
8024262	Wrenn, M. J.	145	608863	Wrigley, D. A.	161			
209373	Wright, A. G.	268	214809	Wrigley, G. K.	287			
2648945	Wright, A. J.	131	8021058	Wrigley, M. J.	157			
4231006	Wright, A. J.	251	5204880	Wroe, B.	213, 310			
8304656	Wright, A. J.	130	5205569	Wyatt, D. P. P.	119			
690298	Wright, A. R.	143		Wyatt, Dr G. B.	220			
212179	Wright, A. S.	273	5208469	Wyatt, P. D.	150			
8300700	Wright, C.	149	2639375	Wyatt, P. J.	129			
	Wright, C. J.	15, 34	690187	Wyer, E. J.	275			
8300862	Wright, D.	152	5207939	Wyeth, G. L.	198			
8304197	Wright, D.	127	5205031	Wylde, J. D.	140			
214518	Wright, D. M.	285	2643059	Wylde, P. F.	131			
9095	Wright, E.	190	8304816	Wylie, D. R.	133			
8027746	Wright, E. G.	116	8079113	Wylie, J. S.	231			
214986	Wright, F. K.	288		Wylie, J. W.	309			
211201	Wright, G.	271	608846	Wylie, M. D.	101			
5203227	Wright, G. A.	101	8300219	Wylor-Owen, R. G.	147			
2631884	Wright, I.	240	8284542	Wymer, R. J.	146			
8260383	Wright, I.	132, 312	9351	Wyn-Jones, E. W.	189			
2634564	Wright, I. N.	197		Wynn, B. M.	10, 154			
5205566	Wright, J.	119	8023029	Wynn, D. I.	190			
8014590	Wright, J. M.	165	8136775	Wynn, J. K.	116			
8419458	Wright, J. M.	198	1962109	Wynne, C. A.	156			
0594528	Wright, J. R. B.	229	5208108	Wynne, J. E.	212			
4276084	Wright, J. T.	103	5204705	Wynne, M.	161			
8152535	Wright, K. M.	167	8029633	Wynne, M. C.	243			
306073	Wright, L. J.	207	5208699	Wynne, R. J.	152			
5207276	Wright, M. A.	242	5206842	Wynne-Jones,				
211835	Wright, M. G.	272		Rev D.	224			
306336	Wright, M. J.	201		Wynne-Jones, M.	43			
2649261	Wright, M. J.	134	210345	Wyse, A. R.	269			
5205176	Wright, M. J.	113						
212230	Wright, M. R.	273						
8246072	Wright, M. S.	171						
8029123	Wright, N. D.	194						
5207326	Wright, P.	206						
8285685	Wright, R.	171						
	Wright, R. A.	38, 89, 91						
608344	Wright, R. C.	251						
8021320	Wright, R. D.	18, 100						
8304010	Wright, R. J.	125						
1946369	Wright, S.	237						
5205705	Wright, S.	197						
214016	Wright, S. L.	281						
8024401	Wright, S. Mck.	181						
595914	Wright, S. R. A.	191						
5208519	Wright, Rev T.	225						
208886	Wright, W. F.	256						

INDEX

Personal No		Page No	Personal No		Page No	Personal No		Page No
	Y		8023160	Young, M. J.	243		**Z**	
			8200729	Young, M. P.	180			
			8201489	Young, N. F.	118			
214498	Yaku, L.	285	5208413	Young, P. L.	132	8027983	Zanker, M. W.	117
214796	Yamin-Ali, S. S.	286	5207236	Young, R.	196	2633378	Zarecky, C. P. J.	125
8027201	Yapp, G. D.	105	8141257	Young, R. J.	110	2636047	Zervoudakis, A.	257
5204672	Yarnold, J. G. T.	140	214705	Young, S-D.	286			
5201433	Yarram, M. F.	178	5204095	Young, S.	160			
208645	Yarrow, P. N. S.	267	8028326	Young, S.	66, 102			
608194	Yarrow, S. W. S.	251	2649751	Young, S. E.	173			
5207036	Yarwood, J. T.	197	214835	Young, S. J.	287			
2625810	Yates, C. E.	279	8027745	Young, S. J.	70, 102			
	Yates, D. P.	154	8198496	Young, S. R.	198			
8233421	Yates, F. L.	286	8027924	Youngman, M. A.	111			
211366	Yates, G. J.	271	8023282	Youngs, R. A.	192			
2640192	Yates, J. A.	199						
8300880	Yates, P. D.	202						
211701	Yates, P. W.	272						
5206428	Yates, R. J.	126						
8141573	Yates, T. J.	122						
2630809	Yaxley, G. L.	264						
8101519	Yeaman, E.	233						
211619	Yee, R.	272						
4233567	Yeldham, N. S.	98						
8011681	Yelland, D. J.	232						
210289	Yeoell, A.	269						
5208347	Yeoman, D.	130						
211407	Yeomans, M. J. M.	272						
690442	York, P.	99						
1949398	Yorke, D. J.	193						
2630601	Yorston, I. S.	276						
8028510	Yorston, R. A.	119						
8141593	Yost, K. A.	237						
8115875	Youens, S.	234						
4231480	Young, A C. M. N.	243						
2621090	Young, A. A.	100						
8151453	Young, A. G.	163						
213124	Young, A. I.	277						
8027209	Young, A. J.	281						
212117	Young, B.	273						
5206189	Young, C.	194						
5207896	Young, C.	182						
9517	Young, C. A.	144						
5204673	Young, D. J.	160						
1942154	Young, G. A.	252						
5207009	Young, G. L.	113						
5203754	Young, J. A.	156						
8154208	Young, J. N.	171						
214177	Young, J. S.	282						
2603298	Young, K. A.	267						
8141658	Young, K. S.	237						
208876	Young, M.	268						
507881	Young, M.	104						
8023492	Young, M.	192						

Honorary Agents to the Royal Air Force

The Agent's role is to provide a service of personal financial advice to all members of the Royal Air Force no matter whether they bank with the Agent Banks or elsewhere. The advice is unbiased and free of charge and may range from the simplicity of opening an account to constructive advice on commutation and investment at the time of resettlement. The Agents also specialise in dealing with technical financial matters relating to Units and formations.

The Royal Air Force Agents are:

> Cox's & King's
> PO Box 1190
> 7 Pall Mall
> London SW1Y 5NA
> Freephone: 0800 317053

Cox's & King's is a branch of Lloyds TSB which specialises in military business. Advice given is impartial and tailored to each individual. The branch has access to a very broad range of specialists within Lloyds TSB Group.

> Holt's Branch, The Royal Bank of Scotland plc
> Lawrie House
> Victoria Road
> Farnborough
> Hampshire
> GU14 7NR
>
> Telephone: 0345 465871
> Facsimile: 01252 370 291

(Holt's Services Agency Limited is attached to Holt's Farnborough Branch of The Royal Bank of Scotland plc and can call upon a wide range of financial "expertise" in providing individual independent advice to service personnel of all ranks.)

LADY GROVER'S HOSPITAL FUND FOR OFFICERS' FAMILIES

Registered under the Friendly Societies Acts 1896 to 1974

Registered No. 474F

The OBJECT of the Fund is to help Officers to defray expenses incurred by the illness of their dependants, as shown below.

MEMBERSHIP is open to serving and retired male and female Officers of the three Services, for the benefit of their dependants; and to widows/widowers, daughters/sons, divorced wives/husbands of Officers, for their own benefit (UNDER CERTAIN CONDITIONS).

RATES OF BENEFITS

GRANTS. The amount of each grant is assessed on the basis of the actual expenses incurred, with maximum rates as follows: –

		Scale 'Y'
(a)	For the expenses of temporary residence in a hospital or nursing home	£1050 weekly
(b)	For the expenses of a temporary privately employed nurse	£280 weekly
(c)	For convalescence away from home	£280 weekly
(d)	For the expenses of a temporary Home Help	£140 weekly
(e)	In special cases, at the Committee's discretion, ex-Gratia payments	

The maximum period for which benefit is payable is payable in any period of twelve months is EIGHT weeks TWELVE weeks for Home Help ONLY

ANNUAL SUBSCRIPTION RATE:- SCALE 'Y'—£30
For particulars apply to: –

The Secretary, Lady Grover's Hospital Fund for Officers' Families
48 Pall Mall, London SW1Y 5JY

(enclose 30p to include postage, for Book of Rules)

REGULAR FORCES EMPLOYMENT ASSOCIATION
FINDING JOBS FOR EX FORCES PERSONNEL
RFEA LIMITED

49 PALL MALL,
LONDON, SW1Y 5JG

Telephone: 0207-321 2011
Fax: 0207-839 0970

Patrons
H.M. THE QUEEN
H.M. QUEEN ELIZABETH, THE QUEEN MOTHER

Chairman: Vice Admiral Sir GEOFFREY DALTON, KCB
Vice-Chairman: (RAF) Air Vice-Marshal M SMART, BA FIPD
Chief Executive: Major General M F L SHELLARD, CBE

"The Association operates a network of Branches throughout the UK and exists for the express purpose of assisting men and women to find employment and return to civilian life when they leave the regular Forces. They may register, as often as they wish, up to the national retirement age, provided they served in the ranks for a minimum of three years (or if medically discharged regardless of length of service). In 1998/99 the Association registered 9,315 ex-servicemen and women and placed 3,025 and of those 669 were from the RAF."

NATIONAL BRANCH NETWORK

ABERDEEN	LEEDS
BEDFORD	LINCOLN
BELFAST	LONDON (INNER)
BIRMINGHAM	LONDON (OUTER)
BRISTOL	MANCHESTER
BURY ST EDMUNDS	NEWCASTLE-UPON-TYNE
CARDIFF	NORTHAMPTON
CARLISLE	NORWICH
CHATHAM	NOTTINGHAM
CHELMSFORD	PLYMOUTH
CHELTENHAM	PORTSMOUTH
CHESTER	PRESTON
DARLINGTON	READING
DERBY	SALISBURY
DUNDEE	SHEFFIELD
EDINBURGH	SHROPSHIRE
EXETER	STOKE-ON-TRENT
GLASGOW	SWANSEA
HULL	

"For contact details see Yellow Pages and local directories or contact head office"

Established 1885.   Registered under the Charities Act 1960:   Registered No: 1061212
Company Registration No: 3270369

THE ROYAL PATRIOTIC FUND CORPORATION

FOUNDED 1854

REORGANISED UNDER THE PATRIOTIC FUND REORGANISATION ACT 1903,

AND THE ROYAL PATRIOTIC FUND CORPORATION ACT, 1950

President: H.R.H. Prince MICHAEL of KENT, KCVO

Vice-President: General Sir ROBERT PASCOE, KCB MBE

Secretary: Brigadier T. G. Williams, CBE

The Corporation administers a number of Funds for the benefit of widows, children and dependants of deceased officers and other ranks of the Naval, Military and Air Forces of the Crown.

Over £400,000 is distributed annually in allowances and grants.

Regular allowances are paid to widows of officers and other ranks where need exists.

Television sets and/or licences are provided for widows of former members of the Armed Services.

Grants are made to meet particular requirements.

In addition bursaries and educational grants are available to children of deceased servicemen to assist with school fees where need exists.

Applications for assistance should be made through local branches of SSAFA/FH or the War Pensions Agency.

Further information may be obtained from the Secretary, Royal Patriotic Fund Corporation, 40 Queen Anne's Gate, London, SW1H 9AP. Telephone 0207-233 1894. Fax 0207-233 1799.

THE ROYAL AIR FORCES ASSOCIATION

(Incorporated by Royal Charter)

MOVING WITH THE TIMES

RAFA, the Royal Air Forces Association, is a unique membership organisation with over 100,000 'RAF family' members worldwide. As a charity we provide support to all serving and retired RAF personnel and their dependants through our worldwide network of Branches. We help over 50,000 individuals each year and provide a range of services – from resettlement and war pensions advice to family apartments available for short breaks.

- We provide support and resettlement advice for RAF leavers and their families to help ease the transition into civilian life.
- We have a family unit at Rothbury, near Newcastle upon Tyne, available for short breaks.
- We have three convalescent and respite care homes – at Lytham St Annes, at Rothbury near Newcastle upon Tyne and at Weston super Mare.
- We run sheltered and supportive housing schemes.
- We provide 24 hour nursing care at Sussexdown, our nursing home near Storrington in West Sussex.
- We run a scheme enabling those in need of residential care to be treated close to their own home.
- Trained volunteer Welfare Officers offer free advice and assistance to those in need.
- RAFA Liaison Officers (RAFALOs) on stations act as a link between the Association and serving RAF personnel.

If you would like further information please contact your RAFALO on station or

**The Royal Air Forces Association at
43 Grove Park Road
London
W4 3RX
Tel: 0208 994 8504**

Membership is only £8.00 per year (£9.50 in the first year)

Charity Registration Number 226686

King Edward VII's
HOSPITAL FOR OFFICERS

100 YEARS

Where amidst the bustle of central London will you find an independent hospital which...

- welcomes serving and retired officers, their families and those holding territorial or reserve commissions
- offers day case and complex surgery
- has state of the art diagnostic facilities
- offers unparalleled nursing care
- has a superb physiotherapy department with hydrotherapy facilities
- serves fine food and wines
- offers subsidised nursing accommodation for uninsured officers

...this is King Edward VII's Hospital for Officers, where technology works with tradition.

------Registered Charity Number 208944------

For further information, please telephone 020 7486 4411
or post to: King Edward VII's Hospital for Officers,
1 Bentinck Street, London. W1M 5RN

Name:_____ Address:_____

_____Postcode:_____ AFL

QUEEN VICTORIA SCHOOL

DUNBLANE, PERTHSHIRE, FK15 0JY

Patron: HRH THE DUKE OF EDINBURGH, KG, KT, OM, GBE

The School provides boarding school education for the children of Scottish servicemen and women and those who have served in Scotland. Quality education, including school clothing is provided at a low cost of £167 per term. Set in 45 acres of beautiful Perthshire countryside, QVS is easily accessible by road, rail or air.

Pupils may be registered for entry from the age of 7 but the main entry is at Primary 7 (i.e. age 10.5/11 years). Applications must reach the School by 31 December so that they may be considered for the Admissions Board which convenes in February. However, consideration will also be given, in particular circumstances, to applications made after these dates.

The School offers a wide curriculum following the Scottish educational system and includes courses at Standard and Higher Grade as well as Certificate of Sixth Year Studies and SCOTVEC modules. The majority of pupils move on to Higher or Further Education but careers links with the services remain strong. Pastoral care is afforded a very high priority along with Careers Guidance and Personal and Social Education.

Queen Victoria School is a unique boarding school and, as such, looks to achieve, the best that is possible academically for all its pupils. The School prides itself also on developing the pupil in the widest possible sense and, as well as academically, aims to achieve success in activities such as sport, music, drama and many other extra-curricular areas. The traditional ceremonial side adds a very special and unique dimension.

> For further information, write to
> The Headmaster
> Queen Victoria School
> Dunblane
> Perthshire FK15 0JY
>
> Telephone: 01786 822288 (Exchange)
> 0131 3102901 (Direct Line to HM's Secretary)
> Fax No: 0131 310 2955

THE OFFICERS' ASSOCIATION

PATRON
HM THE QUEEN

PRESIDENTS
Air Chief Marshal Sir Michael Knight, KCB AFC DLitt BA FRAeS
Admiral of the Fleet Sir Julian Oswald, GCB DL
General Sir John Waters, GCB CBE JP

The Officers' Association provides services which are available to ex-officers of the Royal Navy (including Royal Marines), the Army and the Royal Air Force, and their widows and dependants, including those who held Commissions in the Womens' Services.

Services include:

- **EMPLOYMENT** – an efficient Employment Department to assist ex-officers of all ages and ranks to find suitable employment, both those just leaving the Services and those who are changing their civilian jobs. Many hundreds of ex-officers are found jobs every year over a wide salary range.

- **BENEVOLENCE** – financial assistance is given in a number of ways such as cash grants and allowances to those in their own homes in financial distress, for the elderly in Residential or Nursing Home Care and towards shortfalls in Home fees.

- **HOMES ADVICE** – advice and information on independent sector Homes and Homes run by service charities and other voluntary organisations; sheltered accommodation for the elderly; convalescence homes; advice on financial assistance towards Homes fees.

- **A COUNTRY HOME** – running "Huntly" a delightful country home at Bishopsteignton, South Devon, which affords comfort and security for ex-officers at or over the age of 65, both male and female, who do not need special nursing care. Selection is made with due regard to need.

- **BUNGALOWS** – running a 12 bungalow estate at Leavesden, Herts, for disabled ex-officers and their families.

The Association has offices in London and Dublin. The Officers' Association (Scotland) has offices in Glasgow and Edinburgh.

All enquiries should be made to the General Secretary, The Officers' Association, 48 Pall Mall, London SW1Y 5JY. (Tel: 0207 389 5204).

THE ROYAL AIR FORCE BENEVOLENT FUND

67, PORTLAND PLACE, LONDON W1N 4AR

Telephone: 0207-580 8343

Fax: 0207-636 7005

www.raf-benfund.org.uk

(Registered under the Charities Act, 1960)

Patron: HER MAJESTY THE QUEEN

President: H.R.H. THE DUKE OF KENT, KG GCMG GCVO ADC

Chairman of Council: SIR ADRIAN SWIRE

Controller: AIR CHIEF MARSHAL SIR DAVID COUSINS, KCB AFC BA

★ ★ ★

Purpose of the Fund. The Benevolent Fund exists to provide assistance to those of the extended Royal Air Force family who need support as a consequence of sickness, disability, accident, infirmity, poverty or other adversity. This extended family embraces all ranks, male and female, who are serving, or who have served, in the Royal Air Force or its associated Air Forces, their spouses, and their other dependants.

Welfare. The Fund's Welfare work can be divided into 4 areas:

Housing – where death or severe disablement has occurred in service the Fund may assist with the provision of housing. Help may take the form of a secured loan to provide the balance needed for house purchase, or possibly the use of a Fund-owned property.

Education – where a parent's death or severe disablement has occurred whilst serving, the Fund may assist with the costs of education until the completion of 'A' levels and exceptionally, to first degree level. Such children, known as Foundationers, may attend a boarding school of choice at both the preparatory and secondary stages of education; Fund help is based on need and limited to a maximum of the fees at appropriate benchmark schools.

Homes – the Fund has two Homes of its own, Alastrean House in Tarland, Scotland, providing residential and nursing accommodation and Princess Marina House on the Sussex coast, providing residential and respite care. The Fund also shares two other homes, Rothbury House in Northumberland and Flowerdown House at Weston-Super-Mare, with the Royal Air Forces Association. Where nursing home care, or an alternative form of residential care is needed, the Fund may be able to assist in cases where the statutory provision is inadequate.

General Needs – this category forms the bulk of the Fund's welfare work and embraces circumstances which fall within the Fund's scope but not covered above. One-off help is normally by grant, except where the help is property-related, when a loan is considered more appropriate. Loans attract interest at the Fund's current rate, but repayment may be deferred. Help may be by the provision of wheelchairs or specialist furniture. For pensioners in need, a small regular addition to income may be provided.

Measure of the Assistance. Expenditure on all forms of relief continues to rise, year on year, and is currently around £14 million per annum.

How to Help. The Chairman and Council hope that the Service and general public will continue to respond generously and so enable the Fund to meet all its commitments. Donations, preferably under deed of covenant, attending events, purchasing merchandise from the Fund's mail order catalogues or leaving something in a Will are all valued ways of helping the Fund. Requests for further information should be addressed to Director Finance.

Those who may be in need of assistance. Should you, as a member of the RAF family, be in need of our help, please contact us. Equally, if you know someone else who is, please encourage them to get in touch, at the address above.

The Royal Air Force Benevolent Fund
Helping colleagues who need a brighter future

COMBAT STRESS
WITH
EX-SERVICES MENTAL WELFARE SOCIETY
Broadway House, The Broadway, Wimbledon, London SW19 1RL
Telephone: 0208-543 6333.   Fax: 0208-542 7082

The Ex-Services Mental Welfare Society was founded in 1919 and is the only organisation specialising in helping men and women, of all ranks, who have served in the Armed Forces or the Merchant Navy and who are suffering from psychiatric disability.

The Society has a national network of twelve welfare officers and its activities, which cover the UK and Eire, include assistance with claims and appeals for War Disablement Pensions; domiciliary and psychiatric hospital visits; assessment and treatment in one of its short stay homes; and limited financial help.

The Society runs three short stay Nursing Homes, in Surrey, Shropshire and Ayrshire, where the more severely ill can visit for up to six weeks each year, for assessment, treatment, counselling, therapy and respite care.

The work of the Society requires about £4.5 million annually to help those who suffer from psychiatric disability. Currently, the Society is providing help for over 5,100 veterans, men and women, of the Second World War and other conflicts including Palestine, Korea, Malaya, Kenya, Cyprus, Suez, the Arabian Peninsula, Northern Ireland, the Falklands, the Gulf and Bosnia.

For further information contact:
>The Director
>Combat Stress
>Broadway House
>The Broadway
>London SW19 1RL
>Telephone: 0208 543 6333
>Facsimile: 0208 542 7082

KING EDWARD VII
CONVALESCENT HOME

Osborne House, Isle of Wight

Now open to all serving and retired members of the Armed Forces and their wives and widows and serving and retired Civil Servants, to enjoy the many special facilities of the King Edward VII Convalescent Home.

Following a recent recommendation by the Secretary of State, it is likely that the Home will close late in 2000 or in 2001. In the interim all convalescent guests will be very welcome and all facilities will continue to be available.

Whatever your needs, be it for rehabilitation or respite care, this unique convalescent Home offers a haven of comfort in idyllic surroundings for both short and long term convalescence and those in need of a good rest.

Part of Osborne House, the King Edward Convalescent Home is registered with the IOW Health Authority as a Nursing Home and provides professional 24 hour nursing care. Therapy available to guests includes physiotherapy and warm pool treatment. Recreational facilities include sea bathing and golf. Osborne House also has a mini bus which is available to meet trains at Southampton on admission days if required.

For details of our services please contact our qualified staff at

King Edward VII Convalescent Home
Osborne House, East Cowes, Isle of Wight PO32 6JY
Tel: 01983 292 511   Fax: 01983 295 673

Shipwrecked Mariners' Society

Tragedy at sea hits the headlines – for a while . . . But it can be a life sentence for the families left behind – and they will need our help.

The Shipwrecked Mariners' Society, through its country-wide network of Honorary Agents, will give financial assistance **without delay** at such times of loss and, if necessary, will continue to help on a regular basis.

The Society also makes grants to the elderly, chronically sick and disabled amongst the seafaring community and gives immediate practical and financial aid to all seamen shipwrecked on our coasts.

Please help our work with a donation or legacy, or write for further information to the Shipwrecked Fishermen and Mariners' Royal Benevolent Society, 1 North Pallant, Chichester, West Sussex PO19 1TL.

Patron: HER MAJESTY THE QUEEN

ALEXANDRA HOUSE
(Royal United Services Short Stay Residence for Service Children)
6-8 Berthon Road, Bull Point, St Budeaux, Plymouth PL5 1EX.
Telephone: Plymouth 365203
Patron: H.R.H. Princess Alexandra, the Hon. Lady Ogilvy GCVO.
President: Naval Base Commander, HM Naval Base Devonport.

The Foundation (formerly based at Newquay) has since 1839 looked after children of men and women in the Armed Services. Its short stay home is now established in a modern house to meet the immediate temporary need that arises when a family crisis occurs, such as injury to the father serving abroad, sudden departure of the mother to join him, and lack of relatives or friends to care for the children. The problem is met AT ONCE, at any hour of day or night, and the children are cared for, placed in schools and by arrangement given whatever special instruction, treatment or maintenance they need for up to 3 months, while family affairs are settled.

The House is run as a family home, not as an institution, and the House-Mother-in-charge has long experience in child care. It is supported by voluntary contributions and by a modest scale of payments by the parents. Financial help can sometimes be given or lent by the Foundation.

Urgent and emergency inquiries should be made by telephone as above. Routine correspondence should be addressed to the Comptroller.

Grants, covenants, donations and legacies are especially valuable to the Foundation as a Charity under current law, and an outline of the tax advantages to the donor or his estate may be obtained from the Comptroller by interested parties.

It is hoped to occupy new and better premises in early 2000. Our telephone number will remain as Plymouth (01752) 365203.

THE ROYAL AIR FORCE MUSEUM

The Royal Air Force Museum was established in 1964 to collect, preserve and exhibit articles and records relating to the history and tradition of the Royal Air Force, and of aviation in general. The collections include aircraft, uniforms and flying clothing, personal relics, equipment and trophies, as well as important private papers of RAF personnel and others. The Museum complex includes art galleries, library and archive, and a cinema/lecture theatre.

The Aircraft Hall has a world-class collection of aircraft, ranging from the days of Louis Bleriot to the Tornado GRI and a new exhibition, "Higher, Further, Faster" which tells the story of aviation developments between the wars. The neighbouring galleries tell the story of aviation, from the legend of Icarus to "the RAF TODAY" gallery, where a multi-screen video presentation, models and graphics illustrate life, in the air and on the ground, in the RAF today, and looking towards the next millenium, with a dramatic simulation of a mission in Eurofighter 2000.

THE BATTLE OF BRITAIN EXPERIENCE

The Battle of Britain Experience, housed in a separate purpose-built hall, concentrates on the epic struggle of 1940. This exhibition includes a unique collection of the British, German and Italian aircraft which were engaged in the Battle. Among the British aircraft are the immortal Hurricane and Spitfire, and the sole surviving example of the Defiant. Messerschmitt Bf 109, Junkers 87 "Stuka" dive-bomber, and Heinkel He 111 are included in the German line-up, and Italy is represented by the Fiat CR 42. Later German onslaughts on the British Isles are highlighted by a V.1 flying bomb and a V.2 rocket. Visitors to the Battle of Britain Exhibition Hall have been able to round off their visit by "walking through" the Museum's Sunderland Flying Boat.

BOMBER COMMAND HALL

The Bomber Command Hall, the latest addition to the Museum complex, displays a collection of aircraft which have taken part in bombing operations throughout the years, together with some of the aircraft which have opposed or co-operated with them. They range from the BE2b of the First World War to the towering delta-winged Vulcan, in service into the 1980's.

The RAF Museum is open from 10.00 am to 6.00 pm, seven days a week, except 1 January and 24, 25 and 26 December.

The admission charge covers admission to the whole complex, including film shows and the art galleries, and includes a FREE RETURN VISIT within 6 months. Additional discounts are allowed for families, and parties of ten or more. Serving RAF personnel and their immediate families are admitted free, on production of RAF Form 1250 at the Museum entry point.

The new interactive **fun 'n' flight** gallery allows visitors to learn more about the theory of flight and related scientific principles in an entertaining and informative way. There will be a wide range of hands on experiments to try and experience.

The Engine Bay Cafe and Wings Cafe Bar & Restaurant, offers snacks, lunches and a licensed bar. A souvenir shop has an extensive range of gifts, clothing, books, models and videos, and a mail order service.

The Museum's flight simulator offers the visitor the next best thing to actually flying in an aircraft with a choice of exciting programmes, including a ride in a Tornado with 617 "Dambusters" Squadron. With the support of The Friends of the Museum, visitors can now benefit from free "Plane and Simple" demonstrations on the principles of flight and guided tours of the exhibitions on most open days.

Visitors can operate the controls of a Jet Provost T3 Trainer to gain an understanding of how the aircraft flies and walk through a Sunderland flying boat.

Access is well signposted from the M1, A1, A5, A41, M25 and North Circular, and there is a large free car park. The nearest Underground is Colindale on the Northern Line, and the nearest British Rail station is Mill Hill, Broadway, on Thames Link. Bus route 303 connects the stations with the Museum.

The Royal Air Force Museum, Grahame Park Way, Hendon, London, NW9 5LL. Telephone 0208-205 2266 (GPTN 95271 7210). Fax: 0208-205 8044.

Scottish Veterans' Residences

WHITEFOORD HOUSE
53 Canongate
EDINBURGH
EH8 8BS
0131-556 6827

THE MURRAY HOME
470 Gilmerton Road
EDINBURGH EH17 7SA
0131-664 3037

ROSENDAEL
3 Victoria Road
BROUGHTY FERRY
DUNDEE DD5 1BE
01382 477078

REGISTERED OFFICE
53 Canongate
EDINBURGH EH8 8BS
0131-556 0091

Patron-in-Chief
Her Royal Highness Princess Alice
Duchess of Gloucester
GCB, CI, GCVO, GBE

Charity No. SCO 15260

Chairman
Lieutenant General Sir Alexander Boswell
KCB, CBE, DL

WHITEFOORD HOUSE and ROSENDAEL can accommodate up to 160 former members of the Armed Forces of the Crown in warm, comfortable surroundings. Both residences have first class communal facilities including TV rooms, games rooms and bowling greens. A high standard of full board catering is inclusive with the accommodation charge which is kept within DSS approved rates. No applicant need ever be turned away for financial reasons. THE MURRAY HOME accommodates a further 36 ex-servicemen in need of medical care and provides 24 hour cover in a more sheltered environment, as well as short term Respite Care. All residents are accommodated in fully furnished single rooms.

For details of the currently available accomodation contact the appropriate Superintendent/Officer in Charge. Please bring the above information to the attention of those who could benefit. We exist to serve their needs.

If, on the other hand, you are able to offer financial assistance with maintaining these facilities, donations should be sent to the General Secretary at the office address or else contact him for information about covenants or legacies.

SSAFA FORCES Help

Patrons:

Her Majesty The Queen

Her Majesty Queen Elizabeth The Queen Mother

President of the Council: HRH Prince Michael of Kent, KCVO

Chairman: Vice Admiral Sir Barry Wilson, KCB

SSAFA Forces Help is the national caseworking charity helping serving and ex-Service men and women and their families, in need. It is the only charity which provides such a breadth of support to the serving and ex-Service communities both in the UK and around the world.

- **In the serving community overseas** we offer: a professional, comprehensive, confidential and cost-effective range of welfare support services, including a social work and adoption service, to Armed Forces personnel and their families. This is available in Western Europe, Gibraltar and Cyprus
    - We employ midwives, health visitors, community psychiatric nurses, practice nurses, practice managers and pharmacists within the BFG Health Service.
- **In the serving community in the UK,** SSAFA Forces Help social workers advise and assist with welfare support within RAF Command. Our Community Volunteers, who are selected and trained Service personnel and family members, offer friendship and support
- **In the ex-Service community,** we offer: practical and personal welfare support; financial advice and support; training; residential care; short-stay accommodation and a Housing Advisory Service
- We have over 7,500 trained volunteers in the UK and overseas, based in branches and in-Service Committees helping more than 100,000 people annually
- More than 14 million people are estimated to be eligible for our help and their need is expected to grow into the next century

For more information please contact:

THE SOLDIERS, SAILORS, AIRMEN AND FAMILIES ASSOCIATION – FORCES HELP
19 Queen Elizabeth Street London SE1 2LP Telephone: 0207 403 8783 Facsimile: 0207 403 8815

THE ROYAL HOMES FOR OFFICERS' WIDOWS AND DAUGHTERS

Queen Alexandra's Court, Wimbledon
(A Branch of SSAFA – Forces Help)
Chairman: Brigadier R. W. M. Lister

The accommodation comprises unfurnished self-contained flats for the widows, divorcees or unmarried daughters of Officers or Warrant Officers and women who are retired Officers or Warrant Officers of the Royal Navy, Army and Royal Air Force.

For full particulars application should be made in writing to:

The Manager, Queen Alexandra's Court, St. Mary's Road, Wimbledon SW19 7DE. Tel: (020) 8946 5182.

ROYAL UNITED SERVICES INSTITUTE FOR DEFENCE STUDIES

Many members of the RUSI, men and women, are drawn from the ranks of the Royal Air Force.

We believe that the armed services will always need, and have always needed, a platform on which to debate issues of the moment and to be able to voice their concerns. The RUSI, as the professional association of the armed services, fulfils these roles – and more.

Since our foundation in 1831 RUSI has responded to its Royal Charter which urges "the promotion and advancement of military sciences" by focussing upon the practical application of military power and associated political, economic and technological affairs – with a strong operational flavour designed to appeal to all service (or ex-service) personnel. Members can attend lectures, seminars and conferences at our premises in Whitehall, as well as using our library and reading room, all of which were refurbished during 1995 to improve the facilities available for members and Institute activities. Those serving too far from London to attend such events can still benefit from our range of excellent publications – the RUSI *Journal, Newsbrief, Whitehall Papers* and annual International Security Review – which not only cover strictly military issues but also give something of the wider context of international affairs within which the RAF operates.

Further details of membership may be obtained from the Membership Secretary, RUSI, Whitehall, London SW1A 2ET, telephone 0207-930 5854.

e-mail: isabella@membershiprusi.demon.co.uk

Director: Rear Admiral Richard Cobbold CB FRAeS

Director of Studies: Dr Jonathan Eyal

Telephone: 0207-930-5854. / Fax: 0207-321-0943
Web Site: http://www.rusi.org/rusi/

NAAFI

Providing **world class** services...

...for the **British Armed Forces**

Did you know?

Every penny Naafi makes is returned to the Armed Forces

All our profits are either reinvested in our shops and clubs to improve the quality of facilities and services or returned in the form of dividend

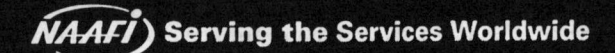

NAAFI Serving the Services Worldwide